ADAC

Autobahn Reiseführer

EIN ADAC BUCH

Impressum

Autoren: Tobias Bauer, Alexander Bestle, Dr. Gerald Deckart, Alexander Dix, Gerd Dörr, Hermann Engl, Hans-Peter Gaul, Marlis Heinz, Manfred Knoll, Peter Krauskopf, Frank Lämmel, Monika Rieck, Hans-Werner Rodrian, Frank Schergel, Heidi Siefert, Werner Sillescu, Karl Stankiewitz, Gottfried Walsch, Georg Weindl, Christoph Wendt, Doris Wiedemann

Projektleitung: Dr. Hans Joachim Völse
Redaktionsleitung: Claudia Stutzmann
Realisierung: SRT-Redaktionsbüro & Bildarchiv, Geretsried-Gelting
Redaktion: Thomas Biersack, Elena Douda, Walter Liedke, Andreas Schimkus, Peter Schmidhuber (ADAC Verlag); Kristin Bamberg, Dr. Alexander Bronisch, Hans-Werner Rodrian, Rudi Stallein (SRT)
Weitere Mitarbeit: Bettina Faust, Veronika Heinzel, Erika Kirchberger, Gina Rönnberg, Stefan Unger

Titelgestaltung: Kühne Werbeagentur, München
Grafisches Konzept: Günter Stahl
DTP-Satz und Layout: Dagmar Rogge
Korrektorat: Beatrice Weber
Bildredaktion: Susanne Westermeyr
Produktion und Herstellung: John C. Bergener

Autobahn-Kartographie 1:200 000:
CartoTravel Verlag GmbH & Co. KG, Bad Soden
Übersichtskarten und Vor- und Nachsatz:
Ingenieurbüro für Kartographie
Müller & Richert, Gotha

Reproduktion und Datenverarbeitung:
Tausend Premedia GmbH, München
Druck und Bindung:
MOHN MEDIA Mohndruck GmbH, Gütersloh

Der Verlag dankt allen, die an diesem Werk mitgearbeitet haben. Viele Informationen dieses Buches sind ständig Veränderungen unterworfen. Für die Richtigkeit der Angaben kann deshalb keine dauerhafte Gewähr übernommen werden.

Printed in Germany

ISBN 3-89905-065-7

Maßstab 1 : 2 000 000
0
50 km
A R K
OSTSEE
Bergen
Burg
Stralsund
1
S.16
19
S.254
Greifswald
Wolgast
ROSTOCK
20
S.264
Demmin
Anklam
LÜBECK
Wismar
Güstrow
Teterow
19
S.256
SCHWERIN
Sternberg
Neubrandenburg
SZCZECIN (STETTIN)
24
S.276
Parchim
Neustrelitz
Ludwigslust
24
S.278
19
S.258
Prenzlau
11
S.222
STARGARD SZCZ. (STARGARD)
Pritzwalk
Schwedt
Dannenberg
Wittenberge
Kyritz
24
S.280
11
S.224
GORZOW-WIELKOPOLSKI (LANDSBERG)
POLEN
Salzwedel
Oranienburg
Bad Freienwalde
Nauen
Stendal
Gardelegen
Rathenow
BERLIN
10
S.218
WOLFSBURG
Genthin
Brandenburg
10
S.216
Frankfurt (Oder)
POTSDAM
12
S.228
2
S.54
2
S.56
9
S.192
13
S.232
Beeskow
14
S.240
MAGDEBURG
Eisenhüttenstadt
Schönebeck
Jüterbog
Lübben
Halberstadt
Roßlau
9
S.194
Wittenberg
Luckau
Guben
15
S.250
COTTBUS
Aschersleben
Bernburg
DESSAU
Quedlinburg
Köthen
13
S.234
Spremberg
Hettstedt
14
S.242
Bitterfeld
Bad Düben
Eisleben
Torgau
Elsterwerda
Senftenberg
Weißwasser
Sangerhausen
Hoyerswerda
HALLE (Saale)
14
S.244
Eilenburg
Querfurt
Wurzen
13
S.236
Kamenz
9
S.196
Riesa
LEIPZIG
Großenhain
4
S.98
Weißenfels
14
S.246
Meißen
Bautzen
GÖRLITZ
Naumburg
Borna
Rochlitz
Döbeln
4
S.96
DRESDEN
Ebersbach
Sömmerda
Zeitz
ERFURT
Weimar
9
S.198
Altenburg
Freital
Zittau
4
S.92
JENA
GERA
4
S.94
Meerane
Freiberg
Dippoldiswalde
CHEMNITZ
ZWICKAU
Rudolstadt
Stollberg
Marienberg
Ilmenau
9
S.200
Greiz
72
S.380
Saalfeld
Schleiz
Aue
Plauen
Annaberg-Buchholz
TSCHECHISCHE REPUBLIK
93
S.402
Auerbach
Klingenthal
Sonneberg
72
S.378
HOF
Coburg

ADAC

Autobahn Reiseführer

Deutschland aus einem neuen Blickwinkel erleben

Sicherlich kommt Ihnen die Situation bekannt vor: Sie fahren auf der Autobahn, manchmal Hunderte von Kilometern auf einem sehr oft monoton dahinlaufenden Asphaltband. Die Landschaft fliegt nur so vorbei. Und spätestens, wenn die braunen Informationstafeln mit den Namen von Sehenswürdigkeiten am Fahrbahnrand auftauchen, hat man das Gefühl, dass einem so manches entgeht ...

Mit dem vorliegenden Buch wird die Fahrt zum Erlebnis. Denn im ADAC Autobahn Reiseführer werden die interessantesten Orte und Landschaften links und rechts der Strecke beschrieben – immer ausgehend von der Situation des Autofahrers. Am besten liest der Beifahrer die Texte vor, oder aber der Fahrer informiert sich vor Antritt der Reise über einen bestimmten Streckenabschnitt. Auf diese Weise lernt man auf jeder Reise Deutschland ein Stück besser kennen, ohne dass man dafür von der Autobahn abfahren muss. Auch die mitreisenden Kinder lassen sich auf informative Weise unterhalten und ablenken, wenn es ihnen langweilig wird.

Nutzen Sie also Ihre Reisen durch Deutschland im Sinne einer kurzweiligen Horizonterweiterung – ob Sie in Ostfriesland durch Fehngebiete mit romantischen Kanälen und Klappbrücken fahren, bei Rendsburg über den Nord-Ostsee-Kanal setzen oder in Süddeutschland die bezaubernde Alpenkulisse genießen.

Unsere Autoren, erfahrene Reisejournalisten und Autobahnkenner, haben für Sie Deutschlands Autobahnen bereist und eine Auswahl an Highlights links und rechts der Strecke getroffen. Folgen Sie ihren im wahrsten Sinne des Wortes Reise-Erfahrungen, und Sie werden Deutschland aus einem ganz neuen Blickwinkel erleben.

Für einige Highlights würde sich auch ein kurzzeitiges Verlassen der Autobahn lohnen. Das Tal der Loreley am Rhein, die Wartburg bei Eisenach, der Blautopf Blaubeuren bei Ulm – wir haben für Sie eine Auswahl an Abstechern oder auch landschaftlich schönen Alternativstrecken getroffen, mit Zeit- und Entfernungsangaben, sodass Sie Ihre ganz persönliche Autobahnreise auch gut planen können.

Alle Hauptstrecken des deutschen Autobahnnetzes werden in diesem Reiseführer ausführlich vorgestellt. Wir haben sie in einzelne Streckenabschnitte unterteilt, die lückenlos knapp 10 000 km Autobahn in Deutschland abdecken. Dabei wurde als Reihenfolge für die Beschreibungen die Reiserichtung Nord – Süd und West – Ost zugrunde gelegt. Aber selbstverständlich treffen die Beschreibungen in gleichem Maße für die Gegenrichtung zu. Jeder Streckenbeschreibung ist ein Kurzporträt der entsprechenden Autobahn vorangestellt, in dem Sie Wissenswertes zu Baugeschichte, Trassenführung und Architektur erfahren. Eine Übersichtskarte veranschaulicht den Verlauf der jeweiligen Autobahn in ihrer Gesamtheit.

Auf detailreichen Straßenkarten im übersichtlichen Maßstab 1:200 000 lässt sich die auf den folgenden Streckenseiten beschriebene Route immer gut mitverfolgen. Grafische Übersichten mit allen Anschlussstellen, Autobahnkreuzen und -dreiecken sowie Tankstellen und Raststätten veranschaulichen den kompletten Streckenverlauf – sodass Sie sich immer eindeutig und schnell orientieren können. Dazu tragen in besonderer Weise die Kilometerangaben in der Grafik bei. Sie entsprechen den im Abstand von 0,5 km aufgestellten kleinen blauen Kilometerschildern am Fahrbahnrand – Sie können also jederzeit Ihre aktuelle Position auf der Autobahn bestimmen. Jede Streckenbeschreibung folgt zudem einer klar strukturierten Systematik. Wie es funktioniert, das zeigen die Benutzerhinweise „Auf einen Blick" gleich auf der nächsten Doppelseite.

Neben den Hauptreiserouten des deutschen Fernstraßennetzes gibt es natürlich noch zahlreiche weitere Autobahnen, beispielsweise Zubringer, Abzweige, Querspangen, Tangenten, Umfahrungen oder auch erst im Ansatz bestehende Trassen. Diese Strecken finden Sie mit Kurzbeschreibungen direkt im Anschluss an unseren Hauptteil.

Das Buch enthält zudem einen kompletten Autobahn-Kartenteil im Maßstab 1:600 000, der Ihnen besonders bei Reisen über weite Entfernungen gute Dienste erweisen wird. Dort sind stau- und unfallgefährdete Strecken sowie Bedarfsumleitungen markiert. Auch auf das Verzeichnis von Tankstellen, Raststätten und Autohöfen möchten wir Sie hinweisen: Es ermöglicht einen schnellen Überblick über das Serviceangebot entlang der Autobahnen.

Redaktion und Autoren sind sicher, Ihnen mit diesem Werk informative und kurzweilige Unterhaltung zu bieten. Wir wünschen Ihnen stets eine gute Fahrt und viel Vergnügen mit dem ADAC Autobahn Reiseführer.

Die Herausgeber

Auf einen Blick

Die roten Punkte **1** im Text weisen auf **Sehenswürdigkeiten** entlang der Strecke hin. Sie finden sich auch in der Fußleiste und in der Karte wieder.

Die braunen Punkte **5** im Text liefern Informationen zu den **touristischen Hinweistafeln**, die am Fahrbahnrand aufgestellt sind. Auch sie erscheinen in der Fußleiste und in der Karte.

Die in der Karte gesetzten roten und braunen Punkte geben die **Lage der im Text beschriebenen Sehenswürdigkeiten und der touristischen Hinweistafeln** an.

In der **Fußleiste** wird der **komplette Streckenverlauf** schematisch dargestellt. Alle Anschlussstellen (AS), Autobahnkreuze (AK) und Autobahndreiecke (AD) sind eingezeichnet.

Zur eindeutigen Orientierung werden Sehenswürdigkeiten und Informationstafeln den **Kilometerschildern** 57 am Fahrbahnrand zugeordnet. **An dieser Stelle der Autobahn ist die Sehenswürdigkeit oder Tafel beim Fahren zu erkennen.**

Punkte mit einer Wellenlinie ~ kennzeichnen eine empfohlene **Alternativroute**. Der zugehörige Punkt im Text liefert die Wegbeschreibung.

Diese Symbole weisen auf **Tankstellen, Raststätten und Autohöfe** hin. Detaillierte Informationen zum Angebot der jeweiligen Servicebetriebe finden Sie ab S. 484.

---

1 Der Kiefernwald zu beiden Seiten der A2 gehört zum **Landschaftsschutzgebiet Möckern-Magdeburgerforth**, das sich parallel zur Autobahn im Jerichower Land erstreckt. Wasseradern wie Ihle, Ehle und Bache, Mischwälder mit Kiefern, Buchen und Eichen und herrliche Alleen kennzeichnen diesen flachwelligen Landstrich.

2 Auf der Nordseite der A2 ragt der Turm einer McDonalds-Filiale empor. Dahinter erstreckt sich ein Gewerbegebiet mit Flachbauten, an das sich die Gemeinde **Theeßen** anschließt. Der erstmals 1296 urkundlich erwähnte Ort lag im Mittelalter an der Heerstraße nach Genthin. Diese Lage begünstigte in Friedenszeiten den Handel, brachte in Kriegszeiten aber Tod und Vernichtung.

3~ Wenn Sie ca. 30 Min. Zeit für eine landschaftlich schöne Alternativroute haben, empfiehlt sich von der AS Theeßen aus eine Fahrt mitten in das Naturschutzgebiet Möckern-Magdeburgerforth. In Richtung Süden geht es nach **Drewitz** am Rand des Höhenzugs Fläming. Dort steht Schad's Mühle, eine über 100-jährige Sägemühle, die durch ein oberschlächtiges Wasserrad angetrieben wird. Durch Buchen-, Eichen- und Kiefernwälder sowie durchs Heideland gelangen Sie über **Magdeburgerforth** nach 17 km bei der AS Ziesar wieder zurück auf die A2.

4 Nördlich der Autobahn sehen Sie einen runden, frei stehenden Bergfried. Er gehört zur alten Bischofsburg der Stadt **Ziesar**. Seinen charakteristischen Turmaufsatz, die so genannte „Bischofsmütze", erhielt der Bergfried 1528 unter Bischof Matthias von Jagow.

5 **„Fläming"** (Informationstafel): Eine Mühle und zwei Wanderer symbolisieren die Reiseregion Fläming zwischen Elbe, Havel und Spree. 90 Prozent (827 km²) des kleinsten Mittelgebirges Deutschlands, wie der Fläming auch genannt wird, sind als Naturpark ausgewiesen. Vielerorts prägen Mühlen der unterschiedlichsten Typen das Bild. Es gibt Bockwindmühlen und Hol-

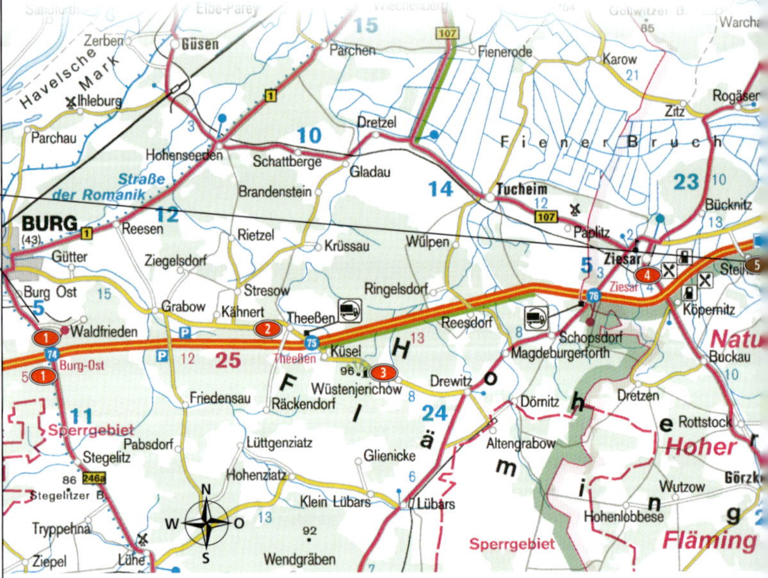

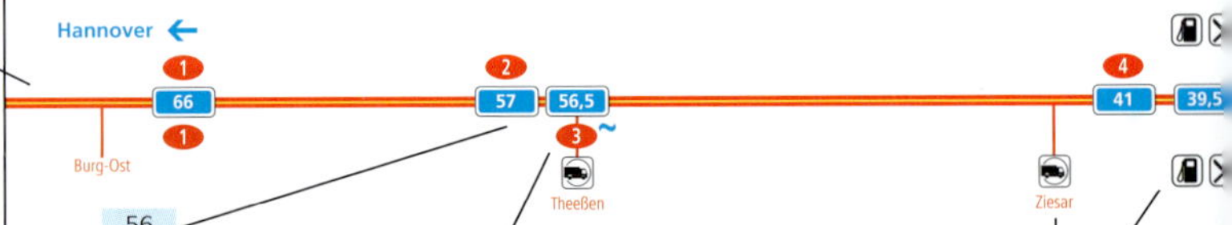

Auf einer kleinen Insel zwischen Havel und Brandenburg-Kanal liegt der Dom von Brandenburg **8**

Hannover ←

1 | 66 | 1 | Burg-Ost — 2 | 57 | 56,5 | 3~ | Theeßen — Ziesar — 4 | 41 | 39,5

56

68,4 → 0

2

ländermühlen zu entdecken, Wassermühlen, Motormühlen und eine europaweit einzigartige Spezialität, die Scheunenwindmühle von Saalow in Brandenburg. Diese 1864 bei Dresden konstruierte Getreidemühle wurde mit Zugluft betrieben. Auf einer Mühlen-Tour durch den Fläming kann der Gast rund 30 Mühlen besuchen, darunter auch die Hochzeitsmühle Dennewitz. Sie dient als Trauzimmer der Gemeinde Niedergörsdorf (siehe auch Kasten S. 49).

6 Ab km 22 führt die Autobahn während der nächsten 9 km durch das grüne **Urstromtal Baruth-Luckenwalde**. Schmelzwasserströme haben das Tal in der Eiszeit gegraben.

7 **„Havelland"** (Informationstafel): Himmel, Bäume und Wellen symbolisieren auf dem Schild eine Urlaubsregion, deren Lebensader die Havel ist. Das Havelland bietet mit seiner einzigartigen Seenlandschaft ideale Möglichkeiten, sich zu erholen.

8 Bei der AS Brandenburg kreuzt die **Deutsche Alleenstraße** (B102, siehe auch A72, S. 381) die A2. Sie führt südlich zur Stadt Belzig im Hohen Fläming und nördlich nach **Brandenburg** an der Havel. Die Stadt gab der Mark Brandenburg ihren Namen. Gegründet wurde sie 948 von König Otto I. Die mittelalterlichen Stadtkerne der Dominsel und der Altstadt sowie die prächtigen Barockbauten der Neustadt sind die eindrucksvollen Spuren einer wechselvollen Geschichte. Das Wahrzeichen der Stadt ist der 1240 vollendete Dom St. Peter und Paul. Der Nordturm wurde erst 1836 nach einem Schinkelschen Entwurf fertig gestellt.

9 Die Mischwälder und Heideflächen südlich der A2 führen in die **Zauche**. So heißt eine trockene, knapp 100 m hohe Ebene, die im Westen vom Baruth-Luckenwalder Urstromtal und von den Belziger Landschaftswiesen begrenzt wird, im Osten vom Landstrich Beelitzer Sander.

10★ Wer ca. 1 Std. erübrigen kann, sollte sich das nur 6 km südlich der A2 liegende **Kloster Lehnin**, das älteste Zisterzienserkloster der Mark Brandenburg, nicht entgehen lassen. Otto I. gründete das Kloster im Jahre 1180. Von hier aus wurden im Zuge der deutschen Ostkolonisation zahlreiche weitere Klöster gegründet. 1542 säkularisiert, verfiel Lehnin seit dem 16. Jh. und wurde sogar als Steinbruch genutzt. Erst im 19. Jh. erfolgte die Restaurierung. Mittelpunkt der Anlage ist die backsteinerne Klosterkirche, die in den Jahren 1190–1270 als kreuzförmige Pfeilerbasilika errichtet wurde. Sie gelangen dorthin über die AS Netzen (10 Min.). Zurück fahren Sie am besten über die AS Lehnin (2,5 km).

11 Bei der 246 m langen Brücke Nahmitz haben Sie nach Norden hin einen schönen Blick auf den **Netzener See**, nach Süden auf den **Klostersee**, an dessen südlichem Ende Kloster Lehnin liegt.

12 Nordöstlich des AK Werder, zwischen dem Großen Zernsee und dem Plessower See, liegt **Werder an der Havel**. Die Stadt besitzt ein hübsches Altstadtviertel, in dem sogar eine Bockwindmühle steht.

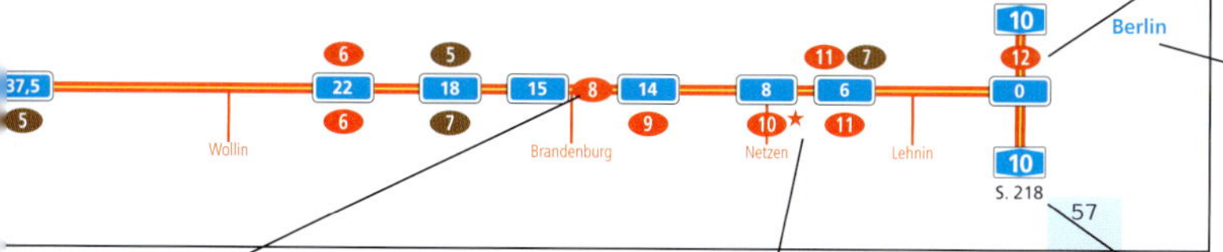

In der rechten oberen Ecke jeder Streckenbeschreibung stehen die **Autobahnnummer** und der **Kilometerbereich** des beschriebenen Streckenabschnitts.

Der **Kartenausschnitt im Maßstab 1:200 000** zeigt die beschriebene Strecke und deren nähere Umgebung. Die **Kartenlegende** finden Sie am Ende des Buches.

Beschriebene Sehenswürdigkeiten, die von der Autobahn aus nicht zu erkennen sind, werden der nächstgelegenen Anschlussstelle (vgl. Punkte 3 und 10), dem nächstgelegenen Autobahnkreuz (vgl. Punkt 12) oder dem nächstgelegenen Autobahndreieck zugeordnet.

Am linken und rechten Ende der Fußleiste erkennen Sie die **Reiserichtung**.

Bei kreuzenden Ferienstraßen, Flüssen, Brücken und Besonderheiten im Fahrbahnverlauf befinden sich die Punkte direkt auf der Autobahn-Linie.

Empfohlene **Abstecher** sind mit einem Sternchen ★ gekennzeichnet. Der zugehörige Punkt im Text liefert die Wegbeschreibung und Informationen zum Objekt.

Mithilfe der **Seitenverweise** bei Autobahnkreuzen und -dreiecken gelangen Sie zu den Beschreibungen weiterer Autobahnen.

Britannia

Inhalt

Die Geschichte der Autobahnen:
Von der Kutschenstraße zur Autobahn 10
Die Technik der Autobahnen:
Im Dienste der Sicherheit 12

A1: Vom Ostseestrand ins Saarland 14
A2: Vom Ruhrgebiet nach Berlin 42
A3: Vom Niederrhein zur Donau 58
A4: Von Aachen bis Görlitz 82
A5: Von Nordhessen bis Südbaden 100
A6: Von der Saar in die Oberpfalz 118
A7: Von Flensburg nach Füssen 132
A8: Vom Saarland zum Chiemsee 170
A9: Von Berlin nach München 190
A10: Der Berliner Ring 214
A11: Von Berlin nach Stettin 220
A12: Von der Spree an die Oder 226
A13: Von der Spree an die Elbe 230
A14: Von Magdeburg nach Dresden 238
A15: Vom Spreewald an die Neiße 248
A19: Von Rostock zur Prignitz 252
A20: Die Ostseeautobahn 260
A23: Vom Watt nach Hamburg 266
A24: Von Hamburg ins Havelland 272
A27: Von der Nordsee in die Heide 282
A28: Vom Dollart zur Unterweser 290
A29: Von der Jade durchs Moor 296
A30: Entlang des Teutoburger Waldes 302
A31: Von Emden ins Ruhrgebiet 308
A40: Von der Maas an die Ruhr 320
A44: Von Aachen nach Kassel 326
A45: Die Sauerlandlinie 338
A48: Von der Eifel zum Westerwald 348
A57: Von der Maas an den Rhein 352
A61: Dem Rhein entgegen 358
A70: Von der Rhön ins Fichtelgebirge 370
A72: Vom Vogtland zum Erzgebirge 376
A81: Vom Odenwald zum Bodensee 382
A92: Entlang der Isar 394
A93: Vom Frankenwald zu den Alpen 400
A95: Von München in die Berge 414
A96: Vom Bodensee nach München 420

Ergänzende Autobahnen:
Zubringer, Abzweige und Umgehungen 428

Zeit-/Entfernungskarte 438

Autobahnkarten Deutschland 1:600 000 439

Serviceanlagen an der Autobahn:
Tanken, Rasten und Erholen 482

Verzeichnis der Tankstellen und Raststätten 484

Verzeichnis der Autohöfe 504

Register 511

Bildnachweis 528

Von der Kutschenstraße zur Autobahn

Seit Ende des 19. Jh. eroberten sich die neumodischen Kraftwagen mehr und mehr Verkehrsraum – zwischen Eisenbahnen und Fuhrwerken, Radfahrern und Fußgängern. Kühne Technik-Visionäre träumten schon bald von reinen Automobilstraßen.

Um die Wende zum 20. Jh. war es noch längst nicht das Volk, das mit den Benzinkutschen fuhr, sondern die oberen zehntausend. Die Fahrzeuge waren extrem teuer, beinah jedes stellte ein Einzelstück dar. Nur wenige konnten sich diesen Luxus leisten. Für diese Hautevolee eigens Straßen zu bauen, war selbst im Kaiserreich nicht durchzusetzen. Der Wunsch jedoch, die eleganten Maybachs oder Horchs, die luftigen Bugattis oder Brennabors ungehindert auszufahren, führte zu einem ersten Projekt: Ziel war der Bau einer so genannten Nur-Kraftwagenstraße.

AVUS – Prototyp der Autobahnen

Der Plan entstand 1909 in Berlin. Gefördert von Prinz Heinrich, einem Bruder des Kaisers und begeistertem Tourenwagenfahrer, nahm das Projekt einer „Automobil-Verkehrs- und Uebungsstrecke", kurz AVUS, ab 1912 im Grunewald Gestalt an. Die „Nur-Kraftwagenstraße", gedacht als Kombination aus Freizeitrennbahn und Versuchsstrecke, wurde zum Prototyp der Autobahn. Zwei kreuzungsfreie Geraden von je 9,8 km Länge auf 8 m breitem Fahrdamm, verbunden durch eine Süd- und eine Nordschleife, sollten es werden.
Die AVUS war fast fertig, als in Europa im August 1914 der Krieg ausbrach. Mehrere Jahre lang lag der Kurs unbeachtet im Forst. Ein mächtiger Unternehmer aus dem Ruhrgebiet schließlich weckte die AVUS 1921 aus dem Schlaf: Hugo Stinnes kaufte das Gelände, errichtete Tribünen und Kassenhäuschen. Mit der ersten Automobilausstellung der Nachkriegszeit wurde im gleichen Jahr die erste deutsche Rennstrecke eröffnet. 1922 veranstaltete der ADAC erstmals einen Wettbewerb auf dem Grunewaldkurs, der in den 30er-Jahren zur schnellsten Autopiste der Welt avancieren sollte. Die Namen großer Rennfahrer, von Caracciola über Lang, Stuck und Rosemeyer bis hin zu Fangio, bleiben untrennbar verbunden mit dieser Straße, die seit 1971 an den Berliner Stadtring angeschlossen ist.

Auf den öffentlichen Straßen spitzte sich die Entwicklung im Laufe der 20er-Jahre dramatisch zu. Schwere Karambolagen waren auch auf der Landstraße zwischen Bonn und Düsseldorf an der Tagesordnung. Sie galt damals als die verkehrsreichste Straße Deutschlands. Der Präsident des Preußischen Staatsrates und Oberbürgermeister von Köln, Konrad Adenauer, suchte dem Chaos ein Ende zu setzen. 1928 schlugen Straßenbauer für diese Strecke eine Nur-Kraftwagenstraße nach dem technischen Vorbild der AVUS vor. Das Geld reichte jedoch nur für die 20 Kilometer zwischen Köln und Bonn. 1932 eröffnete Adenauer das Bauwerk mit den Worten: „So werden die Straßen der Zukunft aussehen."
Völlig neu war eine solche Straße indes nicht in Europa. In Italien hatte man erst wenige Jahre zuvor die „Autostrada" erbaut – schnurgerade Schnellstraßen von Mailand an die Lombardischen Seen. Es waren Ferienrouten für die Industriellen und Adeligen aus Mailand und Umgebung. Der Geschäftsmann Piero Puricelli und der Bauingenieur Leonardo Mercati hatten bei der Regierung in Rom die gebührenpflichtige Privatautobahn durchgesetzt.
Auch in Deutschland wurde heftig über den Bau leistungsfähiger Kraftstraßen nachgedacht. Maßgeblich waren hier zwei Persönlichkeiten, die den Gedanken schon Anfang der 20er-Jahre hegten: Willy Hof, Generaldirektor der Deutschen Handelsgesellschaft, und Hermann Uhlfelder, städtischer Oberbaurat in Frankfurt am Main. Sie besuchten Mitte der 20er-Jahre Puricelli in Mailand und kamen begeistert zurück. Allerdings rannten sie zu Hause vergeblich gegen Vorurteile an: Ein Autostraßennetz in Deutschland sei viel zu teuer, ein unfinanzierbares Luxusprojekt, es gebe doch die Eisenbahn. Dennoch sammelte die 1924 gegründete Studiengesellschaft für Automobilstraßen (STUFA) weiterhin Argumente für das Projekt.
Am 6. November 1926 fanden sich im Rathaus zu Frankfurt am Main mit Willy Hof und Hermann Uhlfelder achtzehn Gleichgesinnte zusammen. Es ging um eine Fernstraße von den Hansestädten Lübeck, Hamburg und Bremen über Frankfurt nach Basel. Jetzt gründete man einen Verein, der dieses Projekt verwirklichen sollte: den HAFRABA e.V. Die großen deutschen Bauunternehmen beteiligten sich. Auch der Ingenieur Fritz Todt interessierte sich intensiv für die Idee. Seit 1923 war er Mitglied der NSDAP, der übrigens auch HAFRABA-Geschäftsführer Hof angehörte. Es wurde heftig geplant, auch andere Strecken. Schließlich lagen zwei Nord-Süd- und drei Ost-West-Verbindungen auf dem Tisch, ein regelrechtes Netz von Nur-Autostraßen. Noch niemand benutzte zu dieser Zeit das Wort „Autobahn". Erst 1929 fragte HAFRABA-Vorsitzender Robert Otzen, ob die Nur-Autostraße nicht treffender „Autobahn" heißen solle, da sie neben der Eisenbahn ebenfalls Fernreisen ermögliche.
Die Nationalsozialisten wollten, ebenso wie die Kommunisten, zur Weimarer Zeit von den neuen „Luxusstraßen" nichts wissen. Ein Antrag, der zur Genehmigung privater Fernstraßen in Deutschland führen sollte, wurde im Juli 1930 im Reichstag eingebracht. Reichskanzler Heinrich Brüning förderte die Sache sehr.

Der Irschenberg südöstlich von München mit Blick in das Leitzachtal: Im Jahre 1935 war eine Fahrt auf dieser Strecke noch eine beschauliche Angelegenheit.

Aber der Rücktritt seiner Regierung kam einer Abstimmung zuvor. Im Januar 1933 ergriff Adolf Hitler die Macht.
Im April 1933 erhielt Willy Hof einen Termin beim neuen Kanzler. Das war der Wendepunkt. Hitler erkannte die Attraktivität und Nützlichkeit der Idee im Sinne seiner verbrecherischen Machtpläne. Die Propaganda der Nazis vereinnahmte die Autobahn vollständig. Der „Führer" habe sie sich in der Haft in Landsberg ausgedacht, hieß es fortan.
An die Stelle der HAFRABA trat im August 1933 die Gesellschaft zur Vorbereitung der Reichsautobahnen (GEZUVOR). Anfangs stand ihr noch Willy Hof vor, doch die entscheidende Figur wurde Fritz Todt. Als „Generalinspekteur für das deutsche Straßenwesen" bekam der begabte Organisator alle Vollmachten, das vom HAFRABA-Verein geplante Autobahnnetz zu verwirklichen. Unter Leitung Todts, der mit der Zeit ein immer wichtigerer Aktivposten in Hitlers Rüstungs- und Kriegspolitik werden sollte, begann überall im Reich der Autobahnbau – zunächst mit dem Berliner Ring und der Alpenautobahn München – Salzburg. Aber statt Millionen Arbeitsloser schufteten nur etwa 120 000 Menschen gleichzeitig an Baustellen und in Zulieferbetrieben. Die Arbeit war hart und meist schlecht bezahlt.
Die 1935 eröffnete Strecke Frankfurt – Darmstadt gilt als erste Reichsautobahn. Weltweit wurde das deutsche Straßensystem als vorbildlich gefeiert. Aber die Motorisierung Deutschlands blieb weit hinter der anderer Länder zurück. Als 1942 wegen des Krieges der Bau eingestellt wurde, zogen sich rund 3870 km befahrbare Autobahn (einige Hundert Kilometer davon außerhalb der heutigen Bundesrepublik) durch das Reich – doch kaum benutzt. Auch der militärische Zweck für die Wehrmacht, den sich die Nazis erhofft hatten, war nicht erfüllt worden.

Von der Reichs- zur Bundesautobahn

Ab 1949 hießen die 2110 km Fernstraßen in Westdeutschland „Bundesautobahnen". 1375 km erbte die DDR. Im Westen wurde mit dem Wiederaufbau begonnen. Die Autoindustrie entwickelte sich zu einem wesentlichen Träger des Wirtschaftswunders. 1956 gab es in der Bundesrepublik 7,1 Mio. KFZ.
Das Auto galt in der jungen Bundesrepublik als Basis für ein neu gewonnenes Lebensgefühl. Es wurde zum gesellschaftlichen Statussymbol nicht nur einer dünnen Schicht von Reichen wie vor dem Krieg, sondern für das Volk. Vom Kleinstwagen wie dem zierlichen Goggomobil, dem Lloyd-„Leukoplastbomber" oder der Isetta von BMW über nüchterne Familienautos wie VW-Käfer oder Opel Rekord bis hin zu Borgwards schöner Isabella oder gar dem noblen „Adenauer-Mercedes" war für jeden Geldbeutel etwas im Angebot. Die Fahrt zur Arbeit, der Sonntagsausflug, die Urlaubsfahrt: Das eigene Auto machte es möglich.
Der anschwellende Verkehr brauchte Straßenraum. Nicht zuletzt der Vernetzung der Ballungsgebiete, die ja auch die wesentlichen Wirtschaftsstandorte bildeten, galt das Streben der Planer. 1970 war das westdeutsche Autobahnnetz 4110 km lang, 1975 schon 5748 km und 1990 standen 8822 km zur Verfügung. Dennoch hielt der Neubau kaum Schritt mit dem Bedarf. Den Fernstraßen kamen immer mehr Aufgaben zu: Basis des individuellen, nationalen Tourismus, Pendelstrecken für Arbeitnehmer, Versorgungsnetz der Bevölkerung und in Zeiten der Just-in-time-Produktion eine Art Lagerstätte für Zulieferprodukte.
So bedeutend sie für die Volkswirtschaft geworden sein mag: Das Ansehen der Autobahn sank in der Bevölkerung immer mehr – besonders Anfang der 70er-Jahre, den Boomjahren der Automobilindustrie. Die Straßen waren zu einer Quelle von Lärm und Gestank geworden. Und obgleich statistisch als die sicherste Straße ausgewiesen, verstärkten Massenkarambolagen und schwerste Unfälle auf Autobahnen das wachsende Negativbild. Seit Ende der 70er-Jahre wird versucht, mit Umweltschutzmaßnahmen beim Straßenbau und in der Fahrzeugtechnik die verschiedenen Interessen miteinander zu versöhnen.
In der DDR beschränkte sich der Autobahnbau bis 1968 auf den Wiederaufbau einiger zerstörter Brücken und die Instandsetzung vorhandener Fahrbahnen. 1969 begann der Neubau Leipzig – Dresden und 1970 wurde mit der Strecke Berlin – Rostock angefangen. Den Ausbau der Verbindung Berlin – Hamburg ließ sich das Ost-Berliner Regime von der Bundesrepublik bezahlen.
1990, nach Wiedervereinigung und Einführung der DM, kauften die Bürger der ehemaligen DDR innerhalb weniger Monate eine immense Menge an westdeutschen Gebraucht- und Neuwagen auf. Mit Besuchern und westlichen Warenlieferungen ergoss sich ein gewaltiger Verkehrsstrom auf die wenigen und schlecht ausgebauten Straßen des ehemaligen Oststaates. Deshalb wurde 1991 die „Deutsche Einheit Fernstraßenplanungs- und -bau GmbH, kurz DEGES, gegründet. Gesellschafter sind mit 50% die Bundesrepublik Deutschland und mit je 10% die fünf neuen Länder. Die Autobahnprojekte der DEGES umfassten allein in Ostdeutschland mit Aus- und Neubauten 1550 km. Die Ostseeautobahn A20 Lübeck – Stettin bildet darin eines der größten Einzelprojekte. Die Strecken Halle – Magdeburg, Leipzig – Göttingen und Erfurt – Schweinfurt wurden ebenfalls in Angriff genommen. Sind sie erst fertig, wird das Gesamtnetz über 12 000 km lang sein.

Exakt die gleiche Stelle – knapp 60 Jahre später.

Im Dienste der Sicherheit – die Technik der Autobahnen

Anfangs war es kaum ein halbes Dutzend Anforderungen, die an eine Automobilstraße gestellt wurden. Inzwischen ist ein komplexes Verkehrssystem entstanden, in dessen Technik die Ergebnisse wissenschaftlicher Forschung in Bauphysik und Geologie, in Chemie, Biologie, Ökonomie und Ökologie bis zur Fahrpsychologie einfließen.

Im Jahre 1926 formulierte ein Team rheinischer Baubeamter die technischen Anforderungen folgendermaßen: 1. Geschwindigkeiten bis zu 120 km/h sollten möglich sein, ohne dass Fahrzeuge in Kurven abgleiten oder kippen konnten. 2. An jeder Stelle der Straße sollte man mindestens 200 m der vorausliegenden Strecke überblicken können. 3. Die Verkehrsrichtungen sollten optisch getrennt sein. 4. Die Straße sollte keine Kreuzungen aufweisen. 5. Es sollten sichere Zu- und Abfahrten bestehen.

Die Autobahnen von heute müssen ganz anderen Ansprüchen genügen. Sie tragen die Hauptlast im Güterverkehr und ermöglichen einen bis dato nie dagewesenen Individualfernverkehr.

Festlegung der Fahrbahnbreite

Im Laufe der technischen Entwicklung der Autobahn wurde und wird eine Frage immer wieder diskutiert: Wie viel Raum brauchen Autos? Bei dieser Überlegung geht es um die so genannte Kronenbreite. Damit bezeichnen Straßenbauer die Entfernung zwischen den beiden Rändern des Straßendammes. Es ist die Summe aus Fahrstreifenbreiten, Grünstreifen, inneren Leitstreifen und Seitenstreifen. Zu Beginn des Autobahnbaus in Deutschland ab 1934 wurde eine Standardbreite von 24 m gebaut. Trotz des damals spärlichen Autobahnverkehrs zeigte sich, dass Pannenfahrzeuge erhebliche Hindernisse darstellten. Man plante also ab 1942 einen breiteren Seitenstreifen ein, sodass die Kronenbreite 28,50 m betrug. Wieder aus Sicherheitsgründen wurden 1955 Seitenstreifen und Leitstreifen verbreitert, wodurch sich ein Maß von 30 m ergab. 1970 waren es sogar 31 m und bei 6-spurigem Ausbau 38,5 m. Im Zusammenhang mit der Sicherheit auf Autobahnen sind auch die Schutzplanken zu nennen, die hier seit den 60er-Jahren einen wesentlichen Beitrag leisten.

Als Anfang der 70er-Jahre die Beeinträchtigung der Umwelt allgemein ins Blickfeld rückte, gab es auf Bundesebene eine Diskussion über den Flächenverbrauch durch die Autobahnen. Das Ergebnis war ein reduzierter Querschnitt des Fahrdammes von nur 23 m. Dabei wurde auf Kosten der Fahrsicherheit auf Standstreifen verzichtet. Die „Schmalspurautobahn“ bedeutete klar einen Rückschritt hinter den Sicherheitsstandards der Anfangszeit. Diese Sparversion hat man allerdings kaum realisiert. Seit 1974 gelten für den 4-spurigen Ausbau Regelquerschnitte von 29 m, 26 m und nur als Sonderfall 23 m. Sie werden je nach regionalem Anforderungsprofil umgesetzt.

Die zunehmende Fahrgeschwindigkeit warf neue Probleme auf. In diesem Zusammenhang führte beispielsweise das Aquaplaning durch Regenwasser zu vielen Unfällen: Der Wasserfilm beeinträchtigt den Kontakt zwischen Reifen und Straße. Zwar wurden von Anfang an die Fahrbahnen mit einer Neigung nach außen versehen, um Regenwasser ablaufen zu lassen. Und auch mit der Oberflächengestaltung des Straßenbelages wird versucht, dem Aquaplaning vorzubeugen. Verlassen sollte sich jedoch kein Autofahrer darauf. Bei Wasser auf der Straße gilt nur eine Regel: runter vom Gaspedal.

Auch die Oberfläche der Autobahn hat sich mit der Zeit gewandelt. Von Anfang an standen drei Materialien zur Verfügung: Beton, Bitumen oder Naturstein. In den 30er-Jahren wurden etwa 85 % der Strecken in Beton gegossen, zunächst in einer Stärke von 25 cm. Später, als noch schneller und sparsamer gebaut wurde, ging die Deckenstärke auf 20 cm zurück. Darunter sollten 5 bis 10 cm Schotter die Frostwirkung auffangen. Rund 10 % der Strecken wurden mit Asphalt, einem Gemisch aus Bitumen und mineralischen Bestandteilen, meist in zwei Schichten von je 5 bis 8 cm Dicke befestigt. Als Tragschicht verwendete man Schotter- oder Zementbetonschichten.

Vor allem die dünnen Betondecken gingen zum Teil schon in den Kriegsjahren zu Bruch. Witterung und wachsende Belastung gaben den alten Strecken im folgenden Jahrzehnt den Rest. Auch die Verfugung der einzelnen Betonplatten litt im Laufe der Zeit – und ergab das regelmäßige Geräusch beim Überrollen der Kanten. In der DDR, wo die alten Autobahnen fast unverändert blieben, kannte man das Geräusch bis in die 80er-Jahre.

Als Ende der 50er-Jahre in Westdeutschland der Neubau der Autobahnen begann, bot sich aus wirtschaftlichen Gründen die Asphaltbauweise mit Maschinen an: Diese mischten die bituminösen Schichten und trugen sie nacheinander über die ganze Fahrbahnbreite sehr gleichmäßig auf die eingebaute Frostschutzschicht auf. Diese Fahrbahndecken setzten sich durch; ihre Verwendung erreichte bald fast 90 % aller Neubauten.

Drei Unterscheidungsmerkmale

Im Wesentlichen sind es drei Merkmale, an denen die Strecken aus den 30er-Jahren von denen der Nachkriegszeit unterschieden werden können. Die Gerade war das Ideal einer kürzesten Verbindung zwischen zwei Orten. Die Autobahn von 1934 zwischen Frankfurt und Mannheim beispielsweise folgt diesem Prinzip. Heute kennt man die fahrpsychologischen Nachteile: Eintönigkeit schläfert sehr schnell ein. Psychologen setzen dagegen auf Fahrdynamik. Im neueren Autobahnbau werden daher fast nur noch Strecken geplant, die sich mit bautechnischen „Spannungsbögen“ durch die Landschaft schwingen.

Der zweite Unterschied ist, dass heute auf die Erhaltung eines möglichst ungestörten Landschaftsbildes geachtet wird und auch der Lärmschutz eine große Rolle spielt. Die Strecke München – Salzburg beispielsweise, die 1936 gebaut wurde und unmittelbar am Südufer des Chiemsees entlangläuft, wäre auf dieser Trasse heute kaum durchführbar.

Das dritte Unterscheidungsmerkmal ist die Stetigkeit des Straßenniveaus. Sie entspringt dem Fortschritt in der Erdbewegungstechnik und im Brückenbau. Die Autostraßen aus der ersten Hälfte des 20. Jh. passten sich in ihrem Verlauf noch sehr an die Topographie an. Sie klettern über Hügel oder kurven darum herum. Der Autobahnbau in der zweiten Hälfte des 20. Jh. formt die Landschaft massiv nach seinen Bedürfnissen um. Tiefe Einschnitte, hohe Aufschüttungen schaffen dem Verkehrsstrom ein stetiges Niveau. Bagger, Bulldozer und riesige, geländegängige Schwertransporter stehen jetzt zur Verfügung. Als erstes Beispiel dieser neuen Trassierung gilt die 1971 eröffnete Sauerlandlinie, die A45 zwischen Hagen in Westfalen und die A5 in Hessen.

Meisterwerke der Brückenkonstruktion

Diese Strecke zeigt aber auch exemplarisch eine neue Art, die Verkehrsebene auf gleichmäßigem Niveau zu halten: den modernen Brückenbau. Das stetige Straßenniveau wird durch Tal- und Hangbrücken ermöglicht. Auch das hat man ansatzweise schon in den 30er-Jahren praktiziert. Die Saalebrücke im Verlauf der A4 bei Jena oder die Elstertalbrücke der A72 im sächsischen Vogtland stehen für diese Technik. Ihre Ausmaße sind mit Längen von bis zu 635 m noch relativ bescheiden.
Ganz andere Ausmaße hat da schon die Siegtalbrücke der Sauerlandlinie, die 1970 fertig gestellt wurde. Auf 1050 m Länge führt sie die A45 über die Sieg hinweg, 100 m über der Talsohle.
1977 wurde mit der Kochertalbrücke bei Geislingen, die die A6 zwischen Heilbronn und Nürnberg trägt, eine neue Größenordnung vorgestellt: 185 m Höhe und 1128 m Länge. Die Spannbetonkonstruktion mit Kastenträger und 31 m breiter Fahrbahn ist länger als die bis dahin größte Brücke Europas, die Europabrücke der Brennerautobahn in Österreich. Sie ist Teil der ersten Alpenautobahn, wurde 1959 bis 1963 erbaut und überspannt in 190 m Höhe auf 815 m Länge das Tal der Sill. Beide werden neuerdings übertroffen von einem Bauwerk in Frankreich. Das Viadukt von Millau misst 2460 m Länge und seine Pfeiler ragen bis zu 342 m in den Himmel. Dieser Meilenstein im Brückenbau überspannt das Tarntal im Süden des französischen Zentralmassivs.
Technikgeschichte geschrieben hat auch Deutschlands erste Autobahnbrücke über den Rhein. Die Brücke von Rodenkirchen bei Köln war zugleich die erste Hängebrücke hierzulande. Im Krieg stark beschädigt, hat man sie auf Druck der Bevölkerung nicht abgerissen, sondern renoviert. Um dem wachsenden Verkehr standzuhalten, wurde sie zudem in der Breite verdoppelt. Statt über Zweierpylonen laufen die Tragseile seitdem über zwei Dreierpylonen. Pylonen sind hohe Brückenbauwerke aus Stahl oder Beton, auf denen die Stahlkabel von Hänge- oder Schrägseilbrücken gelagert sind; Zweierpylonen bestehen aus zwei, Dreierpylonen aus drei vertikalen Pfeilern.

Hilfe auf der Autobahn

Zwar sind sie die sichersten Straßen. Doch bei allem Komfort, den die Autobahnen bieten, mit ihren Parkplätzen, Raststätten und Tankstellen, ist ein spezieller Service nicht wegzudenken: Die Unfall- und Pannenhilfe. Die Bundesautobahnen wurden mit einem Notrufsystem ausgestattet, das schnellen Beistand ermöglicht. Am rechten Rand der Richtungsfahrbahnen stehen im Abstand von zwei Kilometern orangefarbene Notrufsäulen. Auf den im 50-m-Abstand postierten Fahrbahn-Begrenzungspfosten (Leitpfosten) weist jeweils ein schwarzer Pfeil die Richtung zur nächsten Notrufsäule. Wer dort die Sprechklappe hebt, kann gleich den ADAC verlangen.
Mit der Verbreitung der Mobiltelefone geht die Bedeutung dieser Säulen etwas zurück. Polizei oder andere Hilfsdienste sind mit dem Handy direkt zu erreichen. Auch die „Gelben Engel“, die Straßenwachtfahrer und Pannenhelfer des ADAC, sind über die zentrale Telefonnummer 22 22 22 (in allen Mobilfunk-Netzen) oder über das Festnetz unter 0 180 2 22 22 22 rund um die Uhr abrufbereit. In mehr als 80 Prozent aller Fälle beheben die ADAC-Fachleute eine Panne direkt vor Ort.
Dank der Initiative des ADAC entstand das System der zivilen Luftrettung in Deutschland. An mehr als 20 Standorten ist die ADAC Luftrettung vertreten. Mit eigenen, hochmodern ausgestatteten Rettungshubschraubern leistet der Club einen wichtigen Beitrag im Kampf gegen den Unfalltod. Im Notfall alarmieren Sie den Rettungshubschrauber über Notruf 110 oder 112.

Autobahn im Untergrund

Mit dem Wort Tunnel verbindet sich gewöhnlich das Bild eines Berges, der „im Weg steht“ und deshalb durchbrochen werden soll. Heute verschwindet die Autobahn aus ganz unterschiedlichen Gründen unter der Erdoberfläche. Die größte Autobahn-Tunnelanlage in Deutschland beispielsweise unterquert keinen Berg, sondern einen Fluss: die Elbe bei Hamburg. 1969 bis 1975 wurden die drei Röhren des 2,9 km langen Tunnels im Senkkastenverfahren in die viel befahrene Schifffahrtsstraße gebaut. Mit weit über 100 000 Fahrzeugen pro Tag ist die Unterquerung der Elbe dennoch zum Nadelöhr europäischen Ausmaßes geworden. Die A7 bildet dort immerhin die Verbindung zwischen Skandinavien und Südeuropa. Mit dem Ausbau der Straßenverbindungen über die dänischen Inseln nach Schweden wird der Verkehr dort noch zunehmen. Deshalb ist gegenwärtig eine vierte Röhre in Bau, die 2003 fertig gestellt sein soll.
Ein moderner Grund für Tunnelbauten ist der Umweltschutz. Der längste Autobahntunnel Deutschlands ist deshalb entstanden und ein doppelt so langer im Entstehen begriffen: Weil die Oberlausitz zwischen Dresden und Görlitz geschont werden sollte, wurde die A4 auf 3,3 km Länge unter die Königshainer Berge verlegt. Ähnliches ist für die A71 zwischen Erfurt und Coburg geplant. Die Unterquerung des Rennsteiges im Thüringer Wald soll 7,8 km lang werden. Sie wird aber kaum vor 2005 passierbar sein.
Um die Geräusch-Emissionen der Autobahn einzudämmen wurden auch andere Techniken entwickelt, die an Tunnelbauten erinnern: Die sog. Einhausung. Über die Fahrbahnen werden dabei schallschluckende Gehäuse gestülpt. So hat man die A93 im Stadtgebiet von Regensburg für die Anwohner nahezu zum Schweigen gebracht.
Technischen Fortschritt, wirtschaftliche Notwendigkeit und Bedürfnisse von Mensch und Umwelt miteinander in Einklang zu bringen, wird sicherlich auch in Zukunft eine große Herausforderung bleiben. Mit der Installation intelligenter technischer Systeme zur flexiblen Verkehrssteuerung ist bereits ein großer Schritt getan. Diese Verkehrsbeeinflussungsanlagen dienen dazu, den Verkehrsablauf zu verbessern und damit die Verkehrssicherheit zu erhöhen. Dabei hat die sog. Netzbeeinflussung das Ziel, über Wechselwegweiser den Verkehr gleichmäßig auf das vorhandene Netz zu verteilen. Die Streckenbeeinflussung dagegen zielt darauf ab, den Verkehrsfluss auf einem örtlich begrenzten Streckenabschnitt über Wechselverkehrszeichen zu regeln. Die Einführung alternativer Kraftstoffe und der Bau verbrauchsarmer PKW bieten weitere Möglichkeiten, mit den Themen Verkehr und Umwelt verantwortungsvoll umzugehen.

Vom Ostseestrand ins Saarland

Oldenburg in Holstein → Hamburg → Bremen → Unna → Leverkusen → Daun → Saarbrücken

Sie war die Traumstraße der Autobahnfans der ersten Stunde in diesem Land. Eine „Nur-Kraftwagen-Straße" von den Hansestädten an der Ostseeküste über Frankfurt nach Basel in der Schweiz. Eine Fernstraße ohne Kutschen, Radfahrer und Fußgänger, kreuzungsfrei und mit Kurvenradien, die Geschwindigkeiten bis zu 120 km/h zulassen sollten.

Damals, 1919/20, kurz nach dem verlorenen Ersten Weltkrieg, war das eine utopische Idee. Dennoch wurde 1924 die „Studiengesellschaft für Automobilstraßenbau" (STUFA) gegründet. Daraus entwickelte sich bald eine Interessengemeinschaft mit dem programmatischen Namen HAFRABA: Hansestädte-Frankfurt-Basel. Sie plante über die Ursprungsstrecke der „Hansalinie" hinaus ein ganz Deutschland überziehendes Autobahnnetz.

Die A1 war die erste dieser neuartigen Straßen, die realisiert wurde. Noch unter der Regie des Reichsbahnministeriums – deshalb der völlig neue Name „Auto-Bahn" – begannen im Jahr 1934 die Bauarbeiten. 1939 wurde die A1 für den Verkehr freigegeben. Die Hansestädte Lübeck, Hamburg und Bremen waren nun durch die Autobahn miteinander verbunden. Die fehlenden Strecken kamen nach dem Krieg dazu. Für das Wirtschaftswunderland Bundesrepublik war die A1 eine wichtige Verbindung zwischen dem westdeutschen Industriezentrum im Ruhrgebiet und den Hafenstädten im Norden. Allerdings sollte anstelle von Basel nun Saarbrücken den südlichen Endpunkt bilden.

Heute fehlen der A1 nur noch rund 40 km auf ihrem Weg durch die Eifel. Sie endet vorläufig mit der AS Blankenheim und setzt im Süden ab der AS Daun ihren Weg Richtung Saarbrücken fort. Überbrücken lässt sich die Lücke auf der B258 von Blankenheim bis Müllenbach. Von dort führt die B257 zunächst zur A48 (AS Ulmen) und von dort dann weiter nach Daun. Mit 780 km im Endausbau ist sie die zweitlängste Autobahn Deutschlands; nur die A7 mit rund 950 km ist länger.

Auch an der Ostsee gibt es eine Lücke. Der A1 fehlen die letzten 36 km bis Puttgarden auf der Insel Fehmarn. Dort läuft der Verkehr auf der B207 (E47) und über die Fehmarnsundbrücke, die größte Seebrücke Deutschlands. Die Strecke wird auch Vogelfluglinie genannt. Der Name weist darauf hin, dass zur Weiterfahrt nach Skandinavien andere Verkehrsmittel nötig sind – noch! Denn eine Brücke nach Dänemark ist im Gespräch.

Ein kühner Schwung über den Fluss: 960 m lang ist die Moselbrücke bei Schweich.

- **Länge** 771 km / 7:38 h
- **Entfernungen und Fahrzeiten** (ca.)

AS Oldenburg i.H./N. – AK Hamburg-Ost 105 km / 0:56 h
AK Hamburg-Ost – AK Bremer Kreuz 110 km / 1:05 h
AK Bremer Kreuz – AS Osnabrück-Nord 118 km / 1:05 h
AS Osnabrück-Nord – AK Kamener Kreuz 96 km / 0:53 h
AK Kamener Kreuz – AK Leverkusen 88 km / 0:52 h
AK Leverkusen – AS Blankenheim 78 km / 0:44 h
(Strecke unterbrochen zwischen AS Blankenheim und AS Daun: 46 km / 0:53 h)
AS Daun – AS Saarbrücken-V.d.Heydt 130 km / 1:10 h

- **Staubereiche**

Erhöhte Staugefahr besteht im Raum Lübeck,
zwischen AD Ahlhorner Heide und AS Cloppenburg,
zwischen AS Neuenkirchen/Vörden und AS Bramsche,
zwischen AS Osnabrück-Nord und AS Osnabrück-Hafen,
zwischen AS Ladbergen u. AS Ascheberg,
zwischen AS Schwerte und AS Gevelsberg,
zwischen AK Köln-Nord u. AK Bliesheim.

1 ★ Östlich der Autobahn sehen Sie das Neubaugebiet, die Innenstadt und den Museumshof von Oldenburg. Die über 1000 Jahre alte Stadt **Oldenburg in Holstein**, heute ein Kultur- und Wirtschaftszentrum für den nordöstlichen Zipfel von Schleswig-Holstein, lohnt einen Besuch. Über alle drei Anschlussstellen ist sie nach nur ca. 2 km, 4 Min. zu erreichen. Rund um den Markt gibt es eine gemütliche Fußgängerzone. Am Rande der Altstadt befindet sich das neben Haithabu bei Schleswig bedeutendste archäologische Bodendenkmal Schleswig-Holsteins: die mächtige Ringwallanlage der slawischen Fürstenburg Starigard (Alte Burg) aus dem 7. Jh. Dank einem zur Ostsee erschlossenen Hafen war Starigard eine wichtige Handelsniederlassung und zeitweise das Hauptzentrum des Slawentums in Nordelbien. Unterhalb des bis zu 18 m hohen Burgwalls, der noch heute die Stadtbauten überragt, befindet sich das Wall-Museum, das den Alltag der Menschen vor etwa 1000 Jahren dokumentiert. Im Großen Wallsee liegt ein originalgetreuer Nachbau eines slawischen Handelsschiffs jener Zeit. In unmittelbarer Nähe des Walls steht die St.-Johannis-Kirche von 1160; die romanische Basilika gilt als erster größerer Backsteinkirchenbau Nordeuropas.

2 Vor der AS Oldenburg-Süd überquert die Autobahn den **Oldenburger Graben**, eine Bruchniederung mit Entwässerungsgraben, die sich von der Ostküste bei Dahme nach Nordosten zur Hohwachter Bucht beim Weißenhäuser Strand durch die Halbinsel Wagrien zieht.

Oldenburg in Holstein

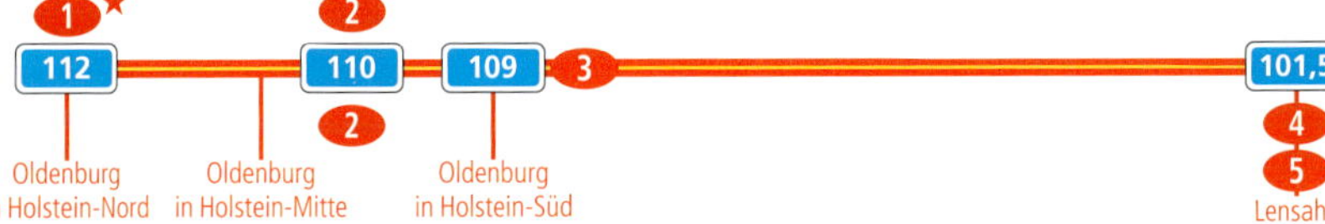

3 Bei der AS Oldenburg-Süd zweigt die in Puttgarden auf Fehmarn beginnende **Deutsche Ferienroute Alpen-Ostsee** nach Westen ab (B202). An dieser mit 1738 km längsten deutschen Ferienroute, die bis nach Berchtesgaden führt, liegt 5 km von Oldenburg entfernt das Ferienzentrum **Weißenhäuser Strand** mit einem subtropischen Badeparadies und glasüberdachter Dünenpassage.

4 Drei turmhohe Raiffeisensilos fallen westlich der A1 vor der AS Lensahn auf. Im idyllischen Waldort **Lensahn** bietet der Museumshof historische Landwirtschaft und altes Handwerk zum Anfassen sowie einen historischen Bauerngarten.

5 Östlich der AS Lensahn liegt **Cismar** mit dem ehemaligen Benediktinerkloster (7 km). Von dem 1256 von Lübeck nach Cismar verlegten Kloster ist nur das Hauptgebäude mit Kirche erhalten, das ein interessantes Kunstzentrum mit wechselnden Ausstellungen und Veranstaltungen beherbergt. In der hochgotischen Kirche steht der älteste in Europa bekannte Flügelaltar. Die Mönche erschlossen von Cismar aus im 13. und 14. Jh. fast den gesamten Raum zwischen Ostsee und Bungsberg, u.a. das 5 km nördlich liegende **Dahme**. Das heute beliebte Ostseebad war schon im frühen Mittelalter bedeutender Sitz Ostholsteinischer Adelsgeschlechter. 1460 ging das Dorf an das Kloster Cismar. Eine Flutkatastrophe zerstörte 1872 fast das gesamte Dorf. Das älteste Gebäude ist heute der 39 m hohe Leuchtturm bei Dahmeshöved (1879).

6 Westlich der A1, am Horizont der welligen Landschaft mit weiten Wiesen und Feldern, ragt ein **Fernsehturm** mit Aussichtsplattform 53 m hoch in den Himmel. Er steht auf dem **Bungsberg**, der mit 168 m die höchste Erhebung in Schleswig-Holstein ist.

7 **„Naturpark Holsteinische Schweiz“** (Informationstafel): Der Naturpark, an dessen Ostflanke sich die A1 zwischen Lensahn und Neustadt hinzieht, ist eine eiszeitliche Moränenlandschaft, die durch die zahlreichen Seen und bewaldeten Hügelketten bestimmt ist. Die größten dieser Seen sind durch natürliche und künstliche Verbindungen verknüpft, die so genannten Schwentine. Touristische Attraktionen sind die Fünf-Seen-Fahrt und die Große Plöner Seen-Rundfahrt, die man von Plön oder Eutin aus unternehmen kann. Zahlreiche Schlösser und Herrenhäuser, Güter und Gestüte, gemütliche Altstädte und Museen zwischen Plön und Malente-Gremsmühlen zeugen vom historischen Reichtum der Region.

Fachwerkhäuser mit tief heruntergezogenen Reetdächern wie dieser hübsche Hof im Dorf Bosau sind charakteristisch für die hügelige Seenlandschaft der Holsteinischen Schweiz **7**.

8 Vor der AS Neustadt-Nord fällt beim Blick über die Wiesen westlich der Autobahn die stattliche **Dorfkirche von Altenkrempe** auf einem Hügel auf. Die romanische Backsteinbasilika aus dem 12. Jh. gilt als bedeutendes Zeugnis der staufischen Kunst. Nur 2 km weiter liegt **Schloss Hasselburg**, dessen Scheune ein beliebter Konzertort für das Schleswig-Holstein-Musikfestival ist. Die hochkarätigen Konzerte dieses Festivals finden in den ländlichen Schlössern und Herrenhäusern statt, vielfach auch in den dazu vorübergehend hergerichteten Scheunen.

9 Die Autobahn verläuft hier durch das Neustädter Moor. Bei km 89 überquert die A1 die Kremper Au, die hier in das **Neustädter Binnenwasser** mündet. Der große See beherrscht die Ostseite der Autobahn und ist vor der Stadt Neustadt in Holstein zu sehen. Westlich der Autobahn taucht hinter den Wiesen der 94 m hohe **Gömnitzberg** mit Aussichtsturm auf.

10★ Wer etwas Zeit hat, sollte über die AS Neustadt i.H.-Nord nach **Neustadt in Holstein** abfahren. Nach 2 km, 5 Min. in Richtung Osten erreichen Sie das Ostseebad. Neustadt liegt auf uraltem Sied-

lungsgebiet, wie zahlreiche Funde in Urnenfeldern und Grabhügeln belegen. Die Stadt wurde 1244 von Graf Adolf IV. von Holstein gegründet. Das historische Zentrum liegt östlich des Binnenwassers, der neuere Teil der Stadt mit dem Bahnhof im Westen. Über die Geschichte von Neustadt und Ostholstein berichtet das Kreismuseum, das sich im Kremper Tor am Nordrand der Altstadt, dem einzigen erhaltenen mittelalterlichen Tor Holsteins, befindet. In einem Anbau an das Kremper Tor wurde das Cap-Arcona-Museum eingerichtet, das an den Untergang der KZ-Häftlingsflotte in der Neustädter Bucht erinnert. Am 3. Mai 1945 wurden drei von der SS nicht gekennzeichnete schwimmende „Verwahrstätten“ mit ca. 10 000 Menschen von den britischen Bombern vernichtet. Unter den wenigen erhaltenen historischen Bauten in Neustadt ist die frühgotische Stadtkirche sehenswert, deren Altar ursprünglich für den Schleswiger Dom bestimmt war. Das Rathaus am Markt wurde 1819 im klassizistischen Stil erbaut. Der mächtige alte Kornspeicher am Hafen fällt mit seinen sechs Dachstufen in Pyramidenform auf und wird im Volksmund „Pagodenspeicher“ genannt. Vom Hafen aus hat man einen schönen Blick auf das Panorama der südöstlich am Ufer der Lübecker Bucht aufgereihten Seebäder mit den Hoteltürmen in Timmendorfer Strand und Travemünde. Von hier aus verkehren auch Passagierschiffe zu den Badeorten.

→ Lübeck

97 — 6

92 7 · 91 8 · 90,5 9 · 90 10★

Neustadt in Holstein-Nord

Neustadt in Holstein-Süd

1 Östlich der Autobahn sieht man die Fahrgeschäfte des **Hansa-Parks**, eines weitläufigen Freizeitparks an der Sierksdorfer Ostseeküste, über die Bäume ragen. Daneben rücken die beiden Apartment-Hochhäuser des Ferienparks Sierksdorf ins Bild.

2 Nach der Raststätte Neustädter Bucht können Sie kurz die **Ostsee** mit den Hoteltürmen in Timmendorfer Strand und Travemünde sehen. Obwohl die A1 hier etwa 10 km lang parallel zur Küste verläuft, ist von der Ostsee und den Seebädern kaum etwas zu erspähen.

3★ Über die AS Eutin bietet sich ein interessanter Abstecher nach **Eutin** (10 km, 14 Min.) an. Statt der B76 empfiehlt es sich, die landschaftlich schönere Landstraße entlang des Süseler Sees zu nehmen. Bei der Kreuzung Süseler Baum stoßen Sie wieder auf die B76, die hier zur **Ferienstraße Alpen-Ostsee** wird und nun durch eine bezaubernde Naturlandschaft führt. Eutin geht auf die wendische Grenzfestung Utin zurück, die 1143 an Holstein fiel. Später ließen die Fürstbischöfe eine Wasserburg errichten, auf deren Resten dann 1260 das Schloss entstand. Es gehört neben dem Plöner Schloss zu den schönsten Anlagen in der Holsteinischen Schweiz. Auf der Freilichtbühne im Schlosspark werden allsommerlich Opern von Carl Maria von Weber aufgeführt, der 1786 in Eutin geboren wurde.

4 Die Ostsee ist zwar hinter den Bäumen versteckt, aber nur 1500 m von der AS Scharbeutz entfernt. Die ineinander übergehenden **Seebäder der Lübecker Bucht** haben mehr zu bieten als nur breiten Sandstrand: Mit der Ostsee-Therme besitzt Scharbeutz ein attraktives Freizeitbad, in Timmendorfer Strand befindet sich der Meerwasserzoo Sea-Life-Centre und Niendorf wartet mit einem Vogelpark auf.

5 Westlich der A1 ragt über die Bäume die Spitze der romanischen Feldsteinkirche aus dem 12. Jh. in **Ratekau** hervor, die dann nach dem Gehölz am Ufer des Ruppersdorfer Sees gut zu sehen ist. Im Ort Ratekau erinnert die Blüchereiche an die Kapitulation des damals 64-jährigen preußischen Feldherrn. Blücher hatte sich nach der verlorenen Schlacht von Jena und Auerstedt mit seinem Korps ins Lübeckische abgesetzt, musste sich aber den Franzosen ergeben, weil sein Heer „kein Brot und keine Munition mehr hatte".

6★ Travemünde, nach Norderney und Doberan das drittälteste deutsche Seebad (1802), ist über das AD Bad Schwartau auf der A226 und weiter auf der B75 zu erreichen (11 km, 15 Min. in Richtung Nordosten). Travemünde ist nicht nur ein attraktives Ostseebad mit einer reizvollen Altstadt rund um die Kirche St. Lorenz und der historischen Uferpromenade entlang der Trave, sondern mit dem Skandinavienkai auch ein wichtiger Hafen für die Fährlinien über die Ostsee. Das Segelrevier vor der Tür in der Lübecker Bucht wird alljährlich zur „Travemünder Woche" von mehr als 2000 Seglern aus aller Welt genutzt. Am Priwall-Ufer liegt die Viermastbark „Passat", sie wurde 1957 außer Dienst gestellt und ist seit 1960 ein Wahrzeichen von Travemünde.

7 Zwischen dem AD Bad Schwartau und der gleichnamigen AS reicht ein Seitenarm der **Trave** mit der Teerhofinsel südöstlich an die A1 heran. Hier sind erstmals die berühmten **sieben Türme von Lübeck** zu sehen (siehe unten). In die Innenstadt und zum Hafen gelangt man über die AS Lübeck-Zentrum.

8 „Hansestadt Lübeck – Weltkulturerbe" (Informationstafel, nur in Richtung Oldenburg): Auf der Tafel sind die sieben Türme Lübecks abgebildet: die Schifferkirche St. Jacobi, die Doppeltürme der Marienkirche, der zum Aussichtsturm umfunktionierte Turm von St. Petri, die Aegidienkirche und die Doppeltürme des Domes. Alle Bauten stehen auf der Altstadtinsel zwischen Trave und Wakenitz, die zur Keimzelle Lübecks im 12. Jh. wurde. Das einzige erhaltene mittelalterliche Stadttor, das berühmte Holstentor (15. Jh.), bewacht noch heute den Westzugang zur Altstadtinsel. Im Holstentor ist das Stadtmuseum untergebracht. Eine der vielen Sehenswürdigkeiten ist das Heiligen-Geist-Hospital, Kirche und Altersheim zugleich. 1286 gegründet, ist es das älteste Hospital in Deutschland. An die Zeit der Hanse erinnert die Schiffergesellschaft: Im Gildehaus der Schiffer von 1535 ist seit 1868 eine öffentliche Gaststätte eingerichtet, wo man auch heute an langen Tischen aus Schiffsplanken speisen kann. In der Mengstraße 4 steht das prächtige barocke Gebäude, das als Buddenbrook-Haus durch den Roman von

Nervenkitzel mit Ostseeblick: Der Hansa-Park 1 bei Sierksdorf gehört zu den meistbesuchten deutschen Freizeitparks.

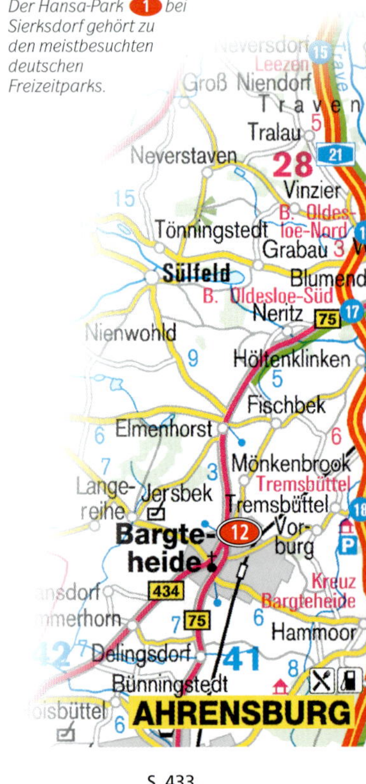

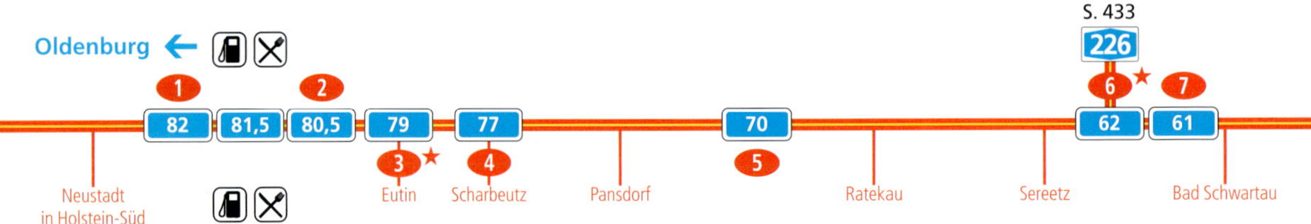

84,5 → 28,4 **1**

Thomas Mann berühmt wurde. In den Jahren 1841–1891 gehörte es der Familie Mann.

9 Kurz vor der AS Reinfeld ist von einer Anhöhe der Reinfelder Ortsteil Stubbendorf im Westen zu sehen. **Reinfeld** ist bekannt als Karpfenstadt; seit dem 12. Jh. werden hier Karpfen gezüchtet. In Reinfeld wurde 1743 der Dichter und Redakteur des „Wandsbecker Bothen" Matthias Claudius („Der Mond ist aufgegangen") geboren.

10 Auf der Talbrücke überquert die A1 die **Trave**, die bei Eutin entspringt und bis Travemünde 118 km lang ist. Sie ist seeschiffbar bis in die Lübecker Seehäfen.

11 **Bad Oldesloe**, 3 km nordwestlich der AS Bad Oldesloe gelegen, wurde 1150 am Zusammenfluss von Beste und Trave auf Salzquellen gegründet, die jahrhundertelang die wirtschaftliche Basis der Stadt bildeten.

12 4 km nordwestlich des AK Bargteheide steht das malerische **Schloss Tremsbüttel** mit Hotel und Restaurant. **Bargteheide**, 1314 urkundlich erwähnt, profitierte im Mittelalter vom Transithandel zwischen den Hansestädten.

→ Hamburg

57,5 | 53 (8) | 45 (9) | 44,5 | 43 | 42 | (10) | 37,5 (11) | 28,5 (12) 21

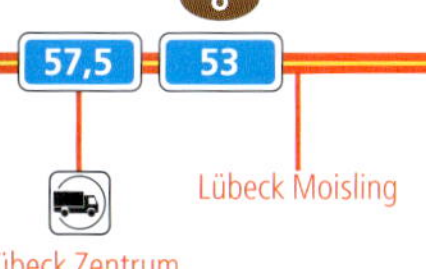

Lübeck Zentrum · Lübeck Moisling

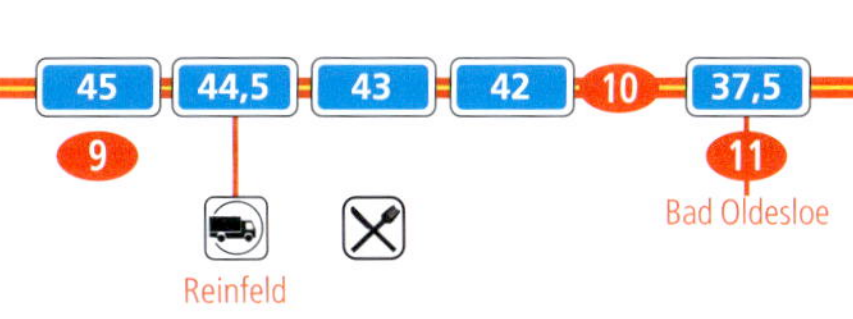

Reinfeld · Bad Oldesloe

S. 429

1 Vor der AS Ahrensburg passiert die A1 eine längere Lärmschutzanlage, hinter der westlich der Ahrensburger Ortsteil Schmalenbeck liegt. **Ahrensburg** geht auf die 1314 erwähnte Burg Arnesvelde zurück.

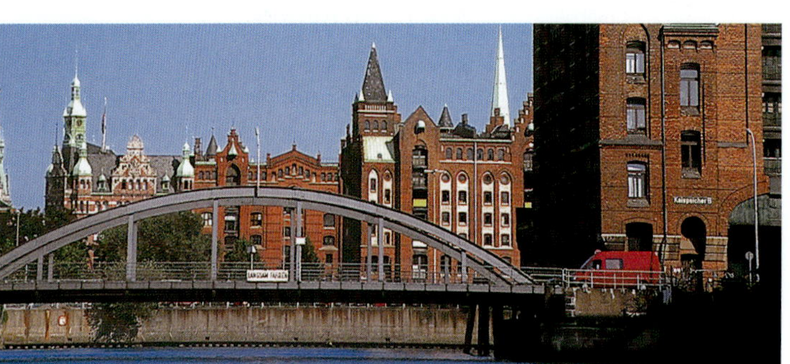

In den bis zu sieben Stockwerke hohen Ziegelbauten der Speicherstadt in Hamburg **3** *befinden sich neben Lagerhallen für Kaffee, Tabak und Gewürze auch zwei Museen.*

Das Ahrensburger Renaissance-Wasserschloss, im 16. Jh. für die Adelsfamilie von Rantzau erbaut, gehört zu den Hauptsehenswürdigkeiten in Schleswig-Holstein.

2 Kurz vor der AS Stapelfeld ist westlich die mächtige **Müllverbrennungsanlage Stapelfeld** zu sehen. Sie versorgt mit ihrer Abwärme die benachbarten Gewächshäuser.

3 Von der Anhöhe aus, die hier von der A1 überquert wird, sieht man im Westen Türme, Schornsteine und Hochhäuser von **Hamburg**. (siehe A7, S. 138; A23, S. 271; A24, S. 274).

4★ Von der AS Hamburg-Billstedt empfiehlt sich ein Abstecher nach Osten in den Hamburger Bezirk **Bergedorf** (7 km, 10 Min.). Schon im 12. Jh. war „Bergerdorp" ein bedeutender Ort. 1208 wurde die Bille für die Kornwassermühle aufgestaut, das Gebäude ist erhalten geblieben. Im aufgestauten Billebecken hat man eine Wasserburg errichtet. An dieser Stelle steht heute das Bergedorfer Schloss aus dem 15./16. Jh. Darin ist das Museum für Bergedorf und die Vierlande untergebracht. Das zweite historische Gebäude ist die Fachwerkkirche St. Petri und Pauli (1502) am Billeufer. Ab 1420 kamen Bergedorf und die Vierlande in den Besitz der beiden Hansestädte Lübeck und Hamburg, 1867 trat Lübeck seinen Anteil an Hamburg ab.

5 Nachdem Sie unter der Glockenhausbrücke hindurchgefahren sind, sehen Sie westlich ein Haus mit einem Glockenturm auf dem Dach. Dieses Glockenhaus in Hamburg-Billwerder beherbergt das **Deutsche Maler- und Lackierer-Museum**. Östlich der A1 in der Marsch sind die Billwerder Kirche und westlich die Sendeanlagen des NDR zu sehen.

6 Zwischen dem AD Hamburg-Südost und der Norderelbbrücke befindet sich nördlich der A1 hinter Lärmschutzwänden verborgen, die **Billwerder Insel** mit dem anschließenden Holzhafen in der Billwerder Bucht. Dahinter sind die hohen Bauwerke des modernen **Fernheizkraftwerks der HEW** (Hamburgische Electricitäts-Werke) auszumachen. Südlich der Autobahn sind am Ufer der Dove-Elbe (einem Zweigarm der Elbe) Filterbecken der Hamburger Wasserwerke zu erkennen.

7 Jenseits der Elbbrücke, von der Sie nördlich den Hamburger Hafen sehen können, fahren Sie auf einen Berg zu, auf dem sich westlich der A1 drei Windräder drehen: die sanierte **Sondermülldeponie Georgswerder**. Die Windkraftanlagen sorgen für die Energie zum Betreiben der Deponie.

8 Wo südlich der Süderelbbrücke vier Windräder stehen und südwestlich der AS Hamburg-Har-

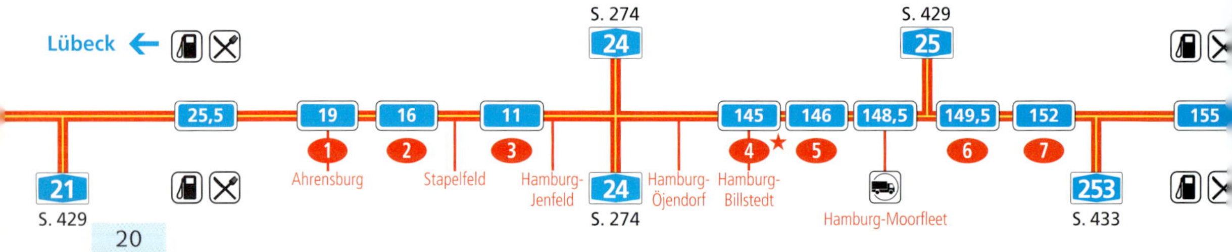

Lübeck ← S. 274 24 S. 429 25

21 S. 429 | 25,5 | 19 **1** Ahrensburg | 16 **2** Stapelfeld | 11 **3** Hamburg-Jenfeld | 24 S. 274 | Hamburg-Öjendorf | 145 **4**★ Hamburg-Billstedt | 146 **5** | 148,5 Hamburg-Moorfleet | 149,5 **6** | 152 **7** | 253 S. 433 | 155

burg sich der Baggerteich Neuland erstreckt, liegt der Hamburger Stadtteil **Harburg**. Die alte Industrie-, Hafen- und Arbeiterstadt Harburg war bis zum Groß-Hamburg-Gesetz 1937 selbstständig. Heute ist Harburg nicht nur Sitz der traditionsreichen Phoenix-Werke (Autoreifenhersteller); es gibt dort auch eine hübsche Altstadt und Hamburgs Archäologisches Museum.

9 Die A1 überquert die Bahnstrecke nach Hannover. Im Südosten ist der modernste **Rangier- und Verschiebebahnhof** Europas zu sehen. Auf 7 km sind hier 300 km Gleise mit über 1000 Weichen verlegt, auf denen täglich mehr als 10 000 Waggons durchgeschleust werden.

10 Vor der AS Hittfeld ist nördlich die alte Windmühle in **Hittfeld** zu sehen. Hittfeld entstand aus einer uralten Siedlung; die Feldsteinkirche mit frei stehendem Glockenturm ist rund 1000 Jahre alt.

11★ Wenn Sie wissen wollen, wo „die Hunde mit dem Schwanz bellen", dann fahren Sie von der AS Rade nach **Buxtehude** (15 km, 35 Min. in nördlicher Richtung). Mit historischen Klinker- und Fachwerkbauten wie dem Buxtehuder Heimatmuseum, dem backsteinernen Marschtorzwinger und einem alten Markt ist der Ort hübsch anzusehen. Die Sache mit dem Hundeschwanz hat tatsächlich eine Erklärung: Die größte Kirchenglocke hieß Hunte, ihr Glockenseil war unten ausgefranst wie ein Eselschwanz, und „bellen" steht niederdeutsch für „läuten".

12 Nördlich ist **Hollenstedt** zu sehen. Der Ort wurde bereits 804 urkundlich erwähnt, denn hier schlug Karl der Große sein „Sommerquartier" auf. Reste seines Lagers, der Alten Burg, sind restauriert.

1 Zwischen zwei Straßenbrücken, die im Abstand von 1 km über die A1 führen, liegt direkt hinter dem nördlichen Lärmschutzwall der tausendjährige Ort **Gyhum**. Die zierliche Rundspitze auf dem mächtigen Viereckturm der Feldsteinkirche reckt sich zwischen den Brücken empor. Reetgedeckte Fachwerkbauernhäuser prägen das Bild der kleinen Gemeinde.

2 Bei der AS Bockel kreuzt die A1 die B71, ein Teilstück der **Deutschen Fachwerkstraße**. Diese touristische Route berührt Gegenden, in denen die Fachwerkbauweise Tradition hat. 2000 Kilometer lang verläuft sie durch Niedersachsen, Sachsen-Anhalt, Thüringen, Hessen und Bayern.

3★ Hinter dem Namen **Zeven** auf dem Wegweiser vor der AS Bockel verbirgt sich eine sehenswerte Stadt in 12 km Entfernung nördlich der A1 (10 Min.). In Zeven steht die St.-Viti-Kirche aus dem 12. Jh. Im ehemaligen Nonnenkloster befindet sich das Museum Kloster Zeven – ein prächtiger, typisch romanischer Bau mit barocken Wandmalereien. Das Christinenhaus ist der älteste Profanbau in Zeven. Es gehörte, wie auch das Kloster, der schwedischen Königin Christine (1626–1689). Im Zevener Feuerwehrmuseum wird die Entwicklung des Brandschutzes vom Löscheimer bis zum Löschzug anschaulich dargestellt; zwischen Tostedt und Wilstedt dampft eine Museumseisenbahn.

Der Roland auf dem Marktplatz von Bremen – die älteste und größte Rolandstatue.

4 Hinter dem Mischwald, der sich zu beiden Seiten der Autobahn erstreckt, liegt 14 km westlich der A1 der Ort **Fischerhude** verborgen. Dies war die Wahlheimat des Malers Otto Modersohn (1865–1943), einer der Gründer der Worpsweder Künstlerkolonie. Das Otto-Modersohn-Museum (2 km) erinnert an den Künstler. Es liegt inmitten der Fischerhuder Wümmewiesen, die den Künstler seit 1908 immer wieder inspirierten.

5 Ein verschwiegener See glitzert durch die Bäume nördlich der A1. Es ist der **Grundbergsee**, direkt an der gleichnamigen Raststätte gelegen. Hier beginnt eine **automatische Verkehrsregelung** zur Vermeidung von Staus. Sensoren liefern Verkehrs- und Wetterdaten an den zentralen Computer, der daraus die ideale Geschwindigkeit errechnet.

6 Zwischen Büschen, Bäumen und Lärmschutzverbauung führt bei der AS **Oyten** eine Abzweigung in den gleichnamigen Ort nördlich der A1. Die 15 000-Einwohner-Gemeinde gehört seit jeher zum Gogerichtsbezirk (= Gaugericht) Achim, wo sich

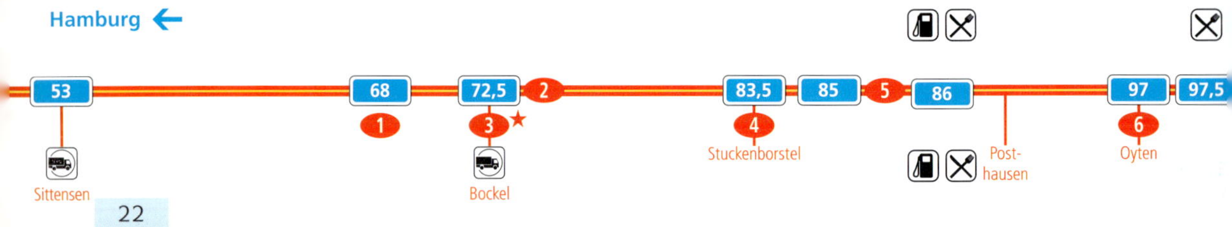

Hamburg ←

53 Sittensen – 68 (1) – 72,5 (2) (3)★ Bockel – 83,5 (4) Stuckenborstel – 85 (5) – 86 – Posthausen – 97 (6) Oyten – 97,5

auch heute noch das zuständige Amtsgericht befindet. Über einen Damm durch das Königsmoor im Westen von Oyten führt die **Straße der Weserrenaissance**. Von Hannoversch Münden bis nach Bremen berührt sie Städte mit prachtvollen Rathäusern, Wohnhäusern und Gehöften aus der Zeit wirtschaftlicher Blüte von 1520–1620.

7 **„Die Bremer Stadtmusikanten“** (Informationstafel): Esel, Hund, Katze und Hahn aus dem bekannten Märchen symbolisieren die Hansestadt Bremen. Der Zufall will es, dass gleich neben dem Schild der blau gestrichene Fabrikkomplex von „Vitakraft-Tierfutter“ steht.

8 Kurz vor der AS Bremen-Arsten führt eine Brücke über die **Weser**, die hinter Lärmschutzwänden dahinzieht. Der große deutsche Strom entsteht bei Münden aus dem Zusammenfluss von Werra und Fulda und fließt nach 440 km bei Bremerhaven in die Nordsee. Die Weser ist auf der ganzen Länge schiffbar, wird im Weserbergland Oberweser, im Flachland Mittelweser und ab Bremen Unterweser genannt.

9 Ab der AS Uphusen/Bremen-Mahndorf bildete die A1 ein Teilstück der **Grünen Küstenstraße**, die von Schleswig-Holstein bis an die Grenze zu den Niederlanden führt. Bei der AS Delmenhorst-Ost verlässt sie die A1 und schwenkt nach Norden über Oldenburg Richtung Friesland.

10 **„Naturpark Wildeshauser Geest“** (Informationstafel, nur in Richtung Hamburg): Das Schild zeigt die Fassade eines typischen Fachwerkhauses mit einem Laubbaum. Beides weist auf die Kolonisierung dieses eigentlich unfruchtbaren Heidelandes durch die so genannte Plaggenwirtschaft hin. Die Plagge, ausgestochene Teile des Moor- und Heidebodens, wurden kompostiert und zur Verbesserung des Bodens erneut aufgebracht. Heute bestimmen Wälder, Moore, Heide- und Weideflächen das Bild.

11 „Transoflex“ und andere Firmen haben große Industriebauten direkt an die nördliche Seite der A1 gebaut. 7,5 km südlich der Autobahn liegt **Harpstedt**. In der Umgebung gibt es Großsteingräber und zahlreiche Hügelgräber. Nach dem hier gefundenen Harpstedter Rauhtopf, einem Tongefäß, dessen Außenseite durch Bewurf stark gerauht ist, wurde eine ganze Vorgeschichtsperiode benannt, die Rauhtopfzeit.

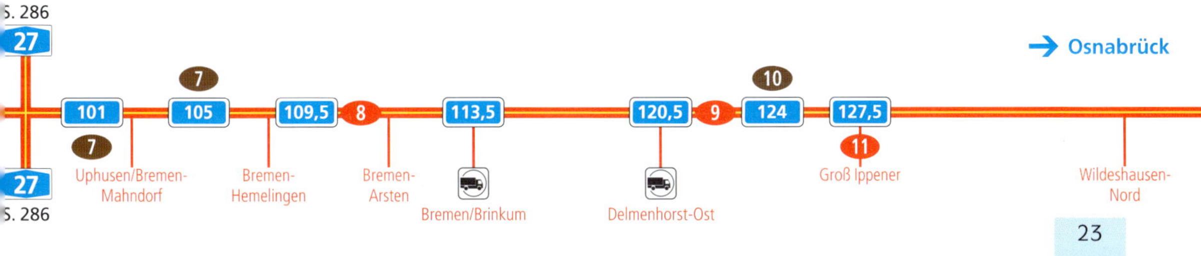

1 Der nördlich der Autobahn gut zu sehende Fluss **Hunte** ist an dieser Stelle gerade mal 4 m breit und pechschwarz. Er fließt unter der A1 hindurch und im weiteren Verlauf bei Elsfleth in die Weser. 3 km von der A1 flussabwärts liegt Dötlingen, ein Dorf wie gemalt. Mitten im Naturpark Wildeshauser Geest gelegen, ist es geprägt von reetgedeckten Bauernhäusern.

2 Sie fahren durch einen dichten Mischwald aus Birken und Kiefern. Dabei passieren Sie direkt neben der Autobahn (bei km 147 und km 154) zwei vorgeschichtliche **Megalithgräber** – die „Visbeker Braut" und den „Visbeker Bräutigam". Die Gräber wie auch ein Opfertisch stammen aus der Zeit um 4000 v. Chr. Sie zählen zu den bedeutendsten archäologischen Denkmälern Norddeutschlands.

3 Das **AD Ahlhorner Heide** liegt im dichten Wald. Hier zweigt die A29 ab und führt über Wardenburg und Oldenburg nach Wilhelmshaven an der Nordsee (siehe S. 296).

4 **„Freilichtmuseum Cloppenburg"** (Informationstafel): Zwei Fachwerkhäuser und eine Windmühle deuten an, was es dort zu sehen gibt. Das 1922 gegründete Heimatmuseum wurde 1934 zum Museumsdorf erweitert.

5 Die Autobahn verläuft an dieser Stelle erhöht auf einem Damm. Somit haben Sie einen freien Blick über Felder und Wälder. Gut zu sehen ist der **Desum**, eine bewaldete Erhebung südlich von Cloppenburg. Er war jahrhundertelang eine Thing-

Hamburg ←

142,5 | 143 | 147 | 154 | 158 | 160 | 168

Wildeshausen-Nord · Wildeshausen-West · Ahlhorner Heide · 29 S. 300 · Cloppenburg

Burg Dinklage **9** *ist seit 1949 ein Benediktinerinnenkloster, in dem auch Gäste den Klosteralltag kennen lernen können.*

stätte (Thing = Volksversammlung, Gericht) für den ganzen Lerigau, später Sitz des Gogerichts (=Gaugericht). Großsteingräber in der Garther Heide und am Hexenberg in Drantum aus der Zeit um 2600 v. Chr. und Einzelgräber im Gartherfeld (um 2000 v. Chr.) 2 km westlich des AD Ahlhorner Heide erinnern an uralte Kulturen.

6 Östlich der A1, direkt neben der Autobahn, sehen Sie zwischen Bäumen die Klinkerbauten von **Bakum** mit als Wetterschutz tief herunter gezogenen Dächern. Einige dieser Hofstellen gibt es schon seit 890. In Bakum soll der Lügenbaron Münchhausen auf der Freitreppe des Hauses Daren sein berühmtes Reiterkunststück vorgeführt haben.

7 Östlich der A1 sehen Sie das Gewerbegebiet der Stadt **Vechta**. Durch Erdöl- und Erdgasfunde hat sich die Stadt zu einem Wirtschaftszentrum entwickelt. Der Stoppelmarkt jeweils Mitte August ist heute eines der größten deutschen Volksfeste (ca. 700 000 Besucher).

8★ Östlich der Autobahn, hinter der aus Büschen und Bäumen bestehenden Eingrünung der A1, liegt **Lohne**. Und tatsächlich: Es lohnt sich, der Altstadt und dem Hopener Wasserschloss einen Besuch abzustatten (AS Lohne/Dinklage, 5 km, 7 Min.). Sehenswert ist auch das Industriemuseum, das über die einstige Korkenproduktion am Ort informiert. Einen Überblick über die Stadt bietet das Wahrzeichen von Lohne, der gleich neben dem Schloss gelegene 18 m hohe Aussichtsturm auf der Anhöhe Burgwald.

9 Ganz in der Nähe, westlich der von dichtem Wald begrenzten Autobahn, liegt die **Burg Dinklage**. Sie ist eines der ältesten Wasserschlösser in Deutschland. Nach dem Zweiten Weltkrieg gründeten dort Benediktinerinnen ein Kloster.

10 **„Dümmer und Dammer Berge“** (Informationstafel): Bäume und ein See symbolisieren auf dem Schild den Naturpark Dümmer und die dazugehörigen Dammer Berge, die auch die Oldenburger Schweiz genannt werden. Der Naturpark ist nach dem gleichnamigen See benannt, der 18 km östlich der A1 inmitten des Parks liegt. Das Gelände steigt dort auf 145 m an. Der Dümmer stellt mit 16 km² den zweitgrößten Binnensee Niedersachsens dar.

11 Östlich der Autobahn, hinter der an diesem Abschnitt dicht zuge-

wachsenen A1, liegt **Holdorf**. Dort wurden 1999 Teile von Tongefäßen und Messerklingen aus dem 8. Jh. n. Chr. gefunden.

12 Unübersehbar wölbt sich über die Autobahn das **Brückenrestaurant „Dammer Berge“**. Es gewährt eine grandiose Aussicht über den waldreichen Naturpark Dümmer östlich der Autobahn. Beim Brückenrestaurant steht auch eine Autobahnkapelle.

13 **„Damme“** steht u.a. auf dem Abfahrtsschild an der AS Neuenkirchen-Vörden. Der Ort, 11 km östlich der A1, gab den flachen Höhen der Dammer Berge seinen Namen.

14 Nach Westen schauen Sie in die waldreiche Niederung der Hase. Dorthin verläuft die **Bramgau-Route**, eine 103 km lange Ferienstraße um die Stadt Bramsche; der Rundkurs kreuzt hier die A1. Die Stadt hat ihren Namen von der typischen Bram-Landschaft, einer altsächsischen Form des Ackerlandes: Mit Ginsterhecken, die man „Bram“ nannte, wurde ein „Esch“, ein Acker, eingefriedet.

Oldenburger Münsterland

Nach Cloppenburg und nach Vechta weisen zwei aufeinander folgende Abfahrtsschilder an der AS Cloppenburg. Die beiden Landkreise bilden den Kern des Oldenburger Münsterlandes. In zahlreiche Vereinigungen und Arbeitsgemeinschaften gliedert sich heute dieser spezielle Landschaftsverbund zwischen dem Vehnemoor im Norden und den Dammer Bergen im Süden.

Vor 200 Jahren erhielt diese Region im Münsterland ihren heutigen Namen. Damals bestanden zwei gegensätzliche Herrschaftsbereiche: das protestantische Großherzogtum Oldenburg und das katholische Fürstbistum Münster. Mit 5000 km² Fläche und 550 000 Einwohnern stand das einstige Herzogtum Oldenburg im Schatten des mächtigen Fürstbischofs von Münster. Er herrschte über das größte geistliche Besitztum Deutschlands, das sich über rund 10 000 km² erstreckte.

1803 endete diese Herrschaft durch den Reichsdeputationshauptschluss, der die Säkularisation, die Verstaatlichung von Kirchengütern, vorsah. 1810 schluckte das Kaiserreich Frankreich unter Napoleon Bonaparte Oldenburg samt Fürstbistum Münster. Aber nach der Niederlage des französischen Kaisers 1815 bei Waterloo erhielt das Land Oldenburg nicht nur seine Souveränität zurück, sondern wurde zum Großherzogtum erhoben und an den ehemals kirchlichen Gebieten beteiligt, die nun zu vergeben waren.

Ein Teil des Fürstbistums Münster ging an Oldenburg; das Oldenburger Münsterland war geboren. Nach anfänglichen Befürchtungen sollen sich die katholischen Neubürger im protestantischen Großherzogtum gut zurecht gefunden haben, zumal der Bischof von Münster ihr geistlicher Oberhirte blieb. Heute lebt das Oldenburger Münsterland als Name einer Ferienregion und als Wirtschaftsförderungsverein für die beiden Landkreise Cloppenburg und Vechta weiter.

7 171 173 180,5 184,5 188 194,5 12 200 14

8★ 9 10 11 13

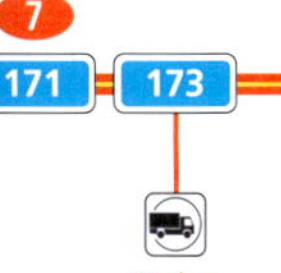

Vechta

Lohne/Dinklage

Holdorf

Neuenkirchen/Vörden

1 Hinter den Bäumen verborgen liegen historisch bedeutsame Orte: Im Westen, nur 1 km von der A1 entfernt, steht das **Kloster Malgarten**. Das ehemalige Frauenkloster weist eine sehenswerte Architektur von der Spätromanik bis zum Rokoko auf. Es handelt sich um eine komplette Anlage mit Konventsgebäude, Kirche, Kreuzgang, Brau- und Backhaus und einem eigenen Haus für die Äbtissin.

2 **„Osnabrücker Land"** (Informationstafel): Das abgebildete Heideland, in der rechten unteren Ecke die Maske, die auf dem Schauplatz der Varusschlacht im Teutoburger Wald (siehe unten) gefunden wurde, stehen für die Landschaft und die Geschichte der Region. Das Osnabrücker Land steckt voller vor- und frühgeschichtlicher Zeugnisse. Ganz in der Nähe, westlich der A1 in Höhe Neuenkirchen/Vörden, liegen auch die historische Wassermühle Riesau und das Giersfeld, ein großes Gräberfeld aus der Jungsteinzeit und der Bronzezeit.

3 ★ Östlich der A1 sehen Sie den 157 m hohen **Kalkrieser Berg**. Zu Füßen der Anhöhe vernichtete 9 n. Chr. der Cheruskerfürst Arminius (verdeutscht fälschlich Hermann) das Heer des römischen Statthalters Publius Quinctilius Varus. Wer sich für Geschichte interessiert, sollte diesen historischen Ort unbedingt besuchen. Im Infozentrum Kalkriese (Venner Str. 69, Tel. 0 54 68/9 20 40), untergebracht in einem etwa 600 m² großen Wirtschaftsgebäude des Hofes Fisse-Niewedde, wird die Varusschlacht mit Bildern und Exponaten veranschaulicht. Anhand archäologischer Funde werden Hintergründe und Auswirkungen erläutert. Über die AS Bramsche und die B218 Richtung Venne gelangen Sie dorthin (7 km, 5 Min.).

4 An dieser Stelle führt die A1 über den **Mittellandkanal**. Er verbindet auf 325 km von Bevergen bis Magdeburg das Kanalsystem von Rhein und Ruhr mit dem von Weser und Elbe. Gegenwärtig wird der 1938 fertig gestellte Kanal für Schiffe bis 1350 t ausgebaut.

5 Die frühere Tuchmacherstadt **Bramsche** liegt westlich der Autobahn hinter Bäumen verborgen. Einst wurde hier Schafwolle zu fertigem Tuch verarbeitet. Bekannt war das Bramscher Rot – für die Uniformröcke der hannoverschen und englischen Soldaten. Im Tuchmacher-Museum können Sie auf über 2000 m² den komplexen Prozess an laufenden Maschinen erleben. In der Stadt gibt es auch ein malerisches Mühlenviertel mit Fachwerkhäusern.

6 Nur 5 km westlich der A1 liegt, hinter Bäumen verborgen, der Ort **Westerkappeln**. Die evangelische Stadtkirche stammt zum Teil aus dem 12./13. Jh. Langhaus und Querhaus wurden damals an einen bereits bestehenden Wehrturm angebaut; den Turm baute man zum Glockenturm um. Im Naturschutzgebiet des Gabelin – benannt nach einem Waldstück zwischen Lotte und Westerkappeln –, an der Grenze zwischen den beiden Orten, liegen die sagenumwobenen Großen Sloopsteine. Dieses rund 4000 Jahre alte Großsteingrab stammt aus der Jungsteinzeit (ca. 2000 v. Chr.)

7 **„Tecklenburger Land"** (Informationstafel): Das Schild zeigt die Tecklenburg sowie ein Fachwerkhaus mit Bäumen. Unter dem Schutz der Burg, nach der die Region ihren Namen erhielt, konnte sich das waldreiche Land entwickeln. Gleich hinter der Informationstafel haben Sie einen hübschen Blick auf ein Einzelgehöft.

8 Bald nach der Raststätte Tecklenburger Land öffnet sich ein fantastischer Blick hinunter ins weite **Münsterland**. Die A1 verläuft an dieser Stelle über die Talbrücke Habichtswald. Dann steigt die Trasse wieder an und führt am Hang eines Hügels entlang, der sich südöstlich erhebt. Es ist der 202 m hohe Leeder Berg. Im Nordwesten sehen Sie Häuser des Dorfes Oberbauer, dahinter Ledde. Die beiden Orte sind der Endpunkt der Ferienstraße **Oldtimer-Route** (siehe auch A30, S. 306), die durch eine landschaftlich hinreißende Gegend führt.

9 Hinter den Bäumen, 900 m westlich der A1, verbirgt sich das **Wasserschloss Haus Marck**, ein nicht nur architektonisch wertvoller alter Adelssitz: Hier fanden 1643, fünf Jahre vor Ende des Dreißigjährigen Krieges, die Vorverhandlungen zum Westfälischen Frieden statt. 200 Jahre später kam Friedrich von Bodelschwingh, der Erneuerer der Bethelschen Anstalten, im Haus Marck zur Welt.

10 Vor Ihnen breitet sich ein prachtvolles Panorama aus: Es hat den Anschein, als sei das ganze Land bis zum Horizont mit Wald bedeckt. Das Abfahrtsschild macht Sie auf die nordwestlich liegende kleine Bergstadt **Tecklenburg** aufmerksam. Der Ort stand unter dem Schutz der Grafen von Tecklenburg und deren Burg, von der heute nur noch Reste erhalten sind. 1707 erwarb Preußen die Grafschaft und verkaufte die Burg zum Abbruch. Nach fünf Jahren französischer Herrschaft wurde 1815 der Landkreis Tecklenburg gebildet. Der mo-

Schloss Iburg gehört zu den schönsten Sehenswürdigkeiten im Osnabrücker Land **2***. Die Deckenmalereien im Rittersaal sind besonders bemerkenswert.*

Bremen ← Punkt von S. 25

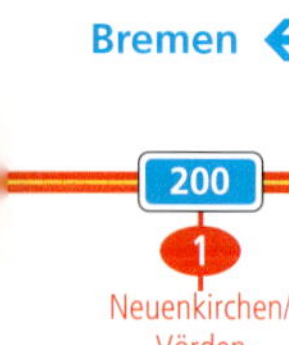

derne Höhepunkt Tecklenburgs ist seine Freilichtbühne unter einer beweglichen Überdachung. Die Bühne zählt zu den größten in Deutschland.

11 Ganz in der Nähe, östlich der A1, am Fuße des Kleeberges (178 m), liegt **Lengerich**. Seit 1974 bildet es den Hauptort einer Samtgemeinde (niedersächsische Form eines Kommunalverbandes), zu der auch Bawinkel, Gersten, Handrup, Langen und Wettrup mit insgesamt rund 9 400 Einwohnern gehören. Die Lage in der hügeligen Landschaft des Stauchmoränengebiets macht den Ort touristisch interessant.

12 **„Münsterland“** (Informationstafel): Auf dem Schild sehen Sie eine Burg mit Turm und Mauer und eine Eiche. Sie stehen für die historische und kulturelle Bedeutung des Münsterlandes, das zahlreiche touristische Ziele bietet.

13 Schon von den Höhen des Teutoburger Waldes aus sind startende und landende Flugzeuge des

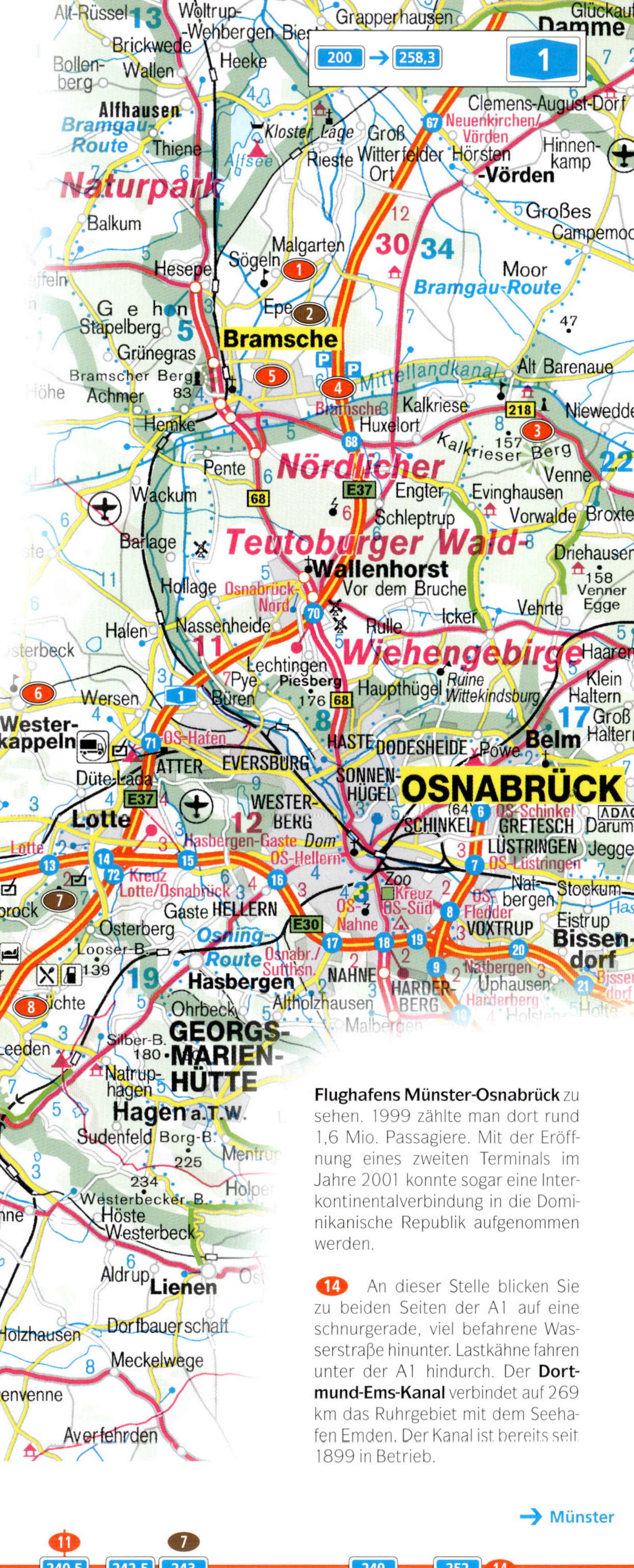

Flughafens Münster-Osnabrück zu sehen. 1999 zählte man dort rund 1,6 Mio. Passagiere. Mit der Eröffnung eines zweiten Terminals im Jahre 2001 konnte sogar eine Interkontinentalverbindung in die Dominikanische Republik aufgenommen werden.

14 An dieser Stelle blicken Sie zu beiden Seiten der A1 auf eine schnurgerade, viel befahrene Wasserstraße hinunter. Lastkähne fahren unter der A1 hindurch. Der **Dortmund-Ems-Kanal** verbindet auf 269 km das Ruhrgebiet mit dem Seehafen Emden. Der Kanal ist bereits seit 1899 in Betrieb.

S. 304
30
→ Münster
231,5 — 7
234,5
235,5 — 8 / 8
240,5 — 11 / 9 / 10 Lengerich/Tecklenburg
242,5 — 12
243 — 7
249 — 13 Ladbergen
252
14
Greven
30
S. 304

Nordwalde
Feldbauerschaft
Westenfeld
Blomberg
GREVEN
(39)
Aldrup
Greven
Guntrup
Gimbte
Bockholt
Brüskenheide
Brock
Brock
Groß-Stetzkam
Haus Loburg
Altenberge
(104)
Kümper
Hansell
Uhlenbrock
Gittrup
Vadrup
Ostbevern
Sprakel
2002
Fuestrup
Brink
Lehmbrock
Hollenbeck
Hohenhorst
Häger
Westbevern
Überwasser
Schirl
Waltrup
Nienberge
KINDERHAUS
COERDE
Klatenbge.
HANDORF
Telgte
UPPENBERG
Münster-Nord
GIEVENBECK
"Die Therme"
Vechtrup
Wasserschloß Hülshoff
Masbeck
ADAC
Natrup
ROXEL
Freilichtmuseum Mühlenhof
MAURITZ
MÜNSTER
(62)
Raestrup
Berdel
Tilbeck
HAFEN
Versmar
Müssingen
MECKLENBECK
GREMMENDORF
Erter
Albachten
WOLBECK
Evers-winkel
Bösensell
Püning
Alverskirchen
Münster-Süd
ANGELMODDE
Senden
HILTRUP
Angel
Bredenbeck
Wilbrenning
Wieningen
Natrap
Amelsbüren
Elmenhorst
Wierling
Rummler
Senden
Dortmund-Ems-Kanal
Hemmer
Albersloh
Rinkhöven
Schölling
Venne
Alst
Sendenhorst
Wasserschloß Senden
Rinkerode
Brock
Hardt
Gettrup
Werse
Altendorf
Ottmarsbocholt
Davensberg
Eickenbeck
Natorp
Averdung
Kakesbeck
Aldenhövel
Jönsthövel
Bechtrup
Wasserschloß Steinfurt
Nordbauerschaft
Höckesfeld
Drensteinfurt
(78)
Wasserburg Vischering
Oberbauerschaft
Ascheberg
Ascheberg
Borbein
Rieth
Westrup
Westerbauerschaft
Brockhausen
AHLEN
(83)
Lüdinghausen
(52)
Brochtrup
Forsthövel
Piekenbrock
Arup
Walstedde
Altahlen
Lütkebauerschaft
Mersch
Tüllinghoff
Nordkirchen
Herbern
Herrenstein
Ondrup
Kurriker-B.
Oestrich
Capelle
Nordick
Wasserschloß Nordkirchen
Horn
Ternsche
Wessel
Gemmerich
Barsen
Hölter
Westerfelde
Südkirchen
Enniger
Holthausen
Hamm-Bockum/Werne
HÖVEL
HEESSEN
Selm
Hs. Heessen
Horst
BOCKUM-
Ehringhausen
ADAC
WERRIES
Altenbork
Netteberge
WERNE
(52)
Stockum
HAMM
(63)
Bork
Varnhövel
Hassel
Cappenberg
Schloß Cappenberg
Hamm-Bergkamen
HERRINGEN
WESTTÜNNEN
Osnabrück
S. 430
260
262
266
270,5
275,5
279
279,5
43
Greven
Münster-Nord
S. 430

1

1 An dieser Stelle überquert die A1 die **Ems**, einen hübschen, gewunden und verträumt dahinziehenden Fluss. Er gab nicht nur dem nächstgrößeren Ort Emsdetten, sondern einer ganzen Landschaft den Namen, dem **Emsland** (siehe A31, Seite 308). Der sechstgrößte deutsche Strom entspringt in der Senne, empfängt Zuflüsse von Leda und Hase, ehe er nach 371 km bei Emden in den Dollart und das Wattenmeer der Nordsee mündet.

2 Wegen der vielen Überführungen verläuft die A1 hier auf einem Damm. Von dieser erhöhten Position aus haben Sie einen herrlichen Ausblick auf die anmutig gewellte Landschaft. Im Osten ragt der **Kirchturm von Sprakel**, einem Stadtteil von Münster, mit einem Wetterhahn über die Bäume hervor.

3 **„Münster, Rathaus des Westfälischen Friedens“** (Informationstafel): Die Tafel zeigt die Fassade des Rathauses, in dem 1648 das Ende des Dreißigjährigen Krieges besiegelt wurde. Kurz nach dem Schild sind östlich der A1 der Fernsehturm und Wohnblocks von Münster über den Bäumen zu sehen.

4 Die A1 ist hier dicht eingegrünt und mit Lärmschutz verbaut. Geschützt werden soll vor allem die kleine Ortschaft Nienberge, westlich der A1, ein Stadtteil von **Münster**. Ins Zentrum der Stadt sind es von hier rund 6 km Richtung Südosten. Münster an der Aa (im Südwesten der Stadt zum Aasee gestaut) ist bekannt als Stadt der Fürstbischöfe, der Täuferherrschaft (1534/35), des Westfälischen Friedens (1648) und als Universitätsstadt. 793 gründete hier der friesische Missionar Liudger ein Kloster (lateinisch: monasterium), wodurch die Stadt ihren Namen erhielt. Aus dem Kloster erwuchs ein Fürstbistum, das zu den größten geistlichen Herrschaften Deutschlands gehörte. Im Zweiten Weltkrieg wurde der Stadtkern zu 90 Prozent zerstört und danach größtenteils originalgetreu wieder aufgebaut.

5★ Nur wenige hundert Meter südwestlich der AS Münster-Nord steht von Eingrünungen und Lärmschutzwänden gut verborgen **Haus Rüschhaus**. Der fürstbischöfliche Baumeister General Johann Conrad Schlaun, der letzte der großen deutschen Barockbaumeister, hat es 1745–1749 für sich als Sommersitz erbaut. Im Jahre 1826 bezog es die Dichterin Annette von Droste-Hülshoff (1797–1848). Mehr über die Dichterin erfahren Sie in der **Wasserburg Hülshoff**, dem Geburtshaus der Dichterin. In dem Schloss aus dem 11. Jh. ist ein Droste-Museum eingerichtet (geöffnet tgl. Mitte März bis Mitte Dez.; Anfahrt über die AS Münster-Nord und die B54 Richtung Steinfurt; nach 1 km geht es links Richtung Havixbeck ab; dann folgen Sie, über Roxel fahrend, der Beschilderung; 10 km, 15 Min.; auf dem selben Weg erreichen Sie nach 3 km, 5 Min. Haus Rüschhaus).

Patrizierhäuser mit hübschen Renaissancegiebeln am Prinzipalmarkt in Münster **4**.

6 Beim **AK Münster-Süd** zweigt die A43 ab, die über Recklinghausen und Bochum Richtung Südwesten führt, um beim Kreuz Wuppertal-Nord erneut in die A1 zu münden.

7 Gleich nach dem AK Münster-Süd ragt östlich der A1 das große **Bürohaus der Westfälischen Nachrichten** über die Lärmschutzwand. Mit einer Auflage von rund 250 000 Exemplaren ist das Blatt eine der großen Tageszeitungen Nordrhein-Westfalens und mit 22 Einzelzeitungen der größte Zeitungsverlag des Münsterlandes.

8 Nach einem Rastplatz ergibt sich zu beiden Seiten der Blick auf den **Dortmund-Ems-Kanal**. Der 1892–1899 gebaute Kanal verbindet das Ruhrgebiet mit der Nordsee.

9 An dieser Stelle haben Sie einen schönen Blick auf die typische **münsterländische Landschaft**. Östlich der Fahrbahn liegt ein Gehöft mit tief herabgezogenen Dächern, umgeben von Wiesen und kleinen Wäldern. Nach diesem Ausblick führt die A1 ins Münsteraner Naherholungsgebiet Davert hinein, einem Mischwald aus Birken, Rotbuchen und Kiefern.

10★ Im Umkreis von 15 km findet sich ein halbes Dutzend prächtiger Bauten, die aus der Zeit der Märchenkönige zu entstammen scheinen. Die drei schönsten und größten sind das barocke Wasserschloss Nordkirchen, die Wasserburg Vischering (13.–16. Jh.) bei Lüdinghausen und das Wasserschloss Steinfurt (16.–18. Jh.) bei Drensteinfurt. Reicht die Zeit für den Besuch nur eines der genannten Ziele, sei **Wasserschloss Nordkirchen** empfohlen. Das Schloss, erbaut von Johann Conrad Schlaun, wird als Westfälisches Versailles bezeichnet. Heute wird es als Seminarhotel und Restaurant genutzt (Anfahrt über AS Ascheberg, Richtung Lüdinghausen, 12 km, 10 Min.).

11 **„Industrie-Kultur-Landschaft: Ruhrgebiet“** (Informationstafel): Das Schild zeigt typische Bauwerke des Ruhrgebiets: den Förderturm der berühmten Zeche Zollverein, den Dortmunder Fernsehturm und einen Hochbehälter hinter einer Ruhrbrücke.

12 Von hier genießen Sie einen weiten Ausblick über das Tal der Lippe. Fuchseggen heißt der Rastplatz, den Sie passieren, bevor es über die **Lippe** und gleich danach über den **Datteln-Hamm-Kanal** geht. Er wurde 1914 eröffnet und verläuft rund 47 km weit vom Schiffshebewerk Henrichenburg in Waltrop bis Hamm-Uentrop.

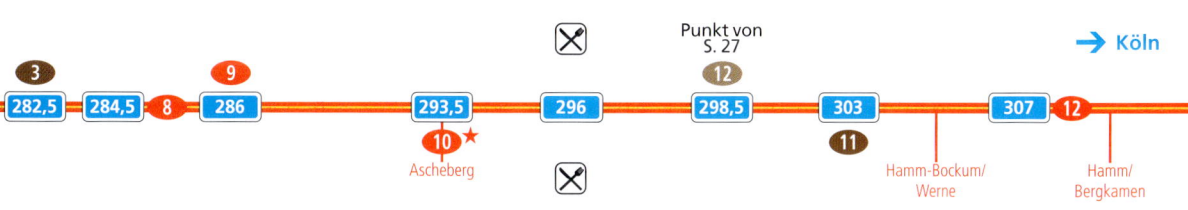

3 | 282,5 | 284,5 | 8 | 9 | 286 | 293,5 | 10★ Ascheberg | 296 | Punkt von S. 27 12 | 298,5 | 303 | 11 | Hamm-Bockum/Werne | 307 | 12 | Hamm/Bergkamen | → Köln

1 Die A1 führt, von Bäumen und Wallanlagen gesäumt, durchs Tal der Lippe. An der Lippe endete vor über 2000 Jahren der Einflussbereich des Römischen Reiches. Die **Römer-Route**, ein 280 km langer Fahrradweg, der bei Bergkamen die Autobahn kreuzt, verläuft auf den Spuren der Legionen von Vetera bei Xanten am Niederrhein die Lippe aufwärts bis Detmold am Teutoburger Wald. In Oberaden, einem Stadtteil von Bergkamen, wurde ein komplettes Römerlager rekonstruiert.

2 Die A1 kreuzt hier am **Kamener Kreuz** die A2, die wichtige West-Ost-Verbindung zwischen Ruhrgebiet/Düsseldorf und dem Raum Berlin/Brandenburg.

3 Eine graue Lärmschutzwand mit interessanten Graffiti steht an der Ostseite der Fahrbahn. Dahinter liegt **Unna**, eine typische Ruhrgebietsstadt mit Bergbau, Metallverarbeitung und Brauereien. Nach dem Bergarbeiterstreik von 1889 wurde in Unna eine Zahlstelle des „Verbandes zur Wahrung und Förderung bergmännischer Interessen in Rheinland und Westfalen" eingerichtet.

4 Die niedrig fliegenden Verkehrsflugzeuge künden vom nur 4 km westlich der A1 gelegenen **Flughafen Dortmund-Wickede**. Er wurde bereits 1926, im Gründungsjahr der Deutschen Lufthansa, angelegt. Damals starteten und landeten dort täglich zwölf Maschinen. 1999 wurden 677 400 Fluggäste gezählt.

5 Nun geht es durch bergiges Gelände. Die Ortschaften, die Sie zu beiden Seiten der A1 sehen, bilden die Gemeinde **Holzwickede**. Schon 1598 wurde hier Kohle abgebaut. Die Bergbauepoche endete 1951 mit der Schließung der Zeche Caroline. Doch Eisen- und Metallverarbeitung blieben und prägen heute noch das Bild des Ortes.

6 Hier wird der Verkehr elektronisch geregelt. Über **Lichtverkehrszeichen** gibt der Computer die Höchstgeschwindigkeiten oder Überholverbote bekannt. Trotz der vielen Signalbrücken haben Sie beim Rasthof Lichtendorf einen weiten Ausblick nach Süden auf einen hügeligen Horizont.

7 Typische Bergarbeitersiedlungen und feudale Schlösser stehen hier dicht beieinander. Hinter Bäumen verbirgt sich östlich der A1 das **Wasserschloss Haus Opherdicke** mit einem Park von rund 30 000 m² im Stil eines Englischen Gartens. Gegründet im Mittelalter erhielt das Schloss seine heutige Form im 17. Jh. 1981 erwarb der Kreis Unna den Besitz und ließ ihn restaurieren. Heute befindet sich dort ein Kultur- und Begegnungszentrum.

8 **Schwerte** duckt sich östlich der A1 hinter grauen Lärmschutzwänden. Höhepunkte der Stadt sind die St.-Vitus-Kirche mit ihrem schiefen Turm und einem holzgeschnitzten, vergoldeten Altar sowie das spätgotische Rathaus von 1547 mit Stufengiebel und Laubenhalle. Heute ist darin das Ruhrtal-Museum untergebracht. Das Haus Ruhr, eine spätmittelalterliche Burganlage in Schwerte-Wandhofen, beherbergt die Ruhr-Akademie, ein privates Lehrinstitut für Grafik-Design und Kunst.

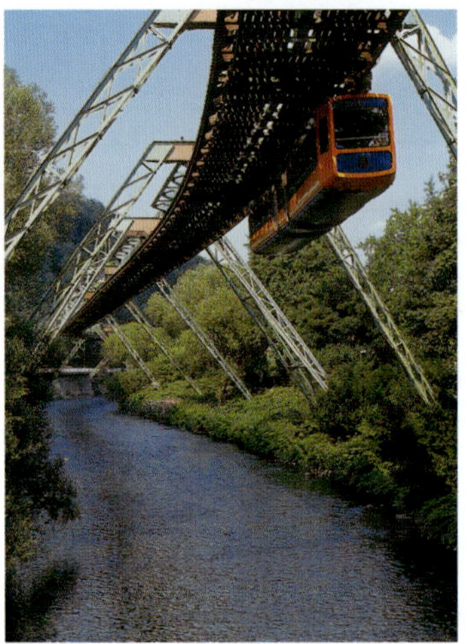

Einzigartig in Deutschland: Die Wuppertaler Schwebebahn.

9 Die A1 führt über eine hohe Talbrücke. Östlich ist im Tal eine zur Stadt Schwerte gehörende Siedlung eng aneinandergereihter Häuser zu erkennen: eine der typischen **Bergarbeitersiedlungen** des Reviers.

10 Beim Westhofener Kreuz quert die A45, die berühmte **Sauerlandlinie** (siehe A45, S. 338), die A1. Kurz danach haben Sie einen freien Blick ins Tal der Ruhr.

11 Noch auf der Brücke über die Ruhr sehen Sie im Nordwesten einen Bergrücken mit zwei Türmen. Sie markieren die **Hohensyburg**, eine uralte Burganlage. Sie liegt an einer strategischen Stelle oberhalb der Flussmündung von Lenne und Ruhr und war deshalb für die westfälische Geschichte von großer Bedeutung. Schon 775 gab es dort eine Wallbefestigung. Der östliche Turm der Anlage gehört zur 799 geweihten Peterskirche. Der zweite Turm wurde 1857 zu Ehren des ersten Oberpräsidenten der preußischen Provinz Westfalen, Ludwig Freiherr von Vincke (1744–1844), errichtet.

12 Nach Westen ergibt sich ein schöner Blick flussabwärts ins Ruhrtal und auf den **Hengsteysee** zu Füßen der Hohensyburg. 1920 hat man dort die Ruhr zum Zwecke der Energiegewinnung gestaut. Etwas weiter schirmen östlich Lärmschutzwände die nördlichen Stadtteile der Stadt **Hagen** gegen die A1 ab. Im Frühjahr und Herbst, wenn die Bäume weniger Laub tragen, sehen Sie westlich auch den **Hartkortsee** bei Herdecke. Er wurde 1930 künstlich angelegt und gilt als landschaftliches Schmuckstück der Gegend. 5 km lang, 600 m breit, mit Uferfreibad, Rad- und Wanderwegen, die an zwei weiteren Stauseen entlang bis ins Sauerland führen, ist er ein beliebtes Ausflugsziel.

13 Wer hier abends von der A1 aus nach Westen sieht, lernt Ruhrromantik kennen. Die Stadt **Wetter**, umschlossen von einem Ruhrbogen an der Südseite des „Alten Stammes", wie der Ausläufer des Ardey-

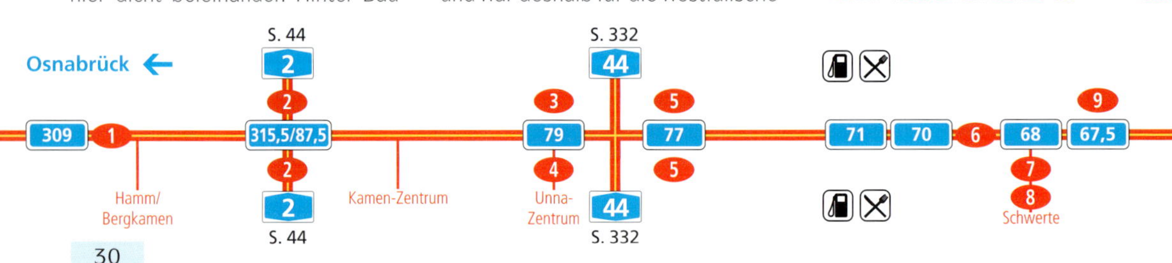

gebirges genannt wird, schiebt ihre Türme und Häuser in den Dunst. Der Ort entstand aus zwei mittelalterlichen Dörfern: Das eine lag im Ruhrtal, das andere 40 m höher und hieß Freiheit Wetter. Dort haben die Ritter Bruno und Friedrich von Wetter gelebt. Zwischen 1250 und 1274 errichteten die Grafen von der Mark die Burg Wetter. In der Burgsiedlung Volmarstein auf der anderen Ruhrseite begann man im 18. Jh., Vorhängeschlösser zu fertigen. Dies war der Kern der Industrialisierung an der Ruhr.

14 An dieser Stelle begrenzen Grünpflanzen und Lärmschutzwände die Sicht. Der Ort **Gevelsberg**, dessen Name auf dem Abfahrtsschild steht, liegt unten im Tal der Ennepe. Seine Gründung begann mit einer Bluttat. Am 7. Nov. 1225 erschlug der Graf von Isenberg im Hohlweg am „Gievilberch" seinen Vetter, den Kölner Erzbischof und Reichsverweser Engelbert, Graf von Berg. Fünf Jahre später wurde an dieser Stelle ein Sühnekloster errichtet, die Keimzelle der heutigen Stadt.

15 Wiesen, Weiden und Wälder am Hang, südlich der A1: Das Ruhrgebiet zeigt sich im lieblichen Gewand. Unten im Tal liegt **Schwelm**; die zweitürmige Christuskirche ist an den grünen Dachspitzen der Türme zu erkennen. Schwelm ist Kreisstadt des Ennepe-Ruhr-Kreises und zählt knapp 31 000 Einwohner.

16 Von der **Schwelmtalbrücke** aus lernen Sie auch das andere Gesicht des Reviers kennen. Unten im Tal reiht sich Betrieb an Betrieb: Im Osten sehen Sie Kamine, einen Bahnhof und die Weberei Guggenhaus, auf der Westseite der A1 eine Vaillant-Heizungs-Fertigung und eine riesige German-Parcel-Niederlassung.

1 Im Moment sehen Sie vor allem Bäume, Lärmschutzwände und den Hinweis auf **Wuppertal**. Die Stadt entstand 1929 aus einer Vereinigung von Barmen und Elberfeld mit Beyenburg, Cronenberg, Ronsdorf und Wohwinkel. Das Wahrzeichen von Wuppertal ist die 1901 erbaute Schienenschwebebahn. Sie verkehrt auf 13,3 km Länge, 10 km davon in 12 m Höhe über dem Fluss Wupper. Auch der Wuppertaler Zoo ist weithin bekannt. Er zählt international zu den schönsten Tiergärten. In dem 20 ha großen Parkgelände leben 5 000 Tiere aus aller Welt.

2 **„Bergisches Land"** (Informationstafel): Das Schild zeigt Schloss Burg (siehe unten) mit einem Tannenwald, der den Mittelgebirgszug südlich des Ruhrgebiets symbolisiert. Der Name der Region hat indes wenig mit ihrer Topographie zu tun: Das Land Berg war bis 1815 ein selbstständiges Territorium, benannt nach den Grafen von Berg, die hier ab 1050 herrschten.

3 Von der Wuppertalbrücke aus, die über zwei Straßen, eine Bahnlinie und die Wupper führt, erhaschen Sie nach Osten einen hübschen Ausblick auf das Dorf **Laaken**, um dessen Kirchturm sich Einfamilienhäuser scharen. Auf der anderen Seite zieht sich eine Villenansammlung den **Hammesberg** hinauf, der dort auf 282 m Höhe ansteigt. Durch einen Taleinschnitt klettert die A1 den Kastenberg hinauf. Schwindel erregend hoch führt die Blombachtalbrücke – eine elegante Spannbetonbogenbrücke, die den Ortsteil Linde im Osten mit der Stadt Wuppertal im Westen verbindet – östlich von Wuppertal-Ronsdorf über die A1.

4 Auf der einen Seite grüne Wiese, auf der anderen Seite graue Lärmschutzwand, dann westlich, dicht an der A1, einige rote Backsteinhäuser: die erste Siedlung von **Ronsdorf**. Dort ließen sich ab 1737 die Anhänger der mystisch-theosophischen Gemeinschaft „Philadelphische Societät" nieder und bescherten dem Ort durch Textilgewerbe und den Handel mit Kolonialwaren eine Blütezeit. Während der Industrialisierung kamen Eisen- und Stahlindustrie hinzu. Heute ist Ronsdorf ein Stadtteil von Wuppertal.

5 Von der Kuppe aus haben Sie einen herrlichen Blick in die weite, bewaldete Hügellandschaft des Bergischen Landes. Dann führt die A1 3-spurig den Berg hinab. 2 km östlich liegt die **Herbringhausener Talsperre**, die seit 1902 die Region mit Wasser versorgt. 10,7 Mio. m³ Wasser fließen von dort aus pro Jahr ins Wuppertaler Trinkwassernetz.

6 Im Westen können Sie die ersten Häuser von **Remscheid** erkennen. Die Stadt ist nicht nur ein Zentrum der deutschen Werkzeug- und Textilindustrie. Auch die Akademie für musische Bildung und Medienerziehung sowie zahlreiche Museen haben hier ihren Sitz.

Blick über den Rhein auf die Leverkusener Bayerwerke.

7 Östlich der A1 liegt die Stadt **Lennep**. Die Altstadt hat sich nicht mehr verändert, seit sie vor etwa 200 Jahren nach einem großen Stadtbrand wieder aufgebaut wurde. Dicht gedrängte Fachwerkhäuser, zur Wetterseite hin verschiefert, zur anderen hübsch verziert, prägen das Bild. Hier wurde übrigens 1845 Wilhelm Conrad Röntgen geboren, der erste Physiknobelpreisträger.

8 Nach der Höllenbachtalbrücke, von der aus Sie in Richtung Westen auf Industrieanlagen blicken, folgt die **Talbrücke Einsiedelstein**. Von ihr aus sehen Sie in Richtung Osten die Stadt **Wermelskirchen**. Die Ortsteile Dabringhausen und Dhünn sind von altbergischen Fachwerk- und Schieferhäusern geprägt.

9 ★ Sie lesen es auf dem Abfahrtschild: Hier geht es nach Burg. Dort steht auf einem hohen Bergsporn das **Schloss Burg**, das eine Besichtigung lohnt. Fast 250 Jahre herrschten hier die Grafen von Berg. Graf Engelbert II., Erzbischof von Köln, baute die Burg 1218 zu einer gigantischen Festung aus. Nachdem sie zur Ruine verfallen war, begann der „Schlossbauverein Burg an der Wupper" 1887, sie wieder aufzubauen. Heute befindet sich darin das Bergische Museum. Zum Schloss führt ein Sessellift; vom 31 m hohen Bergfried haben Sie einen schönen Rundblick (Anfahrt über die AS Wermelskirchen Richtung Hünger und Unterburg; 4 km, 5 Min.).

10 Am Horizont sehen Sie den Schornstein des Heizkraftwerks Köln Merkenich und den Kühlturm eines Kohlekraftwerks. Nach Osten hin erkennen Sie den Aussichtsturm auf der Ketzberghöhe. Zu seinen Füßen liegt die **Große Dhünn-Talsperre**, eine der größten Trinkwassertalsperren Deutschlands.

11 ★ Zwischen Büschen und Bäumen gelingt nach Südosten einige Male ein Blick über das Dhünntal hinweg. In dessen Grund liegt der **Bergische Dom**, auch Altenburger Dom genannt. Wenn Sie Zeit haben, sollten Sie hier einen Abstecher einplanen. Der Dom gehört zu einem ehemaligen Zisterzienserkloster aus dem 13./14. Jh. Er ist ein Wahrzeichen des Bergischen Landes und stellt ein beeindruckendes Beispiel der Gotik dar (AS Burscheid, Richtung Niederblecher, dann dem Wegweiser nach Altenberg folgen und die Serpentinenstraße ins Dhünntal fahren; 7 km, 10 Min.).

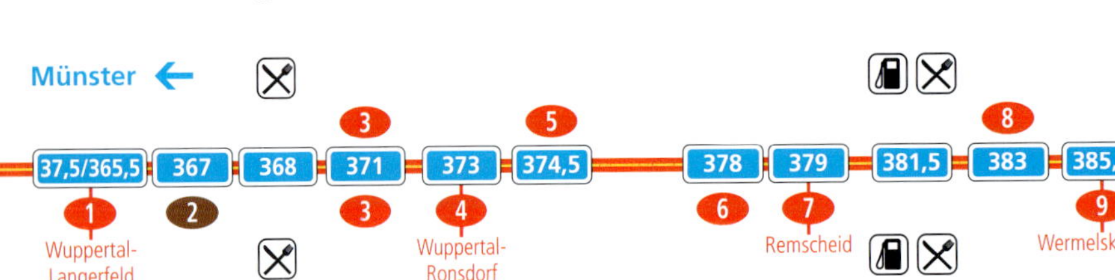

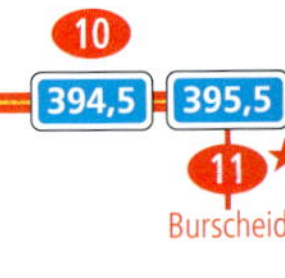

12 Östlich der Autobahn tauchen die riesigen Lichtträger der **Bay-Arena**, des Fußballstadions von Bayer 04 Leverkusen, auf. 1996/97 erbaut, fasst das Stadion 22 500 Zuschauer und wird gern als Schmuckkästchen der Liga bezeichnet.

13 Westlich der A1 überragt ein riesiger Betonpilz die Stadtlandschaft und ein Gebäude des Pharmaunternehmens Bayer. Es ist der **Wasserturm Leverkusen**. Er steht im Stadtteil Baumberg und dient an Sonn- und Feiertagen als Aussichtsturm. In der Besucherplattform über dem Wasserbehälter unterhält die Energieversorgung Leverkusen (EVL) eine Informationsschau. Gleich danach sehen Sie die silbrigen Kamine der 1970 erbauten Müllverbrennungsanlage. Hier wird aus Müll Strom und Fernwärme gewonnen.

14 Auf der Rheinbrücke erlauben die durchsichtigen Windabweiser, den Schiffsverkehr auf Deutschlands längstem Fluss zu beobachten. Der **Rhein** ist die verkehrsreichste Wasserader Europas. Er entspringt in den Schweizer Alpen, durchfließt den Bodensee und mündet nach 1320 km in die Nordsee.

15 Südlich der Autobahn tauchen kurz die beiden schwarzen, 156 m hohen gotischen Spitztürme des **Kölner Doms** auf. Der Dom St. Peter und Maria wurde von 1248 bis 1880 gebaut. In seinem Inneren befindet sich der goldene Dreikönigsschrein, in dem der Legende nach die Gebeine der Heiligen Drei Könige ruhen. Die weiteren Sehenswürdigkeiten von Köln sind die 1065 erbaute Kirche Sankt Maria im Kapitol sowie das alte Rathaus aus dem 14. Jh. (siehe auch A3, S. 64; A4, S. 85).

1 Kaum haben Sie Köln hinter sich gelassen, künden östlich der Autobahn dicke Dampfwolken das **Kraftwerk Goldenberg** an. Es gehört zur kleinen Stadt Hürth, die einst von der Braunkohle lebte. Inzwischen ist der Tagebaubetrieb hier eingestellt worden, Hürth hat sich zu einer Medienstadt entwickelt. In seinem Stadtteil Kalscheuren haben sich inzwischen 35 Fernsehstudios etabliert; bekannte Sendungen, wie etwa „Big Brother", wurden hier produziert. Einige Studios sind nach Vereinbarung zu besichtigen.

2 Überall blitzen auf den nächsten 5 km zu beiden Seiten der Autobahn kleine und große Seen auf. Es sind zum Teil beliebte Badeseen, die im renaturierten Gelände des einstigen **Tagebaus Ville** entstanden sind. Ville ist ursprünglich der

Name der Voreifellandschaft, die sich zwischen Köln und Bonn erstreckt. 1988 wurde in Knapsack, einem Stadtteil von Hürth, die letzte Tonne Braunkohle gefördert.

Burg Satzvey 7 in Mechernich hat ihre Ursprünge im 14. Jh. Damals standen die Vor- und Hauptburg noch auf zwei getrennten Inseln.

3 Zwischen dem AD Erfttal und dem AK Bliesheim ist die A1 identisch mit der **A61**. Die Kilometrierung ist jedoch die der A1.

4★ Kunstgenuss und Barockarchitektur in höchster Vollendung kündigen sich an, wenn bei der AS Erftstadt auf dem Wegweiser der Name Brühl auftaucht. Der Abstecher in Richtung Nordosten zum **Schloss Augustusburg** (10 km, 10 Min.) lohnt sich, ist das Schloss doch ein Werk der großen deutschen Baumeister der Barockzeit Balthasar Neumann, François de Cuvilliés und Johann Conrad Schlaun. Es wurde 1725–1768 für den Kurfürsten von Köln errichtet, gehört heute zu den besonderen Sehenswürdigkeiten der Stadt und wurde von der UNESCO zum Weltkulturerbe erklärt (siehe auch A61, S. 362).

5 Östlich des AK Bliesheim, an der A553, drängen sich gleich neben der Autobahn die Attraktionen von **Phantasialand**, einem der bekanntesten Freizeitparks der Welt. Sehenswert sind die Nachbildungen berühmter Gebäude wie ein riesiger Maya-Tempel oder das märchenhafte China Town, erlebenswert die Fahrgeschäfte (siehe auch A61, S. 362).

6 Fruchtbares Ackerland breitet sich zu beiden Seiten der A1 in der **Zülpicher Börde** aus. Während bisher vor allem Zuckerrübenfelder zu sehen waren, ist jetzt Braugerste die bevorzugte Feldfrucht.

7 Hohe Sichtblenden neben der Autobahn verhindern den Blick östlich auf die **Burg Satzvey**, eine noch voll bewohnte und als gastronomischer und touristischer Komplex genutzte mittelalterliche Wasserburg. Mit ihren Türmen und Zinnen, Wassergräben und rot-weißen Fensterläden entspricht sie den schönsten Wunschvorstellungen von einer alten Burg. Regelmäßig werden auf Burg Satzvey Ritterspiele und mittelalterliche Märkte veranstaltet. Brautpaare können sich hier vom Burgkaplan in romantischer Atmosphäre trauen lassen.

8 **„Eifel“** (Informationstafel): Das Schild zeigt einen Hirsch in einer Wald- und Hügellandschaft – allesamt charakteristisch für den Naturpark Nordeifel, zu dem die Region gehört. Allmählich bauen sich bewaldete Höhenrücken am Horizont auf. Sie gehören zum Mittelgebirge Eifel, einem Teil des Rheinischen Schiefergebirges, das in der Hohen Acht mit 748 m seinen höchsten Punkt erreicht.

9 Wie eine Stein gewordene Märchenburg thront die **Burg Zievel** östlich auf einer Anhöhe über der Autobahn. Der aus dem 17. Jh. stammende Komplex gehört zu den schönsten Burgen der Voreifel und ist heute Mittelpunkt eines 18-Loch-Golfplatzes mit internationalem Standard. Nach Vereinbarung kann die Burg besichtigt werden.

10 Die Autobahn durchzieht nun den deutsch-belgischen Naturpark **Nordeifel–Hohes Venn.** Er umfasst einerseits die waldreiche Landschaft der Nordeifel mit ihren zahlreichen Stauseen, andererseits aber auch die besondere Hochmoorlandschaft des Hohen Venns in Belgien.

11★ Liebhabern von romantischen Städten sei ein Abstecher nach **Bad Münstereifel** empfohlen. Über die AS Bad Münstereifel/Mechernich erreichen Sie das „rheinische Rothenburg“, wie man das mittelalterliche Städtchen an der Erft gerne nennt, nach 8 km, 14 Min. Die Altstadt des aus einer Benediktinerabtei hervorgegangenen Ortes hat noch eine vollkommen erhaltene Stadtmauer mit Türmen und Toren. Bad Münstereifel ist ein anerkannter Kneippkurort.

12 Eine einsame weiße **Kirche** überragt westlich der A1 ein kleines Dorf und lenkt die Aufmerksamkeit im Vorbeifahren auf sich. Es ist die Kirche des Dorfes **Weyer**, eine der ältesten Dorfkirchen der Eifel. Schon im 8. Jh. wurde der Ort als Königsbesitz erwähnt, die Kirche, dem heiligen Cyriakus geweiht, schon 1187. Die im Laufe der Jahrhunderte häufig zerstörte und wieder aufgebaute Kirche beherbergt einige schöne Altäre aus der Zeit um 1800. Eine besondere Kostbarkeit sind zahlreiche steinerne Grabkreuze auf dem alten Friedhof neben der Kirche aus dem 16. bis 18. Jh.

13 Verborgen in einer Wiesenmulde liegt westlich der Autobahn **Nettersheim**, ein stattliches Dorf, das sich insbesondere durch seine naturkundliche Station zu einem Touristenort entwickelt hat. Das dortige **Naturschutzzentrum Eifel** befasst sich mit der Archäologie der Region und organisiert Ausstellungen zur Eifeler Kultur, Natur und Landschaft.

14 Die kleine Burgenstadt **Blankenheim**, westlich der Autobahn gelegen, ist mit ihren verwinkelten Gassen und zwei mächtigen, gut erhaltenen mittelalterlichen Stadttoren einer der attraktivsten Orte im Bereich der A1. Besonders wegen der Quelle der Ahr wird Blankenheim gerne besucht. Sie befindet sich beim Blankenheimer Ortsteil Nonnenbach. Auf den rund 450 ha Rebfläche des Ahrtals macht der Rotweinanteil (vor allem Spätburgunder) mehr als 80 Prozent aus – man spricht daher auch vom „Rotweinfluss“ Ahr ...

1 Im Neubaubereich der A1 zwischen Blankenheim und der AS Daun findet ein **Kilometrierungswechsel** statt. Die Fortsetzung der bis hierher unterbrochenen A1 in Richtung Saarbrücken beginnt daher bei der AS Daun beim neuen Kilometerstand 75,8.

2 Wald und Böschungen verhindern den Blick auf die westlich der gleichnamigen AS liegende Kreisstadt **Daun**. Mit dem Vulkanmuseum

Auf schroffen Schieferfelsen erheben sich bei Manderscheid 8★ die Ruinen der Nieder- und der Oberburg.

und den Brunnenanlagen des Dauner Sprudels gilt die Stadt als Mittelpunkt der Vulkaneifel. Über dem kleinen Ort liegen die Reste der einstigen Burg Daun, die heute als Hotel ausgebaut ist. Sie war die Stammburg der Grafen von Daun, deren Spross Leopold von Daun, Feldmarschall unter Maria Theresia, als militärischer Gegenspieler Friedrich des Großen in die Geschichte einging.

3 Die Autobahn durchzieht das Herz der **Vulkaneifel**. Bei allen Kuppen, die jetzt unmittelbar neben der A1 oder auch in der Ferne zu sehen sind, handelt es sich um ehemalige Vulkane, die im Laufe der Jahrtausende mit Wald bewachsen sind oder mit Wiesen überzogen wurden (siehe auch A48, S. 350).

4 Unter den vielen Kuppen in der Nähe der Autobahn ragt östlich der A1 eine besonders auffallend heraus, die 558 m hohe **Steineberger Ley**. Der Berg gilt als vorgeschichtliches Heiligtum und trägt auf seinem Gipfel einen Steinwall aus der Hallstattzeit (siehe auch A48, S. 350).

5★ Die drei **Dauner Maare** westlich der A1 gelten als die schönsten Vulkanseen der Eifel und sind einen Abstecher wert. Das **Schalkenmehrener Maar** (3 km, 5 Min. westlich der AS Daun/Mehren) ist das größte von ihnen und wird von Wassersportlern genutzt; an seinem Ufer liegt das als Handweberdorf bekannt gewordene Schalkenmehren. Nur durch einen aus der vulkanischen Zeit stammenden Wall getrennt liegt unmittelbar daneben das **Weinfelder Maar**, auch Totenmaar genannt. Mit der alten Totenkapelle an seinem Rande ist es sicherlich die eindrucksvollste vulkanische Wasserfläche der Eifel. Jenseits des Mäusebergs befindet sich das kleine **Gemündener Maar**.

6 Westlich unmittelbar neben der A1, durch Bäume und Büsche jedoch verdeckt, liegt das kleine Dorf **Eckfeld**. In den Ablagerungen des längst verlandeten Eckfelder Maares fand man 1980 bei Forschungsbohrungen Fossilien aus der Zeit vor rund 50 Mio. Jahren, als ein tropisches Meer die Vulkaneifel bedeckte. Sensationellster Fund waren die gut erhaltenen Fossilien eines hundegroßen Urpferdes.

7 Die Autobahn überquert die **Deutsche Wildstraße**. Diese bereits 1970 gegründete touristische Route führt in einem rund 180 km langen Rundkurs zu den verschiedenen Wildparks der Vulkaneifel, bis an die Mosel hinab. Der größte und schönste dieser Wildparks ist der westlich der Autobahn gelegene **Hirsch- und Saupark Daun**. Wer mit seinem Wagen durch diesen Wildpark fahren würde, könnte buchstäblich dem Wildschwein „Guten Tag“ sagen.

8★ Der Name Manderscheid steht für Burgenromantik und wer dafür etwas übrig hat, sollte **Niederburg** und **Oberburg von Manderscheid** einen Besuch abstatten (4 km, 5 Min. westlich der AS Manderscheid). Ein Abstecher ins Liesertal führt sie zum schönsten und berühmtesten Burgenensemble der Eifel. Hier stritten die angrenzenden Fürstentümer Trier und Luxemburg jahrhundertelang um die Herrschaft in der Eifel. Die beiden Burgen stammen aus dem 12. Jh. Auf der heutzutage dem Eifelverein gehörenden Niederburg finden alljährlich mittelalterliche Marktfeste statt. Den schönsten Blick auf die Burgen haben Sie vom so genannten Belvedere am Rande des Ortes Manderscheid, einem der ältesten und bekanntesten Fremdenverkehrsorte der Eifel.

9 Auf dem Wegweiser an der AS Manderscheid ist der Name Gillenfeld zu lesen. Er steht für die **Gillenfelder Maare**, zwei weniger bekannte, aber nicht minder reizvolle Vulkanseen der Eifel. Während das mitten im Buchenwald gelegene kreisrunde Pulvermaar mit einer Tiefe von mehr als 70 m Deutschlands tiefster Bergsee außerhalb der Alpen ist und von Campingtouristen

Die Eifel-Maare

Keine andere Landschaft in Deutschland, ja in Mitteleuropa, ist so deutlich vom Vulkanismus geprägt wie die Vulkaneifel. Zahllose Kuppen, die als ehemalige Vulkane zu erkennen sind und deren jüngste noch vor weniger als 10 000 Jahren tätig waren, vulkanische Ablagerungen, vor allem aber die Vulkanseen gehören zu den großen landschaftlichen Sehenswürdigkeiten dieser Region. Unter den Vulkanseen werden die Maare und die Kraterseen unterschieden. Der einzige Kratersee der Eifel und Deutschlands ist der Windsborn auf dem Mosenberg bei Manderscheid. Dagegen sind acht noch mit Wasser gefüllte Maare in der Eifel verstreut.

Diese Seen sind dort entstanden, wo es durch Dampfexplosionen zur Kraterbildung gekommen ist; das größte Maar ist der Laacher See nahe Koblenz. Zahlreiche Mineralquellen, deren Wasser in alle Welt exportiert wird, treten in der Eifel an die Oberfläche. Besonders viele gute Quellen sprudeln in der Umgebung von Gerolstein. Die Aktivität der vulkanischen Gase, die das Wasser brodeln lassen, wird von den Geologen als Zeichen dafür angesehen, dass der Vulkanismus in der Eifel nicht tot ist, sondern nur schläft. Theoretisch, so sagen sie, wäre es möglich, dass die Eifelvulkane jederzeit wieder aktiv werden.

Köln ←

Blankenheim

Strecke unterbrochen zwischen AS Blankenheim und AS Daun

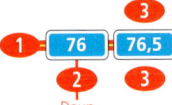

1 76 | 2 Daun | 3 76,5 3 | S. 350 48 | 4 79,5 | 81 5★ 6 Daun/Mehren

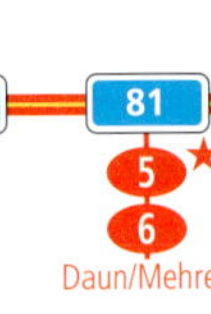

viel besucht wird, ist das als Naturschutzgebiet ausgewiesene Holzmaar ein Hort der Stille und vor allem bei Anglern sehr beliebt.

10 Nachdem die Autobahntrasse den sie bisher begleitenden Wald hinter sich gelassen hat, führt die A1 eine Kuppe hinauf, von der sich plötzlich ein weiter Blick auftut. Die gesamte **südliche Eifel** ist zu sehen, man schaut nach Süden über das Moseltal und dahinter auf die Waldberge des Hunsrücks.

11 In den Wiesen östlich unmittelbar neben der A1 liegt das kleine Dorf **Hasborn**. Es ist als Station einbezogen in die so genannte **Devonroute**. Diese ist ein Teil der GEO-Route Manderscheid, die als Wanderweg zu besonders interessanten geologischen Aufschlüssen des Devons und Buntsandsteins führt.

→ Saarbrücken

10 11

89 7 89,5 93 95,5

8 9 Manderscheid

Hasborn

1 Die Kreisstadt **Wittlich**, die sich westlich der A1 im Tal der Lieser ausbreitet, liegt am Übergang der Vulkanlandschaft der Eifel zu den Weinbergen der Mosel. Wittlich ist berühmt durch die Säubrennerkirmes, ein an zwei Wochenenden im August stattfindendes Weinfest, bei dem zahlreiche Spanferkel gegrillt werden. Es ist das größte Volksfest der Eifel. Im 16. und 17. Jh. war Wittlich eine beliebte Residenz der Trierer Kurfürsten. Die Bombenangriffe des Zweiten Weltkriegs haben nur wenige alte Gebäude überstanden, darunter das schöne barocke Rathaus, das heute als Museum dient.

2 Auf dem fruchtbaren Boden östlich der A1 wachsen Zuckerrüben und Tabak. Das **Wittlicher Land** ist die einzige Region im Rheinland, in der Tabak angebaut wird. Etwas weiter entfernt sind westlich die ersten, aus dem Moseltal bis fast an den Stadtrand von Wittlich reichenden Weinberge zu sehen.

3★ **„Wallfahrtskirche Klausen“** (Informationstafel): Empfehlenswert ist ein Besuch der kleinen Wallfahrtskirche, die mit ihrem spitzen Turm unübersehbar auf einem Wiesenhügel östlich der A1 liegt (6 km, 15 Min. von der AS Salmtal). Seit

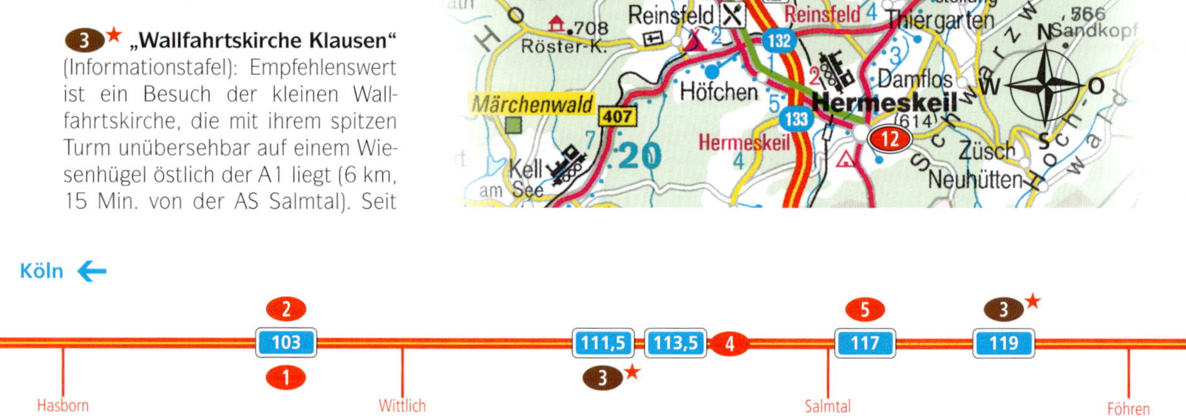

Porta Nigra 6: Das „schwarze Tor", Ende des 2. Jh. entstanden, zählt zu den großen römischen Bauwerken in Deutschland.

hier um 1440 der spätere Einsiedler Eberhard Daub ein Marienbild am Straßenrand aufstellte, riss der Strom der Wallfahrer nicht mehr ab. Nach 1451 bauten Augustinerchorherren für das Gnadenbild eine gotische Kirche, eine Pilgerherberge und ein Kloster. Das Kloster besteht heute nicht mehr, doch zu jedem Marienfest kommen noch immer Wallfahrer nach Klausen.

4 Wegen des Buschwerks neben der A1 nimmt man die **Salm**, die hier überquert wird, kaum wahr. Die Salm durchfließt ein nicht zuletzt wegen der beiden Burgen Bruch und Dreis beliebtes Ausflugsgebiet der südlichen Eifel und mündet bei Klüsserath in die Mosel. Aufmerksam werden die Reisenden vor allem auf die Industrieanlagen von Salmrohr westlich der Autobahn.

5 Bis nahe an die A1 reichen die **Weinberge** vom nahen Klüsserath an der Mosel ins Salmtal hinein und verraten die Nähe des bekanntesten deutschen Weinbaugebiets, des **Moseltals**.

6 **„Porta Nigra Trier"** (Informationstafel): Das berühmteste und besterhaltene römische Stadttor nördlich der Alpen steht im Zentrum von Trier. Es erhielt den Namen „Schwarzes Tor", da sich im Laufe der Jahrhunderte die Sandsteinblöcke aufgrund der Witterung schwärzlich verfärbt hatten. Im Mittelalter lebte der Eremit Simeon in diesem Tor; ihm zu Ehren wurde das Tor später in einen Kirchenbau einbezogen, den Napoleon jedoch abreißen ließ.

7 Unmittelbar vor der Mosel überquert die A1 die parallel zum Fluss verlaufende **Moselweinstraße**, eine 1980 eingerichtete, 242 km lange touristische Route, die zwischen Perl und Koblenz dem berühmten Wein und dem Weinbau, den Winzerdörfern und -städtchen am Fluss gewidmet ist. 545 km lang ist die Mosel, die am Bussangpass in den französischen Vogesen entspringt und in Koblenz in den Rhein mündet. An seinen markanten steilen Weinbergslagen gedeiht ein rassiger Riesling, der das Moseltal berühmt machte.

8 ★ Römische Geschichte und Moselwein: zwei triftige Gründe, die älteste Stadt Deutschlands zu besuchen. Über das AD Moseltal ist die Stadt **Trier**, die der Sage nach sogar älter sein soll als Rom, rasch erreicht (10 km, 12 Min. in Richtung Westen). Die Römer bauten eine keltische Siedlung zu ihrer Augusta Treverorum aus. Im 4. Jh. verlegte Kaiser Konstantin der Große seinen Regierungssitz nach Trier. Die Stadt an der Mosel wurde zum Mittelpunkt des Weströmischen Reiches. Keine andere Stadt nördlich der Alpen beherbergt so viele römische Bauwerke – darunter die Kaiserthermen und das Amphitheater – wie Trier. Der Marktplatz ist eines der entzückendsten Altstadtensembles in Deutschland. Das Grab des Apostels Mathias war vor allem im Mittelalter Anziehungspunkt für Tausende von Pilgern. Heute sind es nicht zuletzt Weinfreunde, die Deutschlands Weinhandelsmetropole besuchen.

9 Vom AD Mosel steigt die A1 kontinuierlich mit einer Steigung von fünf Prozent in den **Hunsrück** hinauf. Die Mittelgebirgslandschaft, von dichten Wäldern geprägt, ist Teil des Rheinischen Schiefergebirges und erreicht mit dem 818 m hohen Erbeskopf ihren höchsten Punkt.

10 Bei der Fahrt über die 900 m lange Fellbacher Talbrücke ist tief unten im Tal zwischen Weinbergen der kleine **Weinbauort Fell** zu sehen, der 639 erstmals erwähnt wurde. Wie überall an der Mosel wird auch hier vor allem Riesling angebaut.

11 Auf einer weiten Wiesenlichtung liegt östlich neben der A1 das Dorf **Hinzert**. Am Ortsrand befindet sich die Gedenkstätte „SS-Sonderlager/KZ Hinzert 1939–1945" (beschildert ab AS Reinsfeld). Ein Ehrenfriedhof für die hier ums Leben gekommenen Häftlinge aus neun Ländern, ein Mahnmal vom ehemaligen luxemburgischen Häftling Wercolier und ein „Lehrpfad der Unmenschlichkeit" erinnern an die Zeit des Nazi-Regimes.

12 Eingerahmt vom dunklen Hochwald liegt von weitem sichtbar am Fuße des Erbeskopfes das Städtchen **Hermeskeil**. Es ist der Museumsort des Hunsrücks, denn gleich drei interessante Museen hat Hermeskeil zu bieten: ein Dampflokmuseum, ein Flugzeugmuseum und das Hochwaldmuseum, dessen Exponate das einst karge Leben der Menschen im Hochwald dokumentieren.

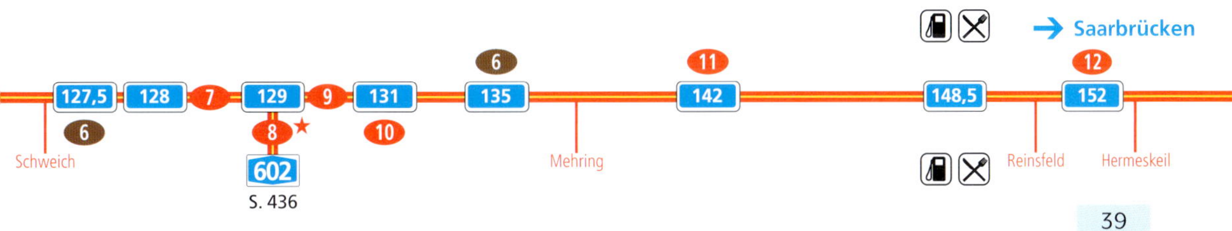

1 850 m lang ist die **Lösterbachtalbrücke** an der Landesgrenze zwischen Rheinland-Pfalz und dem Saarland. Sie gewährt einen großartigen Blick in den so genannten Schwarzwälder Hochwald.

2 Die A1 überquert die **Eichenlaubstraße**. Diese 35 km kurze touristische Straße ist seit 1950 ausgeschildert und verbindet Nennig an der Mosel mit Oberkirchen bei St. Wendel. Ihr Name ist eine Reverenz an die vielen Laubwaldregionen, die sie durchzieht.

Die Alte Völklinger Hütte (hier Hochöfen mit Schrägaufzug) wurde zum Weltkulturerbe erklärt.

3 **„Otzenhausen – Keltischer Ringwall“** (Informationstafel): Der im Volksmund so genannte Hunnenring ist eine gewaltige keltische Fliehburg, die im 7. Jh. v. Chr. von den Treverern errichtet wurde. Forscher haben ausgerechnet, dass sich mit der Menge der hier verwendeten Steine 20 000 Eisenbahnwaggons füllen oder 13 000 Einfamilienhäuser bauen ließen.

4 Der lang gestreckte bewaldete **Peterberg** (584 m), der sich östlich neben der Autobahn erhebt, ist nicht zu übersehen. Die Germanen verehrten diesen Höhenzug als Sitz des Gottes Donar, später wurde er Petrus als zuständigem Wetterheiligen geweiht. Auf dem Gipfelplateau ist eine Volkssternwarte installiert. An den Berghängen gibt es einen Freizeitpark mit Sommerrodelbahn.

5 Der **Schaumberg**, dessen Kuppe östlich der A1 in der Ferne zu sehen ist, ist zwar nicht der höchste Berg des Saarlandes, aber der markanteste und ein schöner Aussichtsberg. Von seinem Gipfel genießt man eine großartige Fernsicht über das Saarland bis weit nach Frankreich und Aussicht auf das Städtchen Tholey zu seinen Füßen. Der Turm wurde kurz vor dem Ersten Weltkrieg als Kaiser-Wilhelm-Turm aus Anlass der 100-jährigen Zugehörigkeit des Rheinlandes zu Preußen geplant, aber erst nach dem Krieg als Gedenkstätte für die gefallenen Saarländer gebaut. Nach dem Zweiten Weltkrieg entstand hier eine Stätte der Versöhnung zwischen Deutschland und Frankreich.

6★ **„Tholey Benediktinerabtei“** (Informationstafel): Die älteste noch aktive Benediktinerabtei in Deutschland lohnt einen Abstecher über die AS Tholey (3 km, 10 Min. in Richtung Osten). Im 7. Jh. baute hier ein fränkischer Diakon namens Adalgisel eine erste Kirche, von der jedoch nichts mehr erhalten ist. Im 8. Jh. übernahmen Benediktinermönche die kleine Siedlung, die inzwischen entstanden war, und bauten sie zur Abtei aus. Nach einem Brand 1260 und dem Wiederaufbau im frühgotischen Stil bekam die Klosterkirche ihr heutiges Aussehen. 1794 wurde das Kloster aufgelöst, seit 1949 leben wieder Mönche darin.

7 211 m hoch ist die Antenne des **Senders Göttelborner Höhe** vom Saarländischen Rundfunk, fast zum Greifen nahe der A1. Über diesen Sender werden (über UKW zu empfangen) das Programm des Ersten Deutschen Fernsehens sowie die Sendungen der Europawelle, der Kulturwelle SR 2 und der Saarlandwelle ausgestrahlt.

8 Aus dem Wald ragt bei der Siedlung **Holz** ein stillgelegter Förderturm auf, eine Erinnerung an den einst blühenden Kohlebergbau hier in der Nähe von Saarbrücken.

9 Mächtige Dampfwolken über hoch aufragenden Schloten verraten das **Kraftwerk Göttelborn**, eine der größten Anlagen dieser Art im Saarland, die die Energie aus Steinkohle gewinnen.

10 Das Waldgebiet, das sich zu beiden Seiten der A1 erstreckt und bis unmittelbar an den Stadtrand von Saarbrücken reicht, lässt hier und da im Vorbeifahren ehemalige **Fördertürme, Schlote und Abraumhalden** erkennen, die vom Steinkohlebergbau bei Saarbrücken übrig blieben. Der Bevölkerung der Landeshauptstadt dient der **Köllerwald** als Naherholungsgebiet.

11 Der Name der AS **Von der Heydt** bedeutet für die Saarländer so etwas wie ein vergessenes Dorf, heute ein Idyll im Wald. 1850 wurde hier im Köllerwald eine Kohlegrube gegründet, die nach dem preußischen Handelsminister von der Heydt benannt wurde. 1965 erfolgte die Schließung der Schachtanlage, geblieben ist das Maschinenhaus sowie die heute unter Denkmalschutz stehende Werksiedlung mit ihren beiden übereinander liegenden Schlafsälen für 630 Bergleute.

12 **„Schloss Saarbrücken“** (Informationstafel): Der Wiederaufbau des im Zweiten Weltkrieg stark zerstörten Mittelflügels des Saarbrücker Schlosses hat an der Saar viele Jahre lang für heftige Diskussionen gesorgt. Sollte das Gebäude, das 1739 vom Hofbaumeister des Hauses Nassau, Friedrich Joachim Stengel, erbaut wurde, originalgetreu wieder aufgebaut werden oder sollte etwas völlig Neues entstehen? Man entschied sich damals für einen Plan des Kölner Architekten Gottfried Böhm und setzte 1989 einen modernen Glasbau zwischen die beiden historischen Seitenflügel.

13 An ihrem Ende im Stadtgebiet von **Saarbrücken** geht die A1 in die Lebacher Landstraße über und führt ins Zentrum der Landeshauptstadt. Wo bereits zur Zeit der Römer eine Handelsstraße über die Saar führte, entwickelten sich im Laufe der Jahrhunderte zwei heute zu einer Großstadt vereinigte Städte, Saarbrücken und St. Johann. Während der Stadtteil St. Johann mit seinem Altstadtbereich um den St. Johanner Markt und den zahlreichen Kneipen stark vom Studentenleben der Universität geprägt ist, bietet das einst selbstständige Saarbrücken die Reminiszenzen an die alte Residenzstadt der Fürsten von Pfalz-Zweibrücken. Vor allem das Schloss und das von Stengel geschaffene Ensemble des Ludwigsplatzes sind Sehenswürdigkeiten ersten Ranges. Dieser Platz bietet wohl das schönste Barockensemble Südwestdeutschlands.

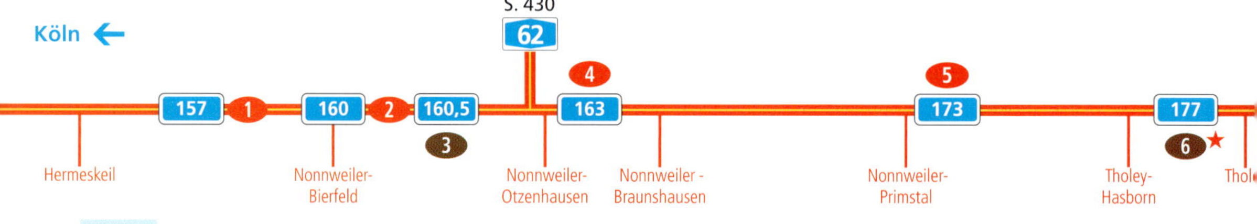

152,8 → 205,4
1
Schöndorf
Holzerath
Hinzenburg
Reinfeld
Röster-K.
708
Reinsfeld
Abtei Thiergarten
Börfink „Pyramide"
Märchenwald
407
Höfchen
Damflos
Hermeskeil
(614)
Heddert
Kell am See
20
Hermeskeil
Züsch
Ellenberg
Buhlenberg
Abentheuer
Feckweiler
Birkenfeld
(396)
Neuhütten
Schillingen
Gusenburg
Niederkell
Grimburg
Hochwald
Brücken
Dambach
Waldweiler
Mandern
Achtelsbach
41
269
Hunsrück-höhenstr.
691
Mückenborn-B.
Nonnweiler-Bierfeld
Nonnweiler
Meckenbach
Eisen
Ellweiler
695
Teufelsk.-K.
Otzenhausen
Nonnweiler-Otzenhsn.
Birkenfeld
Sötern
Nohfelden-Türkismühle
62
Sitzerath
Dr. Nonnweiler
Mariahütte
Nonnweiler
Schwarzenbach
Braunshausen
Eckelhausen
Türkismühle
Naturpark
Schwarzwälder Hochwald
Wadrill
Oberlöstern
Gehweiler
Steinberg
Kostenbach
Nohfelden
(350)
Wildfreigehege Rappweiler
Weiskirchen
Wedern
Kastel
Nonnweiler-Braunshausen
Bosen
Gonnesweiler
Mosberg
Richweiler
Waldhölzbach
Konfeld
Morscholz
Buweiler
Zwalbach
Wadern
(275)
Rathen
Eiweiler
Neunkirchen
Eichenlaubstr.
Niederlöstern
E422
Steinberg-Deckenhardt
Heisterberg
Hirstein
Rappweiler
Thailen
Sengert
525
Selbach
Mitlosheim
Primstal
Dagstuhl
Lockweiler
Weierweiler
Noswendel
Krettnich
Pinsweiler
Losheim
(300)
Prims
Nonnweiler-Primstal
Güdesweiler
37
328
Bardenbach
138
Namborn
Münchweiler
Saar-Hunsrück
Gronig
Eisweiler
Niederlosheim
Büschfeld
Hasborn-Dautweiler
Theley
Oberthal
Hofeld-Mauschbach
Überroth-Niederhofen
Lindscheid
Schaum-B.
569
Bliesen
Baltersweiler
338
Wahlen
Nunkirchen
Dorf
Scheuern
139
Tholey-Hasborn
Tholey
15
Neipel
Bergweiler
Winterbach
Rissenthal
Michelbach
Limbach
Dörsdorf
269
Alsweiler
21
Alsfassen
Oppen
268
Steinbach
Sotzweiler
Kurhs.
Breiten
Reimsbach
Gresaubach
140
Tholey
St. Wendel
(286)
Oberlinxweiler
Schmelz
Rümmelbach
Thalexweiler
Schellenbach
Aschbach
Marpingen
Remmesweiler
Urexweiler
400
Hüttersdorf
Berschweiler
Niederlinxweiler
Niedersaubach
32
Düppenweiler
Lebach
Macherbach
Dirmingen
Mainzweiler
Primsweiler
Eppelborn
141
410
414
298
Bubach-Calmesweiler
Eppelborn
Hirzweiler
Ottweiler
(246)
Piesbach
Knorscheid
Hierscheid
Wustweiler
Welschbach
Nalbach
Körprich
17
Eidenborn
Landsweiler
Humes
Uchtelfangen
Hüttigweiler
Stennweiler
Bilsdorf
Falscheid
Habach
142
Raßweiler
18
268
20
Illingen
Wemmetsweiler
Diefflen
(182)
Saarwellingen
Reisbach
Wiesbach
Kaisen
Dillingen
405
Labach
Eiweiler
Lummerschied
Illingen
Landsweiler-Reden
Dill.-S.
Nalbach
Obersalbach-Kurhof
Heusweiler
Mangelhausen
143
Heiligenwald
Saarwellingen
(175)
280
Kutzhof
Saarbrücken
SLS-Steinr.
ADAC
Saarlouis
Heusweiler
Wahlschied
144
Merchweiler
Göttelborn
Friedrichsthal
ADAC
Neunkirchen
(224)
Schwarzenholz
Niedersalbach
Quierschied
Schwalbach
25
Walpershofen
Holz
393
Herchenbach
Holz
Friedrichsthal-Bildstock
Ensdorf
Etzenhofen
145
Quierschied
2003
Schwalbach/Schwarzenholz
Güchenbach
Riegelsberg
Sulzbach-Altenwald
Elversberg
NK-Heinitz
NK-Spiesen
Schwalbach
Fischbach
Elm
R. Wasserbg.
Spiesen-Elversberg
Saarlouis-Lisdorf
Riegelsberg
146
SB-Dudweiler
Sulzbach
Püttlingen
Sulzbach
St. Ingbert
Bous
Derlen
SB-Neuhaus
356
(229)
319
Von der Heydt
147
148
SB-Herrensohr
Neuweiler
Rohrbach
Wadgassen
Hostenbach
SB-Von der Heydt
623
Dudweiler
Rentrisch
Wadgassen
620
51
Völklingen
(190)
E422
ADAC
(191)
Schaffhausen
Völklingen
Saarbrücken
St. Ingbert-Mitte
Hassel
Völklingen-Wehrden
S. 172
8
Saarbrücken
182,5
194,5
196
197
198
205,5
206
207
Eppelborn
Illingen
Quierschied
Holz
Riegelsberg
Saarbrücken-Neuhaus
Saarbrücken-Von der Heydt
S. 172

Vom Ruhrgebiet nach Berlin

Oberhausen → Dortmund → Hannover → Braunschweig → Magdeburg → Berlin

Sie verbindet den Wirtschaftsraum Ruhrgebiet mit der Hauptstadt Berlin: Vom Beginn des Autobahnbaus in Deutschland an war die A2 die erste und wichtigste West-Ost-Achse. Zu Zeiten der deutschen Teilung bildete sie die zentrale Transitstrecke mit der höchsten Verkehrsdichte zwischen West-Berlin und der Bundesrepublik. Nach Öffnung der Grenzen wurde die 474 km lange A2 schnell zu einer der meistbefahrenen Strecken im Netz.

Anfang 1934 hatte man mit dem Bau der Strecke Oberhausen–Berlin begonnen, schon drei Jahre später war der Abschnitt Hannover–Berlin fertig gestellt. Aus der Berliner Innenstadt bestand die Anbindung zunächst in der damaligen Reichsstraße 1 (heute B1) über Potsdam zur Auffahrt Werder, ab 1940 war die Strecke dann über das AD Werder bis zur Avus (heute Teil der Berliner Stadtautobahn A115) durchgehend befahrbar. Zu diesem Zeitpunkt war auch bereits der Abschnitt Oberhausen–Hannover komplett in Betrieb.

Ausbau nach der Wende

Die A2 erschließt eine Reihe bedeutender Wirtschaftszentren, ausgehend vom AK Oberhausen sind dies: Rhein-Ruhr, Bielefeld, Hannover, Braunschweig, Magdeburg und Berlin. Im europäischen Verkehr bildet die A2 zugleich die Transitroute zwischen den Niederlanden und Polen. Entsprechend massiv stieg nach der Wende 1989 der Verkehr auf der A2 an, weshalb von 1993 bis 1999 die Magistrale Hannover–Berlin im Zuge der Verkehrsprojekte Deutsche Einheit 6-spurig ausgebaut wurde. Nahezu 2,6 Mrd. DM hat der Bund insgesamt in den Ausbau der 208 km langen Teilstrecke investiert. Im Jahre 1993 zählte man an manchen Abschnitten mehr als 60 000 Fahrzeuge in 24 Stunden, bei einem LKW-Anteil von rund 25 Prozent. Die Prognosen für das Jahr 2010 belaufen sich – je nach Abschnitt – auf zwischen 70 000 und 120 000 Fahrzeuge pro Tag.

Elektronische Verkehrslenkung

Auf der gesamten A2 verläuft der Verkehr mittlerweile fast durchgehend 6-spurig. Den zügigen Ausbau in den letzten Jahren vor der Jahrtausendwende verdanken Sie der Expo 2000 in Hannover, für die die A2 ein wichtiger Zubringer war. Nur wenige kurze Abschnitte stehen noch aus – bis Ende 2002 sollen so auch zwischen Hämeler Wald und Peine, bis 2003 auch von Watenbüt-

Historische denkmalgeschützte Brücken wie diese bei Vlotho sind typisch für den Streckenabschnitt zwischen Bielefeld und Bad Eilsen.

2

- **Länge** 474 km / 4:36 h
- **Entfernungen und Fahrzeiten** (ca.)

AK Oberhausen – AK Kamener Kreuz 63 km / 0:38 h
AK Kamener Kreuz – AK Bielefeld 75 km / 0:41 h
AK Bielefeld – AD Hannover-West 107 km / 0:59 h
AD Hannover-West – AK Braunschweig-Nord 60 km / 0:34 h
AK Braunschweig-Nord – AK Kreuz Magdeburg 75 km / 0:46 h
AK Kreuz Magdeburg – AD Werder 94 km / 0:58 h

- **Staubereiche**

Erhöhte Staugefahr besteht zwischen der AS Rehren und der AS Lauenau,
zwischen dem AK Hannover-Buchholz und dem AK Hannover-Ost,
zwischen dem AK Wolfsburg/Königslutter und der AS Königslutter,
zwischen der AS Eilsleben und der AS Magdeburg-Zentrum auf mehreren Streckenabschnitten,
am Autobahnende zwischen der AS Lehnin und dem AD Werder.

tel bis Braunschweig-Nord die Autos auf sechs Spuren rollen können. Insbesondere zwischen Bielefeld und Hannover helfen Schilderbrücken mit elektronischen Verkehrslenkungsanlagen, Staus und Unfälle zu vermeiden. Wichtigster Knotenpunkt der A2 ist das AK Hannover-Ost. Hier trifft die West-Ost-Hauptstrecke auf die A7, die zentrale Nord-Süd-Verbindung. Einen weiteren wichtiger Knoten bildet das Kamener Kreuz an dem die A1 kreuzt. Das AK Magdeburg bildet einen weiteren bedeutenden Schnittpunkt; hier stößt die A2 auf die neue Autobahn Magdeburg-Leipzig (A14).

Abwechslungsreiche Ferienregion

Architektonisch und bautechnisch bemerkenswert sind mehrere denkmalgeschützte Steinbogenbrücken aus den 30er-Jahren zwischen Bielefeld und Bad Eilsen. Einen Glanzpunkt der Moderne setzen die Brücke über den Elbabstiegskanal und die über 1000 m lange Elbebrücke, beides aufwändige Ingenieurbauwerke zwischen den AS Magdeburg-Rothensee und Lostau/Hohenwarthe.
Die A2 durchquert einige abwechslungsreiche Ferienregionen. Nach dem Ruhrgebiet geht es am Rande des Münsterlandes entlang in den Naturpark Nördlicher Teutoburger Wald – Wiehengebirge, dem bald darauf der Naturpark Weserbergland/Schaumburg-Hameln folgt. Mit 222 m über Normalnull erreicht die A2 im Teutoburger Wald ihren höchsten Punkt.
Im Raum Helmstedt führt die Autobahn durch den Naturpark Elm-Lappwald, um sich dann in die fruchtbare Magdeburger Börde zu senken. Wenn der Reisende Magdeburg passiert und das Wetter mitspielt, kann er in der Ferne den eindrucksvollen Magdeburger Dom erkennen. Nach Überquerung der Elbe geht es durch das grüne Jerichower Land, den Naturpark Hoher Fläming und das wasserreiche Havelland nach Berlin.

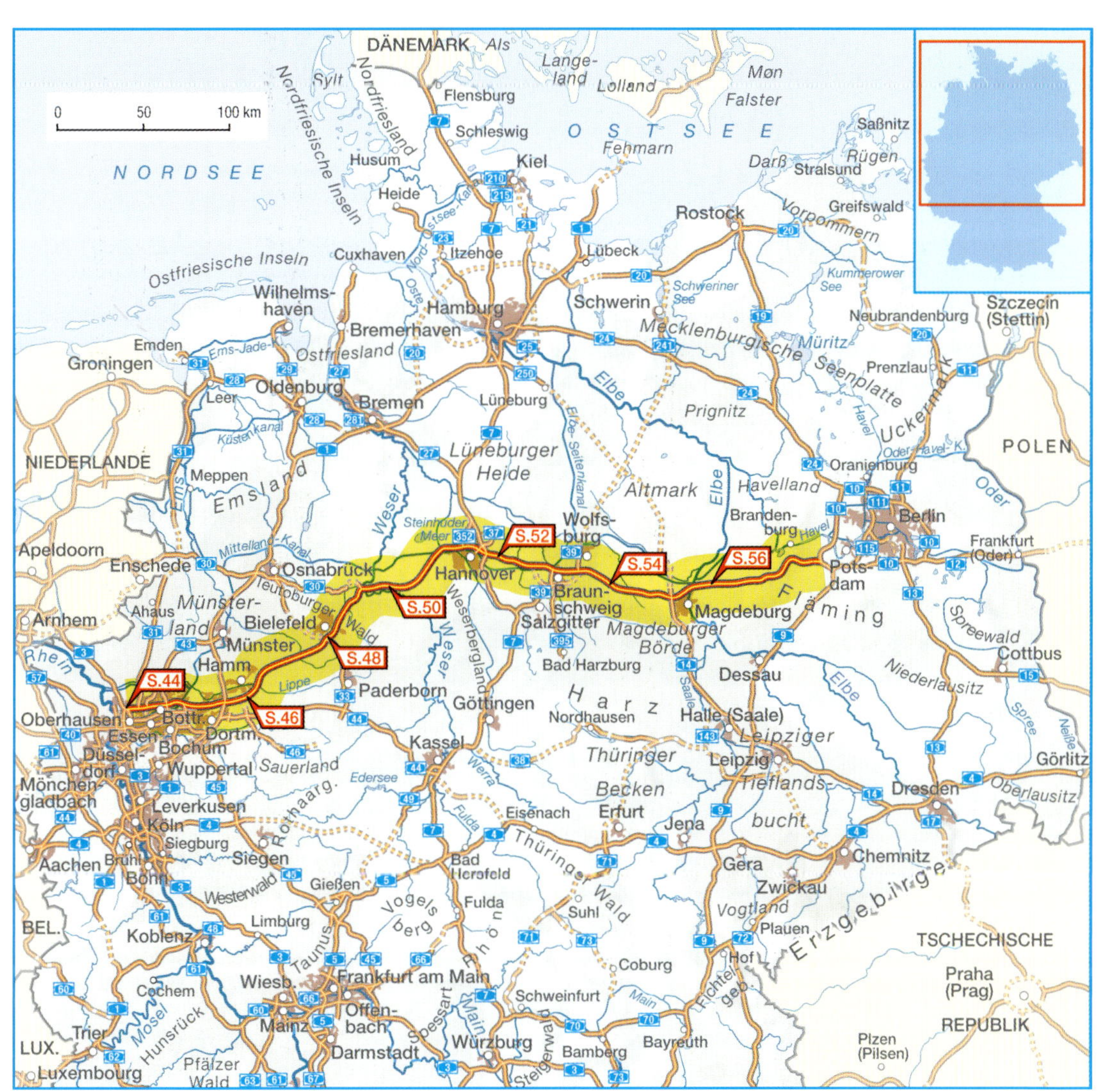

1 Die hohen, alten Laub- und Nadelwälder beiderseits des AK Oberhausen gehören zum 192 ha großen **Sterkrader Wald**. Über 70 Vogelarten brüten in dem als Naturschutzgebiet ausgewiesenen Forst. Nördlich grenzt der Sterkrader Wald an den Staatsforst Wesel, der sich bis zum Naturpark Hohe Mark erstreckt.

2 Nördlich der A2 sehen Sie den Schachtturm des **Bergwerks Prosper-Haniel**. Die Ruhrkohle Niederrhein AG fördert hier Steinkohle. Dahinter erhebt sich die Halde Haniel. Auf ihrem Gipfel sehen Sie ein großes Kreuz. Es erinnert an den Besuch Papst Johannes Pauls II. im Jahre 1987. Halden sind zum Wahrzeichen des Ruhrgebiets geworden. In Aufbereitungsanlagen wird die geförderte Kohle gewaschen und vom tauben Gestein, wie es im Fachjargon heißt, getrennt. Aus Kostengründen brachten die Zechenbetreiber dieses Gestein seit den 60er-Jahren nicht mehr in die Stollen untertage zurück. So entstanden zahlreiche Halden.

3 Der Mischwald, durch den Sie fahren, gehört zum **Bottroper Stadtwald**. Der vor 80 Jahren angelegte knapp 3000 ha große Forst ist von zahlreichen Bachläufen, Wander- und Radwegen durchzogen.

Eine kunstvoll geschwungene Brücke führt im Gelsenkirchener Nordsternpark, Gelände der Bundesgartenschau 1997, über den Rhein-Herne-Kanal.

4 ★ In nur 1 km Entfernung liegt im Stadtwald von Gladbeck mitten in einem Park und umgeben von Teichen das schmucke **Wasserschloss „Haus Wittringen"**, das einen Abstecher lohnt (2 Min. über die AS Gladbeck-Ellinghorst). Wer sich für die Stadtgeschichte, für die industrielle Revolution, die NS-Zeit und die Nachkriegszeit interessiert, sollte das im Schloss untergebrachte sehenswerte städtische Museum Gladbeck besuchen.

5 In Höhe der AS Gladbeck-Ellinghorst gerät für einen Augenblick Bottrops Wahrzeichen ins Blickfeld, die 50 m hohe Stahlskulptur **„Tetraeder"** (siehe auch A3, S.63) auf der 65 m hohen Halde Emscher-Blick. Daneben steht das 1500 m lange Alpin-Center, die größte Skihalle der Welt. Beides liegt an der ausgeschilderten „Route der Industriekultur". Sie führt auf einer Länge von 400 km durch das Ruhrgebiet.

6 Südlich der A2 erhebt sich die Moltke-Halde der ehemaligen **Zeche Graf Moltke**. Nördlich sehen

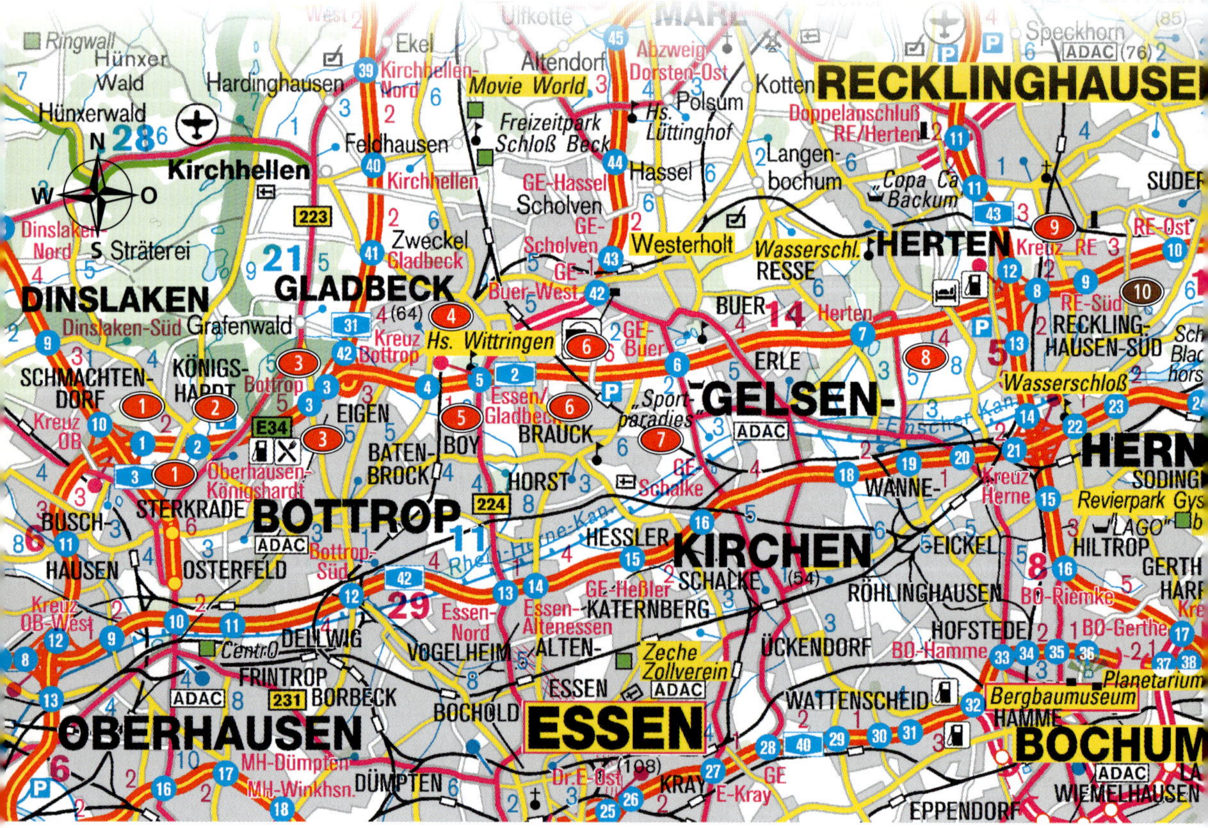

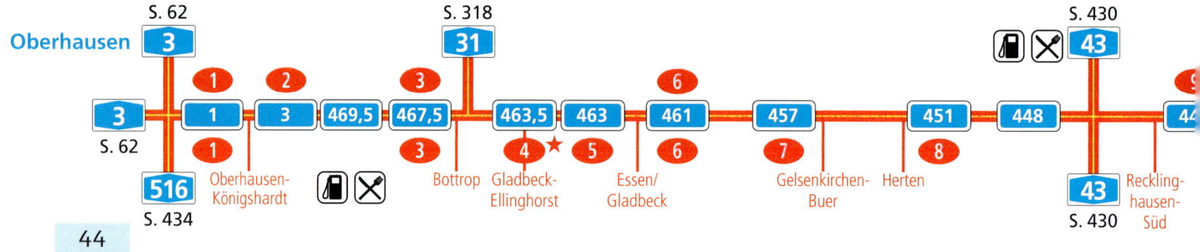

Oberhausen 3 (S. 62) · 3 (S. 62) · 516 (S. 434) · 1 Oberhausen-Königshardt · 3 · 469,5 · 467,5 Bottrop · 31 (S. 318) · 463,5 Gladbeck-Ellinghorst · 463 Essen/Gladbeck · 461 · 457 Gelsenkirchen-Buer · 451 Herten · 448 · 43 (S. 430) Recklinghausen-Süd

Sie den spitzen Turm der **Heilig-Kreuz-Kirche in Gladbeck**. Die Turmuhr ist nachts beleuchtet und weithin sichtbar.

7 4 km weiter sehen Sie ebenfalls südlich der A2 die Flutlichtmasten des **Gelsenkirchener Parkstadions**. Dahinter liegt die 2001 fertig gestellte multifunktionale Arena „Auf Schalke". Sie dient als Heimatstadion des FC Schalke 04 Gelsenkirchen sowie als Veranstaltungsort für Messen und Konzerte.

8 An der Südseite der A2 ragt als Industriedenkmal der gemauerte **Mallakow-Förderturm** der ehemaligen Schachtanlage Ewald in die Höhe. Dahinter sehen Sie die Halde Ewald. In dieser Region entsteht der **Landschaftspark Emscherbruch**, der die größte Haldenlandschaft Europas werden soll.

9 Durch die Bäume sehen Sie nördlich der A2 das Oval der **Rennbahn Hillerheide** in Recklinghausen. Hier werden die schnellsten Trabrennen der Welt ausgetragen. Der hier aufgestellte Rekord über die Meile (1609 m) beträgt 1 Min. 11,2 Sek. Die dreitägigen, millionenhoch dotierten „Breeders Crown"-Rennen, die einmal jährlich Mitte September stattfinden, gelten als das Top-Ereignis im deutschen Trabrennsport.

10 **„Schiffshebewerk"** (Informationstafel): Abgebildet ist das alte Schiffshebewerk Henrichenburg mit seinen zwei markanten Türmen. Der Aufzug für schwimmende Schiffsriesen ist das Wahrzeichen des Westfälischen Industriemuseums in Waltrop. Das Schiffshebewerk wurde 1899 zusammen mit dem Dortmund-Ems-Kanal durch Kaiser Wilhelm II. eingeweiht. 1962 wurde es durch eine moderne Anlage ersetzt, blieb aber noch bis 1992 in Betrieb.

11 Wo es über den **Rhein-Herne-Kanal** geht, haben Sie einen Blick auf die Schifffahrtsstraße. Sie führt von Duisburg-Ruhrort zum Dortmund-Ems-Kanal nach Henrichenburg-Waltrop. Der 1914 eröffnete Kanal ist 46 km lang und hat sieben Schleusen.

12 Die Autobahn führt durch die Mengeder Heide und erreicht das Stadtgebiet von **Dortmund**, dem wirtschaftlichen und kulturellen Zentrum Westfalens. Die Bier- und Sportmetropole mit ihren zahlreichen Ortsteilen erstreckt sich 21 km lang in südlicher und 23 km in östlicher Richtung.

13 Den **Dortmund-Ems-Kanal** können Sie von der Autobahnbrücke aus sehen. Die historische, 266 km lange Wasserstraße führt von Dortmund über Hamm, Münster, Rheine, Meppen, Leer nach Emden zur Nordsee.

14 Am nördlichen Horizont erkennen Sie den Schlot des Steinkohle-Kraftwerks **Bergkamen**, davor die Berghalde Großes Holz und das Fördergerüst der ehemaligen Zeche Neu-Monopol. Noch vor 100 Jahren war Bergkamen ein kleines Dorf in der Heidelandschaft. Heute zählt die Stadt 50 000 Einwohner.

15 Südlich der A2 grüßt das Wahrzeichen Kamens herüber, der schiefe Turmhelm der **Pauluskirche**. Die Schräglage gegen die Windrichtung Südwest war kein Fehler des Baumeisters, sondern Absicht, damit sich der Turm gegen den Sturm stemmen kann. Das Gotteshaus wurde um 1250 errichtet, den schiefen Turmhelm erhielt es im 15. Jh.

1 **„Maximilianpark“** (Informationstafel): Das abgebildete Haus ist der so genannte Gläserne Elefant, das Wahrzeichen des Maximilianparks in Hamm. Das Gebäude ist die einstige Kohlenwäsche der 1902 gegründeten Zeche Maximilian. 1984 wurde in der 1914 geschlossenen Zeche die erste Landesgartenschau in Nordrhein-Westfalen veranstaltet. Die ehemaligen Zechengebäude stehen inmitten von Blumenlandschaften, Waldstücken und Spielplätzen. Einzigartig ist das Schmetterlingshaus mit frei fliegenden tropischen Faltern.

2 Nördlich der A2 sehen Sie zwei runde Wassertürme und dahinter die Randgebiete der Stadt **Hamm**. Der architektonische Glanzpunkt der Stadt ist das Gustav-Lübcke-Museum (erbaut 1993). Der Kunstliebhaber Gustav Lübcke vermachte 1917 seiner Heimatstadt seine umfangreiche Sammlung, die z.B. Exponate aus der Steinzeit, dem alten Ägypten, aber auch aus der Neuzeit umfasst.

3 Die **Raststätte Rynern** zählt zu den ältesten im deutschen Autobahnnetz und steht unter Denkmalschutz. Sie wurde Ende der 30er-Jahre als Doppeltankstelle wie ein Tor zu beiden Seiten der Autobahn gebaut. Die alte Tankstellenanlage ist äußerlich nahezu unverändert. Auch heute noch tragen die steilen Giebeldächer das schlichte „T“ für Tankstelle.

4 Beim Übergang über die **Lippe** sehen Sie nördlich der A2 das Industriegebiet Hamm-Uentrop und südlich den Campingplatz Lippetal. Die 255 km lange Lippe entspringt am Eggegebirge in Bad Lippspringe und mündet bei Wesel in den Rhein.

5 An der Südseite der A2 blitzt durch Bäume und Gebüsch der See der Beckumer Freizeitanlage **Tuttenbrock**. Einige 100 m weiter sehen Sie südlich die modernen Flachbau-

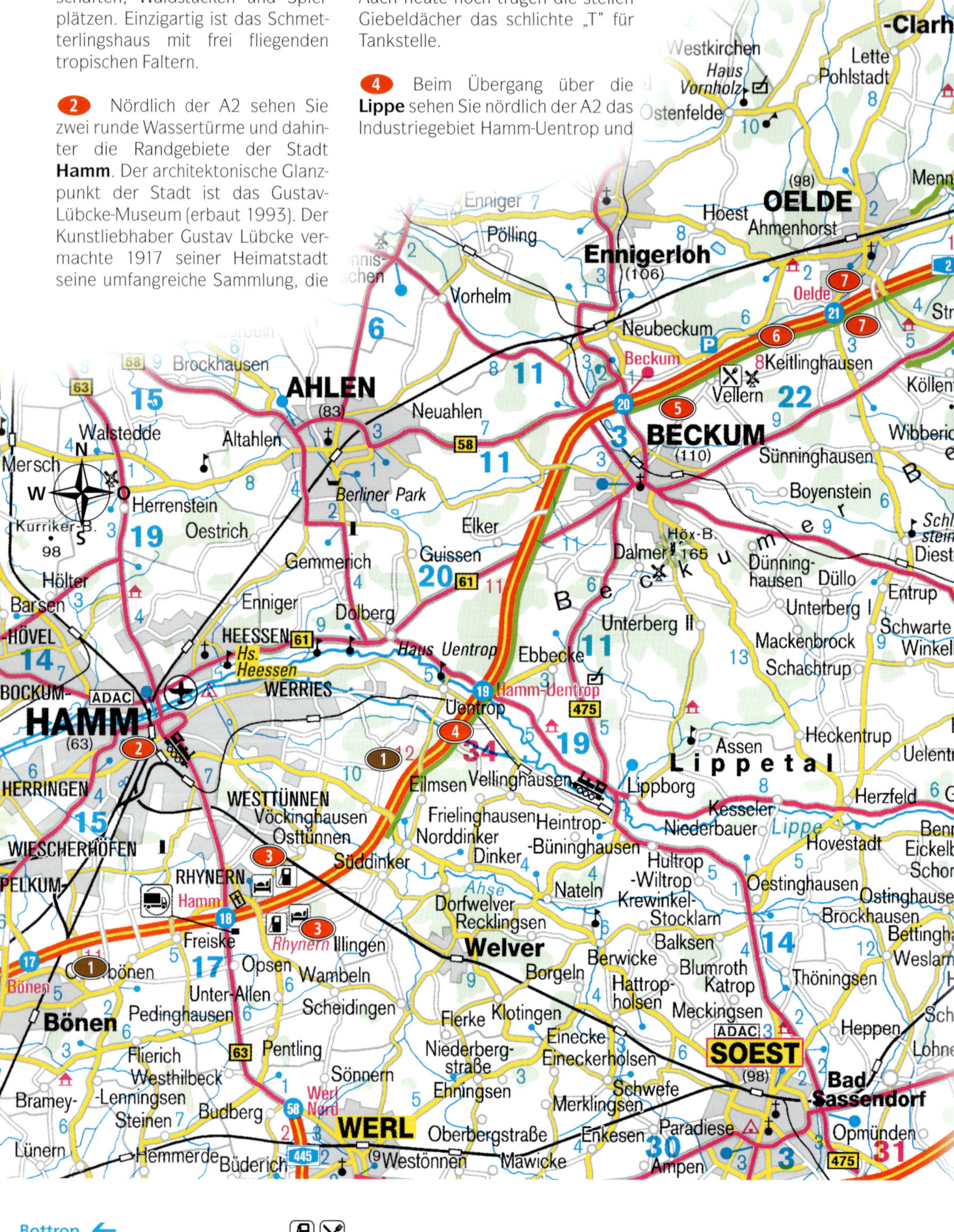

Bottrop ←

Bönen		Hamm			Hamm-Uentrop	Beckum	

405 (1) – 401 (2) – 399,5 – 397,5 (3) – 392 (1) – 390 – (4) – 376 (5) – 373,…

Bönen · Hamm · Hamm-Uentrop · Beckum

ten des Beckumer Gewerbeparks „Grüner Weg“. Dahinter liegt die historische Stadt Beckum mit ihrem Rathaus aus dem 15. Jh. und der Kirche St. Stephanus (14.–16. Jh.).

6 Über die A2 spannt sich die **Brücke Hesseler Weg**, (Verbindung zwischen mehreren Höfen). 1938 gebaut, gilt sie als eine der ältesten Spannbetonbrücken der Welt. Wegen ihrer architektonischen Bedeutung steht sie unter Denkmalschutz.

7 Drei große bunte Würfel stehen an beiden Seiten der A2 auf der jeweiligen Böschung des Lärmschutzwalls. Die beeindruckenden Objekte hat der Künstler Otmar Alt anlässlich der nordrhein-westfälischen Landesgartenschau 2001 in **Oelde** geschaffen.

8 **„Historische Stadtkerne Rheda-Wiedenbrück Rietberg“** (Informationstafel): Das rechte Gebäude mit dem Zwiebelturm auf der Tafel zeigt das historische Rathaus von Rietberg, der spitze Turm links stellt das Wasserschloss von Rheda-Wiedenbrück dar. Einen Blick auf die Doppelstadt an der Ems zu beiden Seiten der Autobahn haben Sie 3 km nach dem Schild. Nördlich der A2 liegt Rheda; sichtbar sind die zwei spitzen Türme der katholischen Pfarrkirche St. Clemens. Südlich der Autobahn erstreckt sich das über 1000 Jahre alte Wiedenbrück mit seiner malerischen Altstadt. Der herrliche Park Flora Westfalica verbindet die Doppelstadt, die im Jahre 1970 durch die Zusammenlegung der bis dahin selbstständigen Kommunen entstanden ist. Idyllisch im Park liegt Schloss Rheda, in dem noch heute die Fürstenfamilie Bentheim-Tecklenburg wohnt.

9 An der Nordseite der Autobahn liegt **Gütersloh**, südlich der A2 sehen Sie das einem Bücherturm ähnelnde **Distributionszentrum des Medienhauses Bertelsmann.** Carl Bertelsmann eröffnete 1824 in Gütersloh eine der ersten Steindruckereien Westfalens. 75 Jahre später gründete hier Carl Miele seine „Centrifugen- und Haushaltsgerätefabrik“.

10 **„Teutoburger Wald“** (Informationstafel): Das Schild zeigt den Wehrturm der Sparrenburg in Bielefeld und das Hermannsdenkmal. Die 50 m hohe Standfigur des Arminius (verdeutscht fälschlich Hermann) erinnert an den Sieg des Cheruskerfürsten über drei römische Legionen des Varus im Jahr 9 n. Chr. Das Denkmal, geschaffen 1838–1875 von Ernst von Bandel, steht unweit von Detmold. Der Teutoburger Wald erstreckt sich über rund 110 km und ist zwischen 3 und 15 km breit. Zahlreiche Wanderwege durchziehen das waldreiche Gebirge.

Fachwerkidyll im Herzen der Altstadt von Rheda-Wiedenbrück 8.

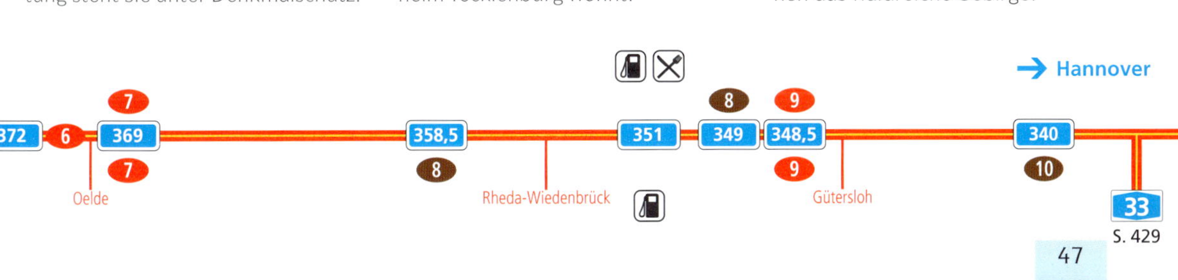

1 Die Heidelandschaft zu beiden Seiten der A2 gehört zu den Ausläufern der **Senne**, einer Landschaft, die sich südlich 35 km lang bis Paderborn erstreckt. Der sandreiche Heideboden wurde während der Weichsel-Eiszeit durch die Schmelzwasser eines Gletschers hierher transportiert.

2 Die A2 erreicht die Mischwälder des **Teutoburger Waldes**. Er geht bei Horn in das Eggegebirge über. Die Autobahn bildet die Grenze zwischen den Naturparks Nördlicher Teutoburger Wald und Wiehengebirge sowie Südlicher Teutoburger Wald und Eggegebirge. Der schmale, bewaldete Höhenrücken des Wiehengebirges beginnt an der Porta Westfalica (siehe S. 49) und ist die Fortsetzung des Wesergebirges.

3 Das Steilstück (vier Prozent) hinauf in den Teutoburger Wald heißt **Bielefelder Berg**. Hier ist eine vollautomatische Taumittelsprühanlage installiert. Im Straßenbelag und neben der Fahrbahn sind Sensoren angebracht, die Niederschlag und Glättebildung messen. In der Mitte der Fahrbahn erkennen Sie eingelas-

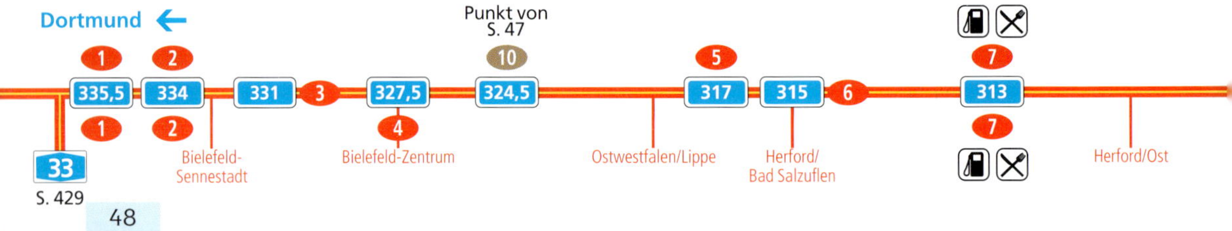

Dortmund ←
Punkt von S. 47
335,5 334 331 327,5 324,5 317 315 313
33 S. 429
Bielefeld-Sennestadt
Bielefeld-Zentrum
Ostwestfalen/Lippe
Herford/Bad Salzuflen
Herford/Ost

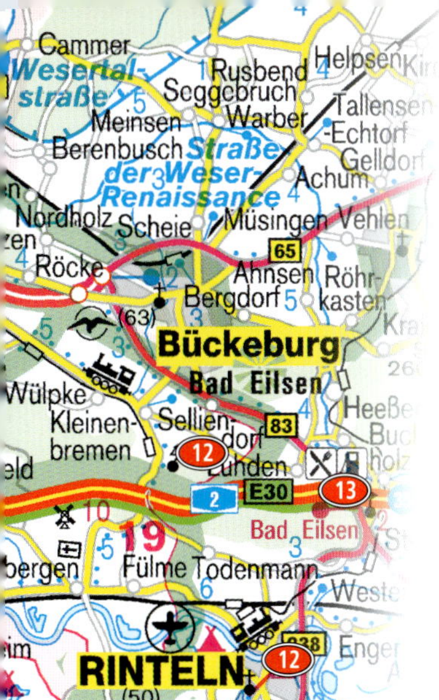

sene Sprühteller. Aus Düsen wird daraus im Bedarfsfall das Taumittel in Fahrtrichtung gespritzt.

4 Nördlich der Talbrücke Lämershagen liegt die Stadt **Bielefeld**, der wirtschaftliche und kulturelle Mittelpunkt Ostwestfalens. Die Universitäts-, Tagungs- und Kongressstadt im Teutoburger Wald bietet ein vielfältiges Kultur- und Freizeitangebot. Der Alte Markt in der historischen Altstadt ist von Patrizierhäusern umstanden. Wahrzeichen der Stadt ist der hohe Turm der im 13. Jh. von Graf Ludwig von Ravensburg erbauten Sparrenburg. Eine besondere Attraktion sind ihre ausgedehnten Gänge und Kasematten.

5 Nördlich der A2 liegt, weitgehend verdeckt von Lärmschutzwänden, die Stadt **Herford**. Sie gilt als einstige Hauptstadt des Sachsenfürsten Widukind, der 770–785 erbitterten Widerstand gegen Karl den Großen leistete. Ein Reiterdenkmal in einem Park unweit des Bahnhofs erinnert an ihn.

6 Die A2 kreuzt bei der AS Herford/Bad Salzuflen die **Straße der Weserrenaissance**. So wird der Architekturstil im Tal der Weser und im weiteren Umland zwischen 1520 und 1620 bezeichnet. Südlich führt diese Touristenroute (B239) in die alte Hansestadt Lemgo. Dort dokumentiert das Weserrenaissance-Museum im Schloss Brake Kunst, Kultur und Gesellschaft der damaligen Epoche.

7 Die A2 führt die nächsten 6 km durch die Mischwälder des **Salzufler Stadtforstes**. Östlich der Autobahn, im hügeligen lippischen Bergland, liegt der Kurort **Bad Salzuflen**, eines der vielen Heilbäder im Raum zwischen Teutoburger Wald und Wesergebirge.

8 Südlich der A2 sehen Sie den hellen Turm mit dunkler Schiefer-Dachspitze der evangelischen **Autobahnkirche Exter**. Das Gotteshaus wurde im Jahre 1666 erbaut, das Kirchenschiff 1951 erneuert. Seit 1959 dient die Gebetsstätte als Autobahnkirche.

9 ★ Wenn Sie oder Ihre Kinder sich gerne Märchen und Sagen erzählen lassen, sollten Sie einen Abstecher ins **Deutsche Märchen- und Wesersagenmuseum Bad Oeynhausen** unternehmen (3 km, 5 Min. über das AK Bad Oeynhausen). Das Museum ist in einer alten Villa gegenüber dem Kurpark untergebracht und bietet eine Fülle von Märchenbüchern zum Schmökern, darunter auch seltene Erstausgaben und Illustrationen. Über das AK Bad Oeynhausen gelangen Sie auch zur Deutschen Märchenstraße.

10 Auf dem Wittekindsberg nördlich der A2 thront weithin sichtbar das **Kaiser-Wilhelm-Denkmal**. Es überragt die **Porta Westfalica**, ein Tal, wo die Weser in einem mächtigen Keil das Weser- und Wiehengebirge durchbricht. Durch diesen in Jahrtausenden entstandenen 800 m breiten Einschnitt bahnte sich die Weser den Weg ins Norddeutsche Tiefland.

11 Bei der AS Porta Westfalica kreuzt die A2 die **Westfälische Mühlenstraße**, die auf der B482 über Porta Westfalica durch eine abwechslungsreiche Kulturlandschaft mit malerischen Dörfern und Städten führt. Nirgendwo in Deutschland gibt es noch so viele funktionstüchtige Mühlen (siehe Kasten).

12 Der Mischwald beiderseits der Autobahn gehört zum **Staatsforst Rinteln**. Südlich hinter dem Forst liegt die Stadt Rinteln, die von schönen Fachwerkhäusern und einem Rathausgiebel im Stil der Weserrenaissance geprägt ist.

13 An der AS Bad Eilsen erreicht die A2 den Naturpark Weserbergland und den historischen Landkreis Schaumburg. Dort kreuzt auch die **Deutsche Fachwerkstraße** (B83) die Autobahn. Nach Norden führt die Touristenstraße in das Residenzstädtchen **Bückeburg** (13 km, 18 Min.). Zu ihren Attraktionen gehört das barocke Wasserschloss der Grafen und jetzigen Fürsten zu Schaumburg-Lippe und ein einzigartiges Hubschraubermuseum. Das Bronzetaufbecken in der Stadtkirche ist ein Meisterwerk des niederländischen Bildhauers Adriaen de Vries.

Mühlenroute

In keiner anderen Region Deutschlands gibt es auch nur annähernd so viele bis heute funktionsfähige Mühlen wie in der Gegend um Weser, Wiehengebirge und Dümmer: Klassische Holländermühlen, hölzerne Bockwindmühlen, durch Flüsse und Bäche in Gang gehaltene Wassermühlen sind ebenso darunter wie von Pferden angetriebene Rossmühlen oder eine auf einem Hausboot errichtete Schiffsmühle. Insgesamt 42 Objekte werden durch die Westfälische Mühlenstraße verbunden, einen 320 km langen Rundkurs.

Die Tradition der Mühlen im Kreis Minden-Lübbecke reicht weit zurück. Vom 10. Jh. bis in die 50er-Jahre waren sie fester Bestandteil des ländlichen Lebens, bis nach dem Zweiten Weltkrieg allgemein ein großes Mühlensterben einsetzte. Um dem Einhalt zu gebieten, kümmert sich der „Mühlenverein im Landkreis Minden" seit 1978 um Erhalt, Restaurierung und Pflege der denkmalgeschützten Prachtexemplare.

Erlebbar wird das alte Handwerk vor allem an den Mahl- und Backtagen. Von April bis Okt. werden an den Wochenenden die historischen Mühlräder wieder in Schwung gesetzt, um das Wissen über das fast ausgestorbene Handwerk des Müllers zu erhalten. An diesen Tagen wird in einigen alten Mühlenbackhäusern Brot nach traditioneller Art gebacken. Wer etwas Zeit hat, kann die Mühlenroute mit dem Planwagen oder in fünf bis sechs Etappen mit dem Rad erkunden. Auskünfte und Karten erhalten Sie beim Mühlenkreis Minden-Lübbecke, Tel. 05 71/8 07 23 17.

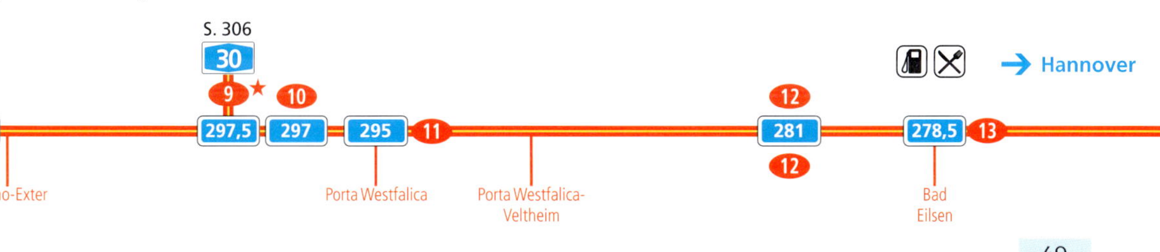

1 Wie eine Schanze wirkt das riesige metallene Treppenbauwerk mit 156 Stufen südlich der A2 kurz vor der AS Bad Eilsen (Ostabfahrt). Es nennt sich **„Jahrtausendblick“** und ist das Wahrzeichen des Erlebnisparks „Steinzeichen Steinbergen“, der zur Expo 2000 in dem ehemaligen Steinbruch eröffnet wurde. Nach dem Motto „Vom Steinbruch zur Kulturdomäne“ erstreckt sich in dem Areal ein vielfältiger Themenpark rund um das Thema Stein.

2 Einen wunderschönen Blick auf liebliche Wiesen und sanfte Hügel des **Schaumburger Landes** haben Sie von der Talbrücke Ölbergen aus. Das durch den Westfälischen Frieden von 1648 in das Fürstentum Schaumburg-Lippe und die Hessische Grafschaft Schaumburg geteilte Land wurde durch die Kreisreform von 1977 wieder zusammengeführt.

3 Bei der AS Lauenau kreuzt die A2 die **Straße der Weserrenaissance** (B442). Sie führt südlich nach Bad Münder und Hameln, nordwestlich nach Bad Nenndorf und Stadthagen (siehe auch S. 49).

4 Der mischwaldreiche Höhenzug zu beiden Seiten der A2 heißt **Deister** und erstreckt sich von Bad Nenndorf im Nordwesten bis Springe im Südosten. Der Deister mit seinen knapp 400 m hohen Bergen ist ein beliebtes Wandergebiet.

5 Östlich der A2 sehen Sie das Gewerbegebiet von **Bad Nenndorf**. Von Westen her grüßt der spitze Turm der evangelischen Godehardi-Kirche in Bad Nenndorf. Der Kurort ist bekannt für seine Moor-, Sole- und Schwefelbäder.

6 Der grauschwarze Hügel, den Sie an der Westseite der A2 sehen, ist eine Abraumhalde der einstigen

Jachthafen am Steinhuder Meer **6***: Der beliebte See nordwestlich von Hannover gilt als bestes Segelrevier Norddeutschlands.*

Kalisalzförderung. 6 km weiter westlich liegt **Wunstorf**. Das Wahrzeichen der Stadt ist die im 12. Jh. errichtete Stiftskirche, eine mächtige romanische Basilika. Ganz in der Nähe von Wunstorf liegt das **Steinhuder Meer**, mit 32 km² der größte Binnensee Norddeutschlands.

7 Es geht über die von Wiesen gesäumte **Leine**. Der 279 km lange Fluss entspringt im Eichsfeld südlich von Göttingen, durchfließt das niedersächsische Berg- und Hügelland, erreicht westlich von Hannover das norddeutsche Tiefland und mündet südlich von Schwarmstedt in die Aller.

8 In der **Rastanlage Garbsen-Nord** gibt es einen besonderen Service. Der Gast kann im Eingangsbereich der Raststätte eine Nachricht in einen PC eingeben, die dann wenige Minuten später über eine Leuchtschrift an einem Windrotor zu lesen ist. Auch über das Internet kann man Botschaften auf dem Gelände der Raststätte verbreiten.

9 Über die Lärmschutzwände hinweg sehen Sie südlich am Rand der A2 den 100 m hohen Kühlturm des bemerkenswert gestalteten **Gemeinschaftskraftwerks Hannover**. Mit der silbern blinkenden Aluverkleidung, den gelb leuchtenden Metallrahmen und den Verglasungen bei Fenstern und Treppenhaus setzt es einen außergewöhnlichen Akzent. Das Kohlekraftwerk wird von den Stadtwerken Hannover und den Unternehmen Volkswagen und Continental gemeinsam betrieben.

10 ★ Einer der herrlichsten Barockgärten Europas in **Hannover-Herrenhausen** könnte Ziel Ihres nächsten Abstechers werden (5 km, 10 Min. über die AS Hannover-Herrenhausen). Vor über 300 Jahren ließ Herzog Johann Friedrich ein ländliches Gehöft zur Sommerresidenz ausbauen. Sie bildete den Ursprung der Königlichen Gärten. Eine Attraktion ist der futuristische Bau des 1999/2000 errichteten Regenwaldhauses. Sein einzigartiges Foliendach spendet Licht für über 1000 m² Urwaldbiotop. Multimediastationen zu Themen rund um die Bionik erklären, was der Mensch vom Regenwald und seinen Naturschätzen lernen kann. Zurück zur A2 kommen Sie am besten über die AS Hannover-Langenhagen.

11 Südlich der A2 ragt der 282 m hohe Telemax, der Fernsehturm von **Hannover**, als eines von zahlreichen Wahrzeichen der niedersächsischen Landeshauptstadt in den Himmel. Die Kongress- und Messestadt war im Jahr 2000 Schauplatz der ersten Weltausstellung in Deutschland. Die grünen Oasen Hannovers wie der Maschsee, 650 ha Stadtwald, die Königlichen Gärten in Herrenhausen (siehe oben) und der Zoo bieten vielfältige Möglichkeiten zum Entspannen und Flanieren.

12 Wo sich der Althener Wald im Stadtgebiet von **Lehrte** nach 2 km lichtet, sehen Sie südlich am Rand der Autobahn den Blauen See. Im Hintergrund kommt kurz die Silhouette der Stadt Lehrte ins Bild. Bei klarem Wetter können Sie bald darauf den Kali-Berg hinter der Stadt Lehrte erkennen. Erst 1994 wurde die Kalisalzförderung eingestellt. Bis Mitte des 20. Jh. war Lehrte als Kreuzungspunkt der Schienenwege auch eine typische Eisenbahnerstadt. Inzwischen ist sie zu einem bedeutenden Wirtschaftsstandort inmitten der Zentren Hannover, Braunschweig, Salzgitter und Wolfsburg geworden.

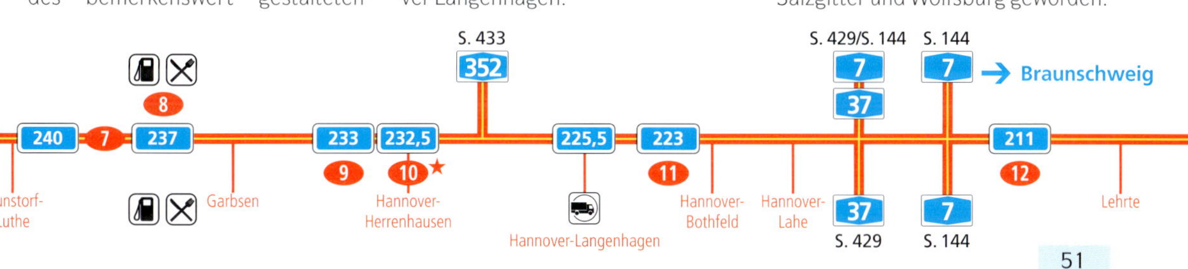

1 Der hübsch gelegene **Lehrter See** bei der gleichnamigen Raststätte an der Südseite der A2 lädt zum Entspannen ein. Er befindet sich nämlich direkt an der Autobahn und ist buchstäblich nur ein paar Schritte von der Raststätte entfernt. Wer will, kann darauf sogar eine Bootsfahrt unternehmen. Auch von der Raststätte in der Gegenrichtung aus ist der See über eine Fußgängerbrücke erreichbar.

2 3 km lang säumen Kiefern und Laubbäume des **Hämelerwaldes** die Autobahn. Das Waldgebiet ist bei der Lehrter Bevölkerung als Naherholungsziel beliebt.

3 An der Südseite der A2 sehen Sie durch das Grün den **Eixer See**. Bis 1968 wurde hier Erz abgebaut. Der durch den Bergbau entstandene See und das umliegende Gelände wurden renaturiert und zu einem schönen Freizeitgelände umgestaltet.

4 Beiderseits der A2 sehen Sie flache Hallenbauten des Industriegebiets von **Peine**. Die Stadt südlich der A2 beherbergt das modernste Elektrostahlwerk Europas. Bekannt ist die Stadt auch für das „Peiner Freischießen", das jeweils am ersten Juliwochenende stattfindet. In früheren Jahrhunderten wurde der Schützenkönig für ein Jahr von den bürgerlichen Pflichten und städtischen Steuern befreit. Heute lockt das Volksfest Scharen von Menschen aus dem Raum zwischen Hannover und Braunschweig an.

5 Südlich der A2 sehen Sie etwas verdeckt durch die Lärmschutzwände die **Windmühle von Wendeburg**. Die Gemeinde Wendeburg liegt an der Ferienroute „Niedersächsische Spargelstraße", die auf 750 km Länge eine abwechslungsreiche Landschaft und vielfältige kulinarische Genüsse bietet.

Helmstedt **12**★*: Reich verziertes Eingangstor zum Juleum, dem Hauptgebäude der ehemaligen Universität.*

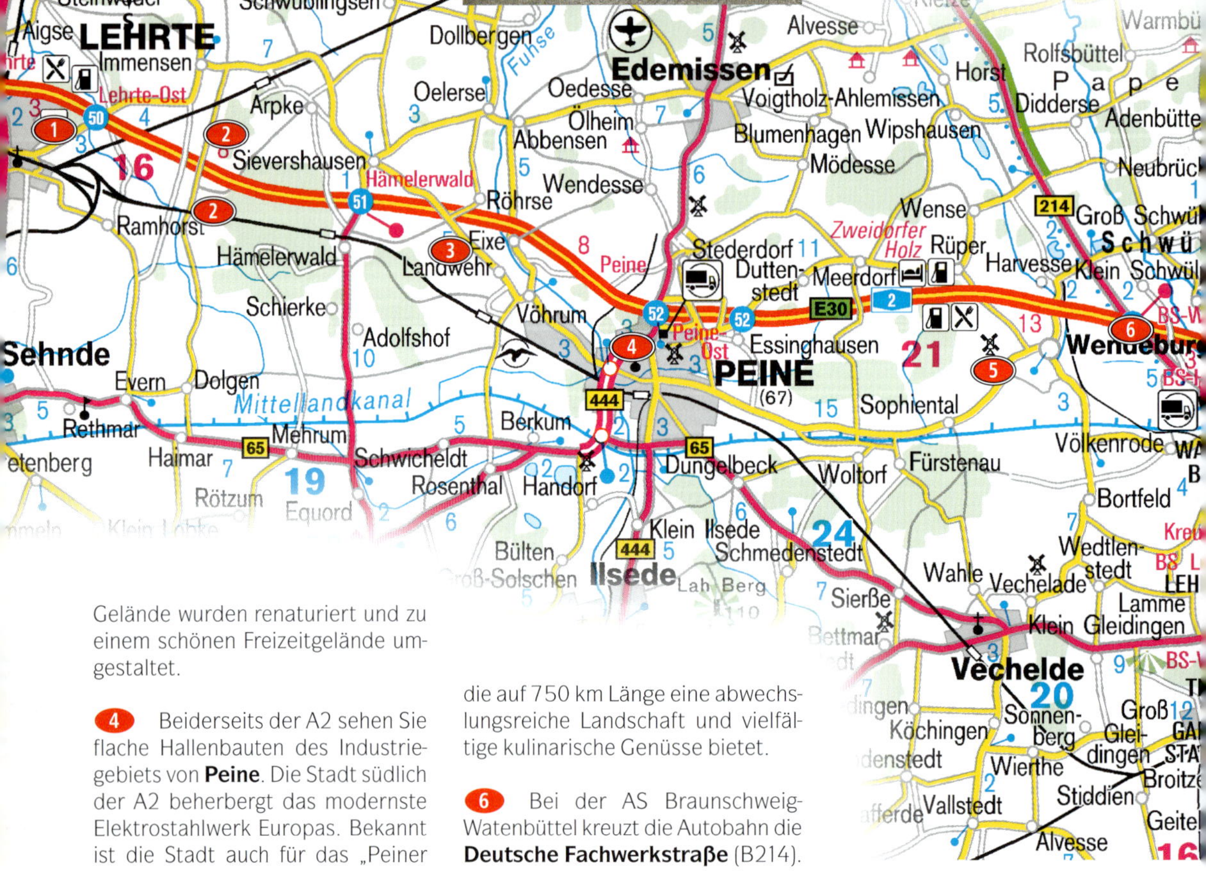

6 Bei der AS Braunschweig-Watenbüttel kreuzt die Autobahn die **Deutsche Fachwerkstraße** (B214). In südlicher Richtung führt sie nach Braunschweig und Wolfenbüttel, nördlich nach Celle.

7 Bei der Überquerung des Mittellandkanals sehen Sie südlich der A2 die Hafenanlagen von **Braunschweig**. Die welfische Herzogsstadt am Nordrand des Harzes ist noch heute von mittelalterlicher Architektur geprägt. Wegen der günstigen Lage am Kreuzungspunkt wichtiger Fernstraßen wählte Herzog Heinrich der Löwe im 12. Jh. Braunschweig als Residenz. Als Mitglied der Hanse zählte die Stadt ebenso wie Bremen, Hamburg, Lübeck oder Magdeburg zu den mächtigsten norddeutschen Städten. Großartige Kirchen, das Altstadtrathaus und das Gewandhaus sind Zeugen dieser Blüte. 1745 erfolgte im Geist der frühen Aufklärung die Gründung des Collegium Carolinum, der heute ältesten Technischen Universität in Deutschland.

8 An der Südseite der A2 stehen **Erdölförderpumpen** in den Feldern. Niedersachsen ist das erdöl-

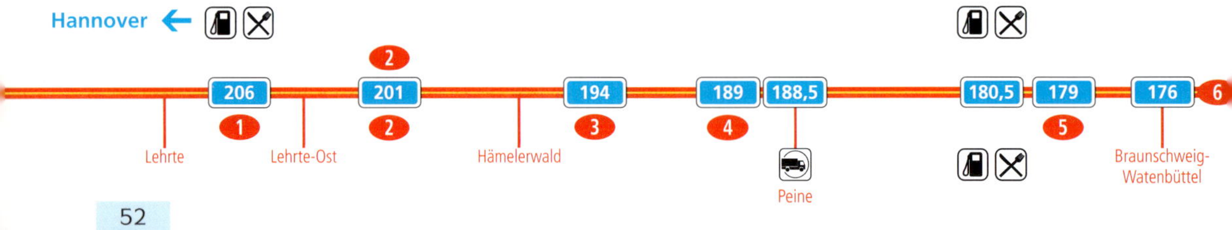

Hannover ←

206 – 1 – Lehrte – Lehrte-Ost
201 – 2 – 2
194 – 3 – Hämelerwald
189 – 4
188,5 – Peine
180,5
179 – 5
176 – 6 – Braunschweig-Watenbüttel

reichste Bundesland. 80 Prozent der bundesdeutschen Förderung kommen aus dem Raum Elbe-Weser-Ems.

9 Nördlich der A2, hinter den Schallschutzmauern, liegt der **Flughafen Braunschweig**. Auf dem Gelände des Airports ist auch Forschung und Hochtechnologie zu Hause, z.B. die Deutsche Forschungsanstalt für Luft- und Raumfahrt, die Schlüsseltechnologien für sicheres und umweltfreundliches Fliegen entwickelt und erprobt. Außerdem haben hier das Luftfahrtbundesamt (LBA) und die Flugunfalluntersuchungsstelle (FUS) ihren Sitz.

10 Südlich der A2 erhebt sich ein 158 m hoher, bewaldeter Berg namens Riese. Er steht im **Naturpark Elm-Lappwald**, einem abwechslungsreichen Erholungsgebiet zwischen Braunschweig, Helmstedt, dem Allertal und Schöppenstedt. Südlich der Autobahn breitet sich der Elm aus, ein Höhenzug mit wunderschönen Buchenwäldern. Im Lappwald, der sich nördlich der A2 erstreckt, liegt der staatlich anerkannte Erholungsort Bad Helmstedt. Seine schwefelhaltige Badequelle und seine kohlensaure Trinkquelle sind zwar versiegt, geblieben aber ist eine schöne Parklandschaft mit Teichen.

11 Das kurze Waldstück, an dessen Südseite Sie entlangfahren, reicht zum 182 m hohen Fuchsberg hinauf. Noch etwas weiter südlich liegt ein historischer Ort: die Ruine der ehemaligen **Süpplingenburg**. In dieser Burg wurde der Überlieferung nach der spätere Kaiser Lothar III. geboren.

12★ Es empfiehlt sich ein Abstecher ins sehenswerte **Helmstedt** (2 km, 10 Min. südlich der AS Helmstedt-West). Fernhandel und Gewerbe machten die Stadt im Spätmittelalter zu einer der bedeutendsten Städte der Region. Ihre Blüte erlebte sie nach Gründung der Universität (1576) durch den Braunschweiger Herzog Julius. Seit der Grenzöffnung 1989 bildet die Stadt erneut das wirtschaftliche Zentrum der Region. Noch heute ist das Stadtbild von über 400 Fachwerkhäusern aus dem 16. und 17. Jh. geprägt. Zu den bedeutendsten Gebäuden gehört das im Westen der Stadt auf einer leichten Anhöhe gelegene Chorfrauenstift Marienberg. Das Kloster wurde im Jahr 1176 als Augustiner-Nonnenkloster gegründet und 1569 in ein evangelisches Damenstift umgewandelt. In dem gut erhaltenen Klostergebäude, einer spätromanischen Pfeilerbasilika, befindet sich die so genannte Paramentenwerkstatt, in der mit alten Techniken gewebt, gestickt und restauriert wird. In der Schatzkammer am Kreuzgang sind kostbare liturgische Kleidung aus dem Mittelalter und Wandteppiche ausgestellt.

13 An der Nordseite der A2 erkennen Sie am Rande des Lappwalds das markante ehemalige **Zisterzienser-Kloster Mariental**. Die Anlage wurde 1138 von Pfalzgraf Friedrich II. von Sommerschenburg erbaut. Ihr Baustil steht ganz in der Tradition der Zisterzienser: eine dreischiffige, auf übermäßigen Schmuck verzichtende Pfeilerbasilika mit Querhaus und geradem Chorabschluss. Seit ein paar Jahren verfügt das Kloster wieder über eine besondere Attraktion: 1998 wurde hier ein Scriptorium rekonstruiert – eine Schreibstube der Romanik.

1 Bei der Raststätte Helmstedt Süd bietet sich ein besonders hübscher Blick auf **Helmstedt**. Zu sehen sind der spitze Turm der Pfarrkirche St. Stephani, der Turm der St.-Ludgeri-Kirche und der spitze Rundturm des Julems, eines Renaissancebaus mit herrlichen Giebeln.

2★ Wenn Sie Zeit haben, bietet sich ein Abstecher zur sehenswerten **Gedenkstätte Deutsche Teilung Marienborn** auf dem Gelände der Autobahntankstelle Marienborn Süd an. Dort sind die einstigen DDR-Anlagen der PKW- und LKW-Einreisekontrollen original erhalten und bewahren die Erinnerung an die harschen Kontrollen in den Zeiten des Kalten Krieges. Wer aus Richtung Magdeburg kommt, erreicht die Gedenkstätte Deutsche Teilung Marienborn über die AS Marienborn/Helmstedt.

3 Hier verlässt die A2 Niedersachsen und gelangt auf das Gebiet von **Sachsen-Anhalt**. Das Bundesland an Elbe und Saale mit der Hauptstadt Magdeburg heißt seine Gäste mit einem Schild willkommen.

4 Bei der Polizeiausfahrt Helmstedt-Zollhof sehen Sie das Mahnmal **„Das Gewölbe der Hände“**. Die gusseiserne Skulptur ragt 9 m in die Höhe. Der französische Bildhauer Josep Castell schuf sein Werk zur Erinnerung an den Sieg der Menschen und der Menschlichkeit über das inhumane System der DDR-Diktatur und als Mahnung an alle Deutschen, die 1989 wiedergewonnene Einheit zu pflegen und zu vollenden.

5 **„Magdeburger Börde“** (Informationstafel): Das Schild zeigt verschiedene Ackerflächen – ein Symbol für die Magdeburger Börde, eine fruchtbare Ebene, die sich auf ca. 930 km² zwischen der Ohre im Norden und der Bode im Süden erstreckt. Auf den Äckern werden vor allem Weizen, Gerste und Zuckerrüben angebaut.

6 **„Magdeburger Dom“** (Informationstafel): Das Abbild der mächtigen zweitürmigen Kathedrale auf dem Schild wirkt beeindruckend. Sie wurde anstelle der 1207 abgebrannten ottonischen Kirche als erster gotischer Dom im deutschsprachigen Raum zwischen 1209 und 1520 erbaut. In der Kathedrale sind Kunstwerke aus acht Jahrhunderten zu besichtigen, darunter das Grab Ottos I. und das 1929 von Ernst Barlach geschaffene Ehrenmal für die im Ersten Weltkrieg Gefallenen. Das geschichtsträchtige Magdeburg ist eine dynamische Stadt mit hohem Freizeitwert. Es bietet abwechslungsreiche Sehenswürdigkeiten, ei-

Am Ufer der Elbe erhebt sich in Magdeburg **6** *der Dom St. Mauritius und St. Katharina.*

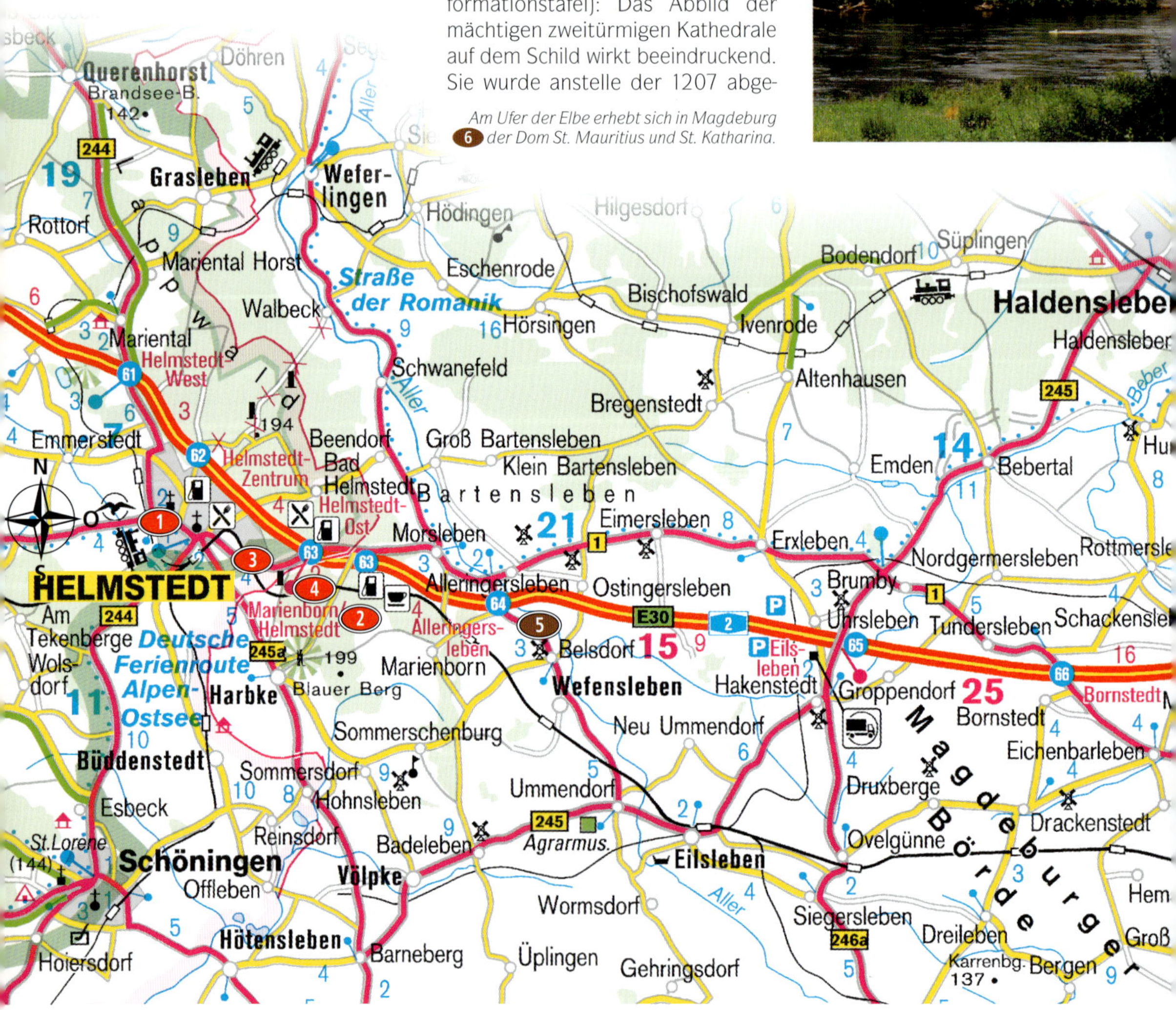

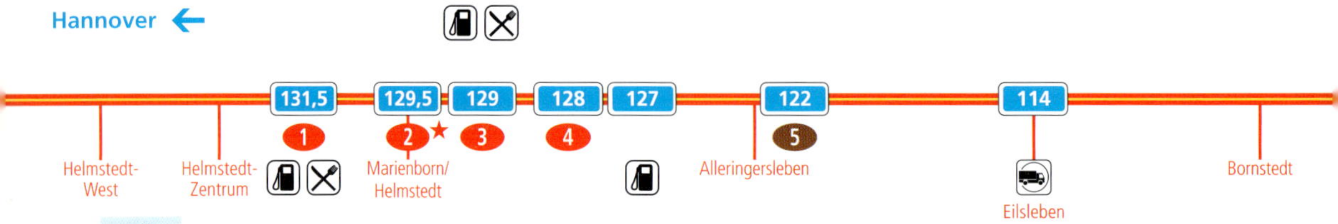

Hannover ←

131,5 | 129,5 | 129 | 128 | 127 | 122 | 114

1 | 2★ | 3 | 4 | 5

Helmstedt-West | Helmstedt-Zentrum | Marienborn/Helmstedt | Alleringersleben | Eilsleben | Bornstedt

ne lebendige Kunst- und Theaterszene sowie großzügige Erholungsräume im Grünen und am Wasser.

7 Wenn Sie bei klarem Wetter bei km 90 südöstlich hinunter nach **Magdeburg** schauen, können Sie den Dom in der Stadtsilhouette ausmachen.

8 Nördlich, in den Elbauen, ist das Grün um das Bade- und Segelrevier **Barleber See** zu sehen. Das fischreiche Gewässer war ursprünglich ein Baggersee, der vor über 60 Jahren beim Bau des Mittellandkanals entstand. In den 50er-Jahren wurde das Seeufer aufgeforstet und ein Sandstrand angelegt.

9 Nördlich sehen Sie Rothensee mit den Aufbauten des **Schiffshebewerks**. Diese mächtige Stahlkonstruktion ist der Aufzug für den Schiffsverkehr zwischen dem Mittellandkanal und der rund 15 m tiefer liegenden Elbe.

10 Schon von weitem sind in der Ebene nördlich der A2 die hoch aufragenden Stahlbögen der Brücke über den **Elbanstiegskanal** auszumachen. Der Kanal führt vom Rothensee 1 km abwärts in die Elbe.

11 Auf der neuen **Elbebrücke Hohenwarthe** geht es über den Strom. Parallel zum Fluss erstreckt sich die busch- und wiesengesäumte Elbtalniederung. Mit 1170 m ist die Elbebrücke das längste Brückenbauwerk der A2.

12 Nach rund 40 km durch die Magdeburger Börde erreicht die A2 im **Jerichower Land** wieder ein Waldgebiet. Am Rande des Mischwaldes beginnt nördlich der A2 der Elbe-Havel-Kanal. Das abwechslungsreiche Jerichower Land östlich der Elbe zwischen Jerichow in Norden, Gommern im Süden und Schopsdorf im Osten ist reich an Naturschutzgebieten. Eines der wertvollsten ist das Feuchtgebiet Bucher Brack Bölsdorfer Haken im Überflutungsbereich der Elbe. Hier wachsen seltene Pflanzen, brüten und rasten Sumpf- und Wasservögel. Das Naturschutzgebiet Weinberg bei Hohenwarthe ist ein beliebtes Ausflugsziel. Von einem Hügel reicht die Sicht bei klarem Wetter bis in den Harz. Im Süden des Kreises liegt das Schutzgebiet Mittlere Elbe. Die offenen Binnendünen bei Gommern sind eine der wenigen erhaltenen Biotope dieser Art in Deutschland.

13 Wenn die A2 aus dem Wald hervortritt, sehen Sie auf ihrer Nordseite die Stadt **Burg**, ein Juwel im Jerichower Land und berühmt für ihre vielen Türme. Zu erkennen sind die beiden spitzen Türme der Kirche St. Nicolaus. Das Gotteshaus ist eine der größten Granitkirchen östlich der Elbe und gehört zum Bestandteil der touristischen "Straße der Romanik" in Sachsen-Anhalt. Burg hat eine historische Altstadt mit zahlreichen denkmalgeschützten Bauten wie dem Berliner Torturm aus dem 14. Jh., dem sagenumwobenen Hexenturm aus dem 11./12. Jh. sowie dem Kuh- und Freiheitsturm, der 1530 erstmals urkundlich erwähnt wurde, aber vermutlich aus dem 12. Jh. stammt. Das älteste Haus Burgs ist die historische Gerberei (Mitte des 15. Jh.). Die Ledererzeugung hatte in Burg Tradition. 1991 stellte die letzte Gerberei die Produktion ein. Heute zeugt ein Museum von der Geschichte und Technologie des Gerberhandwerks.

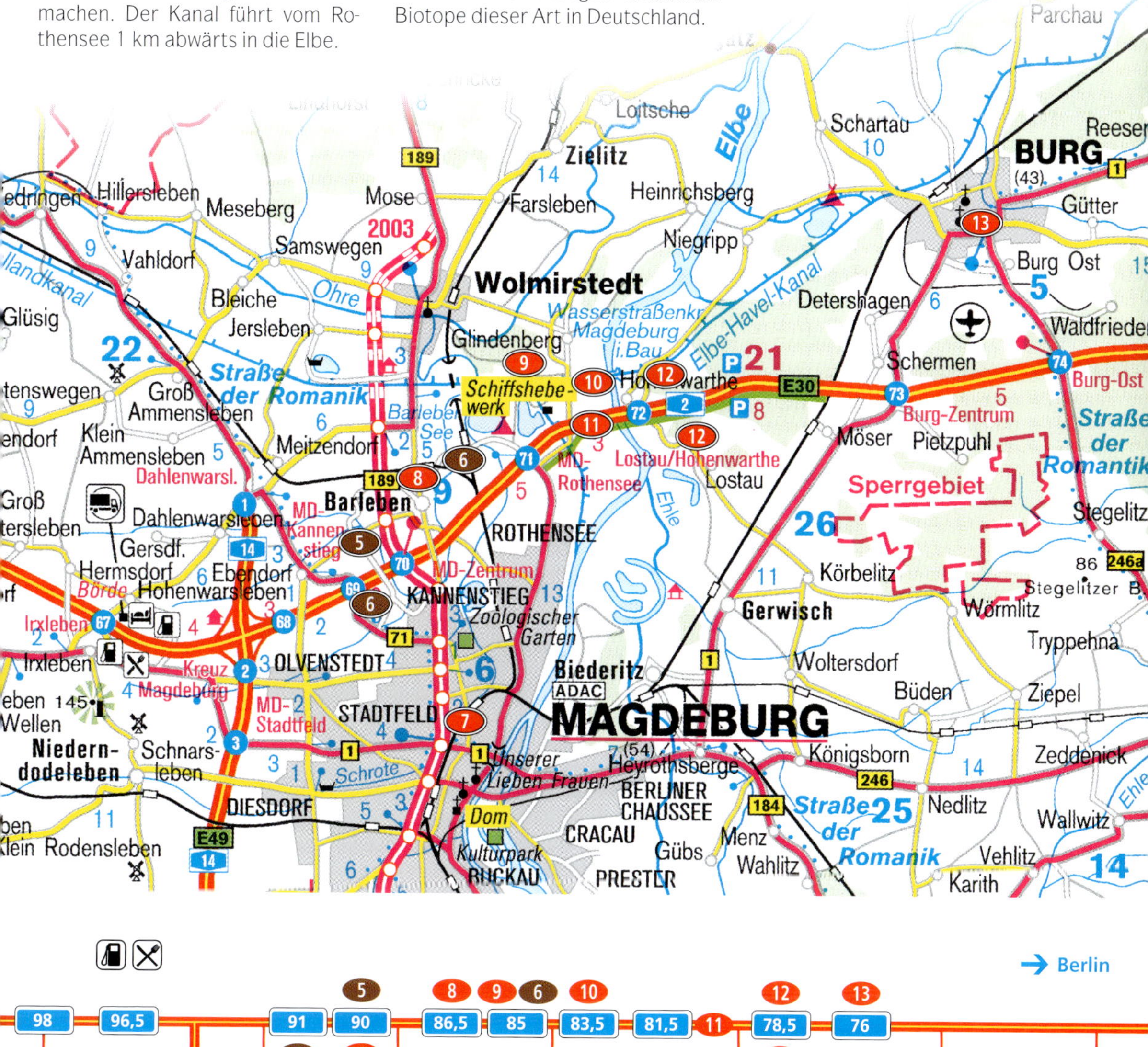

1 Der Kiefernwald zu beiden Seiten der A2 gehört zum **Landschaftsschutzgebiet Möckern-Magdeburgerforth**, das sich parallel zur Autobahn im Jerichower Land erstreckt. Wasseradern wie Ihle, Ehle und Bache, Mischwälder mit Kiefern, Buchen und Eichen und herrliche Alleen kennzeichnen diesen flachwelligen Landstrich.

2 Auf der Nordseite der A2 ragt der Turm einer McDonalds-Filiale empor. Dahinter erstreckt sich ein Gewerbegebiet mit Flachbauten, an das sich die Gemeinde **Theeßen** anschließt. Der erstmals 1296 urkundlich erwähnte Ort lag im Mittelalter an der Heerstraße nach Genthin. Diese Lage begünstigte in Friedenszeiten den Handel, brachte in Kriegszeiten aber Tod und Vernichtung.

3~ Wenn Sie ca. 30 Min. Zeit für eine landschaftlich schöne Alternativroute haben, empfiehlt sich von der AS Theeßen aus eine Fahrt mitten in das Naturschutzgebiet Möckern-Magdeburgerforth. In Richtung Süden geht es nach **Drewitz** am Rand des Höhenzugs Fläming. Dort steht Schad's Mühle, eine über 100-jährige Sägemühle, die durch ein oberschächtiges Wasserrad angetrieben wird. Durch Buchen-, Eichen- und Kiefernwälder sowie durchs Heideland gelangen Sie über **Magdeburgerforth** nach 17 km bei der AS Ziesar wieder zurück auf die A2.

Auf einer kleinen Insel zwischen Havel und Brandenburg-Kanal liegt der Dom von Brandenburg **8**.

4 Nördlich der Autobahn sehen Sie einen runden, frei stehenden Bergfried. Er gehört zur alten Bischofsburg der Stadt **Ziesar**. Seinen charakteristischen Turmaufsatz, die so genannte „Bischofsmütze", erhielt der Bergfried 1528 unter Bischof Matthias von Jagow.

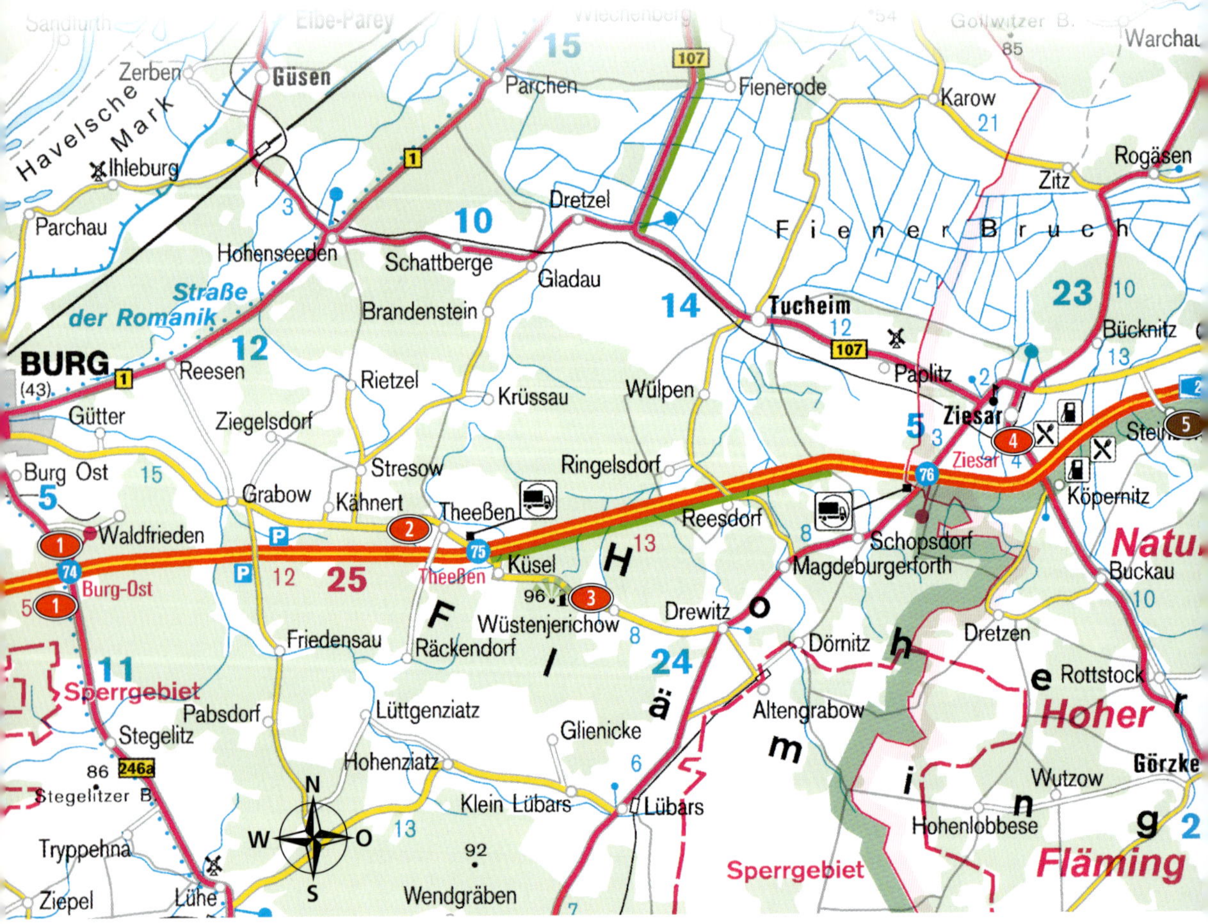

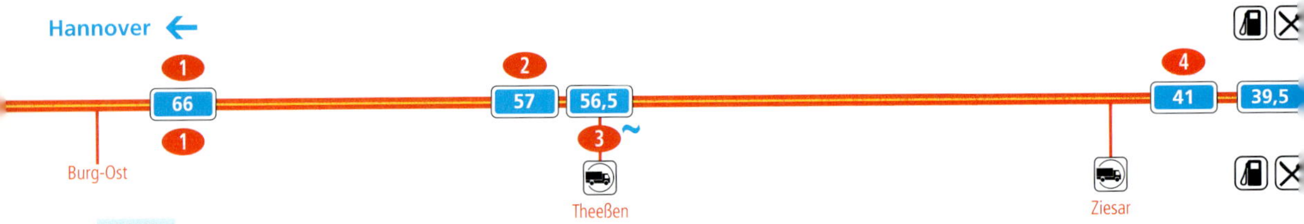

5 **„Fläming"** (Informationstafel): Eine Mühle und zwei Wanderer symbolisieren die Reiseregion Fläming zwischen Elbe, Havel und Spree. 90 Prozent (827 km²) des kleinsten Mittelgebirges Deutschlands, wie der Fläming auch genannt wird, sind als Naturpark ausgewiesen. Vielerorts prägen Mühlen der unterschiedlichsten Typen das Bild. Es gibt Bockwindmühlen und Holländermühlen zu entdecken, Wassermühlen, Motormühlen und eine europaweit einzigartige Spezialität, die Scheunenwindmühle von Saalow in Brandenburg. Diese 1864 bei Dresden konstruierte Getreidemühle wurde mit Zugluft betrieben. Auf einer Mühlen-Tour durch den Fläming kann der Gast rund 30 Mühlen besuchen, darunter auch die Hochzeitsmühle Dennewitz. Sie dient als Trauzimmer der Gemeinde Niedergörsdorf (siehe auch Kasten S. 49).

6 Ab km 22 führt die Autobahn während der nächsten 9 km durch das grüne **Urstromtal Baruth-Luckenwalde**. Schmelzwasserströme haben das Tal in der Eiszeit gegraben.

7 **„Havelland“** (Informationstafel): Himmel, Bäume und Wellen symbolisieren auf dem Schild eine Urlaubsregion, deren Lebensader die Havel ist. Das Havelland bietet mit seiner einzigartigen Seenlandschaft ideale Möglichkeiten, sich zu erholen.

8 Bei der AS Brandenburg kreuzt die **Deutsche Alleenstraße** (B102, siehe auch A72, S. 381) die A2. Sie führt südlich zur Stadt Belzig im Hohen Fläming und nördlich nach **Brandenburg** an der Havel. Die Stadt gab der Mark Brandenburg ihren Namen. Gegründet wurde sie 948 von König Otto I. Die mittelalterlichen Stadtkerne der Dominsel und der Altstadt sowie die prächtigen Barockbauten der Neustadt sind die eindrucksvollen Spuren einer wechselvollen Geschichte. Das Wahrzeichen der Stadt ist der 1240 vollendete Dom St. Peter und Paul. Der Nordturm wurde erst 1836 nach einem Schinkelschen Entwurf fertig gestellt.

9 Die Mischwälder und Heideflächen südlich der A2 führen in die **Zauche**. So heißt eine trockene, knapp 100 m hohe Ebene, die im Westen vom Baruth-Luckenwalder Urstromtal und von den Belziger Landschaftswiesen begrenzt wird, im Osten vom Landstrich Beelitzer Sander.

68,4 → 0

2

10★ Wer ca. 1 Std. erübrigen kann, sollte sich das nur 6 km südlich der A2 liegende **Kloster Lehnin**, das älteste Zisterzienserkloster der Mark Brandenburg, nicht entgehen lassen. Otto I. gründete das Kloster im Jahre 1180. Von hier aus wurden im Zuge der deutschen Ostkolonisation zahlreiche weitere Klöster gegründet. 1542 säkularisiert, verfiel Lehnin seit dem 16. Jh. und wurde sogar als Steinbruch genutzt. Erst im 19. Jh. erfolgte die Restaurierung. Mittelpunkt der Anlage ist die backsteinerne Klosterkirche, die in den Jahren 1190–1270 als kreuzförmige Pfeilerbasilika errichtet wurde. Sie gelangen dorthin über die AS Netzen (10 Min.). Zurück fahren Sie am besten über die AS Lehnin (2,5 km).

11 Bei der 246 m langen Brücke Nahmitz haben Sie nach Norden hin einen schönen Blick auf den **Netzener See**, nach Süden auf den **Klostersee**, an dessen südlichem Ende Kloster Lehnin liegt.

12 Nordöstlich des AK Werder, zwischen dem Großen Zernsee und dem Plessower See, liegt **Werder an der Havel**. Die Stadt besitzt ein hübsches Altstadtviertel, in dem sogar eine Bockwindmühle steht.

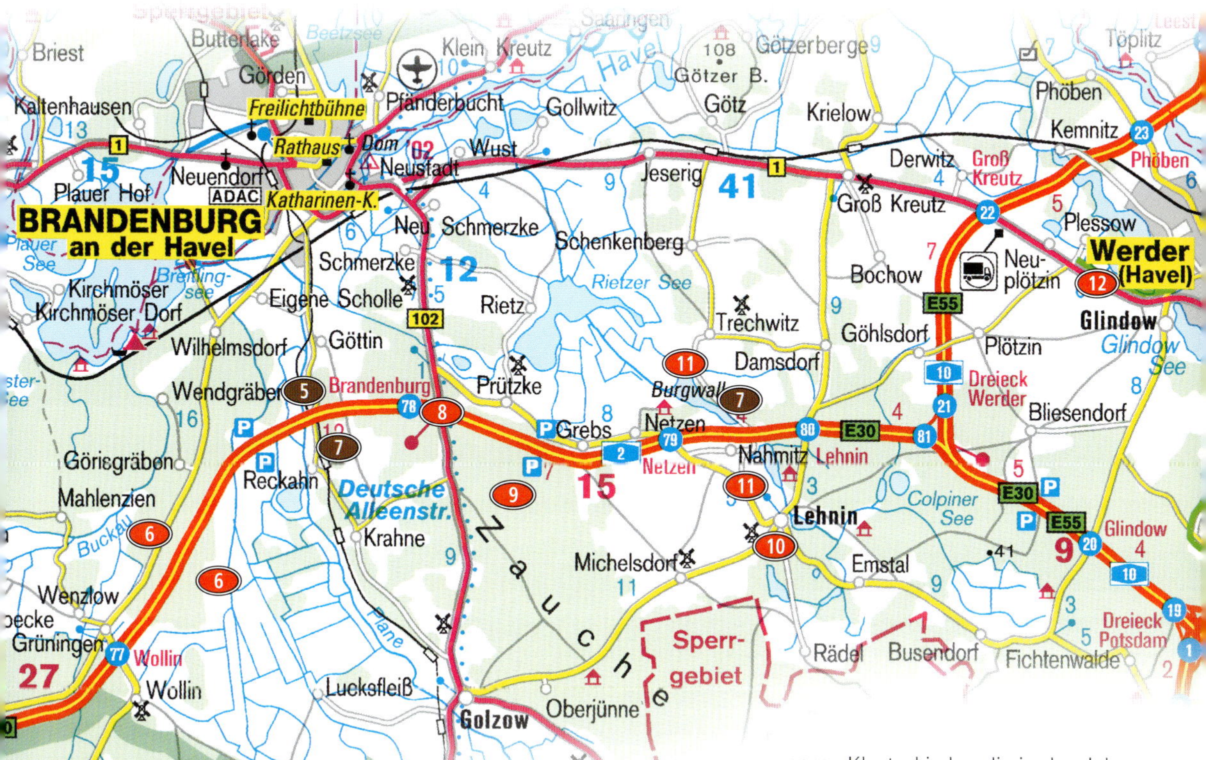

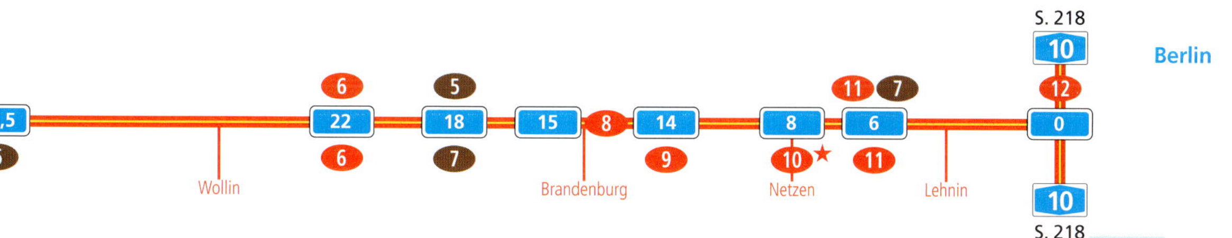

Vom Niederrhein zur Donau

Emmerich → Köln → Frankfurt am Main → Würzburg → Nürnberg → Regensburg → Passau

Von Emmerich an der niederländischen Grenze bis nach Passau an der Grenze nach Oberösterreich führt die A3. Mit einer Länge von 766 km ist sie nach der A7 und der A1 die drittlängste deutsche Autobahn. Im europäischen Verkehr bildet sie die Nordwest-Südost-Achse von Großbritannien über die Benelux-Länder und Deutschland nach Österreich und weiter in den südosteuropäischen Raum.

Im Jahre 1934 wurde mit dem Bau der A3 bei Köln begonnen. Bereits 1940 war der Abschnitt Oberhausen–Köln–Frankfurt in Betrieb. Seit 1964 konnte man die A3 von Oberhausen bis Nürnberg durchgehend befahren, ein Jahr später auch die Trasse Emmerich-Oberhausen, die wegen ihrer Verbindung zu den Autobahnen nach Amsterdam und Rotterdam den Namen „Holland-Linie" erhielt. Es dauerte dennoch bis 1984, ehe die A3 komplett fertig war. Der zuletzt gebaute Abschnitt von Nürnberg nach Passau brachte dem strukturschwachen Ostbayern wirtschaftliche Impulse, besonders im touristischen Bereich. Die Ferienregionen Frankenalb, Oberpfalz und Bayerischer Wald waren nun über das Fernstraßennetz gut erreichbar. Als eine der Hauptstrecken im deutschen Autobahnnetz verläuft die A3 häufig 6-spurig; die längste durchgehende Strecke reicht vom AK Oberhausen-West bis zum Frankfurter Kreuz. In der Stufe „vordringlicher Bedarf" des Bundesverkehrsministeriums ist geplant, das Teilstück zwischen dem AK Leverkusen und dem AD Heumar 8-spurig auszubauen, ebenso die Abschnitte zwischen dem AK Wiesbaden und dem Frankfurter Kreuz sowie der AS Frankfurt-Süd und dem Offenbacher Kreuz. Der Verlauf der A3 quer durch Deutschland macht sie zu einer attraktiven und abwechslungsreichen Strecke. Vom Niederrhein führt sie in das Ruhrgebiet und ins niederbergische Land, vorbei an den Rheinstädten Düsseldorf, Leverkusen, Köln. Zwischen Rhein und Bergischem Land bilden das Siebengebirge und der Westerwald eine eindrucksvolle Kulisse für die A3. Auf dem Weg von Frankfurt nach Würzburg geht es durch die dichten Wälder des Spessarts. Großartige Aussichten genießen Sie bei den Überquerungen des Mains und beim Blick auf die Weinberge im Fränkischen Weinland. An den Hängen des Steigerwaldes erreicht die A3 Nürnberg und die Frankenhöhe und gelangt in die Höhen des Oberpfälzer Jura, um sich dann zur Donau nach Regensburg hin zu senken. Am Rand des Bayerischen Waldes führt sie dann weiter nach Passau.

Weinberge schmücken die Hänge an der Mainbrücke bei Kitzingen.

3

- **Länge** 766 km / 7:20 h
- **Entfernungen und Fahrzeiten** (ca.)

Grenzübergang Elten – Kreuz Oberhausen 64 km / 0:36 h
Kreuz Oberhausen – Kreuz Köln-Ost 71 km / 0:44 h
Kreuz Köln-Ost – AK Frankfurter Kreuz 176 km / 1:45 h
AK Frankfurter Kreuz – AD Würzburg-West 107 km / 1:05 h
AD Würzburg-West – AK Nürnberg 125 km / 1:10 h
AK Nürnberg – AK Regensburg 87 km / 0:46 h
AK Regensburg – Grenzübergang Suben 136 km / 1:14 h

- **Staubereiche**

Erhöhte Staugefahr besteht vor dem Grenzübergang Elten,
am Kreuz Kaiserberg,
zwischen AS Duisburg-Wedau und AK Breitscheid,
zwischen AK Breitscheid und AK Hilden,
zwischen AK Leverkusen und AD Heumar,
im Raum Frankfurt / Offenbach,
zwischen Seligenstädter Dreieck und AS Rohrbrunn,
zwischen AS Würzburg-Randersacker und AS Kitzingen/Schwarzach,
zwischen AS Pommersfelden und AS Höchstadt-Ost,
zwischen AS Erlangen-West und AK Fürth/Erlangen.

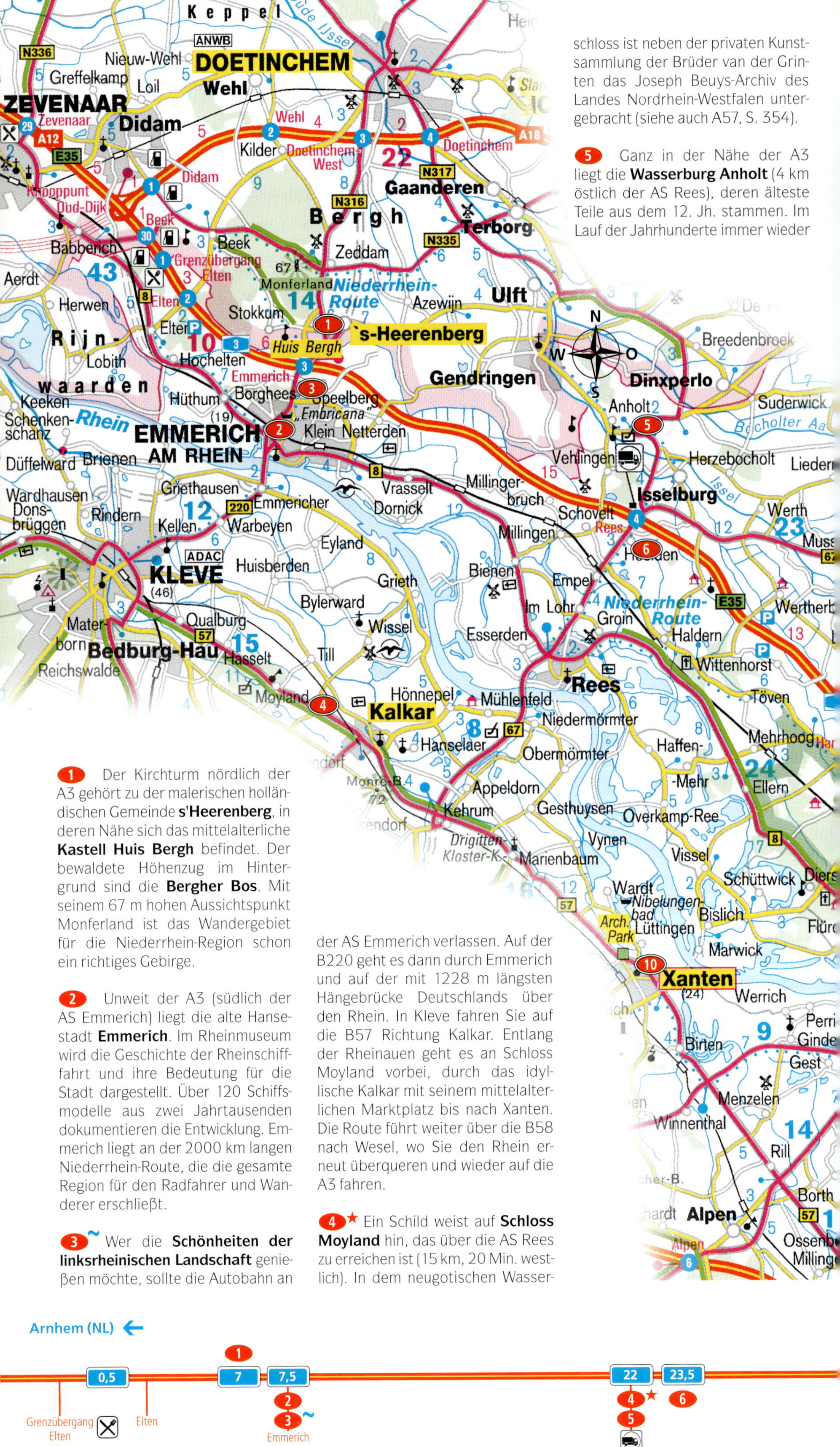

1 Der Kirchturm nördlich der A3 gehört zu der malerischen holländischen Gemeinde **s'Heerenberg**, in deren Nähe sich das mittelalterliche **Kastell Huis Bergh** befindet. Der bewaldete Höhenzug im Hintergrund sind die **Bergher Bos**. Mit seinem 67 m hohen Aussichtspunkt Monferland ist das Wandergebiet für die Niederrhein-Region schon ein richtiges Gebirge.

2 Unweit der A3 (südlich der AS Emmerich) liegt die alte Hansestadt **Emmerich**. Im Rheinmuseum wird die Geschichte der Rheinschifffahrt und ihre Bedeutung für die Stadt dargestellt. Über 120 Schiffsmodelle aus zwei Jahrtausenden dokumentieren die Entwicklung. Emmerich liegt an der 2000 km langen Niederrhein-Route, die die gesamte Region für den Radfahrer und Wanderer erschließt.

3~ Wer die **Schönheiten der linksrheinischen Landschaft** genießen möchte, sollte die Autobahn an der AS Emmerich verlassen. Auf der B220 geht es dann durch Emmerich und auf der mit 1228 m längsten Hängebrücke Deutschlands über den Rhein. In Kleve fahren Sie auf die B57 Richtung Kalkar. Entlang der Rheinauen geht es an Schloss Moyland vorbei, durch das idyllische Kalkar mit seinem mittelalterlichen Marktplatz bis nach Xanten. Die Route führt weiter über die B58 nach Wesel, wo Sie den Rhein erneut überqueren und wieder auf die A3 fahren.

4★ Ein Schild weist auf **Schloss Moyland** hin, das über die AS Rees zu erreichen ist (15 km, 20 Min. westlich). In dem neugotischen Wasserschloss ist neben der privaten Kunstsammlung der Brüder van der Grinten das Joseph Beuys-Archiv des Landes Nordrhein-Westfalen untergebracht (siehe auch A57, S. 354).

5 Ganz in der Nähe der A3 liegt die **Wasserburg Anholt** (4 km östlich der AS Rees), deren älteste Teile aus dem 12. Jh. stammen. Im Lauf der Jahrhunderte immer wieder

Arnhem (NL) ←

0,5 · Grenzübergang Elten · Elten · 7 (1) · 7,5 (2, 3~ Emmerich) · 22 (4★, 5, Rees) · 23,5 (6)

erweitert, ist sie heute eine der größten Wasserburgen Deutschlands. Das Museum zeigt eine Porzellansammlung und die eindrucksvolle Gemäldesammlung der Fürsten zu Salm-Salm mit flämischen, holländischen und italienischen Meistern. Ein besonderes Kleinod sind die Barockgärten und Parkanlagen im englischen Stil.

6 Die hohen **Windräder** eines Windkraftwerks, die Sie westlich der A3 sehen, sind Zeugnisse moderner Energiegewinnung. Ein energiepolitischer Irrweg dagegen war das **Atomkraftwerk „Schneller Brüter“** bei Kalkar. Von 1973 bis 1985 wurden 8 Mrd. Mark verbaut, doch 1991 beschloss die deutsche Regierung, dass der Schnelle Brüter nie ans Netz gehen sollte. Da übernahm ein niederländischer Unternehmer die bizarre Industrieruine und nutzt sie nun als Freizeitpark „Kernwasser Wunderland“.

7 Kurz nach der AS Hamminkeln kreuzt die 1878 eröffnete **Eisenbahnlinie Bocholt–Wesel** die A3. Die Strecke wird heute noch von einer Museumsbahn befahren. **Bocholt** (15 km östlich der AS Hamminkeln) ist eine der ältesten christlichen Siedlungen im Münsterland. Im Zweiten Weltkrieg wurde die Stadt zerstört. Das Rathaus aus dem 17. Jh. und die spätgotische Kirche St. Georg mit ihrer Kunstkammer wurden nach 1945 wieder aufgebaut.

8 Das Schotterwerk westlich der A3 gehört zur Stadt **Hamminkeln**. Das idyllische Hamminkeln mit dem sehenswerten Schloss Ringenberg, dessen Turm östlich der A3 über die Lärmschutzmauer ragt, liegt im westlichsten Zipfel des Naturparks Hohe Mark.

9 Westlich der A3 liegt die alte Hansestadt **Wesel** (8 km über die AS Wesel). Sie war schon immer, dank ihrer Lage an der Mündung der Lippe in den Rhein, ein wichtiger Handelsplatz. Zwischen 1680 und 1730 bauten die Preußen Wesel zu einer Festung aus. 1945 wurde die Stadt zerstört. Bauten wie der spätgotische Willibrordi-Dom und das Berliner Tor aus dem 18. Jh. wurden nach dem Zweiten Weltkrieg wieder aufgebaut.

10★ Der Archäologische Park der alten Römerstadt **Xanten**, die laut dem Nibelungenlied als Geburtsort des Recken Siegfried gilt, ist einen Abstecher wert (15 km, 20 Min. westlich der AS Wesel). Als einzige römische Stadt nördlich der Alpen wurde Xanten nach dem Untergang des Römischen Reiches nicht überbaut. Der Archäologische Park führt

Seit 1965 das Wahrzeichen von Emmerich 2: die rote Rheinbrücke.

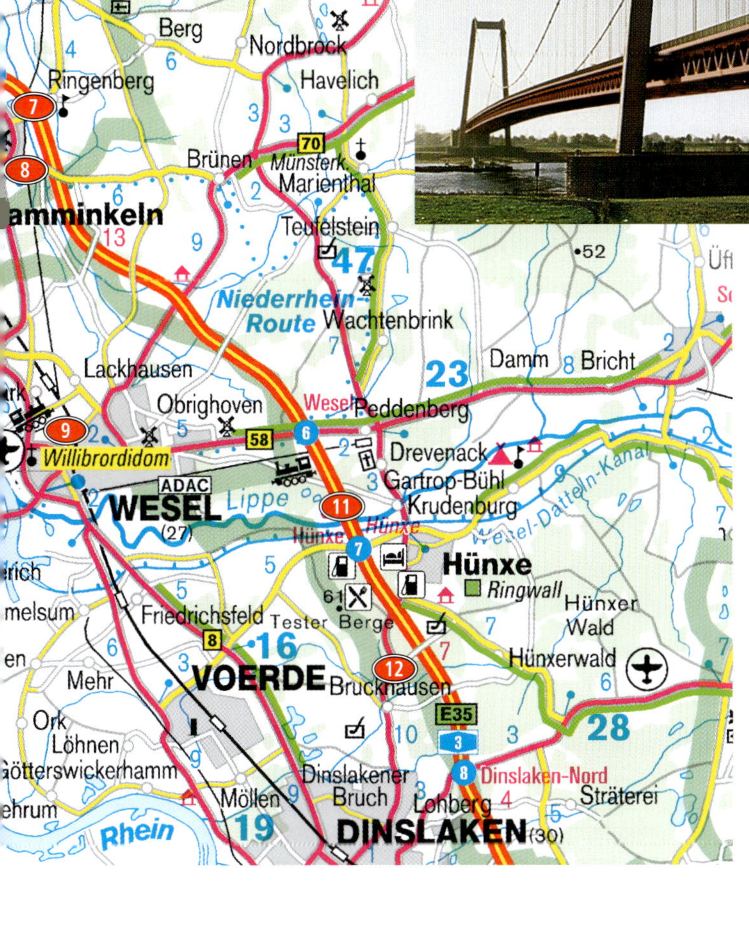

mustergültig das Leben der alten Römer vor. Zahlreiche Nachbauten machen die damalige Architektur anschaulich (siehe auch A57, S. 354).

11 Kurz vor der AS Hünxe überquert die A3 die **Lippe** und den **Wesel-Datteln-Kanal**. Diese Wasserstraße erschließt das südliche Münsterland und verbindet den Rhein mit dem Dortmund-Ems-Kanal.

12 Die zum Teil begrünten **Abraumhalden** westlich der A3 künden die nördlichen Kohleabbaugebiete des Ruhrgebiets in **Dinslaken** an. Seit 1912 wird hier Kohle gefördert. Das Mühlenmuseum in Dinslaken umfasst die Turmwindmühle an der Sterkrader Straße und die Hiesfelder Wassermühle, in der Modelle von 40 Mühlen aus ganz Deutschland zu sehen sind.

→ Duisburg

36 7 37 8 – Hamminkeln; 49 9 10★ – Wesel; 50 11 – Hünxe; 53; 56,5 12 – Dinslaken-Nord

VOERDE
DINSLAKEN
GLADBECK
RHEINBERG
BOTTROP
OBERHAUSEN
ESSEN
MOERS
DUISBURG
MÜLHEIM AN DER RUHR
VELBERT
RATINGEN
HEILIGENHAUS
MEER-BUSCH
METTMANN
DÜSSELDORF
NEUSS
ERKRATH
HAAN
Emmerich
S. 44
S. 430
S. 322
S. 434
Dinslaken-Nord
Dinslaken-Süd
Oberhausen-Holten
Oberhausen-Lirich
Duisburg Wedau

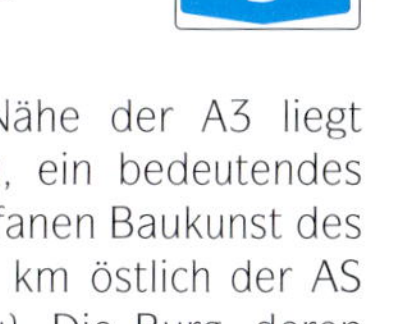

1 Westlich der A3 ist das **Ruhrchemie-Werk** zu sehen. Die Ruhrchemie wurde 1928 zur Weiterverarbeitung der Steinkohle zu Gas und synthetischen Treibstoffen gegründet. Heute gehört es zur Celanese AG, die sich 1999 von der Hoechst AG abgespaltet hat, und nun in Oberhausen Acetylprodukte herstellt.

2 Kurz nach der Brücke über die Emscher ragen die Flügel der **Baumeister-Mühle** in Oberhausen-Buschhausen über die Lärmschutzwand. 1858 von Müller Heinrich Baumeister erbaut, 1961 stillgelegt, ist sie heute in restauriertem Zustand ein lebendiges Museum, in dem immer noch Mehl hergestellt wird, das im dazugehörigen Laden und Restaurant verarbeitet und verkauft wird.

3 Unweit der A3 liegt die **Bergarbeitersiedlung Eisenheim** (8 km östlich des AK Oberhausen-West), das älteste Gebäudeensemble dieser Art im Ruhrgebiet. In den 70er-Jahren verhinderte eine Bürgerinitiative den Abriss. Das war die Initialzündung für den Erhalt vieler Baudenkmäler der Industriekultur, der in den 90er-Jahren mit der Internationalen Bauausstellung Emscherpark auch von offizieller Seite gefördert wurde. Das Museum der Siedlung Eisenheim gehört zum Rheinischen Industriemuseum (siehe unten).

4 Die Brücke über den **Rhein-Herne-Kanal** führt über das kleine Becken des Oberhausener Hafens. Der 1914 gebaute Kanal ist die wichtigste Wasserstraße des Ruhrgebiets. Er verbindet den Duisburger Hafen mit dem Dortmund-Ems-Kanal.

5 **„Rheinisches Industriemuseum"** (Informationstafel, nur in Richtung Emmerich): Sechs Einzelmuseen dokumentieren an mehreren Orten die industrielle Geschichte des Rheinlands. Die Zentrale in Oberhausen präsentiert in der ehemaligen Zinkfabrik Altenberg das Museum der Schwerindustrie. Mit der St.-Antony-Hütte und dem Volksmuseum Eisenheim gehören die älteste Eisenhütte und die älteste Arbeitersiedlung im Ruhrgebiet zum Museum (siehe oben).

6 Die Fahrt geht über die **Ruhr-Brücke**. Der Fluss, der dem Ruhrgebiet den Namen gab, entspringt im Sauerland in der Nähe des Kahlen Asten und mündet nach 235 km in Duisburg-Ruhrort in den Rhein.

7 Westlich der A3 liegt die **Duisburger City** mit ihren Sehenswürdigkeiten und dem Hafen in Duisburg-Ruhrort, zu erreichen über das AK Kaiserberg und weiter über die A40 (siehe auch A40, S. 322).

8 Kurz hinter dem AK Kaiserberg beginnt ein großes **Waldgebiet**, das die A3 bis zum AK Breitscheid säumt. Der Kiefernbestand des Duisburger Stadtwaldes und des zu Mülheim gehörenden Speldorfer Waldes sind ein Teil der „grünen Lunge des Ruhrgebiets".

Wahrzeichen von Bottrop und Symbol für die Stahlbautradition des Ruhrgebiets: Der rund 50 m hohe, auf Treppen und Aussichtsbalkonen begehbare Tetraeder liegt knapp 10 km östlich der A3.

9★ Über die Autobahn führt eine futuristisch anmutende, gelb gestrichene Brücke mit spitzen Pfeilern. Sie verbindet seit 1996 jene Teile des **Duisburger Zoos** (4 km, am AK Kaiserberg auf die A40 Richtung Essen, über die AS Duisburg-Kaiserberg), die westlich und östlich der A3 liegen. Der 1934 eröffnete Zoo ist besonders für sein Delphinarium und seine Pionierrolle bei der gleichzeitigen Pflege mehrerer Wal- und Delphinarten bekannt. Eindrucksvoll ist auch das Raubtierhaus mit einer großen Freianlage aus dem Jahr 1985.

10 Verdeckt durch die Bäume des Duisburger Stadtwaldes liegt an der AS Duisburg-Wedau der **Sportpark Wedau**. Bereits 1919 bot die Firma Krupp die Baggerseen an der Wedau der Stadt Duisburg zur Miete an. Dort entstand im Laufe der Jahre ein bedeutendes Sportstättenensemble. Auf der Regattabahn finden internationale Kanu- und Rudermeisterschaften statt. Im Wedaustadion spielt der MSV Duisburg.

11 In der Nähe der A3 liegt **Schloss Broich**, ein bedeutendes Zeugnis der profanen Baukunst des Mittelalters (10 km östlich der AS Duisburg-Wedau). Die Burg, deren Anfänge bis ins 9. Jh. zurückreichen, ist die älteste erhaltene spätkarolingische Anlage nördlich der Alpen.

12 Die landenden Flugzeuge, die von Ost nach West die A3 zum Greifen nah überfliegen, zeigen die **Einflugschneise des Rhein-Ruhr-Airports** in Düsseldorf-Lohausen an. Mit ca. 16 Mio. Passagieren im Jahr ist Düsseldorf die Nummer drei der deutschen Flughäfen. Die Umbau- und Renovierungsarbeiten, die nach der Brandkatastrophe 1996 nötig wurden, sollen 2003 beendet sein.

13 Westlich der A3 liegt **Düsseldorf** (AK Breitscheid). Die elegante Shoppingmeile Königsallee, kurz „Kö" genannt, und die Modemesse Igedo begründeten den Ruf Düsseldorfs als Modestadt. Seit Anfang der 90er-Jahre wurden die neue Rheinuferpromenade, das Büro- und Repräsentationszentrum Hafen mit Sitz des Filmmuseums und der Filmstiftung NRW sowie der neue Landtag fertig gestellt. Die Altstadt mit ihren 260 Kneipen und der Bierspezialität „Alt" hat den Beinamen „längste Theke der Welt".

14★ Die A3 überquert die Düssel im legendären **Neandertal**. Hier wurden 1856 die Skelettteile gefunden, die der Elberfelder Lehrer Johann Carl Fuhlrott (1803–1877) als Überreste eines Urmenschen erkannte, des Neandertalers. Um der Bedeutung des Fundes für die Evolutionsgeschichte des Menschen Rechnung zu tragen, wurde 1996 das **Neanderthal Museum** eröffnet, das die Entwicklung der Menschheit von der Urzeit bis in die Gegenwart zeigt. Sie erreichen das Museum über die AS Mettmann nach 8 km, 12 Min. in Richtung Osten.

15 Südwestlich des AK Hilden erstreckt sich der Düsseldorfer Stadtteil **Benrath** mit dem gleichnamigen barocken **Lustschloss** des Kurfürsten Carl Theodor (7 km auf der A46). Der Baumeister Nicolas de Pigage (1723–1796) gestaltete das Gartenschloss nach allen Regeln der barocken Baukunst als architektonisches Gesamtkunstwerk.

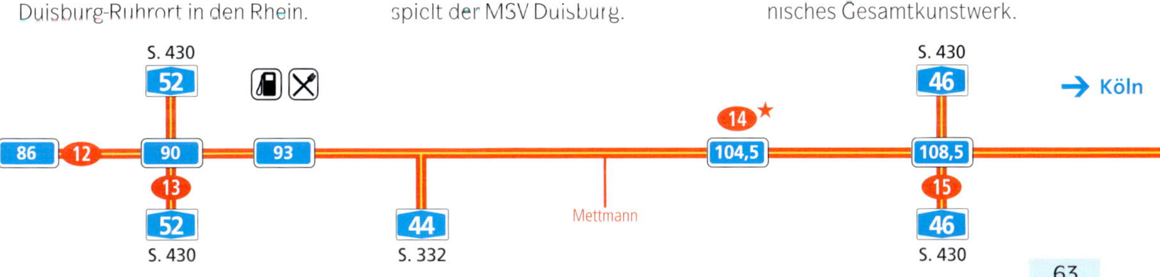

1 Östlich der A3 kommen Kornfelder und lichter Mischwald in Sicht. Sie gehören zum **südlichen niederbergischen Land**, das von der Ruhr bis zur Wupper reicht. Schmucke Fachwerkhäuser sind die Visitenkarte dieser hügeligen Region, die sich über die Kreise Solingen, Remscheid, Wuppertal und Mettmann erstreckt.

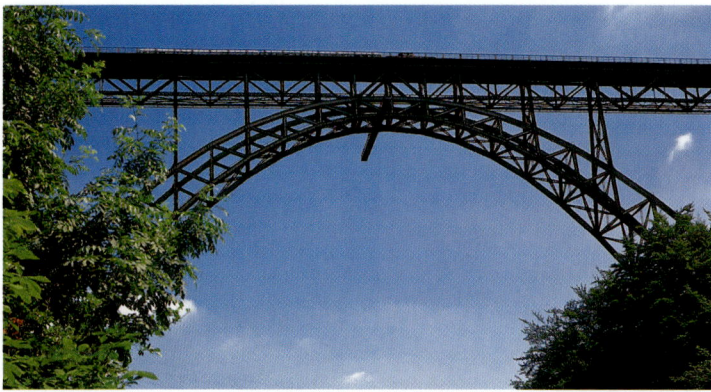

Die filigrane Müngstener Brücke über dem Tal der Wupper 4, 1897 erbaut, ist bis heute mit 107 m die höchste Stahlgitterbrücke Deutschlands.

2 Ebenfalls im Osten der A3 sehen Sie die Silhouette des **Bergischen Landes**, nach dem der gleichnamige, 2000 km² große **Naturpark** benannt ist. Viele Talsperren zeugen vom Wasserreichtum dieser Erholungsregion mit ihren bis zu 400 m hohen Bergen.

3 Von den Ausläufern des Bergischen Landes hinab in die Rheinniederung haben Sie einen schönen Blick auf **Leverkusen**. Dominierend sind die Wahrzeichen der Industriemetropole: das **Bayer-Hochhaus** und das Bayer-Kreuz. Der 122 m hoch aufragende Sitz des Chemiekonzerns galt mit seinen 31 Stockwerken bei der Fertigstellung 1961 als Deutschlands höchstes Bürogebäude. Das **Bayer-Kreuz** mit einer Spannweite von 51 m steht auf 120 m hohen Masten. 1710 Glühbirnen mit 68 500 Watt Leistung lassen das Kreuz nachts weithin sichtbar erstrahlen. Als kleiner Farbstoffbetrieb Friedrich Bayer & Co. 1863 in Wuppertal-Barmen gegründet, umfasst der chemisch-pharmazeutische Konzern heute rund 350 Unternehmen, darunter das Hauptwerk der Bayer AG in Leverkusen mit ca. 25 000 Mitarbeitern.

4 Die Route führt über die **Wupper**. Der Fluss entspringt als Wipper bei Meinerzhagen, an der Grenze zwischen Sauerland und Bergischem Land. Er wird bei Wipperfürth zur Wupper und mündet in Leverkusen in den Rhein.

5★ Einen Besuch lohnt das nahe gelegene Bayer-Kommunikationszentrum **BayKomm** (2,5 km, 10 Min.). In einer multimedialen Erlebniswelt finden Interessierte „Chemie zum Anfassen und Staunen". Verschiedene Themenräume – u. a. zu Sport und Freizeit, Bauen und Wohnen, Verkehr, Informationstechnik und Umweltschutz – vermitteln faszinierende Eindrücke davon, welch vielfältige Bedeutung Chemie und chemische Produkte für unser Leben haben. Zum BayKomm gelangen Sie über die AS Leverkusen in Richtung Stadtmitte, am Ende des Willy-Brandt-Rings links auf die B8, die Friedrich-Ebert-Straße zur Bayer AG, dann rechts in die Kaiser-Wilhelm-Allee, Gebäude W 3 (Sa geschlossen, Tel.: 02 14/30 50 08).

6 Es geht westlich an **Leverkusen** vorbei. Wegen der Lärmschutzwände sieht man von der erst seit 1930 existierenden Stadt allerdings kaum etwas. Die Industriestadt verfügt auch über ein vielfältiges Kulturangebot mit Ausstellungen und Konzerten. Alljährlich im Herbst finden die Leverkusener Jazz-Tage statt, ein internationales Musikereignis ersten Ranges. Das Museum im Schloss Morsbroich beherbergt eine bedeutende Sammlung moderner Kunst. Der Japanische Garten und der Carl-Duisberg-Park bieten Beschaulichkeit und Erholung.

7 **Kölns rechtsrheinische Randbezirke** sind erreicht. Nur 1,5 km von der AS Köln-Mülheim entfernt verläuft der Rhein. In die Domstadt mit ihrem historischen Zentrum gelangen Sie am besten über das Kreuz Köln-Ost (4,5 km). Köln ist Karnevalhochburg, Medien- und Messestandort und nicht zuletzt Kunstmetropole. Eine der bedeutendsten Sammlungen von Kunst des 20. Jh. befindet sich im zwischen dem Dom und dem Rhein gelegenen Museum Ludwig (siehe auch A57, S. 356).

8 Nahe des Naturschutzgebiets Wahner Heide liegt der **Konrad-Adenauer-Flughafen Köln/Bonn**. Auf dem Airportgelände befindet sich auch die Deutsche Forschungs- und Versuchsanstalt für Luft- und Raumfahrt.

9 Der Mischwald nordöstlich der A3 gehört zum Staatsforst **Königsforst**, westlich blickt man in das **Naturschutzgebiet Wahner Heide**. Seit 1817 als Truppenübungsplatz genutzt, ist es militärisches Sperrgebiet; nur Teile davon sind der Öffentlichkeit zugänglich, und auch dies nur an bestimmten Sonn- und Feiertagen. In der weitgehend unberührten Wahner Heide haben sich wertvolle Biotope gebildet. In Trocken- und Feuchtheiden, Eichen- und Kiefernwäldern, Heide- und Niedrigmooren sowie Dünen aus feinem Sand wachsen Tausendgüldenkraut, Blaue Glockenheide und auch der Fleisch fressende Sonnentau, dessen klebrige Drüsen Mücken und andere kleine Insekten auffangen. Hier sind Schwarzkehlchen, Heidelerchen, Baumfalken und Habichte zu Hause. In den Sümpfen tummeln sich Kröten, Frösche, Molche und Ringelnattern. Auf rund 6 km durchquert die A3 dieses einzigartige Heideland.

10 Westlich kommen die höchsten **Erhebungen der Wahner Heide** in Sicht: der Güldenberg (112 m), dahinter der Fliegenberg (133 m); der letztere verdeckt den Telegraphenberg – mit 134 m der höchste Punkt im Naturschutzgebiet.

11 **„Abtei Michaelsberg"** (Informationstafel): Die Silhouette der wuchtigen, burgähnlichen Benediktinerabtei mit ihrem hoch aufragenden Kirchturm ist das Wahrzeichen von Siegburg. Pfalzgraf Heinrich baute im 11. Jh. auf dem Siegberg eine Wehranlage, aus der ihn Kölns Erzbischof Anno II. vertrieb. Dieser ließ an gleicher Stelle ein Kloster errichten, vertraute es dem Schutz des Erzengels Michael an und gab

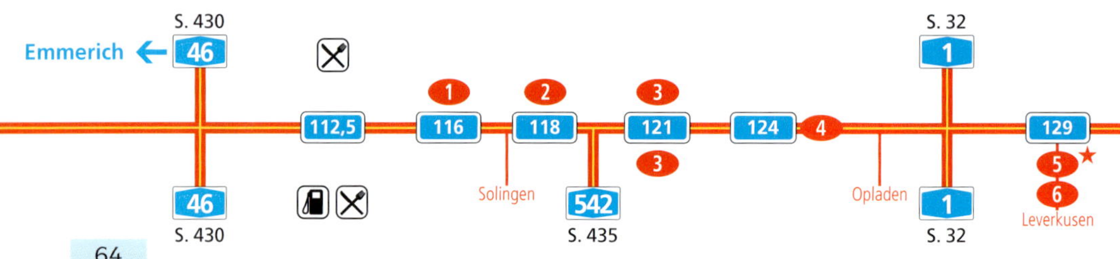

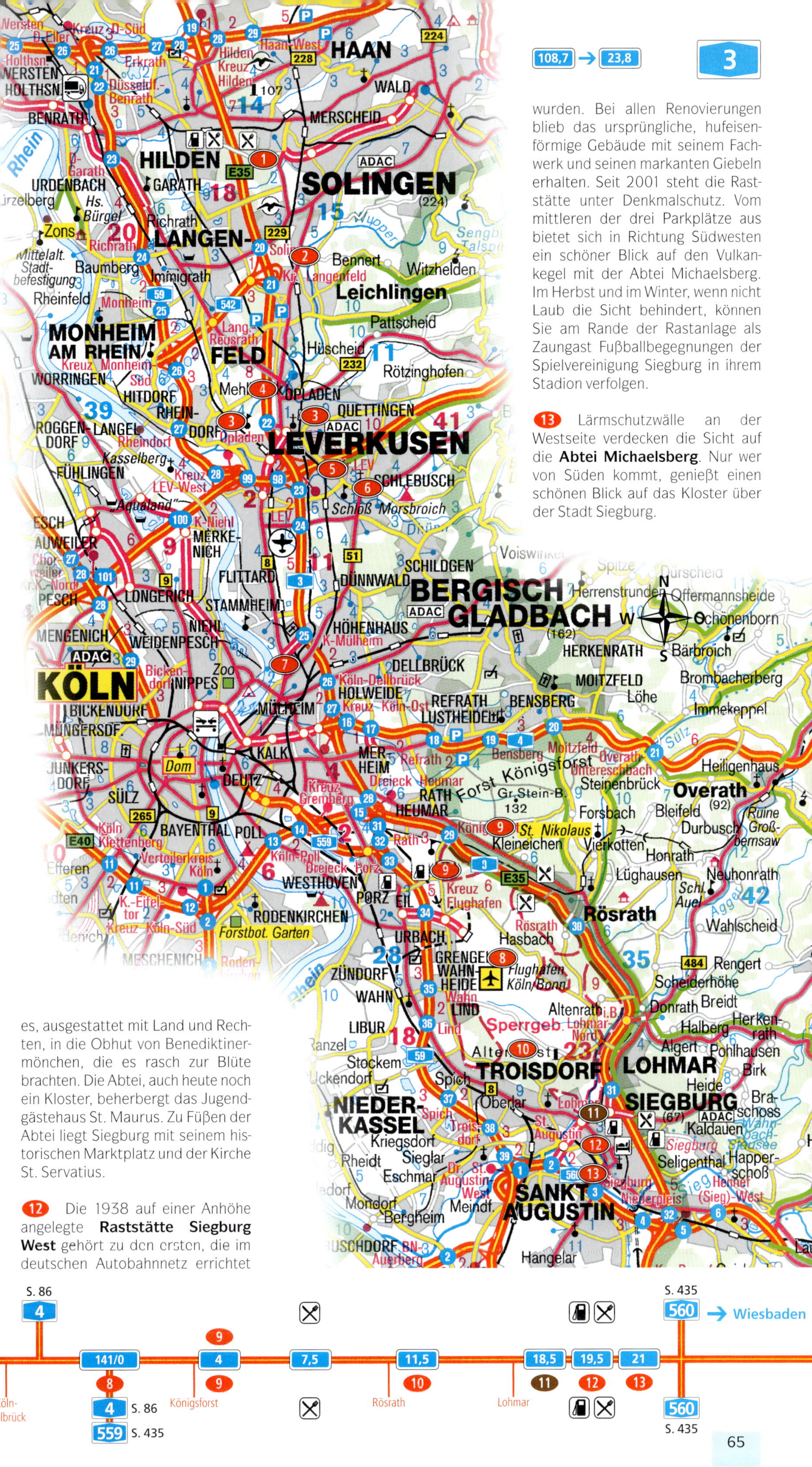

es, ausgestattet mit Land und Rechten, in die Obhut von Benediktinermönchen, die es rasch zur Blüte brachten. Die Abtei, auch heute noch ein Kloster, beherbergt das Jugendgästehaus St. Maurus. Zu Füßen der Abtei liegt Siegburg mit seinem historischen Marktplatz und der Kirche St. Servatius.

12 Die 1938 auf einer Anhöhe angelegte **Raststätte Siegburg West** gehört zu den ersten, die im deutschen Autobahnnetz errichtet wurden. Bei allen Renovierungen blieb das ursprüngliche, hufeisenförmige Gebäude mit seinem Fachwerk und seinen markanten Giebeln erhalten. Seit 2001 steht die Raststätte unter Denkmalschutz. Vom mittleren der drei Parkplätze aus bietet sich in Richtung Südwesten ein schöner Blick auf den Vulkankegel mit der Abtei Michaelsberg. Im Herbst und im Winter, wenn nicht Laub die Sicht behindert, können Sie am Rande der Rastanlage als Zaungast Fußballbegegnungen der Spielvereinigung Siegburg in ihrem Stadion verfolgen.

13 Lärmschutzwälle an der Westseite verdecken die Sicht auf die **Abtei Michaelsberg**. Nur wer von Süden kommt, genießt einen schönen Blick auf das Kloster über der Stadt Siegburg.

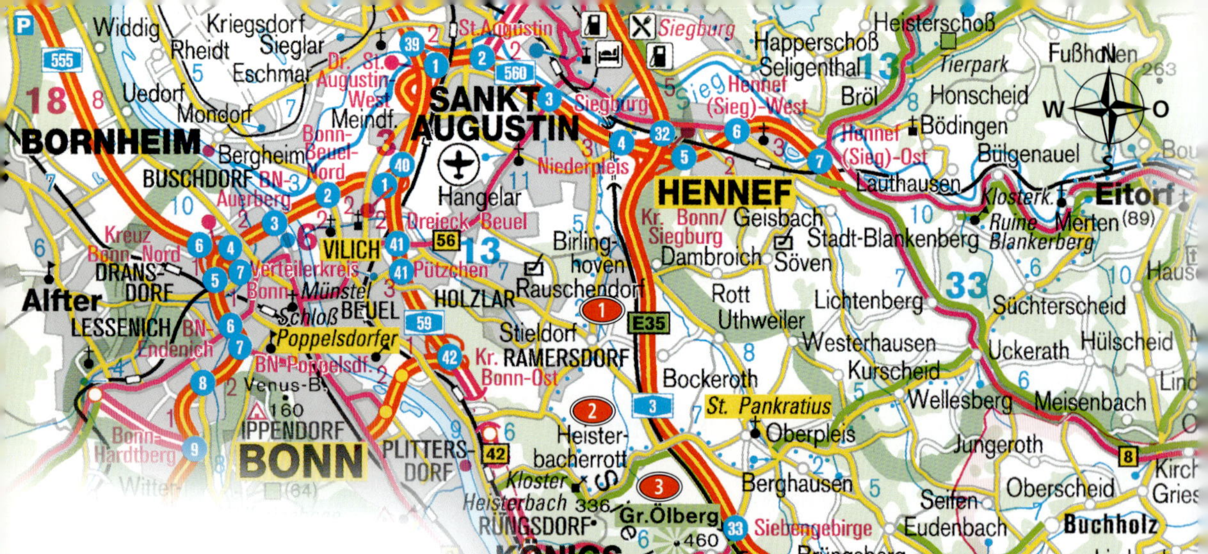

❶ Westlich reicht die **ICE-Trasse Köln–Rhein–Main** an die A3 heran. Sie begleitet die Autobahn in mehr oder minder großem Abstand bis zum Frankfurter Flughafen. Dahinter, parallel zur Bahnlinie, verläuft die Pleis. Dem kleinen Fluss verdankt das hügelige **Pleiser Ländchen** seinen Namen.

❷ Es geht hinauf in den **Naturpark Siebengebirge**, der sich zum Westerwald und zum Rhein hin erstreckt. Zweifellos gehört dieses Gebiet zu den schönsten Regionen Deutschlands: Das Mittelgebirge vulkanischen Ursprungs wurde 1922 als erstes deutsches Naturschutzgebiet ausgewiesen, nachdem seit Anfang des 20. Jh. unkontrollierter Steinabbau gefährliche Ausmaße angenommen hatte. Erste Steinbrüche legten schon die Römer an; im Mittelalter gewann man hier Baumaterial für Klöster, Burgen und Kirchen. Der Naturpark umfasst heute 4800 ha.

Prächtiger Innenhof: Schloss Poppelsdorf in der ehemaligen Bundeshauptstadt Bonn.

❸ Im Südwesten sehen Sie den 460 m hohen **Großen Ölberg**, dessen Gipfel den höchsten Punkt im Siebengebirge markiert. Bei klarem Wetter hat man von der Bergspitze aus eine traumhafte Sicht auf Siebengebirge und Westerwald, das Rheintal und die Eifel. Die Margarethenhöhe auf dem Großen Ölberg ist ein beliebter Ausgangspunkt für Wanderungen.

❹★ Wer 1,5 Std. Zeit erübrigen kann, sollte eines der schönsten Ziele im Siebengebirge besuchen: **Königswinter**, den malerischen Weinort mit stillen Winkeln und buntem Treiben in der Rheingasse. Über dem Ort erhebt sich der **Drachenfels**, um den sich Legenden von der Höhle des Drachen, vom mutigen Siegfried und dem Nibelungenschatz ranken. Auf den Drachenfels führt Deutschlands älteste Zahnradbahn, 1883 eröffnet und einst mit Dampf-lokomotiven betrieben. Heute bewältigen elektri-

23,8 → 97,4

3

sche Triebwagen auf der 1,5 km langen Strecke 220 m Höhenunterschied. Anfahrt über die AS Siebengebirge (8 km, ca. 10 Min.).

5 Westlich der A3, auf der Rheinseite des Siebengebirges, liegt Rhöndorf, ein Stadtteil von **Bad Honnef**. Auf dem Marktplatz steht die Kirche St. Johann Baptist. Ihr dreistöckiger Turm stammt aus dem 12. Jh. **Rhöndorf** war Alterswohnsitz von Konrad Adenauer. Das Grab des ersten deutschen Bundeskanzlers befindet sich auf einem kleinen Waldfriedhof.

sich der Westen des Mittelgebirges, durch das die A3 jetzt in den Naturpark Rhein-Westerwald führt.

7 Von der Wiedtal-Brücke aus (450 m lang, 50 m hoch) bietet sich eine schöne Aussicht auf den Fluss und das grüne **Wiedtal**. Westlich liegt Burg Altenwied, östlich sind der Ort Neustadt (Wied) sowie der 360 m hohe Bertenauer Kopf gut zu sehen.

8 Bei der AS Ransbach-Baumbach kreuzt die A3 die **Kannenbäckerstraße**, benannt nach dem Töpferhandwerk im südwestlichen Westerwald. Im Kannenbäckerland wird hochwertiger Ton gewonnen, das „weiße Gold". Hier hat sich eine Keramikindustrie von Weltruf entwickelt, hier sind aber auch noch zahlreiche kleine Betriebe ansässig, in denen die Töpferkunst gepflegt wird. Viele dieser traditionellen Töpfereien erschließt die 39 km lange Kannenbäckerstraße, ebenso mehrere Museen, darunter das Keramikmuseum Westerwald in Höhr-Grenzhausen.

9 **„Schloss Montabaur"** (Informationstafel): Das abgebildete burgartige Schloss mit seinen Zwiebeltürmen ist Wahrzeichen der Stadt Montabaur. Aus einer im Jahre 910 errichteten Befestigungsanlage entstand zwischen dem 15. und 16. Jh. das Schloss in seiner heutigen Form. Bauherren waren die Trierer Kurfürsten Johann II. und Richard von Greiffenclau. 1,5 km nach dem Schild sehen Sie das Schloss südlich auf einem Bergkegel. Zu seinen Füßen liegt die Altstadt von Montabaur.

10 Die A3 erreicht die Laubwälder des **Naturparks Nassau**, der sich in den Westerwald, in die Lahnregion und zum Taunus hin erstreckt. Höchster Berg ist der Köppel (540 m) auf der Montabaurer Höhe westlich von Montabaur.

11 Südlich der Raststätte Heiligenroth liegt in 2 km Entfernung auf den Höhen des Gelbachtals die 500 Jahre alte **Wallfahrtskirche St. Peter Wirzenborn**.

6 **„Westerwald"** (Informationstafel): Stilisierte Bäume in der hügeligen Landschaft symbolisieren auf dem Hinweisschild das Gebiet zwischen Rhein, Sieg und Lahn. Der Westerwald ist eine beliebte Wanderregion mit über 2000 km Wegenetz. Am waldreichsten präsentiert

→ Frankfurt a. M.

63 | 70,5 | 72 | 78 | 8 | 83,5 | 86 | 87 | 87,5 | 89,5 | 94,5 | 95,5

9 | 9 | 10 | 11 | 6

Dierdorf | Ransbach-Baumbach | 48 S. 350 | Montabaur | Diez

1 **„Dom Limburg“** (Informationstafel): Die abgebildete Silhouette zeigt den siebentürmigen Dom St. Georg, der im Jahr 1235 fertig gestellt wurde. Die Kathedrale vereint im Baustil französische Frühgotik und rheinische Spätromanik. Die jüngste Restaurierung von 1974 bis 1991 förderte kunsthistorische Kostbarkeiten zutage: farbenfrohe, aus dem 13. Jh. stammende romanische Fresken.

Die Brückenfigur Nepomuk mit dem leidenden Heiland im Arm bewacht Limburgs Alte Lahnbrücke und den Dom **1**.

2 Von der Brücke über die **Lahn** haben Sie einen schönen Blick auf den Fluss und den Limburger Dom. Die Lahn entspringt im Rothaargebirge und mündet nach 254 km bei Lahnstein in den Rhein.

3 Östlich der A3 sehen Sie das **Emsbachtal**; es verläuft parallel zur Autobahn. Darin erstreckt sich auf einer Länge von 10 km der so genannte Goldene Grund mit seinen Wiesen und kleineren Waldstücken. Bei Ober- und Niederselters sprudeln die seit dem Ende des 16. Jh. bekannten Mineralwasser-Quellen.

4 **„Taunus“** (Informationstafel): Noch bevor die Tafel mit dem stilisierten Umriss des Mittelgebirges auftaucht, sehen sie östlich die bewaldeten Höhen des Taunus; seine höchste Erhebung ist der Große Feldberg (880 m), mit Sendemast und Aussichtsturm auf dem Gipfel. Von der Wetterau im Osten zieht sich der Taunus 75 km weit nach Westen bis zum Rhein, nach Norden senkt er sich zur Lahn.

5 **„Nassauische Residenz Idstein“** (Informationstafel): Abgebildet sind der Hexenturm und das Schloss der historischen Stadt. Idstein wurde 1255 Hauptresidenz der Grafen von Nassau und entwickelte sich zum Machtzentrum im Taunus und der Region südlich der Lahn. Den Namen „Hexenturm“ bekam der Burgturm nach den Hexenprozessen 1676. Den schönsten Blick auf Idsteins Altstadt haben Sie von den Rathaustreppen aus auf den König-Adolf-Platz, benannt nach Adolf von Nassau, dem Grafen zu Idstein und deutschen Herrscher von 1292 bis 1298.

6 Hier verlief einst der römische Grenzwall **Limes**. Die A3 kreuzt die Linie dieser Befestigungsanlage, allerdings sind von der Autobahn aus keine Mauerreste erkennbar. Im Westen fällt der Blick auf die bewaldeten Berge des Naturparks Rhein Taunus.

7 Westlich der AS Wiesbaden/Niedernhausen, mitten im bedeutenden Wirtschaftszentrum Rhein-Main, liegt die Landeshauptstadt Hessens. **Wiesbaden**, ehemals Kurstadt von Weltruf und als „Nizza des Nordens“ bezeichnet, hat sich zum Kongresszentrum und zur Messestadt entwickelt. Es war einst Residenz der Herzöge von Nassau. In der Kurstadt mit prachtvollen klassizistischen Bauten sprudeln 26 heiße Quellen; im Stadtschloss hat der Landtag seinen Sitz.

8 ★ Das schräge Glasdach der eindrucksvollen **Autobahnkirche Medenbach** sehen Sie an der gleichnamigen Raststätte westlich der A3. Wem nach einer besinnlichen Pause ist, dem sei hier ein Abstecher empfohlen. Das ökumenische Gotteshaus ist Anfang 2001 von der evangelischen Kirchengemeinde Medenbach eingeweiht worden. Den Besucher empfangen Arkaden in Form von sieben Bäumen, die in ein quadratisches Atrium mit neun kleinen Springbrunnen führen. Das Wasser-

Dreieck Dernbach ←

104,5 · 106 · 107,5 · 113 · 121 · 123,5 · 126 · 132

Diez · Limburg-Nord · Limburg-Süd · Bad Camberg · Ids

rauschen übertönt den Lärm der Autobahn. In den Kapellenraum fällt Licht durch das im 45-Grad-Winkel geneigte Dach aus buntem Glas.

9 Auf dem Weg über den **Main** sehen Sie den Fluss und südlich das Hafenbecken Mönchhof. Nördlich führt die Brücke der ICE-Trasse über den Main. Der Bahndamm verdeckt den Blick auf die Anlagen der Mainschleuse dahinter.

10 Südlich der A3 liegt der **Rhein-Main-Flughafen Frankfurt**; hinter der Schallschutzwand beginnt die Startbahn West. Rund 7 km weit, bis zum Frankfurter Kreuz, führt die A3 am Airport entlang. Von hier aus starten pro Woche rund 4300 Flugzeuge zu Zielen in 110 Ländern. Nach 2 km sehen Sie das Airport Center, aus dem ein **Passagier-Übergang über die A3** zum unterirdischen Bahnhof, dem „AIRail Terminal", führt.

11 Am Frankfurter Kreuz haben Sie im Osten für einen Moment Sicht auf den Messeturm der Main-Metropole. **Frankfurt** ist einer der größten Kongressorte der Welt und Zentrum der internationalen Hochfinanz. In der alten Reichsstadt treffen Tradition und Moderne aufeinander. Der Kaiserdom war zwischen 1356 und 1808 Schauplatz der Krönung von zehn deutschen Herrschern; 1848 tagte in Frankfurt die erste deutsche Nationalversammlung. Die Universitätsstadt verfügt zu beiden Seiten des Mains mit dem Museumsufer über eine einzigartige Kulturmeile. Zwischen Eisernem Steg und Friedensbrücke sind in zehn Jahren 13 Museen entstanden oder ausgebaut worden, darunter ein Filmmuseum, ein Architekturmuseum, das Museum für Angewandte Kunst, das Jüdische Museum und das Museum für Moderne Kunst. Mehr als 130 000 Touristen im Jahr besuchen Goethes Geburtshaus im Hirschgraben (zu Frankfurt siehe auch A5, S. 105).

Malerisches Weinfranken: der spitze Turm im Städtchen Wertheim.

1 Die Strecke führt 4 km weit durch den Frankfurter Stadtwald. Nördlich der Autobahn, von Bäumen verdeckt, liegt **Sachsenhausen**. In dem gemütlichen Frankfurter Altstadtviertel schenken über 120 Wirte das Lieblingsgetränk der Hessen aus: selbst gekelterten Apfelwein („Äbbelwoi").

2 Ebenfalls im Norden und wegen dichten Waldes kaum sichtbar liegt **Offenbach**, das Zentrum der deutschen Lederwarenindustrie. Der Aufstieg der Stadt war seit dem ausgehenden 18. Jh. eng mit dem Boom dieser Branche verbunden. Im Stadtviertel Westend zeigt das Deutsche Ledermuseum mit dem angeschlossenen Deutschen Schuhmuseum auf drei Stockwerken die Verwendung von Leder.

3 Der Forst auf der Südseite der Autobahn ist der Seligenstädter Wald. **Seligenstadt** selbst befindet sich nördlich der A3. Die kleine Stadt am Main kann auf eine große Vergangenheit verweisen: Ihr Wahrzeichen, die Einharts-Basilika, ist die größte karolingische Kirche nördlich der Alpen. Einhart, Kanzler Karls des Großen, ließ das Gotteshaus im 9. Jh. errichten.

4 Die A3 führt aus Hessen heraus und erreicht **Bayern**. Der Freistaat begrüßt Reisende mit seinem Löwe-und-Raute-Wappen.

5 Auf dem Weg über den **Main** kommt südlich der A3 der Mainpark-See mit Campingplatz und Strandbad in Sicht. Der Main entsteht bei Kulmbach durch Zusammenfluss von Rotem und Weißem Main und mündet nach 524 km bei Mainz in den Rhein.

6 Die A3 führt nördlich an **Aschaffenburg** vorbei. Ein schöner Blick auf die Stadt bietet sich vom Parkplatz, 2 km nach der AS Aschaffenburg-West, hinter dem Strietwald. Die Türme von Schloss Johannisburg, dem Wahrzeichen der Stadt, fallen sofort ins Auge. Erzbischof und Kurfürst Johann Schweikard von Kronberg ließ diesen prächtigen Bau der deutschen Spätrenaissance Anfang des 17. Jh. vom Straßburger Baumeister Georg Ridinger errichten. Heute beherbergt das Schloss eine große Gemäldesammlung sowie die Hof- und Stiftsbibliothek.

7 An der AS Aschaffenburg-Ost überquert die A3 die **Aschaff**. Das Flüsschen begleitet die Autobahn die nächsten 7 km. Die Aschaff entspringt im Spessart und mündet bei Mainaschaff in den Main.

8 **„Spessart–Main–Odenwald"** (Informationstafel): Mit ihrem Maskottchen, einem Specht, stellt sich diese hügelige Ferienlandschaft vor. Der Main und seine Nebenflüsse

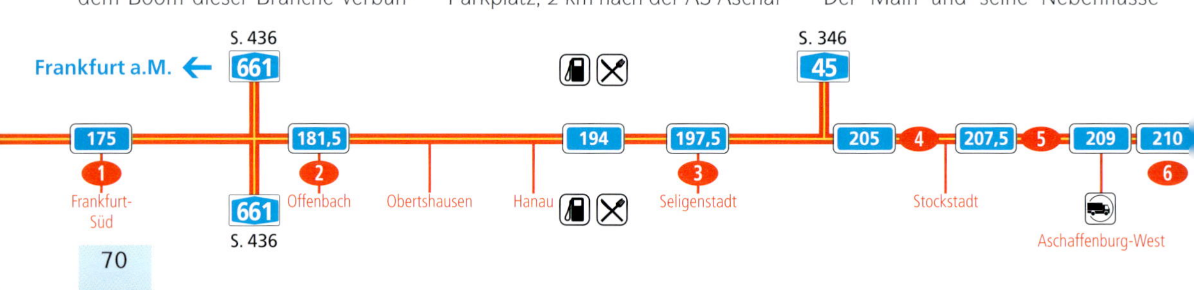

durchziehen Spessart und Odenwald – das größte zusammenhängende Waldgebiet Deutschlands. Das Mainviereck zwischen Aschaffenburg, Miltenberg, Wertheim und Gemünden präsentiert sich als vielfältige, geschichts- und kulturträchtige Landschaft mit Wäldern und Weinbergen, Burgen und Schlössern, dem Maintal-Wanderweg und dem Maintal-Radweg. Die Brüder Grimm ließen sich vom tiefen Spessart zu ihrer Märchenwelt inspirieren.

9 Hier, auf der so genannten **Eselshöhe**, verlief anstelle der Autobahntrasse im Mittelalter ein viel genutzter Handelspfad. Eselkarawanen schleppten Salz aus dem hessischen Bad Orb nach Miltenberg am Main.

10 Südlich der A3 erhebt sich die Königshöhe Mespelbrunn (458 m); dahinter liegt das **Wasserschloss Mespelbrunn**. Es bildete 1958 die Kulisse für den Spielfilm „Das Wirtshaus im Spessart“ mit Liselotte Pulver und Carlos Thompson.

11 Wenn im Osten der Geiersberg in Sicht kommt, führt der Weg gleich anschließend über die 290 m lange und 38 m hohe **Rohrbachbrücke**. Hier ist die höchste Stelle der A3 im Spessart erreicht (462 m).

12 Von einer 720 m langen und bis zu 68 m hohen Autobahnbrücke aus lässt sich das bewaldete **Haslochtal** sehr schön überblicken. Das romantische Gebiet erfreut sich großer Beliebtheit bei Wanderern – u.a. deshalb, weil es dort fünf noch bewirtschaftete alte Wassermühlen zu sehen gibt. Kurvenreich führt die A3 nach der Brücke den Spessart hinunter.

13 **„Fränkisches Weinland“** (Informationstafel): In den Bergen dieser Region entlang des Mains, zwischen Spessart, Rhön und Steigerwald, reift der Bocksbeutel. Im Handel erkennt man den edlen Tropfen an den bauchigen Flaschen, in die er abgefüllt wird.

14 Wo die A3 über den Main führt, haben Sie einen schönen Blick auf den Fluss und die **Weinberge**. Im Osten reicht die Sicht über die berühmten fränkischen Weinlagen Homberger, Kallmuth und Edelfrau.

→ Würzburg

216 (7) 221,5 (8) 228 (9) 230 (10) 237,5 239 (11) 241,5 (12) 256 (13) 258 (14) (8) 260

Aschaffenburg-Ost · Hösbach · Bessenbach/Waldaschaff · Weibersbrunn · Rohrbrunn · Marktheidenfeld · Wertheim/Lengfurt

1 An Weinbergen und Sonnenblumenfeldern entlang führt die A3 in weiten Schwüngen aus dem Maintal heraus. Nach 2 km sind im Norden das **Aalbachtal** und die **Pfarrkirche von Dertingen** aus dem 16. Jh. mit ihrem auffälligen Eckturm zu sehen.

2 Die Autobahn stößt auf die Touristenroute **Nibelungenstraße**. Die im wahrsten Sinne des Wortes sagenhafte, etwa 300 km lange Strecke mit Ausgangs- und Endpunkt in Worms verläuft in einem Rundkurs vom Rhein zum Main und weiter an die Tauber.

3 Bei der AS Würzburg/Kist kreuzt die A3 Deutschlands bekannteste und beliebteste Touristenstrecke, die **Romantische Straße**. Sie beginnt in Würzburg und führt bis nach Füssen im Allgäu.

4 Einen besonders schönen Blick auf die Bischofs- und Universitätsstadt **Würzburg** haben Sie vom Rasthof Würzburg-Nord (Fahrtrichtung Aschaffenburg). Über der Stadt im Maintal thront die mächtige Festung Marienberg. Würzburg ist Mainfrankens Mittelpunkt – reich an Kunstschätzen und Baudenkmälern: Ein Meisterwerk barocker Schlossbaukunst ist die ehemalige Residenz aus der ersten Hälfte des 18. Jh., errichtet unter der Leitung Balthasar Neumanns. Sehenswert sind außerdem der St.-Kilians-Dom (11. Jh.), die Neumünsterkirche mit ihrer Barockfassade von Johann Dientzenhofer und die Alte Mainbrücke mit Brückenheiligen. Die Festung Marienberg birgt das Mainfränkische Museum, mit Werken des Bildhauers Tilman Riemenschneider. Von der Festung aus führt ein Weg hinauf zum „Käppele", einer Mitte des 18. Jh. von Balthasar Neumann erbauten barocken Wallfahrtskirche (siehe auch A7, S. 158).

5 Erneut führt die A3 über den **Main**, den man inmitten von Feldern und Weinbergen dahin fließen sieht. Im Norden taucht der Weinort **Würzburg-Randersacker** auf, im Nordwesten ragt die Gieshügler Höhe 343 m empor.

6 Bei der AS Würzburg-Randersacker grüßt von Süden aus der Zwiebelturm der gotischen Pfarrkirche von **Eibelstadt am Main** herüber. Den bedeutenden Weinort umgibt eine gut erhaltene Stadtmauer (15./16. Jh.) mit mehreren Tortürmen.

7 Vor dem AK Biebelried kommt im Norden die Silhouette des **Gewerbegebiets Mainfrankenpark Dettelbach** mit dem 30 m hohen, eiförmigen IMAX-Kino-Gebäude in Sicht. Über dem 20 m hohen Filmsaal ist ein zweistöckiges Restaurant eingerichtet.

8 Nach einem weiteren Überqueren des Mains sind bei klarem Wetter im Süden die Konturen der alten Weinhandelsstadt **Kitzingen** mit der berühmten schiefen Haube des Falterturms aus dem 15. Jh. erkennbar. Der Turm beherbergt das Deutsche Fastnachtsmuseum (siehe auch A7, S. 159).

9 **„Abtei Münsterschwarzach"** (Informationstafel): Münsterschwarz-

Aschaffenburg ←

1 | 260 | 261 | 274,5 | 2 | 281 | 3 | 4 | 290 | 5 | 291 | 5 | 292,5 | 6

Wertheim/Lengfurt

Helmstadt

81 S. 384

Würzburg/Kist

Würzburg-Heidingsfeld

Würzburg-Randersacker

ach, eines der ältesten Klöster in Franken, wurde 788 als Frauenkloster gegründet. 1803, nach mehr als 1000 Jahren, erlosch das klösterliche Leben. Die Anlage begann zu verfallen, bis Benediktiner aus dem oberbayerischen St. Ottilien Münsterschwarzach 1913 wieder errichteten und zu neuer Blüte führten. Die Abtei zählt heute 200 Mönche, von denen 60 in Afrika und Asien missionieren.

10 **„Steigerwald"** (Informationstafel): Eine stilisierte Weinrebe und eine Kirche am Main symbolisieren die Ferienregion Naturpark Steigerwald. Im Zentrum des Landstrichs zwischen Kitzingen, Schlüsselfeld und Bad Windsheim liegt der bis zu 498 m hohe Gebirgszug Steigerwald; er fällt nach Westen zum Main hin steil ab. Zwischen Abtswind, Castell, Greuth, Wiesenbronn, Großlangheim, Rödelsee und der Stadt Iphofen verläuft der 60 km lange Steigerwald-Weinwanderweg, um Markt Nordheim zudem ein 9 km langer Weinwanderweg.

11 Im Süden markiert ein gut sichtbarer Sendemast den 474 m hohen **Schwanberg-Gipfel**. Um den Berg herum gruppieren sich die berühmten fränkischen Weinorte Iphofen, Mainbernheim und Rödelsee.

12 An der Südseite der A3, hoch in den Hängen des Steigerwalds, liegt der Ort **Castell** mit dem Barockschloss der gleichnamigen Grafen. Bei klarem Wetter reicht der Blick hier bis in den Spessart und die Rhön hinein. Nördlich der Autobahn, am Rande des Naturparks Steigerwald, ist das altertümliche Prichsenstadt zu finden. Eine geschlossene Marktplatz-Kulisse erwartet dort den Besucher.

13 Im Süden bietet sich jetzt ein reizvoller Blick auf das Weinörtchen **Abtswind** und seine hoch aufragende Marienkirche, deren Spitze zwei Kugeln zieren; dahinter liegt der 463 m hohe Friedrichsberg.

14 Unweit der AS Geiselwind (1,5 km) ist die Looping-Achterbahn des **Freizeitparks Geiselwind** mit Attraktionen wie Wildwasserbahn und Flugsimulatoren, Showprogramm und eigenem Tierpark zu sehen. Der historische, erstmals 1314 urkundlich erwähnte Ort selbst ist mit seinem Autohof ein beliebter Treffpunkt für Trucker und Freunde von Country- und Westernmusik.

Hoch über Würzburg 4 erhebt sich in glänzendem Barock die Festung Marienberg.

S. 158 7 | 7 | 299,5 | 301 | 7 S. 158 | Rottendorf | 306 8 | 308 9 | Kitzingen/Schwarzach | 313 | 315 9 | 316,5 10 | 318 11 | 320 12 | 320,5 Wiesentheid | 322 13 | Punkt von S. 70 13 323 | 14 328 | 330,5 Geiselwind | → Nürnberg

1 Die A3 kreuzt die **Steigerwald-Höhenstraße**. Als einziger Weg, der alle west-ost-ausgerichteten Höhenzüge des Steigerwalds überwindet, führt sie 70 km weit auf zwei alternativen Routen durch den gleichnamigen Naturpark vom Main zur Aisch. In ihrem Verlauf berührt sie dessen landschaftlich reizvollsten Gebiete und erschließt bedeutende kulturelle Orte. Nach Süden reicht die Steigerwald-Höhenstraße über Scheinfeld bis Uffenheim.

2 Nördlich der A3 liegt an der Steigerwald-Höhenstraße die **Zisterzienserabtei Ebrach**, das älteste Zisterzienserkloster Frankens. Die Klosterkirche aus dem 13. Jh. gilt als großartigster frühgotischer Bau in Deutschland. Das Kircheninnere wurde im 18. Jh. stark verändert.

3 Nach Norden bietet sich bei klarem Wetter ein Blick auf die Silhouette von **Schlüsselfeld** im Tal der Ebrach mit seinen zwei Kirchtürmen sowie dem Turm des Stadttors und dem Rathausturm. Mit Geiselwind und Burghaslach bildet Schlüsselfeld die Region **Drei-Franken-Eck**: Ober-, Mittel- und Unterfranken treffen hier aufeinander. Im Süden der A3 liegt **Burghaslach** mit der ehemaligen Mutterpfarrei der Würzburger Bischöfe.

4★ **„Schloss Weißenstein in Pommersfelden“** (Informationstafel): Abgebildet ist die Fassade des 1711–1718 errichteten mächtigen Barockschlosses, das sich im Familienbesitz der Grafen von Schönborn befindet. Das Prachtstück der herrlichen Anlage ist das dreigeschossige Treppenhaus von Johann Dientzenhofer. In den Kurfürstenzimmern können Besucher eine Gemäldesammlung mit Werken von Rubens, Tizian und van Dyck besichtigen. Um das Schloss herum erstreckt sich ein Park im englischen Stil mit kleiner Schlosskapelle und einem Damhirsch-Gehege.
Wenn Sie 30 Min. Zeit für diesen interessanten Abstecher haben, empfiehlt es sich, bei der AS Höchstadt-Nord die A3 zu verlassen und über Mühlhausen im grünen Ebrachtal zum Schloss Weißenstein zu fahren (7 km). Die alljährlich im Sommer stattfindenden Orchester- und Kammerkonzerte des Collegium Musicum Schloss Pommersfelden dienen der Förderung junger Musiker aus aller Welt. Über Limbach und die AS Pommersfelden gelangt man auf die A3 zurück.

5 Wenn es über die Aischbachtalbrücke geht, ist der wasserreiche **Aischgrund** zu überblicken. In dieser Teichlandschaft werden die berühmten Aischgrunder Spiegelkarpfen gezüchtet. Das im Westen gelegene Höchstadt an der Aisch ist das Zentrum der Karpfenzucht.

6 Auf der Südseite der A3 sehen Sie jetzt einen mächtigen Spitzturm mit vier Nebentürmchen. Er gehört zur Hanneberger **Wehrkirche Mariae Geburt** aus der zweiten Hälfte des 15. Jh. Mit ihrem Bau begann man, nachdem im 1. Markgräflerkrieg (1449–1453) über 30 Dörfer der Region zerstört worden waren.

7 Ganz in der Nähe (2 km) liegt östlich der A3 das **Naherholungsgebiet Dechsendorfer Weiher**. Der 40 ha große Weiher ist ein Badeparadies, zudem treffen sich hier Segler, Surfer und Ruderer. Es gibt ausgedehnte Liege- und Spielwiesen, Grillplätze, einen Campingplatz und ein umfangreiches Angebot an Übernachtungsmöglichkeiten.

8 Die A3 führt über das Flüsschen **Aurach**, das man in seinen Auen sehen kann. Flussaufwärts liegt das mittelalterliche Städtchen **Herzogenaurach** (5 km), wo mit „Adidas“ und „Puma“ zwei der größ-

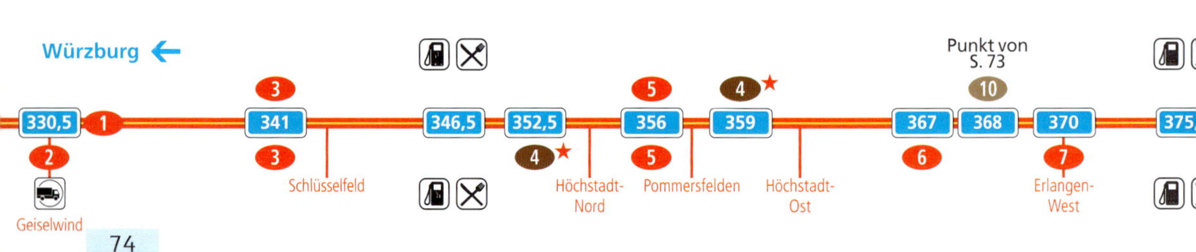

ten Sportschuhhersteller der Welt angesiedelt sind. Beide Unternehmen bieten ihre Waren im Fabrikverkauf an.

9 Hier verläuft die Autobahn über den **Main-Donau-Kanal**. Im Süden erkennt man die Schleuse Kriegenbrunn, im Norden, am Kanal, das Großkraftwerk Franken II.

10 Die hohen Kiefernwälder zu beiden Seiten der A3 gehören zum großen **Sebalder Reichswald**, der in den Lorenzer Reichswald übergeht. Dieser rund 1000 Jahre alte Forst liegt sowohl auf Erlanger als auch auf Nürnberger Gebiet.

11 **„Frankenalb"** (Informationstafel): Die Ferienlandschaft im Nordosten des Nürnberger Landes stellt sich mit einem von Feldern und Wiesen umgebenen stilisierten Fachwerkdorf vor. Die Frankenalb erstreckt sich im Osten der A3. Mittelpunkt der Region ist Lauf an der Pegnitz mit seiner historischen Altstadt, dem Wenzelschloss und dem Industriemuseum.

12 Hinter dem Kiefernwald, südlich der A3, liegt **Nürnberg**, die zweitgrößte Stadt Bayerns und ehemalige Freie Reichsstadt. Eine Mauer mit 80 Türmen umgibt den historischen Kern der 1050 erstmals urkundlich erwähnten fränkischen Metropole (siehe auch A6, S. 129).

13 Die A3 kreuzt die **Burgenstraße**. Diese Route führt von Mannheim nach Prag und erschließt dbei über 70 Burgen und Schlösser. Auf fast 1000 km findet man vor allem zwischen ihrem Ausgangspunkt und Bayreuth alles, was das romantische Deutschlandbild prägt: Die Residenz des Kurfürsten der Pfalz in Mannheim, das Heidelberger Schloss, Ritterburgen im Neckartal, die weinselige Gegend um Heilbronn, mittelalterliche Städtchen wie Schwäbisch Hall, Langenburg oder Rothenburg ob der Tauber, das markgräfliche Ansbach oder die Dürerstadt Nürnberg. Rund 100 Museen säumen die Route, die man mit Auto, Fahrrad, Bus oder Schiff kennen lernen kann.

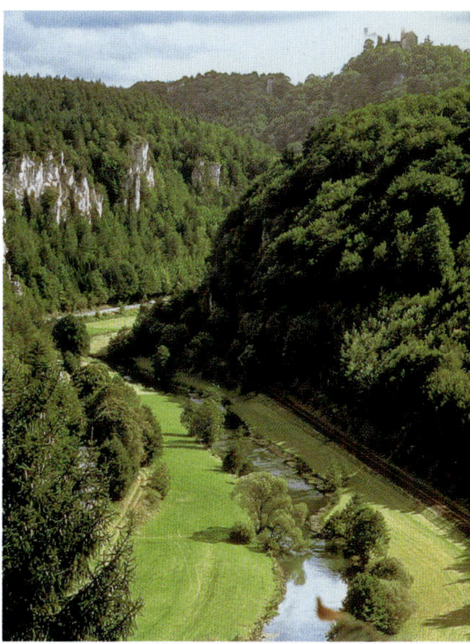

Die Fränkische Schweiz – besonders typisch sind romantische Wiesentäler.

S. 431 73 · S. 206 9 · S. 130 6 → Regensburg
378 8 380 9 383 10 385 391 393,5 13
Erlangen-Frauenaurach · 73 S. 431 · Erlangen-Tennenlohe · 11 12 Nürnberg-Nord · Nürnberg/Behringersdorf · Nürnberg-Mögeldorf · 9 6 S. 206/S. 130 · 6 S. 130 · Altdorf/Burgthann

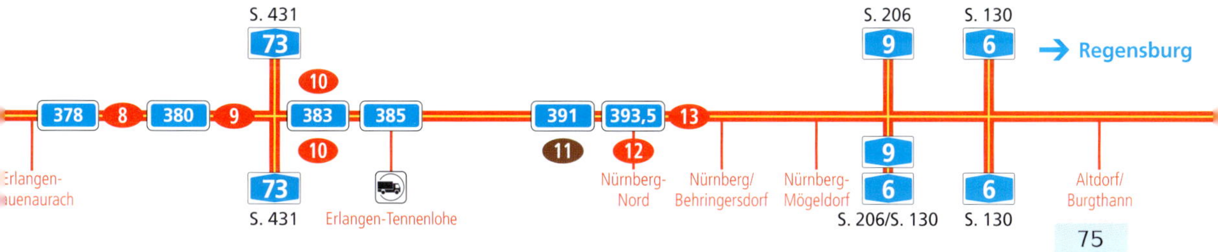

1 Im Nordosten kommt der runde Turm der evangelischen **Stadtpfarrkirche St. Laurentius** von Altdorf in Sicht. Die Kirche wurde im 14. Jh. erbaut, Mitte des 18. Jh. bekam sie ihre heutige Gestalt. In **Altdorf**, einst Universitätsstadt, promovierte der Mathematiker und Philosoph Gottfried Wilhelm Leibniz (1646–1716). Auch Albrecht von Wallenstein, kaiserlicher Feldherr im Dreißigjährigen Krieg, studierte hier. Zur Erinnerung an die Universität und diesen prominenten Studiosus finden seit 1894 alle drei Jahre die Wallenstein-Festspiele in Altdorf statt.

Der Rhein-Main-Donau-Kanal

Auf Binnengewässern von der Nordsee bis zum Schwarzen Meer zu fahren: Dieser jahrhundertealte Traum wurde mit dem Rhein-Main-Donau-Kanal Wirklichkeit. Seit September 1992, als nach rund 30-jähriger Bauzeit das 171 km lange Teilstück zwischen Bamberg und Kelheim fertig gestellt war, sind die rund 3500 Kilometer von Nord nach Süd schiffbar.

Die Wasserstraße verbindet 15 Länder und reicht von der niederländischen Hafenstadt Rotterdam bis nach Izmail in der Ukraine.

Die weitgehend asphaltierte Kanalrinne ist 55 m breit, 4 m tief und wird in erster Linie von Großmotorschiffen mit einem Tiefgang von maximal 2,50 m befahren. Um die Brücken problemlos durchfahren zu können, darf kein Schiff den Wasserspiegel mehr als 6 m überragen. Die Transportkapazität des Rhein-Main-Donau-Kanals beträgt 18 Mio. t Güter pro Jahr, wobei hauptsächlich Nahrungsmittel sowie Erze und Metallabfälle transportiert werden.

Allein für den Abschnitt Bamberg – Kelheim betrugen die Baukosten 4,5 Mrd. DM. Hauptaktionäre der 1921 gegründeten Rhein-Main-Donau AG sind der Bund und der Freistaat Bayern.

Die Verwirklichung des Kanalprojekts war stets umstritten – aus ökologischer ebenso wie aus wirtschaftlicher Sicht. Besonders stark ins Gewicht fiel die Zerstörung von etwa 18 Mio. m² schutzwürdiger Auenlandschaft in einem der größten und artenreichsten Brut- und Überwinterungsgebiete für Vögel in Deutschland. Die Feuchtbiotope, die man als Ersatz künstlich anlegte, sind nicht überall gleichwertig.

Eine wichtige Rolle im Kanalverkehr kommt der touristischen Schifffahrt zu. Dabei sind kurze Tagesausflüge genauso beliebt wie z.B. die Flusskreuzfahrten zwischen Amsterdam und Budapest.

2 Durch die Wald- und Wiesenniederung südwestlich der A3 fließt der **König-Ludwig-Kanal**. Er wurde 1848 eröffnet, ist 173 km lang und führt von Kelheim nach Bamberg. Früher als Schifffahrtsstraße für Lastkähne genutzt, ist er heute ein Kultur- und Industriedenkmal.

3 Von der Pilsachtalbrücke aus blickt man in Richtung Süden über bewaldete Hügel auf die **Burgruine Wolfstein** mit ihrem runden Turm in 580 m Höhe. Im Norden liegt der Ort **Pilsach**. Im Verlies des Schlosses Pilsach soll das unglückliche Findelkind Kaspar Hauser versteckt gehalten worden sein.

4 **„Oberpfälzer Jura“** (Informationstafel): Ein kurvenreiches Tal, umgeben von Bergen und einer Felsgruppe, symbolisiert die Ferienregion von Berg bis Nittendorf. Klettern im Tal der Schwarzen Laaber ist eine von vielen möglichen Freizeitaktivitäten in dieser abwechslungsreichen Landschaft mit Streuobstwiesen, Wacholderheiden, Buchen- und Eichenwäldern. In den wasserreichen Juratälern sprudeln viele Quellen.

5 Die A3 erreicht auf 562 m die **Scheitelhöhe der Region**. Im Nordosten ist bei klarem Wetter erkennbar, wie die Bergkulisse des 600 m hohen Oberpfälzer Jura mit dem am Horizont aufsteigenden Oberpfälzer und Bayerischen Wald verschmilzt.

6 Im Osten schimmert die **Schlossruine Helfenberg** durch die Bäume. Schloss Helfenberg wurde Anfang des 18. Jh. errichtet und von Hans-Georg Asam mit schönen Malereien versehen. 1807 wurde das Schloss verkauft und weitgehend abgerissen. Von der ehemals prächtigen Anlage sind heute nur noch Mauerreste erhalten.

7★ Nordöstlich der A3 lohnt die schöne **König-Otto-Tropfsteinhöhle** einen Abstecher. Der Schäfer Peter Federl fand sie 1895, als er einen Fuchs jagte. Die Höhle wurde nach König Otto benannt, weil ihre Entdeckung auf den Namenstag des Bayernkönigs fiel. Die König-Otto-Höhle ist 186 m lang, bis zu 70 m tief und von märchenhafter Pracht. Sie ist von April bis Okt. tgl. von 9 bis 17 Uhr zugänglich. Sie erreichen die Tropfsteinhöhle über die AS Velburg (5 km, 8 Min.).

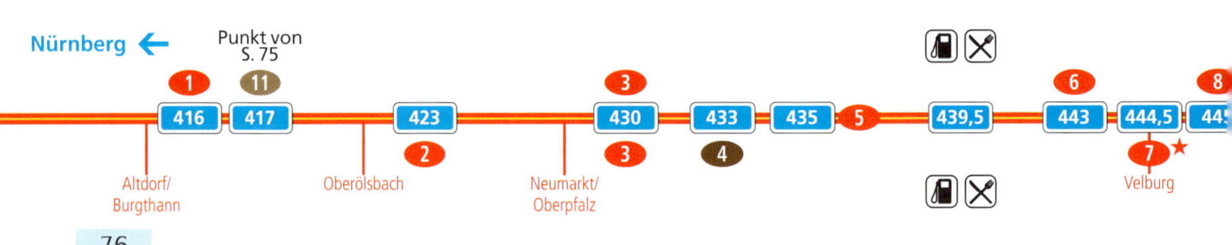

8 In Richtung Osten fällt der Blick auf den Zwiebelturm der **Herz-Jesu-Kirche** von Velburg, dahinter im Wald steht der Turm der Ruine Velburg. Vom beschaulichen Städtchen **Velburg** aus erschließt sich der ganze Reiz dieser Juralandschaft. Eine Vielzahl markierter Wanderwege führt aus dem grünen Tal heraus durch nahe Wälder, über Wiesen und Felder.

Die König-Otto-Tropfsteinhöhle 7★ bei Velburg gehört zu Süddeutschlands beeindruckendsten Höhlen.

9 ~ Wenn Sie ca. 40 Min. Zeit für eine landschaftlich schöne Alternativroute (23 km) einplanen können, empfiehlt es sich, bei der AS Parsberg die A3 zu verlassen und über Parsberg, Beratzhausen und Laaber durch das **Tal der Schwarzen Laaber** zu fahren. Auf den Weideflächen der Juratäler grasen Schafe, die steilen Hänge sind meist felsig, mit Klüften und Löchern. Sie bieten Turmfalken, Wanderfalken und Habichten eine Heimat. Zurück auf die A3 gelangen Sie über die AS Nittendorf.

10 In Richtung Süden bietet sich ein schöner Blick auf **Schloss Parsberg** mit seinen Doppeltürmen. Im Mittelalter stand hier, im Tal der Schwarzen Laaber, eine 1205 erstmals urkundlich erwähnte Burg. Sie fiel dem Dreißigjährigen Krieg zum Opfer. Auf ihrer Ruine wurde nach 1650 die Schlossanlage errichtet. Sie beherbergt heute ein Burgmuseum. Die Stadt Parsberg ist Ausgangspunkt für abwechslungsreiche Wanderungen durch das Tal der Schwarzen Laaber und auf die Höhen des Jura.

1 Auf der knapp 1 km langen Donaubrücke kurz nach Sinzing überquert man die **Donau**, den nach der Wolga längsten Fluss Europas. Blickt man nach Norden, macht der Fluss einen weiten Rechtsbogen, in dem die Naab in den Fluss mündet. Die Donau entspringt bei Donaueschingen als Zusammenfluss von Brigach und Breg und mündet nach 2850 km an der rumänischen Küste ins Schwarze Meer. Von Kelheim kurz vor Regensburg bis zum Mündungsdelta ist die Donau auf 2500 km schiffbar.

2 ★ Kurz nach dem AK Regensburg erkennt man nördlich der A3 die Silhouette des Stadtzentrums von **Regensburg**, für dessen Besichtigung es sich lohnt, die Autobahn zu verlassen. Über die AS Regensburg-Burgweinting erreicht man nach 3 km, 10 Min. das Zentrum. Dank seiner Vergangenheit als römisches Legionslager (Castra Regina) und ständiger Sitz des Reichstags des Heiligen Römischen Reiches von 1663 bis 1806 besitzt Regensburg zahlreiche kunsthistorische Sehenswürdigkeiten. Weithin sichtbar ist der gotische Dom St. Peter, das Wahrzeichen der Stadt. Von besonderer Bedeutung sind außerdem die Kirche des ehemaligen Benediktiner-Reichsstifts St. Emmeram, die Kirche St. Jakob, das Fürst-Thurn-und-Taxis-Museum und die aus dem 12. Jh. stammende Steinerne Brücke über die Donau. Regensburg ist seit 1962 Universitätsstadt.

3 Bei der AS Neutraubling ist südlich der Autobahn das weitläufige Industriegebiet des Regensburger Vororts **Neutraubling** zu sehen. Vor allem mit der Ansiedlung von Großunternehmen wie BMW und Siemens nahm die Region einen enormen wirtschaftlichen Aufschwung.

4 Nördlich der A3 erkennt man am gegenüber liegenden Donauufer die Walhalla und etwas weiter flussaufwärts auf gleicher Höhe die **Burg Donaustauf**. Die einstige Veste wurde im 10. Jh. erbaut und diente den Bischöfen von Regensburg als Festung und Studienort. Im Dreißigjährigen Krieg wurde die Burg durch die Schweden weitgehend zerstört.

5 **„Walhalla“** (Informationstafel): Majestätisch thront die Heldenhalle auf dem Nordufer oberhalb der Donau. Mit dem Bau der Walhalla Anfang des 19. Jh. wollte Bayerns König Ludwig I. das Nationalgefühl stärken und ließ Leo von Klenze in den Jahren 1830–1842 die einem griechischen Tempel nachempfundene Ruhmeshalle bauen. 358 Stufen führen hinauf zur Säulenhalle, in der die Büsten bedeutender deutscher Persönlichkeiten aufgereiht sind.

6 Nördlich der Autobahn ist auf einem Hügel oberhalb der Stadt Wörth das **Schloss Wörth** zu sehen. Im Mittelalter diente der Renaissancebau den Fürstbischöfen von Regensburg als Festung. Der Maler Albrecht Altdorfer verewigte Wörth 1526 in seinem Gemälde „Donaulandschaft bei Regensburg“, das heute in der Alten Pinakothek in München ausgestellt ist.

7 **„Römerschatz Straubing“** (Informationstafel): Die Tafel weist auf die wohl bedeutendste kunsthistorische Sehenswürdigkeit der Stadt hin. Der Römerschatz umfasst Schmuck und Alltagsgegenstände

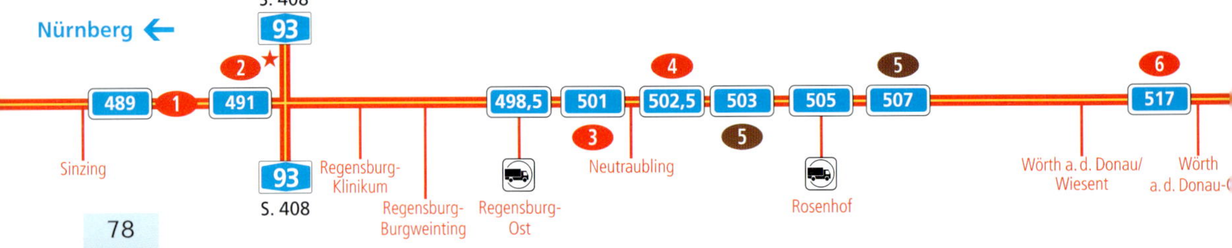

aus dem 3. Jh. Er wurde 1950 von Bauarbeitern bei Erdarbeiten gefunden und ist im Gäubodenmuseum ausgestellt.

8 **„Bayerischer Wald“** (Informationstafel): Bereits seit einigen Kilometern verläuft die Strecke entlang dieses Mittelgebirgszugs, der sich hier nördlich der Autobahn erstreckt. Der Bayerische Wald liegt zwischen Regensburg und Passau und erhebt sich unmittelbar vor dem nördlichen Donauufer. Nördliche Grenze ist die Cham-Further Senke. Zusammen mit dem Oberpfälzer Wald und dem Böhmerwald bildet er eine geologische Einheit. Im nordöstlichen Bereich, also dort, wo das Gebirge am höchsten und am urwüchsigsten ist, besteht seit 1970 der Nationalpark Bayerischer Wald, eine 240 km² große, unter Naturschutz gestellte Fläche.

bing ist das Zentrum des Gäubodens, einer weitläufigen Ebene, die – von Donau und Isar eingerahmt – südlich der Autobahn beginnt und als Kornkammer der Region gilt. Bekannt ist Straubing auch für sein Gäubodenfest, das alljährlich im August stattfindet.

10 **„Bogenberg“** (Informationstafel): Südlich der Autobahn sieht man die Wallfahrtskirche Heilig Kreuz und Mariä Heimsuchung auf dem Bogenberg. Bereits im 11. Jh. gab es Marienwallfahrten auf den Bogenberg, der frühzeitlichen Funden zufolge bereits zur Keltenzeit (4./3. Jh. v. Chr.) besiedelt gewesen ist.

11 Im Vordergrund des Bogenbergs ist die ehemalige **Benediktinerabteikirche St. Peter und Paul** in Oberalteich zu erkennen. Vermutlich stand hier bereits im 8. Jh. ein Kloster. Das Kloster wurde im Rahmen der Säkularisation 1803 aufgelöst.

100 m über der Donau thront die dem Parthenon-Tempel in Athen nachempfundene Walhalla **5**.

9 ★ Es lohnt sich, der Stadt **Straubing** einen Besuch abzustatten (AS Straubing, 8 km, 15 Min.). Von der Autobahn aus ist die Stadt kurz nach der AS Kirchroth südöstlich der A3 auf dem gegenüber liegenden Ufer der Donau zu sehen. Strau-

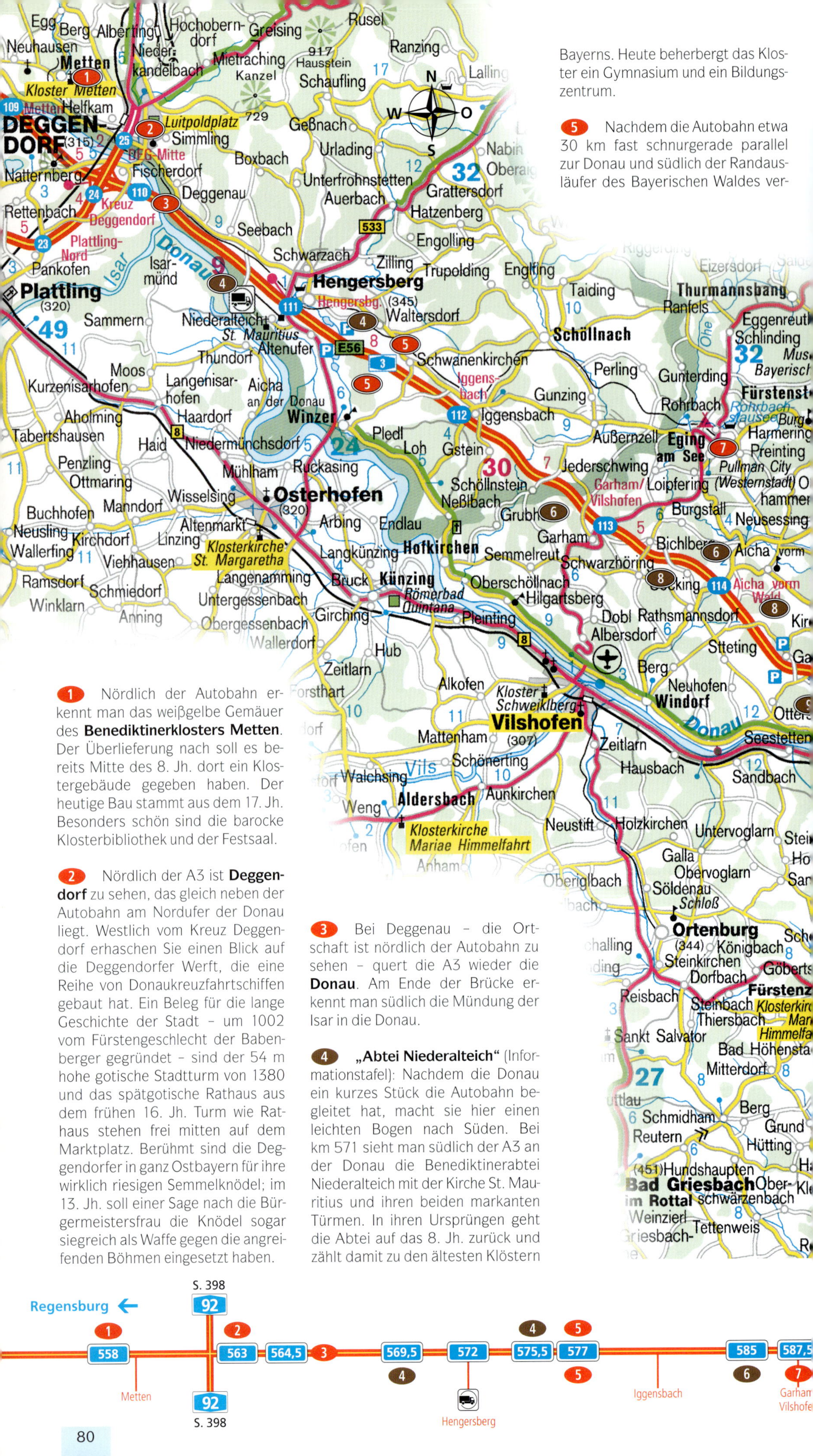

1 Nördlich der Autobahn erkennt man das weißgelbe Gemäuer des **Benediktinerklosters Metten**. Der Überlieferung nach soll es bereits Mitte des 8. Jh. dort ein Klostergebäude gegeben haben. Der heutige Bau stammt aus dem 17. Jh. Besonders schön sind die barocke Klosterbibliothek und der Festsaal.

2 Nördlich der A3 ist **Deggendorf** zu sehen, das gleich neben der Autobahn am Nordufer der Donau liegt. Westlich vom Kreuz Deggendorf erhaschen Sie einen Blick auf die Deggendorfer Werft, die eine Reihe von Donaukreuzfahrtschiffen gebaut hat. Ein Beleg für die lange Geschichte der Stadt – um 1002 vom Fürstengeschlecht der Babenberger gegründet – sind der 54 m hohe gotische Stadtturm von 1380 und das spätgotische Rathaus aus dem frühen 16. Jh. Turm wie Rathaus stehen frei mitten auf dem Marktplatz. Berühmt sind die Deggendorfer in ganz Ostbayern für ihre wirklich riesigen Semmelknödel; im 13. Jh. soll einer Sage nach die Bürgermeistersfrau die Knödel sogar siegreich als Waffe gegen die angreifenden Böhmen eingesetzt haben.

3 Bei Deggenau – die Ortschaft ist nördlich der Autobahn zu sehen – quert die A3 wieder die **Donau**. Am Ende der Brücke erkennt man südlich die Mündung der Isar in die Donau.

4 **„Abtei Niederalteich“** (Informationstafel): Nachdem die Donau ein kurzes Stück die Autobahn begleitet hat, macht sie hier einen leichten Bogen nach Süden. Bei km 571 sieht man südlich der A3 an der Donau die Benediktinerabtei Niederalteich mit der Kirche St. Mauritius und ihren beiden markanten Türmen. In ihren Ursprüngen geht die Abtei auf das 8. Jh. zurück und zählt damit zu den ältesten Klöstern Bayerns. Heute beherbergt das Kloster ein Gymnasium und ein Bildungszentrum.

5 Nachdem die Autobahn etwa 30 km fast schnurgerade parallel zur Donau und südlich der Randausläufer des Bayerischen Waldes verlaufen ist, führt die Strecke nun durch **sanftes Hügelland** und liefert einen Vorgeschmack auf die ursprüngliche Atmosphäre des Bayerischen Waldes. Vereinzelt sind typische Bauernhöfe entlang der Autobahn zu sehen.

6 „Vilshofen, Abtei Schweiklberg“ (Informationstafel): Am Südrand der Stadt Vilshofen liegt Kloster Schweiklberg. Mit der langen Geschichte der Benediktinerabteien an der Donau kann Schweiklberg nicht konkurrieren. Es entstand erst Anfang des 20. Jh. und hat sich auf die Ausbildung von Missionsbenediktinern spezialisiert, die vor allem in Afrika eingesetzt werden. Im Kloster gibt es ein Afrika-Museum.

7★ Ziemlich exotisch mutet dieser Abstecher an: In den Ausläufern des Bayerischen Waldes würde man bayerisches Brauchtum vermuten, doch die **Pullman City** ist eine nachgebaute Westernstadt: Saloon, Dance Hall, Goldwash Camp, Cowboys, Indianer und echte Bisons sorgen dort für Kurzweil. Geöffnet ist die Pullman City von Ende März bis Anfang November. Man erreicht sie nach 7 km, 15 Min. über die AS Garham/Vilshofen auf der Straße nach Eging am See; dort muss man kurz vorher rechts abbiegen (gut ausgeschildert).

8 „Museumsdorf Bayerischer Wald“ (Informationstafel): Auf 20 ha Fläche sind 140 Bauobjekte ausgestellt, die einen Überblick über die Geschichte des Bayerischen Waldes vom 17. bis zum 19. Jh. geben. Dazu gehören Höfe, Sägewerke, Schmieden, Kapellen und die älteste Volksschule Deutschlands. Historisches Inventar wie Möbel, Trachten und Handwerkszeug dokumentieren die bäuerliche Kultur und Lebensart in der Region.

Der Dom in der Dreiflüssestadt Passau 9★ (vorn die Donau) besitzt die größte Kirchenorgel der Welt.

9★ „Dreiflüssestadt Passau“ (Informationstafel): Diese bezaubernde Stadt sollten Sie sich nicht entgehen lassen. Über die AS Passau-Mitte erreichen Sie das Zentrum nach 5 km,12 Min. An der Mündung der Ilz und des Inns in die Donau liegt die mit südlichem Flair überhauchte Perle Niederbayerns. An dieser markanten Stelle gab es schon zur Zeit der Kelten Siedlungen, später ein römisches Kastell und einen bayerischen sowie auch karolingischen Königssitz. Seit 739 ist Passau Bischofsstadt. Und wer einen Spaziergang durch die weitläufige historische Altstadt unternimmt, kann die große Geschichte dieser 50 000 Einwohner zählenden Stadt nachvollziehen. Im Dom aus dem 17. Jh. befindet sich die größte Kirchenorgel der Welt. Direkt an den Dom St. Stephan schließen sich die Alte Residenz und das Opernhaus an. Von dort spaziert man in wenigen Minuten durch enge alte Gassen bis zur Spitze des Ortes, wo sich die drei Flüsse vereinen und man einen beeindruckenden Blick auf die beiden Festungen Niederhaus und Oberhaus am Hochufer der Donau genießt.

10 Auf der Schaldinger Donaubrücke überquert die Autobahn ein letztes Mal die Donau. Am Südufer erkennt man das **Kraftwerk Kachlet**. Das Wasserkraftwerk der Bayernwerk Wasserkraft AG wurde 1928 in Betrieb genommen und versorgt Passau mit Strom.

11 „Rottaler Bäderdreieck – Bad Füssing, Bad Griesbach, Bad Birnbach“ (Informationstafel): Die drei bekannten Kurorte liegen westlich der A3, nur wenige Kilometer voneinander entfernt, und bilden das Rottaler Bäderdreieck. Neuerdings hat man sich speziell in Bad Griesbach auf Wellness und Golf spezialisiert.

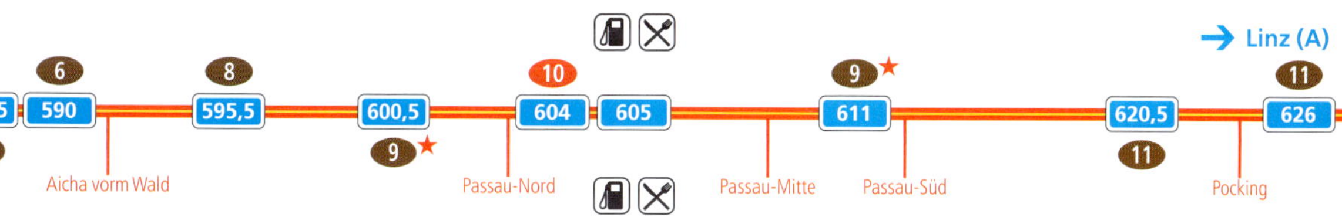

Von Aachen bis Görlitz

Aachen → Köln → Olpe → Bad Hersfeld → Erfurt → Jena → Chemnitz → Dresden → Görlitz

Die A4 gehört zu den ältesten Autobahnen in Deutschland. Zwar klafft in Nordhessen immer noch eine rund 170 km grpße Lücke. Trotzdem bildet die A4 im nationalen wie im europäischen Netz eine wichtige West-Ost-Achse. Sie ist derzeit auf 578 km ausgebaut, landschaftlich, geschichtlich und kulturell von besonderem Reiz und besitzt einige bautechnische Meisterwerke.

Als West-Ost-Verbindung besitzt die A4 auch eine europäische Dimension: Sie knüpft die Verbindung zwischen Brüssel und Breslau. Trotzdem blieb sie stets im Schatten der A2 – wohl, weil sie immer noch keine durchgehende Trasse aufweist.
Zwischen Olpe und Bad Hersfeld muss man für fast 170 km auf die Autobahnen A45 („Sauerlandlinie") und A5 ausweichen.
Die Absicht, die Lücke im Bereich Rothaargebirge zu schließen, ist seit Anfang der 70er-Jahre im Bundesverkehrswegeplan festgehalten. Ihre Verwirklichung in dem landschaftlich reizvollen und verhältnismäßig dünn besiedelten Gebiet steht aber in den Sternen.

Von der Lücke geprägt

So bleibt es vorläufig dabei: Der Westast der A4 reicht von Aachen an der deutsch-belgischen Grenze über Köln zum AK Olpe-Süd. Der deutlich längere Ostast führt vom Kirchheimer Dreieck bei Bad Hersfeld über Chemnitz, Dresden und Görlitz zur polnischen Grenze.
Wie die Autobahntrasse ist auch die Baugeschichte von Lücken geprägt. Mit großem Pomp erfolgte 1934 in Dresden der erste Spatenstich, gebaut wurde gleichzeitig nach Ost und West. Ab 1938 ging es auch von Bad Hersfeld aus Richtung Eisenach; dieser Teil konnte vor dem Baustopp im Jahr 1943 immerhin noch 2-spurig fertig gestellt werden. Nach dem Krieg wuchsen freilich lange die Gänseblümchen in den Betonritzen. Bei Bautzen war noch in den letzten Kriegstagen die Spreetal-Brücke gesprengt worden, zur DDR-Zeit stellte man auf der Autobahntrasse in den 50er-Jahren sogar Getreidelagerhallen auf, bis 1977 die Brücke wieder aufgebaut wurde.
Zwischen Hessen und Thüringen war die alte Reichsautobahn im Grenzbereich von der DDR gesperrt worden, sodass der Transitverkehr ab der letzten hessischen AS Obersuhl auf Landstraßen zum Grenzübergang Herleshausen ausweichen musste. Von dort ging es seit 1978 weiter auf einer großteils von der Bundesrepublik finanzierten neuen

Autobahnerlebnis für Romantiker: So stimmungsvoll präsentiert sich die Rheinbrücke im Duisburger Stadtteil Neuenkamp beim Sonnenaufgang.

Autobahn. Erst nach der Wende kam auch das einstige Grenzstück zwischen Obersuhl und Wommen an die Reihe: 1994 wurde die Talbrücke Richelsdorf eingeweiht.
1999 schloss man zudem die Lücke hinter Bautzen bis Görlitz. Herausragendes Bauwerk in diesem 23,6 km langen Teilstück zur polnischen Grenze ist der 3,3 km lange Tunnel „Königshainer Berge", der längste Autobahntunnel Deutschlands.

Grandiose Brückenbauten

Im Rahmen der „Verkehrsprojekte Deutsche Einheit" wurde die A4 – z.B. zwischen Dresden und Chemnitz – weitgehend 6-spurig ausgebaut. Der durchgehende Ausbau auf dem Gebiet Thüringens ist bis 2008 versprochen.
Bedingt durch die ausgeprägt hügelige Topographie begleiten die A4 zahlreiche Brückenbauwerke. Allein 150 sind es auf dem 90 km langen Abschnitt durch das Sächsische Bergland von der Landesgrenze Thüringen/Sachsen bis zum AD Nossen.
In Thüringen sind zwei Autobahnbrücken aus dem Jahr 1938 historisch besonders wertvoll: die Saalebrücke Jena, eine eindrucksvolle Bogenbrücke aus Muschelkalkstein, und die Teufelstalbrücke aus Stahlbeton, die sich 56 m hoch über das schluchtähnliche gleichnamige Tal schwingt.
Die vielleicht schönste Brücke im gesamten deutschen Autobahnnetz gehört ebenfalls zur A4: die Rheinbrücke Köln-Rodenkirchen. Im Jahre 1941 wurde sie als erste Hängebrücke in Deutschland eröffnet und war, mit 378 m, sogar die längste Brücke dieses Typs in Europa. 1994 erweiterte man sie auf die doppelte Breite, wobei es zu einer außergewöhnlichen Konstruktion mit drei Tragkabeln kam.

4

Länge 749 km / 7:29 h

Entfernungen und Fahrzeiten (ca.)

Grenzübergang Vetschau – AK Köln-Süd 74 km / 0:45 h

AK Köln-Süd – AS Wenden 75 km / 0:47 h (Strecke unterbrochen zwischen AS Wenden und Kirchh. Dreieck: 171 km, 1:35h)

AD Kirchheimer Dreieck – AK Erfurt 111 km / 1:10 h

AK Erfurt – AK Hermsdorfer Kreuz 69 km / 0:42 h

AK Hermsdorfer Kreuz – Kreuz Chemnitz 78 km / 0:47 h

Kreuz Chemnitz – AD Dresden-Nord 76 km / 0:46 h

AD Dresden-Nord – Grenzübergang Görlitz 95 km / 0:57 h

Staubereiche

Erhöhte Staugefahr besteht
im Raum Köln,
zwischen dem AK Kirchheim und der AS Bad Hersfeld,
zwischen der AS Eisenach-Ost und der AS Waltershausen,
zwischen der AS Erfurt-Ost und der AS Nohra,
zwischen der AS Apolda und der AS Jena-Göschwitz,
zwischen dem Hermsdorfer Kreuz und der AS Rüdersdorf,
vor der AS Chemnitz-Ost,
am AD Nossen,
im Raum Dresden.

1 „Kaiserdom Aachen“ (Informationstafel): Das Schild kurz nach dem Grenzübergang Vetschau weist auf eine der bedeutendsten Kirchenbauten Deutschlands hin. Um 800 wurde der älteste Teil, das so genannte Oktogon, nach dem Vorbild der Grabeskirche zu Ravenna als Pfalzkapelle für Karl den Großen gebaut, der selber später hier begraben wurde. Im 14. Jh. entstand dann nach dem Vorbild der Sainte Chapelle in Paris der „Glashaus von Aachen“ genannte Westchor. 30 deutsche Kaiser und Könige wurden in diesem Dom gekrönt.

2 Im Süden der A4 erkennen Sie nun die Silhouette von **Aachen** am Dreiländereck Deutschland – Holland – Belgien. Die bis zu 70 °C heißen Quellen Aachens waren bereits Römern und Kelten bekannt; der Ort entwickelte sich schon im Mittelalter zum Weltbad. Heute ist die Stadt in den Ausläufern von Eifel und Ardennen, inmitten des größten Stadtwaldes Deutschlands, ein Bad von internationalem Ruf. Aachens Stadtbild wird geprägt von rund 100 Brunnenanlagen, die jedoch meist nicht von Kaisern und Königen geziert werden, sondern von Kindern, Puppen, dem „Fischpüddelchen“ (einem Knaben mit zwei Wasser speienden Fischen in den Armen) oder dem „Hühnerdieb“ und anderen liebenswerten Gestalten.

3★ Schon von weitem erkennen Sie am südlichen Horizont den **Sendemast des WDR auf dem Donnerberg.** Zu dessen Füßen liegt im Tal der Vicht die Stadt **Stolberg.** Wer zwei Stunden Zeit erübrigen kann, sollte sich eine Besichtigung der Stadt nicht entgehen lassen. Große Zinkerz-, Holz- und Kohlevorkommen sowie die Wasserkraft der Vicht trugen dazu bei, dass sich Stolberg im 16. Jh. zum bedeutendsten Messingzentrum der Welt entwickelte. Das Bild der alten Stadt, die von der Ketschenburg überragt ist, wird noch heute von den prachtvollen Kupferhöfen geprägt, die sich die reichen Kupfermeister damals bauen ließen.

4 Sichtblenden neben der A4 versperren dem Reisenden größtenteils die Sicht nach Norden auf den **Braunkohleabbau** von Dürwiss und Inden. Nur hin und wieder erhascht man einen Blick auf die Tagebaubetriebe oder die inzwischen renaturierte Landschaft. Der so genannte Tagebau Inden ist der westlichste Tagebaubetrieb im Rheinland und liefert jährlich 20 bis 25 Mio. Tonnen Braunkohle.

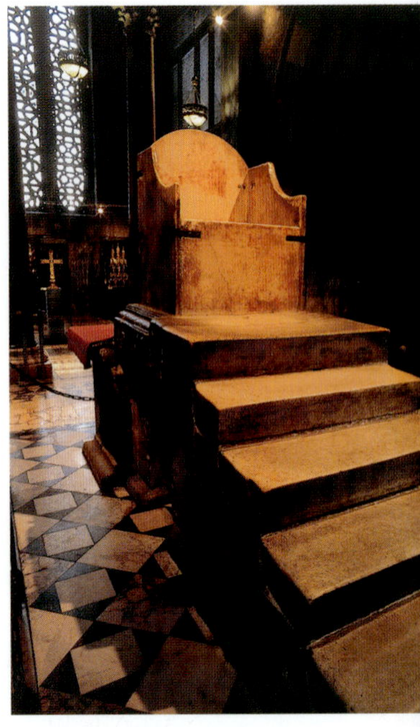

Ein Besuchermagnet im Kaiserdom Aachen 1: der Marmorthron Karls des Großen auf der Empore des Oktogon.

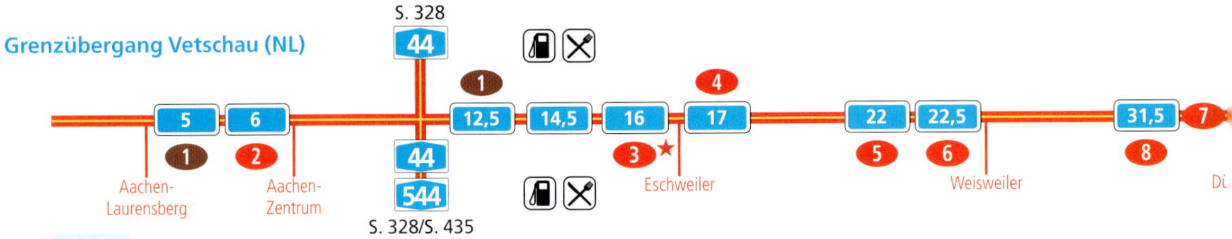

Grenzübergang Vetschau (NL)

S. 328

44 – 5 – 6 – 12,5 – 14,5 – 16 – 17 – 22 – 22,5 – 31,5

1 Aachen-Laurensberg · 2 Aachen-Zentrum · 44/544 · 1 · 3★ Eschweiler · 4 · 5 · 6 Weisweiler · 8 · 7 Dü...

S. 328/S. 435

5 Unmittelbar neben der Autobahn, südlich davon, stoßen die mächtigen **Kühltürme des Kraftwerks Weisweiler** ihre Dampfwolken aus. In Weisweiler wird die im benachbarten Tagebau Inden gewonnene Braunkohle in elektrische Energie umgewandelt.

6 Südlich der Autobahn tauchen die Höhen der **Eifel** auf. Unter dem Namen Hürtgenwald (der Name leitet sich ab von Hurtgen-Forrest – von hurt = verletzen, schlagen – wie die Amerikaner das Waldgebiet nannten) erlangte sie während des Zweiten Weltkriegs traurige Berühmtheit. Bei monatelangen Kämpfen zwischen Deutschen und Amerikanern, die mehr als 75 000 Tote forderten, wurde der Wald so zerschossen und verbrannt, dass man ihn in weiten Teilen nicht wieder aufgeforstet hat.

7 Von Süden, gut in Fahrtrichtung Aachen erkennbar, schlängelt sich ein Fluss unter der Autobahn hindurch – die **Rur.** Sie ist der wichtigste Wasserlauf der Nordeifel, kommt aus den Hochmooren des Hohen Venns in Belgien und mündet im niederländischen Roermond in die Maas. Zwischen Monschau und Düren bildet sie mehrere Talsperren, darunter die Rurtalsperre Schwammenauel – mit einem Fassungsvermögen von 205 Mio. m^3 die zweitgrößte deutsche Talsperre.

8 Über die Rur hinweg sehen Sie die Industrieanlagen und Hochhäuser von **Düren.** Die Stadt ist nicht nur ein berühmter Wallfahrtsort, sondern war bis zum Zweiten Weltkrieg auch bekannt für ihre Tuch- und Papierindustrie. 1944 wurde Düren durch einen Luftangriff der Alliierten vollkommen zerstört. Heute ist die Stadt jedoch wieder ein wichtiges industrielles und kulturelles Zentrum.

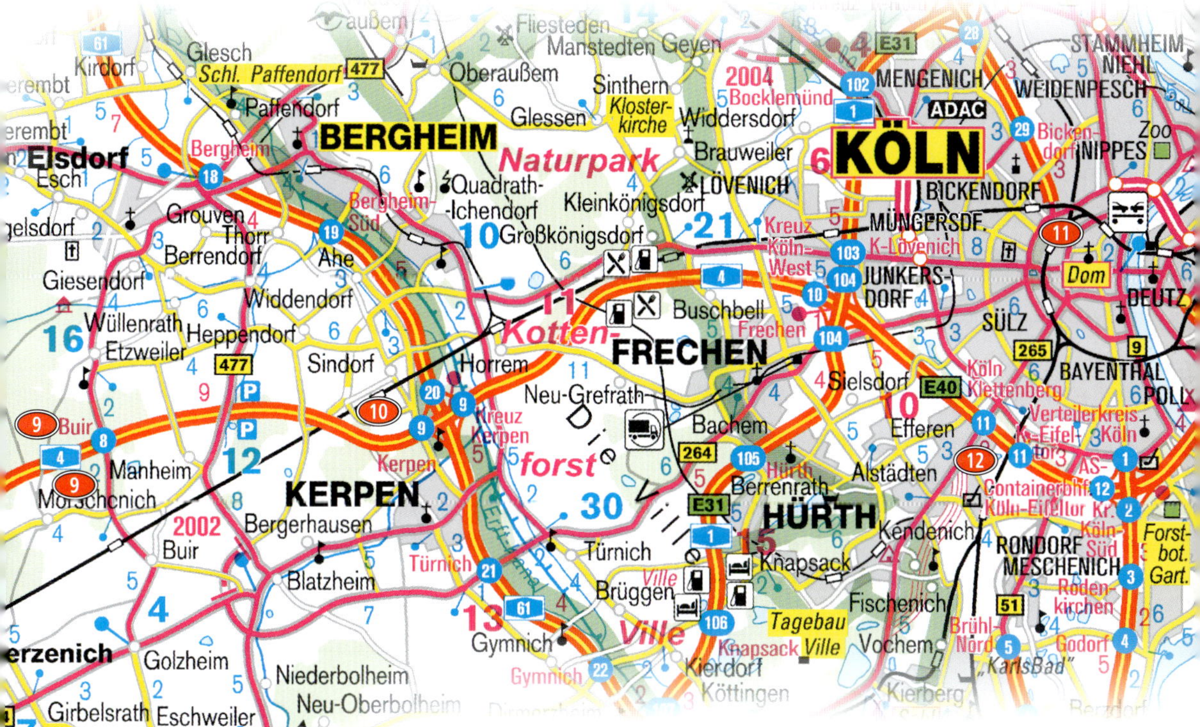

9 Bei km 41 taucht die A4 ein in den schmalen und lang gestreckten **Naturpark Kottenforst-Ville**, den sie durchschneidet. Zu den besonderen landschaftlichen Höhepunkten des Naturparks gehört die nach dem Ende des Braunkohletagebaus renaturierte Landschaft. Die jungen Waldbestände, an denen Sie mehrere Kilometer lang vorbeifahren, wurden bei diesen Maßnahmen angelegt.

10 In Fahrtrichtung Aachen, direkt nördlich der Autobahn, fällt ein schlichter grau-weißer Gebäudekomplex auf. Sie passieren gerade das **Michael-Schumacher-Kart-Center,** das der aus Kerpen stammende Rennfahrer seiner Heimatstadt gestiftet hat. Hier kann sich jedermann als Rennfahrer versuchen.

11 Östlich der Raststätte Frechen Nord öffnet sich in Fahrtrichtung Köln der Blick auf **Köln**, gekennzeichnet durch die unverwechselbare Silhouette des gotischen Doms von 1248. Über rund 20 km zieht die Autobahn als Teil des Kölner Rings am Stadtrand vorbei und ermöglicht immer wieder beeindruckende Blicke auf die größte Stadt Nordrhein-Westfalens, die vor allem durch ihren Karneval bekannt geworden ist.

12 Direkt an der A4 erstrecken sich hier die weitläufigen Verladeanlagen und Stapelflächen von Köln-Eifeltor. Der **Containerbahnhof** ist einer der größten des Rheinlandes.

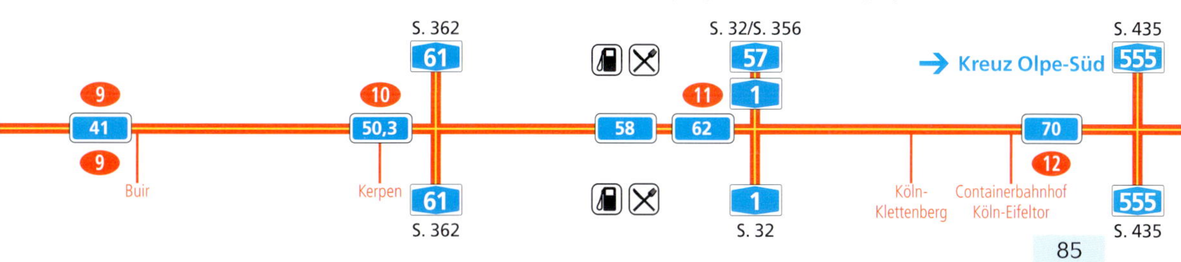

1 Südlich der A4 taucht eine große, bewaldete Fläche auf: der **Forstbotanische Garten Köln**. Auf 25 ha wachsen und blühen hier rund 3000 Pflanzen, Gehölze und Stauden aus aller Welt, vom Mammutbaum über die Magnolie bis zur japanischen Zierkirsche, jede Art in einem für sie typischen Lebensraum.

2 Sie fahren auf eine mächtige Brücke zu: Die **Rheinbrücke Rodenkirchen** überspannt mit einer Länge von 567 m den Rhein. Zuletzt wurde sie 1994 mit einem Kostenaufwand von knapp 185 Mio. Mark auf sechs Spuren verbreitert. Die beiden Pylone der Stahlhängebrücke messen 60 m. Rheinabwärts haben Sie am linken Ufer einen schönen Blick auf das Panorama von Köln mit Dom, Groß St. Martin und den Altstadtpartien.

3 Schon bei der Fahrt über die Rheinbrücke konnten Sie startende und landende Flugzeuge beobachten: Sie verraten die Nähe des **Flughafens Köln-Bonn** in der Wahner Heide (7 km südöstlich der A4 ab AD Gremberg), der bis zum Umzug der Bundesregierung nach Berlin Regierungsflughafen gewesen ist. Es ist der einzige deutsche Flughafen, an dem kein Nachtflugverbot herrscht. Deshalb hat er vor allem auch als Post- und Frachtflughafen große Bedeutung. Im Jahr 2000 wurden 6,4 Mio. Passagiere und 427 000 t Luftfracht gezählt.

4 Die mächtigen Buchen- und Eichenkronen südlich der A4 gehören zu dem weitgehend aus Laubwald bestehenden **Königsforst,** einst Jagdgebiet der Kölner Kurfürsten. Der Wald ist ein beliebtes Naherholungsgebiet der Kölner, die mit der Straßenbahn bis hierher fahren können.

5 Nördlich der A4 tauchen die Dächer von **Bensberg** auf. Das mit seinen Ausläufern bis unmittelbar an die Autobahn heranreichende Dorf ist heute Teil der aus mehr als 25 früher selbstständigen Orten bestehenden Kreisstadt Bergisch-Gladbach. Der Blickfang von Bensberg ist das zwischen 1703 und 1716 vom Kurfürsten Johann Wilhelm II. erbaute Schloss, für das Versailles Vorbild war. Unübersehbar sind aber ebenso niederrheinisch-münsterländische Elemente wie die fünf Kuppeln des Schlossdaches.

6 **„Bergisches Land“** (Informationstafel): Der Name der zunächst eher lieblichen, in höheren Lagen dann rauen Mittelgebirgslandschaft hat nichts mit den Bergen zu tun. Er geht auf die Grafen von Berg zurück, die sich im frühen Mittelalter in Bensberg niederließen. Berühmt wurde eine kulinarische Spezialität des Bergischen Landes, die Bergische Kaffeetafel, „Kaffedrenken met allem dröm un dran“, wie man hier sagt. Mittelpunkt ist eine Tafel voll mit süßen und herzhaften Gerichten, wozu es dann viel, viel Kaffee gibt.

7 Das Flüsschen, das sich von Norden kommend unter der Autobahn hindurch schlängelt, heißt **Sülz**. Die Sülz entspringt in der Nähe von Wuppertal und fließt bei Köln in den Rhein. Mit ihren vielen kleinen Seitentälern bildet sie eines der schönsten Wandertäler des Bergischen Landes. In der so genannten Paffrather Mulde bei Bergisch Gladbach stößt der Mineraliensammler auf weltberühmt gewordene Fossilienfunde von Korallen, Schnecken und Muscheln aus dem Devonischen Korallenmeer.

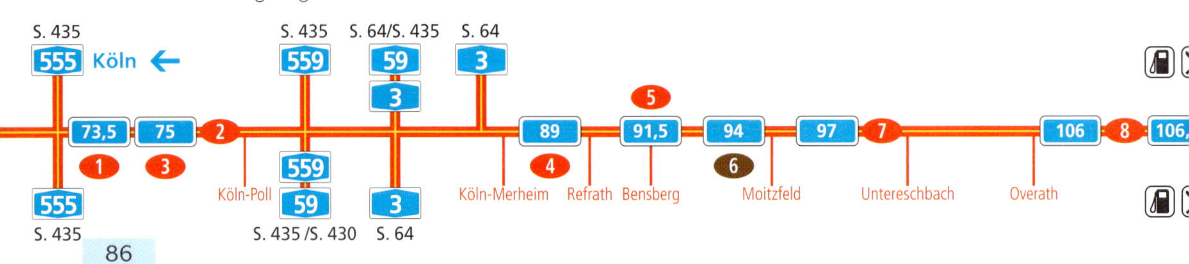

Der Kölner Dom: Das Wahrzeichen der alten Domstadt ist eine der meistbesuchten Sehenswürdigkeiten Deutschlands.

8 Was da auf Höhe der Raststätte Overath unter der Autobahn hinweg fließt, wirkt recht unscheinbar und ist doch der wichtigste Wasserlauf des Bergischen Landes, die **Agger**, ein Fluss des Sauerlandes, der bei Troisdorf in die Sieg mündet. Im Mittelalter entstanden an dem kleinen Fluss mehr als 80 Stauanlagen, die das Wasser für zahlreiche kleine Eisenhämmer im Aggertal lieferten. 1927 bis 1929 wurde dann die große Aggertalsperre gebaut, die mehr als 20 Mio. l Wasser festhält und zu den besonderen Attraktionen im Bergischen Land gehört.

9 Eine kurvenreiche Straße unterquert die Autobahn: Es ist die so genannte **Bergische Route**, eine touristische Straße, die auf einer Länge von rund 75 km die schönsten Partien des Bergischen Landes zwischen Waldbröl und Wipperfürth erschließt.

10 Der bewaldete Berg oberhalb des Ortes Rüderoth nördlich der A4 hat äußerlich nichts Besonderes. In seinem Inneren befindet sich jedoch die mit einer Länge von 1071 m größte Höhle des Rheinlandes. 270 m der **Aggertalhöhle** können bei einer Höhlenwanderung bezwungen werden. Dabei wird anhand von Aufschlüssen die Zeit wieder lebendig, als vor rund 350 Mio. Jahren das Bergische Land von einem tropischen Meer bedeckt war.

11★ Wenn Sie Postkutschen lieben, dann empfiehlt sich an der AS Gummersbach ein Abstecher nach **Wiehl** (3 km, 5 Min. in Richtung Süden). Es kann durchaus geschehen, dass aus den Wäldern südlich der A4 der melodische Klang eines Posthorns klingt. Dann ist die Postkutsche zwischen Wiehl und Nümbrecht wieder unterwegs. Sie ist eine Originalnachbildung einer kaiserlichen Postkutsche von 1870 und hat Platz für neun Personen. Vor allem für Familien mit Kindern ist solch eine Fahrt unbedingt zu empfehlen (April bis Sep., freitags bis sonntags 13.30 Uhr ab Hotel zur Post, Tel. 0 22 62/9 91 95). Außerdem bietet Wiehl den Freizeitpark „Wiehlpark" mit Abenteuerspielplatz und Grillplätzen.

12 Mit ihrer Nordspitze reicht sie fast an die A4 heran, doch dichter Wald verbirgt den Blick auf die **Wiehltalsperre.** 30 Mio. l Trinkwasser werden hier aufgestaut, was bedeutet, dass Wassersportler keine Chance haben. Dafür aber kommen Vogelfreunde umso mehr auf ihre Kosten, gilt der See doch wegen der Ruhe an seinen Ufern und auf seinem Wasser als ein von Menschenhand angelegtes Biotop.

13★ Wer 2 Std. Zeit hat, sollte sich – vor allem, wenn er mit Kindern reist – den **Vogel- und Affenpark von Eckenhagen** nicht entgehen lassen (5 km, 10 Min. über die AS Eckenhagen). Rund 1650 Vogelarten aus der ganzen Welt leben hier in Deutschlands drittgrößtem Vogelpark. Die Besucher können mitten unter ihnen spazieren gehen und anschließend in einem großen Freigehege zutrauliche Berberaffen füttern.

14 Unmittelbar hinter dem AK Olpe-Süd endet die A4 vorläufig an der AS Wenden, doch gibt es hier am Autobahnende noch etwas Besonderes zu sehen: die **Wendener Hütte**. Die 1728 gegründete und 1866 eingestellte Eisenhütte ist die älteste heute noch funktionsfähige Hochofenanlage in Mitteleuropa.

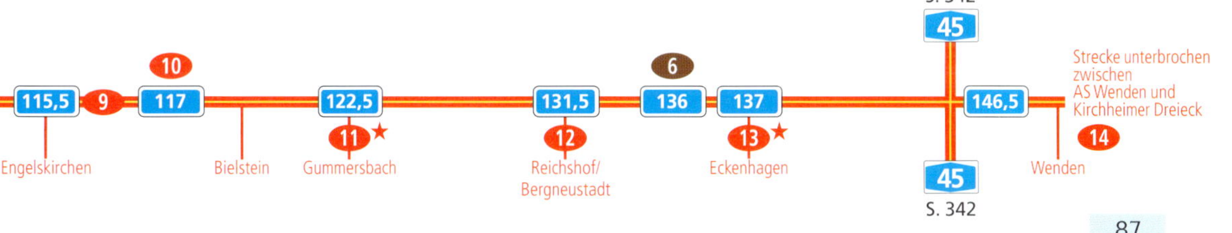

1 Auf den nächsten 40 km durchzieht die A4 **Waldhessen**. Weitläufige Mischwälder bestimmen das Landschaftsbild in diesem Teil Hessens.

2 **„Stiftsruine Hersfeld“** (Informationstafel): Die Stiftskirche war bis zu ihrer Zerstörung 1761 durch die Franzosen die größte romanische Kirche Deutschlands. Seit 1951 ist die Ruine Veranstaltungsort der Bad Hersfelder Festspiele mit Schauspiel, Oper und Konzerten.

3 Unter der A4 zieht die **Fulda** dahin. Der kleine Fluss entspringt an der Wasserkuppe in der Hohen Rhön und fließt nach rund 280 km in Hannoversch Münden mit der Werra zusammen.

4 In einer weiten Mulde des Fuldatales grüßt **Bad Hersfeld** herüber. Die Stadt entwickelte sich aus einer Klostergründung durch den Mainzer Erzbischof Lullus, einem Schüler des heiligen Bonifatius. Das zu seiner Verehrung alljährlich im Oktober gefeierte Lullusfest ist das älteste Volksfest Deutschlands.

5 Hinter Bad Hersfeld taucht die A4 wieder in ein dichtes Waldgebiet ein, den **Seulingswald**. Er verdankt seinen Namen angeblich den wie Säulen aufragenden Buchenstämmen in den hier besonders imposanten Mischwäldern.

6 **„Burg und Schloss Friedewald“** (Informationstafel): Mitten im Seulingswald entstand Ende des 10. Jh. eine Burg, die später der Abtei Hersfeld gehörte. Um 1480 wurde sie in eine Wasserburg umgebaut, deren Reste nach einer Zerstörung im Jahr 1762 noch heute einen imposanten Anblick bieten.

7~ Für diese Route von 19 km, reine Fahrzeit 30 Min., sollten Sie, mit Aufenthalt, 3–4 Std. vorsehen: Die Stecke verläuft durch den eindrucksvollen Seulingswald (siehe oben), das Herzstück Waldhessens. Dabei lohnt sich ein kurzer Aufenthalt beim mitten im Wald gelegenen so genannten Nadelöhr, einer Steinsetzung aus dem 18. Jh. Bei der Weiterfahrt nach Heringen taucht der „Monte Kali“ auf, eine riesige Abraumhalde des Kalibergbaus. Kurz vor dem Ort links abbiegen und dem Wegweiser „Monte Kali“ folgen. Die Halde kann nach Voranmeldung (Tel.: 0 66 24/91 94 13) bestiegen werden. Die Aussicht ist fantastisch. In Heringen lohnt sich ein Besuch des Kalibergbaumuseums. Wegbe-

Mächtig thront die Wartburg 10★ – hier die Neue Kemenate und der Bergfried – über Eisenach 13.

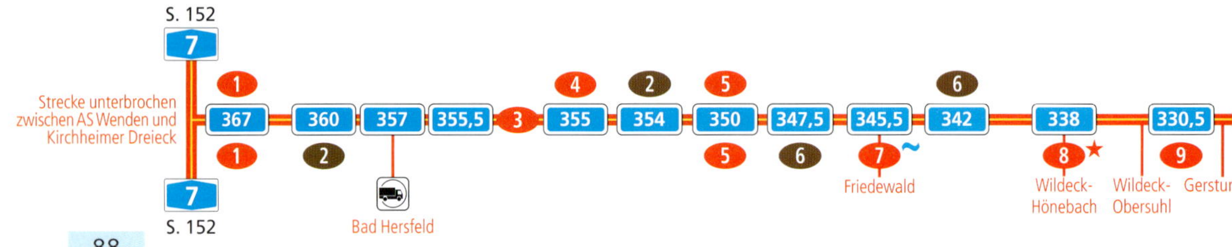

schreibung: Von der AS Friedewald geht es Richtung Friedewald, bei der Ampel links Richtung Heringen, nach 150 m links Richtung Obersuhl bis Hönebach, dort rechts nach Heringen. Die Srecke verläuft dann an der Werra entlang über Dankmarshausen, dort links abbiegen nach Dippach; hier geht es wieder nach links, Richtung Bad Berka. Von Bad Berka dann links ab zur AS Gerstungen, wo Sie wieder auf die A4 zurückkehren.

8★ Der Wegweiser bei der AS Wildeck-Hönebach nach Ronshausen weist auf eine besondere Sehenswürdigkeit hin, die **Pfarrkirche von Ronshausen** (4 km, 6 Min., nördlich). Sie anzuschauen sollte sich niemand entgehen lassen, der durch Waldhessen reist. Was sich sonst fast immer gegenseitig ausschließt, barocke Pracht in einer evangelischen Kirche, ist hier zu sehen. Die Kirche von Ronshausen präsentiert sich im schönsten Bauernbarock. Ihre heutige Ausmalung erhielt sie im Jahr 1719.

9 Urplötzlich ragen südlich der A4 pyramidenförmige weiße Berge aus dem fast flachen Land auf. Es sind die **Abraumhalden des Kalibergbaus** bei Heringen. Sie wurden zu Wahrzeichen der Landschaft.

10★ **„Wartburg"** (Informationstafel): Das ist natürlich die Abstecherempfehlung schlechthin für diese Autobahn. Sie erreichen die Wartburg über die AS Eisenach-West nach 7 km, 15 Min. Die Burg ist ein herausragendes Zeugnis deutscher Geschichte und Kultur. Als Burg der mächtigen Landgrafen von Thüringen war sie Lebensstätte der heiligen Elisabeth, Landgräfin von Thüringen, und hier soll sich der sagenumwobene Wettstreit der Minnesänger abgespielt haben. Der vom Papst verbannte und von der Reichsacht bedrohte Martin Luther fand als Junker Jörg auf der Wartburg ein sicheres Versteck und übersetzte hier das Neue Testament. Das Fest der deutschen Burschenschaften ist ebenso mit der Wartburg verbunden wie Richard Wagners Oper „Tannhäuser und der Sängerkrieg auf der Wartburg".

11 Auf einer weit geschwungenen Brücke, von der Sie einen schönen Blick auf die Wartburg haben, wird die **Werra** überquert. Der Fluss, der durch seinen Zusammenfluss mit der Fulda in Hann. Münden die Weser bildet, entspringt am Südwestrand des Thüringer Waldes.

12 Jenseits der Werra baut sich das seit der Romantik als Wandergebiet beliebte Waldgebirge des **Thüringer Waldes** auf, der im 984 m hohen Beerkopf seine höchste Erhebung erreicht.

13 Unterhalb der A4 breitet sich die von der Wartburg und dem Burschenschaftsdenkmal überragte Stadt **Eisenach** aus. Hier ging Martin Luther drei Jahre lang zur Schule und Johann Sebastian Bach wurde hier geboren. 1898 begann in Eisenach die Herstellung des BMW Dixie. Zu DDR-Zeiten produzierte man hier den „Wartburg". Heute haben sich wieder BMW und Opel angesiedelt. Eisenach hat viele Baudenkmäler zu bieten, wie das barocke Stadtschloss, das Rathaus und die Pfarrkirche St. Georg.

14 Die A4 führt am Fuße der aus dem Wald aufragenden weißen Kalksteinfelsen der **Hörselberge** vorbei. Im Großen Hörselberg hatten, den Sagen nach, Wotan und der sagenhafte Ritter Tannhäuser, Frau Holle und Venus ihr Domizil.

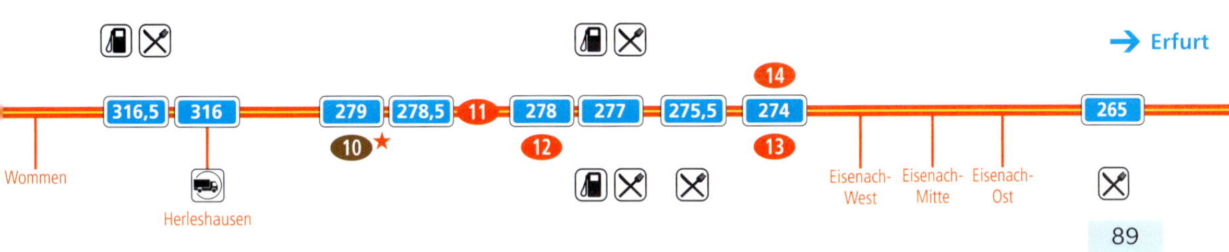

1 Antennen markieren südlich der A4 einen Gipfel. Der **Große Inselsberg** begrenzt eine reizvolle Thüringer Landschaft, die sich Emsetal nennt. Zwar übertreffen andere Erhebungen die 916 m hohe Kuppe, doch ist der Große Inselsberg ein Wahrzeichen des Thüringer Waldes.

2 **„Thüringer Wald“** (Informationstafel): „Die Gegend ist herrlich, herrlich“, schrieb Goethe 1776 an den Weimarer Herzog Carl August über den Thüringer Wald. Auch wenn die alten Königs- und Handelswege über den Kamm längst zu Asphaltstraßen geworden sind – stille Winkel blieben. Berge und Burgen, Wälder und Wiesen, Felsen und Flüsschen prägen das „grüne Herz“ Deutschlands, wie die Landschaft zwischen Werra und Saale bezeichnet wird.

3★ Wer sich für Höhlen interessiert, sollte hier einen Abstecher in die **Marienglashöhle** bei Friedrichroda (7 km, 10 Min. südlich der AS Waltershausen) einplanen. Gipskristalle brechen das Licht und färben Wasser und Wände bläulich. Zwischen 1798 und 1903 wurde in der Höhle Gips abgebaut, darunter reine, bis zu 90 cm lange Kristalle, so genanntes Marienglas, das zur Verzierung von Altären diente. Im Schaubergwerk sind Jahrmillionen altes Gestein, ein künstlicher Wasserfall und ein See in einer Grotte zu sehen.

4 **„Schloss Friedenstein Gotha“** (Informationstafel): Kunsthistorisch Interessierte finden im Schlossmuseum ein ungewöhnliches Bild. Verträumt schaut er sie an. Sie schlägt schamhaft die Augen nieder: Das spätgotische „Gothaer Liebespaar“ (1484) von einem unbekannten Meister hängt neben bedeutenden Niederländern im Schlossmuseum und gilt als erstes deutsches Doppelporträt. Im Westturm der dreiflügeligen frühbarocken Schlossanlage befindet sich Thüringens erster Theaterbau, bespielt ab 1683.

5 Das kleine Gewässer nördlich der A4 ist die **Talsperre Wechmar**, die von einer Genossenschaft für die Fischzucht genutzt wird. **Wechmar** gilt als Urväterheimat der Komponistenfamilie Bach und pflegt das Bach-Stammhaus.

6 **„Drei Gleichen“** (Informationstafel): Sie erheben sich aus der Ebene, drei Bergrücken mit jeweils einer Burg oder was davon übrig ge-

Goethe in Weimar

1775 wird Goethe von Herzog Carl August von Sachsen-Weimar aus Frankfurt „abgeworben“. Zu dieser Zeit hat Goethe mit den „Leiden des jungen Werthers“ ersten Ruhm erlangt. In Weimar betreibt er naturwissenschaftliche Studien, vollendet „Iphigenie“ und „Egmont“ und arbeitet am „Faust“. Die Titelfigur Iphigenie trägt Züge seiner langjährigen Freundin und Geliebten Charlotte von Stein, einer Hofdame der Herzoginmutter Anna Amalia. Dieser Beziehung entflieht er 1786 durch eine seiner Italienreisen.

Eng befreundet mit Herzog Carl August beteiligt sich Goethe als Mitglied des „Geheimen Consiliums“ an allen wichtigen Regierungsgeschäften. Regelmäßig ist er zu Gast im Wittumspalais, das die kluge Anna Amalia zu einem wahren Musenhof macht. Mehr noch, Goethe gehört neben Wieland, Herder und später Schiller zum Mittelpunkt der geselligen Tafelrunde. Und er übernimmt die Leitung der von Anna Amalia geschaffenen Bibliothek im Grünen Schloss, heute Zentralbibliothek der deutschen Klassik. Ein anderes kulturelles Zentrum in Weimar ist das Theater. Gemeinsam mit Schiller sorgt Goethe als Theaterdirektor dafür, die besten Stücke jener Zeit auf die Bühne zu bringen.

Am 19. Oktober 1806 heiratet Goethe seine langjährige Lebensgefährtin Christiane Vulpius, die jedoch nie von der Gesellschaft anerkannt wurde.

Über 50 Jahre hat Goethe in Weimar gelebt. Am 22. März 1832 stirbt er. Seine letzte Ruhestätte findet er – wie Herzog Carl August und Friedrich Schiller – in der klassizistischen Fürstengruft.

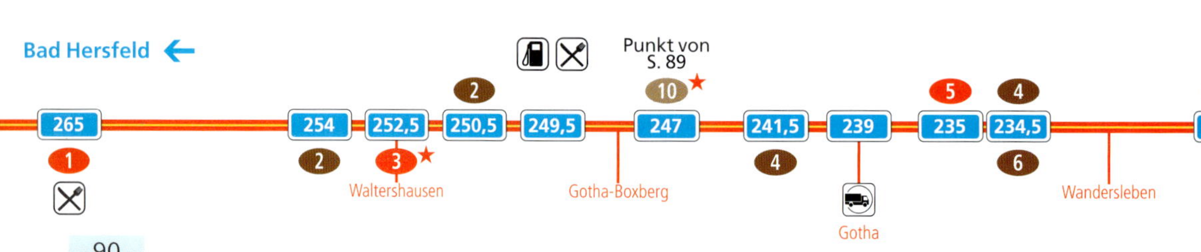

blieben ist: im Norden die Burg Gleichen, südlich der A4 Mühlburg sowie Wachsenburg. Im Mittelalter bewachten sie die Via Regia – die alte Königsstraße –, deren Verlauf noch heute die Autobahn folgt. Der Legende nach sind alle drei Burgen im Jahre 1231 vom Blitz in Brand gesetzt worden, was ihnen im Volksmund den Namen "Die drei Gleichen" eingebracht haben soll.

7 Die vielen Türme südlich der A4 gehören zu **Arnstadt** (5 km). Johann Sebastian Bach hatte hier in den Jahren 1703–1707 seine erste Stelle als Organist in jener Kirche inne, die heute seinen Namen trägt.

8 Nordöstlich vom AK Erfurt erstreckt sich ein kleines Wäldchen. Nur für einige Augenblicke zeigt sich darin ein barockes Gebäude – die ehemalige Wasserburg **Schloss Molsdorf**. Im 18. Jh. ließ Graf Gustav Adolf von Gotter hier verschwenderische Galadiners veranstalten.

9 **„Erfurter Dom“** (Informationstafel): Schon im Mittelalter rühmten die Reisenden auf der Hohen Königsstraße die schöne Erfordia Turrita, das turmreiche Erfurt. Der gotische Dom St. Marien entstand im 15. Jh. auf den Fundamenten einer romanischen Basilika. Vom Mittelturm erklingt die in Holland gegossene „Mater Gloriosa“, mit 12 t die nach dem „Dicken Peter“ im Kölner Dom (24 t) schwerste Kirchenglocke Deutschlands.

10 Nördlich steigt das Gelände sanft an bis zum **Großen Ettersberg** (478 m). Unweit des Gipfels steht deutlich sichtbar ein massiger, 50 m hoher Turm, der Glockenturm der **Gedenkstätte Buchenwald**. „Jedem das Seine“, lautete der zynische Spruch über dem Eingang zum Konzentrationslager, das die Nazis 1937 auf dem Ettersberg einrichteten.

11 **„Goethehaus Weimar“** (Informationstafel): Goethes Wohnhaus, ein zweigeschossiger barocker Bau, ist das Sinnbild der Klassikerstadt. Im Haus am Frauenplan wohnte Goethe bis zu seinem Tode im Jahre 1832. Dort erhält der Besucher Einblick ins häusliche und private Leben des Geheimen Rates und seiner Frau Christiane Vulpius.

12 Nördlich, direkt an der A4, ist die achteckige Turmspitze der **Autobahnkirche Gelmeroda** zu sehen. Die Ursprünge der Kirche reichen bis ins 12. Jh. zurück; 1994 wurde sie die erste Autobahnkirche der neuen Bundesländer. In den 20er-Jahren entdeckte der deutsch-amerikanische Maler und Grafiker Lyonel Feininger die einfache Schönheit der Kirche und malte, zeichnete, schnitt sie in Holz – über hundertmal. In der Autobahnkirche (AS Weimar) gibt es eine kleine Ausstellung zu Leben und Werk Feiningers.

13★ **Bad Berka** an der Ilm (6 km, 12 Min. südlich der AS Weimar) ist sehenswert: eine idyllische Kurstadt mit Schwefel- und Stahlquellen. Auch Geheimrat Goethe war hier Kurgast. Er soll es auch gewesen sein, der empfahl, die Schwefelquellen medizinisch zu nutzen.

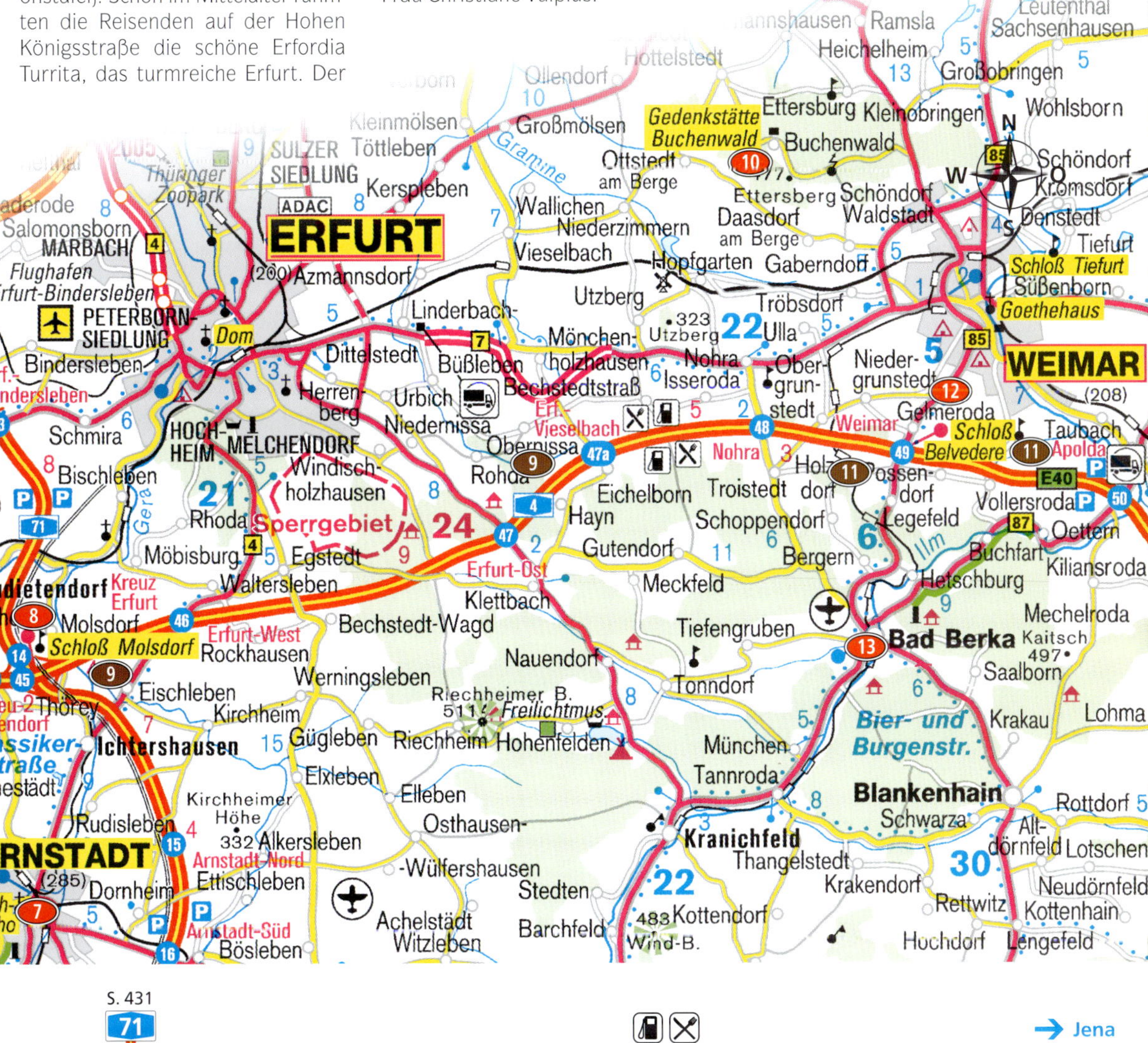

S. 431 | 71 | 223,5 | 222 | 221 | 220 | 206,5 | 203,5 | 200,5 | 198,5 | 196,5 | 192,5 | 189,5 | → Jena

8 7 9 9 10 11 12 13★ 11

Neudietendorf – Erfurt-West – Erfurt-Ost – Erfurt-Vieselbach – Nohra – Weimar – Apolda

71 S. 431

1 Nördlich der A4 liegt **Apolda**. Dort wurde 1923 die größte je in Deutschland hergestellte Glocke gegossen – die Petersglocke (24 t), die im Kölner Dom hängt. In der 1722 gegründeten Gießerei Apolda sind insgesamt 20 000 Glocken entstanden, bevor sie 1988 geschlossen wurde. Das **Glockenmuseum** erinnert an das in Deutschland immer seltener werdende Handwerk.

2 Auf einer Brücke überquert man die **Ilm**, die dem idyllischen Tal seinen Namen gab. 120 km hat der Fluss aus dem westlichen Thüringer Wald zurückzulegen, ehe er bei Großheringen in die Saale einmündet.

3 Gleich hinter Schorba beginnt die reizvolle Strecke durch das **Leutratal**, das unter Naturschutz steht. Auf den Kalkhängen gedeihen sogar Orchideen. Die A4 führt steil bergab; dann öffnet sich das Tal und gibt den Blick frei auf das Saaletal und die Plattenbausiedlungen von Lobeda, die bereits zu Jena gehören.

4 **„Saaletal“** (Informationstafel): Das Saaletal ist ein weiter Begriff; denn der Fluss muss auf seinem Weg vom Fichtelgebirge bis zur Elbe 427 km zurücklegen. Aber das Mittlere Saaletal mit zahlreichen Burgen – auf der Tafel die Leuchtenburg – gehört zu den landschaftlich reizvollsten Abschnitten. Da klingt einem schon mal die berühmte Volksliedstrophe im Ohr: „An der Saale hellem Strande stehen Burgen stolz und kühn“. Und nur 19 km nördlich der A4 liegen an der Saale die bekannten Dornburger Schlösser, wo bereits Goethe gerne weilte.

5 Nur für Augenblicke taucht nördlich im Häusergewirr ein runder Turm auf. Das 120 m hohe, 26-geschossige Universitätsgebäude in **Jena** wurde zu DDR-Zeiten als Forschungszentrum für die Zeiss-Werke gebaut, dann aber der Universität übergeben. Die Geschichte der Jenaer Universität geht bis ins Jahr 1558 zurück und die der feinmechanisch-optischen Industrie bis in die Mitte des 19. Jh. Sie ist mit den Namen Carl Zeiss, Ernst Abbe und Otto Schott verbunden, deren Wirken im Optischen Museum gewürdigt wird. Einblick in das Weltall gewährt das Zeiss-Planetarium, ältestes eigenständiges Planetarium der Welt.

6 ★ Von der AS Jena-Göschwitz lohnt sich ein Abstecher entlang der **Thüringer Porzellanstraße** nach **Kahla** (8 km, 10 Min. südlich). Dort wird seit 150 Jahren das „weiße Gold“ hergestellt. Heute hat sich die Porzellanfabrik auf Geschirr in modernem Design spezialisiert. Entlang der 340 km langen Porzellanstraße zeigen Museen und Ausstellungen die mehr als 200-jährige Tradition Thüringer Porzellanmacher.

7 Zwischen der AS Jena-Göschwitz und der AS Jena-Lobeda ist südlich die **Leuchtenburg** auf einem welligen Bergmassiv gut zu sehen. Der gewaltige Bergfried aus dem 12. Jh. ist Teil der einst mächtigen Burg, die im Dreißigjährigen Krieg vergeblich belagert wurde.

8 Nordwestlich von Jena sind Hügel zu sehen. Dort wurden bei **Cospeda** am 14. Oktober 1806 die preußisch-sächsischen Truppen von Napoleon besiegt. Im ehemaligen Gasthaus „Grüner Baum zur Nachtigall“ in Cospeda erinnert eine museale Gedenkstätte an die Schlacht von Jena und Auerstedt.

9 Nur die Kirchturmspitze von **Bad Klosterlausnitz** ist nördlich zu sehen. In den Wäldern ringsum blubberte das Moor vor sich hin, bevor seine Heilkraft vor einem Jahrhundert entdeckt wurde. Noch heute nehmen Kurgäste Moorbäder, schwitzen im Schlammwickel oder

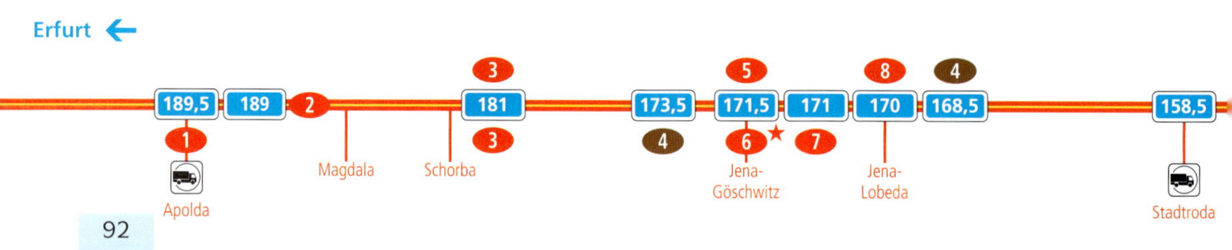

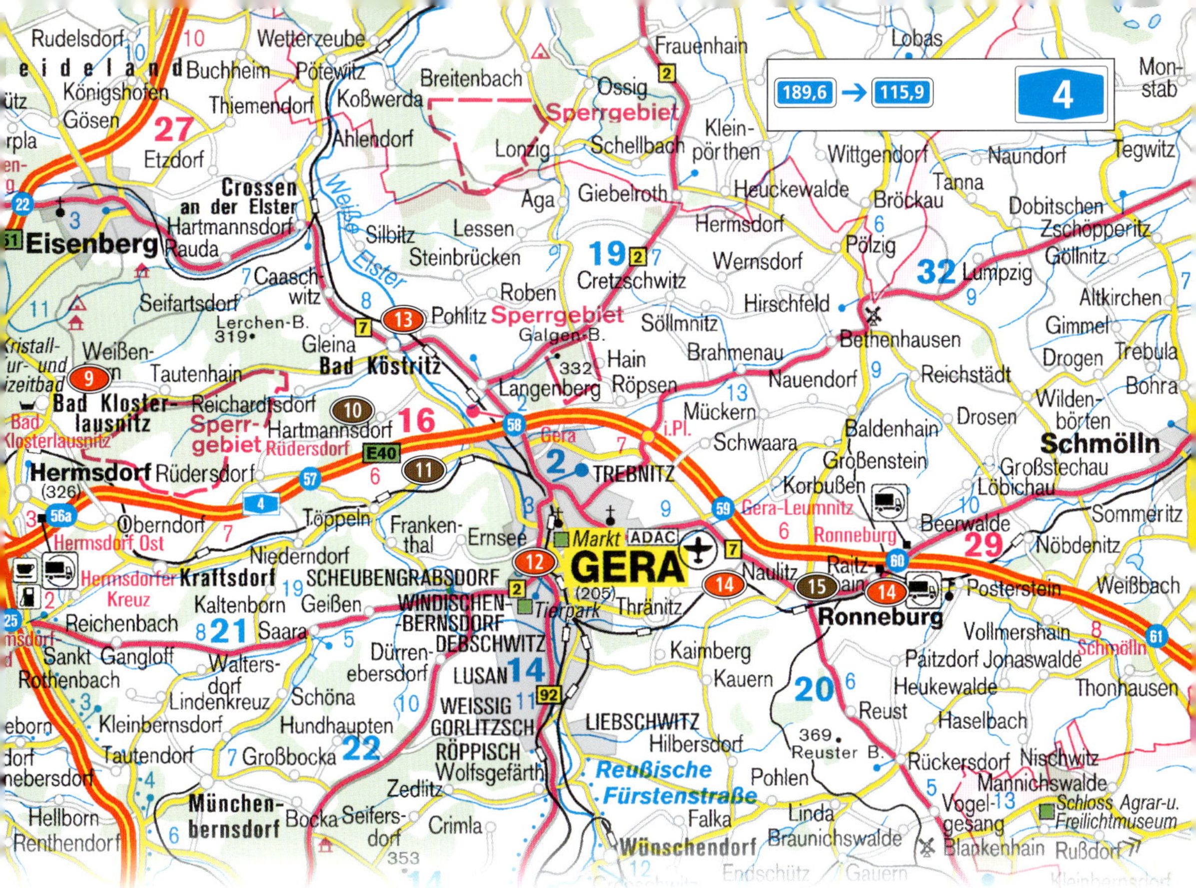

erfrischen sich im neuen Erlebnisbad „Kristall".

10 **„Thüringer Holzland"** (Informationstafel, nur in Richtung Erfurt): Neun Gemeinden im Städtedreieck Eisenberg, Stadtroda und Bad Klosterlausnitz liegen in der waldreichen, hügeligen Landschaft des Thüringer Holzlandes. Der reiche Waldbestand führte zur Verbreitung von Sägemühlen und Holzhandwerk. Seit dem 17. Jh. sind Leitern- und Rechenmacher sowie Muldenbauer, die aus Holzstücken Tröge herstellen, in dieser Region zu Hause.

Idyllische Landschaft im Saaletal **4**.

11 **„Reußische Residenzen"** (Informationstafel): Mittelalterliche Osterburg Weida, Oberes Schloss im Rokokostil in Greiz und barocke Orangerie in Gera – sie alle zeugen vom Baufleiß der Reußen-Dynastie, deren Vorfahren Vögte in Thüringen waren. Der Name „Reuß" taucht erstmals um 1300 auf und geht auf Heinrich den Russlandfahrer zurück. Die „Reußische Fürstenstraße" in Ostthüringen ist etwa 100 km lang und führt von Bad Köstritz über Greiz bis zum Moorbad Lobenstein.

12 Die A4 führt durch die Vororte von **Gera**, der zweitgrößten Stadt Thüringens, im Tal der Weißen Elster gelegen. Lärmschutzwände verdecken weitgehend den Blick auf das Zentrum. Die so genannten Höhler – das im 16./17. Jh. angelegte, viele Kilometer lange Keller- und Tunnelsystem – durchzogen fast die gesamte Innenstadt und dienten der Bierlagerung. Die brauberechtigten Bürger hielten dort den Gerstensaft bei 9–12 °C frisch. Im Höhler Nr. 188, 10 m tief unter dem Schreiberschen Haus, ist eine ständige Ausstellung über Minerale und Bergbau in Ostthüringen eingerichtet.

13 Nördlich der A4, im Tal der Weißen Elster, pflegt **Bad Köstritz** den Kurbetrieb. Drei große „B" bestimmen die Stadt: Bad, Blumen und Bier, das hier seit 1506 gebraut wird.

14 Zwei unübersehbare Kegelberge beherrschen die Landschaft südlich der A4 zwischen Ronneburg und Schmölln. „Pyramiden der Neuzeit" nennt man die in 40 Jahren gewachsenen **Abraumhalden** der SDAG Wismut, des einst drittgrößten Uranproduzenten der Welt.

15 **„Burg Posterstein"** (Informationstafel): Die Burg südlich der A4 im Sprottetal erfüllte in ihrer 800-jährigen Geschichte viele Funktionen. Sie war Festung und Wohnschloss, diente als Lagerraum und beherbergt seit vier Jahrzehnten das Museum für Regional- und Industriegeschichte. Besonders sehenswert ist die spätgotische Burgkirche mit barockem Schnitzwerk.

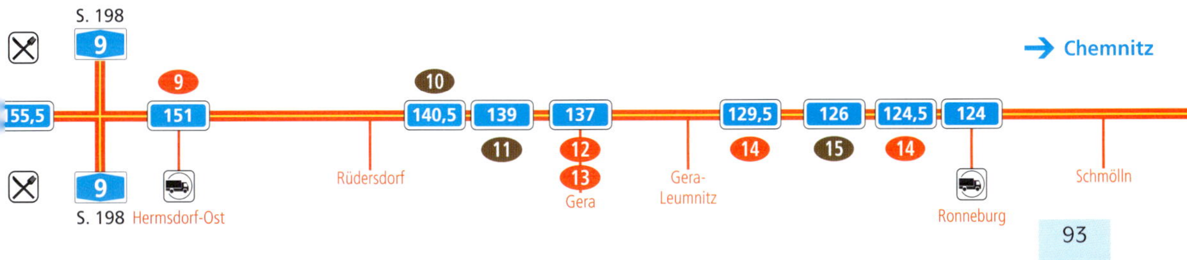

1 **„Schloss Blankenhain“** (Informationstafel): Das Schild steht 2 km hinter der Landesgrenze Thüringen/Sachsen und zeigt die Silhouette des Schlosses. Sie lässt die Größe der Anlage erahnen. Das einstige Rittergut mit Schloss südlich von Schmölln ist heute ein Agrar- und Freilichtmuseum. Einrichtungen der einstigen Schlossbrauerei sowie die alte Dorfbäckerei sind zu besichtigen. Auch ein historischer Leichenwagen gehört zu den Exponaten.

2 **„Skatstadt Altenburg“** (Informationstafel): „Achtzehn, Zwanzig, zwo, drei, vier ...“ Zwischen 1810 und 1815 erdachten spielfreudige Altenburger das Kartenspiel. Rasch traten die Skatkarten ihren Siegeszug bei vielen Stammtischen an. Bis auf den heutigen Tag lassen Skatspieler aus aller Herren Länder ihre Streitigkeiten vom Altenburger Skatgericht entscheiden. Und im Altenburger Schloss, Bildmotiv der Informationstafel, sind Kartenblätter aus sechs Jahrhunderten zu sehen.

3 **„Sächsisches Burgenland“** (Informationstafel): Die Burg auf der Tafel ist der Fantasie entsprungen. Der Maler hat bewusst vermieden, ein bestimmtes Gemäuer zu wählen, denn 143 Burgen, Schlösser und Herrenhäuser drängen sich in Mittelsachsen auf engstem Raum, vor allem im Muldetal.

4 **„Sachsenring“** (Informationstafel): Jahrzehntelang knatterten, sangen, heulten auf der legendären Rennstrecke westlich von Hohenstein-Ernstthal die Motoren. Der 8,7 km lange Rundkurs aus dem Jahr 1927 führte teilweise durch dicht bebautes Stadtgebiet und wurde deshalb 1990 geschlossen. Am Start- und Zielbereich der alten Rennbahn baute man eines der größten Verkehrssicherheitszentren Europas. Das neue VSZ ist Herzstück einer neuen, nicht permanenten Rennstrecke und seit 1998 Austragungsort der deutschen Motorrad-Grand-Prix-Läufe.

5 ★ Südlich der A4 lockt die **Lichtensteiner Miniwelt** (8 km, 12 Min. von AS Hohenstein-Ernstthal) zu einem Abstecher. Rund 80 Bauwerke aus aller Welt sind als Modell im Maßstab 1:25 in diesem Kulturpark zu sehen – darunter die Berliner Siegessäule. Zehn Monate brauchten die Modellbauer, drei Monate die Schnitzer, 60 Kanonen wurden vergoldet, um die Nachbildung der „Gold'nen Else“, wie der Volksmund die Siegessäule nennt, zu erstellen.

6 Im Jahr 1898 schlossen sich **Hohenstein** und **Ernstthal** zu einem Ort zusammen. Da hatte Karl May schon das Licht der Welt erblickt. Der Autor der berühmten Indianerromane wuchs als fünftes von vierzehn Kindern eines erzgebirgischen Webers in einem bescheidenen Häuschen in der heutigen Karl-May-Straße 54 auf. Das Haus beherbergt seit 1985 ein Museum.

7 Hie und da lugt nördlich der A4 eine Hütte hervor. Nördlich der Autobahn, von Bäumen verdeckt, plätschert das Wasser im **Stausee Oberwald**. Zum Naherholungsgebiet gehören Badestrand, Campingplatz und Bungalowsiedlung. Sollte es nach Lagerfeuern riechen: Das kommt vom Karl-May-Indianerdorf nebenan, das mit Tipis, indianischem Essen und Kriegsbemalung aufwartet. Mitten im Gelände befinden sich auch eine Western-Handelsstation sowie ein Indianer- und Westernmuseum.

8 In der **Raststätte Rabensteiner Wald** (nur in Fahrtrichtung Dresden) können Sie nicht nur Hunger und Durst stillen. Ein Landschaftsschutzgebiet lädt ein zu einer Wanderung, beispielsweise zum Wildgatter Chemnitz in Oberraben-

Erfurt ←

119	113	109,5	104,5	98,5	92,5	90,5	83	79

Schmölln · Meerane · Glauchau-West · Glauchau · Hohenstein-Ernstthal · Wüstenbrand · Rabens

Der Rote Turm in Chemnitz **11** hat nichts mit Marx zu tun. Es ist der 1957 wieder errichtete Backsteinturm des mittelalterlichen Vogtes.

stein (36 ha). Europäische Wildtiere wie Wisente, Mufflons und Auerhühner sind dort zu Hause.

9 Südlich der A4 liegt das Besucherbergwerk **Felsendome Rabenstein**. Die Hallen erinnern an gotische Dome – das hat ihren Namen geprägt. Dabei sind sie ganz einfach bergmännischen Ursprungs. 550 Jahre lang holten Bergleute Kalk aus dem Boden, zuletzt im Jahre 1908. Seitdem ist die von Menschenhand geschaffene Wunderwelt unter Tage zu besichtigen – in einem Schaubergwerk.

10 Hier zwängt sich die A4 unter den Bögen des denkmalgeschützten **Bahrebachviadukts** aus dem Jahr 1872 hindurch. Derzeit wird die Autobahn 6-spurig ausgebaut, dazu werden die Pfeiler des Viadukts untertunnelt – eine einmalige ingenieurtechnische Leistung.

11 Einkaufscenter, Autohäuser und das pulsierende **Gewerbegebiet Chemnitzpark** nördlich der A4 signalisieren die Nähe der Großstadt. Chemnitz selbst liegt südlich der A4 und ist nicht zu sehen.

12 **„Schloss Augustusburg“** (Informationstafel): Kurfürst August von Sachsen ließ die Burg vor über 400 Jahren als Jagd- und Lustschloss errichten. Der mächtige Renaissancebau wird gern als „Krone des Erzgebirges“ bezeichnet. Er diente als Garnison, Gefängnis, Speicher und seit 1960 unter anderem als Hort für eine einzigartige Sammlung von Motorrädern.

13 **„Bergstadt Freiberg“** (Informationstafel): Nahezu 400 Jahre dauerte der Silberrausch. Er hat Sachsen großen Reichtum beschert. Von dieser Zeit zeugen Städte wie Freiberg, die „freye Bergstadt“ – mit einem mächtigen spätgotischen Dom, ansehnlichen Bürgerhäusern und der ersten Bergakademie der Welt.

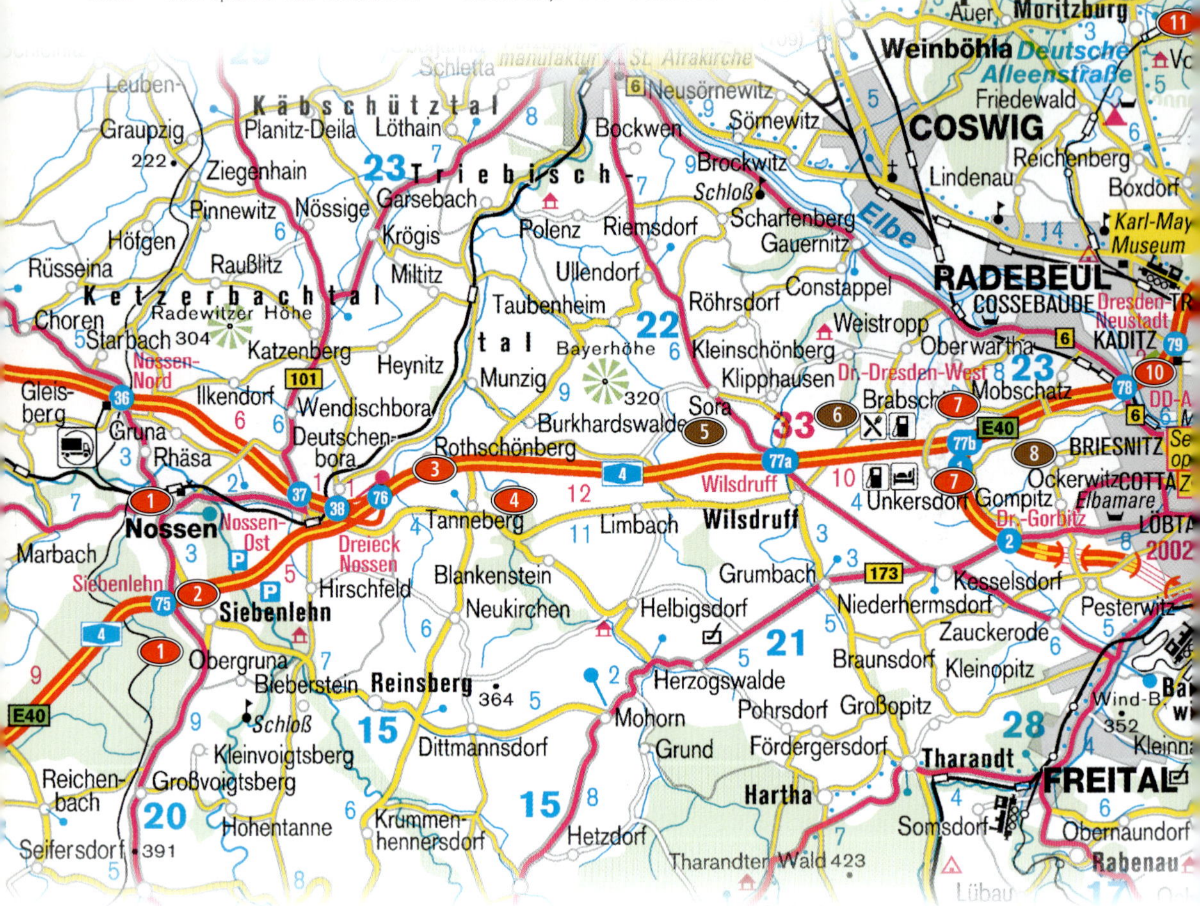

1 Südlich der AS Siebenlehn sieht man Kirch- und Wasserturm der Kleinstadt **Siebenlehn.** 3 km nördlich davon liegt bei Nossen der **Klosterpark Altzella**. Die Anlage geht auf das gleichnamige Zisterzienserkloster zurück.

2 Die **Autobahnbrücke Siebenlehn** – 420 m lang und 70 m hoch – überspannt das bewaldete Tal der Freiberger Mulde. Alte Stollen und Schächte mussten beim Brückenbau 1937–1939 bis zu 25 m tief ausbetoniert werden. Einen Tag vor Kriegsende, in der Nacht vom 6. zum 7. Mai 1945, verhinderte der Wirt Reinhold Ehrlich aus Siebenlehn die Sprengung.

3 Zwischen Dreieck Nossen und AS Wilsdruff ähnelt die A4 einer Berg- und Talbahn. Das **Tanneberger Loch** war lange Zeit als „Schlechtwetterloch" berüchtigt. Inzwischen ist die Senke durch Fahrbahnverlegung entschärft. Das Flüsschen Triebisch unterquert auf seinem Weg in die Elbe die Fahrbahn. Südlich ist der Hirschelberg (303 m) und nördlich die Bayerhöhe (320 m) zu sehen.

4 Auf der Birkenhainer Höhe südlich der A4 steht ein **Sendemast** für zwei Mittelwellen-Sender; er ist 160 m hoch, 1,5 m im Durchmesser und 110 t schwer. Die Anlage, zwischen 1952 und 1954 errichtet, gilt als technisches Denkmal.

5 **„Sächsische Schweiz"** (Informationstafel, nur in Richtung Chemnitz): Die Schweizer Maler Adrian Zingg und Anton Graff gaben der Region 20 km südöstlich von Dresden den Namen, als sie vor gut 230 Jahren das Elbsandsteingebirge entdeckten. Die auf der Tafel gezeigte, nie eroberte Festung Königstein ist eine der wichtigsten Sehenswürdigkeiten der Sächsischen Schweiz und liegt im Elbtal bei Pirna.

6 **„Meißen"** (Informationstafel, nur in Richtung Chemnitz): Die Tafel zeigt den Burgberg zu Meißen samt Albrechtsburg und Dom. Meißen war im 12. Jh. Sachsens erste Hauptstadt. Weltweit bekannt geworden ist es durch seine Porzellanmanufaktur. Hinter den dicken Mauern der Albrechtsburg – später auf der Festung Königstein und in Dresden – experimentierte ab 1705 der Alchimist Johann Friedrich Böttger. Im Jahre 1709 präsentierte er August dem Starken ein Kännchen aus weißem Hartporzellan – das erste europäische Porzellanerzeugnis (siehe auch A14, S. 247).

7 3 km nach der Raststätte Dresdner Tor hat man einen herrlichen Blick auf das **Elbtal**. Bei gutem Wetter ist nordwestlich Meißen zu sehen, nördlich liegen die Weinberge von Radebeul, geradeaus Außenbezirke von Dresden. Südöstlich sieht man an der AS Dresden-Altstadt sogar für einen Moment ins Stadtzentrum.

8 **„Radebeul"** (Informationstafel): Weinterrassen und das Spitzhaus, eine Ausflugsgaststätte, sind auf der Tafel abgebildet. Doch mehr als der Wein hat Karl May die Stadt bekannt gemacht. In der Villa Shatterhand schrieb er viele Bücher. Mit dem Blockhaus Villa Bärenfett bildet sie das Karl-May-Museum.

Die Semperoper in Dresden wurde 1871 - 1878 erbaut; im Vordergrund das Denkmal König Johanns von Sachsen.

9 Die Türme des Dresdner Zentrums sind südöstlich der A4 zu erkennen. Den **Dresdner Zwinger**, das schönste Barockensemble und bedeutendste Bauwerk der Elbestadt, ließ August der Starke ab 1709 von Baumeister Matthäus Daniel Pöppelmann und Bildhauer Balthasar Permoser erbauen. Glanzstück ist der Wallpavillon, an dem ein Herkules Saxonicus statt des Atlas die Weltkugel trägt.

10 Zwischen den AS Dresden-Altstadt und Dresden-Neustadt überquert die A4 die **Elbe**, die trotz Klarsicht-Schallschutz weitgehend verborgen bleibt. Die **Sächsische Weinstraße** führt von Pirna bis Diesbar-Seußlitz immer am Fluss entlang.

11★ Über die AS Dresden-Wilder Mann empfiehlt sich ein Abstecher über ein Teilstück der Deutschen Alleenstraße zum barocken **Jagdschloss Moritzburg** (4 km, 8 Min. nördlich). Schon von weitem erblickt man die vier mächtigen Rundtürme des Schlosses, das auf einer kleinen Insel inmitten eines Teiches liegt.

12 Der **Flughafen Dresden** liegt unmittelbar an der A4, und manchmal scheint es, als wollten die Maschinen direkt auf der Autobahn landen. Östlich sieht man den alten Terminal aus dem Jahre 1934. Seit Ende März 2001 hat der Airport einen Terminal mit S-Bahn-Anschluss.

13 **„Pfefferkuchenstadt Pulsnitz"** (Informationstafel): Seit 1558 besitzen die Pulsnitzer das Privileg des Pfefferkuchenbackens. Neun Pfefferküchlereien bewahren das traditionelle Handwerk. Im Unterschied zu den Nürnberger Konkurrenten lagert hier der Teig bis zu sechs Wochen. Man sagt, früher habe ein Pulsnitzer Pfefferküchler bei der Geburt einer Tochter den Teig für deren Hochzeit angerührt.

14 **„Oberlausitz"** (Informationstafel): Zur Oberlausitz gehören die wald- und seenreiche Oberlausitzer Teichlandschaft, das reizvolle Lausitzer Bergland und das Zittauer Gebirge, mit nur 48 km² eines der kleinsten in Deutschland. Teil der Oberlausitz sind die Sorben mit ihren Sitten und Bräuchen.

15 Die Wald- und Teichlandschaft südlich der A4 reicht bis Rammenau. Das Golfzentrum **Schloss Rammenau** (3 km ab AS Burkau) ist eine von acht Golfanlagen in Sachsen. Im Barockschloss selbst befindet sich ein Nobelrestaurant; in zwei Räumen wird des Philosophen Johann Gottlieb Fichte gedacht.

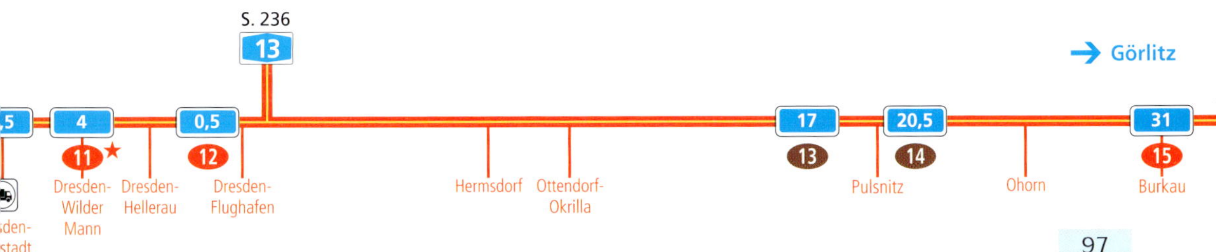

Im Land der Sorben

Bautzen oder Budysin – die Zweisprachigkeit weist darauf hin, dass die Lausitz die Heimat der Sorben ist. In der Abgeschiedenheit dieser Region behauptete das slawische Volk ein relativ geschlossenes Siedlungsgebiet. Dabei ist Sorbisch nicht gleich Sorbisch, auch wenn es in Schulen und Gymnasien gelehrt und in Kindergärten gesprochen wird. Das gesprochene Sorbisch besteht aus regional sehr unterschiedlichen Dialekten. Für „Kartoffel" beispielsweise gibt es gleich zwölf Bezeichnungen.

Drei Viertel der rund 60 000 Sorben sind protestantisch; etwa ein Viertel bekennt sich zum Katholizismus – vor allem in der Region um Bautzen, Kamenz und Hoyerswerda. Besonders in dieser Gegend tragen ältere Frauen auch im Alltag noch die sorbische Tracht. Diese variiert von Ort zu Ort ganz erheblich. Fachleute unterscheiden vier sorbische Regionen mit eigenständigem Brauchtum und eigenen Festen. In den niedersorbischen Landesteilen um Cottbus, wo man im Alltag kaum Sorbisch spricht, werden überlieferte Bräuche wie der Zapust, die wendische Fastnacht, bewahrt.

Ostern ist für alle Sorben ein besonderes Fest. In zahlreichen Orten brennen Osterfeuer. Ostereier zu verzieren ist zur wahren Kunst geworden. Und im sorbisch-katholischen Gebiet brechen am Ostersonntag mehr als 1200 festlich gekleidete Reiter auf geschmückten Pferden zu Prozessionen in Nachbargemeinden auf. Alljährlich am 25. Januar erbitten die Kinder bei der so genannten Vogelhochzeit Süßigkeiten und Gebäck.

Das im Jahr 1948 vom sächsischen Landtag verabschiedete Gesetz zur Wahrung der Rechte der Bevölkerung sicherte den Sorben erstmals die volle staatliche Gleichberechtigung sowie Förderung zu und ist noch heute gültig.

1 **„Kloster Marienstern"** (Informationstafel): Zusammen mit der Abtei St. Marienthal bei Ostritz ist die Abtei St. Marienstern in Panschwitz-Kuckau das einzige deutsche Zisterzienserinnenkloster, das seit seiner Gründung im Mittelalter bis heute als Konvent erhalten blieb. Jetzt zeigt das Kloster, das 1998 sein 750-jähriges Bestehen feierte, einen Teil seiner Kunstschätze in einer ständigen Ausstellung.

2 Weithin sichtbar ist der 40 m hohe, weiße Turm mit der Pickelhaube: unmittelbar neben der A4 lädt die **Autobahnkirche in Uhyst a. T.** zu Einkehr und Besinnung ein. Sie wurde 1801 im klassizistischen Stil errichtet und den Aposteln Petrus und Paulus geweiht. Wahrscheinlich schon im Jahr 1382 gab es im Taucherwald eine Marienkapelle nahe der Hohen Straße, der Hauptpilgerroute des Mittelalters, die von Kiew bis Santiago de Compostela führte.

3 Nördlich der A4 „leben" hinter einem Hügel über 100 Urtiere im **Saurierpark Kleinwelka** (AS Salzenforst, 3 km): Als Franz Gruß Ende der 70er-Jahre die ersten Urtiere aus Stahl und Beton baute, wurde er häufig belächelt. Später erntete er für die detailgetreue Darstellung wissenschaftliches Lob. Nebenan im **Irrgarten Kleinwelka,** dem größten Labyrinth Deutschlands, soll es 30 720 Möglichkeiten geben, die Mitte zu erreichen. Wem das gelingt, den erwartet eine Überraschung.

4 **„Bautzen – Budysin"** (Informationstafel): Die Aufschrift verrät, dass die Gegend zweisprachig ist. Bautzen gilt als Hauptort der Sorben, einer slawischen Minderheit, die in der Ober- und Niederlausitz zu Hause ist.

5 Bautzens Silhouette ist zu sehen. Der prägnante runde Turm ist die **Alte Wasserkunst**, neben der Ortenburg das Wahrzeichen der Stadt. Seit dem Mittelalter wurde Wasser aus der Spree 30 m hochgepumpt und durch Holzröhren in die Altstadt

Dresden ←

Burkau	35,5	37,5	Uhyst a. T.	40,5	45	47,5 Salzenforst	49	51,5	Bautzen-West	54	55 Bautzen-Ost	57,5
	1	2		1		3	4	5		6	7 ★	4

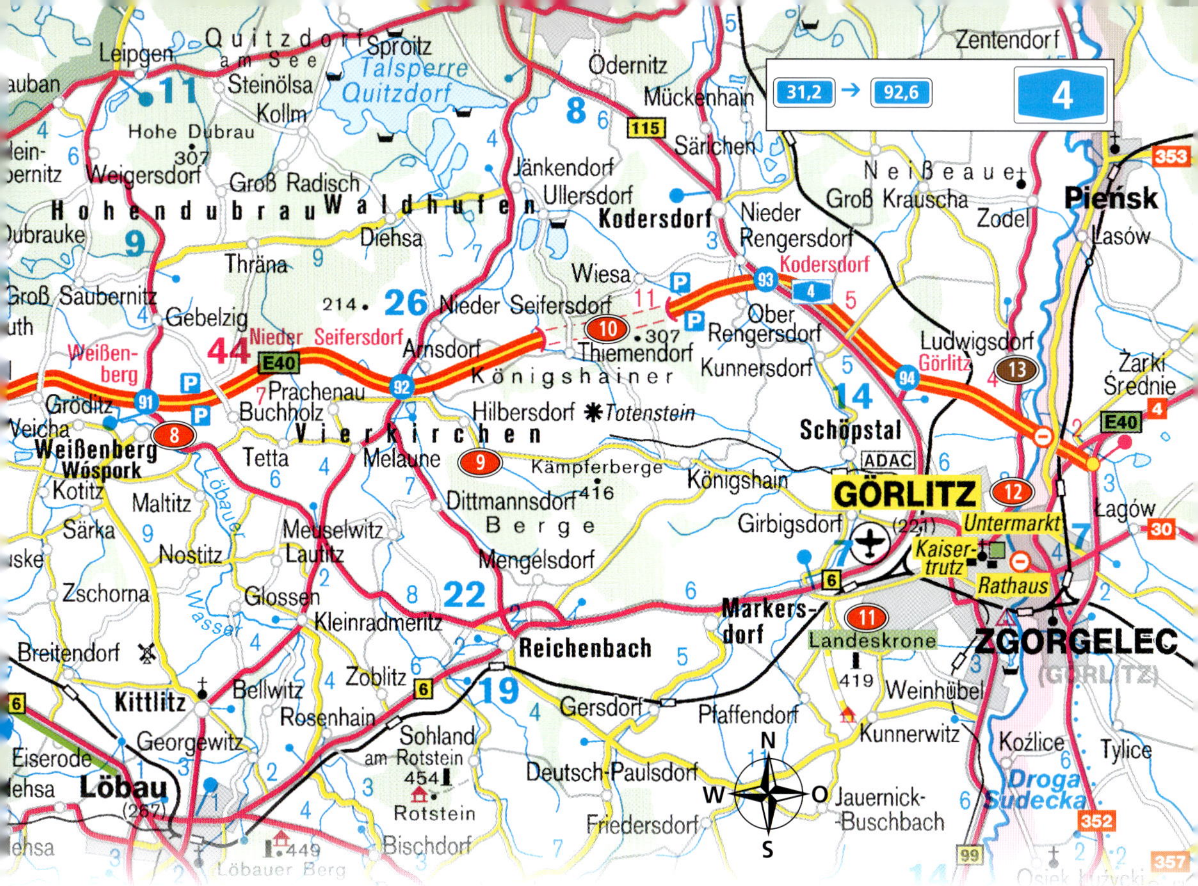

31,2 → 92,6 4

geleitet. Die technischen Anlagen wartete ein so genannter Kunstmeister. Bis 1965 lieferte die Alte Wasserkunst noch Brauchwasser. Heute ist sie technisches Museum.

6 Die A4 überquert die Spree, die direkt nördlich der A4 in die **Talsperre Bautzen** fließt. Campingplatz und Surfschule, Finnhütten und FKK gehören zum Erholungszentrum unmittelbar an der AS Bautzen-Ost.

7★ Abstecher für Naturliebhaber: Nördlich von Bautzen erstreckt sich zwischen Mücka und Königswartha die **Oberlausitzer Heide- und Teichlandschaft** (10 km, 20 Min. über die AS Bautzen-Ost bis Commerau). Hier nisten Storch und Seeadler und auch die rar gewordenen Fischotter fühlen sich hier im Biosphärenreservat wohl.

8 Verborgen hinter Lärmschutzwällen liegt südlich der A4 **Weißenberg**, die kleinste Stadt der ganzen Region. In der **Alten Pfefferküchlerei** am Markt, bereits 1683 in einer Innungsakte erwähnt, wird das süße Gebäck hergestellt. Seit 1941 ist dort das einzige Pfefferkuchenmuseum Europas eingerichtet.

9 Die Berge südlich der Autobahn waren „des Königs Hain", einst ein Jagdgebiet. Höchste Erhebung der **Königshainer Berge** ist der Hochstein. Preußenkönig Friedrich Wilhelm IV. bestieg 1844 den 406 m hohen Berg und war so angetan vom Blick ins Iser- und Riesengebirge, dass er den Granitfelsen zum Naturdenkmal erklären ließ.

10 Der 1999 dem Verkehr übergebene **Tunnel Königshainer Berge** ist mit zwei Röhren von 3300 m samt vier Pannenbuchten und neun Verbindungstunneln der längste Straßentunnel Deutschlands und kostete 165 Mio. Mark.

11 Während sich Görlitz noch in der Senke verbirgt, ist südlich der Hausberg der Stadt, die **Landeskrone**, nicht zu übersehen. Der Name rührt von einer Burg auf dem Vulkankegel (420 m), die aber schon 1440 abgebrochen wurde. Heute steht dort ein Aussichtsturm und ein Denkmal für den Dichter Theodor Körner.

12 Von **Görlitz** sind nur die Turmspitzen der Peterskirche zu sehen. Die östlichste Stadt Deutschlands beherbergt das letzte erhaltene Jugendstilkaufhaus Deutschlands mit imposanter Innentreppe – heute ein KARSTADT. Ein ungewöhnliches Bauwerk ist der Kaisertrutz, ein Turm der mittelalterlichen Stadtbefestigung.

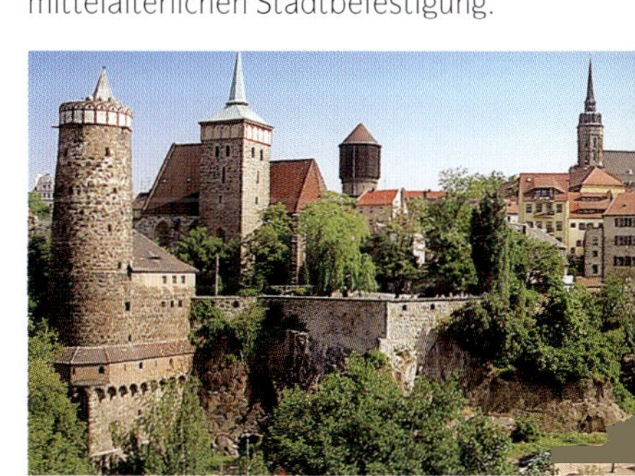

Viele Türme prägen die mittelalterliche Stadt Bautzen 4, die im Jahr 1002 gegründet wurde. Die Altstadt mit 300 Gebäuden steht unter Denkmalschutz.

13 **„Oberlausitz – Niederschlesien"** (Informationstafel, nur in Richtung Dresden): Viele Görlitzer fühlen sich als Schlesier, und die sächsische Verfassung räumt ihnen das Recht ein, statt der sächsischen die schlesische Flagge zu hissen. Ursprünglich gehörte auch der deutsche Teil Schlesiens – zwischen Görlitz, Niesky und der Spree – zu Böhmen.

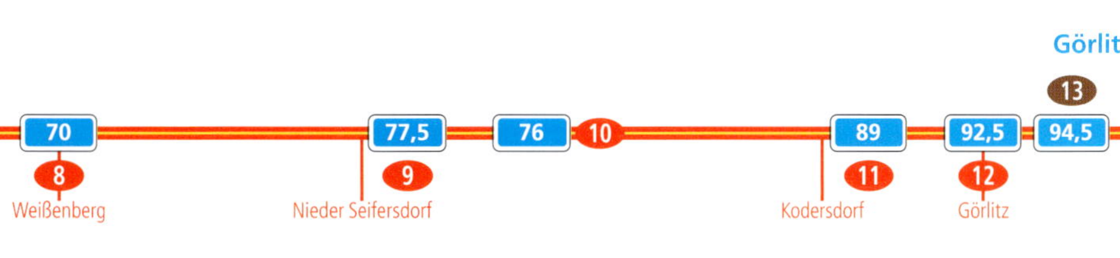

Von Nordhessen bis Südbaden

Bad Hersfeld → Frankfurt am Main → Heidelberg → Karlsruhe → Baden-Baden → Freiburg → Basel

Wie keine andere Strecke verkörpert die 438 km lange A5 den Beginn des Autobahnzeitalters in Deutschland, denn sie entspricht in weiten Teilen dem historischen HAFRABA-Plan: einer Autobahn von den Hansestädten (HA) über Frankfurt am Main (FRA) nach Basel (BA). Dieser Entwurf stammt von den Hessen Willy Hof und Hermann Uhlfelder. Im Jahre 1927 stellten sie ihn auf der Internationalen Automobilausstellung in Basel erstmals vor.

Dort sah ein Schweizer Schlosserlehrling das HAFRABA-Konzept und hatte die verblüffende Kleeblatt-Idee für ein Autobahnkreuz. Seinem Geistesblitz verdanken wir das berühmte Frankfurter Kreuz – Vorbild für unzählige weitere Autobahnknotenpunkte. Im Jahre 1935 wurde der Abschnitt Frankfurt– Darmstadt als eine der ersten deutschen Autobahnstrecken überhaupt eröffnet. Drei Jahre später war die Konzeption bereits bis Karlsruhe Realität.

Nach Kriegsende begann 1952 der Weiterbau der A5, zehn Jahre später wurde das letzte Teilstück bei Freiburg übergeben. Die A5 reichte 1962 bis Weil am Rhein; die Fortführung zur Grenzstadt Basel mit Verbindung zur Schweizer Autobahn A2 erfolgte 1980.

In Nord-Süd-Richtung durchquert die A5 die Bundesländer Hessen und Baden-Württemberg. Von den Höhen des Hessischen Berglands führt sie in das Rhein-Main-Neckar-Gebiet, erreicht den Odenwald und verläuft zwischen Oberrhein und Schwarzwald hinunter in den Breisgau.

Die teilweise wunderschönen Landschaften und etliche interessante Orte an der Strecke bleiben – von der Autobahn aus gesehen – leider häufig unsichtbar: Entlang der Oberrheinischen Tiefebene beispielsweise gibt es außer Wäldern, Baumreihen und bepflanzten Lärmschutzwänden kaum etwas zu sehen. Auch den nahen Rhein bekommt der Autoreisende nicht zu Gesicht – Flussdämme verstellen den Blick.

Die A5 gehört als Hauptverbindung und als Transitachse in die Schweiz und weiter nach Frankreich und Spanien zu den verkehrsreichsten Autobahnen in Deutschland. Deshalb verlaufen über 100 km der Strecke 6-spurig und 25 km sogar 8-spurig. Weitere Verbreiterungen sind geplant. Vor der Zollabfertigung muss an der Grenze zur Schweiz sehr häufig mit einem LKW-Stau auf zwei Fahrspuren gerechnet werden. Die dritte Fahrspur wird für PKW freigehalten und ist weniger stauanfällig.

Fernweh-Träume im Minutentakt: Rund 460 000 Flugzeuge starten oder landen jedes Jahr auf dem Frankfurter Rhein-Main-Flughafen und nutzen dabei die Einflugschneise über der Autobahn nahe dem Frankfurter Kreuz.

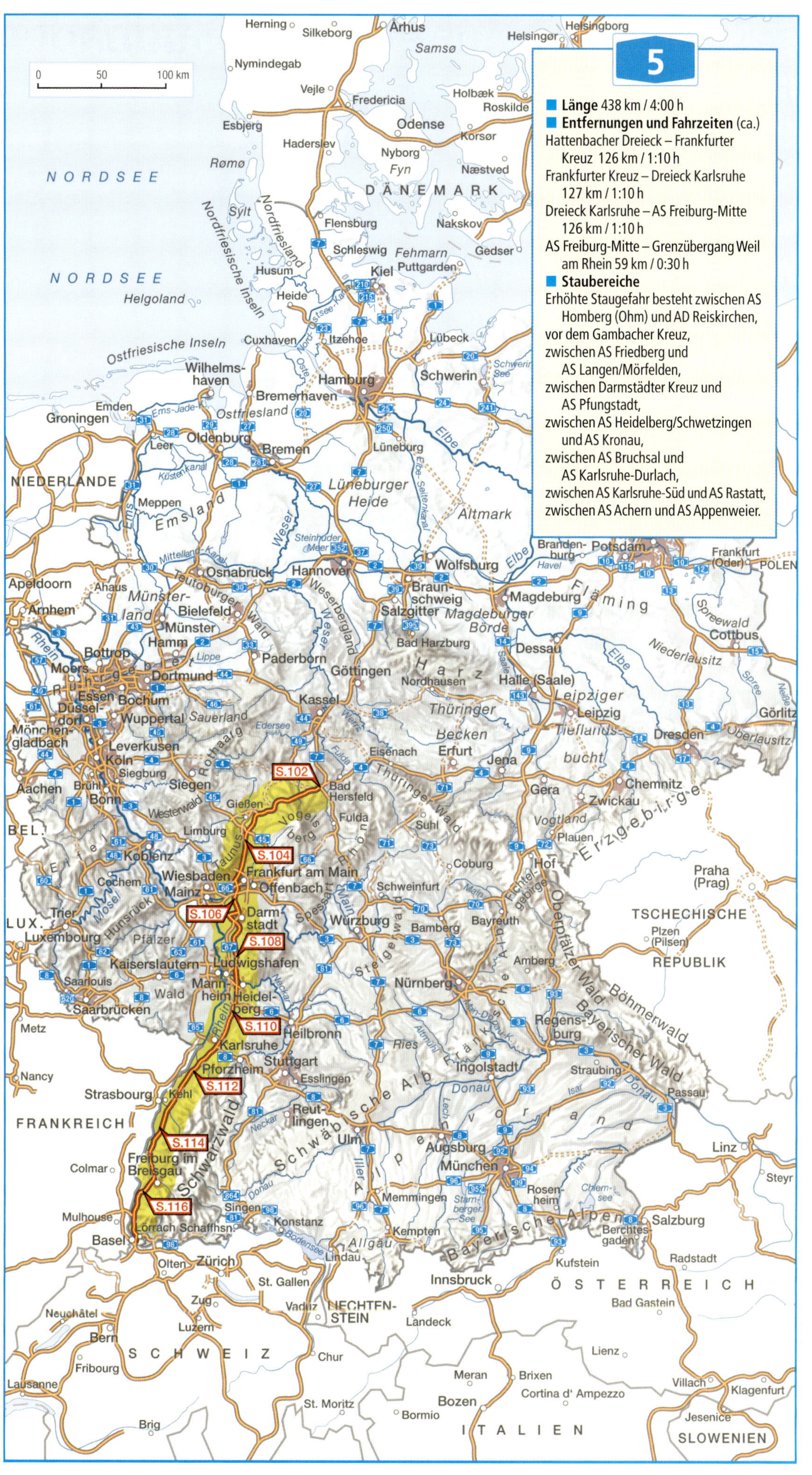
5
Länge 438 km / 4:00 h
Entfernungen und Fahrzeiten (ca.)
Hattenbacher Dreieck – Frankfurter Kreuz 126 km / 1:10 h
Frankfurter Kreuz – Dreieck Karlsruhe 127 km / 1:10 h
Dreieck Karlsruhe – AS Freiburg-Mitte 126 km / 1:10 h
AS Freiburg-Mitte – Grenzübergang Weil am Rhein 59 km / 0:30 h
Staubereiche
Erhöhte Staugefahr besteht zwischen AS Homberg (Ohm) und AD Reiskirchen,
vor dem Gambacher Kreuz,
zwischen AS Friedberg und AS Langen/Mörfelden,
zwischen Darmstädter Kreuz und AS Pfungstadt,
zwischen AS Heidelberg/Schwetzingen und AS Kronau,
zwischen AS Bruchsal und AS Karlsruhe-Durlach,
zwischen AS Karlsruhe-Süd und AS Rastatt,
zwischen AS Achern und AS Appenweier.
0 50 100 km
S.102
S.104
S.106
S.108
S.110
S.112
S.114
S.116
NORDSEE
DÄNEMARK
NIEDERLANDE
BEL.
LUX.
FRANKREICH
SCHWEIZ
LIECHTENSTEIN
ÖSTERREICH
ITALIEN
SLOWENIEN
TSCHECHISCHE REPUBLIK
POLEN
Hamburg
Bremen
Hannover
Kassel
Frankfurt am Main
Darmstadt
Mannheim
Heidelberg
Karlsruhe
Stuttgart
Freiburg im Breisgau
Basel
München
Nürnberg
Leipzig
Dresden
Köln
Düsseldorf
Berlin
Zürich

1 Im Nordwesten erhebt sich der **Rimberg** mit einem weithin sichtbaren Sendemast auf seinem 592 m hohen Gipfel. Die Autobahn führt in weitem Bogen um den mit dichtem Mischwald bewachsenen Basaltberg herum.

2 **„Rathaus Alsfeld"** (Informationstafel): Das abgebildete Gebäude ist eines der markantesten deutschen Fachwerkrathäuser. Es stammt aus der ersten Hälfte des 16. Jh. und beherrscht Alsfelds mittelalterlichen Marktplatz, zu dem viele kleine, verwinkelte Gassen führen. Alsfeld gehörte mit Grünberg und Marburg im 13. Jh. dem Rheinischen Städtebund an. Alsfeld ist die einzige hessische Kommune, die vom Europarat als beispielhafte Modellstadt für Denkmalschutz und Denkmalpflege ausgewählt wurde.

3 Südlich der A5 sehen Sie hinter den Baumgruppen die Ende des 17. Jh. errichtete mächtige **Schlossanlage Romrod**. Unterhalb des ehemaligen Jagdschlosses liegt die Ortschaft Romrod, eine beschauliche, von Holz- und Landwirtschaft geprägte Kommune mit hübschen Fachwerkhäusern.

4 Ebenfalls im Süden, etwa 1,5 km von der A5 entfernt, verläuft parallel zur Autobahn die **Bahnlinie Alsfeld–Gießen**. Hier bietet sich ein schöner Blick über Felder und Wiesen auf den Staatsforst Romrod, der sich östlich bis ins Schwalmtal erstreckt; im Westen erhebt sich der 346 m hohe Zwilling.

5 Auf dem Weg durch einen kleinen Mischwald führt die Route über die **Ohm**, einen Nebenfluss der Lahn. Im Norden liegt die Stadt **Homberg an der Ohm**. Ihr historischer Kern und ihre Umgebung bergen viele Fachwerkgebäude, darunter das Rathaus, eine spätgotische Kirche und das Museum im Alten Wehrturm.

6 **„Naturpark Hoher Vogelsberg"** (Informationstafel): Auf dem Schild ist die markanteste Erhebung der Region, der 763 m hohe Hoherodskopf, abgebildet. Am Hoherodskopf befinden sich eine Sommerrodelbahn und das Informationszentrum des Naturparks Hoher Vogelsberg. Daneben erhebt sich der Taufstein, dessen 773 m hoher Gipfel alle anderen Bergspitzen dieser Gegend überragt. Vom Bismarckturm oben auf dem Taufstein aus sind die Skyline von Frankfurt am Main, der Taunus und die Rhön zu sehen.

7 Etwa 4 km in südlicher Richtung von der Autobahn entfernt liegt das von Landgraf Ludwig II. im 12. Jh. gegründete **Grünberg**. Die romantische Altstadt des Ortes spiegelt 500 Jahre hessischer Fachwerkgeschichte wider. Auf dem Marktplatz stehen ein prächtiges

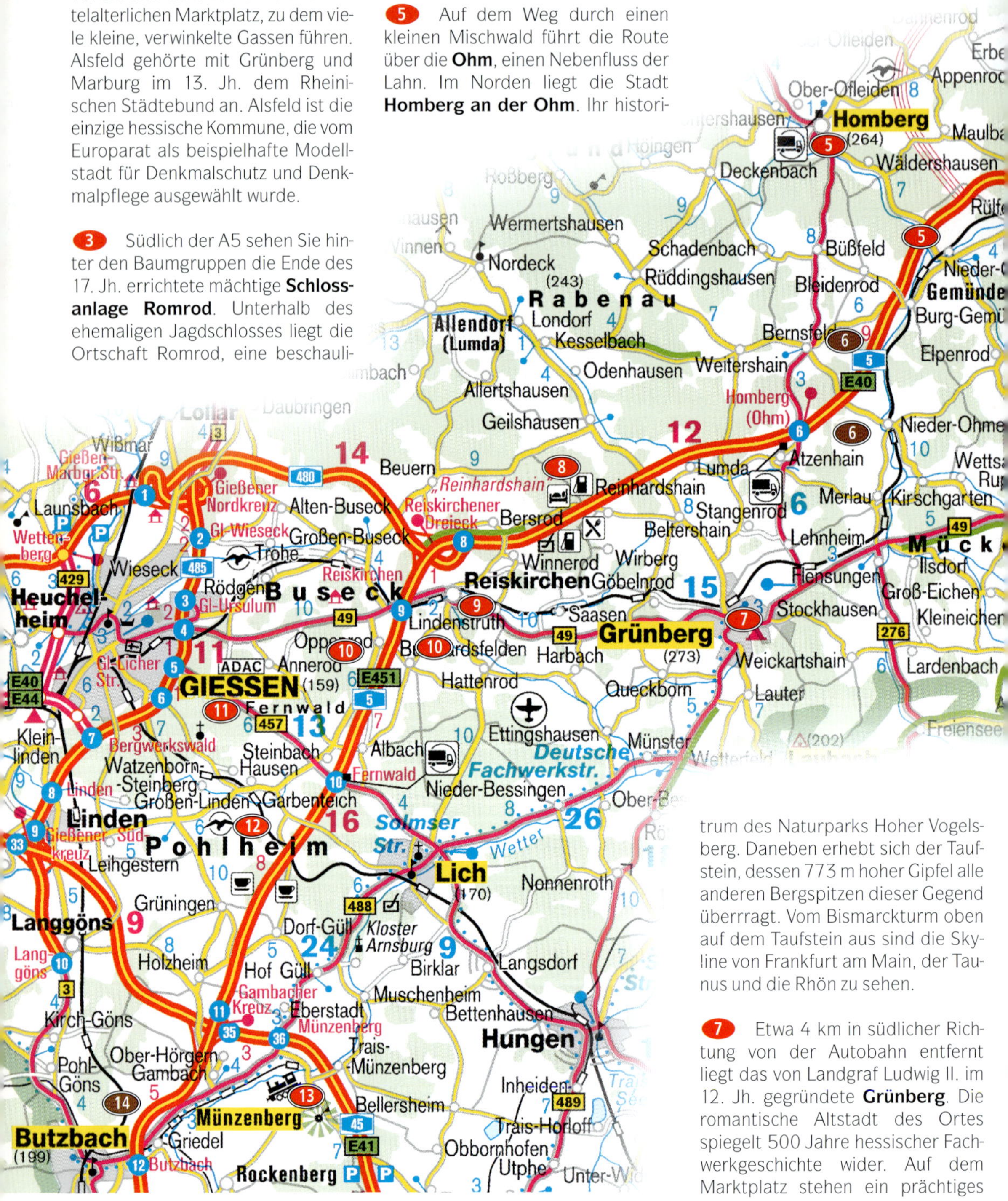

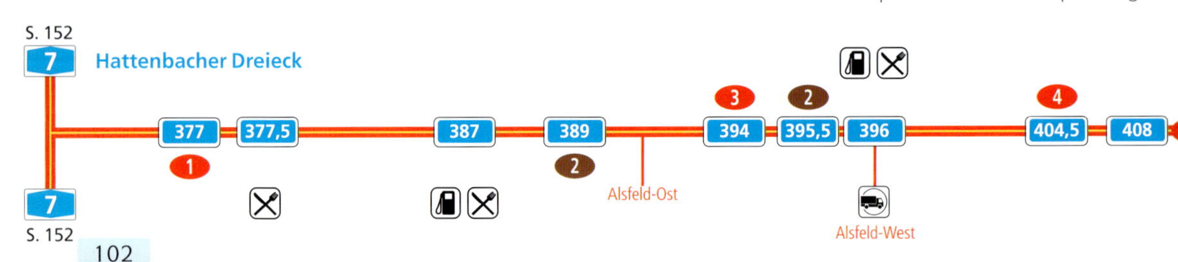

Renaissance-Rathaus und die ehemalige Post – heute ein hübscher Barockbau.

8 Im Süden sehen Sie den Wasserturm von Reinhardshain. Die **Raststätte Reinhardshain** auf der anderen Straßenseite gehört zu den ältesten im deutschen Autobahnnetz. Sie wurde 1938/39 im Stil hessischer Gutshöfe errichtet. Bei allen Renovierungen und Erweiterungen der Anlage blieb ihr ursprünglicher Charakter erhalten.

9 Ebenfalls in Richtung Süden blickt man auf die Gemeinde **Reiskirchen** und die hübsche Turmspitze ihrer evangelischen Pfarrkirche, durch die 1859 eine für unschön befundene Kuppel ersetzt wurde. Der älteste Teil der Kirche, die Grundmauern des gotischen Chorturms, stammt aus dem 14. Jh.

10 Die Strecke führt durch die Wiesen und Felder des **Gießener Beckens**. Dieses fruchtbare, waldarme Hügelland grenzt im Norden an den Gießener Staatsforst und im Süden an den Fernwald und den Licher Wald.

11 Im Westen taucht hinter Feldern die Universitätsstadt **Gießen** auf. Die dort angesiedelte Justus-Liebig-Universität ist Hessens zweitgrößte Hochschule. Der Chemiker Liebig wirkte 1824–1852 in Gießen und erfand dort die Stickstoffdüngung. Das Liebig-Museum erinnert an den bekanntesten Bürger der Stadt.

12 Die Konturen des 880 m hohen Großen Feldbergs sind Blickfang der **Taunus-Bergkette** im Südwesten. Er ist die höchste Erhebung

Fachwerkromantik pur: der mittelalterliche Marktplatz von Alsfeld **2**.

in diesem Mittelgebirge, das sich nach Westen hin bis an den Rhein erstreckt.

13 Auf einem Basalthügel im Osten sehen Sie die **Burgruine Münzenberg**. Zwei hohe Bergfriede verleihen der Festung aus staufischer Zeit (12. Jh.) ihr markantes Profil. Vom Ostturm aus genießen Besucher ein beeindruckendes Panorama.

14 **„Historische Fachwerkstadt Butzbach“** (Informationstafel): Mit einer Collage aus den Silhouetten des Rathauses, des Schlosses und der Markuskirche stellt sich Butzbach vor, das im Jahr 1321 zur Stadt erhoben wurde. Der Marktplatz mit einem Brunnen, dem Rathaus aus dem 16. Jh. und vielen weiteren Fachwerkhäusern gehört zu den schönsten und bekanntesten Plätzen Hessens. Die gotische Markuskirche aus dem 15. Jh. erhielt zu Beginn des 17. Jh. ihren barocken Turm. Das Schloss war im 14. Jh. die Stadtburg der Herren von Falkenstein.

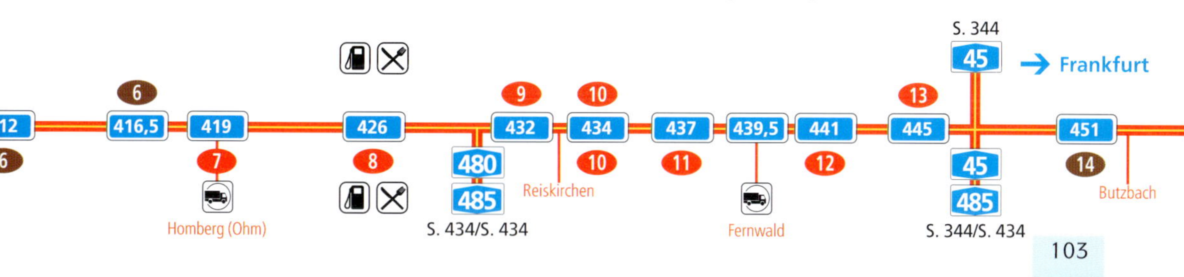

❶ „Jugendstilbad Bad Nauheim“ (Informationstafel): Das Schild weist auf eines der größten Jugendstilensembles in Deutschland hin. Die Kuranlage in Bad Nauheim entstand in den Jahren 1905–1912. Bauherr war Großherzog Ernst Ludwig von Hessen und bei Rhein. Typisch für den Bad Nauheimer Jugendstil sind Motive, die auf das Thema Wasser als Lebenselixier und Gesundheit spendende Kraft hinweisen: Nymphen, Nixen, Meerestiere und Wellen. An den bewaldeten Hängen der östlichen Taunus-Ausläufer gelegen, zählt Bad Nauheim seit über 150 Jahren zu den international renommierten Heilbädern. In der Stadt sind mehrere Versorgungseinrichtungen für Herzkranke angesiedelt.

❷ „Naturpark Hochtaunus“ (Informationstafel): Die A5 führt ab hier 25 km weit durch den mit 1200 km² zweitgrößten Naturpark Hessens. Im Zentrum dieser Ferienregion liegen der Hochtaunuskreis mit dem sonnigen Südhang des Vordertaunus, das Massiv des 880 m hohen Feldbergs mit tief eingeschnittenen Tälern und die beschauliche Mittelgebirgslandschaft des Usinger Landes mit weitgehend ländlichem Charakter. 50 Prozent Waldanteil und 30 Prozent Ackerland, Weideland und Wiesen weist die

von 1000 km markierten Wanderwegen durchzogene Erholungslandschaft auf. Einer der beliebtesten davon ist der 135 km lange „Rucksack-Wanderweg“, den Naturfreunde in mehrtägigen Etappen bewältigen können.

3 Bei der AS Ober-Mörlen kreuzt die Autobahn die **Deutsche Alleenstraße** (B275). Sie steht unter der Schirmherrschaft des ADAC und der Schutzgemeinschaft Deutscher Wald und zieht sich 2500 km weit wie ein grünes Band von Kap Arkona auf Rügen bis zum Bodensee. Ausgeschildert sind acht regionale Etappen. Von Ober-Mörlen aus führt sie in östlicher Richtung nach Bad Nauheim, zur größten Stadt der Wetterau, nach Westen zur historischen Stadt Usingen, mit dem Schloss des ehemaligen Grafen von Nassau.

4 Die A5 verläuft westlich an den Obstgärten und Feldern der **Wetterau** entlang. Die fruchtbare Ebene am Taunusrand ist Hessens Kornkammer. Die Wetterau war schon im 5. Jahrtausend v. Chr. besiedelt.

5★ **„Freilichtmuseum Hessenpark“** (Informationstafel): Auch hier ist ein Besuch sehr zu empfehlen. Andernorts abgetragene und auf dem Museumsgelände originalgetreu wieder aufgebaute Höfe und Nebengebäude samt Interieur, Arbeitsgeräten und Bauerngärten bieten ein lebendiges Abbild des ländlichen Hessens vergangener Zeiten bis in die 50er-Jahre des 20. Jh. hinein. Man erreicht das mit „Hessenpark“ ausgeschilderte Freilichtmuseum über die AS Friedberg (8 km, 15 Min.), dann weiter in Richtung Obernhain, nach 1,5 km an der Ampelkreuzung wieder rechts; dementsprechend geht es auf die A5 zurück.

6★ Wer an Geschichte und speziell an jener der Römerzeit interessiert ist, sollte sich die **Saalburg** nicht entgehen lassen. Das Kastell war von 90 bis 260 n. Chr. Bestandteil des Grenzwalls Limes, der hier durch den Taunus verlief und die „Barbaren“ von den Römern fern halten sollte. Nach umfangreichen Ausgrabungsarbeiten wurde das Kastell in den Jahren 1897–1907 rekonstruiert. Es beherbergt heute ein Museum. Zum Kastell gelangen Sie über die AS Friedberg (6 km, 10 Min. in Richtung Westen).

7 Die A5 senkt sich in die **Main-Ebene** hinab. Nach Osten bietet sich eine herrliche Sicht über die Niederungen von Nidda und Nidder, woraus sich die 174 m hohe Schäferköppel als sanfter Hügel erhebt. Die Strecke führt hier östlich an den Hängen des Taunus vorbei.

10 Ebenfalls im Westen sieht man die Skyline der Hochhäuser von **Eschborn**. Die über 1200 Jahre alte Stadt erlebte in den 60er-Jahren einen Bauboom, als sich dort zahlreiche Firmen ansiedelten. Mit Unternehmen von der Modebranche bis zur Telekommunikation hat sich vor den Toren Frankfurts ein bedeutendes Handels- und Dienstleistungszentrum entwickelt. Aber die Stadt an den Ausläufern des Taunus besitzt nicht nur Gewerbegebiete und Hochhäuser, sondern auch eine gemütliche Altstadt mit hübschen Fachwerkhäusern.

Die Hochhäuser der deutschen Großbanken prägen die Silhouette der Mainmetropole Frankfurt **8**

8 Im Südosten taucht am Horizont **Frankfurts Skyline** auf. Markant ragen der Fernmeldeturm in Frankfurt-Ginnheim mit seiner 57 m durchmessenden Kanzel und der Messeturm mit seinem Spitzdach hervor. In der City türmen sich die Hochhäuser der Großbanken. In der alten Reichsstadt treffen Moderne und Tradition aufeinander: Der Kaiserdom war von 1356 bis 1808 Krönungsstätte für zehn deutsche Kaiser; 1848 tagte die erste deutsche Nationalversammlung in Frankfurt. Heute ist die Stadt einer der größten Messeplätze der Welt, Zentrum der internationalen Hochfinanz und Universitätsstandort. In der hübschen Altstadt mit ihren Fachwerkhäusern rund um den Römerberg spielt sich ein reiches Kulturleben ab.

9 Im Westen, am Rand des waldreichen Taunus, liegt **Bad Homburg v. d. Höhe**. Der Kurort mit Spielkasino war einst Residenzstadt der Landgrafen von Hessen-Homburg. Der so genannte Weiße Turm des Landgrafenschlosses überragt die Altstadt mit ihren vielen Fachwerkbauten aus dem 17. und 18. Jh. Bad Homburg ist Ausgangspunkt der **Hochtaunusstraße**. Diese führt über Oberursel, Schmitten und Weilrod zur AS Bad Camberg (A3).

11 Auf der **Europabrücke** geht es über den Main, der südwestlich bei Mainz in den Rhein mündet. Flussaufwärts im Osten liegt der Frankfurter Stadtteil Sachsenhausen, wo die Wirte in mehr als 120 Altstadtkneipen selbst gekelterten Apfelwein („Äbbelwoi“) ausschenken.

12 Die A5 führt durch den **Frankfurter Stadtwald**, die grüne Lunge der Mainmetropole. Einige hundert Meter östlich der Autobahn liegen das Frankfurter Waldstadion und die Zentrale des Deutschen Fußball-Bundes.

13 Die Autobahn erreicht das westlich an den Rhein-Main-Flughafen grenzende **Frankfurter Kreuz**. Hinter Schallschutzwänden liegt eine Rollbahn des amerikanischen Militärflughafens.

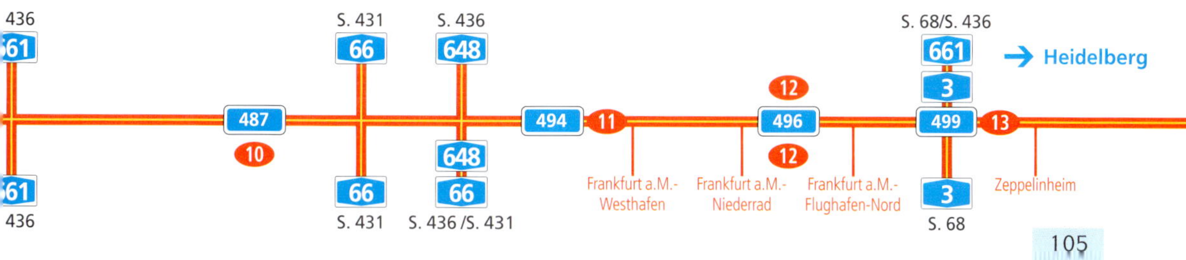

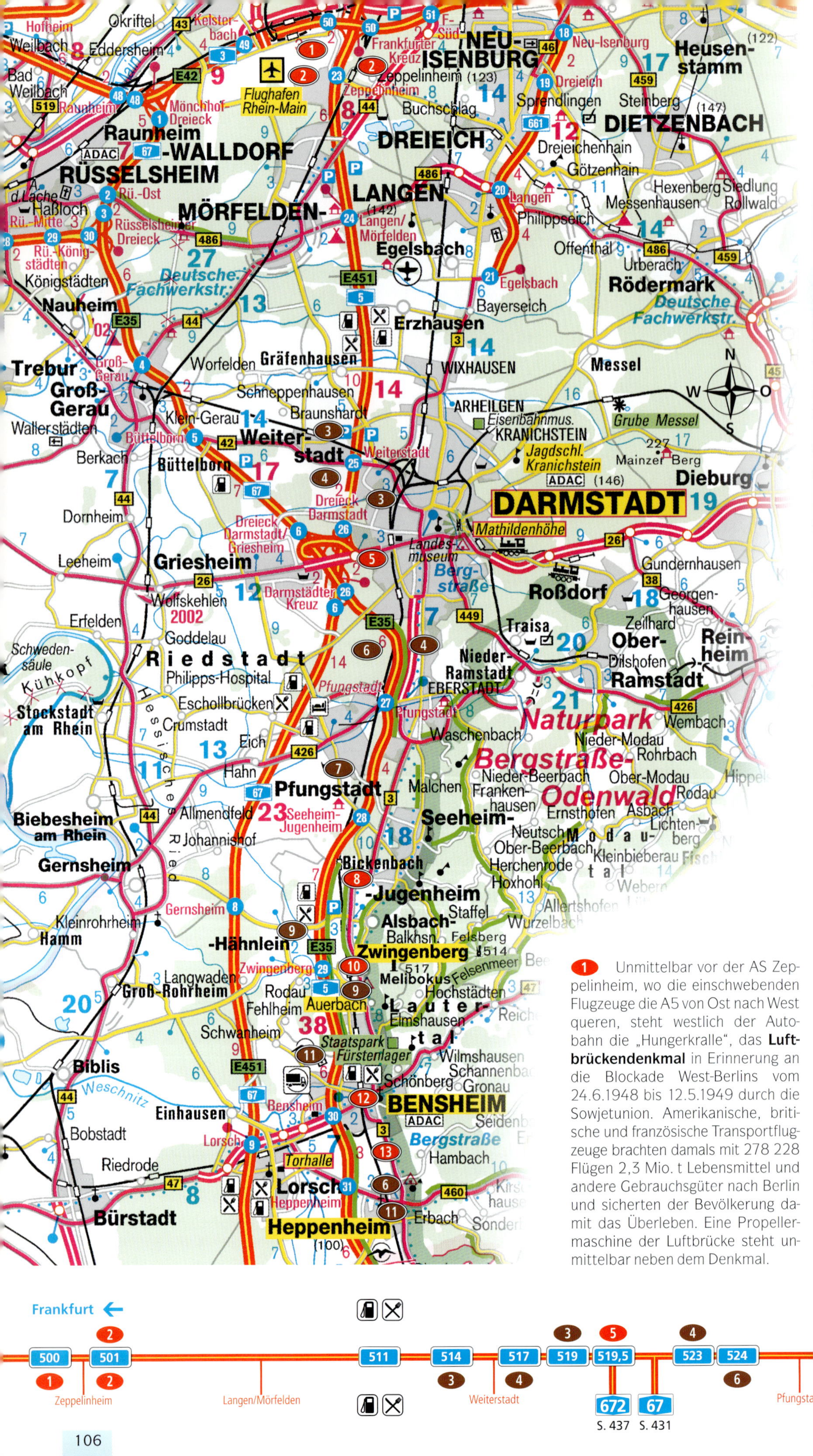

1 Unmittelbar vor der AS Zeppelinheim, wo die einschwebenden Flugzeuge die A5 von Ost nach West queren, steht westlich der Autobahn die „Hungerkralle", das **Luftbrückendenkmal** in Erinnerung an die Blockade West-Berlins vom 24.6.1948 bis 12.5.1949 durch die Sowjetunion. Amerikanische, britische und französische Transportflugzeuge brachten damals mit 278 228 Flügen 2,3 Mio. t Lebensmittel und andere Gebrauchsgüter nach Berlin und sicherten der Bevölkerung damit das Überleben. Eine Propellermaschine der Luftbrücke steht unmittelbar neben dem Denkmal.

2 Die A5 verläuft von hier bis zum Autobahnende bei Basel in der **Oberrheinischen Tiefebene**. Es handelt sich dabei um den vor 25 bis 5 Mio. Jahren eingebrochenen Scheitel eines Gebirges, durch den der Rhein seinen Weg zur Nordsee gebahnt und den Grabenbruch mit Geröll aufgefüllt hat. Die Oberrheinische Tiefebene ist von Basel bis zum Main 300 km lang und 30 km breit.

Die Waldspirale, eine nach den Plänen von Friedensreich Hundertwasser erbaute Wohnanlage in Darmstadt (Nähe Messplatz) **5**.

3 **„Weltnaturerbe Grube Messel"** (Informationstafel): Das Skelett eines prähistorischen Urpferdchens verweist auf die berühmte Fossilienfundstätte (12 km östlich von AS Weiterstadt). Hier hatte vor Jahrmillionen ein See den tropischen Urwald überschwemmt, in dem Tiere und Pflanzen versteinerten. Die Fossilien wurden beim Abbau von Ölschiefer 1886–1971 gefunden.

4 **„Mathildenhöhe Darmstadt – Zentrum des Jugendstils"** (Informationstafel): Das Schild verweist auf die Anhöhe über Darmstadt, wo sich 1899 eine Künstlerkolonie ansiedelte. Unter ihrem Einfluss entstanden bahnbrechende Jugendstilgebäude – am berühmtesten sind die Ausstellungshallen und der Hochzeitsturm nach Plänen von Joseph Maria Olbrichs. Unmittelbar neben dem Hochzeitsturm ließ Zar Nikolaus II. 1899 für seine Gemahlin Alice von Hessen die prunkvolle Russische Kapelle erbauen.

5 Die AS Dreieck Darmstadt führt nach **Darmstadt**, die ehemalige Residenzstadt der Herzöge von Hessen. Im Herzen der Stadt (5 km) liegt der Luisenplatz mit Rathaus, Luisencenter und Carrée, einer Kombination denkmalgeschützter Industriehallen und moderner Architektur. Mitten auf dem Platz steht der „Lange Ludwig", eine 39 m hohe Säule, 1844 zu Ehren von Großherzog Ludwig I. erbaut. Im Residenzschloss, einem Bautenkonglomerat aus sechs Jahrhunderten, gibt das Schlossmuseum einen Überblick über 250 Jahre höfisches Leben. Der mächtige Kuppelbau der St.-Ludwigs-Kirche entstand 1822–1827.

6 **„Naturpark Bergstraße Odenwald"** (Informationstafel): Der 162 000 ha große Naturpark östlich der Autobahn wird von der Rheinebene im Westen, vom Main im Osten und vom Neckar im Süden begrenzt. Über 50 Schlösser und Burgen sowie mittelalterliche Städte, weite Wälder und Hügel beherbergt dieses große Areal. Die Erhebungen des Odenwaldes schützen die Bergstraße vor kalten Winden und lassen Mandel-, Pfirsich- und Kirschbäume früher als sonst in Deutschland erblühen. In der südlich anmutenden Landschaft gedeihen auch Edelkastanien, Wein und Spargel. Die schon von den Römern als Strata Montana angelegte **Bergstraße** durch die Dörfer und Städte am Rand des Odenwaldes, heute die B3, verläuft von Darmstadt über Heppenheim und Heidelberg bis Wiesloch.

7 **„Burg Frankenstein"** (Informationstafel): Die Burg ist im Osten nur flüchtig durch vereinzelte Lücken in der Waldstrecke zu erkennen. Vor rund 800 Jahren gegründet, verfiel sie nach wechselvoller Geschichte und wurde im 19. Jh. umfassend restauriert. Heute beherbergt die Burg eine Ausflugsgaststätte.

8 An dieser Stelle sieht man die dominierende Erhebung an der Bergstraße, den von einem Aussichtsturm und einem Sender gekrönten **Melibokus** (517 m).

9 **„Schloss Auerbach"** (Informationstafel): Auf dem Schild ist die doppeltürmige Ruine auf einem Vorberg südlich des Melibokus abgebildet. Das Schloss aus dem 13. Jh. gehört zu den beliebtesten Ausflugszielen in der Region. Einen eindrucksvollen Blick auf das Bauwerk hat man vom Parkplatz der Raststätte Bergstraße (nur in nördlicher Fahrtrichtung) bei km 541. Zu Füßen des Schlosses erstreckt sich bei Auerbach der 1790–1795 angelegte Staatspark **Fürstenlager** mit unverändert erhaltenen Gebäuden wie Herrenhaus, Fürsten- und Damenbau. Im daran anschließenden Park gedeihen exotische Pflanzen, darunter 50 m hohe Mammutbäume.

10 Über die AS Zwingenberg erreicht man das Fachwerkstädtchen **Zwingenberg** am Fuß des Melibokus. Außer dem mittelalterlichen Stadtkern sind auch die Stadtbefestigungen mit Mauern und Türmen erhalten geblieben.

11★ **„Weltkulturerbe Kloster Lorsch"** (Informationstafel): Das Schild zeigt die um 800 erbaute Königshalle der ehemaligen Reichsabtei. Sie ist über die AS Bensheim in westlicher Richtung erreichbar und war unter Karl dem Großen politischer Mittelpunkt des Karolingischen Reiches. Das Kloster ist ein einzigartiges Beispiel der damaligen Baukunst, eines der ältesten vollständig erhaltenen Baudenkmäler Deutschlands aus nachrömischer Zeit. Zurück zur A5 fahren Sie am besten über die B460 zur AS Heppenheim.

12 Östlich der A5 sind Hochhäuser von **Bensheim** zu sehen. Im historischen Kern der über 1300-jährigen Stadt sind prächtige Fachwerkhäuser und alte Adelshöfe erhalten.

13 Hoch über Heppenheim, östlich der A5, ist die **Starkenburg** zu sehen, die 1065 zum Schutz von Kloster Lorsch erbaut wurde und heute als Jugendherberge genutzt wird. In der malerischen Altstadt von **Heppenheim** ist der Marktplatz von Fachwerkbauten des 18. Jh. umgeben. Besonders schön sind das Rathaus mit Glockenspiel und Barockfachwerk, die Liebig-Apotheke sowie der Kurmainzer Amtshof und das Würzburger Tor. Wegen ihrer Größe wird die neugotische Kirche St. Peter (1900–1904) „Dom der Bergstraße" genannt. Ihre vier Spitztürme sind von der AS Heppenheim aus (km 546) kurz zu sehen.

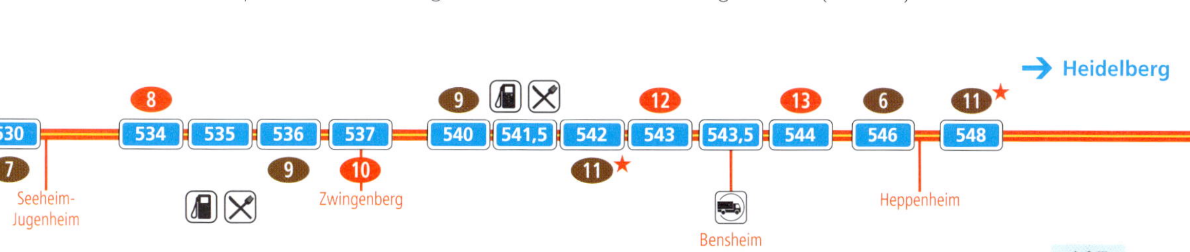

1 **„Odenwald“** (Informationstafel): Wo der hessische und bayerische Naturpark Bergstraße-Odenwald (siehe S. 106/107) endet, beginnt der baden-württembergische Naturpark Neckartal-Odenwald. An seinem Westrand ziehen sich entlang der Bergstraße kuppige Bergrücken aus 400 Mio. Jahre altem kristallinen Gestein. Weiter östlich folgt der Buntsandstein-Odenwald mit Hochflächen und tief eingeschnittenen Tälern. Besonders markant ist der von Burgen, Ruinen und malerischen Kleinstädten wie Neckarsteinach und Eberbach gesäumte Neckardurchbruch durch den Odenwald östlich von Heidelberg.

2 Mit Schildern verabschiedet sich Hessen, und **Baden-Württemberg** begrüßt die Autofahrer. Im Südosten erhebt sich über einem ausgedehnten Steinbruch am Odenwaldhang der turmgekrönte **Hirschkopf** (340 m).

3 Im Osten sind über **Weinheim an der Bergstraße** die beiden Ruinen Wachenburg und (etwas tiefer gelegen) Windeck zu sehen. Die mittelalterliche Stadt Weinheim zieht sich vom verwinkelten Gerberviertel über den Marktplatz mit dem Alten Rathaus zum Schloss hinauf. Die verschiedenen Bauteile des Schlosses stammen aus dem 15., 18. und 19. Jh. Es wird heute als Rathaus genutzt. Im sehenswerten Schlosspark steht eine 250 Jahre alte Zeder und im anschließenden Exotenwald sind Weihrauchzedern, Sierra-Tannen und Mammutbäume zu bewundern.

4 **„Burgruine Strahlenburg/Schriesheim“** (Informationstafel): Im Gegensatz zu vielen Burgen erhebt sich die Ruine Strahlenburg nicht auf den Gipfeln der Odenwald-Bergkette, sondern auf halber Höhe am Hang, mitten in den Weinbergen über Schriesheim. Sie wurde im 12. Jh. erbaut, 1470 zerstört und gilt als Schauplatz von Kleists „Käthchen von Heilbronn“. Der romantische Ort Schriesheim zu Füßen der Ruine ist ein historischer Weinort mit altertümlichen Gebäuden. Wegen der Baumreihen ist die Strahlenburg nur für kurze Augenblicke im Osten zu sehen.

5 Die Türme von **Ladenburg** tauchen im Südwesten auf. Das antike Lopodunum war vor 1900 Jahren Mittelpunkt des römischen Neckarlandes. Ausgrabungen, darunter die einer Marktbasilika, berichten aus jener Zeit. Heute wird Ladenburg vor allem von seinen mittelalterlichen Fachwerkhäusern und Adelshöfen sowie dem Wormser Bischofshof (16. Jh.) und der gotischen Kirche St. Gallus (13. Jh.) geprägt.

Blick über die ehemalige Römerbrücke auf die Ruine des Heidelberger Schlosses **8**★.

6 **„Badische Bergstraße“** (Informationstafel): Die Tafel weist mit symbolisierten Ruinen und Weintrauben auf die malerische und milde Landschaft am Steilaufstieg des Odenwaldes hin, wo zu Beginn des Frühlings die Obstbaumblüte an den Hängen wie Neuschnee wirkt und im Herbst fruchtige Weine reifen.

7 Die 390 m lange, 15 m hohe **Neckarbrücke** überquert den Fluss und den Neckarkanal. Von hier aus ist östlich am Steilaufstieg des Odenwaldes ein großer Steinbruch zu sehen, der – besonders aus südlicher Richtung – wie eine beträchtliche Wunde in der Landschaft wirkt.

8★ **„Heidelberger Schloss“** (Informationstafel): Heidelberg gilt als Inbegriff der deutschen Romantik und lohnt seit eh und je einen Abstecher – nicht nur für hoffnungslose Romantiker (ab Kreuz Heidelberg 7 km, 10 Min.). Vor allem die verwitterte Ruine des gewaltigen, jahrhundertealten Schlosses aus rotem Sandstein zog im 19. Jh. schwärmerische Künstlernaturen magisch an. Die ehemalige Residenz der Pfälzer Kurfürsten wurde seit dem 16. Jh. in mehreren Abschnitten gebaut; der Friedrichsbau von 1607 gilt als Höhepunkt der deutschen Renaissance. 1689 und 1693 wurde das Schloss im Pfälzischen Erbfolgekrieg teilweise zerstört und brannte nach dem Wiederaufbau 1764 völlig aus. Seitdem ist es die wohl meist besuchte Ruine Deutschlands. Die historische **Altstadt** zu Füßen des Schlosses wurde nach der Zerstörung 1693 barock aufgebaut. Die Gebäude von Deutschlands ältester, 1386 gegründeter Universität entstanden 1728 neu. Besonders malerisch zeigt sich die Stadt mit der von barocken Tortürmen geschützten Alten Brücke vom Philosophenweg am jenseitigen Neckarhang. Auf der südlichen Neckarseite dominiert der von Aussichtsturm und Sender gekrönte **Königstuhl** (568 m), der mit einer Seilbahn erreichbar ist.

9 Rund um das **Kreuz Heidelberg** reichen Industrie- und Wohngebiete bis an die A5. Im Westen sind die Schornsteine von Mannheim zu erkennen, im Osten die der Zementwerke von Rohrbach; dahinter ziehen sich ausgedehnte Wohnblocks den Kleinen Odenwald hinauf, wie die Berge südlich des Neckars genannt werden.

10 **„Schwetzinger Schloss“** (Informationstafel): Das Schwetzinger Schloss entstand 1719 als Sommerresidenz der pfälzischen Kurfürsten. Im Schlosstheater von 1752, einem Rokoko-Juwel, finden die Schwetzinger Schlossfestspiele, ein international bedeutendes Festival klassischer Musik, statt. Zu den schönsten Parkanlagen Deutschlands gehört der 72 ha große Schwetzinger Schlossgarten, der barocke Symmetrie mit der Weitläufigkeit eines romantischen Landschaftsgartens vereint. In den Sandböden des Umlandes gedeiht der Schwetzinger Spargel.

11 Weit im Westen sind wiederholt die Türme und die Dampfsäulen des **Kernkraftwerks Philippsburg** am Rhein zu erkennen.

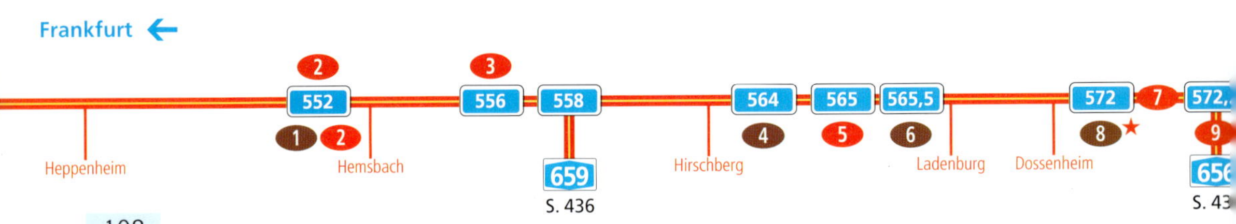

546,6
596,4
5
Lorsch
Heppenheim
Bürstadt
Riedrode
LAMPERTHEIM
Biedensand
Neuschloß
Hüttenfeld
Laudenbach
Hemsbach
WEINHEIM
Fürth
Hambach
Rimbach
Albersbach
Bonsweiher
Mörlenbach
Oberlaudenbach
Hubenkopf
Oberliebersbach
Niederliebersbach
Weiher
Zotzenbach
Münschbach
Tromm
Sulzbach
Reisen
Obermumbach
Wald-Michelbach
Kreidach
Vöckelsbach
Hornbach
Birkenau
Kallstadt
Löhrbach
Mackenheim
Siedelsbrunn
Ober-Absteinach
Unter-Abtsteinbach
Wachenburg
Gorxheim
Buchklingen
Gorxheimertal
Lützelsachsen
Unterflockenbach
Trösel
Ritschweier
Hohensachsen
Hirschberg
Großsachsen
Oberflockenbach
Stiefelhöhe
Schönbrunn
Rippenweier
Lampenhain
Heiligkreuzsteinach
an der Bergstrasse
Ursenbach
Altenbach
Badische Weinstraße
Wilhelmsfeld
Heddesbach
Schriesheim
Weißer Stein
Dossenheim
Altneudorf
Peterstal
Ehem.Zist.-Kloster
Heiligenberg
ZIEGELHAUSEN
Schönau
Kirschgartshausen
Scharhof
BLUMENAU
Petersau
Mannheim-Sandhofen
Viernheimer Dreieck
Kreuz Weinheim
SCHÖNAU
VIERNHEIM
Viernheim-O
SANDHOFEN
GARTENSTADT
LU-Nord
WALDHOF
KÄFERTAL
Muckensturm
Viernheim
Viernheimer Kreuz
MANNHEIM
Heddesheim
Hirschberg
Leutershausen
R.Hirschburg
Ladenburg
Ilvesheim
FEUDENHEIM
Friedens-K.
Schloß
Luisenpark
LU-Stadt
Techn. Landesmus.
MA-Neckarau
Kreuz MA
SECKENHEIM
Burgenstr.
Neckarhausen
Edingen-
St.Sebastian
RHEIN-GÖNHEIM
NECKARAU
PFINGSTBERG
MA-Seckenheim
FRIEDRICHS-
Dossenheim
Wieblingen
Neuhofen
Altrip
Blaue Adria
RHEINAU
Kreuz Heidelberg
MA/Schwetzingen
NEUENHEIM
Alte Brücke
SCHLIERBACH
Neckarsteinach
Kleingemünd
Dilsberg
Waldsee
Brühl
Eppelheim
Plankstadt
Kurpf.Mus.
Königstuhl
Kurhaus
Schwetzingen
Patrick-Henry-Siedl.
HEIDELBERG
Neckargemünd
Schloßpark
Ketsch
„bellamar"
KIRCHHEIM
Waldhilsbach
Römischer Gutshof
Otterstadt
Speyer
HD/Schwetzingen
Bruchhausen
Gaiberg
Langenzell
Schwetzingen/Hockenheim
Oftersheim
Sandhausen
Bergstraße
Bammental
Wiesenbach
Dreieck Hockenheim
Reilsheim
Gauangelloch
Mauer
Leimen
SPEYER
Hockenheim
Hockenheimring
Sankt Ilgen
Hirsch-B.
Ochsenbach
Meckersheim
Dom
Maisbach
Schatthausen
Oberhof
Technik Mus.
Altlußheim
Walldorf/Wiesloch
Walldorf
Nußloch
aquadrom
Wiesloch
Baiertal
Zuzenhausen
Berghausen
Reilingen
Neulußheim
Römerberg
Rheinhausen
Kreuz Walldorf
Dielheim
Unterhof
Horrenberg
Deutsch-Franz. Touristikroute
Rhein
Oberhausen-
Sankt Leon-
Rauenberg
Balzfeld
Hoffenheim
Wiesloch/Rauenberg
Rotenberg
Tairnbach
Mühlhausen
Philippsburg
Waghäusel
Rot
Malschenberg
Eschelbach
St.Georg
Kirrlach
Badische Weinstr.
Malsch
Angelbachtal
Dühren
Rettigheim
Eichtersheim
Rheinsheim
Wiesental
Kronau
Bad Mingolsheim
Östringen
Michelfeld
S. 124
Karlsruhe
580
582
591
Heidelberg/Schwetzingen
Walldorf/Wiesloch
Kronau

1 Zwischen dem Odenwald im Norden und dem Schwarzwald im Süden erstreckt sich am Ostrand der Rheinebene der **Kraichgau**. Die von Reben bewachsenen Hügel sind nach der Waldstrecke ab km 608 gut zu sehen. Auf fruchtbaren Lößböden werden hauptsächlich Müller-Thurgau, Riesling, Ruländer und Weißburgunder angebaut, als Rotweinsorten Spätburgunder und Schwarzriesling.

2 Unmittelbar an der Einfahrt zur Raststätte Bruchsal unterquert die 1993 eingeweihte, 100 km lange **ICE-Schnellbahnstrecke** Mannheim–Stuttgart die A5. Es war damals der erste Bahnstrecken-Neubau nach vielen Jahrzehnten.

3 **„Barockschloss Bruchsal"** (Informationstafel): In dem 1722–1733 erbauten Schloss sind besonders der Marmorsaal und das Treppenhaus des berühmten Baumeisters Balthasar Neumann sehenswert. Im Schloss befindet sich ein Museum mechanischer Musikinstrumente. Von Balthasar Neumann stammt auch die barocke Kirche St. Peter in Bruchsal.

4 Der Turm der barocken **Michaelskapelle** ragt östlich auf den Anhöhen des Kraichgau über das Land. Die Kapelle ist noch mehrfach kurz durch die Lücken des Laubwaldes zu sehen.

5 Hoch über **Karlsruhe-Durlach** steht auf dem Turmberg der zum Aussichtsturm ausgebaute Bergfried einer mittelalterlichen Burg. Durlach war ab dem 16. Jh. badische Residenz, ehe 1715 Karlsruhe diese Funktion übernahm.

6 Von der Brücke über die Bahngleise der Strecke Pforzheim–Karlsruhe sind im Westen kurz die

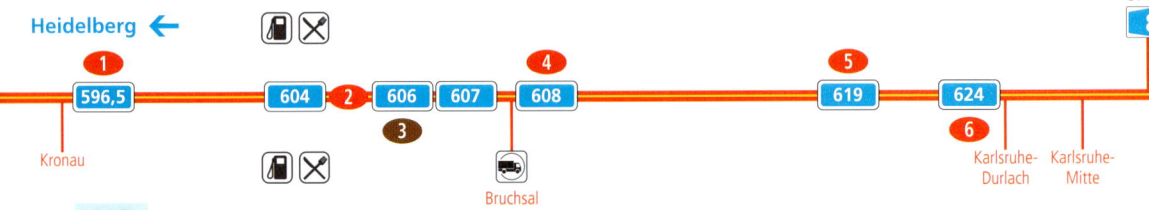

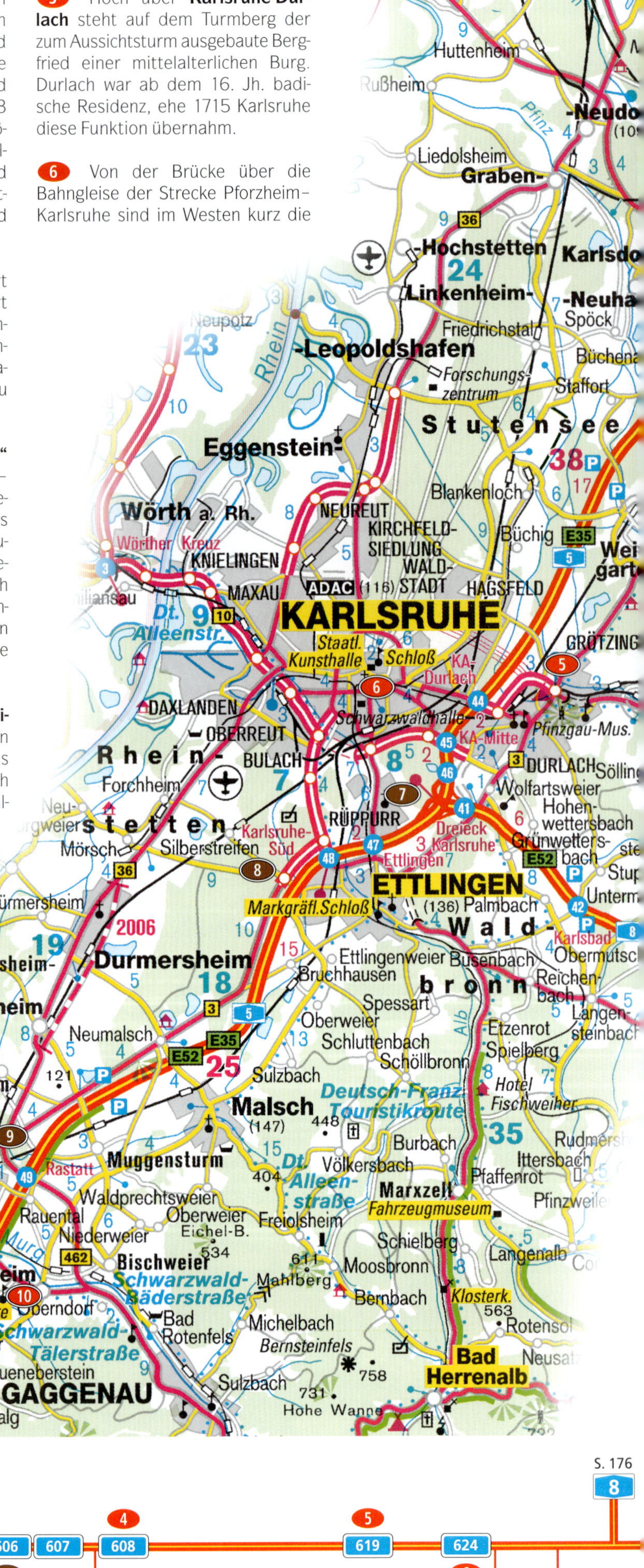

Heidelberg ←

S. 176 8

1 596,5 Kronau — 604 — 2 — 606 — 3 — 607 — 4 608 Bruchsal — 5 619 — 624 6 Karlsruhe-Durlach — Karlsruhe-Mitte

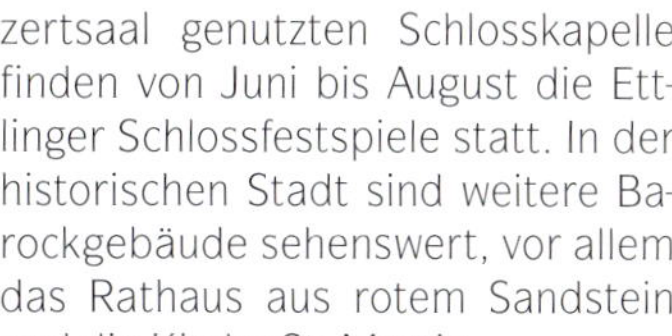

Das Barockschloss ist die bedeutendste Attraktion in Bruchsal **3**. *Es beherbergt u. a. eine sehenswerte Sammlung von Gobelins.*

Hochhäuser, Kirchen und der Turm des **Residenzschlosses Karlsruhe** zu sehen. Die Idee von einer Stadt mit sternförmigem Grundriss und einem Schloss im Mittelpunkt soll der Markgraf Karl Wilhelm von Baden im Traum gehabt haben. Alle Straßen der 1715 gegründeten Stadt führen auf den achteckigen Schlossturm zu. Das einheitlich klassizistische Stadtbild schuf zu Anfang des 19. Jh. der Karlsruher Architekt Friedrich Weinbrenner. Schmuckstück ist der von Säulenreihen und klassizistischen Gebäuden geprägte Marktplatz (siehe A8, S. 176).

7 **„Barockschloss Ettlingen“** (Informationstafel): Das Schloss entstand 1728–1733 als Alterssitz der Markgräfin Sibylla Augusta von Baden und beherbergt heute mehrere Museen, darunter das landeskundliche Albgaumuseum. In der als Konzertsaal genutzten Schlosskapelle finden von Juni bis August die Ettlinger Schlossfestspiele statt. In der historischen Stadt sind weitere Barockgebäude sehenswert, vor allem das Rathaus aus rotem Sandstein und die Kirche St. Martin.

8 **„Nördlicher Schwarzwald“** (Informationstafel): Unvermittelt steigt der Schwarzwald im Osten aus der Rheinebene an und begleitet die A5 bis zum Autobahnende. Auf vielen Bergen sind Sendetürme sowie ehemalige Burgen zu erkennen, die im Laufe der Zeit zerstört wurden oder verfielen und heute als Ruinen über die bewaldeten Anhöhen wachen. In die Sandsteinflächen haben Flüsse schluchtartige Täler eingefräst. Eindrucksvoll ist das wild romantische Murgtal, das von Rastatt bis Freudenstadt ins Gebirge führt. Es wurde während der letzten Eiszeit von einem Gletscher gebildet.

9 **„Barockschloss Rastatt“** (Informationstafel): In dieses erste nach dem Vorbild von Versailles erbaute Barockschloss Deutschlands verlegte 1705 Markgraf Ludwig Wilhelm I. von Baden seine Residenz. Zuvor hatte der „Türkenlouis“, wie der Landesherr wegen seiner zahlreichen Feldzüge gegen die Osmanen genannt wurde, von Baden-Baden aus regiert. In der äußerlich unscheinbaren, innen aber üppig ausgestatteten Schlosskirche fand Markgräfin Sibylla Augusta ihre letzte Ruhe. Im Schloss befindet sich das Wehrgeschichtliche Museum.

10 ★ Einen Abstecher wert ist das **Lustschloss Favorite**, das Markgräfin Sibylla Augusta wenige Jahre nach dem Tode des Markgrafen als Sommerresidenz errichten ließ. Einlegearbeiten aus Halbedelsteinen und Perlmutt sowie Fliesen nach Delfter Art zieren die Wände in der Beletage und im großen Festsaal. Sie erreichen dieses Kleinod des Barock über die AS Rastatt (8 km, 15 Min. in östlicher Richtung).

11 **„Baden-Baden/Ebersteinburg, Altes Schloss“** (Informationstafel): Ein Turm mit Sendeanlagen auf dem Merkur (668 m) bei Baden-Baden ist östlich zu sehen. Davor sind die Ruinen der Ebersteinburg sowie etwas südlich die Reste von Schloss Hohenbaden (Altes Schloss) zu erkennen. Die Stadt **Baden-Baden** unten im Tal der Oos strahlt bis heute den Glanz der europäischen Sommerresidenz des 19. Jh. aus. Damals verbrachten hier jedes Jahr gekrönte Häupter den Sommer. Aus dieser Zeit stammen die vielen prächtigen Hotels und Bürgerhäuser, darunter das von Friedrich Weinbrenner 1821–1824 erbaute klassizistische Kurhaus mit korinthischen Säulen und Prachtsälen sowie das neobarocke Stadttheater. Die 1838 eröffnete und damit älteste Spielbank Deutschlands wird mit ihren üppigen Wand- und Deckengemälden oft als die schönste in Europa bezeichnet. Seinen Weltruhm verdankt Baden-Baden den 68 Grad heißen Quellen, die bereits den Römern bekannt waren. Tempel der modernen Badekultur sind das historische Friedrichsbad und die 1985 eröffneten Caracalla-Thermen mit vielerlei Einrichtungen für Therapie und Badevergnügen.

12 Ein Schild weist auf die **Autobahnkirche** nahe der Raststätte Baden-Baden hin, die 1978 eingeweiht wurde. Bildtürme mit Figuren und Gesichtern rahmen die als Pyramide gestaltete Kirche an allen vier Seiten ein. Die kreuzförmig gestaltete Krypta unter der Kirche mit zentralem Altar und Halbreliefs an den Wänden lädt zu stiller Andacht ein.

13 Von der AS Baden-Baden zweigt die **Schwarzwaldhochstraße** (B500) ab, die unter der Innenstadt von Baden-Baden hindurch führt und dann bis über 1000 m ansteigt. Diese 1930 als eine der ersten deutschen Touristikstraßen eröffnete, 70 km lange Route führt unterhalb des Nordschwarzwald-Hauptkamms nach Freudenstadt. An der Strecke liegen mehrere Skigebiete sowie der Mummelsee.

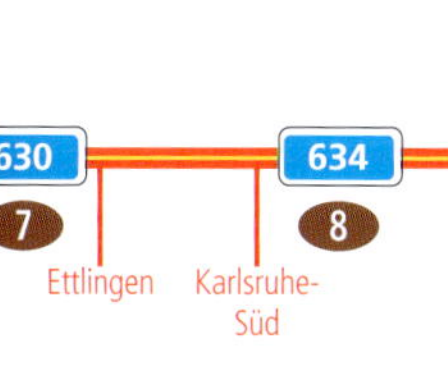

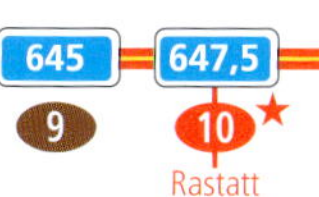

1 Parallel zur A5 verläuft die **Badische Weinstraße** von Baden-Baden aus am Schwarzwald entlang und durch den Kaiserstuhl bis Weil am Rhein. Die 160 km lange Straße des edlen Tropfens beginnt im Baden-Badener Rebland mit Weinorten wie Neuweier, Varnhalt und Steinbach/ Umweg, wo aus schlichten Weinstuben gehobene Restaurants geworden sind. Die Orte im Rebland dürfen ihre Weine in Bocksbeutelflaschen abfüllen, was sonst nur bei Frankenweinen erlaubt ist. Weiter im Süden folgen die Ortenau, der Kaiserstuhl (siehe S. 115) und das Markgräflerland (siehe S. 116).

2 Die **Ruine Yburg** (517 m) ist auf einem markanten Bergkegel südlich des auch hier noch sichtbaren Sendeturms Merkur über dem Baden-Badener Ortsteil Varnhalt zu sehen. Die im 13. Jh. entstandene Burg wurde 1689 im Pfälzischen Erbfolgekrieg zerstört.

3 **„Ortenau“** (Informationstafel): Auf dem Schild sind das Straßburger Münster und das neogotische Schloss Ortenberg bei Offenburg dargestellt, das dieser Landschaft den Namen gab. Die Ortenau erstreckt sich vom Rhein bis zum Schwarzwald und ist wegen ihrer Spätburgunderweine ein Begriff unter Weinkennern. Außerdem wachsen hier die bekannten Bühler Zwetschgen sowie Kirschen und Pflaumen, aus denen auch Schnäpse gebrannt werden.

4 Der **Sendeturm Hornisgrinde** ragt im Osten wie eine spitze Nadel hinter den ersten Schwarzwaldhöhen in den Himmel. Er steht auf der Hornisgrinde, dem höchsten Berg des Nordschwarzwalds (1164 m) an der Schwarzwaldhochstraße und ist während der nächsten 20 km immer wieder zu sehen.

5 Nahe der AS Bühl liegt im Westen der A5 das 748 gegründete Kloster **Rheinmünster-Schwarzach**, von dem die romanische Kirche aus dem 12. Jh. erhalten blieb. In ihrer Stilreinheit gehört sie zu den eindrucksvollsten Zeugnissen jener Zeit in dieser Region. Östlich führt das **Bühlertal** 13 km bis hinauf zur Schwarzwaldhochstraße in der Nähe des Schlosshotels Bühlerhöhe.

6 Über die AS Achern erreicht man den Ort Achern, von wo aus die **Achertalbahn** an zahlreichen Wochenenden im Sommer über die Weinorte Kappelrodeck und Waldulm nach Ottenhöfen dampft. Der ebenfalls von Reblandschaften und Wäldern umgebene Ort **Sasbachwalden** (3 km östlich von Achern) mit einem denkmalgeschützten, von Fachwerkhäusern geprägten Ortsbild erhielt wegen seines farbenfrohen Blumenschmucks den Beinamen „Blumen- und Weindorf“.

7 ★ Von der AS Appenweier lohnt sich ein Abstecher auf der B28 unter der Europabrücke ins 12 km entfernte **Straßburg**. Diese beeindruckende französische Stadt sollten Sie unbedingt besuchen. Sehenswert ist das weltberühmte Münster Unserer Lieben Frau. Die im 13. Jh. erbaute Kirche wurde romanisch begonnen, doch dann erfolgte der Übergang zum gotischen Baustil in höchster Vollendung. Besonders eindrucksvoll ist die Fensterrosette mit 13,5 m Durchmesser. Unter den vielen beachtenswerten Details ragen die figurengeschmückte Kanzel und die Silbermann-Orgel heraus. Außergewöhnlich prachtvoll sind die mittelalterlichen Fachwerkhäuser um das Münster. Im Château des Rohan, der ehemaligen Residenz der Fürstbischöfe (1730–1742) an der Südseite des Münsters, befinden sich mehrere Museen und die Gemäldegalerie. Das ehemalige Gerberviertel entwickelte sich als „La Petite France“ zu einem pittoresken Stadtteil mit vielen Kanälen und gemütlichen Weinstuben.

8 Direkt vor der Brücke über die Kinzig steht die Informationstafel **„Mittlerer Schwarzwald“**: Diese Landschaft wird vom tief eingeschnittenen Kinzigtal und seinen Zuflüssen geprägt. Weil der Schwarzwald nach Westen zum Rhein hin schroff abfällt, rauschen die Bäche und Flüsse oft als Wildwasser zu Tal und bilden mehrere Wasserfälle. Am eindrucksvollsten sind die Triberger Wasserfälle (siehe letzte Spalte auf S. 113 unten). Nach Osten hin läuft der Schwarzwald dagegen eher sanft in der Hochebene der Baar aus. Symbol dieser beliebten Ferienregion ist das abgebildete Schwarzwaldhaus mit dem charakteristischen Walmdach.

In ihrem südlichen Teil (zwischen Baden-Baden und der Schweizer Grenze) führt die A5 entlang der reizvollen Mittelgebirgslandschaft des Schwarzwalds.

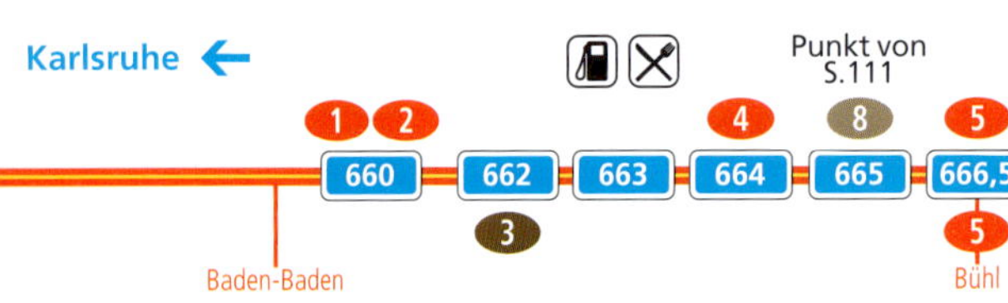

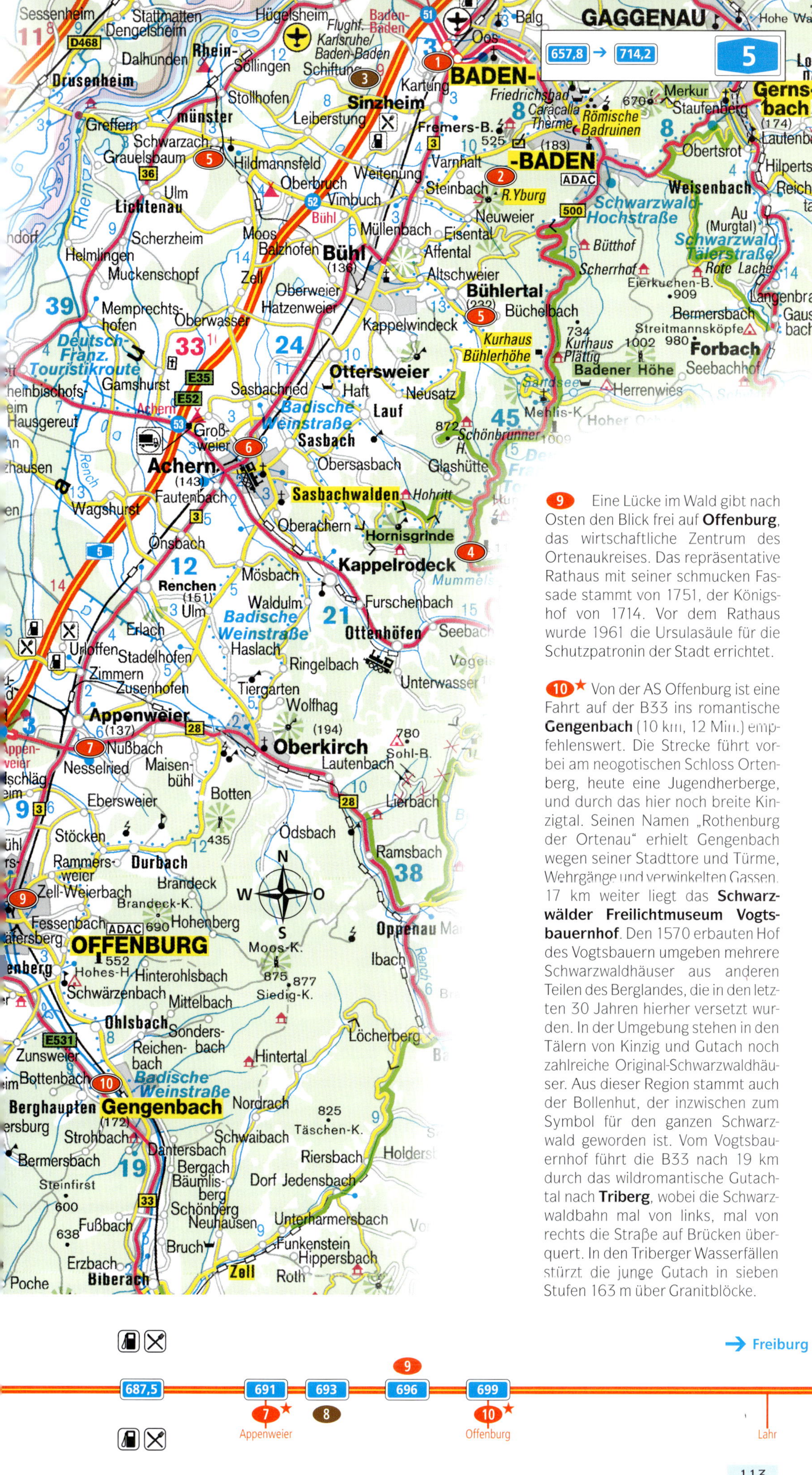

9 Eine Lücke im Wald gibt nach Osten den Blick frei auf **Offenburg**, das wirtschaftliche Zentrum des Ortenaukreises. Das repräsentative Rathaus mit seiner schmucken Fassade stammt von 1751, der Königshof von 1714. Vor dem Rathaus wurde 1961 die Ursulasäule für die Schutzpatronin der Stadt errichtet.

10★ Von der AS Offenburg ist eine Fahrt auf der B33 ins romantische **Gengenbach** (10 km, 12 Min.) empfehlenswert. Die Strecke führt vorbei am neogotischen Schloss Ortenberg, heute eine Jugendherberge, und durch das hier noch breite Kinzigtal. Seinen Namen „Rothenburg der Ortenau" erhielt Gengenbach wegen seiner Stadttore und Türme, Wehrgänge und verwinkelten Gassen. 17 km weiter liegt das **Schwarzwälder Freilichtmuseum Vogtsbauernhof**. Den 1570 erbauten Hof des Vogtsbauern umgeben mehrere Schwarzwaldhäuser aus anderen Teilen des Berglandes, die in den letzten 30 Jahren hierher versetzt wurden. In der Umgebung stehen in den Tälern von Kinzig und Gutach noch zahlreiche Original-Schwarzwaldhäuser. Aus dieser Region stammt auch der Bollenhut, der inzwischen zum Symbol für den ganzen Schwarzwald geworden ist. Vom Vogtsbauernhof führt die B33 nach 19 km durch das wildromantische Gutachtal nach **Triberg**, wobei die Schwarzwaldbahn mal von links, mal von rechts die Straße auf Brücken überquert. In den Triberger Wasserfällen stürzt die junge Gutach in sieben Stufen 163 m über Granitblöcke.

Huttenheim
Herbsheim
Obenheim
Allmannsweier
Schwanau
Lahr
Hugsweier
Friesenheim
Heiligenzell
600 Steinfirst
638 Fußbach
LAHR/Schwarzwald
Burgheim
Rossfeld
Daubensand
Nonnenweier
Dinglingen
Erzbach
Biberach
Boofzheim
Wittenweier
Langenwinkel
Kuhbach
Poche
Emersbach
Hohengeroldseck
Schönberg
Witternheim
Neunkirch
Rhinau
Kippenheimweiler
Mietersheim
Reichenbach
Prinzbach
Friesenheim
Langenhard
Zelsheim
Diebolsheim
Kappel-
Grafenhausen
Sulz
Kippenheim
Seelbach
Lachen
Mahlberg
Omersbach
Wittelbach
Bindernheim
Route du Rhin
Ettenheim
Orschweiler
Schmieheim
Untertal
Wittisheim
Rust
Europapark Rust
Altdorf
Wallburg
Schuttertal
Welschensteinach
Sundhouse
Ringsheim
Ettenheim
Münchweier
Ettenheimmünster
Dörlinbach
Saasenheim
Niederhausen
Badische Weinstr.
Ettenheimweiler
Harmersbach
Richtolsheim
Rheinhausen
Herbolzheim
Vordergeisberg
Untersteig
Schœnau
Oberhausen
Broggingen
Tutschfelden
Bleichheim
Streitberg
Schweighausen
Hünersedel 744
Weisweil
Wagenstadt
Waldshut
Nordweil
Hohe Eck
Dürrhöfe
Biederbach
Kenzingen
Helgenreute
Allmend
Brettental
Bombach
Mußbach
Freiamt
Oberspitzenbach
Schillinger B.
Wyhl am Kaiserstuhl
Forchheim
Hecklingen
Heimbach
Niedertal
Dörner
Selbig
Knebis
Unterspitzenbach
Riegel
Malterdingen
Frühgotische Kapelle
Reichenbach
Oberwinden
Sasbach am Kaiserstuhl
Riegel a. Kaiserstuhl
Landeck
Tennenbach
Keppenbach
Siegelau
Winden im Elztal
Königschaffhausen
Endingen am Kaiserstuhl
Köndringen
Gescheid
Leiselheim
Jechtingen
Mundingen
Zinken
Niederwinden
Bahlingen am Kaiserstuhl
Maleck
Bleibach
Kiechlinsbergen
Katharina-B.
Teningen
Harnischwald
Kregelbach
Kaiserstuhl
Gutach
Bischoffingen
Schelingen
Nimburg
Emmendingen
Windenreute
Siensbach
Burkheim
Oberbergen
Eichstetten am Kaiserstuhl
Kollmarsreute
Wasser
Sexau
Kollnau
Untersimonswald
Oberrotweil
Vogtsburg im Kaiserstuhl
Waldkirch
Niederrotweil
Bickensohl
Reute
Oberreute
Lörch
Obertal
Totenkopf
Bötzingen
Neuershausen
Holzhausen
Denzlingen
Buchholz
Dettenbach
Oberschaffhausen
March
Suggental
Kandelwald
Achkarren
Liliental
Vörstetten
Kandel 1241
Buchheim
Freiburg-Nord
Badische Weinstr.
Glotterbad
Wasenweiler
Hugstetten
Benzhausen
Schwarzwald Panoramastr.
Ihringen
Gottenheim
Hochdorf
Gundelfingen
Heuweiler
Unterglottertal
Oberglottertal
Umkirch
Am Rain
Glottertal
Hochstetten
Waltershofen
ZÄHRINGEN
Föhrental
Ohrensbach
Sägendobel
Merdingen
Freiburg-Mitte
ADAC
Flaunser 866
LEHEN
FREIBURG IM BREISGAU
Gündlingen
Sankt Nikolaus
Roßkopf
Eschbach
Sankt Peter
HERDERN
Reckenberg
Münster
Opfingen
Wittental
Unteribental
Niederrimsingen
Ebnet
Stegen
Geiswasser
Tiengen
Freiburg-Süd
E.-Keidel-Bad
HASLACH
Unterbirken
Rechtenbach
Oberrimsingen
Grezhausen
Munzingen
SANKT GEORGEN
WIEHRE
Zarten
Burg
Littenweiler
Falkenhof
Hausen an der Möhlin
Ehrentrudis-Kp.
Wolfenweiler
Leutersberg
Merzhausen
Kappel
Bad Krozingen
Mengen
Schallstadt
Schönberg 644
Günterstal
Kirchzarten
Buchenbach
Ebringen
Au
Großes Tal
Höfen
Feldkirch
Scherzingen
Langackern
Hartheim
Biengen
Pfaffenweiler
Wittnau
Weilersbach
Falkensteig
Offnadingen
Schauinsland
Bremgarten
Schlatt
Norsingen
Sölden
Ehrenkirchen
Horben
Oberried
Hirschsprung
Thermalbad
Kirchhofen
Hexental
Geiersnest
Zastler
Bad Krozingen
Bollschweil
Grüne Str.
Ehrenstetten
Schauinsland
Grube
Badische Weinstr.
Bergwildpark
Alpersbach
Tunsel
Sankt Ulrich
Schauinsland
Hochfahrn
Steinwasen
Schmidhofen
Hofsgrund
1264
Karlsruhe
Punkt von S.112
712
720
722
723,5
727
729,5
730
732
734
735
737
Lahr
Ettenheim
Herbolzheim
Riegel

1 Schutterlindenberg heißt der 297 m hohe Hausberg von **Lahr**, der östlich der A5 zu sehen ist. Schmuckstück der Stadt ist das Alte Rathaus von 1608 mit Spätrenaissancefassade und Freitreppe. Das 1808 vollendete Neue Rathaus wurde im Stil Friedrich Weinbrenners, des großen badischen Architekten des Klassizismus, gebaut.

2 Bei der Raststätte Mahlberg öffnet sich der Wald und gibt den Blick frei auf das südöstlich liegende **Schloss Mahlberg**, das sich malerisch auf einem Basaltfelsen etwa 60 m über der Rheinebene erhebt. Der schlichte Bau mit seinem hohen Dach stammt aus dem 17. Jh.

3 **„Europapark Rust"** (Informationstafel): Deutschlands größter Freizeitpark (6 km westlich der AS Ettenheim) lockt jährlich über 3 Mio. Besucher an. Der Park wurde 1975 gegründet. Sein Name ist Programm: Über 100 Attraktionen entführen den Besucher auf eine kleine Europareise. Beispielsweise geht es mit einer rasanten Wasser-Achterbahn durch das antike Griechenland oder mit dem Matterhorn-Blitz in Schussfahrt durch die Alpen.

4 Jenseits der Wiesen und Felder westlich der A5 zieht sich hinter Rust das rund 1600 ha große **Naturschutzgebiet Taubergießen** den Rhein entlang, eines der letzten zusammenhängenden Gebiete der Rheinauenlandschaft. In diesem dschungelartigen Biotop nisten zahlreiche Wasservögel wie Blesshühner, Haubentaucher, Kormorane und Enten, leben Insekten und seltene Pflanzen wie z.B. Orchideen.

5 In der Barockstadt **Ettenheim** (3 km südöstlich der AS Ettenheim) steht der gesamte Ortskern unter Denkmalschutz. Drei Tore führen in die noch teilweise ummauerte Altstadt mit Fachwerkhäusern und schmucken Barockgebäuden, überragt von der spätbarocken Stadtkirche St. Bartholomäus.

6 Die großen Hallen östlich der A5 gehören zum Gewerbegebiet von **Herbolzheim**. Die Stadt selbst wird wie Ettenheim von prächtigen Bauten aus Barock und Frühklassizismus sowie von Fachwerkhäusern geprägt.

7 **„Kaiserstuhl"** (Informationstafel): Der schon von weitem sichtbare Höhenzug westlich der Autobahn entstand vor 40 Mio. Jahren als Vulkan. Der Kaiserstuhl ragt bis zu 360 m hoch über die flache Tiefebene, seine höchste Erhebung ist der von einem Sender gekrönte Totenkopf (557 m). Diese sonnenreichste und wärmste Ecke Deutschlands gilt als das Herzstück des klimatisch bevorzugten Weinanbaugebiets Baden.

8 Östlich der A5 liegt auf einem Hügel die mittelalterliche **Ruine Lichteneck** bei Kenzingen. Die Stadt **Kenzingen** ist eine Gründung des Adelsgeschlechts der Zähringer, die vom 11. bis 13. Jh. in dieser Region Städte und Burgen anlegten.

9 Westlich der A5, in Höhe der AS **Riegel**, sehen Sie die wie ein romantisch verspieltes Schlösschen wirkenden Gebäude der repräsentativen Industrie-Architektur des 20. Jh. am Steilaufstieg des Kaiserstuhls liegen. Tatsächlich handelt es sich um die Fabrikgebäude der **Riegel-Brauerei**. Darüber erhebt sich die Kapelle St. Michael, die eine Madonna von 1465 birgt. Im Sommer verkehrt die Museumsbahn „Rebenbummler" von Riegel über Vogtsburg nach Breisach.

10 **„Breisgau"** (Informationstafel): So heißt die Landschaft zwischen Schwarzwald und Oberrhein, in deren Zentrum die Stadt Freiburg mit dem auf der Tafel abgebildeten Münster liegt. Im milden Klima dieser Landschaft gedeihen auf fruchtbaren Böden Frühgemüse, Obst und Wein. Die Strecke durch das Breisgau führt durch ausgedehnte Laubwälder und bietet nur selten kurze Blicke zu den Höhenzügen von Schwarzwald und Kaiserstuhl.

11 **„Hochschwarzwald"** (Informationstafel): Ein Schwarzwaldhaus und ein turmgekrönter Berg zieren die Tafel. Bei dem Schild gibt östlich eine Lichtung in der ausgedehnten Waldstrecke kurz den Blick auf die mächtigen Berge des Schwarzwalds frei. Mit 1493 m ist der Feldberg die höchste Erhebung aller deutschen Mittelgebirge.

12 In Höhe der **Raststätte Schauinsland** ist in einer Waldlichtung der gleichnamige, 1284 m hohe Berg zu erkennen, auf den eine Seilbahn führt. Vom Gipfel genießt man eine wunderbare Aussicht über die Rheinebene bis zu den Vogesen.

Blick über die Weinberge rund um Ihringen am Kaiserstuhl 7.

13★ Von der AS Freiburg-Mitte sind es 5 km (8 Min.) in Richtung Osten zum Stadtzentrum von **Freiburg im Breisgau**, das unbedingt einen Abstecher lohnt. Der 116 m hohe Turm des Münsters, der von der A5 zu sehen ist, erhebt sich in vollendeter Maßwerkarbeit über den von historischen Gebäuden umgebenen Marktplatz. 300 Jahre, vom 13. bis 16. Jh., wurde am Münster gebaut, das sowohl von außen als auch mit seinen Altären und Glasmalereien im Inneren zu den schönsten gotischen Bauwerken Europas zählt. Freiburgs Altstadt, nach großflächiger Zerstörung im Zweiten Weltkrieg weitgehend originalgetreu wieder aufgebaut, gehört zu den eindrucksvollsten Stadtensembles in Deutschland. Zur entspannten Atmosphäre dieser lebendigen Studentenstadt tragen die „Bächle" bei: Frisches Schwarzwaldwasser fließt durch die offenen Wasserläufe in den Straßen und sorgt auch an heißen Sommertagen für angenehme Kühle.

14 Am Ende einer Waldstrecke geht der Blick östlich zum Schwarzwald, westlich auf den **Tuniberg** mit der weithin sichtbaren **Ehrentrudiskapelle** von 1716. Im Weinanbaugebiet Kaiserstuhl-Tuniberg liegen zahlreiche hübsche Weindörfer. Der wärmespeichernde Lößboden eignet sich ideal für den Anbau der wertvollen Burgundersorten.

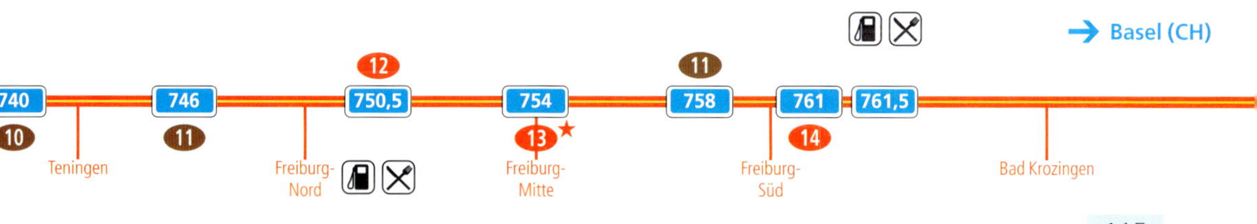

1 **„Markgräflerland“** (Informationstafel): Das ehemalige Herrschaftsgebiet der Markgrafen von Baden präsentiert sich vor allem als eine Weinlandschaft, die die A5 östlich bis zur deutsch-schweizerischen Grenze begleitet. Auf ausgedehnten Anbauflächen in der hügeligen Schwarzwald-Vorbergzone gedeihen Müller-Thurgau, Spätburgunder sowie als Spezialität der Gutedel, ein leichter, frischer Weißwein, den Markgraf Karl Friedrich vor 200 Jahren in diese Region einführte. Während der nächsten 20 km ist östlich hinter den Rebhügeln immer wieder der spitze Aussichtsturm zu sehen, der auf dem Berg Blauen (1165 m) steht.

bieten typischen, wild wuchernden, artenreichen **Erlen-Birkenbruch**.

5 Südöstlich der AS Hartheim/Heitersheim liegt **Heitersheim** (6 km), das fast 400 Jahre lang – bis 1806 – Sitz der Großpriore des Malteserordens war. Das Malteser- und Johannitermuseum im Schloss (16.–18. Jh.) gibt einen vollständigen Überblick über die Geschichte des Ordens. In der Nähe des Schlosses wurde ein römisches Gut, die „Villa urbana“, entdeckt und ab 1991 ausgegraben. Sie verfügte über ein Badehaus, Säulenhallen, herrschaftliche Gemächer sowie fließendes Wasser und Fußbodenheizung.

Unterhalb einer Burgruine der Zähringer liegen die Kuranlagen von Badenweiler 6.

2 Östlich der Autobahn sind auf einem 40 m hohen Felsblock im Bad Krozinger Ortsteil Biengen das kleine Schloss Biengen (16. und 18. Jh.) und die Kirche St. Leodegar zu sehen. **Bad Krozingen** ist einer von mehreren Thermalkurorten im Markgräflerland, deren Besuch sich v. a. bei Herz-, Kreislauf- und Rheumaerkrankungen empfiehlt.

3★ **„Staufen im Breisgau“** (Informationstafel): Die historische Kleinstadt (10 km, 15 Min. südöstlich der AS Bad Krozingen) liegt eingebettet zwischen Wald und Reben am Fuß einer mächtigen Burgruine. Das malerische Städtchen lohnt einen Abstecher. Ein eindrucksvolles Gemälde und eine Inschrift am Gasthaus „Löwen“ im Ortskern von Staufen erzählen die Geschichte eines gewissen Dr. Johannes Faust, der hier 1539 beim Versuch, Gold zu machen, vom Teufel geholt worden sein soll. Goethe schrieb auf der Grundlage dieser Legende sein berühmtes Bühnenwerk „Faust“.

4 Obwohl die A5 ab hier ganz nahe parallel zum **Rhein** verläuft, ist der Fluss wegen der dichten Auwälder nicht zu sehen: Es handelt sich um den in Überschwemmungsge-

6 **„Römische Badruine Badenweiler“** (Informationstafel): In Badenweiler (10 km östlich der AS Müllheim/Neuenburg) hatten die Römer schon 75 n. Chr. die heilenden Kräfte heißer Quellen erkannt und eine ausgeklügelte Thermenanlage erbaut, deren Ruinen im Kurpark liegen. Neben den antiken Ruinen bietet heutzutage die nach dem Sternbild benannte „Cassiopeia-Therme“ eine Wasserlandschaft unter einer gläsernen Kuppel – im Freien mit Massagedüsen, Strömungskanal, Quellsprudler, Badegrotten und Kaskaden.

7 In Höhe der AS Müllheim/Neuenburg sind westlich über dem Wald häufig Rauchwolken zu sehen, die über die Industriegebiete jenseits des Rheins in Frankreich aufsteigen. Das 5 km östlich liegende **Müllheim** mit den benachbarten Weinorten gilt als Herz des Markgräflerlandes und Zentrum der Weinanbaugebiete.

8 Auf einem flachen Höhenzug östlich der A5 kommt **Bad Bellingen** in Sicht. Ursprünglich ein Weindorf, entwickelte sich der Ort nach der Erbohrung von Thermalwasser 1955 zum Heilbad. Die im Jahr 2000 eröffneten „balinea thermen“ bieten eine attraktive Erlebniswelt.

9 Unmittelbar hinter einer lichten Baumreihe begleitet westlich der **Rhein** die A5, die gleich darauf etwa 500 m weit auf Stützmauern am Steilhang über dem Fluss verläuft. Den schönsten Blick auf den Rhein haben Sie vom **Parkplatz Fischergrund**. Allerdings verkehren keine Schiffe, weil diese den weiter westlich hinter Auwäldern versteckten Rheinseitenkanal benutzen. Oberhalb dieses Streckenabschnitts erhebt sich östlich das kleine Schloss Rheinweiler (17. und 18. Jh.).

10 Ein Zementwerk am Kalksteinbruch östlich der Autobahn kündigt den **Isteiner Klotz** an, der 2 km weiter wie eine quer liegende Felsmauer bis an die A5 reicht. Die markante Felsbarriere aus weißem Korallenkalk ist 90 m hoch und war früher von umfangreichen Befestigungsanlagen überzogen, die man von Süden kommend teilweise noch erkennen kann. Der mit Bäumen bewachsene Isteiner Klotz steht unter Naturschutz und ist ein Lebensraum für seltene Flora und Fauna.

11 Am AD Weil am Rhein zweigt die erst in Teilabschnitten fertige Hochrhein-Autobahn Richtung Lörrach-Waldshut ab. Südöstlich vom gleichnamigen AD liegt die Stadt **Weil am Rhein** (1 km über die AS Weil am Rhein/Hüningen), die sich mit dem Vitra Design Museum einen Namen in der Kunstwelt gemacht hat. Mit rund 1600 Möbelobjekten dokumentiert das Museum die Entwicklung des industriellen Designs, vor allem von Sitzmöbeln.

12 Auch wenn Sie sich bis km 814,1 auf deutschem Hoheitsgebiet befinden, beginnt hier am **Grenzübergang** die Vignettenpflicht für die Schweiz (Verkauf von Vignetten in der Grenzstation).

13★ Für einen Abstecher in die 2000-jährige Stadt **Basel** (5 km, 10 Min. von der AS Hochbergerstraße) sollten Sie sich Zeit nehmen. Das Münster hoch über dem Rhein stammt teilweise aus dem 9.–13. Jh., der gotische Hauptteil jedoch aus dem 14. Jh. Besonders schön ist die Galluspforte mit romanischem Figurenschmuck. Den Marktplatz beherrscht das rote Rathaus, das 1504–1521 in burgundischer Spätgotik erbaut wurde. In der Freien Straße gehören das Geltenzunfthaus im Renaissancestil und das Rokoko-Stadthaus zu den Höhepunkten.

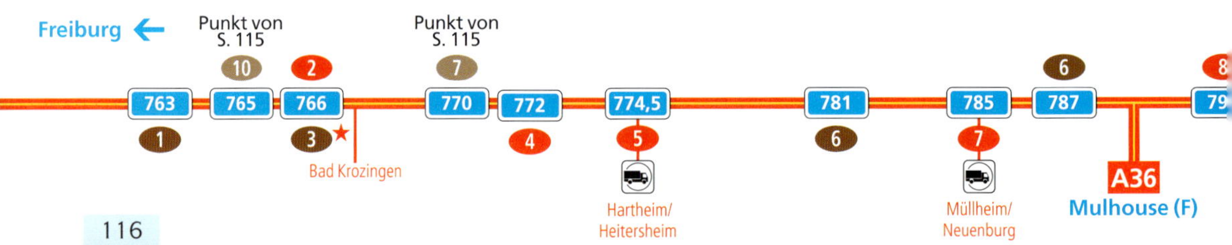

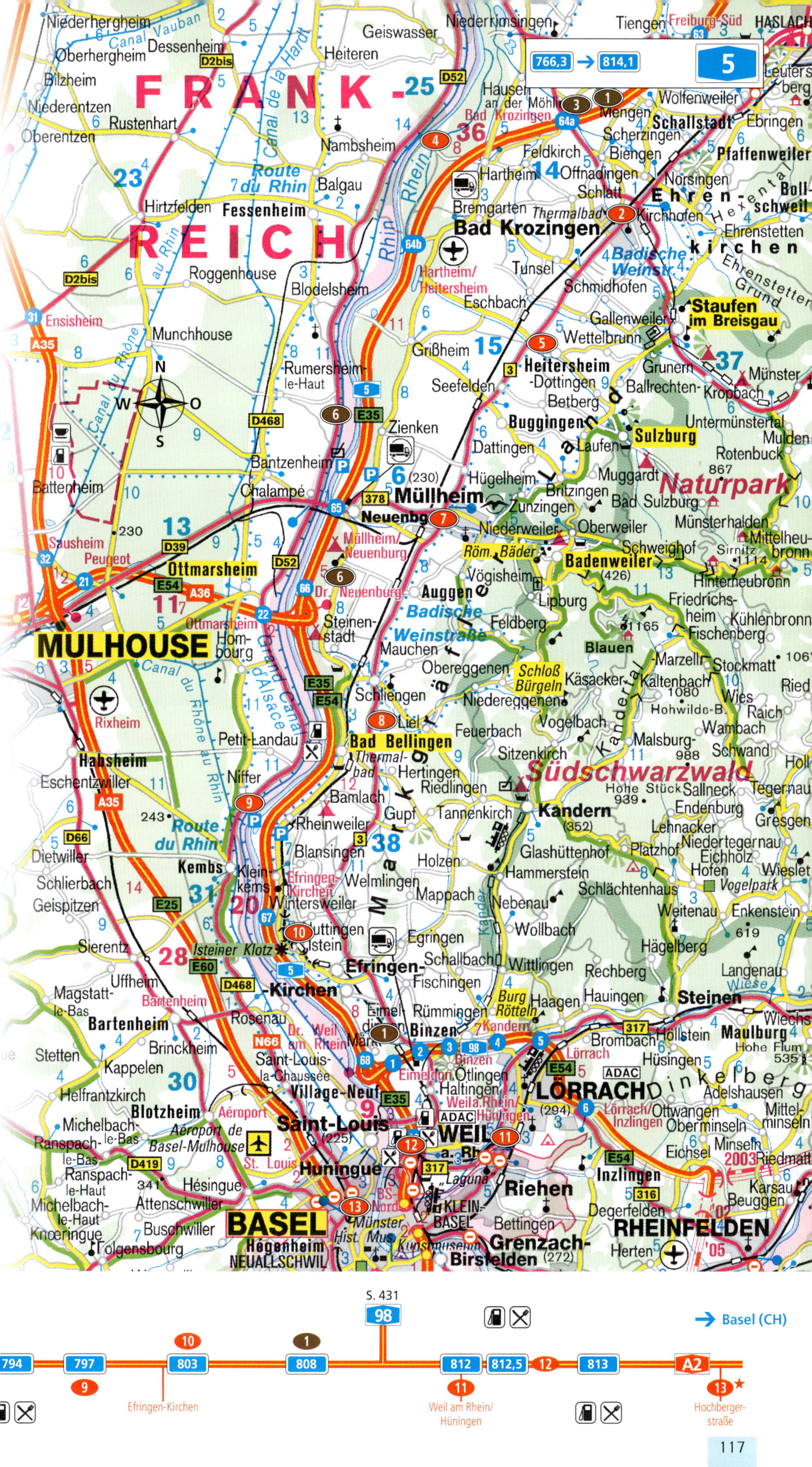

766,3 → 814,1
5
FRANKREICH
Niederhergheim
Oberhergheim
Dessenheim
Bilzheim
Niederentzen
Rustenhart
Oberentzen
Canal Vauban
Canal de la Hardt
Geiswasser
Heiteren
Nambsheim
Balgau
Route du Rhin
Hirtzfelden
Fessenheim
Roggenhouse
Blodelsheim
Ensisheim
Munchhouse
Rumersheim-le-Haut
Canal du Rhône
Bantzenheim
Chalampé
Battenheim
Sausheim
Peugeot
Ottmarsheim
MULHOUSE
Hombourg
Rixheim
Habsheim
Eschentzwiller
Petit-Landau
Niffer
Grand Canal d'Alsace
Dietwiller
Schlierbach
Geispitzen
Kembs
Klein-kems
Sierentz
Isteiner Klotz
Uffheim
Magstatt-le-Bas
Bartenheim
Stetten
Brinckheim
Kappelen
Rosenau
Helfrantzkirch
Blotzheim
Aéroport
Aéroport de Basel-Mulhouse
St. Louis
Saint-Louis-la-Chaussée
Village-Neuf
Saint-Louis
Huningue
Michelbach-le-Bas
Ranspach-le-Bas
Ranspach-le-Haut
Michelbach-le-Haut
Attenschwiller
Hésingue
Buschwiller
Knoeringue
Folgensbourg
Hégenheim
NEUALLSCHWIL
BASEL
Niederrimsingen
Tiengen
Freiburg-Süd
HASLACH
Leutersberg
Hausen an der Möhlin
Bad Krozingen
Mengen
Wolfenweiler
Schallstadt
Ebringen
Scherzingen
Biengen
Pfaffenweiler
Feldkirch
Hartheim
Offnadingen
Norsingen
Schlatt
Ehrenkirchen
Bollschweil
Hexental
Kirchhofen
Ehrenstetten
Bremgarten
Thermalbad
Bad Krozingen
Badische Weinstr.
Ehrenstetter Grund
Tunsel
Schmidhofen
Hartheim/Heitersheim
Eschbach
Gallenweiler
Staufen im Breisgau
Wettelbrunn
Grißheim
Heitersheim
Grunern
Münster
Seefelden
-Dottingen
Ballrechten-Dottingen
Kropbach
Betberg
Buggingen
Untermünstertal
Mulden
Zienken
Dattingen
Laufen
Sulzburg
Rotenbuck
Hügelheim
Muggardt
Naturpark
Britzingen
Müllheim
Zunzingen
Bad Sulzburg
Neuenbg
Niederweiler
Oberweiler
Münsterhalden
Müllheim/Neuenburg
Röm. Bäder
Schweighof
Sirnitz
Mittelheubronn
Vögisheim
Badenweiler
Hinterheubronn
Dr. Neuenburg
Auggen
Lipburg
Friedrichsheim
Kühlenbronn
Badische Weinstraße
Feldberg
Fischenberg
Steinenstadt
Mauchen
Blauen
Obereggenen
Marzell
Stockmatt
Schloß Bürgeln
Käsacker
Kaltenbach
Ried
Schliengen
Niedereggenen
Hohwilde-B.
Wies
Raich
Liel
Vogelbach
Wambach
Bad Bellingen
Feuerbach
Malsburg-Marzell
Thermal-bad
Hertingen
Sitzenkirch
Schwand
Holl
Riedlingen
Südschwarzwald
Hohe Stück
Sallneck
Tegernau
Bamlach
Kandern
Endenburg
Rheinweiler
Gupf
Tannenkirch
Lehnacker
Gresgen
Blansingen
Glashüttenhof
Platzhof
Niedertegernau
Eichholz
Holzen
Hammerstein
Hofen
Wieslet
Efringen-Kirchen
Welmlingen
Schlächtenhaus
Vogelpark
Wintersweiler
Mappach
Nebenau
Weitenau
Enkenstein
Huttingen
Istein
Egringen
Wollbach
Hägelberg
Efringen-Kirchen
Schallbach
Wittlingen
Rechberg
Langenau
Fischingen
Markgräfler Land
Wiese
Eimeldingen
Rümmingen
Burg Rötteln
Haagen
Hauingen
Steinen
Binzen
Kandern
Wiechs
Märkt
Dr. Weil am Rhein
Brombach
Höllstein
Maulburg
Hohe Flum
Lörrach
Hüsingen
Ötlingen
ADAC
Haltingen
LÖRRACH
Dinkelberg
Adelshausen
Weil a.Rhein/Hüningen
Lörrach/Inzlingen
Ottwangen
Mittelminseln
Oberminseln
WEIL a. Rh
Eichsel
Minseln
Riedmatt
2003
Laguna
Riehen
Inzlingen
Karsau
Beuggen
KLEIN-BASEL
BS-Nord
Degerfelden
Münster
Hist. Mus.
Kunstmuseum
Bettingen
Grenzach-
RHEINFELDEN
Birsfelden
Herten
'05
Rhein
S. 431
98
794
797
9
10
803
Efringen-Kirchen
1
808
812
812,5
12
813
11
Weil am Rhein/Hüningen
A2
13
Hochbergerstraße
→ Basel (CH)

6 Von der Saar in die Oberpfalz

Grenzübergang Goldene Bremm (F) → Kaiserslautern → Eckartsweiler → Aurach → Nürnberg → Amberg

Zweifellos gehört die A6 zu den attraktivsten Autobahnstrecken in Deutschland. Sie bietet eine abwechslungsreiche Reise durch bemerkenswerte Kultur- und Naturlandschaften. Zahlreiche Flüsse wie Saar, Rhein und Neckar werden überquert. Mit ihren insgesamt 435 km verbindet die A6 die Länder Saarland, Rheinland-Pfalz, Baden-Württemberg und Bayern.

Die Entwicklungsgeschichte dieser heutigen Ost-West-Verbindung quer durch Deutschland reicht weit zurück: Mit den Planungen für die Strecke Nürnberg–Stuttgart wurde 1935 begonnen. Die Vorarbeiten waren 1938 soweit gediehen, dass mit dem Bau der Trasse zwischen Weinsberg und Schwabach sowie zwischen Nürnberg und Schwabach begonnen wurde. 1941 konnte die Teilstrecke Nürnberg – Schwabach bereits 2-spurig befahren werden. Aber erst mit der nach dem Zweiten Weltkrieg einsetzenden Massenmotorisierung ergab sich Stück für Stück die heutige Gestalt der A6.

Autobahn der ersten Stunde

Im Oktober 1952 legte der damalige Bundesminister für Verkehr den Ausbauplan für ein zukünftiges deutsches Autobahnnetz vor. Dieser sah u.a. von der Autobahn Frankfurt–Karlsruhe in Höhe des Odenwalds eine Verbindung über Heilbronn nach Nürnberg vor. In Koppelung dieser zu bauenden Trasse erwuchs schließlich die heutige A6. Seit dem Jahr 1963 ist die Strecke Saarbrücken–Mannheim befahrbar, die bereits vor dem Krieg angegangen und während der 50er-Jahre weitergebaut worden war. In den 60er- und 70er-Jahren wurden vor allem die Abschnitte in Baden-Württemberg und Bayern vollendet. Ende der 70er-Jahre reichte die A6 bis zur AS Altdorf bei Nürnberg. Während der 80er-Jahre begann man mit dem Bau des Stücks von Altdorf nach Amberg, das 1991 dem Verkehr übergeben wurde.

Als West-Ost-Verbindung entlastet die A6 heute die A3 im Norden und die A8 im Süden. Für den Autofahrer, der aus dem Rhein-Neckar-Raum Nürnberg ansteuert, ist die A6 eine günstige Alternative zur A8. Die A6 beginnt an der deutsch-französischen Grenze im Saarland, führt zwischen Hunsrück und Pfälzer Bergland zum anmutigen Pfälzer Weinland und senkt sich rasant in die Rheinebene hinab. Nach der Fahrt über eine von Bäumen flankierte Piste stößt der Reisende im Raum

Von schlanken Pfeilern getragen schwingt sich bei Geislingen die 185 Meter hohe und 1128 Meter lange Kochertalbrücke übers schmale Flussbett.

Ludwigshafen-Mannheim auf ein Gewirr von Autobahnen. Motorsportfans zieht es zum nahen Hockenheimring, Feinschmecker freuen sich bei einer Rast auf den vorzüglichen Schwetzinger Spargel.

Durchs Reich der Hohenloher

Anschließend öffnet sich der Blick zum Odenwald hin, und an den mit Weinbergen durchsetzten Hängen des Kraichgaus entlang geht es durch die Industriegebiete um Neckarsulm nach Heilbronn, wo die A81 die A6 kreuzt. Hier vollzieht sich eine beeindruckende Veränderung der Landschaft. Der Autofahrer verlässt das bewegte Bild des Heilbronner Raumes und taucht ein in die ausladenden Flächen der besonders reizvollen Hohenloher Ebene, was sich auch im geradliniger werdenden Verlauf der A6 bemerkbar macht. Am AD Feuchtwangen/Crailsheim gelangt die A6 ins bayerische Mittelfranken. Hier wird die Landschaft zunächst wieder bewegter, und der Autofahrer durchquert häufig lange Waldstrecken, größere Siedlungen entlang der Autobahn bleiben jedoch aus. Das liegt einerseits an der geringen Bevölkerungsdichte im westlichen Mittelfranken, andererseits aber auch an der Straßenplanung: Die zuständigen Ingenieure haben bei der Konzeption der Autobahn bewusst versucht, ortsnahe Fluren zu schonen.

Letzte Ausfahrt Amberg-Ost

Am Rande des Naturparks Frankenhöhe führt die A6 weiter in die Industrieregion Nürnberg-Fürth. Durch die malerische Fränkische Alb mit ihren sanften Hügeln geht es in die Oberpfalz, wo die Autobahn bei der AS Amberg-Ost ihr vorläufiges Ende findet. Geplant ist, die Trasse in nordöstlicher Richtung zur A93 (Weiden-Schwandorf) zu führen und dann weiter zum bereits 1999 fertig gestellten, nur 2,5 km langen Abschnitt Pleystein-Waidhaus an der Grenze zur Tschechischen Republik.

6

■ **Länge** 435 km / 3:55 h
■ **Entfernungen und Fahrzeiten** (ca.)
Grenzübergang Goldene Bremm – AD Viernheimer Dreieck 131 km / 1:10 h
AD Viernheimer Dreieck – AK Kreuz Weinsberg 86 km / 0:45 h
AK Kreuz Weinsberg – AK Kreuz Nürnberg-Süd 146 km / 1:20 h
AK Kreuz Nürnberg-Süd – AS Amberg-Ost 65 km / 0:35 h
(Strecke zwischen AS Amberg-Ost und AS Pleystein befindet sich in Planung)
■ **Staubereiche**
Erhöhte Staugefahr besteht
zwischen der AS Saarbrücken-Goldene Bremm und dem AD Saarbrücken,
zwischen der AS Wiesloch/Rauenberg und der AS Sinsheim,
zwischen der AS Bad Rappenau und der AS Heilbronn/Untereisesheim,
zwischen der AS Heilbronn/Neckarsulm und der AS Bretzfeld und
zwischen der AS Roth und dem AK Nürnberg-Süd.

1 Südlich der A6 ist die bewaldete, rund 320 m hohe **Spicherer Höhe** zu sehen, auf der die deutsch-französische Grenze verläuft. Im Deutsch-Französischen Krieg von 1870/71 und im Zweiten Weltkrieg war sie Schauplatz heftiger Kämpfe.

2 Nördlich der A6 sieht man das Industriegebiet von **St. Arnual**. St. Arnual selbst ist einer der ältesten Ortsteile Saarbrückens mit einer Stiftskirche aus dem 13. Jh.

3 Nach einer Rechtskurve (in Richtung Heilbronn) öffnet sich nördlich der Blick auf **Saarbrücken**. Im Gewirr von Schornsteinen, Autobahnbrücken und Türmen sind die ehemaligen Hochöfen der Halberg-Hütte, auf deren Gelände heute ein Röhrenwerk sitzt, und der Turm des Heizkraftwerks Römerbrücke auszumachen. Dazwischen fließt gemächlich die Saar.

4 Von der **Talbrücke Fechingen**, die über den Saarbach führt, ist nördlich Saarbrücken mit seinen sieben Hügeln zu sehen und südlich Kleinblittersdorf (5 km), ein beschaulicher Ort im südlichsten Zipfel des Saarlands.

5 Nördlich der AS Saarbrücken-Fechingen sind auf dem Halberg der **Fernsehturm** zu sehen und das einstige **Schloss Halberg**, die Villa eines Stahlbarons. Dort residiert heute der Saarländische Rundfunk.

6 Von der **Autobahnbrücke Bischmisheim** können Sie nördlich die Saarbrücker Stadtteile Schafbrücke und Bischmisheim erkennen. Auf den Höhen im Süden liegt der Flughafen Saarbrücken-Ensheim; die Lichter der Startbahn sind nachts gut zu sehen.

7 **„Ludwigskirche Saarbrücken"** (Informationstafel, nur in Richtung Saarbrücken): Friedrich Joachim Stengel (1694–1787), der große Barockbaumeister Saarbrückens, baute 1762–1775 die Ludwigskirche. Barock präsentieren sich auch Schloss und Altes Rathaus.

8 Die A6 führt südlich an der vom Staatsforst Saarbrücken verdeckten Industriestadt **St. Ingbert** vorbei. Zu sehen ist nur ein Schornstein, der zur Brauerei Becker, heute Karlsberg, gehört. Ebenfalls im Wald, bei St. Ingbert-Sengscheid, liegt ein gallo-römisches Figurenrelief aus dem 3. Jh.

9 ★ Allein die historische Altstadt von **Blieskastel** ist einen Abstecher wert. Sie erreichen den südlich der A6 gelegenen Ort über die AS Rohrbach nach 8 km, 15 Min. Auf halbem Weg kann man in Kirkel die frühmittelalterliche Ruine einer Gaugrafenburg anschauen. Blieskastel, mit 5000 ha Wald eine der waldreichsten Städte des Saarlands, ist der einzige Kneippkurort der Region.

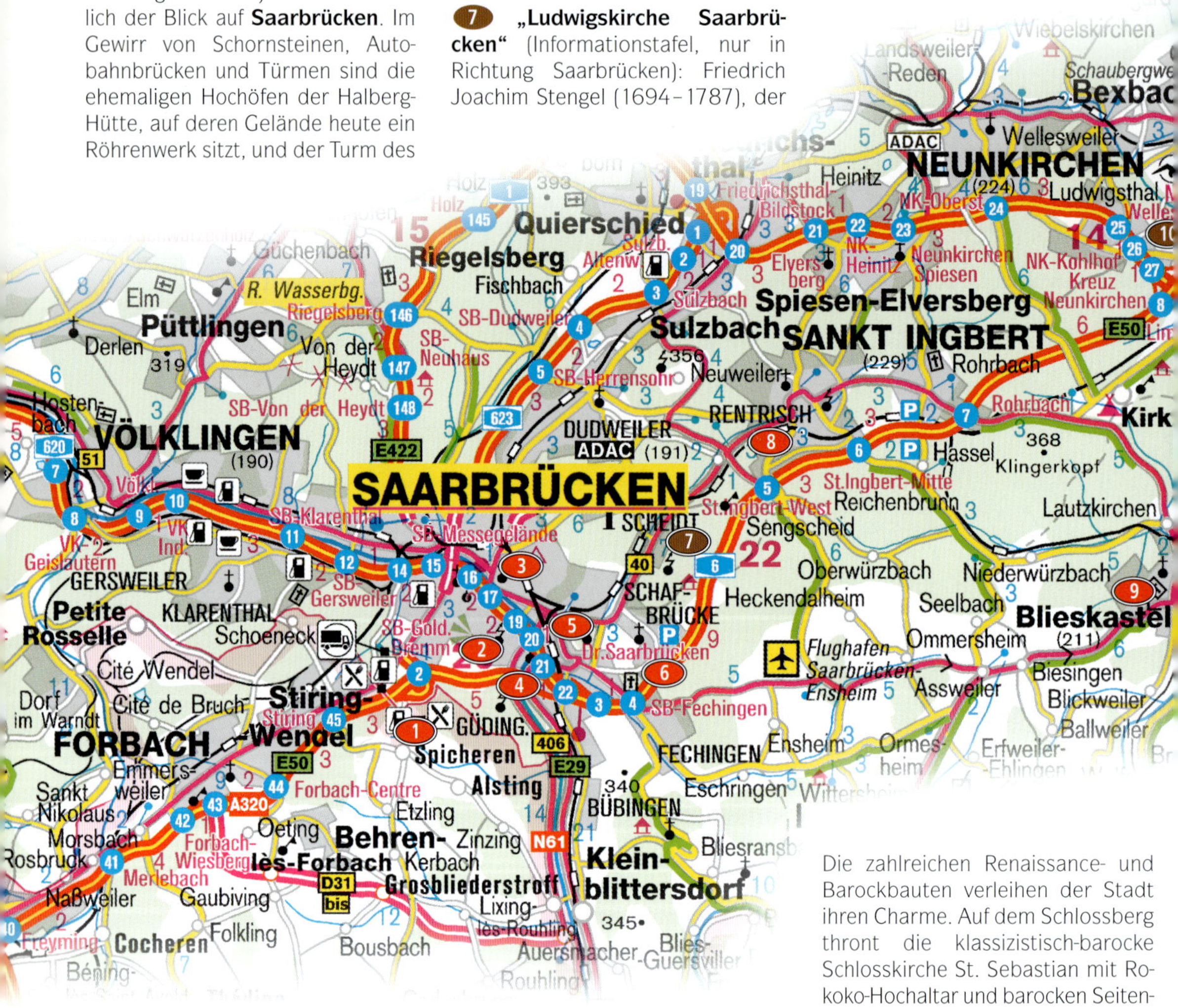

Die zahlreichen Renaissance- und Barockbauten verleihen der Stadt ihren Charme. Auf dem Schlossberg thront die klassizistisch-barocke Schlosskirche St. Sebastian mit Rokoko-Hochaltar und barocken Seitenaltären. Sehenswert ist auch die Renaissance-Orangerie – das einzige erhaltene und restaurierte Gebäude des Schlosses.

10 **„Homburg Schlossberghöhlen"** (Informationstafel): Die Höhlen im Schlossberg oberhalb der Homburger Innenstadt (künstlich angelegt im 11.–17. Jh.) sind mit ihren kilometerlangen Gängen und mächtigen Kuppelhallen die größten Buntsandsteinhöhlen in Europa.

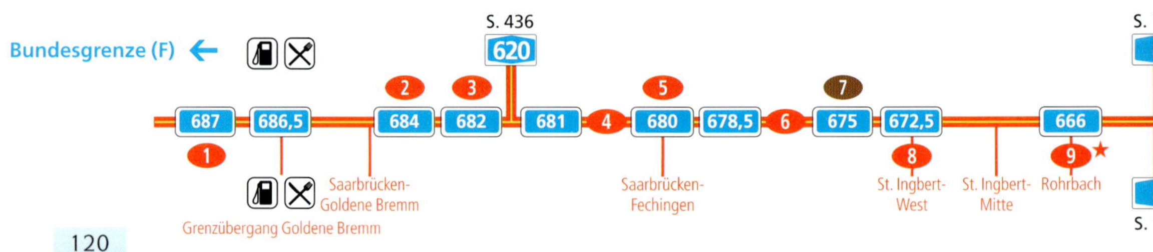

Der Stiefel bei St. Ingbert (8): Wasser, Wind und Frost haben aus den Buntsandsteinschichten diesen Steinstiefel „gemeißelt".

Sie gehörten zur mittelalterlichen Festung Hohenburg, die 1714 geschleift wurde.

(11) **„Bexbach Grubenmuseum"** (Informationstafel, nur in Richtung Saarbrücken): Das Saarländische Bergbaumuseum Bexbach (2 km nördlich der AS Homburg) mit seinem unterirdischen Schaubergwerk zeigt in einer ständigen Ausstellung den Wandel des Steinkohlebergbaus im Saarland. Die historischen Grubenwege Frankenholz und Nordfeld führen zum ehemaligen Steinkohlebergbau am Höcherberg. Der Kühlturm des Kohlekraftwerks Bexbach – mit 750 MW seit 1982 am Netz – ist weithin zu sehen.

(12) Die A6 trennt den Doppelort Bruchmühlbach-Miesau, der von Wald und Sumpfwiesen umgeben ist: dem **Landstuhler Bruch**. Noch um 1800 war das Moor beinahe unzugänglich. Es ist überliefert, dass man vor 100 Jahren während des Frühjahrshochwassers den Bruch mit dem Boot hätte überqueren können.

(13) Südlich ist die Stadt **Landstuhl** zu sehen, in deren Kirche St. Andreas das Grabmal des Reichsritters Franz von Sickingen steht. In der zu Landstuhl gehörenden Gemeinde Kindsbach wurden Reste einer spätantiken Höhlensiedlung gefunden sowie eines keltisch-germanischen Matronenheiligtums, das in Stein gemeißelte Göttinnen und Quellnymphen darstellt.

(14) Versteckt im Wald liegt nördlich der A6 Ramstein, das durch den NATO-Flugplatz **Ramstein** zu einiger Berühmtheit gelangte – landläufig ist dieser als Hauptbestandteil des „US-Flugzeugträgers Pfalz" bekannt. Denn dort gibt es seit 1955 die größte Konzentration amerikanischer Streitkräfte außerhalb der Vereinigten Staaten. Die Einrichtungen der Amerikaner verteilen sich im weiteren Verlauf der Autobahn bis nach Mannheim.

(15) **„Burg Nannstein"** (Informationstafel): Erbaut wurde die Burg, die südlich der A6 auf einem Höhenzug zu sehen ist, um 1150 von Kaiser Barbarossa. Die Burgruine wird jedoch mit dem Reichsritter Franz von Sickingen in Verbindung gebracht, der 1481 im Kampf um das Kurfürstentum Trier schwer verwundet wurde und in der Burg starb. Die Burg überragt die Stadt Landstuhl, deren Wahrzeichen sie heute ist.

(16) Der **Naturpark Pfälzerwald** südlich der Autobahn zeichnet sich durch waldreiche Berg- und Hügellandschaften aus. Als eines der größten zusammenhängenden Waldgebiete Europas wurde der Pfälzerwald von der UNESCO zum Biosphärenreservat ernannt.

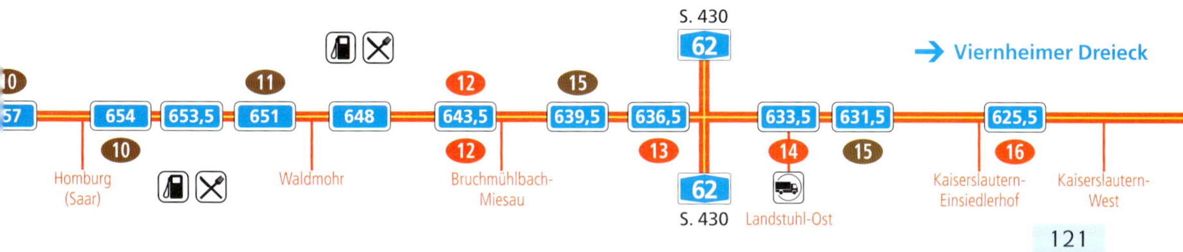

1 Nur gelegentlich ist durch den dichten Pfälzerwald **Kaiserslautern** zu sehen. Weithin sichtbar und dominierend ist der **Betzenberg** mit dem Fritz-Walter-Stadion – das Aushängeschild und Identifikationsobjekt für die ganze Pfalz. Auch das **Rathaus** ist zu erkennen. Es ist eines der höchsten seiner Art (84 m) in Deutschland und ragt unübersehbar über das Häusermeer. Umgeben vom Pfälzerwald liegt die Stadt inmitten des größten zusammenhängenden Waldgebiets in Deutschland. Dies hatte schon Pfalzgraf Johann Casimir, besser bekannt als der Jäger von Kurpfalz, vor langer Zeit entdeckt. Er baute die Kaiserpfalz, die Kaiser Friedrich Barbarossa 1155 in Lautern anlegte, zu einem Renaissanceschloss um.

2 **„Leininger Land"** (Informationstafel): Das Geschlecht derer von Leiningen beherrschte im Mittelalter die Region und hat die romantischen Burgen von Alt- und Neuleiningen hinterlassen. Die frisch renovierte Burgruine Altleiningen ist zu Deutschlands modernster Jugendherberge geworden. Nur wenige Kilometer entfernt liegt das Dorf Höningen auf dem Boden eines Augustinerklosters aus dem 12. Jh. mit der Kapelle St. Jakob.

3 **„Deutsche Weinstraße"** (Informationstafel): Bei Grünstadt kreuzt die A6 die Deutsche Weinstraße, die vom Deutschen Weintor im pfälzischen Schweigen-Rechtenbach bis zum Haus der Deutschen Weinstraße nördlich der A6 in Bockenheim durch 44 Weinbaugemeinden verläuft. Zu Grünstadt gehört der südlich gelegene Ort Sausenheim mit den beiden Weinbaugebieten, die durch Schilder in den jeweiligen Flurstücken („Sausenheimer Honigsack" nördlich der Autobahn und „Sausenheimer Höllenpfad" im Süden) angekündigt werden.

Riesling vom Feinsten: historischer Weinkeller in Deidesheim an der Weinstraße **3**.

4★ Ein Besuch der Kur- und Weinmetropole **Bad Dürkheim** (9 km, 15 Min. über die AS Grünstadt) an der Weinstraße lohnt sich. Sehenswert sind der Gradierbau, das Salinarium, das Riesenfass und die Klosterruine Limburg. Auf dem 487 m hohen Peterskopf steht der 40 m hohe Bismarckturm. Von der einst mächtigsten Burg der Pfalz, der Hardenburg, stehen nur noch wenige Mauern. Doch der immer noch imposante Bergfried lässt die einstigen Ausmaße erahnen. Stellenweise fast 10 m hoch ist der etwa 2 km lange keltische Ringwall, die Heidenmauer unterhalb des Peterskopfs.

5 Die Bebauung von **Frankenthal** reicht bis an das gleichnamige Autobahnkreuz. Über die Häuser ragt die Kirchturmspitze der klassizistischen Zwölfapostelkirche, die einst zum Augustiner-Chorherrenstift gehörte. Von dieser romanischen Anlage sind nur noch Ruinen übrig geblieben.

6 Fast nahtlos ist der Übergang von der Stadt Frankenthal in die Industriestadt **Ludwigshafen**. Nur durch den Altrhein getrennt sieht man zuerst die an Frankenthal grenzende Ludwigshafener Trabantenstadt Pfingstweide. Im Anschluss sind die Raffinerietürme, Schornsteine und Rohre der BASF, des größten zusammenhängenden Industriereviers Europas zu sehen. Nördlich der Autobahn liegt die BASF-Kläranlage, ebenso wie die Firma selbst.

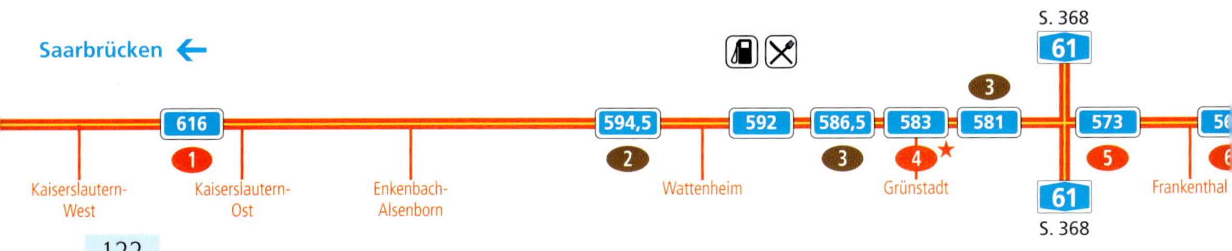

7 Nach der **Rheinüberquerung** verlässt man Rheinland-Pfalz: Gleich nach der Rheinbrücke begrüßt den Besucher das Landeswappen Baden-Württembergs. Südlich der A6 sind Mannheims Vororte zu sehen, zunächst Sandhofen. Nachdem die A6 die **ICE-Strecke nach Frankfurt** überquert hat, sieht man südlich den Vorort Schönau. Die Friesenheimer Insel mit der Erdölraffinerie Mannheim sowie dem Erdölhafen kommt südlich in Sicht, ebenso der Industrie- und Arbeitervorort Waldhof.

8 Während die A6 durch den **Staatsforst Lampertheim** verläuft, wechselt schon wieder das Bundesland: „Willkommen in Hessen" ist auf dem Schild zu lesen.

9 Am **Viernheimer Dreieck** knickt die A6 fast im rechten Winkel nach Süden ab. Kurz darauf ragt östlich die Apostelkirche von Viernheim über die Lärmschutzwälle. Das Gotteshaus, erbaut in den Jahren 1896–1899 im neugotischen Stil, misst einschließlich des Wetterhahns 75 m.

10 Östlich der A6 sind Dächer von **Ladenburg**, einem romantischen Städtchen direkt am Neckar, zu erkennen. Zunächst sieht man allerdings nur ausgedehnte Industrieanlagen. Die gotische St.-Gallus-Kirche, erbaut 1250–1485, ist ebenfalls weithin sichtbar. Die alte Römerstadt mit einer fast vollständig erhaltenen historischen Altstadt ist der Geburtsort des Automobilbauers Carl Benz (1844–1929), dem mehrere Gedenkstätten in der Stadt gewidmet sind (siehe auch A5, S. 108).

11 Von weitem zu sehen sind die westlich der Autobahn gelegenen Hochhäuser der Versicherungen und die Wohntürme **Mannheims**, der Fernsehturm im Luisenpark und das Großkraftwerk Mannheim-Neckarau. Das Mannheimer Landesmuseum für Technik und Arbeit wurde 1992 von der UNESCO als Museum des Jahres ausgezeichnet. Der in der Stadtmitte stehende Wasserturm von 1889 mit der bekrönenden Amphitrite-Figur (der Gattin des Meeresgottes Poseidon) ist das Wahrzeichen der Neckarstadt.

12 Östlich, direkt an der A6, sind nur ein Kirchturm und Dächer von **Schwetzingen** zu sehen, ansonsten liegt die Stadt verborgen hinter Lärmschutzwänden und Wald. Das Schwetzinger Schloss, ehemals eine mittelalterliche Wasserburg, liegt umgeben von einer der schönsten und größten Parkanlagen Deutschlands (siehe auch A5, S. 108). Schwetzingen steht aber auch für seinen viel gerühmten Spargel.

13 Unmittelbar nach dem AD Hockenheim stehen die Tribünen des weltbekannten **Hockenheimrings** direkt an der A6. Ebenfalls zu sehen ist das Motodrom-Museum. Der Ring lockt jährlich Hunderttausende Besucher zum Großen Preis von Deutschland in der Formel 1.

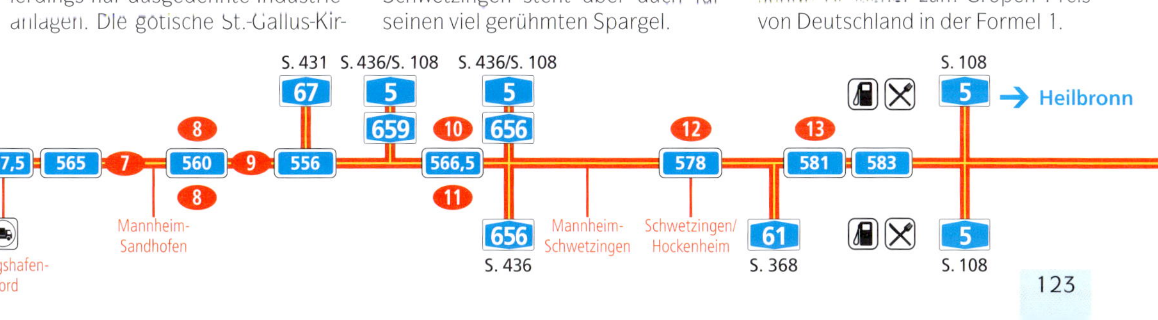

1 Nördlich der A6 befindet sich der Ort **Mauer** (11 km). Dort wurde im Jahr 1907 ein rund 600 000 Jahre alter urmenschlicher Unterkiefer gefunden, der als Homo heidelbergensis zu Weltruhm gelangte.

2 Die **Messehallen** und das daneben liegende **Technikmuseum Sinsheim** sind zu sehen, die Gebäude grenzen nördlich unmittelbar an die A6. Weithin sichtbar ist das russische Überschallverkehrsflugzeug auf dem Dach eines Museumsgebäudes. Vor und im Museum sind über 3000 Exponate zu bestaunen, darunter Kampf- und Passagierflugzeuge, Loks, Panzer und Dampfmaschinen.

3 An der AS Sinsheim-Steinsfurt wird auf den Vergnügungspark **Tripsdrill** (25 km südlich) hingewiesen. Der Park bietet eine einzigartige Mischung aus Tierpark, Vinarium (Weinmuseum mit Weinkeller) und zahlreichen Fahrgeräten für Jung und Alt.

4 **„Ruine Steinsberg"** (Informationstafel, nur in Richtung Mannheim): Die Burgruine mit ihrem markanten Turm erhebt sich zwischen Sinsheim und Weiler auf dem Steinsberg (333 m). Bis in das frühe Mittelalter reichen die Aufzeichnungen über den Berg und die Burg zurück. Seit 1973 ist die Burg im Besitz der Stadt Sinsheim. Sie beherbergt heute ein Restaurant.

5 **„Stauferpfalz Bad Wimpfen"** (Informationstafel, nur in Richtung Mannheim): Die Stauferpfalz Bad Wimpfen gilt als das bedeutendste profane Bauwerk romanischer Baukunst in Baden-Württemberg. Die berühmte Burgsilhouette mit ihren Türmen, Toren und Arkaden hoch über dem Neckar begeistert ebenso wie die Fachwerkhäuser in den mittelalterlichen Gassen im fränkischen und alemannischen Stil.

6 Auf den nächsten 3 km sehen Sie, woher **Heilbronn** seinen Strom bezieht: Zuerst tauchen südlich die beiden Schornsteine des Steinkohlekraftwerks auf, dann folgen das Kraftwerk sowie Industrieanlagen. Bei guter Sicht ist die Kilianskirche mit ihrem 62 m hohen Renaissanceturm zu sehen. Von den im Zweiten Weltkrieg zerstörten historischen Gebäuden Heilbronns wurden u. a. das Renaissance-Rathaus, der Deutschhof und das Käthchenhaus wieder aufgebaut.

7 Für Reisende in Richtung Mannheim ist eine Fahrt über die B27/B37 von Heilbronn bis Heidelberg eine interessante Alternative zur in diesem Abschnitt staugeplagten A6. Die Fahrt auf einem Teilstück der **Burgenstraße** bringt zwar keine Zeitersparnis (70 km, 70 Min.), ist für Liebhaber romantischer Burgen und Ruinen aber unbedingt zu empfehlen. Sie führt ab der AS Heilbronn/Neckarsulm durch das idyllische Neckartal, durch den Odenwald, vorbei an sehenswerten Orten. Von Heidelberg gelangen Sie über das AK Heidelberg und weiter auf der A656 wieder auf die A6 (AK Mannheim).

Ein wahres Schmuckstück ist die Astronomische Kunstuhr am Rathaus von Heilbronn **6**.

8 Nördlich, direkt an der A6, steht ein runder Turm aus Glas und Stahl. Er gehört der Softwarefirma TDS und ist Teil des modernen **Trendparks Neckarsulm**. Dieses verkehrsgünstige, am Schnittpunkt der A6 mit der B27 gelegene Gewerbegebiet der Stadt bietet auf 9,7 ha Fläche innovativen Unternehmen aus der Computer-, Medien- und Dienstleistungsbranche einen Standort

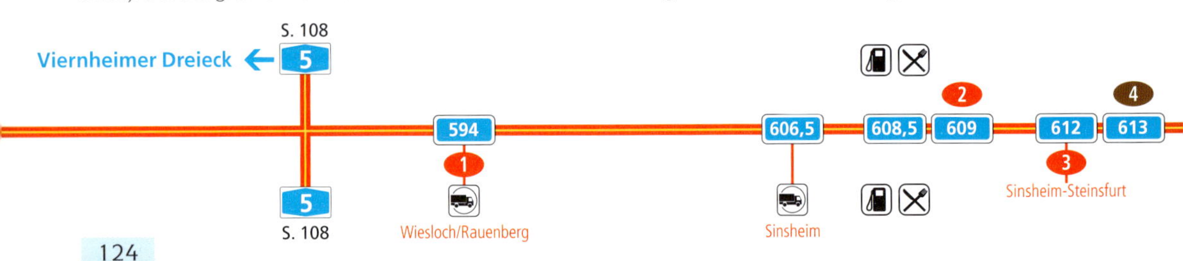

mit Zukunft. Zweiräder und Autos haben in Neckarsulm eine lange Tradition. Horch, NSU und Audi prägen die Industrie der Stadt seit Jahrzehnten. Der Marke NSU ist ein eigenes Museum gewidmet.

9 **„Schemelsberg“** (Informationstafel): Von diesem direkt an der A6 gelegenen Berg ist der bewaldete Nordhang zu sehen. Am sonnigen Südhang gedeihen die Reben Riesling und Trollinger-Lemberger. Der Schemelsberg bietet einen interessanten Wein- und Waldlehrpfad.

10 Kurz nach Neckarsulm sind nördlich der Autobahn schon von weitem die Barockkirchen der Weinbaugemeinde **Erlenbach** und deren Ortsteil Binswangen zu sehen; dort ist eine alte Kelter zu besichtigen. Die Weinberge gehören zur Großlage Staufenberg.

11 **„Burgruine Weibertreu“** (Informationstafel, nur in Richtung Mannheim): Die ehemalige Reichsburg Weinsberg wurde 1525 zerstört. Nur noch Reste der Burgmauer und einiger Türme sind übrig geblieben. Aufgrund einer nur teilweise belegten Begebenheit aus dem 12. Jh. ist die Burg heute als Ruine Weinbertreu bekannt (siehe auch A81, S. 386). Der viele Jahre in Weinsberg lebende Dichter und Arzt Justinus Kerner (1786–1862) hat der „Weibertreu“ mit seiner Ballade „Die Weiber von Weinsberg“ ein Denkmal gesetzt.

12 Rund um das AK Weinsberg ziehen sich Weinberge, soweit das Auge reicht; und mittendrin liegt südlich direkt an der Autobahn der kleine Ort **Grantschen**. Er hat bei Liebhabern von Württemberger Weinen einen guten Klang. Sehr bekannt ist der Grandor, ein trockener Barriquewein der Spitzenklasse. Die Anbaulagen erstrecken sich nördlich der Autobahn um den Wildenberg.

13 Südlich der Autobahn ist der **Lindelberg** (334 m) zu sehen – der Namensgeber des hiesigen Weinbaugebiets um Verrenberg. Die Gemeinde Verrenberg gehört zum Ort **Bretzfeld**, wo ebenfalls Wein angebaut wird. Danach endet der Weinbau entlang der Autobahn, und die Felder und Wiesen der Hohenloher Ebene bestimmen das landschaftliche Bild.

14 Am östlichen Rand von **Öhringen** steht gleich an der Autobahn der Wasserturm Nord. Unweit davon befindet sich die Rekonstruktion eines Wachturmsockels des Limes. Hier kreuzte ein vorgeschichtlicher Weg den römischen Grenzwall Limes. Der Ort selbst bietet ein interessantes Altstadtensemble mit Wachturm, Residenzschloss und einer spätgotischen Stiftskirche.

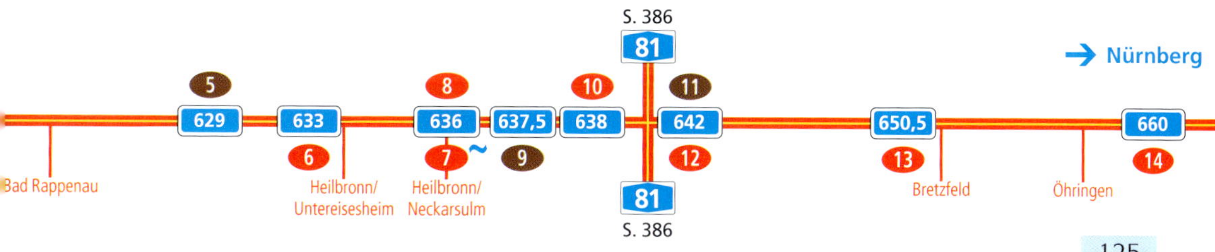

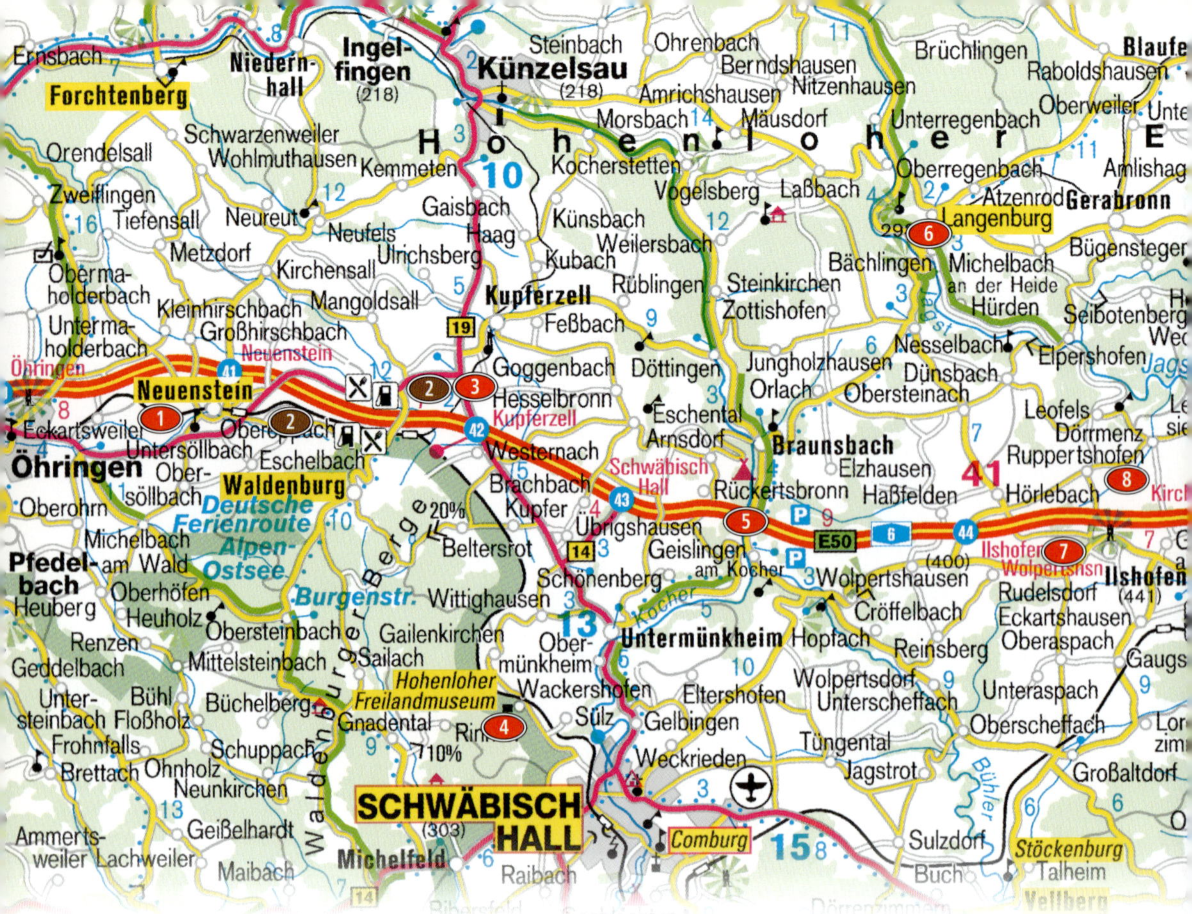

1 Südlich der Autobahn liegt in einer Senke der Ort **Neuenstein**. Nur die Türme von Stadtkirche und Schloss sind zu sehen. Im Renaissanceschloss residiert heute der Fürst zu Hohenlohe-Öhringen. Das öffentlich zugängliche Museum im Schloss beherbergt eine der größten mittelalterlichen Küchen Europas.

2 **„Waldenburger Berge"** (Informationstafel): Südlich der A6 scheinen die Ausläufer des Naturparks Schwäbisch-Fränkischer Wald zum Greifen nahe. Die Festung Waldenburg (als Silhouette auf der Tafel abgebildet) liegt auf einem imposanten Bergvorsprung. Drei Türme überragen die mittelalterlichen Stadtmauern und sind südlich der Autobahn zu sehen: der Schlossturm, der auch als Männlesturm bezeichnet wird, da ihn vier in Stein gehauene Männer zieren, der Turm der evangelischen Kirche und schließlich der Nachtwächterturm.

3 Direkt nördlich der A6 ist ein für diese Ebene typischer **Wasserturm** zu sehen – typisch, weil in dieser flachen Landschaft sonst keine Möglichkeit bestand, für ausreichend Wasserdruck zu sorgen. Er steht im Kupferzeller Ortsteil Hesselbronn. **Kupferzell** selbst liegt etwas verdeckt dahinter. Sichtbar sind nur gelegentlich die Kirchturmspitze und einzelne Gehöfte. In der Sonne blitzen die Dächer der Großgärtnerei Walz. Im Ortsteil **Bauersbach** direkt nördlich an der A6 wurden während des Autobahnbaus rund 30 000 Einzelknochen, Zähne, Schädel und nahezu vollständige Skelette von Sauriern und Fischen ausgegraben, die im Naturkundlichen Museum in Stuttgart zu bewundern sind. Die interessanteste Entdeckung an dieser Fundstelle war der Schädel eines Mastodonsaurus. Dieser Süßwasserbewohner ist das größte bisher gefundene Lurchtier.

4★ Erinnerungen an die Großeltern werden wach: Über die AS Kupferzell erreichen Sie das **Hohenloher Freilandmuseum** in Wackershofen (15 km, 20 Min. südlich der AS Kupferzell). In dem Museumsdorf mit über 50 alten Gebäuden wird die Geschichte der ländlichen Kultur Nordwürttembergs dargestellt. Auf den Wiesen und in den Ställen kann man alte Haustierrassen beobachten. Die landwirtschaftlichen Flächen zwischen den Häusergruppen werden wie in alten Zeiten mit dem Pferdepflug umgepflügt. Sie können zusehen, wie Most gepresst wird, oder bei einer Hausschlachtung dabei sein.

5 Ganz unvermittelt taucht die **Kochertalbrücke** Geislingen auf. Die 1128 m lange und 185 m hohe Brücke ist höher als das Ulmer Münster. Vom Parkplatz (auf beiden Seiten der A6) hat man einen grandiosen Blick in das tief in den weichen Muschelkalk eingeschnittene Kochertal. Auf dem Parkplatz in Fahrtrichtung ist ein Abguss des in Bauersbach gefundenen Mastodonsaurusschädels zu bewundern. Die Überreste des ca. 200 Mio. Jahre alten Urlurchs wurden beim Bau der Brücke entdeckt.

6 Über das Brückengeländer ist nördlich der Ort **Braunsbach** zu sehen. Der Kocher-Jagst-Radweg führt von Braunsbach 9 km weiter nach **Langenburg**, dem Stammsitz derer zu Hohenlohe-Langenburg. Das sehenswerte Renaissanceschloss beherbergt das deutsche Automuseum. Etwa 70 Rennwagen und Oldtimer werden auf rund 2000 m² gezeigt.

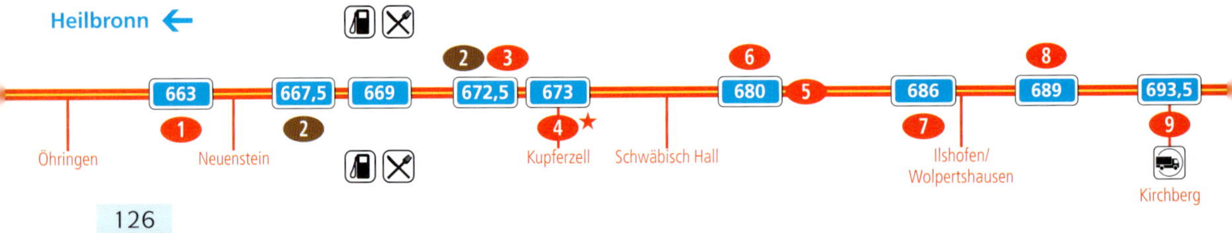

Vor den Toren von Schwäbisch Hall liegt die sehenswerte, burgartige Anlage des ehemaligen Benediktinerklosters Comburg.

7 Südlich der A6 grüßt wieder ein Wasserturm, der zu **Ilshofen** gehört. Der Haller Torturm von 1609 mit seinen markanten Treppengiebeln und tonnengewölbter Durchfahrt war einst Teil der Stadtbefestigung.

8 Nördlich der Strecke steht einsam und allein ein großes **Windrad**. Es ist im Besitz einer gemeinnützigen Energieinitiative.

9 Die ehemalige hohenlohesche Residenzstadt **Kirchberg an der Jagst** liegt nördlich der A6, verborgen hinter eine Anhöhe, auf einem Bergsporn über der Jagst. Im Residenzschloss ist ein Alten- und Pflegeheim untergebracht.

10 Direkt an der AS Crailsheim liegt **Gröningen** mit der zum Hohenloher Freilichtmuseum gehörenden Hammerschmiede. Das technische Kulturdenkmal zeigt das Arbeiten und Leben an der Schwelle zum Industriezeitalter.

11 **„Romantisches Franken – Land an der Romantischen Straße“** (Informationstafel): Auf dem Schild sind der Bäuerlinsturm von Dinkelsbühl und das Rothenburger Plönlein zu sehen. Zwischen Tauber- und Altmühltal gelegen, bietet diese touristische Region unverfälschte Natur mit dem Naturpark Frankenhöhe und ehemalige Reichsstädte mit zahlreichen historischen Baudenkmälern.

12 **„Hohenloher Ebene“** (Informationstafel, nur in Richtung Heilbronn): Kaum eine Stadt in der Region, die nicht eine eigene Burg oder gar ein Schloss vorweisen kann. Hohenlohe-Franken wird auch als das Land der Burgen, Schlösser und Ruinen bezeichnet.

13 Unberührte Natur, umgeben von einer 2000-jährigen Kulturlandschaft – so stellt sich der rund 1100 km² große **Naturpark Frankenhöhe** dar. Dort findet man in Wäldern und Trockenbiotopen seltene Pflanzen und Tiere, die außerhalb dieser einzigartigen Naturlandschaft längst verschwunden sind.

14★ Romantik pur erwartet Sie in der gut erhaltenen Altstadt von **Feuchtwangen**. An der AS Dorfgütingen wird die A6 von der Romantischen Straße gekreuzt, an der auch Feuchtwangen (8 km, 10 Min. südlich) liegt. Diese romantische Stadt wird gern als das Schatzkämmerchen Frankens bezeichnet. Die historische Altstadt bezaubert mit Fachwerkhäusern und Putzbauten, dem Fränkischen Museum und dem Kreuzgang im romanischen Innenhof des Klosters.

15 Direkt an der AS Aurach liegt ein **bäuerlicher Rastmarkt**: Hotel, Bauernmarkt und Streichelzoo in einem. Wo sonst gibt es Esel, Pony, Kühe und Enten direkt an der Autobahn? Eine Erzeugergemeinschaft sorgt täglich für frische Waren in der Markthalle. Neben einer großen Auswahl an regionalen Köstlichkeiten gibt es hier Dinkelprodukte vom Dinkelbier bis zum Dinkelkissen.

1 Schon von weitem sind die Doppeltürme der Stiftskirche von **Herrieden** zu sehen, deren barocke Holzdecke besonders sehenswert ist. Der Storchenturm an der Altmühl macht seinem Namen alle Ehre: Noch heute nisten Störche auf dem Dach.

2 Direkt an der AS Herrieden ist ein nüchterner Zweckbau zu sehen: Es handelt sich um das Lager und den **Outlet Store** einer Modefirma. Angeboten werden Damen- und Herrenbekleidung, wie z.B. Kleider, Kostüme, Strickwaren, Herrenunterwäsche und Accessoires, die bis zu 30 Prozent reduziert sind.

3 **„Ansbach Hohenzollernresidenz“** (Informationstafel): Fast 500 Jahre lang hielten die Markgrafen von Brandenburg-Ansbach aus dem Geschlecht der Hohenzollern in Ansbach Hof und prägten das Bild ihrer Residenzstadt. Gotische Kirchen und Renaissancepaläste schmücken die Altstadt; besonders sehenswert ist die barocke Residenz mit der Innenausstattung im Stil des Ansbacher Rokoko. In Ansbach wurde das Findelkind Kaspar Hauser Opfer eines nie aufgeklärten Attentats. An diese geheimnisvolle Gestalt erinnert eine Plastik im Hofgarten.

4★ Romantisch und nicht so überlaufen wie Rothenburg stellt sich **Wolframs-Eschenbach** (südlich der AS Ansbach, 10 km, 15 Min.) dar. Wer mehr Wert auf das Authentische als auf Massentrubel legt, sollte hier einen Abstecher einplanen. Dieses Kleinod mit weitestgehend erhaltenem mittelalterlichen Stadtkern lohnt einen Besuch. Klein Rothenburg, wie der Ort gerne genannt wird, ist die Heimat des Minnesängers Wolfram von Eschenbach. Die Alte Vogtei, in der nachweislich 24 gekrönte Häupter genächtigt haben, ist jetzt ein traditionell fränkisches Gasthaus mit Hotel. Heute residiert hier gerne der FC Nürnberg vor wichtigen Fußballspielen.

5 Die Bebauung von **Lichtenau** reicht nördlich fast bis an die A6; dennoch ist nicht allzu viel vom Ort an der Fränkischen Rezat zu sehen. Als Bastion zwischen Nürnberg und Ansbach sollte die Wasserburg von Lichtenau die Reichsstadt vor den Ansbachern schützen. Heute prägen mächtige Wallanlagen mit Wachtürmen das Stadtbild. Die Feste dient heute als Archiv.

6 Südlich der A6 sieht man Altendettelsau. Von dem dahinter liegenden **Neuendettelsau** sind schon von weitem die Turmspitzen der Laurentiuskirche und von St. Nikolai zu sehen. Neuendettelsau ist eng mit der evangelischen Kirche in Bayern verbunden. Das Missionswerk betreut deutsche Geistliche in Übersee. Gleichwohl werden Pfarrer aus vielen Ländern hier weitergebildet. Die Augustana-Hochschule ist eine evangelische Campusuniversität (1947 eröffnet). Der Name „Augustana-Hochschule“ wurde im Gedenken an das auf dem Reichstag zu Augsburg am 25. Juni 1530 abgelegte lutherische Bekenntnis („Confessio Augustana“) gewählt. Damit war die erste kirchliche Hochschule gegründet, deren Status von Beginn an durch Kirchen- und Staatsgesetz geregelt war. Das Missionsmuseum dokumentiert die diakonische Arbeit in aller Welt.

7 Der Wald verdeckt den nördlich der A6 gelegenen Ort **Heilsbronn**. Dort steht das 860 Jahre alte romanische Münster der einstigen Zisterzienserabtei mit einer Grablege der Hohenzollern. Das Münster

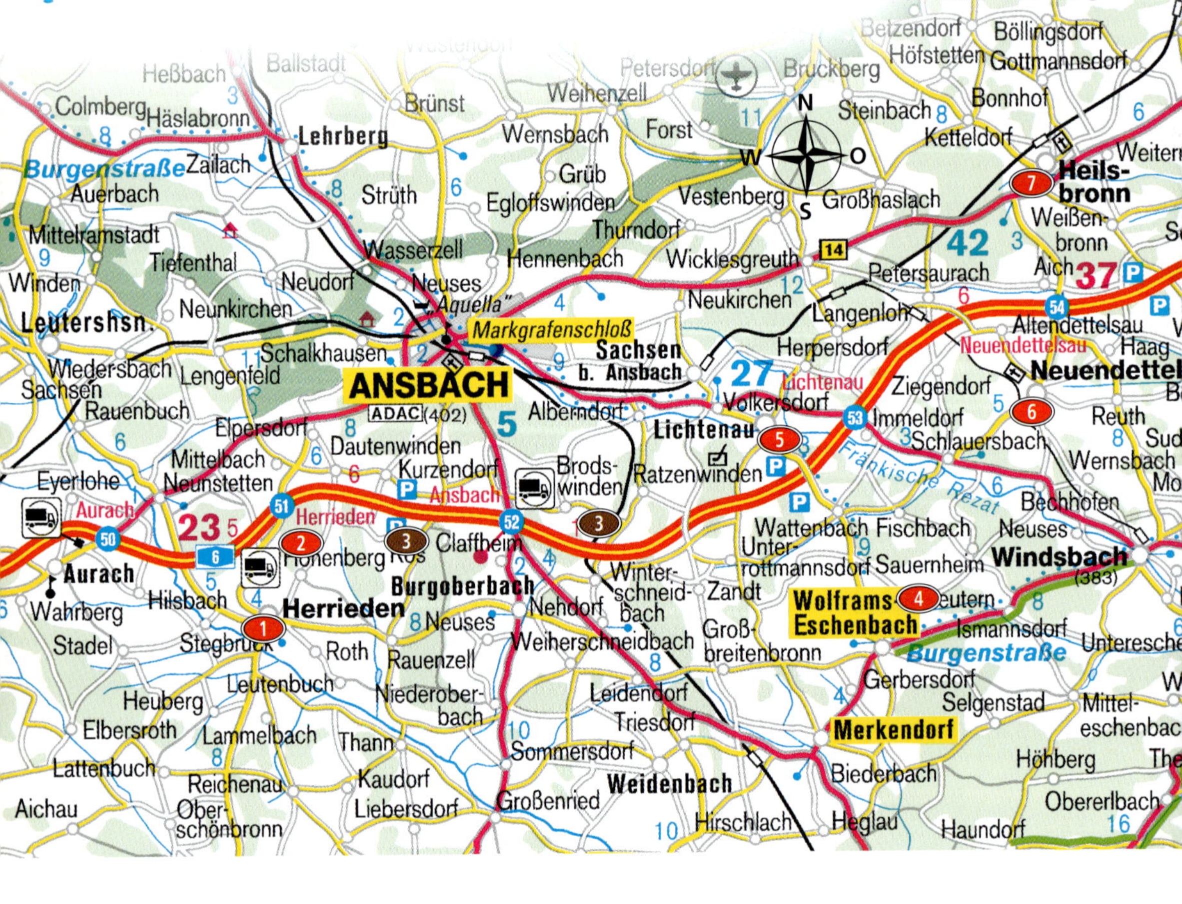

Heilbronn ←

731,5	735	736	736,5	740	743	747	748	759	760
Aurach	1	2	Herrieden	3	4★ Ansbach	3	5	6	7 8★ Neuendettelsau

Lichtenau

von Heilsbronn ist gleichzeitig eine Jakobskirche: Es liegt am Mittelfränkischen Jakobsweg, der die Jakobskirchen von Nürnberg bis Rothenburg ob der Tauber miteinander verbindet.

8 ★ Über die AS Neuendettelsau lohnt sich ein Abstecher durch das Tal der Fränkischen Rezat nach **Spalt** (15 km, 20 Min. südlich), die fränkische Hopfenmetropole mit den charakteristischen, spitzgiebligen Hopfenhäusern. Dieser in seiner Art einmalige Ort zählt zum „Fränkischen Seenland".

9 Südlich der A6 liegt **Abenberg**. Die Burg Abenberg erhebt sich auf der Spitze eines Höhenzugs. Eine weitere Sehenswürdigkeit ist das Kloster Marienburg mit der barocken Stilla-Kirche, die den Grabstein der seligen Stilla birgt. Das einstige Augustinerinnenkloster begründete das Klöppeln in der Stadt. Man nimmt an, dass dieses Handwerk, das einst aus dem Orient über Italien nach Deutschland kam, von reichen Patrizierfamilien in die Region gebracht wurde. Seit 2001 ist das erste deutsche Klöppelmuseum in der Burg untergebracht. Es präsentiert Metallspitzen in Gold und Silber, „Leonische Spitzen" genannt.

Fachwerkszenerie in der Altstadt von Wolframs-Eschenbach **4** ★

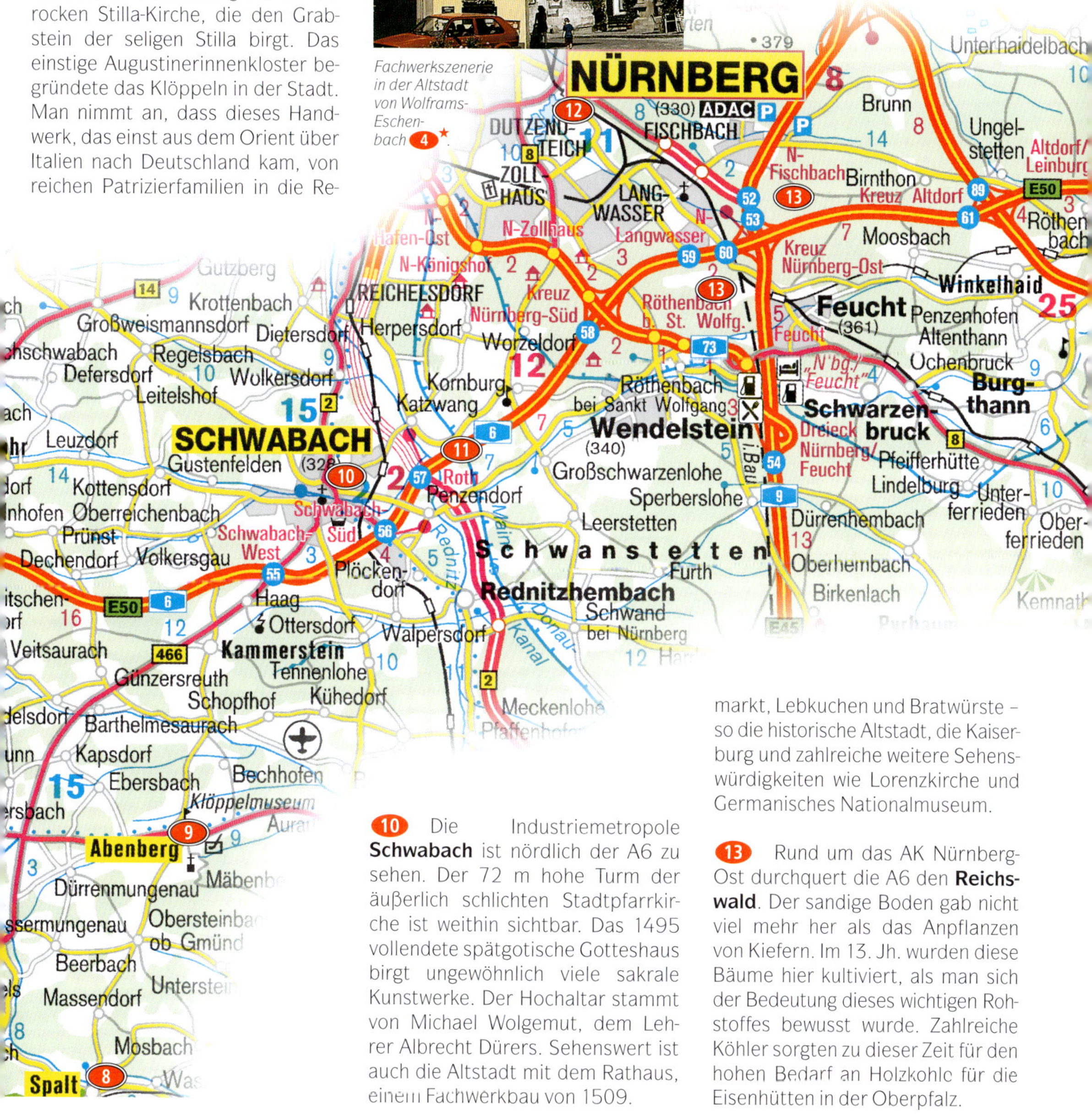

10 Die Industriemetropole **Schwabach** ist nördlich der A6 zu sehen. Der 72 m hohe Turm der äußerlich schlichten Stadtpfarrkirche ist weithin sichtbar. Das 1495 vollendete spätgotische Gotteshaus birgt ungewöhnlich viele sakrale Kunstwerke. Der Hochaltar stammt von Michael Wolgemut, dem Lehrer Albrecht Dürers. Sehenswert ist auch die Altstadt mit dem Rathaus, einem Fachwerkbau von 1509.

11 Kurz nach der AS Roth werden nacheinander die Rednitz und der **Main-Donau-Kanal** überquert. Dieses bayerisch-europäische Jahrhundertbauwerk wurde eher als Freizeiteinrichtung angenommen und weniger als Schifffahrtsweg. Etwa 3 km weiter (bei km 786) unterquert, versteckt im Wald, der alte Main-Donau-Kanal, auch bekannt als Ludwigskanal, die A6. 1848 wurde der 178 km lange und 15 m breite alte Kanal eröffnet.

12 **Nürnberg**, hinter Lärmschutzwänden und Wald verborgen, hat mehr zu bieten als Christkindlesmarkt, Lebkuchen und Bratwürste – so die historische Altstadt, die Kaiserburg und zahlreiche weitere Sehenswürdigkeiten wie Lorenzkirche und Germanisches Nationalmuseum.

13 Rund um das AK Nürnberg-Ost durchquert die A6 den **Reichswald**. Der sandige Boden gab nicht viel mehr her als das Anpflanzen von Kiefern. Im 13. Jh. wurden diese Bäume hier kultiviert, als man sich der Bedeutung dieses wichtigen Rohstoffes bewusst wurde. Zahlreiche Köhler sorgten zu dieser Zeit für den hohen Bedarf an Holzkohle für die Eisenhütten in der Oberpfalz.

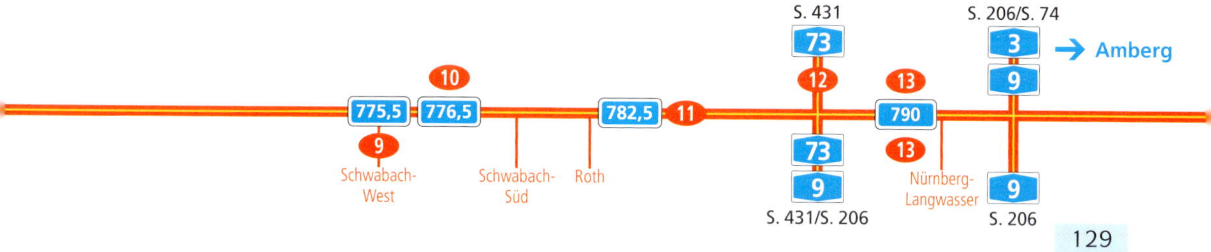

1 **„Frankenalb“** (Informationstafel): Das Schild zeigt ein typisch fränkisches Fachwerkhaus und eine Burg, die an die zahlreichen Raubritter erinnern soll, die im Mittelalter hier ihr Unwesen trieben. Die engen Täler, durch die wichtige Reichsstraßen – wie etwa die Via Carolina – führten, boten viele Möglichkeiten für Raubüberfälle. Stille Fluss- und Bachläufe, unberührte Trockentäler und anmutige Laubwälder bestimmen die Frankenalb, auch Fränkischer Jura genannt. Dem Naturliebhaber bietet sich die karge, aber dennoch liebliche Juralandschaft in ihrer ganzen Vielfalt.

2 **„Via Carolina“** (Informationstafel): Die A6 folgt in etwa der alten Goldenen Straße, die von Nürnberg nach Prag führte. Die Bezeichnung Via Carolina geht auf Kaiser Karl IV. (1316–1378) zurück. Er hatte die böhmischen Gebiete seinem Reich angeschlossen. Als Verbindung seiner Herrschaftsbezirke diente die Goldene Straße. Die Herkunft des Namens ist nicht geklärt. Man kann nur vermuten, dass er entweder mit der Goldenen Stadt Prag zusammenhängt oder etwas mit den reich bestückten Handelskarawanen zu tun hat.

3 **Altdorf**, das gut von der höher liegenden Autobahntrasse südlich zu sehen ist, war in früheren Tagen Königshof und Universitätsstadt. Die im Renaissancestil erbauten Hochschulgebäude sind noch vollständig erhalten. Um ihren berühmtesten Studiosus zu ehren, richten die Altdorfer alle drei Jahre (das nächste Mal 2003) die Wallenstein-Festspiele aus.

4 Nördlich der A6 liegt der Ort **Leinburg** am 600 m hohen Moritzberg, dem Nürnberger Hausberg und Kirchweihberg der Pegnitzfranken. Der Aussichtsturm wurde 1911 errichtet. 1419 baute man eine kleine Kapelle zu Ehren des heiligen Mauritius, des Schutzpatrons für hufkranke Pferde. Alljährlich im Herbst kommen etwa 100 Reiter aus der Umgebung zu einer Reiterwallfahrt auf den Berg. St. Leonhardt, eine imposante Wehrkirche aus dem 14. Jh., überragt die Dächer der Stadt.

5 **Alfeld** liegt nördlich der A6 eingebettet in einer Talaue und ist deshalb nicht zu sehen. Der Ort liegt am südlichen Rand des als **Hersbrucker Schweiz** bezeichneten Hopfenanbaugebiets. Die ältesten Teile der evangelischen Pfarrkirche gehen auf das 12. Jh. zurück. Hügelgräber in der Umgebung sind Zeugen der frühzeitlichen Besiedelung.

Der doppelbogige Mauerdurchlass für die Vils ist bekannt als die „Stadtbrille“ von Amberg 9.

6 **„Oberpfälzer Jura“** (Informationstafel): Schroffe Kalksteinriffe wechseln mit sanften Kuppen und Höhenrücken, mit Mulden und Tälern. Die charakteristische Jurakarstlandschaft ist ein beliebtes Klettergebiet, ihre Tropfsteinhöhlen (u.a. die Maximiliansgrotte bei Auerbach) laden Naturfreunde zum Besuch.

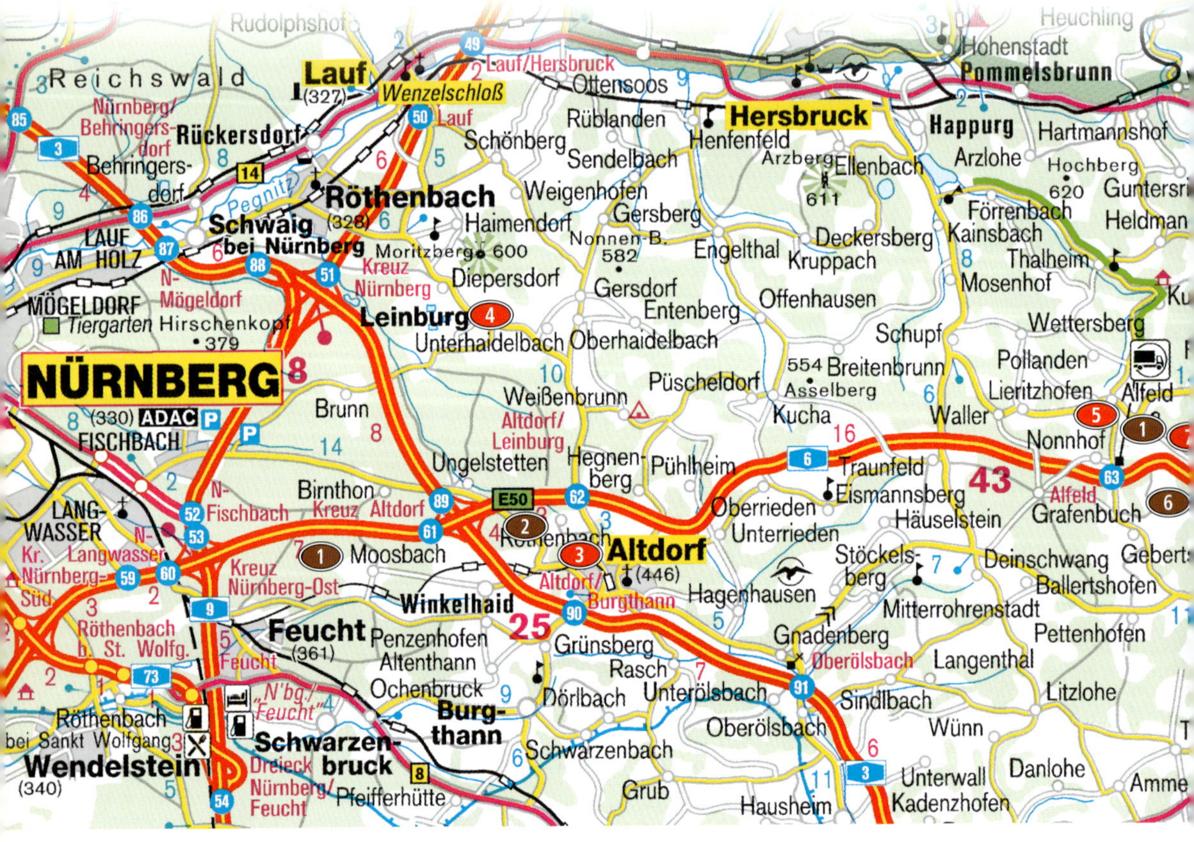

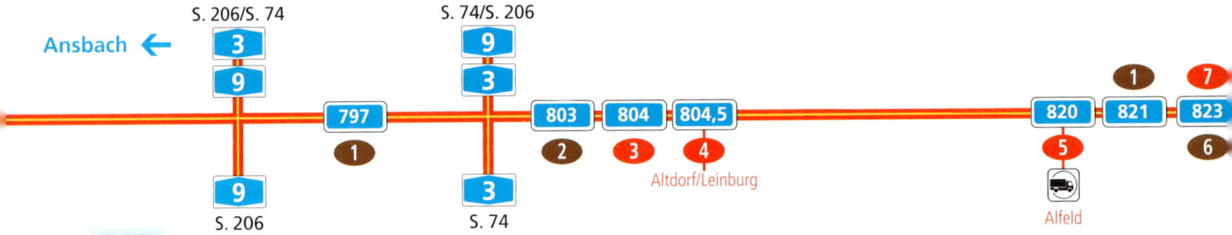

7 Im Birgland erhebt sich der 657 m hohe **Poppberg**, der unmittelbar nördlich neben der A6 zu sehen ist. Er ist eine der höchsten Erhebungen in der Region Sulzberg-Amberg. Ganz in der Nähe thront auf 653 m die Burgruine Lichtenegg.

8 Nördlich der Autobahn liegt **Sulzbach-Rosenberg**, am nordöstlichen Ausläufer des Bayerischen Jura. Inmitten einer herben Berglandschaft ist die Stadt eingebettet wie eine grüne Oase. Die mittelalterliche Altstadt thront mit ihren trutzigen Türmen, mächtigen Mauern und einem stolzen Schloss erhaben auf einem Bergrücken. Die Stadt kann auf eine mehr als 1000-jährige Erzbergbau-Tradition verweisen; auch der gesamte Kreis Amberg-Sulzbach schrieb Geschichte als Montanregion. Er trägt den Beinamen „Ruhrgebiet des Mittelalters". Entlang der Bayerischen Eisenstraße von Auerbach über Sulzbach-Rosenberg bis nach Regensburg kann man diesem historischen Erbe nachspüren.

9 **„Amberg – Historische Altstadt"** (Informationstafel): Von der A6 sehen Sie nördlich der A6 in der Ferne die Kirchen, das Schloss und das Rathaus der oberpfälzischen Metropole, die auf eine 1000-jährige Geschichte zurückblicken kann. Die Lage an bedeutenden Handelsstraßen sorgte schon früh für Ansehen und Wohlstand. Oberhalb der Stadt liegt auf dem Mariahilf-Berg die Wallfahrtskirche Mariahilf. Die spätgotische Basilika St. Martin ist neben dem Regensburger Dom die größte Kirche der Oberpfalz. Zu den bedeutendsten Rokokokirchen Deutschlands zählt die Schulkirche, ehemals Teil eines Salesianerinnenklosters. Mit dem Eh'häusl beherbergt die Stadt das kleinste Hotel der Welt. Es bietet nur einem Paar Platz.

10 ★ Über die AS Amberg-West lohnt sich ein Abstecher zur **Klosterburg Kastl** (11 km, 12 Min. südlich), die weithin sichtbar über dem Lauterachtal thront. Besonders sehenswert ist die Klosterkirche mit ihrem einzigartigen Tonnengewölbe und dem so genannten Paradies: In einem Glasschrein ist Prinzessin Anna, die Tochter von König Ludwig dem Bayern, aufgebahrt. Sie starb 1319 in Kastl und wurde von den Mönchen einbalsamiert.

11 Von der Brücke über das Vilstal ist südlich das **Hammerherrenschloss** im Kümmersbrucker Ortsteil Theuern gut zu erkennen. Die Hammerherren waren durch die Verarbeitung des Eisens und den damit verbundenen Handel reich geworden. Heute ist das Schloss ein international bedeutendes Industrie- und Bergbaumuseum.

12 Südlich der A6 ist **Ebermannsdorf** von Wald verdeckt. Vom Stammsitz des Adelsgeschlechts der Ebermundesdorfer aus dem 11. Jh. ist nur noch eine Burgruine übrig geblieben. Das Wahrzeichen des Ortes ist das Schloss der Herren von Dyrr.

13 Direkt am Autobahnende kreuzt die 500 km lange **Bier- und Burgenstraße** (von Bad Frankenhausen über Weimar, Kulmbach und Amberg nach Passau). Allen Freunden des Gerstensafts bietet sich die Gelegenheit, das Können der thüringischen und bayerischen Braumeister zu vergleichen. Die reichhaltige Palette – dunkle Vollbiere, feine Pilssorten, erfrischende Weizenbiere und süffige Bockbiere – stellt die Liebhaber des edlen Gebräus vor eine schwere Wahl. Dafür sorgen die Brauereien links und rechts der B85.

Von Flensburg nach Füssen

Flensburg → Hamburg → Hannover → Kassel → Würzburg → Ulm → Füssen

Sie reicht von der dänischen Grenze bis zu den Allgäuer Alpen: Mit fast 950 km ist die A7 die längste und wohl auch abwechslungsreichste deutsche Autobahn. Als zentrale Nord-Süd-Achse bildet sie die kürzeste Autobahnverbindung von Skandinavien zu den Alpen.

Mit dem Bau der A7 wurde bereits 1934 im Raum Göttingen–Kassel begonnen und bald nach dem Krieg fortgefahren. Seit den 50er-Jahren erfolgte Stück für Stück die Fertigstellung der Strecke zwischen Würzburg und Hamburg. 1968–1975 wurde das wohl komplizierteste und aufwendigste Teilstück erbaut: der Hamburger Elbtunnel. Seine sechs Fahrspuren senken sich bis 27 m unter den Wasserspiegel der Elbe.

Mit dem Südteil der A7 ließ man sich vergleichsweise viel Zeit. 1987 wurde das Teilstück zwischen Würzburg und Ulm fertig gestellt, seit Anfang der 90er-Jahre fließt der Verkehr an Kempten vorbei bis Nesselwang. Die Hauptaufgabe der A7 ist klar: Sie soll die überfüllten älteren Nord-Süd-Verbindungen entlasten – vor allem die A3/A9 Würzburg – Nürnberg – München und die A3/A5 Köln – Frankfurt – Karlsruhe – Basel. Zugleich hatten die Planer stets auch Strukturpolitik im Sinn: Strukturschwache Gebiete wie die Heide, die Rhön und Mittelfranken wurden an wirtschaftlich prosperierende Regionen wie Hamburg, Hannover und Ulm angebunden.

Die Fahrt auf der A7 kommt einer Deutschland-Reise gleich: Von den Geestgebieten Schleswig-Holsteins über die Lüneburger Heide, an Harz und Weserbergland vorbei und in rasantem Auf und Ab durch die Rhön erlebt der Autofahrer im Zeitraffer ein schönes Stück Deutschland. Das liebliche Fränkische Weinland, die Naturparks Steigerwald und Frankenhöhe, die Schwäbische Alb, das Donautal und schließlich das Allgäu grüßen links und rechts der Strecke.

In Nesselwang erreicht die A7 914 m über Normalnull – das ist der höchste Punkt im deutschen Autobahnnetz. Kurz danach, an einer Gabelung kleiner Landstraßen, endet Deutschlands längste Autobahn – genau 14,3 km vor der österreichischen Grenze. Gerichtsverfahren verhinderten jahrelang die Weiterführung der A7. So rollen zum Leidwesen der Anwohner wahre Massen an Autos durch die Gemeinden des Ostallgäu. Doch sind nun alle juristischen Hürden beseitigt. Voraussichtlich bis 2006 wird die A7 bis zum Grenztunnel bei Füssen durchgehend befahrbar sein.

Am Autobahndreieck Kirchheim treffen Straße und Schiene zusammen: Auf der Brücke im Hintergrund verläuft die ICE-Neubautrasse.

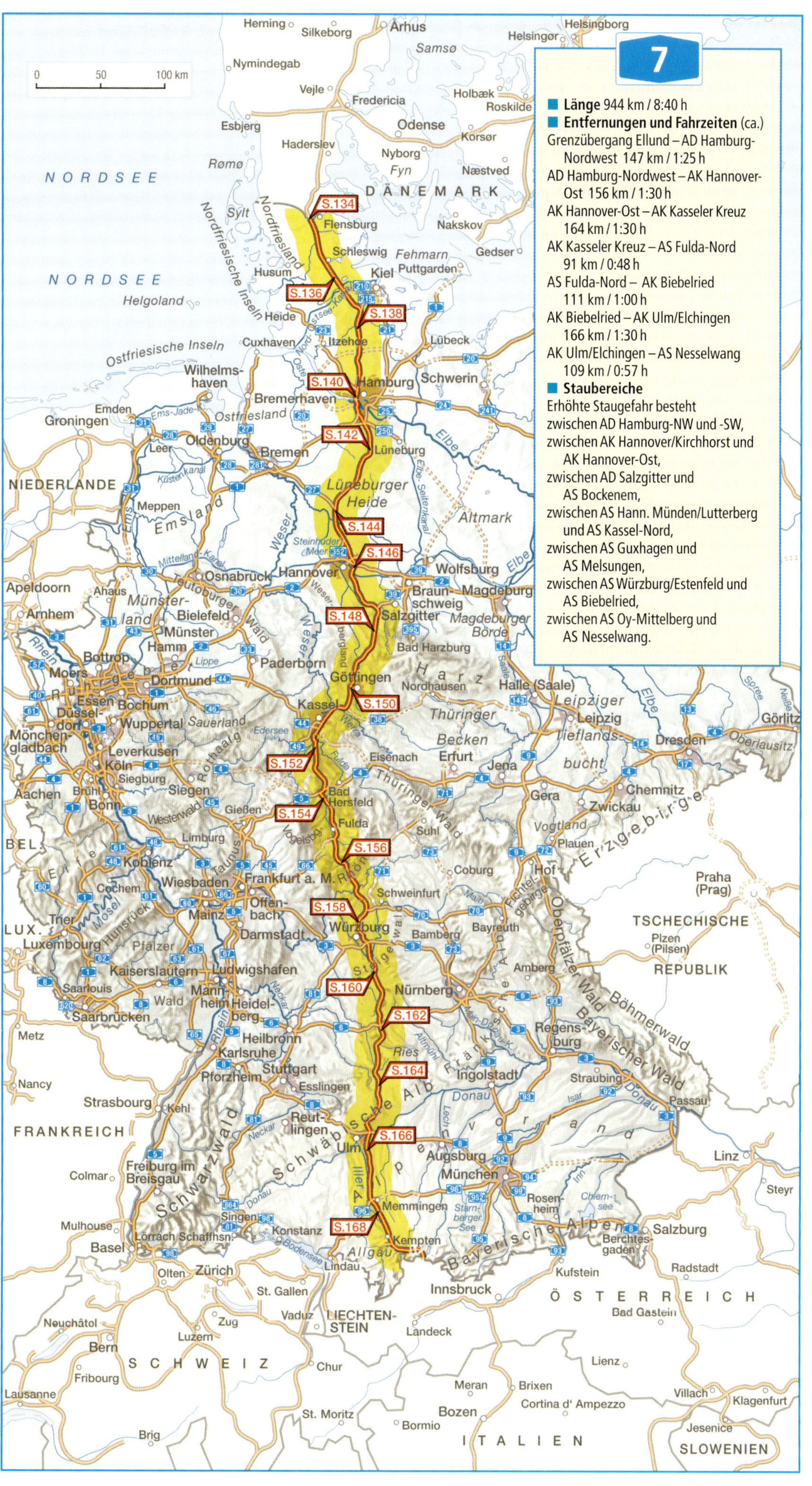

■ **Länge** 944 km / 8:40 h

■ **Entfernungen und Fahrzeiten** (ca.)

Grenzübergang Ellund – AD Hamburg-Nordwest 147 km / 1:25 h

AD Hamburg-Nordwest – AK Hannover-Ost 156 km / 1:30 h

AK Hannover-Ost – AK Kasseler Kreuz 164 km / 1:30 h

AK Kasseler Kreuz – AS Fulda-Nord 91 km / 0:48 h

AS Fulda-Nord – AK Biebelried 111 km / 1:00 h

AK Biebelried – AK Ulm/Elchingen 166 km / 1:30 h

AK Ulm/Elchingen – AS Nesselwang 109 km / 0:57 h

■ **Staubereiche**

Erhöhte Staugefahr besteht zwischen AD Hamburg-NW und -SW, zwischen AK Hannover/Kirchhorst und AK Hannover-Ost, zwischen AD Salzgitter und AS Bockenem, zwischen AS Hann. Münden/Lutterberg und AS Kassel-Nord, zwischen AS Guxhagen und AS Melsungen, zwischen AS Würzburg/Estenfeld und AS Biebelried, zwischen AS Oy-Mittelberg und AS Nesselwang.

1 ★ **„Fördestadt Flensburg“** (Informationstafel): Wer schöne, von Wasser dominierte Städte liebt, sollte sich Flensburg nicht entgehen lassen. Sie erreichen es über die AS Flensburg/Harrislee nach 5 km, 5 Min. Bekannt ist die nördlichste Stadt Deutschlands vor allem durch die Verkehrssünderkartei im Kraftfahrtbundesamt und durch Beate Uhse, die hier ab 1951 ihren Versandhandel mit Erotik-Artikeln aufbaute. Viel bemerkenswerter aber ist, dass mehr als ein Viertel der Bewohner dieser über 700 Jahre alten Stadt Dänen sind, die – wie im übrigen Schleswig – einen geschützten Minderheitenstatus genießen. Im Kern der Altstadt steht die gotische Marienkirche, begonnen 1284, mit einem berühmten Altar aus der Spätrenaissance. Charakteristisch für Flensburg sind die Kaufmannshöfe, in denen einst die Handelsherren ihre Waren stapelten und sich heute viele Künstler und stilvolle Kneipen angesiedelt haben. An der Förde liegt, in einem alten Zollpackhaus untergebracht, das Schifffahrtsmuseum.

2 **„Schloss Glücksburg“** (Informationstafel): Im Ortsmittelpunkt des 17 km entfernten Glücksburg (Ostsee) liegt in einem romantischen Teich turm- und giebelreich das gleichnamige Wasserschloss. Der aus drei Einzelhäusern mit vier Ecktürmen bestehende Bau wurde 1587 anstelle eines Klosters errichtet. Das Schloss diente abwechselnd den dänischen Königen und den Herzögen von Schleswig als Residenz und ist seit 1923 ein Museum. Im Rahmen des Schleswig-Holstein-Festivals finden hier regelmäßig zwischen Juli und September Konzerte statt.

3 Zwischen der AS Flensburg/Harrislee und der AS Flensburg durchquert die A7 den **Staatsforst Flensburg**, eines der wenigen geschlossenen Waldgebiete entlang dem schleswig-holsteinischen Teil dieser Autobahn.

4 Kurz vor der AS Flensburg überquert die Autobahn die zweigleisige, nicht elektrifizierte **Bahnlinie Schleswig–Flensburg**, die bis zur AS Tarp westlich der A7 immer wieder zu sehen ist. Sie ist Teil der Fernstrecke Hamburg–Kopenhagen.

5 **„Treenetal“** (Informationstafel): Die abgebildete Holländer-Windmühle steht in der Ortsmitte von Tarp, heißt Antje und stammt aus dem Jahr 1882. Die Mühle beherbergt heute das Fremdenverkehrsamt der Region. Tarp liegt westlich der Autobahn an der Treene, die südlich von Flensburg entspringt und in der von Holländern gegründeten Grachtenstadt Friedrichstadt in die Eider fließt. Früher wurde der 80 km lange Fluss, den die A7 bei km 16,5 quert, als Schifffahrtsweg zur Nordsee genutzt.

Flensburg **1** ★*: Ein historischer Dampfer fährt Touristen durch die Förde.*

6 Östlich der Autobahn rückt der 108 m hohe **Fernsehturm von Schleswig** ins Blickfeld. Er trägt den schönen Namen „Schliekieker“ (= einer, der auf die Schlei schaut).

7 **„Landesmuseum Schleswig“** (Informationstafel): Das Landesmuseum ist in Schloss Gottorf, westlich der Stadt Schleswig gelegen, untergebracht. Der eher schmucklose, aber gewaltige Bau, errichtet zwischen 1686 und 1702, beherbergt auch das Archäologische Landesmuseum. Es präsentiert einen reichhaltigen Querschnitt durch die Kunst- und Kulturgeschichte des Landes, aber auch Kunstwerke aus anderen Ländern und Kulturkreisen.

8 Im östlich der A7 gelegenen **Idstedt** erinnert das Museum in der Idstedt-Halle an die schleswig-holsteinische Erhebung gegen die dänische Herrschaft 1848–1850. Damals wehrten sich die Schleswig-Holsteiner erfolgreich gegen die Teilung ihres Landes und den Anschluss Schleswigs an Dänemark. Nach einer erneuten Einverleibung Schleswigs durch Dänemark marschierten preußische und österreichische Truppen 1864 ein und eroberten Schleswig zurück. Die endgültige Grenzziehung zwischen Deutschland und Dänemark erfolgte nach einer Volksabstimmung im Jahr 1920.

9 ★ Dem am Ufer der Schlei, südlich von Schleswig gelegenen Wikinger-Museum **Haithabu** sollten Sie einen Besuch abstatten (AS Schleswig/Schuby, 5 km, 5 Min.). Diese Wikingersiedlung zählte bis vor rund 1000 Jahren zu den wichtigsten Handelsplätzen des Nordens. Ein anschauliches Bild vom Leben der Wikinger bekommen Sie durch die zahlreichen Ausgrabungsfunde. Besonders sehenswert ist das 1979 entdeckte, 18 m lange Wikinger-Handelsschiff.

10 Östlich der A7 sehen Sie kurz etwas von der **Stadt Schleswig**: den markanten Wohnhaushochbau „Wikingturm“ und den Turm des Domes. Schleswig, bereits 804 erstmals erwähnt, ist die älteste Stadt Schleswig-Holsteins. Der gotische Dom St. Petri zählt zu den bedeutendsten Kirchenbauten Norddeutschlands. Seit 1666 befindet sich in seinem Inneren der spätgotische Bordesholmer Altar, ein Schnitzkunstwerk mit fast 400 Einzelfiguren. Der Wikingturm ist ein 26 Stockwerke hohes, ins Wasser gesetztes Wohnhaus mit eigenem Jachthafen.

11 Die A7 quert unmerklich die Reste des bedeutenden **Festungswalls Danewerk**, mit dem die Dänen sich einst vor Angriffen aus dem Süden schützen wollten. Unterhalb des gewaltigen, aufgeschütteten Walls liegt bei Klein-Dannewerk ein kleines Museum, das die Geschichte dieser Wehranlage dokumentiert.

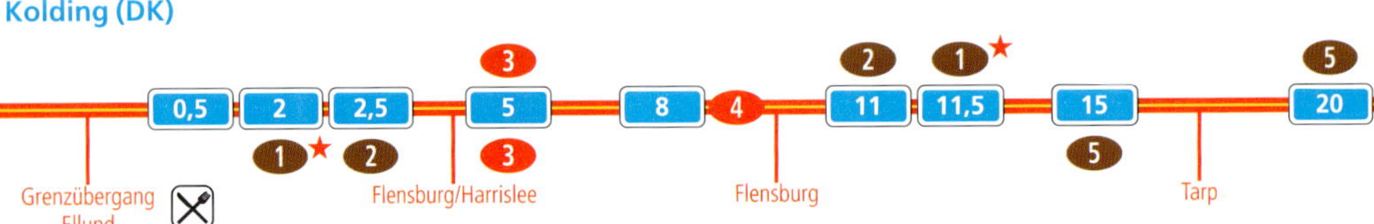

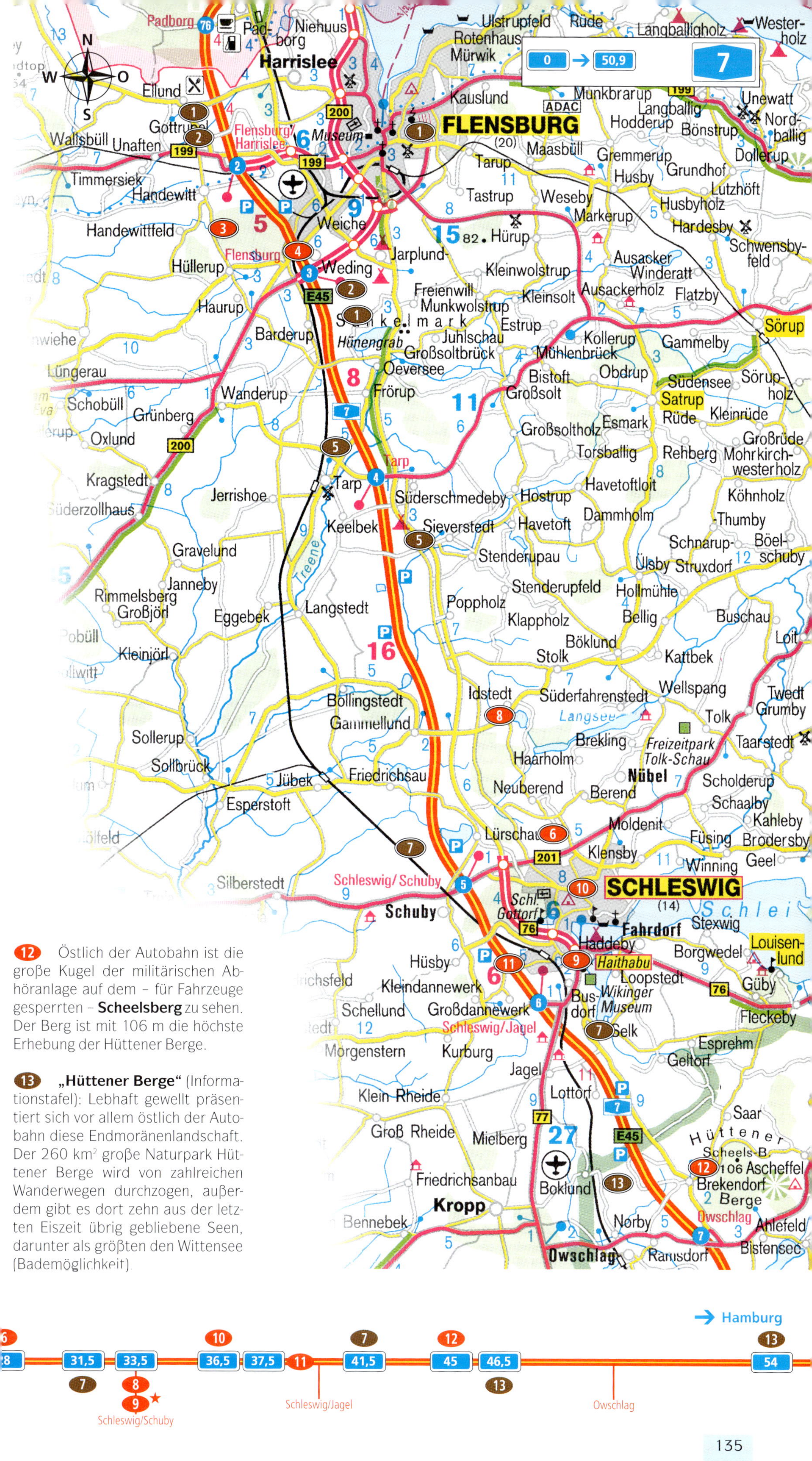

12 Östlich der Autobahn ist die große Kugel der militärischen Abhöranlage auf dem – für Fahrzeuge gesperrten – **Scheelsberg** zu sehen. Der Berg ist mit 106 m die höchste Erhebung der Hüttener Berge.

13 **„Hüttener Berge“** (Informationstafel): Lebhaft gewellt präsentiert sich vor allem östlich der Autobahn diese Endmoränenlandschaft. Der 260 km² große Naturpark Hüttener Berge wird von zahlreichen Wanderwegen durchzogen, außerdem gibt es dort zehn aus der letzten Eiszeit übrig gebliebene Seen, darunter als größten den Wittensee (Bademöglichkeit).

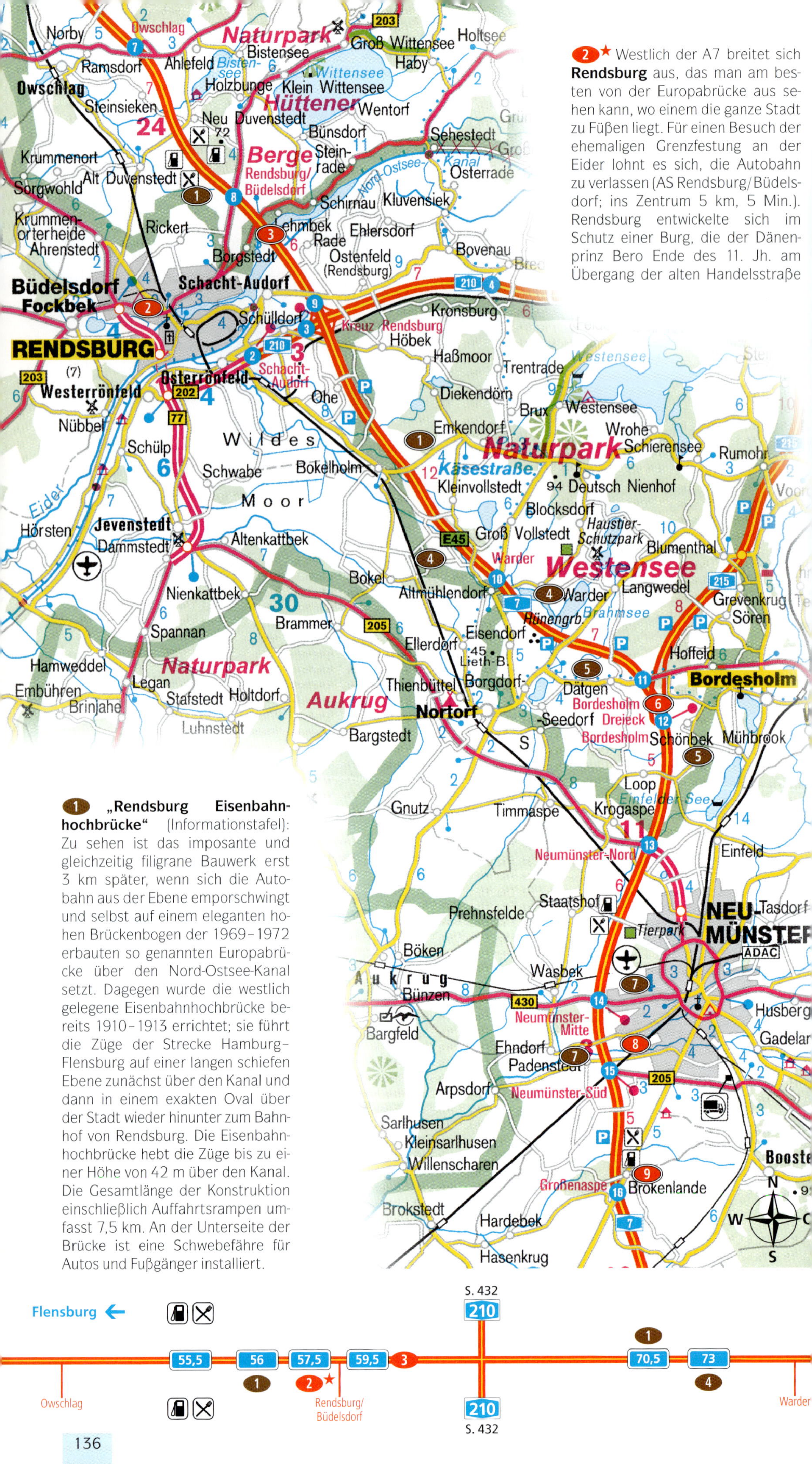

2★ Westlich der A7 breitet sich **Rendsburg** aus, das man am besten von der Europabrücke aus sehen kann, wo einem die ganze Stadt zu Füßen liegt. Für einen Besuch der ehemaligen Grenzfestung an der Eider lohnt es sich, die Autobahn zu verlassen (AS Rendsburg/Büdelsdorf; ins Zentrum 5 km, 5 Min.). Rendsburg entwickelte sich im Schutz einer Burg, die der Dänenprinz Bero Ende des 11. Jh. am Übergang der alten Handelsstraße

1 **„Rendsburg Eisenbahnhochbrücke“** (Informationstafel): Zu sehen ist das imposante und gleichzeitig filigrane Bauwerk erst 3 km später, wenn sich die Autobahn aus der Ebene emporschwingt und selbst auf einem eleganten hohen Brückenbogen der 1969–1972 erbauten so genannten Europabrücke über den Nord-Ostsee-Kanal setzt. Dagegen wurde die westlich gelegene Eisenbahnhochbrücke bereits 1910–1913 errichtet; sie führt die Züge der Strecke Hamburg–Flensburg auf einer langen schiefen Ebene zunächst über den Kanal und dann in einem exakten Oval über der Stadt wieder hinunter zum Bahnhof von Rendsburg. Die Eisenbahnhochbrücke hebt die Züge bis zu einer Höhe von 42 m über den Kanal. Die Gesamtlänge der Konstruktion einschließlich Auffahrtsrampen umfasst 7,5 km. An der Unterseite der Brücke ist eine Schwebefähre für Autos und Fußgänger installiert.

„Ochsenweg" über die Eider errichtet hatte; auf diese Weise entstand ein wichtiger Verkehrsknotenpunkt. Heute hat die Stadt zwei Zentren: Die Altstadt um den Altstädter Markt und um die gotische Marienkirche sowie südlich davon das Neuwerk, eine regelmäßige Stadtanlage aus der Barockzeit mit dem gewaltigen Neuwerker Paradeplatz in der Form eines halben Zehnecks, von dem sternförmig die Straßen ausgehen. Bemerkenswert ist die Stadt auch wegen ihrer vielen meist kleinen, aber außergewöhnlichen Museen. Da gibt es nicht nur ein Historisches Museum, sondern auch ein Elektro-, ein Druck-, ein Brillen-, ein Whisky- und ein Eisenbahn-Stellwerkmuseum, dazu ein Jüdisches Museum und im angrenzenden Büdelsdorf ein Eisenkunstguss-Museum.

3 Auf der Europabrücke quert die A7 den **Nord-Ostsee-Kanal**. Er ist der drittgrößte und meistbefahrene künstliche Schifffahrtsweg der Welt. Am 3. Juni 1887 legte Kaiser Wilhelm I. den Grundstein für den – zunächst nach ihm benannten – 99 km langen Kanal zwischen Kiel an der Ostsee und Brunsbüttel an der Elbe. Nach einer Bauzeit von acht Jahren konnte die Wasserstraße 1895 in Betrieb genommen werden. Sie verkürzt den Seeweg zwischen Nord- und Ostsee um 250 Seemeilen (rund 400 km) und erspart den Weg durch das oft stürmische und gefährliche Skagerrak. Jährlich passieren etwa 50 000 Schiffe den Nord-Ostsee-Kanal.

4 **„Naturpark Westensee"** (Informationstafel): Diese Moränenhügel-Landschaft östlich der A7 mit kleinen Wäldern und zahlreichen Seen ist ein beliebtes Naherholungsgebiet für die Bewohner der nur wenige Kilometer entfernten Landeshauptstadt Kiel. Die auf dem Schild abgebildete Kirche steht im Dorf Westensee und wurde aus Feld- und Backsteinen erbaut. Westensee ist ein zauberhafter Erholungsort, der sich mit teilweise reetgedeckten Häusern an der Westspitze des gleichnamigen Sees entlangzieht. Berühmt ist die Gegend auch wegen mehrerer alter Herrensitze, die allerdings von der Autobahn aus nicht zu sehen sind. Diese Herrenhäuser entstanden meist zwischen 1500 und 1700, als der holsteinische Adel vom dänischen Königshaus reich mit Ländereien und politischen Privilegien für seine Treue belohnt wurde. Heute sind diese schlossartigen Bauten überwiegend im Besitz von Industriellen.

5★ **„Klosterinsel Bordesholm"** (Informationstafel): Wer etwas Zeit erübrigen kann, sollte sich die auf dem Schild abgebildete Backsteinkirche des ehemaligen Klosters anschauen. Über die AS Bordesholm gelangt man nach 6 km bzw. 5 Min. in das ausgesprochen gepflegt wirkende Städtchen Bordesholm. Das Kloster lag früher auf einer Insel in einem See, der teilweise zugeschüttet wurde. Der gotische Bau mit steilem Dach und bescheidenem Dachreiter-Türmchen stammt aus dem 14. Jh. Sein berühmtestes Ausstattungsstück, der Bordesholmer Altar, steht allerdings seit 1666 im Dom zu Schleswig. Geblieben ist das prächtige Chorgestühl von 1509. In den ehemaligen Klosterbauten sind heute ein Alten- und Pflegeheim sowie ein Heimatmuseum untergebracht. Unter der über 600 Jahre alten Linde auf dem Dorfplatz wurde noch bis ins 19. Jh. Gericht gehalten.

Die Eisenbahnhochbrücke über den Nord-Ostsee-Kanal in Rendsburg 1 besitzt an der Unterseite Schienen, auf denen Rollgestelle laufen. Daran befestigt ist eine Schwebefähre, mit der Fußgänger und Autos kostenlos über den Wasserweg gesetzt werden.

6 Aus der im Verlauf immer flacher gewordenen Landschaft steigt das elegante **Überwerfungsbauwerk des AD Bordesholm** empor. Hier ist der Beginn der A 215, die, nur 18 km lang, die Verbindung von der A7 nach Kiel darstellt.

7 **„Naturpark Aukrug"** (Informationstafel): Der Naturpark ist geprägt durch eine typische Geestlandschaft. Altmoränen wie der 64 m hohe Glasberg, ein prächtiger Aussichtsberg, wechseln ab mit Sandebenen und kleinen Wäldchen, durchsetzt von Bachläufen und kleinen Weihern. Die Landschaft durchziehen zahlreiche Knicks – die für Schleswig-Holstein charakteristischen Erdwälle mit Buschwerk. Ein Hünengrab westlich von Aukrug deutet auf die frühe Besiedelung dieser Region hin.

8 Östlich der A7 kommen die Vororte der Stadt **Neumünster** ins Bild. Trotz langer und bedeutender Geschichte ist hier nur wenig historische Bausubstanz vorhanden, da die Stadt am Ende des Zweiten Weltkriegs weitgehend zerstört wurde. Erhalten geblieben ist das Caspar-von-Saldern-Haus, ein repräsentativer Barockbau. Ein bedeutendes Werk des Klassizismus ist die 1834 fertig gestellte Vizelinkirche. Auf dem „Großflecken" genannten weiträumigen Hauptplatz der Stadt pulsiert städtisches Leben. Neumünster, aus einem Kloster entstanden, ist heute Industriestadt (Elektrotechnik und Chemie) und wichtiger Eisenbahn-Knotenpunkt. Von der einstmals bedeutenden Textilindustrie zeugt heute nur noch ein Museum.

9 Hinter Bäumen verborgen liegt östlich der Autobahn, unmittelbar an der AS Großenaspe, der künstlich angelegte **Forellensee**. Hier kann jedermann ganzjährig gegen eine Gebühr Forellen fischen.

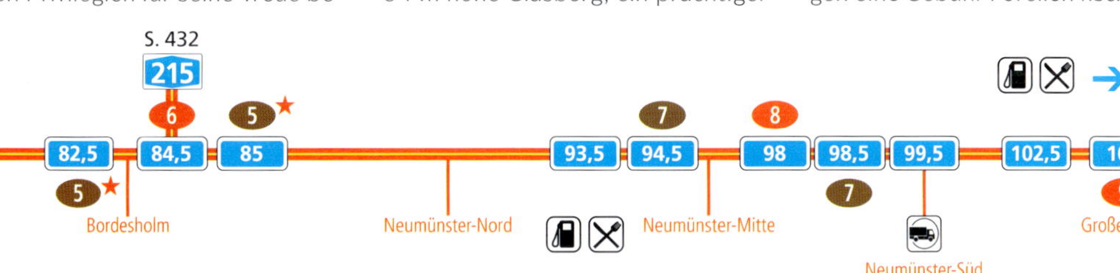

1 Vor allem westlich der Autobahn sind immer häufiger dreiflügelige **Windräder** auf hohen Masten zu sehen. Sie dienen der alternativen Stromerzeugung. Die so gewonnene Elektrizität wird in das Netz der Energiekonzerne eingespeist und deckt in Schleswig-Holstein bereits 17 Prozent des Stromverbrauchs.

2 Unweit der A7 liegt westlich **Bad Bramstedt**. Hier wurden schon im 17. Jh. Heilquellen entdeckt; heute ist das Sole- und Moorbad vor allem bei Rheumaerkrankungen hilfreich.

3 7 km östlich der Autobahn befindet sich der **Flugplatz Hartenholm**. Von dort aus werden nicht nur Rundflüge mit Flugzeug oder Hubschrauber angeboten, sondern auch Ballonfahrten. Es gibt eine Pilotenschule und als besondere Attraktion kann man zusammen mit erfahrenen Fallschirmspringern Tandemsprünge aus 4000 m Höhe absolvieren.

4★ Für Freunde von Wildwest-Romantik ist **Bad Segeberg** ohnehin ein Muss; aber auch das hübsche Städtchen und die Kalkberghöhlen sind einen Besuch wert. Über die AS Bad Bramstedt gelangen Sie nach 24 km, 35 Min. auf der B206 dorthin. Auf der Freilichtbühne in Bad Segeberg werden jeden Sommer die populärsten Geschichten von Karl May um Winnetou und Old Shatterhand in Szene gesetzt. Die seit 1952 bestehenden **Karl-May-Festspiele** (Ende Juni bis Anfang Sept., jeweils Do–Sa 15 und 20 Uhr, So 15 Uhr, Karten unter Tel.: 01 80-5 95 21 11) haben Bad Segeberg in ganz Deutschland berühmt gemacht – berühmter jedenfalls, als die Vorzüge des Kurstädtchens oder der bis 1930 betriebene Gipsabbau es getan haben. Die einstige Abbaugrube zu Füßen des 91 m hohen Kalkbergs wurde noch in den 30er-Jahren zur erwähnten Freilichtbühne umgestaltet. Eine weitere Attraktion bieten die über 2 km langen **Kalkberghöhlen**, die Linderung bei Asthma-Leiden versprechen und jedes Jahr von mehr als 100 000 Gästen besucht werden.

5 Von der Stadt **Kaltenkirchen**, die sich unmittelbar östlich der Autobahn erstreckt, ist von der A7 aus wenig zu sehen. Anfang der 80er-Jahre bestanden Pläne, hier einen neuen Großflughafen für Hamburg zu bauen; doch nach Protesten aus der Bevölkerung wurden diese Pläne aufgegeben. Auf dem einst für den Flughafen vorgesehenen Gelände entstand ein Gewerbegebiet.

6 Die immer häufiger werdenden **Lärmschutzbauten** kündigen es an: Die Besiedelung der Landschaft wird dichter, die Großstadt Hamburg rückt näher. Noch immer allerdings breitet sich viel Weideland zu beiden Seiten der Autobahn aus und vereinzelt sind Bauernhöfe, allerdings in gehörigem Abstand zur Autobahn, zu sehen. Bei km 132 überquert die A7 die Bahnlinie Quickborn–Kaltenkirchen.

Unter Naturschutz stehende Moorlandschaften sind typisch für die Gegend nördlich von Hamburg.

7 Direkt westlich der A7 schimmern die Bauten von Quickborn durch das Strauchwerk. Westlich von Quickborn breitet sich das **Himmelmoor** aus – das größte Hochmoor in Schleswig-Holstein, wo noch heute Torf abgebaut wird.

8 Am Rande des **Naturschutzgebiets Holmmoor** liegt die gleichnamige Raststätte. Sie ist mit Rücksicht auf das Naturschutzgebiet in ländlichem Stil gehalten und mit Reet gedeckt. Ein Zugang in das Moor ist hier möglich. Von nun an verläuft die A7 bis zur Hamburger Stadtgrenze bei km 144 noch einmal durch Wiesen- und Weideland.

9 Mit der Stadtgrenze rückt auch die Bebauung unmittelbar an die A7 heran. Die AS Hamburg-Schnelsen-Nord ist u.a. der Zugang zum **Flughafen Hamburg-Fuhlsbüttel**. Er wurde 1911 eröffnet und ist der älteste noch in Betrieb befindliche deutsche Verkehrsflughafen. 1993 wurde das hochmoderne Terminal 4 – mit einer eleganten Dachkonstruktion aus Stahl und Glas – in Betrieb genommen; auch die übrigen Terminals wurden und werden modernisiert. Rund 9 Mio. Passagiere verzeichnet der Airport jährlich; etwa 130 Destinationen werden von Deutschlands viertgrößtem Flughafen aus angeflogen.

10 Kurz vor der AS Hamburg-Schnelsen ragt westlich der A7 der gewaltige Bau des **Mode Centrum Hamburg** empor. Hier finden vor allem Messen und Ausstellungen statt. Ab hier verläuft die Autobahn weitgehend in Einschnitten bzw. zwischen Lärmschutzwänden.

11 Rechtzeitig vor der AS Hamburg-Stellingen weist eine Werbetafel auf **Hagenbecks Tierpark** hin. Mit einer Seehunde-Ausstellung begann 1848 die Geschichte dieses größten privaten Tierparks der Welt, der 1907 schließlich seinen endgültigen Standort in Hamburg-Stellingen fand. Das Besondere an diesem Tierpark ist, dass sein Gründer Carl Hagenbeck als erster das Konzept entwickelte, die Tiere nach Kontinenten und Ländern zu gruppieren und in naturgetreu gestalteten Freigehegen zu präsentieren. Hagenbecks Tierpark wurde damit zum Vorbild für zahlreiche andere Zoos in aller Welt.

12 Die A7 überquert die Gleisanlagen des **Betriebshofs Langenfelde** der Deutschen Bahn. Zu sehen sind die Gleise und Hallen, in denen u.a. die ICE-Züge gewartet werden sowie jede Menge Züge.

13 Von der AS Hamburg-Volkspark sieht man westlich den **Altonaer Volkspark**. Deutschlandweit bekannt ist er vor allem durch das **Volksparkstadion**, in dem der Hamburger Sportverein seine Bundesligaspiele austrägt. Das Stadion wurde 1919/20 gebaut, mehrfach umgestaltet und in jüngster Zeit grundlegend modernisiert.

14 Kurz vor der AS Hamburg-Bahrenfeld ragen östlich der A7 die zwei 22-stöckigen, leicht gerundeten **Verwaltungsbauten der Hermes-Kreditversicherung** in den Himmel.

15 Die AS Hamburg-Othmarschen ist die letzte Anschlussstelle nördlich der Elbe und liegt unmittelbar vor der Einfahrt in den Elbtunnel. Sie führt auch zum Hamburger Nobelviertel **Blankenese**, das sich durch prächtige Villen mit weitem Blick auf die Elbe auszeichnet.

6
130
6

104 → 155,5
7
Naturpark Aukrug
Lockstedt
Fitzbek
Rade
Brokstedt
Oeschebüttel
Rosdorf
Störkathen
Mühlenbarbek
Kellinghusen
Borstel
Quarnstedt
Hagen
Wrist
Stellau
Auufer
Wulfsmoor
Moordiek
Hingstheide
Weddelbrook
Föhrden-Barl
Bad Bramstedt
Hardebek
Hasenkrug
Armstedt
Wiemersdorf
Fuhlendorf
Gaven
Hitzhusen
Großenaspe
Brokenlande
Boostedt
Rickling
Heidmühlen
Wildpark Eekholt
Kolonie Glashütte
Weide
Bimöhlen
Bockhorn
Hasenmoor
Fuhlenrüe
Hartenholm
Käsestraße
Mönkloh
Voßberg
Hünengrab
Heidmoor
Lentföhrden
Schmalfeld
Nützen
Kampen
Kaltenkirchen
Struvenhütten
Bredenbekshorst
Stuvenborn
Kattendorf
Sievershütten
Oersdorf
Hüttblek
Winsen
Oering
Osterhorn
Bokel
Hörnerkirchen
Brande-
Überstör
Bokelseß
Lutzhorn
Heisterende
Groß-Offenseth-
Horst/Elmshorn
Heidkaten
Kaltenk.-Süd/ Henstedt-Ulzburg
Kisdorf
Ulzburg
Itzstedt
Klein Offenseth-Sparrieshoop
Aspern
Hanredder
Langeln
Barmstedt
Voßloch
Bokholt-
Heede
Alveslohe
Kaden
Götzberg
Henstedt-
Wakendorf II
Nahe
Beckershof
Bullenkuhlen
Bilsen
Stegen
ELMSHORN
Hemdingen
Ellerau
Rhen
Kayhude
Kölln-Reisiek
Bevern
Elmshorn
Quickborn
Wilstedt
Siedlung Wilstedt
Tangstedt
Wiemerskamp
Wulksfelde
Seeth-Ekholt
Ellerhoop
Thiensen
Renzel
Harksheide
Tornesch
Ahrenlohe
Kummerfeld
Hohenraden
Hasloh
NORDERSTEDT
Glashütte
DUVENSTEDT
Wohldorf-Ohlstedt
Uetersen
Esingen
Prisdorf
Borstel-Hohenraden
Pinneberg-Nord
Tangstedt
Winzeldorf
Garstedt
Arriba
LEMSAHL-MELLINGSTEDT
Lottbek
Bergstedt
Unterglinde
Appen
Bönningstedt
Ellerbek
LANGENHORN
POPPENBÜTTEL
Pinneberg-Mitte
PINNEBERG
Rellingen
NIENDORF
SASEL
Halstenbek/ Rellingen
SCHNELSEN
HH-Schnels.-N
WELLINGSBÜTTEL
Pinneberg-Süd
Etz
Halstenbek
Brande
Halst.-Krupunder
EIDELSTEDT
HH-Schnels.
Flughafen
OHLSDORF
Hamburg-Fuhlsbüttel
HAMBURG
Holm
Waldenau-Datum
Schenefeld
HH-Eidelstedt
Dreieck HH-Nordwest
Carl-Hagenbecks Tierpark
FARMSEN
RISSEN
SÜLLDORF
LURUP
HH-Stellingen
STELLINGEN
WINTERHUDE
EIMSBÜTTEL
WEDEL
Schiffsbegrüßungs-anlage
BLANKENESE
BAHRENFELD
HH-Volkspark
UHLENHORST
WANDSBEK
Barsbüttel
HH-Bahrenfeld
HH-Othmarschen
ALTONA
SANKT PAULI
HH-Horn
Wisch
Hinterbrack
Hannover
Quickborn
Hamburg-Schnelsen-Nord
Hamburg-Schnelsen
S. 270
Hamburg-Stellingen
Hamburg-Volkspark
Hamburg-Bahrenfeld
Hamburg-Othmarschen
137
145
146
150,5
151,5
152
154,5
155,5

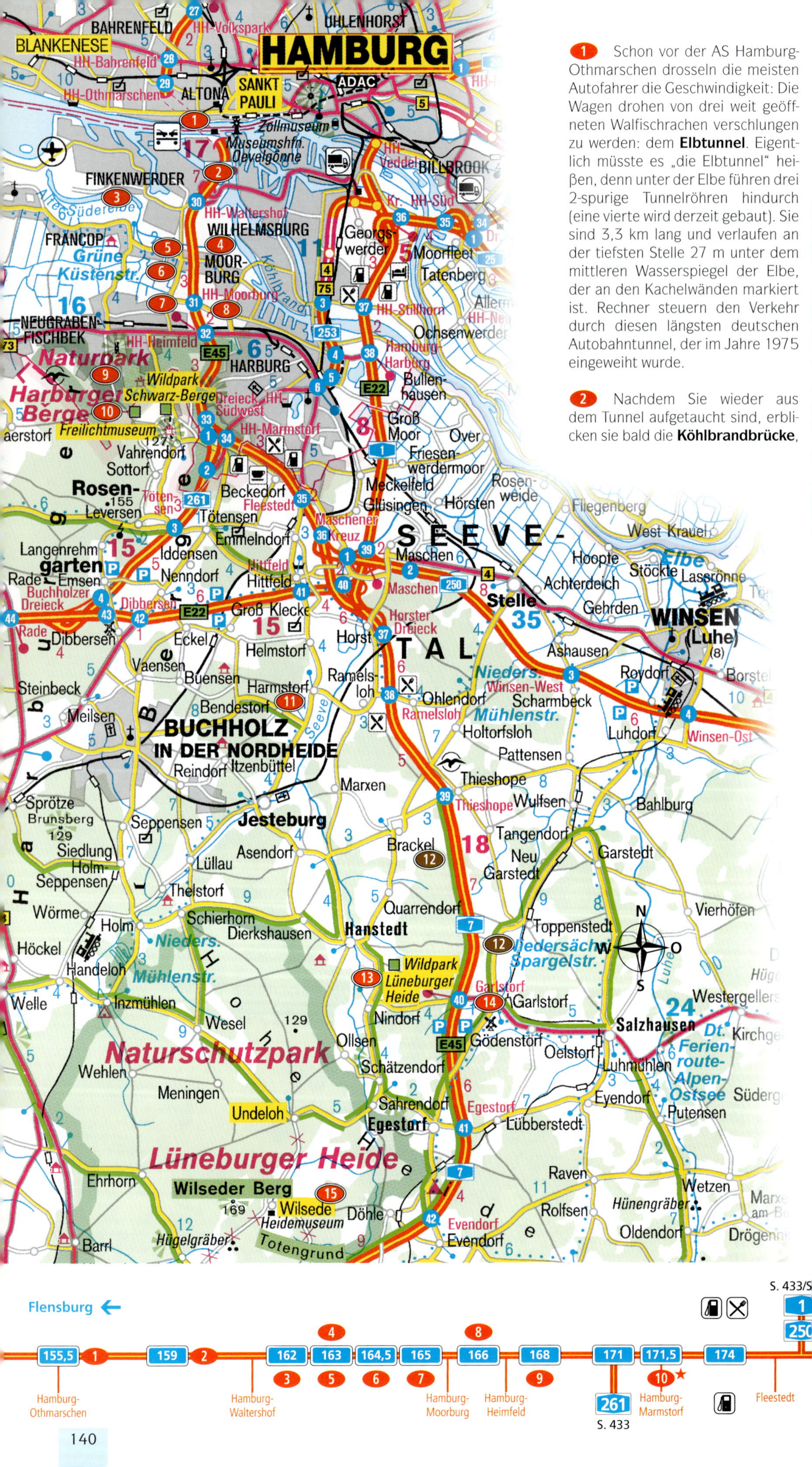

1 Schon vor der AS Hamburg-Othmarschen drosseln die meisten Autofahrer die Geschwindigkeit: Die Wagen drohen von drei weit geöffneten Walfischrachen verschlungen zu werden: dem **Elbtunnel**. Eigentlich müsste es „die Elbtunnel" heißen, denn unter der Elbe führen drei 2-spurige Tunnelröhren hindurch (eine vierte wird derzeit gebaut). Sie sind 3,3 km lang und verlaufen an der tiefsten Stelle 27 m unter dem mittleren Wasserspiegel der Elbe, der an den Kachelwänden markiert ist. Rechner steuern den Verkehr durch diesen längsten deutschen Autobahntunnel, der im Jahre 1975 eingeweiht wurde.

2 Nachdem Sie wieder aus dem Tunnel aufgetaucht sind, erblicken sie bald die **Köhlbrandbrücke**,

eine der längsten Brücken Europas. Sie überspannt, an zwei mächtigen Pylonen aufgehängt, in 53 m Höhe den Köhlbrand, einen Nebenarm der Elbe. Die Brücke wurde 1974 dem Verkehr übergeben und gilt – wie der Elbtunnel – als ein Jahrhundertbauwerk. Die Köhlbrandbrücke verbindet den Hamburger Freihafen (frei = Zollausland) mit der A7 und dem modernen Containerhafen, der westlich der Autobahn zu sehen ist.

Sehenswertes Hamburg: Am Europakai legen die Ausflugsdampfer an, mit denen sich die Hansestadt vom Wasser aus entdecken lässt.

3 Auf den nächsten 4 km verläuft die A7 auf etwa 1000 Stützen über das **Marschengebiet**, so dass auch bei Überflutungen die Verbindung nach Süden gewährleistet ist. Im Marschenland liegt westlich der A7 das historische Fischerdorf Finkenwerder, Geburtsort des Dichters Gorch Fock (1880–1916).

4 Östlich der A7 ist eine alte Kirche zu sehen. Die Kirche und der Friedhof daneben sind übrig geblieben vom 1000-jährigen Fischer- und Bauerndorf **Altenwerder**. Der Ort musste der Hafenerweiterung weichen: Hier entsteht gegenwärtig einer der modernsten Containerterminals der Welt mit Dienstleistungszentrum und weiterverarbeitendem Gewerbe.

5 Ein moderner runder Turm mit Glaskanzel ist westlich der A7 zu sehen. Es ist das neue **Stellwerk** der 1866 gegründeten, seit jeher eigenständigen Hafenbahn für den computergesteuerten Rangierbahnhof und das westliche Hafengebiet.

6 Östlich der Autobahn sind Häuser und Kirchturm von Moorburg zu erkennen. Auf der westlichen Seite befindet sich ein **Umspannwerk der Hamburgischen Electricitäts-Werke** (HEW). In Fahrtrichtung Hannover ist jetzt die Silhouette der Harburger Berge zu sehen.

7 Bei der AS Hamburg-Moorburg fällt westlich der A7 der große Schriftzug **„Beiersdorf AG“** an einem Werksgebäude auf. Hier stehen Werk 4 und Verwaltung des Herstellers von Nivea und Hansaplast. Daneben befindet sich das Hightech-Forschungszentrum von **Philips**.

8 Östlich der A7 ist das Gewerbegebiet von **Harburg** zu sehen. Dieser Hamburger Bezirk war bis zum Groß-Hamburg-Gesetz 1937 eine mit Hamburg konkurrierende Industrie- und Hafengroßstadt. Nachdem in den 70er- und 80er-Jahren der Bezirk durch Arbeitsplatzabbau und Betriebsschließungen in Arbeitslosigkeit zu versinken drohte, begann hier nach der Gründung der Technischen Universität Harburg ein Wandel: Um sie herum siedelten sich in enger Kooperation mit der Wissenschaft hochrangige Hightech-Unternehmen und die private Elite-Universität NIT an.

9 Zwischen der AS Hamburg-Heimfeld und dem AD Hamburg-Südwest verläuft die Trasse nun durch die **Harburger Berge**, ein Waldgebiet mit den Hamburger Staatsforsten Haake und Emme, dem niedersächsischen Staatsforst Rosengarten sowie den Naturschutzgebieten Neugrabener Heide und Fischbeker Heide.

10★ Für Naturfreunde lohnt es sich, hier die Fahrt zu unterbrechen und das am Nordhang des 127 m hohen **Kiekebergs** gelegene gleichnamige **Freilichtmuseum** (2 km westlich der AS Marmstorf in Richtung Ehestorf) zu besuchen. Dabei handelt es sich um ein von Hühnern, Schweinen, Schafen und Rindern belebtes Museumsdorf mit dem Landtechnischen Museum, das die Entwicklungsgeschichte und den Gebrauch von Landmaschinen erläutert.

11 4 km westlich der AS Ramelsloh gibt es in **Bendestorf** die 1947 gegründeten Bendestorfer Ateliers, ein Filmstudio, in dem vor allem in den 50er-Jahren erfolgreiche Kinofilme („Die Csardasfürstin“) produziert wurden. Heute werden die Ateliers vor allem für Film-, Werbe- und Fotoproduktionen genutzt. An die glanzvollen Jahre erinnert das Filmmuseum in Maaken's Huus.

12 **„Lüneburger Heide“** (Informationstafel): Auf dem Schild sind die typischen Merkmale der Heidelandschaft abgebildet: Hünengrab und Schafherde. Bereits 1921 wurde das 200 km² große Areal rund um den Wilseder Berg vom preußischen Staat unter Naturschutz gestellt (siehe auch S. 143).

13 An der AS Garlstorf wird auf den **Wildpark Lüneburger Heide** (5 km westlich) hingewiesen: Dort leben in natürlicher Umgebung Tiere, die typisch für Norddeutschland waren oder sind, wie Bären, Luchse, Wildkatzen, Wölfe, Uhus, Kraniche, Fischotter und viele andere.

14★ Wer es nicht eilig hat, sollte sich die Zeit nehmen und einen Abstecher nach **Lüneburg** machen. Über die AS Garlstorf erreichen Sie nach 24 km (45 Min.) die Salz- und Universitätsstadt an der Ilmenau. Sie hat viel zu bieten: eine gemütliche Altstadt mit vielen Giebelhäusern aus der Zeit der Gotik, der Renaissance und des Barock, ein kostbar ausgestattetes Rathaus mit Schaufront von 1720, das Kloster Lüne mit Teppichmuseum, ein Salzmuseum und ein Thermalsolebad.

15 Auch wenn es an der AS Egestorf zunächst nicht so aussieht: Hier kann man die Original-Heide erleben. Die Straße nach Westen durch Egestorf führt mitten hinein in den **Naturschutzpark Lüneburger Heide**. Das Dorf Undeloh (7km) ist einer der beliebtesten Ausgangspunkte für Wanderungen und Kutschfahrten durch das Heidekraut zum Wilseder Berg und zum Heidemuseum Wilsede.

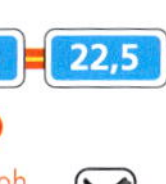

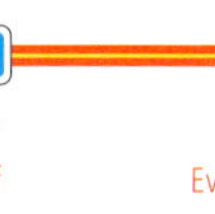

1 Die A7 führt nun am Ostrand des **Naturschutzparks Lüneburger Heide** entlang. Bei der AS Evendorf hat man zwar einen weiten Ausblick, aber vom Heidekraut ist nichts zu sehen. Erst etwa ab km 47 kommt die Heide aus dem Totengrund, ein Tal, durch das bis ins 19. Jh. Tote von Wilsede nach Bispingen transportiert wurden, von Westen her an die Autobahn heran. 1,5 km fährt man durch eine Heidefläche.

2 Südöstlich der AS Bispingen liegt Bispingen (2 km), bekannt durch seine Ferienanlage **Center Parc Bispinger Heide**, ein überdachtes tropisches Badeparadies.

5★ Empfehlenswert ist hier ein Abstecher nach **Munster** (13 km, 20 Min. über die B71 ab AS Soltau-Ost). In dieser relativ jungen Stadt, die erst 1967 das Stadtrecht erhielt, fallen die zahlreichen modernen Skulpturen auf. Sie sind über den ganzen Ortskern verteilt, z.B. am Mühlenteich, in der Fußgängerzone oder vor der Stadtsparkasse. Vor allem aber ist Munster als Militärstandort bekannt geworden; weite Heideflächen wurden zum Panzerübungsgelände. Heute kann man Panther, Tiger und Co. im Panzermuseum besichtigen. Im Fliegerhorst in **Faßberg** (14 km entfernt) erinnert eine kleine Ausstellung neben

Ganzjährig geöffnet hat der Vogelpark in Walsrode **7**★*: Drei bis vier Stunden sollten Sie für den Rundgang durch Freigehege und Volieren einplanen.*

3 Schilder am Autobahnrand weisen auf den **Heide-Park Soltau** hin. Wegen der zahlreichen Attraktionen des Heide-Parks – von dem von Mickymaus gesteuerten Mississippi-Dampfer, der vorbei an der Freiheitsstatue zum Weißen Haus fährt, bis zur größten Holz-Achterbahn der Welt – und wegen des Solebads Soltau-Therme kommen die meisten Besucher nach **Soltau** (5 km westlich der AS Soltau-Ost). Die Heidestadt Soltau selbst besitzt einen schönen historischen Stadtkern mit dem Rathaus und der Marktstraße. Im Sommer fährt die Museumsbahn „Ameisenbär" von Soltau nach Döhle.

4 Eine spezielle Heide-Attraktion bietet **Neuenkirchen**, das 11 km nordwestlich von Soltau an der B71 liegt: Dort befindet sich der Hof „Schnuckendorf" mit 750 Heidschnucken.

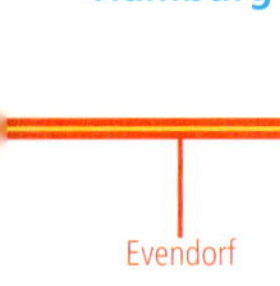

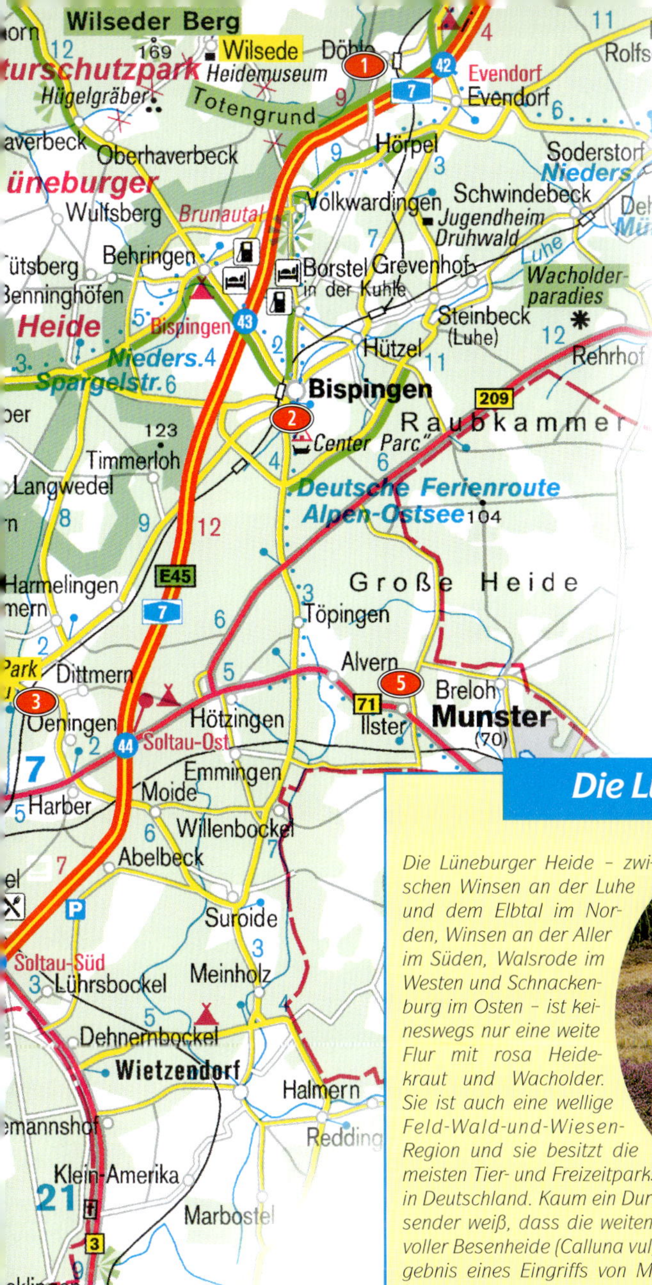

43,2 → 96,8

7

einstige Konzentrationslager innerhalb des Sperrgebiets Lohheide. Etwa 50 000 KZ-Häftlinge und mehr als 30 000 Kriegsgefangene kamen hier ums Leben.

7★ Wenn Sie etwas Zeit und Muße haben, sollten Sie unbedingt den **Vogelpark Walsrode** besuchen. Sie erreichen ihn über die AS Fallingbostel nach 10 km, 15 Min. (in Richtung Hamburg über das AD Walsrode abfahren). Dieser faszinierende Vogelpark ist der größte seiner Art auf der Welt und wurde durch eine Tropenwaldhalle noch aufgewertet. In **Walsrode** selbst lohnt das älteste erhaltene Heidekloster mit seinen spätgotischen Glasmalereien und einer bemalten Holzdecke von 1776 eine Besichtigung.

Die Lüneburger Heide

Die Lüneburger Heide – zwischen Winsen an der Luhe und dem Wilseder Berg im Norden, Winsen an der Aller im Süden, Walsrode im Westen und Schnackenburg im Osten – ist keineswegs nur eine weite Flur mit rosa Heidekraut und Wacholder. Sie ist auch eine wellige Feld-Wald-und-Wiesen-Region und sie besitzt die meisten Tier- und Freizeitparks in Deutschland. Kaum ein Durchreisender weiß, dass die weiten Flächen voller Besenheide (Calluna vulgaris) Ergebnis eines Eingriffs von Menschenhand sind – auch das im Spätsommer so malerisch rosaviolett blühende Areal rund um den Naturschutzpark am Wilseder Berg. Es gäbe die Heide längst nicht mehr, hätten nicht um 1900 Naturfreunde um den Egestorfer Pastor Wilhelm Bode damit begonnen, die Grundlagen für den Schutz des Krautgeflechts zu schaffen. Sie erwarben Heideflächen rund um den Wilseder Berg und verhinderten so deren Bebauung.

Die typische Heidelandschaft entstand im Mittelalter: Bis dahin bedeckte weitgehend Wald die von den Eiszeiten geprägte Landschaft mit ihren Grund- und Endmoränen, Mooren und Flüssen. Das Holz dieser Wälder wurde im Zuge der wirtschaftlichen Entwicklung und der Städtegründungen als Baustoff für Häuser und Schiffe sowie als Brennstoff für Salinen und Ziegeleien gebraucht. Bald bedeckten nur noch das Heidekraut und der Wacholder die nährstoffarmen Sandböden. Heute ist lediglich ein Prozent der im 18. Jh. völlig mit Heidekraut bewachsenen Areale erhalten. Seit 1921 ist die Lüneburger Heide unter Naturschutz gestellt.

Segmenten der Berliner Mauer an die amerikanischen und britischen Piloten, die 1948/49 während der Berlin-Blockade von hier aus 593 112 t Kohle und Weihnachtsgeschenke für 100 000 Berliner Kinder in die geteilte Hauptstadt flogen.

6 Ein Schild verweist auf die **Gedenkstätte Bergen-Belsen**. Sie befindet sich 30 km südöstlich der AS Soltau-Süd und erinnert an das

8 Unweit der Autobahn präsentiert sich der **Serengeti-Safaripark Hodenhagen** (5 km westlich der AS Westenholz). Hier können sich die Tiere – u.a. Tiger, Löwen, Giraffen und Gazellen – wie in freier Wildbahn bewegen, die Besucher bleiben, wie in der afrikanischen Serengeti, im Auto. Gleich nebenan gibt es ein „Freizeitland“ mit allerlei Fahrgeschäften und anderen Attraktionen.

→ Hannover

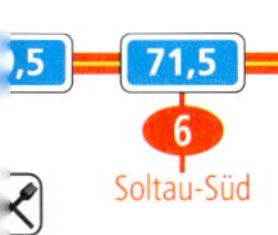

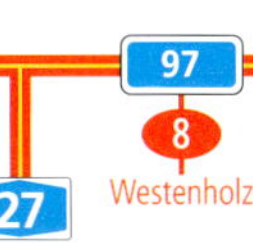

S. 288

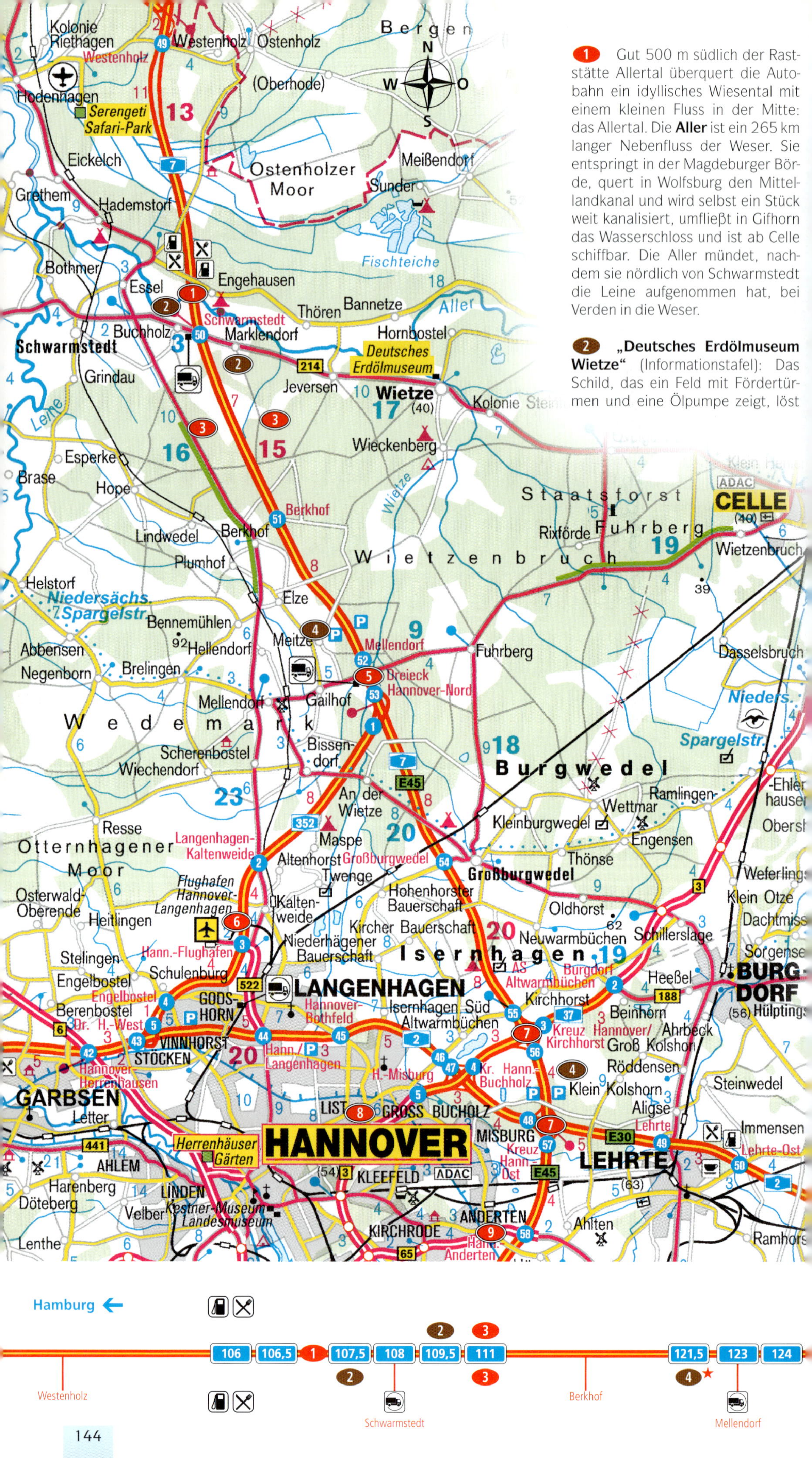

1 Gut 500 m südlich der Raststätte Allertal überquert die Autobahn ein idyllisches Wiesental mit einem kleinen Fluss in der Mitte: das Allertal. Die **Aller** ist ein 265 km langer Nebenfluss der Weser. Sie entspringt in der Magdeburger Börde, quert in Wolfsburg den Mittellandkanal und wird selbst ein Stück weit kanalisiert, umfließt in Gifhorn das Wasserschloss und ist ab Celle schiffbar. Die Aller mündet, nachdem sie nördlich von Schwarmstedt die Leine aufgenommen hat, bei Verden in die Weser.

2 **„Deutsches Erdölmuseum Wietze“** (Informationstafel): Das Schild, das ein Feld mit Fördertürmen und eine Ölpumpe zeigt, löst meist Verblüffung aus. Denn kaum jemand weiß, dass in Wietze 1859 die weltweit erste Erdölbohrung durchgeführt wurde. Um 1900 betrug die Förderung 27 000 t jährlich, und 1905 waren 32 Gesellschaften auf den Ölfeldern tätig. Erst 1963 wurde die Ölgewinnung in Wietze eingestellt. Das Öl war schon im 16. Jh. in den Mooren um das kleine Heidedörfchen im Wietze-Tal in dicken Teerklumpen an die Erdoberfläche gekommen. Die Bauern verwendeten das schwarze „Satanspech" als Heilmittel für Mensch und Vieh und als Wagenschmiere. Und sie begannen mit der Zeit einen schwunghaften Handel damit. Wie sich daraus ein „Ölrausch in der Heide" entwickelte, wird in der weitläufigen Museumsanlage anschaulich dokumentiert (10 km östlich).

3 Auf den nächsten 20 km durchquert die Autobahn über weite Strecken die Waldungen des **Wietzenbruch**. Die mit Birken durchsetzten Kiefernwälder bedecken hier den sandigen, dünenartigen Boden. Der Wietzenbruch wird durchflossen von der Wietze, die ihre Quellen nördlich von Hannover-Langenhagen hat und nordwestlich der Stadt Wietze in die Aller mündet. Die A7 überquert den Fluss bei der AS Mellendorf.

4★ **„Residenzstadt Celle"** (Informationstafel): Es lohnt sich sehr, die 23 km entfernte Residenzstadt zu besuchen (20 Min. westlich der AS Mellendorf). Denn Celle bietet nicht nur das auf dem Schild abgebildete Renaissanceschloss der Lüneburger Herzöge, sondern auch eine historische Altstadt mit einer Fachwerkparade von rund 450 reich verzierten Fachwerkgiebeln. Das Schloss hat seinen Ursprung in einer wassergrabenumzogenen Burg von 1292 und erhielt im Laufe der Jahrhunderte seine heutige Gestalt. Die schlosseigene Kapelle ist noch gotisch geprägt. Der Schlossgraben ist bis heute erhalten. Eine Sehenswürdigkeit besonderer Art ist das im 14. Jh. entstandene und im 17. Jh. mit Illusionsmalerei im Stil der Weserrenaissance bemalte Rathaus. Wunderschön ist der Nordgiebel. Der Ratskeller ist bereits 1378 urkundlich erwähnt und damit die älteste Gaststätte Niedersachsens. Weltruf genießt das 1735 gegründete Niedersächsische Landgestüt, wo mehr als 200 Hengste in den ehrwürdigen Stallungen stehen. Ein berühmtes Schauspiel ist die Celler Hengstparade, die Ende September stattfindet.

5 Vor dem AD Hannover-Nord signalisieren riesige weiße, zentral gesteuerte Wechseltafeln, dass es auf der folgenden Strecke häufig zu Staus kommt, vor allem bei Messen und während des Berufsverkehrs. Bis zum AD Hannover-Süd wird der Verkehr auf diese Weise durch umfangreiche **Signalanlagen** und teilweise durch Umleitungen der aktuellen Verkehrssituation angepasst. Die Autobahntrasse verläuft östlich um die niedersächsische Landeshauptstadt herum, meistens gesäumt vom Altwarmbüchener Moor, dem Misburger Wald und dem Ahltener Wald. Von Hannover selbst ist dabei nichts zu sehen.

8★ **Hannover**, das hinter Wald verborgen liegt, ist viel interessanter, als sein Ruf vermuten lässt. Dass die niedersächsische Hauptstadt Sehenswürdigkeiten in Hülle und Fülle besitzt, können Sie schon bei einem kurzen Besuch feststellen. Fahren Sie vom AK Hannover/Kirchhorst über die A37 (14 km, 21 Min.) in die Stadt, in der die erste Weltausstellung auf deutschem Boden, die EXPO 2000, stattfand. In der Altstadt erwarten Sie das Alte Rathaus aus dem 15. Jh. und die Marktkirche. Der Beginenturm am Leineufer war Teil der alten Stadtbefestigung von 1357 und beherbergt heute das Historische Museum. Auch das Neue Rathaus im Maschpark mit seiner hohen Kuppel, von der aus man einen herrlichen Blick hat, das Leineschloss, in dem heute der Landtag residiert, sowie die Herrenhäuser Gärten lohnen einen Besuch. Im Sprengel-Museum am Kurt-Schwitters-Platz am Maschsee ist eine der bedeutendsten Sammlungen der Kunst des 20. Jh. zu sehen. Das traditionelle Zentrum Hannovers bildet der „Kröpcke", ein beliebter, lebhafter Platz benannt nach dem Kaffeehausbesitzer Hermann Kröpcke. Bummeln können Sie ausgezeichnet auf der Georgstraße zwischen dem Kröpcke und dem Aegidtorplatz („Aegi").

Das Kongress-Zentrum auf dem EXPO-Gelände in Hannover 8★ erinnert an die Weltausstellung 2000.

6 Beim **AD Hannover-Nord** zweigt die A352 als Verbindung zur A2 nach Dortmund ab. Sie ist die Zufahrt zum **Flughafen Hannover-Langenhagen**, der vor allem als norddeutsches Luftkreuz für Charterflieger dient. Die A352 bietet auch eine gute Zufahrt nach Hannover, vor allem zu den Herrenhäuser Gärten (AS Hannover-Flughafen).

7 Das **AK Hannover-Kirchhorst** und das **AK Hannover-Ost** bilden eine Schnittstelle europäischer Verkehrsadern in alle vier Himmelsrichtungen: Sie stellen die Verbindung mit der A2 dar, die nach Osten über Braunschweig und Magdeburg nach Berlin führt und in Richtung Westen über Dortmund das Rheinland und die Niederlande ansteuert. Die A37/B3 führt in Nordost-Richtung nach Burgdorf mit dem Freizeitpark Blumenhof (7 km) und Celle (27 km). Nach Südwesten schließt sie an den Messeschnellweg an.

9 Südlich des AK Hannover-Ost führt die A7 aus den Waldgebieten heraus und läuft scheinbar direkt auf das große Zementwerk Alsen zu, das sie aber dann rechts liegen lässt. Die dann folgende AS Hannover-Anderten bietet über den Südschnellweg die Zufahrt zum **Messegelände** von Norden her.

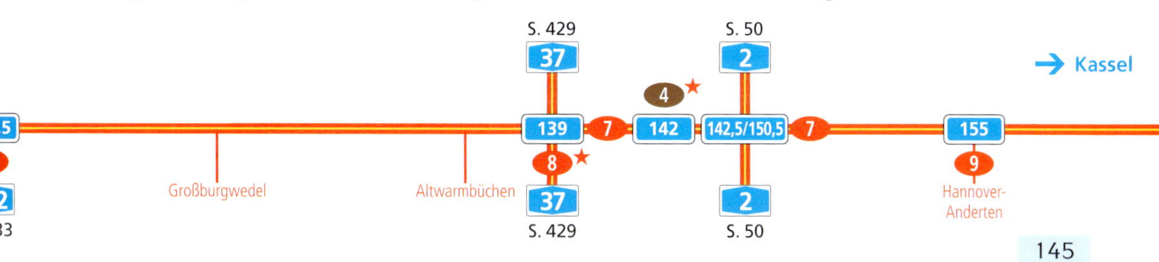

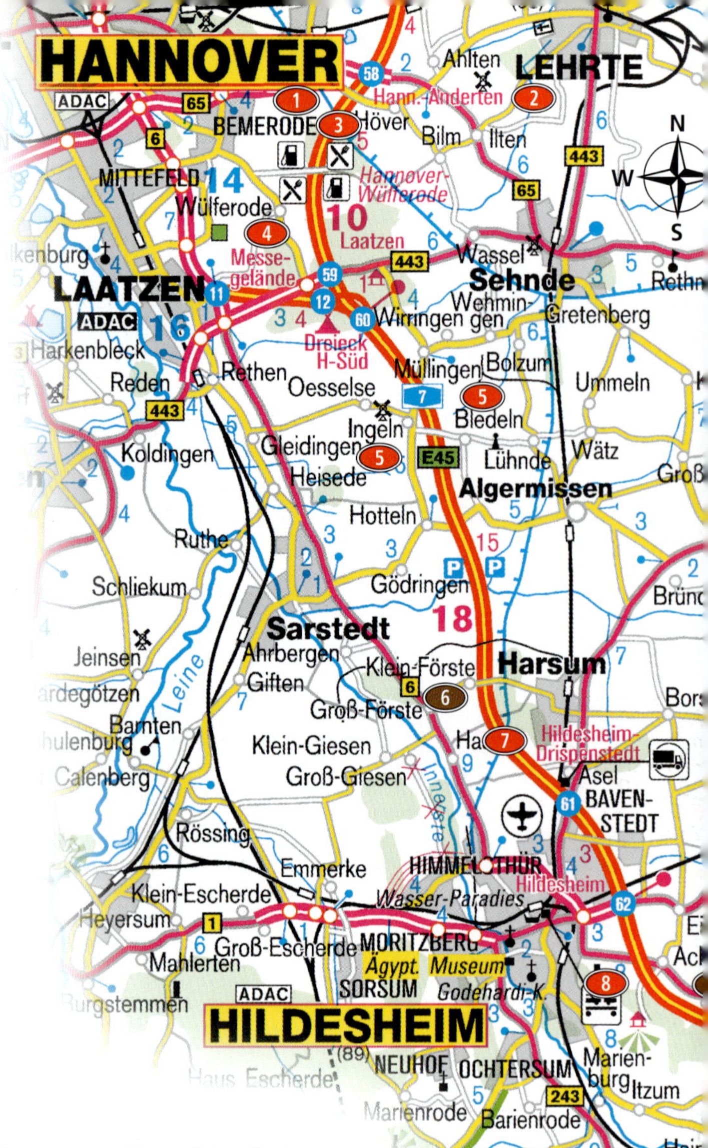

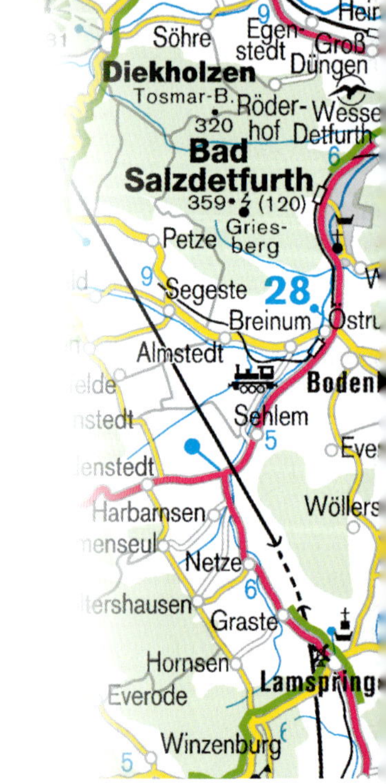

1 Westlich der Autobahn, zwischen den Wiesen, sind eine riesige, flache Halle und viele gelbe Transporter zu sehen: das **Postverteilzentrum** von Hannover.

2 Östlich der A7 ragen in der Ferne die hohen **Abraumhalden der Kali-Werke** bei Lehrte auf. Die Kalisalze, aus natürlichen Salzstöcken abgebaut, werden von der Landwirtschaft zur Mineraldüngung verwendet und von der chemischen Industrie als Rohstoff benötigt.

3 Die Autobahn überquert den **Mittellandkanal**, der mit 323 km der längste Binnenschifffahrtskanal in Deutschland ist. Er zweigt zwischen Ibbenbüren und Rheine vom Dortmund-Ems-Kanal ab und verbindet den Rhein mit der Elbe bei Magdeburg. Bei Braunschweig wird der Kanal auf einer Brücke über die Oker geführt.

4 Vor allem in Fahrtrichtung Norden ist der Messeturm des **Messegeländes** Hannover zu sehen. Es ist das größte der Welt und gewann durch die EXPO 2000 noch an Infrastruktur dazu. Neben dem Hermes-Turm von 1958 besitzt die Messe nun zwei weitere Wahrzeichen: Das hölzerne EXPO-Dach und Europas größte Fußgängerbrücke EXPOnale zur Halle 8. Die erste Messe fand hier 1947 statt. Heute ist neben der Leitmesse der Industrie, der „Hannover Messe", die CeBIT die größte und wichtigste Veranstaltung.

5 In Fahrtrichtung tauchen aus dem flachen Land die Umrisse von Höhenzügen auf: der **Hildesheimer Wald** (westlich) und das **Vorholz** (östlich).

6★ **„Weltkulturdenkmal Hildesheim"** (Informationstafel): Südwestlich ist ein Kirchturm von Hildesheim zu sehen, ansonsten ist der Blick auf die Stadt durch eine Lärmschutzwand verstellt. Die alte Bischofsstadt Hildesheim sollten Sie sich nicht entgehen lassen. Von der AS Hildesheim ist sie nur 3 km, 5 Min. entfernt. Die „Hildesheimer Rosenroute" führt mit auf dem Pflaster angebrachten Rosenmarkierungen zu 21 Sehenswürdigkeiten, beispielsweise zum Roemer-Pelizaeus-Museum, der bedeutendsten ägyptologischen Sammlung neben Berlin. Der Mariendom und die Michaeliskirche wurden von der UNESCO in die Liste der Weltkulturdenkmäler aufgenommen. Der auf den Resten einer 815 entstandenen Basilika im 11. Jh. errichtete romanische Dom birgt kostbare Kunstschätze aus jener Zeit. An seiner Außenwand blüht der 1000-jährige Rosenstock. Die im 11. Jh. unter Bischof Bernward begonnene Michaeliskirche ist eine der großartigsten romanischen Basiliken. In der Krypta steht der Steinsarg des heiligen Bernward. In der Mitte der von alten Wallgräben umgebenen Altstadt befindet sich der Marktplatz mit dem spätgotischen Rathaus und dem Tempelhaus aus dem 14. Jh.

7 Die Autobahn überquert einen **Zweigkanal**, eine 13 km lange Wasserstraße, die den Hildesheimer Hafen mit dem Mittellandkanal verbindet.

8 Nach der AS Hildesheim geht es stetig bergauf. Dabei können Sie auf die **Hildesheimer Börde** (so heißt oben auch die Raststätte)

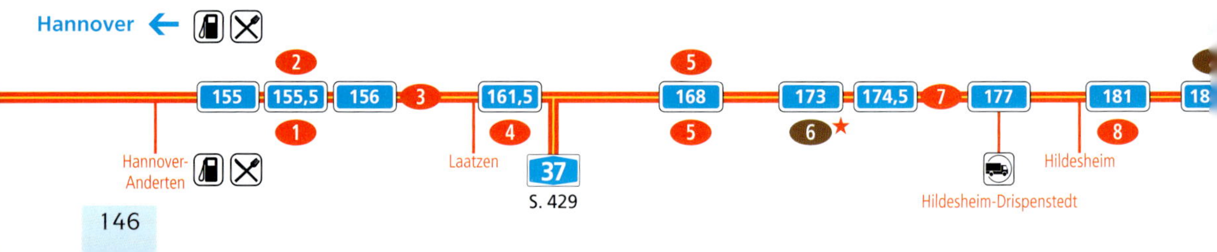

hinunterblicken. Börde ist der norddeutsche Begriff für eine flachwellige, lößbedeckte, fruchtbare Ebene.

9 Auf den nächsten 4 km fährt man durch den Wald des **Vorholzes** und hat dabei einige hübsche Ausblicke ins Tal der **Innerste**. Die Autobahn überquert den Fluss bei km 194,0. Die 99 km lange Innerste kommt aus dem Staatsforst Lautenthal im Oberharz, speist den Innerste-Stausee westlich von Goslar, fließt durch Hildesheim und mündet bei Sarstedt in die Leine.

10★ „Goslar und Rammelsberg Weltkulturerbe“ (Informationstafel): Goslar erreicht man in 38 Min. (35 km) über die AS Derneburg/Salzgitter über die B6 nach Osten. Und dieser Abstecher lohnt sich. Goslar war in seiner über 1000-jährigen Geschichte Kaiser-, Reichs- und Hansestadt. Die heutige Kaiserpfalz, eine 1867–1879 geschaffene Rekonstruktion des Originals aus dem 12. Jh., dokumentiert die Zeit, in der Goslar der bedeutendste Platz im Deutschen Reich war. Die Kaiserpfalz gilt als größter romanischer Palastbau in Deutschland. Auf dem Marktplatz stehen das gotische Rathaus, das Kämmereigebäude mit Figuren- und Glockenspiel, die 1494 als Gildehaus erbaute Kaiserworth (Worth = Wohnung), die Marktkirche und das Bürgerhaus „Brusttuch“ aus dem 16. Jh. Seine herausragende Stellung verdankte Goslar dem Abbau von Silbererz am Rammelsberg. Einer Sage nach soll Ritter Ramm das Silber im Rammelsberg entdeckt haben. Urkundlich belegt ist, dass hier unter Kaiser Otto I. seit 968 Bergbau betrieben wurde; doch schon im 3. und 4. Jh. soll hier Erz gefördert und verhüttet worden sein. Bis zur Schließung 1988 wurde eine der weltweit bekanntesten Erzlagerstätten (Blei, Zink, Kupfer, Silber und etwas Gold) abgebaut. In der seitdem öffentlich zugänglichen Anlage wird die Entwicklung der Bergwerktechnik vom Mittelalter bis ins 20. Jh. vorgestellt. 1992 wurden das Bergwerk und die Altstadt von der UNESCO zum Weltkulturerbe erklärt.

Der Marktplatz von Hildesheim 6★: Das Tempelhaus (links) mit einem Renaissance-Erker ist ein ehemaliger Patriziersitz; rechts das Wedekindhaus von 1598 mit eichengeschnitzter Fassade.

11 10 km vom AD Salzgitter entfernt liegt **Salzgitter**. Mit dieser Stadt verbinden die meisten lediglich die Vorstellung eines großen Industriezentrums in Niedersachsen. Doch Salzgitter ist auch eine Kulturstadt mit vielen Zeugnissen seiner 1000-jährigen Geschichte, darüber hinaus eine Freizeitstadt im Vorharz zwischen Mischwäldern und Seen sowie ein staatlich anerkannter Kurort mit einer der stärksten Thermalsolequellen Deutschlands.

12 „Harz“ (Informationstafel): Die A7 nähert sich nun diesem nördlichsten deutschen Mittelgebirge. Allerdings kommt die A7 nur bei Seesen bis auf 5 km an den Naturpark Harz heran. Ansonsten führt sie weiter westlich daran vorbei (siehe auch S. 149).

S. 429
39
→ Kassel
186 | 189,5 (9) | 190 (10★) | Derneburg/Salzgitter | 197 (11) | 203 (12) | 207 Bockenem | 213 Rhüden (Harz) | 216 (10★)

1 Östlich der Autobahn lässt sich zwischen den Bäumen ein Blick auf die Stadt **Seesen** erhaschen (2 km nordöstlich der AS Seesen). Die Geschichte der historischen Stadt mit der Sehusa-Burg geht bis ins 10. Jh. zurück. Seit 1812 gibt es in Seesen ein Thermalbad. Das Heimatmuseum im Fachwerkhaus von 1707 zeigt u.a. die Geschichte der deutschen Konservendosen-Industrie, die vom Seesener Klempnermeister Züchner entwickelt wurde. Das Museum erinnert außerdem an Heinrich Engelhard Steinweg, der in Seesen sein erstes Klavier baute und später mit seinem Sohn William in New York die Klavierfirma Steinway & Sons gründete. Der Kurpark trägt den Namen Steinway. Wilhelm Busch, der im Nachbarort Mechtshausen begraben liegt, ist ein eigenes Museum gewidmet.

2★ **„Roswithastadt Bad Gandersheim“** (Informationstafel): Viele Eindrücke verspricht der Abstecher ins nah gelegene Bad Gandersheim (8 km, 5 Min. über die AS Seesen). Die auf dem Schild abgebildete doppeltürmige Stiftskirche St. Anastasius und Innocentius ist nicht nur der Mittelpunkt der malerischen Fachwerkstadt am Harzrand, son-

dern auch Veranstaltungsort der Gandersheimer Domfestspiele (Juni/Juli). Ursprünglich gehörte die Kirche zum 852 gegründeten Kanonissenstift Gandersheim, das 1810 aufgelöst wurde. Die prächtig ausgestatteten Abteigebäude (barocker Kaisersaal) zeugen von den Glanzzeiten des Stiftes. Im 10. Jh. wirkte hier Roswitha von Gandersheim, die erste namentlich bekannte deutsche Dichterin des Mittelalters. Ihr Werk – Heiligenlegenden in Versform und Geschichtsepen – geriet lange in Vergessenheit, bis es 1501 als Buch, versehen mit Illustrationen aus der Werkstatt Albrecht Dürers, erscheinen konnte. Um ihr Andenken lebendig zu erhalten, verleiht die Stadt den Roswitha-Ring an erfolgreiche Schauspielerinnen und den Roswitha-Literaturpreis an zeitgenössische Autorinnen. Bekannt ist Gandersheim, das sich seit 1932 Bad nennen darf, auch als Solebad.

3 **„Northeimer Seenplatte“** (Informationstafel): Einen Kilometer weiter südlich hat man Richtung Südwesten einen Blick ins Leinetal, auf Northeim und die Seenplatte. Sie entstand durch Kiesabbau und umfasst zwölf künstliche Seen. Da hier weiter Kies abgebaut wird, sollen noch drei Seen dazukommen. Die Northeimer Seenplatte ist ein Beispiel dafür, wie eine durch Bodenabbau erheblich beeinträchtigte Landschaft schrittweise der Natur zurückgegeben wird und sich ein Nebeneinander von Naherholung und Naturschutz (Wasservogelreservat Northeimer Seenplatte) entwickeln kann.

4 Zwischen den AS Northeim-Nord und Northeim-West überquert die A7 die Leine-Niederung mit der Seenplatte und den Flüssen **Leine** und **Rhume** auf einer Brücke. Die Leine entspringt auf dem Eichsfeld bei Leinefelde in Nordthüringen, fließt durch Friedland und Göttingen nach Norden bis Kreiensen im so genannten Leinegraben. Nach 281 km mündet sie nördlich von Schwarmstedt in die Aller. Die Rhume entspringt im Harzvorland südlich von Bad Lauterberg und mündet bei Northeim in die Leine. Die Autobahn folgt von hier aus dem Leinetal bis Friedland.

5 Östlich der A7 ist auf dem 320 m hohen Wieter der **Wieterturm** zu sehen. Er steht seit 1883 auf den Fundamenten eines schon 1442 errichteten Wachturms. Zu seinen Füßen liegt **Northeim**. Der Ort bekam bereits 1252 die Stadtrechte verliehen. Innerhalb der teilweise erhaltenen Stadtmauer mit Wehrtürmen stehen zahlreiche historische Baudenkmäler, u.a. die mittelalterliche Hallenkirche St. Sixti, das ehemalige Kloster St. Blasien und die Pilgerherberge St. Spiritus aus dem 15. Jh. Eines der ältesten Fachwerkgebäude Niedersachsens ist die Northeimer Alte Lateinschule, die 1474 im gotischen Stil erbaut wurde.

Harz

Der Harz, an dem die A7 zwischen Rhüden und Seesen vorbeiführt, ist das nördlichste deutsche Mittelgebirge. Bei guter Sicht kann man nahe Seesen in weiter Ferne südöstlich der Autobahn den 1142 m hohen Brocken mit seinem 52 m hohen Fernsehturm entdecken. Im Nordwesten ist der Oberharz ein Naturpark, im Hoch- und Ostharz wurde er zum Nationalpark erklärt. Die AS Seesen bildet von der A7 aus die Hauptzufahrt in diese Region.

Der Harz steckt voller Mythen und Sagen; historische Burgen, Schlösser, Klöster und Altstädte zeugen von seiner bewegten Geschichte. Das Gebiet wurde schon vor mehr als 2000 Jahren besiedelt und beherbergte von 936 bis 1002 die Kaiserpfalz der Ottonen, der drei Kaiser namens Otto (siehe auch „Goslar“, S. 147). Auch Friedrich I. Barbarossa pflegte sich hier aufzuhalten und soll der Legende nach in einer Höhle des Kyffhäuser am Südrand des Harzes schlafen. Die Hexentanzplätze am Brocken und oberhalb von Thale sowie die Rosstrappe über dem Bodetal sind heute Touristenattraktionen.

Schon im frühen Mittelalter war der Harz für seine Erzgruben bekannt; die Bergleute entwickelten im 16. und 17. Jh. ausgefeilte Bergbautechniken. 1775 wurde in Clausthal die Bergakademie gegründet, von der aus junge Leute ihr Fachwissen in alle Welt trugen. Noch heute gibt es an der Technischen Universität Clausthal-Zellerfeld einen Schwerpunkt Mineralogie und Bergbautechnik.

6 Schon weit vor der gleichnamigen Anschlussstelle rückt östlich die Stadt **Nörten-Hardenberg** mit der Burgruine Hardenberg über dem Ort ins Blickfeld. Auf einem Höhenzug des Eichsfelds südöstlich dahinter ist die Ruine Plesseburg mit dem mächtigen Bergfried (11. Jh.) zu sehen. In der Ferne ragt der Fernsehturm des NDR in den Himmel.

7 **„Göttingen Universitätsstadt“** (Informationstafel): Neben der Stadtsilhouette ist das Gänseliesel auf dem Schild abgebildet. Diese Brunnenfigur vor dem Alten Rathaus gilt als das meistgeküsste Mädchen in Deutschland. Denn nach der Tradition muss jeder frisch gebackene Doktor der zierlichen Bronzegestalt einen Kuss auf den Mund drücken. Die traditionsreiche Universitätsstadt Göttingen ist für viele deutsche Studenten und Professoren die erste Adresse für Forschung und Lehre. Mehrmals tauchte der Name Göttingen in Verbindung mit universitären Protestbewegungen auf: Die Mitglieder des „Göttinger Hains“ propagierten in den Zeiten des aufklärerischen Rationalismus eine empfindsame, volksliednahe Dichtung; als die „Göttinger Sieben“ wurden die Professoren bekannt, die 1837 gegen einen Verfassungsbruch des Königs protestierten; 1957 verfassten 18 Atomwissenschaftler das Göttinger Manifest gegen die atomare Aufrüstung der Bundeswehr.

8 ★ Es lohnt sich ein Besuch in **Göttingen**, dessen Wohngebiete man am Hang des Göttinger Waldes liegen sieht. Die AS Göttingen bringt Sie auf einer 4-spurigen Schnellstraße direkt zu der 4 km, 5 Min. entfernten, vom Wallring umgebenen und an Fachwerkbauten reichen Altstadt. Im Mittelpunkt steht das Alte Rathaus aus dem 14. Jh. mit spitzem Dachreiter und Freitreppe. Dahinter ragen die Doppeltürme der Johanniskirche auf (14./15. Jh.), der ältesten Kirche der Stadt. Viele Museen sind in der Universität angesiedelt, wie beispielsweise die Völkerkundliche Sammlung, die Kunstsammlung, das Zoologische Museum und die Musikinstrumentensammlung.

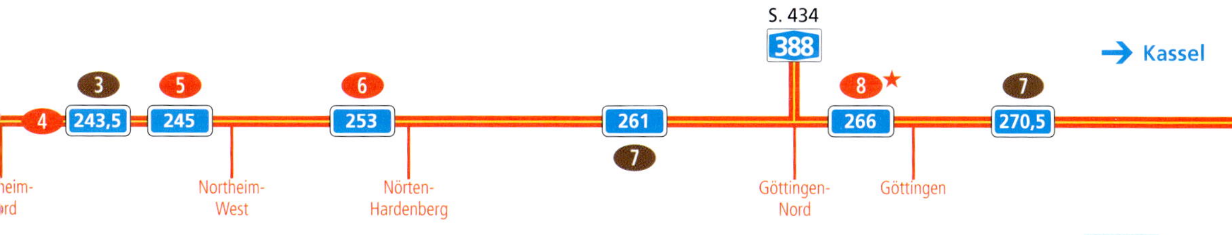

1 Auch von der A7 aus bekommen Sie etwas vom Reiz des **Naturparks Hannoversch Münden** mit, an dessen Ostflanke die Trasse entlang führt. Zunächst steigt die A7 hinter der Raststätte Göttingen aus dem Leinetalgraben hinauf in die Kalkberge. Über weite Strecken verläuft sie durch den Wald, bei der AS Friedland öffnet sich dann der Blick auf Mariengarten. Weiter südöstlich liegt **Friedland**. Sein Name ist verbunden mit dem Grenzdurchgangslager für Kriegsgefangene, Vertriebene und Aussiedler. Ein Mahnmal erinnert an diese Nachkriegsjahre.

2 Östlich der A7 ist auf einer Anhöhe **Schloss Berlepsch** zu sehen. Heute ist im gut restaurierten historischen Gemäuer eine Hotelanlage untergebracht. Die 1369 von Arnold von Berlepsch erbaute Burg diente zunächst als Grenzbefestigung. Im 19. Jh. wurde sie dann zum Schloss ausgebaut.

3★ „Historische Altstadt Hann. Münden“ (Informationstafel): Diese entzückende Stadt am Zusammenfluss von Werra und Fulda sollten Sie sich auf keinen Fall entgehen lassen. Von der AS Hann. Münden-Hedemünden ist sie nach 10 km, 15 Min. in westlicher Richtung zu erreichen. „Wo Werra sich und Fulda küssen, sie ihren Namen büßen müssen, und hier entsteht durch diesen Kuss deutsch bis zum Meer der Weserfluss“: So steht es auf dem Weserstein, einem Findling an der Spitze des Unteren Tanzwerder. Rund 700 Fachwerkhäuser aus dem 16./17. Jh. gruppieren sich in der romantischen Altstadt von Hann. Münden rund um die Kirche St. Blasii aus dem 13. Jh. und das Rathaus mit seiner Weserrenaissance-Fassade. Im Stil der Weserrenaissance ist auch das Welfenschloss (16. Jh.) gebaut. 1727 starb in Münden der zu Unrecht als Scharlatan diffamierte Chirurg Johann Andreas Eysenbarth. Ein Glockenspiel mit Figurenumlauf am Rathaus und die Doktor-Eisenbart-Spiele an Sommersonntagen erinnern an den Mediziner.

4 Von der **Werratalbrücke** kann man unten am Ufer der Werra das Wirtshaus „Letzter Heller“ sehen. Neben der Autobahnbrücke überquert auch die ICE-Strecke das Tal, die Bahn verschwindet beiderseits der Brücke in Tunnels. Bis zur AS Hann. Münden/Staufenberg-Lutterberg führt die Strecke bergauf

Das Brüder-Grimm-Denkmal in Kassel 6★: Zwischen 1805 und 1830 sowie zwischen 1837 und 1841 lebten und wirkten die Brüder Grimm in Kassel.

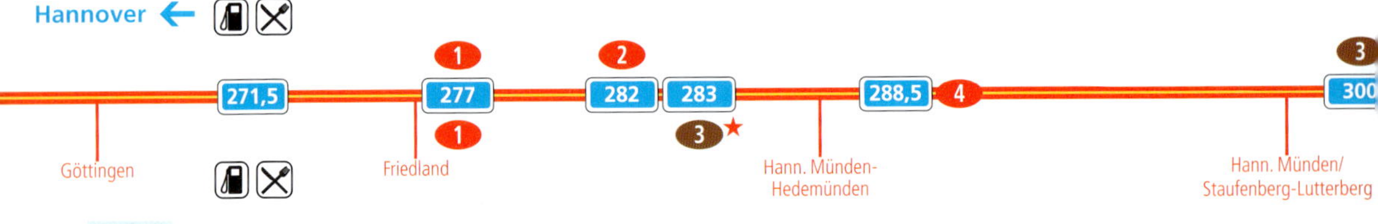

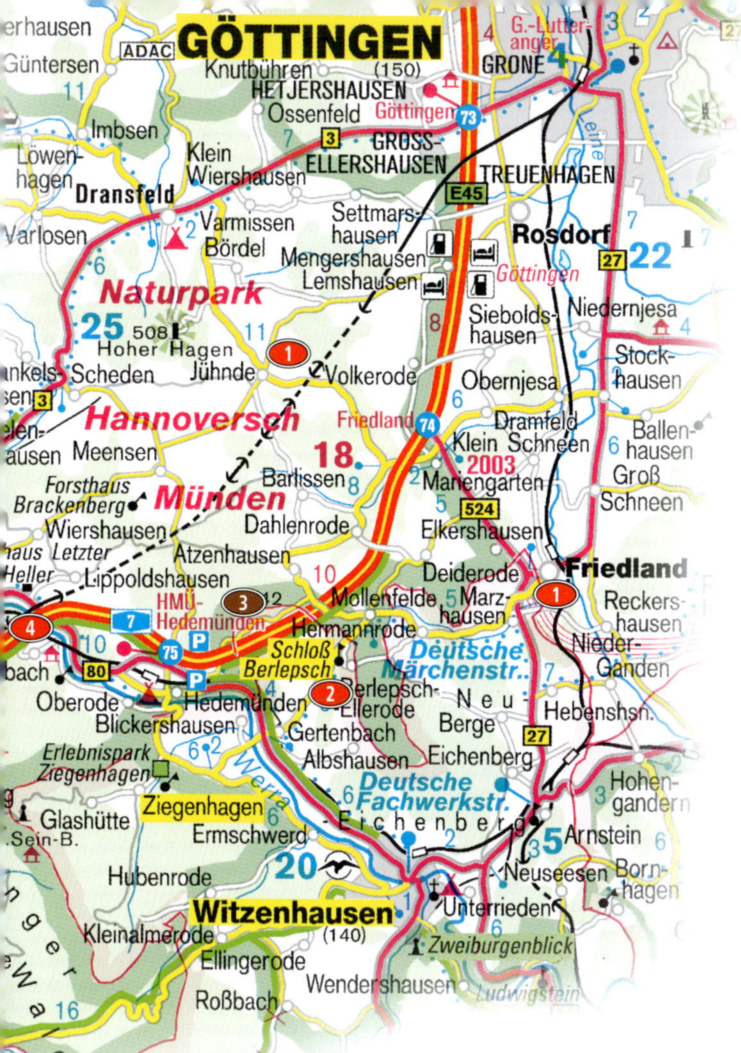

267,9 → 330,1

7

7 **„Naturpark Meißner-Kaufunger Wald“** (Informationstafel): Der Höhenzug Kaufunger Wald erstreckt sich östlich von Kassel. Der Naturpark beginnt längs östlich der A7 im Raum Kassel und reicht bis zum Hohen Meißner 25 km östlich davon. Die Autobahntrasse steigt nun aus dem Fuldatal wieder an, von der Raststätte Kassel-Ost aus hat man noch einmal einen schönen Blick auf das Kasseler Becken. Auf der Höhe bietet sich bei km 318 ein schöner Blick in das Hessische Bergland mit bewaldeten Kuppen.

8 Kurz vor der AS Guxhagen überquert die A7 die **Fulda**. Einige hundert Meter westlich davon mündet die **Eder** in die Fulda. Sie ist von ihrer Quelle an der Wasserkuppe (Rhön) bis zur Vereinigung mit der Werra zur Weser 218 km lang. Die Eder entspringt im südlichen Rothaar-Gebirge im Sauerland.

9 Östlich der Autobahn ist das ehemalige **Benediktinerkloster Breitenau** in Guxhagen zu sehen, ein eindrucksvolles Bauwerk aus dem 12. Jh. Heute ist hier ein offenes psychiatrisches Krankenhaus untergebracht.

10★ **„Fachwerkstadt Melsungen“** (Informationstafel): Von der AS Melsungen aus sind es in Richtung Osten 6 km, 9 Min. in eine der reizvollsten Städte an der Deutschen Fachwerkstraße. Das auf dem Schild abgebildete Rathaus (1556) gilt als das schönste Fachwerkrathaus Deutschlands. In seinem Dachreiter zeigt sich täglich um 12 Uhr und 18 Uhr die geschnitzte Holzfigur des Bartenwetzers, das Melsunger Wahrzeichen. Auf dem morgendlichen Weg in die Wälder schärften die Holzfäller ihre Äxte (=Barten) auf der Bartenwetzerbrücke, die seit 1596 die Fulda überspannt. Die Spuren davon sind noch zu sehen. Sehenswert ist der Schlossgarten des Melsunger Schosses (16. Jh.) mit uraltem Baumbestand und Teilen der alten Stadtmauer.

11 Vor der AS Melsungen ragt westlich neben der A7 der Aussichtsturm der **Burg Heiligenberg** aus dem Wald. Sie wurde von 1180 bis 1186 durch Erzbischof Konrad von Mainz u. a. als Schutzburg für die Mainzer Enklave Fritzlar erbaut.

durch den Kaufunger Wald. Dort ist der Große Staufenberg südöstlich der A7 zu sehen – mit 427 m nur etwas höher als die Autobahntrasse.

5 **„Herkules“** (Informationstafel): Die 9,2 m hohe Figur, dem neapolitanischen Herkules Farnese nachgebildet, ist das Wahrzeichen von Kassel. In 523 m Höhe krönt die Herkules-Statue eine imposante Parkanlage mit Oktogon-Schloss und Wasserkaskaden. Die unter Landgraf Karl Anfang des 18. Jh. erbauten Wasserspiele sind Teil des großartigen barocken Bergparks Wihelmshöhe auf der Ostkante des Habichtswaldes. Unterhalb des Herkules liegt Schloss Wilhelmshöhe, heute Museum für bildende Kunst mit Werken von Rembrandt, Rubens und Van Dyck. Schloss Wilhelmshöhe und die im gotischen Stil errichtete, romantische Löwenburg entstanden Ende des 18. Jh. auf Anlass des Landgrafen Wilhelm IX

6★ Die Gewerbe- und Industriegebiete von **Kassel** sind östlich der A7 zu sehen. Die historische Altstadt liegt indessen auf der Westseite der Autobahn. In die ehemalige Residenzstadt gelangen Sie über die AS Kassel-Ost (8 km, 14 Min.). Kassel ist Hauptstadt der Deutschen Märchenstraße, die über 600 km von Hanau nach Bremen verläuft. Hier verfassten die Brüder Grimm zwischen 1812 und 1815 wesentliche Teile ihrer berühmten Märchensammlung. Das Brüder-Grimm-Museum würdigt Jakob und Wilhelm Grimm. Neben vielen Sehenswürdigkeiten bietet Kassel eine imponierende Museenlandschaft, in der Tradition und Moderne gleichermaßen vertreten sind. Eine großartige Sammlung von Wandverkleidungen vom Barock bis ins 20. Jh. zeigt das Deutsche Tapetenmuseum. Das klassizistische Fridericianum ist seit 1955 Zentrum der „documenta“, die alle fünf Jahre die Stadt zum Mekka der Kunstpilger werden lässt. Sehenswert ist neben vielem anderen die Orangerie von 1711.

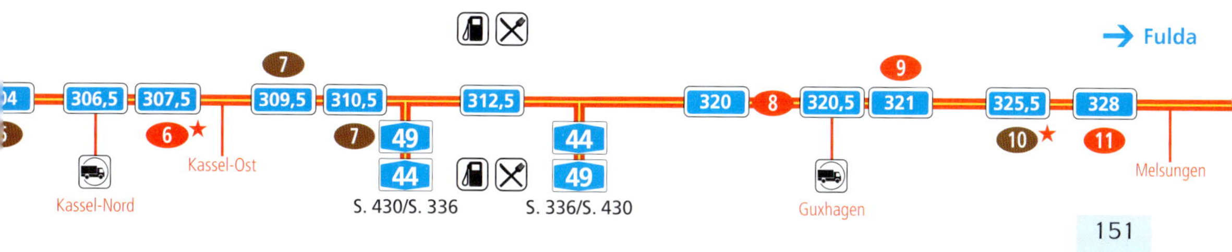

1 Nach der AS Melsungen haben Sie während der Fahrt über die Bergkuppen bei klarem Wetter eine herrlich weite Sicht nach Westen. Hinter den Niederungen des Edertals zeichnen sich die Höhenzüge des **Kellerwalds** ab und dahinter, von der A7 knapp 50 km entfernt, die Bergketten des **Rothaargebirges**.

2 Die Mischwälder, die Sie beiderseits der A7 sehen, gehören zum **Knüllwald**. Er erstreckt sich 18 km längs der Autobahn bis hin zum höher gelegenen Knüllgebirge im Süden und gilt in der Region als ideales Gebiet zum Wandern.

Die ICE-Neubaustrecke 12 mit ihren schlanken Brücken begleitet die A7 (hier bei Heddersdorf).

3 **„Kurhessisches Bergland"** (Informationstafel): Die waldreichen Höhenzüge von Kellerwald, Knüll und Naturpark Habichtswald gehören ebenso zu dieser Ferienregion wie die Täler von Eder, Fulda und Schwalm. Historisches Flair verbreiten die Fachwerkorte wie Fritzlar oder Homberg (Efze). In dieser Region wird noch gerne Tracht getragen, wie das Pärchen auf der Tafel zeigt.

4★ Westlich im Tal sehen Sie die Dächer der hübschen Stadt **Homberg (Efze)**. Ein Besuch des 4 km (5 Min.) von der AS Homberg (Efze) entfernten Ortes ist wegen seiner historischen Atmosphäre sehr zu empfehlen. Ein Hauch von Mittelalter umgibt das Ensemble aus reich gegliederten Fachwerkhäusern und der geschlossenen Kulisse des alten Marktplatzes. Die Marienkirche aus dem 14. Jh. war Ausgangspunkt der Reformation in Hessen. Seinen Namen verdankt Homberg den Rittern von Hohenberg, die um 1100 eine Burg über der Stadt errichteten. Vom Turm der Burgruine aus haben Sie einen schönen Blick auf rund 40 umliegende Ortschaften.

5 Die A7 führt 4 km lang am Mischwald des westlich von der Autobahn gelegenen **Wildparks Knüll** entlang. Vor allem für Familien mit Kindern stellt dieser Wildpark ein attraktives Ausflugsziel dar. Viele Wanderwege führen durch das 40 ha große Freigehege. Rehe, Hirsche und die Bisonart Wisent, einst das größte Wildtier Europas, können von einem Aussichtsturm aus beobachtet werden.

6 Mit acht Prozent Steigung beginnen bei km 347 **die steilsten Strecken im deutschen Autobahnnetz**. Der Abschnitt von Homberg bis zum Hattenbacher Dreieck stammt aus den 30er-Jahren. Die Straßenführung passte sich damals ganz der Landschaft an – die Trasse führt durch die tief eingeschnittenen Täler des Knüllgebirges. Neue Strecken werden mit einer Steigung von maximal fünf Prozent gebaut.

7 Durch die Baumkronen des Mischwaldes westlich der A7 schimmert das helle Gestein der **Burgruine Wallenstein**, einst Sitz der Grafen und Ritter von Wallenstein. Die Ruine ist Anziehungspunkt zahlreicher Wanderfreunde.

8 **„Stiftsruine Hersfeld"** (Informationstafel): Bei der abgebildeten Ruine mit Glockenturm handelt es sich um die größte romanische Kirchenruine nördlich der Alpen. Seit 1951 dient die ehemalige Abteikirche, erbaut ab 1038, als Festspielkulisse für Opern- und Theaterfestspiele, die hier jedes Jahr von Juni bis August stattfinden. Ebenfalls in Bad Hersfeld findet das Lullusfest statt, das älteste Volksfest in Deutschland. Es gedenkt jedes Jahr am 16. Oktober des Mainzer Erzbischofs Lullus, der 736 die einstige Benediktinerabtei gegründet hat.

9 Westlich der Autobahn thront **Burg Neuenstein** auf einem Gipfel. Der Bergfried mit einer barocken Zwiebelhaube ragt gut sichtbar über die Baumwipfel hervor. Die Burg wurde Mitte des 13. Jh. erbaut. Heute dient sie als Forsthaus.

10 Nicht zu übersehen ist das Riesenrad des **Erlebnisparks Salzberger** in Neuenstein-Aua westlich direkt neben der Autobahn. Der Freizeitpark bietet zahlreiche Attraktionen, darunter ein großes Wikingerschiff für 40 Personen und ein riesiges Trampolin.

11 Nach der Überquerung des Erzebach-Tals geht es hinauf in die Ausläufer des Knüllgebirges. Westlich ragt der bewaldete **Eisenberg** empor, mit 636 m die höchste Erhebung im Knüllgebirge. Auf dem Gipfel bietet ein Aussichtsturm einen Rundblick ins Land.

12 Bei km 363 sehen Sie eine Brücke, über die die **ICE-Trasse Kassel–Würzburg** führt. Die Bahn verläuft eine Zeit lang östlich parallel zur A7, bis sie am AD Kirchheim in einen Tunnel mündet. Die Mauern beiderseits der Schienen schützen den 200 km/h schnellen Zug vor Windböen.

13 Schwimmen kann so wunderbar entspannend sein. Bei langen Fahrten ist daher ein Besuch im solarbeheizten Freibad in Kirchheim, dem ersten **Autobahnschwimmbad** Deutschlands, eine Verschnaufpause der anderen Art. Es liegt direkt an der Autobahn, 50 m hinter der Best Western-Motelanlage (zu erreichen über die AS Kirchheim).

14 Nach dem **AD Hattenbach** macht die Autobahn einen Knick. Wenn man aus Richtung Fulda kommt, ist die scharfe Biegung gut zu erkennen. Dieses Autobahndreieck zählt zu den ältesten Knotenpunkten im deutschen Autobahnnetz. Es wurde im Jahre 1938 eröffnet. Östlich davon sehen Sie die mächtige Bogenbrücke, auf der die ICE-Trasse Kassel–Würzburg verläuft. Die Bahnlinie begleitet die A7 bis Fulda, wobei sie die Autobahn mehrmals unter- oder überquert.

15 Die Fahrt hinunter ins Fuldatal führt östlich am 592 m hohen

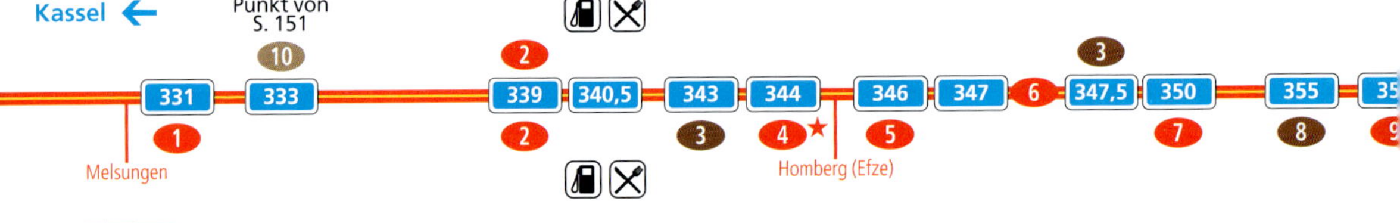

Rimberg und dem 505 m hohen **Herzberg** vorbei. Beide Berge sind beliebte Wanderziele, die einen schönen Rundblick über die Waldflächen der hessischen Mittelgebirge bieten. Südöstlich am Rand des Fuldatals ist die 473 m hohe **Mengshäuser Kuppe** zu sehen.

16 Die **Deutsche Alleenstraße**, die hier durch das Fuldatal verläuft, bietet sich als Alternativroute (28 km, 30 Min.) zur A7 an. Über die AS Niederaula gelangen Sie auf die B62, die Sie in südlicher Richtung befahren. Der Weg führt malerisch an der Fulda entlang, vorbei an der alten Stadt Schlitz. Bevor Sie über die AS Fulda-Nord wieder zurück auf die A7 fahren, genießen Sie noch einen Blick auf den barocken Dom der alten Bischofsstadt Fulda.

Niederaula
Schlitz
Hünfeld
Großenlüder
Petersberg
Künzell
FULDA
Eichenzell
Neuhof
Kalbach
Flieden
Schlüchtern
Naturpark
Hessische
Rhön
Wasserkuppe
Milseburg
Gersfeld (Rhön)
Poppenhausen
Ebersburg
Eiterfeld
Burghaun
Nüsttal
Hofbieber
Dipperz
Hochrhönring
Sperrgebiet
Wildflecken Markt
Deutsche Alleenstraße
Deutsche Fachwerkstr.
Hünfeld/Schlitz
Fulda-Nord
Fulda-Süd/Eichenzell
Schlüchtern-Nord
Bad Brückenau Volkers
Grenzmuseum
Kassel
533,5
543
548
550
556
558
559
560
Hünfeld/ Schlitz
Fulda-Nord

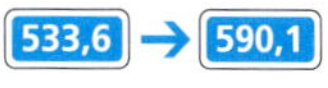

1★ Für Tierfreunde lohnt sich der Abstecher in die **Schlitzerländer Tierfreiheit**, ein landschaftlich besonders reizvolles Tiergehege westlich der A7 (2 km, 2 Min.). Im Tierpark zwischen den Buchen sind Rotwild, heimische und exotische Tiere, Raubtiere und zahlreiche Vogelarten zu bestaunen. Sie gelangen dorthin über die AS Niederaula. Von dort geht es weiter über Niederjossa nach Schlitz-Unterschwarz.

Fulda 4: Die barocke Orangerie (1722–1725 entstanden) im Schlossgarten.

2 **„Point Alpha Grenzmuseum Rasdorf/Geisa"** (Informationstafel): Sie müssen schon genau hinsehen, um die Schrift auf dem Schild mit dem abgebildeten Wachturm zu lesen. Der Posten Point Alpha war bis zur Wende 1989 einer der wichtigsten Beobachtungsstationen der US-Streitkräfte unmittelbar am „Todesstreifen" zwischen den Orten Rasdorf und Geisa, östlich der A7. Heute erinnert dort ein Grenzmuseum an den Eisernen Vorhang.

3 10 km lang geht es durch den Mischwald des **Fuldaer Staatsforstes**. Die dichten Baumbestände zu beiden Seiten der A7 sind ein Musterbeispiel für moderne, naturgemäße Waldwirtschaft. Mönche aus Fulda hatten 1770 mit der Aufforstung eines Kiefernwaldes begonnen. Der heutige Zustand des Waldes ist der Arbeit des Hessischen Forstamtes zu verdanken.

4 **„Barockstadt Fulda"** (Informationstafel): Der abgebildete barocke Dom mit dem Grab des heiligen Bonifatius ist das Wahrzeichen der alten Bischofsstadt. Der Dom wurde nach Plänen Johann Dientzenhofers zwischen 1704 und 1712 errichtet. Auch das Stadtschloss, errichtet von 1706 bis 1721, basiert auf seinen Entwürfen. Unter anderem an diese beiden Bauwerke mag Heinrich von Kleist gedacht haben, als er meinte: „Fulda ist die vielleicht schönste, nein, die angenehmste Stadt, die ich je gesehen habe."

5 Ein herrlicher Blick auf die Bergriesen der **Hohen Rhön** östlich der A7 bietet sich, wenn die Autobahn zur AS Fulda-Nord hinunterführt. Die **Wasserkuppe**, mit 950 m der höchste Berg der Rhön, ist an seinem kegelförmigen Basaltgipfel und seinen kahlen Hängen zu erkennen. Daneben erhebt sich die **Milseburg**, mit 835 m einer der höchsten Berge dieses Gebirgszuges.

6 Die A7 führt an den östlichen **Außenbezirken Fuldas** vorbei. Bei klarem Wetter können Sie hinter mehrgeschossigen Wohnneubauten den imposanten Fuldaer Dom und die Umrisse des barocken Stadtschlosses, früher Sitz der Fürstäbte Fuldas, erkennen.

7 **„Dicker Turm"** heißt der mittelalterliche Wach- und Signalturm, den Sie westlich der A7 auf einer Anhöhe im Gemeindegebiet von Künzell sehen. Er ist 13 m hoch.

8 Westlich der Autobahn grüßt vom Florenberg die **Pfarrkirche St. Flora** herüber. Das Gotteshaus sieht wie eine Burg aus. Im 9. Jh. wurde es als Wehranlage errichtet, um die Reliquie der heiligen Flora vor Räubern zu schützen.

9 **„Naturpark Rhön"** (Informationstafel): Eine Silberdistel, ein Schmetterling und die drei Golgatha-Kreuze auf dem Kreuzberg kennzeichnen die Region. Sie besteht aus zwei Teilen, dem Naturpark Hessische Rhön, durch den die Autobahntrasse gerade führt, und dem Naturpark Bayerische Rhön. Wiesen, Mischwälder, Hochmoore und sanft gerundete vulkanische Bergkegel, darunter der 928 m hohe Kreuzberg, bilden diese einzigartige Naturlandschaft und machen sie zu einer attraktiven Ferienregion.

10★ Wer etwa 1 Std. einplanen kann, sollte sich das 6 km entfernte Barockjuwel **Schloss Fasanerie** in Adolphseck bei Eichenzell nicht entgehen lassen. Von einem herrlichen Park umgeben, gehört es zu den schönsten Barockbauten Deutschlands. Seit 1951 beherbergt das Schloss die Kunstsammlung des Hauses Hessen. In den rund 60 barocken und klassizistischen Räumen des Schlosses sind Skulpturen und Gemälde sowie Werke der angewandten Kunst von der Antike bis ins 19. Jh. zu besichtigen. Sie erreichen das Schloss über die AS Fulda-Süd/Eichenzell (8 Min.).

11 Westlich der A7 ragt ein lang gestreckter, silbrig glänzender Berg in die Höhe. Es ist der **Monte Kali**, eine gewaltige Salzhalde. Sie besteht aus Abfallprodukten der Kalisalzförderung in Neuhof. Dem Kalibergbau ist in Heringen (Werra) ein eigenes Museum gewidmet.

12 Auf der 932 m langen **Fuldatalbrücke** überqueren Sie in 26 m Höhe die Fulda. Der Fluss entspringt an der Wasserkuppe und vereinigt sich bei Hann. Münden mit der Werra zur Weser. Die Fulda ist 218 km lang und auf 109 km schiffbar.

13 Auf der **Grenzwaldbrücke** verläuft die Landesgrenze zwischen Hessen und Bayern. Mit einer Länge von 965 m und einer Höhe von fast 100 m ist die Grenzwaldbrücke die größte Brücke der Rhön-Autobahn. In einem sanften Bogen führt sie über die Kleine Sinn.

14 **„Bayerisches Staatsbad Bad Brückenau"** (Informationstafel): 1830 ließ König Ludwig I. in Brückenau, das er selbst zusammen mit seiner Geliebten Lola Montez zur Erholung besuchte, das auf dem Schild abgebildete Kurhaus erbauen. Im Staatsbad Bad Brückenau gibt es stark kohlensäurehaltige Quellen.

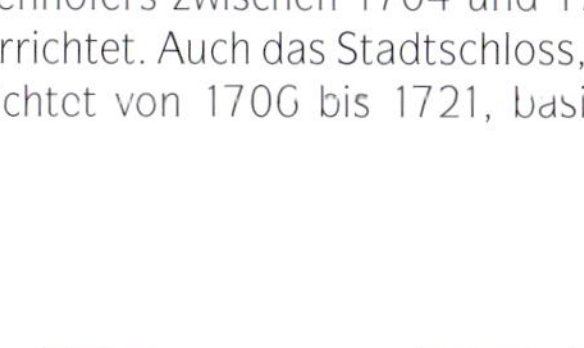

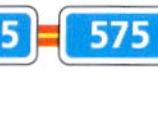

1 ★ Eine der reizvollsten Kuppen der Rhön ist westlich nahe der Autobahn sichtbar und lohnt einen Abstecher: der 552 m hohe **Volkersberg**. Dort stehen ein Franziskanerkloster und die barocke Wallfahrtskirche zum Heiligen Kreuz. Ihr spitzer Turm ist schon von weitem zu sehen. Wer das Kloster besuchen will oder auf der schönen Aussichtsterrasse der rustikalen Klosterschänke fränkische Schmankerl genießen möchte: Zum Volkersberg sind es von der AS Bad Brückenau-Volkers nur 2 km und nicht einmal 5 Min.

2 In einem weiten Linksbogen geht es in die ausgedehnten Mischwälder des **Naturparks Bayerische Rhön**. Die Autobahn führt auf 30 km Länge mitten hindurch. Mit seinen Wiesen, Mooren, Bachläufen und Flüssen bietet der Naturpark eine abwechslungs- und artenreiche Landschaft sowie eine Vielzahl von Erholungsmöglichkeiten.

3 Von der 313 m langen und 47 m hohen Römershag-Brücke haben Sie einen schönen Blick auf den Fluss Sinn und das liebliche Wiesental zu beiden Uferseiten sowie auf den Ort **Bad Brückenau** und das dahinter liegende Staatsbad. Am Kurpark befindet sich das moderne Sport- und Gesundheitszentrum Bad Brückenau, wo klassische Therapieformen wie z. B. Bäder, Massagen und Packungen angeboten werden. Die Umgebung bietet zahlreiche Ausflugs- und Wanderziele, etwa die 7 km entfernte Burgruine Schwarzenfels auf einem 492 m hohen Basaltfelsen. Bei schönem Wetter schnauft die historische Dampfbahn „König Ludwig I." durch die idyllische Landschaft.

4 Sobald es in einer Ostkurve über die geschwungene **Sinntal-Brücke** geht, glitzert das klare Wasser der Sinn von unten herauf. Die Brücke, die von schlanken, runden Pfeilern getragen wird, spannt sich 810 m lang und 50 m hoch über das weite Tal. Westlich der Autobahntrasse sehen Sie Bad Brückenau, östlich Riedenberg.

5 Kurz hinter der Sinntal-Brücke bietet sich ein prachtvoller Blick auf die **Vulkankuppen der Rhön**. Bei einem Stopp in der Parkbucht haben Sie Gelegenheit, dieses Panorama in Ruhe zu betrachten. Nordwestlich erheben sich die 637 m hohen Pilsterköpfe, westlich der 660 m hohe Dreistelz als grandioser Aussichts- und Segelfliegerberg, südöstlich die 737 m hohe Platzer Kuppe.

6 ★ Wenn Sie etwa 3 Std. Zeit haben, lohnt eine „Wallfahrt" zum heiligen Berg der Franken, dem **Kreuzberg** (928 m) mit seinen drei Golgatha-Kreuzen auf dem Gipfel. Fast alle Straßen der Bayerischen Rhön führen sternförmig auf den Kreuzberg zu. Vom Gipfel haben Sie eine wunderbare Fernsicht. Die Schenke des Franziskanerklosters lockt die Besucher mit selbst gebrautem Bier und fränkischen Spezialitäten. Wenn Sie sich von diesem Berg angezogen fühlen, dann nehmen Sie die AS Bad Brückenau/Wildflecken und biegen hinter Wildflecken rechts ab zum Kreuzberg (30 km, 30Min.).

Das schwarzköpfige Rhönschaf ist eine gefährdete Rasse mit nur noch 9000 Tieren.

7 Jetzt schwingt sich die Autobahn noch einmal hinauf in die südliche Rhön. Westlich der A7 liegt der **Neuwirthshauser Forst**, der schon 1922 unter Naturschutz gestellt wurde. Sauergräser, Moose, Birken, Espen und Fichten verleihen der Landschaft eine geheimnisvolle, geradezu märchenhafte Stimmung.

8 **„Bad Kissingen"** (Informationstafel): Der bekannte bayerische Kurort stellt sich mit seinem aufwendig sanierten, schmucken Kurhaus aus der Gründerzeit vor. Bad Kissingen in der Rhön gilt als eines der schönsten Heilbäder Deutschlands. Im herrlichen Kurgarten traf sich der Märchenkönig Ludwig II. mit seiner Cousine Sissi, Fürst Otto von Bismarck kurte hier und „Kaiser" Franz Beckenbauer schlug auf dem Golfcourt entspannt seine Drives.

9 Nachdem die A7 den Rhönwald wieder verlassen hat, öffnet sich das **Tal der Thulba** den Blicken. Die Strecke verläuft auf einer Höhe von 55 m oberhalb der Thulba. Östlich in den Flussauen sehen Sie den markant spitzen Turm der neuromanischen Kirche St. Johannis im Ort Oberthulba.

10 Dort, wo sich die A7 ins Tal der Fränkischen Saale senkt, sehen Sie östlich der Autobahn den Ort **Elfershausen** mit seiner neugotischen Pfarrkirche. Südöstlich der A7 erhebt sich die **Ruine Trimburg**, deren Bau ins 11. Jh. zurückreicht. Im Bauernkrieg von 1525 wurde die Burg weitgehend zerstört. Eine Aussichtsterrasse bietet heute einen hübschen Rundblick.

11 **„Fränkisches Weinland"** (Informationstafel): Mit dem Bocksbeutel, Weinreben und stilisierten Fachwerkhäusern stellt sich die Urlaubsregion auf dem Schild vor. Das Fränkische Weinland erstreckt sich von der Fränkischen Saale nach Süden entlang des Mains bis zum Steigerwald. Seit dem 12. Jh. wird hier Wein angebaut – eine stolze Tradition, die Land und Leute geprägt hat.

12 Beim Überqueren der Fränkischen Saale sehen Sie westlich die **Weinlagen** von Langendorf und Westheim. Dahinter im Saaletal liegt **Hammelburg**, die älteste Weinstadt Frankens. Das bunte Treiben am Marktplatz, um Rathaus und Renaissancebrunnen verströmt an warmen Sommertagen ein geradezu südländisches Flair.

13 Westlich der Autobahn erhebt sich der bewaldete **Totenkopf** (375 m). Die nächsten 15 km verläuft die Trasse durch weitgehend flachhügeliges Gelände, bedeckt mit einem Teppich von Wiesen, Feldern und kleineren Wäldern.

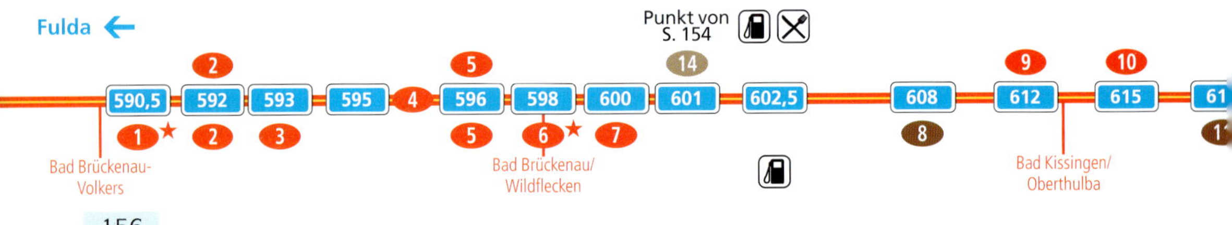

14 12 km östlich der A7 liegt **Schweinfurt**, das europäische Zentrum für Wälzlagertechnik. Die ehemalige freie Reichsstadt entwickelte sich im 19. Jh. zu einer Industriemetropole. Mit dem Museum Georg Schäfer besitzt die Stadt die bedeutendste Privatsammlung der Kunst des 19. Jh. Zu sehen sind u. a. Meisterwerke von Caspar David Friedrich, Adolph Menzel und Franz Pforr.

15 Die beiden 143 m hohen Kühltürme des **Kernkraftwerks Grafenrheinfeld** östlich der A7 sind unübersehbare Landmarken. Das Kraftwerk wurde 1982 in Betrieb genommen und hat eine Leistung von 1360 MW.

16 Von der Stettbachbrücke aus sehen Sie südöstlich der A7 das **Barockschloss Werneck**. Es wurde im 18. Jh. von Balthasar Neumann als Sommerresidenz für die Würzburger Fürstbischöfe erbaut. Vor dem Schloss, das heute als Krankenhaus dient, breiten sich ein Teich und ein Park mit uralten Bäumen aus.

17 Kurz nach dem AD Schweinfurt-Werneck geht es über den Fluss Wern und über die B26. Der **Rhönfluss Wern** mündet 30 km weiter westlich in Wernfeld am Rande des Spessart in den Main.

1 Wenn es aus dem Gramschatzer Wald herausgeht, sehen Sie westlich der A7 das zum Markt Rimpar gehörende Dorf **Maidbronn**. In der ehemaligen Klosterkirche von Maidbronn befindet sich der geschnitzte Hochaltar „Die Beweinung Christi“ (1520–1525), das letzte Werk Tilmann Riemenschneiders. Im Bauernkrieg von 1525 hatte Riemenschneider, der zuvor Bürgermeister von Würzburg war, auf Seiten der Aufständischen gestanden. Als Folge verlor er nach Folterung und Kerker seine Ämter und Ehren.

2★ Wer 2 Std. Zeit hat, dem sei ein Besuch der **Barockstadt Würzburg** empfohlen (15 km, 10 Min.). Würzburgs herausragendes Bauwerk ist die prächtige ehemals fürstbischöfliche Residenz, geschaffen 1720–1740 vom Barockbaumeister Balthasar Neumann. Seit 1981 steht das Barockschloss auf der UNESCO-Liste des Weltkulturerbes. Der Dom St. Kilian aus dem 11. Jh. ist eine der größten romanischen Kirchen in Deutschland. In die Universitätsstadt und fränkische Wein-

metropole gelangen Sie über die AS Würzburg/Estenfeld und die B19 (siehe auch A3, S. 72).

3 Bei km 666 quert die A7 die Bahnlinien Würzburg–Schweinfurt und Würzburg–Bamberg. Östlich der Autobahn erhebt sich die 316 m hohe **Obere Warte**. Kurz darauf sehen Sie westlich in einer Baumgruppe die **Kapelle Rottendorf**, dahinter die Gemeinde Rottendorf.

Zwischen Volkach und Kitzingen prägen ausgedehnte Weinberge die Ufer des Mains 9.

4 Gleich am Anfang des AK Biebelried erkennen Sie östlich der A7, umgeben von Äckern, eine kleine Bahnstation – den Bahnhof von **Dettelbach**. Der Ort selbst befindet sich 6 km entfernt und ist ein Juwel unter den fränkischen Winzerstädtchen. Dettelbach liegt herrlich im Maintal eingebettet. Der Ortskern ist von engen Gassen und alten Fachwerkhäusern geprägt und von einer fast vollständig erhaltenen Stadtmauer umgeben.

5 Noch bestimmen Rapsfelder östlich und westlich der Autobahn die Landschaft. Doch schon 2 km weiter wandelt sich das Bild. Der **Weinlandkreis Kitzingen** verfügt mit 2500 ha Weinbergen über die größte Weinanbaufläche in Bayern.

6★ Einen Abstecher wert ist die traditionsreiche Weinhandelsstadt **Kitzingen** (6 km, 8 Min. über die AS Kitzingen). Bei guter Sicht können Sie bereits bei km 672 südöstlich im Maintal eine schiefe Turmspitze erkennen. Es ist die Haube des 52 m hohen Falterturms, der die mainfränkische Weinstadt überragt. Dem Volksmund nach ist der Dachstuhl deshalb schief, weil beim Bau der Mörtel mit Wein angerührt wurde. Der Turm birgt ein einzigartiges Fastnachtsmuseum. Bei einem Besuch von Kitzingen lernen Sie das charmante Flair der mittelalterlichen Stadt kennen, die viele architektonische Glanzlichter zu bieten hat, darunter den historischen Marktplatz und das Renaissancerathaus mit seiner originell gegliederten Fassade. In Kitzingen-Etwashausen steht die Kapelle zum Heiligen Kreuz, ein Werk des Barockbaumeisters Balthasar Neumann. An heißen Sommertagen lockt das idyllisch auf einer Maininsel gelegene Freibad mit einer 80 m langen Riesenrutsche.

7 Flankiert von Weinbergen führt die A7 zum Main. Östlich der Autobahn ist in einer Biegung das **Gärtner- und Winzerdorf Segnitz** zu sehen. Der Ort mit der Kirche St. Martin aus dem 15. Jh. gehört zu den bedeutendsten Gartengemeinden Mittelfrankens. Etwa 50 ha Gartenfläche werden bewirtschaftet. Gemüse wie Rettiche, Blumenkohl und Kartoffeln, aber auch Wärme liebende Pflanzen wie Blumen, Kräuter und Spargel werden hier angebaut. Das Mikroklima um Segnitz zählt zu den wärmsten in Deutschland. Davon profitieren nicht nur Tomaten und Spargel, sondern natürlich auch der Segnitzer Wein. Die Lagen Zobelsberg und Pfaffensteig sind den Weinkennern ein Begriff. Der malerische Ort am Main, im Jahr 1142 erstmals urkundlich erwähnt, besitzt ein Rathaus aus dem 16. Jh. mit einem herrlich getäfelten Ratssaal. Das alljährlich am zweiten Juliwochenende stattfindende „Brotrauschfest" gilt als Geheimtipp unter den fränkischen Festen. Die Gäste werden mit Wein-, Brot- und Bierspezialitäten sowie mit frischen Salaten verwöhnt.

8 Bereits bei der Zufahrt auf die 1000 m lange und 54 m hohe Maintalbrücke haben Sie einen schönen Blick auf die **Weinstadt Marktbreit**, die östlich der A7 am anderen Mainufer liegt. Sie sehen den Rathausturm, die spätgotische Nikolaikirche und das Schloss, im Hintergrund direkt am Main die Betonfabrik Weber. Westlich haben Sie einen Blick auf den Ort Frickenhausen, dahinter ist die Stadt **Ochsenfurt** mit dem 100 m hohen Schlot der dortigen Zuckerfabrik zu sehen. Dort steht an der alten Mainbrücke ein „Schlössle" aus dem 13. Jh. Das Neue Rathaus von Ochsenfurt am Ende der Hauptstraße ist immerhin schon 500 Jahre alt.

9 Nordwestlich nach Würzburg und nordostwärts Richtung Kitzingen, Dettelbach und Volkach durchzieht der Main in reizvollen Schleifen **Weinfranken**. Vortreffliche Rebsorten gedeihen an seinen Hängen, dessen Muschelkalkböden die Sonnenwärme ideal speichern. Den Hauptanteil der angebauten Sorten stellen Müller-Thurgau und Silvaner; aber auch Weißer Burgunder, Riesling, Traminer, Scheurebe und Rieslaner gedeihen prächtig.

10 Nachdem die A7 den Main überquert hat, führt sie an Weinhängen vorbei den **Galgenberg** hinauf. Dort befand sich einst eine Richtstätte. Östlich können Sie hinter Marktbreit den bewaldeten **Kappelberg** sehen. 1985 wurden dort Reste eines römischen Militärlagers aus der Zeit des Kaisers Augustus (27 v.–14 n.Chr.) entdeckt. Jetzt können die römischen Zeugnisse auf einem 3 km langen Römer-Rundwanderweg besichtigt werden.

11~ Wenn Sie Zeit für eine Alternativstrecke haben, empfiehlt sich von der AS Marktbreit ein Abstecher durch das malerische Bräubachtal. Auf der so genannten **Bocksbeutelstraße** fahren Sie östlich der A7 durch die Weinorte Iffigheim, Bullenheim und Ippesheim, die an den Hängen des Steigerwalds liegen. Über die AS Gollhofen gelangen Sie zurück auf die A7 (25 km, 30 Min.).

12 Inmitten der sanften Hügel der Weinberge sehen Sie nordöstlich einen markanten Berg, den 474 m hohen **Schwan**. Um ihn herum scharen sich viele kleine Weindörfer. Daneben erhebt sich der 413 m hohe **Vogelsang**. Am Fuße des Berges liegen die Weinorte Mainbernheim und Iphofen malerisch in die Landschaft eingebettet. Die Iphöfer Lagen gehören zu den besten Frankenweinen.

13 Nordöstlich führt die A7 am **Naturpark Steigerwald** vorbei. An seinen Ausläufern erhebt sich der 498 m hohe Scheinberg. Der 1971 eingerichtete Naturpark erstreckt sich vom Main bei Haßfurt im Norden bis Bad Windsheim im Süden und ist 1280 km² groß.

8 9 10 12 13
682 683 683,5 685 687 692 693,5
8 9 11~
Marktbreit
Gollhofen

1 Kurz vor der Erntezeit kann man hier überall wogende Felder sehen. Die A7 führt durch die ackerreiche **Gollhofener Gäulandschaft** – fruchtbare Lehmlößböden, die schon seit 3000 Jahren landwirtschaftlich genutzt werden. Heute wird hier hauptsächlich Getreide angebaut.

2 Mit dem Kappelberg (454 m) und dem Hohen Landsberg (498 m) erheben sich östlich der A7 die letzten **Höhenzüge des Steigerwaldes**. Bei Uffenheim (5 km) beginnt die Steigerwald-Höhenstraße. Die Ferienroute führt nach Norden bis Schlüsselfeld, Geiselwind und Ebrach, nach Osten über eine Schleife durch den Steigerwald bis Neustadt a. d. Aisch.

Ein Meisterwerk des Hochmittelalters: der Riemenschneider-Altar in Rothenburgs Basilika St. Jakob 7★.

3 **„Freilandmuseum Bad Windsheim“** (Informationstafel): Das Schild zeigt in stilisierter Form Dörfer des Freilandmuseums. Dort wird dem Besucher ein Bild vom fränkisch-ländlichen Bauernleben vom Spätmittelalter bis zum Anfang dieses Jahrhunderts vermittelt.

4★ Der Kurort **Bad Windsheim** (15 km, 10 Min. östlich der AS Bad Windsheim) ist einen Besuch wert. Von der stolzen reichsstädtischen Vergangenheit zeugt die gut erhaltene Altstadt mit ihrem barocken Rathaus, der protestantischen Barockkirche St. Kilian und dem von stattlichen Bürgerhäusern umgebenen Weinmarkt. Im Jahre 1891 wurde in Windsheim die erste Heilquelle erschlossen, 1902 die erste Solequelle. Am Wildbad sprudeln heute sieben Quellen.

5 Die A7 führt in die Ausläufer der **Frankenhöhe** hinauf und erreicht den gleichnamigen Naturpark. Er erstreckt sich von Rothenburg bis an die Grenze zu Baden-Württemberg. Westlich bleiben die fruchtbaren Äcker der Taubertalebene zurück.

6 **„Romantisches Franken – Land an der Romantischen Straße“** (Informationstafel): Das Romantische Franken stellt sich mit einer Collage aus Türmen der prachtvollen Städte Feuchtwangen, Dinkelsbühl und Rothenburg sowie aus Landschaftselementen des Naturparks Frankenhöhe vor. Diese Ferienregion ersten Ranges liegt im Schnittpunkt von vier Touristenrouten: der Burgenstraße, der Deutschen Limesstraße, der Deutschen Ferienroute Alpen-Ostsee und der Romantischen Straße. Die letztere entstand im Jahre 1950 und führt auf 352 km Länge von Würzburg im Norden bis Füssen im Süden durch herrliche Landschaften. Dabei geht der Weg vorbei an Bauwerken aus vielen Jahrhunderten von der fürstbischöflichen Residenz am Main bis zu den Märchenschlössern am Alpenrand. Auf diese Weise vereint die Straße Natur und Kultur zu einem Gesamtkunstwerk.

7★ Westlich der A7 liegt die traumhafte Kulisse der mittelalterlichen Stadt **Rothenburg ob der Tauber** mit Befestigungsmauern und Türmen in ihrer ganzen Pracht vor Ihnen. Auf einem 80 m hohen Plateau thront die alte fränkische Reichsstadt über dem Taubertal. Ein Abstecher dorthin ist sehr zu empfehlen (3 km, 5 Min. westlich der AS Rothenburg). Melancholische Mittelalterromantik und pulsierendes Leben bestimmen das Flair dieser charmanten Stadt. Das Ensemble aus Fachwerkgiebeln, gotischen Kirchen und Patrizierhäusern mit Barock- und Renaissancefassaden ist in Deutschland einzigartig. Auf dem Marktplatz erhebt sich das eindrucksvolle Rathaus aus dem 13. Jh. Alljährlich zu Pfingsten findet das historische Festspiel „Der Meistertrunk“ statt. Es erinnert an die Belagerung Rothenburgs 1631 im Dreißigjährigen Krieg durch die kaiserlichen Truppen unter Graf Tilly und die wunderbare Rettung der Stadt durch die Trinkfestigkeit des Altbürgermeisters Georg Nusch.

8 Östlich, auf einem Bergsporn der Frankenhöhe, sehen Sie das mächtige **Schloss Schillingsfürst** der Fürsten zu Hohenlohe-Schillingsfürst. Auf dem Berg stand bereits im Jahr 1000 eine Burganlage, die in Kriegszeiten mehrmals zerstört und wieder neu aufgebaut wurde. Das jetzige Barockschloss wurde im 18. Jh. nach dem Vorbild eines Stadtpalais in Madrid errichtet. Seitdem ist es Sitz der hochadeligen Familie, die noch heute einen Teil des Schlosses bewohnt. Einige Räume mit antiken Möbeln sind für Besucher geöffnet. Eine zusätzliche Attraktion sind die Flugvorführungen von Adlern, Milanen und Geiern des Bayerischen Jagdfalkenhofs.

9 Aus rund 5 km Entfernung grüßt von Osten her die spitz hochragende **Wehrkirche der Gemeinde Dombühl.** Der Ort in idyllischer ländlicher Umgebung liegt an der Romantischen Straße.

10~ Wenn Sie ca. 1 Std. Zeit erübrigen können, empfiehlt sich eine landschaftlich reizvolle Alternativroute über die **Romantische Straße** (siehe oben). Sie verlassen die A7 über die AS Wörnitz in Richtung Südosten, fahren dann Richtung Dorfgütingen auf die B25. Die Route führt durch das malerische Feuchtwangen (siehe unten); über die AS Feuchtwangen gelangen Sie zurück auf die A7 (20 km).

11 Die A7 führt die nächsten 20 km durch das wiesengesäumte Tal der **Wörnitz.** Der Fluss fließt östlich der Trasse und mündet bei Donauwörth in die Donau.

12 Östlich der Autobahn liegt die sehenswerte historische Stadt **Feuchtwangen**. Ein Wahrzeichen der ehemals freien Reichsstadt ist das malerische Ensemble des Marktplatzes mit der Stiftskirche und altfränkischen Fachwerkhäusern.

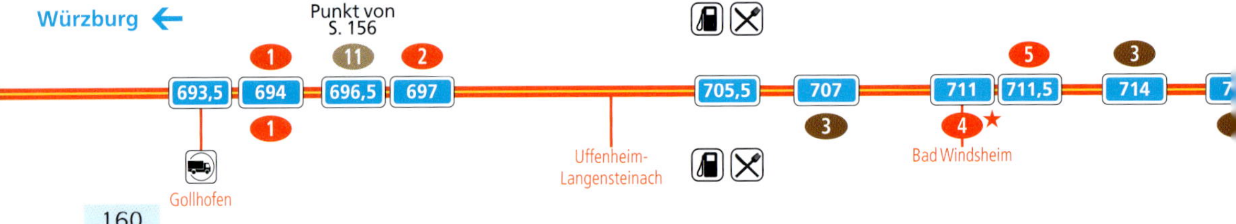

693,3 → 744,8
7
Naturpark Steigerwald
Bad Windsheim
Uffenheim
Creglingen
Rothenburg ob der Tauber
Naturpark Frankenhöhe
Schillingsfürst
Feuchtwangen
Schnelldorf
Satteldorf
Wallhausen
Rot am See
Burg-bernheim
Leuters-hausen
Aurach
Steigerwald-Höhenstraße
Romantische Straße
Burgenstraße
Herrgottkirche
Dorfkirche
Rathaus Plönlein
Fränk. Freilicht-museum
Kreuz Feuchtwangen/Crailsheim
S. 126
6
→ Ulm
728
732
734
736
745
8
9
10
11
11
12
Rothenburg ob der Tauber
Wörnitz
Feuchtwangen-West

1 Im modern gestylten Glaspalast, den Sie östlich der Autobahn sehen, ist die **Spielbank Feuchtwangen** zu Hause. In der gläsernen Vorderfront befindet sich der große Spielsaal für Poker, Black-Jack und Roulette. Natürlich gibt es auch Automaten und ein erstklassiges Restaurant. Nachts ist das erleuchtete Gebäude von weitem ein Blickfang.

2 Die A7 führt hinauf in das ostwürttembergische **Keuperbergland** und in die Mischwälder der **Ellwanger Berge**. Sie sind von tiefen Tälern durchschnitten. Auf einer Länge von 19 km begleiten die Ellwanger Berge die A7.

Die Wallfahrtskirche St. Maria in Ellwangen 7 ist ein Werk der Vorarlberger Baumeister Michael und Christian Thumb.

3 Die Äcker und Wiesen in der **Fichtenau** zu beiden Seiten der Autobahn sind in der waldreichen Region eine Seltenheit. Hier verläuft die Landesgrenze zwischen Bayern und Baden-Württemberg.

4 Die A7 durchquert hier einen gemischten Bergwald namens **Virngrund**. Der Name rührt vom altfränkischen Wort Virgund her, das Berg- und Eichwald bedeutet.

5 Bei der Zufahrt zum Südportal des **Tunnels Virngrund-Ellwangen** können Sie am südlichen Horizont die Silhouette der Schwäbischen Alb erkennen. Der 468 m lange Tunnel durchquert in zwei getrennten Röhren den 570 m hohen Hornberg.

6 Der Virngrund endet nahe des **Rasthofes Ellwanger Berge**. Hier lohnt ein Blick zurück auf die ausgedehnten Mischwälder, die das größte zusammenhängende Waldgebiet Ostwürttembergs bilden. Gelegenheit hierfür bietet der Parkplatz des Rasthofes.

7 Westlich der A7 sehen Sie die herrliche doppeltürmige barocke **Wallfahrtskirche St. Maria** (erbaut 1682–1695). Sie steht in Schönenberg, einem Stadtteil von **Ellwangen**. Die Stadt an der Jagst kann auf eine über 1200-jährige Geschichte zurückblicken. Eindrucksvolle Bauwerke wie die romanische Basilika St. Vitus auf dem Marktplatz und das Schloss mit seinem Arkadenhof aus der Renaissance zeugen davon. Rund um Ellwangen gibt es zahlreiche Stauseen, auf denen Segeln, Bootfahren und Baden möglich ist. Die Kreationen der Ellwanger Konditoren sind über die württembergischen Grenzen hinaus geschätzt: „Ellwanger Schlossgespenster" und „Fürstpröpstle" sind nur zwei Namen vieler köstlicher Pralinenspezialitäten.

8★ Bei der Überführung der Kreisstraße Ellwangen-Neunstadt kreuzt die A7 die **Deutsche Limesstraße**, die dem Verlauf des ehemaligen römischen Grenzwalls aus der Zeit zwischen 130 und 260 n. Chr. folgt. In der Schwäbischen Ostalb gibt es noch zahlreiche Überreste davon. Wer einen römischen Wachturm besichtigen will, sollte dem **Limes-Freilichtmuseum** am Bucher Stausee einen Besuch abstatten. Über die AS Aalen/Westhausen, weiter über die B29 und B290 führt der Weg zur Limes-Anlage in Rainau-Buch (6 km, 8 Min.).

9 Auf der 547 m langen **Jagsttalbrücke Westhausen** geht es über den Oberlauf der Jagst, einen Nebenfluss des Neckars. Eine Lärmschutzwand verstellt den Blick auf den von Büschen gesäumten Fluss. Hinter dem Jagsttal sehen Sie die Schwäbische Alb.

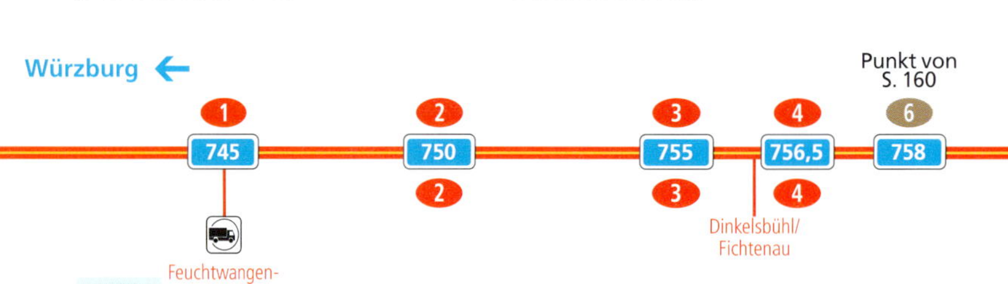

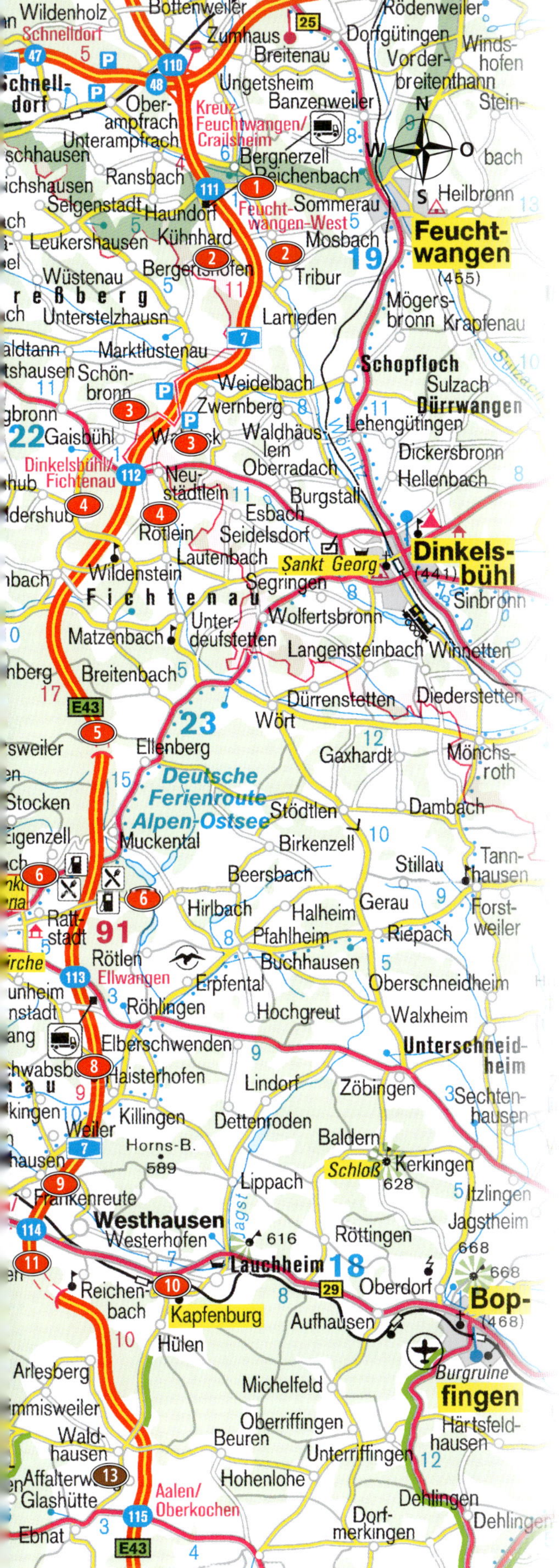

744,8 → 791,5 | **7**

10 Von einer Bergkuppe grüßt das östlich der A7 gelegene herrschaftliche ehemalige **Deutschordensschloss Kapfenburg** mit seinen zwei gedrungenen Rundtürmen herüber. Die Burg wurde erstmals 1311 urkundlich erwähnt. Der Umbau der mittelalterlichen Wehranlage zum repräsentativen Schloss erfolgte Ende des 16., Anfang des 17. Jh. Heute gibt im Schloss die Musik den Ton an: Das Land Baden-Württemberg hat hier eine internationale Musikakademie eingerichtet.

11 Der steil abfallende **Bohlerberg**, auf den Sie in Richtung Ulm nun zufahren, markiert den Anfang des Aufstiegs vom Jagsttal zur Albhochfläche. Hier geht es in den 700 m langen **Agnesburgtunnel**, der den Bohlerberg in einer Steigung von maximal drei Prozent durchfährt.

12 Westlich der A7 ist der 686 m hohe **Braunenberg** zu sehen. Dahinter liegt die historische Stadt **Aalen**. Am Schnittpunkt wichtiger Heerstraßen wurde um 150 n. Chr. in Aalen das größte römische Reiterkastell nördlich der Alpen errichtet. Im Limesmuseum können seine Überreste sowie zahlreiche Funde aus der Römerzeit besichtigt werden. Die Stadtgründung durch den Stauferkaiser Friedrich II. wird um 1240 vermutet. 1360 erhob Kaiser Karl IV. Aalen zur Freien Reichsstadt. Von 1608 bis 1939 wurde im Braunenberg Eisenerz abgebaut. Heute sind im Besucherbergwerk Tiefer Stollen die interessantesten Stollen, Schächte und Gänge für Besucher geöffnet.

13 **„Härtsfeld/Abtei Neresheim“** (Informationstafel): Auf dem Schild ist stilisiert die mitten im Härtsfeld gelegen Benediktinerabtei dargestellt. Im Jahr 1095 wurde das Kloster gegründet. Anziehungspunkt ist die berühmte spätbarocke Klosterkirche, die nach Plänen des Baumeisters Balthasar Neumann in den Jahren 1745–1792 errichtet wurde. Die scheinperspektivischen Kuppelfresken des Tiroler Kirchenmalers Martin Knoller und der fließende Übergang zur Architektur sind einzigartig. Am Fuße der Abtei liegt das Städtchen Neresheim, ein staatlich anerkannter Erholungsort, umgeben von Wäldern, Heiden und saftigen Wiesen.

→ Ulm

1 – 772,5 – 774 – 8 ★ – 777 – 9 – 780 (10) – 782 – 11 – 783 (12) – 789 (13)

Ellwangen | Aalen/Westhausen | Aalen/Oberkochen

1 Hier geht es durch die Mischwälder des **Härtsfeldes**, das sich östlich der A7 nach **Neresheim** und Dischingen erstreckt. Diese herbe Landschaft mit ihren dichten Wäldern, reizvollen Wacholderheiden und unberührten Trockentälern ist ein sehr abwechslungsreiches Wandergebiet.

2 Der sich westlich der A7 bis über 700 m erhebende Bergkamm mit seinen dichten Misch- und Nadelwäldern bildet die **Europäische Wasserscheide**. Dort liegen die Orte Oberkochen und Königsbronn; dazwischen entspringt die Kocher, südlich von Königsbronn die Brenz.

3 Bei der AS Heidenheim kreuzt die Autobahn die Touristikroute **Straße der Staufer**, die an

Heidenheim an der Brenz vorbei weiter bis Schwäbisch Gmünd und Göppingen führt. Heidenheim ist der wirtschaftliche Mittelpunkt der gesamten Ostalb. Über der Stadt liegt Schloss Hellenstein aus dem 12. Jh. Im Juli und Aug. finden hier alljährlich unter freiem Himmel Opernfestspiele statt.

Jahrtausenden Gebilde entstanden, die an Plastiken eines Künstlers oder Fantasie-Räume erinnern. Dementsprechend wurden sie mit Namen wie „Berggeist“, „Seehund“, „Schiefer Turm“ und „Göttersaal“ belegt. Die 587 m lange Charlottenhöhle erhielt ihren Namen nach der württembergischen Königin Charlotte.

Barockes Juwel auf einer Anhöhe der Ostalb: das Benediktinerkloster Neresheim.

4 Durch die Fichtenwälder und Wiesenflecken der **Heidenheimer Alb** erklimmt die A7 auf den nächsten 4 km noch einmal die Höhe von 590 m, dann führt sie in weiten Kurven abwärts.

5 Die A7 überquert das Tal der Brenz und erlaubt einen Blick auf das wiesenumsäumte Flüsschen und auf die östlich gelegene Stadt **Giengen**, die von den flachen Hügeln der Ostalb umgeben ist. Gut zu erkennen ist die 1 km entfernt liegende weiße Stadtkirche mit ihren beiden unterschiedlich geformten Türmen. Im 12. Jh. wurde Giengen vom Stauferkaiser Friedrich Barbarossa das Stadt- und Marktrecht verliehen. Heute glänzt die Stadt nicht nur mit ihrem historischen Ambiente, sondern auch durch ihren hohen Freizeitwert und als attraktiver Wirtschaftsstandort. Im historischen Stadtkern befindet sich mit dem Unternehmen Margarete Steiff ein berühmter und traditionsreicher Betrieb. Dort werden die bekannten Steiff-Tiere hergestellt. Im Steiff-Museum, direkt beim Werksgelände, sind Puppen, alte und neue Stofftiere sowie Holzspielzeug ausgestellt.

6★ Ganz in der Nähe der Autobahn, im Giengener Stadtteil Hürben, liegt das **Tropfsteinparadies Charlottenhöhle**. Vielleicht reizt es Sie, einen Abstecher in diese Wunderwelt zu unternehmen, die zu den schönsten Tropfsteinhöhlen Süddeutschlands gehört. Hier sind in

Zur Tropfsteinhöhle gelangen Sie über die AS Giengen/Herbrechtingen nach 4 km, 7 Min. (April–Okt., Tel. 0 73 24/72 96).

7 Durch die Bäume westlich der A7, auf dem 470 m hohen Berg Buigen, schimmert der Felsen der **Burgruine Eselsburg**. Im Jahr 1244 wurde die Burg des Geschlechts der Ritter vom Esel erstmals erwähnt. Am Fuß des Berges verläuft das **Eselsburger Tal**, ein landschaftlich großartiges, naturgeschütztes Flusstal. Die Brenz umfließt in einer 5 km langen Schleife den Buigen. Hier gedeihen ca. 640 Blütenpflanzen und Farnarten; über 80 Vogelarten brüten im Eselsburger Tal. Wahrzeichen des Tals sind die „Steinernen Jungfrauen“, zwei bizarr geformte, schlanke Felsnadeln.

8 Die A7 tritt aus dem Fichtenwald heraus, um auf einer 282 m langen Brücke das **Lonetal** zu überqueren. Zwischen Äckern und Wiesen sehen Sie den Verlauf der Landstraße Langenau–Amstetten. Die Lone fließt versteckt am Waldrand der anderen Talseite; das Albflüsschen mündet in die Brenz.

9 In einem weiten Linksbogen führt die A7 von der Niederen Alb in die **Donaumooslandschaft**. Bei klarem Wetter können Sie etwa 15 km östlich der A7 den Kühlturm des **Kernkraftwerks Gundremmingen** sehen. 2 km hinter Langenau erreicht die A7 den Freistaat Bayern.

10 Westlich der Autobahn sehen Sie auf den Hügelrücken von Elchingen die Kirche von Unterelchingen mit Zwiebelturm und die barockisierte Klosterkirche **Oberelchingen**. Der Ort ist geschichtsträchtig: Hier fand am 14. Oktober 1805 die Schlacht von Elchingen statt. Der deutschstämmige Marschall Ney besiegte im Dienste Napoleons die österreichische Armee.

11 Die A7 überquert auf der 270 m langen Donaubrücke Nersingen die **Donau** und die grünen Donauauen, die von Weihern durchzogen sind. Der mit 2850 km zweitlängste Fluss Europas entsteht bei Donaueschingen durch die Vereinigung der Quellflüsse Brigach und Breg und mündet in Rumänien in das Schwarze Meer.

12 **„Ulmer Münster“** (Informationstafel): Neben der Silhouette der gotischen Kathedrale lugen auf dem Schild die Dächer und der Turm des Ulmer Rathauses hervor. Der Kirchturm des Ulmer Münsters ist mit 161 m der höchste der Welt. Der Straßburger Baumeister Ulrich von Ensingen hat den Turm maßgeblich mitgestaltet: In den Jahren 1392–1417 leitete er den Bau des Ulmer Münsters, das erst 1890 vollendet wurde. Ulrich, in seiner Zeit europaweit berühmt wegen seiner kühnen Turmprojekte, war auch am Bau des Mailänder Doms und des Straßburger Münsters beteiligt. Unweit des Ulmer Münsters steht auf dem Marktplatz das alte Rathaus von 1370 und 1540. Seine Fassade zieren farbenprächtige perspektivische Renaissancemalereien.

13★ Nach Westen hin haben Sie einen hübschen Blick auf das Ulmer Münster und die Stadt am linken Donau-Ufer. **Ulm** sollten Sie, wenn Sie etwas Zeit haben, unbedingt besuchen. Es lohnt sich. Die Stadt ist wirtschaftlicher und kultureller Mittelpunkt des württembergischen Oberlandes. Im 12. Jh. erhielt Ulm die Stadtrechte und war zusammen mit Augsburg eine führende schwäbische Reichsstadt. Die Universitätsstadt zeigt im Ulmer Museum eine prähistorische Abteilung mit weltweit einzigartigen Funden aus der Altsteinzeit. Ulm erreichen Sie am besten über die AS Nersingen auf der B10 (8 km, 10 Min.).

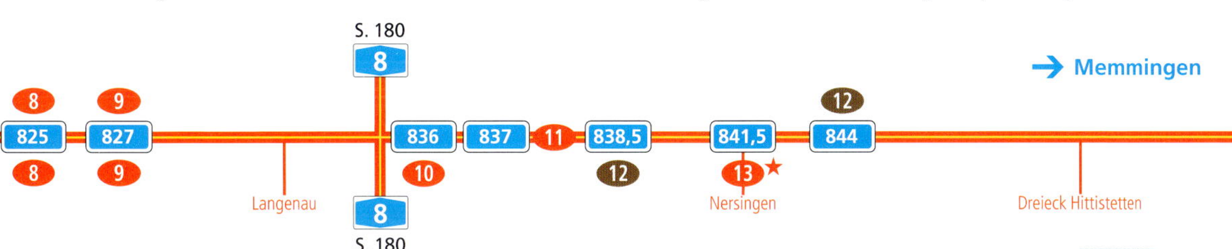

Fuggerländle

Wer den Namen Fugger hört, denkt meist an Augsburg und die dortige Fuggerei. Dagegen wissen wohl nur wenige, die auf der A7 zwischen Ulm und Memmingen unterwegs sind, dass sie gerade am „Fuggerländle“ vorbeifahren. So nennt sich nämlich das Unterallgäu, seit man in der Region erkannt hat: Mit dem Namen der für ihren Reichtum berühmten Kaufmannsfamilie der Renaissancezeit lässt sich auch heute noch Gewinn erwirtschaften – vor allem touristischer. Highlights gibt es genug, so z.B. die Schlösser Babenhausen und Kirchheim im Landkreis Memmingen. Die Fugger hatten diese und andere Liegenschaften erworben und ausgestattet. Sie wollten ihr Geld lieber sicherer in Immobilien anlegen, anstatt es weiterhin risikoträchtig an das Haus Habsburg und die Päpste zu verleihen. Auch dienten die Schlösser zur Repräsentation der 1511 in den Adelsstand erhobenen Familie, die dort heute noch residiert.

Längst sind die prachtvollen Bauten Anziehungspunkte für Besucher. Babenhausen, von 1803 bis zur Eingliederung in Bayern drei Jahre später ein äußerst kurzlebiges Reichsfürstentum, hat einen Ahnensaal und das Fuggermuseum. In zwölf Räumen wird die Geschichte der Familienfirma dokumentiert, von der Einwanderung des Webers Hans Fugger in die Reichsstadt Augsburg (1376) bis zur Einkerkerung von Fürst Josef Ernst Fugger durch den NS-Volksgerichtshof (1944). In der barockisierten Pfarrkirche befindet sich die Familiengruft. Im Schloss Kirchheim sind der Zedernsaal, der erste große Prunkraum der Renaissance nördlich der Alpen, und das Grabmal des Erbauers Hans Fugger besonders sehenswert. Zwischen den beiden Schlössern sollte die barock ausgestaltete Wallfahrtskirche Kirchhaslach mit dem Gnadenbild der thronenden Muttergottes (1220) nicht übersehen werden.

1 Ab dem AD Hittistetten führt die A7 durch die Wiesen und Felder der **Iller-Lech-Platte**, eine Schotterebene im Alpenvorland zwischen Donau, Iller und Lech. Sie ist während der letzten Eiszeit entstanden, als Gletscher muldenförmige Täler gruben. Die Iller verläuft 1,5 km westlich der A7.

2 **„Kloster Roggenburg“** (Informationstafel): Die abgebildete Silhouette der Abtei mit ihren zwei hoch aufragenden Türmen lässt erahnen, wie beeindruckend sich die Klosteranlage in der beschaulichen Landschaft erhebt. Das ehemalige Prämonstratenser-Reichsstift aus dem 12. Jh. besitzt eine bedeutende Rokokokirche (1752–1758) mit Stuck der Feichtmayr-Werkstatt.

3 Eine Lücke zwischen zwei Lärmschutzwänden westlich der A7 gewährt nur einen kurzen Blick auf das prächtige **Schloss Vöhlin**, das Wahrzeichen von Illertissen. Die weitläufige Anlage geht auf eine Burg aus dem 12./13. Jh. zurück. Die Schlosskapelle gilt als Kleinod des Rokoko. Im Schloss befindet sich ein interessantes Bienenmuseum.

4 Westlich der A7, mitten auf dem freien Feld, ist die schmucke, weiße **St.-Rochus-Kapelle** von Untereichen zu sehen. Sie wurde 1602 als Pestkapelle erbaut, um dort für das Ende der grassierenden Seuche zu beten. Bevor die Autobahntrasse nun hinunter zur Iller führt, haben Sie bei klarem Wetter eine schöne Sicht ins **Illertal**. Kilometerweit reicht der Blick ins bayerische und württembergische Oberschwaben.

5 In einer Rechtskurve führt die A7 auf der 320 m langen **Illerbrücke Kellmünz** über die Iller und den Illerkanal. Östlich liegt in den Flussauen das Naherholungsgebiet Filzinger Seen. Die Autobahn verläuft auf den nächsten 20 km unmittelbar an der Iller, die die Grenze zwischen Bayern und Baden-Württemberg markiert.

6★ Eine einzigartige Attraktion im deutschen und internationalen Autobahnnetz – die sich Kunstsinnige auf keinen Fall entgehen lassen sollten – stellt die **Kunst-Raststätte Illertal-Ost** dar (in Richtung Ulm). Sie erreichen die Raststätte nach 3 km, 6 Min. über die AS Dettingen a.d. Iller, wo Sie wenden können. Auf dem Dach des bunten Gebäudes ragen unübersehbar ein mächtiger gelber Maiskolben, ein riesengroßes weißes Sahnehäubchen und eine gigantische blaue Eistüte empor. Geschaffen wurde der skurrile Bau vom österreichischen Künstler Herbert Maierhofer. Jedes Möbelstück, jedes Bild in der Raststätte ist ein von ihm selbst entworfenes Unikat. Zurück in Fahrtrichtung Füssen gelangen Sie in ebenfalls 6 Min. (3 km) über die AS Altenstadt a.d. Iller.

7 **„Memmingen“** (Informationstafel): Das Schild zeigt eine Collage aus Bauten der historischen Altstadt: die gotische Pfarrkirche Unsere Frauen (15. Jh.), das aus dem 14. Jh. stammende Kempter Tor und das Rathaus mit dem geschwungenen Rokokogiebel (1765) am Marktplatz. Zu den Kostbarkeiten der gut erhaltenen Memminger Altstadt gehört auch das Siebendächerhaus, das einst Gerbern zum Trocknen der Felle und Häute diente.

8 Westlich der Autobahn und eingebettet zwischen Wiesen, Wäldern, Weihern und den Illerauen liegt das ehemalige **Kartäuserkloster Buxheim**. Erhalten ist die Reichskartause mit Kirche, Kreuzgang, Innenhof und Zellenhäusern. Das dortige Deutsche Kartäusermuseum im Kloster informiert über die Geschichte des Ordens (geöffnet von April bis Okt.).

9 **„Abtei Ottobeuren“** (Informationstafel): Die zwei markant gerundeten Basilikatürme auf dem Schild kündigen die barocken Anlagen der 764 gegründeten Benediktinerabtei an, ein eindrucksvolles Denkmal kirchlicher Herrschaft. Mit seinem prächtigen Kaisersaal und der von Johann Baptist Zimmermann gestalteten Bibliothek zählt Ottobeuren zu den bedeutendsten Barockanlagen Europas. Das Kloster bildet den Mittelpunkt des erholsamen Kneippkurorts. Im Sommer ist die Basilika Schauplatz von geistlichen Konzerten, die im Rahmen des Schwäbischen Musiksommers veranstaltet werden.

10★ Wer erfahren möchte, wie Bauern und Handwerker bis vor gar nicht langer Zeit gelebt und gearbeitet haben, dem sei der Besuch des **Schwäbischen Bauernhofmuseums Illerbeuren** empfohlen (8 km, 10 Min. westlich der AS Woringen). Das Schwäbische Bauern- und Schützenmuseum ist das älteste bayerische Freilichtmuseum. Zusätzlich zu Führungen werden Museumstage veranstaltet, an denen wie in alten Zeiten Brot gebacken oder Wäsche gewaschen wird.

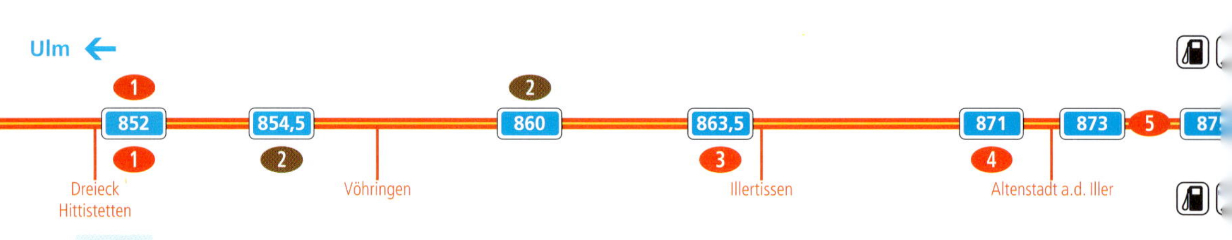

851,7 → 900
7
Erbach
(529)
Gögglingen
Gerlenhofen
Hausen
Unterkirchberg
Aufheim
Holzschwang
Dreieck Hittistetten
Erbishofen
Niederhausen
Biberberg
Waldstetten
Senden
Unterweiler
Donaustetten
Hittistetten
Witzighausen
Biberachzell
Stoffenried
Altheim
ob Weihung
Dellmensingen
Humlangen
Steinberg
Illerzell
Wullenstetten
E43
Weißenhorn
(501)
Asch
Unterwiesenbach
Staig
Illerberg
Thal
Schießen
Oberwiesenbach
Schleebuch
Weinstetten
Hüttisheim
Dorndorf
Iller
123
Vöhringen
Biberach
Oberegg
Stetten
Schnürpflingen
Illerrieden
Vöhringen
(498)
Emershofen
Bubenhausen
Roggenburg
Ehem. Reichsstift
Ingstetten
Achstetten
Oberholzheim
Beuren
2002
Bellenberg
Meßhofen
Bihlafingen
Wangen
Tiefenbach
Gannertshofen
Holzstöcke
Regglisweiler
Betlinshausen
Au
Dietershofen
Rennertshofen
Breitenthal
Bronnen
Laupheim
(528)
Burgrieden
(544)
Brandenburg
Weihungszell
R. Altenberg
Illertissen
(513)
Obenhausen
Ebersbach
Nordholz
Christertshofen
Oberried
Hochstetten
Rot
Bühl
Sießen im Wald
Dietenheim
124
Illertissen
Buch
Ritzisried
Tafertshofen
Seifertshofen
Zaiertshofen
Orsenhausen
Baustetten
Bußmannshausen
Hörenhausen
Ebertshausen
Großschafhausen
Jedesheim
Unterroth
Mohrenhausen
Walpertshofen
Kleinschafhausen
Wain
Herrenstetten
Bergenstetten
Kettershausen
Mietingen
Unterbalzheim
Balzheim
Untereichen
Oberroth
Bebenhausen
Schwendi
Dietenbronn
Oberbalzheim
Dattenhausen
Unterschönegg
Olgishofen
Hochdorf
Heggbach
Ehem. Kloster
Schönebürg
Altenstadt
Altenstadt
Osterberg
Kl. Roth
300
Babenhausen
Kirchhaslach
Sinningen
125
Filzingen
Greimeltshofen
Huggenlaubach
Niedernzell
Fuggerschloß
Zillishausen
Kirchberg an der Iller
Kellmünz an der Iller
Winterrieden
Weinried
Hürbel
Stolzenhofen
Wennedach
Reinstetten
Dissenhausen
Gutenzell
Bollsberg
Dettingen an der Iller
Weiler
Klosterbeuren
Oberschönegg
126
Dettingen a.d.Iller
Engishausen
Inneberg
E43
Reichau
Goppertshofen
Eichen
Edelbeuren
Erolzheim
Pleß
Egg an der Günz
Ochsenhausen
Laubach
Bechtenrot
Kirchdorf an der Iller
Boos
Frickenhausen
Hattenburg
26
312
Edenbachen
Bonlanden
Fellheim
Erlenmoos
Eichbühl
Binnrot
Unteropfingen
Niederrieden
Lauben
Daxberg
Oberstetten
Oberopfingen
300
Günz
Rottum
Eichenberg
Roter Weiher
Rot
Berkheim
312
Heimertingen
Rummeltshausen
Steinhausen an der Rottum
Mettenberg
Illerbach
127
Berkhm.
Ehrensberg
Zell an der Rot
Eisenburg
Holzgünz
Englisweiler
Egelsee
Steinheim
Westerheim
Rot an der Rot
34
Amendingen
Kr. Memmingen
Schwaighausen
Bellamont
705
Buxheim
Trunkelsberg
Ungerhausen
Füramoos
Spindelwag
Tannheim
128
13
14
MM-Ost
Arlach
12
MM-Nord
Memmingerberg
Stephansried
Tristolz
Mühlberg
St. Martin
MEMMINGEN
(600)
Ellwangen
Haslach
Buxach
E43
Klosterwald
Mooshausen
E54
Memmingen-Süd
129
Benningen
Hawangen
Eggisried
Truilz
96
Dickenreishausen
Volkratshofen
Herbishofen
Hauerz
7
Rupprechts
Dietmanns
Marstetten
Lachen
Ottobeuren
Steinental
Ferthofen
Theinselberg
Aitrach
11
Aitrach
Haitzen
Treherz
Baierz
Kardorf
Woringen
130
Dietratried
25
Bauernhofmuseum
Woringen
Bossarts
S. 424
96
→ Füssen
877,5
886,5
890
897,5
900
Dettingen a.d. Iller
Berkheim
Memmingen-Süd
Woringen
96
S. 424

1 „Bauernhofmuseum Illerbeuren“ (Informationstafel): Ein stattlicher Bauernhof und eine Kirche mit Zwiebelturm werben für das Freilicht- und Schützenmuseum. Dort erfahren Sie vieles über das Leben der Bauern in Südschwaben, aber auch über das Schützenbrauchtum vom Mittelalter bis in unsere Zeit (siehe auch S. 166).

2 Westlich der Autobahn sehen Sie auf einer Anhöhe das strahlend weiße **Schloss Grönenbach**. Einst war es die Residenz der Adelsgeschlechter Rothenstein, Pappenheim und Fugger. Das Schloss, erbaut im 14. Jh., ging 1996 in den Besitz des Kurorts Bad Grönenbach über. In einem Teil des Gebäudes ist jetzt das gemeindliche Altenheim untergebracht. Zu Füßen des Schlosses liegt der Kurort. Der Zwiebelturm, den Sie ebenfalls von der Autobahn aus sehen, gehört zur Stiftskirche St. Philippus und Jakobus.

3 Hier überquert die Autobahn die Gleise der **Eisenbahnlinie Ulm-Kempten**. Die Stadt Kempten ist im Allgäu ein Verkehrsknotenpunkt für Straße und Schiene. Von dort zweigen die Bahnstrecken nach Füssen und Oberstdorf ab.

4 Wenn Sie die Kuppe bei der Raststätte Allgäuer Tor erreicht haben, können Sie bei klarem Wetter ein traumhaftes **Alpenpanorama** genießen. Bei Föhn glaubt man, nur einen Steinwurf von den schneebedeckten Gipfeln der über 2000 m hohen Allgäuer und Lechtaler Alpen entfernt zu sein.

5 Entlang an grünen Weiden und malerischen Wiesen führt die Autobahn hinunter in den **Illertalkessel**. Die idyllische Bilderbuch-Landschaft entschädigt dafür, dass es mit der Alpenkulisse für die kommenden 20 km vorbei ist.

6 Westlich der Autobahn grüßt der spitze **Kirchturm der Pfarrkirche St. Blasius** im Ort Dietmannsried herüber. Nicht weit davon entfernt, bei Reicholzried, liegt der FKK-Erholungspark Haldenmühle.

7 **„Kempten (Allgäu)“** (Informationstafel): Die Stadt stellt sich mit den Silhouetten der Kirche St. Mang, des Rathausplatzes und ihrer Kathedrale, der Basilika St. Lorenz, vor. Letztere wurde zwischen 1652 und 1666 errichtet und besitzt eine großartige Doppelturmfassade und eine mächtige Kuppel. Sie war der erste große Kirchenbau in Deutschland nach dem Ende des Dreißigjährigen Krieges. Vor rund 2000 Jahren eroberten die Römer die keltische Siedlung Cambodunum („Burg oder Siedlung an der Flusskrümmung“) und gründeten in deren Nähe eine Stadt. Heute ist Kempten die Metropole des Allgäus und exportiert nicht nur den berühmten Allgäuer Käse in die ganze Welt, sondern auch Hightech und industrielles Know-how. Darüber hinaus hat die Stadt selbst viel zu bieten: das Alpinmuseum im Marstall, die Prunkräume der Residenz, im Frühjahr eine Woche Jazz, im August die „Allgäuer Festwoche“ (eine Wirtschaftsausstellung mit umfangreichem Rahmenprogramm aus Kultur, Sport und Brauchtum) sowie Theater, Feste und Konzerte auf der Freilichtbühne Burghalde.

8 Westlich der A7 erstrecken sich die Hallen und Zweckbauten des **Gewerbegebiets Kempten-Leubas**. Von Kempten selbst, das 3 km entfernt unten im Illertal liegt, ist nichts zu sehen, zumal Lärmschutzwände die Sicht versperren.

9 Der spitze Kirchturm westlich der Autobahn gehört zur Heilig-Geist-Kirche des Örtchens **Durach**. Im historischen Ortskern ist eine 500 Jahre alte Linde zu bewundern. Am Ortsrand befindet sich ein Sportflugplatz. Von dort aus kann bei Rundflügen das Allgäuer Land aus der Vogelperspektive besichtigt werden.

10 Die A7 führt am AD Allgäu entlang dem **Kemptener Wald**. Der Nadelbaumwald erstreckt sich östlich der Autobahn rund 20 km bis kurz vor Marktoberdorf. Der Kemptener Wald ist ein beliebtes Naherholungsgebiet mit ausgedehnten Rad- und Wanderwegen. Im Winter durchziehen zahlreiche Langlaufloipen den Wald.

In Schloss Hohenschwangau **17** *wuchs Bayerns Märchenkönig Ludwig II. auf.*

11 Inmitten grüner Wiesen und kleiner Waldteppiche sehen Sie westlich der A7 den Ort **Sulzberg**. In der Nähe befindet sich die Ruine der gleichnamigen Burg aus dem Jahre 1170. Nach Überquerung der Bahnlinie Kempten–Füssen schwingt sich die Autobahntrasse in weiten Bögen aus dem Illertalkessel ins Oberallgäu und ermöglicht auf diese Weise wieder einen Blick auf die Alpenkulisse.

12 Westlich der Autobahn ist ein wiesengesäumter Stausee namens **Rottachsee** zu erkennen. Eine Talsperre im Rottachtal staut das Wasser auf einer Fläche von 300 ha zum größten See im Oberallgäu auf. Damit bietet er gute Möglichkeiten zum Surfen und Segeln.

13 Hier geht es über den Wiesengrund des westlich liegenden Rottachtals. 36 m hoch und 705 m lang zieht sich die **Autobahnbrücke** durch das malerische Natur- und Landschaftsschutzgebiet. Die Autobahntrasse verläuft nunmehr auf einer Höhe von 900 m. Östlich der A7 liegt Ober-Zollhaus. Früher hieß dieser Ort Zollhaus und war eine Poststation der Fürstäbte von Kempten. Doch da es auch in Kempten einen gleichnamigen Ortsteil gibt, hat man den Ort umbenannt, um Verwechslungen zu vermeiden.

14 Auf einer Wiesenterrasse sehen Sie westlich den Kneipp- und Luftkurort **Oy-Mittelberg**. Ganz in der Nähe (3 km) liegt der **Grüntensee**. Wegen seiner günstigen Windlage ist er ein Dorado für Segler und Surfer (5 Min. über die AS Oy-Mittelberg und die B310 nach Haslach).

15 Zwischen dem Tannenwald blitzt aus dem wildromantischen Wertachtal die **Wertach** herauf. Sie entspringt in den Allgäuer Alpen und mündet bei Augsburg in den Lech. Die 335 m lange **Wertachtalbrücke** ist eine architektonisch und optisch gut gelungene Bogenkonstruktion, die sich in 72 m Höhe und einer Spannweite von 156 m über das Tal schwingt.

16 Westlich grüßt der Zwiebelturm der Pfarrkirche von **Nesselwang** herüber. Der Luftkurort Nesselwang mit seinen schneesicheren Haus- und Wanderbergen, der Alpspitze (1575 m) und dem Edelsberg (1629 m) sowie dem Alpspitz-Bade-Center und einem Brauerei-Wanderweg sorgt rund um das Jahr für abwechslungsreiche Unterhaltung. 20 Stationen – von Brauereigasthöfen über Küferwerkstätten und ein ehemaliges Wasserreservoir bis zum Ziehbrunnen – geben hier Einblick in die jahrhundertealte Tradition des Bierbrauens in Nesselwang. Heute gibt es in diesem Allgäuer Marktflecken nur noch zwei Brauereien.

17 **„Ostallgäu – Berge Schlösser Seen“** (Informationstafel): Das von König Ludwig II. von Bayern errichtete Märchenschloss Neuschwanstein und das Wittelsbacher Schloss Hohenschwangau, beide an einem See gelegen und von Bergen umgeben, setzen Akzente im idyllischen Ostallgäu. Neuschwanstein, 5 km vom Zentrum des Ostallgäu, der Stadt Füssen, entfernt, gehört zu den meistbesuchten Bauwerken in Deutschland. Ganz in der Nähe liegen drei Seen: Hopfensee, Weißensee und Forggensee. Sie sind wegen ihrer vielfältigen Wander-, Fahrrad- und Wassersportmöglichkeiten beliebte Ausflugsziele.

7 10
928 930 933 935 937 13 939 942 15 943 944 Weiterführung der Strecke bis Füssen in Planung
9 11 12 14 16 17
au 980 Oy-Mittelberg Nesselwang
S. 437

8 Vom Saarland zum Chiemsee

Saarlouis → Pirmasens → AD Karlsruhe → Stuttgart → Autobahnring München (A99) → Bad Reichenhall

Insgesamt 620 km lang ist die A8 und zählt im nationalen Verkehr und im internationalen Transit nach Österreich und Südeuropa zu den Hauptverbindungen. Die Strecke führt durch reizvolle Regionen wie das Saarland und die Pfalz, den nördlichen Schwarzwald, die Schwäbische Alb und das Alpenvorland. Besonders an den Wochenenden ist die A8 auch eine beliebte Freizeitautobahn.

Der erste Abschnitt der A8 beginnt an der deutsch-luxemburgischen Grenze und verbindet Perl mit Pirmasens – danach ist erst einmal Schluss: Bis Karlsruhe muss der Autofahrer sich mit der B10 zufrieden geben. Von Karlsruhe aus durchquert der zweite, weitaus längere Streckenteil der A8 in West-Ost-Richtung Baden-Württemberg und Bayern und endet bei Bad Reichenhall an der Grenze zu Österreich.

Die A8 gehört zum Urgestein der deutschen Autobahnen. Bereits 1939 konnte die 405 km lange Strecke von Karlsruhe über Stuttgart und München nach Bad Reichenhall befahren werden, wobei der letzte Alpenabschnitt auf speziellen Wunsch Hitlers hinzugefügt und besonders eilig vorangetrieben wurde.

Geschichtsträchtige Autobahn

In Oberbayern war die Trasse von Fritz Todt, dem späteren Chefplaner der Reichsautobahn, als attraktive Touristikstrecke von München nur bis zum Chiemsee konzipiert worden. Auch Hitler zeigte sich 1933 von den Plänen sehr angetan, befahl aber, die Strecke gleich 40 km weiter ins Berchtesgadener Land zu bauen, damit er sein Feriendomizil am Obersalzberg schnell und bequem erreichen konnte. 1937 wurde der Abschnitt München – Bad Reichenhall eingeweiht, erst zwei Jahre später das Teilstück Karlsruhe – Stuttgart.

In den vergangenen Jahrzehnten ist die Vorkriegsautobahn stetig ausgebaut worden. Das verraten vor allem die 6-spurigen Abschnitte der Trasse, die beispielsweise vom AD Karlsruhe zur AS Karlsbad, vom AD Leonberg über das AK Stuttgart zum Albanstieg und vom AK München-Süd zum AD Inntal verlaufen. Auch die alte Strecke am Chiemsee entlang wurde erneuert.

Landschaftserlebnis und High-Tech

Nicht mehr zur Debatte steht dagegen der Lückenschluss zwischen Pirmasens und Karlsruhe durch den

Unmittelbar am Chiemsee, dem „Bayerischen Meer", entlang zieht sich die A8 nach Süden.

Pfälzer Wald. Dieser Abschnitt wurde durch den Ausbau der B10 zwischen Pirmasens und Landau ersetzt. So präsentiert sich heute eine A8 mit zwei Gesichtern: Einerseits weist sie typische Merkmale einer Linienführung auf, wie sie in den Anfangszeiten des Autobahnbaus üblich war: markant die Steilstücke bis zu sieben Prozent, etwa im Raum Pforzheim, reizvoll der Albaufstieg nach der AS Mühlhausen, wo sich die Autobahn hinauf zum Lämmerbuckel teilt und die Gegenfahrbahn kurvenreich und eng am Drackensteiner Hang hinunterführt. Hinter dem in den 30er-Jahren gebauten Lämmerbuckeltunnel läuft die Trasse wieder zusammen und erreicht ihren höchsten Punkt: Hier, auf der Europäischen Wasserscheide der Alb, befindet man sich 785 m ü. d. M. Andererseits ist die A8 technisch auf dem neuesten Stand: Für die Verkehrssicherheit auf der stark nebel- und glätteanfälligen Strecke von der Schwäbischen Alb ins Donautal sind z.B. auf einer Länge von 35 km computergesteuerte Verkehrsleitsysteme installiert.

Über die A99 in alle Himmelsrichtungen

Vom AD Eschenried zweigt der Autobahnring A99 ab (S. 184/185). Er umschließt München weiträumig in einem Nord-Süd-Halbkreis. Am AK München-Süd gelangt man wieder auf die A8. Hier beginnt der landschaftlich schönste Teil: Hinter Holzkirchen eröffnet sich der Blick auf die Alpenkette. Mit Seitenblicken auf die südlich gelegenen schneebedeckten Gipfel der Kitzbüheler Alpen geht es weiter Richtung Bad Reichenhall. Kurz nach dem Kurstädtchen an der Salzach endet die A8 an der österreichischen Grenze.

8

- **Länge** 620 km / 6:40 h
- **Entfernungen und Fahrzeiten** (ca.)

(Strecke in Bau zwischen AS Borg/Perl und AS Merzig-Wellingen: 9 km / 0:06 h)
AS Merzig-Wellingen – AK Saarbrücken 48 km / 0:26 h
AK Saarbrücken – AS Pirmasens (A62) 48 km / 0:27 h
(Strecke unterbrochen von AS Pirmasens bis AD Karlsruhe: 88 km / 1:30 h)
AD Karlsruhe – AD Leonberg 53 km / 0:44 h
AD Leonberg – AK Ulm/Elchingen 102 km / 0:58 h
AK Ulm/Elchingen – AD Spange Eschenried (A99) 107 km / 0:57 h
(AD Spange Eschenried – AK München-Süd 47 km / 0:26 h)
AK München-Süd – Grenzübergang Bad Reichenhall 117 km / 1:00 h

- **Staubereiche**

Erhöhte Staugefahr besteht
vom AD Leonberg bis zum AK Stuttgart,
kurz nach der AS Stuttgart-Degerloch,
vor der AS Merklingen,
am AK München-West,
zwischen dem AK München-Süd und der AS Hofoldinger Forst,
zwischen der AS Frasdorf und der AS Bernau am Chiemsee,
ab der AS Grabenstätt bis zur AS Schweinbach und zwischen der AS Traunstein/Siegsdorf und der AS Neukirchen.

1 Nördlich der A8 befinden sich die **römischen Villen Borg und Nennig**. Die Villa des römischen Gutshofs von Borg ist teilweise rekonstruiert (4 km, 5 Min. ab AS Borg/Perl). Das Fußbodenmosaik der Römervilla in Nennig gilt als das besterhaltene römische Fußbodenmosaik nördlich der Alpen (12 km, 15 Min. ab AS Borg/Perl).

Die Saarschleife 3★ ist das Wahrzeichen und die berühmteste Flussbiegung des Saarlandes.

2 Der 569 m lange **Pellinger Tunnel** wurde 1996 fertig gestellt. Er zählt zu den großen Ingenieurbauwerken der deutschen Autobahnen.

3★ Die **Saarschleife** (9 km, 10 Min. nördlich der AS Merzig-Wellingen) ist die größte landschaftliche Sehenswürdigkeit des Saarlandes. Die Saar fließt hier in exakter U-Form. Ein Abstecher zur Saarschleife lohnt sich auf jeden Fall.

4 **„Mettlach Keramik“** (Informationstafel): In der ehemaligen Benediktinerabtei Mettlach sind einige der Produktionsstätten (Tafelporzellan) der weltberühmten Villeroy& Boch-Werke untergebracht.

5 **„Stausee Losheim“** (Informationstafel): Der Stausee 13 km nordöstlich von Merzig ist einer der touristischen und wassersportlichen Mittelpunkte des Naturparks Saar-Hunsrück. Dort gibt es ein Strandbad mit Riesenrutsche, Bootsverleih und vielfältige Sportmöglichkeiten.

6 **„Merzig Viezregion“** (Informationstafel): Die Streuobstwiesen links und rechts der A8 deuten es an: Hier, im so genannten Saargau, liefern Zehntausende von Apfelbäumen den Rohstoff für den Viez. So nennen die Saarländer das Nationalgetränk dieser Region, das anderswo Äppelwoi oder Most heißt.

7 Schon der erste Blick auf **Merzig** zeigt die schöne Lage der Kreisstadt an der Saar, die sich an die Ausläufer des Schwarzwälder Hochwaldes schmiegt. Merzig beherbergt mit der romanischen Kirche St. Peter aus dem 12. Jh. die bedeutendste kunsthistorische Kost-

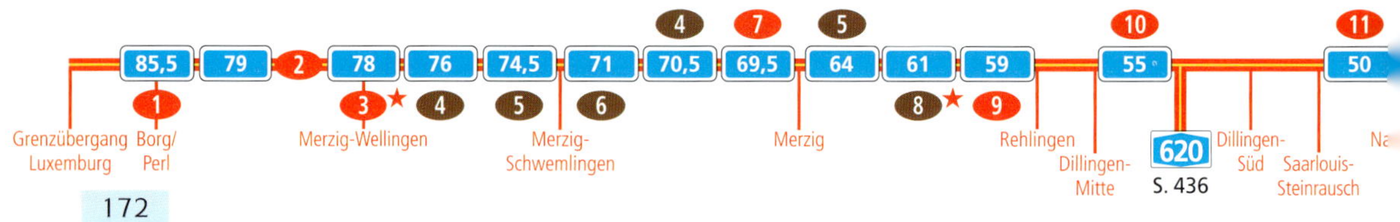

barkeit des Saarlandes. Sie wurde von den Prämonstratensermönchen des Klosters Wadgassen erbaut.

8★ „Saarlouis Festungsstadt“ (Informationstafel): Das Stadtwappen von Saarlouis (3 km, 3 Min. südlich der AS Saarlouis-Steinrausch) mit der Bourbonenlilie deutet es an: Die Stadt wurde vom Sonnenkönig Ludwig XIV. Ende des 17. Jh. als Wasserfestung erbaut. Geplant und geleitet wurde dieser Bau von Festungsbaumeister Sébastien Vauban. Noch heute prägen die Festungsanlagen das Bild der stellenweise wie ein gigantisches Museum wirkenden Stadt. Saarlouis ist unbedingt einen Abstecher wert.

9 Schon von weitem zu sehen ist südlich der A8 der rekonstruierte Turm der aus dem 12. Jh. stammenden **Siersburg**. Die Ruine der Burg blickt auf die Mündung der Nied in die Saar. Jahrhundertelang war die Siersburg als wichtiger Kontrollpunkt für den Handelsverkehr Zankapfel zwischen den Kurfürsten von Trier und den Herzögen von Lothringen.

10 Ein gewaltiger Industriekomplex ist nördlich der A8 zu sehen. Es ist die 300 Jahre alte **Dillinger Hütte**, die am rechten Ufer der Saar ein Areal bedeckt, das fast so groß ist wie das der Stadt Dillingen selbst. Der 1985 in Betrieb genommene Hochofen V hat eine Tageskapazität von mehr als 6000 Tonnen Roheisen. Damit ist diese Hütte eines der größten und modernsten Grobblechwerke der Welt.

11 Unmittelbar neben der Autobahn erstreckt sich nördlich der weitläufige Komplex der **Fordwerke Saarlouis.** Hier werden PKW hergestellt, vor allem der „Focus“.

12 Gleich neben der A8 ragen südlich die **Sendemasten** des Mittelwellensenders Heusweiler des Saarländischen Rundfunks auf. Zum Schutz der Autobahnbenutzer vor zu starker elektromagnetischer Wellenbelastung ist die gesamte A8 in diesem Bereich mit einem weitmaschigen Stahlnetz überspannt.

13 Bis an die A8 reichen die Ausläufer von **Saarbrücken**. Die beiderseits der Saar, unmittelbar an der französischen Grenze, gelegene Stadt besitzt mit ihrem St. Johanner Markt eine der entzückendsten Altstadtpartien und mit dem Ludwigsplatz das schönste Barockensemble Südwestdeutschlands (siehe auch A6, S. 120).

14 „Altes Hüttenareal Neunkirchen“ (Informationstafel): Mit der Gründung der Eisenhütte 1593 beginnt die neuere Geschichte der Stadt, die auf eine keltische Siedlung des 12. Jh. v. Chr. zurückgeht. Untrennbar verbunden mit der Entwicklung der Hütte zu einem modernen Industriekomplex ist die Industriellenfamilie Stumm. Wenn auch die Zeit der Montanindustrie in Neunkirchen weitgehend vorbei ist, sind doch die schon von weitem bei der Anfahrt auf das Zentrum sichtbaren Hochöfen deutliche Zeitzeugen. Als Denkmäler der Industriekultur wurden sie erhalten und in einen Hüttenpark einbezogen, der auf einem 5 km langen Rundweg erwandert werden kann. Der gewaltige Wasserturm des Geländes wurde zu einem Vergnügungscenter umgebaut.

15 „Bexbach Grubenmuseum“ (Informationstafel): In 40 m Höhe, im Hindenburgturm, beginnt die Ausstellung des Bergbaumuseums. Von dort oben geht es Stockwerk um Stockwerk tiefer, bis man tatsächlich unter Tage in der realistisch gestalteten Schaubergwerksanlage landet (siehe auch A6, S. 121).

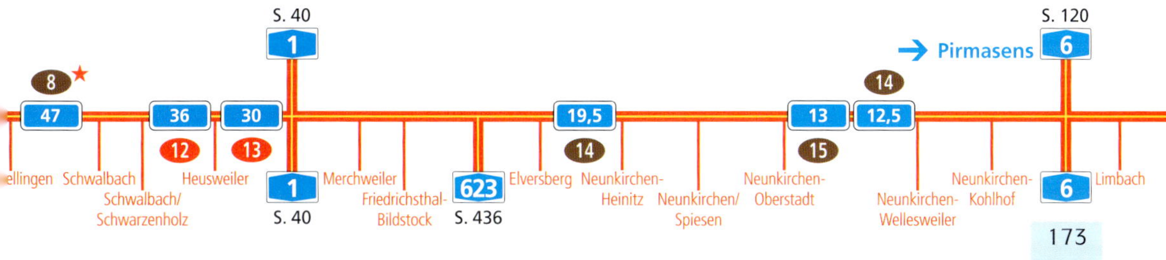

Keltisches Erbe im Saarland

Eine Informationstafel weist an der A1 zwischen Nonnweiler und Saarbrücken auf den Ringwall von Otzenhausen hin. Diese Anlage geht auf die keltischen Treverer zurück, die hier auf einer Anhöhe von 621 m im ersten Jahrhundert vor Christus rund 230 000 (!) m³ Steine zusammentrugen und zu einem Schutzwall auftürmten. Bis heute gilt dieser „Hunnenring", wie das riesige Geröllfeld im Volksmund auch genannt wird, als eine der gigantischsten Anlagen ihrer Art. Dabei ist sie im Saarland bei weitem nicht die einzige Erinnerung an die Kelten, diese legendäre indogermanische Völkergruppe früher Zeiten. Als sensationellsten Grabfund aus keltischer Zeit in Mitteleuropa werteten es Archäologen, als 1954 beim Baggern in einer Kiesgrube bei Reinheim eine Eichenholzkammer mit dem Grab einer Fürstin mit reichen goldenen Grabbeigaben gefunden wurde. Das heute rekonstruierte und für Besucher zugängliche Grab liegt nur wenige hundert Meter von der deutsch-französischen Grenze entfernt. Beiderseits ihres Verlaufs graben hier seit 1978 Archäologen aus beiden Ländern den umfangreichen Komplex einer gallo-römischen Stadtanlage aus – das Herzstück des mittlerweile zum Europäischen Kulturpark avancierten Grenzgebiets bei Reinheim-Bliesbruck. Es waren wohl romanisierte Kelten, die hier siedelten. Auch die Aufsehen erregende Großvillenanlage, die nahe Borg ausgegraben und teilweise rekonstruiert wurde, geht auf diese hochkultivierte Bevölkerungsgruppe zurück.

1 Der Wegweiser bei der AS Limbach macht auf das kleine, 5 km von der A8 entfernte Städtchen **Kirkel** mit seiner großen Vergangenheit aufmerksam: Die auf einem markanten Felsen gelegene, von einem Wäldchen verborgene **Burg Kirkel** wurde Mitte des 11. Jh. erbaut und als Reichsfeste 1689 von den Franzosen zerstört. Nur der Bergfried wurde wieder aufgebaut, ansonsten ist der Komplex heute eine Ruine, in der die Archäologen seit Jahren den Spuren der Jahrhunderte nachgehen. Die bizarren Felsen in den Wäldern rund um Kirkel, heute eines der beliebtesten Kletterreviere des Saarlandes, haben der Gegend den Namen Kirkeler Schweiz eingetragen (siehe auch A6, S. 120).

2 Rund 4 km nördlich der AS Limbach liegt hinter Wiesen und Wäldern in einer leichten Hügellandschaft die Stadt **Homburg**. Dort residierte in einer der größten Schlossanlagen der damaligen Zeit auf dem Karlsberg bis zur Französischen Revolution Karl II. August von Pfalz-Zweibrücken. Nur noch kümmerliche Ruinen zeugen davon. Auch von der Hohenburg, von der die heutige Universitätsstadt (medizinische Fakultät des Saarlandes) ihren Namen ableitet, sind nur noch Ruinen vorhanden. Eindrucksvoll sind jedoch die unter den Ruinen liegenden Schlossberghöhlen, die größten Buntsandsteinhöhlen Europas (siehe auch A6, S. 120.).

3★ „Homburg Römermuseum" (Informationstafel): Wer es nicht eilig hat, sollte diese bedeutende Ausgrabungsstätte mit dem dazugehörigen Museum besichtigen. Über die

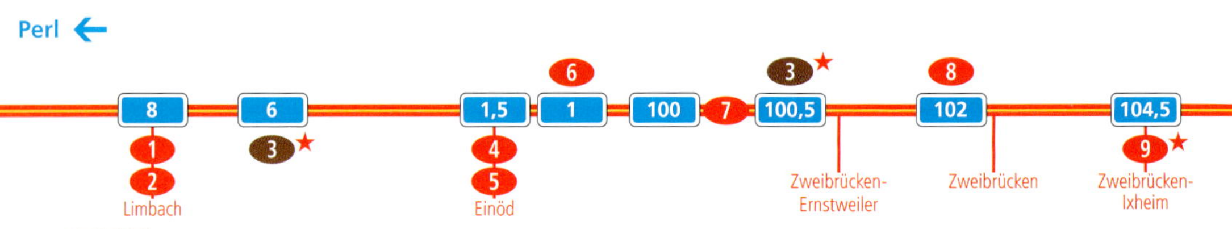

Blick über den Schlossbrunnen mit seiner markanten Stierplastik auf das Alte Rathaus von Pirmasens **11**. *Darin befinden sich heute ein Heimatmuseum, ein Scherenschnittkabinett und das Schuhmuseum.*

AS Einöd gelangen Sie zu dem im Homburger Stadtteil Schwarzenacker gelegenen Museum (2 km, 3 Min. östlich der A8). Nach den archäologischen Funden in Xanten am Niederrhein ist hier der größte römische Siedlungskomplex in Deutschland freigelegt worden. Der vielleicht noch größere Teil allerdings wird nie erschlossen werden können, weil er unter der Bebauung der heutigen Stadt liegt. Einige Häuser hat man aus gut erhaltenen Ruinen wieder aufgebaut, so eine Taverne und das Haus eines Augenarztes – dort wurde ein in Ton graviertes Rezept für eine Augensalbe gefunden. Die Römersiedlung ist ein außergewöhnlich lohnender Abstecher.

4 Das Ausfahrtsschild an der AS Einöd verweist auf das kleine Residenzstädtchen **Blieskastel** im Bliestal, wo von der einstigen Residenz allerdings nur die Orangerie und die (heute evangelische) Kirche erhalten sind. Blieskastels große Sehenswürdigkeit ist der so genannte Gollenstein auf der Anhöhe über dem Ort. Mit einer Höhe von 7 m ist er der größte Menhir Mitteleuropas, seine Bedeutung bleibt bis heute rätselhaft (siehe auch A6, S. 120).

5 Verdeckt von Bäumen liegen südlich der Autobahn die Ruinen der einstigen **Zisterzienserabtei Wörschweiler**. Ab 1235 wurde die Klosteranlage nach den strengen Vorgaben des Ordens erbaut. Schon 1558 löste Herzog Wolfgang von Pfalz-Zweibrücken das Kloster wieder auf. 1612 brannte der Komplex ab, seitdem ist nur noch eine romantische Ruine zu sehen.

6 Zwischen den AS Einöd und Contwig führt die A8 durch die Ausläufer des nördlich gelegenen **Westrich**. Diese Waldhügellandschaft wurde wegen des rauen Klimas und der wenig fruchtbaren Böden früher Pfälzer Sibirien genannt.

7 An dieser Stelle wechselt das Bundesland – und auch die Kilometrierung: Sie verlassen das **Saarland** bei km 0, **Rheinland-Pfalz** beginnt hier bei km 100.

8 Nördlich der A8 ist **Zweibrücken** zu sehen. Die Stadt war einst die Residenz der Herzöge von Pfalz-Zweibrücken. 1150 erbauten die Grafen von Saarbrücken eine Burg, in die man nur über zwei Brücken gelangen konnte. Ihr heutiges Gesicht erhielt die Stadt im 18. Jh. durch Herzog Christian IV., nachdem bereits der vom Thron vertriebene Polenkönig Stanislaus Leszczynski, der eine Zeit lang Asyl in Zweibrücken genossen hatte, die heutige Fasanerie als türkisches Lustschloss hatte bauen lassen. Im Residenzschloss oder dem, was davon nach der Französischen Revolution noch übrig blieb, residiert heute das Oberlandesgericht. Erwähnenswert sind

außerdem die Alexanderkirche mit der einstigen Grablege der Wittelsbacher, die Karlskirche, der Kulturpark „Europas Rosengarten" und der Wildrosengarten bei der Fasanerie.

9 ★ Wer sich mal so richtig verwöhnen lassen will, sollte einen Abstecher nach **Hornbach** (7 km, 8 Min. südlich der AS Zweibrücken-Ixheim) machen. In den Ruinen des ehemaligen Benediktinerklosters, in dem Herzog Wolfgang nach der Säkularisation die erste Lateinschule des Herzogtums Pfalz-Zweibrücken gründete, wurde mit großem Einführungsvermögen ein exklusiver Tempel der gehobenen Gastlichkeit, ein Luxushotel mit Restaurant, eingerichtet.

10 Beiderseits der A8 erstreckt sich das so genannte **pfälzisch-lothringische Stufenland**. Weit schweift der Blick über eine Landschaft mit kleinen Dörfern, kleinen Waldstücken, Streuobstwiesen und Äckern – ein Idyll wie aus dem Bilderbuch der guten alten Zeit.

11 Beim vorläufigen Ende der A8 öffnet sich unvermittelt der Blick auf die Hochhäuser am Stadtrand von **Pirmasens**. Der Laune eines Landgrafen, der aus dem 400-Seelen-Dorf Pirmasens eine Garnison für seine Soldaten machte, verdankt die Stadt ihre Existenz. Ihr Ruf als Schuhmetropole rührt aus einem anderen Grund her: Aus den Abfällen einer Tuchfabrik und einer Gerberei begann die Not leidende Bevölkerung nach 1790, Schuhe zu produzieren, die von Händlern in die ganze Welt verkauft wurden. Das Schuhmuseum in Pirmasens dokumentiert diese Entwicklung.

→ Karlsruhe

10
113
10
Contwig
Walshausen
120,5
11

Strecke unterbrochen zwischen AS Pirmasens (A62) und AD Karlsruhe

1 Etwa 2 km nach dem AD Karlsruhe sieht man die Türme und Hochhäuser von **Karlsruhe** – vor allem aus Richtung Pforzheim kommend. Die einstige Großherzoglich-Badische Residenz (1715–1918) wurde von Markgraf Karl-Wilhelm gegründet. Fächerförmig laufen 32 Straßen auf das weitläufige Barockschloss zu. Heute befindet sich im Schloss das Badische Landesmuseum mit den ständigen Ausstellungen „Baden 1848–1918" sowie „Kulturen der Antike". Weltweit einzigartig ist das Medienmuseum ZKM mit interaktiven Installationen. Viele Gebäude der

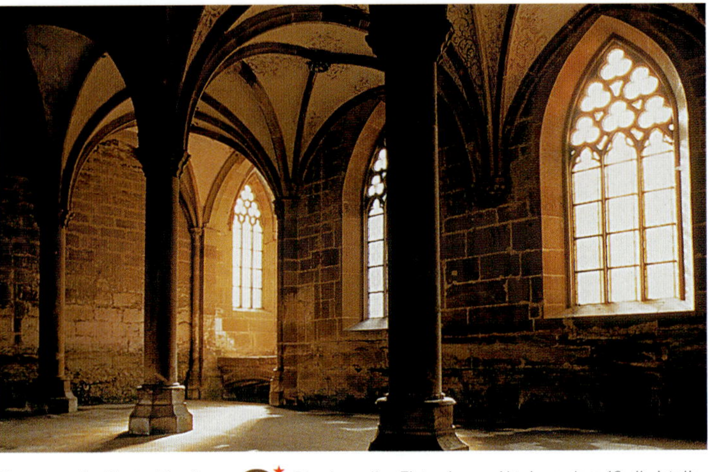

Kreuzgang im Kloster Maulbronn 8★: Die ehemalige Zisterzienser-Abtei aus dem 12. Jh. ist die größte noch ursprünglich erhaltene Klosteranlage nördlich der Alpen.

Stadt tragen die Handschrift des klassizistischen Baumeisters Friedrich Weinbrenner (1766–1826), vor allem an der vom Schloss ausgehenden Nord-Süd-Achse mit dem Marktplatz.

2 Südlich der Autobahn, über dem Wald, ist der mit Richtfunk-Einrichtungen bestückte **Fernmeldeturm** auf dem Wattkopf zu sehen. Die folgenden 2,4 km überwinden einen Höhenunterschied von 140 m. Die schon vor dem Zweiten Weltkrieg gebaute Steilstrecke wurde inzwischen auf drei Fahrspuren erweitert, die in einer breiten Schneise in den Berg eingeschnitten wurden. Zwischen hohen Schutzwällen passiert die A8 Karlsbad.

3★ Über die AS Karlsbad – der Ort ist 1971 aus dem Zusammenschluss von fünf Gemeinden entstanden – gelangt man zum originellen **Fahrzeugmuseum** im 12 km/20 Min. entfernten **Marxzell**, das Liebhabern historischer Technik nahezu alles zeigt, was sich bewegt: alte Autos, Straßenbahnzüge, Lokomotiven, Mühlräder und alle nur denkbaren technischen Geräte.

4 **„Nördlicher Schwarzwald"** (Informationstafel): Das Schild zeigt stilisierte Tannen und Burgruinen und damit das charakteristische Bild der Landschaft, wie sie die folgenden 35 km prägt. Die A8 verläuft hier ständig auf und ab durch die nördlichen Ausläufer des Schwarzwalds. Während im südlichen Teil des Schwarzwalds viele offene Kuppen schöne Fernblicke bieten, erstrecken sich im Norden größere, überwiegend bewaldete Hochflächen, von engen Flusstälern in mehrere Platten gegliedert. Einen schönen Blick über die geschwungenen Höhen des Nordschwarzwalds können Sie bei km 257 auf der Gefällestrecke ins Pfinztal genießen.

5 Die Fabrikhallen bei km 255 beiderseits der Autobahn gehören zum Ort Nöttingen. Der **Nöttinger Hang**, der Aufstieg der A8 aus dem Pfinztal, war früher wegen schwerer Unfälle berüchtigt. Deshalb wurde die ursprünglich noch steilere und in engen Kurven verlaufende Strecke 1970 bis 1972 entschärft, teilweise neu trassiert und auf drei Fahrspuren erweitert. Die 262 m lange, 23 m hohe Klosterwegbrücke führt über einen Taleinschnitt des immer noch sieben Prozent steilen Streckenabschnitts.

6 An der im Wald liegenden AS Pforzheim-West fällt südlich kurzzeitig der Blick auf Pforzheim. Diese Anschlussstelle bildet das Tor zu einigen der **Thermen des Nordschwarzwalds**, nach Bad Liebenzell mit der gleichnamigen Ruine und zum 23 km entfernten **Bad Wildbad**. Seine fürstliche Vergangenheit lebt heute in einem der stilvollsten Badetempel Europas weiter, dem Palais Thermal. Dieses architektonische Juwel entstand im 19. Jh.: außen klassizistisch, innen im Jugendstil mit maurisch-orientalischen Elementen gestaltet. Im letzten Jahrzehnt wurde das Bad liebevoll restauriert, sodass der Gast heute ein Ambiente glanzvoller Zeiten in nostalgischen Gesellschaftsbädern, in Whirlpools und Massagebecken erlebt. Weitere heiße Quellen im Nordschwarzwald finden sich in Baden-Baden, Bad Herrenalb, Waldbronn, Bad Liebenzell und Bad Teinach.

7 Die A8 führt über den 325 m langen und 32 m hohen **Kämpfelbach-Viadukt**, der bis 1993 völlig erneuert wurde. Hohe Wände aus undurchsichtigem Drahtglas verhin-

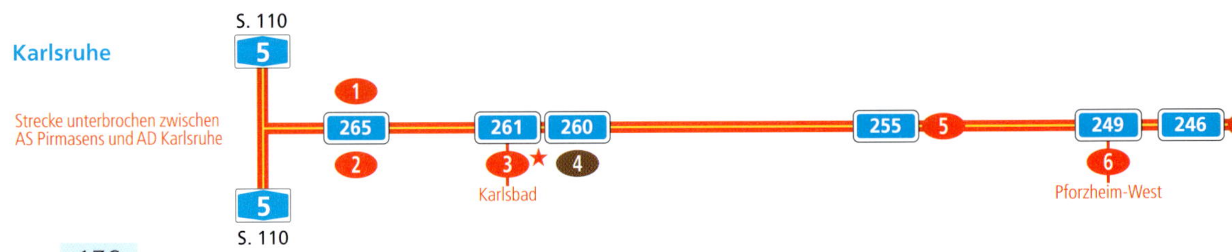

dern den Blick ins Tal, doch ist südlich der A8 der hoch über Pforzheim liegende **Wartbergturm** zu erkennen, ein runder Wasserturm mit aufgesetzten Funkantennen, dessen Hochbehälter die höher gelegenen Pforzheimer Stadtteile versorgt.

8★ **„Kloster Maulbronn"** (Informationstafel): Die ehemalige Zisterzienser-Abtei Maulbronn, von der UNESCO zum Weltkulturerbe ernannt, wurde 1140 im Hügelland des Strombergs gegründet. Kunstliebhaber sollten hier einen Abstecher einplanen (17 km, 30 Min. über die AS Pforzheim-Nord). Während katholische Klöster im 18. und 19. Jh. meistens barockisiert wurden, blieb Maulbronn weitgehend unverändert. Im Mittelpunkt steht die Klosterkirche, die frühromanische bis spätgotische Stilelemente vereint. Im Kreuzgang bildet das Brunnenhaus mit einem dreischaligen Brunnen ein besonderes Kleinod. Das Klostermuseum in der ehemaligen Küferei dokumentiert die Geschichte des Klosters und das Leben der Mönche in vor- und nachreformatorischer Zeit. In den Fachwerkhäusern rund um den weitläufigen Klosterhof, die meist im 16. Jh. entstanden sind, befinden sich heute Wohnungen und das Rathaus.

9 Bis an die AS Pforzheim-Ost reichen die Vororte von **Pforzheim**, das seinen Beinamen „Goldstadt" der dort seit Jahrhunderten dominierenden Schmuckindustrie verdankt. Im Schmuckmuseum der Drei-Täler-Stadt am Zusammenfluss von Enz, Nagold und Würm sind neben Kreationen einheimischer Künstler auch Kleinodien aus der Antike, aus Renaissance und Jugendstil sowie zeitgenössische Schmuckkunst zu bewundern.

10 Nach der Brücke über die Enz, die bei Besigheim in den Neckar fließt, beginnt der bis zu sieben Prozent steile, 3-spurige Aufstieg auf die Höhen des **Waldgebiets Hagenschieß**. Oben wird die A8 wieder 2-spurig ohne Standstreifen; der Ausbau bis zum Leonberger Dreieck ist vorgesehen, aber noch nicht terminiert. Statt der bisher dominierenden Nadelwälder folgen nun artenreiche Mischwälder, weil hier anstelle der Sandsteinböden des Nordschwarzwalds fruchtbare Lößböden vorherrschen.

11~ Wenn Sie Zeit für eine landschaftlich schöne Alternativstrecke haben, empfiehlt sich von der AS Pforzheim-Ost ein Abstecher durch das **Würmtal** nach Weil der Stadt (38 km, 90 Min.). Das Tal verläuft parallel zur A8, auf die Sie am besten über die AS Leonberg zurückkehren. Ein Stopp lohnt in **Weil der Stadt**. Der Ort, bereits zur Römerzeit ein wichtiger Handelsplatz und im Mittelalter Freie Reichsstadt, ist bis heute zum größten Teil von einer Mauer mit Türmen und Stadttoren umgeben. Von hier stammen der württembergische Reformator Johannes Brenz (1499–1570) und Johannes Kepler (1571–1630), der große Astronom und Mathematiker, der als erster den Lauf der Planeten berechnete.

→ Stuttgart

244 8★ Pforzheim-Nord
240 9 10
239,5 11~ Pforzheim-Ost
238,5
225 4 Heimsheim

1 Die A8 passiert die nördlich liegenden Wohn- und Gewerbegebiete von Rutesheim. Die Häuser von **Leonberg** sieht man nordöstlich unterhalb des spitzen Türmchens auf dem Engelberg. Bei den alles dominierenden Hochhäusern handelt es sich um das „Leocenter", einem Vorläufer moderner Einkaufspassagen. In krassem Gegensatz dazu steht die mittelalterliche Altstadt mit prächtigen Fachwerkhäusern.

2 Vom AD Leonberg (siehe auch A81, S. 389) geht es auf 4-spurig ausgebauter Strecke durch Wald zu einem **Ausläufer des Naturparks Schönbuch** hinauf. An der Steigung überquert die 30 m hohe, 338 m lange Friedensbrücke einen Taleinschnitt.

3 Direkt beim **Stuttgarter Kreuz** ragen nordöstlich größere Gebäude über den Wald, die Europa-Zentrale des Elektronik-Konzerns IBM. Zur Innenstadt von Stuttgart (siehe auch A81, S. 388/389) fährt man am besten am Stuttgarter Kreuz ab. Südlich kreuzt die Bodensee-Autobahn A81.

4 Die A8 verläuft nun wieder abwärts, weiter durch Ausläufer des Schönbuch. Am Ende der Waldstrecke ist in nordöstlicher Richtung der **Fernsehturm in Stuttgart-Degerloch** (mit Antennen 217 m hoch) zu erkennen. Er wurde 1954–1956 als erster seiner Art gebaut und seitdem zum Vorbild für viele Hunderte Türme in der ganzen Welt. Die Aussicht von der 152 m hohen Plattform reicht bis zur Schwäbischen Alb und zum Schwarzwald.

5 Das Schild **„SI-Centrum"** weist den Weg über die AS Stuttgart-Degerloch – die in der Gegenrichtung mit der AS Stuttgart-Möhringen über eine gemeinsame, mehrspurige Ausfahrt bedient wird – zum **Freizeitkomplex „Stuttgart International"**, mit zwei Musical-Theatern, dem Freizeitbad Schwaben-Therme, einem Kinocenter, einer Einkaufs-Mall sowie der Stuttgarter Spielbank.

6 Südlich der A8 liegen zahlreiche Gebäude des **Stuttgarter Flughafens**. Gegenwärtig werden in drei Terminals rund 8 Mio. Passagiere pro Jahr abgefertigt. Der vierte Terminal soll 2004 den Betrieb aufnehmen. Um die Start- und Landebahn auf 3345 m zu verlängern, wurde die Autobahn 1992 auf 10 km Länge mehrere hundert Meter nach Norden verlegt. Wegen der Mauern und Lärmschutzwälle ist die Runway nur bei km 192 zu sehen. Aus Osten kommende Maschinen schweben zwischen km 191 und 189 in niedriger Höhe über der A8 ein.

7★ „Esslingen" (Informationstafel): 5 km, 10 Min. von der AS Esslingen entfernt liegt im Neckartal die ehemalige Freie Reichsstadt **Esslingen**, die einen Besuch lohnt. Ihre mittelalterliche Altstadt zeigt sich mit hübschen Türmen und Toren, Kirchen und Fachwerk, mit Kanälen, Wasserrädern und Brückenhäusern. In Esslingen befindet sich Deutschlands älteste Fachwerk-Häuserzeile, vermutlich um 1330 erbaut.

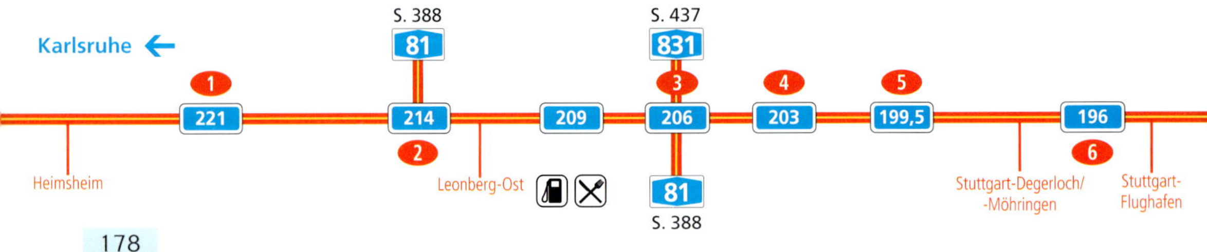

8 Direkt unterhalb des 370 m langen und 40 m hohen Sulzbachviaduktes (und deshalb von der A8 aus nicht zu sehen) liegt **Denkendorf.** Um das Jahr 1125 gründeten Mönche hier eine Niederlassung des Chorherrenordens von Jerusalem. Das offene Grab in der um 1250 entstandenen Krypta unter der spätromanischen Kirche ist eine Nachbildung des Heiligen Grabes in Jerusalem.

9 6 km südlich der AS Wendlingen liegt die Stadt **Nürtingen**, die sich mit ihren spitzgiebeligen Häusern und dem Kirchturm der spätgotischen Stadtkirche St. Laurenzius malerisch im Neckar spiegelt. Die romantische Innenstadt entzückt durch zahlreiche Fachwerkbauten. Dazu gehören das Rathaus (1800), die alte Schmiede (1676) und der 1284 gegründete Salemer Hof.

10 ★ **„Freilichtmuseum Beuren"** (Informationstafel): Wer es zeitlich einrichten kann, sollte hier über die AS Wendlingen und weiter durch das Neckartal (B 313, dann Landstraße) zum Freilichtmuseum Beuren fahren (18 km, 30 Min.). Ein knappes Dutzend Gebäude der Region wurde zu dem natürlich wirkenden Ensemble zusammengetragen und nach historischen Vorgaben ausgestattet.

11 Der **Neckar**, den die A8 auf einer 144 m langen und 12 m hohen Brücke überquert, war vom 1. bis 3. Jh. fest in römischer Hand. Über diese Zeit kann sich der Besucher des Museums im 3 km entfernten Römerpark Köngen informieren.

12 Nach dem Aufstieg aus dem Neckartal rückt von Süden die **Schwäbische Alb** immer näher. Aus der Ferne wirkte das Gebirge wie eine geschlossene Mauer. Nun öffnet sie sich, und einzelne Berge und eingeschnittene Täler sind zu erkennen (bis km 168); unübersehbar der spitze Turm der **Burg Teck** (Informationstafel nur in Gegenrichtung bei km 169,5), die im 11. Jh. erbaut und im 18. Jh. abgerissen wurde. Heute befinden sich auf den alten Grundmauern ein Wanderheim sowie der Aussichtsturm.

Die Hauptsehenswürdigkeit in Wiesensteig am Rande der Schwäbischen Alb **12** ist die Pfarrkirche St. Cyriakus mit ihrem barocken Chorraum.

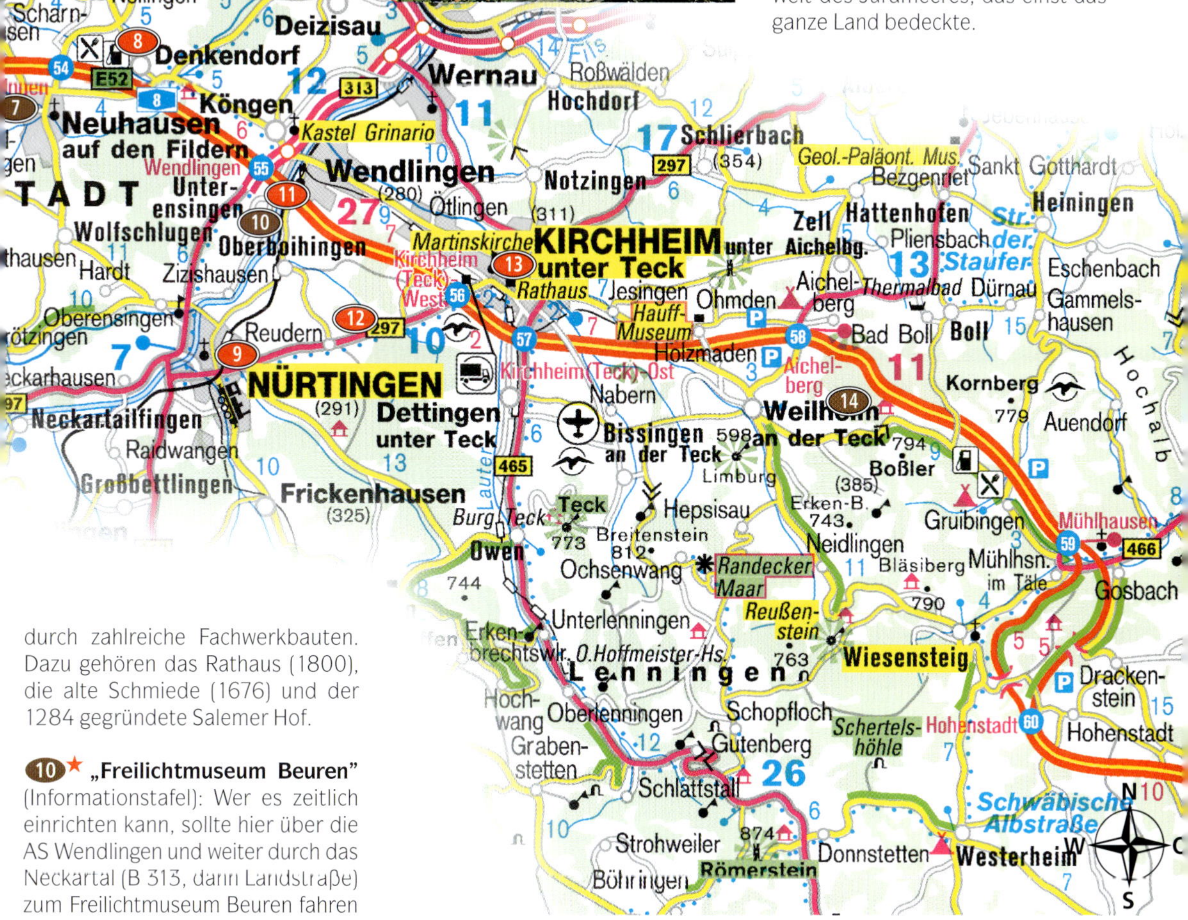

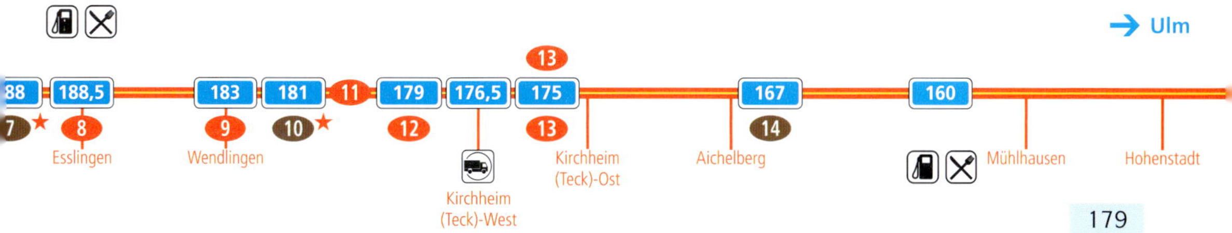

13 Die ausgedehnten Gewerbegebiete beiderseits der A8 lassen kaum vermuten, dass **Kirchheim unter Teck** ein gemütliches Fachwerkstädtchen ist. Das Rathaus von 1724 mit einer Mondphasenuhr am Turm zählt zu den schönsten Fachwerkbauten des Landes.

14 **„Urweltfunde in Holzmaden"** (Informationstafel): Im Zuge des Schieferabbaus wurden hier schon seit über 100 Jahren Versteinerungen von Dinosauriern, Ichthyosauriern, Fischen und Wasserpflanzen gefunden. Das Urweltmuseum Hauff gibt einen Überblick über die Tierwelt des Jurameeres, das einst das ganze Land bedeckte.

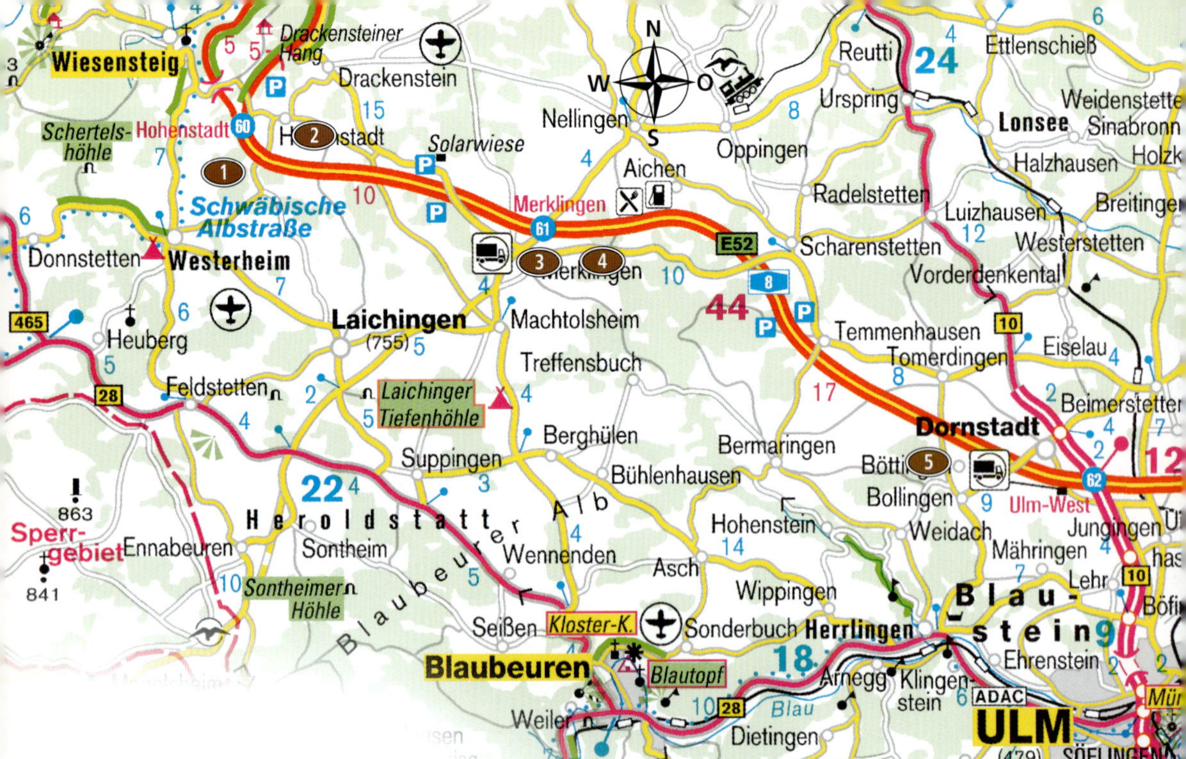

1 **„Europäische Wasserscheide Donau/Rhein"** (Informationstafel): Auf der bisher beschriebenen Strecke am westlichen Steilaufstieg der Schwäbischen Alb fließen alle Bäche und Flüsse zum Neckar und weiter im Rhein Richtung Nordsee. Von nun an wenden sich die viel flacheren Täler in östlicher Richtung der Donau zu.

2 **„Schwäbische Alb"** (Informationstafel, nur in Richtung Stuttgart): Dieses Gebirge mit bewaldeten Steilhängen, Felstürmen, Schluchten und Höhlen ist eines der eigenwilligsten Deutschlands. Durch Regen- und Schmelzwasser, das den Kalk auflöste, entstanden unterirdische Wasserläufe, Gänge und über 500 Höhlen. Die bekanntesten sind Bärenhöhle, Nebelhöhle, Schertelshöhle, Laichinger Tiefenhöhle, Charlottenhöhle und Wimsener Wasserhöhle. Aus nordwestlicher Richtung steigen die Berge unvermittelt aus dem Vorland auf. Höchster Berg ist der Lemberg (1015 m) bei Balingen. Die sanft in östliche Richtung abfallende Hochfläche der Alb erscheint dagegen eher als welliges Hügelland mit weiten, offenen Flächen und einigen eingestreuten Wäldern.

3★ **„Blautopf Blaubeuren"** (Informationstafel): Sehr empfehlenswert ist ein Abstecher zum berühmten Blautopf, eine der schönsten Karstquellen Deutschlands (15 km, 23 Min. südlich der AS Merklingen). Eduard Mörike wurde dort zu seinem Märchen von der schönen Lau inspiriert. Der Quelltrichter hat einen Durchmesser von 35 m und ist etwa 22 m tief. Darunter erstreckt sich ein kilometerlanges Höhlensystem. Die tiefblaue Farbe rührt von der Lichtbrechung im engen Trichter, in dem die Rot-Anteile des Tageslichts abgelenkt werden.

4 **„Wacholderheiden Aichen"** (Informationstafel): Das Schild zeigt einen Schäfer mit Herde, ein charakteristisches Bild in der Region. Immer wieder sind an Hängen und auf Hochflächen der Schwäbischen Alb die unter Naturschutz stehenden Wacholderheiden zu erkennen. Sie entstanden durch die Beweidung mit Schafen: Die Tiere lassen die stacheligen Pflanzen stehen, während sie Gräser, Kräuter und Baumschösslinge abfressen. Ohne die Schafe wären die Kalkböden der Alb mit ihrer Trockenrasenvegetation in wenigen Jahren von Gestrüpp und Büschen überwuchert.

5★ **„Ulmer Münster"** (Informationstafel): Einen Abstecher wert ist das Münster in Ulm, eine der größten deutschen Bürgerkirchen, begonnen 1377 (6 km, 10 Min. südlich der AS Ulm-West). Vom 161 m hohen Kirchturm, dem höchsten der Welt, hat man einen faszinierenden Panoramablick bis zu den Alpen. Am Münsterplatz bildet das 1991–1993 vom New Yorker Architekten Richard Meier erbaute Stadthaus einen gewaltigen Kontrast zum gotischen Münster. Sehenswert sind auch die historische Innenstadt mit bemaltem Rathaus (1480) sowie das verwinkelte Fischer- und Gerberviertel.

6 **„Freistaat Bayern"** (in Gegenrichtung **„Baden-Württemberg"**): Die Schilder markieren auf einer Waldstrecke die Landesgrenze. Die A8 durchquert diese beiden Bundesländer in voller Breite von West nach Ost.

7 **„Klosterkirche Oberelchingen"** (Informationstafel): Nur in Richtung Stuttgart ist die Klosterkirche kurz zu sehen. Sie wurde im 12. Jh. als romanische Kirche erbaut und im 18. Jh. zu einem üppigen Rokokobau umgestaltet. Besonders beachtenswert sind die Deckengemälde und ein Hochaltar mit einer Mariendarstellung von Januarius Zick.

8 Nördlich der A8 sind in der Ferne wiederholt die beiden Kühltürme des **Kernkraftwerks Gund-**

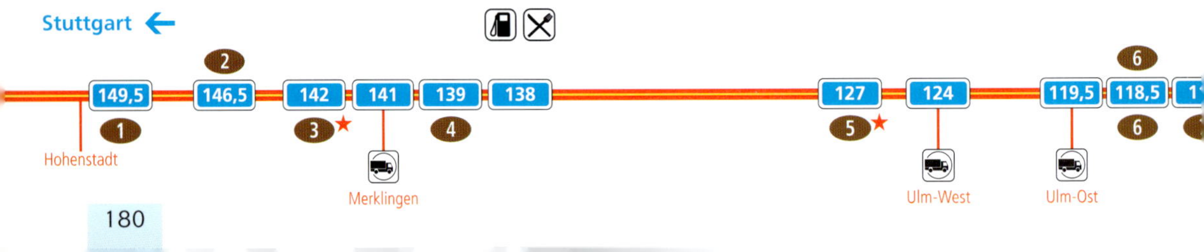

remmingen an der Donau zu sehen, aus denen je nach Wetterlage enorme Dampfwolken in den Himmel quellen.

Das Ulmer Münster 5★ ist die zweitgrößte gotische Kirche in Deutschland – nur der Kölner Dom ist größer.

9 Die A8 führt über die 375 m lange und 15 m hohe **Donaubrücke Leipheim**, die von 1998–2001 völlig neu erbaut und in beiden Richtungen auf drei Fahrspuren plus Standstreifen erweitert wurde. Unter der Brücke verläuft außer dem Fluss auch die Bahnlinie Ulm–München.

10 Die A8 verläuft unmittelbar am Stadtrand von **Leipheim**, dessen mittelalterliche Altstadt mit steil aufragendem Schloss im Nordosten kurz zu sehen ist.

11 Nördlich der A8 ist **Günzburg** zu erkennen, dessen Oberstadt vom 14. bis ins 16. Jh. auf einem Bergrücken über dem Fluss Günz entstand. Herausragende Sehenswürdigkeit ist die Liebfrauenkirche, 1736–1741 von Dominikus Zimmermann erbaut. Sie gilt als eines der vornehmsten Werke des schwäbischen Rokoko und als Vorgängerin der berühmten Wieskirche. Im Renaissanceschloss (erbaut 1577–1580) befindet sich heute das Amtshaus.

12 Eine Werbetafel weist darauf hin: Auf einem früheren Militärareal entsteht südlich direkt an der A8 das erste deutsche **Legoland**, ein Freizeitpark, in dem jährlich bis 2 Mio. Besucher erwartet werden (Fertigstellung voraussichtlich Juni 2002).

13 **„Schwäbischer Barockwinkel"** (Informationstafel): So nennt sich touristisch der Landkreis Günzburg. Nicht weniger als 90 Kirchen, Kapellen, Schlösser, Klöster und Bürgerhäuser in diesem formen- und farbenreichen Baustil zählt eine Broschüre über den Barockwinkel auf. Fast jede von der A8 während der nächsten 50 km zu sehende Dorfkirche hat einen Zwiebelturm. Ein besonders schönes Beispiel aus jener Zeit ist das von den AS Günzburg und Burgau jeweils 7 km entfernte Kloster Wettenhausen mit der überschwänglich mit Wessobrunner Stuck verzierten Stiftskirche Mariä Himmelfahrt.

14 Zwischen der schön gelegenen Raststätte Burgauer See und der AS Burgau überquert die **ICE-Bahnlinie** Stuttgart – München auf einer Brücke die Autobahn.

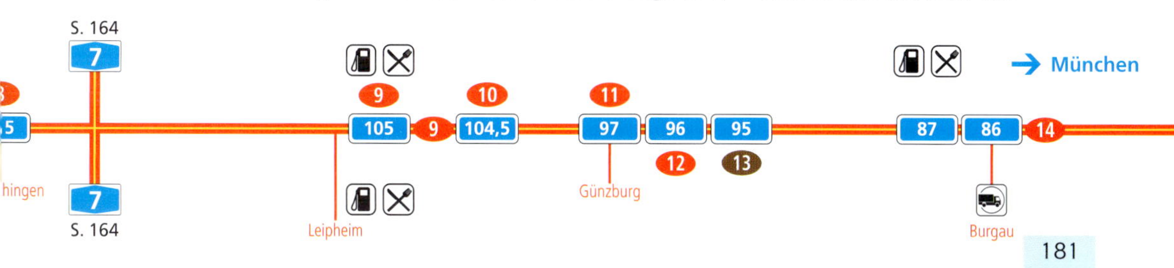

1 **„Naturpark Augsburg”** (Informationstafel): Der vollständige Name des Naturparks heißt „Naturpark Augsburg Westliche Wälder”. Er ist 117 500 ha groß und erstreckt sich zwischen den Tälern der Mindel im Westen, der Donau im Norden, Lech und Wertach im Osten bzw. Südosten. Der Naturpark ist eine gewachsene Kulturlandschaft mit weitläufigen Wäldern, einem dichten Netz von Bächen, kleinen Weihern und blumenreichen Tälern, in die kleine Dörfer und Märkte eingestreut sind. 43 Prozent des Naturparks sind von Nadel- und Mischwäldern bedeckt. Im Norden des Naturparks erhebt sich über dem Ort Welden eine der schönsten Rokokoschöpfungen der Region, die Votivkirche St. Thekla. Südlich der Autobahn im Zentrum des Naturparks liegt die Reischenau-Niederung mit viel Grünland, weiter im Süden das offene Staudenland mit vielen Dörfern und hübschen Rokokokirchen. Über 1000 km Wanderwege und 1500 km markierte Radstrecken machen den Naturpark zu einem beliebten Freizeitgebiet.

2 Südlich der A8 sehen Sie den Zwiebelturm der 1939–1942 erbauten katholischen Pfarrkirche von **Zusmarshausen**. Der Ort liegt im Tal der Zusam, die sich von Süden nach Norden durch den Naturpark mäandert und dabei die typische „Riedellandschaft” gebildet hat.

3 Direkt neben der AS Adelsried steht in Fahrtrichtung München die **Autobahnkapelle Maria, Schutz der Reisenden**. Das 1958 erbaute Gotteshaus war die erste von inzwischen 18 Autobahnkirchen in Deutschland, die von den Initiatoren als „Oasen der Stille” verstanden werden und zu Besinnung und Andacht einladen.

4 Die Wälder des Naturparks Augsburg bleiben zurück und die A8 führt abwärts in die etwa 10 km breite **Lechniederung**. Zwischen den AS Augsburg-West und Augsburg-Ost begleiten Industrie- und Gewerbegebiete die Strecke.

5 ★ **„Augsburg – Stadt der Renaissance”** (Informationstafel): Das sehenswerte Zentrum von Bayerns drittgrößter Stadt und dem Regierungssitz von Schwaben liegt nur 5 km, 10 Min.) von der AS Augsburg-Ost entfernt. Im Schnittpunkt wichtiger Verkehrsverbindungen gewann Augsburg seit der Gründung durch Kaiser Augustus zunehmend an Bedeutung und wurde im 13. Jh. Freie Reichsstadt. Während der Renaissance wurde Augsburg zum Zentrum der Architektur, Musik und Malerei. Bedeutendster Profanbau jener Epoche und Wahrzeichen der Stadt ist das 1615–1620 erbaute Rathaus. 1944 brannte es aus. Die Außenfassade und der Goldene Saal mit eindrucksvoller Kassettendecke und Wandmalereien entstanden nach dem Krieg in alter Pracht. Zu den berühmtesten Sehenswürdigkeiten von Augsburg gehört die Fuggerei, eine Stadt in der Stadt. Handelsherr und Bankier Jakob Fugger gründete 1516 die älteste Sozialsiedlung der Welt für bedürftige, schuldlos in Not geratene Augsburger Bürger. Die Jahresmiete beträgt noch heute einen rheinischen Gulden, das entspricht etwa 0,88 Euro.

6 Die **Lechbrücke**, eine 93 m lange Bogenkonstruktion aus Stahlträgern, wurde 1936 gebaut. Im Gegensatz zu heutigen Betonbrücken erlaubt diese Konstruktion einen Blick auf den 7 m tiefer fließenden Lech. In der Schlacht auf dem Lechfeld, einer Schotterebene südlich von Augsburg, schlug Otto der Große im Jahr 955 vernichtend die Ungarn.

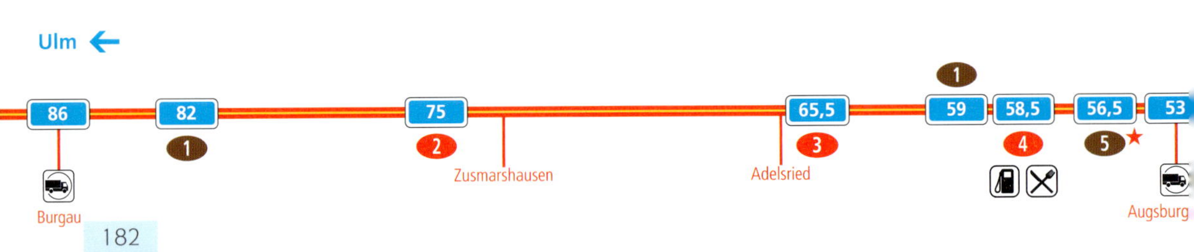

7 **„Wittelsbacher Land"** (Informationstafel): Hier ist die Heimat des Herzogs- und späteren Königsgeschlechts, das von 1180 bis 1918 die Geschichte von ganz Bayern entscheidend bestimmte. Die Wiege der Wittelsbacher stand auf Burg Oberwittelsbach in Aichach. Als die Burg 1208 zerstört wurde, erbaute man aus ihren Steinen die Sühnekirche. Das zierliche Wasserschloss Unterwittelsbach erinnert an eine berühmte Wittelsbacherin: Die spätere österreichische Kaiserin Sissi (1837–1898) verbrachte hier einige Zeit ihrer Kindheit. Aichach präsentiert sich heute als schmucke Barockstadt. Die schönsten Gebäude sind das Rathaus und die Spitalkirche am Stadtplatz. Die spätgotische Stadtpfarrkirche Mariä Himmelfahrt, ebenfalls barockisiert, birgt einen wertvollen Rokokoaltar.

8 Südlich der AS Dasing zeugt die „altbairische Herzogsstadt" **Friedberg** noch immer von ihrer einstigen Grenzlage zur benachbarten Bischofs- und Reichsstadt Augsburg. Die Stadtbefestigung aus dem 15. Jh. mit Türmen und Wehrgängen ist im Westen Richtung Augsburg noch fast vollständig erhalten. Das Spätrenaissance-Rathaus (1674) am Marienplatz bezaubert durch kecke Zwiebeltürmchen. In barocker Pracht zeigen sich die Wallfahrtskirchen St. Afra im Felde und Unseres Herrn Ruhe sowie die Kirche Maria Alber. Diese weist anstelle des landesüblichen Zwiebelturms einen ungewöhnlichen Glockenturm mit runder Haube auf.

9 Ab der AS Adelzhausen führt die Autobahn nun 5 km durch den **Brüggerer Forst**, einen Mischwald mit hohem Nadelbaumanteil, wie er in den hügeligen Landschaften zwischen Alpen und Donau häufig vorkommt. Am Ende des Waldes tauchen von der Gefällestrecke ins Glonntal bei km 25–24 im Süden erstmals die Alpen auf. In der folgenden offenen Landschaft mit Wiesen, Feldern und kleineren Wäldchen sind nun wieder viele typische bayerische Dörfer mit charakteristischen Zwiebeltürmen zu sehen. Besonders eindrucksvolle Kirchtürme besitzen die Orte Wiedenzhausen bei km 22 und Sulzemoos bei km 20 nördlich der A8.

Der Renaissance-Baumeister Elias Holl vollendete 1607 das Zeughaus in Augsburg **5**★.

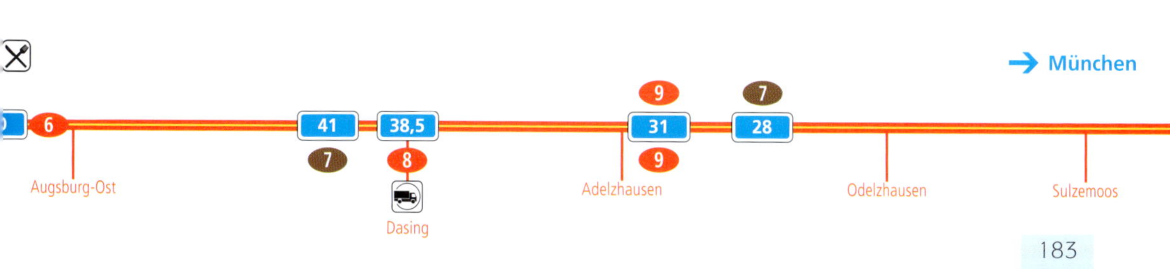

1 Sehr idyllisch wirkt das kleine **Schloss Lauterbach**, das auf der Nordseite der Autobahn nur wenige hundert Meter entfernt auf einer Anhöhe steht. In dem Besitz der Grafen von Hund sind heute Privatwohnungen eingerichtet.

2 Mit der hügeligen und kurvenreichen Streckenführung ist es zunächst vorbei. Nun erreicht die Autobahn das flache Terrain rund um München. Auf der **Münchner Schotterebene**, die in der Würm-Eiszeit gebildet wurde, verläuft die A8 flach und schnurgerade bis vor die Tore der Stadt.

3 Nicht sehr weit ist es bis zur Kreisstadt **Fürstenfeldbruck** (10 km westlich der AS Dachau/Fürstenfeldbruck). Sehenswert sind neben dem historischen Stadtzentrum vor allem der Barockbau der ehemaligen Zisterzienserabtei Fürstenfeld und die barocke Klosterkirche Maria Himmelfahrt mit Fresken von Cosmas Damian Asam.

4 Die Autobahn quert den Fluss **Amper**, der aus dem Ammersee herausfließt und bei Moosburg in die Isar mündet.

5 Nur einige hundert Meter sind es von der A8 bis zur Raststation mit Hotel und Biergarten an der Nordseite der Autobahn direkt am **Langwieder See** (über die AS München-Langwied). Im August 2000 wurde das gründlich renovierte und erweiterte Erholungsgebiet mit dem beliebten Badesee eingeweiht.

6 An der **Lotsenstation** kurz vor dem Autobahnende kann man einen Imbiss nehmen und sich über das Hotelangebot der bayerischen Landeshauptstadt informieren.

7 Die Autobahn endet an der Münchner Stadtgrenze. Bleibt man nach dem Kreisverkehr geradewegs auf der Verdistraße, kommt man in wenigen Minuten zum **Schloss Nymphenburg**. Sehenswert ist nicht nur das wunderschöne Barockschloss:

Auch die Parkanlage mit den beiden Seen sowie das Marstallmuseum und das Porzellanmuseum im Südflügel haben ihren besonderen Reiz.

8 Am AD Eschenried zweigt die A99, die **Nordumgehung der Stadt München**, ab. Sie verbindet die A8 mit den Autobahnen nach Nürnberg, Salzburg und Deggendorf.

9 Der **Allacher Tunnel** besteht aus zwei Röhren mit einer Länge von 1030 m. Er dient vor allem dem Lärmschutz und ist mit modernsten Sicherheitseinrichtungen ausgestattet.

10★ Auch wenn die Fahrt rund um München etwas monoton erscheint – es gibt zahlreiche interessante Sehenswürdigkeiten an der Strecke.

14 Nordöstlich bei Ismaning, nicht weit von der Autobahn, erstreckt sich der lang gezogene **Speichersee**. Gegenüber, auf der anderen Seite der Trasse, liegt der wesentlich kleinere Feringasee, ein allseits beliebter Badesee.

Der Odeonsplatz mit der Theatinerkirche im Herzen von München. Links grüßt die Feldherrnhalle.

Von der AS München Ludwigsfeld/Dachau erreicht man in 15 Min. das nördlich gelegene Zentrum der Kreisstadt **Dachau**. Die bekanntesten Sehenswürdigkeiten sind das Renaissanceschloss von 1715 und die Gedenkstätte des ehemaligen Konzentrationslagers.

11 Am **AD München-Feldmoching** zweigt nach Norden das Verbindungsstück der A92 zur Autobahn in Richtung Nürnberg und zum Münchner Flughafen ab. Ganz in der Nähe liegt auch der **Feldmochinger See**, eines der beliebtesten Naherholungsziele der Münchner.

12★ Von der AS München-Neuherberg fährt man etwa 5 km nach Norden bis nach **Oberschleißheim**. Der bayerische Kurfürst Max Emanuel ließ hier im 18. Jh. das Neue Schloss Schleißheim (mit Gemäldegalerie) als bayerische Ausgabe von Versailles bauen. Ebenso sehenswert sind das Schloss Lustheim mit einer Sammlung von Meissener Porzellan und das Alte Schloss. Ganz in der Nähe liegt auch das Luft- und Raumfahrtmuseum.

13 Hier kreuzt die A99 die **A9** von München nach Nürnberg. Südlich ist ein mächtiger Schutthügel zu sehen, auf dem sich ein markantes Windrad dreht.

15 Am **AK München-Ost** quert man die A94, die von der Münchner Stadtgrenze nach Osten führt und vorläufig bei Forstinning am Rande des Ebersberger Forstes endet. In Richtung Stadtmitte kommt man nach wenigen Kilometern zum neuen **Messegelände**, das auf dem Terrain des alten Flughafens Riem entstanden ist. Kurz nach dem Autobahnkreuz sind südlich die Gebäude und Türme des Messegeländes zu sehen.

16 Am **AK München-Süd** mündet die A99 in die A8 ein, die von München-Ramersdorf kommend in Richtung Südosten nach Salzburg führt. Der erste Abschnitt verläuft durch den **Hofoldinger Forst**, eines der großen Waldgebiete vor den Toren Münchens und ein beliebtes Naherholungsgebiet.

17 Unweit der A8 liegt **Aying** (7 km östlich der AS Hofoldinger Forst) – ein Dorf in bester bayerischer Tradition mit beliebter Brauerei, Gasthof und Biergarten.

99

■ **Länge** 47 km / 0:26 h (ca.)
(Strecke in Planung zwischen AD A96/99 und AS München-Lochhausen)

■ **Staubereiche**
Erhöhte Staugefahr besteht am AK München-Nord sowie auf einigen Streckenabschnitten zwischen der AS Aschheim und dem AK München-Süd.

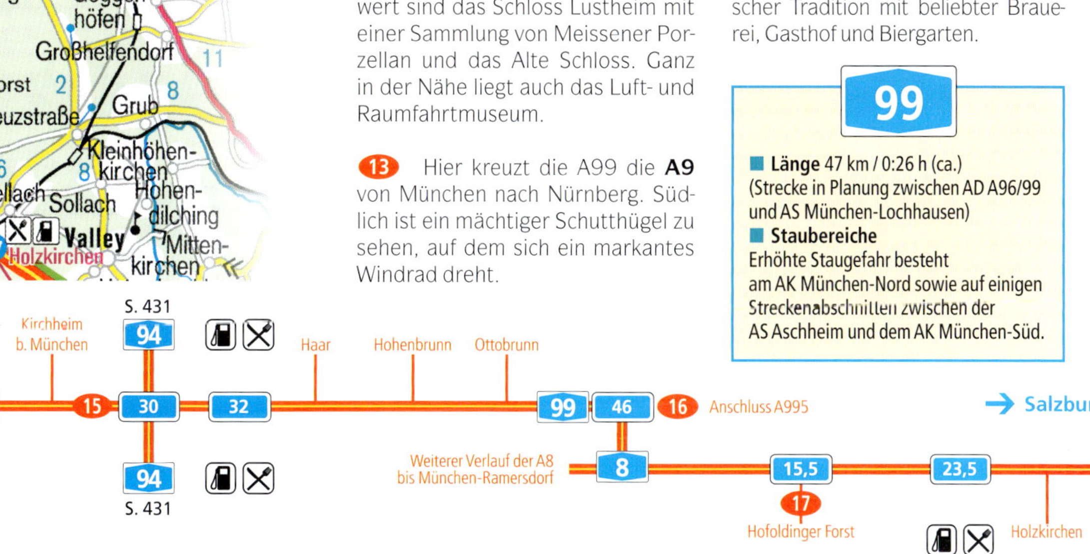

1 ★ An der AS Holzkirchen, gleich nach der gleichnamigen Raststätte, bietet sich ein Abstecher zum **Tegernsee** (16 km, 20 Min.) an. Der beliebte Ausflugssee ist für sein vornehmes Ambiente sowie zahlreiche kulturelle Sehenswürdigkeiten – darunter das Kloster Tegernsee, das Museum des Zeichners Olaf Gulbransson und das Ludwig-Thoma-Haus – bekannt. Der idyllisch gelegene kleine **Kirchsee** nordöstlich von Bad Tölz darf als Geheimtipp betrachtet werden (11 km, 15 Min.). Direkt an dem Badesee befinden sich das einstige Benediktinerinnenkloster Reutberg aus dem frühen 17. Jh. mit der Klosterkirche Maria Verkündigung und ein Wirtshaus mit Biergarten.

2 **„Schliersee – Wendelsteinregion“** (Informationstafel): Sie befinden sich in einem der beliebtesten Ausflugsgebiete Oberbayerns. In die Moränenhügel der Region eingebettet sind der Schliersee und der benachbarte Spitzingsee. Der malerisch gelegene Schliersee verdankt seine Popularität vor allem Münchner Kunstmalern, die den See im 19. Jh. für ihre Arbeiten entdeckten. Markantester Gipfel des Gebiets ist der 1838 m hohe Wendelstein mit dem weithin sichtbaren Observatorium auf dem Gipfel.

3 Die Autobahn führt über die ziemlich unscheinbar wirkende **Mangfallbrücke**. Dabei besitzt das zu den ältesten Autobahnbrücken Deutschlands zählende Bauwerk einen sehenswerten Fachwerkträger aus Spannbeton. Die Brücke führt über das enge Tal der Mangfall, die aus dem Tegernsee abfließt und in Rosenheim in den Inn mündet. Bei einem kurzen Ausflug über die AS Weyarn kann man nicht nur die mächtige Konstruktion bewundern, sondern auch das idyllische Mangfalltal mit einigen gemütlichen Landgasthöfen genießen.

4 Südlich der Autobahn sieht man den **Seehamer See**. Vom Parkplatz sind es nur wenige Schritte durch die Bäume zum Ufer des Gewässers und zum Badestrand. Der See wird von den Flüssen Mangfall und Leitzach gespeist und ist von einer ursprünglichen, sanft hügeligen Landschaft umgeben.

5 Nach einem längeren Anstieg erreicht die Autobahn die AS **Irschenberg** auf einer Höhe von 716 m. Hier eröffnet sich ein herrlicher Blick auf das Wendelsteingebirge und das dahinter liegende Inntal mit den Chiemgauer Bergen. Um die neu gebaute McDonald's-Filiale an der Autobahn gab es im Ort jahrelange Diskussionen.

6 ★ Das schönste Motiv auf der Strecke München–Salzburg ist die **Wallfahrtskirche St. Marinus.** Es lohnt sich, die idyllisch gelegene Kirche zu besuchen (AS Irschenberg Richtung Miesbach, 1 km). Sie erinnert an die irisch-schottischen Mönche Anianus und Marinus, die hier im 7. Jh. missionierten. Im Hintergrund ist der Wendelstein mit der silbrig glänzenden Kuppel des Observatoriums und den Antennen der Sendeanlage zu erkennen.

7 Die AS Bad Aibling führt zu den beiden alteingesessenen Moorheilbädern **Bad Aibling** (4 km nörd-

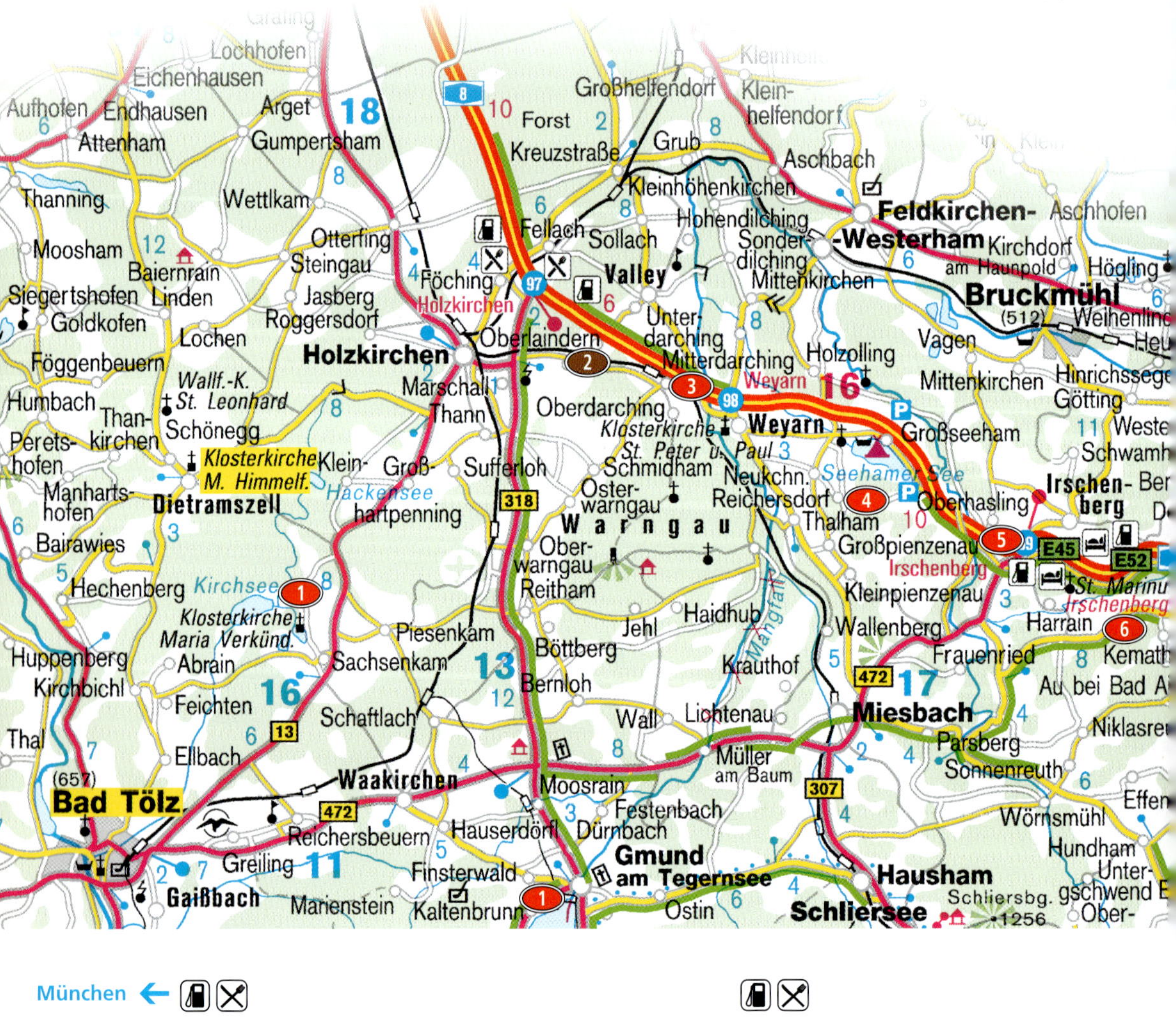

München ←

25	27	31	3	38	5	41	42,5	50
1 ★ Holzkirchen	2	Weyarn		4		Irschenberg	6 ★	7 Bad Aibling

lich) und **Bad Feilnbach** (4 km südlich). Die Reste der Moorlandschaft im **Rosenheimer Becken** sind auf die Eismassen des Inngletschers vor 10 000 Jahren am Ende der Würm-Eiszeit zurückzuführen.

Grandiose Bergblicke auf Berchtesgadener und Chiemgauer Alpen sind bei guter Witterung zwischen Irschenberg und Bad Reichenhall ständige Begleiter auf der Fahrt Richtung Salzburg.

8 Das **Inntaldreieck** ist ein wichtiger Verkehrsknotenpunkt, an dem sich die Autobahn München–Salzburg und die Inntalautobahn treffen. Hier endet auch die 6-spurige Ausbaustrecke. Nördlich erkennt man den Stadtrand von Rosenheim. Heute ist **Rosenheim** (5 km) die wichtigste Einkaufsstadt der Region. Ihre Blütezeit erlebte sie im 16. und 17. Jh. während des Salzhandels.

9 Auf der Innbrücke kurz nach der AS Rosenheim queren Sie den 510 km langen **Inn**, der im schweizerischen Graubünden entspringt und in Passau in die Donau mündet. Viele Jahrhunderte war der Fluss eine wichtige Handelsstraße zwischen Tirol und Bayern.

10 Auf der Höhe von Rohrdorf eröffnet sich nach Süden der Blick auf den **Samerberg**. Der Höhenzug zu Füßen des markanten Gipfels der **Hochries** (1568 m), zu dem eine Seilbahn führt, ist ein beliebtes Ausflugsziel. Neben den beiden Hauptorten Törwang und Grainbach gibt es zahlreiche kleinere Siedlungen mit sehenswerten alten Bauernhöfen.

11 Bei der AS Frasdorf erkennt man südlich den markanten Gipfel der 1668 m hohen **Kampenwand** mit den breiten Felszacken. Eine Seilbahn führt von Aschau bis kurz unter den Gipfel. **Aschau** liegt 3 km von der Ausfahrt entfernt und ist ein bekannter Urlaubsort. Besondere Popularität genießt Aschau wegen der Residenz des Starkochs Heinz Winkler mit einem der besten Restaurants Deutschlands und einem angegliederten Luxushotel. Die **Burg Hohenaschau** mit Ringmauer und Bergfried aus dem 12. Jh. thront auf einem Hügel 1 km südlich.

12 Auf dem Bernauer Berg bietet sich ein grandioser Blick auf den **Chiemsee** und die Landschaft des Chiemgau. Gut erkennbar sind die Inseln Herrenchiemsee, Frauenchiemsee und die kleine Krautinsel. Auf Herrenchiemsee ließ König Ludwig II. 1878–1885 ein Schloss nach dem Vorbild von Versailles errichten. Von Prien am Chiemsee verkehren Schiffe zu den Inseln.

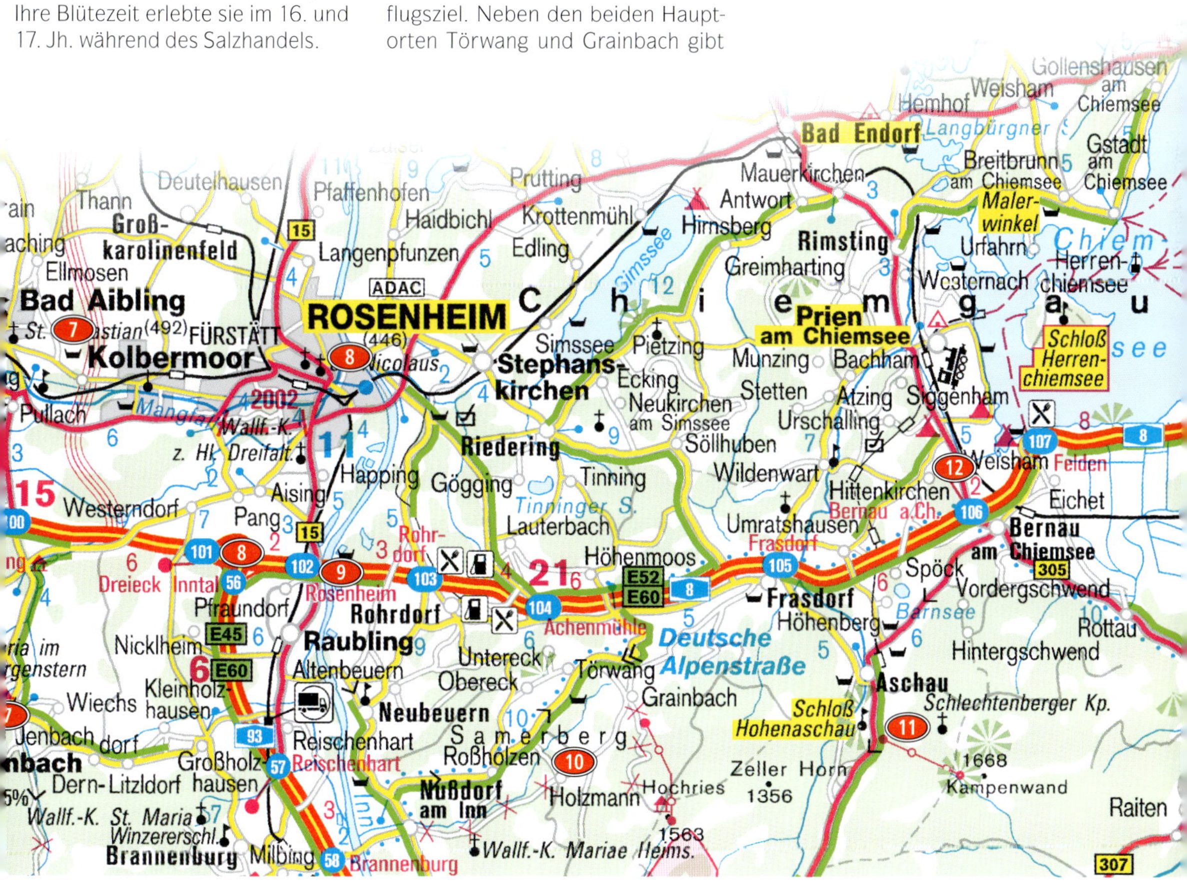

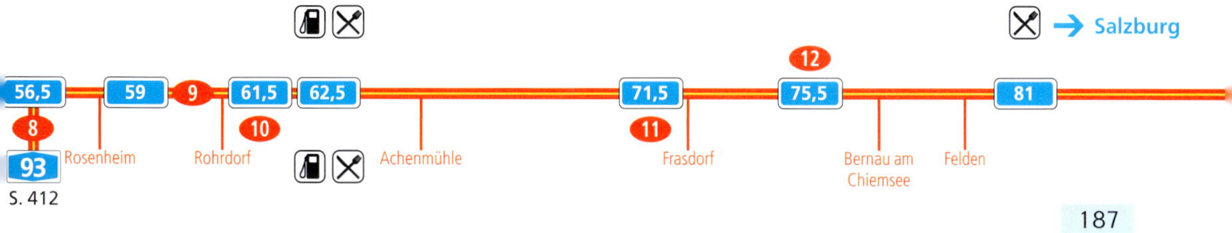

56,5 – 8 Rosenheim – 59 – 9 Rohrdorf – 61,5 – 10 – 62,5 – Achenmühle – 71,5 – 11 Frasdorf – 75,5 – 12 Bernau am Chiemsee – Felden – 81 → Salzburg

93 S. 412

1 Kurz nach der AS Felden verläuft die Autobahn direkt am **Südufer des Chiemsees** entlang. Dabei sieht man die Herreninsel, auf der Bayerns „Märchenkönig“ Ludwig II. im 19. Jh. das prächtige **Schloss Herrenchiemsee** errichten ließ, und später die kleinere Insel Frauenchiemsee mit dem Turm der im 11. Jh. erbauten Klosterkirche. Nördlich der Autobahn ist auch das Recreation Center der US-Armee zu erkennen. Bei km 81 ist nördlich die **Raststätte am Chiemsee**, das älteste Autobahnrasthaus in Deutschland, zu sehen.

2 Vor der AS Übersee breitet sich nördlich, direkt hinter der A8, die Halbinsel in der **Feldwieser Bucht** aus, auf der ein großzügiger Badestrand und etliche Gasthöfe zum Verweilen einladen. Der rückwärtige Teil der Halbinsel ist ein beliebtes Wandergebiet.

3 Die Autobahn kreuzt die **Tiroler Ache**, einen Fluss mit mehreren Namen: Er entspringt als Jochberger Ache am Pass Thurn im Tiroler Kaisergebirge, heißt dann Kitzbühler Ache, später Großache und in Bayern schließlich Tiroler Ache. Sein Mündungsbereich, ein weit in den Chiemsee vorgeschobenes Delta, ist als Naturschutzgebiet ausgewiesen. Das Tal der Ache teilt die Kette der vier dominierenden Berge im herrlichen Chiemsee-Panorama in zwei Gruppen: im Westen erheben sich Kampenwand und Hochplatte, im Osten das Zwillingspaar Hochgern und Hochfelln.

4 Südlich der A8 erheben sich einträchtig wie ein Paar die beiden Gipfel **Hochgern** (1748 m) und **Hochfelln** (1664 m). Der etwas höhere Hochgern ist der rechte der beiden Gipfel. Über die AS Bergen erreicht man den gleichnamigen Ort, von wo eine Seilbahn zum Hochfelln hinaufführt. Die Bergstation ist von der Autobahn aus erkennbar. Sportliche Skifahrer schätzen die steilen Abfahrten des Skigebiets.

5 ★ Von der AS Traunstein/Siegsdorf sind es nur wenige Kilometer nach Süden bis Ruhpolding und Inzell, beides beliebte Ferienorte zur Sommer- wie auch zur Wintersaison. Die Deutsche Alpenstraße führt von dort in Richtung Südosten über Inzell und Schneizlreuth bis nach Berchtesgaden. In **Siegsdorf** (1 km) lohnt ein Besuch des Mammutmuseums mit interessanten Ausgrabungen. Oberhalb von Siegsdorf (6 km, 12 Min.) liegt auf 882 m Höhe in einsamer Panoramalage die Wallfahrtskirche Maria Eck aus dem 16. Jh.

Ausflugsschiffe wie hier von der Anlegestelle Prien starten in mehreren der Orte rund ums „Bayerische Meer“, wie der Chiemsee **1** *im Volksmund genannt wird.*

Nach Norden sind es von der AS nur 6 km (5 Min.) auf einer breiten Zubringerstraße bis zur Kreisstadt **Traunstein**. Sehenswert ist das historische Zentrum mit dem Stadtplatz und dem Taubenmarkt.

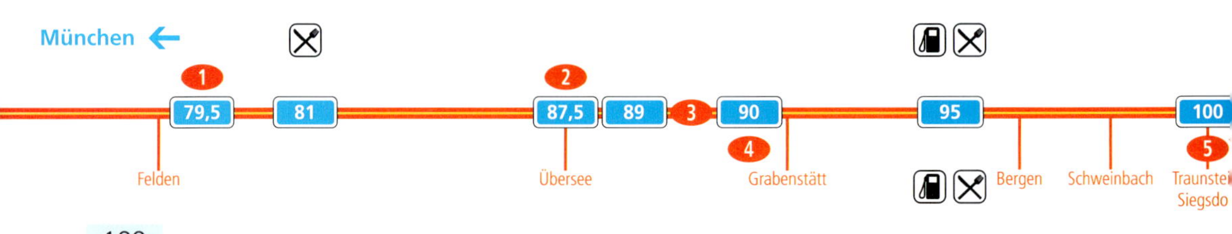

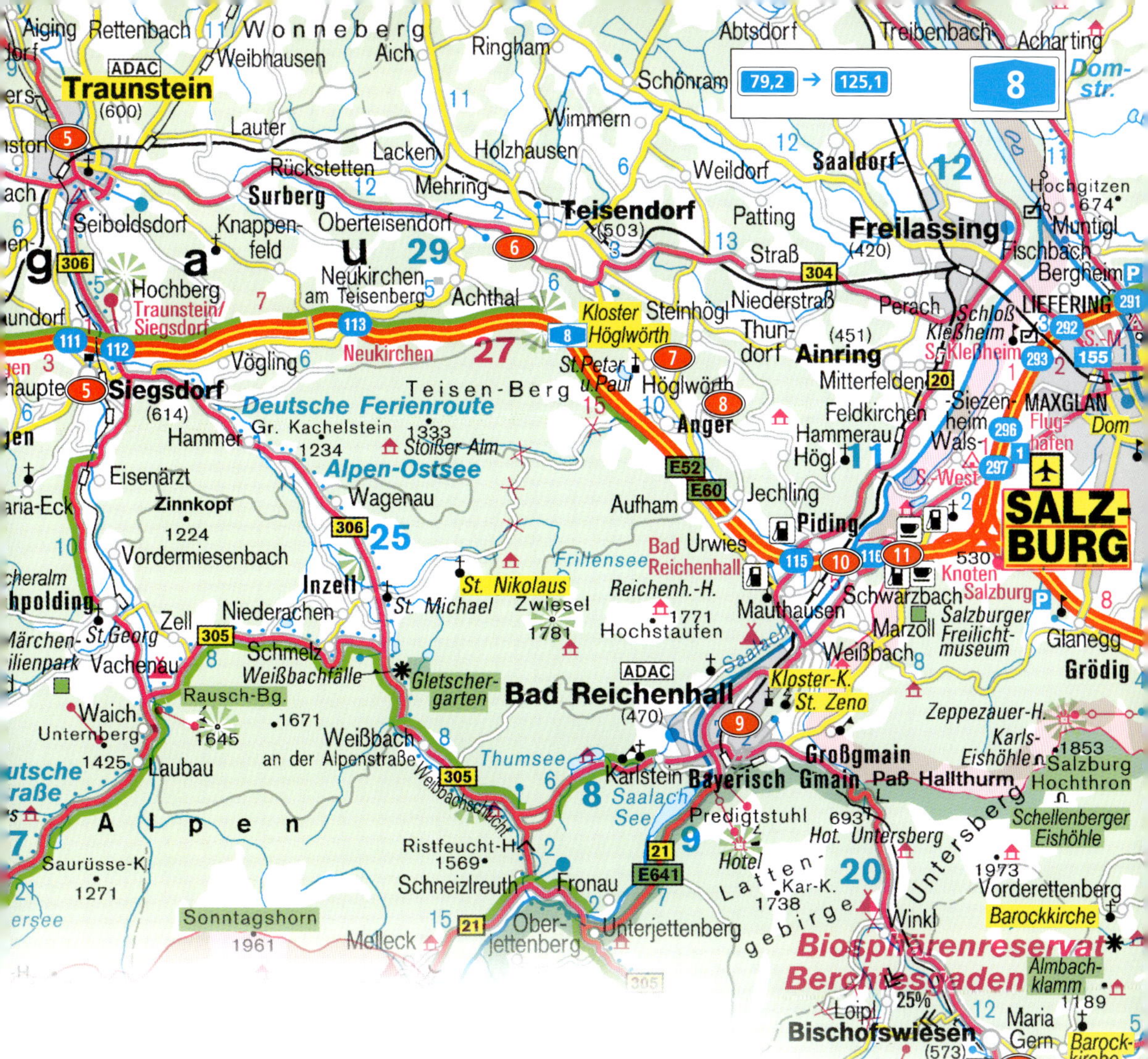

79,2 → 125,1 **8**

6 Eine empfehlenswerte **Alternativroute**, wenn Sie Salzburg als Ziel haben, ist die B304, die Sie über die AS Neukirchen erreichen. Auf diese Weise sparen Sie außerdem das Geld für die österreichische Autobahnvignette. Auf der Landstraße über Freilassing kommt man direkt und relativ schnell ins Zentrum von Salzburg.

7 Nördlich der Autobahn ist der Kirchturm von **Höglwörth** zu erkennen. Das ehemalige Augustinerchorherrenstift liegt an einem kleinen See, ist ein beliebtes Ausflugsziel (Biergarten) und befindet sich heute im Besitz einer Teisendorfer Brauerei. Höglwörth erreicht man über die AS Bad Reichenhall und die Straße über Anger (7 km).

8 Ab der Kilometermarke 117 eröffnet sich einem nach Osten die flache Gegend vor Bad Reichenhall und Salzburg. Bis 1816 gehörte der **Rupertiwinkel**, die Region östlich der Salzach, übrigens zum Erzbistum Salzburg. Man sieht südöstlich den Gipfel des Predigtstuhls und links davon den Untersberg. Direkt nördlich an der Autobahn liegt die kleine Ortschaft **Anger** mit der markanten Pfarrkirche auf einer kleinen Anhebung. König Ludwig I. kürte Anger anno 1841 zum schönsten Dorf Bayerns.

9 ★ Wenn Sie es nicht eilig haben, sollten Sie unbedingt einen Abstecher ins Berchtesgadener Land machen. Nur 3 km von der AS Bad Reichenhall nach Süden sind es bis **Bad Reichenhall**. Sehenswert sind in dem altehrwürdigen Kurort vor allem der Kurpark und die Alte Saline. In dieser ist heute ein Museum untergebracht, das die Geschichte der Salzgewinnung dokumentiert. Gut 25 km fährt man auf einer recht kurvenreichen Straße bis nach **Berchtesgaden**, dem beliebten Urlaubsort zu Füßen des 2713 m hohen Watzmann. Ein Ausflug zum 5 km entfernten Königssee gehört hier zum Pflichtprogramm, ebenso wie die Besichtigung der Stadt mit Schloss und Salzbergwerk. Etwas langwierig ist vor allem im Sommer die Anfahrt. Schneller und bequemer kommt man nach Berchtesgaden über die AS Salzburg-Süd auf der österreichischen Seite und über Marktschellenberg.

10 Kurz nach der AS Bad Reichenhall verläuft die Autobahn über den Fluss **Saalach**, der im Hinterglemmtal bei Saalbach entspringt und etwas nördlich von Salzburg in die Salzach mündet.

11 Das letzte Stück auf bayerischer Seite führt schnurgerade und am Ende etwas bergauf bis zur **Grenze**. Der Walserberg ist die ehemalige Grenzstation zwischen Bayern und Österreich. Gleich nach der Grenze beginnt die Vignettenpflicht.

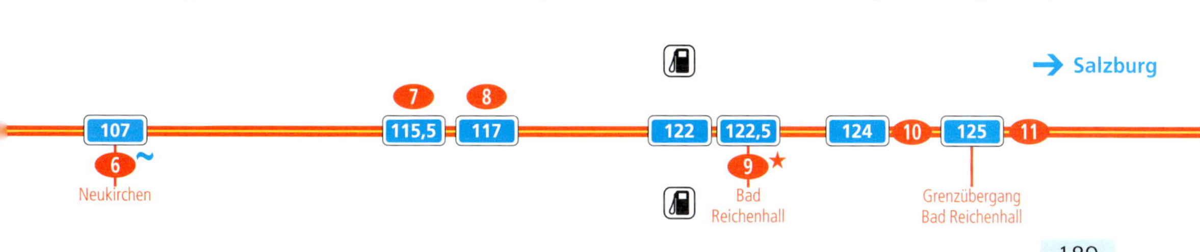

Von Berlin nach München

Berlin (A10) → Dessau → Schkeuditzer Kreuz → Hermsdorfer Kreuz → Bayreuth → Nürnberg → München

Sie ist die östlichste der großen deutschen Nord-Süd-Strecken. Insgesamt durchmisst die A9 die Bundesrepublik der Länge nach zu rund drei Vierteln. Über 530 km führt sie vom Berliner Ring im nordostdeutschen Tiefland bis ins Alpenvorland nach München.

Baubeginn der A9 war bereits im Jahr 1933; zunächst starteten die Bautrupps zwischen Leipzig und Bayreuth. Schon 1938 wurde die Gesamtstrecke zwischen Berlin und München eingeweiht.

In den Jahrzehnten nach dem Zweiten Weltkrieg erfolgte ein ständiger Weiterausbau der A9 zu einer europäischen Verkehrsmagistrale.

So wurde z.B. in den Jahren von 1972 bis 1983 die Strecke zwischen dem AK Nürnberg und dem AK München-Nord 6-spurig ausgebaut – was inzwischen freilich schon wieder nicht mehr ausreicht. Über das AK München-Nord rollen laut Autobahndirektion Südbayern täglich 140 000 Fahrzeuge (Stand: 2001), das macht die A9 an dieser Stelle zur meistbefahrenen Autobahn Europas. Von dort bis zum AK Neufahrn hat das Bayerische Innenministerium daher den 8-spurigen Ausbau vorgesehen.

Die wichtigsten Verkehrsknoten blieben seit der Ursprungsplanung dieselben: Es sind das Schkeuditzer Kreuz (A14), das Hermsdorfer Kreuz (A4) und das Kreuz Nürnberg (A3).

Spielte die A9 zwischen Berlin und Hirschberg ab 1961 für 28 Jahre eine Rolle als Transitstrecke durch die DDR von Süddeutschland nach West-Berlin, so wurde sie nach der Grenzöffnung 1989 schnell zur wichtigsten Fernstraßenverbindung zwischen dem Freistaat Bayern und den neuen Bundesländern. So war es nur natürlich, dass der 6-spurige Ausbau der A9 von Nürnberg bis Berlin bereits 1992 begann – auf der bestehenden Trasse. Nur an Steigungen von bis zu 8 Prozent und Kurvenradien von teils unter 280 m musste neu trassiert werden.

Charakteristisch für die A9 sind im nördlichen Streckenverlauf, besonders im Bereich Dessau, die filigranen Bogenbrücken. Eine Besonderheit bildet die Brückengaststätte Frankenwald, deren Gasträume die Autobahn in ihrer gesamten Breite überspannen. In unmittelbarer Nähe der durch sehr unterschiedliche Landschaften führenden A9 befinden sich gleich mehrere Monumente, die von der UNESCO in das Weltkulturerbe aufgenommen wurden: Schloss Sanssouci in Potsdam, die Lutherstadt Wittenberg, der Wörlitzer Park und das Bauhaus in Dessau. Vorgeschlagen für die Liste ist zudem das Barocktheater von Bayreuth.

Rast mit Aussicht: Die Raststätte Frankenwald steht als Panoramarestaurant quer über der Autobahn.

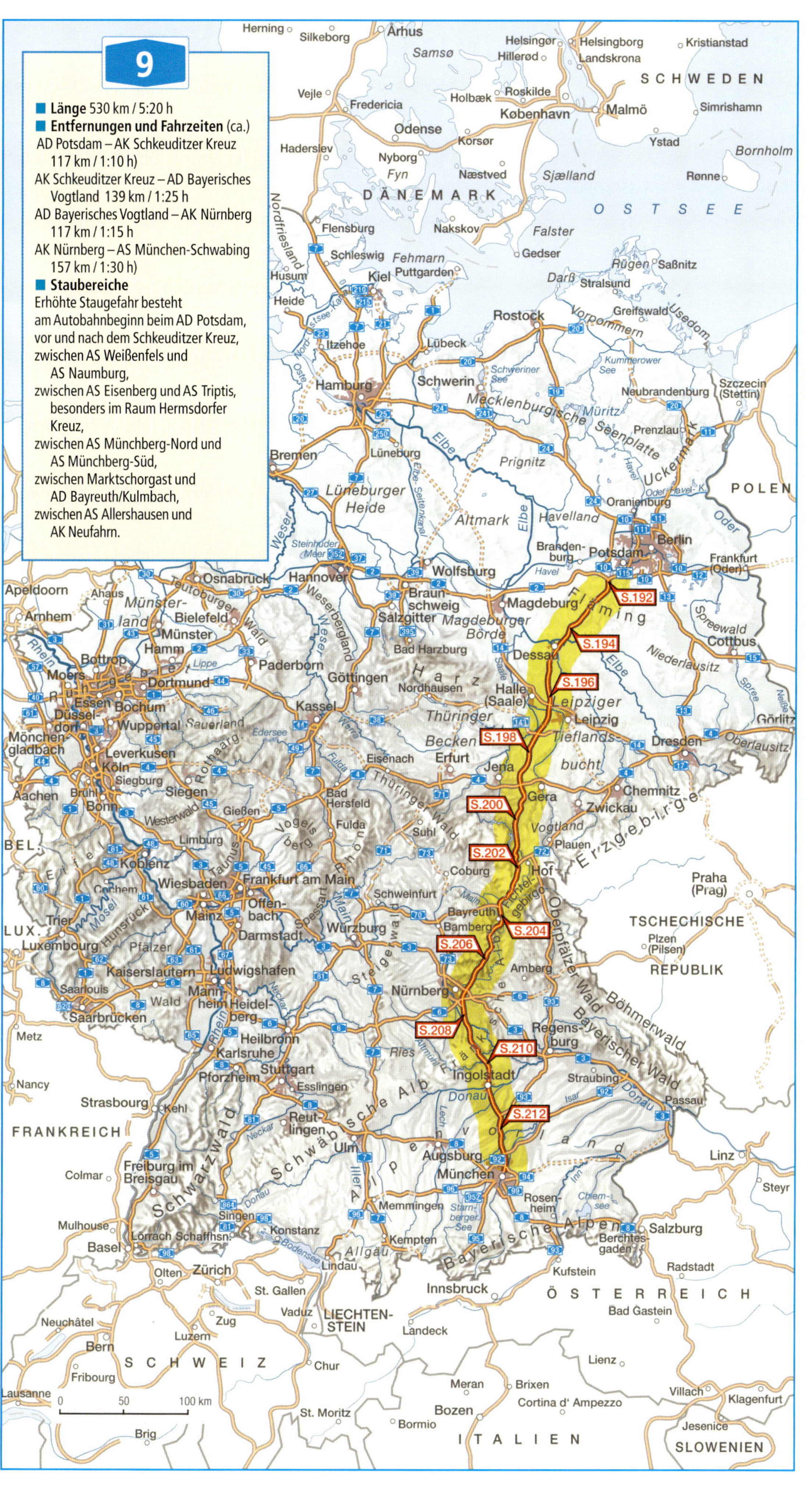
9
Länge 530 km / 5:20 h
Entfernungen und Fahrzeiten (ca.)
AD Potsdam – AK Schkeuditzer Kreuz
117 km / 1:10 h)
AK Schkeuditzer Kreuz – AD Bayerisches
Vogtland 139 km / 1:25 h
AD Bayerisches Vogtland – AK Nürnberg
117 km / 1:15 h
AK Nürnberg – AS München-Schwabing
157 km / 1:30 h)
Staubereiche
Erhöhte Staugefahr besteht
am Autobahnbeginn beim AD Potsdam,
vor und nach dem Schkeuditzer Kreuz,
zwischen AS Weißenfels und
AS Naumburg,
zwischen AS Eisenberg und AS Triptis,
besonders im Raum Hermsdorfer
Kreuz,
zwischen AS Münchberg-Nord und
AS Münchberg-Süd,
zwischen Marktschorgast und
AD Bayreuth/Kulmbach,
zwischen AS Allershausen und
AK Neufahrn.
S.192
S.194
S.196
S.198
S.200
S.202
S.204
S.206
S.208
S.210
S.212

1 Hinter dem hohen Kiefernwald südöstlich der AS Beelitz-Heilstätten liegt im Naturpark Nuthe-Nieplitz der Komplex der ehemaligen **Beelitz-Heilstätten**. Die Landesversicherungsanstalt Berlin ließ sie 1898–1931 als Lungenheilanstalt mit Sanatorien, Liegehallen und Badehaus errichten. 1945–1994 war die Heilstätte sowjetisches Militärlazarett. Seit dessen Auflösung steht alles zum Verkauf, was wegen der Größe – 160 ha Fläche sowie 60 Gebäude und Gartenflächen unter Denkmalschutz – schwierig ist.

2 **„Fläming"** (Informationstafel): Auf dem Schild sind eine Windmühle, eine Burg und Wanderer abgebildet. Sie signalisieren die touristischen Reize dieses pultförmig geneigten, flach gewölbten Höhenzuges (siehe Kasten).

eine der besterhaltenen Ostdeutschlands, heute Heimatmuseum, und zur Stadtpfarrkirche mit der Wunderblutkapelle.

4 Nach beiden Seiten öffnet sich die Sicht ins flache **Baruther Urstromtal**. Diese 3–5 km breite Niederung ist dem Grundwasser nahe und kann darum mit Nebel überraschen, vor allem im Frühjahr und im Herbst.

5 Nordwestlich am Laubwaldhorizont – bei guter Sicht zu erkennen – liegt im Urstromtal das Städtchen **Brück**. Dort steht die nördlichste der kursächsischen Postmeilensäulen: 1721 hatte August der Starke befohlen, alle Post- und Landstraßen Kursachsens zu vermessen und Meilensäulen aufzustellen. Er erhoffte sich davon regeren Reiseverkehr und eine neue Geldquelle. Die Distanzangaben in „Std." auf den Säulen täuschen; es sind nicht Zeit-, sondern Längenangaben. 1 Std. war eine halbe Meile (4,531 km).

Naturpark Hoher Fläming

Zunehmend entdecken Touristen den Fläming neu, besonders den Hohen Fläming. Dessen bezaubernde Landschaft mit ihrem Artenreichtum steht seit 1997 als Naturpark (827 km²) unter Schutz: ein buntes Mosaik aus sanft gewellten Hügelketten, tiefen Wäldern, Weideland, Äckern und idyllischen Bachläufen. Zwar liegt der Fläming nur 80 km südwestlich von Berlin, er gehört aber zu den am dünnsten besiedelten Gebieten Deutschlands. Sein Name geht auf das 12. Jh. zurück, als sich in der kaum bewohnten Region flämische Siedler niederließen. Noch bis ins 20. Jh. konnten sich Einheimische im leider aussterbenden Dialekt des Fläming-Platt ohne Dolmetscher mit „echten" Flamen unterhalten. Als ewiges Grenzland zum slawischen Siedlungsgebiet war die Region seit jeher geschichtsträchtig – z. B. 1813 als Schauplatz der Befreiungskriege: Hagelberg heißen Ort und Berg, wo die preußisch-russischen Verbündeten Napoleons Truppen schlugen. Historie atmen die Burgen des Flämings, Feldsteinkirchen, Postmeilensäulen und viele teils einzigartige Mühlen, so Deutschlands älteste funktionsfähige Bockwindmühle (1686) in Lebusa oder Europas einzige mit Zugluft betriebene Scheunenwindmühle in Saalow (1864).

Geformt hat den Hohen Fläming die Eiszeit vor etwa 90 000 Jahren. Hügelige Endmoränen wechseln mit welligem Grundmoränengelände und flachen Sanderflächen. Zur Landschaft gehören z. B. bei Niemegk und Belzig die für den Fläming charakteristischen „Rummeln": steilwandige, tief eingeschnittene Erosionsrinnen. Diese Trockentäler sind wildromantische Wanderwege.

3 Hinter dem Kiefernwald östlich der A9 liegt das bereits vor 1000 Jahren entstandene **Beelitz**. Der Spargel, der auf der eiszeitlichen Sanderfläche rings um das Städtchen gedeiht, machte Beelitz berühmt. Die waschbrettähnlichen Felder liegen u.a. östlich der Stadt bei Schlunkendorf, wo im Spargelmuseum die Geschichte des Spargels und dessen Anbau erläutert sind. Der beschilderte „Historische Stadtrundgang" durch Beelitz führt u.a. zur Alten Posthalterei von 1789,

6 Östlich, hinter dichtem Kiefernwald verborgen, liegt die **„Sabinchenstadt" Treuenbrietzen**. Sabinchen, das treue Frauenzimmer aus der berühmten Moritat, steht im historischen Stadtkern auf dem Sabinchenbrunnen vor dem prächtigen Rathaus von 1290 mit den Hakenbuden, wo Händler seinerzeit ihre Waren an Haken feilboten. Im Juni schaut es zu, wenn beim Sabinchenfest seine Geschichte aufgeführt wird.

7 ~ Empfehlenswert ist eine 39 km, 60 Min. lange Alternativroute, die westlich der A9 mehrere Highlights des Hohen Flämings erschließt: Von der AS Niemegk führt die B102 zum 8 km entfernten **Belzig** mit der Burg Eisenhardt. Vom Bergfried „Butterturm" hat man einen schönen Blick über das Städt-

„Sabinchen war ein Frauenzimmer": Es machte Treuenbrietzen **6***, hier die Nikolaikirche, berühmt.*

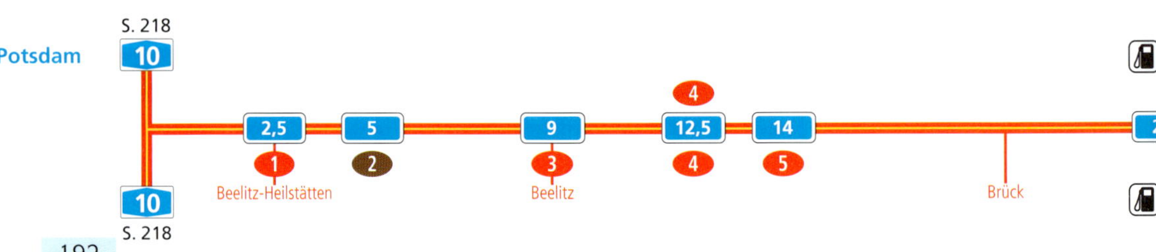

chen. Eine Postmeilensäule, das Flämingmuseum und ein Diorama der Schlacht gegen Napoleon 1813 beim Nachbarort Hagelberg machen Geschichte lebendig. Weiter geht es auf der B246 zum Ort **Hagelberg** (5 km) mit verschiedenen Denkmälern. Der Hagelberg dort ist mit 201,1 m die höchste Erhebung des Norddeutschen Tieflandes. Weiter auf der B246 folgen nach 6 km Schloss und Park Wiesenburg und danach auf der B107 das Dorf Jeserig (4 km), von wo die Deutsche Alleenstraße zum Dorf Grubo führt (5 km). Dort bietet sich ein Spaziergang durch das flämingtypische Trockental Brautrummel (90 Min.) an. Ab Grubo sind nach 9 km Raben und die Burg Rabenstein erreicht. Von dort gelangt man nach 2 km zur AS Klein Marzehns und wieder auf die A9.

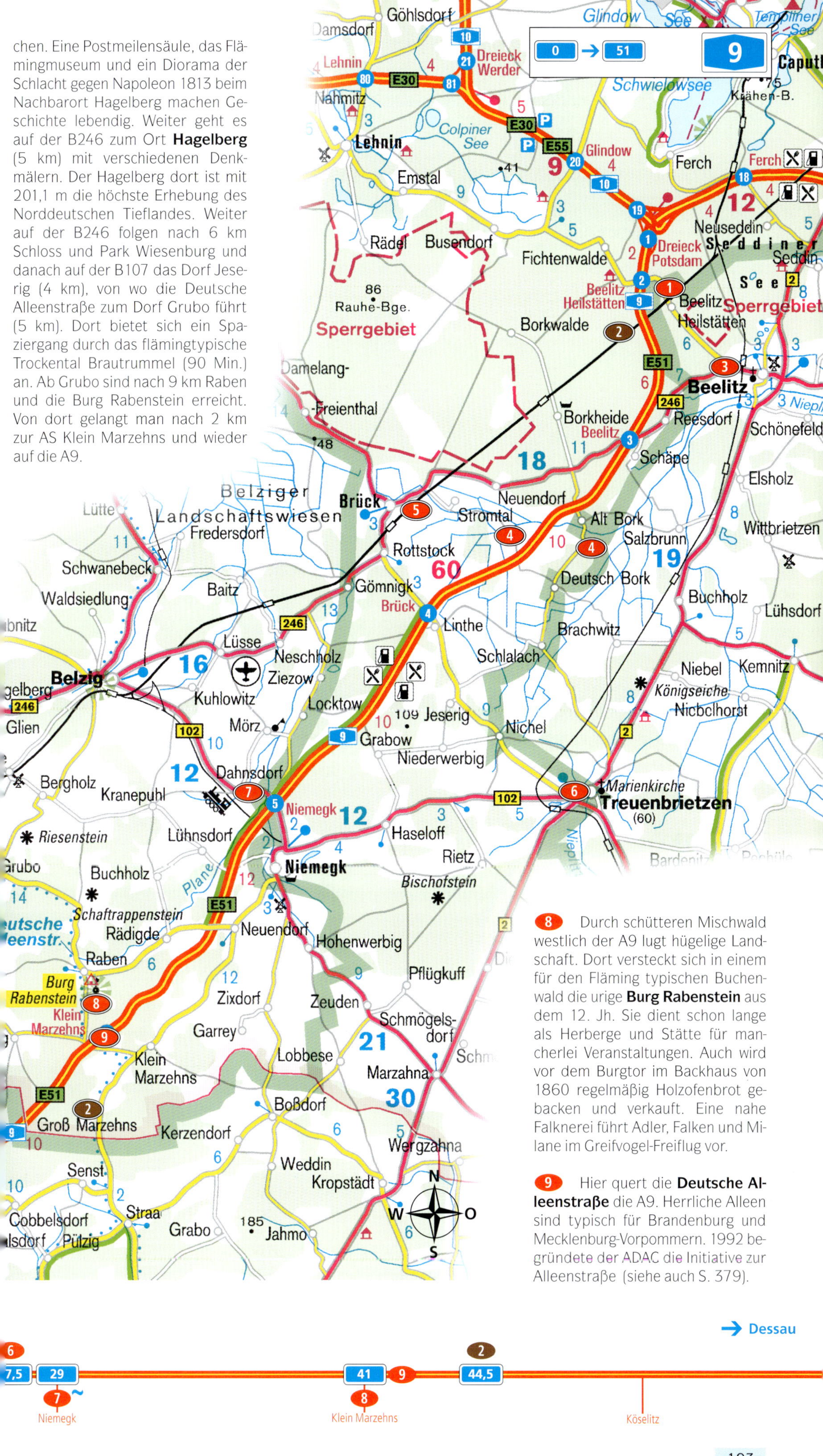

8 Durch schütteren Mischwald westlich der A9 lugt hügelige Landschaft. Dort versteckt sich in einem für den Fläming typischen Buchenwald die urige **Burg Rabenstein** aus dem 12. Jh. Sie dient schon lange als Herberge und Stätte für mancherlei Veranstaltungen. Auch wird vor dem Burgtor im Backhaus von 1860 regelmäßig Holzofenbrot gebacken und verkauft. Eine nahe Falknerei führt Adler, Falken und Milane im Greifvogel-Freiflug vor.

9 Hier quert die **Deutsche Alleenstraße** die A9. Herrliche Alleen sind typisch für Brandenburg und Mecklenburg-Vorpommern. 1992 begründete der ADAC die Initiative zur Alleenstraße (siehe auch S. 379).

→ Dessau

6 7,5 | 29 | 7 Niemegk | 41 | 8 Klein Marzehns | 9 | 2 44,5 | Köselitz

1 ★ **„Lutherstadt Wittenberg“** (Informationstafel): An einem Besuch Wittenbergs kommt eigentlich niemand vorbei. Die als „Wiege der Reformation“ bezeichnete Stadt erreichen Sie über die AS Coswig nach 17 km, 30 Min. Die Lutherstätten stehen auf der UNESCO-Welterbe-Liste, darunter Luthers Wohnhaus (Lutherhalle), die Schlosskirche mit der kronenartigen Kuppel (auf der Informationstafel abgebildet), die „Thesentür“, die Gräber von Luther und Melanchthon sowie die Marienkirche (Predigtkirche Luthers). Sehenswert ist das Luther-Gymnasium, ein von Friedensreich Hundertwasser fantasievoll umgestalteter Plattenbau. Alljährlich im Juni feiert Wittenberg eines der schönsten Feste Deutschlands, „Luthers Hochzeit“.

2 **„Biosphärenreservat Mittlere Elbe“** (Informationstafel): In dieser unter UNESCO-Schutz gestellten Flusslandschaft blieb der Elbe und ihren Nebenflüssen Saale und Mulde der naturgegebene unbegradigte Lauf weitgehend erhalten. Als größtes zusammenhängendes Auenwaldgebiet Mitteleuropas ist die Mittlere Elbe Refugium für eine artenreiche Flora und Fauna. Hier leben Weißstörche, Schwarzstörche, Elbebiber und Großtrappen. Die A9 durchquert die Aue zwischen der AS Coswig und der AS Dessau-Süd.

3 Hier kreuzt die Deutsche Alleenstraße erneut die A9 und führt östlich als B187 längs der Biosphären-Flussaue nach **Coswig** (3 km, 4 Min.). Beachtenswert sind dort ein Museum zur Geschichte der Elbschifffahrt und die Gierfähre hinüber nach Wörlitz. Als eine von sieben Gierfähren an der Elbe treibt sie an einem langen Seil befestigt nur durch die Kraft der Strömung lautlos und abgasfrei ans andere Ufer. Sie kann 22 t Last schleppen.

4 **„Dessau-Wörlitzer-Kulturlandschaft“** (Informationstafel): Im 18. Jh. schuf Fürst Leopold III. Friedrich Franz das heute weitgehend erhaltene Dessau-Wörlitzer Gartenreich, eine kulturhistorische Besonderheit, aufgenommen in die UNESCO-Liste des Weltkulturerbes.

5 Der hohe Turm westlich der Autobahn, schon von weitem sichtbar, aber heute ohne Funktion, markiert den Anfang der **Elbebrücke** bei Coswig. Auf dieser größten, 1 km langen Brücke Sachsen-Anhalts quert die A9 den Fluss.

Als Vorbild für Schloss Wörlitz 6 ★ diente Schloss Claremont in der englischen Grafschaft Surrey.

6 ★ **„Wörlitzer Park“** (Informationstafel): Das auf dem Schild abgebildete Schloss Wörlitz ist der Gründungsbau des Klassizismus in Deutschland. Wer sich für Landschaftsarchitektur interessiert, sollte hier einen Abstecher einplanen. Die reizvollste Art nach Wörlitz zu gelangen: über die AS Coswig bis nach Coswig und dort mit der Gierfähre über die Elbe setzen; für diese Route müssen Sie mindestens 30 Min. einplanen. Schneller geht es über die AS Vockerode (8 km, 15 Min.). Die Wörlitzer Anlagen, bestehend aus fünf Gärten mit Alleen, Skulpturen, Gondelgewässern, Fähren, Brücken, Deichen und fantasievoller Kleinarchitektur, legte 1764–1800 Fürst Leopold III. Friedrich Franz mit dem Architekten Erdmannsdorff nach dem Vorbild englischer Gärten an. Die Naturgegebenheiten der Elbauen nutzend, schufen sie ein Gesamtkunstwerk, das Gartengestaltung und Architektur in bis dahin nicht gekannter Harmonie vereinigte: den ersten und größten Landschaftsgarten auf dem europäischen Festland.

7 **„Bauhaus Dessau“** (Informationstafel): Das von Walter Gropius 1919 in Weimar gegründete Bauhaus war Deutschlands berühmteste Kunst- und Design-Einrichtung der Klassischen Moderne. Die 1919–1933 am Bauhaus entstandenen Arbeiten haben Architektur und Design weltweit beeinflusst. Das Bauhausgebäude in Dessau entstand 1925/26 nach Plänen von Gropius, als die Schule aus politischen Gründen Weimar verlassen musste. Heute ist es ein Ort für Gestaltung, Lehre und Forschung. 1996 wurde das Bauhaus in die UNESCO-Liste des Weltkulturerbes aufgenommen.

8 Westlich der A9 ragen in der Ferne die Kirchturmspitze und der Rathausturm von **Dessau** auf. Die Stadt birgt viele Attraktionen. Zum Dessau-Wörlitzer Gartenreich gehören das schöne Ensemble von Schloss und Park Georgium und die glanzvolle Schloss- und Gartenanlage Mosigkau. Das Bauhaus-Meisterhaus von Wassily Kandinsky und Paul Klee mit originalgetreu rekonstruierten Räumen in über 170 Farbnuancen dient als Ausstellungsort. Dem in Dessau geborenen Komponisten Kurt Weill gilt im Meisterhaus Lyonel Feiningers das europaweit einzigartige Zentrum zur Pflege des Weill-Erbes. Das Technikmuseum Hugo Junkers dokumentiert die Geschichte der Dessauer Junkerswerke als Teil deutscher Luftfahrtgeschichte.

9 Östlich der A9, hinter Heidemischwald verborgen, liegt **Ferropolis,** die „Stadt aus Eisen“. Ab 1995 entstand sie auf dem Areal eines leeren Braunkohletagebaus bei **Gräfenhainichen**. Fünf gigantische Tagebau-Großgeräte geben Raum für Kunst und Kultur. Wie Ungetüme kauern sie um eine Arena mit 25 000 Plätzen. Dort wird ein vielseitiges Programm geboten – von Tanzfestivals bis zur Technoparty.

10 In der Ferne, hinter Feldern, befindet sich, von der A1 nicht zu erkennen, Deutschlands größter und ältester barocker **Irrgarten**. In dem 2500 m^2 großen Labyrinth im ehemaligen Schlosspark in **Altjeßnitz** führen 200 mögliche Wege zur zentralen Aussichtsplattform.

11 Östlich der A9 mischen sich in die Industriesilhouette die Dächer von **Wolfen**. Von hier kam 1936 der weltweit erste praktikable Farbfilm auf den Markt. Im denkmalgeschütz-

Dreieck Potsdam ←

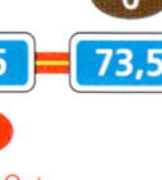

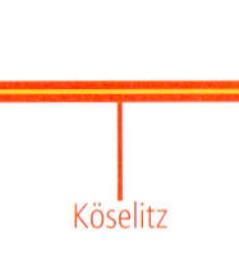

ten Teil der ehemaligen Filmfabrik berichtet das Industrie- und Filmmuseum davon.

12 **„Händelhaus Halle“** (Informationstafel): Halle ist die Geburtsstadt Georg Friedrich Händels (1685–1759). Sein Geburtshaus steht in der Großen Nikolaistraße 5 (siehe auch A14, S. 244).

1 Westlich der A9 ist der frei stehende Porphyrfelsen **Kapellenberg** (148 m) längst in Sicht gekommen. Vulkanisch entstanden, erhebt er sich aus der Ebene der Leipziger Tieflandsbucht über das verwinkelte Städtchen Landsberg an der Straße der Romanik. Den Felsen krönt die romanische **Doppelkapelle Landsberg**, eine der größten und eindrucksvollsten ihrer Art, Rest einer bedeutenden Burg.

2 Südöstlich voraus sind Tower und Abfertigungsgebäude des **Flughafens Leipzig/Halle** auszumachen. Im Jahr 2000 wurde die 3600 m lange Start- und Landebahn eröffnet. Ab Anfang 2003 verbindet ein neues, multifunktionales Terminal mit Service- und Einkaufseinrichtungen einen ICE-tauglichen Airport-Bahnhof, die Check-in-Zone, das Parkhaus und die Einkaufspassage in einem Brückenbauwerk.

3 Beiderseits der A9 erstreckt sich die **Elsteraue**. Die Autobahn überquert diese Niederung der Flüsse Weiße Elster und Luppe auf zwei Brücken. Die Aue reicht östlich bis ins Stadtgebiet von Leipzig. Ihre Wälder vermitteln einen Eindruck von dem üppigen Wachstum im feuchten, von zahlreichen Altwässern, verschlungenen Flussarmen und Tümpeln durchsetzten Biotop „Auewald“

Blick vom Turm der Kirche St. Wenzel auf die Stadt Naumburg mit dem viertürmigen Dom St. Peter und Paul 10.

– es gehört zu den ganz wenigen erhaltenen Landschaften dieser Art in Mitteleuropa.

4 **„Merseburger Schloss“** (Informationstafel): Merseburg liegt 14 km westlich der A9. Das 20 m über der Saale stehende Schloss, eine spätgotische Dreiflügelanlage, schließt an der vierten Seite der Dom ab. Das Ensemble prägt eindrucksvoll das Bild der Altstadt.

5★ Einen Besuch wert ist das westlich der A9 zu sehende Salinestädtchen **Bad Dürrenberg**, das nach 4,5 km, 7 Min. über die gleichnamige AS zu erreichen ist. Es liegt am bewaldeten Hochufer der Saale-Aue und ist „Vorort“ der Leuna AG. 1846–1965 war Bad Dürrenberg Solebad und Kurort. Diesem Status setzte die wachsende Chemieindustrie zunächst ein Ende. Doch die Stadt blieb weiterhin ein Anziehungspunkt aufgrund ihrer salzhaltigen Luft, denn hier steht, wie ein Freilicht-Inhalatorium, das größte Gradierwerk Europas. Über 885 m zieht es sich am Kurpark entlang. Über die 12 m hohen, aus Reisig aufgeschichteten „Dornenwände“ rieselt die Sole, wird so gereinigt und ihre Salzkonzentration erhöht.

6 Kurz nach der AS Bad Dürrenberg erkennt man eine schlanke Turmspitze, die südöstlich am Feldrand aus einem Gehölz lugt: Sie gehört zur Kapelle der **Gustav-Adolf-Gedenkstätte**. Diese liegt am Ortseingang von Lützen auf jenem Schlachtfeld des Dreißigjährigen Krieges, wo die Schweden über die Kaiserlichen unter Wallenstein siegten, aber ihr König Gustav II. Adolf am 6. November 1632 fiel. Ein alter Wegestein unweit dieser Stelle erhielt die Inschrift GA 1632. Über ihm erhebt sich seit 1837 ein von Karl Friedrich Schinkel entworfener gusseiserner Baldachin. Dahinter steht seit 1907 die Kapelle, dem Baustil der schwedischen Landschaft Dalarna, der Heimat des Wasa-Königsgeschlechts, nachempfunden.

7 **„Moritzburg Zeitz“** (Informationstafel): Das mächtige Barockschloss, erbaut 1657–1678 im Auftrag von Herzog Moritz von Sachsen-Zeitz, war Residenz der Herzöge von Sachsen-Zeitz und ist heute Museum und Veranstaltungsort. Eine der Dauerausstellungen gilt der Geschichte des Kinderwagens und würdigt damit die „Zekiwa“-Industrietradition (Zeitzer Kinderwagen). Zum Schloss-Ensemble gehört der Dom St. Peter und Paul, dessen Krypta aus dem 10. Jh. stammt.

8 Westlich der A9 liegt die über 800 Jahre alte Stadt **Weißenfels**. Ein hübscher Blickfang sind der Marktplatz mit barockem Rathaus und schönen Bürgerhäusern sowie die prächtige Kapelle im Schloss Neu-Augustusburg, in dem das Schuhmuseum an eine hiesige Industrietradition erinnert. Namhafte Leute wirkten in der Stadt, so Novalis, der bedeutendste Dichter der deutschen Frühromantik, Heinrich Schütz, der für die deutsche Musik große Vermittler der Anfang des 17. Jh. neuen musikalischen Errungenschaften Italiens, sowie der Orgelbauer Friedrich Ladegast (Ladegast-Orgel in der St. Marienkirche).

9 **„Weinstraße Saale-Unstrut“** (Informationstafel): Die touristische Route führt durch das nördlichste Qualitätsweinbaugebiet Europas mit 1000-jähriger Weinkultur. Die Weinstraße beginnt in Nebra, führt im Unstruttal flussabwärts über Laucha (ältestes Glockengießermuseum Deutschlands), Freyburg (Rotkäppchen-Sektkellerei mit historischem 120 000-Liter-Fass, Schloss Neuenburg mit romanischer Doppelkapelle und Großjena („Steinernes Weinbilderbuch“) bis zur Mündung in die Saale bei Naumburg. Weiter geht es saaleaufwärts über die Siedlung Schulpforte (ihr Kern ist das ehemalige Zisterzienserkloster Pforta mit dem einzigen zweischiffigen Kreuzgang Deutschlands) nach Bad Kösen (Saline, Gradierwerk, Rudelsburg) und weiter bis Bad Sulza.

10 **„Naumburger Dom“** (Informationstafel): Seinen Ruf verdankt der viertürmige spätromanisch-frühgotische Dom vor allem dem Schaffen des anonymen Naumburger Meisters. Bekannt sind auch die zwölf Stifterfiguren, u. a. Uta und Ekkehard.

1 Auf einer Autobahnbrücke überquert die **Straße der Romanik** die A9. Diese touristische Route, die in Zeitz ihren südöstlichsten Punkt hat, führt seit 1993 auf ca. 1000 km

Im Botanischen Garten von Jena wachsen rund 12 000 Pflanzenarten aus aller Welt.

durch Sachsen-Anhalt zu Zeugnissen der Romanik (ca. 950–1250), an denen diese alte Kulturlandschaft so reich ist: Klöster, Dome und Dorfkirchen, Stadtanlagen, Häuser und Burgen. Eine Nordroute und eine Südroute in Form einer Acht, mit Magdeburg im Schnittpunkt, führen zu über 70 ausgewählten Zielen.

2 Östlich der A9 liegt **Droyßig**, das ein Schloss mit fünf halbrunden Türmen und einer unvollendeten Renaissance-Schlosskapelle (1622) sowie einen spätgotischen Flügelaltar in der Dorfkirche besitzt.

3 Südlich der Autobahn sehen Sie die Häuser der Kreisstadt **Eisenberg** einen sanften Hang hinaufklettern. Reizvoll präsentiert sich das Ensemble ihres alten Stadtkerns mit dem Renaissancerathaus und dem sagenumwobenen Mohrenbrunnen (1727). Glanzstück ist das renovierte Schloss Christianenburg mit dem hübschen Garten und der Schlosskirche (1692). Dieses Denkmal des Hochbarock weist eindrucksvolle Freskenmalereien und vielfältige Stuckarbeiten auf. Im romantischen Eisenberger Mühltal am Raudabach zwischen Eisenberg und Weißenborn/Bad Klosterlausnitz standen in alter Zeit elf Mühlen in Rufweite auseinander. Heute gibt es noch acht, die teilweise bewirtschaftet werden.

4★ Wer Interesse an alter Handwerkstradition hat, sollte einen Abstecher in das nahe Töpferstädtchen **Bürgel** unternehmen. Von der

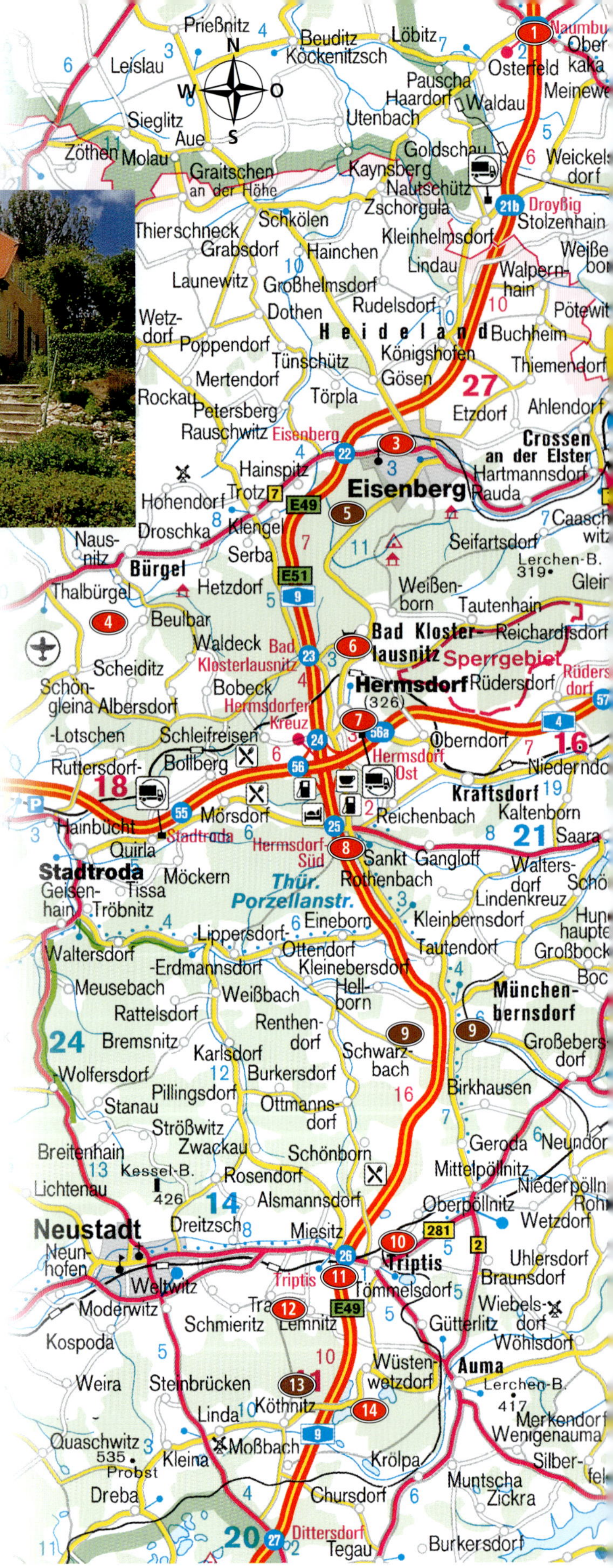

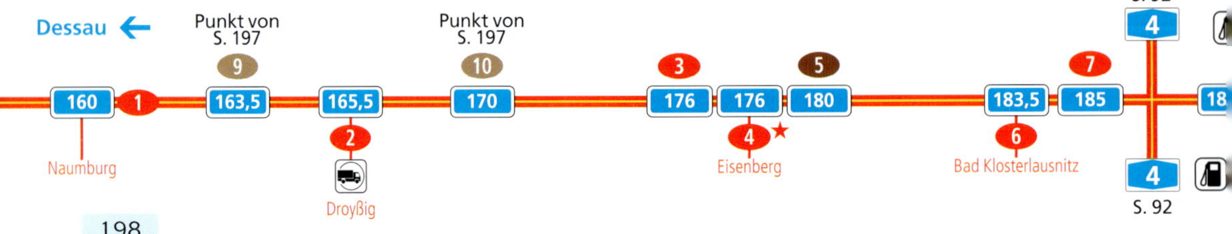

AS Eisenberg ist es auf der B7, in Richtung Jena, nach 9 km (10 Min.) erreicht. Bürgeler Keramik, vor allem das „Bürgeler Blau-Weiß" mit dem typischen weißen Pünktchenmuster auf tiefblauem Grund, findet seit Großmutters Zeiten viele Liebhaber. Mehr ist im Keramikmuseum oder in einer der Töpfereien zu erfahren. Alljährlich am letzten Juniwochenende wird ein Töpfermarkt veranstaltet. Im Ortsteil **Thalbürgel** dient die spätromanische Klosterkirche als stimmungsvolle Musikstätte. Die Talmühle des einstigen Benediktinerklosters lockt heute als Technisches Schauwerk viele Besucher.

5 **„Thüringer Holzland"** (Informationstafel, nur in Gegenrichtung): Zu dem weiten Waldareal zwischen Saale und Weißer Elster gehören Hermsdorf, Bad Klosterlausnitz, Oberndorf, Tautenhain, Weißenborn, St. Gangloff, Kraftsdorf und Schleifreisen. Die deutsche Besiedlung begann im 10.–12. Jh. durch Bauern aus Franken, Sachsen und Thüringen, die sich mit den seit dem 8. Jh. hier lebenden Slawen vom Stamme der Sorben allmählich vermischten. Der karge Boden zwang sie, im Wald zusätzliche Erwerbsquellen zu suchen. So brannten sie Holzkohle und fertigten Leitern, Bretter, Schindeln, Rechen, Schaufelstiele, Backmulden, Sägeböcke, Schubkarren, Schlitten usw. Die rege Nachfrage ließ das Fuhrgewerbe aufblühen. Mit Planwagen wurden die Waren aus dem „Holzland" bis nach Ungarn und ins baltische Livland kutschiert. Mit dem Aufkommen der Eisenbahn (1876 Strecke Gera–Weimar) war das vorbei.

6 In Nadel- und Buchenwäldern verborgen liegt östlich der A9 **Bad Klosterlausnitz**. Seit 1880 wegen seines milden Reizklimas zunehmend als Luftkurort geschätzt, bietet es seit 1929 auch als Moorbad orthopädische und neurologische Therapien an.

7 Östlich der Autobahn tauchen Gebäude eines Gewerbegebiets auf. Hier standen zu DDR-Zeiten die renommierten Keramischen Werke von **Hermsdorf**, die Industrieporzellan und elektronische Bauelemente fertigten. In dem 1256 erstmals erwähnten Ort sind aus der Blütezeit des Holzland-Fuhrgewerbes vor 150 Jahren in der Alten Regensburger Straße noch wertvolle Dreiseit-Fachwerkhöfe der geachteten, wohlhabenden Fuhrleute erhalten. Der restaurierte Fuhrmannsgasthof „Zum Schwarzen Bär" ist das älteste Gebäude Hermsdorfs.

8 Hier quert die **Thüringer Porzellanstraße** die A9. Diese touristische Route verbindet 45 Orte, die historischen oder aktuellen Bezug zu dieser Seite Thüringer Wirtschafts- und Kulturgeschichte haben. Die Porzellanstraße eröffnet Besuchern vielerorts die faszinierende Welt des „Weißen Goldes": bei Museumsbesuchen, Porzellanmalkursen, beim Blick in Fabrikationshallen und Schauräume.

9 **„Brehm-Gedenkstätte Renthendorf"** (Informationstafel): Das Schild weist auf den berühmten Ostthüringer Tierforscher und Zoologen Alfred Brehm hin. Sein Werk „Illustriertes Tierleben", erschienen 1864–1869, machte ihn weltbekannt. Im kleinen Renthendorf, das zu den so genannten Tälerdörfern mit zahlreichen historischen Fachwerkhäusern gehört, ist das ehemalige Wohnhaus des Forschers heute Gedenkstätte.

10 Östlich der A9 ist das 1212 erstmals urkundlich erwähnte Porzellanstädtchen **Triptis** gut zu sehen. Der 25 m hohe Bergfried aus dem 15. Jh., Überrest eines Wasserschlosses, dient heute als Stadtturm. Bei Triptis entspringt das Flüsschen Orla das bei Freienorla in die Saale mündet. Es gab seinen Namen der Talsenke, in der u.a. die reizvollen Städtchen Neustadt/Orla und Pößneck mit einem wunderschönen spätgotischen Rathaus liegen.

11 Kurz hinter der AS Triptis quert die A9 die **Bahnlinie Gera–Saalfeld** sowie die B281, die nach Saalfeld führt, in die „Steinerne Chronik Thüringens", wie die Stadt wegen ihrer Bauwerke aus zehn Jahrhunderten genannt wird. Die Autobahntrasse verläuft an dieser Stelle auf der **Wasserscheide** zwischen Saale im Westen und Weißer Elster im Osten.

12 Auf beiden Seiten lichtet sich der Hochwald; westlich, am südlichen Waldrand des Orlatales, taucht die Ortschaft **Lemnitz** auf. Ihr Barockschloss aus dem 18. Jh. gehörte einst dem Sprachforscher Hans Conon von der Gabelentz.

13 **„Thüringer Vogtland"** (Informationstafel): Die auf dem Schild dargestellten Fachwerkhäuser sind typisch für dieses Gebiet zwischen Thüringer Wald, Fichtelgebirge und Erzgebirge, durch das die A9 nun verläuft. Das „Land der Vögte" war immer schon wichtig als Durchgangsland für den Nord-Süd-Verkehr. Die durch tiefe Täler mit steilen Hängen gegliederte Hochfläche erreicht an der Grenze zu Tschechien fast die 1000-m-Marke: der Große Rammelsberg schafft es auf 963 m. Zu den wichtigsten Industriezweigen im Vogtland gehört seit Jahrhunderten die Textilindustrie.

14★ Der Parkplatz Moßbach ist in beide Fahrtrichtungen für eine kurze Rast zu empfehlen. Vom Parkplatz aus sehen Sie bereits einige Teiche im **„Land der 1000 Teiche"** rings um Plothen, das hier beginnt. Die im 11./12. Jh. von Mönchen zur Fischzucht angelegten Teiche werden heute noch bewirtschaftet. Sie gehören zu den ökologisch wertvollsten Gebieten im Naturpark Thüringer Schiefergebirge/Obere Saale.

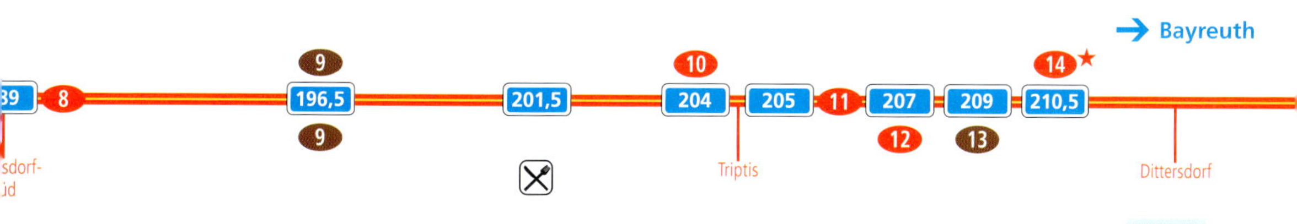

1 Ab der AS Dittersdorf führt die Autobahn 4 km durch den **Naturpark Thüringer Schiefergebirge/Obere Saale**: Sie sehen leicht hügeliges Gelände mit Wiesen, das mit Mischwald wechselt. Das 800 km² große Gebiet ist vor allem geprägt durch die jahrhundertealte Schiefergewinnung sowie durch die zu den größten Stauseen Deutschlands zählenden Saale-Talsperren Bleiloch und Hohenwarte – die auch „Thüringer Meer" genannt werden.

5 Hinter dichten Wäldern verborgen liegt westlich der A9 das Städtchen Saalburg an der **Bleiloch-Talsperre**, dem mit 9,2 km² Wasserfläche größten Stausee Deutschlands (Fahrgastschifffahrt). Die Talsperre gehört zur Saale-Kaskade: fünf Stauseen bzw. Auffangbecken, die dem Hochwasserschutz, der Stromerzeugung und der Wasserregulierung der Elbe dienen.

Sanfte Hügel und schlanke Zypressen: Ein Hauch von Toskana im Vogtland.

2 Westlich der A9, hinter Mischwald verborgen, liegt Plothen, der Hauptort des Gebiets **Plothener Teiche**, das zu den ökologisch wertvollsten Arealen im Naturpark Thüringer Schiefergebirge/Obere Saale gehört. Das „Land der tausend Teiche" ist mit so genannten Himmelsteichen überzogen, Gewässern, die keine natürlichen Zuflüsse haben, sondern nur durch Regenwasser gespeist werden.

3 Östlich der A9 ist kurz das Fachwerkdörfchen Görkwitz zu sehen. Zudem überquert die Autobahn hier die **Deutsche Alleenstraße**. Die von teilweise über 60 Jahre alten Linden gesäumte Straße führt ins Saaletal nach Ziegenrück und dann weiter in Richtung Pößneck.

4★ Lohnend ist ein Abstecher nach **Schleiz**, dem einstigen Sommersitz der reußischen Fürsten. Von der AS Schleiz fahren Sie 2 km (15 Min.) über die B2 und Teile der berühmten Rennstrecke Schleizer Dreieck. Diese älteste Naturrennstrecke Deutschlands (seit 1923) wird heute vorwiegend für Motorradrennen genutzt. In Schleiz wurde 1682 Johann Friedrich Böttger geboren, der Erfinder des europäischen Porzellans; Konrad Duden (1869–1876 Direktor des hiesigen Gymnasiums) gab in Schleiz seine erste Schrift zur deutschen Rechtschreibung heraus. Sehenswert ist die ehemalige Wallfahrtskirche auf dem Liebfrauenberg. Das gotische Bauwerk, das im Inneren im Stil der Renaissance und des Barock ausgestaltet ist, beherbergt eine spätgotische Tumba – ein sarkophagähnliches Grabmal eines reußischen Fürsten.

6 **„Thüringer Schiefergebirge"** (Informationstafel): Zum Thüringer Schiefergebirge, das zusammen mit dem Gebiet Obere Saale den gleichnamigen Naturpark bildet, gehören wildromantische Gebirgstäler mit kristallklaren Bächen und Orte mit blauen Schieferdächern. In Lehesten, dem traditionellen Zentrum des Thüringer Schieferbergbaus und der Schieferdeckerkunst (32 km ab AS Lobenstein) wird seit der Einstellung der Schieferproduktion 1999 das Museum und Besucherbergwerk Thüringer Schieferpark aufgebaut.

7 An der AS Lobenstein quert die Deutsche Alleenstraße wieder die A9. Westlich der Autobahn liegt an dieser Ferienroute **Lobenstein**. Das staatlich anerkannte Heilbad (Moor und Thermalwasser) feierte im Jahr 2000 den 750. Jahrestag seiner Ersterwähnung.

8★ Geschichtsinteressierte sollten sich einen Abstecher zum **Deutsch-Deutschen Museum** in Mödlareuth gönnen. Sie fahren von der AS Lobenstein auf der Deutschen Alleenstraße (B90) in östlicher Richtung bis Gefell und dann über die B2 nach Mödlareuth (12 km, 30 Min.). Das Museum zur Geschichte der deutschen Teilung in „Little Berlin", im einst durch eine Mauer geteilten thüringisch-bayerischen Dörfchen Mödlareuth, dokumentiert eindrucksvoll das einstige DDR-Grenzgebiet, u. a. mit original erhaltener Betonsperrmauer, Beobachtungstürmen, Metallgitterzaun, Lichttrasse und einer Fahrzeug-Ausstellung. Auch heute noch ist das Dorf am Tannbach ein Kuriosum: Die eine Hälfte der 50-Seelen-Gemeinde gehört zu Thüringen, die andere zu Bayern.

9 Während Sie die **Saale** überqueren, können Sie einen kurzen Blick auf Thüringens größten Fluss erhaschen. Die Saale entspringt am Großen Waldstein im Fichtelgebirge und mündet nach 427 km bei Barby in die Elbe. Die Saale war hier einst innerdeutsche Grenze und bildet heute die Landesgrenze zwischen den Freistaaten Thüringen und Bayern.

10 Die Autobahn wird von der originellen und beliebten **Brückengaststätte Frankenwald** überspannt. Diese Brückengaststätte ist eine außergewöhnliche Einrichtung im deutschen Autobahnnetz.

11 Die **Panorama- und Saaletalstraße** nähert sich westlich der A9. Diese Ferienroute führt nach Blankenstein im tief eingeschnittenen Saaletal, wo der legendäre Kamm- und Wanderweg **Rennsteig** beginnt. Er verläuft 168 km durch das Thüringer Schiefergebirge und den Thüringer Wald bis zum Dorf Hörschel an der Werra.

12 **„Frankenwald"** (Informationstafel): Bis zu km 291,5 führt die Autobahn am Ostrand des Naturparks Frankenwald (70 Prozent Nadelwald) entlang. Der Frankenwald zählt zu den schönsten Mittelgebirgen im Herzen Europas. Auf mehr als 100 000 ha Fläche erstrecken sich sanft wellige Höhenflächen, raue Höhenzüge und tief eingeschnittene Wiesentäler. Die markanteste Erhebung der auch als „grüne Krone Bayerns" bezeichneten Landschaft ist der 795 m hohe Döbraberg bei Schwarzenbach.

13 **„Bad Steben"** (Informationstafel): Seit 1832 darf sich Bad Steben Bayerisches Staatsbad nennen. Der Kurort liegt westlich der Autobahn in 600 m Höhe. Bekannt geworden ist er durch die in Westeuropa einzigartige Heilmittel-Kombination Radon/Kohlensäure/Naturmoor und sein föhnfreies Mittelgebirgsklima.

214,5
2
Dittersdorf

23

214,3 → 259,4
9
Pößneck
Schleiz
Zeulenroda
Naturpark
Thüringer
Schiefergebirge/
Obere Saale
Reußische Fürstenstraße
Deutsche Alleenstraße
Frankenwaldstr.
Bleiloch-Talsperre
Saale-Stausee
Lobenstein
Hirschberg
Gefell
Tanna
Naila
Selbitz
Bad Steben
HOF
Feilitzsch
Dreieck Hochfranken
Dreieck Bayerisches Vogtland
Schwarzenbach am Wald
Pausa
Mühltroff
S. 380
93
Bayreuth
241,5
242
243,5
245
245,5
246,5
247
249,5
254,5
Lobenstein
Rudolphstein
Berg/Bad Steben
Naila/Selbitz
Hof-West

1 Lärmschutzwände verdecken das im Westen der A9 malerisch gelegene Dörfchen **Almbranz** mit seinen typischen schiefergedeckten Frankenwald-Häusern. Mit dem 6-spurigen Ausbau wurden und werden für die Streckenanlieger umfangreiche Lärmschutzmaßnahmen durchgeführt.

2 **„Fichtelgebirge“** (Informationstafel): Mit mehr als 3000 km markierten Wanderwegen hat sich das Fichtelgebirge als Wanderparadies längst einen Namen gemacht. Schon Geheimrat Goethe war von der Schönheit der Natur begeistert und bezeichnete diese Gegend deshalb als „teutsches Paradeiß“. Heute wirbt das Fichtelgebirge mit einem überaus facettenreichen Angebot, u. a. als Sportregion, bedeutendes Bergbaugebiet mit vielen Bergwerken, Zentrum der deutschen Porzellanindustrie, Heimat der Glasmaler und Weber sowie des „lieben Herrgotts Apotheke“ (hier wachsen viele Heilkräuter) ...

3 12 km östlich der Autobahn entspringt bei **Zell** am 800 m hohen Großen Waldstein die Saale. Auf dem Waldstein steht die Burgruine Rotes Schloss. In Zell beginnt der Saale-Radwanderweg, der bis zur Saale-Mündung in die Elbe führt.

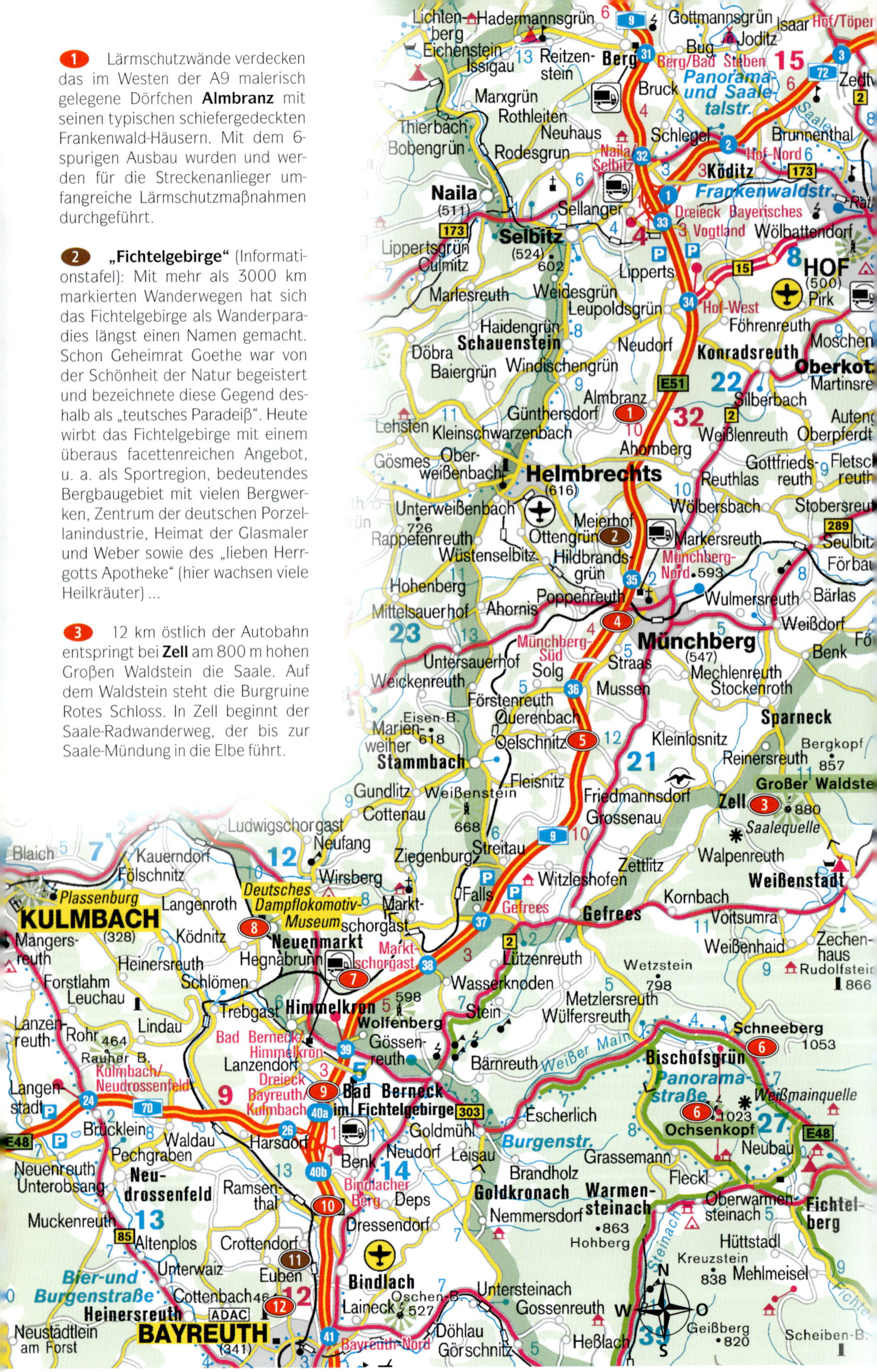

Hermsdorfer Kreuz ←

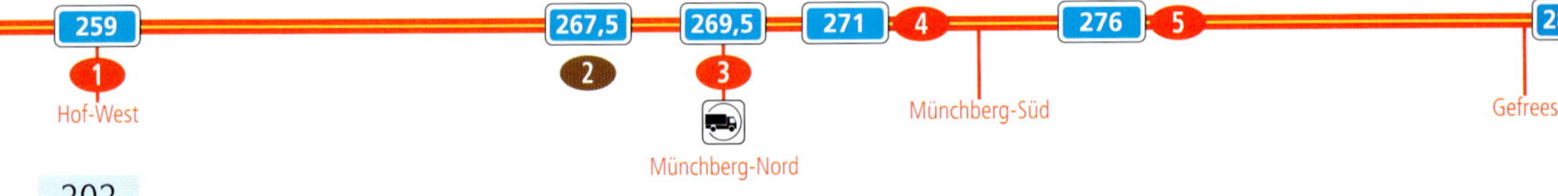

4 Schutzwälle verhindern die Sicht auf die für ihre Handwebereien bekannte Textilstadt Münchberg. Die Autobahn wurde im Bereich der wegen ihrer Nebelwände berüchtigten **Münchberger Senke** um 20 m angehoben und die ursprüngliche Dammlage durch eine rund 500 m lange und knapp 20 m hohe Talbrücke ersetzt. Durch die Brücke und den 6-spurigen Ausbau hat man eine der unfallträchtigsten Streckenabschnitte der A9 entschärft.

5 Durch Lärmschutzdämme kaum noch zu sehen ist das Dorf Querenbach. Die A9 quert hier die **Wasserscheide** zwischen den Flusssystemen von Elbe und Rhein, hier speziell zwischen den Einzugsgebieten von Saale und Main. Seit jeher ist das Fichtelgebirge eine europäische Wasserscheide. Eger, Saale, Weißer Main und Fichtelnaab entspringen hier und senden ihre Wasser in alle vier Himmelsrichtungen.

6 Kurz nach der AS Gefrees sind bei günstiger Witterung schöne Fernblicke nach Osten zum Fichtelgebirge möglich. Immer wieder zu sehen sind die höchsten Gipfel **Schneeberg** (1053 m) und **Ochsenkopf** (1023 m) mit Sendeanlagen. Bei leicht welliger Talfahrt mit immer wieder reizvollen Ausblicken verläuft die A9 nun bis km 291,6 als Grenze zwischen den Naturparks Frankenwald im Nordwesten und Fichtelgebirge im Südosten.

7 Nachdem sich der Wald westlich der A9 gelichtet hat und die Autobahn in eine weite Talsenke führt, ist die **Autobahnkirche St. Christophorus Himmelkron**, die einzige an der A9, zu sehen. Sonntags um 10.30 Uhr findet hier eine Eucharistiefeier statt, jeden Mittwoch (19.00–19.19 Uhr) eine Meditation für Autofahrer und jeden Donnerstag um 19.00 Uhr eine Abendmesse. Wenn man Glück hat, sieht man westlich der A9 einen Dampfzug der **Museumsbahn** auf der berühmten Schiefen Ebene. Der 1848 innerhalb der „Ludwig-Süd-Nord-Bahn" von Lindau bis Hof in Betrieb genommene Streckenabschnitt zwischen Neuenmarkt im Maintal und Marktschorgast im Fichtelgebirge war die erste Steilbahn in Europa. Auf 8 km überwindet sie einen Höhenunterschied von 158 m.

8★ Wer als Kind davon träumte, Lokomotivführer zu werden, sollte unbedingt das **Deutsche Dampflokomotiv-Museum** in Neuenmarkt besuchen. Von der AS Bad Berneck/Himmelkron ist es über die B303 nach 7 km, 20 Min. zu erreichen. Ein Dampfkran, zahlreiche Feldbahnloks, mehrere Lokomotiven sowie Dampfsonderfahrten vermitteln lebendige Eisenbahnnostalgie. Im großzügig angelegten Freigelände am Bahnhof Neuenmarkt laden eine Schmalspurbahn und die Dampfgartenbahn zur Mitfahrt ein. Unter dem Motto „Vom Eisenbahnerhimmel ins Bierparadies" pendelt ein nostalgischer Dampfzug an zwölf Betriebstagen (Mai–Okt., Dampf-Hotline: 0 92 27/57 55) zwischen dem Deutschen Dampflokmuseum und dem Bayerischen Brauereimuseum in Kulmbach auch über die Schiefe Ebene (siehe vorhergehenden Punkt).

9 Bevor die A9 wieder leicht ansteigt, genießen Sie einen schönen Blick ins Tal des **Weißen Mains** (rechter Quellfluss des Mains), der hier überquert wird.

10 Ein weiter Blick eröffnet sich vom **Bindlacher Berg** auf die Stadt Bayreuth. Von hier hat einst Richard Wagner zum ersten Mal Bayreuth erblickt. Bei guter Sicht sind im Hintergrund bereits die Höhenzüge des Fränkischen Jura zu sehen.

11★ **„Festspiel- und Universitätsstadt Bayreuth"** (Informationstafel): Für Wagner-Liebhaber ein absolutes Muss ist ein Abstecher nach Bayreuth, nur 3 km (8 Min.) von der AS Bayreuth-Nord entfernt. Weltberühmt durch die Richard-Wagner-Festspiele, ist die größte Stadt Oberfrankens heute eine moderne Wirtschafts-, Kongress- und Universitätsstadt auf dem Weg zum Hightech-Zentrum der Region.

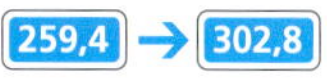

Neben dem 1745/46 erbauten Markgräflichen Opernhaus, dem schönsten erhaltenen Barocktheater Europas, sind im Zentrum u.a.

Mit ihrem 33 m hohen Turm lädt die katholische Autobahnkirche St. Christophorus Himmelkron **7** *weithin sichtbar zu Ruhe und Einkehr.*

auch das Alte und Neue Schloss sowie die Schlosskirche, das Deutsche Freimaurer-Museum und das Jean-Paul-Museum sehenswert. Etwas außerhalb auf dem Grünen Hügel befindet sich das Festspielhaus. Mit seiner einzigartigen Architektur und Akustik zählt es zu den größten Opernbühnen der Welt. Montags, an Probetagen und im November ist es für Besucher geschlossen. Während der Festspielzeit (Ende Juli–Aug.) ist es nur gelegentlich vormittags zu besichtigen (Führungen Tel. 09 21/7 87 80).

12 Westlich der Autobahn ist eine Brauerei und östlich ein Gewerbegebiet zu sehen. Wenig später sind östlich auf dem Oschenberg Sendeanlagen und westlich, am nördlichen Stadtrand von Bayreuth, das **Richard-Wagner-Festspielhaus** auf dem Grünen Hügel zu erkennen.

→ Nürnberg

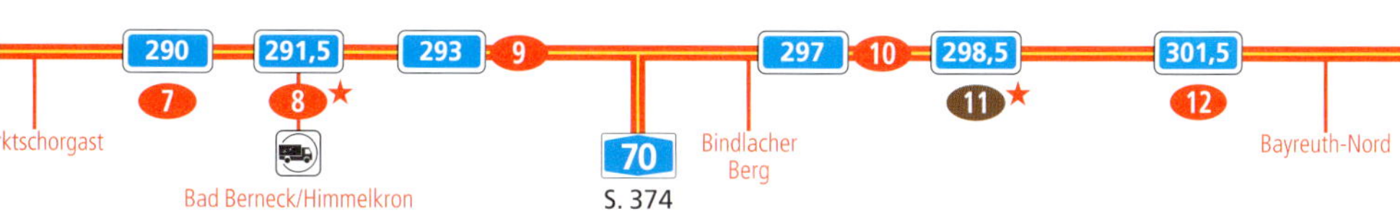

1 An dieser Stelle überquert die **Glasstraße** die Autobahn. Seit 1997 verbindet sie die zahlreichen Glasmacherorte entlang der bayerisch-böhmischen Grenze. Von der „Stadt des Bleikristalls“ Neustadt a. d. Waldnaab bis zur Dreiflüssestadt Passau ist auf rund 250 km ein märchenhaftes Glasreich zu erleben. Wo die Kunst der Glasbläser und Glasschleifer eine jahrhundertealte Tradition hat, erfüllen diverse Veranstaltungen und Aktionen die Ferienstraße mit Leben. 1999 feierte Ostbayern die 750-jährige Glastradition mit den „1. Europäischen Glasfestspielen an der Glasstraße“.

2 Der Rote Main, linker Quellfluss des Mains, wird überquert. In einer Schleife des Flusses östlich der A9 (etwa 1,5 km entfernt, aber nicht zu sehen) befindet sich das **Lustschloss Eremitage**. Markgraf Friedrich der Vielgeliebte (1735–1763) ließ das Juwel des Rokoko für die Markgräfin bauen. Die historische Parkanlage vor den Toren Bayreuths beherbergt das Alte Schloss mit einer Grotte im Inneren sowie das Neue Schloss mit Sonnentempel und Wasserspielen.

3 An der AS Bayreuth-Süd überquert die **Bier- und Burgenstraße** die A9. Diese beliebte Ferienstraße

Hof ←

303,5 1 · 307 2 3 · 309 4 · 320 5 · 323 6

Bayreuth-Nord · Bayreuth-Süd · Trockau

verbindet entlang der B85 zwischen Passau in Niederbayern und Bad Frankenhausen am Kyffhäuser im Norden Thüringens zahlreiche bekannte Brauereien und Burgen. So liegen u.a. Kulmbach mit der Plassenburg, Kronach mit der Festung Rosenberg, Saalfeld, die „Steinerne Chronik Thüringens", Rudolstadt mit der Heidecksburg und Weimar mit der Gasthofbrauerei Felsenkeller an der Strecke.

4 Nach dem Überqueren der Bahnstrecke Bayreuth–Nürnberg ist westlich kurz ein Blick auf das **Thiergärtner-Schloss**, ein ehemaliges Jagdschloss, möglich. Heute empfängt hier das Schlosshotel Thiergarten am Rande der Festspielstadt Bayreuth seine Gäste, u.a. mit Kreativkursen und Barockfesten.

5 **„Fränkische Schweiz"** (Informationstafel): Kaum eine Landschaft vereinigt auf so engem Raum so viele Gegensätze: markante Felstürme, geheimnisvolle Höhlen, gewundene Täler, blühende Obstwiesen, gemütliche Dörfer ... Romantiker, die das herrliche Fleckchen Erde wandernd durchstreift, in Liedern besungen und auf Leinwand festgehalten haben, waren es, die der Fränkischen Schweiz ihren Namen gegeben haben. Nachdem 1972 die Fränkische Schweiz und weitere reizvolle Teile der Frankenalb dem Naturpark Veldensteiner Forst, 1968 gegründet, angeschlossen wurden, umfasst der Naturpark Fränkische Schweiz-Veldensteiner Forst nunmehr ein Gebiet von rund 240 000 ha.

6 Westlich der A9 ragt hinter dem malerischen Örtchen **Trockau** der Berg **Platte** (614 m) mit der Sophienhöhle empor. Das Schloss und die katholische Schlosskapelle St. Oswald sind die bedeutendsten Bauten des 1273 erstmals erwähnten Trockau. Das Innere des Schlosses mit drei runden Ecktürmen zieren Spätrokoko-Dekorationen. Die Schlosskapelle wurde zu Beginn des 17. Jh. umgebaut. Das gesamte Anwesen befindet sich in Privatbesitz. Das Landschaftsbild zu beiden Seiten der A9 ändert sich nun, es gleicht einer Dolomitenlandschaft, der Jura-Anstieg beginnt.

7 Mischwald dominiert nunmehr entlang der Autobahntrasse, die auf den folgenden 500 m den Aussichtsberg **Körbelsdorfer Kulm** (625 m) östlich umgeht. Immer wieder sind bizarre Felsbildungen aus Jura-Gestein zu sehen.

8★ Für Liebhaber von Romantik und Idylle, aber auch von Fun und Action lohnt sich ein Besuch von **Pottenstein**, das man über die AS Pegnitz nach 9 km, 20 Min. in Richtung Westen erreicht. Der Hauptort der Fränkischen Schweiz liegt am Schnittpunkt von vier Tälern. Die über 1000-jährige Burg thront über der idyllischen Altstadt, die sich malerisch am Fuß des gewaltigen Burgfelsens drängt. 500 km gut markierte Wanderwege in der Umgebung, ein neues Erlebnisbad und die längste Sommer-Rodelbahn Deutschlands laden zu einem längeren Besuch ein. Eine besondere Attraktion ist die Teufelshöhle mit ihren prächtigen Tropfsteingebilden vor den Toren Pottensteins.

Weithin sichtbar thront Burg Pottenstein über dem gleichnamigen Ort 8★.

9 Unweit der Autobahn liegt östlich der staatlich anerkannte Erholungsort **Pegnitz**. Optisches Highlight ist das mittelalterliche Fachwerk-Rathaus (um 1347 erbaut). Neben dem Schlossberg ist ein weiteres Wahrzeichen der Stadt die evangelisch-lutherische Pfarrkirche St. Bartholomäus mit schönem Choraltar und einer Kanzel aus der Zeit um 1700. Am Schlossberg entspringt die Pegnitz, eine typische Karstquelle. Bekannt ist das traditionelle Bierfest „Flinderer" (April–Juni), gern auch als „Fünfte Jahreszeit" bezeichnet. Weltweit einmalig ist übrigens die Anzahl kleiner Brauereien in der Fränkischen Schweiz: Auf rund 2000 km² sind derzeit 71 Bierbrauer zu Hause!

10★ Wer nach langer Autofahrt etwas Entspannung sucht und vielleicht zudem mit Kindern unterwegs ist, sollte mindestens 2 Std. Zeit einplanen, um den 2 km (10 Min.) von der AS Plech entfernten Freizeit- und Erlebnispark **Fränkisches Wunderland** zu besuchen. Süddeutschlands größte Westernstadt mit Märchenwald und einem Babyland für Kinder bis zu sechs Jahren wartet hier u.a. mit täglichen Live-Shows auf: von Western-Reitvorführungen über Azteken-Tanz bis zur Geistershow im Elektronik-Theater.

11 **„Frankenalb"** (Informationstafel): Die vom Jura geprägte Mittelgebirgslandschaft zwischen Nürnberg und Regensburg im Herzen Bayerns zeigt ein Stück Natur von ursprünglichem Zauber. Karge, raue Jura-Hochflächen wechseln ab mit scharf eingeschnittenen Flusstälern. Wiesen und Äcker sowie liebenswerte kleine Orte geben der Frankenalb, die in ihrem südlichen Teil von der Altmühl durchschnitten wird, ihr reizvolles Gepräge. Zu ihr gehört auch die Hersbrucker Schweiz mit Kalkriffen und steilen Dolomitkaminen. Hunderte von Kilometern markierter Rad- und Wanderwege gehören hier ebenso zum touristischen Angebot wie zahlreiche Feste und Brauchtumsfeiern.

12 Östlich begleitet hier die **Hersbrucker Alb** die A9. Dort liegt, von der Autobahn nicht zu sehen, die Burgruine Hohenstein, das Wahrzeichen der Frankenalb. Einige Kilometer weiter östlich in der Karstlandschaft um Velden, Hirschbach und Königstein befinden sich verwinkelte Klettersteige, Felslabyrinthe sowie die „Steinerne Stadt" bei Velden und weit verzweigte Höhlen wie z.B. die Maximiliansgrotte.

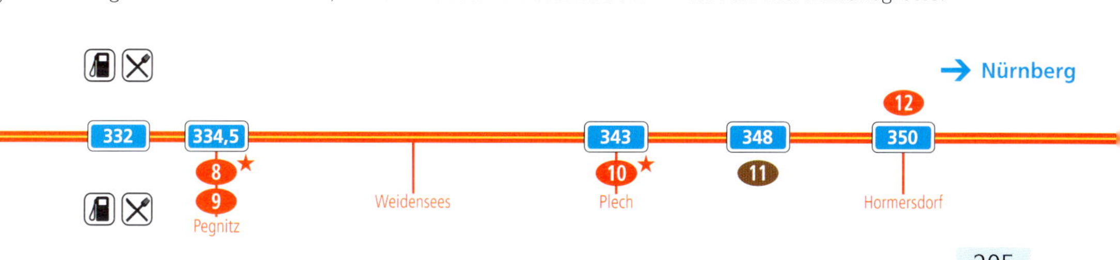

1 Auf einem der Hügel östlich der A9 ist die **Burgruine Hohenstein** zu erkennen. Die Hohenstaufenburg aus dem 12. Jh. markiert auf 634 m den höchsten Punkt der Fränkischen Schweiz.

2 Um den 552 m hohen **Hienberg** zu umgehen, teilt sich die A9. Während die Fahrbahn in Richtung München an der Westflanke des Berges eher gemäßigt ansteigt, sind in Richtung Bayreuth sechs Prozent Gefälle zu bewältigen.

3 Südlich des Hienbergs ist kurz die Pfeilerkonstruktion der **Talbrücke Schnaittach** zu sehen. Die Brücke ist mit 1284 m die zweitlängste in Bayern. In luftiger Höhe laufen die beiden Fahrbahnen der A9 auf der Brücke wieder zusammen. Von der Fränkischen Alb hinunter in das Rednitzer Becken ist ein Höhenunterschied von 180 m zu bewältigen. Der Brückenbau dauerte zweieinhalb

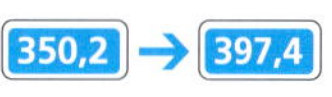

Das Albrecht-Dürer-Haus (Bildmitte) im Herzen Nürnbergs: Hier lebte der Künstler fast 20 Jahre lang.

Jahre – der enorme Aufwand wurde durch die besondere Schönheit der Umgebung gerechtfertigt.

4 ★ Ohne es zu bemerken, überquert man auf einer Brücke die Schnaittach. Von der Brücke aus sieht man östlich die **Festung Rothenburg**. Für Freunde alter Burgen lohnt sich der 20-minütige Spaziergang vom Parkplatz durch einen Laubwald hinauf zur Festung. Bereits im 13. Jh. befanden sich auf dem Rothenberg eine kleine Stadt und eine Burg. Nachdem die Lage der Rothenburg strategisch unbedeutend geworden war, verließ am 2. Oktober 1841 die letzte Wache die Burg. 1889 begann der „Heimat- und Verschönerungsverein", die Ruine zu restaurieren. Heute können über die Hälfte der Anlage – darunter das vollständig erhaltene Torhaus – sowie ein Teil der unterirdischen Kasematten besichtigt werden (3 km, 5 Min., ab AS Schnaittach).

5 **Neunkirchen am Sand**, östlich der A9 gelegen, ist hinter Wald und Lärmschutzwällen verborgen. Am Ende des Ortsteils Speikern beginnt am Parkplatz ein 11 km langer Archäologischer Wanderweg. Zu sehen sind Grabhügel aus der Hallstattzeit (750–500 v. Chr.), ein mittelalterlicher Wall sowie eine während der Eiszeit von Jägern und Sammlern genutzte Höhle. Der bekannteste Fund ist das so genannte Speikerner Reiterlein, eine 8 cm hohe Grabbeigabefigur.

6 ★ Nur ein Teil des Gewerbegebiets von **Lauf** ist westlich der A9 zu sehen; Lärmschutzwälle und -wände behindern die Sicht auf die Altstadt, die einen Abstecher wert ist. (AS Lauf/Hersbruck, 2 km, 5 Min.). Die Wasserkraft der Pegnitz hat die Geschicke der Stadt geprägt. Bereits um 1275 werden vier Mühlen am Fluss erwähnt, 1516 nutzten immerhin 50 Räder bei 18 Werken die Strömung des Flusses. Viele Fachwerkhäuser und romantische Hinterhöfe zieren das Stadtbild von Lauf. Die Wasserburg in der Pegnitz, das **Wenzelschloss**, beherbergt in der Kaiserkammer 114 Wappen des

böhmischen Hochadels, die die im 14. Jh. weit reichende Macht Kaiser Karls IV. belegen. Im **Industriemuseum** am Ufer der Pegnitz, einem Freilichtmuseum, können vor allem wasserradbetriebene Gewerbe wie Hammerschmiede, Getreidemühle und Elektrizitätswerk besichtigt werden. Daneben geben Schirm- und Hutwerkstatt sowie ein Frisörsalon und ein Tante-Emma-Laden Aufschluss über das Leben und Arbeiten von der Jahrhundertwende bis in die 1950er/60er-Jahre. Alle Gebäude stehen noch immer dort, wo sie erbaut wurden.

7 Ebenso wie Lauf war **Hersbruck** (östlich zu sehen) einst Station auf dem „Goldene Straße" genannten Handelsweg von Nürnberg nach Prag. Die Stadt liegt an der südlichen Grenze des Naturparks Fränkische Schweiz–Veldensteiner Forst. Die Sammlung des Hersbrucker Hirtenmuseums zur regionalen und internationalen Hirtenkultur ist in Deutschland einzigartig.

8 Zwischen der AS Lauf und dem AK Nürnberg erhebt sich östlich der A9 der **Moritzberg** (600 m). Bayerns König Ludwig I. träumte von einem „bayerischen Nationalheiligtum" auf dem Berg, ähnlich der bei Donaustauf gelegenen Walhalla. Statt dessen errichtete 1911 der „Verschönerungsverein Moritzberg und Umgebung" einen einfachen Aussichtsturm auf der Anhöhe. Dieser wurde 1964 aufgestockt, weil die inzwischen gewachsenen Bäume die Aussichtsplattform überragten.

9 Das AD Nürnberg liegt inmitten des **Lorenzer Reichswaldes**. Kilometerlang säumt ein grüner Vorhang von nun an die Autobahn und wird erst bei km 380 durch den Nürnberger Vorort Fischbach unterbrochen. (Informationen zu Nürnberg siehe A6, S. 129).

10 Die **Raststätte Nürnberg-Feucht (West)** kann von beiden Fahrtrichtungen aus angefahren werden. 1994 wurde dort das erste Bio-Gericht in einer deutschen Autobahnraststätte serviert. Heute werden nicht nur die Fleischzutaten der berühmten Nürnberger Rostbratwürste aus artgerechter Tierhaltung bezogen – auch die Gewürze stammen aus kontrolliert biologischem Anbau. An der **Raststätte Nürnberg-Feucht (Ost)** weist das Modell einer Saturn-5-Rakete auf das Raumfahrtmuseum in Feucht hin. Das Original startete am 16. April 1969 mit den Astronauten der Apollo 11, darunter Neil Armstrong, zum Mond. Das Museum trägt den Namen des Physikers und Raumfahrtpioniers Hermann Oberth.

11 **„Fränkisches Seenland"** (Informationstafel): Das Fränkische Seenland mit Altmühlsee, Rothsee und Brombachsee ist ein von Menschenhand geschaffenes Erholungsgebiet. Die Seen entstanden beim Bau des Main-Donau-Kanals und sind heute ein beliebtes Wander- und Wassersportgebiet.

S. 130/S. 74

S. 130/S. 431

S. 431 /S. 130

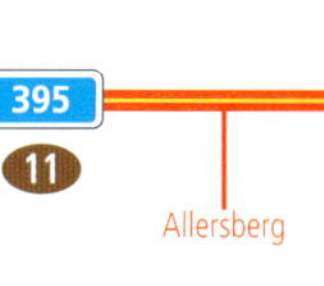

→ München

Allersberg

1 Die A9 überquert den **Main-Donau-Kanal**. Bereits 793 gab Karl der Große den Auftrag, Altmühl und Rezat zu verbinden. Die Fossa Carolina in der Nähe von Treuchtlingen zeugt noch heute vom ersten Versuch, die europäische Wasserscheide zu überwinden. Im 19. Jh. griff Bayerns König Ludwig I. den Gedanken auf, Donau und Main zu verbinden. Innerhalb von zehn Jahren entstand der Ludwig-Donau-Main-Kanal mit 101 Schleusen. Den modernen Anforderungen genügte das Bauwerk bald nicht mehr. Im Jahre 1921 wurde die Rhein-Main-Donau AG gegründet, mit dem Bau wurde jedoch erst 1960 begonnen. 1989 wurde der Main-Donau-Kanal dem Schiffsverkehr übergeben. 16 moderne Schleusen mit bis zu 190 m Länge und 12 m Breite ermöglichen es auch großen Binnenschiffen, vom Main über die europäische Wasserscheide bei Hilpoltstein und wieder hinunter zur Donau zu gelangen. Der 171 km lange Kanal überwindet insgesamt einen Höhenunterschied von 243 m.

Auf Schloss Prunn bei Riedenberg im Altmühltal **4***, einer der besterhaltenen Ritterburgen Bayerns, wurde im 16. Jh. eine Handschrift des Nibelungenliedes entdeckt.*

2★ Östlich der A9 ist kurz der Stadtkern von **Greding** mit einigen Fachwerk-Giebeln zu sehen, bevor eine Lärmschutzwand die Sicht versperrt. Liebhaber von alten Städten sollten hier einen kurzen Abstecher nach Greding (AS Greding, 1 km, 2 Min.) einplanen. Sehenswert ist die 1250 m lange, sehr gut erhaltene Wehrmauer mit 20 unterschiedlich gestalteten Türmen aus den Jahren 1383 bis 1415. Bauten aus verschiedenen Epochen, vom Mittelalter bis zum Barock, schmücken die Altstadt von Greding. So z. B. das fürstbischöfliche Jagdschloss, das Rathaus aus dem 17. Jh. und die St.-Michael-Kirche aus dem 12. Jh. mit einem Gebeinhaus. Der „Seelenkerker" enthält die Gebeine von 2500 Menschen.

3 Die **Raststätte Greding-West** wurde 1945 von Irmgard Heintel als erste private Autobahnraststätte Deutschlands eröffnet. Anstelle des heutigen Gebäudes stand damals eine Holzbude, die der jungen Witwe und ihren drei Kindern nach dem Zweiten Weltkrieg das Überleben sicherte.

4 **„Naturpark Altmühltal"** (Informationstafel): Zwischen der AS Hilpoltstein und der AS Altmühltal durchquert die A9 den nördlichen Teil des Naturparks Altmühltal – des größten Naturparks Deutschlands. Auf 3000 km² erstreckt sich von Gunzenhausen im Westen bis Kelheim im Osten eine Landschaft mit breiten Tälern, bizarren Felswänden und blühenden Wiesen. Inmitten der geschützten Natur liegen solche malerischen Ortschaften wie die Universitätsstadt Eichstätt, das mittelalterliche Kelheim oder Riedenburg, die so genannte „Perle des Altmühltals".

5 Westlich der A9 fällt die Ruine der **Rumburg Enkering** auf. Die Rumburg stammt aus dem 14. Jh. Nachdem die Burg im 16. Jh. einem Brand zum Opfer gefallen war, wurde sie nicht wieder aufgebaut.

6 Die Ortschaft **Kinding** liegt östlich, nahe der A9, wird aber von einer Lärmschutzwand verdeckt. Die Wehrkirche Mariä Geburt mit ihren drei Türmen stammt vermutlich aus dem 14. Jh., da 1357 eine Weihe stattfand. Das Innere der Kirche ist barock ausgestaltet.

7 Etwas weiter von der A9 entfernt liegt östlich **Beilngries**, das bereits 1007 urkundlich erwähnt wurde. Interessant sind die Frauenkirche, ein Rokokobau aus dem Jahr 1753, und das Schloss Hirschberg. Einer Sage zufolge wollten zwei Brüder aus dem Geschlecht der Grafen von Hirschberg eine Stadt gründen, wussten aber nicht wo. Da schleuderten sie ihre Äxte von ihrer Burg auf dem Hirschberg ins Tal, die im so genannten Gries (Schwemmgeröll) von Sulz und Altmühl stecken blieben. Dort wurde die Stadt erbaut und Beil im Gries genannt.

8 Die **Deutsche Ferienroute Alpen–Ostsee** kreuzt bei der AS Altmühltal die A9. Die mit 1718 km längste Touristikstraße Deutschlands verläuft von der Insel Fehmarn bis nach Berchtesgaden.

9★ Ein Abstecher in die Barockstadt **Eichstätt** lohnt sich allemal. Von der AS Altmühltal sind es auf der Kreisstraße 23 km, 33 Min. Richtung Südwesten. Wer mehr Zeit hat, sollte die landschaftlich schönere Landstraße über Kipfenberg und Gungolding benutzen (31 km, 56 Min.). Sie führt durch das malerische Tal der Altmühl an den Ruinen des römischen Kastells bei Böhming und an mehreren Burgen vorbei. Eichstätt ist seit 1972 Sitz der einzigen Katholischen Universität im deutschsprachigen Raum. Die Tradition der Bildung geht jedoch ins 16. Jh. zurück. Eichstätt hat ein gut erhaltenes barockes Stadtbild. Die meisten Bauten – wie die prächtige ehemalige Fürstbischöfliche Residenz – wurden unter Mitwirkung von Gabriel de Gabrieli im 18. Jh. errichtet. Der Dom am schönen barocken Residenzplatz ist eine gotische Hallenkirche mit einer barocken Westfassade. Beeindruckend ist der figurenreiche 10 m hohe Pappenheimer Altar. Die Fürstbischöfe von Eichstätt, ab 1305 geistliche und weltliche Herren der Region, hatten ihren Sitz von 1355 bis 1725 in der Willibaldsburg. Die hoch über der Stadt gelegene, im 17. Jh. im Renaissancestil umgebaute Burg beherbergt das Ur- und Frühgeschichtliche Museum sowie das naturkundliche Jura-Museum. In einem Steinbruch westlich der Stadtmitte (3 km) können Besucher auch selbst im Juragestein auf Fossiliensuche gehen.

10 Kurz nach der AS Altmühltal wird erkennbar, dass sich die Fahrbahnen der Autobahn abermals teilen. Während die Fahrbahn in Richtung Nürnberg steil bergauf führt, verläuft die Fahrspur in Richtung München flacher, so dass der Reisende einen schönen Blick auf die **Altmühl** hat. Der Fluss entspringt im Hornauer Weiher bei Rothenburg ob der Tauber und mündet nach 200 km bei Kelheim in die Donau. Durch ihr geringes Gefälle ist die Altmühl der langsamste Fluss in Bayern. Südlich von Gunzenhausen er-

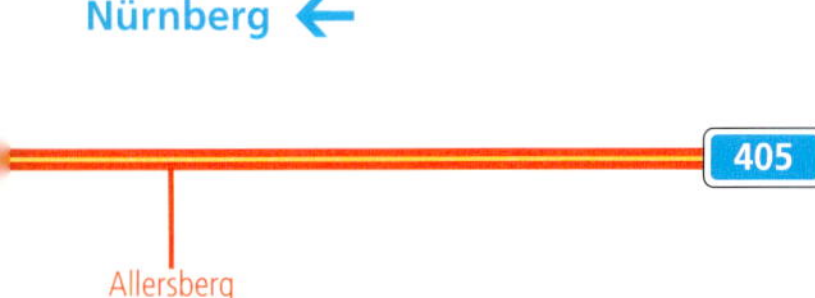

Punkt von S. 207

reicht das Gewässer den Naturpark Altmühltal; ab Treuchtlingen windet sich der Fluss durch die Fränkische Alb – das romantische Altmühltal beginnt. 1836 bis 1846 wurde das Flussbett der Altmühl zwischen Dietfurt und Kelheim ausgebaggert und mit elf Schleusen versehen. Südwestlich der A9 ist die Burg Kipfenberg auf einem Felsen zu sehen.

11 Westlich der Autobahn liegt **Denkendorf**. Hier enthüllte Michail Gorbatschow 1993 ein Denkmal völkerverbindender Freundschaft des UNESCO-Preisträgers Dimitri Ryabitchev. Die in der Ortsmitte platzierten, über 2 m hohen Statuen stellen ein russisches Mädchen und einen bayerischen Jungen dar.

12 Die **Deutsche Limesstraße** kreuzt die A9 bei Denkendorf. Diese 400 km lange Tourismusroute führt von Rheinbrohl/Bad Hönningen am Rhein bis nach Regensburg an der Donau. Sie folgt dem Verlauf des ehemaligen römischen Grenzwalls. Der 549 km lange so genannte Limes sicherte das Römische Reich gegen Angriffe der Germanen.

13 Kurz hinter Denkendorf fällt westlich der Autobahn ein **Windrad** auf. Seit September 1989 erzeugt das Ehepaar Kammermeier damit regenerative Energie und kann damit etwa 900 Haushalte versorgen. Im Gegensatz zur Energiegewinnung mit fossilen Brennstoffen wird der Umwelt durch diese mit Wind erzeugte Energiemenge 1,9 Mio. kg Kohlendioxid erspart.

→ München

23 · 424 · 429 · 429,5 · 8 · 430 · 10 · 440 · 12 · 441

4 Greding · 5 · 7 · 6 · 9 ★ Altmühltal · 11 Denkendorf · 13

1★ Autofans sei ein Abstecher in das **Audi Forum Ingolstadt** empfohlen. Es ist von der A9 über die AS Lenting nach 9 km (20 Min.) zu erreichen. Auf dem Weg dorthin wird das Audi-Werk zum Teil umrundet; am Ziel fällt besonders der kreisrunde Bau des „museum mobile“ ins Auge. Ein lang gestrecktes Gebäude, in dem zwei Restaurants untergebracht sind, verbindet das Museum mit dem Kundencenter. Eine Werksbesichtigung sollte vorab telefonisch gebucht werden (Tel. 08 00/2 83 44 44). Ein Rundgang auf den verschiedenen Ebenen des Museums führt durch die Geschichte des Autoherstellers – von den Motorenwerken Horch, Audi, DKW, Wanderer und NSU zur heutigen AUDI AG – und erzählt gleichzeitig die Geschichte der Fortbewegungsmittel im 20. Jh. Die neuesten Fahrzeuge werden im Gebäude „Markt und Kunde“ präsentiert. Außerdem stehen im Audi Forum ein Kids Club, ein Audi Shop, die Audi-Bank, eine Versicherung sowie ein Reisebüro zur Verfügung.

2 **„Ingolstadt Historische Altstadt“** (Informationstafel): Das auf dem Schild abgebildete Neue Schloss erinnert an die Zeit, als Ingolstadt Residenz der Wittelsbacher war. Es wurde 1418 von Herzog Ludwig dem Bärtigen errichtet. Das Liebfrauenmünster gilt als eine der größten Hallenkirchen der deutschen Gotik; der Bau wurde 1425 begonnen und zu Beginn des 16. Jh. von Hanns Rottaler zur Staffelhalle umgestaltet und gewölbt. Heute ist Ingolstadt eine bedeutende Industriestadt. Von der Autobahn aus gut zu sehen ist das große Gewerbegebiet im Osten; die Erdöl-Raffinerie von Esso liegt östlich direkt an der Autobahn.

3 Hier kreuzt die A9 die **Donau**, eine bedeutende europäische Wasserstraße mit langer Binnenschifffahrtstradition. Bereits am 13. März 1829 wurde die „Erste k. u. k. privilegierte Donau-Dampfschifffahrts-Gesellschaft“ gegründet. Von der Donaubrücke ist westlich der Autobahn die Ingolstädter Altstadt zu sehen.

4 Die A9 überquert die **Sandrach**, einen der wenigen Nebenarme der Donau, die nicht verlandet sind. Zwischen Donau und Sandrach wird die Autobahn vom Ingolstädter Gewerbegebiet und von Lärmschutzwällen gesäumt. In der Luft kreuzen Flugzeuge die Autobahn, die den Militärflughafen bei Manching anfliegen oder aber dort gestartet sind.

5 Bei der AS Manching quert die A9 den Fluss **Paar**, der nahe Vohburg in die Donau fließt. Südwestlich sind von der Autobahn aus die **Pichler Weiher** zu sehen; bei km 466 fällt das große Gebäude der Gesellschaft für Sondermüllbeseitigung westlich der A9 auf.

6 **„Hopfenland Hallertau“** (Informationstafel): Es heißt im Volksmund: „Die Grenzen der Hallertau sind dort, wo kein Hopfen mehr wächst.“ Seit 1516 darf Bier nach dem Bayerischen Reinheitsgebot nur aus Wasser, Getreide, Malz und Hopfen gebraut werden. Dabei hatten die Braumeister in Deutschland erst seit dem Mittelalter begonnen, dem Biersud Hopfen beizugeben. In früheren Zeiten wurde das Bier mit verschiedenen Kräutern gewürzt: Lorbeer, Salbei und Lavendel rundeten damals den Geschmack ab. Im 18. Jh. sollte der Wohlstand des Volkes und damit die Steuereinnahmen des Staates durch den Anbau von Hopfen erhöht werden – so wurde der Preuße Friedrich der Große zum wichtigsten Förderer des Hopfens! Um 1900 entwickelte sich die Hallertau/Holledau zum deutschen Hopfenzentrum, seit 1966 ist sie das unbestritten größte Hopfenanbaugebiet der Welt (siehe auch A93, S. 411).

7 Erst bei der AS Langenbruck sind westlich der A9 die ersten typischen **Stangengerüste des Hopfenanbaus** zu sehen. Zwischen den Hopfenfeldern liegen die zur Marktgemeinde Reichertshofen gehörenden Ortsteile Winden a. Aign und Langenbruck.

8 Östlich der Autobahn ragt zunächst nur der Turm der **Wallfahrtskirche St. Kastl** über die Baumwipfel. Dann öffnet sich der Wald und gibt den Blick frei auf die romantische Komposition: Am Waldrand steht die Kirche, flankiert von einer kleineren Kapelle und umgeben von drei Häusern. Der heilige Kastulus wurde unter Kaiser Diokletian seines Glaubens wegen bei lebendigem Leib begraben.

9★ Über das AD Holledau und die AS Wolnzach gelangen Hopfeninteressierte nach 4 km und 5 Min. auf der A93 in die Hopfenmetropole **Wolnzach**. Dort wurde 1984 der „Förderverein Deutsches Hopfenmuseum“ gegründet. Leider fand sich noch kein geeignetes Gebäude für die mehrere tausend Exponate umfassende und damit vermutlich weltgrößte Sammlung zur Geschichte des Hopfenanbaus. Die Führung durch die provisorische Schausammlung in einem Hopfenhof dauert 1 Std. und muss mindestens zwei Wochen vorher angemeldet werden (Tel. 0 84 42/82 13).

10 Das **Rasthaus „In der Holledau“** wurde 1938 von der Reichsautobahngesellschaft gegründet. Heute befindet es sich im Familienbesitz. In der hauseigenen Bäckerei, Konditorei und Metzgerei werden echte Holledauer Spezialitäten zubereitet. Die Gaststätte hat sich eine Michelin-Empfehlung erarbeitet und wird nicht nur von den Autobahnreisenden besucht, sondern erfreut sich auch größter Beliebtheit bei den Gästen aus der Region, die aus den umliegenden Orten anreisen.

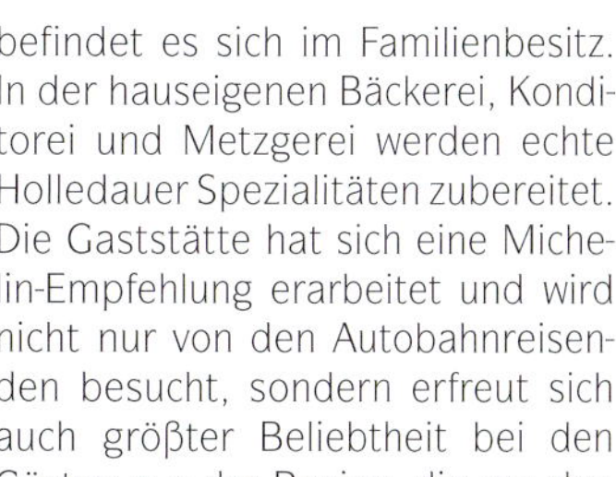

Ein Renaissance-Kleinod im Altmühltal: Die Willibaldsburg überragt die Bischofsstadt Eichstätt (29 km nordwestlich von Ingolstadt).

11 **Pfaffenhofen a. d. Ilm** liegt westlich der A9. Pferderennsport-Freunden ist die Pfaffenhofener Trabrennbahn ein Begriff: Die so genannte Hopfenmeile gehört zu den bedeutendsten B-Bahnen (mit niedrigeren Dotierungen und weniger Renntagen als auf A-Bahnen) in Deutschland. Pfaffenhofen liegt im Herzen der Hollertauer Hügellandschaft. Rund 50 000 Zentner des „grünen Goldes“ werden dort jährlich geerntet. Der wichtigste Arbeitgeber der Stadt ist der traditionsreiche Familienbetrieb Hipp. Die Firma ist der weltweit größte Verarbeiter von Ökoprodukten und vertreibt erfolgreich Bio-Gläschenkost. Von den einst 17 Türmen der Stadtbefestigung ist nur der Pfänder- oder auch Hungerturm unverändert stehen geblieben. Der Marktplatz beeindruckt durch die Vielfalt der Häuserfassaden, die vom eher schlichten Äußeren der barocken Spitalkirche bis zum verspielten Jugendstil des Hotels „Müllerbräu“ reichen.

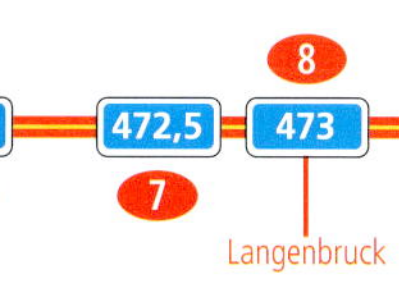

485
10

→ München

1 ★ Ein Besuch der ehemaligen fürstbischöflichen Residenzstadt **Freising** ist lohnenswert. Von der AS Allershausen sind es auf der B11 18 km, 25 Min. Der heilige Korbinian wird als erster Bischof Freisings angesehen. Der Bär, der ihm der Legende nach das Gepäck über die Alpen getragen haben soll, ist das Wappentier der Freisinger. Sehenswert sind der Dom sowie die Altstadt mit den bunten Häuserfassaden, etwa am Marienplatz. Die beiden außerhalb der Stadt gelegenen Klöster, das Prämonstratenserkloster Neustift und das Benediktinerkloster Weihenstephan, fielen der Säkularisation zum Opfer. Im Neustift ist heute das Freisinger Landratsamt untergebracht. Weihenstephan wurde in ein Staatsgut mit angegliedertem Schulbetrieb umgewandelt; heute beherbergt es das Hochschulzentrum Weihenstephan (siehe auch A92, S. 396).

2 Bei der AS Allershausen wird die **Glonn** überquert, die östlich der A9 in die **Amper** mündet. Wenig später führt die Autobahn über die Amper. Sie ist der Abfluss des Ammersees und fließt nördlich von Moosburg in die Isar.

3 Das Autobahnstück Nürnberg–München hat die bei weitem höchste Verkehrsdichte des bayerischen Autobahnnetzes. Es werden Spitzenwerte von bis zu 160 000 Kraftfahrzeugen pro Tag gezählt. Entsprechend hoch ist auch die Unfalldichte. Um der zu erwartenden Zunahme beider Faktoren entgegenzutreten, wurden von km 477 bis km 528 auf 24 Schilderbrücken (in Fahrtrichtung Nürnberg von km 528 bis km 512 auf sechs Schilderbrücken) **Wechselverkehrszeichen** installiert: Hinweise, Warnungen und Verbote werden angezeigt. Die Wechselwegweisung München-Nord ermöglicht es, bei Überlastung des Straßennetzes Verkehrsteilnehmer auf die A92 und die A99 umzuleiten. Die Alternativroute ist zwar 8 km länger, in der Regel aber schneller zu befahren. In der Verkehrsrechnerzentrale Freimann wird die aktuelle Situation analysiert und entsprechend werden sowohl die Wechselverkehrszeichen als auch die Wechselwegweiser angepasst.

4 An der **Raststätte Fürholzen** wurde vom Deutschen Wetterdienst ein Turm errichtet, der von der A9 sogar vom Parkplatz auf der Westseite aus gut zu sehen ist. Er dient zur Beobachtung des Wetters für den Flughafen München.

5 Bereits vor der AS Eching breitet sich östlich der A9 das **Gewerbegebiet Eching** aus. Es ist vor allem durch die Ansiedlung des ersten IKEA-Marktes in Deutschland bekannt geworden; das Gebäude ist von der Autobahn aus zu sehen. Der Blick auf Eching selbst ist durch eine Lärmschutzmauer versperrt.

6 Nur 2 km von der A9 entfernt liegt **Garching**. Das so genannte „Atom-Ei" hat den Ort berühmt gemacht: 1957 wurde es auf dem Forschungsgelände der Technischen Universität München gebaut. Am 28. Juli 2000 hat man den ersten Forschungsreaktor München (FRM) abgeschaltet, um den Weg frei zu machen für die FRM II-Anlage. Den Physikern sind die Fakultäten der Chemie, Biologie, Maschinenwesen sowie Mathematik und Informatik nach Garching gefolgt. Die Gebäude sind östlich der A9 zu sehen.

7 ★ Nur 6 km, 10 Min. Richtung Westen sind es von der AS Garching-Süd nach **Schleißheim**, das einen Besuch lohnt. Dort stehen drei Schlösser beieinander. Das barocke Neue Schloss wurde von den berühmten Barockkünstlern Cosmas Damian Asam und Johann Baptist Zimmermann ausgestaltet. Schloss Lustheim (1684–1688) beherbergt eine Sammlung Meissener Porzellans. Das Alte Schloss wurde 1944 zerstört und 1972 anlässlich der Olympiade wieder aufgebaut. In Oberschleißheim befindet sich auf dem Gelände der ehemaligen Flugwerft das **Museum für Luft- und Raumfahrt**, eine Zweigstelle des Münchner Deutschen Museums. Neben der restaurierten historischen Flugwerft, die 1912–1919 erbaut wurde, gibt es dort eine Restaurierungswerkstatt sowie eine Ausstellungshalle mit etwa 8000 km² Fläche.

8 Bei km 521 winken die 33 m langen Flügel des rund 100 m hohen **Windkraftrads** auf dem Müllberg Großlappen den Reisenden zu. Das Öko-Wahrzeichen der Münchner Stadtwerke versorgt etwa 1000 Haushalte mit Strom. Kurz danach erblicken Sie westlich ein anderes Wahrzeichen der Stadt München: Der **Fernsehturm** auf dem Olympiagelände ist weithin sichtbar. Er wurde 1965–1968 errichtet und ist 287 m hoch.

9 Die **U-Bahn-Haltestelle Freimann** westlich der Autobahn ist gut zu sehen, auch hier steht ein Park&Ride-Parkplatz zur Verfügung; im Sechs-Minuten-Takt fährt die U6 in die Innenstadt. Weiter geradeaus ragt ein Hochhaus empor, das als Werbung das Firmenemblem der Bayerischen Motorenwerke (BMW) trägt. Es ist das so genannte **Hanns-Seidl-Haus**; es beherbergte während der Olympiade 1972 die spätere Königin Silvia von Schweden, die damals als Hostess arbeitete. Heute leben dort Studenten.

Münchens Schlösser

Bayern und das Haus Wittelsbach – man kann beides so wenig voneinander trennen wie München und seine Schlösser. Das älteste von ihnen ist die mitten im Herzen der Landeshauptstadt liegende Residenz. Seit 1385 in Jahrhunderten gewachsen, lädt der grandiose Bau zu einem Rundgang durch die Welt der Wittelsbacher ein, die hier bis 1918 regierten – zunächst als Herzöge, dann als Kurfürsten und Könige. Großartig: das Antiquarium, ein riesiger Renaissancesaal, das in kostbarem Rokoko prangende Cuvilliés-Theater und die reich gefüllte Schatzkammer.

Park und Schloss Nymphenburg liegen westlich der Innenstadt. 1664 unter Kurfürst Ferdinand Maria begonnen, bezaubert der riesige Bau des Schlosses durch feine Barockräume. Besonders beliebt beim Publikum ist die sog. Schönheitsgalerie, eine Porträtsammlung ansehnlicher Damen aller Stände, die der galante König Ludwig I. zur Biedermeierzeit anfertigen ließ. Unter den vier Gartenschlösschen im Nymphenburger Park sticht die Amalienburg, ein Rokokojuwel von Weltrang, hervor.

Kurfürst Max Emanuel II., der auch Nymphenburg stark prägte, ließ im frühen 18. Jh. vor den Toren Münchens Park und Schloss Schleißheim errichten, eine an Versailles erinnernde Barockanlage, deren prächtige Gemäldegalerie im Neuen Schloss seit 2001 wieder zugänglich ist. Das kleinere Schloss Lustheim birgt eine feine Sammlung Meissener Porzellans.

Die Verbindung zwischen den Schlössern außerhalb der Stadt stellten einst nicht nur Straßen, sondern auch Kanäle her. Zeitweise war es in kurfürstlichen Kreisen en vogue, mit venezianischen Gondeln, gebaut von einem eigens aus Italien nach München geholten Schiffbauer, zu Wasser von Schloss zu Schloss zu fahren. Zumindestens in Schleißheim könnte dieser Spaß schon bald eine Renaissance erleben, denn die Verantwortlichen spielen mit dem Gedanken, auf dem Kanal wieder Gondeln fahren zu lassen.

Nürnberg ←

Punkt v… S. 211

6

491

497

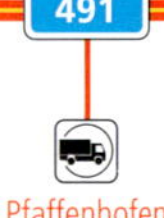

Pfaffenhofen

491,1 → 529,8 9

10 Der **Berliner Bär** auf seinem Steinsockel ist in Richtung München zwischen den Bäumen schwer zu erkennen. In Fahrtrichtung Berlin aber dient er den Reisenden auch als Entfernungsangabe: Genau 600 km beträgt die Distanz zur deutschen Hauptstadt. Aufgestellt wurde dieser Bär wie auch viele seiner „Kollegen" in Westdeutschland nach dem Zweiten Weltkrieg als Zeichen der Verbundenheit mit der damals geteilten Stadt Berlin.

11 Die Autobahn mündet in die Schenkendorffstraße, von der in westlicher Richtung die **Leopoldstraße**, eine der Münchner Shoppingmeilen, abzweigt. Weiter im Süden heißt die prachtvolle, durch den Stadtteil Schwabing führende Einfallroute dann Ludwigstraße. Die Fahrt geht durch das Siegestor, vorbei an der Ludwig-Maximilians-Universität und der bayerischen Staatsbibiliothek. Sie endet am Odeonsplatz, wo die Fußgängerzone beginnt.

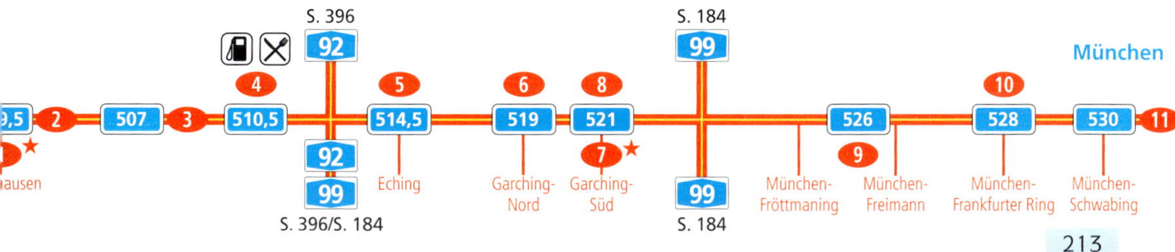

10 Der Berliner Ring

AD Schwanebeck → Erkner → Potsdam → AD Schwanebeck

Die A 10 ist die einzige Autobahn in Deutschland, die weder einen Anfang noch ein Ende hat. Jedenfalls auf den ersten Blick. Denn natürlich werden auch auf der A 10 die Kilometer gezählt, und zwar in diesem Fall von 0 bis 198. Und doch können Sie auf ihr jahrelang geradeaus fahren, ohne sie je zu verlassen. Denn die A 10 rund um Berlin bildet den einzigen geschlossenen Autobahnring des Landes.

Der erste Reichsautobahnplan sah einen weit gezogenen Schnellstraßenring um die Hauptstadt vor. 1936 wurden die ersten neun Kilometer dieses Rings dem Verkehr übergeben: die zwei Kilometer von der AS Weißensee bis zum AD Schwanebeck im Nordosten des Rings, wo auch heute noch die Kilometerzählung beginnt, sowie die sieben Kilometer zwischen dem AD Werder und der AS Groß-Kreutz. 1937 rollten mit großem Propagandapomp Parteigrößen über die nächsten 57 Kilometer des Berliner Rings. Das waren zum einen die östliche Kurve um Berlin – die 40 Kilometer vom AD Schwanebeck bis zum AD Spreeau – und zum anderen die 17 Kilometer von der AS Potsdam bis zum AD Werder. Im gleichen Jahr wurden übrigens im gesamten Reich 845 Kilometer Autobahn dem Verkehr übergeben.

Der Krieg verhängte den Baustopp

1938 und 1939 kamen am Berliner Ring weitere 50 Kilometer hinzu: vom AD Spreeau über Königs Wusterhausen und Ludwigsfelde bis Michendorf, wo die AS Potsdam-Süd entstand. Schließlich wurden 1939 noch die knapp 12 Kilometer zwischen der AS Groß-Kreutz und der AS Potsdam-Nord fertig. Dann war Pause für die nächsten 30 Jahre. Die Trassen waren zwar angelegt, einige Brücken gebaut, aber der Krieg hatte begonnen. Es war der schwierigste Bauabschnitt, der liegen blieb: durch das Seengebiet von Werder und die Havelniederung mit ihren Feuchtgebieten.

Annäherung brachte Anstoß

Der Berliner Ring blieb Stückwerk, wenn auch Anfang der 70er-Jahre die Lücke kleiner wurde. Im Zuge der Annäherung der beiden deutschen Staaten kam Bewegung in den Autobahnring um Berlin. 1972 wurden die 18 Kilometer vom Dreieck Havelland bis Birkenwerder fertig gestellt. Es war der Teil der Interzonenautobahn, in den die A24 von Hamburg kommend mündete. Die Bundesrepublik stellte die Mittel

704 m weit überspannt die Havelbrücke den Großen Zernsee. Sie ist damit die zweitlängste Autobahnbrücke in Brandenburg.

10

- **Länge** 198 km / 2:00 h
- **Entfernungen und Fahrzeiten** (ca.)

AD Schwanebeck – AS Ludwigsfelde-Ost
72 km / 0:44 h
AS Ludwigsfelde-Ost – AS Potsdam-Nord
55 km / 0:33 h
AS Potsdam-Nord – AD Schwanebeck
71 km / 0:43 h

- **Staubereiche**

Erhöhte Staugefahr besteht
am Schönefelder Kreuz,
zwischen AD Nuthetal und AS Potsd.-Süd,
zwischen AS Ferch und AD Potsdam,
am AD Havelland.

dafür bereit. Die DDR-Führung ließ den Bau ausführen, und der Ring konnte 1979 geschlossen werden.

Mehr als runderneuert

Da fast zwei Drittel des Berliner Rings aus der ersten Autobahnzeit Deutschlands stammten, muss er mehr als nur runderneuert werden. Er wird im Grunde völlig neu gebaut. Die schwachen Betondecken waren schon im Krieg zu großen Teilen zertrümmert worden. Als Panzerstraßen eigneten sich die Autobahnen eben doch nicht. Den Rest ramponierte sehr bald der aufkommende Schwerlastverkehr. Deswegen sehen die Berliner die A10 momentan eher als Ringbaustelle denn als Ringautobahn. Viele Abschnitte werden mit drei und vier Fahrstreifen ausgestattet, am Autobahndreieck Schwanebeck wurde im Jahr 2001 mit dem 6-streifigen Ausbau begonnen. Die Straßenbaubehörde will jedoch alle Sanierungen voraussichtlich bis Ende 2002 abgeschlossen haben.

Die Erneuerung der Brücken und Überführungen ist bereits beendet: Seit 1995 führt die A10 bei der AS Berlin-Hellersdorf über eine neue Mühlenfließbrücke mit 742 m Länge. 1996 ging es im selben Abschnitt weiter mit der Kalkgrabenbrücke mit 260 m Länge. Neu sind auch die beiden kleineren Brücken über die Wald- und die Puschkinstraße. Kostenpunkt insgesamt: 160 Mio. Mark. Die Staumeldungen über den Berliner Ring gehören für den Berufsverkehr zum Alltag.

Schöne neue Autobahn

Natürlich geht die Reise auf den ausgebauten Abschnitten flott voran. Breite Fahrspuren, moderne Brücken, weite Anböschungen und Schallschutzverbauungen lassen die neue Autobahn großzügig erscheinen. Attraktive Raststätten laden zum Pausieren ein. Nicht nur die Berliner wissen es: Es lohnt sich, die Baustellen zu ertragen.

Zum Straßensystem des Rings, der eigentlich gar kein Berliner, sondern ein Brandenburger Ring ist, weil nur rund ein Zehntel davon auf hauptstädtischem Grund verläuft (im Nordosten zwischen Schönerlinde und Schwanebeck), gehören vier Stichautobahnen. Sie binden Berlin an den Ring an: Die A111 und die A114 im Norden, die A113 und die A115 von Süden.

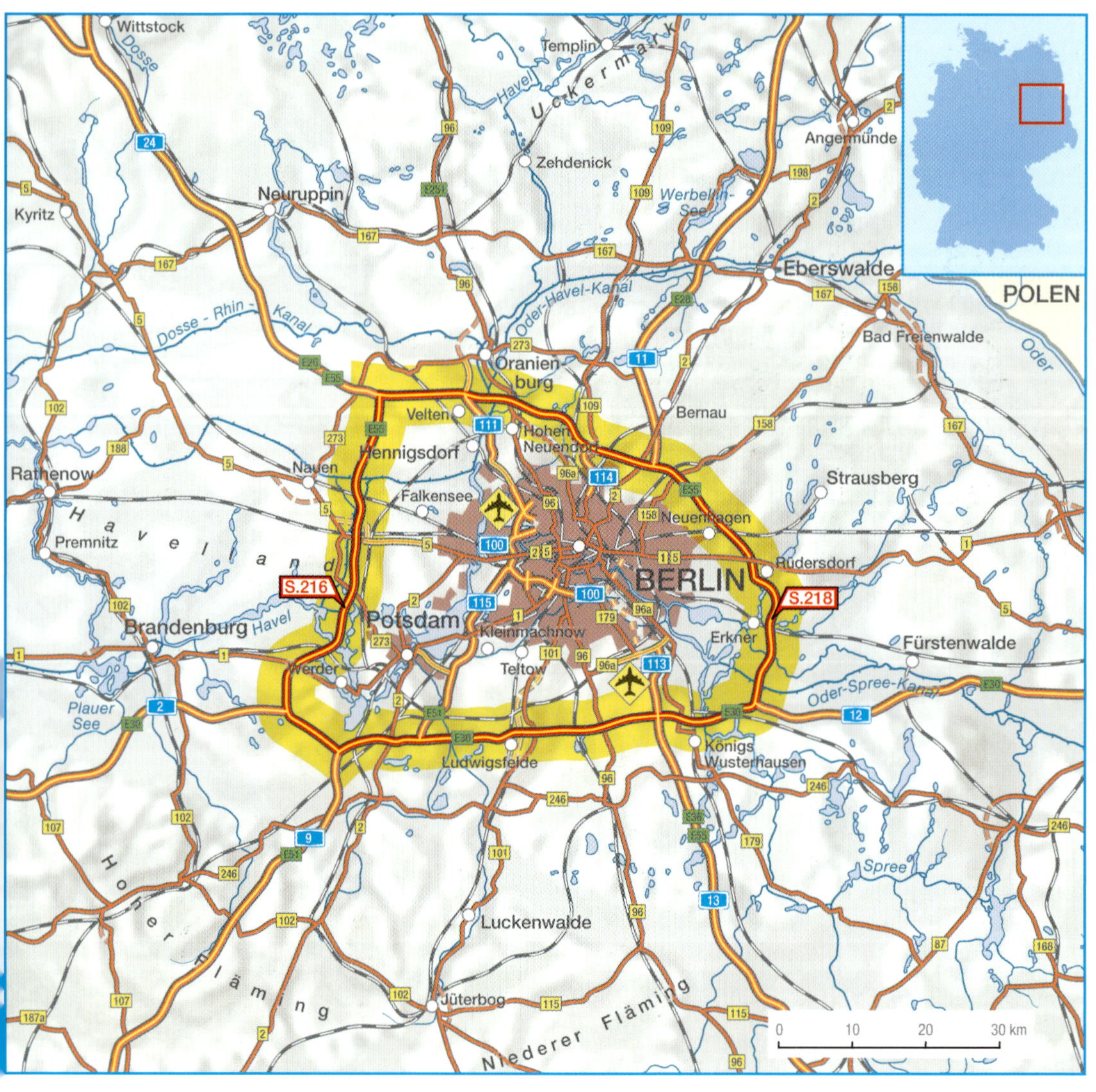

1 Die Autobahn überquert hier den **Sacrow-Paretzer-Kanal**, der zwischen Potsdam und Kretzin mehrere Seen verbindet. Ein Stück weiter rückt bei km 126,5 von Osten der Schlänitz-See heran. Die A10 verläuft hier nämlich 20 km weit durch das Havelländische Seengebiet. Die Havel bildet zwischen Potsdam und Brandenburg eine Kette von zahllosen Seen und Nebenarmen in einer reizvollen weiten Wiesen- und Sumpflandschaft.

2★ An dieser Stelle empfiehlt sich ein Abstecher nach **Spandau**, das Sie nach 15 km, 20 Min. über die AS Berlin-Spandau erreichen. Das riesige Rathaus mit dem markanten Turm wurde von 1906 bis 1913 erbaut. Im ältesten Wohnhaus Berlins, dem Gotischen Haus, befindet sich Spandaus Stadtmuseum. Im ältesten Teil der Stadt, dem Kolk, sind Siedlungen seit der Steinzeit nachgewiesen. In der zwischen 1560 und 1590 erbauten Zitadelle, einer quadratischen Anlage mit Bastionen, wird Militärgeschichte aus vier Jahrhunderten lebendig.

3 Nachdem Sie den **Havelkanal** und den **Havelländischen Großen Hauptkanal** passiert haben, sehen Sie östlich über dem Wald die Spitze des **TV-Sendeturms** bei Perwenitz. Er bildet die jüngste Entwicklungsstufe in der Historie der Sendeanlagen, die 1917 in Nauen begann. Die Stadt erlangte Weltruf durch das hier gesendete „Nauener Zeitzeichen".

Der Berliner Dom auf der Museumsinsel.

4 Die **Straßenbrücke**, unter der die A10 hindurchführt, gehört zur Straße nach **Paaren im Glien**. Der Ort nordwestlich der A10 gilt als eines der schönsten Dörfer Brandenburgs. Er beherbergt das Märkische Austellungs- und Freizeitzentrum.

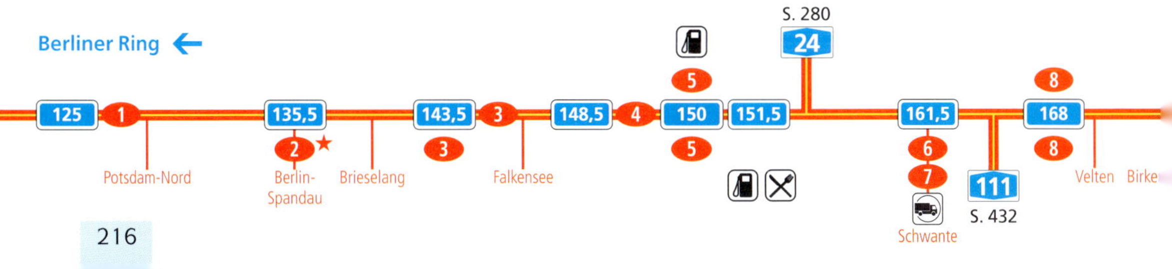

5 Von hier an bis hinter das AD Havelland führt die A10 durch den **Regionalpark Krämer Forst** im Ländchen Glien. Er wird auch „Wald der Riesen" genannt, weil dort einer Legende zufolge der Riese Krämer mit seiner Frau Briese lebte. Als Menschen im Forst auftauchten, um Holz zu fällen, verschwand das Riesenpaar und ward nie mehr gesehen.

6 Nördlich der A10 liegt, hinter Bäumen und Büschen verborgen, **Oranienburg.** Die Siedlung entstand im 12. Jh. Im 17. Jh. wurden unter Brandenburgs Kurfürstin Luise Henriette von Oranien-Nassau das dreiflügelige Schloss und die Stadt nach holländischem Vorbild erbaut.

7 Ein Hinweisschild **„Gedenkstätte Sachsenhausen"** erinnert an das 1936 errichtete NS-Konzentrationslager im Oranienburger Stadtteil Sachsenhausen.

8 Die A10 durchquert hier den südlichen Teil des **Naturparks Barnim**, eine in der Weichseleiszeit entstandene Hochfläche voller Seen und Flüsse. Das Herz des Naturparks ist **Wandlitz**, berühmt geworden durch die Waldsiedlung, das ehemalige „Luxusghetto" der DDR-Politprominenz. Inzwischen knüpft der 1400 Jahre alte Ort wieder an seine Geschichte vor dem Zweiten Weltkrieg an, als er sich ab 1900 zum Ausflugs- und Erholungsort entwickelte.

9 **„Freilichtmuseum Altranft"** (Informationstafel): Dieses interessante Ökologie- und Landwirtschaftsmuseum befindet sich 65 km entfernt im Oderbruch.

10 **„Rennbahn Hoppegarten"** (Informationstafel): Die mehr als 125 Jahre alte Rennbahn im Ort Hoppegarten, eine Weihestätte Berliner Rennsporttradition, soll einmal zu einem Erlebnispark ausgebaut werden. Wann dieser Plan realisiert wird, steht noch nicht fest.

127,4 → 28,6 **10**

11 **„Museumspark Rüdersdorf"** (Informationstafel): Bei dem auf dem Schild abgebildeten pyramidenförmigen Gebilde neben einer Brücke handelt es sich um einen Kalkbrennofen von 1805, der über diese Brücke mit Kalkstein versorgt worden ist. Diese Hochofenanlage bildet die zentrale Sehenswürdigkeit des riesigen Industriemuseums. Auf dem Gelände wird seit fast 1000 Jahren bis heute Kalkstein gebrochen, aus dem u.a. Schloss Sanssouci in Potsdam und das Brandenburger Tor erbaut worden sind.

12★ Nach der Fahrt über die **Mühlenfließbrücke** sowie die **Brücke über den Kalkgraben** bietet sich ein Ausflug in das von der AS Erkner 14 km, 20 Min. entfernte **Köpenick** an. In dieser Berliner „Stadt in der Stadt" wartet nicht nur der „Hauptmann von Köpenick" vor dem historischen Rathaus auf Besucher, sondern vor allem ein spätmittelalterlicher Stadtkern auf der Schlossinsel. Neben Altstadt und Barockschloss ist der Müggelsee, die „größte Badewanne Berlins", ein großer Anziehungspunkt.

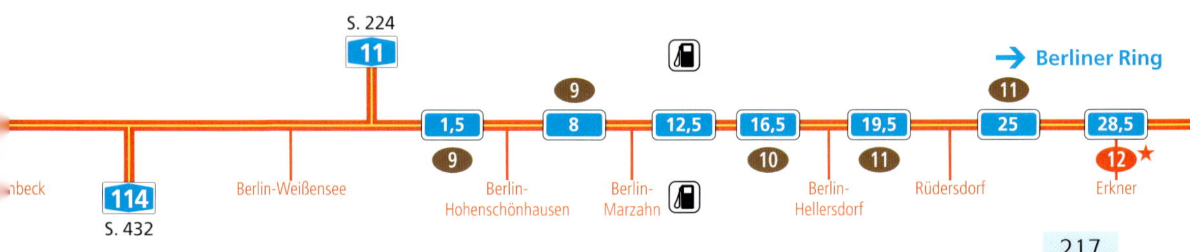

1 Westlich der A10, inmitten des romantischen Grünheider Wald- und Seengebiets, liegt im Wald versteckt die kleine Stadt **Erkner** (2 km, 5 Min. von der AS Erkner). Das Heimatmuseum und das **Gerhart-Hauptmann-Museum** dokumentieren die Geschichte der kleinen Stadt zwischen Spree und Löcknitz, Dämeritzsee und Flakensee. Sie war Wohn- und Wirkungsstätte des berühmten Dramatikers, aber auch die des Klavierbauers Carl Bechstein.

2 Die A10 überquert die **Spree** und den Oder-Spree-Kanal. Die 382 km lange Spree entspringt im Lausitzer Bergland und mündet bei Spandau in die Havel. Der 1891 eingeweihte **Oder-Spree-Kanal** führt durch das Berliner Urstromtal. Der Kanal diente ursprünglich dazu, Berlin mit Kohle und Baustoffen aus Schlesien zu versorgen und wird auch heute noch zwischen Eisenhüttenstadt und Berlin genutzt.

3★ An der AS Königs Wusterhausen fällt neben einem Einkaufszentrum ein riesiger Gebäudeklotz auf: die „A10 Erlebniswelt" mit Filmpalast CineStar und Freizeitzentrum. Durch Gehölz verdeckt liegt südlich der A10 **Königs Wusterhausen**, kurz „KW" genannt – ein lohnendes Ziel für jeden Geschichtsfreund (2 km, 4 Min. über die AS Königs Wusterhausen). Im 18. Jh. richtete Friedrich Wilhelm I. in Wusterhausen seinen Jagdsitz ein. Hier rekrutierte der Soldatenkönig seine Leibgarde der „Langen Kerls", pflegte die als „Tabakkollegien" berühmt-berüchtigt gewordenen Herrenrunden und betätigte sich als „Maler Klecksel", wie er sich selbst nannte. Seine Gemälde sind heute im 1990 restaurierten Schloss zu bestaunen. Für eine Weltsensation sorgte Königs Wusterhausen am 22. Dezember 1920: Vom Funkberg wurde zum ersten Mal ein Radiokonzert ausgestrahlt. Heute ist der Sender Königs Wusterhausen ein Museum.

4 Die melancholische Landschaft mit weiten Wiesen-, Sumpf- und Heideflächen, durch die sich die A10 schnurgerade hinzieht, ist der Norden des **Fläming**. Er gilt als Burgenland und Mühlenregion; aus dem Mittelalter sind acht Burgen sowie das Kloster Zinna erhalten. Die Landschaft wird weitgehend bestimmt vom Urstromtal der Nuthe, die in mancherlei Verzweigungen so genannte Gräben, Fließe und Seen bildet. Sichtbare Zeugen aus der Eiszeit sind die „Rummeln" genannten tiefen Trockentäler und die vielen Findlinge. Der Name Fläming geht auf die flämischen Siedler zurück,

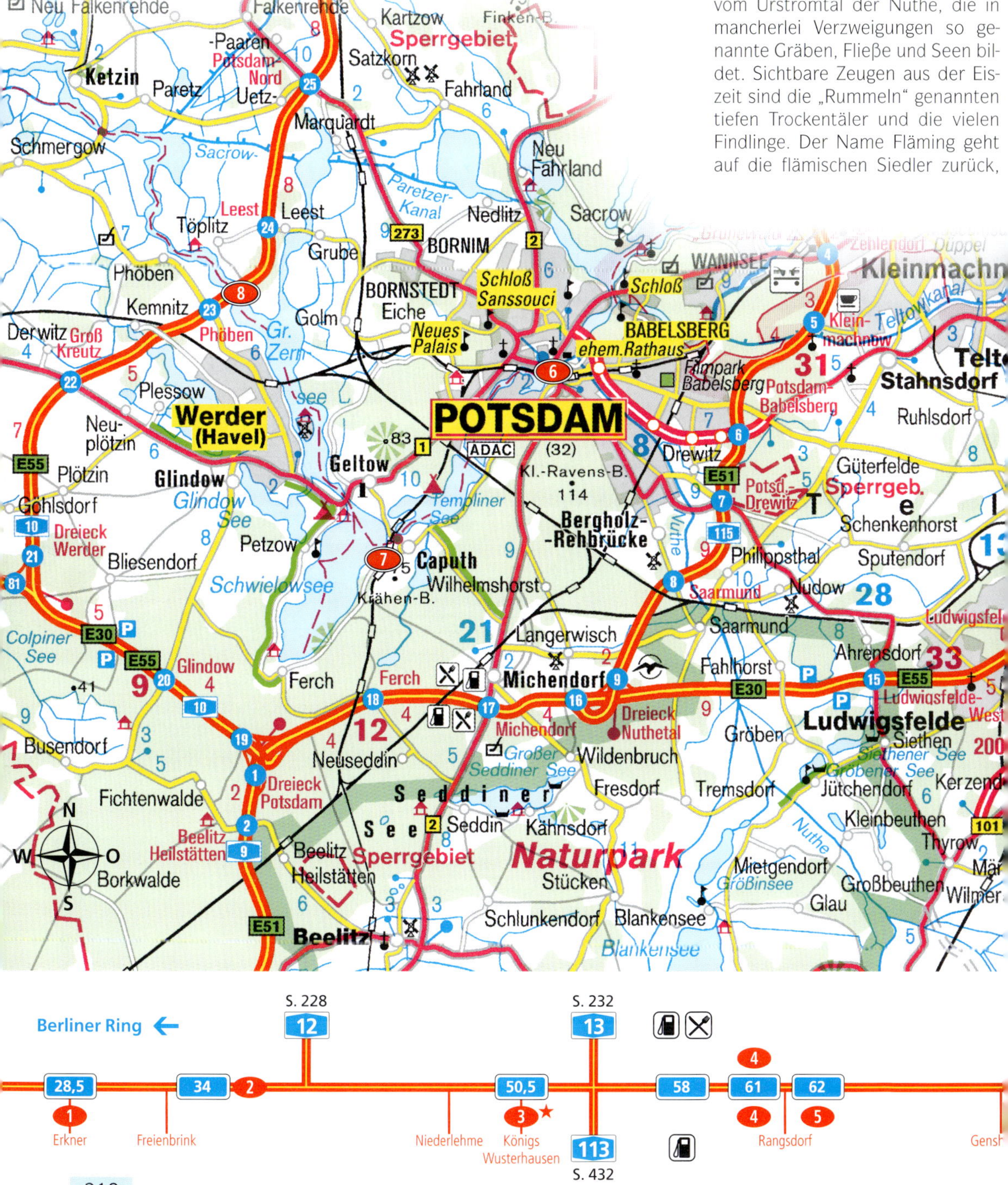

die im 12. Jh. diesen wasserreichen Landstrich urbar machten.

5 Kurz nach der AS Rangsdorf ragt nördlich der Autobahn ein blaues Schild mit dem Schriftzug **„Rolls Royce“** hoch auf. Dort befindet sich die deutsche Niederlassung des britischen Renommier- und Traditions-Unternehmens.

6★ Nur einen Katzensprung von der A10 entfernt liegt die brandenburgische Landeshauptstadt **Potsdam** mit ihren rund 20 Schlössern, darunter das berühmte Sanssouci (12 km, 15 Min. über das AD Nuthetal auf der A115 bis AS Potsdam-Babelsberg). Friedrich Wilhelm I. baute Potsdam zu einer Garnisonsstadt aus, unter seinem Sohn Friedrich dem Großen wurde die Hohenzollern-Residenz zum Inbegriff von Preußens Gloria. In der mittlerweile restaurierten Altstadt mit der Nikolaikirche und dem Alten Rathaus oder im Holländischen Viertel spürt man – den Kriegszerstörungen und der sozialistischen Abrissbirne zum Trotz – noch immer den Atem der Geschichte. Ein Erlebnis ist die Besichtigung der Filmstudios in Babelsberg. In diesem Potsdamer Bezirk wurden berühmte Streifen wie „Der blaue Engel“ gedreht, hier wohnten Filmstars wie Heinz Rühmann und Marika Rökk.

7 Hinter dem nördlich der A10 im Wald 126 m hoch aufragenden Wietkikenberg breitet sich der **Große Schwielowsee** aus. An seinem Nordende liegt das verträumte Caputh mit Schloss, dessen Park vom Gartenbaumeister Lenné angelegt wurde. In Caputh steht das Sommerhaus Albert Einsteins. Originell: Die Seilfähre nach Geltow.

8 Auf einer fast 1000 m langen, niedrigen **Havelbrücke** überquert die A10 die zum Großen Zernsee ausgeweitete Havel. Das Havelland gilt als die Obstkammer von Brandenburg und Berlin. Gleich jenseits der Brücke sind westlich der A10 die Obstbäume erkennbar, die in schnurgeraden Reihen wie die preußischen Grenadiere angetreten stehen. Die Obstplantagen begleiten den Berliner Ring 5 km weit bis zum Sacrow-Paretzer-Kanal.

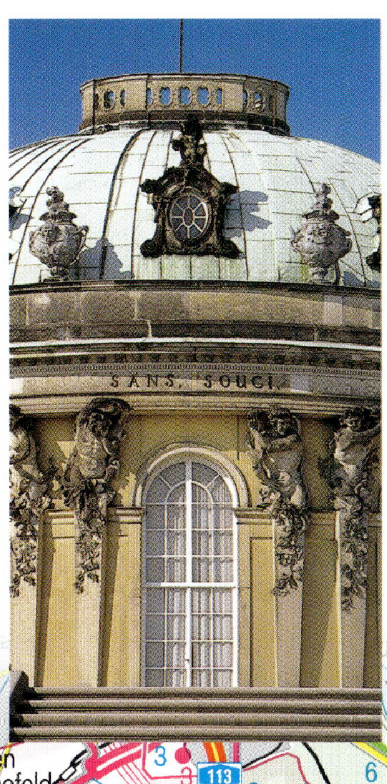

Schloss Sanssouci in Potsdam 6★: Die Sommerresidenz Friedrichs des Großen ist immer einen Abstecher wert.

S. 192 9 · S. 56 2 · → Berliner Ring

86,5 · 6★ · 115 S. 432 · Michendorf · 91,5 · 94 · 7 Ferch · Glindow · Groß Kreutz · 120 · 8 · Phöben · Leest · Potsdam-Nord · Ludwigsfelde-West

Von Berlin nach Stettin

Grenzübergang Polen → AD Uckermark → Joachimsthal → Eberswalde → Bernau → Berlin (A10)

Es ist nicht der kürzeste, aber doch ein recht direkter Weg nach Osten. Die 110 Kilometer vom Berliner Ring nach Pomellen an der Grenze zu Polen führen schnörkellos auf das Ziel zu: Stettin und die Ostseeküste.

Dabei mutet die A11 über weite Strecken an wie ein Highway durch die Prärien des Wilden Westens – aufgrund der schier grenzenlosen Weiten, die sich dem Autofahrer dort eröffnen: die großen zusammenhängenden Äcker, die weiten Heideflächen und im Süden die nicht enden wollenden Kiefernwälder, dazu die langen Geraden.

Wenn sie streckenweise nicht in so schlechtem Zustand wäre, könnte man auf der A11 erheblich flotter vorankommen. Aber die teilweise noch desolate Beschaffenheit dieser Autobahn macht die historische Vergangenheit dort im wahrsten Sinne des Wortes erfahrbar.

Zusammen mit den beiden anderen Ostautobahnen, der heutigen A12 von Berlin nach Frankfurt an der Oder und der Verbindung südlich von Berlin über Cottbus zur polnischen Grenze (heute A13 und A15), hatte die heutige A11 seinerzeit bei Baubeginn eine sehr hohe Dringlichkeitsstufe. Diese Straßen waren wahrscheinlich weltweit die am schnellsten fertig gestellten Autobahnen.

1934 begonnen, wurden schon im April 1936 die 45 Kilometer von Berlin nach Joachimsthal dem Verkehr übergeben. Fünf Monate später folgte der Rest, von Joachimsthal nach Stettin – ergibt insgesamt an die 130 Kilometer in knapp drei Jahren. Das Betonband wurde allerdings aus dem Boden gestampft von schlecht bezahlten, dürftig ernährten Arbeitern. Die beauftragten Unternehmen durften kaum Maschinen benutzen, um möglichst viele Menschen zu beschäftigen.

Machtstrategisches Kalkül

Innerhalb der nationalsozialistischen Machtstrategie kam der A11 ein klarer Zweck zu: eine schnelle Verbindung nach Ostpreußen, nach Danzig und Königsberg herzustellen. Es waren nicht zuletzt diese Oststrecken, deretwegen der Reichsautobahnbau während der nationalsozialistischen Diktatur später insgesamt als militärischer Zweckbau eingestuft wurde: als Rollbahnen gen Osten.

Die drei Ostautobahnen wurden also im Eiltempo fertig gestellt – Prestigeobjekte für Nazi-Deutschland. Die Euphorie ebbte allerdings ab, je dünner die finanziellen Möglichkeiten des Reiches wurden. Dennoch plante das Reichsautobahnministerium weiter. In der Autobahn-

Einen kurzen Blick auf den Oder-Havel-Kanal erlaubt die Autobahnbrücke bei Finowfurt.

11

- **Länge** 110 km / 1:06 h
- **Entfernungen und Fahrzeiten** (ca.)

Grenzübergang Pomellen – AS Pfingstberg 45 km / 0:27 h
AS Pfingstberg – AD Schwanebeck 65 km / 0:39 h

- **Staubereiche**

Erhöhte Staugefahr besteht am AD Schwanebeck, am Grenzübergang nach Polen und vor der AS Finowfurt.

Übersichtskarte von 1940 ist die Strecke nach Stettin als 4a und die geplante, aber nicht verwirklichte Fortsetzung nach Danzig als 4b eingezeichnet. Ein eigenartiger Zufall, dass der Autobahnbau gerade dort zum Stillstand kam, wo nach dem Krieg die neue deutsche Ostgrenze verlaufen würde.

Renovierung mit EU-Mitteln

Zu DDR-Zeiten wurde an der A11 nicht viel geändert. Seit der Wende wird sie Stück für Stück renoviert. Brücken werden erneuert, Fahrbahndecken ausgetauscht – mit EU-Mitteln aus den Verkehrsprojekten der geplanten EU-Osterweiterung. Schließlich steht mit der möglichen Einbeziehung von Polen, aber auch der Baltischen Staaten ein sprunghaft steigendes Verkehrsaufkommen zu erwarten. Über die A11 werden bereits jetzt nicht nur Industriegebiete an der polnischen Ostseeküste ans westeuropäische Autobahnnetz angeschlossen. Auch die aufstrebenden Häfen von Stettin und Danzig bringen so ihre Waren in den Umlauf. Schließlich hat sich die A11 auch zu einer beliebten Freizeitautobahn der Berliner gemausert. Am bewaldeten Ufer des Liepnitzsees und der anderen Wandlitzer Seen lassen sie sich gerne in der Sonne bräunen.

So kommt die für 2003 geplante Fertigstellung der Fahrbahndeckensanierung Fernfahrern wie Freizeitgästen gleichermaßen zugute.

Bis der Straßendamm der A11 auf das moderne Maß mit Standspur verbreitert ist, wird es allerdings noch einige Jahre dauern. Unter den Verkehrsprojekten Deutsche Einheit hat gegenwärtig die A20 Priorität. Der Anschluss dieser Ostsee-Autobahn an die A11 steht bereits in der Landschaft: Bei Falkenwalde, am Kreuz Uckermark (14 km südöstlich von Prenzlau), gibt es die Möglichkeit, nach Norden abzubiegen. Das erste, 25 km lange Teilstück bis kurz vor Pasewalk ist gerade erst für den Verkehr freigegeben worden.

Die Versorgung der Reisenden hat mit dem gestiegenen Verkehrsaufkommen allerdings nicht Schritt gehalten. Bei Finowfurt, wo der Finowkanal und der Oder-Havel-Kanal überquert werden, gibt es für jede Fahrtrichtung eine Tankstelle und 3 km südlich davon eine Raststätte. Die nächste Zapfstation befindet sich 86 km nordöstlich, 2,5 km jenseits der Grenze in Polen. Auch abseits der Trasse finden sich nur wenige Tankmöglichkeiten.

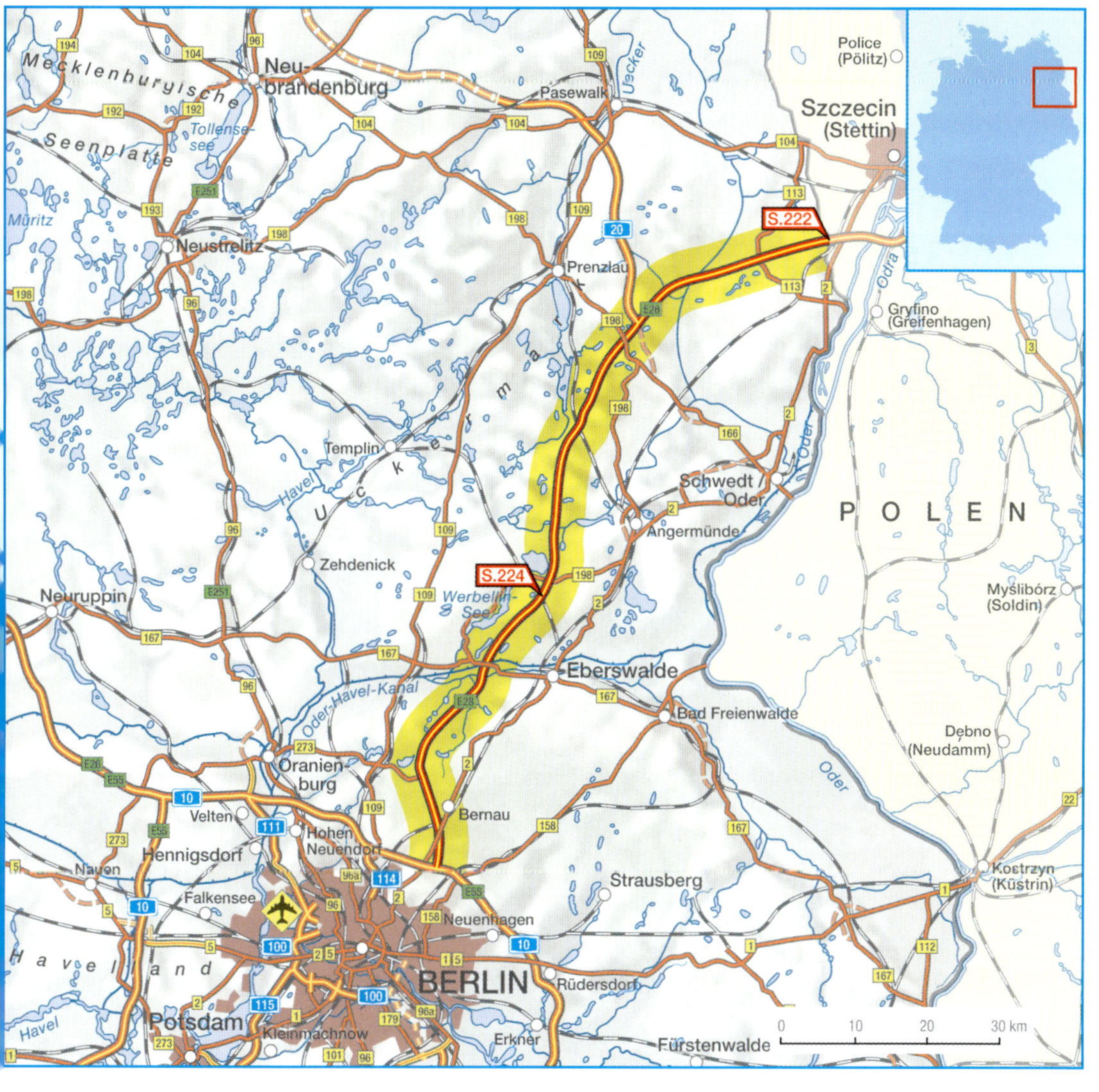

1 Von der Anhöhe am deutsch-polnischen **Grenzübergang** bietet sich ein weiter Blick ins nördlich der Autobahn gelegene Mecklenburg. Wenige hundert Meter südlich der A11 beginnt Brandenburg.

2 Südlich der A11 wird der Mischwald von der schlanken **Kirchturmspitze** der neugotischen Kirche von Penkun überragt. Das Städtchen **Penkun** liegt reizvoll von sieben kleineren Seen umgeben. Neben dem Renaissance-Schloss ist das 1999 eröffnete Freilichtmuseum „Frühdeutsche Siedlung“ eine weitere Sehenswürdigkeit. Es zeigt ein Dorf aus dem 11. Jh.

3 **„Randowbruch“** (Informationstafel): Das Schild zeigt ein Tal mit Steilufer, darüber den Kirchturm der Ortschaft Sommersdorf. Kurz nach der Informationstafel senkt sich die A11 in einer Rechtskurve fast wie in einen weiten Cañon rund 40 m zu Tal ins Randowbruch. Durch das Tal mit einem flachen, gut 1 km breiten Talboden schlängelt sich die Randow. Sie entsteht bei Passow im Süden und mündet nach 100 km im Norden bei Eggesin in die Uecker.

4 Kurz nach der AS Schmölln sehen Sie nördlich der A11 einige Häuser des Dorfes Schmölln. An dieser Stelle überquert die A11 die **Märkische Eiszeitstraße**. Diese touristische Route führt in einem 420 km langen Rundkurs durch ein Gebiet, das von Moränen und Rinnen der Weichsel-Eiszeit geprägt ist.

5 **„Uckermark“** (Informationstafel): Das Schild skizziert mit einem Seeufer, einem Feld und einigen Bäumen die typische uckermärkische Landschaft: große Waldgebiete, durchsetzt mit zahllosen Seen und Heideflächen. Der ab dem 15. Jh. gebrauchte Name „Uckermark“ (Grenzland der Ucker) bezeichnet heute den Landkreis im Nordosten des Landes Brandenburg. Mit einer Fläche von 3058 km² ist er größer noch als das Saarland und der größte Landkreis in Deutschland.

6★ Die gedrungene Kirche und die Häuser nördlich der A11 gehören zum Dorf Hohengüstow. Von dort führt der Weg zur 14 km (10 Min.) entfernten Kreisstadt **Prenzlau** am Uckersee, einem empfehlenswerten Ausflugsziel (AS Gramzow). In Prenzlau können Sie mittelalterliche Wehranlagen besichtigen. Malerisch wacht der Mitteltorturm aus dem 15. Jh. über dem Marktberg. Gleich daneben steht die wuchtige, zwischen 1289 und 1340 erbaute Marienkirche. Sie stellt als dreischiffige Hallenkirche mit zwei Türmen eines der bedeutendsten Bauwerke der norddeutschen Backsteingotik dar.

7 **„Barnimer Land“** (Informationstafel): Das abgebildete Kloster Chorin (siehe S. 223 unten), ein herausragendes Bauwerk der Backsteingotik, steht stellvertretend für Architektur und Geschichte des Barnimer Landes. Diese Region hebt sich durch ihre Höhenlage bis zu 150 m ü. d. M. von der tiefer liegenden Uckermark ab. Seit 1993 trägt auch der Landkreis den Namen Barnim.

8 **„Biosphärenreservat Schorfheide“** (Informationstafel): Die auf dem Schild abgebildete Heidelandschaft mit einem See und Bäumen kennzeichnet den Charakter der Region. Die Schorfheide vereint alle Elemente eiszeitlich geformter Landschaften: Grund- und Endmoränen, Sandböden und ein Urstromtal. Auf den Moränenböden wachsen Traubeneichen, Buchen und Linden. Auf den sandigen Böden dagegen stehen vorwiegend Kiefern. Die Schorfheide gehört zum 1990 gegründeten „Biosphärenreservat Schorfheide/Chorin“, einem der größten Schutzgebiete Deutschlands.

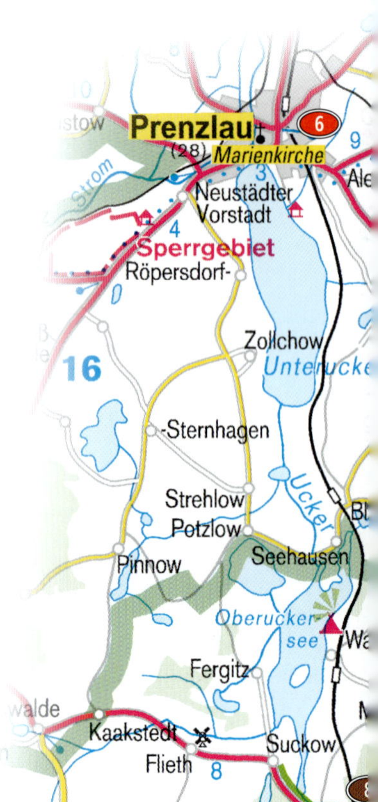

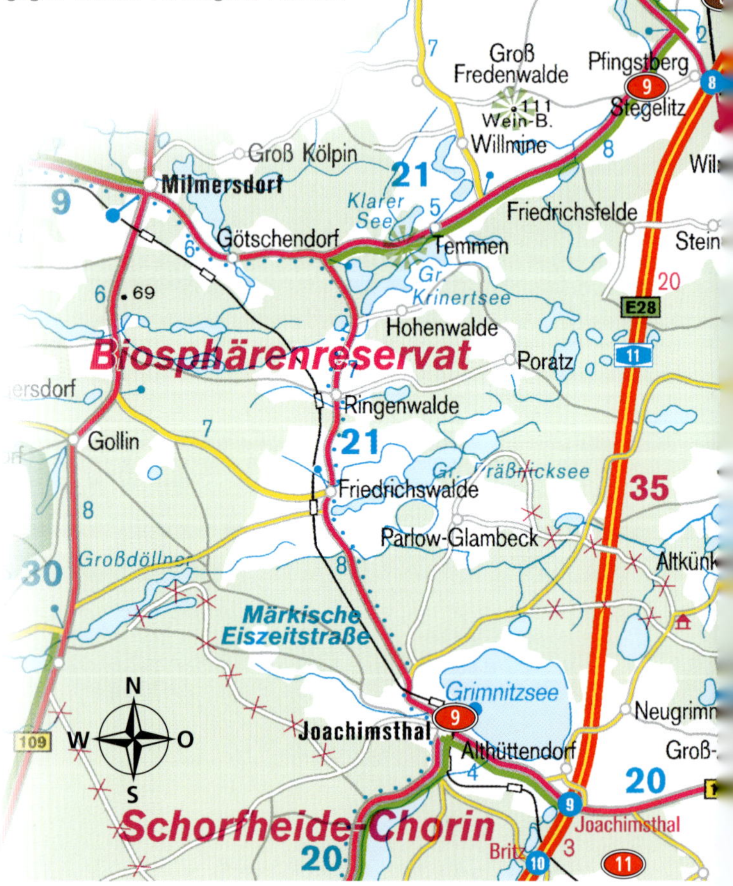

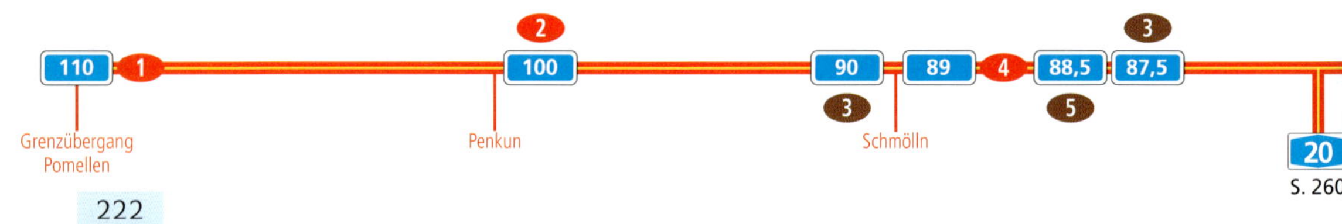

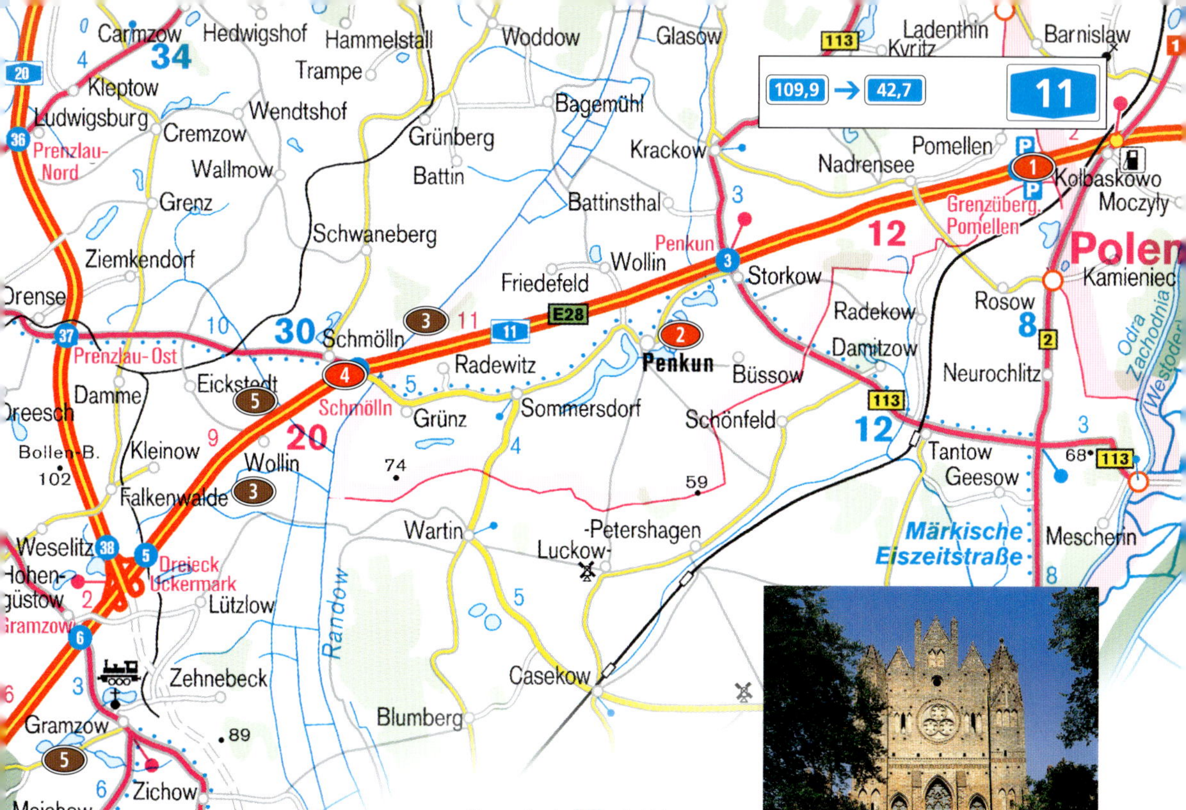

Kloster Chorin 11: ein Meisterwerk norddeutscher Backsteingotik und ein „Konzertsaal“ mit außergewöhnlicher Akustik.

9 Bei der AS Pfingstberg bietet sich die Gelegenheit zu einer landschaftlich reizvollen Alternativroute durch die **Schorfheide**. Sie fahren in Richtung Westen über Stegelitz und Temmen, vorbei am Klarer See bis zur Abzweigung nach Ringenwalde. Dort biegen Sie links auf die Märkische Eiszeitstraße ab. Auf ihr kommen Sie nach **Joachimsthal**. Die 1603 vom Kurfürsten Joachim Friedrich gegründete Stadt liegt mitten in der Schorfheide, zwischen dem Grimnitzsee und dem 10,4 km langen Werbellinsee. Sie geht auf eine seit 1577 bestehende Grimnitzer Glashütte zurück. Weiter geht es auf der B198 entlang dem Westufer des Werbellinsees. Bei Eichhorst führt ein Spazierweg zum Askanierturm. Der Rundturm aus märkischen Findlingen wurde 1879 an der Stelle erbaut, wo einst die Askanierburg Werbellin stand. Über die AS Finowfurt gelangen Sie nach 48 km (60 Min.) wieder auf die A11.

10★ Östlich der A11 führt die B198 zum 18 km (25 Min.) entfernten **Angermünde**, das einen Abstecher lohnt (Anfahrt über die AS Joachimsthal). Schon von weitem ist die Marienkirche aus dem 13. Jh. mit ihrem massigen Turm und dem hohen Kirchendach zu erkennen. Auf der barocken Orgel (1744) des Berliner Orgelbauers Johann Joachim Wagner werden heute noch Konzerte gegeben. Der 57 m hohe, rechteckige Kirchturm gehört zu den höchsten aus Feldsteinen errichteten Türmen Brandenburgs. Von der mittelalterlichen Stadtbefestigung sind der Pulverturm aus dem 13. Jh. und Reste der Wehrmauer erhalten. In der Kunstwelt ist die Stadt am Mündesee durch das Hartgesteinsymposium internationaler Steinbildhauer bekannt.

11 14 km östlich der A11 liegt das **Zisterzienserkloster Chorin**. Die dreischiffige Klosterkirche und die Klausurgebäude sind herausragende Beispiele der märkischen Backsteingotik. Im Mittelalter war Chorin ein bedeutendes kulturelles Zentrum. Im Zuge der Reformation wurde das Kloster 1542 aufgelöst und verfiel. Erst in der Romantik wurde es „wiederentdeckt“ und ab 1810 durch Karl Friedrich Schinkel vor weiterem Verfall bewahrt. Die eindrucksvollen Ruinen dienen heute als Kulisse für Konzerte.

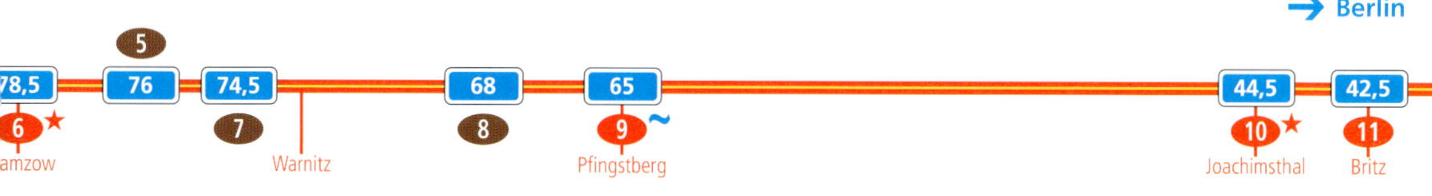

1 Im Westen sehen Sie einige Häuser von **Altenhof**. Der kleine Ort gehört zum Amt Joachimsthal und liegt am Werbellinsee (siehe S. 223). Vor Altenhof wurden im See Spuren einer Pfahlbausiedlung gefunden, vermutlich eine frühe Befestigung des mitteldeutschen Fürstengeschlechts der Askanier.

2★ Wer an Technikgeschichte interessiert ist und etwas Zeit für einen Abstecher hat, sollte an dieser Stelle einen Besuch des **Schiffshebewerks Niederfinow** einplanen (18 km, 30 Min. über AS Werbellin). In den Jahren 1927–1934 erbaut, war es seinerzeit das größte Schiffshebewerk Europas. Noch heute dauert eine komplette Schleusung mit Ein- und Ausfahrt nur 20 Min. Dabei werden 36 m Höhendifferenz zwischen Kanalende und Niederoderbruch in nur 5 Min. ausgeglichen. Der Weg dorthin führt über die AS Werbellin und weiter auf der B167 über Eberswalde.

3 Beim km 31 trägt eine neue Bogenhängebrücke die A11 über dem **Oder-Havel-Kanal**. Der 1914 von Kaiser Wilhelm II. als Hohenzollernkanal eröffnete Wasserweg zwischen Oranienburg an der Havel

und Hohensaaten an der Oder ist 82,8 km lang und für Schiffe bis 750 t befahrbar.

4 Der schlanke Kirchturm östlich der A11 kennzeichnet das Zentrum von **Finowfurt**. Die Gemeinde wurde 1997 aus Eichhorst, Finowfurt, Lichterfelde und Werbellin gebildet. Seit 1993 existiert auf dem Flugplatz Finow die **Lufthistorische Sammlung**, bestehend aus zahlreichen Flugzeugen, Hubschraubern und anderen interessanten Exponaten der zivilen und militärischen Luftfahrtgeschichte.

*Ein technisches Meisterwerk der Vorkriegszeit: das Schiffshebewerk Niederfinow **2** ★ – 94 m lang, 27 m breit und 60 m hoch*

5 Bei km 28 überquert die A11 den **Finowkanal**. Er wurde zwischen 1605 und 1620 als Verbindung zwischen Havel und Oder gebaut. 9 km westlich der A11, bei Zerpenschleuse, trifft er auf den 1914 erbauten Oder-Havel-Kanal (siehe oben).

6 Östlich der A11 ragt der eckige gelbe **Wasserturm der Messingwerksiedlung in Finow** empor. Er wurde 1917/18 von Paul Mebes (1872–1938) errichtet, der als Begründer des sozialen Wohnungsbaus in Berlin gilt. Das Messingwerk wurde 1698 gegründet und war bis 1945 in Betrieb. 1913 wurde hier der bedeutendste bronzezeitliche Goldfund Deutschlands bei Ausschachtungsarbeiten entdeckt.

7 Am östlichen Horizont sehen Sie neben Kaminen und Kränen die Turmspitze der Kirche Maria Magdalena in **Eberswalde**. Sie stammt aus dem 13. Jh. und zählt zu den bedeutendsten hochgotischen Stadtpfarrkirchen der Mark Brandenburg. In der Eberswalder Löwenapotheke – damals ein Wohnhaus (seit 1794 Apotheke) – pflegte Friedrich der Große zu übernachten.

8 Die A11 durchquert kurz vor der AS Lanke eine kleine Lichtung im Kiefernwald. Im Westen sehen Sie einige Häuser des verträumten Dorfes **Prenden**. Dort gibt es eine 27-Loch-Golfanlage, die erste vor den Toren Berlins. Im nur 5 km davon entfernten Dorf **Klosterfelde** befindet sich eine besondere Attraktion: Der Berliner Journalist Roland Weise hat dort 1997 das Internationale Artistenmuseum eröffnet. Es birgt einen reichen Bestand an Literatur, Plakaten, Tonträgern, Fotos und Requisiten zu den Themen Artistik, Magie, Tanz, Varieté, Zirkus, Showbusiness, Volksfeste und Unterhaltungskunst.

9 Der auf dem Abfahrtsschild angekündigte Ort Lanke liegt südöstlich der A11 im Wald versteckt. Von Lanke aus sind es noch 6 km bis **Biesenthal**, eine der ältesten märkischen Städte. Der Ort geht auf die Zeit der so genannten deutschen Ostkolonisation im 12. und 13. Jh. zurück. Die damals entstandenen Grundstrukturen als Straßen- und Straßenangerdörfer sind in der Umgebung heute noch erkennbar.

10 Die AS Wandlitz liegt mitten im Wald der Bernauer Heide. Der auf dem Abfahrtsschild genannte Ort

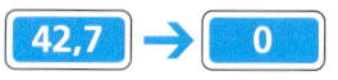

11

Wandlitz befindet sich 6 km westlich der A11 am Wandlitzer See. Daneben gibt es weitere kleinere Seen. Das Wandlitzer Seengebiet ist ein traditionsreiches Erholungs- und Ausflugsgebiet für viele Berliner. Es liegt inmitten einer Grund- und Endmoränenlandschaft, die in der letzten Eiszeit (vor ca. 650 000 Jahren) entstanden ist.

11 ★ Wo die Lärmschutzwand endet, erhaschen Sie einen Blick auf die Türme von **Bernau**. Eine Besichtigung der über 700 Jahre alten Stadt lohnt. Albrecht der Bär, ein askanischer Markgraf, soll um 1140 bei der Bärenjagd in einer Waldschenke eingekehrt sein. Weil ihm das dort ausgeschenkte Bier so gut schmeckte, soll er am selben Ort die Stadt Bernau gegründet haben. Die alte Wehranlage und andere historische Bauten prägen das Bild der Stadt. Die gotische St.-Marien-Kirche aus dem 12. Jh. ist eine der größten Kirchen der Mark. An die Abwehr der Hussiten im 15. Jh. erinnert das 1832 erstmals und bis 1953 gefeierte Hussitenfest. Es wird seit 1992 wieder jeweils am zweiten Juniwochenende begangen. Ins Zentrum von Bernau gelangen sie in 15 Min. (3 km) über die AS Bernau-Nord.

12 Auf einem hohen Damm führt die A11 über einen Schienenstrang der **Bahnlinie Berlin–Stettin**. Deshalb haben Sie einen weiten Ausblick nach Westen über Zepernick. Hier sind nagelneue Wohnhäuser und frisch renovierte Plattenbauten zu sehen.

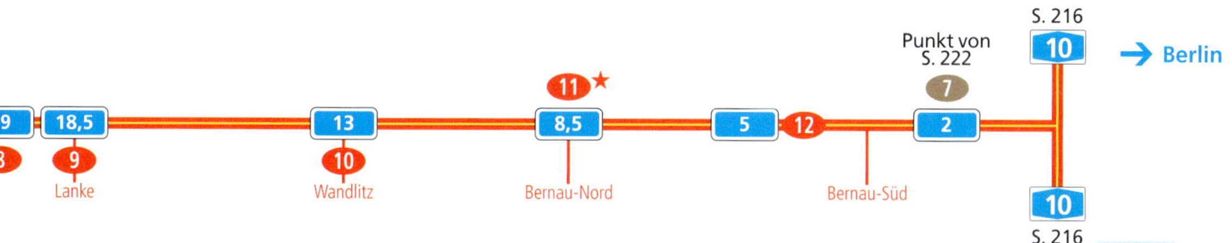

Von der Spree an die Oder

Berlin (A10) → Fürstenwalde → Frankfurt (Oder)

Es ist ein uralter Handelsweg, den die A12 vom Dreieck Spreeau nach Osten begleitet. Die Städte Fürstenwalde und Frankfurt an der Oder verdanken dem alten Fahrweg, der bis nach Warschau führt, ihre Existenz. Seit Jahrtausenden stellt er eine der wichtigsten Verbindungen zwischen Ost- und Mitteleuropa dar.

Bereits Mitte der 20er-Jahre, bei den ersten Planungen für ein Autobahnnetz in Deutschland, stand diese Strecke ganz oben auf der Prioritätenliste. Doch erst 1934, zur Hitlerzeit, wurde mit dem Bau begonnen; 1937 waren die 54 Kilometer von Berlin-Spreeau bis Frankfurt an der Oder fertig gestellt.

Was hier im Eiltempo geschaufelt und betoniert wurde, war Ausdruck einer Politik, die – im Dienste der verbrecherischen Nazi-Strategie – gleich drei Ziele auf einmal verfolgte: einen Vorstoß in die Massenmobilität zu schaffen, die Arbeitslosigkeit abzubauen und eine Rollbahn nach Osten herzustellen.

Die Massenmobilität war zwar richtig vorhergesehen, Realität wurde sie aber erst nach dem Ende des Krieges. Am Verschwinden der Arbeitslosigkeit in den Dreißigern hatte der Autobahnbau jedoch nur geringen Anteil: Von fast vier Millionen Arbeitslosen gab er nicht mehr als 120 000 Menschen Beschäftigung. Und fürs Militär taugten die gut von feindlichen Flugzeugen aus zu erkennenden Autobahnen wenig.

Beiderseits des Urstromtals

Bautechnisch wurde für die damalige Reichsautobahn 6 vom Spreewald nach Frankfurt an der Oder eine Trasse gefunden, die den Aspekt der kürzesten Verbindung mit dem der einfachsten Bauweise verband. Zunächst hält sich die Route konsequent am Südhang des Berliner Urstromtals, durch das die Spree nach Westen zur Havel fließt. Hinter Fürstenwalde überquert die A12 dann die Spree und ihre Feuchtgebiete, um drüben auf dem nördlichen Ufer des Urstromtals in einer mehr als 10 km langen Geraden schließlich das Ziel Frankfurt an der Oder zu erreichen.

Da es zur Bauzeit auf der ganzen Strecke nur wenige Querstraßen gab, konnte der Straßendamm für die Autobahn auf niedrigem Niveau gehalten werden. Lediglich im Bereich der Rauenschen Berge südlich von Fürstenwalde waren einige Straßenunterführungen zu bauen. Dort weist die A12 auch die einzigen nennenswerten Steigungen auf.

Brückenschlag zwischen Deutschland und Polen: die Autobahnbrücke über die Oder bei Frankfurt kurz vor dem Grenzübergang.

12

- **Länge** 58 km / 0:34 h
- **Entfernungen und Fahrzeiten** (ca.)

AD Spreeau – AS Fürstenwalde-Ost 26 km / 0:15 h
AS Fürsenwalde-Ost – Grenzübergang Swiecko 32 km / 0:19 h

- **Staubereiche**

Erhöhte Staugefahr besteht am Autobahnende am Grenzübergang nach Polen.

Von der Eiszeit gezeichnet

Allerdings erforderte der Untergrund des Berliner Urstromtals einen aufwendigen Unterbau. Die Region ist gekennzeichnet von der so genannten Brandenburger Weichseleiszeit. Vor rund 20 000 Jahren zogen sich hier die mächtigen Gletscher nach Norden zurück. Freigelegt wurden vom Eis mitgebrachter Sand und tonnenschwere Felsbrocken aus den skandinavischen Gebirgen. Zum Vorschein kam schließlich eine Landschaftsformation, die unter Eisdruck und Schmelzwasser geformt worden war: das ausgedehnte Feuchtgebiet des Urstromtals.
Seit dem späten Mittelalter bemühte man sich, dieses Land zu entwässern. Umfangreiche Kanalbauten im 17. Jh. machten weite Bereiche endlich für die Landwirtschaft nutzbar, wo vorher nur Fischer ihr Auskommen hatten. Diese vorangegangene Kultivierung erleichterte den Straßenbau. Dennoch musste die Trassengründung teilweise sehr tief angelegt werden.

Auf den Spuren der Slawen

Aber auch die Historie erwies sich als Hemmnis des Baufortschrittes. Immer wieder mussten Archäologen zu Rate gezogen werden, denn die Straßenarbeiter stießen oft auf Siedlungsspuren der Slawen, die hier bis ins frühe Mittelalter ansässig waren. Zahlreiche archäologische Funde erzählen von Dörfern und befestigten Stellen. Einige der alten Siedlungsspuren liegen heute unter der Betondecke. Viele andere sind als Baudenkmäler registriert und in den weiten Wäldern durchaus auffindbar – besonders im Bereich Briesen und Kersdorfer See.
Von diesem Gewässer führt die Strecke hinüber in die weite Ebene des Oderbruchs, in der die A12 südlich von Frankfurt an der Oder endet. Das Oderbruch ist das breite Tal, in dem der Strom seit Urzeiten seinen Weg zur Ostsee sucht.
Was den Service für die Reisenden betrifft, so ist die A12 nicht besonders üppig ausgestattet. Zwar warten je zwei Tankstellen in beiden Fahrtrichtungen mit Benzin, Shops und einem Café auf: jeweils nahe dem AD Spreeau sowie der AS Briesen. Allerdings lädt bislang keine Raststätte zur erholsamen Pause ein, obgleich es an reizvollen Fleckchen entlang der Strecke nicht fehlen würde. In Storkow immerhin empfängt ein Autohof mit Zapfsäulen und Restaurant Reisende und Trucker.

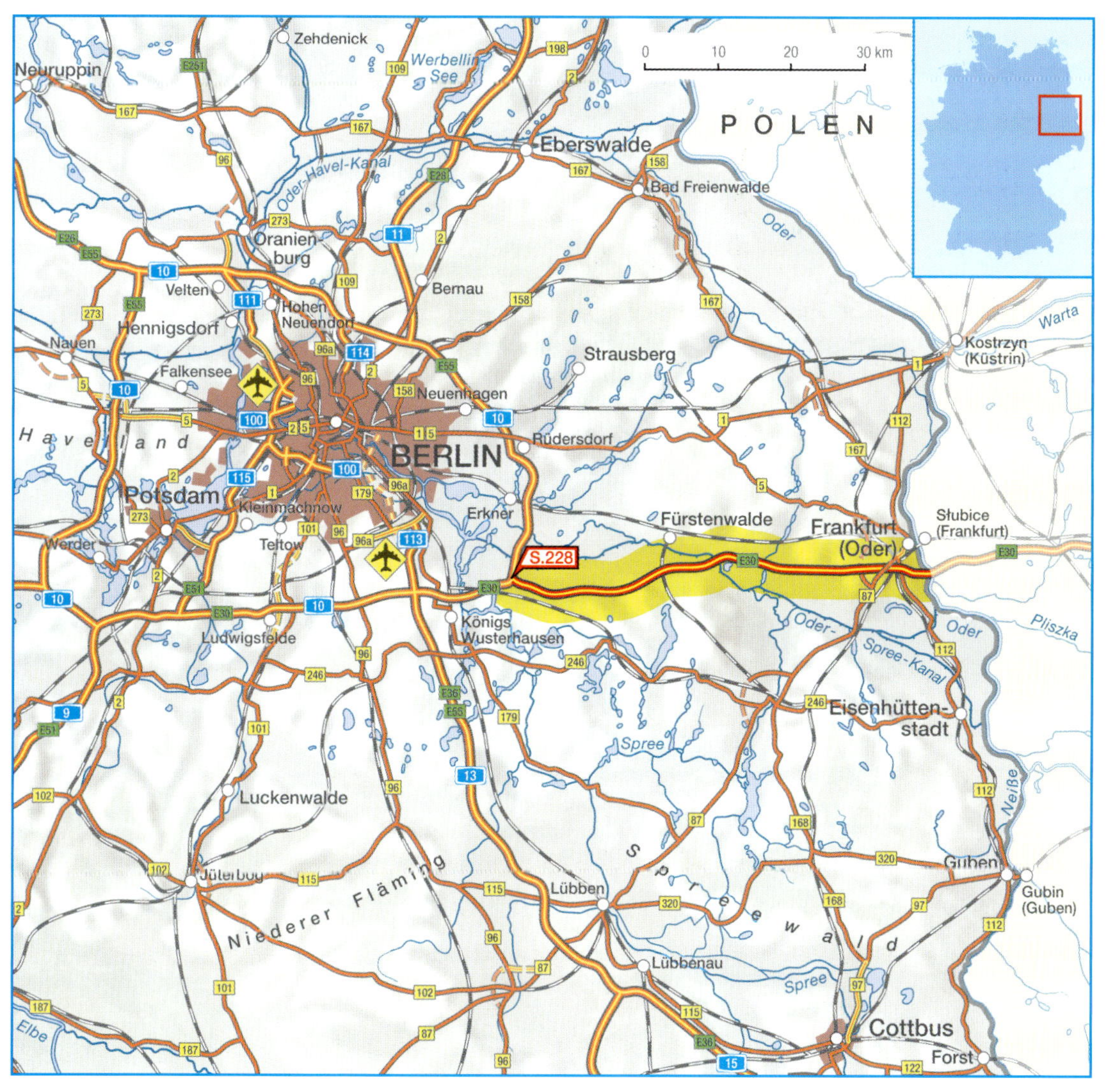

1 Kurz vor der AS Friedersdorf lichtet sich das Fichten- und Kieferngrün des Waldes und gibt den Blick frei nach Süden. Dort sehen Sie **Friedersdorf**, überragt vom schlanken Turm seiner stattlichen neugotischen Kirche.

2 **„Oder-Spree-Seengebiet“** (Informationstafel): Die auf dem Schild abgebildete Seeuferszenerie mit einem typischen Spreekahn weist auf das vielgestaltige, von Seen und Wasserläufen durchzogene Land hin, das sich zu beiden Seiten der A12 von der Spreeaue bis in das Oderbruch an der polnischen Grenze erstreckt.

3 Mitten im Wald führt die Abfahrt nach **Storkow**, eine kleine Stadt, die sich 7 km südlich der A12 um das Nordende des 5 km langen Storkower Sees zieht. Die malerische Altstadt wird vom neugotischen Turm der alten Stadtkirche (14. Jh.) überragt.

4 Nördlich der A12 erkennen Sie durch den an dieser Stelle etwas lichteren Wald den schlanken Kirchturm einer neugotischen Kirche im Ort **Markgrafpieske**. Das Dorf ist wendischen Ursprungs und hieß früher Pieske, was „Sandbank“ bedeutet. Nach Gründung der Ostmark wurde auch Pieske dem neuen Markgrafen unterstellt, wovon noch heute der Ortsname zeugt.

5 Die nördlich der A12 sichtbare Ortschaft heißt **Rauen**. Der wendische Ortsname bedeutet soviel wie „am Berghang“ oder aber „stiller, heiliger Ort“. Seine massive Wehrkirche stammt aus dem 13./14. Jh.

6 An dieser Stelle erklimmt die A12 eine sanfte Steigung. Südlich der Trasse erheben sich die **Rauenschen Berge**. In der Nähe der Autobahn liegen die so genannten **Markgrafensteine**, Findlinge, die von den Gletschern der letzten Eiszeit aus den skandinavischen Gebirgen bis hierher geschoben wurden. Der kleinere Block aus gneisartigem Granit hat ein Volumen von 100 m³ bei einem Umfang von 22 m. Er steckt 2 m tief in der Erde und ist an seiner höchsten Stelle 4 m hoch. Der größere Stein hatte ursprünglich fast 30 m Umfang und war 8,5 m hoch. Er wurde 1827 in drei Teile gesprengt, um eine Granitschale daraus zu fertigen. Diese sollte die Rotunde des Alten Museums in Berlin zieren. Doch war die „Suppenschüssel“, wie die Berliner das Kunstwerk nannten, für den Standort zu groß geraten. Nun steht die Schale im Berliner Lustgarten.

7★ Hinter einem Gewerbegebiet, nördlich der A12, liegt die sehenswerte Altstadt von **Fürstenwalde**. Über die AS Fürstenwalde-West gelangen Sie in nur 5 Min. (2,5 km) ins Stadtzentrum. Von 1385 bis 1598 residierten hier die Bischöfe von Lebus. Vom z.T. modern rekonstruierten St.-Marien-Dom (15. Jh.) sind original nur die Sakristei, einige Gewölbe und das Sakramentshaus von 1517 erhalten. Andere im Zweiten Weltkrieg zerstörte Baudenkmäler wurden ab 1988 wieder aufgebaut. Das so genannte Niederlagstor und der mächtige Bullenturm blieben von der Stadtbefestigung des 14. Jh. übrig. Das alte Rathaus und das ehemals kurfürstliche Jagdschloss sind weitere Attraktionen.

8 5 km südlich der A12 liegt **Bad Saarow-Pieskow**. Der Badeort zieht sich auf einer Länge von 10 km um das Nordufer des Scharmützelsees. Der Name des Sees ist übrigens sorbischen Ursprungs und bedeutet vermutlich „vertrübt".

9 Schon von weitem sehen Sie eine hellblaue Bogenhängebrücke. Sie führt die A12 über die **Spree**. Diese entspringt im Lausitzer Bergland, fließt nach Norden in zahlreichen Armen durch den Spreewald, folgt dem Berliner Urstromtal durch den Großen Müggelsee nach Westen und mündet nach 382 km in die Havel.

10 Im Süden schimmert eine Wasserfläche durch die Bäume. Es ist der **Dehmsee**, ein Ziel für Angler und Wassersportler. Kraniche, Schwarz- und Weißstörche haben das Seengebiet zum Nisten erkoren.

11 Nördlich der A12 fällt ein **Windpark** auf. Über 20 Windstromgeneratoren überragen den Ort Jacobsdorf. Gleich darauf führt die A12 über einen Bach mit Namen **Goldenes Fließ**. Fließ ist ein nicht mehr gebräuchliches Wort für Bach.

12 Im Norden der A12 erkennen Sie einige Hochhäuser im Zentrum von **Frankfurt an der Oder**. Von der AS Frankfurt (Oder)-West führt eine Schnellstraße in die Stadtmitte. 1430 wurde Frankfurt Hansestadt und schon 1506 erhielt es die erste brandenburgische Landesuniversität, die „Alma Mater Viadrina". Vom mittelalterlichen Stadtkern, 1945 fast völlig zerstört, wurde u.a. das Rathaus aus dem 13./14. Jh. mit seinen gotischen Schmuckgiebeln wieder aufgebaut. Der berühmteste Sohn Frankfurts ist Heinrich von Kleist (1776–1811). Im Kleist-Museum in der Fabrikstraße 7 findet man u.a. Erstausgaben der Werke des großen Dichters.

Die Markgrafensteine **6** *im südlichen Teil der Rauenschen Berge sind die größten Findlinge im norddeutschen Raum.*

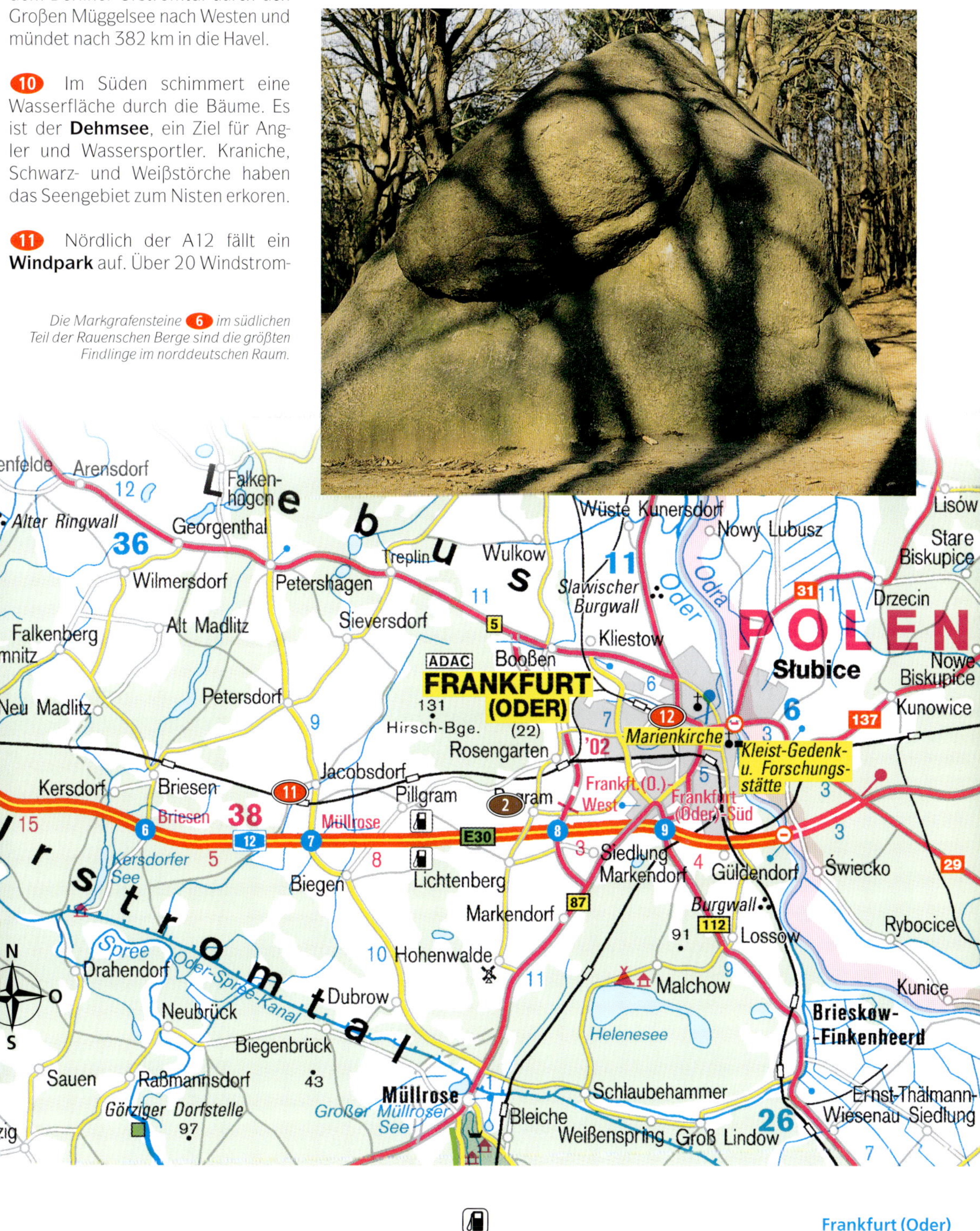

31 | 40 | 45 | 48 | 54

Briesen – Müllrose – Frankfurt (Oder)-West – Frankfurt (Oder)-Süd – Grenzübergang Swiecko

Frankfurt (Oder)

Von der Spree an die Elbe

Berlin (A10) → Dreieck Spreewald → Dresden

Zwischen den Fixpunkten Berlin und Dresden bildet die 152 km lange A13 den östlichsten Pfeiler des deutschen Autobahnsystems. Wenn die im Bau befindliche A17 von Dresden nach Prag einmal fertig ist, dann entsteht hier eine attraktive Fernverbindung nach Budapest, Belgrad und Sofia.

Heute ist die A13 mit Fug und Recht in weiten Teilen als Wochenend-Autobahn zu sehen. Zwar folgt sie einer uralten Handels- und Heerstraße von Berlin nach Lübben an der Spree, wo man früher über Görlitz nach Prag weiterzog. Doch führen die ersten 30 Kilometer mitten in das Sonntagsausflugsgebiet der Berliner: zum Motzener See – wo man sich „aufmotzt", wie der Berliner Volksmund sagt, wenn er „sich erholen" meint –, zum Teupitzer See und all den anderen gewundenen Wasserflächen.

Mehr als 100 Seen und schier endlose Wälder locken die Städter in den Naturpark Dahme-Heideseen. Durch das Baruther Urstromtal geht es dann in die Niederlausitz. Dresden heißt schließlich das Ziel ab Lübbenau, wo die A13 vollends nach Süden schwenkt.

Lange Zeit nur Stückwerk

Die einstige Reichsautobahn mit der Nummer 9 wurde zunächst nur bis Teupitz verwirklicht. 1938 gaben die Nazi-Parteigrößen die ersten 23 Kilometer für den Verkehr frei.

Gleichzeitig mit Berlin hatten die Arbeiten im Süden bei Dresden begonnen. Mit noch größerem Tempo wurde dort die Reichsautobahn Nummer 15 nach Norden getrieben. Die ersten 41 Kilometer vom Dreieck Dresden bis zur AS Ruhland wurden ebenfalls 1938 dem Verkehr übergeben. Ein Jahr später folgte die 44 km lange Strecke von Schwarzheide nach Kittlitz.

Es war eine ungeheure Geschwindigkeit, mit der die „Straßen des Führers" durch das Land gelegt wurden. Aber sie blieben Stückwerk. Zwischen Baruth/Mark und dem Dreieck Spreewald wurden die Arbeiten vor dem Krieg eingestellt. Diese 31 Kilometer Autobahn waren später die ersten, die nach 1945 in der DDR gebaut wurden. 1962 wurden sie für den Verkehr freigegeben.

Bei der Reichsautobahn Nummer 9 hatten die damaligen Machthaber eine Fernstrecke im Sinn – nach Breslau, nach Schlesien. Die Spreeniederung mit den zahllosen Kanälen im Spreewald zwang jedoch zu einer südlicheren Richtung, die eine Verbindung nach Dresden nahe legte.

Autobahn ins Grüne: Die A13 führt die Berliner geradewegs durch die südlich gelegene Seenlandschaft und in den Spreewald.

13

- **Länge** 152 km / 1:32 h
- **Entfernungen und Fahrzeiten** (ca.)

AK Schönefelder Kreuz – AD Spreewald
63 km / 0:38 h
AD Spreewald – AD Dresden-Nord
89 km / 0:54 h

- **Staubereiche**

Erhöhte Staugefahr besteht zwischen der AS Marsdorf und dem AD Dresden-Nord in Höhe der Moritzburg.

Strecke mit Attraktionen

Diese südlichere Trasse erlaubte gleichzeitig, die landschaftlichen Attraktionen im Süden Berlins auf den ersten Kilometern nach dem Schönefelder Kreuz vorzuführen. So verschafft der Weg durch die Enge zwischen dem Motzener See und dem Pätzer Hintersee sowie dem Teupitzer See und den Seen um Groß Köris ein geradezu romantisches Naturerlebnis.

Heute würde diese Trasse aus Landschaftsschutzgründen kaum noch realisiert werden. Man weiß auch mehr über die Gefahren, die lange Geraden durch Waldgebiete in sich bergen: Damals wurde die einschläfernde Wirkung solcher Abschnitte noch unterschätzt. Das Stück durch den Forst Staakow ist ein typisches Beispiel dafür.

Weiter südlich machten die geologischen Verhältnisse und die Besiedelung der Landschaft die Vorgaben für die Trassenführung: Feuchtgebiete mussten an der schmalsten Stelle und auf kürzestem Weg durchquert, dicht besiedelte Orte umfahren werden. Immer dicht am Feuchtgebiet des Spreewalds entlang schlängelt sich die Trasse von Höhe zu Höhe.

Am Dreieck Spreewald bei Lübbenau zweigt die A15 nach Cottbus ab, die A13 wendet sich nun direkt südwärts und schwingt sich auf den Lausitzer Höhenrücken. Von einem Niveau um die 70 m ü. d. M. klettert sie auf durchschnittlich 135 m. Ab der Überquerung der Pulsnitz werden die Fernsichten immer besser. Südlich von Ortrand schweift der Blick über weites Land – im Westen über die Großenhainer Pflege und im Osten über die Laußnitzer Heide. Nach dem Verlassen Brandenburgs steigt die Autobahn in Sachsen weiter an. Immer wieder begleitet von schimmernden Teichen, steigt die A13 südlich der Großen Röder am Rande der Oberlausitz auf über 200 m. Einblicke in Flusstäler und Aussichten über weite Getreideflächen und Wälder machen das Reisen hier zu Lust – zumal, wenn die Fahrbahnen dereinst durchgehend renoviert sein werden.

Die Versorgung der Reisenden könnte auf diesen 152 Kilometern noch etwas optimiert werden. Es gibt nur drei Tankstellen und Raststätten für jede Fahrtrichtung und eine Erfrischungsstation. Die 23 Anschlussstellen sind zudem nicht sehr gleichmäßig verteilt. Der Abstand zwischen Mittenwalde und Groß Köris beträgt 13,2 km, der von Calau nach Bronkow sogar 15 km.

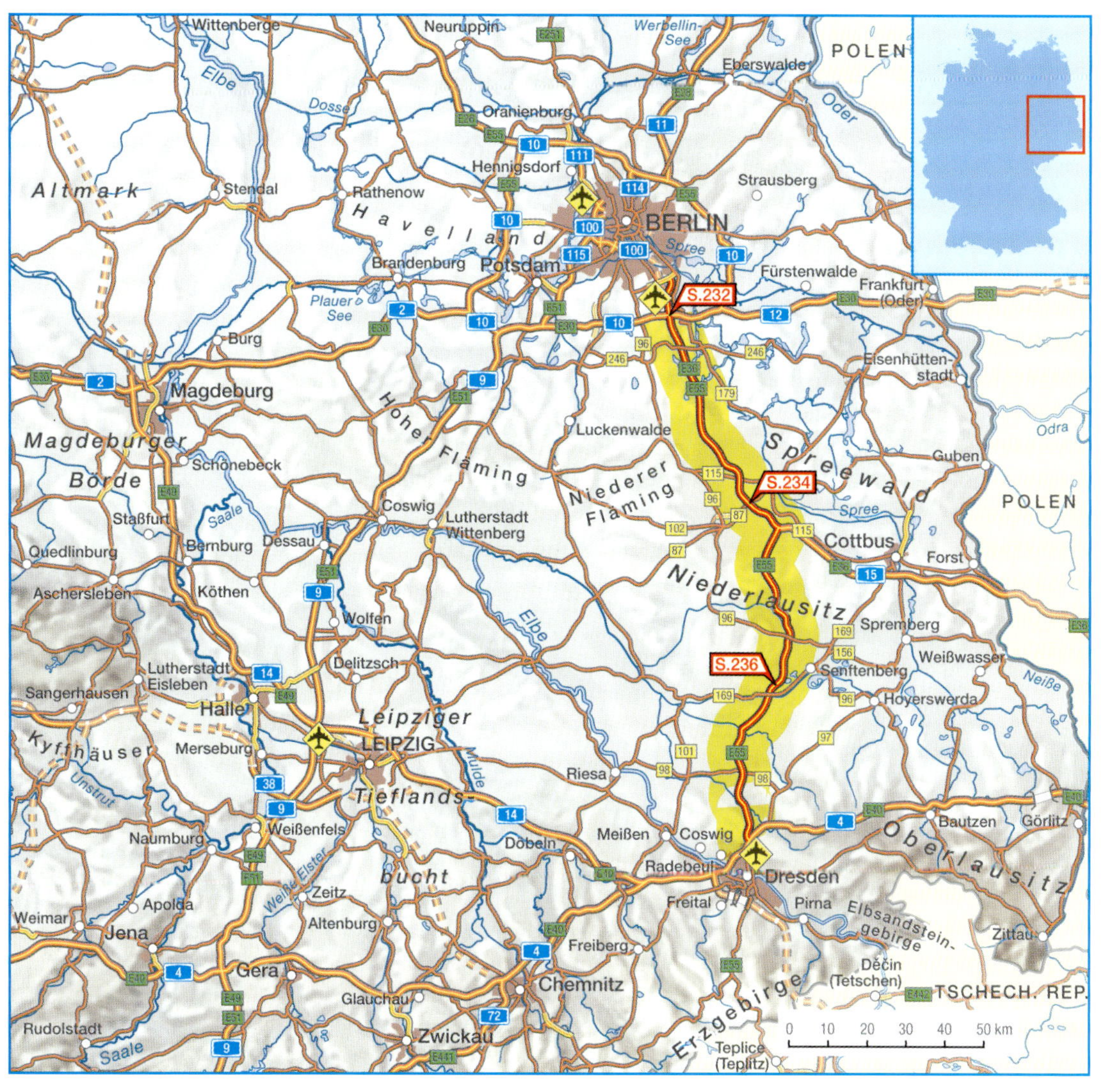

1 Im Westen sehen Sie den neugotischen Turm der Kirche von **Ragow**. In der Mark Brandenburg gibt es mehrere Orte mit diesem Namen. Er ist slawischen Ursprungs und setzt sich aus „Rag“ für Schilfgras und „Ow“ für Aue zusammen.

2 Zwischen der AS Ragow und der AS Mittenwalde überquert die A13 den **Nottekanal**. Er verbindet das Seen- und Flusssystem der Dahme im Osten mit dem 15 km südwestlich gelegenen Mellensee.

3 Der malerische Ort **Mittenwalde** liegt hinter den Bäumen, 3 km westlich der Autobahn. Sein ovaler Grundriss ist seit dem Mittelalter unverändert, ebenso die Reste der Stadtmauer mit Berliner Tor und Pulverturm. Der berühmteste Bürger Mittenwaldes ist der Kirchenlieddichter Paul Gerhardt (1607–1676), der sechs Jahre als Probst an der St.-Moritz-Kirche wirkte.

4 **„Dahme-Seengebiet“** (Informationstafel): Ein See, Surfer und Bäume auf dem Schild weisen auf die mehr als 100 Seen und endlos scheinenden Waldgebiete im 594 km² großen Naturpark Dahme-Heideseen hin. Er ist nach der Dahme benannt, die sich vom Niederlausitzer Landrücken durch das Schenkenländchen schlängelt. Bei Märkisch Buchholz geht der Fluss in den Spree-Dahme-Umflutkanal über.

5 Östlich der A13 sind im Wald die Hinterlassenschaften einer großen LPG zu erkennen. 2 km hinter diesen Gebäuden liegt das aufstrebende **Bestensee**. Seine Geschichte beginnt vermutlich im 4. Jh. als slawische Siedlung. Heute leben etwa 5400 Einwohner in dem Ort, der 1938 aus Klein-Besten und Groß-Besten gebildet wurde.

6 Im Westen der A13 glitzert der **Teupitzer See**, gesäumt von sanften Hügeln und Wäldern. Schwerin heißt die Siedlung auf der ersten, weit in den See hinausragenden Halbinsel. Weiter südlich stehen die Reste der uralten **Wasserburg Teupitz**, auf der von 1328 an für knapp 400 Jahre die so genannten Schenken von Landsberg saßen. Von ihnen hat das Land seinen Namen: Schenkenländchen.

7 Östlich der A13 liegt das etwa 1880 Einwohner zählende **Groß Köris**, dessen Häuser sich zwischen einem halben Dutzend Seen verteilen. Fast alle Seen sind durch Kanäle miteinander verbunden. 2 km weiter östlich liegt Klein Köris am Kleinköriser See, der in den Hölzernen See übergeht.

8 **Teupitz**, das westlich der A13 vom Wald verdeckt am Teupitzer See liegt, war ursprünglich eine slawische Siedlung. Heute ist Teupitz ein beschaulicher Ferienort. Im Zentrum steht die evangelische Heilig-Geist-Kirche mit ihrem wuchtigen, rechteckigen Backsteinturm.

9 Östlich der Autobahn liegt auf der B179 **Märkisch Buchholz**. Der Ort wurde von den wettinischen Markgrafen von Meißen gegründet. Neben dem Marktplatz mit Pfarrkirche und den Ackerbürgerhäusern ist der Dahme-Umflut-Kanal mit der denkmalgeschützten Kaskaden-Wehranlage von 1910 ein beliebter Treffpunkt für Besucher und Einheimische.

Die idyllische Seenlandschaft um Teupitz **8** *und Köris* **7** *im Süden Berlins – hier der Hölzerne See – ist ein beliebtes Ausflugsziel.*

10 Die Brücke, die an dieser Stelle die A13 überquert, verbindet Teupitz im Westen mit der Gemeinde **Halbe** im Osten. Der Ort war im Zweiten Weltkrieg Schauplatz einer Tragödie. Im April 1945 wurden hier deutsche Truppenteile – darunter Halbwüchsige und Invaliden – von russischen Panzereinheiten eingekesselt. General Busse wies die Aufforderung zur Kapitulation zurück. Rund 60 000 Menschen – Soldaten und Flüchtlinge – starben oder wurden verwundet. Zwei Monate lang begruben die Einwohner der umliegenden Gemeinden die Gefallenen auf dem Waldfriedhof in Halbe. Noch heute erinnern vereinzelte Trümmer an diese Schreckenstage.

11★ Mitten im Forst Staakow liegt die AS Baruth/Mark – ein Kuriosum, denn nach **Baruth,** (10 km, 20 Min. westlich der A13) führt von der AS nur eine schmale Forststraße. Doch die kleine Stadt Baruth mit 3259 Einwohnern lohnt einen Abstecher. Hier haben die Grafen von Solms-Baruth im Laufe der Zeit vier Schlösser errichtet: 1671 ergänzten sie die alte Burg aus dem 12. Jh. um das so genannte „Frauenhaus“. 1775 kam ein barockes Schlösschen dazu. Anfang des 19. Jh. wurde die Anlage um ein weiteres Gebäude erweitert. Auch die zweitürmige St.-Sebastian-Kirche aus dem 16. Jh. lohnt eine Besichtigung.

12 Fast unmerklich senkt sich die A13 in das **Baruther Urstromtal**. Es erstreckt sich vom Südosten des Spreewaldes bis zum Nordwes-

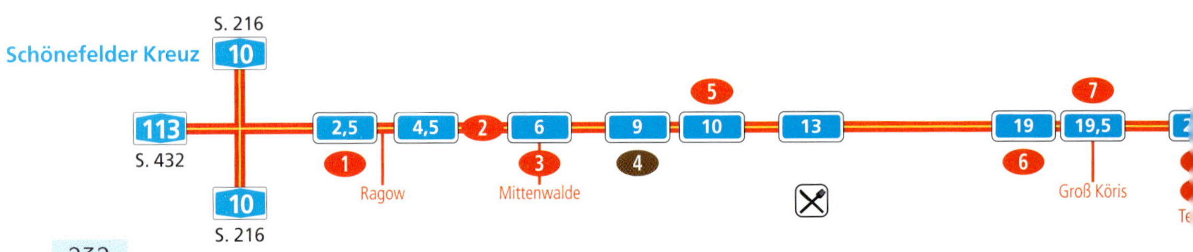

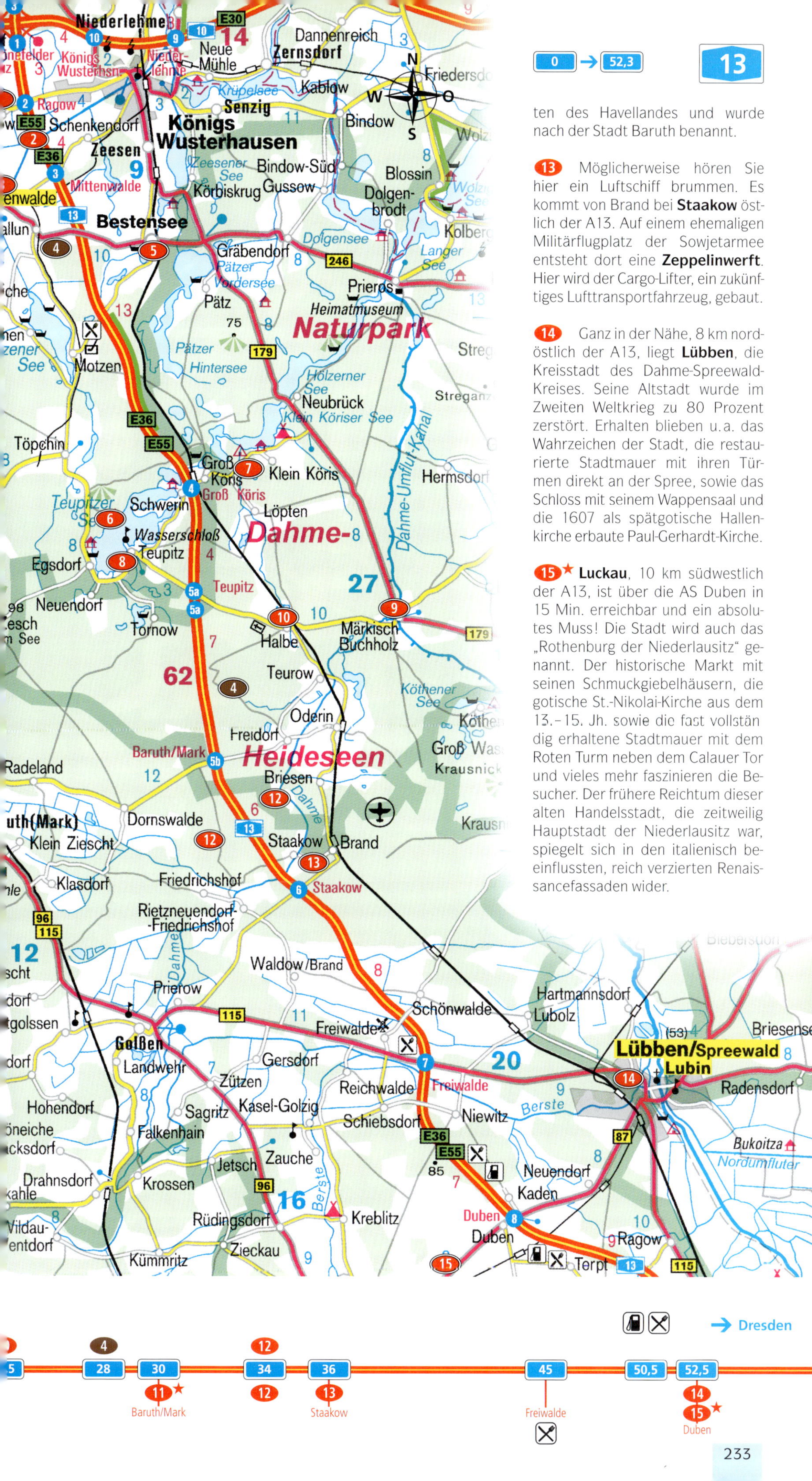

ten des Havellandes und wurde nach der Stadt Baruth benannt.

13 Möglicherweise hören Sie hier ein Luftschiff brummen. Es kommt von Brand bei **Staakow** östlich der A13. Auf einem ehemaligen Militärflugplatz der Sowjetarmee entsteht dort eine **Zeppelinwerft**. Hier wird der Cargo-Lifter, ein zukünftiges Lufttransportfahrzeug, gebaut.

14 Ganz in der Nähe, 8 km nordöstlich der A13, liegt **Lübben**, die Kreisstadt des Dahme-Spreewald-Kreises. Seine Altstadt wurde im Zweiten Weltkrieg zu 80 Prozent zerstört. Erhalten blieben u.a. das Wahrzeichen der Stadt, die restaurierte Stadtmauer mit ihren Türmen direkt an der Spree, sowie das Schloss mit seinem Wappensaal und die 1607 als spätgotische Hallenkirche erbaute Paul-Gerhardt-Kirche.

15★ Luckau, 10 km südwestlich der A13, ist über die AS Duben in 15 Min. erreichbar und ein absolutes Muss! Die Stadt wird auch das „Rothenburg der Niederlausitz“ genannt. Der historische Markt mit seinen Schmuckgiebelhäusern, die gotische St.-Nikolai-Kirche aus dem 13.–15. Jh. sowie die fast vollständig erhaltene Stadtmauer mit dem Roten Turm neben dem Calauer Tor und vieles mehr faszinieren die Besucher. Der frühere Reichtum dieser alten Handelsstadt, die zeitweilig Hauptstadt der Niederlausitz war, spiegelt sich in den italienisch beeinflussten, reich verzierten Renaissancefassaden wider.

Lübben /Spreewald
Lubin
Alt Zauche
Neu Zauche
Wußwerk
Weinberg
Straupitz
Schiebsdorf
Niewitz
Berste
Zauche
Neuendorf
Kaden
Bukoitza
Nordumfluter
Biosphären-
Oberspreewald
reservat
Großes Fließ
Kreblitz
Duben
Ragow
Terpt
Klein Radden
Lübbenau/ Spreewald Lubnjow
Pohlenzschänke
Wotschofska
Eiche
Burg Kauper
Kahnfährhafen
Lehde
Freilandmuseum
Leipe
Gießmannsdorf
Karche
Zaacko
Luckau
Alteno
Groß Radden
Hindenberg
Dreieck Spreewald
Spreewald
Hauptspree
Boblitz
Burg/Spreewald Borkowy
Cahnsdorf
Wittmannsdorf
Groß Beuchow
Willmersdorf-Stöbritz
Kittlitz
Groß Klessow
Südumfluter
Raddusch
Naundorf
Egsdorf
Frankendorf
Freesdorf
Goßmar
Groß Lübbenau
Stradow
Müschen
Lichtenauer See
Naturpark
Schlabendorf
Görlsdorf
See gepl.
Bischdorf
Göritz
Suschow
Dubrau
Zinnitz
Vetschau Wětošow
Beesdau
Calau
Bathow
Kalkwitz
Koßwig
Eichow
Niederlausitzer
Bornsdorf
Groß Jehser
Mlode
Saßleben
Repten
Krieschow
Bergen
Fürstlich Drehna
Mallenchen
Buckow
Calau Kalawa
Reuden
Bolschwitz
Tugam
Säritz
Tornitz
Weißack
Lausitzer Höhenrücken
Gahro
Klein Mehßow
Briesen
Crinitz
Groß Mehßow
Kemmen
Gahlen
Missen
Schrackau
Werchow
Ogrosen
Craupe
Cabeler Berge
Laasow
Landrücken
Gollmitz
Settinchen
Buchwäldchen
Kleinbahren
Babben
Weißag
Ranzow
Bahren
Gosda
Muckwar
Casel
Breitenau
Reddern
Goßmar
Kalk-Bge.
Luckaitz
Bronkow
Massen-
Rutzkau
Schöllnitz
Ponnsdorf
Tanneberg
Kleine Elster
Pritzen
Saadow
Lindthal
Lipten
Altdöbern
Gröbitz
Niederlausitz
Massen
Göllnitz
Lug
Betten
Lubochow
Lieskau
Woschkow
Finsterwalde
Schacksdorf
Dollenchen
Lindchen
Barzig
Wormlage
Dörrwalde
Saalhausen
Lichterfeld-
Großräschen
Freienhufen
Klingmühl
Sallgast
Pechhütte
Drochow
Großräschen
Bergheide
Siedlung
Poley
Sedlitz
Sorno
Annahütte
Meuro
Naturpark Niederlausitzer Heidelandschaft
Klettwitz
Euro-Speedway Lausitz
ADAC
Staupitz
Hörlitz
SENFTENBERG
10 Speicherbecken
Kostebrau
Koschen
Lauchhammer
Schipkau
Senftenberger See
Kleinkoschen
Grünewalde
Brieske
Großkoschen
S. 250
Berlin
54,5
58
61,5
70,5
71,5
72
75
Duben
Lübbenau
Kittlitz
Calau

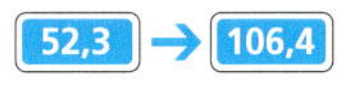

1 Bei km 58 führt die A15 über die **Wudritz**. Sie entsteht südwestlich der A13 bei Stöbritz aus dem Zusammenfluss mehrerer Bäche und strebt nach Osten der Spree zu.

2 Die fünf Kraftwerkskamine, die im Osten über die Baumkronen ragen, stehen bei **Lübbenau**, dem Zentrum des Spreewalds. Das **Braunkohlekraftwerk** wurde Mitte der 50er-Jahre errichtet. Damals begann hier im großen Umfang der Abbau der Braunkohle. Der enorme Zuzug von Arbeitern wurde mit Plattenbauten aufgefangen. Doch leben in der alten Slawensiedlung auch heute noch Sorben.

3★ Südöstlich der A13 sehen Sie einen Funkturm. Er steht in der sehenswerten Stadt **Calau**, die Sie über die gleichnamige AS in 8 Min. (7 km) erreichen können. Die Innenstadt bietet malerische Winkel, die spätgotische dreischiffige Stadtkirche und die Landkirche, in der früher Gottesdienste in wendischer Sprache abgehalten wurden. Im Heimatmuseum, das in einem Fachwerkbau aus dem Jahre 1789 untergebracht ist, sehen Sie Exponate zur Geschichte der Schuhmacherzunft. 1859 gab es in Calau bei nur 235 Bürgerhäusern 144 Schuhmachermeister, 70 Gesellen und 45 Lehrlinge. Von hier stammt tatsächlich der berühmte „Kalauer", der auf die Beiträge eines Calauer Journalisten zurückzuführen ist.

4 **„Niederlausitz"** (Informationstafel): Die Fahrradfahrer auf dem Schild erinnern daran, dass die abwechslungsreiche Landschaft zu Ausflügen einlädt. „Gott schuf die Lausitz und der Teufel versteckte Kohle in ihr", weiß der Volksmund. Doch selbst die öden Flächen, die der Braunkohletagebau hinterließ, werden mehr und mehr zu Erholungsgebieten renaturiert.

5 Von der Brücke aus, die bei km 72 über eine Landstraße führt, ergibt sich ein weiter Blick nach Westen über **Abbaugebiete des Braunkohlereviers**. Hier können Sie einen kurzen Eindruck vom Braunkohletagebau gewinnen.

6 Der kleine Ort direkt am Westrand der A13 heißt **Mallenchen**. Nur 2 km weiter westlich liegt das **Wasserschloss Fürstlich Drehna**. Seit 1991 hat die Brandenburgische Schlösser GmbH 18 Mio. DM in das barockisierte Schloss mit Schlosspark und Brauerei investiert und ein Besucherzentrum eingerichtet. Im früheren Kohleabbaugebiet entsteht gleich neben dem Schloss der Drehnaer See und eine neue Motocross-Strecke.

Rund um Lübbenau 2 sind Kahnpartien durch die zahllosen Wasserläufe des Spreewalds die größte Touristenattraktion.

7 Gleich nach der AS Bronkow haben Sie einen weiten **Blick nach Süden**. Dort kreisen mitunter Sportflugzeuge. Sie gehören dem 1990 gegründeten **Sportfliegerclub Bronkow**. Der Flugplatz dazu liegt 3 km östlich der A13 mitten im Wald.

8★ Auf der Brücke über die A13 verläuft die Straße, die das Dorf Lug im Westen mit Altdöbern verbindet, das östlich der A13 hinter dem Wald liegt. **Schloss Altdöbern** ist ein sehenswertes Ausflugsziel. Das restaurierte Barockschloss ist von einem Park umgeben, der Elemente einer barocken Anlage mit der Weitläufigkeit eines englischen Landschaftsgartens vereint. Der Salzteich, der Goldfischteich und die Wasserspiele sowie die zahlreichen Sandsteinplastiken machen einen Spaziergang unter alten Bäumen zum Erlebnis (Anfahrt über die AS Großräschen, 15 km, 30 Min.).

9 Die Raststätte „Freienhufener Eck" liegt auf dem Gebiet der Gemeinde **Drochow**, westlich zwischen der A13 und dem See, der infolge des Braunkohletagebaus entstanden ist. Früher war Drochow ein Rittergut, dessen Flächen 1945 an Bauern verteilt und dann als LPG zusammengefasst wurden. Heute wird die Landschaft zum Erholungsgebiet ausgebaut.

10 Die Häuser westlich der A13 gehören zur Gemeinde **Annahütte**. 1418 wurde der Ort erstmals – mit dem Namen Särchen – erwähnt. 1856 bezeichnete man ihn als „Roter Strumpf" – so wurden die böhmischen Glasmacher genannt, die bei der damals dort gegründeten Glashütte lebten. 1872 erwarb ein Major den Ort und nannte ihn nach seiner Frau „Anna-Hütte". Während der DDR-Zeit sollte der Ort abgebaggert werden, doch nach der Wende wurde 1992 das so genannte Bergbauschutzgebiet aufgehoben. Die denkmalgeschützte Glaswerksiedlung strahlt heute in neuem Glanz.

11 Die Tribünen des **Lausitzringes** stehen unübersehbar östlich der A13. Von der AS Klettwitz bis zum Ringgelände sind es nur 300 m. Die imposante Sport- und Erlebnisarena hat eine Gesamtfläche von 570 ha und Platz für 120 000 Zuschauer. Neben Rennen werden auch Musikfestivals veranstaltet.

12 2,5 km westlich der A13 drehen sich Kolonnen von Windturbinen. Hier befindet sich der **größte Windkraftpark Deutschlands** mit 38 Windkraftstromgeneratoren und einer Leistung von 63 MW.

13 **Senftenberg** ist auf dem Wegweiser vor der AS Kettwitz zu lesen. Die Stadt mit heute rund 25 600 Einwohnern ist das alte Zentrum des Niederlausitzer Braunkohlegebiets und liegt 8 km östlich der A13 an einem ca. 1300 ha großen künstlichen Binnensee. Mit dem Braunkohlebergbau setzte um 1860 ein wirtschaftlicher Aufschwung ein. Braunkohle- und Sanierungsbergbau geben auch heute noch vielen Menschen Arbeit.

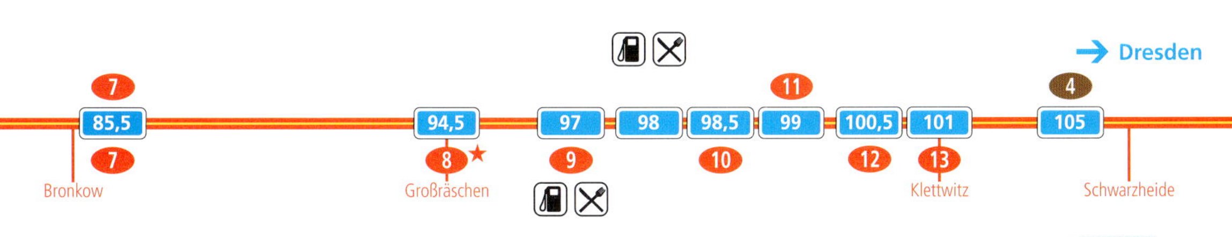

1 Östlich der A13 liegen die Kunststoffanlagen der BASF und ein Wasserturm; sie gehören zum westlich der Autobahn liegenden Ort **Schwarzheide**. Der Ort wurde 1936 aus den Dörfern Zschornegosda und Naundorf gebildet. 1935 wurde in Naundorf die Braunkohlen-Benzin-Aktiengesellschaft (BRABAG) gegründet, die bis heute als BASF Schwarzheide GmbH besteht.

2 Das Abfahrtsschild weist den Weg nach **Lauchhammer** (5 km westlich der A13). Dort stand seit 1951 die einzige Braunkohlekokerei der Welt. 1993 wurde der Koksgewinnungsbetrieb geschlossen.

3 Südlich der AS Ruhland überquert die A13 die **Schwarze Elster**. Der Fluss entspringt im Lausitzer Bergland und mündet nach 188 km oberhalb von Wittenberg in die Elbe.

4 **„Elbe-Elster-Land"** (Informationstafel): Eine Schafherde mit Hirten und die Silhouette eines Heidedorfes sind charakteristisch für diese Landschaft zwischen den Lausitzer Höhen nördlich der Schwarzen Elster bis zum Mittellauf der Elbe. Kiefern- und Laubwälder, Auenlandschaften und Moorgebiete, Heideflächen und Seen bestimmen dieses Hügelland westlich der A13.

5 Der Kirchturm mit dem grünen Kupferdach und der Barocklaterne, den Sie östlich der A13 sehen, steht in **Ruhland**. Die kleine, 1317 erstmals erwähnte Stadt (4232 Einwohner) war ursprünglich ein Fischerdorf an der Schwarzen Elster. Nach einer Brandkatastrophe leitete der Dresdner Baudirektor Samuel Locke 1768 den Wiederaufbau der Stadt im Stil des Barock.

6 Am südlichen Horizont sind die Kuppen der prominentesten Erhebungen Brandenburgs zu sehen. Auf der höchsten, dem **Kutschenberg** (201 m), findet alljährlich ein Autocrossrennen statt.

7 Ein großes weißes Industriegebäude, ein Betonwerk, direkt an der Ostseite der Autobahn markiert ein Gewerbegebiet von **Ortrand**.

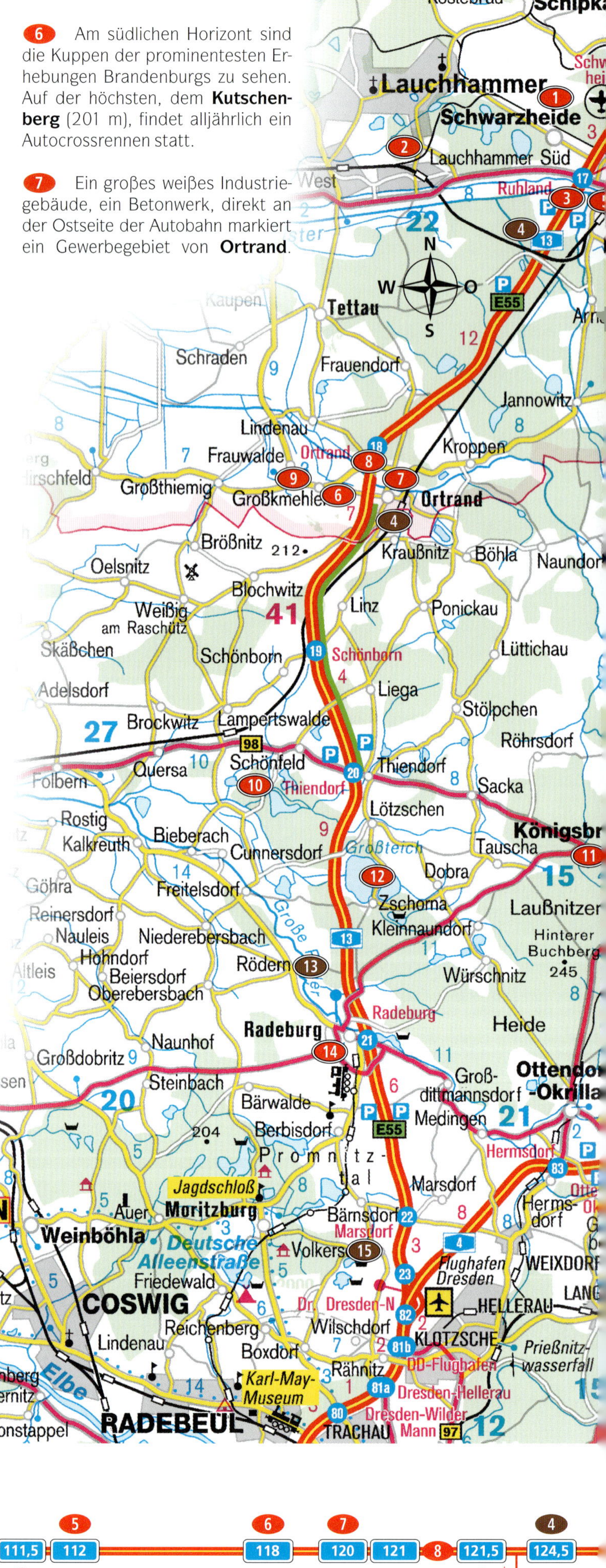

Berlin ←

106,5	109,5	110	3	111,5	112	118	120	121	8	121,5	124,5
1 Schwarzheide	2 Ruhland			4	5	6	7			9 ★ Ortrand	4

Die Stadt, die nach einer Linkskurve im Osten auftaucht, liegt an der Grenze zu Sachsen. An der St.-Barbara-Kirche hat der Baumeister der Dresdner Frauenkirche George Bähr mitgewirkt. Er ließ 1730 den Turm über dem Chorgewölbe errichten.

8 **Pulsnitz** heißt der Fluss, den die A13 unmittelbar vor der AS Ortrand überquert. Er entspringt in der Oberlausitz und mündet gegenüber der Stadt Elsterwerda in die Schwarze Elster.

9★ Am Nordhang eines sanften Höhenzugs westlich der A13 sehen Sie das Angerdorf Großkmehlen. Ein Ausflug dorthin ist empfehlenswert, denn das **Renaissanceschloss Großkmehlen** wurde im Jahre 2000 aufwendig renoviert. Zur Anlage gehören ein Landschaftspark mit Pavillon und die ursprünglich spätgotische Georgskirche. An ihrer barocken Umgestaltung soll George Bähr mitgewirkt haben. Den Innenraum schmücken ein niederländischer Schnitzaltar und eine kostbare Silbermann-Orgel. Das Schloss liegt 2 km (5 Min.) von der AS Ortrand entfernt.

10 Bei km 130 sehen Sie westlich der A13 die Wasserflächen der **Schönfelder Teiche** glitzern. Dahinter stehen einige Häuser und, etwas versteckt, das sehenswerte **Renaissanceschloss Schönfeld**. Bis 1945 gehörte es dem Freiherrn von Burgk. Wegen seiner Größe und seines guten Erhaltungszustands zählt es zu den wertvollsten Schlossanlagen Sachsens.

11 **Königsbrück** steht auf dem Abfahrtsschild. Das „Tor zur Westlausitz", 10 km östlich der Autobahn, war ursprünglich eine Töpfer- und Schuhmacherstadt. Im 19. Jh. wurde Königsbrück kaiserliche Garnison mit einem großen Truppenübungsplatz. Auch die Sowjetische Armee nutzte die Gegend bis 1992 als militärisches Gelände. Deshalb sind die Dörfer Bohra, Rohna, Krakau, Zochau, Quosdorf, Otterschütz und Zietsch in älteren Landkarten nicht verzeichnet.

12 Im Osten der A13 schimmert der See Großteich im **Landschaftsschutzgebiet Zschornaer Teiche**, benannt nach einem Ortsteil der Gemeinde Tauscha, zu der auch die Dörfer Würschnitz, Dobra und Kleinnaundorf gehören. Der Brettmühlenteich in Zschorna gilt wegen seiner hübschen Umgebung als besonderes Kleinod.

13 **„Meißen"** (Informationstafel): Das Schild zeigt die Silhouette der Stadtburg Meißen. Die Bischofs- und Porzellanstadt liegt 22 km westlich der A13 hoch über der Elbe. Die Meißener Burg mit dem Dom, dem Bischofsschloss, dem Palast der Burg- und Markgrafen hatte im Mittelalter den Rang einer Reichsburg. Das Ensemble, bestehend aus dem gotischen Dom und den so genannten Kurienhäusern, stellt heute eines der wichtigsten

Baudenkmäler Deutschlands dar (siehe auch A4, S. 96 und A14, S. 247)

14 Hinter der Lärmschutzwand westlich der A13 liegt **Radeburg**, eine kleine Stadt mit mittelalterlichem Charakter. Sie ist die Geburtsstadt des Malers und Grafikers Heinrich Zille (1858–1928). Das Zille-Denkmal im Zille-Hain, die Zille-Gedenktafel an seinem Geburtshaus am Markt, die Heinrich-Zille-Schule und eine ständige Heinrich-Zille-Ausstellung im Heimatmuseum unter dem Titel „Det war sein Milljöh" feiern den berühmtesten Sohn der Stadt. Zwischen Radeburg und Radebeul Ost verkehrt der „Lößnitzdackel", eine der ältesten Schmalspurbahnen in Deutschland. Die 16,55 km lange Strecke führt durch den engen, wildromantischen Lößnitzgrund.

15★ **„Moritzburg"** (Informationstafel): Das Schild zeigt die Silhouette des berühmten Jagdschlosses bei Moritzburg, das Sie sich ansehen sollten. 1542 entstand dort unter Herzog Moritz von Sachsen das erste Jagdschloss. August der Starke ließ es 1723–1736 im Barockstil umbauen und einen französischen Park anlegen. Die Grafikerin Käthe Kollwitz verbrachte ihr letztes Lebensjahr (1944/45) in Moritzburg. Seit 1995 wird im Haus, in dem sie gewohnt hat, an ihr Leben und Werk erinnert. Sie gelangen nach Moritzburg über die AS Radeburg (7 km, 10 Min. in Richtung Westen).

Schloss Moritzburg 15★: Im Innern des inmitten der Moritzburger Teiche gelegenen Prachtbaus zeigt ein Barockmuseum Kunsthandwerk aus dem 16. bis 18. Jh. sowie Möbel, Gemälde und Tapeten.

S. 96
4 Dreieck Dresden-Nord
12
130 133 136 139 142 149
10 11 13 14 15★
born Thiendorf Radeburg Marsdorf
4
S. 96

Von Magdeburg nach Dresden

Dahlenwarsleben → Bernburg → Halle (Saale)-Ost → Leipzig → Dreieck Nossen

Die 203 km lange A 14 von Magdeburg zum Dreieck Nossen wurde im Jahr 1999 eröffnet und war damit die erste komplett fertig gestellte Autobahnstrecke der „Verkehrsprojekte Deutsche Einheit“. Allerdings musste nicht die gesamte Strecke neu gebaut werden, sondern nur der knapp 100 km lange Abschnitt, der von der AS Dahlenwarsleben aus durch Sachsen-Anhalt nach Halle führt. Dort wurde die neue Trasse mit den bereits vorhandenen Strecken von Halle über Leipzig zum Dreieck Nossen, 30 km vor Dresden, verbunden.

Bereits in den 30er-Jahren war diese Nord-Süd-Verbindung im geplanten Grundnetz der Reichsautobahn vorgesehen – als Querverbindung zwischen Hamburg und Dresden. Gebaut wurde schon 1935 im Raum Halle; die 26 km von der Saalestadt nach Leipzig kamen im Jahr 1936 hinzu. Der Bau einer Autobahn in Richtung Norden nach Magdeburg verlief jedoch im Sande. Zu DDR-Zeiten, in den 60er-Jahren, nahm man die Planung wieder auf – aber lediglich für das Teilstück zwischen Magdeburg und Halle. Der Abschnitt Leipzig-Ost–Grimma war 1971 fertig, die Strecke Grimma–Nossen 1972. Nach der Wende wurde die A 14 in die „Verkehrsprojekte Deutsche Einheit“ aufgenommen, wobei jedoch die alten DDR-Planungen, wie z. B. die Trasse von Halle bis nördlich von Schönebeck mit einer anschließenden Gabelung der Autobahn, im Zuge der neuen Entwicklungen nicht mehr zur Diskussion standen.

Auf den Spuren der Romanik

Heute beginnt die A 14 wenige Kilometer nordwestlich von Magdeburg, in Dahlenwarsleben. Der Ort liegt an der B71, die hier ein Teil der Straße der Romanik ist. Dieser touristischen Route mit vielen 1000-jährigen Kirchen begegnet die A 14 mehrfach auf ihrem Weg nach Halle.

Für die neue Trassierung zwischen der AS Schönebeck und der AS Könnern war eine Umweltverträglichkeitsstudie maßgebend, da die neue Autobahn ein landwirtschaftlich und kulturell wertvolles Gebiet durchquert: die Magdeburger Börde, auf deren fruchtbaren Böden vor allem Zuckerrüben, Weizen und Gemüse gedeihen. Ausschlaggebend waren aber auch die Entlastung der parallelen Verkehrswege und deren anliegender Ortschaften sowie die Erschließung der Landkreise Schönebeck, Aschersleben-Staßfurt und Bernburg.

Um die Brücken der A 14 harmonisch

Gleich nach dem Schkeuditzer Kreuz queren die Jets, die vom Airport Leipzig/Halle starten, die A 14.

14

- **Länge** 203 km / 2:05 h
- **Entfernungen und Fahrzeiten** (ca.)

AK Kreuz Magdeburg – AS Halle/Peißen
92 km / 0:56 h
AS Halle/Peißen – AS Leipzig-Mitte
28 km / 0:17 h
AS Leipzig-Mitte – AD Dreieck Nossen
83 km / 0:50 h

- **Staubereiche**

Erhöhte Staugefahr besteht am Autobahnende vor dem AD Nossen.

in diese vielseitige Landschaft einzufügen, wurde ein so genanntes streckenbezogenes Gestaltungskonzept entwickelt, was bedeutet: Neu- und Ausbauten werden stärker in die jeweiligen Landschafts- und Siedlungsstrukturen integriert. In der Magdeburger Börde sind die Schrotetalbrücke und die Sülzetalbrücke nach diesem Prinzip entstanden, weiter südlich zwischen der AS Schönebeck und der AS Könnern die Wipper- und die Bodetalbrücke.

Über Meisterwerke der Architektur

Die imposanteste und technisch anspruchsvollste Brücke dieser Autobahn ist die Saalebrücke Beesedau, mit 805 m Länge das größte Bauwerk der A14. Trotz seiner Ausmaße fügt sich die schlanke Konstruktion harmonisch in die Flusslandschaft ein. Markante Stahlbögen kennzeichnen das weithin sichtbare Verkehrsmonument. In Wirklichkeit handelt es sich natürlich um zwei Brücken: zum einen um die eher unauffällig erscheinende Vorlandbrücke, mit der das Überflutungsgebiet beidseitig der Saale überführt wird, und zum anderen um die dagegen spektakulär wirkende Strombrücke, die sich in einer Bogenkonstruktion hoch über den Fluss spannt. Das dunkle Blau und helle Gelb der Stahlbögen macht die ungewöhnliche Architektur noch eindrucksvoller.

Umweltgerechte Konzeption

Über das ökologisch wertvolle Götschetal führt eine 730 m lange, schlanke Brücke. Als Bezug zur Region ist darin Vulkangestein aus den benachbarten Steinbrüchen des Petersberges verarbeitet. Einen klaren Akzent im flachen Profil des Naturschutzgebietes setzt der 250 m hohe Petersberg. Die Trasse schlägt einen großen, umweltschonenden Bogen um das wertvolle Areal. Vorbei an der Händel-Stadt Halle an der Saale führt die A14 nach Leipzig. Nach der AS Halle-Ost sind es nur noch wenige Kilometer nach Sachsen und zum Schkeuditzer Kreuz. Hier trifft die A14 auf die A9, die Nord-Süd-Verbindung Berlin–Leipzig–Nürnberg.
Nach den Wirtschaftsräumen Halle und Leipzig gelangt die A14 in die Tourismusregion „Sächsisches Burgen- und Heideland". In der Lommatzscher Pflege, der Kornkammer Sachsens, mündet die Autobahn schließlich in die A4, die Verbindung zwischen Hessen-Thüringen und Sachsen.

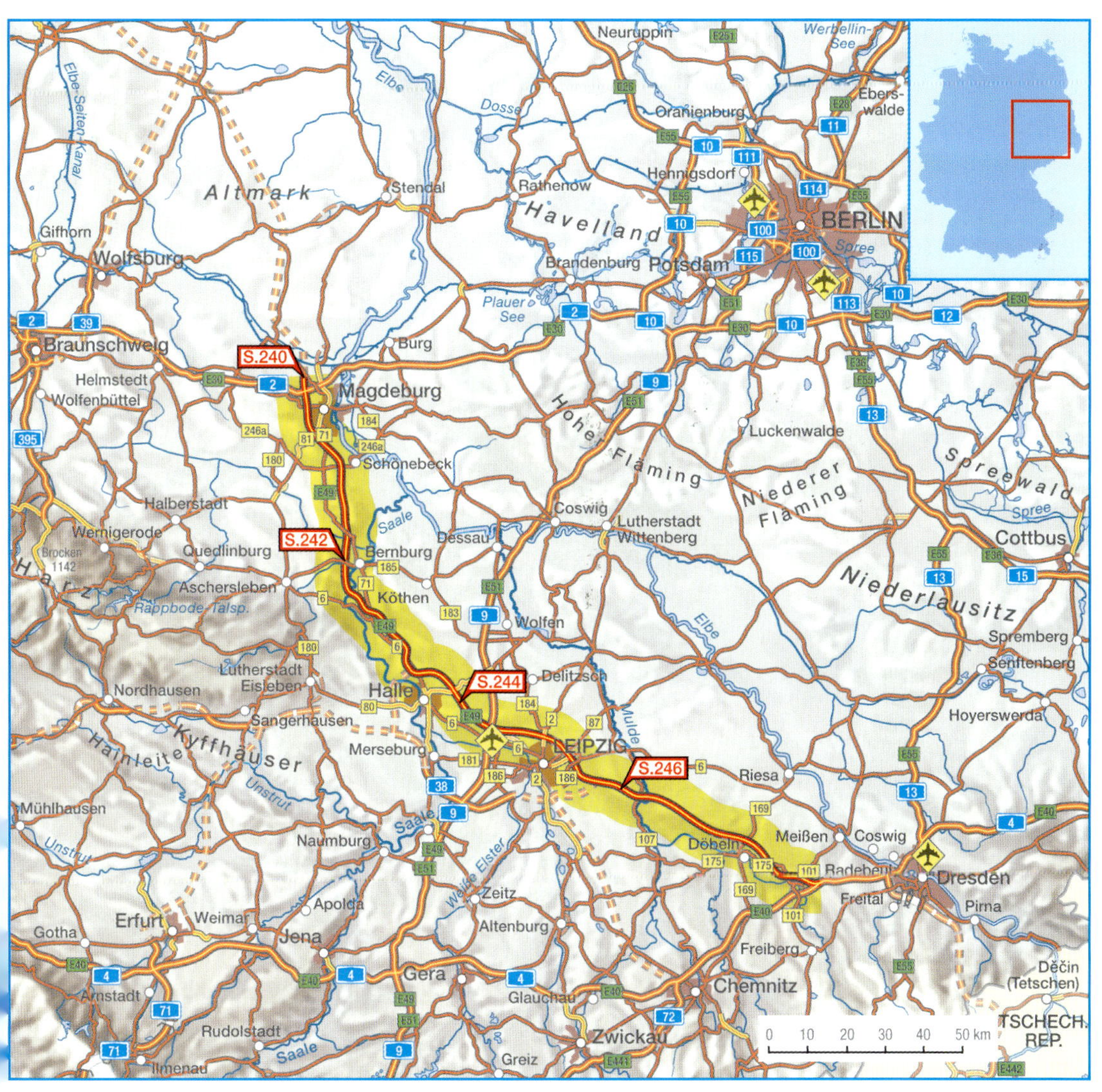

1 1 km nördlich von Dahlenwarsleben beginnt die A14 im Anschluss an die B71. Das weinrote Schild mit dem weißen Säulensignet zeigt, dass hier auch die **Straße der Romanik** verläuft, die Sachsen-Anhalt wie eine große Acht durchzieht. Über 70 Burgen, Dome, Klöster und Kirchen aus dem 10.–13. Jh. in 60 Orten sind an der Straße der Romanik als architektonische Höhepunkte registriert. Ihre Südroute – großteils auf der B71 – wird die A14 bis Halle begleiten.

Malerisch thront das Schloss von Bernburg **10** *über dem Ufer der Saale.*

2 Die beiden 100 m hohen Türme des **Magdeburger Doms** sind hinter dem Magdeburger Kreuz im Nordosten immer wieder zu sehen. Als im Jahr 968 Kaiser Otto I. das Erzbistum Magdeburg gründete, erwuchs aus der Kirche des Mauritiusklosters der erste Dom. Beim Großfeuer von 1207 brannte dieses Gotteshaus nieder. Über 300 Jahre zogen ins Land, bis das jetzige Wahrzeichen der Stadt seine Türme gen Himmel reckte. Der Dom ist eine dreischiffige Basilika mit Querschiff, Chorumgang und Kapellenkranz.

3 Magdeburg-Stadtfeld ist die günstigste Einfahrt ins Zentrum der Landeshauptstadt von Sachsen-Anhalt. **Magdeburg** ist mit 237 000 Einwohnern allerdings nur die zweitgrößte Stadt des Landes. Obwohl sie im Laufe der Jahrhunderte immer wieder zerstört wurde, sind in ihren Mauern noch einige kostbare Bauwerke zu finden, so z.B. das Kloster Unser Lieben Frauen, eine romanische Anlage wie aus dem Bilderbuch. Nicht weit entfernt befindet sich der Marktplatz, wo neben dem Rathaus der „Magdeburger Reiter" sehenswert ist, das einzige vollplastische Reiterstandbild des hohen Mittelalters in Europa. Zu einer Reise in exotische Pflanzenwelten laden die Magdeburger Gruson-Gewächshäuser ein. 1896 eröffnet, galten sie wenig später schon als eine der renommiertesten botanischen Bildungsstätten Deutschlands.

4 Westlich der A14, etwa zwischen Mittellandkanal und der Bode, erstreckt sich die **Magdeburger Börde**. Sie ist eine flachwellige, fast waldlose Landschaft. Der Name „Börde" ist aus dem niederdeutschen Wort „bören" (tragen, heben) abgeleitet worden und weist auf die hohen landwirtschaftlichen Erträge hin: Die Magdeburger Börde gehört zu den fruchtbarsten Ackerbaugebieten Deutschlands. Über einer bis zu 2 m dicken Lößschicht, Ergebnis eiszeitlicher Ablagerungen, liegt die 60–80 cm starke nährstoffreiche Schwarzerde. Auf den Feldern werden Getreide und Zuckerrüben angebaut.

5 ★ Von der AS Schönebeck empfiehlt sich ein Abstecher nach **Salzelmen**, einem Stadtteil von Schönebeck (9 km, 15 Min.) Dort beschäftigt man sich seit 1170 mit der Salzgewinnung. Vor rund 200 Jahren wurde das Salz erstmals auch für Heilzwecke verwendet. Bad Salzelmen gilt als das älteste Solebad Deutschlands. Im Süden des Ortes an der nach Eggersdorf führenden Straße liegt der Kurpark. Das imposanteste Bauwerk darin ist das 1777 auf einer Gesamtlänge von 1837 m fertig gestellte Gradierwerk. Einst wurde es errichtet, um durch Wind und Sonne das Wasser aus der Sole verdunsten zu lassen. Damit wurde die Salzkonzentration in der Sole erhöht und der nachfolgende Siedevorgang erheblich verkürzt. Seit 1890 dient es fast ausschließlich der Freiluftinhalation.

6 Östlich der Autobahn erhebt sich der 121 m hohe **Wartenberg**. Er gehört zu dem sich von Norden nach Süden ziehenden Endmoränenzug westlich von Calbe, der die Trennlinie zwischen der Elbe-Saale-Aue im Osten und der flachwelligen Magdeburger Börde darstellt. Auf dem höchsten Punkt des Wartenbergs thront ein Bismarckturm. Er wurde am 22. März 1904 eingeweiht.

7 ★ Lohnend ist bei der AS Calbe ein Abstecher nach **Calbe** (7 km, 8 Min.): Das Städtchen zwischen sanfthügeligen Äckern und naturgeschützten Saaleauen, schon 936 von König Otto I. gegründet, hat sich seit 400 Jahren auf den Zwiebelanbau spezialisiert. Dass auch dies Wohlstand bringen kann, beweist das geschlossene Ensemble der Renaissance- und Barockbauten auf dem Marktplatz. Vor dem Rathaus stand seit 1381 eine hölzerne Rolandfigur als Symbol für städtische Freiheit und Marktrecht. Sie fand allerdings im harten Winter 1944 ein jähes Ende, als sie zu Brennholz verarbeitet wurde. Das kann dem 1976 aufgestellten neuen Rolandstandbild nicht passieren: Es ist aus Sandstein.

8 Kurz vor der AS Staßfurt überquert die A14 die **Bode**. Das legendenumwobene Flüsschen entspringt im Harz und mündet bei Nienburg in die Saale.

9 Bei Staßfurt kreuzt die A14 die **Deutsche Alleenstraße**. Diese 1992 vom ADAC in Zusammenarbeit mit Fremdenverkehrs- und Naturschutzverbänden initiierte Touristische Straße beginnt auf Rügen. Sie führt durch die schönsten Gegenden von Mecklenburg-Vorpommern nach Rheinsberg in Brandenburg und von dort durch Sachsen-Anhalt nach Goslar und weiter über Dresden durch das Erzgebirge nach Thüringen. Durch die Schaffung dieser touristischen Route sollen zum einen die bestehenden Alleen geschützt, zum anderen aber auch neue Bäume gepflanzt werden. Sehenswert in **Staßfurt** sind die Reste der Burg und das Salzlandtheater, dessen Hauptgebäude der Salzgraf von Werdensleben im Renaissancestil erbauen ließ. Weltweit erstmalig wurde ab Mitte des 19. Jh. unterhalb des Stadtgebiets von Staßfurt Kali- und Steinsalzbergbau betrieben. Das Strandsolebad des Ortes hat noch heute einen höheren Salzgehalt als die Nordsee.

10 In der Ferne sind die Schloss- und Kirchtürme sowie der Wasserturm von **Bernburg** zu sehen. Mehr ins Auge fallen allerdings östlich der A14 rechts der Schlosssilhouette der hohe Förderturm der Kali & Salz GmbH und links davon die gewaltige, über 100 m hohe Anlage von Schwenk-Zement. Der Kreis Bernburg, den die A14 hier durchquert, wird auch der „Kreis der vier weißen Puder" genannt: Seit jeher werden hier Salz, Soda, Zucker und Zement produziert.

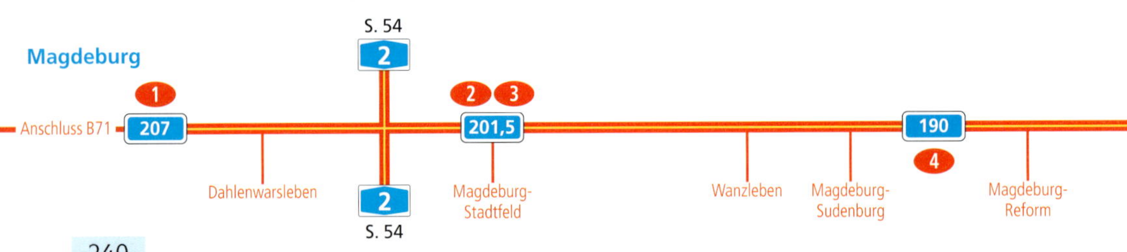

207,7 → 158,3
14
MAGDEBURG
SCHÖNEBECK
STASSFURT
BERNBURG (Saale)
Calbe
Gutenswegen
Groß Ammensleben
Klein Ammensleben
Ackendorf
Straße der Romanik
Meitzendorf
Barleber See
Schiffshebewerk
Lostau/Hohenwarthe
Möser
Burg-Zentrum
Pietzpuhl
Sperrgebiet
Dahlenwarsl.
Barleben
MD-Rothensee
ROTHENSEE
Groß Santersleben
Dahlenwarsleben
Gersdf.
Hermsdorf
Ebendorf
MD-Kannenstieg
MD-Zentrum
Börde
Hohenwarsleben
KANNENSTIEG
Zoologischer Garten
Ehle
Körbelitz
Gerwisch
Wörmlitz
Irxleben
Kreuz Magdeburg
OLVENSTEDT
Biederitz
ADAC
Woltersdorf
Büden
Ziepel
Ochtmersleben
Wellen
MD-Stadtfeld
STADTFELD
Niederndodeleben
Schnarsleben
Schrote
Unserer Lieben Frauen
Heyrothsberge
Königsborn
Nedlitz
DIESDORF
BERLINER CHAUSSEE
Dom
Kulturpark
CRACAU
Menz
Gübs
Wahlitz
Vehlitz
Karith
Pöthen
Rodensleben
Klein Rodensleben
Hohendodeleben
2002
SUDENBURG
BUCKAU
PRESTER
FERMERSLEBEN
Pechau
Vogelsang
Umflutkanal
Gommern
Domersleben
OTTERSLEBEN
Wanzleben
Schleibnitz
MD-Sudenburg
SALBKE
WESTERHÜSEN
MD-Reform
Calenberge
Randau-
Plötzky
Pretzien
Wanzleben
Buch
Beyendorf
Sohlen
Frohser-B.
Elbenau
Magdeburger Börde
Osterweddingen
Langenweddingen
Dodendorf
Blumenberg
Sülldorf
Ranies
Salzelmen
Glinde
Bahrendorf
Welsleben
Schönebeck
Pömmelte
Schwaneberg
Altenweddingen
Stemmern
Eggersdorf
Gnadau
Zeitz
Biere
Wespen
Egeln Nord
Wolmirsleben
Borne
Groß Mühlingen
Klein Mühlingen
Eickendorf
Zens
Tornitz
Egeln
Tarthun
Unseburg
Atzendorf
Warten-B.
Werkleitz
Saale
Glöthe
Trabitz
Lust
Förderstedt
Brumby
Athensleben
Üllnitz
Schwarz
Neu Staßfurt
Wispitz
Groß Börnecke
Cochstedt
Löderburg
Damaschke Plan
Colno
Wedlitz
Zuchau
Hohenerxleben
Neugattersleben
Deutsche Alleenstraße
Hecklingen
Staßfurt
Nienburg
Gerbitz
Neu Königsaue
Neundorf
Strenzfeld
Gramsdorf
Pobzig
Altenburg
Borgesdorf
Winningen
Rathmannsdorf
Latdorf
Wilsleben
Ilberstedt
Bernbg.
Dröbel
Güsten
Walkhügel
Schloß
Weddegast
Strummendorf
Leipzig
171
169
164,5
163,5
158,5
Calbe
Staßfurt
Bernburg

1 ★ Über die AS Bernburg führen rund 4 km Landstraße binnen 6 Min. in die Stadt **Bernburg**, deren Türme östlich der A14 aufragen. Wahrzeichen von Bernburg ist das **Renaissanceschloss**, das sich stolz die „Krone Anhalts“ nennt. Die vollständig erhaltene Residenz der Herzöge von Anhalt-Bernburg wurde auf den Mauern einer askanischen Burg errichtet. Das Schlossmuseum zeigt neben den Interieurs des 16. Jh. auch einen romanischen Keller und das gotische Gewölbe der Vorgängerbauten. Das Schloss hat einen der größten Burghöfe in Deutschland, auf dem sich der Eulenspiegelturm erhebt. Dieser 42 m hohe Bergfried ist nach Till Eulenspiegel benannt, weil der berühmte Schalk als Turmwächter im Dienste des Grafen von Anhalt gestanden haben soll. Im Gehege des Schlosses ist ein Bärenpaar zu Hause. Die Generationen von Braunbären – Wappentiere des Landkreises – leben seit den 60er-Jahren des 19. Jh. im ehemaligen Burggraben.

2 Von der Autobahn aus im Osten gut sichtbar erhebt sich in der Gemeinde **Plötzkau** ein Renaissanceschloss (1556) mit einem 37 m hohen Turm. Der Vorgänger dieser Anlage gehörte zu den frühen Befestigungen an der Saale.

3 Die **Saalebrücke** ist mit 805 m Länge das größte Bauwerk der neuen Autobahntrasse zwischen Halle und Magdeburg. Sie führt bei Beesenlaublingen über die zum unteren Saaletal gehörende Flusslandschaft. Die **Saale** ist 427 km lang und entspringt im Fichtelgebirge. Das bekannte Lied „An der Saale hellem Strande stehen Burgen stolz und kühn“ kündet von den romantischen Abschnitten ihres Laufes, ehe sie bei Barby in die Elbe mündet.

4 ★ Ein Abstecher nach **Löbejün** lohnt vor allem für Musikliebhaber (3 km, 7 Min. östlich der AS Löbejün). In diesem kleinen Ort wurde der Balladenkomponist Carl Loewe geboren. Er vertonte u.a. Goethes „Erlkönig“ und entwickelte die Ballade zum eigenständigen Musikgenre. Sein Bildnis, in Löbejüner Porphyr gehauen, steht heute auf dem Markt gegenüber dem Rathaus. Mit Porphyr ist fast die gesamte Innenstadt gepflastert. Der Abbau des roten Vulkangesteins begann im Jahre 1518 und ist bis heute der Haupterwerbszweig für die Stadt.

Händel-Denkmal in Halle a.d. Saale 8. Im Hintergrund erheben sich drei der vier Türme der spätgotischen Marktkirche.

5 Nordöstlich der Autobahn sehen Sie den **Petersberg**, den Hausberg der Hallenser. Weithin sichtbar erhebt sich die 250 m hohe Porphyrkuppe. Als erstes sind die Sendemasten und der Fernsehturm zu sehen, dann erkennt man auch das auf dem Berggipfel gelegene ehemalige **Augustiner-Chorherrenstift**. Es wurde 1124 durch Graf Dedo IV. von Wettin und Markgraf Konrad von Meißen gegründet. 1565 zerstörte ein Brand das Stift fast vollständig. Die Ruine wurde 1853–1857 weitgehend originalgetreu wieder aufgebaut. Die Stiftskirche St. Peter und das Kloster Petersberg werden seit 1999 von Brüdern der Communität Christusbruderschaft Selbitz mit neuem Leben erfüllt.

6 Rund 7 km westlich der A14 liegt **Wettin**. Diesem Namen ist jeder schon einmal begegnet, der sich mit der Geschichte Mitteldeutschlands befasst hat, denn hier an der Saale hatten die Wettiner, Herzöge und Könige von Sachsen, ihr Stammschloss. Vom Schlossbau aus dem 16. Jh. sind allerdings nur Fragmente erhalten – die Burg wurde im 19. Jh. vollständig umgebaut.

7 Die AS Halle (Saale)-Tornau führt in den Norden von Halle, zum Zoo und zur **Burg Giebichenstein**. Im frühen 10. Jh. ließ der deutsche König Heinrich I. die Feste Giebichenstein bei Halle ausbauen und gliederte sie in sein weit gestaffeltes Festungssystem ein. Bis ins frühe 16. Jh. war die Burg Residenz der Erzbischöfe von Magdeburg. Von der Oberburg Giebichenstein ist nur noch eine mittelalterliche Burgruine erhalten, die besichtigt werden kann. Die Unterburg ist heute eine Hochschule für Kunst und Design.

8 Südwestlich der A14 liegt **Halle (Saale)**, mit 257 000 Einwohner die größte Stadt von Sachsen-Anhalt. In die Innenstadt gelangt man über die AS Halle (Saale) / Peißen. Am Marktplatz entstammt jedes Haus einer anderen Architektur-

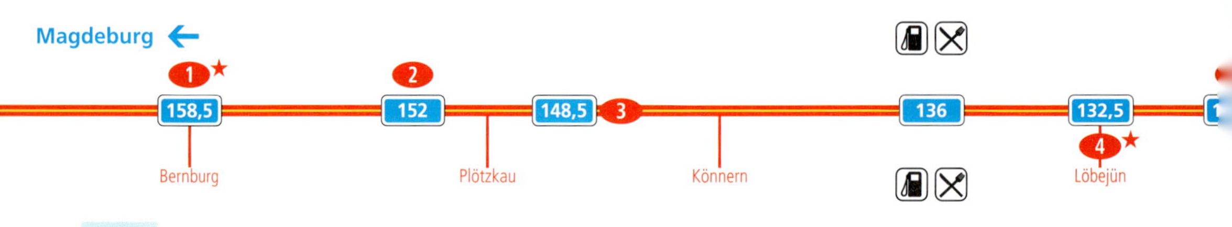

Epoche: Zum Ensemble gehören u. a. die spätgotische Marktkirche, das kleine Marktschlösschen im Renaissancestil, das neogotische Stadthaus sowie der in Stahlskelettbauweise geschaffene Ratshof. Halles goldene Zeiten fielen auf die Zeit der Salzgewinnung. Sie liegen schon lange zurück, hinterließen dennoch sehenswerte Spuren. Das **Halloren- und Salinemuseum** auf dem Gelände der „Königlichen Saline" beispielsweise informiert über Historie und Technologien der Salzgewinnung. Zu bestimmten Terminen wird die Anlage auch in Betrieb genommen und es werden Teile des Silberschatzes der Halloren (der Salzarbeiter) gezeigt. Überall im dicht bebauten Halle sind Geschichten zu Gemäuern geworden. Der Dom sollte die üppige Reliquiensammlung des Erzbischofs aufnehmen; er wurde zwar größtenteils vom Ablasshandel finanziert, stürzte die Bauherren dennoch beim Bankhaus Fugger tief in Schulden. Die Moritzburg ließ Bischof Ernst von Wettin errichten, um die immer selbstbewusster werdenden Hallenser Bürger in ihre Schranken zu weisen. Wer die rund 1200-jährige Hallenser Historie hingegen zu humorvoller Kunst geronnen und auf einem Fleck konzentriert sehen möchte, der sollte sich den Brunnen auf dem Hallmarkt ansehen. Hier sind sie alle versammelt – die Halloren und die Kirchenfürsten, die Geistesgrößen und deren Damen (siehe auch S. 244).

9 Nordöstlich der AS Halle/Peißen liegt der Ort **Landsberg** (10 km). Er ist durch seine so genannte Doppelkapelle bekannt, die räumlich so gegliedert ist, dass die verschiedenen Stände den Gottesdienst zwar gleichzeitig, aber doch nicht gemeinsam feierten. Nur wenige dieser Bauwerke aus der Zeit der Romanik sind noch erhalten. Die **Landsberger Kapelle** gilt als eine der größten und schönsten Bauten dieser Art. Sie war einst Bestandteil der Residenzburg der Markgrafen der sächsischen Ostmark, die vermutlich im 12. Jh. entstand und 1514/15 zerstört wurde. In den Jahren 1195 bis 1200 wurde die Basilika der Burg zur Doppelkapelle umgestaltet. Am 24. Januar 1546 übernachtete Luther auf seiner letzten Reise von Wittenberg nach Eisleben in diesem Gemäuer.

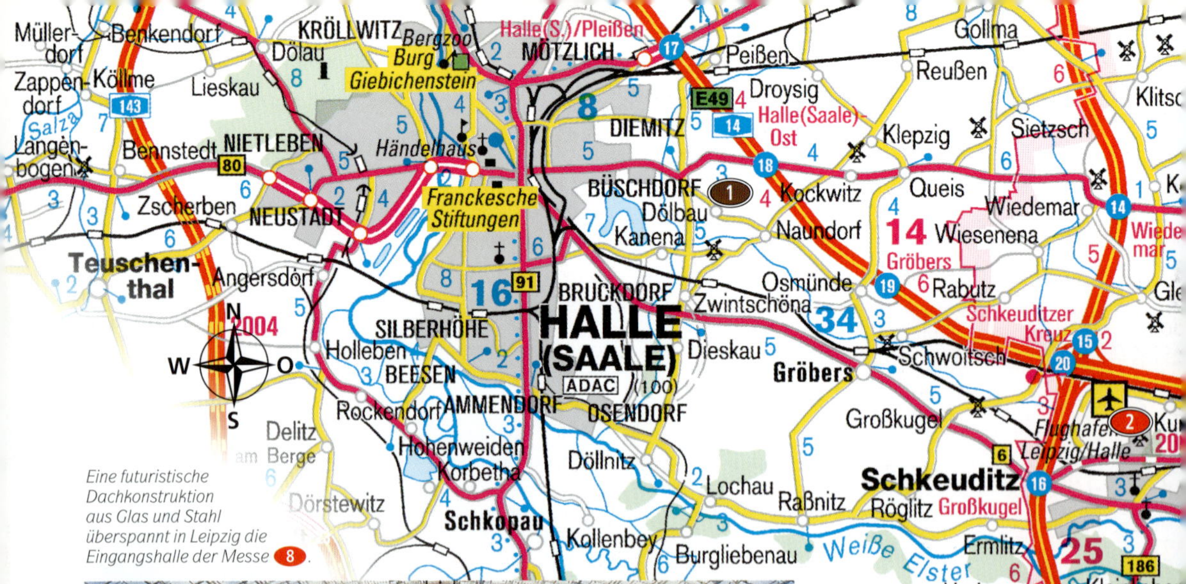

Eine futuristische Dachkonstruktion aus Glas und Stahl überspannt in Leipzig die Eingangshalle der Messe 8.

1 **„Händelhaus Halle“** (Informationstafel): Stolz präsentiert sich Halle an der Saale als Geburtsstadt des Komponisten Georg Friedrich Händel. Im alten Bürgerhaus, wo Händel am 23. Februar 1685 geboren wurde, ist ein Museum eingerichtet, das über Leben und Werk des berühmten Musikers informiert. In Halle lernte Händel das Orgelspiel und war als Organist in der Dom- und Schlosskirche tätig, bevor er sich 1712 endgültig in London niederließ. Am Roten Turm auf dem Marktplatz erklingt daher auch ein Glockenspiel, das mit den Tönen des Londoner Big Ben endet – ein Symbol dafür, dass der Streit darüber, welche Stadt Händel nun großen Sohn nennen darf, beigelegt ist.

2 Nach dem Schkeuditzer Kreuz blickt man auf die Anlagen des **Flughafens Leipzig-Halle**. Dieser Veteran des Flugverkehrs wurde 1927 eröffnet. Seit dem Jahr 2000 gibt es Landebahnen auf beiden Seiten der Autobahn. Derzeit sind weitere Umbauarbeiten auf dem 8 km² großen Gelände voll im Gange. Zum Jahreswechsel 2002/03 soll die Norderweiterung des Flughafens mit der neuen Start- und Landebahn und den Rollbrücken zum älteren Südteil sowie dem neuen Terminal abgeschlossen sein.

3 Nördlich der A14 ragen hinter einer Lärmschutzwand die Flügel einer **Bockwindmühle** hervor, einer Mühle, deren bewegliches Oberteil über dem fest stehenden Bock in den Wind gedreht werden kann. Zwei Dutzend dieser antiken technischen Kostbarkeiten sind in Nordsachsen noch zu sehen.

4 Südlich erstrecken sich kilometerlang riesige Hallen. Dieser Komplex, das **Güterverkehrszentrum Leipzig** (GVZ), ist eine überregional bedeutsame Logistikdrehscheibe. Auf einer Fläche von 340 ha wurde 1993 mit dem Bau dieser Schnittstelle von Schiene, Straße und Luftverkehr begonnen; Inbetriebnahme war im Jahr 1995. Teile des GVZ sind u.a. das XL-Postverteilzentrum und das Mitteldeutsche Frischezentrum. Im Hintergrund glänzt die Glasfassade der 2000/01 erbauten Porsche-Fabrik.

5★ Auf der gesamten Strecke von Halle bis Klinga durchzieht die A14 die **Leipziger Tieflandsbucht**. Ihr größter Schatz waren die Braunkohlelager – und ihr größtes Problem. Jahrzehntelang wurde vor allem nördlich der Autobahn gefördert, wurden Wälder und Dörfer geopfert. Um zu erahnen, was hier geschah, lohnt ein Abstecher ab der AS Leipzig-Nord zur **Straße der Braunkohle**. Über Radefeld gelangt man auf der Alten Gerbisdorfer Landstraße an ein riesiges, in die Landschaft eingepasstes Schaufelrad, das bis 1996 in einem Bagger seinen Dienst tat (3 km, 5 Min.).

6 Die Skyline **Leipzigs**, die auf diesem Autobahnabschnitt gelegentlich zu sehen ist, wird vor allem vom Hotel Intercontinental, vom Wohnhochhaus Wintergartenstraße und vom City-Hochhaus geprägt. Letzteres war als Gebäude der Leipziger Universität entstanden und wurde deshalb im Volksmund „Professoren-Abschussrampe“ oder „Weisheitszahn“ genannt. Die AS Leipzig-Mitte führt in die City und zuvor zum Gohliser Schlösschen, einem Barockschlösschen mit festlichen Veranstaltungsräumen, mehreren Restaurants und einem schönen Garten. In der Leipziger Innenstadt sehenswert sind u.a. Altes und Neues Rathaus, Thomaskirche mit Bach-Denkmal, Nikolaikirche und die Mädlerpassage – ein Besuch in Auerbachs Keller gehört natürlich auch dazu.

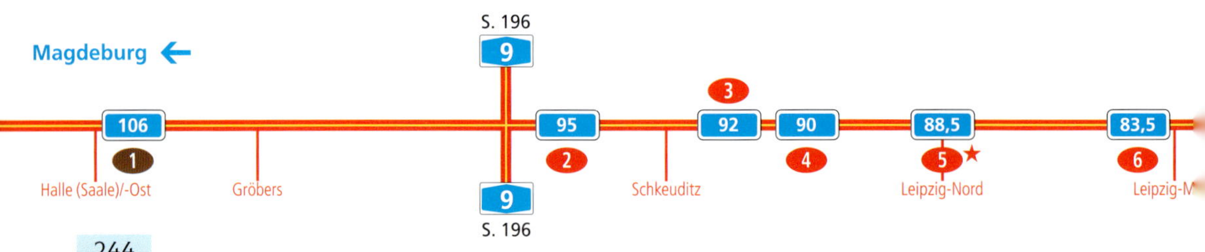

7 Nördlich der Autobahn erhebt sich ein künstlicher Hügel: der rekultivierte Berg der **Deponie Seehausen**. 1996 wurde die Rekonstruktion der Anlage abgeschlossen, die heute u.a. durch Deponiegasverwertung und Sickerwasserbehandlung eine der ökologisch vorbildlichsten Deponien Sachsens ist.

8 Auf der Südseite der Autobahn, gleich hinter ein paar Bürogebäuden, fällt ein großer Gebäudekomplex ins Auge: die **Neue Messe Leipzig**. Im Nordosten der Stadt, auf dem Gelände des ehemaligen Flughafens Leipzig-Mockau, ist mit 1,335 Mrd. DM eines der größten Aufbauprojekte Ostdeutschlands entstanden. Das Wahrzeichen der Messe ist die Eingangshalle, eine in Europa einzigartige Konstruktion aus Stahl und Glas. Mit 80 m Spannweite, einer Länge von 243 m sowie fast 30 m Scheitelhöhe dominiert und verbindet die gläserne Halle die Messebauten. Weithin leuchtet nachts das Doppel-M auf dem 85 m hohen Messeturm – Abkürzung von Muster-Messe. Bei dieser in Leipzig Ende des 18. Jh. entwickelten Messeform wurde nicht mehr die gesamte Ware zum sofortigen Verkauf ausgestellt, sondern nur Ansichtsexemplare präsentiert.

9 Nördlich der Autobahn ist der Stadtrand von **Taucha** zu sehen (über die AS Leipzig-Nordost zu erreichen). Im Mittelalter machte Taucha der Nachbarstadt Leipzig als ein mit Stapel- und Zollrecht bewidmeter Ort Konkurrenz. Sehenswert sind die St.-Moritz-Kirche mit dem Luther-Gedenkstein nahe dem Markt, die Reste des ehemaligen Schlosses, das Heimatmuseum und das Rathaus.

10 **„Völkerschlachtdenkmal"** (Informationstafel): Es ist wahrscheinlich das bekannteste, aber auch das umstrittenste Bauwerk Leipzigs. Der 1913 fertig gestellte 91 m hohe Koloss erinnert an die rund 130 000 Menschen, die bei der Völkerschlacht im Jahr 1813 ihr Leben verloren. Inzwischen bröckelt das Gemäuer mehr und mehr. Zum 100. Jahrestag seines Bestehens soll es restauriert sein.

11 Nur wenn die Bäume am Fahrbahnrand kein Laub tragen, blitzt hier und da ein Stück Wasseroberfläche vom **Ammelshainer See** und vom **Naunhofer See** durch den Waldstreifen, der die Fahrbahn vom Strand trennt.

12 Bei **Klinga** ragt südlich der Autobahn das Dach eines Wehrturmes über das Buschwerk. Er gehört zur gut erhaltenen, spätromanischen **Wehrkirche** des Ortes. Das Bauwerk hat eine Spezailität: Vor rund 100 Jahren wurde an der Kirche eine Zeitgleichenuhr, eine besondere Art der Sonnenuhr, angebracht, damit jeder seine mechanische Uhr abgleichen konnte.

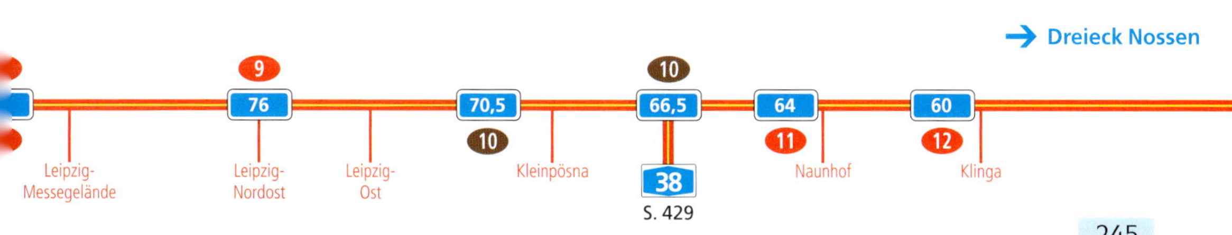

1 Von der Kreisstadt **Grimma** sieht der Autobahnreisende nur ein paar Werkhallen. In Grimmas Vorort Hohnstädt befindet sich das sehenswerte **Göschenhaus** (AS Grimma, gleich beim ersten Kreisverkehr nach links). Es ist eine Gedenkstätte für den Schriftsteller Johann Gottfried Seume (1763–1810) und den Verleger Göschen, der auch Schillers Werke herausgegeben hat. Die Stadt Grimma liegt direkt an der Mulde; sehenswert sind u.a. der Marktplatz mit Renaissance-Rathaus, die Klosterkirche und die Marienkirche.

2 **„Sächsisches Burgenland"** (Informationstafel): Die Tourismusregion im Nordosten Sachsens, die sich eigentlich „Sächsisches Burgen- und Heideland" nennt, zieht sich vom Nordrand des Erzgebirges um Leipzig herum bis an die Elbe und wird von der A14 diagonal durchzogen. Allerdings entdeckt man von der Autobahn aus keines der alten Gemäuer; die meisten thronen im Dreieck zwischen der A14 und der A4 im Tal der Mulde.

3 Beim Überqueren der **Mulde** sollten zumindest die Mitfahrenden einen Blick hinab ins Tal werfen. Der Fluss hat zwei verschiedene Quellen; beide liegen im Erzgebirge. Die Freiberger Mulde entspringt bei Rechenberg-Bienmühle und die Zwickauer Mulde am Auersberg bei Johanngeorgenstadt. Bei Sermuth fließen beide zusammen, ehe die Mulde nahe Dessau in den Elbestrom mündet. Weitgehend ungehindert schafft sie auf ihrem Weg malerische Landschaften.

Nossen 10: Klosterruine Altzella.

4 Die AS Mutzschen führt Richtung Norden nach rund 10 km zum Ort Wermsdorf, der vom **Schloss Hubertusburg** dominiert wird. Das riesige und ehemals prächtige barocke Landschloss verlor u.a. bei den Plünderungen durch die Preußen im Siebenjährigen Krieg an Glanz. Später wurde es mehrfach umgebaut. Unversehrt erhalten blieb die Schlosskapelle. Auf dem Weg nach Wermsdorf erstrecken sich auf beiden Seiten der Straße Teiche, die der Zucht von Fischen und Gänsen dienen.

5 Nördlich und zum Teil auch östlich der A14 befindet sich mit 36 Rädern einer der größten **Windparks** Sachsens.

6 Kilometerweit erstrecken sich nördlich der A14 die **Plantagen der Obstland Dürrweitzschen AG**. Die Geschichte des Anbaus, der durch ein mildes Klima und ausgewogene Niederschläge begünstigt ist, geht hier bis ins 12. Jh. zurück. Damals pflanzten Mönche des Zisterzienserordens die ersten Obstbäume in ihren Klostergärten an. Später förderten die sächsischen Kurfürsten die Kultivierung von Obstbäumen. So wurden in dieser Zeit an den Rändern der Staatsstraßen Stein- und Kernobstbäume gepflanzt. Auf etwa 1500 ha reifen hier heute Äpfel, Birnen, Pflaumen, Süß- und Sauerkirschen, Johannisbeeren sowie Erdbeeren. Vermarktet wird die gesamte Ernte unter der Marke „Sachsenobst".

7 Die weiten sanfthügeligen Felder, die Sie – beginnend etwa mit der AS Leisnig – entlang der Autobahn bis hin zur Elbe sehen, gehören zur **Lommatzscher Pflege**. Aufgrund fruchtbarer Böden wurde diese Gegend nördlich von Döbeln und Nossen einst als „Kornkammer Sachsens" bezeichnet. Riesige Drei- und Vierseithöfe mit ausdrucksvollen, der italienischen Baukunst des 16. Jh. nachempfundenen Stil-

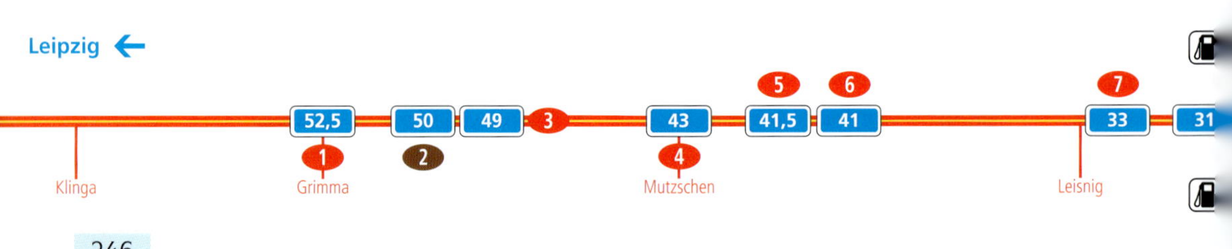

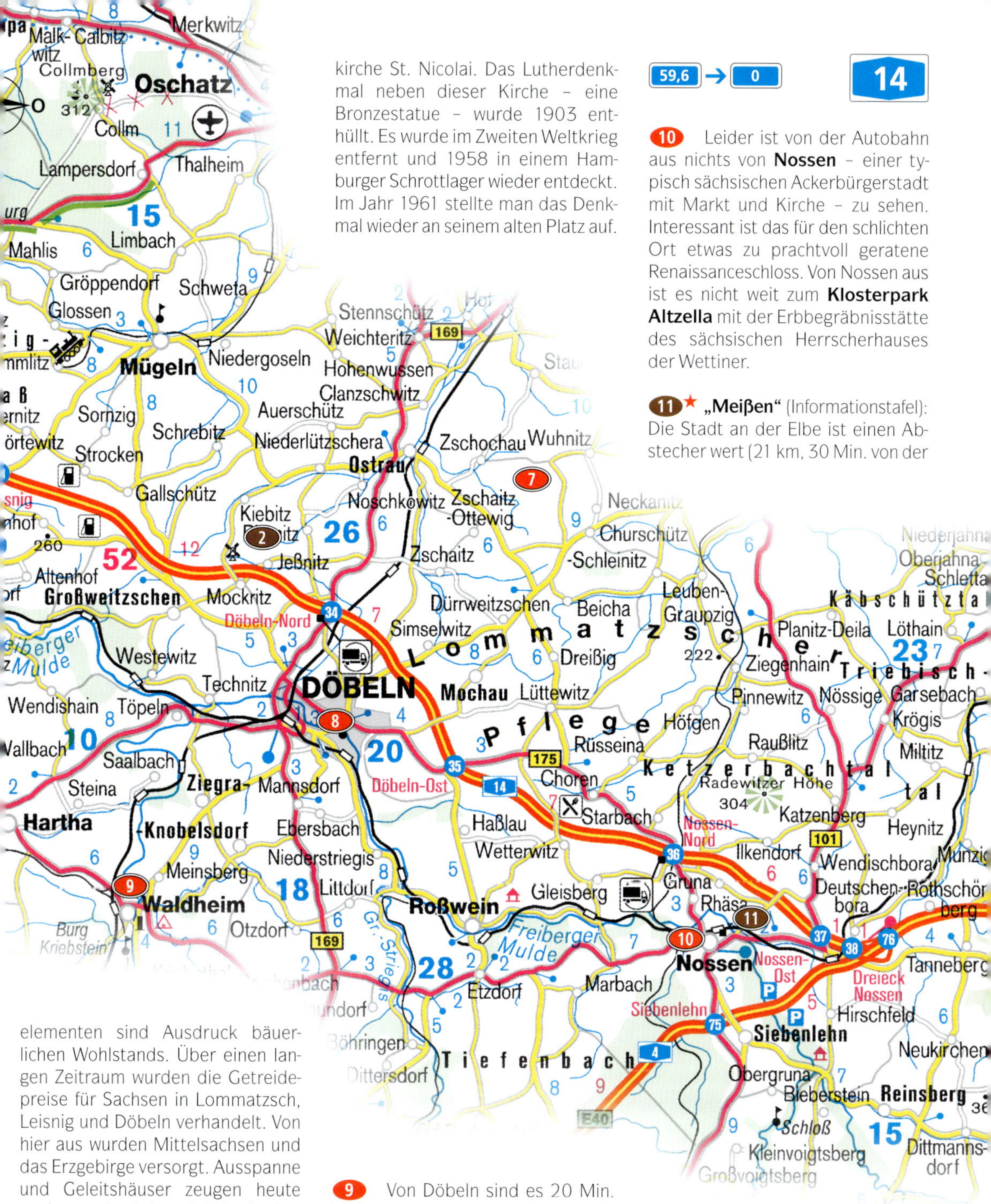

elementen sind Ausdruck bäuerlichen Wohlstands. Über einen langen Zeitraum wurden die Getreidepreise für Sachsen in Lommatzsch, Leisnig und Döbeln verhandelt. Von hier aus wurden Mittelsachsen und das Erzgebirge versorgt. Ausspanne und Geleitshäuser zeugen heute noch von der Lebendigkeit der Region. Interessant sind auch üppige Landschlösser wie beispielsweise Schleinitz (AS Döbeln-Ost, km 15). Namengebend für die Region war das Städtchen Lommatzsch, wo Terence Hill geboren wurde.

8 Etwa 4 km südlich der A14 liegt **Döbeln**; von der für Sachsen typischen Industrie- und Handelsstadt sind nur die Gewerbevororte zu sehen. Auf der Mulde-Insel, einem von zwei Armen der Freiberger Mulde umschlossenen denkmalgeschützten Areal, steht u.a. die Stadtkirche St. Nicolai. Das Lutherdenkmal neben dieser Kirche – eine Bronzestatue – wurde 1903 enthüllt. Es wurde im Zweiten Weltkrieg entfernt und 1958 in einem Hamburger Schrottlager wieder entdeckt. Im Jahr 1961 stellte man das Denkmal wieder an seinem alten Platz auf.

9 Von Döbeln sind es 20 Min. bis in das Jugendstilstädtchen **Waldheim**. Zusammen mit Hartha und mehreren Dörfern bildete es die mittelalterliche Herrschaft Kriebstein. Die **Burg Kriebstein**, eine gut erhaltene gotische Anlage, thront immer noch 3 km südlich von Waldheim an einem steilen Felsen über der Zschopau. Die in ihrem Kern gotische Wohnturmburg – 1384 erstmals urkundlich erwähnt – zählt zu den bedeutendsten gotischen Burganlagen im deutschen Raum. Eine besondere Kostbarkeit ist die von 1994 bis 1999 restaurierte Burgkapelle.

10 Leider ist von der Autobahn aus nichts von **Nossen** – einer typisch sächsischen Ackerbürgerstadt mit Markt und Kirche – zu sehen. Interessant ist das für den schlichten Ort etwas zu prachtvoll geratene Renaissanceschloss. Von Nossen aus ist es nicht weit zum **Klosterpark Altzella** mit der Erbbegräbnisstätte des sächsischen Herrscherhauses der Wettiner.

11★ **„Meißen"** (Informationstafel): Die Stadt an der Elbe ist einen Abstecher wert (21 km, 30 Min. von der AS Nossen-Ost). So malerisch wie es die Tafel zeigt – unten im Tal der gewundene Fluss, hoch oben Dom und Albrechtsburg – ist Meißen tatsächlich. Der Name steht auch für das weltberühmte Meissener Porzellan. Die „Königlich-polnische und churfürstlich-sächsische Porzellanmanufaktur" war anno 1710 das erste Unternehmen Europas, das das begehrte Material herstellte. Ausstellungshallen und Schauwerkstatt der Porzellanmanufaktur sind zu besichtigen (siehe auch A4, S.96).

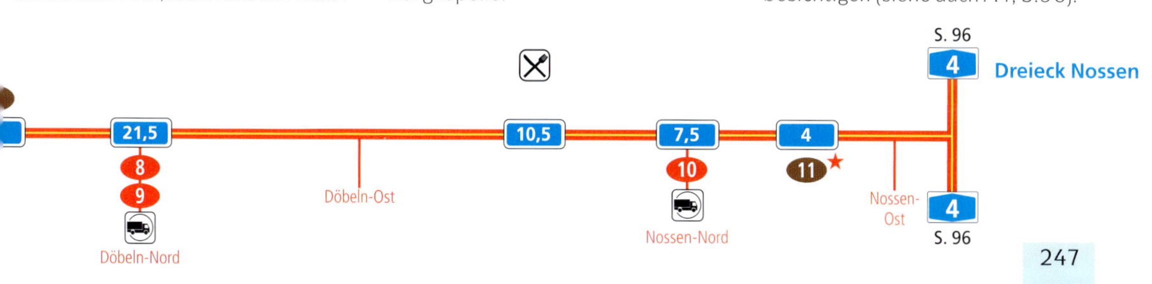

Vom Spreewald an die Neiße

Lübbenau → Cottbus → Forst

Wenn sie einmal entsprechend ausgebaut sein wird, ist sie locker in einer Stunde zu durchmessen – hin und zurück. Was heute A15 heißt und gerade einmal 64 km lang ist, war 1936 als Teil einer großen „Ostautobahn" konzipiert. Auf knapp über 400 Kilometern sollte diese als Reichsautobahn geplante Verbindung von Berlin über Breslau zum Industrierevier in Schlesien führen.

Heute zweigt stattdessen die A15 am AD Spreewald von der A13 ab. Sie überquert bei Cottbus die Spree und erreicht die Lausitzer Neiße oberhalb von Forst. Und sie führt durch die größte Landschaftsbaustelle Europas: Nach Aufgabe des Braunkohletagebaus bekommt das Land, die Lausitz, ein neues Gesicht. Streckenweise ist die A15 leider stark vom Zahn der Zeit angenagt. So scheint es angeraten, zur Schonung des Fahrwerks teilweise die Geschwindigkeit auf unter 80 km/h zu reduzieren. Ein erster Abschnitt wurde jedoch bereits erneuert. Nach Fertigstellung des 31 km langen Teilstücks vom AD Spreewald bis Cottbus soll je nach Finanzlage ab 2003 weitergebaut werden. Auch die Spreebrücke südlich von Cottbus wird bis dahin erneuert sein. Die gesamte Strecke bis Forst und zur polnischen Grenze wird laut Brandenburgischem Autobahnamt jedoch frühestens 2008 erneuert sein.

Kerzengerade Waldautobahn

Bereits 1940 war die damalige Reichsautobahn 9 auf der ganzen Strecke zwischen Berlin und dem schlesischen Kohlerevier befahrbar. Östlich der Oder war nur ein Fahrstreifen fertig geworden, den man in beide Richtungen einspurig befahren konnte. Es wurde weiter gebaut, bis der Krieg zur endgültigen Einstellung der Arbeiten zwang.

Die Trassenwahl war eigentlich keine solche: Das ausgedehnte Feuchtgebiet des Spreewalds zwang die A15 nach Süden. Dort verläuft sie durch das leicht gewellte Land der südlichen Niederlausitz meist wie mit dem Lineal gezogen durch weite Kiefernwälder.

Nördlich der Fahrbahn zieht der Spreewald mit seinen Kahnfahrten, Kleinbahnstrecken und der bekannten Spreewaldküche mehr und mehr Touristen an. Klimatisch ist das Gebiet ein Extremfall in Brandenburg: im Sommer am wärmsten mit den längsten Sonnenscheinzeiten, im Winter am kältesten.

Das flache Becken des Spreewalds entstand im Gefolge der letzten Eis-

Jenseits der Wälder verbergen sich herrliche Naturgebiete wie der Spreewald und die Seenlandschaft der Lausitz.

15

- **Länge** 64 km / 0:39 h
- **Entfernungen und Fahrzeiten** (ca.)
AD Spreewald – AS Cottbus-West
31 km / 0:19 h
AS Cottbus-West – Grenzübergang Forst
33 km / 0:20 h
- **Staubereiche**
Erhöhte Staugefahr besteht am Grenzübergang Forst.

zeit. Die Spree konnte sich hier in zahllose Arme, so genannte Fließe, verbreiten. Das 35 km lange und zwischen Boblitz und Straupitz 15 km breite Feuchtgebiet weist eine reichhaltige Flora und Fauna auf.

Landschaftsbaustelle Lausitz

Die Lausitz auf der anderen Seite der A15 ist eine attraktive Wald- und Seenlandschaft mit einigen Hundert Kilometern gut ausgebauter Radwege. Auch zum Wandern, Angeln, Baden, Surfen und Reiten kommen Besucher hierher. Wie der Spreewald gilt die Niederlausitz als eine der sonnenreichsten Gegenden Brandenburgs.
Die Lausitz ist aber nicht nur Freizeitregion, sondern teilweise auch eine riesige Baustelle. In den ehemaligen Tagebaugebieten, wo im Zuge der Braunkohlegewinnung ganze Gemeinden abgebaggert worden waren, entsteht eine neue Kulturlandschaft. 2010 wird die Lausitz Schauplatz der Internationalen Bauausstellung (IBA) sein. Auf einer Fläche von 5000 km² – etwa doppelt so groß wie das Saarland – soll im Rahmen des schon begonnenen Wandlungsprozesses eine unverwechselbare und reizvolle Landschaft präsentiert werden.

Gartenkunst im Fürst-Pückler-Land

Getreidefelder, Weideflächen, Badeseen und Aufforstflächen bestimmen schon heute in einigen Gebieten zu beiden Seiten der A15 das Bild. Die IBA-Gesellschaft, getragen von den vier Landkreisen Elbe-Elster, Dahme-Spreewald, Oberspreewald-Lausitz und Spree-Neiße sowie der Stadt Cottbus, bündelt das Know-how zur Rekultivierung und Landschaftsgestaltung. Über Wettbewerbe, Konferenzen und Workshops, über Exkursionen und Erfahrungsaustausch werden Ideen gesammelt und die jeweiligen Gemeinden mit internationalen Experten zusammengebracht.
Der von der IBA gewählte Name Fürst-Pückler-Land knüpft an die Gartenkunst des Landschaftsarchitekten Hermann Fürst von Pückler-Muskau an. In Bad Muskau (25 km südlich der A15, AS Forst) und Branitz (5 km nördlich der A15, AS Cottbus-Süd) legte er herrliche Landschaftsgärten an. Drei IBA-Objekte liegen direkt an der A15: Die Rekonstruktion der Slawenburg Raddusch, die Neugestaltung der Großsiedlung Sachsendorf-Madlow im Süden von Cottbus sowie der Ostsee, ein künstlich angelegter Freizeitsee.

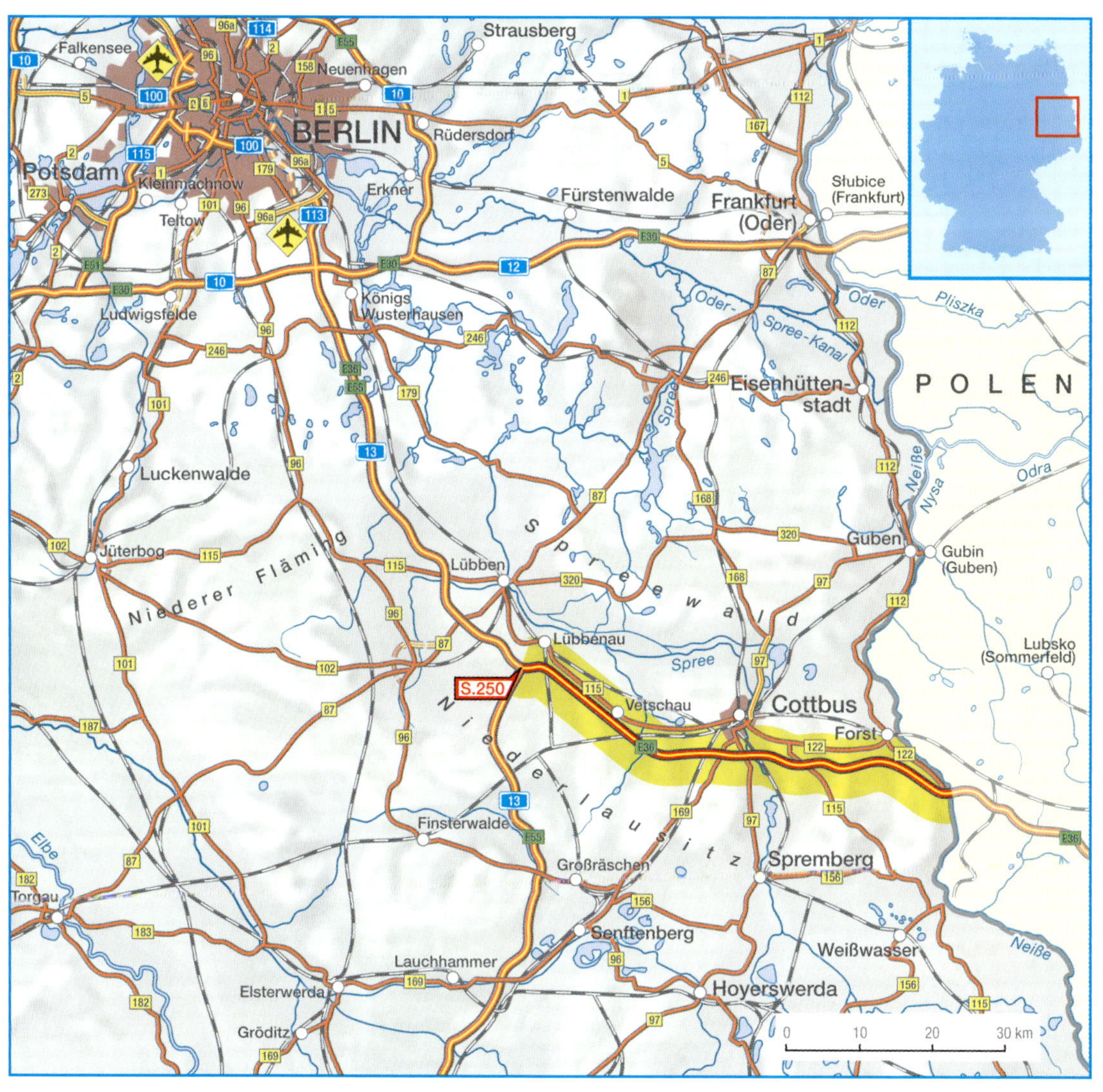

Der 100 ha große Park um Schloss Branitz 10 gilt als ein Meisterwerk deutschen Gartenbaus.

1 Der gelbe Kirchturm mit dem Satteldach nördlich der A15 gehört zum Dorf **Boblitz**. Von hier aus starten die beliebten romantischen Kahnfahrten in den Spreewald und nach Lehde, wo das Spreewald-Museum Zeugnisse der sorbischen Kultur vorstellt.

2 Nach Süden hin blicken Sie in eine alte Braunkohletagebaugrube hinab. Wenige 100 m weiter, ebenfalls südlich neben der A15, steht ein ungewöhnlicher Rundbau, eine **Rekonstruktion der Burg Raddusch** aus dem 9./10. Jh. Sie wurde im Rahmen der Internationalen Bauausstellung „Fürst Pückler Land" errichtet, die von 2000 bis 2010 in der Lausitz stattfindet. Im Schutz der Burg entstanden im Mittelalter sorbische Siedlungen, so das Dorf Raddusch nördlich der A15.

3 Nördlich der Autobahn tauchen einige Häuser von **Vetschau** auf. Die kleine Stadt, urkundlich erstmals 1302 erwähnt, entstand rund um ein Wasserschloss. 1540 wurde das Schloss als Renaissanceburg neu errichtet. Kurz darauf, 1543, erhielt Vetschau das Stadtrecht. Heute sind im Schloss die Amtsverwaltung und das Heimatmuseum untergebracht.

4 ★ Der Ort **Burg**, dessen Namen Sie auf dem Abfahrtsschild lesen, lohnt einen Abstecher (8 km, 10 Min. von der AS Vetschau). Das Dorf nördlich der A15 ist ein Erholungsort mitten im **UNESCO-Biosphärenreservat Spreewald**. Neben der klassizistischen Kirche sind Bauernhöfe in Blockhüttenbauweise und ein Kräutergarten zu besichtigen. Im Infozentrum Spreewald erfahren Sie genaueres über das Biosphärenreservat. Vom Bahnhof der so genannten Rumpelguste, der Spreewaldkleinbahn, ist es nicht weit zur Kahnanlegestelle. Vom Bismarckturm auf dem Schlossberg nördlich der Spree haben Sie einen wunderbaren Rundblick über den Spreewald.

5 Der **Fernsehturm von Cottbus** überragt im Norden der A15 die Bäume. Er steht als neues Wahrzeichen der Stadt im Stadtteil Madlow.

6 **„Spreewald"** (Informationstafel, nur in Richtung AD Spreewald): Die bis 16 km breite und etwa 55 km lange Niederung wurde von den Gletschern der letzten Eiszeit geformt. In zahllosen Armen schlängelt sich die Spree durch den Kiefernwald (siehe oben, Punkt 4).

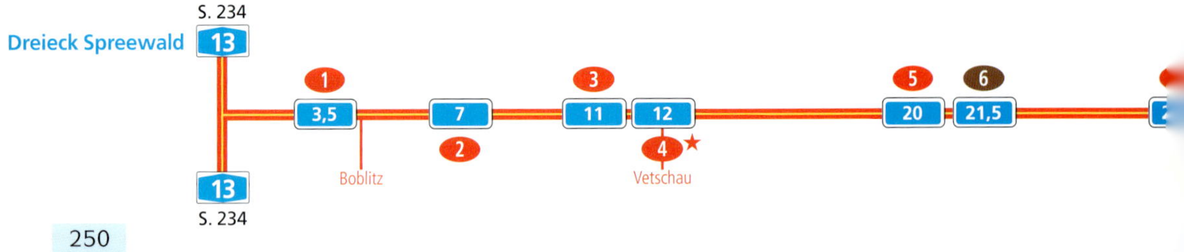

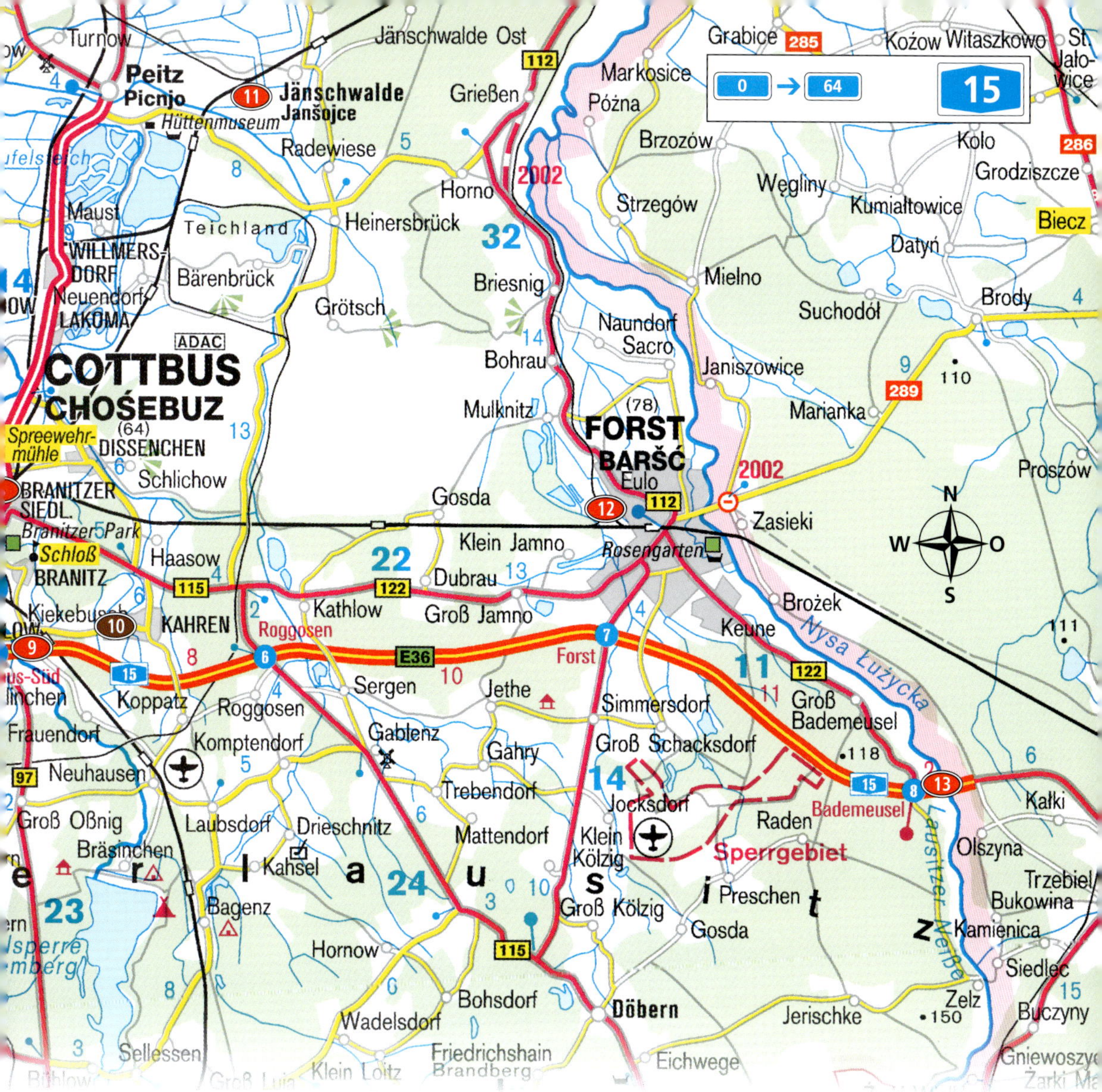

❼ Ein runder stämmiger Ziegelturm mit schwarzem Kuppeldach und hübschem Erkerchen ragt nördlich der A15 über die Bäume. Es ist der **Wasserturm von Cottbus**. 1897 wurde er am südlichen Stadtrand errichtet. Der 46 m hohe Turm fasst 1000 m³ Wasser und ist immer noch in Betrieb.

❽★ **Cottbus** (ca. 110 900 Einwohner) ist die östlichste Großstadt Deutschlands und lohnt einen Besuch. Sie gelangen dorthin über die AS Cottbus-West (6 km, 10 Min.). 1156 gegründet, bietet die Stadt an der Spree viele historische Bauwerke und Museen. Teile der Stadtbefestigung sind erhalten. Die Oberkirche St. Nikolai ist ein gotischer dreischiffiger Hallenbau aus dem 15. Jh. Die Kirche des Franziskanerklosters wurde 1307 errichtet. 1714 entstand die hugenottische Katharinenkirche. Das Wendische Museum in der Mühlenstraße 2 zeigt die Kulturgeschichte der Sorben.

❾ An dieser Stelle überquert die A15 die **Spree**, die Lebensader des südlichen Brandenburg. 10 km stromaufwärts wird die Spree gestaut. Nach siebenjähriger Bauzeit wurde dort 1965 die Talsperre Spremberg in Betrieb genommen.

❿ **„Schloss und Park Branitz"** (Informationstafel, nur in Richtung AD Spreewald): Schloss Branitz wurde 1772 östlich von Cottbus gebaut. Seit 1845 war es der Wohnsitz der Fürsten Pückler. Hermann Fürst von Pückler-Muskau (1785–1871), ein passionierter Reiseschriftsteller und Landschaftsarchitekt, ließ den Park im Stil eines englischen Gartens gestalten.

⓫ Am nördlichen Horizont steigen mächtige Dampfwolken auf. Sie stammen aus den Kühltürmen des modernisierten **Braunkohlekraftwerks Jänschwalde** nordöstlich von Cottbus.

⓬ 4 km nördlich der A15 liegt **Forst**. Die 24 000 Einwohner große Stadt hat eine lange Tuchmachertradition. Im Brandenburgischen Textilmuseum wird mithilfe der Maschinen aus dem 19. und 20. Jh. die Gewebeherstellung von der Faser bis zum fertigen Stoff gezeigt. Im 15 ha großen Ostdeutschen Rosengarten blühen 40 000 Stöcke 400 verschiedener Rosenarten.

⓭ Bei km 64 überquert die A15 die **Lausitzer Neiße**. Der Fluss bildet die Grenze zwischen Polen und Deutschland. Die Neiße entspringt in der Tschechischen Republik am Südhang des Isergebirges und mündet nach 256 km bei Ratzdorf, nördlich von Guben, in die Oder.

Von Rostock zur Prignitz

Rostock → Güstrow → Waren (Müritz) → AD Wittstock (Dosse)

Die A 19 verläuft durch eine unserer unberührtesten Landschaften und gehört damit wohl zu den schönsten Strecken im deutschen Autobahnnetz. Ursprünglich ist sie allerdings nicht als Route in die Tourismusregion an der Ostsee geplant worden, sondern als Zubringer zum Fährhafen Rostock, der sich mit 9 Mio. t Fracht und 2 Mio. Passagieren im Jahr 2000 zum zweitgrößten deutschen Ostseefährhafen entwickelt hat. Die A 19 ist damit zu einer Hauptschlagader des Personen- und Warenverkehrs geworden.

Schon in der Autobahn-Übersichtskarte von 1940, in der das Wunschbild eines mit über 10 000 km Autobahnen durchzogenen deutschen Reiches entworfen wurde, gab es eine Strecke von Rostock nach Süden. Allerdings blieb diese geplante Autobahn 46 nur ein dünner Strich auf dem Papier, wie gut 90 Prozent der übrigen Verkehrsplanung aus den Jahren vor und während des Zweiten Weltkriegs auch.

Autobahn kam später dran

In der DDR zählte das Thema Autobahnausbau lange Zeit nicht zu den Prioritäten. Politischer Druck aus dem Westen und das begleitende Geld aus Bonn veranlassten die Staatsführung jedoch Anfang der 70er-Jahre zum Umdenken. Immerhin war Rostock der wichtigste Handelshafen der ostdeutschen Republik, eine rasche Verbindung zum Hinterland daher ökonomisch sinnvoll. So begann 1970 der Bau der Autobahn Rostock–Berlin, nachdem auch die Autobahn Berlin–Hamburg, die heutige A24, fertig gestellt worden war. Schon bei der Planung der A19 hatte ein großer Vorteil die Arbeiten erleichtert: Die Gegend ist in weiten Teilen sehr dünn besiedelt. So streift man bei der Fahrt durch die Mecklenburgische Seenplatte auch heute noch Streckenabschnitte, wo es keine Ortschaft und kaum ein Haus gibt.

Allerdings ergaben sich während des Baus der A19 einige technische Schwierigkeiten, weil die Trasse wegen der Durchfeuchtung des Bodens tief gegründet werden musste. Die Recknitzniederung war zu überwinden und dann die Mecklenburgische Seenplatte. Doch die Straßenplaner machten sich nicht nur Gedanken um technische Maßnahmen, sondern auch um den Umweltschutz: Durch den Wald der Nossentiner und der Schwinzer Heide zieht sich die Trasse zwischen Drewitzer und Plauer See hindurch. Da zwischen Drewitzer und Plauer See ohnehin schon eine Fernstraße, die heutige B192 lief, erschien

Auf Betonplatten unterwegs durch Mecklenburgs zauberhafte Seenplatte.

19

- **Länge** 120 km / 1:15 h
- **Entfernungen und Fahrzeiten** (ca.)

AS Rostock-Nord – AS Güstrow
43 km / 0:26 h
AS Güstrow – AD Wittstock (Dosse)
77 km / 0:47 h

es erträglicher, gleich daneben die Autobahn zu bauen, als eine neue Schneise in die Heide zu schlagen.

Wie in den 30er-Jahren

Acht Jahre lang, von 1970 bis 1978, wurde an den 120 km gebaut. Man bediente sich dabei der altmodischen Betonplattentechnik wie zu Pionierzeiten der deutschen Autobahn. Deshalb entsteht bei der Fahrt über die A19 oft heute noch das Gefühl, auf einer 30er-Jahre-Autobahn dahin zu rollen.
Das größte Brückenbauwerk auf der zu DDR-Zeiten als A15 nummerierten Autobahn entstand westlich von Malchow. Dort spannt sich eine schlichte Betonpfeilerbrücke über den Petersdorfer See. Unter ihr hat sich übrigens ein beliebter Angelplatz gebildet.
Es war ein spärlicher Verkehr, der zu DDR-Zeiten die Piste zwischen Berlin und Rostock nutzte. Produkte wurden nach Norden, nach Rostock, zum Verschiffen in die weite Welt transportiert. Rohstoffe rollten nach Süden in die Industriegebiete Sachsens. Nach der Wende kehrte das Ende der Beschaulichkeit ein, denn der Verkehr nahm zu. Plötzlich rollten Schwertransporter auf der nun A19 getauften Strecke entlang den sanft gewellten Wiesen der Warnow und durch das unberührte Seenland.
Die A19 wurde zu einer wichtigen, heftig pulsierenden Schlagader. Sie ist von großer wirtschaftlicher Bedeutung und zudem das Tor zur Tourismusregion an der Mecklenburger Bucht der Ostsee. Für die Menschen im Großraum Berlin stellt sie den kürzesten Weg in ein verlängertes Wochenende an der Küste dar. Und mit dem Ausbau der Rostocker Fährterminals bietet sich über die A19 der direkte Weg nach Skandinavien an. Die Autofähren brauchen nur noch wenig mehr als eine Stunde hinüber ins dänische Gedser auf der Insel Falster und von dort aus sind es noch 106 km bis Kopenhagen. Direktfähren nach Schweden und nach Finnland ziehen immer mehr Verkehr auf die A19.

Nur eine Raststation

Die Versorgung der Reisenden auf der A19 fällt jedoch noch etwas dürftig aus. Auf den 120 km gibt es eine einzige Tank- und Raststation, die aber von beiden Fahrtrichtungen aus zugänglich ist. Sie liegt in der nördlichen Hälfte der Strecke, unweit der Recknitzniederung, nach der sie auch benannt ist. Im südlichen Teil der A19 empfiehlt es sich, für einen Imbiss bei Malchow die Autobahn zu verlassen oder noch südlicher bei Wittstock an der Dosse.

1 Wer mit einer Ostseefähre im **Rostocker Seehafen Nord** am Südufer des Breitling ankommt, rollt mit seinem Auto vom Schiff direkt auf die A19. Seehafen ist Rostock schon seit dem 13. Jh.; bis 1960 fuhren die Schiffe auf der Warnow bis zum Stadthafen mitten in die Stadt hinein. Dann wurde der neue Seehafen in Petersdorf am Breitling eingeweiht.

2 Auf der A19 geht es nun ein Stück weit durch das **Hafengewerbegebiet** von Rostock. Östlich der Autobahn ragen mächtige Werksgebäude mit markantem Kühlturm auf: Ein Steinkohlekraftwerk, das auch für Fernwärme sorgt. Westlich der A19 begleiten zahlreiche über Zaun und Gebüsch ragende Masten etwa 2 km lang die Autobahn. Es handelt sich um die Beleuchtungsanlagen für den Rangier- und Verschiebebahnhof des Hafens.

3★ Zwischen der AS Rostock-Nord und der AS Rostock-Ost haben Sie einen Blick nach Westen auf das Panorama von **Rostock**. Bewunderer von Backsteingotik sollten sich zu einem Abstecher in die Hansestadt entschließen. Von der AS Rostock-Ost gelangen Sie auf der B105 nach 5 km, 7 Min. ins Stadtzentrum. Empfehlenswert ist ein Spaziergang „Backstein auf Schritt und Tritt" entlang der denkmalgeschützten Kröpeliner Straße, die am 700 Jahre alten Kröpeliner Tor beginnt und am herrlichen gotisch-barocken Rathaus am Neuen Markt endet. Neben dem Rathaus steht die wuchtige gotische Marienkirche (13.–15. Jh.), die bedeutende Kunstschätze wie den bronzenen Taufkessel von 1290, den Rochusaltar von 1530 und die berühmte Astronomische Uhr von 1472 beherbergt. In Rostock gibt es auch noch einige Klöster: Eine Oase der Ruhe inmitten städtischer Hektik ist das vollständig erhaltene Zisterzienserinnenkloster zum Heiligen Kreuz (heute Kulturhistorisches Museum). Das Franziskanerkloster St. Katharinen aus dem 13. Jh. in der östlichen Altstadt erlebt, behutsam saniert, als neue Hochschule für Musik und Theater eine Renaissance (siehe auch A20, S. 265).

4 An der AS Rostock-Ost quert die A19 die **Hanse-Route**. Diese 206 km lange touristische Straße verbindet ehemalige Hansestädte und führt von Wismar über Rostock, Stralsund, Greifswald nach Anklam und Demmin. Diese sechs deutschen Städte haben sich im Jahr 2000 zu einem lockeren neuen Hanse-Bund zusammengeschlossen mit dem Ziel, den Tourismus in der Backsteingotik-Region zu fördern.

Warnemünde vor den Toren Rostocks – hier der Stadthafen – ist heute eines der meistbesuchten Seebäder an der Ostsee.

Ernst Barlach

„Ich halte ihn für einen der größten Bildhauer, die wir Deutschen gehabt haben", urteilte Bertolt Brecht. Gemeint ist Ernst Barlach, der von 1910 bis zu seinem Tode 1938 in Güstrow lebte und hier auch eines seiner Hauptwerke schuf: den „Schwebenden". Diese als Ehrenmal für die Gefallenen des Ersten Weltkriegs geschaffene Figur hat eine besondere Geschichte. Sie war 1927 vollendet und im Dom zu Güstrow aufgehängt worden. 1937 wurde Barlachs Schaffen als „entartete Kunst" verfemt. Die Nazis erzwangen die Entfernung des „Schwebenden" aus dem Dom. Die Figur überdauerte noch einige Jahre in einer Kiste, bis sie 1941 für die Wehrwirtschaft eingeschmolzen wurde. 1942 stellten Freunde Barlachs einen Zweitguss her und versteckten ihn in der Lüneburger Heide, bis er 1952 in der Antoniterkirche in Köln aufgehängt werden konnte. Davon wurde eine neue Gussform abgenommen. Den Drittguss schenkten die Kölner der Güstrower Domgemeinde, und so fand der bronzene Engel 1953 im dritten Leben zurück zu seinem Ursprungsort.

Bei Barlach spricht man von seinen „drei Handwerken", nämlich Plastik, Grafik und Schriftstellerei. Alle drei genießen gleich hohen künstlerischen Rang. Vielleicht ist das der Grund, warum Barlach so viele Museen in Deutschland gewidmet sind. Ernst Barlach wurde 1870 als Sohn eines Arztes in Wedel bei Hamburg geboren. Das Museum in seinem Geburtshaus zeigt als Schwerpunkt das literarische Schaffen. 1877 zog die Familie nach Ratzeburg – im dortigen „Vaterhaus" sind neben frühen Bronzeplastiken Zeichnungen und druckgrafische Zyklen ausgestellt. Nach Studienaufenthalten in Hamburg, Dresden, Paris, Berlin und Florenz zog Barlach 1910 nach Güstrow, wo seine Mutter inzwischen lebte. Hier sind die meisten seiner Arbeiten versammelt, zum einen in der gotischen Gertrudenkapelle aus dem 15. Jh., wo vor allem sakrale Skulpturen zu sehen sind, und zum anderen in Barlachs Atelierhaus am Heidberg.

5 **„Fischland-Darß-Zingst"** (Informationstafel, nur in Richtung Rostock): Etwa 30 km nordöstlich der Autobahn zieht sich zwischen Rostock und Stralsund die Halbinselkette Fischland-Darß-Zingst. Diese Halbinseln sind durch den Saaler Bodden, den Bodstedter Bodden, den Barther Bodden und die Bucht von Garbow vom Festland getrennt. Die schmale Nehrung des Fischland stellt im Westen die Verbindung mit dem Festland her. Diese Küstenlandschaft im Nationalpark Vorpommersche Boddenlandschaft ist eine der vielseitigsten in Deutschland und zeichnet sich durch urwüchsige Wälder, zahlreiche Sandstrände und Salzgraswiesen aus.

6 **Kavelstorf**, westlich der Autobahn hinter einer Anhöhe versteckt, besitzt ein interessantes historisches Bauwerk. Dort steht eine Dorfkirche aus dem 13. Jh., die gänzlich aus Feldsteinen gebaut ist. Auffällig ist der monumentale Westturm. An der Ostwand des Chores sind Wandmalereien aus dem 13. Jh. zu sehen.

7 In **Petschow**, 6 km östlich der A19, wurde die Dorfkirche im 14. Jh. ebenfalls aus Feldsteinen errichtet. Später kamen backsteinerne Blendgiebel und der niedrige, vorgesetzte Westturm hinzu. Die Kirche enthält einen umfangreichen Gemäldezyklus in den Kuppeln und an den Wänden (Ende des 14. Jh.).

Rostock

Anschluss Überseehafen Rostock – 123 – 1 – 121 (2, 2) – Rostock-Nord – 118 – 3★ – 117 – Rostock-Ost – 4 – 115 (5) – Rostock-Süd – Kessin

8 Westlich der Autobahn ist der **Große Hohenspenzer See** zu sehen. Dieser nördlich von Güstrow gelegene See ist ein Angelparadies.

9 Östlich der Autobahn liegt der **Flugplatz Rostock**. In einer Schneise zwischen Waldstücken sehen Sie die Start- und Landebahn mit der Anflugbefeuerung.

10 Eine interessante Feldsteinkirche steht in **Recknitz**, 6 km östlich der A19. Sie stammt aus dem 13. Jh. und ist mit einer Vorhalle und Treppengiebeln versehen. Im Inneren trägt ein einziger schlanker Pfeiler vier Kreuzrippengewölbe. Im kuppelgewölbten Chor steht ein spätgotischer Flügelaltar aus dem 15. Jh. Die Schauseite der Orgel (1718) ist ungewöhnlich reich mit Figuren und Ranken verziert.

11 Der Name der **Raststätte „Recknitz-Niederung“** bezieht sich nicht auf den Ort Recknitz, sondern auf den Fluss. Die **Recknitz** sehen Sie von der A19 aus nicht, aber sie wird von zahlreichen Gewässern aus der Landschaft gespeist, die teilweise beiderseits der A19 zu erkennen sind. Die Recknitz entspringt in der Mecklenburgischen Schweiz, durchfließt Laage Richtung Norden und mündet bei Ribnitz-Damgarten in den Saaler Bodden.

12 **„Renaissanceschloss Güstrow“** (Informationstafel): Das Schild weist auf die größte Attraktion der im Tal der Nebel gelegenen Kreisstadt Güstrow hin. Das im 16. Jh. erbaute Schloss ist das imposanteste Renaissancebauwerk Mecklenburg-Vorpommerns und einer der bedeutendsten Renaissancebauten Norddeutschlands überhaupt. Nach umfassender Restaurierung der Anlage dienen einige Räume seit 1972 als Museum. Zu sehen sind Gemälde, antike Keramik und Waffen.

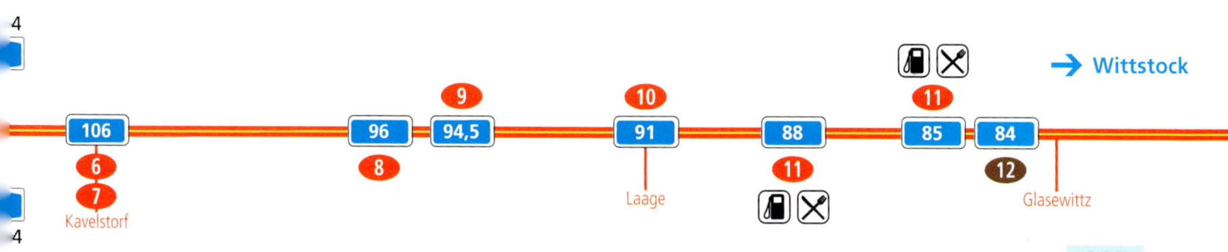

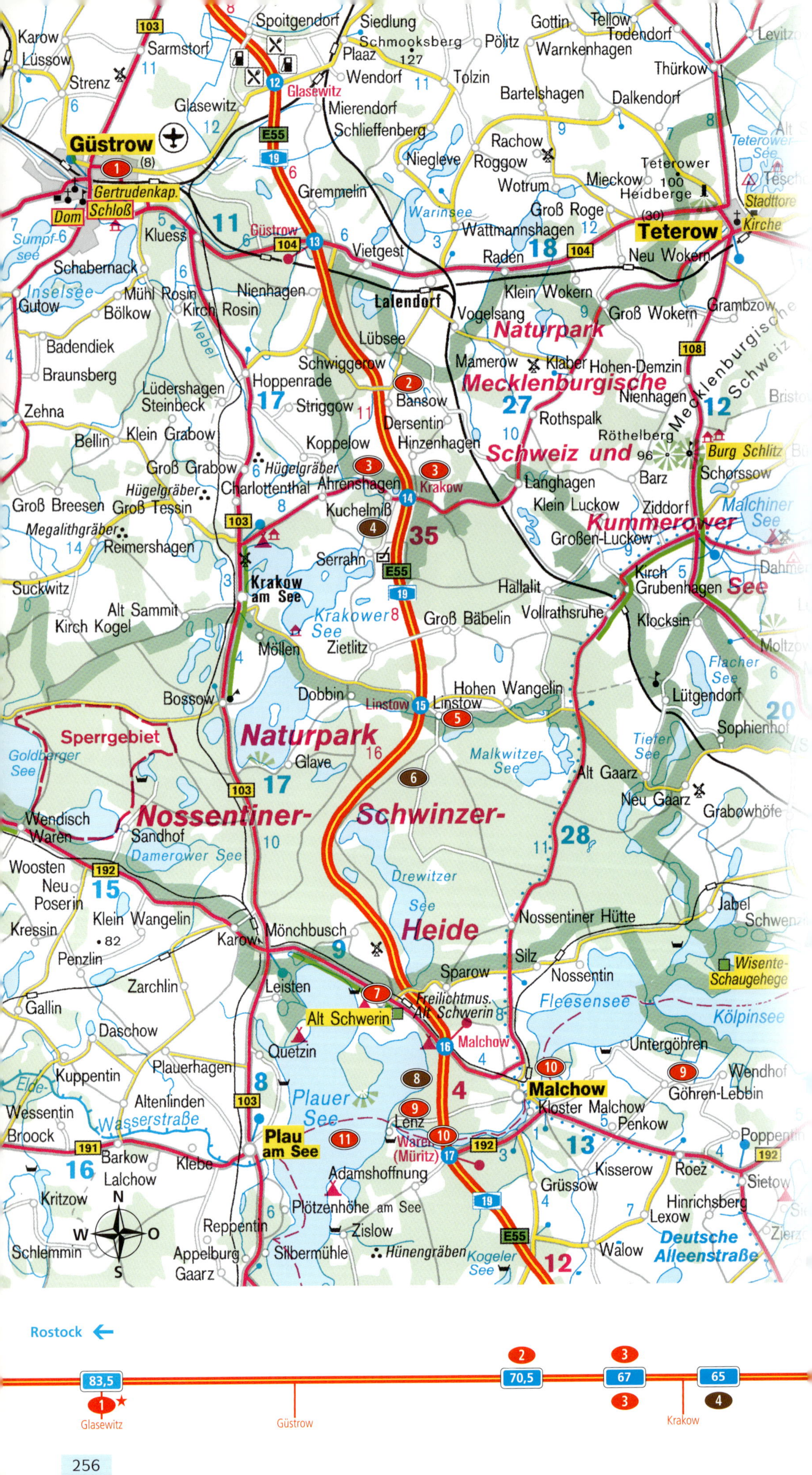
Karow
Lüssow
Sarmstorf
Strenz
Spoitgendorf
Siedlung
Schmooksberg
127
Plaaz
Pölitz
Gottin
Tellow
Todendorf
Warnkenhagen
Levitzow
Glasewitz
Wendorf
Tolzin
Thürkow
Mierendorf
Bartelshagen
Dalkendorf
Schlieffenberg
Güstrow
Rachow
Roggow
Teterower See
Niegleve
Teterower
Heidberge
100
Gremmelin
Wotrum
Mieckow
Tessin
Gertrudenkap.
Schloß
Dom
Warinsee
Groß Roge
Stadttore
Sumpfsee
Kluess
Wattmannshagen
Teterow
Kirche
Schabernack
Vietgest
Raden
Naturpark
Neu Wokern
Inselsee
Mühl Rosin
Nienhagen
Klein Wokern
Gutow
Bölkow
Kirch Rosin
Lalendorf
Vogelsang
Groß Wokern
Grambzow
Nebel
Badendiek
Lübsee
Mecklenburgische Schweiz
Braunsberg
Schwiggerow
Mamerow
Klaber
Hohen-Demzin
Lüdershagen
Steinbeck
Hoppenrade
Bansow
Mecklenburgische
Nienhagen
Zehna
Striggow
Dersentin
Rothspalk
Bellin
Klein Grabow
Koppelow
Hinzenhagen
Röthelberg
96
Burg Schlitz
Groß Grabow
Hügelgräber
Schweiz und
Charlottenthal
Ahrenshagen
Krakow
Langhagen
Barz
Schorssow
Groß Breesen
Groß Tessin
Kuchelmiß
Klein Luckow
Ziddorf
Malchiner See
Megalithgräber
Kummerower
Reimershagen
Großen-Luckow
Serrahn
Suckwitz
Krakow am See
Hallalit
Kirch Grubenhagen
See
Dahmen
Alt Sammit
Kirch Kogel
Krakower See
Groß Bäbelin
Vollrathsruhe
Klocksin
Möllen
Zietlitz
Moltzow
Flacher See
Bossow
Dobbin
Linstow
Hohen Wangelin
Lütgendorf
Sperrgebiet
Naturpark
Sophienhof
Goldberger See
Glave
Malkwitzer See
Tiefer See
Alt Gaarz
Neu Gaarz
Grabowhöfe
Wendisch Waren
Nossentiner-
Schwinzer-
Sandhof
Damerower See
Wooster
Neu Poserin
Drewitzer See
Kressin
Klein Wangelin
82
Nossentiner Hütte
Jabel
Schwenzin
Karow
Mönchbusch
Heide
Penzlin
Silz
Sparow
Wisente-Schaugehege
Zarchlin
Nossentin
Leisten
Freilichtmus. Alt Schwerin
Fleesensee
Gallin
Alt Schwerin
Kölpinsee
Daschow
Malchow
Untergöhren
Quetzin
Kuppentin
Plauerhagen
Wendhof
Malchow
Göhren-Lebbin
Elde-Wasserstraße
Altenlinden
Plauer See
Kloster Malchow
Wessentin
Lenz
Penkow
Broock
Plau am See
Waren (Müritz)
Poppentin
Barkow
Klebe
Lalchow
Kisserow
Roez
Sietow
Adamshoffnung
Grüssow
Kritzow
N
W
O
S
Hinrichsberg
Lexow
Plötzenhöhe am See
Reppentin
Zislow
Schlemmin
Appelburg
Gaarz
Silbermühle
Hünengräben
Kogeler See
Walow
Deutsche Alleenstraße
Zierzow
Rostock
83,5
70,5
67
65
Glasewitz
Güstrow
Krakow

1 ★ **Güstrow** ist eine der schönsten Städte in Mecklenburg und deshalb einen Abstecher wert. Von der AS Glasewitz erreichen Sie die Stadt nach 11 km, 15 Min. in westlicher Richtung. Die Altstadt rund um den Markt mit dem klassizistischen Rathaus wurde im 18. Jh. als „Klein Paris“ bezeichnet. Güstrow blieb im Krieg unbeschädigt und präsentiert sich heute in wunderschön anzuschauender Pracht. Wuchtig erhebt sich der Dom (1226–1335) aus den schmalen Altstadtgassen. Das 1558–1599 errichtete märchenhafte Renaissanceschloss mit Garten wurde von 1960 bis 1967 liebevoll restauriert (siehe auch S. 255).

Idyllisches Malchow 10: Das zwischen Flessensee und Plauer See gelegene Inselstädtchen ist ein beliebtes Ausflugsziel im Herzen der Mecklenburgischen Seenplatte.

Glanzstück ist der Festsaal mit der Stuckdecke von 1620, ein romantischer Rahmen für Konzerte. Eine Attraktion ganz anderer Art bietet der Natur- und Umweltpark am Ostrand von Güstrow: Im Wald und auf Wiesen am Ufer der Nebel leben u.a. Eulen, Hirsche, Wasservögel und das größte Wolfsrudel in Mecklenburg. Über die B104 und die AS Güstrow können Sie auf die Autobahn zurückkehren.

2 Östlich der Autobahn fällt ein weißes Gebäude auf: Es ist das Herrenhaus in **Bansow**, eines von rund 2200 ländlichen Schlössern und Herrenhäusern in Mecklenburg-Vorpommern. Es befindet sich seit 1996 wieder in Privatbesitz und wird derzeit restauriert.

3 Hier hat man den Eindruck, dass man auf ein Gebirge zufährt. Dabei handelt es sich um eine der vom letzten Eiszeitgletscher besonders steil aufgeschobene **Moräne**.

4 **„Mecklenburgische Seenplatte“** (Informationstafel): Die Seenplatte beginnt im Norden am Krakower See und endet im Süden an der Wittstocker Heide. Diese von den Eiszeiten geformte Naturlandschaft aus Wald, Wiesen und Wasser besitzt eine faszinierende Besonderheit: Fast alle Seen sind miteinander verbunden, entweder durch natürliche Fließgewässer oder künstlich angelegte Kanäle. Den Mittelpunkt bildet der größte Binnensee Deutschlands: die Müritz.

5 Von der AS Linstow aus sieht man südöstlich auf einem Hügel einen Funkturm und die frei stehende Kirche von **Linstow**. Am Fuß des Hügels befinden sich einige Häuser von Linstow. Im Ort gibt es ein Schloss und ein „Wolhynier Umsiedler Museum“.

6 **„Naturpark Nossentiner-Schwinzer Heide“** (Informationstafel, nur in Richtung Rostock): Die A19 durchquert hier das Kernstück des Naturparks, das größte zusammenhängende Waldgebiet Mecklenburgs. Auf dem überwiegend sandigen Boden gedeihen vor allem Kiefern und Buchen. Die Flüsse Nebel und Mildenitz durchströmen mehrere der 60 Seen im Naturpark. Der Drewitzer See, den die A19 westlich umfährt, der aber vom Wald verdeckt ist, liegt nördlich der Wasserscheide zwischen Nord- und Ostsee. Der 32 m tiefe See hat keine oberirdischen Zu- oder Abflüsse, sondern wird nur vom kalkreichen Grundwasser durchströmt. Das ist eine Lebens-Voraussetzung für seltene Unterwasserflora.

7 Die Holländer-Windmühle, die westlich am Waldrand zu sehen ist, weist auf das nordwestlich der A19 gelegene, interessante Agrarhistorische **Freilichtmuseum Alt Schwerin** hin. Küchen- und Feldgeräte in den niedrigen Katen der Landarbeiter sowie einfache landwirtschaftliche Maschinen veranschaulichen das bäuerliche Leben in lange zurück liegenden Zeiten.

8 **„Müritz-Nationalpark“** (Informationstafel): Das Schild zeigt einen großer Adlerkopf, denn dieser Nationalpark ist u.a. Heimat von Fisch- und Seeadlern. Er erstreckt sich auf 310 km² am Ostufer der Müritz im Wald- und Seengebiet der Kreise Waren und Neustrelitz. Diese weitgehend noch ursprüngliche Landschaft bietet Lebensraum für zahlreiche Pflanzen und Tiere. Erlenbrüche, Torfmoore und Seen sind Vogelrast- und Brutplätze von europäischer Bedeutung. Hier leben zwölf Greifvogelarten, Kormorane, Graureiher und Kraniche.

9 Das Hinweisschild **„Land Fleesensee“** macht aufmerksam auf das neue Urlauberzentrum in Göhren-Lebbin, 7 km östlich der A19. Im Jahr 2000 wurde am Südufer des Fleesensees von Bundeskanzler Gerhard Schröder Nordeuropas größte Ferienanlage eröffnet. Das Urlaubszentrum mit 80 unterschiedlichen, an künstlich angelegten Flüssen stehenden Häusern verfügt über ein Strandbad, Sportanlagen, Bootshafen und einen Golfclub. Im ehemaligen Schloss Blücher von 1842 ist ein Hotel mit Tagungs- und Kulturzentrum entstanden.

10 Die A19 überquert auf der Seebrücke den **Petersdorfer See**. Beim Blick nach Osten erkennt man an dem schmalen, langgestreckten See den Ort **Malchow**. Diese Inselstadt im Malchower See war früher nur mit der Fähre zu erreichen. Seit 1846 ist sie durch einen Damm mit dem früheren Magdalenen-Nonnenkloster am gegenüber liegenden Ufer verbunden. Vom südlichen Ende der Insel ist das Seeufer über eine Drehbrücke zu erreichen. In der Altstadt sorgen gut erhaltene Fachwerkhäuser und das Rathaus aus dem 18. Jh. für idyllische Atmosphäre.

11 Der **Plauer See** westlich der A19 ist einer der Großen in der Mecklenburgischen Seenplatte. An seinem Westufer an der Einmündung der Elde liegt der Ort **Plau am See**. Sein Name geht auf eine slawische Siedlung Plawe, was vermutlich Ort am Wasser oder auch Fluss bedeutet. 1235 erhielt der Ort Stadtrechte. Aus dem Mittelalter haben sich der denkmalgeschützte Stadtkern mit den Fachwerkhäusern und ein massiver Burgturm erhalten.

→ Wittstock

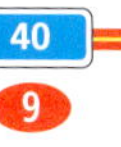

5 8,5 6 55,3 45 7 Malchow 40,5 8 40 9 10 38,5 11 Waren (Müritz)

1★ Als „Tor zur Müritz" ist **Waren** einer der beliebtesten Orte in der Mecklenburgischen Seenplatte und einen Abstecher wert (25 km, 20 Min. östlich der AS Waren/Müritz). Als Startpunkt für Rad- und Wandertouren in die Wälder und Moore des Nationalparks bietet es sich also an. Der bereits 1912 gegründete Verkehrsverein warb schon in den 20er-Jahren mit dem Slogan „Baden, Wandern, Wasserfahren – nirgends schöner als in Waren". Die Personenschifffahrt auf der Müritz führt u.a. nach Röbel, Klink, Plau am See und zum Südufer. Waren, die „bunte Stadt am kleinen Meer", hat sich seit der Wende mächtig herausgemacht. Die Altstadt mit ihren verwinkelten Gassen und farbigen Fachwerkhäusern sowie dem Alten Rathaus am Alten Markt liegt auf einer Landzunge zwischen der Binnenmüritz und dem Tiefwarensee. Hier wurde im 13. Jh. die Stadt gegründet. Von den Türmen der beiden Kirchen St. Marien und St. Georgen hat man eine wunderbare Weitsicht in die Müritzlandschaft und auf das größte deutsche Binnenmeer. Das interessante, 1866 gegründete Müritz-Museum erläutert die Entstehungsgeschichte der Landschaft und präsentiert ihre Tierwelt, zum Teil in Gehegen. Seit mehr als 100 Jahren ist Waren Ferienziel als Bade- und Luftkurort. Für solche Ausflüge gibt es für die Bus-, Bahn- und Schifffahrtslinien ein Nationalparkticket, das auch Führungen und Fahrradtransport einschließt.

2 10 km östlich der A19 liegt am Ende einer schilfbewachsenen Bucht am Westufer der Müritz **Röbel**. Diese Bucht ist ein natürlicher Müritz-Hafen, der in den vergangenen Jahren neu gestaltet wurde. Der Ort wurde im 13. Jh. von Fischern und Ackerbürgern gegründet, die frühgotische Marienkirche stammt aus dieser Zeit. Die Altstadt mit schönen Fachwerkhäusern und Resten der Stadtmauer ist gut erhalten. Durch Röbel führt die Deutsche Alleenstraße von Malchow her zum Südende der Müritz nach Mirow. Im benachbarten **Bollewick** befindet sich Deutschlands größte Feldsteinscheune, in der ein Marktplatz für mecklenburgische Produkte und eine Regionalausstellung zum Schauen und Kaufen einladen.

3 Östlich der Autobahn drehen sich **22 Windräder**, die zu einem großen Windpark gehören. Auf den weiten Flächen der Prignitz – zu der auch die Wittstocker Heide östlich der A19 gehört – weht häufig eine scharfe Brise, deshalb gibt es in der Region auffallend viele Windkraftanlagen.

Die Marienkirche in Wittstock 6★ ist ein dreischiffiger gotischer Hallenbau aus Backstein. Dem 68 m hohen Turm wurde 1704 eine barocke Haube aufgesetzt.

4 „Willkommen in Brandenburg" steht auf dem Schild an der **Landesgrenze**, und gleich dahinter führt eine Brücke über die **Dosse**, die ein Stück weit zu einer Art Grenzfluss zwischen Brandenburg und Mecklenburg wird. Die A19 durchquert die Wittstocker Heide, die den südlichen Ausläufer der Mecklenburgischen Seenplatte bildet; die Landschaft wird ruhiger und flacher.

5 **„Prignitz"** (Informationstafel): In der Geschichte der Prignitz stößt man auf ein Ereignis, das 900 Jahre zurückliegt, aber für die Entwicklung dieser Region in Mecklenburg und Brandenburg von erheblicher Bedeutung war: Nonnen und Mönche des um das Jahr 1000 in Frankreich gegründeten Reformordens der Zisterzienser brachen damals auf und ließen sich mit der Zeit u.a. auch in der höchst unwirtlichen Gegend der Mark, im Grenzgebiet zwischen germanischen und slawischen Völkern, nieder. Im 12. und 13. Jh. gründeten die Zisterzienser zahlreiche Klöster auf märkischem Boden, legten Teiche und Wasserläufe an, betrieben Ackerbau, Tier- und Fischzucht. Im Laufe der Jahrhunderte zerfielen viele der klösterlichen Einrichtungen. Aber noch heute stößt man überall zwischen Elbe und Oder auf die Spuren der Zisterzienser. Ruinen und einige ehemalige Klosterkirchen sind erhalten (siehe auch A24, S. 278).

6★ Von einer Anhöhe vor der AS Wittstock (Dosse) können Sie östlich die Türme der märkischen Kleinstadt **Wittstock** sehen. Es lohnt sich, ihr einen Besuch abzustatten (2 km, 5 Min. östlich der AS Wittstock). Der Name ist slawischen Ursprungs und bedeutet wohl soviel wie „hoch gelegener Ort". Die erste slawische Siedlung entstand am Zusammenfluss von Dosse und Glinze, und bereits 946 ist Wittstock in der Gründungsurkunde des Bistums Havelberg erwähnt. Um 1250 verlegten die Bischöfe ihren Sitz von Havelberg nach „Wistok", bauten Burg- und Stadtanlagen aus und residierten hier fast 300 Jahre lang. Der Amtsturm aus dem 13. Jh. ist der am besten erhaltene Teil der Burg. Er beherbergt heute das „Museum des Dreißigjährigen Krieges". Denn 1636 erlebte Wittstock die wohl blutigste Schlacht des gesamten Krieges. Noch heute erinnern Straßennamen sowie die Schwedenpappel, der Schwedenstein und die alljährlichen Aufführungen des Schwedenspektakels an das Ereignis. Die Stadtmauer, gänzlich erhalten und 1990–1996 vollständig restauriert, entstand 1244 und ist aus Backsteinen im Klosterformat (bestimmtes Ziegelmaß) erbaut – deutschlandweit eine Besonderheit. Sehenswert ist neben der St.-Marien-Kirche mit der „Wittstocker Madonna" aus Sandstein und der barocken Holztaufe auch die Heiliggeistkirche von 1300. Sie diente im Mittelalter den Kaufleuten und Reisenden als Andachtskirche. Wittstock war schon damals Schnittpunkt wichtiger überregionaler Handelsstraßen. 1681 nahm die Postlinie „Güstrower Geschwinde" den Verkehr zwischen Berlin und Güstrow über Wittstock auf (siehe auch A24, S. 279).

7 Eine der seltenen vollständig erhaltenen zisterziensischen Anlagen findet man in der Prignitz westlich von Wittstock. Das ehemalige Kloster **Heiligengrabe** wurde 1287 gegründet und jüngst in jahrelanger Arbeit restauriert. Die mittelalterliche Abtei wurde zum Museum umgebaut. Sehenswert sind die kreuzrippengewölbte Klosterkirche und die kunstvoll neugotisch ausgestat-

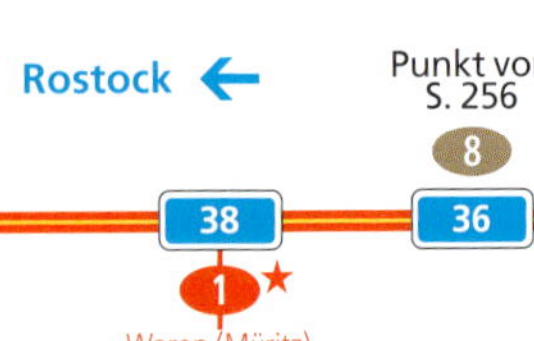

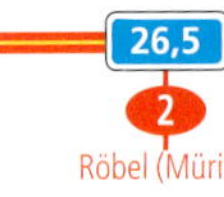

3
23

tete Heiliggrabkapelle (siehe auch A24, S. 279).

8 3 km östlich von Wittstock ist mit dem kleinen Ort **Babitz** eine originelle Historie verbunden. Von den drei Kirchenglocken zeichnet sich die größte durch einen besonders schönen Klang aus. Ihre Herkunft liegt indessen im Dunkeln, denn sie wurde in einem Sumpf bei Babitz zufällig entdeckt. Jedenfalls gab es zwischen Babitz und dem Nachbarort Schweinrich einen erbitterten Streit um das Fundstück. Die Schweinricher versuchten vergeblich, mit zwölf Ochsen den wertvollen Fund zu transportieren. Es kam zu einer Schlägerei, bei der die Schweinricher zum Abzug gezwungen wurden. Nun versuchten die Babitzer das Fundstück wegzubringen, indem sie sechs Hengste vorspannten. Sie wurden mit den Worten angetrieben: „In Gottes Namen, sowohl für Arme als auch für Reiche!" Und siehe da: Es gelang, weil die Glocke für Arme und Reiche gleichermaßen läuten sollte. Und das tut sie noch heute.

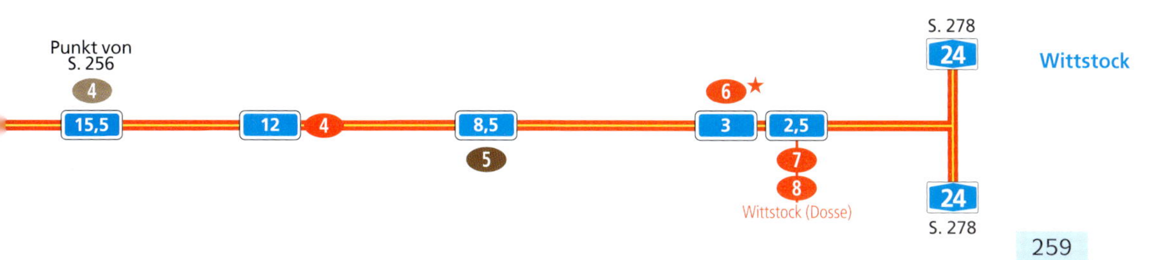

20 Die Ostseeautobahn

AK Hamberge → Schönberg → Wismar → Rostock → Sanitz

Die A20 ist das größte der 17 Verkehrsprojekte Deutsche Einheit. Bislang wurden jedoch nur Teile der Strecke realisiert. Sie soll einmal von der A1 bei Zeven in Niedersachsen in einem weiten Bogen um Hamburg nach Lübeck und weiter durch Mecklenburg-Vorpommern bis zur A11 nahe der polnischen Grenze führen. Der 324 km lange Abschnitt von Lübeck bis Falkenwalde in Brandenburg genießt beim Bau der A20 Priorität. Bis jetzt sind rund 100 km zwischen der AS Schönberg und der AS Sanitz südöstlich von Rostock fertig gestellt worden. Vermutlich wurde über kein Verkehrsprojekt kontroverser diskutiert als über diese Ostseeautobahn. Dabei durchzieht die A20 die am dünnsten besiedelte Region Deutschlands.

40 Jahre lang hat die Verkehrsentwicklung im Nordosten Deutschlands weitgehend geruht. Nach der Wende 1989 zeigte sich sehr schnell, dass das alte Straßennetz mit zahllosen engen Ortsdurchfahrten den Anforderungen nicht mehr gerecht wurde. Ohne eine neue Autobahn lief Mecklenburg-Vorpommern Gefahr, im wahrsten Sinne des Wortes den Anschluss zu verpassen. Um den wirtschaftlichen Aufschwung in den neuen Bundesländern rasch fördern zu können, bedurfte es ausgebauter Verkehrswege. Bundestag und Bundesrat beschlossen deshalb im November 1991 das Gesetz zur Beschleunigung des Verkehrsausbaus in Ostdeutschland.

Einwände und Proteste

Die Firma Deutsche Einheit Fernstraßenplanungs- und -bau GmbH, kurz DEGES, wurde gegründet. Bereits im Mai 1992 entschied man über die Trassenführung zwischen Schönberg und Neukloster. Die Wahl fiel auf die Nordvariante. Damit sollte einerseits die B105 entlastet und andererseits die ökologisch sensible Landschaft der mecklenburgischen Seen im Süden nicht beeinträchtigt werden.

Am 19. Dezember 1992 erfolgte der Spatenstich. Die Zeremonie fand bei Wismar statt, wo sich heute A20 und B208 kreuzen, und wurde durch Protestdemonstrationen der Autobahngegner erheblich beeinträchtigt. Die Einwände von Umwelt- und Naturschützern fanden jedoch nur wenig Widerhall bei der betroffenen Bevölkerung. Die Mehrheit, allen voran die Fremdenverkehrsgemeinden, war für den Autobahnbau. Die Gegner gaben jedoch nicht auf. So kam der Wachtelkönig aus der Wakenitz-Niederung zu Berühmtheit.

Aus Richtung Westen kommend, führt die A20 durchs flache Land auf Wismar zu.

20

- **Länge** (AS Schönberg – AK Rostock): 91 km / 0:55 h
- **Entfernungen und Fahrzeiten** (ca.)

(Strecke in Bau/Planung zwischen Kreuz Hamberge und AS Schönberg)

AS Schönberg – AK Wismar
41 km / 0:25 h

AK Wismar – AK Rostock
50 km / 0:30 h

(Strecke in Planung bis AD Uckermark)

Besorgte Organisationen sahen wegen der geplanten Autobahn-Überquerung des Flusses südlich von Lübeck den seltenen Vogel in Gefahr. Ein Tunnel wurde erwogen, doch die Idee scheiterte: Ihre Realisierung hätte Mehrkosten von 137 Mio. DM verursacht. Es wurden noch weitere Einwände vorgebracht: Für den Carabus Menestriesi, einen Laufkäfer, der sonst nirgendwo auf der Welt zu finden sei, sollte nach den Vorstellungen einiger Naturschützer der Bau der A20 im Peeneland gestoppt werden. Andere Kritiker forderten die Europäische Kommission auf, Einspruch zu erheben, weil mit dem Recknitztal und dem Trebeltal Europäische Vogelschutzzonen berührt würden. Aber die Brüsseler Kommissare stellten im März 1995 fest, dass es keinen anderen Weg gebe, wenn Rostock und Stralsund über die Autobahn erreicht werden sollen. Gerichte wurden bemüht; es kam sogar kurzfristig zum Baustopp. Doch im Mai 1998 urteilte das Bundesverwaltungsgericht in Berlin schließlich für die A20 und wies weitere Klagen ab.

Kompromisse für die Umwelt

Den Umweltschützern wurden jedoch Zugeständnisse gemacht. Im Peenegebiet bei Jarmen verzichtete man auf eine Baustraße. Schutzwände, Wildzäune und Amphibientunnel (quer unter der Autobahn verlaufende Rohr- und Kastensysteme, durch die Frösche sicher die Straßenseite wechseln können) wurden eingebaut.

Gegenwärtig ist die A20 zwischen Schönberg und der AS Sanitz fertig. Im Bau sind Teilstücke bei Neubrandenburg und Pasewalk sowie die Strecke von Prenzlau bis zum AD Uckermark. Im Laufe des Jahres 2002 soll die Strecke zwischen dem AK Hamberge bis zur AS Genin-Süd freigegeben werden. Der Weiterbau bis nach Schönberg wird sich noch hinziehen, da wegen des Biosphärenreservats Schaalsee die Wakenitz bei Groß Grönau untertunnelt werden muss.

2005 soll der Verkehr – nach 14 Jahren Bauzeit und Kosten in Höhe von rund 3,7 Mrd. DM – von der A1 bei Lübeck bis zur A11 bei Falkenwalde in der Uckermark durchgehend rollen. Das Projekt A20 ist damit jedoch noch nicht abgeschlossen: Nach Westen hin soll die Ostseeautobahn als Nordwestumfahrung Hamburgs fortgesetzt werden, um in einem weiten Bogen in der Nähe von Zeven wieder auf die A1 zu stoßen.

1 Die Ostsee-Autobahn beginnt gegenwärtig noch an der AS Schönberg. Sanfte Hügel nördlich der A20 verdecken den Blick auf **Schönberg** (3 km nordwestlich), eine typisch mecklenburgische Ackerbürger-Kleinstadt. Ackerbürger nannte man den Stadtbürger mit Landbesitz in der Stadtgemarkung, den er selbst nutzte. Das Schönberger Stadtbild wird geprägt von der gotischen Backsteinkirche aus dem 14. Jh. und von stattlichen Fachwerk- und Backsteinhäusern mit hohen Toreinfahrten, die noch vor wenigen Jahrzehnten von Bauern bewohnt wurden. Bis 1843 bestand in Schönberg die Teilung der Stadtgemeinde in die Ackerbürger und die Stadtbürger, die je von einem Bürgermeister repräsentiert wurden.

2★ Bevor Sie auf der A20 die Fahrt durch Mecklenburg antreten, sollten Sie sich einen Abstecher nach Schleswig-Holstein nicht entgehen lassen. Von der AS Schönberg gelangt man direkt in südlicher Richtung zum **Naturpark Schaalsee** und in die Domstadt **Ratzeburg** (21 km, 30 Min.). Das historische Zentrum der Stadt liegt malerisch auf einer Insel mitten im Ratzeburger See. Der mächtige Backstein-Dom wurde im 12. Jh. von Herzog Heinrich dem Löwen gegründet. Zwei berühmte Künstler waren in Ratzeburg zu Hause: A. Paul Weber und Ernst Barlach, deren Schaffen in den nach ihnen benannten Museen dokumentiert ist.

3 Auf einer Brücke überquert die Autobahn die **Stepenitz**. Das Flüsschen entspringt in den Wiesen südlich von Gadebusch und mündet bei Dassow in den naturgeschützten Dassower See, eine Ausbuchtung der Trave vor Travemünde-Priwall.

4~ Wer die Mecklenburgische Ostseeküste erkunden möchte, sollte die Alternativroute durch den so genannten **Klützer Winkel** nördlich der A20 (AS Grevesmühlen) wählen. Mit **Grevesmühlen** und **Klütz** liegen Mecklenburgs älteste Städte auf dem Weg. Ein wertvolles technisches Denkmal in Grevesmühlen ist die Malzfabrik von 1893, heute Einkaufspassage und Landkreisverwaltung. Das älteste Haus von 1660 beherbergt das Stadtmuseum.

Wismar 7: Alter Hafen mit Zollhaus und Wassertor.

Kreuz Hamberge

S. 18

1

Genin

1

S. 18

Strecke in Bau / in Planung zwischen AS Genin und AS Schönberg

38

1

2★

Schönberg

Klütz wartet mit dem barocken Schloss Bothmer auf, das von einem schönen Park mit einer Lindenallee umgeben ist. Nach einem Abstecher ins familienfreundliche Ostseebad Boltenhagen geht es über Wismar und die AS Wismar-Mitte zurück zur A20 (50 km, 60 Min.).

5 Die 313 m lange **Talbrücke** führt bei Plüschow über den Mühlenbach. Auffällig oft überquert die A20 flache Senken auf niedrigen Talbrücken. Grund dafür sind die morastigen Böden. Die mit 390 m längste Talbrücke der A20 befindet sich bei Triwalk südlich von Wismar.

6 Südlich der Autobahn liegt gut 15 km entfernt der **Schweriner See**, zweitgrößter See in Mecklenburg-Vorpommern. Sein Nordende markiert der Kurort **Bad Kleinen**. 1895 wurde in Kleinen eine Wasserheilanstalt eröffnet, die der Stadt den Namenszusatz „Bad" einbrachte. 1898 ermöglichte der 27,2 m lange Eiertunnel – nach seiner ovalen Form benannt – den Zugang zum See. Sehenswert ist die Schwedenschanze (1638), eine sternförmige Wallanlage nördlich von Bad Kleinen.

7 **„Hansestadt Wismar"** (Informationstafel): Ungefähr in Höhe des Hinweisschildes eröffnet sich ein faszinierender Panoramablick auf Wismar. Deutlich auszumachen sind der Turm von St. Marien und die riesige, weißgrüne neue Werfthalle. Über die AS Wismar-Mitte sind es nur 2 km bis ins Zentrum der alten Hansestadt. Am großen Marktplatz mit der barocken Wasserkunst in der Mitte steht das älteste Bürgerhaus, „Alter Schwede" (1380), das eine Gaststätte im neugotischen Stil (1878) beherbergt. Am Alten Hafen erinnern auch die kuriosen „Schwedenköpfe" auf den Dalben daran, dass Wismar seit dem Ende des Dreißigjährigen Krieges 1648 bis 1903 zu Schweden gehörte. Von den drei Hauptkirchen in der Altstadt war nur St. Nikolai während des Zweiten Weltkriegs unbeschädigt geblieben. Von St. Georgen, einst die größte Kirche, standen nur noch die Außenmauern. Jetzt hat ihr Wiederaufbau begonnen, ein Riesenprojekt, vergleichbar mit dem der Dresdner Frauenkirche. Ein Kleinod ist die Heilig-Geist-Kirche mit barocker Deckenmalerei. Im Brauhaus am Lohberg gegenüber dem Alten Hafen, einer der ersten mittelalterlichen Braustätten, bekommt man das traditionelle dunkle Wismarer Starkbier „Mumme".

8 Bei der AS Wismar-Mitte wird auf **Dorf Mecklenburg** (1,5 km südlich) hingewiesen. Aus der slawischen Burganlage Michelenburg, erstmals 995 erwähnt, entwickelte sich das Dorf Mecklenburg, das dem Land seinen Namen gab. Heute findet man dort ein sehenswertes Agrarmuseum, ein Pfarrgehöft aus dem Jahr 1767 und die 1849 erbaute Holländerwindmühle mit Hotel und Restaurant.

9 Blaue Schilder beim AK Wismar weisen den Weg zur **Insel Poel**. Über das Autobahndreieck gelangt man zur 12 km nördlich gelegenen Ostseeinsel, die mit dem Festland durch einen Damm mit einer kleinen Brücke verbunden ist. Mit ihren weiten Sandstränden, Steilküsten, Salzwiesen und Naturschutzgebieten ist die Insel Poel ein beliebtes Ausflugsziel der Wismarer.

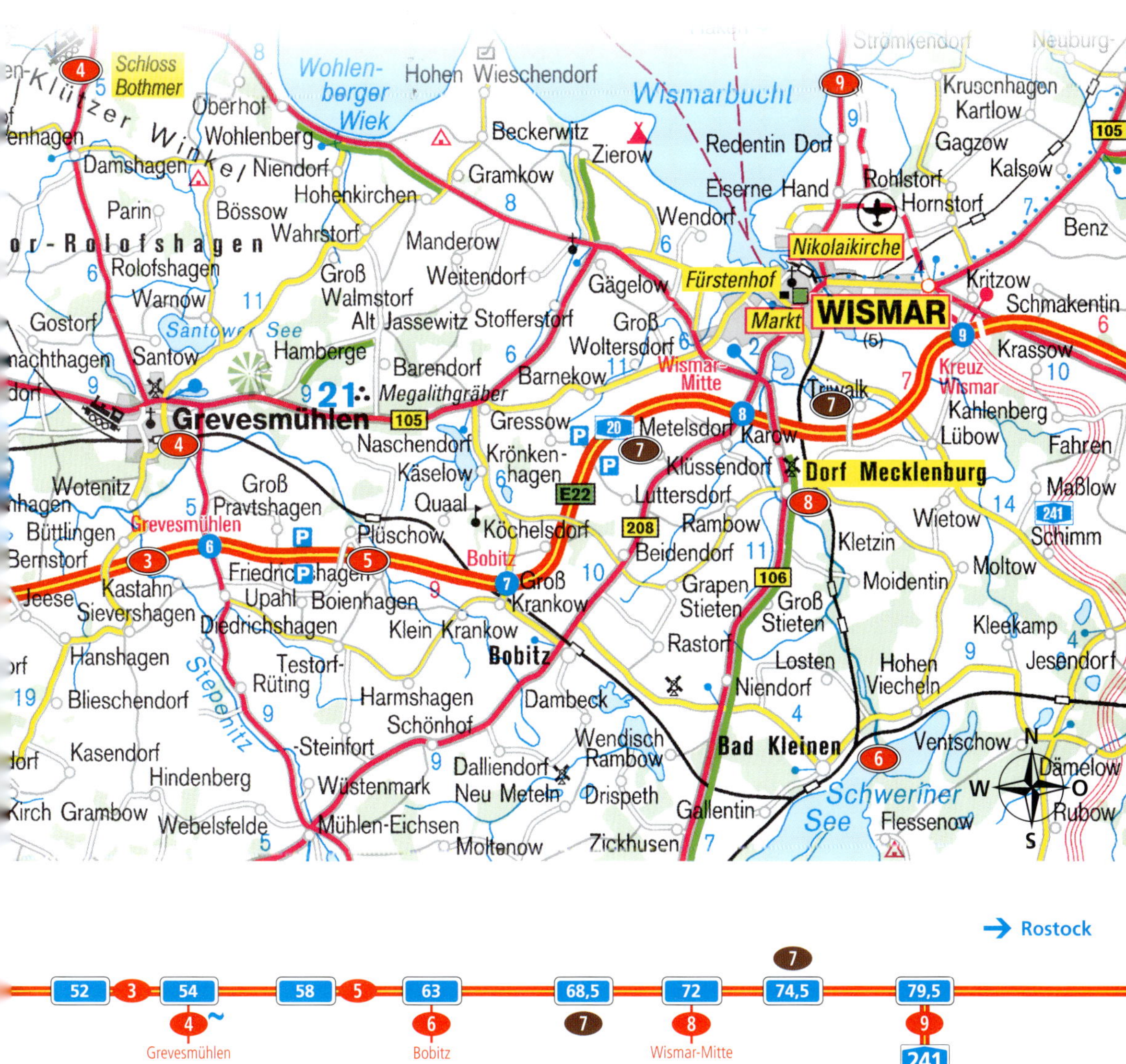

1 Auf der Höhe des Parkplatzes Selliner See ist von der Autobahn aus eine alte Mühle ohne Windflügel zu sehen. Der **Charakter der Landschaft** hat sich verändert. War sie bisher sanft gewellt, führt nun die A20 durch eine buckelige Umgebung: Die Moränen entwickeln sich zu Höhenzügen mit dünenartigen Formen und steileren Flanken, die dichter beieinander stehen und stärker bewaldet sind. Wenn die Autobahn eine Höhe erreicht, öffnet sich häufig ein weiter Blick ins Land.

2 Vor der AS Neukloster sind südlich auf einem Hang sechs dunkle, runde Türme mit hellen Kuppeln zu sehen: Es sind **Futtermittelsilos**. 5 km südwestlich der AS Neukloster liegt der Ort Neukloster. Von dem 1219 gegründeten und 1555 säkularisierten **Zisterzienserinnenkloster Sonnenkamp** im Neukloster sind nur das Propsteigebäude und die spätromanische Basilika erhalten geblieben. Die Kirche mit ihrem frei stehenden Glockenturm war Vorbild für viele mecklenburgische Kirchenbauten. Besonders schön sind Glasgemälde aus dem 13. Jh. sowie der spätgotische Schnitzaltar der Rosenkranzmadonna.

3 Von einer Anhöhe, ein paar hundert Meter nach der Baustelle der Raststätte Fuchsberg, grüßt vom Waldrand ein lachendes froschähnliches Monster: Diese **kuriose Steinfigur** wurde aus Findlingen zusammengesetzt.

4 Etwas weiter weg von der A20 liegen die Ostseebäder Kühlungsborn (23 km) und Rerik am Salzhaff (30 km). Wer Sehnsucht nach dem Meer hat, kann sie über die AS Kröpelin erreichen. **Kühlungsborn** besteht aus den Ortsteilen Arendsee im Westen und Brunshaupten im Osten. Sie sind verbunden durch die 3 km lange Ostseeallee mit Promenade und Küstenwald. Das Ortsbild vor allem an der Promenade wird bestimmt durch die vielen sorgfältig restaurierten Jugendstilvillen in der typischen Bäderarchitektur zu Beginn des 20. Jh. Kühlungsborn ist Endstation der Ostseebäderbahn „Molli", der ältesten Kleinbahn Mecklenburgs. Der Name Kühlungsborn wurde von dem südöstlich des Ortes gelegenen Höhenzug Kühlung abgeleitet, dessen höchster Punkt 129 m erreicht.

5★ Die AS Bad Doberan ist auf jeder Seite mit einer großen Steinsetzung verziert. Steine, die man beim Bau der A20 fand, hat man zu diesen zwei Pyramiden aufgetürmt. Ein Besuch von **Bad Doberan**, 14 km (15 Min.) nördlich, ist empfehlenswert. Die Bäderbahn „Molli" (von 1886) bahnt sich laut bimmelnd und dampfend den Weg durch die Straßen der Stadt. Die nostalgische Dampfeisenbahn fährt regelmäßig über Heiligendamm nach Kühlungsborn. Das Moorbad Doberan geht auf eine Gründung der Zisterzienser im 12. Jh. zurück. Das Doberaner Münster, ein schönes Beispiel der norddeutschen Backsteingotik, zeugt von seiner Klostervergangenheit. 1793 gründete der mecklenburgische Herzog Friedrich Franz I. das erste deutsche Seebad, das 6 km entfernte **Heiligendamm**, ein Ortsteil von Doberan. Es geriet durch sein geschlossenes architektonisches Ensemble klassizistischer Bauten zum Gesamtkunstwerk der „weißen Stadt am Meer". Der ungewöhnliche Ort soll erneut zu einem der exklusivsten Seebäder Europas entwickelt werden. Die älteste deutsche Galopprennbahn zwischen Bad Doberan und Heiligendamm wurde 1993 wieder hergerichtet.

Die Marienkirche von Rostock 7 war um 1452 nach 200-jähriger Bauzeit fertig gestellt.

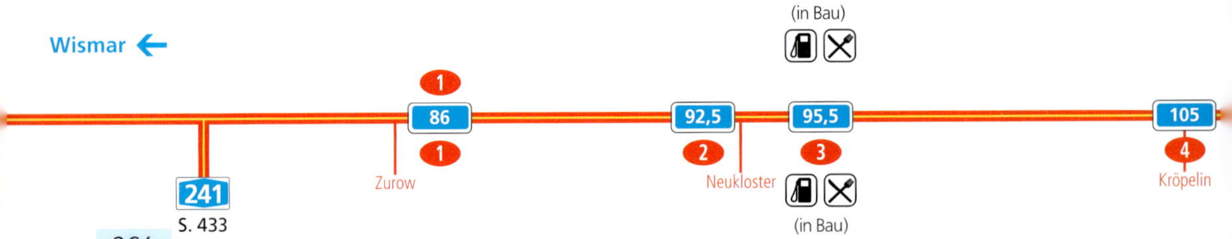

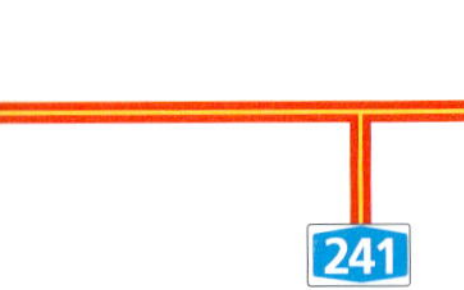

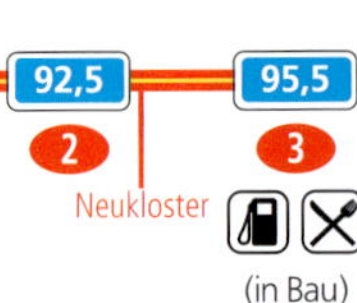

6★ Über die AS Rostock-West empfiehlt sich ein Abstecher nach **Warnemünde** (23 km, 25 Min.). Sie fahren auf einer mit putzigen Backsteintürmchen verzierten Brücke über die A20 auf die im Bau befindliche Zubringerautobahn, die erst bis zur AS Kritzmow befahren werden kann, und dann über die B103 am Westrand von Rostock entlang. Das beliebte Seebad mit weitem Sandstrand, Steilküste, Wäldern direkt am Wasser und dem 100-jährigen Leuchtturm am Fuße der Westmole hat einen unverwechselbaren Charme. Die Ostseefähren legen zum Greifen nahe an der Einfahrt zum Breitling an. An das alte Fischerdorf, das seit 1323 zu Rostock gehörte, erinnern noch die urigen, schmalen, geduckten Fachwerkbauten am Alten Strom mit seinen Fischereibooten. Typisch sind die „Glaskästen", leichte Veranden vor den Giebelhäusern, die vor 100 Jahren an die ersten Badegäste vermietet wurden.

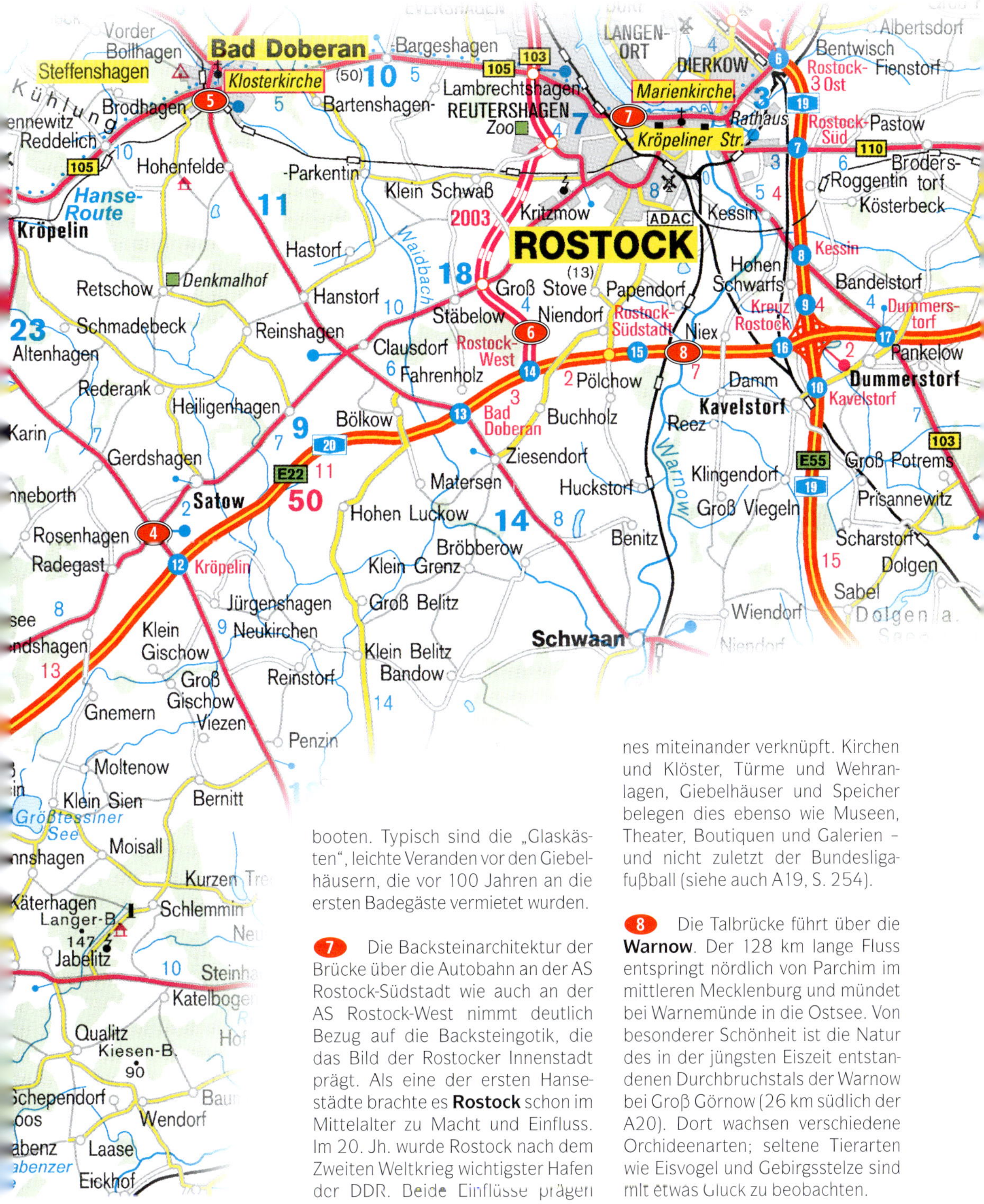

7 Die Backsteinarchitektur der Brücke über die Autobahn an der AS Rostock-Südstadt wie auch an der AS Rostock-West nimmt deutlich Bezug auf die Backsteingotik, die das Bild der Rostocker Innenstadt prägt. Als eine der ersten Hansestädte brachte es **Rostock** schon im Mittelalter zu Macht und Einfluss. Im 20. Jh. wurde Rostock nach dem Zweiten Weltkrieg wichtigster Hafen der DDR. Beide Einflüsse prägen heute Bild und Atmosphäre der Hafen- und Industriestadt. Dritter Faktor ist die Universität, 1419 als erste im Ostseeraum gegründet, an der jetzt etwa 12 000 Studenten aus aller Welt studieren. Nach der Wende wurden Teile der Altstadt restauriert, reizvoll ist heute Altes und Modernes miteinander verknüpft. Kirchen und Klöster, Türme und Wehranlagen, Giebelhäuser und Speicher belegen dies ebenso wie Museen, Theater, Boutiquen und Galerien – und nicht zuletzt der Bundesligafußball (siehe auch A19, S. 254).

8 Die Talbrücke führt über die **Warnow**. Der 128 km lange Fluss entspringt nördlich von Parchim im mittleren Mecklenburg und mündet bei Warnemünde in die Ostsee. Von besonderer Schönheit ist die Natur des in der jüngsten Eiszeit entstandenen Durchbruchstals der Warnow bei Groß Görnow (26 km südlich der A20). Dort wachsen verschiedene Orchideenarten; seltene Tierarten wie Eisvogel und Gebirgsstelze sind mit etwas Glück zu beobachten.

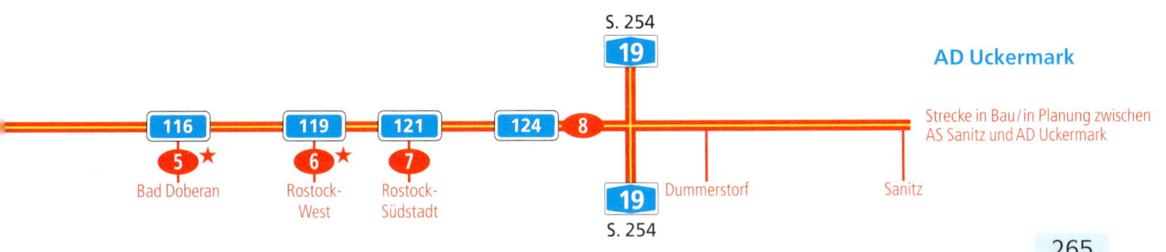

Vom Watt nach Hamburg

Heide → Itzehoe → Elmshorn → Pinneberg → Hamburg

Schleswig-Holstein: Land zwischen zwei Meeren. Ebbe und Flut der Nordsee schufen über Jahrtausende eine Wattenküste mit fruchtbaren Feldern und Weiden – die Marschen. Deiche schützen sie vor den Sturmfluten. Entlang dieser Marschen, nördlich der Elbe werden sie Köge genannt, führt die A23 von Heide nach Hamburg. 95 km lang ist diese Trasse, die bei Itzehoe, wo die Stör überquert wird, noch eine Lücke aufweist. Am AD Hamburg-Nordwest mündet die A23 in die A7.

Westlich von Heide beginnt die A23, gesäumt von einer ganzen Allee von Windrädern. Die historische Stadt Heide bildet das wirtschaftliche und politische Zentrum der Region Dithmarschen, wo um das Jahr 1500 stolze und unerschrockene Bauern eine Republik gründeten. Südlich von Dithmarschen überquert die Trasse den Nord-Ostsee-Kanal, der südwestlich bei Brunsbüttel in die Elbe mündet. Wechselwegweiser infomieren bei Bedarf über Alternativstrecken, denn bei Orkan oder Glatteis wird die 42 m hohe Brücke über die 1895 von Kaiser Wilhelm II. eingeweihte Seeschifffahrtsstraße gesperrt.

Wichtige Verbindung für Pendler

Bei Itzehoe gelangt die A23 in die Wilstermarsch mit ihren vielen Kanälen; westlich liegt die Bauern- und Handwerkerstadt Wilster. In einer Querverbindung führt hier die B5 nach Brunsbüttel. Über Elmshorn und Pinneberg verläuft die A23 weiter nach Hamburg.

Zwischen dem Wirtschaftsraum der Freien und Hansestadt und der Westküste Schleswigs ist die A23 die wichtigste Verbindung. Zehntausende Pendler benutzen täglich diese Autobahn. Doch ebenso bedeutsam ist die A23 für das Ferienland Schleswig-Holstein als Zubringer für seine Gäste.

Diese Bedeutung wird sicher noch steigen, wenn – etwa ab 2007 – die A23 bei Horst/Elmshorn die geplante Verlängerung der A20 von Lübeck, nördlich um Hamburg herum, über Bad Segeberg und Kaltenkirchen nach Stade und Zeven – kreuzen wird. Denn dann können die Urlauber aus dem westdeutschen Ballungsraum die nordfriesischen Ferienziele bequem erreichen, ohne das Nadelöhr Hamburg und den Elbtunnel passieren zu müssen.

Entspannt steuert der Reisende die hübschen Küstenorte Büsum, St. Peter Ording oder Husum an oder auch weiter nördlich die nordfriesische Naturlandschaft und die Inseln Sylt, Amrum und Föhr.

Riesige Windparks setzen Akzente auf der Fahrt von Heide in die Hansestadt.

23

- **Länge** 95 km / 0:55 h
- **Entfernungen und Fahrzeiten** (ca.)

AS Heide-West – AS Itzehoe-Nord
44 km / 0:23 h
(Strecke unterbrochen zwischen
AS Itzehoe-Nord und -Süd: 9 km/0:09 h)
AS Itzehoe-Süd – AD Hamburg-Nordwest
42 km / 0:23 h

- **Staubereiche**

Erhöhte Staugefahr besteht am Autobahnende am AD Hamburg-Nordwest.

Die Geschichte der A23 reicht in die Jahre 1935/36 zurück. Hauptverbindung vom westlichen Schleswig nach Hamburg war damals die Reichsstraße 5. Infolge der zunehmenden Motorisierung platzte die knapp 6 m breite Straße bald aus allen Nähten. Ausbaupläne und Ortsumgehungen wurden geschmiedet, doch der Krieg machte all diese Ideen zunichte.

Langwierige Bauphase bis 1990

Trotzdem war zwischen 1947 und 1950 eine Betonfahrbahn für die Umgehung Elmshorn entstanden. Zudem hatten sich die Planer aus Hamburg und Schleswig-Holstein ab dem Jahr 1949 zusammengesetzt, um die wachsenden Verkehrsprobleme auf der Bundesstraße 5, wie die Strecke nun hieß, in den Griff zu bekommen. Von einer richtigen Autobahn war da freilich noch nicht die Rede. Hamburg immerhin schaffte es, bis 1964 eine 4-spurige Straße von der A7 bis unmittelbar hinter die Landesgrenze bei Krupunder zu bauen. 1968 wurde die Umgehung Pinneberg eröffnet, zwei Jahre später der Abschnitt Krupunder/Rellingen dem Verkehr übergeben. Mit der ebenfalls 1970 fertig gestellten Umfahrung Itzehoes war eine autobahnähnliche Verbindung von Hamburg in den westlichen Küstenraum geschaffen worden.

Anfang der 70er-Jahre wurde diese Strecke schließlich als A23 in den Ausbauplan für die Bundesfernstraßen aufgenommen und ihre Weiterführung von Itzehohe-Nord nach Heide fortgeschrieben. Im Jahre 1990 erfolgte dann die Eröffnung der letzten Teilstücke. Nördlich von Heide ist der Verkehr nicht mehr so dicht; hier reicht laut Verkehrsministerium in Kiel die B5 auch künftig völlig aus. Bleibt noch der fehlende Ausbau der Umgehungsstraße Itzehoe zur Autobahn. Auch dafür gibt es natürlich längst Pläne. Wenn es nach dem Verkehrsministerium Schleswig-Holstein geht, dann sollen die Baumaschinen 2005 anrollen. Zuvor ist allerdings 2003 noch das Planfeststellungsverfahren zu überstehen.

Wenn das gelingt, wird zwischen 2005 und 2008 erst einmal eine 2-spurige Autobahnbrücke neben die vorhandene Bundesstraßenbrücke über die Stör erstellt; dann erst kann der Verkehr von der alten auf die neue Brücke umgeleitet und an ihrer Stelle die zweite Richtungsfahrbahn erstellt werden. Die ganze Brücke soll dann 2012 fertig sein – wenn es keine Komplikationen gibt.

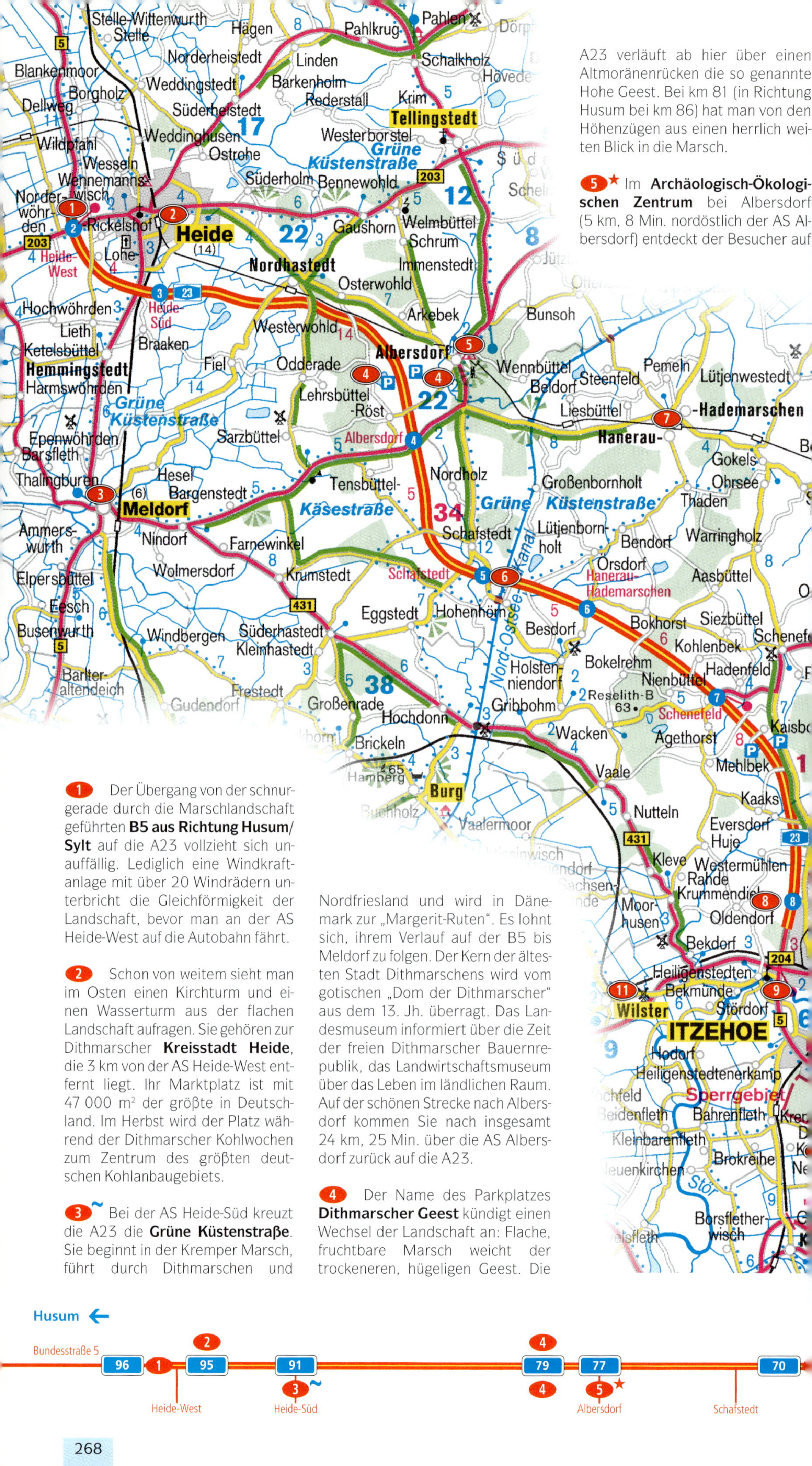

1 Der Übergang von der schnurgerade durch die Marschlandschaft geführten **B5 aus Richtung Husum/Sylt** auf die A23 vollzieht sich unauffällig. Lediglich eine Windkraftanlage mit über 20 Windrädern unterbricht die Gleichförmigkeit der Landschaft, bevor man an der AS Heide-West auf die Autobahn fährt.

2 Schon von weitem sieht man im Osten einen Kirchturm und einen Wasserturm aus der flachen Landschaft aufragen. Sie gehören zur Dithmarscher **Kreisstadt Heide**, die 3 km von der AS Heide-West entfernt liegt. Ihr Marktplatz ist mit 47 000 m² der größte in Deutschland. Im Herbst wird der Platz während der Dithmarscher Kohlwochen zum Zentrum des größten deutschen Kohlanbaugebiets.

3 ~ Bei der AS Heide-Süd kreuzt die A23 die **Grüne Küstenstraße**. Sie beginnt in der Kremper Marsch, führt durch Dithmarschen und Nordfriesland und wird in Dänemark zur „Margerit-Ruten“. Es lohnt sich, ihrem Verlauf auf der B5 bis Meldorf zu folgen. Der Kern der ältesten Stadt Dithmarschens wird vom gotischen „Dom der Dithmarscher“ aus dem 13. Jh. überragt. Das Landesmuseum informiert über die Zeit der freien Dithmarscher Bauernrepublik, das Landwirtschaftsmuseum über das Leben im ländlichen Raum. Auf der schönen Strecke nach Albersdorf kommen Sie nach insgesamt 24 km, 25 Min. über die AS Albersdorf zurück auf die A23.

4 Der Name des Parkplatzes **Dithmarscher Geest** kündigt einen Wechsel der Landschaft an: Flache, fruchtbare Marsch weicht der trockeneren, hügeligen Geest. Die A23 verläuft ab hier über einen Altmoränenrücken die so genannte Hohe Geest. Bei km 81 (in Richtung Husum bei km 86) hat man von den Höhenzügen aus einen herrlich weiten Blick in die Marsch.

5 ★ Im **Archäologisch-Ökologischen Zentrum** bei Albersdorf (5 km, 8 Min. nordöstlich der AS Albersdorf) entdeckt der Besucher auf

Husum ←

Bundesstraße 5 — 96 — 1 — 95 (2) — 91 (3 ~) — 79 (4 / 4) — 77 (5 ★) — 70

Heide-West · Heide-Süd · Albersdorf · Schafstedt

rund 40 ha Wald- und Wiesengelände den Charakter einer Landschaft, wie sie hier vor etwa 5000 Jahren in der Steinzeit bestand. Sehenswert sind auch die funktionsfähige Wassermühle am renaturierten Mühlenteich und der Brutkampstein, eine der größten vorgeschichtlichen Grabstätten Norddeutschlands.

6 Bei der AS Schafstedt beginnt die Rampe auf die **Hochbrücke**. Sie überquert in 42 m lichter Höhe die Seeschifffahrtsstraße von Brunsbüttel an der Elbmündung bis Holtenau bei Kiel. Der **Kiel-Kanal** (Nord-Ostsee-Kanal) gilt wegen seines hohen Verkehrsaufkommens als bedeutendste künstliche Wasserstraße der Welt. Kurz vor der eigentlichen Brücke gibt es seitliche Parkstreifen, von denen Fußwege zu Aussichtsplattformen führen. Von oben bietet sich eine schöne Aussicht auf den Schiffsbetrieb und ins Land.

Die Kanalfähre Hohenhörn pendelt auf dem Kiel-Kanal 6. Sie ist freifahrend und hat eine Tragkraft von 45 t.

7 Rund 10 km nördlich der gleichnamigen AS liegt **Hanerau-Hademarschen**. Dort verbrachte der Dichter Theodor Storm seine letzten Lebensjahre. Das 2000 Jahre alte Hademarschen ist ein typisch holsteinisches Kirchendorf. Hanerau dagegen geht auf eine Burg zurück, die 1185 als Bollwerk gegen die Bauernrepublik Dithmarschen erbaut wurde.

11 Auf der B5 in Richtung Westen rückt nach 6 km **Wilster** ins Blickfeld. Der Ort gehört zu den ältesten Städten Schleswig-Holsteins (1282 Stadtrechte) und ist wirtschaftlicher und kultureller Mittelpunkt der **Wilster Marsch**. Der historisch gewachsene Stadtkern verleiht dem Städtchen ursprünglichen Charme. Besonders schön ist das alte Renaissancerathaus von 1585. Die Wilster Marsch zwischen Elbe und Geest, Stör und Nord-Ostsee-Kanal ist von endlosen grünen Wiesen, Entwässerungskanälen und reetgedeckten Bauernhöfen geprägt. Bei Neuendorf nordwestlich von Wilster liegt Deutschlands tiefster Punkt. Die Marsch sinkt dort auf 3,54 m unter dem Meeresspiegel ab.

8 An der AS Itzehoe-Nord kündigt ein Schild den Bundeswehr-Kasernenkomplex **Hungriger Wolf** an. Die Inschrift **„Innovationszentrum Nord"** bezieht sich auf Schleswig-Holsteins wichtigsten Entwicklungsstandort für Mikroelektronik und Halbleitertechnik, der sich westlich direkt neben der Autobahn befindet.

9 Nun verengt sich die A23 zur B204. Ab km 48,5 schließt sich aus Westen kommend die B5 an. Die dreispurige Ortsumgehung von Itzehoe führt über die 1160 m lange **Talbrücke über die Stör**. Von der Brücke aus fällt der Blick westlich auf einen weißen Gebäudekomplex am Ufer der Stör. Dort steht das im Stil des nordischen Barock errichtete Schloss Heiligenstedten, ein Hotel und Restaurant in Privatbesitz.

10 An der Kreuzung B5/B204 geht es östlich in die Innenstadt von **Itzehoe** (2 km). In der Altstadt sind Bauepochen von Barock bis Postmoderne vertreten. Am Markt steht das historische Rathaus aus dem 18. Jh. mit großer Freitreppe und reich verziertem Barockportal. Hinter dem begrünten Klosterhof erhebt sich die Hauptkirche St. Laurentii (18. Jh.) mit reicher Innenausstattung und einer Arp-Schnitger-Orgel. Auf dem alten Burghügel steht das sanierte Gebäude einer ehemaligen Maschinenfabrik aus dem 19. Jh.

12★ Auf einer Geestinsel im Störtal östlich von Itzehoe liegt **Schloss Breitenburg** (ab AS Itzehoe-Süd, 5 km, 8 Min.), seit dem 16. Jh. Sitz des reichen und kunstsinnigen Grafengeschlechts von Rantzau-Breitenburg. Die Schlossbesitzer trugen eine beachtliche Sammlung von Kunstschätzen zusammen, darunter Skulpturen des dänischen Bildhauers Thorvaldsen. Leider ist das Schloss nur von außen zu besichtigen, lediglich die weiten Parkanlagen sind der Öffentlichkeit zugänglich. Zur Schlossanlage gehören auch ein Reiterhof und eine 27-Loch-Golfanlage.

13 An der AS Itzehohe-Süd beginnt wieder die A23. Sie übernimmt bis zur Hamburger Landesgrenze die Funktion der B5. Bei km 41 sieht man westlich der Autobahn flache Gebäude mit leuchtend bunten Fassadenflächen, ein **Elektronikunternehmen** im Gewerbegebiet des Itzehoer Vorortes Dägeling.

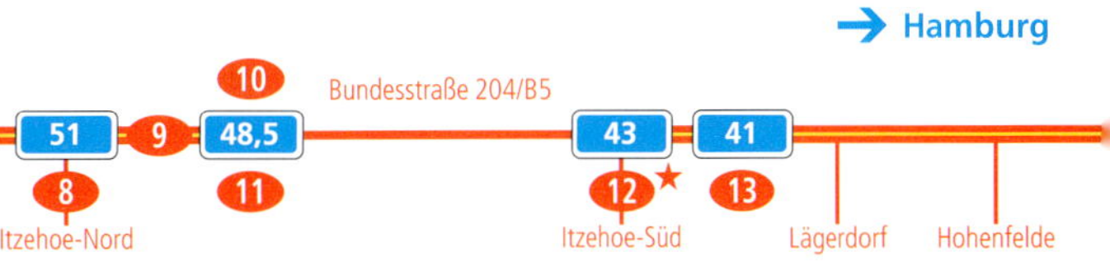

1 Westlich der AS Hohenfelde gerät der Kirchturm des 8 km entfernten **Krempe** ins Blickfeld. Der Ort gehört zu den ältesten Städten Norddeutschlands. Er erhielt 1271 das Stadtrecht. Krempe wurde im Dreißigjährigen Krieg von Wallensteins Truppen völlig zerstört. Nur wenige Bauten wie das prächtige Renaissance-Rathaus erinnern an die Zeiten, als Krempe eine wohlhabende Hafenstadt war.

2★ 17 km (25 Min.) durch die Kremper Marsch sind es von der AS Hohenfelde bis nach **Glückstadt**. Der Name der 1617 gegründeten Stadt war Programm: Im dänischen Teil Schleswig-Holsteins sollte eine mit Hamburg konkurrierende Stadt entstehen. Doch dieser Plan ist nicht ganz geglückt. Es sind vor allem die Glückstädter Matjes, die die Stadt berühmt gemacht haben. Besonders in den Matjeswochen von Juni bis September wird der Hering in vielfältigen Variationen angeboten. Sehenswert in Glückstadt ist auch der Hafen mit seiner Häuserzeile. Von der Mole aus kann man dem Überseeverkehr auf der Elbe zuschauen.

3 Der Rastplatz trägt den Namen der Landschaft **Steinburg**. Der Kreis Steinburg liegt im Dreieck von Unterelbe und Nord-Ostsee-Kanal und ist vom landschaftlichen Gegensatz zwischen den Marschen, dem Meer abgerungenem Schwemmland, und der höher gelegenen Geest geprägt. Die Steinburg, die der Landschaft den Namen gab, lag an einem alten Handelsweg, der am heutigen Ort Steinburg (westlich der AS Hohenfelde) vorbei führte. Dort wurde Graf Johann Rantzau geboren, der 1531 die Breitenburg bei Itzehoe erbaute.

4 **„Elbmarschen"** (Informationstafel): Die typische Marschlandschaft zieht sich entlang des Ostufers der Elbe zwischen der Hamburger Landesgrenze und dem Nord-Ostsee-Kanal bei Brunsbüttel. Das flache, teilweise sumpfige und von Entwässerungskanälen durchzogene Weideland, auf dem Kühe und Schafe grasen, umfasst die Haseldorfer Marsch, die Kremper Marsch und die Wilster Marsch.

5 In den weiten Wiesen östlich der A23 verbirgt sich bei Barmstedt der **Rantzauer See** (10 km von der AS Horst/Elmshorn), einer von zahlreichen Kiesweiher Seen in Schleswig-Holstein. Er wurde zwischen 1934 und 1938 ausgebaggert. Durch Aufstauen der Krückau wird der Wasserstand reguliert. Nahe dem Seeufer liegt die Schlossinsel. In den Gebäuden des alten Schlosses ist ein Heimatmuseum eingerichtet.

6 Die Autobahn überbrückt den Fluss **Krückau**, der auf der Höhe der Elbinsel Pagensand in die Elbe mündet.

7 Gleich neben der A23 liegt **Elmshorn**. Die Stadt hat sich durch die neun Jahrhunderte ihres Bestehens vor allem als Warenumschlagplatz zwischen Hamburg und den weiten Elbmarschen entwickelt. Heute weist Elmshorn ein geschäftiges Zentrum mit vielen historischen Bauten aus verschiedenen Epochen auf. Am Alten Markt steht die Kirche St. Nikolai aus dem 14. Jh. mit einem barocken Altar. Mitten durch die Stadt fließt die Krückau.

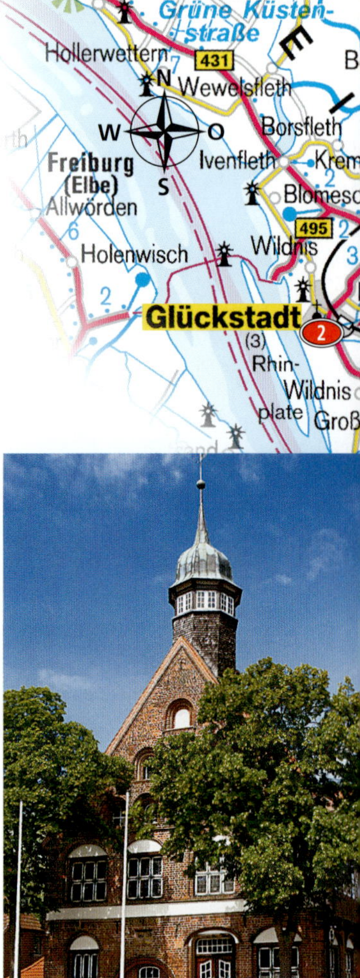

1570 im Renaissancestil gebaut, ist das Rathaus von Krempe **1** *heute die schönste Sehenswürdigkeit im historischen Stadtkern.*

8★ Über die AS Tornesch empfiehlt sich ein Abstecher nach **Uetersen** (8 km, 13 Min. westlich). Der Weg dorthin führt an einem Privatflugplatz bei Ahrenlohe vorbei. Das Land zwischen Elmshorn und Pinneberg ist das größte zusammenhängende Baumschulengebiet Deutschlands. Uetersen ist ein Zentrum der Rosenzucht. Dieses Gewerbe hat die Entwicklung der im 13. Jh. gegründeten Stadt geprägt. Das Schaufenster der Rosenstadt ist das Rosarium, wo fast 1000 verschiedene Rosensorten gezüchtet werden. Es befindet sich mitten in der Stadt hinter dem Rathaus.

9 Von der AS Pinneberg-Nord sind es knapp 2 km bis in die Innenstadt von **Pinneberg**, die hinter

Die Marschen

Die Marsch ist eine typische Landschaftsform der Nordseeküstenregion. Dabei handelt es sich um Land, das bei Flut unter dem Meeresspiegel gelegen ist. Eine Überflutung wird heutzutage aber verhindert, indem Deiche und Dämme zwischen Land und Meer gezogen werden. Bereits ab dem 11. Jh. wurde an der Westküste Nordfrieslands mit dem Deichbau begonnen. Die Landgewinnung durch Eindeichung der Marschen in größerem Stil begann jedoch erst im 17. Jh.

Ursprünglich besteht die Marsch aus salzhaltigem Morast, der sich – sobald er nicht mehr überflutet wird – in fruchtbares Acker- und Weideland verwandelt. Aufgrund der schweren und fruchtbaren Böden sind beispielsweise in Dithmarschen die größten deutschen Kohlanbaugebiete entstanden. Das Alte Land am Südwestufer der Elbe zwischen Stade, Buxtehude und Harburg nennt man auch Obstmarschen: Hier befindet sich eines der größten zusammenhängenden Obstanbaugebiete. Und die Vier- und Marschlande sind Hamburgs „Gemüsegarten". Marschen bildeten sich indessen nicht nur direkt an der Nordseeküste, sondern auch an den Ufern der in die Nordsee mündenden Ströme Elbe, Weser und Jade. Denn die Gezeiten machen sich hier bis weit ins Landesinnere bemerkbar. In früheren Nach-Eiszeiten, als der Meeresspiegel noch deutlich höher lag als heute, spielten sich im Urstromtal der Elbe bis in das Gebiet zwischen Lauenburg und Lüneburg ähnliche Prozesse der Verlandung ab wie an der Nordseeküste. Die Vier- und Marschlande im Südosten Hamburgs sind ein Beispiel dafür.

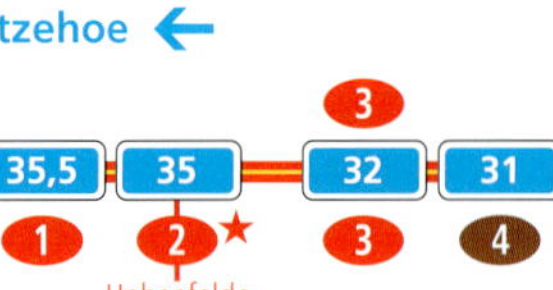

den Lärmschutzwänden verborgen liegt. Die Fußgängerzone Dingstätte Damm ist das Einkaufszentrum für das Umland. Der Name weist auf den Ursprung als einstige Thingstätte (Gerichtsplatz) hin. Die Drostei mit dem angrenzenden Drosteipark war im 18. Jh. der Sitz des Landdrostes, wie der Stadthalter des dänischen Königs genannt wurde. Mit der so genannten Fahlt, einem 30 ha großen Stadtwald, besitzt das betriebsame Pinneberg eine Ruheoase direkt in seiner Mitte.

10 Hinter der östlichen Lärmschutzwand liegt eine architektonische Perle verborgen: Die **Rellinger Kirche** gehört zu den interessantesten Werken der norddeutschen Kirchenbaukunst. Sie wurde 1756–1776 als regelmäßiges Oktogon errichtet. Der runde romanische Turm aus dem 12. Jh trägt einen barocken Helm von 1706. Sehenswert ist auch der prunkvolle Innenraum.

11 Die A23 verläuft nun auf der Trasse der **ehemaligen B5**. In den 70er-Jahren wurde sie schrittweise zur Autobahn ausgebaut. Jetzt haben die Anwohner von Halstenbek die Autobahn direkt vor der Haustür. Im Vorüberfahren sieht man die Dächer über die hohen Lärmschutzwände hinausragen.

12 Die A23 endet vor den Toren **Hamburgs**. Von hier ist es nicht weit ins Zentrum der traditionsreichen Hansestadt mit Ihrem Wahrzeichen St. Michaelis, der bedeutendsten protestantischen Barockkirche Norddeutschlands. Zweimal – beim Großbrand von 1842 und im Zweiten Weltkrieg – brannten Großteile der Altstadt nieder, beide Male wurden Kirchen und Straßenzüge mühsam wieder aufgebaut. Heute geben historische Häuser aus dem 17./18. Jh. am Nikolaifleet, die Börse am Adolphsplatz sowie der prachtvolle Boulevard Jungfernstieg Zeugnis von Hamburgs Lebensstil und Kaufmannsgeist (siehe auch A7, S. 138).

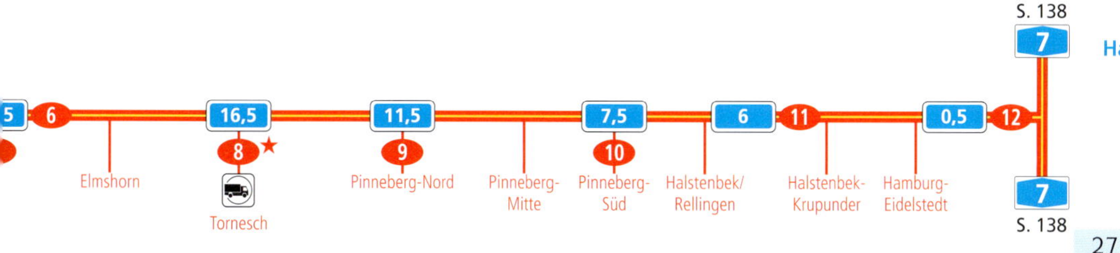

Von Hamburg ins Havelland

Hamburg-Horn → Ludwigslust → AD Havelland

Die A24 ist eine jener Strecken, die aus politisch-wirtschaftlichen Gründen schon früh geplant worden sind. Bereits in den 20er-Jahren angedacht, gehörte sie zum Grundnetz deutscher Autobahnen von 1938. Die Idee war, eine Verbindung zu schaffen zwischen der größten Hafenstadt des Landes und der damaligen Reichshauptstadt.

Die geologischen und landschaftlichen Gegebenheiten entlang der Strecke verhinderten den Autobahnbau auf der kürzesten Distanz: Die direkte Streckenführung durch das weit ausgedehnte Elbtal mit seinen zahlreichen Zuflüssen aus weitläufigen Niederungen und Feuchtgebieten hätten eine Menge aufwendiger Brückenbauwerke erfordert. Es lag nahe, eine schnell und trocken zu bauende Trasse weiter in den Norden zu verlegen. Südlich von Neuruppin führten die Ingenieure die Strecke schließlich durch die schon seit dem 18. Jh. entwässerte Niederungslandschaft des Rhinluchs.
Hier schlängelt sich die A24 nun wie auf einem schmalen Damm Berlin entgegen. Dieser kleine Umweg birgt jedoch auch Vorteile für den Reisenden: So verläuft die A24 auf diesem Abschnitt in unmittelbarer Nähe von zwei der schönsten Landschaften Norddeutschlands: Im Süden liegt das Elbtal mit dem Schifffahrtsweg von Tschechien zur Nordsee, im Norden lockt die zauberhafte Mecklenburgische Seenplatte.

Erlebnis der Prignitz

Doch nicht nur schnell und bequem sollte der Reisende auf dieser Verbindung vorankommen. Die Planer erhoben noch einen weiteren Anspruch an die neue Autobahn: Deren Verlauf sollte ein intensives Erleben von Land und Landschaft ermöglichen. So ergeben sich auf der nördlichen Trasse zwischen Wittstock und Hamburg immer wieder Höhenlagen, die dem Autofahrer einen atemberaubenden Ausblick ermöglichen, beispielsweise Neustadt-Glewe, wo der Reisende am Neustädter See entlang fährt. Die fast kurvenlose Fahrt über die sanften Wellen der ziemlich waldlosen nördlichen Prignitz vermittelt immer wieder reizvolle Erlebnisse.
Und den Umstand, dass die Reise 30 km vor Berlin im „Ländchen Glien" kurz nach der Kreuzung mit der Deutschen Alleenstraße mitten in einem ausgedehnten Wald endet, könnte man als angemessenes Finale dieser 237 km langen Landpartie betrachten – vor dem Eintauchen in den Trubel der deutschen Hauptstadt. Natürlich hört die A24 in

Bei Jenfeld vor den Toren Hamburgs kreuzt die A24 die A1 Lübeck – Hamburg – Bremen.

Wirklichkeit dort nur auf, weil der Berliner Ring als A10 eine durchgehende Bezeichnung erheischte.
Begonnen wurde der Bau der A24 – wie in den 30er-Jahren üblich – mit großem Propagandarummel. 1937 hatten hanseatische Automobilisten bereits freie Fahrt auf den 7 km von Hamburg-Horn bis zum heutigen AK Hamburg-Ost. Der Bau schritt schnell voran; 1940 waren auf der weiteren Trasse die Erdarbeiten weit vorangeschritten. Die meisten Brücken und Überführungen gab es bereits.

Bau mit großen Pausen

Doch mit Kriegsende und der Teilung des Landes war erst einmal Schluss – für mehr als 40 Jahre. 1972 erneuerten die Autobahnbauer der DDR zwar die 11 km von der AS Linum bis zum AD Havelland und 1976 die 32 km vom AD Wittstock bis zur AS Neuruppin. Die Strecke zwischen Hamburg-Horn und dem AK Hamburg-Ost auf dem westlichen Teil der Autobahn wurde ebenfalls saniert und 1978 dem Verkehr übergeben – doch dann war wieder Pause.

Gut versorgt ins Havelland

Erst als die Bundesrepublik der DDR im Zusammenhang mit der Besuchsregelung massiv Unterstützung leistete, wurde die A24 vollendet. 1981 erfolgte die Fertigstellung des 30-km-Abschnitts von der AS Putlitz bis zum AD Wittstock/Dosse. Ein Jahr später wurde das längste Stück eröffnet: die 132 km von der AS Reinbek im Westen bis zur AS Putlitz in der nördlichen Prignitz. Der innerdeutsche Transitverkehr hatte seine dritte Rollbahn neben der A2 und der A9 bekommen. Der Reiseverkehr durch die DDR nahm kräftig zu.

24

- **Länge** 237 km / 2:23 h
- **Entfernungen und Fahrzeiten** (ca.)

AS Hamburg-Horn – AD Schwerin
101 km / 0:58 h
AD Schwerin – AD Havelland
136 km / 1:25 h

- **Staubereiche**

Autobahnende AD Havelland

1990, im Jahr nach der Wiedervereinigung, hat es noch Seitenstraßen, ja sogar Feldwege gegeben, die einfach in die Autobahn mündeten. Heute ist die A24 mit 26 üblichen Anschlussstellen ausgestattet. 16 Parkplätze verteilen sich auf die 237 km, dazu sechs Rasthäuser und fünf Tankstellen.
Die A24 bietet durchgehend in jeder Fahrtrichtung zwei Fahrstreifen. Drei Autobahndreiecke binden sie in das übrige Netz ein: Vom AD Schwerin zweigt die A241 ab. Sie wird eines Tages die Verbindung zur Ostseeautobahn A20 herstellen. Am AD Wittstock beginnt die A19, die bereits seit den 70er-Jahren nach Rostock an der Ostsee führt. Am AD Havelland fließt der Verkehr in den Berliner Ring.

1 **„Bundesautobahn“**: Der meterhohe Schriftzug auf der kleinen weißen Mauer fällt jedem auf, der aus dem Horner Kreisel auf die A24 fährt. Einst stand dort „Reichsautobahn“ und kündete 1939 vom Stolz auf eine der ersten Autobahnen. Auch der Horner Kreisel gehört dazu. Mit 125 m Durchmesser ist er einer der großen und in der Funktion als Autobahnanschluss sehr seltenen Kreisverkehre in Deutschland.

2 Die Autobahn verläuft im Einschnitt, aber man kann rechts (in Fahrtrichtung Berlin) am oberen Rand der Böschung die Südkurve der **Horner Rennbahn** erkennen. Besser ist die Tribüne von der Gegenfahrbahn aus zu sehen. Beim alljährlichen Horner Derby verfolgen bis zu 60 000 Besucher die Pferderennen. Im Mai bieten an den Autobahnböschungen bis Reinbek blühende Fliederbüsche ein bezauberndes Bild.

3 Der Name **Studio Hamburg** auf dem Schild an der AS Hamburg-Jenfeld weist auf eine der wichtigsten Arbeitsstätten der Medienmetropole Hamburg hin. Das Film- und TV-Studio wurde 1946 von dem ungarischen Film- und Fernsehproduzenten Gyula Trebitsch als „Real Film“ gegründet. Zwischen Jenfeld und der Landesgrenze Hamburg – Schleswig-Holstein (bei km 5,3) befindet sich südlich der A24 der weitläufige **Öjendorfer Park** mit einem großen See – beliebtes Erholungsgebiet für die Bewohner der großen Wohnanlagen im Hamburger Osten.

4 Beim **AK Hamburg-Ost** werden der aus Berlin und der auf der A1 aus dem Norden kommende Verkehr nach Hamburg hinein auf die A1 zur AS Billstedt geleitet. Auf diese Weise soll Horn entlastet werden; dennoch kommt es im Berufsverkehr oft zu kilometerlangen Staus.

5 Zwischen hohen Lärmschutzwänden zweigt die AS Reinbek nach **Reinbek** ab. Die Stadt Reinbek hat als besondere Attraktion ein dreiflügeliges Renaissance-Schloss. Es wurde 1576 von Herzog Adolf von Schleswig-Holstein als Jagdschloss am Rande des Sachsenwalds errichtet. Zwischen 1977 und 1985 hat man es originalgetreu restauriert, wobei an den Balkendecken seltene Malereien freigelegt wurden. Es dient heute als Kulturzentrum und besitzt ein Restaurant.

6 Zwischen den Orten Witzhave und Schwarzenbek durchquert die A24 den nördlichen Teil des **Sachsenwalds**. Dieses größte zusammenhängende Waldgebiet in Schleswig-Holstein vermachte Kaiser Wilhelm I. seinem Kanzler Bismarck 1871 als Geschenk für dessen erfolgreiche Politik der Reichsgründung. Beim Stammsitz der Bismarcks in **Friedrichsruh**, erreichbar von der AS Schwarzbek/Grande in 10 Min. (11 km), befinden sich das

In Mölln 7★ hat man Till Eulenspiegel ein Denkmal gesetzt.

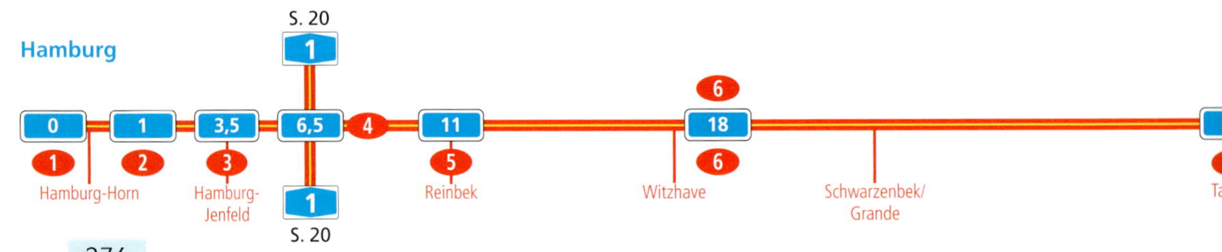

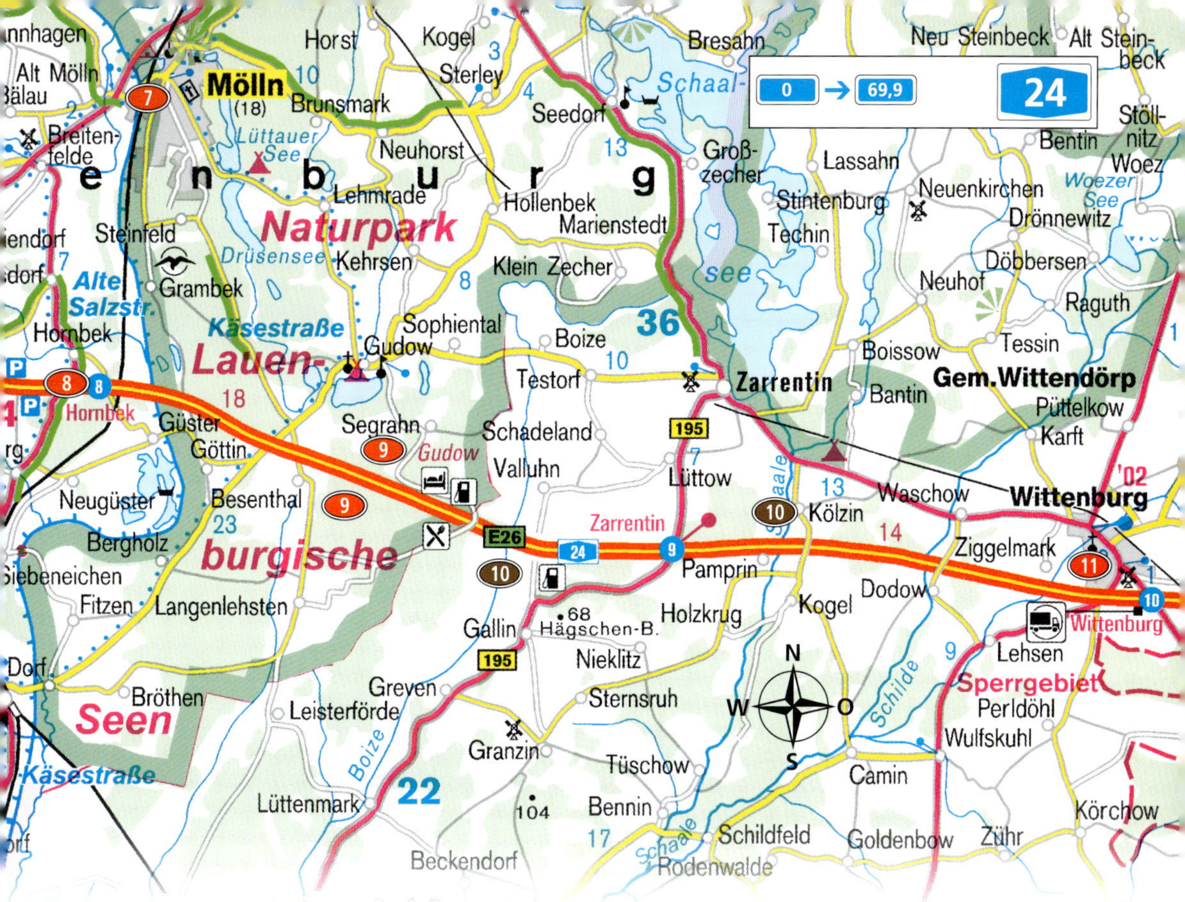

Bismarck-Museum, ein Mausoleum, ein Schmetterlingsgarten und ein unter Denkmalschutz stehender Bahnhof an der Strecke Berlin–Hamburg. Im benachbarten Aumühle (1 km) bietet der Bismarckturm eine schöne Aussicht.

7 ★ Die Deutsche Ferienroute Alpen–Ostsee führt ab der AS Talkau 10 km (14 Min.) nach Norden in die Eulenspiegelstadt **Mölln** im Naturpark Lauenburgische Seen. Der Schalk Till Eulenspiegel hockt als Skulptur am Fuß der St.-Nikolai-Kirche aus dem 13. Jh. Wer ihm einen Besuch abstattet: Reiben Sie ihm Zeh und Daumen, das bringt Glück! Die spätromanische Kirche steht auf einem Hügel im Mittelpunkt der liebevoll sanierten historischen Altstadt. Mölln war im Mittelalter eine wichtige Station an der Alten Salzstraße.

8 Hier kreuzt die A24 die **Alte Salzstraße**, den mittelalterlichen Handelsweg zwischen Lüneburg und Lübeck, auf dem Fuhrleute einst Salz aus der Saline zu den Heringsfischern an der Ostseeküste brachten. Zur Salzstraße gehörte auch der **Stecknitz-Kanal**. Er verband die Flüsschen Delvenau und Stecknitz und war das Pendant der Salzstraße auf dem Wasserweg. Dafür waren jedoch die Vertiefung der Delvenau und der Bau zahlreicher Schleusen notwendig. Mit dem Bau des zu dieser Zeit ersten schiffbaren Kanals Nordeuropas wurde 1390 begonnen. Bei Lauenburg an der Elbe und in Witzeeze sind die Schleusen noch erhalten. Als Ende des 18. Jh. der Stecknitz-Kanal kaum noch benutzt werden konnte, baute man ihn um – zum von Binnenschiffen befahrbaren Elbe-Lübeck-Kanal. Er wurde 1900 von Kaiser Wilhelm II. eingeweiht.

9 Das Waldgebiet, durch das die A24 nun führt, ist der Segrahner Forst, Teil des **Naturparks Lauenburgische Seen**. Er reicht von Büchen südlich der A24 bis zum Nordende des Ratzeburger Sees, birgt in seiner hügeligen Landschaft rund 45 Seen; und in seiner Mitte liegen die Städte Ratzeburg und Mölln. Die Tank- und Raststätte Gudow, beiderseits der A24, entstand im Zuge des Transitautobahnbaus durch die DDR (1982). Das ehemalige Bundesgrenzschutzgebäude ist heute ein Motel. Die Landesgrenze zu Mecklenburg-Vorpommern wird lediglich durch ein Schild am Autobahnrand (km 51,7) angezeigt. Von den umfangreichen Anlagen der einstigen Grenzkontrollstelle ist nur noch ein asphaltierter Platz zu sehen (km 53,0). Letztes Überbleibsel der DDR-Grenze ist die inzwischen modernisierte Raststätte Zarrentin, 1982 als erstes Rasthäuschen auf DDR-Gebiet und als Geldwechselstelle erbaut.

10 Das **„Biosphärenreservat Schaalsee“** (Informationstafel) ist letztendlich der DDR-Grenze zu verdanken, die mitten durch den Schaalsee ging: In der Sperrzone konnte sich die Natur ungehindert entfalten. Im Schaalsee, mit 71,5 m der tiefste See Norddeutschlands, leben u. a. Maränen, die in den Restaurants am Seeufer als Delikatessen zubereitet werden.

11 Die Windmühle, die vor der AS **Wittenburg** nördlich der Autobahn zu sehen ist, wurde 1876 an der Hagenower Straße errichtet und enthält ein Mühlenmuseum. Nebenan bietet ein Bauernmarkt typische Produkte der Region an, wie Kartoffelmarmelade, Wachteln, Holzspielzeug, Keramik ... Wittenburg selbst besitzt ein eindrucksvolles Rathaus mit imposanter Freitreppe und Säuleneingang. Am Ortsrand entsteht der größte Snow-Fun-Park Europas. Dort soll man ab Ende 2002 ganzjährig auf 460 m langer Abfahrt Ski fahren und rodeln können.

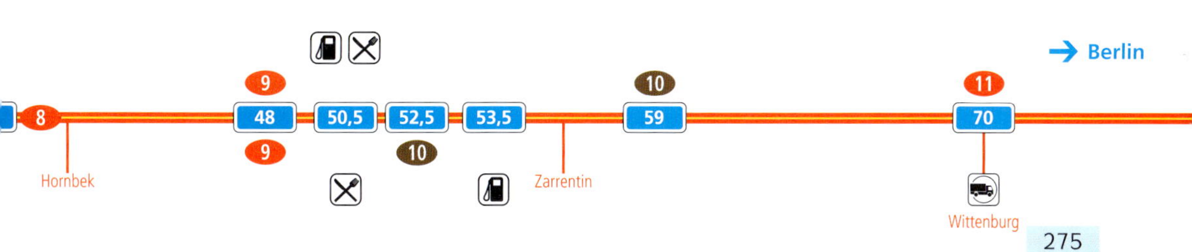

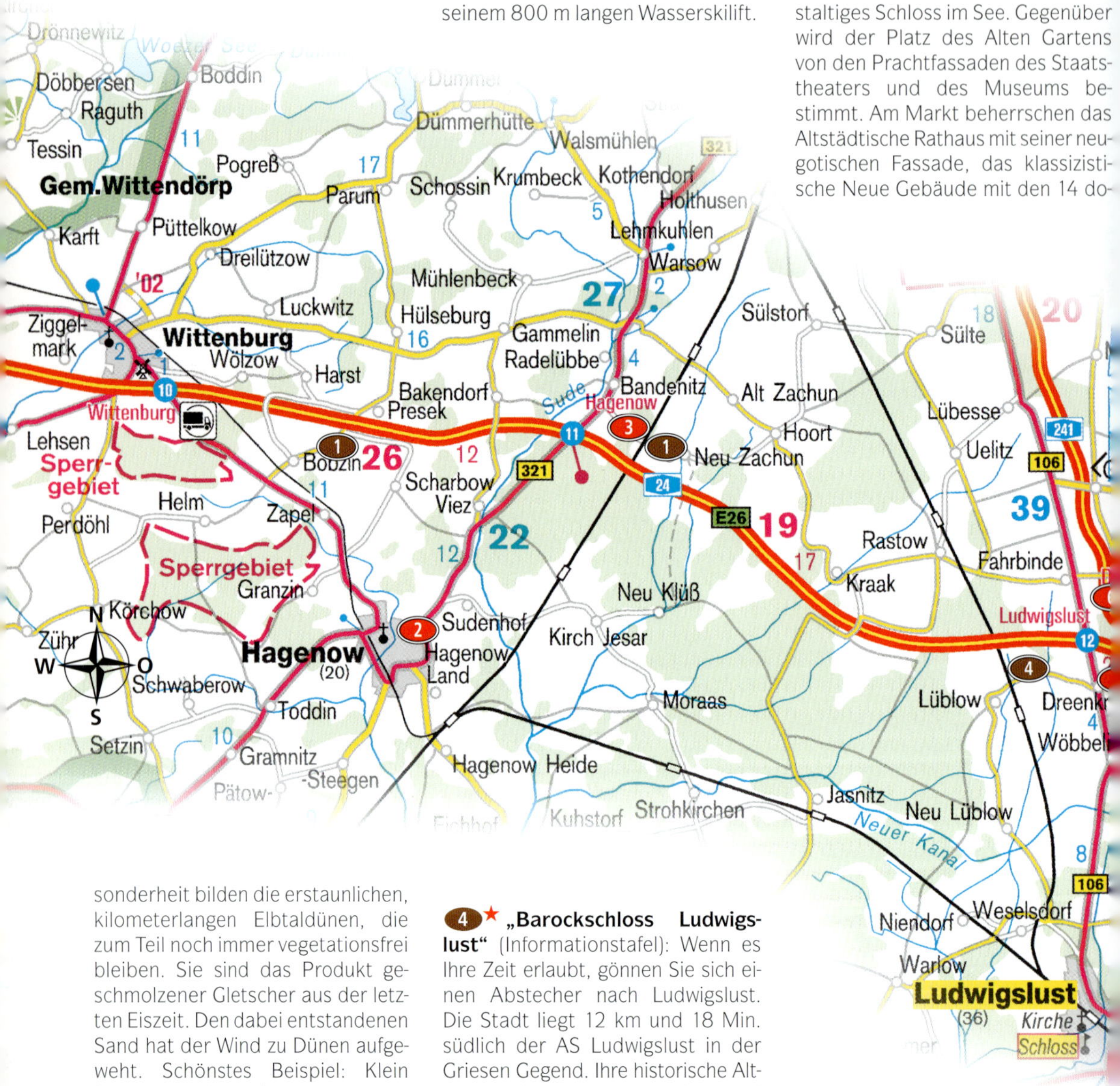

1 „Naturpark Mecklenburgisches Elbetal“ (Informationstafel): Wie die Schaalsee-Region durfte auch dieses einstige Sperrgebiet an der DDR-Grenze Teil des Biosphärenreservats „Flusslandschaft Elbe“ werden. Der Naturpark erstreckt sich zwischen Boizenburg und Dömitz am Ostufer der Elbe; das Landschaftsbild wird geprägt von flachen Überschwemmungsgebieten der Elbe und ihrer Nebenflüsse. Eine Besonderheit bilden die erstaunlichen, kilometerlangen Elbtaldünen, die zum Teil noch immer vegetationsfrei bleiben. Sie sind das Produkt geschmolzener Gletscher aus der letzten Eiszeit. Den dabei entstandenen Sand hat der Wind zu Dünen aufgeweht. Schönstes Beispiel: Klein Schmölen bei Dömitz.

2 Ein hoher, schlanker Turm fällt bei der AS Hagenow auf. Zu DDR-Zeiten wurde von hier aus der Transitverkehr kontrolliert. Die meisten dieser Überwachungsanlagen an den ehemaligen Transitstrecken sind entfernt worden; der Turm von Hagenow dient heute der Brandwache für die großflächigen Wälder. In **Hagenow** befindet sich eine der wenigen erhaltenen Synagogen Mecklenburgs, eingeweiht 1828. Sehenswert ist der Bahnhof im spätklassizistischen Stil.

3 Aus der ebenen Landschaft heraus führt die Autobahn nun auf eine hohe Brücke: Sie überquert die Bahnstrecke Hamburg–Schwerin–Rostock. Der kleine See, den man in Fahrtrichtung Hamburg von der Brücke aus nördlich erblickt, ist das **Wasserskizentrum Zachun** mit seinem 800 m langen Wasserskilift.

4★ „Barockschloss Ludwigslust“ (Informationstafel): Wenn es Ihre Zeit erlaubt, gönnen Sie sich einen Abstecher nach Ludwigslust. Die Stadt liegt 12 km und 18 Min. südlich der AS Ludwigslust in der Griesen Gegend. Ihre historische Altstadt mit schönen barocken und klassizistischen Gebäuden steht unter Denkmalschutz. Vor allem aber ist das musterhaft restaurierte spätbarocke Schloss sehenswert. Es wurde im 18 Jh. erbaut und gilt mit seinem riesigen, von Carl von Linné gestalteten Park als „Klein Versailles von Mecklenburg“. Der prachtvolle, hohe Festsaal bietet Konzerten einen eindrucksvollen Rahmen.

5 Zwischen der AS Ludwigslust und dem AD Schwerin blitzt zwischen den Bäumen des Waldes auf der Südseite der Autobahn eine Wasserfläche auf: Der **See Dreenkögen** entstand durch den Kiesabbau für den Autobahnbau und dient heute als Badesee.

6 20 km nördlich der A24 liegt die **Landeshauptstadt Schwerin**. Schwerin begeistert vor allen Dingen durch sein märchenhaftes, vielgestaltiges Schloss im See. Gegenüber wird der Platz des Alten Gartens von den Prachtfassaden des Staatstheaters und des Museums bestimmt. Am Markt beherrschen das Altstädtische Rathaus mit seiner neugotischen Fassade, das klassizistische Neue Gebäude mit den 14 dorischen Säulen und die gewaltige Backsteingotik des Domes die Szenerie. Durch den Rathausgang kommt man zu einer weiteren Sehenswürdigkeit, dem Schlachtermarkt.

7 Die Brücke über eine flache Talsenke quert die **Elde**, ein kleines Flüsschen mit großer Bedeutung

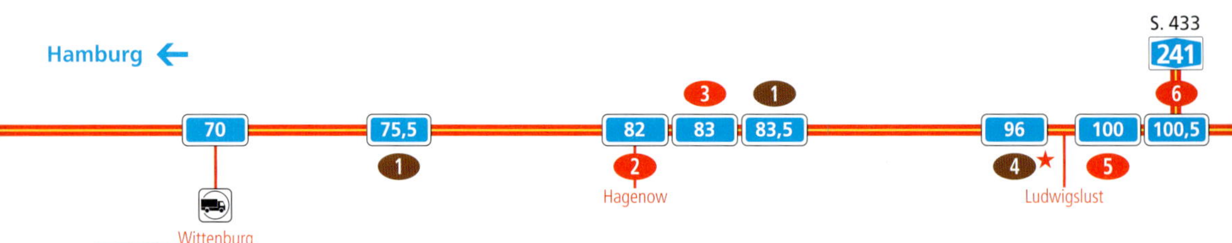

Die rund 180 km lange **Müritz-Elde-Wasserstraße** stellt über Plau, Parchim, Neustadt-Glewe und Grabow die Verbindung zur Elbe her. Dabei werden mit 17 Schleusen fast 50 m Höhenunterschied bewältigt.

8★ Von einem Wäldchen verdeckt, lädt 3 km (5 Min.) westlich der AS **Neustadt-Glewe** das gleichnamige Städtchen zu reizvollen Spaziergängen durchs Mittelalter ein. Im 13. Jh. hatten sich die Grafen von Schwerin am Ufer der Elde eine Wehrburg gebaut. Etwa 200 Jahre später wurde sie durch das so genannte Alte Schloss ergänzt. Dieses gotische Ensemble mit seinem imponierenden Burgfried im zinnenbestückten Wehrgang ist ebenso zu besichtigen wie das Neue Schloss, das ab 1618 für den Herzog von Mecklenburg in einem Mischstil aus Renaissance und Barock errichtet wurde. Sehenswert in der historischen

Herzog Friedrich von Mecklenburg-Schwerin ließ 1772–1776 das väterliche Jagdschloss Ludwigslust 4★ zu seinem Regierungssitz ausbauen.

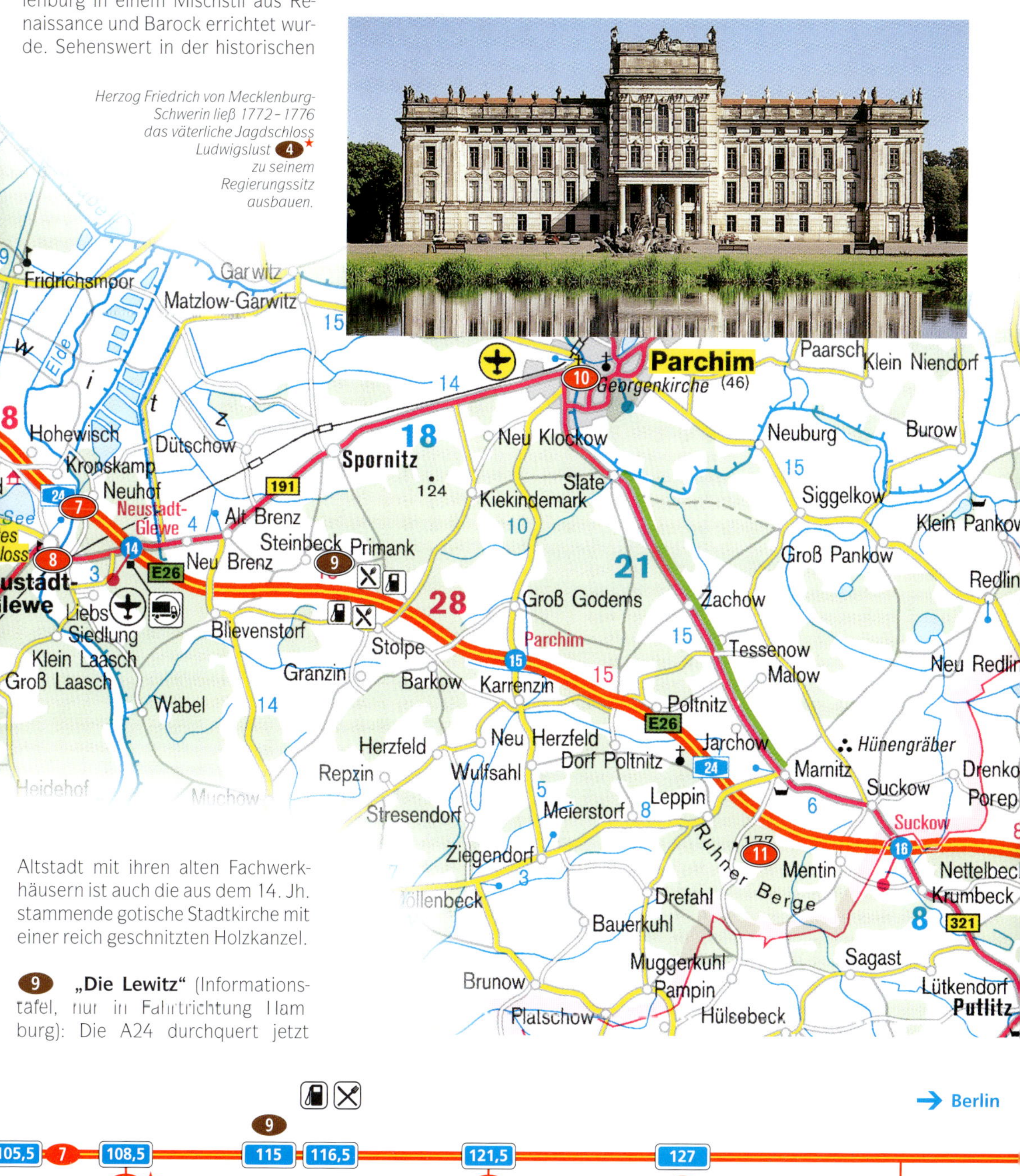

Altstadt mit ihren alten Fachwerkhäusern ist auch die aus dem 14. Jh. stammende gotische Stadtkirche mit einer reich geschnitzten Holzkanzel.

9 **„Die Lewitz“** (Informationstafel, nur in Fahrtrichtung Hamburg): Die A24 durchquert jetzt den Süden des Landschaftsschutzgebiets Lewitz, das beim Neustädter See – bei km 103 südlich der Autobahn – beginnt und sich entlang der Elde und des Störkanals bis zum Südufer des Schweriner Sees hinzieht. Das noch bis ins 20. Jh. hinein sehr unwegsame Bruch- und Sumpfgebiet bildet heute eine durch ein Labyrinth von Gräben und Kanälen geprägte Landschaft. Der Name Lewitz stammt aus dem Wendischen und bedeutet Jagen.

10 Die höchsten Douglastannen Europas wachsen in der Nähe von Parchim, und zwar im **Naturschutzpark Sonneberge**. Wer von der gleichnamigen AS nach Parchim fährt, erblickt die Sonneberge nach etwa 6 km auf der linken, westlichen Seite der Straße. **Parchim** selbst besitzt eine schöne Altstadt mit prächtigen Fachwerk- und Giebelhäusern aus dem 17. und 18. Jh., Zeugen einer reichen Historie, die bis ins 12. Jh. zurückreicht. Parchim wird auch Moltkestadt genannt: Der spätere Generalfeldmarschall Helmuth von Moltke wurde hier 1800 geboren.

11 Etwas überraschend öffnet sich in Richtung Berlin von einer Anhöhe aus ein weiter Blick ins Mecklenburger Land und in die Mark Brandenburg. Fast unmerklich war die Autobahn angestiegen auf die **Ruhner Berge**, die sich südlich der Autobahn bis auf 177 m erheben – die zweithöchste Kuppe in Mecklenburg-Vorpommern.

→ Berlin

105,5 – 7 – 108,5 (8★ Neustadt-Glewe) – 115 (9) – 116,5 – 121,5 (10 Parchim) – 127 (11) – Suckow

1 Die durch ein Hinweisschild kenntlich gemachte **Landesgrenze** zwischen Mecklenburg-Vorpommern und Brandenburg markiert hier zwar einen Wechsel des Landes, aber nicht der Landschaft. Die dünn besiedelte Region im Nordwesten und Norden von Berlin wird gern als „Streusandbüchse des Heiligen Römischen Reiches" karikiert, ist indessen mit ihren Seen, Wäldern und fruchtbaren Böden, den Alleen, ihrer unzerstörten Natur und den mittelalterlichen Stadtkernen ein unerschöpflicher Quell der Erholung und Entspannung. Zwischen Hamburg und Berlin, Lübeck und Stralsund gibt es noch viel zu entdecken ...

2 **„Prignitz"** (Informationstafel): Die Prignitz ist weder Fluss noch Ortschaft, sondern eine Landschaft, die sich zwischen Mecklenburg-Vorpommern und Brandenburg erstreckt. Sie bildet ein Viereck zwischen der Elde im Westen, der Dosse im Osten und der Elbe im Südwesten. Die A24 durchquert das etwa 1600 km² große Gebiet in seinem nordöstlichen Teil. In der weiten und flachwelligen Landschaft der Prignitz hat sich eine vielfältige Tier- und Pflanzenwelt erhalten. Das Wahrzeichen der Prignitz sind die Störche; das Dörfchen Rühstädt gilt als das storchenreichste Dorf Deutschlands. Wichtige Orte der Region sind Perleberg, Kyritz und Wettenberge.

3 Die AS Putlitz markiert etwa die Mitte der Strecke Hamburg–Berlin. Von der Autobahn aus sieht man im Süden den runden **Burgturm** mit dem spitzen Hut im 3,5 km entfernten Putlitz. Er steht am Ufer der Stepenitz, die von der A24 kurz vor der AS Putlitz gequert wird. Der Turm ist als Rest einer im 17. Jh. zerstörten Burg erhalten geblieben und wird seit 1889 als Aussichtsturm genutzt. **Putlitz** (1319 erstmals erwähnt) gehört zu den ältesten Städten der Mark Brandenburg. An der Stepenitz kann man eine Wassermühle mit Museum besichtigen.

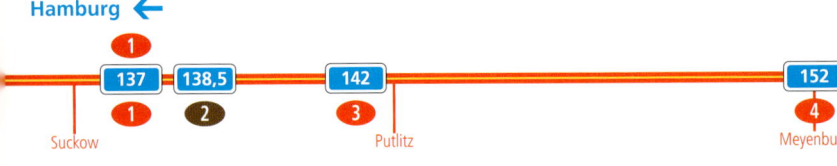

4 Von der AS Meyenburg sind es 10 km nach Süden bis **Pritzwalk**. Der Bau der ersten slawischen Niederlassung an der Dömnitz soll einst von Wölfen bedroht worden sein, denen die Siedler entgegenriefen: „Priz, Wolk!", was so viel hieß wie „Fort, Wolf!". Daher der Name und der Wolf im Stadtwappen. Auf dem Trappenberg bietet der Bismarckturm einen wunderbaren Ausblick

Hamburg ←

1	1	2	3	4
Suckow	137	138,5	142 Putlitz	152 Meyenburg

über die Stadt. Pritzwalk, im 13. Jh. erstmals urkundlich erwähnt, gehörte im Mittelalter zur Hanse. Aus dieser Zeit ist jedoch außer einem Stadtmauerrest, der wuchtigen Backsteinkirche St. Nikolai und einigen Fachwerkhäusern nur noch wenig erhalten: Kurz vor dem Ende des Zweiten Weltkriegs explodierte in Pritzwalk ein Munitionszug. Sehenswert ist in **Seddin**, etwa 12 km westlich von Pritzwalk, das größte Hügelgrab Europas mit 126 m Durchmesser und 11 m Höhe. Der Ort **Meyenburg** liegt 9 km nördlich der A24. Man kann ihn über die gleichnamige AS erreichen. Dort gibt es ein Schloss aus dem 15. Jh. zu besichtigen; es wurde 1865 grundlegend umgebaut und präsentiert sich heute im Neorenaissancestil mit einem großen Landschaftspark. Aus dem Mittelalter stammt auch die Kirche, die ebenfalls im 19. Jh. umgebaut und mit einem frei stehenden neugotischen Turm versehen wurde.

5 **Wittstock**, 6 km östlich der Autobahn, besitzt mittelalterlichen Charme: Die einstige bischöfliche Residenzstadt – Mitte des 13. Jh. für eine Furt durch die Dosse angelegt – wird von einer 2,5 km langen, vollständig restaurierten Backsteinmauer mit 40 Wiekhäusern (Wehrtürmen) umschlossen. Die vielen schönen Fachwerkhäuser in der Altstadt sowie die Marienkirche, eine wuchtige, dreischiffige Backsteinbasilika, stammen aus dem späten Mittelalter. Im Museumskomplex auf dem Gelände der alten Bischofsburg gibt es ein „Museum Dreißigjähriger Krieg“ und das Ostprignitz-Museum. Das furchtbare Evakuierungsgeschehen der Konzentrationslager Ravensbrück und Sachsenhausen im Frühjahr 1945 dokumentiert das „Museum des Todesmarsches“ am Belower Damm.

6★ Von der AS Pritzwalk lohnt sich ein Abstecher zum ehemaligen Zisterzienserinnenkloster **Heiligengrabe** (3 km, 5 Min. westlich). Das 1287 gegründete Kloster war im Mittelalter der wichtigste Wallfahrtsort der Region Prignitz. Es beherbergt heute ein evangelisches Damenstift, das nach der Reformation aus dem Kloster hervorgegangen ist. Den Namen hat die gut erhaltene Anlage, die besichtigt werden kann, von der neben dem Kloster stehenden Blutkapelle von 1512, in der häufig Konzerte stattfinden.

7 Das **AD Wittstock/Dosse** entstand, als von DDR-Seite aus mit dem Bau der A24 und damit eines Anschlusses an die 1978 fertig gestellte Autobahn Berlin–Rostock begonnen wurde. Inzwischen hat man das AD gründlich umgebaut und dem zunehmenden Verkehrsaufkommen angepasst.

8 Die **Raststätte Prignitz** wurde 1991 noch nach Planungen aus der DDR-Zeit erbaut. Hier haben Sie die Möglichkeit, einen kleinen Imbiss zu nehmen oder in einem Restaurant im altdeutschen Stil zu speisen. Der Standort der Raststätte gilt als nicht optimal; sie ist aber gut besucht.

9 Der wunderliche Ortsname **Herzsprung** auf den blauen Wegweisern vor der gleichnamigen AS beruht auf einer Legende aus dem 14. Jh. Einst lebte im nahe gelegenen Fretzdorf ein Burgfräulein, welches mit einem Ritter aus dem Süden der Prignitz verlobt war. Als dieser wegen feindlicher Angriffe nach Hause zurückgerufen wurde, begleitete ihn seine Braut bis zu einem Hügel, wo sie Abschied nahmen. Als nach langer Wartezeit die Kunde vom Tod des Ritters kam, saß die junge Braut täglich traurig auf dem Hügel. Dort fand man das untröstliche Fräulein eines Tages tot auf. Der Vater ließ an der Stelle, wo seiner Tochter das Herz gebrochen war, eine Kapelle errichten, und darum herum entstand das Dorf Herzsprung. Auf dem Hügel steht seit 1596 eine Kirche.

Von der Anfang des 13. Jh. erbauten Burg Freyenstein in der Prignitz 2 stehen heute nur noch spärliche Reste.

S. 258
19
7 8
169,5 173 175,5 182
5 8 9
6★
Pritzwalk
Herzsprung
→ Berlin

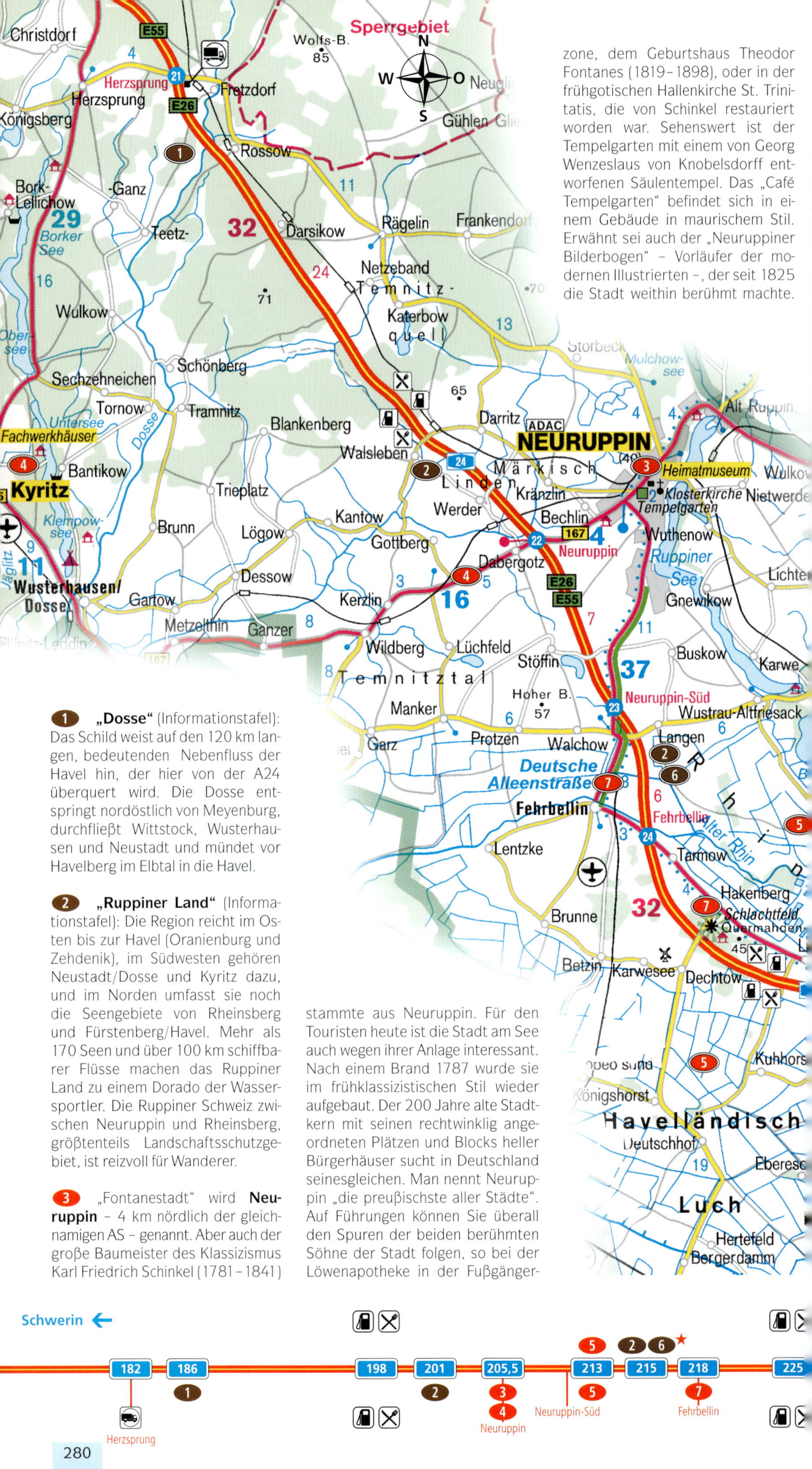

1 **„Dosse“** (Informationstafel): Das Schild weist auf den 120 km langen, bedeutenden Nebenfluss der Havel hin, der hier von der A24 überquert wird. Die Dosse entspringt nordöstlich von Meyenburg, durchfließt Wittstock, Wusterhausen und Neustadt und mündet vor Havelberg im Elbtal in die Havel.

2 **„Ruppiner Land“** (Informationstafel): Die Region reicht im Osten bis zur Havel (Oranienburg und Zehdenik), im Südwesten gehören Neustadt/Dosse und Kyritz dazu, und im Norden umfasst sie noch die Seengebiete von Rheinsberg und Fürstenberg/Havel. Mehr als 170 Seen und über 100 km schiffbarer Flüsse machen das Ruppiner Land zu einem Dorado der Wassersportler. Die Ruppiner Schweiz zwischen Neuruppin und Rheinsberg, größtenteils Landschaftsschutzgebiet, ist reizvoll für Wanderer.

3 „Fontanestadt“ wird **Neuruppin** – 4 km nördlich der gleichnamigen AS – genannt. Aber auch der große Baumeister des Klassizismus Karl Friedrich Schinkel (1781–1841) stammte aus Neuruppin. Für den Touristen heute ist die Stadt am See auch wegen ihrer Anlage interessant. Nach einem Brand 1787 wurde sie im frühklassizistischen Stil wieder aufgebaut. Der 200 Jahre alte Stadtkern mit seinen rechtwinklig angeordneten Plätzen und Blocks heller Bürgerhäuser sucht in Deutschland seinesgleichen. Man nennt Neuruppin „die preußischste aller Städte“. Auf Führungen können Sie überall den Spuren der beiden berühmten Söhne der Stadt folgen, so bei der Löwenapotheke in der Fußgängerzone, dem Geburtshaus Theodor Fontanes (1819–1898), oder in der frühgotischen Hallenkirche St. Trinitatis, die von Schinkel restauriert worden war. Sehenswert ist der Tempelgarten mit einem von Georg Wenzeslaus von Knobelsdorff entworfenen Säulentempel. Das „Café Tempelgarten“ befindet sich in einem Gebäude in maurischem Stil. Erwähnt sei auch der „Neuruppiner Bilderbogen“ – Vorläufer der modernen Illustrierten –, der seit 1825 die Stadt weithin berühmt machte.

4 Beim Namen **Kyritz** fällt Brandenburg-Kennern sofort der Zusatz „an der Knatter“ ein. Den Ort gibt es wirklich und die Knatter ebenfalls! Das ist freilich kein Fluss, sondern eine Wassermühle an der Jäglitz, deren Rad so laut knatterte. Sehenswert in Kyritz (22 km westlich der AS Neuruppin), einst Mitglied der Hanse, sind die schönen Fachwerkhäuser mit Balkeninschriften und Schnitzwerk. Den Blickfang am Platz des Friedens mit der 1814 gepflanzten Eiche bildet das Rathaus mit seinem achteckigen Uhrtürmchen. Ein Spaß sind die Labyrinthwege im 4 ha großen Irrwald und die Figuren im Märchenwald.

5 Zwischen der AS Neuruppin-Süd und der AS Kremmen durchquert die A24 eine besondere Landschaftsform: das **Luch**. Das Wort Luch bezeichnet einen Sumpf oder Bruch. Nördlich der Trasse befindet sich das Rhinluch, südlich das Havelländische Luch. Diese beiden Landschaften waren einst zwei der größten Moorgebiete Deutschlands. Schon in der Zeit des Soldatenkönigs Friedrich Wilhelm I. begannen um 1720 die ersten Trockenlegungen, später wurde Torf gewonnen für die Berliner Öfen. Heute sind die von Kanälen durchzogenen Luche ein von Störchen bevorzugtes Gebiet.

6 ★ **„Schloss Rheinsberg“** (Informationstafel, nur in Richtung Hamburg): Um zum durch Kurt Tucholskys Erzählung „Rheinsberg – Ein Bilderbuch für Verliebte“ berühmt gewordenen Ort Rheinsberg zu kommen, muss man erst einmal durch Neuruppin. Aber der 30-km-Abstecher in die Kleinstadt zwischen Mecklenburger Seenplatte und Ruppiner Schweiz lohnt sich – wegen des Renaissanceschlosses am See und dessen wundervollen Parks (30 Min. östlich der AS Neuruppin). Im Schloss, das von Kronprinz Friedrich – aus dem später Friedrich der Große wurde – ab 1734 durch Knobelsdorff umgebaut wurde, finden alljährlich Aufführungen von Kammeropern statt. Rheinsberg liegt auch an der deutschen Tonstraße, die einen weiten Kreis durch das Ruppiner Land schlägt. In zwei großen Keramikwerkstätten in Rheinsberg kann man heute den Töpfern über die Schulter schauen; jährlich im Oktober findet ein internationaler Töpfermarkt statt.

7 Der Ort **Fehrbellin** wurde berühmt durch die Schlacht von 1675, die jedoch tatsächlich beim Dorf **Hakenberg** statt fand. Dieser Ort liegt 7 km östlich von Fehrbellin. Dort siegte das brandenburgische Heer unter Kurfürst Friedrich Wilhelm – dem man danach den Beinamen „Großer Kurfürst“ gab – über die zahlenmäßig überlegenen schwedischen Truppen unter General Wrangel. Eine Siegessäule krönt den Hügel, auf dem die brandenburgischen Geschütze standen. Die Spitze des 34 m hohen Denkmals kann man östlich der A24 erkennen. Vom Parkplatz bei km 222 in Richtung Hamburg führt eine alte Allee zur Säule, wo sich auch eine Aussichtsplattform befindet.

8 6 km nördlich der gleichnamigen AS liegt **Kremmen**. Scheune neben Scheune, 51 an der Zahl, massiv oder als Fachwerk gebaut: ein eindrucksvolles Bild vor den Toren der Stadt. Ursprünglich standen die Feldscheunen der Kremmener Bauern inmitten des Ortes bei den Häusern und Stallungen. Als jedoch im 17. Jh. mehrmals von Scheunen ausgehende Brände die Stadt einäscherten, befahl der Kurfürst, Scheunen nur noch außerhalb der Stadt zu errichten. Und so entstand dieses einzigartige Scheunenviertel in Kremmen. Nach der Kollektivierung der Landwirtschaft in der DDR verfiel das Viertel langsam. Aber Mitte der 90er-Jahre begannen engagierte Bürger, das Ensemble zu sanieren. In den Scheunen arbeiten Künstler und Handwerker, im Hofladen werden Produkte der Region angeboten. Rund 15 km südlich der AS Kremmen liegt im Havelländischen Luch das Dorf **Ribbeck**, bekannt durch Fontanes Ballade vom Herrn Ribbeck auf Ribbeck im Havelland.

9 **„Havelland“** (Informationstafel): Diese brandenburgische Region reicht hier mit ihrer Nordspitze an die A24 heran. Die Autobahn mündet am AD Havelland in die A10 „Berliner Ring“, die mit ihrem Südabzweig ins Havelland hineinführt. Die Region gilt als Obstkammer für Berlin und Brandenburg und ist bekannt wegen ihrer schmackhaften Äpfel und Birnen.

Fontane und Neuruppin

Fontane und Neuruppin – das war keine Liebe, mehr ein sehr distanziertes Verhältnis, beiderseits. Fontane beklagt im Rückblick die „Öde und Leere“ der Stadt, in der er 1819 als Sohn des Apothekers geboren wurde. Wenig positiv auch die Erinnerung an die zwei Schuljahre 1832/33 am alten Gymnasium: der Schulleiter war wohl der Prototyp des preußischen Untertans.

Fontane wird Apotheker, dann folgt der Wechsel zum Journalismus. Stationen seines Lebens sind Berlin, Leipzig, Dresden, Berlin, London, wieder Berlin. Erst Ende der 50er-Jahre kehrt er gelegentlich nach Neuruppin zurück – der Mutter wegen. 1859 unternimmt er von Neuruppin aus seine erste märkische Wanderung. Damit beginnt seine literarische Laufbahn, ja der Weg zum Ruhm. „Jeder Fußbreit Erde belebte sich und gab Gestalten heraus“ schreibt Fontane im Vorwort zu seinen „Wanderungen durch die Mark Brandenburg“. Mit ihren Plätzen, historischen Ereignissen und Gestalten bleibt die Grafschaft Ruppin ein zentrales Thema im Werk des Spätberufenen.

Fontane bringt in seinen Werken („Effi Briest“, „Der Stechlin“) auch viel Kritisches zur Sprache, schreibt über bornierte bürgerliche Parvenus wie über den Adel („sie wollen nur sich und das, was ihnen dient“). Entsprechend abweisend reagiert die Heimat – auch nach seinem Tode im Jahr 1898. Zwei Versuche, Fontane in Neuruppin ein Denkmal zu errichten, werden abgeblockt. Erst 1907 kommt es zur Aufstellung des lebensvollen Denkmals. Dann vergisst die Stadt den großen Sohn wieder. Keine Liebe, nur ein sehr distanziertes Verhältnis …

Erst in einer gewandelten Zeit, nach dem Zweiten Weltkrieg, begann die angemessene Rezeption Fontanes – in der Literaturwissenschaft wie in seiner Vaterstadt. Mit Stolz nennt Neuruppin sich heute Fontanestadt.

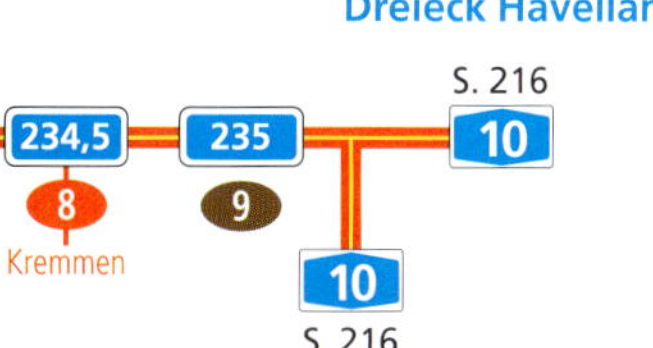

Von der Nordsee in die Heide

Cuxhaven → Bremerhaven → Bremen → Walsrode

Schon 1933 wurde der erste Spatenstich für die heute 162 km lange A27 zwischen Cuxhaven im Norden und dem Walsroder Dreieck bei der Einmündung in die A7 getan: 25 km lang war die in Angriff genommene Strecke von Oyten nach Lesum. Sie führte um Bremen herum zur Hansalinie, der heutigen A1, und wurde nach dem ausgedehnten Sumpfgebiet nördlich der Freien Hansestadt, das sie überwinden sollte, Blocklandlinie genannt.

Wegen der Moore des Blocklands und zahlreicher Querstraßen war es ein schwieriger Bauabschnitt: Zunächst musste ein hoher Damm aufgeschüttet werden. Abweichend vom damaligen Regelmaß begnügte man sich deshalb mit einer Kronenbreite dieses Damms von nur 15 m. Die vier Fahrbahnen hatten eine Breite von je 2,90 m, der Mittelstreifen maß ganze 40 cm. Im Jahre 1937 wurde dieser erste Abschnitt für den Verkehr geöffnet.

Bremens Drang nach Süden

Nach dem Krieg setzte sich Bremen sogleich dafür ein, dass der begonnene Bau der A27 Richtung Süden vollendet würde. Der Bremer Senat forderte, sie bis Walsrode zu verlängern. Das Land Niedersachsen, auf dessen Gebiet die A27 entstehen musste, stimmte dem zu. Auch die niedersächsische Straßenbauverwaltung stufte das Vorhaben als dringlich ein. Es stellte sich letztlich nur ein Problem: Dem Bund, der den Bau bezahlen sollte, fehlten die Mittel. Zwar erteilte der Bundesverkehrsminister dem Land Niedersachsen für die Strecke Walsrode–Bremen 1956 den Planungsauftrag. Und tatsächlich wurde schon im Sommer 1959 mit den Bauarbeiten für diesen rund 57 km langen Abschnitt begonnen. Aber dann ging das Geld endgültig zur Neige. Lediglich die Strecke Bremer Kreuz–Achim konnte im November 1962 fertig gestellt werden.

Hansestadt hilft dem Bund aus

Bei Verden stand aber bereits 1960 die Baueinstellung bevor. Damals ging es dem Stadtstaat Bremen wirtschaftlich offensichtlich besser als heute: Er konnte dem Bund für den Weiterbau der Autobahn ein zinsloses Darlehen von 5 Mio. Mark gewähren.

1963 wurde der Abschnitt Achim-Verden für den Verkehr freigegeben. Die restlichen 32 km nach Walsrode waren erst ein Jahr später, 1964, befahrbar. Heute gleiten die Bewohner der Hansestadt ganz selbstver-

Container von Cuxhaven: Als die „Schellfischlinie" ist die A27 eine Lebensader der Küstenregion.

ständlich über die A27 Richtung Hannover. Und auch die Fischtransporter rollen ebenso auf direktem Weg Richtung Süden zum Verbraucher wie in der Gegenrichtung die Kreuzfahrtgäste zu den Bremerhavener Hochseeterminals.

Neue Blocklandlinie erforderlich

Der südliche Teil der A27 war noch nicht vollendet, da zeigte sich, dass die alte Blocklandlinie dem anschwellenden Verkehr nicht mehr gewachsen war. Die mittlerweile weiter gebaute Hansalinie (A1) und ein Zubringer zum Bremer Freihafen hatten massiven Schwerlastverkehr auf die alte Autobahn gelenkt. Die Betonplatten waren gerissen, an den Plattenfugen hatten sich Absätze gebildet. Die Fachleute empfahlen den kompletten Neubau der Strecke. Im Dezember 1963 erteilte das Bundesverkehrsministerium den Auftrag für die Planung. Fast fünf Jahre später, im Juli 1968, begannen am Bremer Kreuz die Bauarbeiten. 1974 konnte das letzte Stück der neuen Blocklandlinie dem Verkehr übergeben werden.

Der nördliche Teil der A27 zwischen Bremen und Cuxhaven wird im Volksmund Schellfischlinie genannt – hier rollen die Lastwagen mit dem frisch gefangenen Fisch zum Verbraucher und zur Weiterverarbeitung.

Die Planung für diese Verlängerung der Blocklandstrecke nach Norden begann erst 1963. Die Autobahnverbindung war für die Stadt Bremerhaven und damit auch für das Land Bremen von großem Interesse, weil den Hafenanlagen für die Zukunft große Bedeutung zugemessen wurde. Bremerhaven ist nicht nur der bedeutendste Passagierhafen Deutschlands, sondern auch ein wichtiger Verladehafen für PKW und der größte Fischereihafen der Bundesrepublik. Bedeutend sind auch der Schwergutumschlag des Erzhafens und der Containerhafen.

27

- **Länge** 163 km / 1:30 h
- **Entfernungen und Fahrzeiten** (ca.)
  AS Cuxhaven – AK Bremer Kreuz
  106 km / 1:00 h
  AK Bremer Kreuz – AD Walsrode
  57 km / 0:30 h
- **Staubereiche**
  AD Bremen-Industriehäfen

Für die geplante Industrieansiedlung auf der niedersächsischen Luneplate konnten überdies durch den Bau der A27 besondere Standortvorteile geschaffen werden. Allerdings musste hierfür die Autobahn dicht am Stadtgebiet von Bremerhaven vorbeigeführt werden – eine nicht unumstrittene Trasse.

Mit dem Bau der A27 im Bereich der Stadt Bremerhaven wurde 1968 begonnen. Der 19 km lange Streckenabschnitt beginnt im Süden an der Kreuzung mit der B6 an der AS Bremerhaven-Süd/Nesse und endet im Norden an der AS Debstedt. Anfang und Ende der Ortsumgehung liegen auf niedersächsischem Gebiet.

N
W
O
S
CUXHAVEN
Sahlenburg
Westerwisch
Spangen
Süderwisch
Alte Liebe
Amerika-Hafen
Medemgrund
Groden
Cuxhaven
Arensch
Holte
Wehldorf
Müggendorf
Sperrgebiet
Störtebekerstraße
Berensch
Altenwalde
Altenbruch-Westerende
Altenbruch
Altenwalde
Franzenburg
Lüdingworth-Westerende
Störtebekerstr.
Altenbruch-Osterende
Oxstedt
Spieka-Neufeld
Gudendorf
Lüdingworth-Süderwisch
Nationalpark Niedersächsisches Wattenmeer
Köstersweg
Nordholz
Wursterheide
Süderende
Lüdingworth-Seehausen
Deichsende
Spiekaeraltendeich
Cappel-Neufeld
Knill
Spiekaer Nordermarren
Nordleda
Kampen
Wurster
Dorumer Neufeld
Grüne Küstenstr.
Spieka
Spiekaer Südermarren
Wanhöden
Osterwanna
Nordholz
Mittelteil
Wanna
Hügelgräber
Midlum
Dorumer Altendeich
Cappel
Land
Watt
Padingbütteler Altendeich
Krempel
Süderleda
Medemstade
Ahlenmoor
Misselwardener Altendeich
Padingbüttel
Alsum
Ahlen-Falkenberg
Dorum
Holßel
Dahlemer See
Lauenteil
Süderwesterseite
Fünf Seen
Neuenwalde
Schmarren
Misselwarden
Mulsum
Flögelner See
Steinau
Neuenwalde
Flögeln
Pipinsburg
Wursten
Höring
Wremertief
Wremen
Sievern
Heidenstadt
Hymendorf
Hofe
Hülsing
Störtebekerstraße
Fickmühlen
Bederkesaer See
Weser
Ringwall
Schottwarden
Grüne Küstenstr.
Grüne Küstenstraße
Debstedt
Debstedt
Imsum
Langen
Drangstedt
Bad Bederkesa
Lintig
Weddewarden
Wehden
Marschenhaus-Freilichtmuseum
LEHERHEIDE
Alfstedt
Bremerhaven-Überseehäfen
Elmlohe
Kührstedt
Laven
Lütiensand
LEHE
Spaden
Marschkamp
Hainmühlen
BREMERHAVEN
Bederkesa-Geeste-Kanal
Ringstedt
Waddens
Tettens
Klein Eckwarden
Deutsches Schifffahrtsmuseum
Bramel
Geeste
ADAC
Bremerhaven-Mitte
Köhlen
Volkers
GEESTEMÜNDE
Schiffdorf
Schweewarden
Blexen
Bremerhaven-Geestemünde
Altluneberg
Phiesewarden
NORDENHAM
Einswarden
Sellstedt
SURHEIDE
Geestenseth
West-moorsee
Atens
Hosermühlen
Apeler
Wehdel
Heering
WULSDORF
Bremerhaven-Wulsdorf
Abbehausen
Grüne Küstenstraße
Donnern
Bexhövede
Ellwürden
Lanhausen
Wollingst
Großensiel
Ueterlande
Welle
Loxstedt
Fleeste
Heerstedt
Lohe
Esenshamm
Overwarfe
Stinstedt
Kleinensiel
Bremerhaven-Süd
Landwürden
Nesse
Düring
Dohren
Essenshammer Oberdeich
Holte
Stotel
Stotel
Hetthorn
Lunestedt
Wehldorf
Osterndorf
Westerbeverstedt
Beverstedt
Cuxhaven
Altenwalde
Nordholz
Neuenwalde

1 Tankstellen und Gewerbebauten reihen sich entlang des Autobahnzubringers Neufelder Straße. Bei einem Kreisverkehr beginnt die A27. Schon bald führt sie über freies Feld und lässt die lebendige Kreisstadt **Cuxhaven** mit ihrem weiten Sandstrand und dem alten Fischerei- und Fährhafen hinter sich zurück. Als herausragende Sehenswürdigkeiten gelten das im historischen Stadtzentrum gelegene Schloss Ritzebüttel (14.–16. Jh.), die Leuchttürme Alte Liebe und – im Meer – die Insel Neuwerk sowie das Museumsschiff „Elbe 1". Von besonderem landschaftlichen Reiz ist das Duhner Watt jenseits des Norddeiches.

2 Westlich der A27 können Sie den **Aussichtsturm** auf der Hölter Höhe und östlich davon den **Fernsehturm** von Cuxhaven sehen.

3 Von der Westseite der A27 leuchtet ein rot-weißer Radarturm herüber. Er gehört zum **Flugplatz Nordholz/Spieka**. Dort ist das Bundeswehr-Marinefliegergeschwader 3 „Graf Zeppelin" stationiert. Im Ersten Weltkrieg war Nordholz der bedeutendste Luftschiffplatz des Kaiserreiches.

4 **„Aeronauticum Nordholz"** (Informationstafel): Das Schild macht mit einem Zeppelin und einem historischen Flugzeug vom Typ JU52 aufmerksam auf das Museum für die Geschichte der Marineluftschiffe und Marineflieger in Nordholz, direkt neben dem Flugplatz.

5 Ein gewaltiger **Windenergiepark** mit einem Dutzend Rotoren zieht Ihren Blick auf sich. Sie stehen in Reih und Glied westlich direkt neben der A27.

6 **„Wurster Seeküste"** (Informationstafel): Das Schild zeigt ein typisches Anwesen mit tief herabgezogenem Dach auf einem Hügel. Der Name „Wursten" leitet sich von Wurten her, der Bezeichnung für die Hügel, auf denen die Menschen in der Zeit vor dem Deichbau ihre Häuser errichteten, um sie vor Sturmfluten zu schützen. Die Wurster Seeküste erstreckt sich nördlich von Bremerhaven bis Sahlenburg.

7 Im Westen ragt ein ungewöhnlicher Kirchturm über die Reetdächer und Bäume: ein wuchtiger Wehrbau mit vier Giebeln und einer eleganten gotischen Spitze. Die Kirche im Dorf **Holßel** wurde im Jahr 1111 von Edelleuten aus der Umgebung errichtet.

8 Westlich der A27 reiht sich in einem **Windenergiepark** Rotor an Rotor. Gegenüber, östlich der Autobahn, sehen Sie zwischen Bäumen die Häuser von **Neuenwalde**. Dort befindet sich seit 1334 ein Benediktinerkloster, das heute als Wohnstift genutzt wird.

Einen pittoresken Anblick bieten die Krabbenkutter im Dorumer Tief am Wattenmeer.

9 Die kleinen, baumbestandenen Erhebungen westlich der A27 sind uralte **Hügelgräber**, die lange vor unserer Zeitrechnung errichtet wurden. Das Dorf bei den Hügeln heißt **Sievern**, ein beliebter Ferienort, der zur Stadt Langen gehört.

10★ **„Burg Bederkesa"** (Informationstafel): Das Schild zeigt die Frontansicht der Burg Bederkesa mit ihrem Doppelgiebel. Wenn Sie einen Blick in die Vergangenheit dieser Gegend werfen und nebenbei ein paar schöne Stunden an einem romantischen Binnensee verbringen möchten, nehmen Sie die AS Debstedt und fahren 15 km nach Bad Bederkesa (20 Min. in Richtung Osten). Die rekonstruierte Burg aus dem 12. Jh. gehört zu den wenigen profanen Bauten aus dem Mittelalter im Landkreis Cuxhaven. Heute ist darin u.a. ein archäologisches Museum untergebracht.

11★ Auf über 10 km Länge erstrecken sich Lärmschutzwände von der Stadt bis zum Hafen entlang der Weser, die parallel zur Autobahn verläuft und bei Bremerhaven ins Niedersächsische Wattenmeer mündet. **Bremerhaven** ist einer der wichtigsten Autoumschlagplätze Europas. Es lohnt sich ein Abstecher zum 7 km entfernten **Container-Aussichtsturm im Freihafen** (10 Min. westlich der AS Bremerhaven-Überseehäfen). Von dort aus bietet sich ein beeindruckender Blick auf die gesamten Hafenanlagen, das Wattenmeer und die Skyline der Stadt. Zu Ihren Füßen sehen Sie eine der größten Drehbrücken der Welt. Sie führt seit 1927 über den 45 m breiten Kanal zwischen Wendebecken und Docksbecken.

12 **„Deutsches Schifffahrtsmuseum"** (Informationstafel): Auf dem Schild ist eine Kogge abgebildet, das typische Segelschiff der Hanse. Das Museum am Hans-Scharoun-Platz in Bremerhaven zeigt die Geschichte der Schifffahrt, der Fischerei und des Walfangs vom Mittelalter bis zur Neuzeit, ferner Gezeitenforschung, Polarforschung und Navigation. Im Museumshafen liegt u.a. das älteste noch fahrende Seeschiff, die „Grönland" von 1867.

13 Sie passieren ein gigantisches, weiß verkleidetes Müllverbrennungsheizwerk mit der roten Aufschrift BEG für „Bremer Entsorgungsgesellschaft" und erkennen gleich danach, ebenfalls westlich der A27, den schwarzen Kirchturm der Bürgermeister-Peter-Smidt-Gedächtniskirche. Sie steht im Zentrum von **Bremerhaven**. Die Stadt ist aus den Orten Lehe, Geestemünde und Bremerhaven – einer Gründung der Stadt Bremen – zusammengewachsen. Nach dem Zweiten Weltkrieg wurde sie in das Bundesland Bremen eingegliedert. Heute ist Bremerhaven eine moderne und lebendige Hafenstadt mit zahlreichen Häusern aus der Gründerzeit.

→ Bremen

10★ 133 | 130,5 11★ Bremerhaven-Überseehäfen | 130 12 | 127 13 Bremerhaven-Mitte | Bremerhaven-Geestemünde | 12 124 | Bremerhaven-Wulsdorf | Bremerhaven-Süd | Stotel

tedt

1 Am westlichen Horizont sehen Sie die Hafenkräne und Getreidesilos von **Brake**. Die Seehafenstadt liegt 7 km Luftlinie von der A27 entfernt auf der westlichen Seite der Weser. Die Innenstadt ist geprägt von alten Handelshäusern mit Pack- und Lagergebäuden, in denen heute Geschäfte, Cafés und Restaurants untergebracht sind. Nördlich vom Stadtkern beginnt die 2 km lange Braker Seehafen-Kaianlage, die Sie von der A27 aus sehen können.

2 Hinter dem Binner-Moor-See westlich der A27 reihen sich zahllose **Windenergieanlagen** aneinander. Im Osten der A27 sehen Sie in 3 km Entfernung einige Häuser von **Hagen**. Dort steht eine Burg, die im 13. Jh. als Residenz der Bremer Bischöfe erbaut wurde. Heute wird sie als Museum, Standesamt und Ort kultureller Veranstaltungen genutzt.

3 **„Guckland"** (Informationstafel, nur in Richtung Cuxhaven): Dieser Schriftzug auf der Informationstafel weist nicht auf den touristischen Namen einer Region hin, sondern macht darauf aufmerksam, dass man hier im Norden weit gucken kann. Das bestätigt sich bald auch für den nach Süden Reisenden, denn bei km 98 sind schon die weit entfernten weißen Hochhäuser von Vegesack zu sehen, einem nördlichen Stadtteil von Bremen.

4 Neben Windstromgeneratoren sehen Sie auch die hölzernen Flügel einer alten Windmühle und eine schlanke schwarze Kirchturmspitze westlich der A27. Beide befinden sich in **Uthlede**, 3 km von der Autobahn entfernt. Die Windmühle ist holländischer Bauart und hat eine besondere Geschichte: 1862 wollte ein pfiffiger Uhrmacher, der ins Müllerhandwerk gewechselt war, dem Wetter ein Schnippchen schlagen und baute ein großes Uhrwerk ein, das vom Wind aufgezogen wurde und die Mühle antrieb, sobald sich der Wind legte. Der Mechanismus soll funktioniert haben, wurde aber später durch einen Motor ersetzt.

5 Hinter grünen Lärmschutzwänden zu beiden Seiten der A27 liegt das dicht bebaute Stadtgebiet von **Burglesum**. Die Stadt wurde 1945 aus mehreren Orten gebildet, deren größte Burg und Lesum waren. Seit 1996 liegt in Lesum das Segelschulschiff „Deutschland".

6 Hier überquert die A27 die **Lesum**. Der mit 10 km Länge kürzeste schiffbare Fluss Deutschlands entsteht 2 km östlich der A27 aus dem Zusammenfluss der Hamme und der Wümme und mündet 8 km westlich, bei Vegesack, in die Weser.

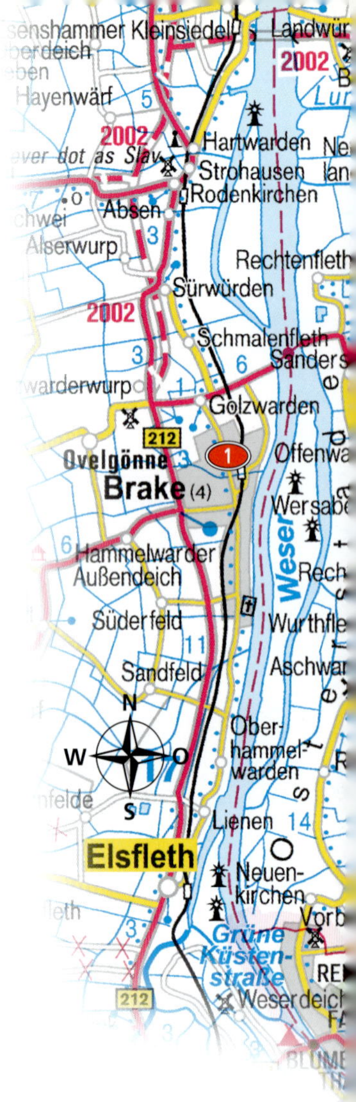

7 **„Bremer Stadtmusikanten"** (Informationstafel): Das Schild zeigt Esel, Hund, Katze und Hahn, die Hauptfiguren des berühmten Märchens aus der Sammlung der Brüder Grimm. Die vier Freunde, die sich als Stadtmusikanten in Bremen durchschlagen wollten, sind in der Hansestadt mehrfach dargestellt. Berühmt ist die 1953 von Gerhard Marcks geschaffene und an der Westseite des Bremer Rathauses aufgestellte Bronzeskulptur. Die gleiche Informationstafel befindet sich – deutschlandweit einmalig – wenige Kilometer weiter ein zweites und ein drittes Mal am Fahrbahnrand (jeweils etwas versetzt auch in der Gegenrichtung nach Cuxhaven). Die wiederholte Aufstellung wurde wegen kurz aufeinander folgenden Auffahrten auf die Autobahn für nötig erachtet.

Künstlerkolonie Worpswede

„Zum erstenmal sah ich das dunkle Moor mit den geschichteten Torfhaufen, die blanken Wassergräben, deren Spiegelungen abgrundtief schienen", schrieb der Maler Fritz Mackensen (1866–1953) über seinen ersten Besuch in Worpswede im September 1884. Als er den Weyerberg, einen 54 m hohen Sandhügel, bestieg, muss ihn der Zauber der Landschaft tief ergriffen haben. Der 18-jährige Student der Malerei und Zeitgenosse der Industrialisierung entdeckte die Natur, die Bauernwelt, das einfache Leben. 1886 und 1887 verbrachte er weitere Sommer in dem Dorf am Moor.

Seine Studienfreunde Otto Modersohn (1865–1943), Hans am Ende (1865–1918), Fritz Overbeck (1869–1909) und Heinrich Vogeler (1872–1942) teilten seinen Enthusiasmus. Das Dorf mit insgesamt acht Bauernhäusern bildete den Mittelpunkt ihrer Bilderwelt. Gemeinsam stellten sie in Bremen aus, wo Modersohns Gemälde „Herbst im Moor" vom Kunstverein erworben wurde. 1895 präsentierte die Malergruppe ihre Werke im Glaspalast in München. Die Münchner Pinakothek kaufte Modersohns „Sturm im Teufelsmoor", die Goldmedaille der Ausstellung ging nach Worpswede. Weitere Künstler zog es ins Moor, darunter die junge Malerin Paula (Modersohn-) Becker, den Schriftsteller Rainer Maria Rilke und seine spätere Ehefrau, die Bildhauerin Clara Westhoff, und viele andere.

Ein Besuch des Künstlerdorfes mit seinen heute 9370 Einwohnern ist immer noch ein großes Erlebnis. In der Galerie „Altes Rathaus" bietet die Gemeinde Künstlern aus Worpswede, der Region und internationalen Gästen der Worpsweder Künstlerhäuser Gelegenheit zu Ausstellungen. Heute ist Worpswede mit seinen Museen wie der „Großen Kunstschau" ein Forum für Begegnungen zwischen Besuchern, Malern, Zeichnern und Bildhauern.

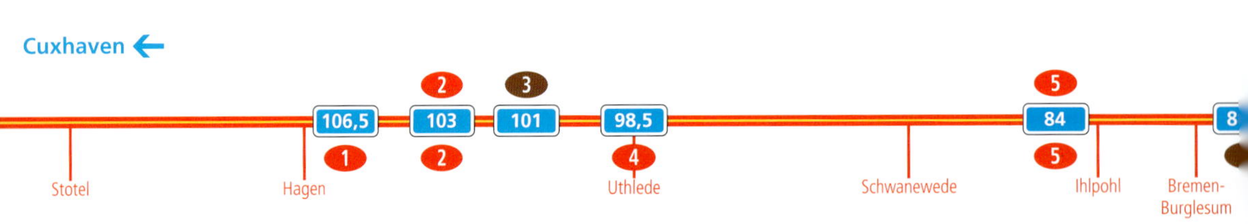

8 Nach dem Bremer Fernsehturm im Westen der A27 sehen Sie den **Nachtweide-See**, bevor er hinter Lärmschutzbauten verschwindet.

9 Ein 146 m hoher weißer Turm mit gläserner Spitze westlich der A27 erinnert an ein Minarett oder eine Rakete. Der so genannte **Fallturm**, der nur wenige hundert Meter neben der Autobahn steht, gehört zum Bremer Zentrum für angewandte Raumfahrttechnologie und Mikrogravitation ZARM der Universität Bremen. Der Turm, in dem während 4,74 Sek. Schwerelosigkeit simuliert wird, ist eine in Europa einzigartige Forschungseinrichtung.

10★ Von der AS Bremen-Horn/Lehe zweigt der schönste Weg in die **Bremer Altstadt** ab. Er führt über 2 km (5 Min.) am Bremer Bürgerpark entlang und direkt zu einer berühmten Sehenswürdigkeit der Stadt, dem Übersee-Museum („Übermaxx") am Bahnhofsplatz. Auf knapp 10 000 m² zeigt es Ausstellungen zur Völker-, Natur- und Handelskunde der Erde. Die Lichthöfe mit Palmen, Südseehäusern, Schiffen, Tempeln und einem japanischen Garten verleihen der Sammlung exotischen Zauber. Auf über 2000 m² sind mehr als 25 000 völkerkundliche Exponate aus aller Welt sowie unzählige Tiere und Pflanzen ausgestellt. Nur einen Katzensprung entfernt stehen im Stadtzentrum das Rathaus von 1405, der St. Petri-Dom (Baubeginn 1042), der Schütting, Bremens traditionsreiche Handelskammer von 1537, dazu Kaufmannshäuser aus der Zeit der Weserrenaissance um 1600 und Bremens Wahrzeichen, die Roland-Statue von 1404.

6 79 8 281 S. 433 Bremen-Industriehäfen 70 9 Bremen-Freihafen 68 10★ Bremen-Horn/Lehe 7 65,5 Bremen-Vahr Bremen-Sebaldsbrück S. 22 1 1 S. 22 → Walsrode Achim-Nord

1 Klobige Backsteinwohnhäuser im Osten der A27 markieren einen Teil der Stadt **Achim**. Das Stadtzentrum liegt westlich der A27. Durch Büsche und Bäume hindurch erblickt man den Turm der St.-Laurentius-Kirche aus dem 13. Jh., erkennbar am roten Zeltdach.

2 Die Häuser im Süden der A27 gehören zum Langenwedeler Ortsteil **Etelsen**. Dort ließen zwischen 1886 und 1888 zwei adelige Brüder ein prächtiges Schloss erbauen. Damit wollten sie ihren Neffen und Erben, den in Dänemark lebenden Grafen Christian zu Reventlow (1845–1922), aus dem Norden an die Weser locken. Das Erbe sollte im Lande bleiben. Tatsächlich zog der Graf 1896 nach Etelsen. Heute ist das Schloss öffentlich zugänglich.

3 Über die Autobahnbrücke führt die **Straße der Weser-Renaissance**. Die Strecke von Hann. Münden bis nach Bremen berührt Städte mit herrlichen Rathäusern, Wohngebäuden und Gehöften, die zwischen 1520 und 1620 in einer Zeit der regionalen wirtschaftlichen Blüte im kunstvollen Renaissance-Stil errichtet wurden.

Kunst am Bau: eine prachtvoll verzierte Fachwerkfassade in Verden 6★ an der Aller.

4 Sie haben freien Blick nach Südwesten und sehen dort Güter- und Personenzüge parallel zur A27 auf der Bahnlinie Bremen–Nienburg–Hannover rollen. Gleich hinter den Gleisen verläuft die 600 km lange **Deutsche Märchenstraße** von Bremen nach Hanau. Diese Strecke führt durch Gegenden, die den Hintergrund für die Märchen der Brüder Grimm bilden.

5 **„Dom zu Verden"** (Informationstafel): Das Schild zeigt den Dom von Verden und das Domherrenhaus. Mit seinem gedrungenen quadratischen Turm, dessen Zeltdach kaum den First der mächtigen gotischen Hallenkirche überragt, ist der Dom ein markantes Wahrzeichen der Stadt an der Aller. Das unbedingt sehenswerte Gotteshaus wurde zwischen 1290 und 1490 erbaut.

6★ Das erste, was Sie südwestlich der A27 von der Allerstadt **Verden** sehen, ist das in einem Backsteinflachbau mit einem eisernen Doppelkamin untergebrachte Berufsschulzentrum. Die Stadt, seit dem 9. Jh. Bischofsitz, lohnt einen Abstecher (4 km, 3 Min.). Wenn Sie auf der Landstraße zur Stadt fahren und die Allerbrücke erreichen, erschließt sich Ihnen ihre hübsche Silhouette mit dem Dom, Kirchtürmen und dem weißen Barockturm des Rathauses. Neben dem gotischen Dom ist die romanische St.-Andreas-Kirche (13. Jh.) sehenswert. Der Sachsenhain mit 4500 Findlingen erinnert an 4500 getötete Sachsen, die dort 782 auf Befehl Karls des Großen hingerichtet wurden. Verden ist heute das Zentrum der hannoverschen Pferdezucht und weltbekannt durch die Verdener Reitpferdeauktionen. Ein Besuch der Pferdeausbildungszentrale und des Deutschen Pferdemuseums gehört ebenso zum Programm wie die Besichtigung des Domherrenhauses und des Historischen Museums, in dem der älteste erhaltene Speer der Welt ausgestellt ist.

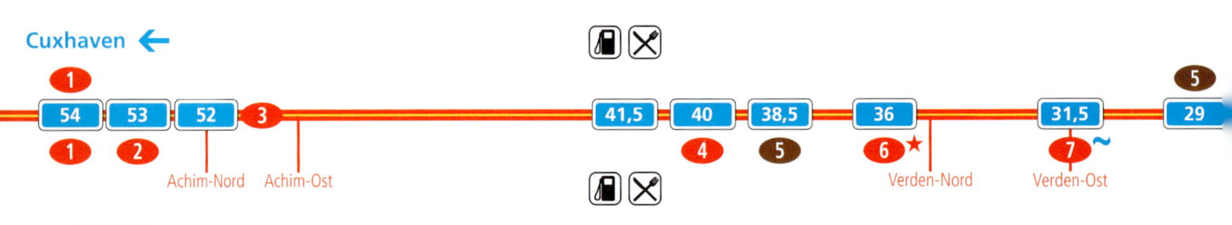

7 Die AS Verden-Ost lädt zu einer gemächlichen Landpartie durch das **malerische Allertal** ein. Falls Sie Zeit für eine Alternativroute haben, fahren Sie durch das Zentrum von Verden über die Allerbrücke und folgen auf 2,5 km der B215 nach Süden. Dann biegen Sie links ab und fahren bis zum Ort Westen. Die Straße folgt dem Verlauf der windungsreichen Aller flussaufwärts durch Heide- und Geestlandschaften. Über das verträumte Dörfchen Hülsen erreichen Sie Rethem und die B209, auf der Sie nach insgesamt rund 35 km (60 Min.) wieder auf die A27, AS Walsrode-West, kommen.

8 Schnurgerade zieht sich die A27 hier durch **Mischwald** aus Birken, Buchen, Kiefern und Fichten. Im Südwesten verbirgt der Wald den Ort **Neddenaverbergen**. Hier wurde 1948 eine archäologische Sensation entdeckt: der älteste Speer der Welt, eine 240 cm lange Stoßlanze aus Eibenholz mit scharfer, im Feuer gehärteter Spitze. Die Waffe steckte zwischen den Rippen eines skelettierten Waldelefanten. Vor rund 100 000 Jahren hatte ein Jäger das Tier getroffen. Die Lanze liegt heute im Verdener Historischen Museum.

9 Die **Lehrde**, über die die A27 hinwegführt, ist ein schmales, 32 km langes Flüsschen, das in die Aller mündet. An ihrem Oberlauf, im Nordosten der A27, liegt der Ort **Stellichte**. Die dortige Gutskapelle ist eine der wenigen in alter Renaissancepracht erhaltenen Kirchen der Region. Sie gilt als die wohl kostbarste ihrer Art in Niedersachsen. Ihre kunstvolle Renaissanceorgel entstand um 1500.

10 **„Lüneburger Heide“** (Informationstafel): Das Schild zeigt Heidschnucken mit Schäfer und die Hügel eines Hünengrabes. Die Darstellung erinnert daran, dass die Lüneburger Heide wesentlich umfangreicher ist als der gleichnamige Naturpark. Die armen Sandböden der weiten Landschaft, entstanden durch die Rodung der Wälder, dienten vorwiegend als Schafweide. Wo keine Heidschnucken mehr grasen, kehrt der Wald zurück (siehe auch A7, S. 142).

11 Birken, Haselbüsche und Kiefern säumen die A27. Auf dem Wegweiser lesen Sie **Walsrode**. Die größte Stadt im Heidekreis Soltau-Fallingbostel entstand aus einer Klosteransiedlung, die ein Graf Walo 986 hier veranlasste. Mit über 1000 Jahren ist das Kloster Walsrode das älteste von sieben Heideklöstern. Seine farbenprächtigen Glasfenster zählen zu den schönsten Niedersachsens. Das Kloster ist von April bis September für Besucher geöffnet (siehe auch A7, S. 143).

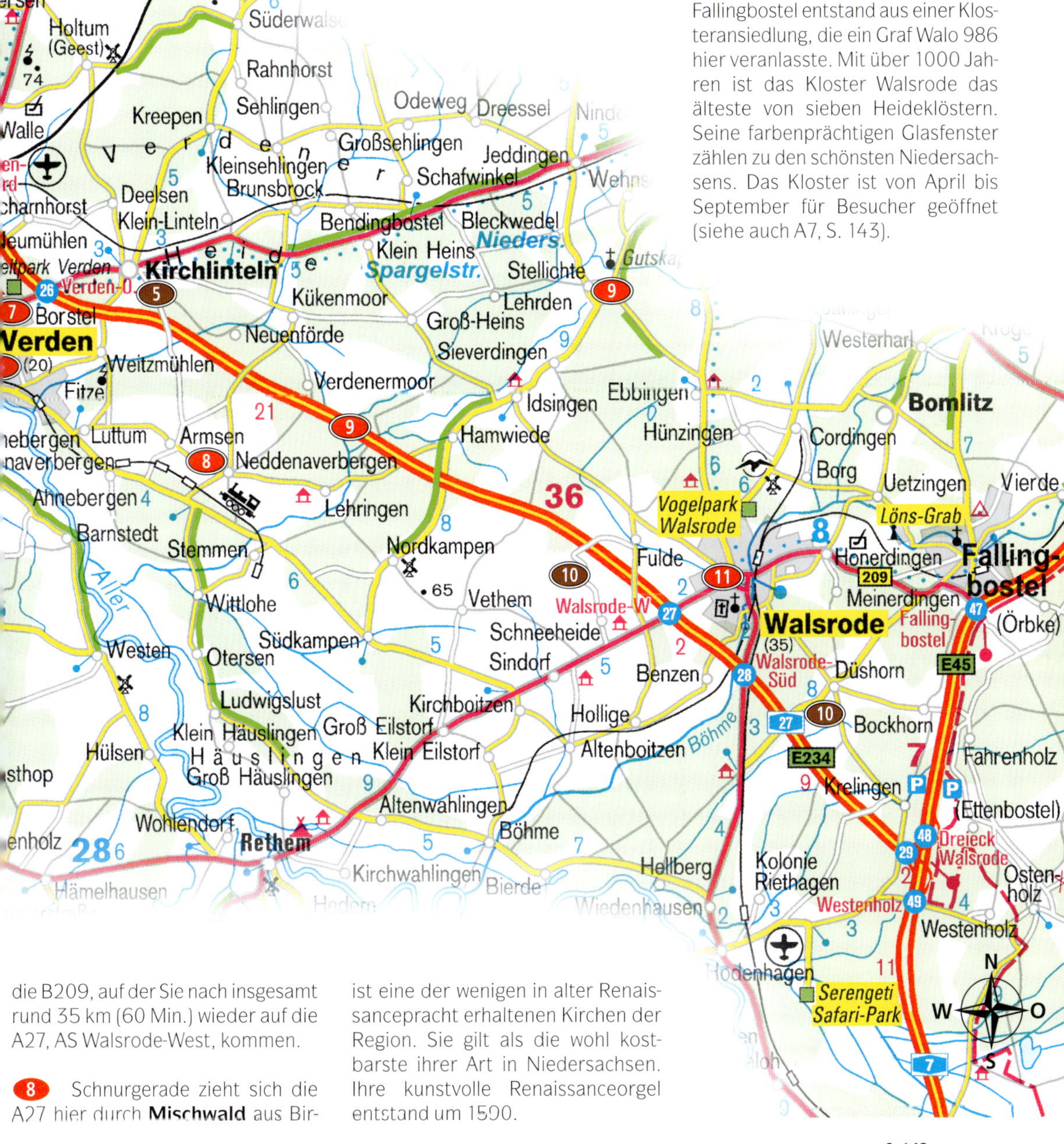

S. 142
Walsrode

24 — 21 — 9 — 13,5 — 10,5 — 5,5 — 7

8 · 10 · 11 · 10

Walsrode-West · Walsrode-Süd

S. 142

28 Vom Dollart zur Unterweser

Leer → Westerstede → Oldenburg → Delmenhorst

Ostfriesland, die einzigartige Küstenlandschaft im Nordwesten Deutschlands, wird durch die A28 mit dem Binnenland verbunden. Dem Bau der 93 km langen Autobahn nach Oldenburg und Delmenhorst mit Anschluss zur A 1 kam ähnlich große Bedeutung zu wie der Emsland-Linie (A31) von Emden ins Ruhrgebiet. Verkehrstechnisch war Ostfriesland nun bedeutend schneller erreichbar, was natürlich auch der Entwicklung des Tourismus zugute kam.

Als um 1840 in Ostfriesland, zwischen Leer und Aurich, die erste Steinstraße entstand, waren gepflasterte Straßen andernorts längst selbstverständlich. Doch zwischen Jadebusen und dem Mündungsgebiet der Ems gab es bis dahin so gut wie keine leistungsfähigen Landverkehrswege durch die Moore und Marschen zum gefährlichen Wattenmeer. Lediglich einige alte Friesenstraßen führten zur gezeitenbestimmten Küste.

Die Straße von Hamburg nach Amsterdam, bis in die 60er-Jahre des vergangenen Jh. die wichtigste nördliche Verbindung im Ost-West-Verkehr, machte um Ostfriesland einen Bogen. So war dieser schwer zugängliche Raum jahrhundertelang transportmäßig nur über die See oder die Wasserwege der Ems und der Außenems erreichbar. Zwar führte über die alte ostfriesische Seestadt Leer noch eine Handelsstraße von Bremen ins niederländische Groningen, doch diese Route war wegen der häufigen Überschwemmungen oft unpassierbar.

Später Anschluss

Erst Ende des 19. Jh. war auch Ostfriesland halbwegs durch ein festes Straßennetz erschlossen. Als Belag wurde übrigens zumeist Klinker verwendet, denn für die Einfuhr von Granit oder Basalt zur Herstellung von Pflastersteinen fehlte das Geld. Im 20. Jh. ging dann in Ostfriesland der Ausbau der Straßen und ihre Vernetzung mit dem Binnenland weiter voran.

Es dauerte aber immerhin bis in die 70er-Jahre, bis die ersten Autobahnen Ostfriesland erreichten. Der Abschnitt von Westerstede zum AD Oldenburg-West konnte bereits 1974 dem Verkehr übergeben werden. Aber das letzte Stück vom AD Leer (A31) bis Westerstede ist erst seit 1991 befahrbar.

Idyllische Landschaften

Vom nördlichen Rand der historischen Stadt Leer verläuft die

Am AK Oldenburg-Ost kreuzen sich die A28 und A29.

28

- **Länge** 93 km / 0:50 h
- **Entfernungen und Fahrzeiten** (ca.)

AD Leer – AK Oldenburg-Ost 63 km / 0:34 h
AK Oldenburg-Ost – AS Delmenhorst-Hasport 30 km / 0:16 h

A28 über raue Geestrücken, vorbei an Waldheckenlandschaften, ausgedehnten Weiden, Mooren und an Windmühlen. Südlich der Autobahn prägen die Flüsse Leda und Jümme das Bild.
Die A28 ist Zubringer für den Wirtschafts- und Naturraum Ostfriesland, aber auch Verbindung für die Naherholungsregion Oldenburg-Delmenhorst. Durch das Lengener Moor verläuft die A28 ins Ammerland, nördlich am 525 ha großen Zwischenahner Meer vorbei, das gänzlich von einem Schilfgürtel umgeben ist.

Reise durch die Geschichte

Um das Zwischenahner Meer ranken sich zahlreiche Legenden. So soll bei seiner Entstehung der Teufel die Hände im Spiel gehabt haben. Angeblich riss er aus Zorn über die gläubigen Oldenburger einen ganzen Wald aus, in dem sich dann das Wasser zum Zwischenahner Meer ansammelte. Hier berührt die A28 auch vorgeschichtliches Gebiet. Ganz in der Nähe der Strecke verweisen Grabstätten aus der Bronzezeit und zahlreiche vorgeschichtliche Funde wie beispielsweise geschliffene Feuersteine, Urnenscherben und Steinbeile auf die frühe Besiedelung dieses Gebietes.
In südöstlichem Bogen verläuft die A28 dann nach Oldenburg. Am AD Oldenburg-West gelangt man über die A293 und die A29 zum Jadebusen nach Wilhelmshaven, am AK Oldenburg-Ost über die A29 in südlicher Richtung bis nach Osnabrück. Zwischen den AS Oldenburg-Marschweg und Oldenburg-Kreyenbrück überquert die A28 den Fluss Hunte, der ab Oldenburg kanalisiert und somit schiffbar ist. Die Hunte stellt mit dem Küstenkanal die Verbindung zur Ems her.

Ein Urwald an der Autobahn

Zwischen der AS Hatten und der AS Hude reicht der nördliche Teil des Naturparks Wildeshauser Geest bis an die Autobahn. Dieser 1500 km^2 große Park zeichnet sich durch Mischwald, Sanddünen, Heiden, Moor und Fließgewässer aus. Unweit davon, nördlich der AS Hude, liegt der für diese Region einzigartige Urwald Hasbruch. Seine knorrigen Eichen sind an die 1000 Jahre alt.
Dann zieht sich die A28 am südlich gelegenen Ganderkesee vorbei, einer aus 25 Ortschaften bestehenden alten oldenburgischen Gemeinde. An der AS Delmenhorst-Hasport endet die Ostfriesland-Autobahn. Von hier aus kann man über ein kurzes Stück auf der B 322 die südlich verlaufende A1 nach Hamburg und Dortmund erreichen.

Klappbrücken wie diese bei Uplengen sind charakteristisch für die von Kanälen durchzogene Moorlandschaft Ostfrieslands entlang der Deutschen Fehnroute 6.

1 Die A28 geht nördlich von Leer nahtlos aus der A31 hervor. Ein offizielles Schild für den **Autobahnbeginn** suchen Sie vergebens.

2 Nördlich der Autobahn öffnet sich die für Ostfriesland so typische Landschaftsform der **Wallheckenlandschaft**. Zu Beginn des 19. Jh., als die Gemeinschaftsweiden und mit ihnen das System der gemeinschaftlichen Hüter aufgelöst wurden, musste jeder Bauer sein Land mit einem Erdwall umgeben und mit Büschen und Sträuchern bepflanzen. Seit 1934 stehen die Wallhecken unter Naturschutz.

3 **„Leer, historische Altstadt"** (Informationstafel, nur in Richtung Leer): Die erste Kirche wurde in Leer bereits im 8. Jh. durch den Missionar Liudger gebaut. Im 16. Jh. fanden im Ort niederländische Religionsflüchtlinge Unterschlupf. Die Stadtwaage von 1714 und das Rathaus aus dem Jahre 1894 verleihen dem Hafenstädtchen noch heute holländisches Flair. Besonders wertvoll sind auch die zahlreichen historischen Bürgerhäuser und die Barockkanzel in der alten Kirche.

4 Unübersehbar erinnert der Schriftzug **„Bünting Tee"** auf der riesigen Lagerhalle südlich der A28 daran, dass Ostfriesland Teetrinkerland ist. Statistiker haben errechnet, dass jeder Bundesbürger 220 g Tee im Jahr trinkt, Ostfriesen aber elfmal so viel. Das 1806 gegründete Teehandelshaus J. Bünting & Comp. verarbeitet jährlich etwa 1000 t oder 1 Mrd. Tassen Tee.

5 Die **Klappbrücke** in Brückenfehn nördlich der Autobahn erinnert in ihrer Gestaltung an Vorbilder in den Niederlanden. Das erst im Jahr 2000 erbaute Werk entstand nach dem Willen des Landrats im traditionellen Stil. Bereits zwischen 1829 und dem Zweiten Weltkrieg hatte eine Klappbrücke über den Nordgeorgsfehnkanal bestanden.

6 Hier quert die Autobahn die **Deutsche Fehnroute**. Auf ihrem 163 km langen Rundkurs streift diese Ferienstraße Kanäle, funktionsfähige Schleusen, Klappbrücken, Windmühlen, romanische und gotische Backsteinkirchen. An dieser 1992 offiziell eröffneten Route liegen viele Orte, die noch heute die Endsilbe „Fehn" oder „Moor" in ihrem Namen tragen. Und überall ist die Kultivierung des Moores dokumentiert, das diese Landschaft jahrhundertelang dominierte. So auch im Moor- und Fehnmuseum in Elisabethfehn, das in einem alten Kanalwärterhaus untergebracht ist.

7 Seltenheitswert besitzt die **Mühle Goldenstein** südlich der A28 wegen ihres eisernen Räderwerks. Bis 1966 war sie in Windbetrieb. Im Jahr 2007 feiert sie ihren 100. Geburtstag.

8 **„Fehngebiet Ostfriesland"** (Informationstafel): Im deutsch-belgisch-holländischen Grenzgebiet wird das Wort „Fehn" für Moor verwendet. Friedrich der Große veranlasste im 18. Jh. das planmäßige Kultivieren der Moore. Zur Entwässerung und zum Transport des gewonnenen Torfs wurden Kanäle angelegt. Aus dieser Zeit stammt auch die bildliche Beschreibung des mühsamen Lebens im Moor: des Ersten Tod, des Zweiten Not, des Dritten Brot.

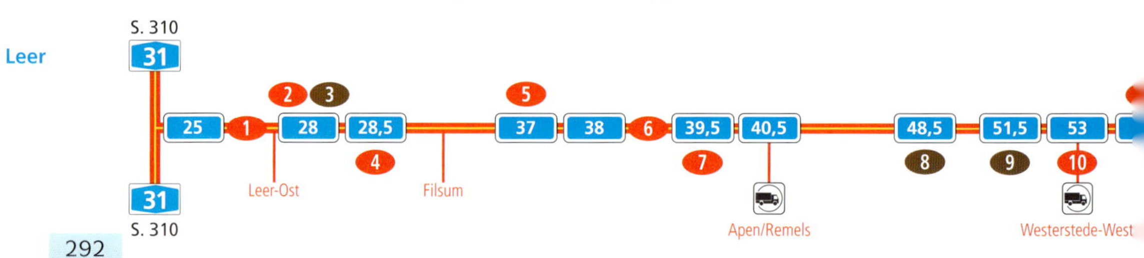

9 **„Parklandschaft Ammerland"** (Informationstafel): Die A28 durchquert das Herz des Ammerlandes. Da das Land flach ist und Wallhecken und Wälder Schutz vor dem Wind bieten, ist es ideal für einen Fahrradurlaub. Das Ammerland gilt als Europas Heimat des Rhododendron. Humusreiche Böden und hohe Luftfeuchtigkeit bieten der Pflanze beste Lebensbedingungen.

10 Hinter Wäldern verborgen liegt 2 km entfernt der **Flugplatz Felde**. Die „Luftsportfreunde Westerstede" betreiben dort eine Flugschule. Angeboten werden zudem Inselrundflüge. Wer Ostfriesland aus der Vogelperspektive kennen lernen möchte und das auch noch in einem Oldtimer, der ist hier richtig.

11 Nördlich der A28 ragt 45 m hoch das Hochregallager der **Steinhoff Möbel Gruppe** auf. Holz- und Polstermöbel, die 2000 Eisenbahnwaggons füllen würden, werden hier auf 22 000 m² gelagert. Das Unternehmen gehört zu den fünf größten Möbelherstellern in Deutschland.

12 Einen Katzensprung von der AS entfernt liegt **Westerstede**, die Rhododendronstadt des Ammerlands. Der 65 ha große Rhododendronpark lockt zur Blütezeit Tausende Besucher an. Aber auch die Flamingos und Greifvögel im Ammerländer Vogelpark oder die Museumseisenbahn Ammerland-Saterland sind beliebte Ausflugsziele.

13 Die Bebauung verhindert den Blick auf das **Zwischenahner Meer**, einem 5,5 km² großen Binnensee. Der Kurort Bad Zwischenahn serviert als Spezialität Räucheraal. Nach dem Essen wäscht man sich mit Korn die Hände, ehe noch ein Klarer aus einem runden Zinnlöffel getrunken wird. Diese und andere Bräuche sind im Freilichtmuseum mit dem Ammerländer Bauernhaus von 1672 dokumentiert.

14 An der Größe der **Baumschulen** nördlich und südlich der A28 lässt sich die Bedeutung der Pflanzenzucht und des Pflanzenschmucks für das Ammerland erahnen.

15 Beim Überqueren der Hunte bietet sich die einzige Möglichkeit, einen Blick auf **Oldenburg** zu erhaschen. Hauptsehenswürdigkeit der ehemaligen Residenzstadt ist das Schloss mit dem Landesmuseum. Ursprünglich eine Wasserburg, wurde die Anlage zu Beginn des 17. Jh. von Graf Anton-Günther durch ein Renaissanceschloss ersetzt.

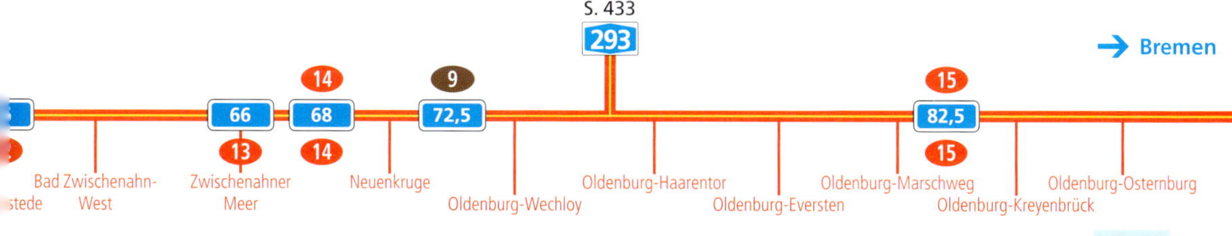

1 ~ Wenn Sie über die AS Oldenburg-Osternburg von der A28 abfahren und dem Verlauf der **Grünen Küstenstraße** folgen, dann lernen Sie auf der Fahrt gen Osten ein wenig die Flusslandschaften zwischen Geest und Marsch kennen. Diese Route bringt Sie bis nach Bremen, und da sie parallel zur A28 verläuft, können Sie jederzeit auf die Autobahn zurückkehren.

2 **„Wildeshauser Geest“** (Informationstafel): Hinter diesem Namen verbirgt sich mit einer Fläche von 1500 km² einer der größten Naturparks Deutschlands.

3 Schon lange ist er am Horizont aufgetaucht, jetzt fährt man endlich an ihm vorbei und kann die imposante Höhe bestaunen. Die Rede ist vom **Fernseh- und Funkmasten von Steinkommen**, auch als der „lange Bleistift“ bekannt. Als er 1956 eingeweiht wurde, gab es in ganz Europa nur ein höheres Bauwerk: den Eiffelturm in Paris. Und der war nur 2 m höher als der Funkmast mit seinen 301,74 m. Bei der Inbetriebnahme am 6. August 1956 konnte der Großraum Oldenburg-Bremen erstmals Fernsehen empfangen.

Das Renaissance-Schloss in Oldenburg beherbergt das Landesmuseum für Kunst- und Kulturgeschichte, u.a. mit Arbeiten des Bildschnitzers Ludwig Münstermann.

4 Deutlich sichtbar sind die drei Schornsteine der **Ziegelei Knabe**. Sie ragen bis zu 75 m hoch. Der zur Herstellung der Ziegel benötigte rote Ton wird vor Ort gewonnen. Der weiße und gelbe Ton kommt aus dem Westerwald. In der Brennerei, die seit ihrer Gründung im Jahr 1915 in Familienbesitz ist, werden jährlich 70 Mio. Ziegel produziert.

5 Über die AS Hude erreicht man nach 5 km den Ort **Hude.** Er hat seinen Ursprung im von Zisterziensermönchen gegründeten Kloster am Ufer des Huder Baches (Mitte des 13. Jh.). Heute beeindruckt die Ruine der ehemaligen Klosterkirche. Für Freunde des Golfsports bietet Hude einen Grund zur Reiseunterbrechung: Südwestlich des Ortes liegt die 70 ha große Anlage des Vereins „Golf in Hude“. Der 9-Loch-Platz und die Driving Range sind öffentlich und gegen Greenfee bespielbar.

6 Die Raststätte Hasbruch grenzt in Richtung Oldenburg an das **Naturschutzgebiet Hasbruch**, ein 630 ha großes Waldgebiet, das 1258 erstmals urkundlich erwähnt ist. Der Wald gehört zu den größten Eichenrevieren in Norddeutschland. Imposant ist vor allem die „Friederikeneiche“ mit einem Umfang von 7,50 m. Ihr Alter wird auf über 1200 Jahre geschätzt.

7 An dieser Stelle führt die A28 vorbei an sechs **Windenergieanlagen**. Die Windräder drehen sich erst seit Oktober 2000 und können jährlich 5100 Haushalte mit Strom versorgen. Die Energie, die die Flügel mit ihrem Durchmesser von 66 m auf einer Nabenhöhe von 67 m gewinnen, wird in das Netz des regionalen Versorgers Energieversorgung Weser-Ems (EWE) eingespeist. Realisiert wurde das Projekt durch eine Betreibergesellschaft, die das Konzept mit den Bürgern vor Ort ausgearbeitet hat.

8 Beiderseits der Autobahn ist das Blickfeld stark eingeschränkt. Der Grund sind die **Lärmschutzwän-**

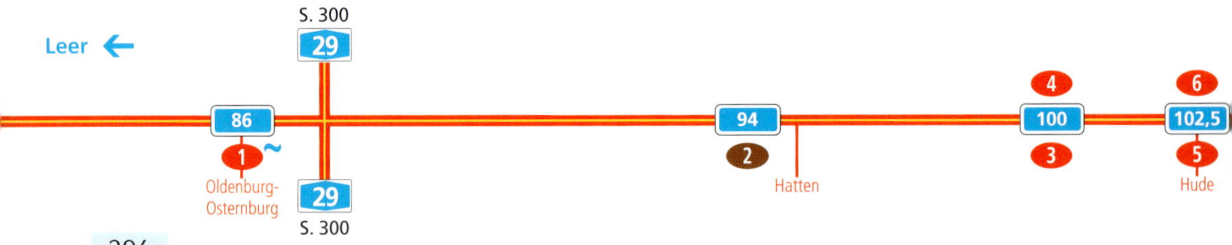

de und -wälle, die zwischen 1994 und 1996 errichtet worden sind. Bis zu 4 m überragen sie das Autobahnniveau und wirken trotz ihrer Leichtbauweise voll absorbierend. Ursache dafür ist ein Hohlraum, der sich innerhalb einer Hülle befindet und in dem sich der Lärm fängt.

9 Über die AS Ganderkesee-Ost führt die kürzeste Strecke zur Innenstadt von **Ganderkesee**. In weniger als 3 Min. ist man im Zentrum. Besonders sehens-, vor allem aber hörenswert ist die Arp-Schnitger-Orgel in der St.-Cyprian- und Cornelius-Kirche. Die Orgel mit 22 Registern wurde 1699 erbaut und 1760 von Hinrich Klappmeyer erweitert.

10 Die A28 durchquert hier das **Trinkwasserquellgebiet der Stadt Delmenhorst**. Schon lange bevor die Autobahn geplant war, war dies Wasserschutzgebiet.

11 Durch die Lärmschutzwälle ist der Blick auf **Delmenhorst**, den einst größten Industriestandort zwischen Weser und Ems, versperrt. Am bequemsten ist die Stadtmitte über die AS Delmenhorst-Adelheide zu erreichen. Nahe dem Hauptbahnhof liegt die ehemalige Norddeutsche Wollkämmerei und Kammgarnspinnerei. Ende des 19. Jh. war sie ein weltweit tätiger Konzern. Die Strukturkrise der deutschen Textilindustrie aber bedeutete ihr Ende. Im Zuge der Expo 2000 zogen moderne Wirtschaftsunternehmen auf dem Gelände ein. Teile des Maschinenhauses und der Turbinenhalle wurden als Industriedenkmal mit Museen eingerichtet.

12 Die Strecke der **Delmenhorst-Harpstedter Museumseisenbahn** unterquert in der Nähe der AS Delmenhorst-Hasport die A28. Die Kleinbahn „Jan Harpstedt" verkehrt von Mai bis Okt. jeweils an zwei Tagen im Monat. Bis zu fünf Personenwagen aus den Jahren 1910 bis 1955 werden von einer Dampflokomotive von 1951 gezogen.

13 11 km vor dem Zentrum der Freien Hansestadt Bremen ist das **Autobahnende** erreicht; die A28 geht nahtlos in die B75 über. Wer ihr folgt, kommt automatisch ins Zentrum der Stadt, die eine Reihe von Sehenswürdigkeiten bietet. Erwähnt seien hier das reizende Schnoor-Viertel, das gotische Alte Rathaus (15. Jh.) und der Marktplatz mit dem Dom St. Petri.

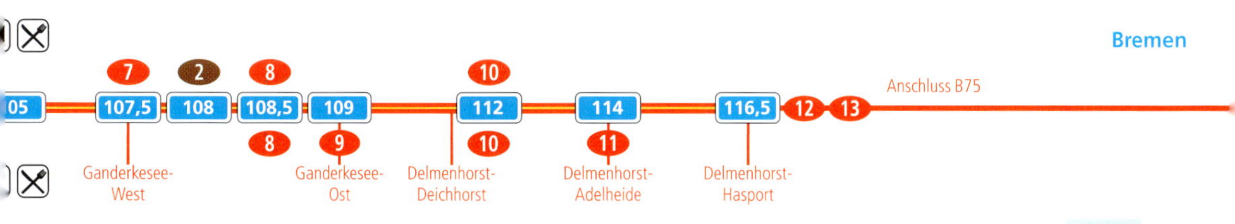

Von der Jade durchs Moor

Wilhelmshaven → Oldenburg → Dreieck Ahlhorner Heide

Die A29 beginnt in der Nähe des Jadefahrwassers bei Wilhelmshaven und führt an Jadebusen und Ammerland vorbei mitten hinein in die grüne Geest. Sie streift dabei die Ostgrenze zu Ostfriesland und verläuft von ihrem Nordende bis zu ihrem Südende durch Marschlandschaft, Hochmoor und sandige Geest. Erste Planungen fanden bereits während des Zweiten Weltkriegs statt. Baubeginn der ersten Teilstrecke war jedoch erst 1974; der letzte Abschnitt wurde 1985 dem Verkehr übergeben.

Ein halbes Jahrhundert dauerte es, bis nach einer ersten vagen Planung die A29 entstand. Wie bei den meisten deutschen Autobahnen gehen die Ursprünge auf die Interessengemeinschaft HAFRABA, die spätere Gesellschaft zur Vorbereitung der Reichsautobahn, zurück. Von der A1 aus auf Höhe Wildeshausen sollte eine Autobahn in Richtung Emden hervorgehen. Als weitere Ausbaustufe ist damals schon eine Autobahnverbindung von Oldenburg nach Wilhelmshaven angedacht worden.

Verbindung zum Tiefseehafen

Das Werben von Kommunen, regionaler Wirtschaft und touristischen Interessensverbänden um eine Autobahn hatte schließlich 1969 Erfolg, als die Entscheidung im Bundesministerium für Verkehr zugunsten des Baus einer Autobahn fiel, die Oldenburg und Wilhelmshaven verbindet. Ziel war es u.a., eine bessere Anbindung zwischen dem Verwaltungszentrum Oldenburg mit der niedersächsischen Nordseeküste und dem einzigen deutschen Tiefseehafen zu bekommen. Die Wirtschaft und nicht zuletzt der Fremdenverkehr profitierten davon. Ein für die Bewohner vieler Orte angenehmer Nebeneffekt ist, dass der Durchgangsverkehr aus den Ortschaften, durch die die B69 zwischen Ahlhorn im Süden und Wilhelmshaven im Norden führt, ausgelagert ist.

Während der 94 km ihres Verlaufs muss die A29 einen Höhenunterschied von nur 50 m bewältigen. Da gab es keinen Bedarf für große Bauwerke, mit Ausnahme von zwei Stellen: der Hunte-Überquerung östlich von Oldenburg und der Brücke am Umspannwerk Roffhausen mit Überführung der Bahnverbindung Sande–Jever, südlich von Wilhelmshaven. Trotz geringer Höhenunterschiede weist die A29 insgesamt 102 Brücken, 50 Unterführungen und 52 Überführungen auf.

Während der Planungsphase hatte man kurzzeitig an eine Untertunnelung der Hunte gedacht. Wegen der

Die Brücke über die Hunte bei Oldenburg ist eine der höchsten Erhebungen zwischen Wattenmeer und Bremen.

29

- **Länge** 94 km / 0:52 h
- **Entfernungen und Fahrzeiten** (ca.)

AS Niedersachsendamm – AK Oldenburg-Nord 50 km / 0:28 h

AK Oldenburg-Nord – AD Ahlhorner Heide 44 km / 0:24 h

Bau- und der Folgekosten entschied man sich jedoch für den Brückenbau. Um den Anforderungen der Schifffahrt gerecht zu werden, musste die Brücke 27 m über dem Fluss errichtet werden und ein Abstand von 52 m zwischen den Flusspfeilern eingehalten werden. Die tiefer liegenden Torf- und Kleischichten unter dem Mutterboden erforderten umfangreiche Baugrundverbesserungen. Der Bau der 443 m langen Brücke dauerte 40 Monate, kostete 14,5 Mio. DM und wurde 1978 fertig gestellt.

Baumaßnahme mit Nebeneffekt

Als Lösung für die Autobahnführung beim Umspannwerk Roffhausen entschied man sich für eine 290 m lange Brückenkonstruktion. Sie erfüllte wirtschaftliche und sicherheitstechnische Aspekte, die im Zusammenhang mit der 110-kV-Stromleitung standen. Ein für Besucher und Einheimische erfreuliche Begleiterscheinung dieser Baumaßnahme ist die heutige Freizeitanlage „Sander See": Bei der Gewinnung der für den Autobahnbau nötigen Materialien (1,3 Mio. m³) entstand dieser künstliche, 15 ha große Badesee.

Erst Marsch, dann Sand

Wer die A29 entlangfährt, wird nur bei genauerem Hinsehen landschaftliche Unterschiede erkennen. Im Norden der Autobahn überwiegt Marschlandschaft. Der schwere, nährstoffreiche Boden bietet für die landwirtschaftliche Nutzung ideale Voraussetzungen. Südlich von Varel führt die Strecke durch eine Hochmoorlandschaft. Der Torfboden ist die Ursache für die fast baumfreie Vegetation in diesem Gebiet. Weiter südlich tauchen wieder Wälder auf, überwiegend mit Erlen und Birken bestückt. Sie deuten eine erneute Veränderung der Bodenbeschaffenheit an. Von Norden kommend nähert man sich der sandigen Geest. Im Unterschied zum südöstlichen Raum von Oldenburg ist das Geestgelände im Bereich der südlichen Hunte-Überquerung allerdings viel feuchter. Verschiedene Faktoren im Süden der A29 erschweren die Planung und den Bau der Autobahn. So wird bei Großenkneten ein Erdgasfeld, das auch wirtschaftlich genutzt wird, gekreuzt. Ein ausgewiesenes Biotop mit Fischteichen der staatlichen Teichwirtschaft Ahlhorn, eine Wassergewinnungsanlage und ein militärisches Schutzgebiet im Raum Ahlhorn erforderten ebenfalls eine anspruchsvolle Lösung für die Trassenführung. Am Ahlhorner Dreieck schließlich findet der Anschluss zur A1 und damit dem Netz der Bundesautobahnen statt.

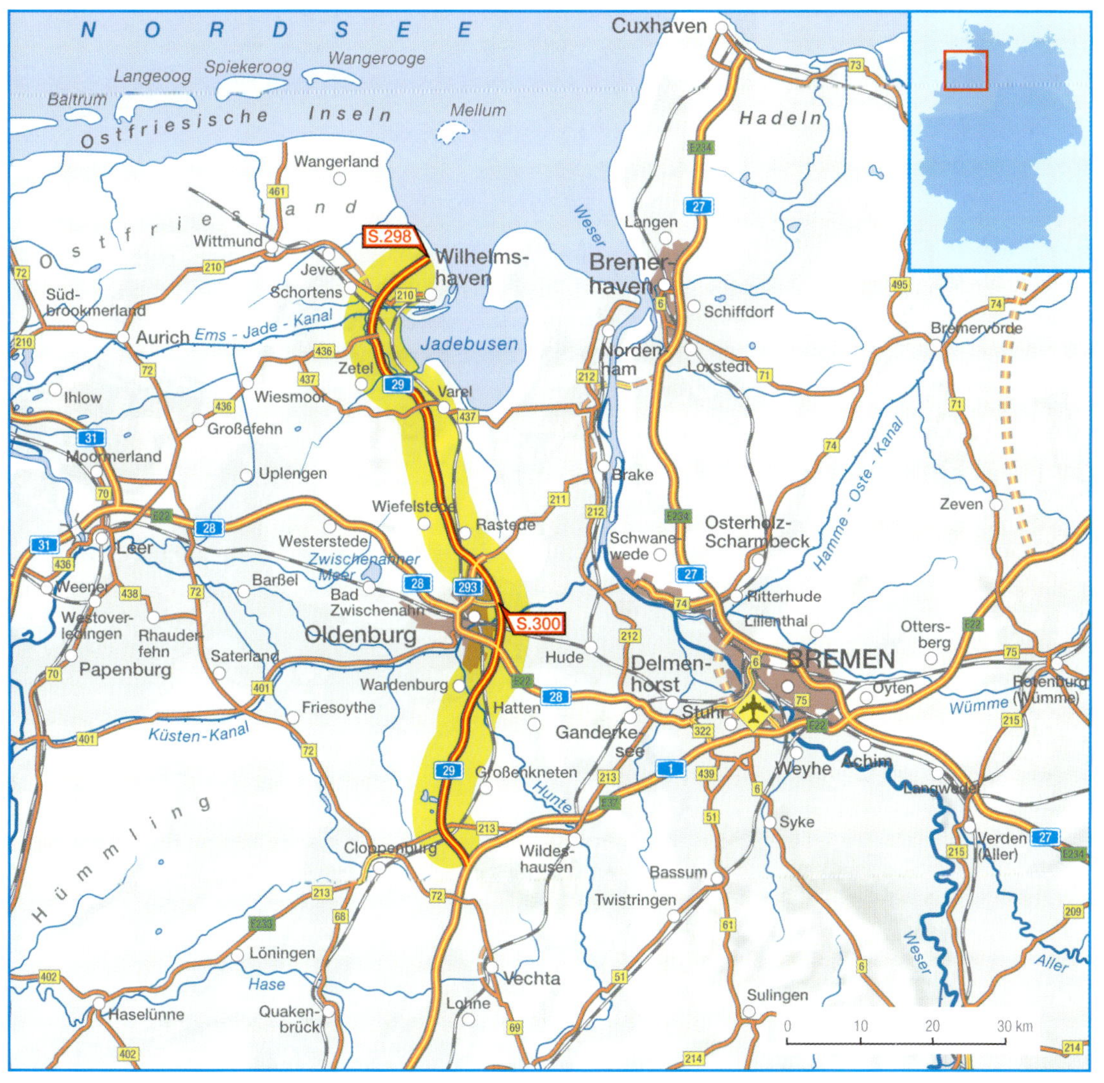

1 Unweit des **Autobahnbeginns** liegt die natürliche Grenze Deutschlands: die Nordseeküste. Der Blick auf Jadeküste und Ölhafen bleibt wegen der Deiche versperrt.

2 Nicht zu übersehen ist östlich der A29 der 275 m hohe Schornstein. Er gehört zum **Kohlekraftwerk** der Firma E.ON. Die Anlage war bereits 1977 das erste Kohlekraftwerk mit Entschwefelungsvorrichtung.

Fischerboote im Hafen des ehemaligen Künstlerdorfs Dangast 12★ am Jadebusen.

3 Östlich der AS Wilhelmshaven sieht man die Silhouette des gleichnamigen Seehafens (4 km), benannt nach dem preußischen König Wilhelm I. Das Stadtrecht erhielt **Wilhelmshaven** 1873, eben nach dem Besuch des Königs 1869. In der zweiten Hälfte des 19. Jh. zum Kriegshafen ausgebaut, ist Wilhelmshaven heute der einzige Tiefseehafen Deutschlands. Sehenswert sind neben dem Hafen das Deutsche Marinemuseum und das von Fritz Höger, der als Erneuerer der Backsteinarchitektur gilt, entworfene Rathaus.

4 Die Windmühlenflügel, die man nordwestlich der Autobahn sieht, gehören zu einem der ältesten **Galerieholländer** von Ostfriesland (fertig gestellt 1746).

5 Imposant ragen die 16 Windräder des **Windparks Ostiem** direkt neben der Autobahn 75 m in die Höhe. Der Windpark wird von drei Landwirten betrieben. Die Energie der 16 600-MW-Anlagen wird ins Netz der EWE (Energieversorgung Weser-Ems) eingespeist.

6 7 km nordwestlich der AS Wilhelmshavener Kreuz liegt **Jever**. Als Wahrzeichen der Stadt gilt das Schloss, erbaut im 15. Jh. Der Helmaufsatz des Bergfrieds stammt aus dem 18. Jh. Teile des Schlosses gehen auf bedeutend ältere Häuptlingsburgen zurück. Aus der Zeit der regierenden friesischen Häuptlingstochter Maria zu Jever (1500–1575) stammen die Ledertapeten. Sehenswert ist auch das friesische Brauhaus mit dem Brauereimuseum.

7 Auffällig viele und große Hochspannungsleitungen begleiten die A29 auf beiden Seiten seit Kilometern. Das **Umspannwerk Roffhausen** stellt an dieser Stelle eine Verbindung zwischen dem Kohlekraftwerk von Wilhelmshaven und dem Höchstspannungsnetz von E.ON dar. Diesen Knotenpunkt gibt es seit 1960.

8 **„Ems-Jade-Kanal“** (Informationstafel, nur in Richtung Wilhelmshaven): Angelegt wurde der Kanal bereits 1888, damals vorwiegend zu Entwässerungszwecken sowie für eine schnellere und sicherere Verbindung zwischen den Marinestützpunkten Emden an der Emsmündung und Wilhelmshaven am Jadebusen. Die Autobahn überquert den Kanal bei km 83. Im östlichen Bereich gibt es heute kaum noch gewerbliche Schifffahrt. Im Westen dient der Kanal noch als Verbindung zwischen dem Betonwerk in Aurich und der Hafenstadt Emden.

9 Westlich der A29 liegen versteckt hinter Bäumen die **Windmühle von Dykhausen** und das **Schloss Gödens**. Das Schloss ist Sitz der Grafen von Wedel, die mit den Windrädern östlich der Autobahn umweltfreundliche Energie gewinnen.

10 Die **Grüne Küstenstraße** und die **Störtebekerstraße** kreuzen an der AS Zetel die A29. Die Störtebekerstraße führt von Leer entlang der Nordseeküste bis Cuxhaven. Auf den Spuren des berühmten Seeräubers sorgen sehenswerte Küstenabschnitte und Museen für Abwechslung. Beschaulich schlängelt sich die Grüne Küstenstraße durchs Land. Sie beginnt in den Niederlanden und endet in Norwegen.

11 Sie passieren einen der neueren Windparks an der A29. Seit Herbst 2000 drehen sich diese **Windräder**. Im Vergleich zu den älteren, nördlicheren Anlagen stehen hier bedeutend leistungsstärkere Windräder (1,5 MW). Die Nabenhöhe liegt bei 68 m; insgesamt ragt die Anlage 99 m in den Himmel.

12★ Von der AS Varel/Bockhorn empfiehlt sich ein Abstecher nach **Dangast** zur Küste des Jadebusens (ca. 7 km, 10 Min.). Eines der wenigen steilen Kliffs prägt die Landschaft. Was heute als Europareservat ausgewiesen ist und 60 Arten von Wattvögeln als Lebensraum dient, war bis ins Mittelalter hinein festes Land. Erst Sturmfluten haben dieses Gebiet nachhaltig überschwemmt. Dangast selbst war zu Beginn des 20. Jh. eine Künstlerkolonie. Einer der prominentesten Künstler, der hier bis zu seinem Tod 1983 lebte und arbeitete, war Franz Radziwill. Seine Atelierräume sind zu besichtigen.

13 Westlich der Autobahn ist das **Airbuswerk Varel** zu sehen, das Flugzeugbauteile für verschiedene Airbus-Maschinen herstellt.

14 Der westlich der A29 in der Sonne glitzernde Baggersee ist nach seiner Größe benannt: **Twölfjück**. Das ist eine Flächenbezeichnung aus dem Mittelalter und beschreibt hier etwa 6 ha. Angler hoffen dort, dass Schleien, Karpfen, Aale und Forellen anbeißen.

15 **„Parklandschaft Ammerland“** (Informationstafel): Wälder und Moore, vor allem aber das Zwischenahner Meer in seinem Zentrum – das Ammerland ist eine wahre Oase für Ruhesuchende. Die Wahrzeichen des Ammerlandes sind Rhododendren und Azaleen (siehe auch A28, S. 293).

16 Lärmschutzwälle verhindern die Sicht an der AS **Rastede** auf den gleichnamigen Ort (1 km). Vor Jahrhunderten zogen schon die Oldenburger Herzöge in ihre Sommerresidenz dorthin. Die herrschaftlichen Anlagen bestehen aus Schloss, Erbprinzenpalais und Schlosspark.

17 Das eingezäunte Gelände östlich der A29 ist ein **Hubschrauberlandeplatz** der niedersächsischen Polizei, die von hier aus entlang der Küste und über die Ostfriesischen Inseln patrouilliert.

Wilhelmshaven

Jever
Sillenstede
Fedderwardergroden
Voslapp
Niedersachsendamm
Wilhelmshaven
Fedderwarden
Fedderwardergroden
Rüstersiel
Accum
Altengroden
Grafschaft
Heidmühle
Langenwerth
Kopperhörner Mühle
Roffhausen
Schortens
Wilhelmshavener Kreuz
Kaiser-Wilhelm-Brücke
Mariensiel
Sande
Dykhausen
WILHELMSHAVEN
ADAC
Nationalpark
Niedersächsisches
Wattenmeer
Jadebusen
Gödens
Neustadtgödens
Sandergroden
Sander Watt
Grüne Küstenstraße
Horsten
Ellens
Blauhand
Zetel
Dangast
Ellenserdammersiel
Dangastermoor
Bohlenberge
Störtebekerstraße
Driefel
Moorhausen
Rallenbüschen
Schweiburger Watt
Butjadingen
Eckwarden
Eckwarderhörne
Stollhamer Watt
Stollhamm
Ahndeich
Abbehausergroden
Seefeld
Sehestedt
Bösensieben
Reitland
Stadland
Norderschweiburg
Schwei
Zetel
Steinhausen
Kranenkamp
Langendamm
Bockhorn
Varel
Seghorn
Borgstede
Obenstrohe
Hohenberge
Streek
Diekmannshausen
Schweiburg
Süderschweiburg
Neuenburg
Neuenburger Wald
Grabstede
Grafenweg
Varel-Obenstrohe
Büppel
Jaderaußendeich
Norder-Frieschenmoor
Bramloge
Altjührden
Hoheluft
Neuenwege
Rönnelmoor
Grünenkamp
Jaderaltendeich
Jade
Neustadt
Rosenberg
Conneforde
Jaderberg
Heubült
Tiergarten
Nordmentzhausen
Strückhauser Altendorf
Wapeldorf
Rastederberg
Jaderkreuzmoor
Süd Bollenhagen
Rüdershausen
Südmentzhausen
Jührdenerfeld
Spohle
Lehmdermoor
Jaderlangstraße
Mittelort
Petersfeld
Dringenburg
Delfshausen
Oberströmische Seite
Linswege
Mollberg
Hollen
Garnholterdamm
Nethen
Lehmden
Hahn-Lehmden
Barghorn
Altendorf
Moorseite
Westerstede
Grüne Küstenstraße
Großenmeer
Bad Zwischenahn West
Wiefelstede
Wemkendorf
Rastede
Kuhlen
Nuttel
Moorriem
Gießelhorst
Loyermoor
Langebrügge
Barghorn
Elmendorf
Zwischenahner Meer
Bokel
Bardenfleth
Gristede
Ammerland
Kreuz Oldenburg-Nord
Ipwegermoor
Torsholt
Aschhausen
Mansholt
Borbeck
Ofenerdiek
Wahnbek
Dalsper
Rostrup
Neuenkruge
Aschhauserfeld
Metjendorf
Etzhorn
OLDENBURG
Huntorf
ADAC
Kayhauserfeld
Wehnen
OL-Etzhorn
OL-Nadorst
Ohmstede
Moorhausen
Moordorf
Bad Zwischenahn
Ofen
OL-West
Holler
Hunte
Ekern
OL-Ohmstede
Sandberg
Buttel
OL-Wechloy
Cloppenburg
S. 433
293
63
62
56,5
49
46,5
44,5
Jaderberg
Hahn-Lehmden
Rastede
Oldenburg-Ohmstede
29
93
37,8

OLDENBURG
Bad Zwischenahn
Edewecht
Wardenburg
Bösel
Garrel
Großenkneten
Dötlingen
Cloppenburg
Emstek
Cappeln
Visbek
Molbergen
Hatten
Naturpark
Wildeshauser
Geest
Vehnemoor
Wilhemshaven
Oldenburg-Ohmstede
Oldenburg-Hafen
Sandkrug
Warden-burg
S. 294

1 Kurz nachdem die Huntebrücke, eine der höchsten Erhebungen im nordwestlichen Niedersachsen, das erste Mal zu sehen war, sind westlich Bauwerke des **Oldenburger Hafens** auszumachen. Mit dem Stadtrecht wurde Oldenburg 1345 auch das „Shiprecht" zugesprochen. Heute ist dieser Hafen der umschlagstärkste Binnenhafen des Bundeslandes. Mitte der 90er-Jahre wurden insgesamt 1,7 Mio. t umgeschlagen. 54 Prozent davon waren Getreide, Futter und Düngemittel, 42 Prozent Baustoffe.

2 Die Windfahnen zwischen den Mittelplanken deuten es an: Auf der 443 m langen **Huntebrücke** muss mit Böen und Seitenwinden gerechnet werden. Unter der Brücke fließt die Hunte, die Verbindung Oldenburgs mit der Unterweser. Tideunabhängig können Frachtschiffe mit 2 m Tiefgang verkehren.

3 Über das Kreuz Oldenburg-Ost erreicht man die Stadtmitte von **Oldenburg** am besten. Die Stadt ist traditionelles Verwaltungs- und Kulturzentrum zwischen Weser und Ems und dank ihrer Fußgängerzone eine beliebte Einkaufsstadt. Einst war Oldenburg jedoch weniger populär: Seine Grafen galten als ärgste Feinde der Ostfriesen, die eine Selbstverwaltung anstrebten.

4 Das **Gestüt** westlich der Autobahn ist ein typisches Bild für das Umland von Oldenburg. Die erste Körung der Rasse der Oldenburger fand 1820 statt. Die Vatertiere wurden mit einem gekrönten „O" gebrandet. Das Brandzeichen steht noch heute weltweit für die Rasse .

5 1 km östlich der AS Sandkrug stößt man bei Sandkrug an die nordwestliche Grenze des Naturparks Wildeshauser Geest. In **Sandkrug** gibt es ein Druckereimuseum. 3 km weiter östlich bietet sich in **Hatterwüsting** die Gaststätte „Zunftstube" zur Rast an. Dabei sollte man noch das benachbarte Schmiedemuseum besuchen. Dort sind Schmiedewerkzeuge, Gebrauchsgegenstände und Waffen ausgestellt.

6 **„Naturpark Wildeshauser Geest"** (Informationstafel): Der zweitgrößte Naturpark Deutschlands hat eine Fläche von etwa 1500 km² und ist landschaftlich geprägt durch Flusstäler, Seen, Wälder, Moore und Heide. Außerdem gibt es eine Vielzahl von Baudenkmälern, Wasser- und Windmühlen.

7 Die **Hunte**, die man hier überquert, stellte früher die Grenze zwischen dem Largau (östlich) und dem Lerigau (westlich) dar. Der Name Lerigau (vom lateinischen „lyri" = Gau, Bezirk) wird erstmals 890 erwähnt. Heute hat die Hunte eine hohe ökologische Bedeutung, darf aber auch für Wassersport genutzt werden.

Der stattliche Haakenhof im Freilichtmuseum Cloppenburg 14 stammt aus dem 18. Jh. und ist ein Paradebeispiel niedersächsischer Fachwerkarchitektur.

8 Spuren der Vergangenheit lassen sich in Wardenburg (1 km westlich der gleichnamigen AS) oder Sandhatten (9 km östlich der A29) finden. In Wardenburg erinnert der **Tillyhügel** an den Dreißigjährigen Krieg. Die **Hünengräber** in Sandhatten haben ihren Ursprung in vorgeschichtlicher Zeit.

9 Die A29 durchquert hier ein **Erdgasfeld**. Wer in Richtung Cloppenburg unterwegs ist, dem fallen jetzt erstmals Fackelfeuer und Pumpstationen auf, beispielsweise südlich von Wardenburg und südlich von Hengstlage. Die Anlage südlich von Ahlhorn wurde bereits aufgegeben.

10 Zwei **Windparks** dominieren noch einmal die Landschaft entlang der A29, bevor in östlicher Richtung bei Großenkneten die Erdgasaufbereitungsanlage sichtbar wird.

11 Vor allem, wenn sie nachts beleuchtet ist, sieht Deutschlands größte **Sauergasreinigungsanlage** nahe Großenkneten besonders eindrucksvoll aus. Dort wird chemisch sauergashaltiges, hoch toxisches Erdgas so bearbeitet, dass es verwendet werden darf. Die gewonnenen Schwefelstoffe kommen der chemischen Industrie zugute.

12 Die **Wälder** zu beiden Seiten gehören zum Naturpark Wildeshauser Geest, den die Autobahn hier kurzzeitig durchquert. Nur wenige hundert Meter westlich, aber dennoch nicht sichtbar, liegen die Ahlhorner Fischteiche. Das 300 ha große Areal ist mit seiner Flora und Fauna ein wertvolles Biotop.

13 Einen Katzensprung von der AS Ahlhorn entfernt liegt südwestlich der **Urwald Baumweg**. Seit den 30er-Jahren wird er nicht mehr bewirtschaftet, bleiben die bizarr geformten Eichen und Hainbuchen des heutigen Naturschutzgebiets sich selbst überlassen.

14 **„Freilichtmuseum Cloppenburg"** (Informationstafel): Eines der größten Freilichtmuseen in Deutschland liegt am nördlichen Rand von Cloppenburg. 53 Gebäude aus dem 16.–19. Jh. können besichtigt werden. Bereits die Schaufassade der Zehntscheune im Stil der Weserrenaissance lässt erkennen, dass hier wahre Schätze gezeigt werden, so etwa eine Holländermühle aus dem 18. Jh., eine Dorfschule, in der zwischen 1751 und 1891 in einem einzigen Raum 50 bis 60 Bauernkinder unterrichtet wurden, eine Töpferei und vieles mehr. Dank verschiedener museumspädagogischer Angebote können auch Kinder aktiv werden und sich in längst vergangene Tage hineinversetzen.

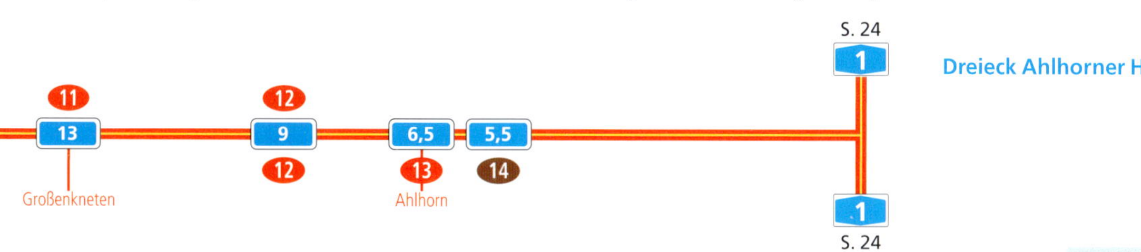

Entlang des Teutoburger Waldes

Bad Bentheim → Osnabrück → AK Bad Oeynhausen

Kein Zweifel: Die A30 ist eine europäische Autobahn. Ihre Länge auf deutschem Boden sagt darüber nicht viel aus, denn die Trasse zwischen dem Grenzübergang Bad Bentheim und Bad Oeynhausen bringt es gerade mal auf 135 km. Aber wie zahlreichen anderen Autobahnen des Landes kommt der A30 aufgrund ihrer zentralen europäischen Lage internationale Bedeutung zu. Die 35 Anschlussstellen der A30 sprechen für die starke lokale Einbindung der Autobahn in das Emsland und das dicht besiedelte Gebiet am Teutoburger Wald. So hat der Autofahrer, rein rechnerisch gesehen, alle 4 km Gelegenheit, die Autobahn zu verlassen.

Die A30 ist Teil einer der schnellsten Straßenverbindungen zwischen zwei europäischen Metropolen: Amsterdam und Berlin. Über Osnabrück und Bad Oeynhausen führt sie zur A2, und diese dann weiter über Hannover zur Bundeshauptstadt.

Bereits im Grundnetzplan deutscher Verkehrsstrecken aus dem Jahr 1938 war eine Fernstraße im Autobahnformat vorgesehen, die von der niederländischen Grenze bei Enschede über Osnabrück zur national bedeutsamen Route Berlin – Köln führen sollte. Die gerade Linie dieser Grobplanung zeigte sich etwas abgeändert in der Autobahnübersichtskarte von 1940. In diesem Plan hatte sie bereits eine Nummer: 33. Die Strecke sollte von Gronau über Rheine und südlich von Osnabrück zur Verbindung Essen – Hannover verlaufen. Doch auch diese Vorstellung ist nicht realisiert worden.

Erst lange nach dem Zweiten Weltkrieg wurde wieder über eine Autobahn in dieser Region nachgedacht. Ende der 50er-Jahre verhandelten die Verkehrsminister der Niederlande und der Bundesrepublik Deutschland über eine Fernstraßenverbindung zwischen Holland und dem Emsland. Die alten Planungen spielten dabei keine große Rolle mehr. Stattdessen wurde die neue Trasse weiter nördlich angelegt, aus Rücksicht auf die dichter besiedelten Gebiete um Rheine und Neuenkirchen.

Wie durch ein weites Becken

Nach dem Grenzübergang Bad Bentheim mündet die heutige A30 in die niederländische A1, die auf dieser nördlicheren Trasse ebenfalls dicht besiedeltes Gebiet um Hengelo und Enschede umgeht. Nach Osten folgt die A30 grob dem Plan aus den 30er-Jahren. Im Hasetal, am nördlichen Ausläufer des Teutoburger Waldes zwischen Osnabrück und Melle, säumen zwei Höhenrücken

Auf der Höhe von Altenrheine quert die Autobahn den Dortmund-Ems-Kanal.

30

- **Länge** 135 km / 1:13 h
- **Entfernungen und Fahrzeiten** (ca.)

Grenzübergang Bad Bentheim – AK Lotte/Osnabrück 65 km / 0:35 h
AK Lotte/Osnabrück – AS Gohfeld 63 km / 0:34 h
(Strecke in Planung zwischen AS Gohfeld und AK Bad Oeynhausen)

die Autobahn. Sie begrenzen eine ganze Weile den südlichen und nördlichen Horizont. Dabei bleibt die Trasse auf einer mittleren Höhe von etwa 110 m ü. d. M. Etwas weiter östlich von Melle, beim Wurzelbrink in der Nähe der Stadt Lübbecke, bilden die Ausläufer des Wiehengebirges den nördlichen Horizont: Hier erreicht der flache Gebirgszug Höhen bis 320 m ü.d.M. Der Reisende erlebt diesen Abschnitt der A30 wie die Durchquerung eines großen Beckens.

Der Bau der A30 begann Mitte der 60er-Jahre. Im Dezember 1967 wurde das erste kurze Teilstück, der 3 km lange Abschnitt zwischen den Anschlussstellen Melle-West und Melle-Ost, für den Verkehr frei gegeben. Exakt ein Jahr später rollte der Verkehr zwischen Lotte und Osnabrück. In Abständen von jeweils zwei bis drei Jahren trieb man sowohl in Nordrhein-Westfalen wie auch auf niedersächsischem Gebiet den Bau voran, bis im November 1991 mit dem Abschnitt zwischen Schüttorf und Rheine die letzte Lücke geschlossen werden konnte.

Am Ende ein Schönheitsfehler

Seither präsentiert sich die A30 aus einem Guss; doch vor dem östlichen Autobahnende hat sie noch einen kleinen, aber folgenschweren Schönheitsfehler: Am Anschluss an die A2 am AK Bad Oeynhausen fehlt bis heute ein ca. 2 km langes Stück Autobahn. Deswegen quält sich seit fast einem Vierteljahrhundert der Fernverkehr an dieser Stelle über eine Art Stadtautobahn durch den Kurort am Teutoburger Wald. Tatsächlich ist diese Stadtautobahn jedoch eine Bundesstraße und trägt die Bezeichnung B61.

In den letzten Jahren ist dieses Problem äußerst drängend geworden. Zahlen machen das deutlich: Wurden Ende der 80er-Jahre noch rund 37 000 Fahrzeuge pro Tag auf der Ortsdurchfahrt zwischen den Autobahnen gezählt, so waren es 1998 bereits 46 000. Bei 50 000 Fahrzeugen pro Tag stößt eine 4-spurige Stadtautobahn an ihre Leistungsgrenzen. Vor Ort konnte man sich bisher jedoch nicht auf eine Lösung einigen, die Trassenführung ist nach wie vor umstritten. Eine Nordumgehung der Stadt Bad Oeynhausen zwischen den Anschlussstellen Löhne und Rehme scheint zwar wahrscheinlich und wird auch im Bundesfernstraßenplan als vordringlicher Bedarf geführt; wann sie jedoch verwirklicht wird, steht noch in den Sternen.

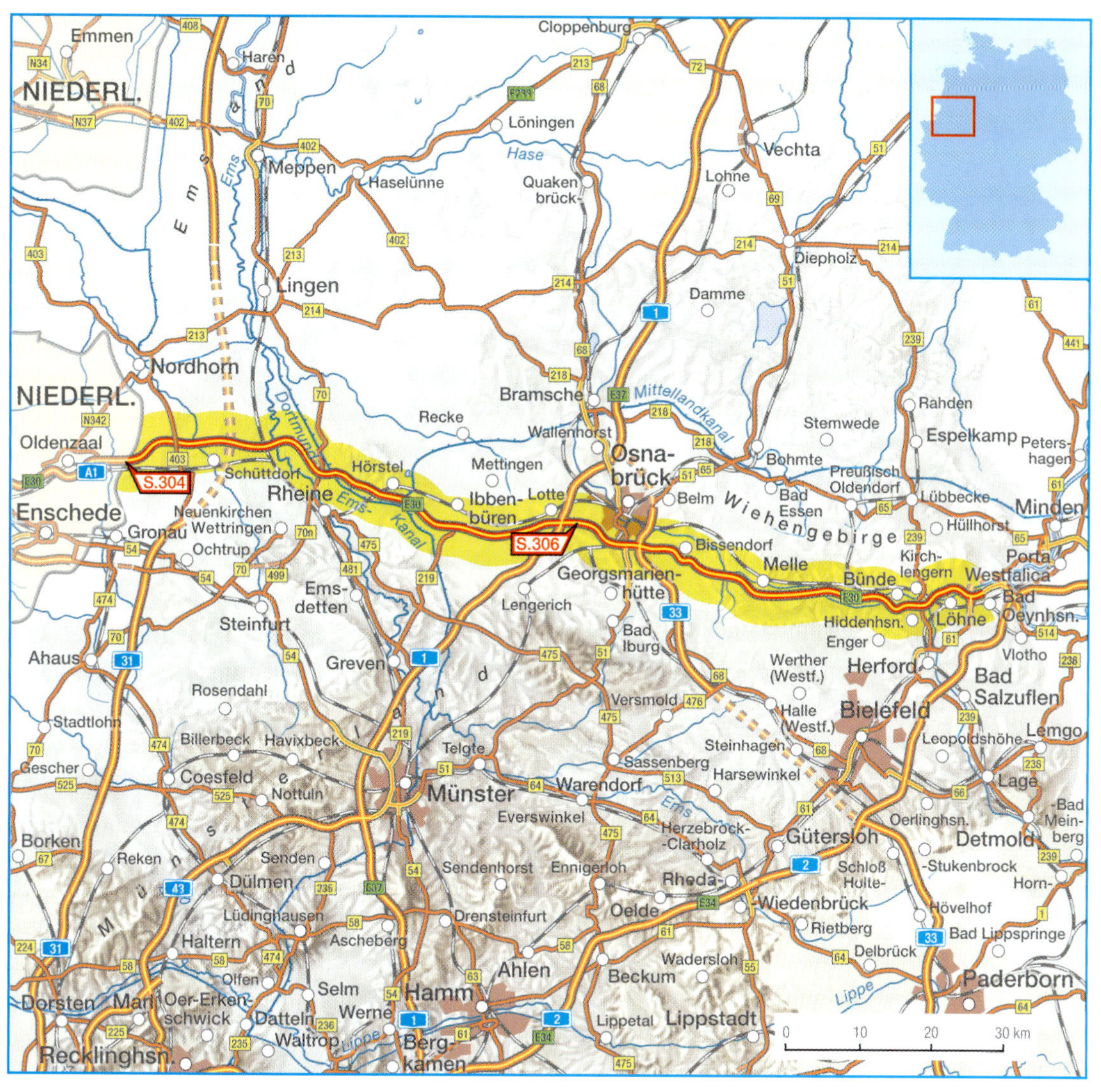

1 Umgeben von Laubwald kreuzt die **B403** hier die A30. Die Bundesstraße dient zurzeit noch als Autobahnersatzstrecke in der Lücke der A31 zwischen Wietmarschen im Norden und Ochtrup-Nord im Süden.

2 Südlich der A30 ist der 81 m hohe Kirchturm von **Schüttorf**, der ältesten Stadt im Landkreis Grafschaft Bentheim, zu sehen. Schüttorf an der Vechte (15 000 Einwohner) ist berühmt für seine Bauten aus Bentheimer Sandstein.

3 Noch ist es eine Großbaustelle: Unmittelbar nach der AS Schüttorf entsteht ein neues Autobahnkreuz, das **Schüttorfer Kreuz**. Die noch unvollendete Nord-Süd-Autobahn A31 Emden-Bottrop kreuzt hier die A30.

4 Die A30 steigt etwas an, und über den Wald hinweg tauchen im Süden die Dächer von **Salzbergen** auf. Die 1177 erstmals genannte Stadt lebte lange Zeit vom Salzabbau. Seit dem 19. Jh. hat die Erdölverarbeitung für das 7500 Einwohner zählende Salzbergen besondere Bedeutung. Doch auch landschaftlich ist Salzbergen interessant: Die Emsniederung ist die grüne Lunge der Stadt. Ein für das Emsland seltener Buchenwald und der 160 000 m² große Hegemühlsee liegen in der Nähe der Stadt.

5 Unmittelbar östlich der AS Salzbergen überquert die A30, von Wald umgeben, die windungsreiche **Ems**. Der stattliche Fluss entspringt im Süden in der Senne und mündet nach 371 km in die Nordsee.

6 Erst tauchen die Bögen einer großen Hängebrücke am Horizont auf, dann glitzert dem Autofahrer von Süden her ein Kanal entgegen: Die A30 überquert den 269 km langen **Dortmund-Ems-Kanal**, der seit 1899 in Betrieb ist.

7 Im Südwesten der A30 sind bereits die Türme der St.-Dionys-Kirche und der St.-Antonius-Basilika von **Rheine** zu sehen. Der Kirchturm der St.-Antonius-Basilika ist mit 102 m der höchste in ganz Westfalen. Die 75 000 Einwohner zählende Stadt Rheine liegt direkt an der Ems und ist geprägt von hübschen Bürgerhäusern aus der Zeit der Renaissance und des Barock.

8 **„Teutoburger Wald“** (Informationstafel): Das Schild zeigt eine bewaldete Bergkuppe. Tatsächlich ist das 110 km lange Mittelgebirge, das nach Tacitus Schauplatz der Varusschlacht im Jahre 9 n.Chr. war, schon seit einigen Kilometern am östlichen Horizont zu sehen. Die ersten Höhen steigen auf knapp über 150 m an. Genau in der Verlängerung der A30 sehen Sie einen Sendeturm. Er steht auf dem Schafberg bei Ibbenbüren, der bereits zum Teutoburger Wald gehört. Davor hebt sich der 96 m hohe Huckberg aus der flachen Umgebung.

9 Die A30 läuft hier direkt auf das Kohlekraftwerk Ibbenbühren zu, das mit seinen zwei Kühltürmen

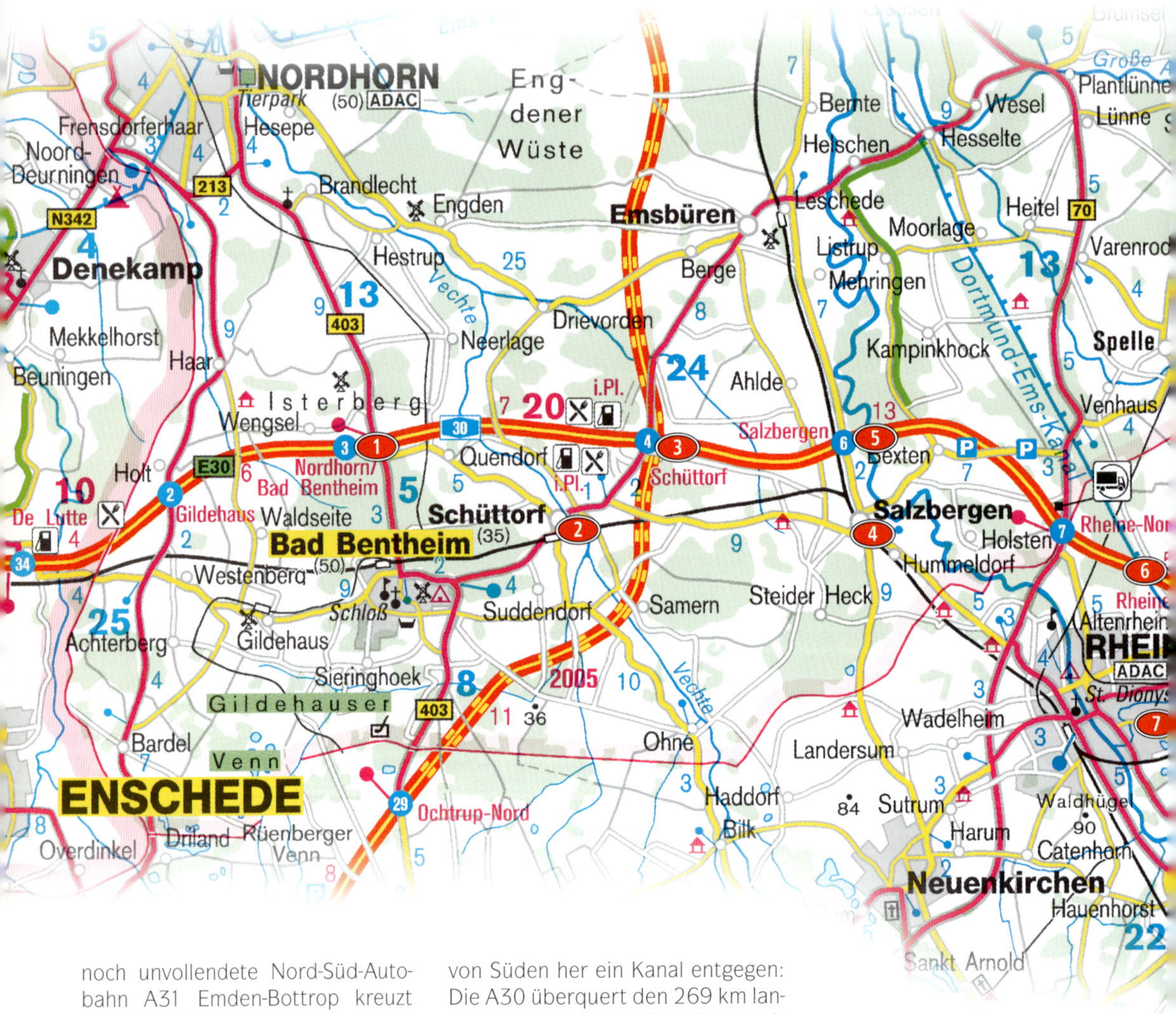

Hengelo (NL) ←

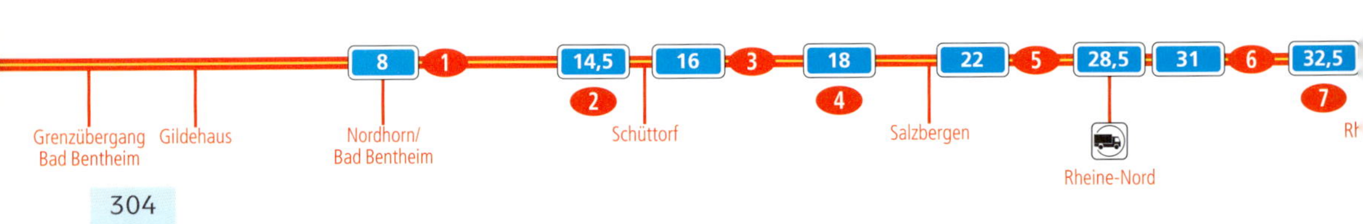

am Horizont steht. Hier führt die A30 auch über den 1938 fertig gestellten **Mittellandkanal**. Er ist zwischen Bevergern und Magdeburg-Rothensee in Sachsen-Anhalt 325 km lang und verbindet das westdeutsche Kanalsystem mit Weser und Elbe.

10 Wenige hundert Meter nördlich der A30 sind zwischen Bäumen eine schlanke Turmspitze und ein rotes Ziegeldach zu erkennen. Sie gehören zum **Kloster Gravenhorst**, einem einstigen Zisterzienserinnenkloster aus dem 13. Jh., der einzigen komplett erhaltenen mittelalterlichen Klosteranlage im Norden Westfalens. Der Zisterzienserorden wurde als benediktinischer Reformorden 1098 in Burgund gegründet und verbreitete sich seit dem 12. Jh. auch in Deutschland.

11 Südlich erkennt man den Beginn des **Teutoburger Waldes**. Dahinter liegt, nicht sichtbar von der Autobahn, **Schloss Surenburg**. Pferdefreunde kennen den Familiensitz von Constantin Freiherr von Heeremann, dem ehemaligen Präsidenten des Deutschen Bauernverbandes: Dort finden internationale Wettbewerbe im Gespannfahren statt.

12 Lange vor der AS Ibbenbüren sind bereits die ersten Häuser der Stadt **Ibbenbüren** nördlich der A30 zu sehen. Die beiden Kühltürme des Kohlekraftwerks beherrschen das Becken zwischen Wiehengebirge und Teutoburger Wald. Die Oeynhausen-Zechenanlage der Deutschen Steinkohle AG ist größter Arbeitgeber, außerdem ist eine Reihe chemischer und metallverarbeitender Unternehmen hier ansässig. Dennoch leben die rund 50 000 Einwohner in einer grünen Stadt, die geprägt ist von Fachwerk- und Sandsteinfassaden.

13 Im Süden sehen Sie auf eine Anhöhe von 159 m, die so genannten **Dörenther Klippen**. Sie sind bekannt für ihre bizarren Felsformationen.

14 **„Tecklenburger Land“** (Informationstafel): Die Tafel zeigt die Silhouette von Tecklenburg mit Kirche, Fachwerkfassaden und einem Trompeter auf dem Stadttor. Das Tecklenburger Land ist eine alte Grafschaft am Rand des Teutoburger Waldes (siehe auch A1, S. 26).

15 **„Osnabrück Rathaus des Westfälischen Friedens“** (Informationstafel): Auf dem Schild ist das Rathaus Osnabrück abgebildet. Hier wurde 1648 der Friedensvertrag zum Ende des Dreißigjährigen Krieges unterzeichnet.

„Hockendes Weib“ nennt der Volksmund diese von der Natur geschaffene Felsskulptur in den Dörenther Klippen **13**, *südlich von Ibbenbüren.*

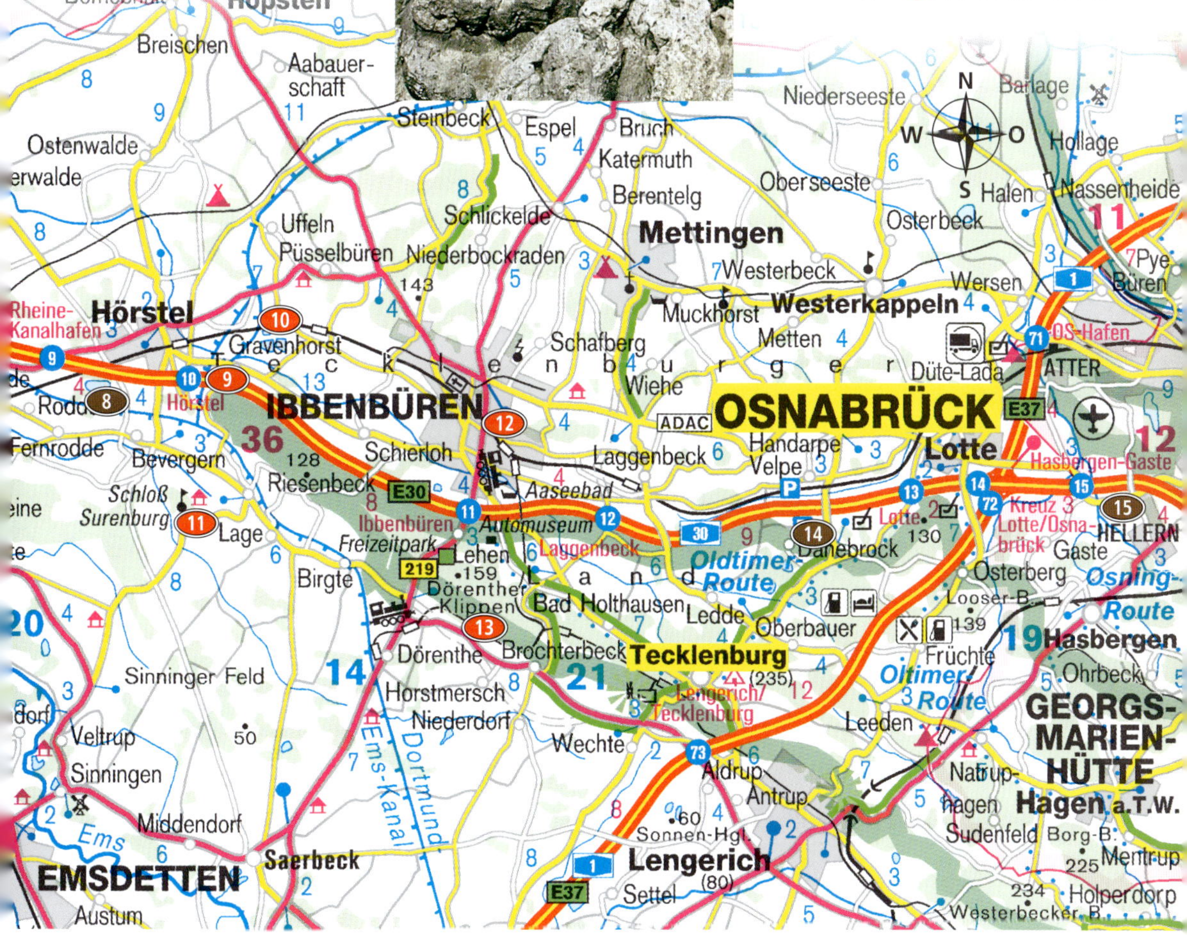

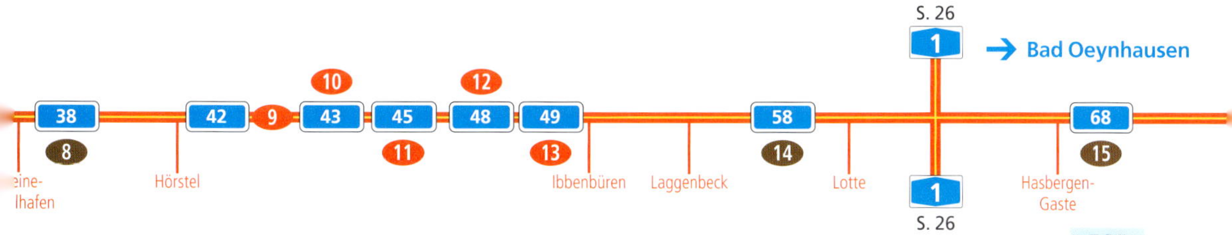

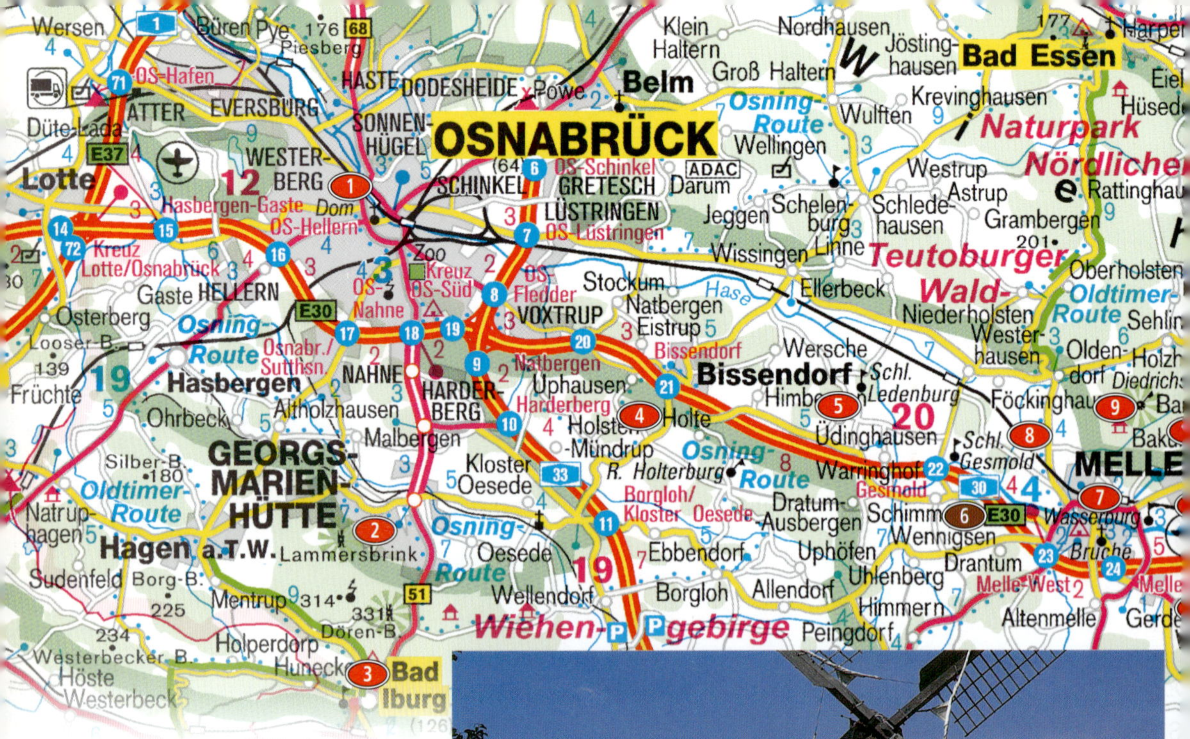

1 Zwischen Büschen und Bäumen sind nördlich der A30 die wuchtigen Türme von St. Peter, St. Johannis und der Marienkirche zu erkennen: Vor Ihnen liegt **Osnabrück**. Karl der Große soll 783 hier an der Hase einen Bischofssitz gegründet haben. 1648 wurde im Rathaus zu Osnabrück der Westfälische Frieden geschlossen, mit dem der Dreißigjährige Krieg endete. Heute ist Osnabrück eine Universitätsstadt mit 170 000 Einwohnern.

*Die Kolthoffsche Mühle in Levern am nördlichen Rand des Osnabrücker Landes **6** ist eines der schönsten Beispiele der Westfälischen Mühlenarchitektur.*

2 Bei gutem Wetter können Sie südlich der Autobahn auf einer dicht bewaldeten Anhöhe am Horizont den **Varusturm** erkennen. Der Aussichtsturm steht auf dem 310 m hohen Lammersbrink, zu dessen Füßen sich der Ort Georgsmarienhütte ausbreitet.

3 ★ Von der AS Osnabrück-Nahne lohnt ein Abstecher nach **Bad Iburg** (10 km, 10 Min. in Richtung Süden). Besondere Attraktion des idyllischen Kurstädtchens im Naturpark Nördlicher Teutoburger Wald ist das private Uhrenmuseum von Peter Taschenmacher (Geografenhof 5). Es zeigt insgesamt 789 Uhren aus 300 Jahren.

4 Südlich der A30 sehen Sie in einer Senke das Dorf **Holte**. Das ganze kleine Dorf ist denkmalgeschützt, denn es gilt als besonders schönes Beispiel einer Kirchensiedlung mit Meierhof, Pastorat, Schulhaus, Gastwirtschaft und Kramladen. Das Dorf entstand um die 1153 erstmals erwähnte Kirche herum.

5 Die A30 senkt sich in ein Tal und Sie haben Gelegenheit zu einem Blick nach Norden. In der Parklandschaft blitzen zwischen Bäumen die Dächer des Dorfes **Üdinghausen** hervor. Dahinter liegt **Schloss Ledenburg**, ein Musterbeispiel der Weserrenaissance (nur von außen zu besichtigen).

6 **„Osnabrücker Land“** (Informationstafel): Das Schild zeigt ein Schloss auf einem Hügel. Es weist damit auf die vielen Wasserburgen und Herrensitze der waldreichen Ferienregion zwischen Teutoburger Wald und Wiehengebirge hin. Mit diesen beiden Höhenzügen besitzt die Region einen der größten Naturparks Deutschlands.

7 Nördlich der Autobahn ragen die Türme der Matthäus- und der Petrikirche von **Melle** aus der Landschaft. Die 46 000 Einwohner zählende Stadt am Rande des Grönegau ist mit ihrem Automuseum eine Station an der 192 km langen **Oldtimer-Route**. Unter dem Motto „Geschichte auf Rädern“ zeigt das Museum berühmte Fahrzeuge aus allen Epochen der Automobilgeschichte.

8 Direkt neben der A30 tauchen Sandsteinmauern und barocke Dachformen über einer prächtigen Fassade auf: Die A30 führt an der Rückseite des 1703 errichteten **Barockschlosses Gesmold** vorbei.

9 Der Wald nördlich der Stadt Melle verbirgt die romantische **Ruine der Diedrichsburg**. Von dort aus genießt man einen schönen Rundblick auf die Schlösser und Burgen, von denen Melle umgeben ist.

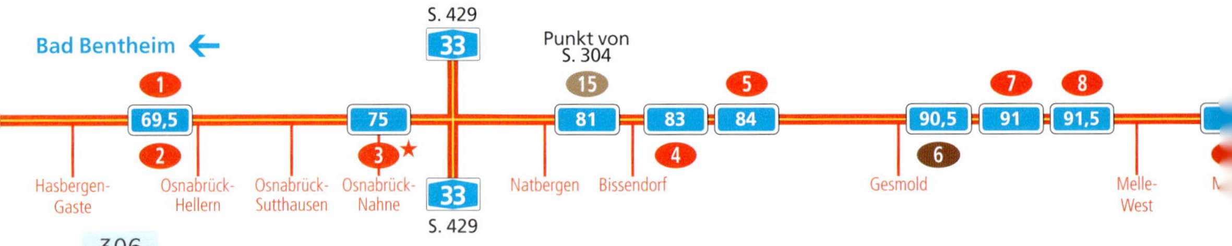

10 Schon von weitem ist der Schriftzug **„Grönegau“** an einer Tank- und Raststätte zu erkennen. Grönegau (Grüner Gau) ist der Name der bäuerlichen Landschaft, durch die Sie seit einigen Kilometern reisen. Typisch für den Grönegau sind die so genannten Niedersachsenhäuser: Fachwerkbauten, deren Fassaden von einem großen Dielentor bestimmt werden.

11 Im Norden der A30 sehen Sie eine Anhöhe: die Eickener Egge. An ihrem Fuß liegt der Ort **Barkhausen**. Dort wurden im Jahre 1921 in einem Steinbruch Fußabdrücke von Dinosauriern freigelegt. Es lassen sich ganze Fährtenlinien verfolgen. Sie befinden sich in einer steilen Steinwand.

12 **„Wiehengebirge“** (Informationstafel): Die Tafel zeigt einen Ritter zu Pferde und ein Fachwerkhaus. Das Wiehengebirge ist der nördlich der Autobahn gelegene Höhenzug, der die A30 über 70 km von Osnabrück bis Minden begleitet – eine bis 320 m hohe, aufgelockerte Mittelgebirgslandschaft. Zahlreiche Wasserburgen zeugen von der Wehrhaftigkeit der einst hier ansässigen Ritter in Diensten der Osnabrücker Fürstbischöfe.

13 Hinter einer Lärmschutzwand nördlich der A30 befindet sich die **Zigarrenstadt Bünde**. Im Jahre 1843 eröffnete Tönnies Wellensiek dort die erste Zigarrenfabrik. Heute sind hier noch vier Zigarrenhersteller tätig. Jede dritte in Deutschland hergestellte Zigarre stammt aus Bünde. Das Tabakmuseum gibt Einblick in die Geschichte des blauen Dunstes.

14 Südlich der A30 sehen Sie bereits die ersten Häuser und den Kirchturm von **Löhne** an der Werre. Im Vordergrund direkt an der Autobahn beherrscht eine riesige **Produktionshalle** der Firma Danielmeyer das Bild. Das 60 Jahre alte Familienunternehmen stellt Küchenprofile und Arbeitsplatten her.

15 Eine Ampelkreuzung markiert das Ende der Autobahn – der westfälische Kurort **Bad Oeynhausen** ist erreicht. 1845 stieß hier Freiherr Carl Ludwig August von Oeynhausen auf eine Thermalsolequelle. Noch im selben Jahr wurde der Badebetrieb eröffnet. 1926 fand man dann die weltweit größte kohlensäurehaltige Thermalsolequelle. Zu den Sehenswürdigkeiten der Stadt gehört das Motorrad- und Automuseum (Weserstraße 225).

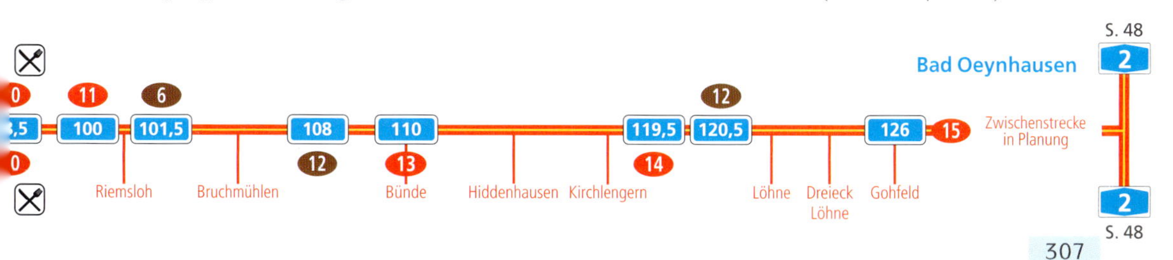

Von Emden ins Ruhrgebiet

Emden → Leer → Meppen → Bad Bentheim → Gronau → Coesfeld → Bottrop

Die A31 ist eine Bürger-Autobahn im besten Wortsinn. Denn die Strecke von Emden in Ostfriesland durch das Emsland ins Ruhrgebiet hat eine in der Bundesrepublik Deutschland einmalige Entstehungsgeschichte: Sie wird auf private Initiative hin und mit privat bereitgestellten Mitteln bis 2005 fertig gebaut.

Dabei war den verantwortlichen Behörden schon lange klar, dass das flache Land hinter den Deichen der Nordseeküste enger an die Wirtschaftszentren des Landes angebunden werden musste. Zum Meer hin ist die Anbindung auf natürliche Art gelungen: Da stellt die sich tief ins Land wölbende Bucht, der Dollart, bereits eine vorgegebene Verbindung zwischen dem Binnenwasserstraßennetz und der Nordsee dar. Doch wer den Dollarthafen Emden über die Landstraße ansteuert, braucht vor allem eines: Geduld – keine gute Voraussetzung für eine rasche wirtschaftliche Entwicklung.
Bereits die Straßenplaner in den 30er-Jahren hatten Ostfriesland im Blickfeld. Als das Reichsautobahnamt 1940 seinen Streckenplan überarbeitete, wurden dick die Hauptstrecken markiert, die sich seinerzeit bereits im Bau oder gar im Gebrauch befanden. Und immerhin ein dünnes Strichlein zog sich von Emden nach Ahaus. Als Autobahn 34 sollte die neue Straße dort auf die Autobahn 33 treffen, die von Holland über Osnabrück zur Nord-Süd-Hauptachse zielte.
Drei Jahrzehnte gingen ins Land, bis sich Autobahnplaner wieder der nordwestlichen Ecke Deutschlands entsannen. Anfang der 80er-Jahre wurde schließlich im Ruhrgebiet mit dem Bau begonnen – vom Kreuz Bottrop an der A2 bis Borken und Gescher. Gegen Ende der 80er-Jahre stellte man Mittel für den Norden bereit. Zwischen Bunde und Emden entstand eine 4-spurige Schnellstraße. Erst in den Neunzigern schob sich das Betonband weiter nach Süden. Schließlich wurde Meppen erreicht, dann Twist und Geeste. Von Süden her reichten die Mittel bis Ochtrup-Nord. Für die noch fehlenden 41 km nach Geeste wären rund 420 Mio. Mark nötig gewesen. Vor 2016, hieß es im Bundesverkehrsministerium, stehe leider kein Geld zur Verfügung.

Die Lücke kostet Zeit und Geld

Den Stillstand wollten weder Kommunen noch Unternehmen aus dem betroffenen Gebiet hinnehmen. Im emsländischen Papenburg arbeitet eine der größten deutschen Werften

Noch klafft zwischen Ochtrup und Witmarschen eine Lücke; bis 2005 soll sie geschlossen sein.

weit im Hinterland der Nordseeküste. Die Meyer Werft ist auf zahlreiche Zulieferer angewiesen, ehe beispielsweise ein neues Kreuzfahrtschiff über die Ems nach Emden zur Probefahrt gebracht werden kann. Anderen Unternehmen ergeht es ähnlich. Zeit ist Geld, wenn eine Spedition pünktlich ans Fließband liefern muss. Auf der 45 km langen B403 zwischen den beiden Autobahnenden lassen Ortsdurchfahrten und Ampeln schnell eine Stunde vergehen – für eine Strecke, die auf der Autobahn in rund 20 Minuten zu bewältigen wäre.
Nachteilig ist das Nadelöhr auch für den Fremdenverkehr. Die Nordsee bei Emden wäre von Rhein und Ruhr aus über die A31 im Nu zu erreichen. Doch Gastronomen, Hoteliers und Pensionsbetreiber an der Küste müssen angesichts der Staumeldungen von der B403 bislang auf manchen Kurzbesuch verzichten.

Der finanziellen Notlage der öffentlichen Hand begegneten Unternehmen und Kommunen mit einer beispiellosen Sammelaktion. Ein Initiativkreis A31 wurde gebildet. Die Ostfriesen erwiesen sich als ausgeschlafene Financiers. Oliver Jüchems, ein Musikstudent aus dem ostfriesischen Dorf Marienhafe, schuf den Titelsong für eine Benefiz-CD. Von jeder verkauften Scheibe gehen 2 Mark für die Autobahn auf ein Sammelkonto. Die Stadt Papenburg ließ ein Video produzieren. 2,50 Mark von jeder Kassette stützen das Autobahnprojekt. Größere Summen brachten diejenigen auf, für die sich die Autobahn in klingender Münze auszahlt: Industrie- und Gewerbebetriebe sowie die betroffenen Landkreise, Städte und Gemeinden. VW Emden, die Erdölraffinerie Emsland, die Meyer Werft aus Papenburg, Speditionen und andere Unternehmen steuerten insgesamt 16,6 Mio. Mark bei. Auch die niederländische Regierung beteiligte sich mit 23,3 Mio. Mark. Insgesamt sollen auf diese Weise mehr als 105 Mio. Mark zusammengekommen sein.
Das brachte die zuständigen Stellen in Bewegung. Gegen einen Baukostenvorschuss von 105 Mio. Mark verpflichtete sich der Bund, die Autobahn bis 2005 fertig zu stellen. Nun laufen die Arbeiten auf Hochtouren. Technisch ist das Unterfangen nicht ganz einfach, denn die A31 durchquert ein Moorgebiet und muss deshalb ein besonders tiefes Fundament erhalten, damit sich der Belag nicht in kürzester Zeit wellt.

31

- **Länge** 243 km / 2:52 h
- **Entfernungen und Fahrzeiten** (ca.)

AS Emden-West – AD Leer
31 km / 0:24 h
AD Leer – AS Geeste
86 km / 0:45 h
(Strecke in Planung zwischen AS Geeste und AS Ochtrup-Nord:
45 km / 1:00 h)
AS Ochtrup-Nord – AS Gescher/Coesfeld
36 km / 0:19 h
AS Gescher/Coesfeld – AK Bottrop
45 km / 0:24 h

1 Südlich der A31 sehen Sie die Dächer von **Emden**. Die Autobahn verläuft hier auf einem hohen Damm, was einen Überblick ermöglicht. Die Stadt wurde im Zweiten Weltkrieg zu 80 Prozent zerstört. Erhalten blieb u.a. das Hafentor von 1635 am Ratsdelft, einem mittelalterlichen Hafenbecken, in dem Museumsschiffe ankern.

2 Die Hafenkräne, die Sie an dieser Stelle im Südwesten der A31 am Horizont sehen, stehen in Emden, einem der wichtigsten Seehäfen Europas. Die günstige geographische Lage der Stadt – durchgängig schiffbares Wasser und der direkte Anschluss an das Binnenwasserstraßensystem sowie das Schienen- und Fernstraßennetz – machen den **Seehafen Emden** für den Güterumschlag und Passagierverkehr gleichermaßen attraktiv.

3 Westlich der A31 ist eine hübsche **Klappgalgenbrücke** über einen kleinen Kanal zu sehen. Sie ist weiß gestrichen und erinnert an die benachbarte Niederlande, in denen solche Klappbrücken zum typischen Landschaftsbild gehören.

4 Im Vorüberfahren können Sie einen Blick auf den schieferschwarzen Turm der evangelisch-lutherischen **Kirche von Warsingsfehn** erhaschen. Der Ort liegt mitten im ostfriesischen **Fehnland**. Fehn ist der niederdeutsche Ausdruck für Moor. Östlich der AS Neermoor geht es zum Rundkurs der 160 km langen Deutschen Fehnroute, der sich besonders für ausgedehnte Fahrradtouren eignet.

5 Lichtere Stellen im Buschwerk westlich der A31 lassen eine parallel zur Autobahn verlaufende Landstraße erkennen. Sie ist ein Teilstück der **Grünen Küstenstraße** und der **Klaus-Störtebeker-Straße**, die hier gemeinsam verlaufen. Erstere verbindet Küstenorte von Ostfriesland über Schleswig-Holstein bis hinauf zur dänischen Grenze. Die zweite ist nach dem Anführer der Freibeuter benannt, die vor über 600 Jahren Handelskoggen kaperten und damit der Hanse große Verluste zufügten. Schließlich wurde Störtebeker im Jahr 1401 in Hamburg enthauptet.

6★ Die malerische Innenstadt von **Leer** lohnt unbedingt einen Abstecher. Der Stadthafen vor dem Rathaus mit seinem neobarocken Turm von 1894, die Haneburg aus dem 17. Jh. – eine der wenigen erhaltenen Renaissanceburgen in Ostfriesland – und die pittoresken Gässchen der Altstadt verströmen einen besonderen Zauber (Anfahrt über die AS Leer-Nord und die B70; 3 km, 5 Min.).

7 Hier führt die A31 in die dunkle Öffnung des **Emstunnels** hinab. Das 1453 m lange, mit zwei 945 m langen Röhren ausgestattete Bauwerk wurde 1989 feierlich eröffnet. Eine Autobahnbrücke hätte mindestens 26 m hoch über die Ems führen müssen, um den Seeschiffsverkehr nicht zu behindern.

8 Windräder sind entlang der A31 nichts Ungewöhnliches. Beim **Parkplatz Rheiderland** in Holgaste aber steht östlich der Fahrbahn eine ganze Gruppe von **zwölf Turbinen**. Jeder der 93 t schweren Türme ist auf zwölf Betonpfählen 24 m tief in der Erde verankert und ragt über 50 m in die Höhe. Der Rotordurchmesser beträgt jeweils 43 m. Die gewaltigen Rotoren decken mit über 6 MW Leistung den Strombedarf von 4000 Haushalten.

9 Bei km 7,5 bilden die moderne und die traditionelle Nutzung der Windenergie einen reizvollen Kontrast: Zwei alte **Windmühlen** mit je vier hölzernen Flügeln zu beiden Seiten der A31 konkurrieren mit neun **Windturbinen** an der Ostseite der Autobahn. Die Windmühle im Ort Bunde westlich der A31 wurde 1869 erbaut. Im Jahre 1911 erweiterte man sie zu einem der schönsten und größten vierstöckigen Galerieholländer mit gemauertem Unterbau. Nach einer zwischenzeitlichen Stilllegung wurde sie 1998 wieder in Betrieb genommen.

10 Zwischen den Orten Weener und Bunde wird die A31 von hübschen Begrünungen flankiert. **Weener**, östlich der Autobahn auf einem Geestrücken gelegen, nennt sich wegen seiner zahlreichen Grünflächen die „Grüne Stadt im Rheiderland“. Auf dem höchsten Punkt des Ortes steht die Georgskirche (1230). Die Altstadt ist geprägt von Häusern aus dem 18. und 19. Jh. Im Alten Hafen (16. Jh.) ankern u. a. auch historische Schiffe vor einer Kulisse aus attraktiven Fassaden, schlichten Wohnhäusern und Speichern.

11 Hinter dichtem Grün liegt 10 km östlich der Autobahn **Papenburg**. Die Stadt erlangte große Bekanntheit durch die Meyer-Werft, die hier Luxusliner und Fährschiffe baut.

12 Durch die Bäume östlich der A31 können Sie einen Blick auf die Windmühle und die zwei Kirchturmspitzen der **St.-Nikolaus-Kirche von Rhede** erhaschen. Die Kirche ist ein wuchtiger neoromanischer Ziegelbau aus dem Jahre 1913. Rhede ist einer der ältesten Orte in der Umgebung. 829 wurde er in einer Schenkungsurkunde an das Kloster Corvey (Weser) erstmals erwähnt.

Im Alten Rathaus am Ratsdelft in Emden 1, wo die A31 beginnt, befindet sich das Ostfriesische Landesmuseum mit einer herausragenden Rüstkammer

13 Östlich der A31 sehen Sie einige Gehöfte und einen kleinen Wald von **Borsum**. Der Ort liegt auf einer Sanddüne und glich früher einer Insel, denn es gab keine hochwasserfreien Verbindungen zu den Nachbargemeinden. Erst 1931/32 wurde zwischen Borsum und Rhede eine Straße gebaut, die auch bei Hochwasser befahrbar bleibt.

14★ Die **Festung Bourtange**, 1 km hinter der niederländischen Grenze, ist eine einzigartige Sehenswürdigkeit und einen Abstecher wert. Im Jahre 1580 gab Prinz Wilhelm von Oranien den Auftrag zur Anlage eines befestigten Fünfecks zwischen Groningen und Lingen. Die Festung Bourtange wurde Teil der Grenzverteidigungslinie der Provinzen Groningen, Friesland und Drenthe. 1964 hat man die verfallene Festung rekonstruiert. Heute können die eindrucksvollen Befestigungsanlagen besichtigt werden. Sie erreichen die Festung über die AS Dörpen und die B401 in Richtung Vlagtwedde in den Niederlanden nach 7,5 km, 15 Min.

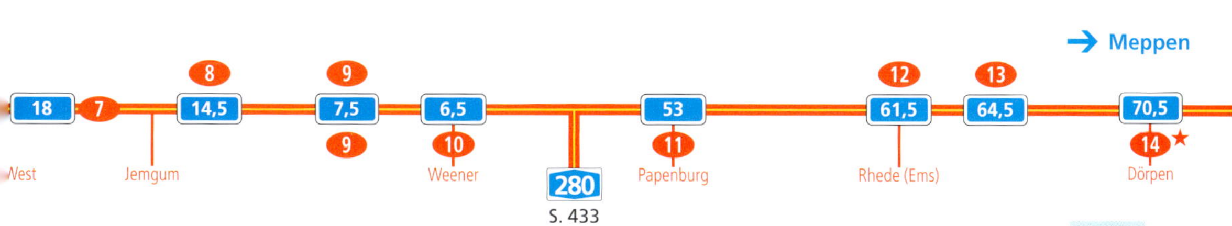

Der Transrapid

Zwischen Dörpen und Lathen läuft circa 11 km entfernt parallel zur A31 bereits seit 1985 die Versuchsstrecke der Magnetschwebebahn Transrapid. Sie erreicht auf der 31,5 km langen Strecke Geschwindigkeiten von 300 km/h und mehr. Dort kann die Zukunft aus nächster Nähe besichtigt werden. Wer zur rechten Zeit kommt, darf mitschweben (Fahrpreis 20,45 EUR, Anmeldung unter Tel.: 0 18 05/22 45 46). Schweben ist das Schlüsselwort des Transrapid-Systems, das weder fährt noch gleitet oder fliegt. Das berührungsfreie Tragen des Fahrzeugs erfolgt durch Elektromagnete. Die Techniker im Emsland sprechen vom „Fliegen in Höhe Null". Als Antrieb dient ein Elektromotor, dessen aktiver, stromdurchflossener Teil – ein so genannter Langstator-Linearmotor – sich im Fahrweg befindet. Im Fahrzeug selbst sind nur Tragmagnete. Weil der Fahrweg in Brückenhöhe auf Betonträgern verläuft, kann der Boden darunter landwirtschaftlich genutzt werden. Bis knapp 200 km/h schwebt die Schnellbahn nahezu lautlos. Jenseits dieser Geschwindigkeit pfeift sie als „Luftzug" übers Land. Derzeit werden zwei Einsatzmöglichkeiten in Deutschland geprüft: In München soll der Transrapid die Innenstadt mit dem Flughafen verbinden und die Zugfahrt von jetzt 45 Min. auf nur 10 Min. verkürzen; in Nordrhein-Westfalen könnte er als „Metrorapid" das Ruhrgebiet zwischen Düsseldorf und Dortmund durchqueren. Die realisierten Varianten sollen schon zur Fußball-WM 2006 fertig gestellt sein. In der chinesischen Großstadt Schanghai wird bereits an einer 30 km langen Transrapidstrecke gebaut. Sie soll 2004 in Betrieb gehen.

1 Ebene Weiden, kleine Baumgruppen, Bauernhäuser aus rotem Backstein mit landestypisch tief heruntergezogenen Dächern; im Sommer schwarzbunte Rinder auf sattgrünen Flächen. Das ist das Bild, das sich Ihnen hier zu beiden Seiten der A31 bietet. Halb von Wald verdeckt ist im Osten das Dorf Walchum zu sehen. Hinter dem Mischwald, der bis an die A31 heranreicht, schlängelt sich die Ems durch das **Walchumer Moor**. Bei Walchum führt eine Brücke über den Fluss in den Weiler Kluse-Steinbild hinüber. In der Kirche ist die gotische „Madonna der Fahrensleute" zu bestaunen und gleich daneben das Wasserschloss Gut Kampe aus dem Jahr 1649.

2★ An **Lathen** (6 km, 8 Min.) sollten Sie nicht einfach vorbeifahren. Hier können Sie ein Stück Zukunft besichtigen: die **Versuchsstrecke der Magnetschwebebahn Transrapid** (siehe oben). Zum zweistündigen Besucherprogramm gehört die Besichtigung des Versuchszentrums und der Versuchsstrecke sowie eine Filmvorführung im Informationszentrum Dörpen.

3 Wieder befinden Sie sich mitten im Moorwald. Eine schlichte Straßenbrücke führt über die A31. Auf der Brücke quert die **Westerwolde-Hümmling-Route** die A31. Dabei handelt es sich um eine landschaftlich sehr reizvolle, 110 km lange Fahrradrundstrecke vom Hümmling ins niederländische Westerwolde. Der Hümmling ist eine 70 m hohe Erhebung etwa 25 km östlich der A31. Die Fahrradroute führt nach Westen durch das Bourtanger Moor in die Niederlande nach Bellingwolde, von dort wieder ins Emsland und umkreist über Rhede, Surwold und Sögel den Hümmling.

4 Zwei große Windturbinen nahe der A31 ziehen den Blick auf sich. Die kleine Siedlung hinter Bäumen östlich der A31 heißt **Landegge** und birgt ein uraltes Kleinod: Auf dem künstlich aufgeschütteten Hügel steht seit 1178 eine Kapelle. Heute ist sie eine beliebte Hochzeitskirche. Im Herrenhaus Landegge aus dem 17. Jh. ist ein Hotel untergebracht.

5 Zwischen Lärmschutz und Begrünung ist ein Blick auf **Haren an der Ems** zu erhaschen. Idyllisch zwischen Wäldern in der Emsniederung gelegen, hat sich die alte Fischersiedlung zu einem beliebten Urlaubsziel entwickelt. Die barocke St.-Martins-Kirche gilt als der Dom des Emslandes.

6 Auf der Brücke haben Sie die Möglichkeit, östlich der A31 eine Turmspitze von **Schloss Dankern** zu erspähen. Das Wasserschloss aus dem Jahr 1680 ist als Urlaubsanlage für Familien gestaltet. Im Dankernsee befindet sich eine Wasserskianlage.

7 **Wesuwe**: Über die Herkunft des sonderbaren Namens, der auf dem Anschlussstellenschild ganz oben steht, rätseln die Forscher. So heißt ein typisches Emslanddorf, das 4 km östlich der Autobahn liegt. Der Name lässt sich vermutlich auf die altfriesischen Wörter „wes" für Sumpf und „uwe" für Weide zurückführen. Eine sumpfige Weidefläche ist genau das, was das Wesuwer Moor auch heute noch darstellt.

8 Hier verläuft die A31 auf einem Damm und ermöglicht Ihnen einen guten **Überblick über die Wälder**. Linealgerade Gräben durchziehen das Moor; sie dienen der Torfgewinnung.

9 Moor – so weit das Auge reicht. Auf der Brücke über die A31 verläuft die B402; sie führt nach **Meppen** (9 km) mit seiner prächtigen Probsteikirche. Die 35 000-Einwohner-Stadt ist über 1200 Jahre alt. 1360 erhielt sie das Stadtrecht und wurde mit einer Stadtmauer und einem Graben befestigt, die noch heute zu sehen sind. Auf dem Kruppschen Schießplatz von 1877 arbeitet heute die Erprobungsstelle der Bundeswehr für Waffen und Munition.

10 Unübersehbar ist die **Autobahnkapelle** am Parkplatz Heseper Moor. Eingebettet in eine Moorlandschaft, wurde sie ganz im Stil der Gegend gestaltet: roter Backstein mit hübscher Ziegelornamentik. Die Gebäude auf der Ostseite der A31 gehören zum größten **Moormuseum** Deutschlands. Auf rund 30 ha Hochmoorfläche zeigt das Groß-Heseper Museum Geschichte und technische Entwicklung der Torfgewinnung. Eine Attraktion ist der größte Pflug der Welt, der in den 50er- und 60er-Jahren des 20. Jh. zur Moorkultivierung eingesetzt wurde. Das Museum erreichen Sie über die AS Geeste, wenn Sie etwa 5 km auf der Landstraße östlich der A31 nach Norden zurückfahren.

11 Die Gleise, die 0,5 km nördlich des Parkplatzes Heseper Moor die A31 auf einer Brücke überqueren, gehören zu einer betriebsfähigen **Moorbahn**. Mit den Loren wird der Torf abtransportiert.

Emden ←

76

Dörpen

83

Lathen

86

3

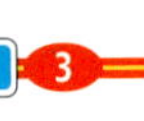

90,5

Haren (Ems)

91

12 Im Osten der A31 nicken **Erdölpumpen**. 1942 wurde hier Öl gefunden, und seitdem geht es mancher vormals armen Emslandgemeinde wirtschaftlich wesentlich besser. Auch **Geeste** gehört dazu. Die Stadt liegt 5 km östlich der Autobahn auf der anderen Emsseite. Ihre Attraktion ist der Geester Speichersee. Anfang der 1980-er Jahre angelegt, ist er heute ein Wassersport-Eldorado.

Neugnadenfeld
Adorf
Groß Heseper
Emsland-Moormus.
Osterbrock
Bramhar
Geeste
Speichersee Geeste
Wietmarscher Twist
Moor
Geeste
Dalum
Bathorn
Coevorden-Piccardie-Kanal
Holte
Clusorthbramhar
Dalumer Moor
2002
Georgsdorf
Scheerhorn
Berge
Alte Piccardie
Füchtenfeld
Schwartenpohl
Biene
Holthausen
Duisenburg
Dalumer Feld
Wachendorf
Brögbern
Esche
Bischofspool
Osterwald
Veldgaar
Binnenborg
Veldhausen
Hohenkörben (Kirchspiel Veldhausen)
Wietmarschen i.B.
Altenlingen
Nordlohne
Dortmund-Ems-Kanal
Brockhausen
LINGEN (EMS)
Münnigbüren
Wietmarschen
2004
Mittellohne
Schepsdorf
Baccum
Neuenhaus
Bimolten
Hohenkörben (Kirchspiel Nordhorn)
Lohne
Ramsel
Darme
Grasdorf
Dinkel
Südlohne
Rottum
Lage
Bookholt
Süd-Nord-Kanal
Kirchhof
Herzford
Estringen
Frenswegen
Klausheide
Hanekenfähr
Hüvede-Sommeringen
Polle
Breklenkamp
Elbergen
Bramsche
Ems-Vechte-Kanal
Gleesen
Sperrgebiet
Lattrop
ADAC
NORDHORN
2005
Tierpark (50)
Engdener Wüste
Bernte
Wesel
Frensdorferhaar
Hesepe
Helschen
Hesselte
Noord-Deurningen
Brandlecht
Leschede
Engden
Emsbüren
Heitel
Moorlage
Denekamp
Hestrup
Listrup
Berge
Mehringen
Vechte
Mekkelhorst
Drievorden
Neerlage
Beuningen
Haar
Kampinkhock
NIEDERLANDE
Isterberg
Ahlde
i.Pl.
Wengsel
Salzbergen
Bexten
Quendorf
Holt
Nordhorn/Bad Bentheim
Schüttorf
Rheine-Nord
De Lutte
De Lutte
Gildehaus
Waldseite
Schüttorf (35)
Salzbergen
Holsten
Bad Bentheim (35)
Hummeldorf
Westenberg (50)
Schloß
Suddendorf
Samern
Steider Heck
Achterberg
Gildehaus
Sieringhoek
2005
RHEINE
ADAC
Gildehauser Venn
Bardel
Ohne
Landersum
Wadelheim
Losser
Ochtrup-Nord
Haddorf
Bilk
Sutrum
Harum
Overdinkel
Driland
Rüenberger Venn
Glane
Neuenkirchen
Schöttelkotterhook
Rothenberge
Offlum
GRONAU
Rothen-B.
Wettringen
Sankt Arnold
Ochtrup (53)
2002
2003
Welbergen
Kloster Kottigerhook
Epe
Am Berge
Gronau/Ochtrup
Langenhorst
N
W
O
S
Emden
Bundesstraße 403
Autobahn i. Pl. zwischen AS Geeste und AS Ochtrup-Nord
Geeste
118
119
120
128
130
131

1 Vom erhöhten Damm, auf dem die A31 hier verläuft, überblicken Sie nach Westen hin eine weite Moorfläche. Es ist das **Dalumer Moor**. Hier lassen sich im Frühjahr die letzten Exemplare des vom Aussterben bedrohten Goldregenpfeifers nieder. Nur noch 20 Paare der fast taubengroßen Vögel zählten Vogelexperten in den letzten Jahren in Mitteleuropa. Davon brüteten zuletzt neun Paare im Dalumer Moor. Das Land Niedersachsen hat ein Moorschutzprogramm entwickelt, das dem Goldregenpfeifer einen ungestörten Lebensraum sichern soll. Größere Moorflächen sollen von der Torfgewinnung ausgenommen werden.

2 Hier endet vorläufig die A31. Die Trasse wird weiter ins Moor vorangetrieben, eine Querbrücke ist bereits errichtet. Ansonsten steht schwarzes Wasser in der Baugrube und spiegelt den weiten Himmel wider. Bis 2005 soll der **fehlende Abschnitt** fertig gestellt sein. Bis dahin führt die Strecke über Nordhorn und Bad Bentheim bis zur Auffahrt Ochtrup-Nord (50 km, 60 Min.).

3 Im Südwesten tauchen hinter Bäumen Gehöfte und Einfamilienhäuser auf. Eine Windmühle und ein Kirchturm spitzen über die Baumwipfel. Sie stehen in **Wietmarschen**, einem Ort, durch den Sie – zur Überbrückung der Autobahnlücke – auf der Landstraße fahren. Der Name des Ortes trifft auch heute noch zu, denn er ist weit in der Marsch verteilt. Die rund 10 000 Einwohner leben auf fast 120 km². Hier kommen auf 1 km² nur 83 Einwohner.

4 Kurz nach dem Ortseingang von Nordhorn mündet die Landstraße, auf der Sie seit dem Autobahnende fahren, bei einer Kreuzung in die B403. Unmittelbar nach der Kreuzung überqueren Sie den **Ems-Vechte-Kanal**. Er öffnet den Schiffs- und Handelsverkehr bis ins Ruhrgebiet. Die B403 führt östlich am Zentrum von **Nordhorn** vorbei. Im Westen sehen Sie das Wahrzeichen der Stadt, die zierliche grüne Turmlaterne auf dem massigen viereckigen Turm der Alten Kirche am Markt (1495).

5 Der Flugverkehr verrät die Nähe des kleinen **Flugplatzes Nordhorn/Lingen**, nur 4 km östlich von Nordhorn gelegen. An der Flugplatz Nordhorn-Lingen GmbH sind die Landkreise Grafschaft Bentheim und Emsland, die Stadt Lingen, Segelflugvereine und Privatpersonen beteiligt. Der Flugplatz verfügt immerhin über sechs Unterstellhallen für 45 Flugzeuge, eine Flugzeugwerft, ein Luftcharterunternehmen und eine Gaststätte.

6 Noch im Stadtgebiet überquert die B403 die **Vechte**. Sie entspringt im Münsterland und mündet nach 195 km nördlich von Zwolle in den Niederlanden ins Zwarte Water, einen Zufluss des Ijsselmeeres.

die jedes Jahr von Mai bis Sept. stattfinden. Sehenswert sind auch die romantischen Sandsteinstiegen und kleinen Gässchen der Stadt, der Schlosspark sowie mehrere Museen und Kirchen.

10 Westlich der A31, hinter den Wäldern, liegt das Naturschutzgebiet **Gildehauser Venn**. Es ist ein Moorgebiet mit zahlreichen Seen und reicher Flora und Fauna.

Die Burg von Bad Bentheim **9**★ *ist seit über 70 Jahren malerishe Kulisse für Freilichtspiele.*

7 Nach dem Ort Brandlecht östlich der B403 beginnt eine **lange Gerade**. Sie bildet einen Unfallschwerpunkt der Autobahnersatzstrecke B403. Deshalb ist hier die Geschwindigkeit auf 80 km/h begrenzt. Das ermöglicht Ihnen, während der Fahrt ab und zu einen Blick auf die parkartige Landschaft mit landestypischen Gehöften zu werfen.

8 Die B403 steigt leicht an. Die Erhebung wird **Isterberg** genannt und ist mit einer Höhe von 68 m bei einem Umgebungsniveau von rund 30 m eher ein sanfter Hügel. Gleich danach überquert die B403 mitten im Wald die A30 und führt schnurgerade weiter auf Bad Bentheim zu.

9★ Kurz vor der Stadt **Bad Bentheim** endet der Wald. Anschließend erblicken Sie die kantige Burg hoch über dem Kurort. Das Wahrzeichen der 1050 erstmals erwähnten Stadt geht bis auf die Römerzeit zurück und lohnt einen Abstecher. Auf dem Burggelände befindet sich ein Steinbildnis aus dem 11. Jh., der „Herrgott von Bentheim". Seit 1926 bildet die Burg die Kulisse für Freilichtspiele,

11 Ochtrup-Nord heißt die Auffahrt, über die Sie wieder auf die A31 gelangen. Im Südosten sind ein paar verstreute Häuser zu sehen. Sie gehören zu **Ochtrup**, einer ehemaligen Bauern-, Töpfer- und Weberstadt. Hier wurden Stoffe aus Flachs und Wolle sowie Töpferwaren gefertigt. Die 1854 gegründete Weberei der Familie Laurenz machte Ochtrup zum bedeutenden Zentrum der westmünsterländischen Textilindustrie. Der imposante Verwaltungsbau am Ortseingang erinnert an die einstige Größe und den Einfluss der Firma. Das Töpfereimuseum in einem 1678 erbauten Ackerbürgerhaus vermittelt einen Eindruck von der in Ochtrup hergestellten so genannten Irdenware.

12 Die A31 ist hübsch eingegrünt, der Parkplatz Lamberti lädt zur Rast. Nur 4 km westlich der Autobahn befindet sich das **„Dreiländereck"** Niederlande, Niedersachsen und Nordrhein-Westfalen. Dort gibt es einen ca. 80 ha großen Badesee mit allerlei Wassersportmöglichkeiten. Der Ort wird Kap Driland genannt.

S. 304
30
→ Bottrop
11
135 7 140 8 146 81 74
9★ 10 12
30
Ochtrup-Nord Gronau/ Ochtrup
S. 304

1 Wo Lücken in der Begrünung es zulassen, erhaschen Sie einen Blick auf eine Siedlung westlich der A31. Es ist **Epe**, der südliche Teil und die Keimzelle der Stadt Gronau. Im Zentrum der 800 Jahre alten Ortschaft sind zwei gut erhaltene Windmühlen zu besichtigen.

2 Östlich der A31 sehen Sie einige landwirtschaftliche Gebäude. Das Anwesen heißt **Ammerter Mark**. Hier finden sich Spuren uralter Besiedelung. 1997 wurde auf dem Gelände, im äußersten Norden der Gemeinde Heek, ein jungsteinzeitliches Pfostenhaus rekonstruiert und zur Besichtigung freigegeben.

Die zwei Plastiken „Schwein und Fisch" auf dem Marktplatz von Coesfeld **9★** *gehören zum Kern der Skulpturengruppe „Die Konferenz der Elemente", 1990 vom Künstler Jürgen Goertz geschaffen.*

3 Östlich der A31 liegt das Städtchen **Nienborg**. Zusammen mit Averbeck und Heek bildet es die Gemeinde Heek mit insgesamt 8000 Einwohnern. Nienborg ist geprägt von der Ruine der Landesburg, die 1198 vom damaligen Fürstbischof von Münster, Hermann II., erbaut wurde. Aus dem Mittelalter stammt auch die Kirche St. Ludgerus, ein romanischer einschiffiger Bau mit mächtigem Wehrturm.

4 Mitten im Wald führt eine unscheinbare Brücke über die A31. Dort kreuzt die **Hamaland-Route**, ein 250-km-Rundkurs für Radfahrer, die das Münsterland mit den Niederlanden verbindet. Der Name der Route rührt von den Chamaven her, einem germanischen Stamm, der einst in dieser Region lebte.

5 Hinter Mischwäldern aus Birken, Kiefern und Fichten liegt westlich der A31 die Stadt Ahaus verborgen. Mitten in der Stadt steht das **Schloss Ahaus**, das Ende des 17. Jh. an der Stelle einer mittelalterlichen Burg errichtet wurde. Die Anlage im Stil des flämischen Barock war eine beliebte Residenz der Fürstbischöfe von Münster. 1945 wurde das Schloss schwer beschädigt. Nach dem Krieg erwarb der Kreis Ahaus die Ruine, baute sie wieder auf und brachte darin zunächst u.a. eine Berufsschule unter. Heute beherbergt das Bauwerk die Technische Akademie Ahaus. Im Fürstensaal finden seit 1952 Schlosskonzerte statt. Das Torhausmuseum Schloss Ahaus dokumentiert mit archäologischen Funden und Gegenständen aus fürstbischöflichem Besitz die Geschichte der Stadt.

6 Von der Brücke an der AS Legden/Ahaus aus sehen Sie im Osten das als Dahliendorf bekannte **Legden**. Die Gemeinde entstand 1969 aus dem Zusammenschluss von Legden und Asbeck. Im landwirtschaftlich geprägten Ortsteil Legden findet alle drei Jahre am 3. Septembersonntag der Dahlien-Kinder-Blumenkorso statt. Dann begleiten Kinder in bunten Kostümen den Festzug der zahlreichen, prächtig mit Dahlien geschmückten Motivwagen und einigen Musikkapellen durch den herausgeputzten Ort.

7 Der Rotor, den Sie westlich der A31 bei Gescher-Büren sehen, ist die erste 100 m hohe **Windturbine**, die je gebaut wurde. Der Turm steht auf einem Stahlbetonsockel von rund 790 t Gewicht. Mit einem Rotordurchmesser von 70 m leistet der Generator bei einer Windgeschwindigkeit von 12 m/Sek. 1500 kW. Das reicht, um den Strombedarf von 800 Haushalten zu decken.

8 Die Baumreihe, die Sie im Westen der A31 erkennen, steht an der Berkel. Jenseits des kleinen Flusses, keine 2 km von der A31 entfernt, liegt die Stadt **Gescher**. Im Mittelalter gehörte der Ort zum fürstbischöflichen Amt Ahaus. 1975 wurde die Stadt dem Kreis Borken zugeschlagen.

9★ Kurz vor der AS Gescher/Coesfeld blicken Sie nach Osten in ein flaches Flusstal. Hier überquert die A31 die Berkel. Die alte Hansestadt **Coesfeld** liegt 10 km östlich hinter Wäldern verborgen und ist einen Besuch wert. Ihre reiche Geschichte hat viele Spuren im Stadtbild hinterlassen. Sehenswert ist die Lambertikirche. Um 1022 erstmals erwähnt, wurde sie im 15. Jh. als gotische Hallenkirche neu errichtet. Die Ruine der Ludgerusburg stammt aus dem 17. Jh. Die Burg wurde unter Fürstbischof Bernhard von Galen errichtet. Sie gelangen nach Coesfeld über die AS Gescher/Coesfeld. In Richtung Osten sind es 12 km, 10 Min.

10 Westlich der A31 sehen Sie einige Häuser, die zu **Velen** gehören. 890 erstmals erwähnt, erhielt der Ort seinen Namen vom Geschlecht der Freiherren von Velen, deren Stammsitz, das Wasserschloss Velen, das Ortsbild noch heute prägt. Die Ursprünge des Schlosses, das als Sporthotel genutzt wird, liegen im 14. Jh. Der heutige Bau fügt sich aus unterschiedlichen Bauabschnitten des 17., 18., und 19. Jh. zusammen. Ihre Geschlossenheit verdankt die Anlage vor allem dem großen Barockbaumeister Johann Conrad Schlaun.

11 Sie befinden sich hier 64 m über dem Meeresspiegel. 3,5 km östlich der Autobahn fällt ein sanfter Buckel auf. Es ist der 106 m hohe **Hünseberg**. Er bietet einen herrlichen Blick über das Münsterland.

12★ Bei km 35 steigt die A31 deutlich an. In Fahrtrichtung Emden genießen Sie bald einen fantastischen Ausblick über das Münsterland. Die Stadt **Borken**, mitten in der typischen Parklandschaft des Münsterlandes gelegen, ist einen Abstecher wert. Die Kreisstadt verfügt über Wild- und Vogelgehege sowie über einen Forellenhof. Über 800 Jahre alt, bietet sie zahlreiche Sehenswürdigkeiten, darunter das barocke Schloss Gemen mit seinem Palas aus dem Jahre 1411, eine der schönsten Wasserburgen im Münsterland. Heute beherbergt die Anlage ein Jugendzentrum. Sie erreichen Borken nach 13 km, 10 Min. in Richtung Westen (AS Borken).

Emden ←

2 | 6
71 | 70,5 | 65,5 | 59,5 | 4 | 57,5
1 | 3 | 5

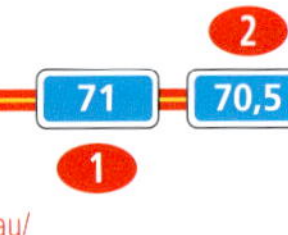

HENGELO
MEKKELHOLT
ENSCHEDE
Losser
Bardel
Overdinkel
Driland
Ochtrup-Nord
73,8
35,1
31
Glane
Rüenberger Venn
Schöttelkotterhook
GRONAU
Ensch.-West
PATHMOS
Glanerbrug
Ochtrup
Welbergen
Langenhorst
A35
N18
Ensch.-Zuid
STROINKS-LANDEN
Kloster
Kottigerhook
Epe
Am Berge
Gronau/Ochtrup
Füchte
Weinerbauerschaft
Brook
Amtsvenn
Uppermark
Buurse
Dinkel
Vogelpark
Metelen
Brink
Alstätte
Graes
Wichum
Nienborg
Samberg
Heek
Hoher Esch
Heek
Haltern
Averesch
Averbeck
Lünten
Hörsteloe
Wessum
Schöppingen
Antoniusheim
Ottenstein
AHAUS
Ammeln
Gemen
Schagern
Tinge
Hamaland-Route
Frettholt
Barle
Wüllen
Eßeling
Wehr
Legden/Ahaus
Asbeck
Eggerode
Vreden
Quantwick
Eissingort
Stiftskirche
Wendfeld
Legden
Rosendahl
Geiten-dorf
Berkel
Horst
Darfeld
Großemast
Hettwicker Ei
Hengeler
Osterwick
Hegerort
Holtwick
Midlich
Wenningfeld
Stadtlohn
Hamern
Büren
Höven
Lutum
Hundewick
Harwick
Billerbeck
Eschlohn
Lohner Heide
Gescher
Tungerloh-Capellen
Osthellen
Estern
Westhellen
Südlohn
Gescher/Coesfeld
Stockum
Berg
Ostheller-mark
COESFELD
Holthausen
Nordvelen
Tungerloh-Pröbsting
Harle
Hastehausen
Hamaland-Route
Flamschen
Weseke
Velen
Hochmoor
Stevede
Holsterbrink
Ramsdorf
Lette
Rorup
Effing
Aa
Knüverdarp
Waldvelen
Empte
Welte
Tannenbülten-B.
Lüns-B.
Gemen
Sperrgebiet
Die Berge
Leuste
Dülmen-Nord
BORKEN
Schwarzer B.
Borken
Sandheck
Merode
Dülmen
"Aquarius"
Teufelsteine
Melchen-B.
Maria Veen
Wildpferde-fangbahn
Merfeld
Börnste
Heiden
Groß Reken
Mühlenberg
Niederstrote
Bottrop
Gescher/Coesfeld
Borken

1 Drei riesige **Windgeneratoren** im Osten der A31 ziehen die Aufmerksamkeit auf sich. Nach der kleinen Brücke haben Sie kurz Gelegenheit, einen Blick in die Landschaft rund um die Windräder zu werfen. Das Dorf **Reken**, 3 km östlich der A31, versteckt sich hinter Bäumen. Es wurde schon 889 als Regnun erwähnt. Außer weitum bekannten Gasthäusern bietet es ein liebevoll gestaltetes Heimatmuseum in einer restaurierten, strahlend weiß gestrichenen Windmühle sowie einen Vogelpark im Ortsteil Maria Venn.

2 Die A31 senkt sich wieder. Das gibt Reisenden in Richtung Bottrop einen schönen Blick weit voraus in den **Naturpark Hohe Mark** beiderseits der Autobahn (siehe P. 7).

3 Auf der Höhe der AS Reken können Sie wieder einen Blick in die Parklandschaft der Hohen Mark werfen. Im Westen grüßt der Turm der St.-Georgs-Kirche in **Heiden**. Das Dorf ist bekannt für seine vorzeitliche Kultstätte, die so genannten Düwelsteene. Diese Teufelssteine stammen aus der Jungsteinzeit und sind demnach mehr als 4000 Jahre alt. Heute ist Heiden ein beliebtes Ausflugsziel mit Wildpark und dem Märchenwald „Frankenhof".

4 **„Münsterland"** (Informationstafel, nur in Fahrtrichtung Emden): Das Schild zeigt eine Eiche

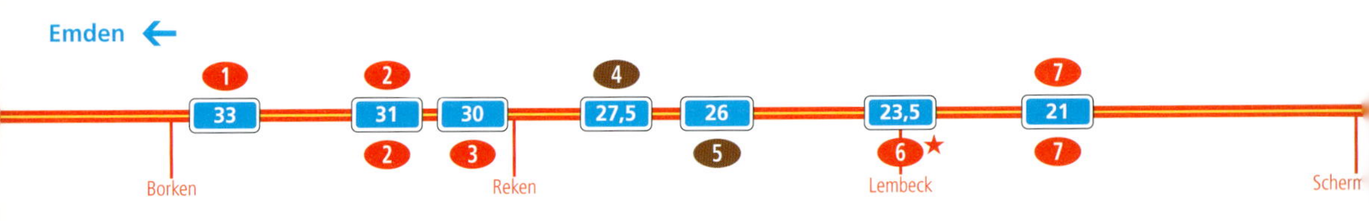

und eine Burg mit Turm und Mauer. Das vor allem wegen seiner zahlreichen Wasserschlösser und -burgen bekannte Münsterland erstreckt sich nördlich des Ruhrgebiets. Ein weites Radwegenetz macht diese Ferienregion besonders für Fahrradurlauber attraktiv.

Einwohner) begrüßt Sie im klassischen Ruhrgebiet. Wer gute Augen hat, kann die zwei Fördertürme der **Zeche Fürst Leopold** ausmachen: Über dem Schacht 2 steht nahe der A31 ein so genanntes Fachwerkstrebengerüst aus der Anfangszeit der Zeche um 1910, um den sich die

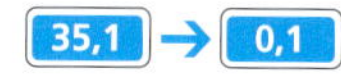

schungsgruppe „Regionalgeschichte – Dorsten unterm Hakenkreuz". Seit 1992 werden hier Dokumente gezeigt, die während der NS-Zeit deportierte Juden bei Freunden zur Aufbewahrung zurückgelassen haben. Das Museum liegt am Rande der Altstadt (Julius-Ambrunn-Str. 1).

Rund 300 Wildpferde sind die Attraktion der Wildpferdebahn im Naturschutzgebiet Merfelder Bruch bei Dülmen im Münsterland.

5 **„Industrie – Kultur – Landschaft: Ruhrgebiet"** (Informationstafel): Das Schild zeigt den Fernsehturm von Dortmund, die Silhouette der Zeche Zollverein und einen Gaskessel. Damit wird darauf hingewiesen, dass hier das „Revier an der Ruhr" beginnt (siehe auch A3, S. 63, A40, S. 322–325, A45, S. 340).

6★ Östlich der A31 liegt das sehenswerte **Wasserschloss Lembeck**, das einen Abstecher lohnt (7 km, 10 Min. über die AS Lembeck; in Lembeck Richtung Dorsten abbiegen). In der schwer zugänglichen Moorniederung der „Lehmbecke" hatten die Herren von Lembeck im 12. Jh eine Ritterburg errichtet. Auf deren Resten entstand 1692 das Wasserschloss. Im Jahre 1730 wurde es durch den westfälischen Baumeister Johann Conrad Schlaun zu einer strahlenden barocken Dreiflügelanlage umgebaut. Der Schlaunsche Saal und andere Teile des Gebäudes sind zu besichtigen. Besonders sehenswert ist der Schlosspark während der Rhododendronblüte Ende Mai.

7 Die Autobahn führt in einer weiten Linkskurve bergab. Zu beiden Seiten steht der dichte Wald des **Naturparks Hohe Mark**. Er wurde 1976 eingerichtet und umfasst über 1000 km² von Bocholt im Westen bis Dülmen im Osten. Gegenwärtig sind 200 Wanderparkplätze beschildert.

8 Nach Osten blicken Sie auf eine Industriestadt: Dorsten (82 000

„Wäsche" und andere Gebäude aus dieser Pionier-Epoche gruppieren, und weiter im Osten ein riesiges Stahlkastenstrebengerüst von 1988. Auf der Zeche Leopold arbeiten übrigens die letzten Dampffördermaschinen des Ruhrreviers.

9 Nach beiden Seiten sehen Sie zwei Wasserläufe. Auf einer einzigen Brücke führt die A31 über die **Lippe** und den **Wesel-Datteln-Kanal**. Die Lippe entspringt im Osten bei Bad Lippspringe im Eggegebirge und fließt über 225 km nach Westen dem Rhein zu, in den sie bei Wesel mündet. Der rund 60 km lange Wesel-Datteln-Kanal verbindet den Rhein mit dem Dortmund-Ems-Kanal.

10 Gewerbebauten- und Industriebetriebe bestimmen das Bild östlich der A31. Sie gehören zur Stadt **Dorsten**. Der Kern der ehemaligen Hansestadt mit ihrem mittelalterlichen Marktplatz liegt südlich von Lippe und Kanal. Zwar ist die Lippe nicht mehr Lebensader wie zu Zeiten der Hanse, doch legen Schubschiffe und Schlepper weiter im Kanalhafen vor der Altstadt an. Die Lippe, bis ins 18. Jh. schiffbar, mäandert im ländlichen Bereich der Stadt durch Wiesen und Äcker. Auf den Deichen weiden im Frühjahr und Herbst Schafherden.

11 Reisende in Richtung Emden sehen **Dorsten** und den Naturpark Hohe Mark vor sich. Dorsten beherbergt auch ein einmaliges Museum: Das **Jüdische Museum Westfalen** entstand als Projekt der For-

12 Es sieht gar nicht nach Ruhrgebiet aus. Wo die Begrünung der A31 es zulässt, sehen Sie Einzelgehöfte und kleine Wälder. Noch weiter im Südosten gibt **Schloss Beck** mit seinem weitläufigen Park die Kulisse für einen Vergnügungspark samt Achterbahn, Riesenrad und vielen anderen Fahrgeschäften, darunter auch ein Kinderwagen- und Rollstuhlkarussell (3 km von der A31). Daneben liegt der Filmpark **Warner Bros. Movie World** (2 km von der A31). Zu den spektakulärsten der 27 Attraktionen zählt das große Batman-Abenteuer. Einen Blick hinter die Filmkulissen gewährt die Movie Studio Tour.

13 Die Lärmschutzanlagen am Rand der A31 verhindern den Blick nach Westen auf **Kirchhellen**. Der Ort besitzt die älteste Pfarrkirche der Region. Die Grafen von Hillen erbauten sich hier zur Zeit Karls des Großen eine private Kapelle. Jahrhundertelang hieß der Ort deswegen Kerk van Hillen. Erst mit dem Einzug des Hochdeutschen Ende des 18. Jh. wurde Kirchhellen daraus. Die Kirche gibt es noch, ebenfalls ein Redemptoristenkloster.

14 Die zwei **Fördertürme**, die Sie von der A31 aus sehen, täuschen: **Gladbecks** Bergbauepoche ist zu Ende. Seit 1878 wurde hier Kohle gefördert, zu Spitzenzeiten in fünf Zechen. Das ehemals verträumte westfälische Dorf mit seiner Lambertikirche als Mittelpunkt, das um 900 als Gladbeki zum ersten Mal in der Geschichtsschreibung erwähnt war, wurde zur Stadt. 1971 begann mit der Schließung der Zeche Graf Moltke das Ende der Kohlezeit. Aber Zechenmauern und vor allem die heute begrünten Halden erinnern an die Bergbautradition. Seinen Status als Stadt hat Gladbeck 1975 per Gerichtsurteil bewahren können, als es bereits zum Stadtteil von Bottrop erklärt worden war. An dieser Eigenständigkeit hat sich bis heute nichts geändert.

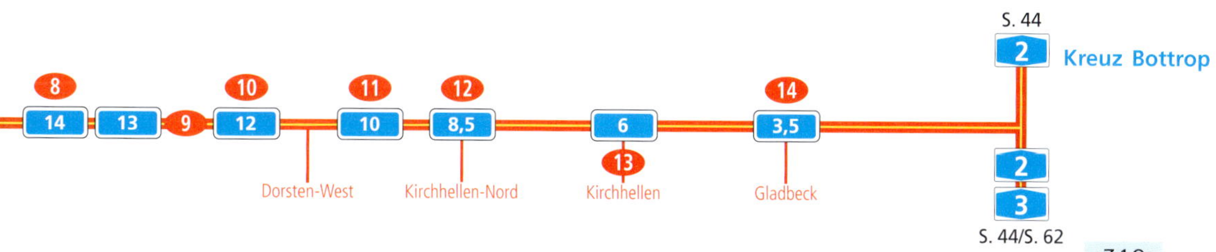

Von der Maas an die Ruhr

Venlo (NL) → Duisburg → Oberhausen → Essen → Bochum → Dortmund

Ursprünglich war die Bezeichnung A40 für eine ganz andere Autobahn vorgesehen. Als nördlichste West-Ost-Verbindung sollte sie das Ruhrgebiet im südlichen Münsterland umgehen. Doch Anfang der 90er-Jahre wurde dieses Projekt fallen gelassen, und zwei schon bestehende Autobahnteilstücke erhielten den Namen A40: die A2 zwischen dem deutsch-holländischen Grenzübergang Straelen und dem AK Duisburg-Kaiserberg sowie die als Ruhrschnellweg bekannte A430 zwischen dem AK Duisburg-Kaiserberg und dem AK Dortmund-West.

Diese Maßnahme machte durchaus Sinn. Das einstige niederrheinische Teilstück der A2 war an den schon vor dem Zweiten Weltkrieg entstandenen Hauptteil der Autobahn ab Oberhausen ohnehin nur durch einen Kunstgriff angebunden gewesen: Die Strecke zwischen dem AK Duisburg-Kaiserberg und dem AK Oberhausen hatte man mit A2 und A3 einfach doppelt belegt. Dies konnte nun entfallen. Zusammen mit der A430 entstand eine direkte, insgesamt 89 km lange West-Ost-Verbindung von der holländischen Grenze bis ins östliche Ruhrgebiet.

Ein Katzensprung nach Holland

Das 1975 als A2 fertig gestellte niederrheinische Teilstück ist im Wesentlichen ländlich geprägt und führt ein Stück durch den deutsch-niederländischen Naturpark Maas-Schwalm-Nette. Bauernhöfe, Kiefernwälder und Spargelfelder säumen die Trasse. Die Menschen im Ruhrgebiet begrüßten die Eröffnung dieses Autobahnteilstücks sehr. Besonders in der Zeit vor dem EU-Binnenmarkt war es ein einträglicher Brauch, zum Einkaufen in die holländische Grenzstadt Venlo zu fahren. Heute dient dieses Autobahn-Teilstück den Holländern als Verbindung zu den Einkaufszentren des Ruhrgebiets.

Ab Duisburg verändert sich der Charakter der A40 völlig. Hier beginnt der Ruhrschnellweg. Die schon legendäre Straße durch das größte zusammenhängende Industriegebiet Europas verbindet die Großstädte Duisburg, Mülheim, Essen, Bochum und Dortmund. Die Ursprünge des Ruhrschnellwegs gehen bis ins Mittelalter zurück, denn die Autobahntrasse verläuft teilweise parallel zum Hellweg, einem einst viel befahrenen Handelsweg.

Nachdem im 19. und 20. Jh. die einzelnen Städte immer dichter zusammenwuchsen, wurde im Jahr 1932 der Ruhrschnellweg im Rahmen der Reichsstraße 1 fertig gestellt. Nach

Im Westen von Essen verläuft die A40 unterhalb des Häuserniveaus. Brücken über die Autobahn verbinden beide Seiten des Wohngebiets.

dem Zweiten Weltkrieg machte die enorme Zunahme des Straßenverkehrs während der Wirtschaftswunderjahre ab 1954 einen weiteren Ausbau der nunmehr B1 genannten Strecke nötig. Die letzte Lücke wurde 1970 mit dem Bismarcktunnel in Essen geschlossen. Mitte der 70er-Jahre nannte man die Ausbaustrecke A430, bis es schließlich Anfang der 90er-Jahre zur derzeit gültigen Umbenennung in A40 kam.

Heute, da der wirtschaftliche Wandel des Ruhrgebiets zur Dienstleistungsregion fast abgeschlossen ist, zeugt besonders die Fahrt durch Duisburg von der großen industriellen Vergangenheit der Region. Hier sieht man noch Schlote rauchen; der größte Binnenhafen der Welt bestimmt die Landschaft. Das gigantische AK Duisburg-Kaiserberg bezeichnet der Volksmund mit dem Begriff „Spaghetti-Knoten". Die Stelle, an der die A40 die Ruhr überquert, ist eine künstlich angelegte Wiesenlandschaft, die nichts mit dem lieblich-idyllischen Tal zu tun hat, das der Fluss ab Mülheim durchfließt. In Mülheim und später in Dortmund weisen Informationstafeln auf zwei wichtige Sehenswürdigkeiten der Route der Industriekultur hin, die seit 1998 das Ruhrgebiet touristisch erschließt: das Wassermuseum Aquarius und die Jugendstilzeche Zollern II.

Eine Schneise durch die Stadt

Eine Anfang der 60er-Jahre entstandene, weiß gekachelte Straßenschlucht durchschlägt die dicht bevölkerten Wohngebiete der Stadt Essen von der AS Essen-Frohnhausen mit einigen Unterbrechungen bis zur AS Essen-Frillendorf wie eine Schneise. Bis zu 6 m unter dem normalen Straßenniveau liegt die Trasse, von zahlreichen Brücken überspannt.

40

- **Länge** 89 km / 0:54 h
- **Entfernungen und Fahrzeiten** (ca.)

Grenzübergang Straelen – AK Duisburg
42 km / 0:25 h
AK Duisburg – AD Essen-Ost
21 km / 0:13 h
AD Essen-Ost – AK Dortmund-West
26 km / 0:16 h

- **Staubereiche**

Grenzüberg. Straelen, vor AS Bochum-Zentrum, vor AK Dortmund-West

In der Mitte verlaufen Gleise für die U-Bahn und ein einzigartiges Spurbus-System. Die Wohnhäuser stehen dicht am Autobahnrand wie an einem Abgrund. Immerhin wurden 1978 zum Schutz der Anwohner Lärmschutzwände erbaut.

Die A40 endet am AK Dortmund-West, ohne dass der Autofahrer viel davon bemerkt. Denn die B1, wie die Straße nun heißt, führt teilweise 6-spurig ausgebaut nahtlos südlich an der Dortmunder City vorbei, nur unterbrochen von einigen Ampelkreuzungen. Es gibt Pläne, die A40 durch das Stadtgebiet von Dortmund mittels eines Tunnels bis an die A44 heranzuführen.

1 Die Kiefernwälder südlich der A40 sind die nördlichen Ausläufer des deutsch-niederländischen **Naturparks Maas-Schwalm-Nette**. Der Park wird von der Maas-Schwalm-Nette-Route durchzogen, einem Wander- und Radweg. 4 km südlich der AS Straelen liegt das **Wasserschloss Krickenbeck**, dessen Ursprünge bis ins 13. Jh. zurückgehen (siehe auch A61, S. 360).

2 ★ Über die AS Wankum erreichen Sie das **Niederrheinische Freilichtmuseum** (8 km, 10 Min. südlich) in Grefrath. Auf dem weitläufigen Gelände des Erholungsparks „Schwingboden" wurden Bauernhöfe und Dorfanlagen originalgetreu wieder aufgebaut. So können Sie eine Gerberei, eine Schmiede, ein Spritzenhaus und eine Töpferei besuchen. Auf dem Gelände des Freilichtmuseums liegt auch der ehemalige Rittersitz Dorenburg, der zu einem Volkstumsmuseum ausgebaut wurde. In der großen Museumsscheune befindet sich ein Spielzeugmuseum.

3 Die Wohnsiedlungen nördlich der A40 gehören zu **Neukirchen-Vluyn**. Dort befinden sich die westlichsten Ausläufer des Steinkohlebergbaus des Ruhrgebiets. 1913 wurde der erste Zechenschacht abgeteuft.

4 Die Lärmschutzwände zu beiden Seiten der Autobahn nehmen jede Sicht auf die Stadt **Moers**. Dabei besitzt Moers eine sehenswerte Altstadt mit dem Schloss aus dem 13. Jh. und dem Peschkenhaus, dem ältesten Bürgerhaus von Moers aus dem 15. Jh.

*Der 117 m hohe Gasometer **13** in Oberhausen bietet einen weiten Blick über das Ruhrgebiet.*

5 Nach der Brücke über die Eisenbahn signalisieren die rauchenden Schlote der **Sachtleben Chemie** nördlich der A40 das Ende des ländlichen Abschnitts der Autobahn und den Beginn des industriell geprägten Ruhrgebiets.

6 Auf einer **Hängebrücke** mit grauen Pfeilern und gelben Seilen überquert die A40 den **Rhein**, auf dem zahlreiche Lastkähne den Duisburger Hafen ansteuern.

7 Wie auf einer Hochstraße fahren Sie in **Duisburg** ein und erleben ein bizarres Panorama der Industriestadt. Die Verzinkerei in Duisburg-Hochfeld, ein Kraftwerk, alte Speichergebäude des Duisburger Hafens, Kirchen und Wohnhäuser prägen die Duisburger Vororte.

8 Nur 2 km südlich des AK Duisburg beginnt die **Duisburger City**. Die Industriestadt an der Mün-

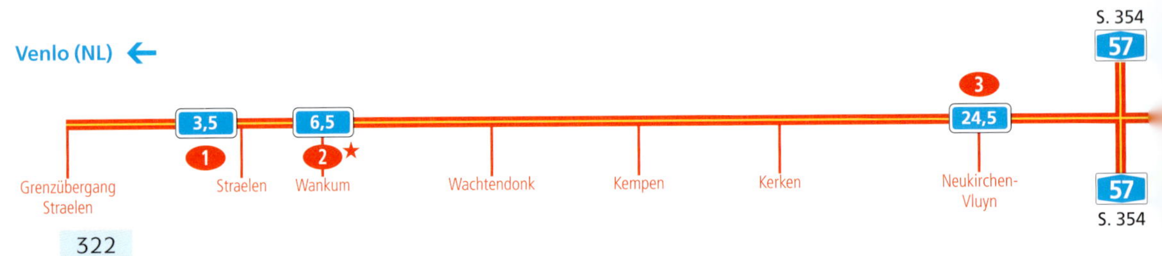

dung der Ruhr in den Rhein hat mehr zu bieten, als es der Anblick der Stahl- und Walzwerke vermuten lässt. So hat sich in der Niederrhein-Metropole inzwischen eine interessante Museumslandschaft entwickelt. Das Wilhelm-Lehmbruck-Museum ist als „Zentrum internationaler Skulptur" bekannt. Alte Speicherhäuser wurden renoviert und beherbergen das Kultur- und Stadthistorische Museum und das Kunstmuseum Küppersmühle mit einer Sammlung moderner Kunst. Der Innenhafen, der bis in die 50er-Jahre ein Güterumschlagplatz war, wurde nach einem Plan des Stararchitekten Sir Norman Foster zur Repräsentationsmeile ausgebaut und gilt heute als Paradebeispiel für den Strukturwandel im Ruhrgebiet.

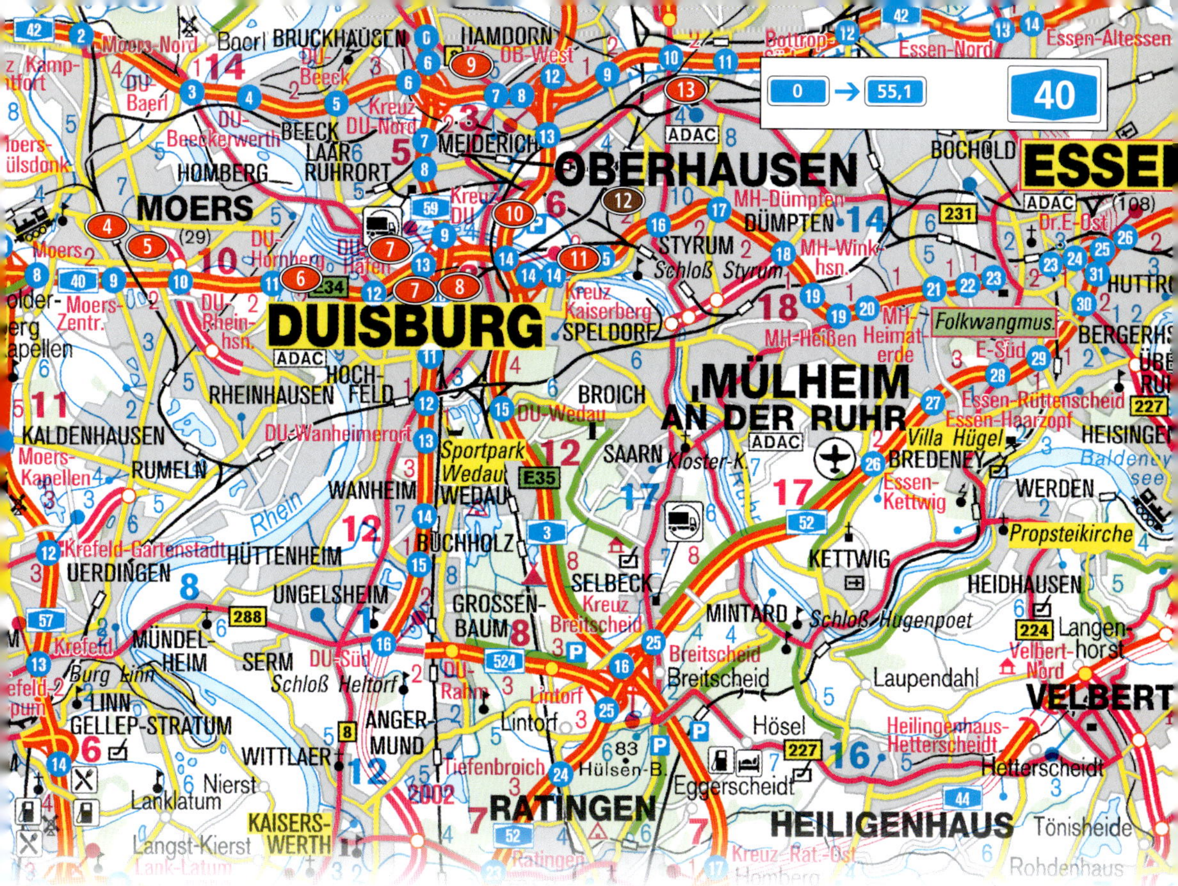

9 ★ Der Hochbunker im AK Duisburg weist Ihnen den Weg auf die A59 Richtung Dinslaken. Nach 5 km, 5 Min. erreichen Sie über die AS Duisburg-Hamborn den **Landschaftspark Nord**. Allein diese Strecke ist ein Genuss für Liebhaber der Industriekultur. Sie verläuft hoch über den Becken des Duisburger Hafens, im Hintergrund eine Skyline von Industrieanlagen: Ein Panorama, wie Sie es aus den Tatort-Krimis mit Kommissar Schimanski kennen. Der Landschaftspark Nord ist ein Schauspiel für sich. Das ehemalige Meidericher Hüttenwerk wird langsam von der Natur zurückerobert. Die mit Laserlicht angestrahlten Fabrikhallen werden heute für Kongresse, Konzerte und Feste unterschiedlichster Art genutzt.

10 ~ Das gigantische **AK Kaiserberg** ist ein Schulbeispiel für die Autobahn-Architektur. Das verdeutlicht auch die Bezeichnung „Spaghettiknoten" – so nennt der Volksmund die 1969 freigegebene, außergewöhnlich verschlungene Kreuzung von A40 und A3. Hier beginnt eine sehenswerte Alternativroute (25 km, 45 Min.). Über die A3 fahren Sie bis zum AK Oberhausen-West, dort auf die A42 Richtung Bottrop. An der A42, dem „Emscherschnellweg", liegen einige wichtige Sehenswürdigkeiten der „Route der Industriekultur", die das Ruhrgebiet touristisch erschließt. Der Gasometer am Einkaufszentrum „CentrO" in Oberhausen ist ein Wahrzeichen des Ruhrgebiets und dient heute als Ausstellungshalle (siehe unten). Der „Tetraeder" auf einer Abraumhalde der ehemaligen Zeche Prosper in Bottrop, eine 50 m hohe dreieckige Skulptur, ist eine der Landmarken, mit denen das Ruhrgebiet überzogen ist. Am AK Herne fahren Sie auf der A43 Richtung Wuppertal bis zum AK Bochum, wo Sie wieder auf die A40 kommen und Ihre Fahrt in Richtung Dortmund fortsetzen.

11 Hier überquert der „Ruhrschnellweg" die **Ruhr**. Das ab Mülheim so idyllische Ruhrtal ist hier noch ganz der industriellen Nutzung untergeordnet. Parallel zum Fluss verläuft ein Schifffahrtskanal durch die Ruhrwiesen. Südlich der A40 beherrscht der Duisburger Fernsehturm das Bild.

12 **„Aquarius"** (Informationstafel, nur in Richtung Duisburg): Das Wassermuseum „Aquarius" befindet sich südlich der A40 in einem renovierten, 50 m hohen Wasserturm neben dem Schloss Styrum im gleichnamigen Stadtteil von Mülheim. Unterstützt durch die modernste Multimedia-Technik erfahren Sie dort alles rund ums Wasser.

13 Zwischen den Bäumen nördlich der A40 können Sie in weiter Ferne den **Gasometer in Oberhausen** am Einkaufszentrum „CentrO" entdecken. Aus der Entfernung wird besonders deutlich, wie gigantisch dieses tonnenförmige Monument der Industriekultur ist.

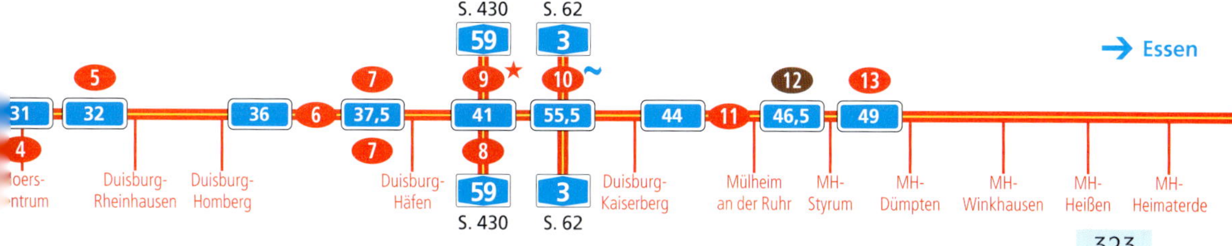

1 Der Schriftzug auf dem Hochhaus südlich der A40 zeigt einen großen Namen: **Stinnes Logistics** ist der verbleibende Teil des in der Kaiserzeit so mächtigen Konzerns des Industriellen Hugo Stinnes (1870–1924). Das **Rhein-Ruhr-Zentrum** zu Füßen des heutigen Firmensitzes war bei seiner Gründung 1973 ein Meilenstein des Strukturwandels im Ruhrgebiet von der Industrie- zur Dienstleistungsregion. Auf dem Gelände der ehemaligen Stinnes-Zeche Humboldt entstand das damals größte überdachte Einkaufszentrum Deutschlands.

2 Kurz vor der Einfahrt in den Bismarcktunnel, der das Gebiet südlich der Essener City unterquert, bietet sich ein eindrucksvoller **Blick auf die Stadt Essen**. Direkt am Nordrand der A40 reihen sich das Technologie- und Entwicklungszentrum ETEC, das Bürohaus „Ruhrforum" und ein pastellfarbener Fernmeldeturm. Daran schließen sich die Redaktionsgebäude der Westdeutschen Allgemeinen Zeitung an. Südlich der A40 ist das Gebäude der Ruhrkohle AG sichtbar; im Hintergrund ragt der Büroturm des Energiekonzerns RWE in den Himmel.

Gebäude der im Zweiten Weltkrieg stark zerstörten Stadt ist der Dom aus dem 11. Jh., seit 1957 Bischofssitz. Der wertvolle Domschatz umfasst auch die legendäre Goldene Madonna (10. Jh.), die älteste Marienfigur des Abendlandes.

5 Auf dem Platz über dem Portal des Bismarcktunnels steht seit dem 1. September 1989 das **Bronze Denkmal „Steile Lage"** von Max Kratz, das eine Gruppe Bergleute beim Kohleabbau im Stollen zeigt. In der Essener Skyline entdecken Sie zwischen den golden glänzenden Türmen des Gildehof-Centers in der Ferne das Essener Rathaus, mit 106 m das höchste Rathaus Deutschlands.

6 ★ Kunstliebhaber sollten sich unbedingt die Zeit nehmen und die **Villa Hügel** besuchen. Über das AD Essen-Ost erreichen Sie sie nur in Fahrtrichtung Duisburg, auf der A52 Richtung Düsseldorf über die AS Essen-Rüttenscheid nach 7,5 km, 10 Min., gut ausgeschildert. Die Villa Hügel ist hoch über dem Baldeneysee gelegen. Der 1869–1873 erbaute einstige Wohnsitz der Industriellen-Dynastie Krupp wird heute als Museum genutzt, in dem die

8 Wo die A40 das Essener Stadtgebiet verlässt, öffnet sich der Blick auf die Maisfelder des Bochum-Wattenscheider Stadtteils Sevinghausen. Nördlich können Sie zwischen den Bäumen am Autobahnrand in der Ferne den Förderturm der stillgelegten **Zeche Holland**

Zeche Zollern 16: Die weltberühmte Maschinenhalle steht seit 1969 unter Denkmalschutz.

3 1,5 km von der AS Essen-Zentrum entfernt liegt das **Museum Folkwang**. Ursprünglich in Hagen gegründet, kam die Sammlung Folkwang in den 20er-Jahren nach Essen. Heute beherbergt das Museum eine Sammlung moderner Kunst. Vor allem das Fotografische Kabinett genießt Weltgeltung.

4 Über die AS Essen-Zentrum und dann weiter Richtung Norden führt der Weg in die **Essener City**. Als größte Stadt des Ruhrgebiets und sechstgrößte Stadt Deutschlands ist Essen die Metropole und Einkaufsstadt des Ruhrgebiets schlechthin. Das historisch bedeutendste

Krupp-Stiftung repräsentative „Weltkunstausstellungen" zeigt.

7 ★ Empfehlenswert ist ein Besuch der **Zeche Zollverein**. Über die AS Essen-Kray, der Beschilderung folgend, erreichen Sie die nördlich der A40 mitten in Essen-Katernberg gelegene, 1986 stillgelegte Zeche nach 5 km, 7 Min. Sie beherbergt das Design-Zentrum Nordrhein-Westfalens. Der Förderturm wurde zum Wahrzeichen der „Route der Industriekultur". Ein Erlebnis ist der Besuch des Restaurants „Casino Zollverein", wo man inmitten von Rohren und Industrie-Relikten speisen kann.

entdecken. Südlich der A40, kurz hinter dem „Real"-Einkaufszentrum und dem Autokino, liegt die kleine **Pilgerkapelle St. Bartholomäus**. Sie war im Mittelalter Teil eines Pilgerhauses auf dem Jakobsweg. Heute dient sie als Autofahrerkapelle.

9 Die blau gestrichenen Betonwände eines **Hochbunkers** aus dem Zweiten Weltkrieg lugen an dieser Stelle vorwitzig über die Lärmschutzwand am Nordrand der A40 hervor. Von hier aus ist es nicht weit bis zum Bochumer Stadtteil Wattenscheid. Bis zur Gebietsreform im Jahr 1973 war **Wattenscheid** eine eigenständige Stadt, und die Einwohner haben es bis heute nicht verwunden, Bochumer zu sein.

10 Hinter der Tankstelle Ruhrschnellweg-Süd befindet sich eine Filiale von **McDonald's** – der einzige

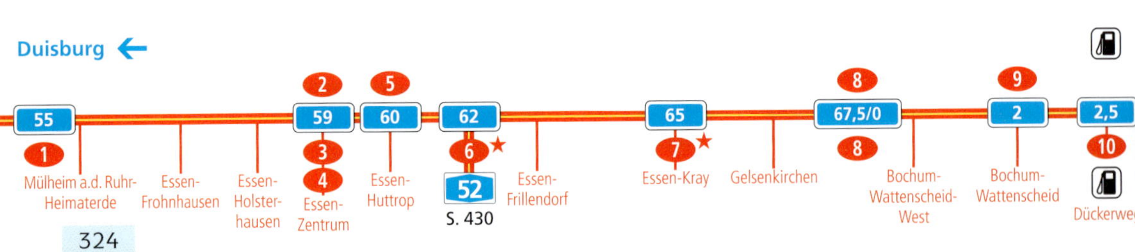

Ort, an dem man an der A40 im Ruhrgebiet etwas zu essen bekommt. Daneben sehen Sie das **Kaufhaus** des Autoausstatters **D&W**, der einen alten Fiat-Düsenjäger als Blickfang aufgebaut hat. Und über allem erhebt sich wie ein riesiges Siegertreppchen die Halle des **Thyssen-Krupp-Walzwerkes**. Eine Ecke der Fassade changiert je nach Wetterlage und Lichteinwirkung vom zartesten Rosa bis zum tiefen Violett.

11 **„Jahrhunderthalle“** (Informationstafel, nur in Richtung Duisburg): Die gewaltige Halle (2 km südlich der A40) mit den Maßen 71 mal 33 m steht inmitten des riesigen Geländes des ehemaligen Stahlwerks „Bochumer Verein“. Die Halle wurde 1902 anlässlich der Industrie- und Gewerbeausstellung in Düsseldorf erbaut, danach als Gaszentrale auf das Werksgelände in Bochum versetzt. Heute dient die „Industriekathedrale“ als Kulisse für Kulturveranstaltungen.

12 Über die AS Bochum-Zentrum und die Herner Straße (B51) führt der Weg in die **Bochumer City** (3 km). Die älteste Universitätsstadt des Ruhrgebiets (seit 1964) besitzt ein renommiertes Schauspielhaus, an dem Peter Zadek, Claus Peymann und Leander Haußmann Intendanten waren. Das Bergbaumuseum verschafft einen aufschlussreichen Einblick in die Erdtiefe, das Planetarium einen in die Weiten des Weltalls.

13 Die AS Bochum-Ruhrstadion führt auf den **Stadionring**, die Bochumer Meile der Unterhaltungsindustrie. Direkt südlich der A40 lädt das IMAX-Filmtheater zum Filmgenuss in 3D-Technologie. Gleich daneben ziehen im Musical-Theater die Rollschuh fahrenden Sänger des Musicals „Starlight Express“ seit 1988 ununterbrochen ihre erfolgreichen Kreise. Komplettiert wird das Ensemble der Entertainment-Bauten durch das 1979 entstandene Ruhrstadion. Doch auch die 1987 eingebaute Rasenheizung konnte die Auf- und Abstiegskapriolen des VfL Bochum nicht verhindern.

14 Direkt an der AS Bochum-Ruhrstadion in unmittelbarer Nähe des Stadionrings befindet sich südlich der A40 der **Bochumer Stadtpark**. Der älteste Landschaftsgarten im Ruhrgebiet wurde 1876 im Stil eines englischen Gartens angelegt. Die luxuriöse „Gastronomie im Stadtpark“ gehört zu den besten Restaurants im Ruhrgebiet. Zu Füßen des Bismarckturms befindet sich der Bochumer Tierpark.

15 Eine Werbetafel weist auf das südlich der A40 zu sehende **Ruhrpark-Einkaufszentrum** hin, das Wasserratten mit dem Spaßbad „Aquadrom“ und Film-Enthusiasten mit dem Multiplexkino UCI lockt.

16 **„Zeche Zollern“** (Informationstafel): Die im Jahr 1903 erbaute, komplett erhaltene Jugendstilzeche „Zollern II“ (nördlich der A40 in Dortmund-Bövinghausen) ist Teil des Westfälischen Industriemuseums. Die großartige Anlage ist pure Industrieromantik, das schmiedeeiserne Tor ein Symbol der Industriekultur.

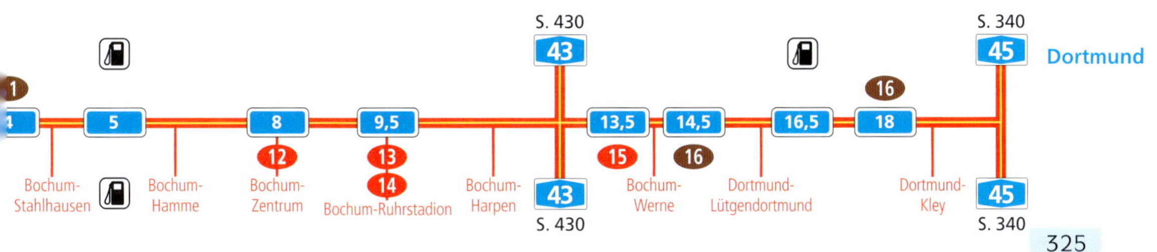

Von Aachen nach Kassel

Aachen → Mönchengladbach → Düsseldorf → Krefeld → Dortmund → Kassel

Auch wenn die Autobahnnummer zweistellig ist und dadurch eine Autobahn zweiter Kategorie signalisiert, repräsentiert die A44 doch eine der bedeutendsten West-Ost-Achsen im Fernstraßennetz. Sie führt von der deutsch-belgischen Grenze bei Aachen in die Mitte Deutschlands, nach Kassel. Diese Trasse wurde bereits in den ersten Autobahnplanungen der 20er-Jahre entwickelt.

Die A44 verbindet den Rhein-Ruhr-Raum mit Hessen, Thüringen und Sachsen und bildet zusammen mit der A4, in die sie künftig münden wird, die Transitroute nach Polen. Als Teil des Verkehrsprojekts „Deutsche Einheit" befindet sich die Verlängerung der A44 von Kassel nach Eisenach in Planung. Das 64 km lange Teilstück über Kaufungen, Hessisch-Lichtenau und Wommen soll im Jahr 2009 fertig gestellt sein.

Im Jahr 1935 wurde mit dem Bau der A44 begonnen, doch 1941 mussten die Arbeiten eingestellt werden. 1957 nahm man das Projekt wieder auf; 1975 war die Strecke Dortmund – Kassel durchgehend befahrbar.

Zahlreiche Lücken

Der westlichste Abschnitt, Aachen–Dortmund, dagegen weist auch heute noch mehrere Baulücken auf: Wann das geplante Teilstück zwischen der AS Mönchengladbach-Odenkirchen und der AS Mönchengladbach-Ost geschlossen wird, ist ungewiss.
Die zweite Lücke, das 5 km lange Stück zwischen der AS Lank-Latum und der AS Düsseldorf-Messe/Stadion mit der Rheinüberquerung, wird voraussichtlich im Mai 2002 fertig gestellt sein und schließt gleichzeitig den Autobahnring um Düsseldorf. Im Landschafts- und Naturschutzgebiet Rheinschlinge bei Meerbusch, unmittelbar westlich der Rheinbrücke, führt die A44 dann durch zwei Tunnel mit einer Länge von 870 m bzw. 640 m. Die beiden Tunnel dienen dem Landschaftsschutz. Von einem 4 km langen Stück bei Heiligenhaus und Velbert abgesehen, klafft zwischen dem AK Ratingen-Ost und dem AK Bochum/Witten eine dritte große Baulücke. Dieses Stück zwischen Düsseldorf und dem Ruhrgebiet ist in den Planungen zwar als vordringlicher Bedarf ausgewiesen – wann es verwirklicht wird, steht allerdings noch nicht fest. Unterbrochen ist die A44 schließlich auch noch zwischen dem AK Dortmund/Witten und dem AK Dortmund/Unna.
Wegen der vorhandenen Baulücken dient die A44 im Ruhrgebiet bislang

Wenn die A44 – hier bei Jülich – in ihrer gesamten Länge fertig gestellt sein wird, ist sie eine der wichtigsten Transitrouten quer durch Deutschland.

44

- **Länge** 349 km / 3:35 h
- **Entfernungen und Fahrzeiten** (ca.)

Grenzübg. Lichtenbusch – AS Mönchengladb.-Odenk. 54 km / 0:29 h
(i. Pl. bis AS Mönch.-Ost: 31 km / 0:18 h)
AS Mönchengladb.-Ost – AS Lank-Latum 18 km / 0:12 h
(i. B. bis AS Düss.-Messe: 5 km / 0:05 h)
AS Düsseldorf-Messe – AK Ratingen-Ost 15 km / 0:20 h
(i. Pl. bis AK Bochum/Witten: 46 km / 0:28 h)
AK Bochum/Witten – AK Dortmund/Witten 9 km / 0:05 h
(unterbrochen bis AK Dortmund/Unna: 24 km / 0:18 h)
AK Dortmund/Unna – AK Kasseler Kreuz 147 km / 1:20 h

- **Staubereiche**

AK Ratingen-Ost, AK Dortmund/Unna

vorwiegend der Bewältigung des örtlichen Verkehrs. Für den Reisenden, der vom deutsch-belgischen Grenzübergang Lichtenbusch nach Kassel fahren möchte, empfiehlt sich dagegen folgende Route: beim AK Aachen auf die A4 wechseln, beim AK Köln-West auf die A1 und erst beim AK Dortmund/Unna schließlich auf die A44.

Trennlinie zwischen Münsterland und Sauerland

Vom niederrheinischen Raum führt die A44 über Mönchengladbach nach Düsseldorf und ins Ruhrgebiet. Hinter Dortmund erreicht die Autobahn die fruchtbare Hellweg-Börde. Nördlich erstreckt sich das Münsterland, südlich erhebt sich im Sauerland der Naturpark Arnsberger Wald, eines der größten zusammenhängenden Waldgebiete Deutschlands. Die Hellweg-Börde begleitet die A44 mehr als 50 km weit westwärts. Im Mittelalter verlief hier mit dem Hellweg eine bedeutende Handelsstraße, die Hessen mit dem Niederrhein verband.

In ihrem weiteren Verlauf erschließt die A44 das Paderborner Land und streift die Ausläufer der Paderborner Hochfläche. Das Wahrzeichen der Region ist die Wewelsburg; von der Autobahn kann man die auf einem Wegsporn über dem Almetal gelegene Anlage gut erkennen.

Im äußersten Nordwesten Hessens führt die A44 nördlich am Naturpark Diemelsee vorbei; der gleichnamige Fluss – ein Dorado für Kanuwanderer – wird am Rande des Naturparks Südlicher Teutoburger Wald überquert.

Der Bergpark Kassel-Wilhelmshöhe mit seinen Schloss- und Kuranlagen bildet den großartigen Abschluss des Naturparks Habichtswald, der zu den schönsten und abwechslungsreichsten Erholungsgebieten Deutschlands zählt. Wenn es südlich von Kassel über die Fulda geht, findet die A44 am Kasseler Kreuz ihr vorläufiges Ende. Die Schnittstelle mit der A7 liegt am Rande des Naturparks Meißner-Kaufunger Wald. Nach der Verlängerung der A44 bis Eisenach wird die Trasse durch diese Traumlandschaft zwischen Werra und Fulda führen.

1 **„Kaiserdom Aachen“** (Informationstafel): Der Aachener Dom gehört zu den architektonisch bedeutendsten mittelalterlichen Kirchen in Deutschland. Kernstück ist das um 800 unter Karl dem Großen nach dem Vorbild von S. Vitale in Ravenna gebaute Oktogon. Im 14. Jh. entstand nach dem Bild der Sainte Chapelle in Paris der gotische Chor, das „Glashaus von Aachen“. Mehr als 30 deutsche Kaiser und Könige wurden in diesem Dom gekrönt.

2 4 km nördlich der AS Aachen-Lichtenbusch liegt **Burtscheid**. In diesem Stadtteil sprudeln Aachens wärmste Quellen, bis zu 70 °C heiß kommt das Wasser aus dem Boden. Heute ist Burtscheid das Kurzentrum Aachens. Es genießt vor allem für seine Rheumatherapie einen ausgezeichneten Ruf.

3 Nördlich der A44 sind am Horizont einige bewaldete Kuppen zu erkennen, auf denen Sendeanlagen stehen. Es ist das **Dreiländereck**, an dem Deutschland, Belgien und die Niederlande aufeinander treffen.

4 Schon bei der Anfahrt von der Autobahn her nach **Aachen** ist neben der Silhouette auch die einzigartige Lage dieser Stadt im Grünen zu erkennen. Karl der Große ließ in Aachen seine wichtigste Pfalz errichten. An ihrer Stelle steht heute das nach dem Vorbild flämischer Rathäuser erbaute gotische Rathaus. Weltruf genießt auch die Rheinisch-Westfälische Technische Hochschule der Viertelmillionenstadt, ebenso wie das Gebäck namens „Aachener Printen“.

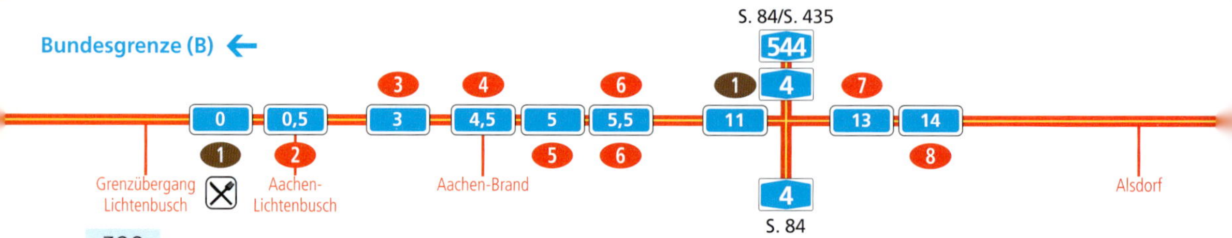

S. 84/S. 435

Bundesgrenze (B) ←

544

3 4 6 1 4 7

0 | 0,5 | 3 | 4,5 | 5 | 5,5 | 11 | 13 | 14

1 2 5 6 8

Grenzübergang Lichtenbusch – Aachen-Lichtenbusch – Aachen-Brand – Alsdorf

4

S. 84

Braunkohletagebau

Vor etwa 40 bis 50 Mio. Jahren entstand in der so genannten Tertiärzeit die Braunkohle. Im Gegensatz zur wesentlich älteren Steinkohle (60 bis 80 Mio. Jahre) liegen die Braunkohleflöze verhältnismäßig dicht unter der Erdoberfläche und können im Tagebau erschlossen werden – zu einem nicht geringen Preis: Während der Abbauperiode machen sich Riesenkrater in der Landschaft breit. Zudem muss eine Umsiedlung der im vorgesehenen Abbaugelände lebenden Menschen erfolgen. Aber Braunkohle ist ein preiswerter Energieträger. Jede vierte kWh Strom wird in Deutschland aus Braunkohle erzeugt. In den drei Tagebaugebieten Garzweiler I, Hambach und Inden

fördern gigantische Maschinen jährlich rund 100 Mio. t Braunkohle. In diesen rheinischen Revieren leben rund 20 000 Menschen von und mit der Braunkohle. Der größte Teil der Fördermenge wird in den Kraftwerken Weisweiler, Neurath und Frimmersdorf in elektrische Energie umgewandelt. Wenn die Braunkohleflöze abgebaut sind, wird das ausgekohlte Gelände renaturiert. In den vergangenen Jahrzehnten sind auf diese Weise im rheinischen Braunkohlegebiet zahlreiche landwirtschaftliche Flächen, aber auch Erholungslandschaften – wie bei der Sophienhöhe in der Höhe von Julich oder den Villeseen – entstanden.

5 Von weitem ist südlich der A44 das auf einer Anhöhe vor den Eifelbergen liegende helle Gebäude der modernen **Benediktinerabtei Kornelimünster** zu sehen. Sie setzt die Tradition jener Reichsabtei Kornelimünster fort, die im Jahre 814 gegründet wurde. Nachdem Kaiser Ludwig der Fromme der Abteikirche kostbare Reliquien und reiche Ländereien geschenkt hatte, entwickelte sie sich zu einem religiösen, wirtschaftlichen und politischen Machtzentrum. In seinem Kern hat sich der Ort Kornelimünster bis heute als ein fast völlig unversehrtes mittelalterliches Ensemble bewahrt.

6 Die saftig grünen Wiesen, die Viehherden und die in der Landschaft verstreut liegenden Bauerngehöfte liefern den Grund, warum die Gegend vor den Toren Aachens im Volksmund früher als **Butterländchen** bezeichnet wurde.

7 Nördlich der A44 fängt sich der Blick an einigen markanten **Abraumhalden**, soweit die Bäume neben der Autobahn eine Durchsicht zulassen. Die Halden erinnern an die Zeit des Steinkohlebergbaus im Aachener Revier, der bis in die 1980er-Jahre betrieben wurde.

8 Südlich der Autobahn ist der kleine Aachener **Flugplatz Merzbrück** zu sehen. Hier können nur Sportmaschinen starten und landen.

9 **„Zitadelle Jülich"** (Informationstafel): Unter dem Jülicher Herzog Wilhelm V., dem Reichen, wurde um 1550 die Festungsanlage erbaut. Die Zitadelle mit ihren Wällen, Kasematten, Bastionen, Kellern und der sehenswerten Schlossfassade ist ein beeindruckendes Beispiel für die Architektur der Renaissance.

10 Unter der A44 fließt die **Rur** (frz. und niederl. Roer) entlang. Als wichtigster Wasserlauf der Nordeifel kommt sie aus den Hochmooren des Hohen Venns in Belgien und mündet im niederländischen Roermond in die Maas.

11 Kaum hat die Autobahn die Rur überquert, tauchen die Häuser von **Jülich** auf, der alten ehrwürdigen Residenz der einst mächtigen Herzöge von Jülich-Kleve-Berg. In der im Zweiten Weltkrieg weitgehend zerstörten Stadt sind nur wenige, dafür aber sehr markante historische Bauten erhalten geblieben.

12 In der fruchtbaren Landschaft der **Jülicher Börde**, die die Autobahn auf den nächsten 15 km durchquert, werden auf den Lössböden vor allem Zuckerrüben und Getreide angebaut. In Jülich verarbeitet eine Zuckerfabrik die Rüben zu dem begehrten Grundnahrungsmittel weiter.

13 Unmittelbar neben der A44, schon von weitem sichtbar (auch im Dunkeln – durch die roten Flugsicherungslichter), ragt östlich auf der so genannten Merscher Höhe der Sendemast der **Sendeanlage Jülich der Deutschen Welle** auf. Der in Köln ansässige Kurzwellensender schickt seine Programme in 30 Sprachen in die Welt.

14 Aus der flachen Bördelandschaft östlich der A44 ragt die 290 m hohe **Sophienhöhe** auf. Im Herbst 1978 wurden die ersten Abraummassen aus dem Braunkohletagebau Hambach auf den angrenzenden Ackerflächen abgekippt. So entstand die Sophienhöhe als respektabler Berg. Längst ist dieses künstliche Gebirge kultiviert: Es gibt Wälder und Magerwiesen, Feuchtbiotope, Wildgehege, eine Rodelbahn im Winter und 73 km Wander- und Spazierwege.

15★ Neben der Autobahn gähnt ein gewaltiger Krater des **Tagebaus Garzweiler** – fast 200 m tief. Wer sich für große Maschinen interessiert, sollte den extra eingerichteten Aussichtspunkt bei Titz Jackerath aufsuchen. Sie erreichen ihn über das AK Jackerath nach 4 km (8 Min.) in östlicher Richtung. Dort können Sie gigantische Bagger – bis zu 240 m lang, 84 m hoch und 13 500 t schwer – beim Braunkohleabbau beobachten.

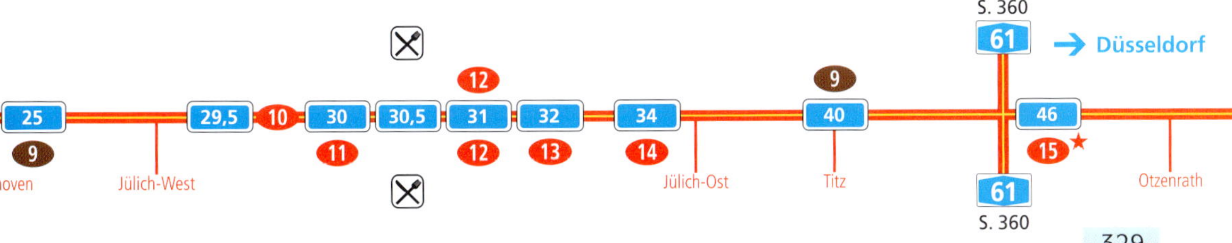

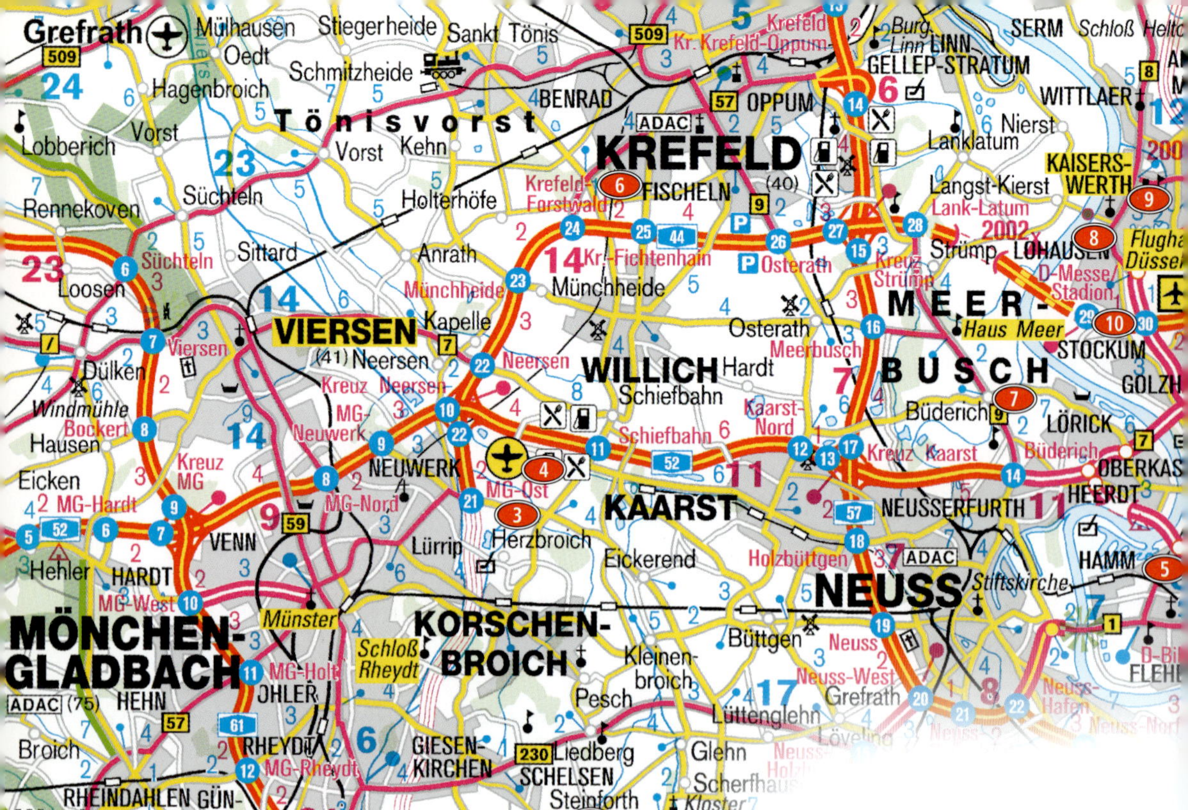

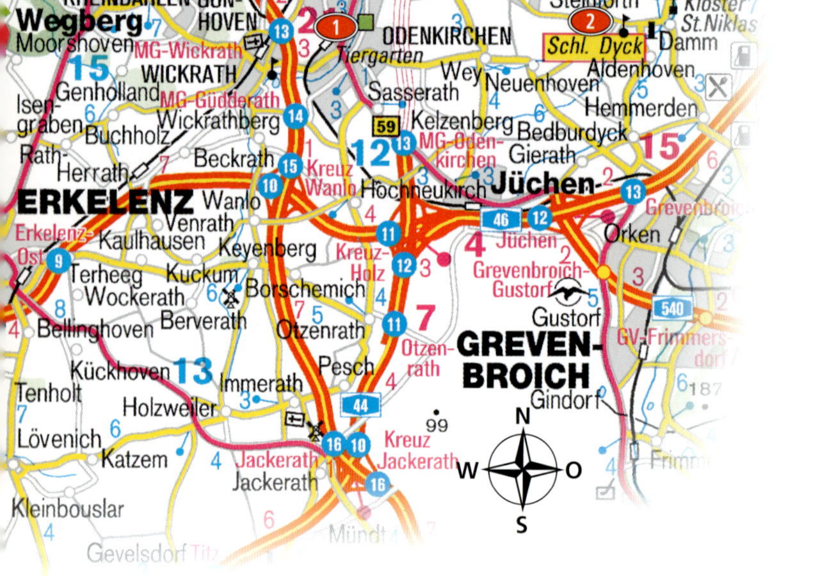

1 Am derzeitigen Ende dieses Autobahnabschnitts sind Wohnblocks des Mönchengladbacher Stadtteils **Odenkirchen** zu sehen. Hier verbirgt sich ein **Tiergarten** der besonderen Art: Von wenigen Ausnahmen abgesehen, leben hier nur Tiere, deren Heimat Europa ist – Waldvögel, Fasane, Wild, Luchse, Füchse, Wölfe, Bären und Seehunde.

2★ Es lohnt sich, an der AS Mönchengladbach-Odenkirchen dem Wegweiser nach Jüchen zu folgen, denn über Jüchen erreichen Sie nach 15 km (20 Min.) eine der schönsten Schloss- und Parkanlagen des Niederrheins. **Schloss Dyck** wird 2002 zum Mittelpunkt der Landesgartenschau, die auf dem Gelände von sieben niederrheinischen Schlössern stattfindet. Das weitläufige Wasserschloss liegt inmitten eines einzigartigen Parks. Er wurde Anfang des 19. Jh. von Fürst Joseph zu Salm-Reifferscheid-Dyck angelegt und ist wegen seiner Artenvielfalt als Hortus Dyckensis berühmt.

3 Unmittelbar neben der AS Mönchengladbach-Ost liegt, durch die Bäume des Schlossparks verborgen, **Schloss Myllendonk**. Das aus dem 12. Jh. stammende Schloss ist Mittelpunkt eines der schönsten Golfplätze der ganzen Region. Der Schlosskomplex besteht aus zwei Vorburgen und einer Hauptburg.

4 Direkt an der A44, gleich neben der bekannten Mönchengladbacher Trabrennbahn, liegt der **Flughafen Mönchengladbach**. Er ist ein kleiner Regionalflughafen der kurzen Wege und der schnellen Abfertigungen. Besondere Bedeutung besitzt er als wichtige Ergänzung zum benachbarten internationalen Großflughafen Düsseldorf, was in seinem offiziellen Namen „Düsseldorf Express Airport Mönchengladbach“ zum Ausdruck kommt.

5 Alles andere am Horizont jenseits des Rheins überragend, sticht der 234 m hohe **Fernmeldeturm** von Düsseldorf in den Himmel. Der 1982 gebaute Rheinturm ist das höchste Gebäude der nordrhein-westfälischen Landeshauptstadt und gehört zu ihren markantesten Wahrzeichen. In 174 m Höhe befindet sich das rundum verglaste Drehrestaurant „Top 180“.

6 **Krefeld**, die „Stadt aus Samt und Seide“, wie sie wegen ihrer jahrhundertealten Textilindustrie gerne genannt wird, ist auch die Stadt der Parks und Gartenanlagen. Von der Autobahn her gesehen präsentiert

sie sich allerdings nicht sonderlich attraktiv: Industrieanlagen, Gewerbegebiete, Hochhauskomplexe reichen bis unmittelbar an die A44 heran und sind das Erste, was zu sehen ist.

Seit der Verkehr unterirdisch fließt, ist Düsseldorfs Rheinpromenade wieder eine beliebte Flaniermeile: Mit Blick auf den Rhein auf der einen und prächtige Jugendstilfassaden auf der anderen Seite lässt sich herrlich bummeln. Der alte Schlossturm beherbergt heute das Schifffahrtsmuseum.

7 Der **Alte Kirchturm von Büderich** ist ein markanter Wegweiser: nicht nur für den Weg nach Büderich – inmitten einer fruchtbaren Landschaft gelegen, in der vor allem Gemüse (Spargel) angebaut wird –, sondern auch zu einer besonderen Sehenswürdigkeit. Im romanischen Kirchturm des kleinen Ortes, dem einzigen erhaltenen Teil der bei einem Brand um 1890 weitgehend zerstörten St.-Mauritius-Kirche, ist eine Auferstehungsfigur von Josef Beuys zu sehen.

8 Die Hinweistafeln auf die **Messe Düsseldorf** an der Autobahn machen es ebenso deutlich wie die weitläufigen Messeparkplätze, die bis fast an die A44 heranreichen: Düsseldorf ist eine der führenden Messestädte Deutschlands. Ob es sich um die „Boot" handelt, die weltweit größte Messe im Bereich Wassersport, die „Caravan" oder die verschiedenen Modemessen, die alljährlich veranstaltet werden: Auf einer Fläche von mehr als 233 000 m^2 in 17 Messehallen trifft sich die Welt in Düsseldorf.

9★ Hinter dem Gelände der Messe Düsseldorf erinnern ca. 4 km von der Autobahn entfernt unmittelbar am Rhein eindrucksvolle Ruinen an die **Pfalz Kaiserswerth**, die bereits um 900 gegründet und 1174 von Kaiser Friedrich Barbarossa ausgebaut wurde – zu einer Zeit, als Düsseldorf noch ein Fischerdorf war. Kaiserswerth ist ein Idyll, das Sie sich unbedingt ansehen sollten! Über die AS Düsseldorf-Stockum erreichen Sie den 4 km (8 Min.) nördlich der A44 gelegenen Ort mit der Ruine.

10 1,3 km lang ist der **Tunnel**, durch den die Autobahn unter dem **Flughafen Düsseldorf** verläuft. Der Flughafen gehört zu den größten Verkehrsflughäfen in Deutschland und bietet täglich zahlreiche Direktverbindungen in alle Welt. Unter den Charterflughäfen ist Düsseldorf die Nummer eins in Deutschland (siehe auch A3, S. 63).

11 An der AS Düsseldorf-Flughafen ist das Zentrum von **Düsseldorf** ausgeschildert. Unter den rheinischen Großstädten gilt Düsseldorf als ausgesprochen elegante Stadt. Kein Wunder, ist doch die Stadt eines der europäischen Modezentren, und Königsallee und Schadowstraße gehören zu den mondänsten Einkaufsstraßen Europas. Düsseldorf, inoffiziell immerwährende Konkurrentin des wesentlich größeren Köln, ist als Sitz der Landesregierung politischer Mittelpunkt Nordrhein-Westfalens. Zahlreiche Industriekonzerne haben ihren Verwaltungssitz in Düsseldorf, dem „Schreibtisch des Ruhrgebiets". Und nicht zuletzt ist Düsseldorf eine der wichtigsten deutschen Kulturstädte – dank seines Schauspielhauses, der Deutschen Oper am Rhein, der Kunsthalle, der Kunstakademie und der zahlreichen Galerien (siehe auch A3, S. 63).

12 Die Waldberge, auf die die Autobahn zuzuführen scheint, künden das **Bergische Land** an, eine liebliche Mittelgebirgslandschaft, die von viel Laubwald geprägt ist. Der Name dieser Landschaft geht auf die Grafen von Berg zurück, die sich im Mittelalter zunächst in Bensberg bei Köln niederließen, später aber vier Residenzen in ihrer Grafschaft hatten.

13 Wo die Laubwälder bis unmittelbar an die Autobahn herankommen, schmiegt sich **Ratingen** in die Ausläufer des Bergischen Landes. Die Stadt war einst eine der vier Bergischen Hauptstädte. Viele ihrer reizvollen Altstadtpartien sind erhalten geblieben, insbesondere Teile der mittelalterlichen Stadtbefestigung und ein stimmungsvoller Marktplatz. Ratingen hat Industriegeschichte gemacht: 1783 gründete der Kaufmann Johann Gottfried Brügelmann hier eine mechanische Spinnerei. Sie gilt als die erste Fabrik auf dem europäischen Festland. Heute ist in dem „Haus Cromford" genannten Gebäudekomplex das Rheinische Industriemuseum eingerichtet.

14 Am Stadtrand von Ratingen, da, wo die Wälder des Bergischen Landes Besitz vom Stadtrand ergreifen, liegt eine der größten Natursehenswürdigkeiten des Bergischen Landes, der **Blaue See**. Als im Jahr 1929 der Abbaubetrieb in einem Basaltsteinbruch eingestellt wurde, begann sich die große Kuhle des Steinbruchs mit Wasser zu füllen. Heute ist der Blaue See nicht nur ein romantisches Naherholungsgebiet, sondern auch ein kulturelles Highlight mit seiner weithin bekannten Freilichtbühne.

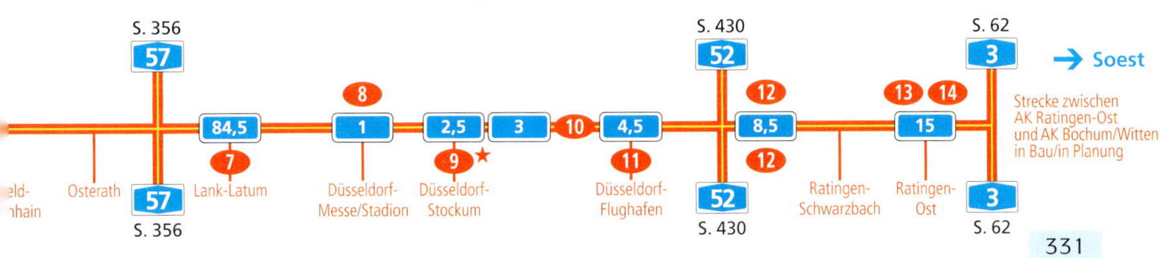

1 Vom AK Bochum/Witten aus, auf das Sie über die B226 (Wittener Straße) gelangen, sind im Süden die Hochhäuser der **Ruhr-Universität Bochum** zu sehen. Dort werden 35 000 Studentinnen und Studenten in rund 100 Fachrichtungen ausgebildet. Die Universität am Botanischen Garten in Bochum-Querenburg war 1962 die erste Neugründung einer Hochschule in der Bundesrepublik Deutschland. Heute zählt sie zu den größten und bedeutendsten Universitäten des ganzen Landes. Bochum erstreckt sich nördlich der Autobahn bis zur Emscher. In der einstigen Kohle- und Stahlstadt spielt heute die Automobilindustrie wirtschaftlich die Hauptrolle. Das Bochumer Opel-Zweigwerk entstand in den 60er-Jahren.

2 ★ Wer sich für Geschichte und Technik des Bergbaus interessiert, dem sei ein Besuch im **Deutschen Bergbaumuseum** in Bochum empfohlen. Es gehört zu den bedeutendsten seiner Art in Europa und vermittelt einen umfassenden Einblick in den weltweiten Bergbau verschiedenster Bodenschätze, von vorgeschichtlicher Zeit bis heute. Wegbeschreibung: Beim AK Bochum/Witten fahren Sie auf die A43 Richtung Bochum, wechseln beim AK Bochum auf die A40 Richtung Essen, fahren bei der AS Bochum-Zentrum ab, dann links die Herner Straße zum Deutschen Bergbaumuseum (6,5 km, 10 Min.). Zurück zur A44 gelangt man auf demselben Weg.

3 Hinter den Feldern im Süden liegt die Stadt **Witten** an der Ruhr. Der Wittener Raum gilt als Wiege des Ruhrbergbaus. In der Zeche Nachtigall im Muttental bei Witten wurde ab1832 in einem senkrechten Schacht nach Steinkohle, dem „schwarzen Gold", gegraben. Die bis 1892 betriebene Anlage gehörte zu den ersten Tiefbauzechen des Reviers. Heute ist die Zeche Nachtigall ein Museum und das einstige Kohlerevier im Ruhrtal um Witten ein Wohn- und Erholungsgebiet.

4 Im Süden liegt hinter Lärmschutzwänden verborgen der Stadtteil **Witten-Annen**, an den die beliebten Naherholungsgebiete Hohenstein, Buchenholz und Herrenholz am Ardeygebirge grenzen. Zahlreiche Bachläufe, darunter der Borbach, durchziehen den Mischwald an der Ruhr.

5 Zwischen Feldern und Wiesen erreicht die A44 den südwestlichen Rand **Dortmunds**. In die City der Ruhrmetropole, einer Stadt des Bieres und des Sports, führt ab dem AK Dortmund/Witten die A45. Das Zentrum der einstigen Hansestadt im Herzen Westfalens bildet der Alte Markt mit der Reinoldikirche. Das Gotteshaus mit seinem 104 m hohen Turm gilt zusammen mit dem 212 m hohen Funk- und Fernsehturm „Florian" im Westfalenpark als Wahrzeichen Dortmunds.

6 Beim ländlichen Dortmund-Persebeck findet die A44 am **AK Dortmund/Witten** ihr vorläufiges

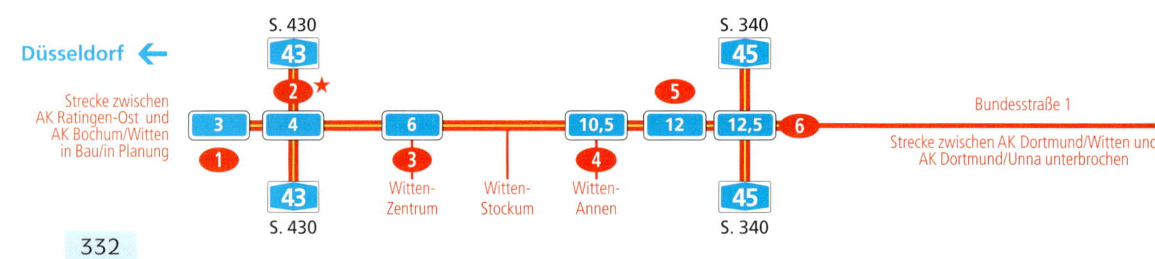

Ende. Wer sie nach Osten weiter befahren will, wechselt an diesem AK auf die A45 Richtung Dortmund und am AK Dortmund-West auf die A40 Richtung Dortmund/Unna. Die A40 geht nahtlos in den 4-spurigen Ruhrschnellweg (B1), das letzte Bindeglied zur A44, über.

7 Bei Holzwickede wechselt der autobahnähnliche Ruhrschnellweg seine Klassifizierung: **Die B1 wird zur A44**. Die Autobahn führt am nordwestlich gelegenen Flughafen Dortmund-Wickede vorbei; für kurze Zeit kommt ein Stück der Startbahn in Sicht.

8 Im Norden ist über Lärmschutzwände hinweg der spitze, 84 m hoch aufragende Turm der evangelischen Kirche Unnas aus dem 14. Jh. zu sehen. Nach einem Blitzschlag wurde 1863 der neugotische Turmhelm aufgesetzt, von dessen Plattform aus sich ein prächtiges Panorama bietet. **Unna** selbst blickt auf über 700 Jahre Stadtgeschichte zurück. Zu seinem Aufschwung trug ein 1389 erstmals urkundlich erwähntes Salzwerk entscheidend bei, das bis 1941 in Betrieb war. 1540 erfolgte die Aufnahme in den Hansebund, in dem sich Unnas Kaufleute in erster Linie mit Bier- und Salzhandel profilierten. Sehenswürdigkeiten der Stadt am Übergang vom Ruhrgebiet ins Sauerland sind u.a. Reste der mittelalterlichen Stadtbefestigung mit einem Wehrturm aus dem 15. Jh., gut erhaltene Fachwerkhäuser aus dem 16. und 17. Jh. am Markt, das Hellweg-Museum in der Burg sowie die historische Lindenbrauerei, ein Industriedenkmal, das als Kulturzentrum genutzt wird.

9 Im Norden liegen die Werks- und Bürogebäude von **Unnas Industriepark**. Besonders markant ist das moderne, mehrgeschossige Verwaltungsgebäude der Stadtwerke Unna am Rande des Gewerbegebiets.

10 Ebenfalls nördlich der A45 erstrecken sich die fruchtbaren Felder der **Hellweg-Ebene**. 50 km weit verläuft die Autobahn parallel dazu. Ackerflächen und Wiesen, Niederungen mit Fluss- und Bachläufen prägen diese Region, die sich vom Münsterland im Norden bis zum Sauerland im Süden erstreckt. Im Mittelalter war der Hellweg eine bedeutende West-Ost-Verbindung zwischen dem Niederrhein und Hessen. An Kreuzungspunkten zwischen dieser Handels- und Heerstraße mit Nord-Süd-Routen wurden Städte wie Dortmund, Unna, Werl und Soest gegründet.

11 Im Süden, hinter Büschen und Feldern, neigt sich das Gelände in das grüne Tal der **Ruhr** hinab. Der Fluss entspringt am 674 m hohen Ruhrkopf bei Winterberg im Sauerland. Er mündet nach 235 km in Duisburg-Ruhrort in den Rhein.

Die Ruhr-Universität in Bochum 1 bildet mehr als 35 000 Studentinnen und Studenten aus.

12★ Ganz in der Nähe der A44 lohnt die **Wallfahrtskirche Werl** einen Abstecher (3,5 km, 6 Min.). Dort wird das berühmte Werler Gnadenbild aufbewahrt. Zu der neuromanischen Basilika gelangt man am AK Werl über die A445 und die AS Werl-Zentrum. Die Figur der Madonna mit dem Jesuskind auf dem Schoß steht links neben dem Hauptaltar. Über 250 000 Wallfahrer pilgern pro Jahr zum Werler Gnadenbild. Forscher datieren dieses großartige Werk der Romanik auf das 12. Jh. und vermuten, dass es auf der Insel Gotland entstand. Der Legende nach aber brachte ein Ritter die Figur vom Kreuzzug ins Heilige Land mit. 1645 gelangte die Madonna nach Werl, ab 1661 entwickelte sich die Wallfahrt dorthin. Werl zählt heute nach dem bayerischen Altötting und Kevelaer am Niederrhein zu Deutschlands bedeutendsten Wallfahrtsorten.

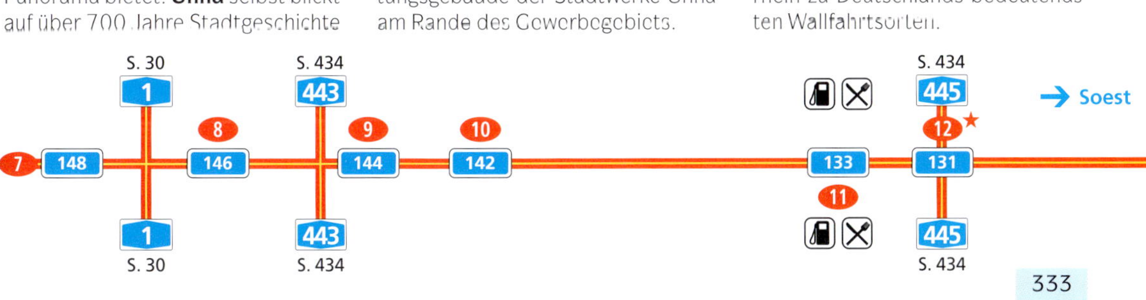

1 Im Norden liegt **Werl** mit der spitz zulaufenden barocken Turmhaube seiner **Probsteikirche St. Walburga**. Die gotische Hallenkirche aus dem 14. Jh. ist das bauliche Juwel und Wahrzeichen der Stadt. Sehenswert sind die Altstadt mit hübschen Fachwerkhäusern und die attraktive Fußgängerzone.

2 Hohe Büsche an der Nordseite der A44 verdecken weitgehend den Blick auf die dahinter gelegene **Soester Börde**, einen Landstrich mit fruchtbarem Lössboden, auf dem vor allem Getreide, Gemüse und Zuckerrüben gedeihen.

3 **„Historischer Stadtkern Soest“** (Informationstafel): Die abgebildeten Türme von Soest gehören zur gotischen Kirche St. Maria zur Wiese, zu den Basiliken St. Patrokli und St. Petri sowie zum Ostenhof-Stadttor. Nach der AS Soest ist die Silhouette der Stadt im Norden zu sehen. Die weithin erkennbaren Kirchtürme weisen den Weg in den 1000 Jahre alten Ort mit hansischer Kaufmannstradition und viel Lebensfreude: Höhepunkt im Soester Festkalender ist die Allerheiligenkirmes, Europas größte Innenstadtkirmes. Die einzigartige Atmosphäre dieses fünftägigen Spektakels mit 600-jähriger Tradition lockt alljährlich mehr als eine Mio. Besucher an.

Südlich der A44 liegt auf der Höhe von Soest die Möhne-Talsperre 4~ mit ihrer imposanten Staumauer. Der Möhnesee im Naturpark Arnsberger Wald ist heute ein beliebtes Ausflugsziel.

4~ Wenn Sie ca. 1 Std. Zeit haben, empfiehlt sich eine schöne Alternativroute (33 km) zur südlich gelegenen, 10 km² großen **Möhne-Talsperre** im Naturpark Arnsberger Wald. Dorthin gelangt man von der AS Soest aus über die B229. Sie fahren an der Staumauer links am Möhnesee entlang bis Völlinghausen und dann zurück in Richtung Soest. Über die AS Soest-Ost ist die A44 wieder zu erreichen.

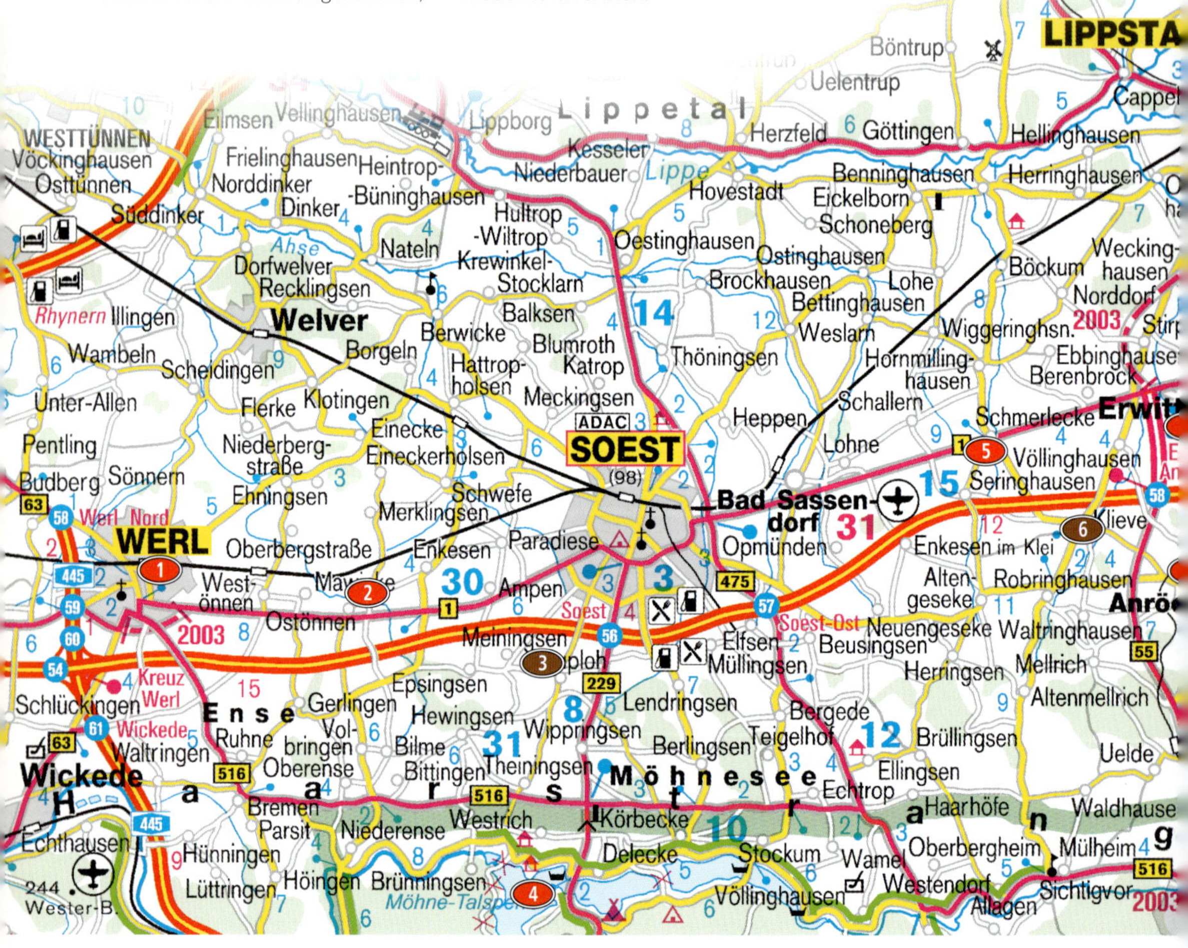

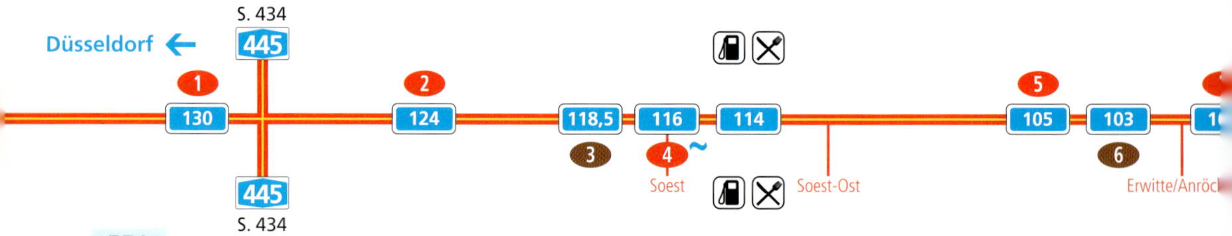

5 Nach Norden ist ein Blick auf die über 150 Jahre alte **Windmühle von Schmerlecke** am alten Hellweg möglich. Einst wurde darin das Korn der Schmerlecker Bauern gemahlen; Anfang des 20. Jh. verfiel sie. Um 1960 gelangte die Mühle in den Besitz der Familie Claes aus Paderborn, die sie umfassend restaurieren ließ. Inzwischen wird die Anlage als Brauerei, Restaurant und Café genutzt. Unter ihrem Dach findet sich auch ein kleines Mühlenmuseum.

Düsseldorf ← S. 434 445 · 1 130 · 2 124 · 3 118,5 · 4~ 116 Soest · 114 · Soest-Ost · 5 105 · 6 103 · Erwitte/Anröchte · 445 S. 434

6 **„Historischer Stadtkern Lippstadt“** (Informationstafel): Abgebildet sind das Rathaus aus dem 18. Jh. und die 1222 eingeweihte Marienkirche. Die größte Kommune der Hellweg-Region verfügt über ein breit gefächertes Kulturangebot, darunter die Galerie im Rathaus, das Kunsthaus am Spielbrink und der Skulpturenpark in Bad Waldliesborn. Zum Bummeln und Shoppen lädt Lippstadts belebte Fußgängerzone, die „Lange Straße“, ein.

7 Nördlich der AS Erwitte/Anröchte sind die Silos und weitläufigen Anlagen der **Erwitter Zementwerke** zu sehen. Dank günstiger örtlicher Materialbedingungen hat sich Erwitte zu einer Zementmetropole entwickelt, deren Produkte in ganz Europa Abnehmer finden.

8 Im Süden grüßt der spitze Turm der katholischen Pfarrkirche in **Anröchte** herüber. Die romanische Dorfkirche aus dem 12. Jh. ist aus dem bekannten Anröchter Grünsandstein errichtet; auch die Pfarrkirche in Erwitte wurde damit gebaut.

9 Im Süden sehen Sie **Schloss Eringerfeld**. Überregional bekannt ist es als Tagungs- und Schulungszentrum. Im Schloss, das Freiherr von Ketterer im 17. Jh. erbauen ließ, befindet sich zudem eine Schule für hoch begabte Kinder.

10 Im Norden taucht die sandgraue **Wewelsburg** mit ihren drei wuchtigen Rundtürmen auf. Das heutige Dreiecksschloss entstand Anfang des 17. Jh. an der Stelle einer mittelalterlichen Burg. Die Anlage beherbergt seit 1925 das Kreismuseum Wewelsburg und das historische Museum des Hochstifts Paderborn. Außerdem wird in einem ehemaligen Wachgebäude der SS mit der Dokumentation „Wewelsburg 1933–1945. Kult- und Terrorstätte der SS“ an die Funktion der Burg zur Hitlerzeit erinnert.

11 Ebenfalls im Norden, hinter Feldern und einem Wäldchen, liegt der **Flughafen Paderborn-Lippstadt**. 1969 als regionaler Start- und Landeplatz gegründet, hat er sich inzwischen mit 1,2 Mio. Fluggästen pro Jahr zu einem internationalen Verkehrsflughafen entwickelt. Die Stadt Paderborn liegt nördlich des Flughafens; zu erreichen ist sie über die AS Büren (18 km).

12 **„Paderborner Land“** (Informationstafel): Mit einer Collage aus der Wewelsburg, dem Wahrzeichen des Paderborner Landes, und dem im Stil der Weserrenaissance gehaltenen Paderborner Rathaus stellt sich die Region vor. Dieses Gebiet ist recht unterschiedlich ausgeprägt: im Norden die urwüchsige Senne mit Kiefernwäldern und Heidelandschaft, im Nordwesten das flache Delbrücker Land mit weiten Feldern und Wiesen, im Süden und Osten die Karstlandschaften der Paderborner Hochfläche.

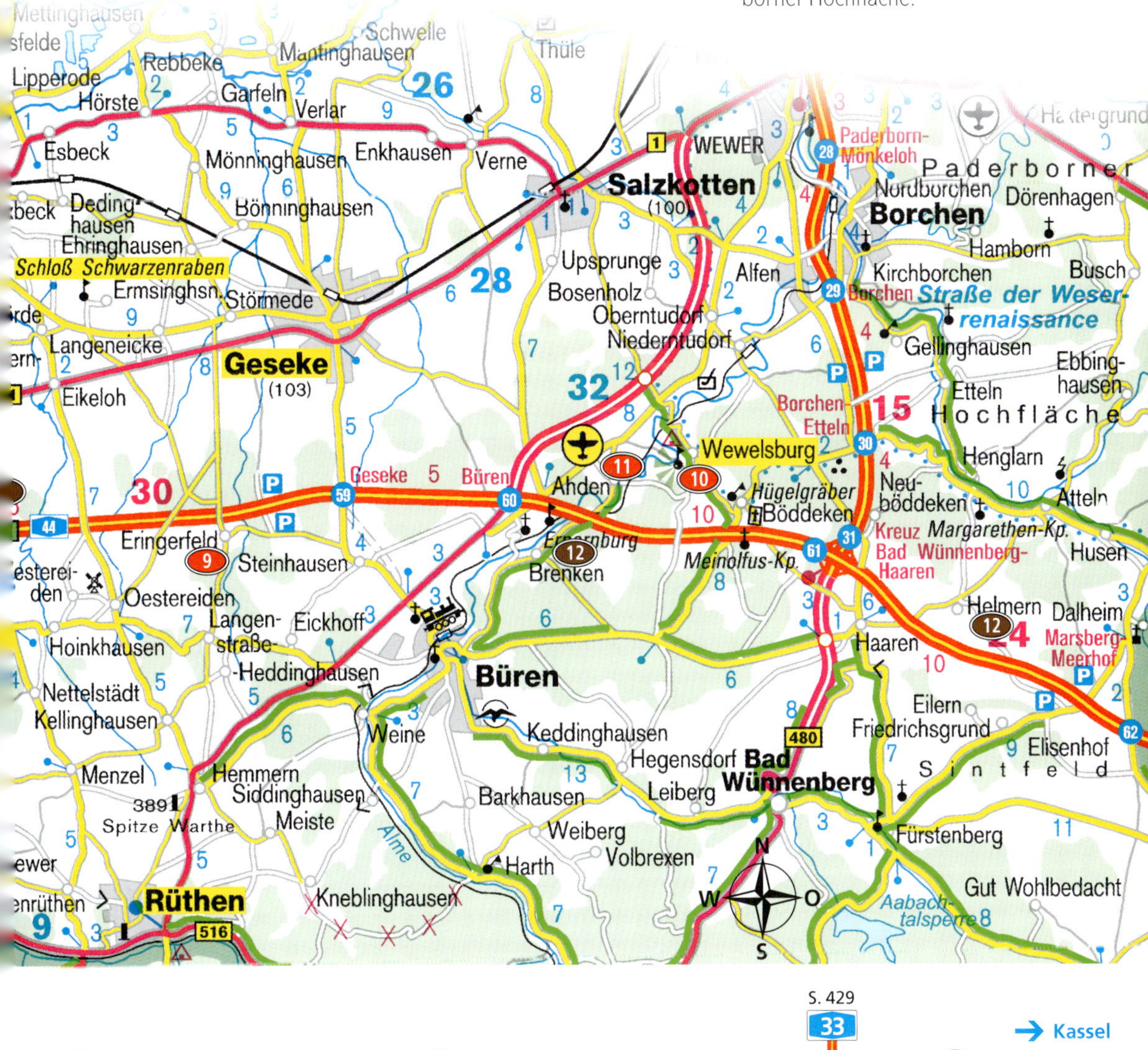

1 Die A44 führt rund 15 km weit durch den Mischwald des **Naturparks Eggegebirge und südlicher Teutoburger Wald**. Die beiden Gebirgszüge erstrecken sich von Osnabrück im Norden bis zur Paderborner Hochfläche und im Süden bis zur Diemel.

2 Nach dem Verlassen des Waldes geht es zunächst über die Wiesen am Ufer der **Diemel** weiter und dann über den Fluss, der an dieser Stelle einen schönen Anblick bietet. Auf der Diemel ist Kanuwandern ein beliebter Sport für Jung und Alt. Das windungsreiche Flüsschen entspringt im Hochsauerland und mündet nach 105 km bei Bad Karlshafen in die Weser.

3 **„Waldecker Land"** (Informationstafel): Mit den Segelboot-Silhouetten auf dem Edersee und dem auf einem Berg dahinter thronenden Schloss Waldeck stellt sich eine Urlaubsregion vor, die im Sommer ebenso Saison hat wie im Winter. Das Waldecker Land wird auch Wasserland genannt, denn dort liegen, jeweils von grüner Hügellandschaft umgeben, der Edersee, der Diemelsee im gleichnamigen Naturpark und der Twistesee bei Bad Arolsen.

Barockpracht in Hessen: Das Schloss Arolsen mit seiner prächtigen Gartenfassade.

4★ Ganz in der Nähe der A44 liegt das fast 1000 Jahre alte **Warburg**. Wer ca. 1 Std. Zeit erübrigen kann, sollte sich dieses Kleinod mittelalterlicher Baukunst, das mit seinem romantischem Flair an Rothenburg ob der Tauber erinnert, nicht entgehen lassen. Warburgs Stadtansicht von Süden her gehört zu den schönsten Westfalens. Das Heimatmuseum im „Stern" (so benannt nach seinem Standort in der Sternstraße) mit seinem umfangreichen Archiv gibt historisch interessierten Besuchern Einblicke in die Entwicklung des Ortes. Über die AS Warburg ist die einstige Hansestadt mit ihren gut erhaltenen Toren, Türmen und Wehrmauern aus dem 14. und 15. Jh. in wenigen Minuten erreichbar (5 km, 5 Min.); zurück zur A44 geht es auf dem selben Weg.

5 Auf dem Weg über die Twistebrücke bietet sich im Nordosten ein Blick zum 345 m hohen **Desenberg**, auf dem sich eine Burgruine befindet. Der Desenberg ist das Wahrzeichen des Warburger Landes.

6 **„Naturpark Habichtswald"** (Informationstafel): Eichenblatt und Habicht symbolisieren diese Region. Der 474 km² große Naturpark gehört zum Nordhessischen Bergland. Das Zentrum des Naturparks bildet der Habichtswald mit seiner 615 m aufragenden Anhöhe namens Hohes Gras. Besucher finden im Naturpark, über dem Greifvögel ihre Kreise ziehen, ein dichtes Netz markierter Wanderwege.

7 Im Südwesten kommt die 419 m hohe **Waldkuppe Warteberg** in Sicht. Dahinter liegt die vom thüringischen Landgrafen Ludwig IV. Anfang des 13. Jh. gegründete Fachwerkstadt **Wolfhagen**. Der 55 m hohe Turm ihres Wahrzeichens, der Stadtkirche, überragt den Ort.

8 Die A44 führt durch den Mischwald des Staatsforstes Wilhelmshöhe. Nördlich der Autobahn im Forst liegt der **Bergpark Wilhelmshöhe** mit herrlichen Spazier-

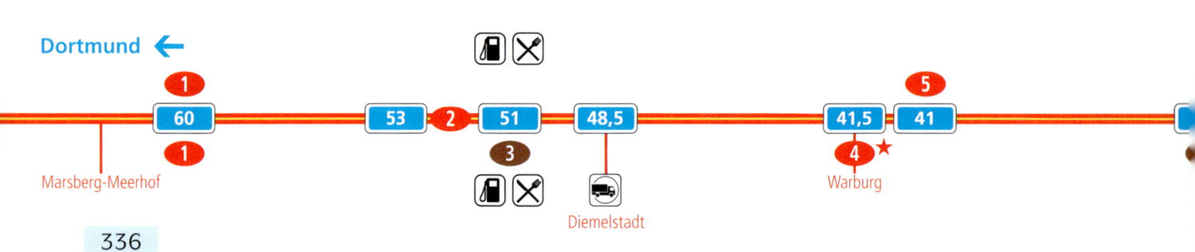

wegen. Hoch oben am Hang steht das Riesenschloss mit der Herkules-Statue, von dem aus die Wasserspiele über eine Reihe von Kaskaden den Blick hinunter auf **Schloss Wilhelmshöhe** und das sich im Tal darunter ausbreitende **Kassel** lenken. Das für die Landgrafen von Hessen erbaute dreiflügelige Schloss war u. a. Sommerresidenz der Kaiser Wilhelm I. und Wilhelm II. Heute birgt es die Schätze von Kassels Staatlichen Museen: eine Gemäldegalerie von internationalem Rang, u. a. mit Rembrandts „Segen Jacobs", Rubens' „Triumph des Siegers" sowie Werken von Tizian, Tintoretto, Veronese und Bassano.

9 Südlich der A44 reihen sich die lang gestreckten Hallen des **VW-Werks Kassel in Baunatal** aneinander. VW siedelte dieses Zweigwerk südwestlich von Kassel 1957 auf dem Areal der ehemaligen Flugzeugmotorenfabrik Henschel an. Ähnlich wie in Wolfsburg, dem Hauptsitz des VW-Konzerns, war das Werk schon da, bevor ringsherum ein nennenswerter Ort entstand. An Wochentagen kann das Werk nach vorheriger Vereinbarung besichtigt werden (Tel.: 05 61/50 01 60).

10 Im Süden der A44 sehen Sie zwei frei stehende Häuser und große kupferne Braukessel hinter Glas. Sie gehören der traditionsreichen **Privatbrauerei Hütt** mit angeschlossenem Restaurant. Das rechte Gebäude ist das historische Gasthaus „Knallhütte", das Elternhaus Dorothea Viehmanns, die als „Märchenfrau" berühmt wurde: Sie erzählte den Brüdern Jacob und Wilhelm Grimm eine Reihe lange überlieferter Geschichten, die 1815 im zweiten Band der Grimmschen „Kinder- und Hausmärchen" erschienen.

11 Auf der Brücke über die **Fulda** bietet sich ein schöner Blick auf den Fluss und die ihn umgebenden Auen. Die Fulda ist 218 km lang, entspringt auf der Wasserkuppe in der Rhön und vereinigt sich bei Hann. Münden mit der Werra zur Weser.

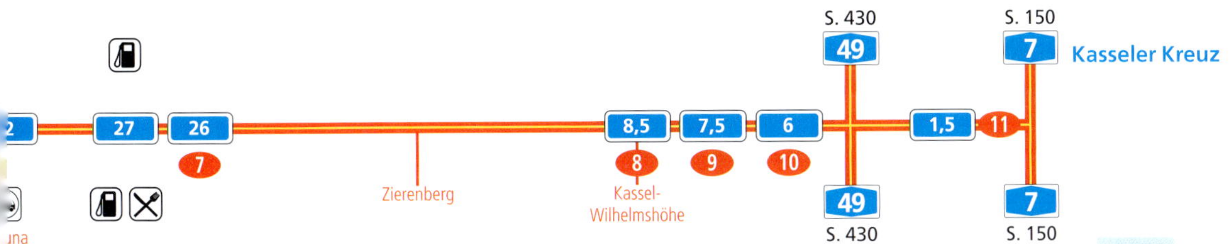

Die Sauerlandlinie

Dortmund → Hagen → Olpe → Wetzlar → Frankfurt am Main → Aschaffenburg

Die A45 gehört zu den bautechnisch herausragenden Autobahnstrecken Deutschlands. In ihrer Entstehung in den 60er-Jahren erhielt sie den Namen „Sauerlandlinie". Dabei ist es bis heute geblieben, auch wenn die A45 auf ihrem 259 km langen Weg von Dortmund nach Aschaffenburg nur ein vergleichsweise kleines Stück durch das Sauerland führt.

Ein technisches Meisterwerk mit hohem Fahrgenuss: So hat man die Sauerlandlinie gepriesen, als der 177 km lange Abschnitt Dortmund–Gießen im Jahre 1971 offiziell eingeweiht wurde. Der damalige Verkehrsminister Georg Leber machte sie gar zur „Königin der Autobahnen". Die Bezeichnung fiel im Überschwang automobiler Euphorie, charakterisiert jedoch stimmig das attraktive Profil der Strecke. Zahlreiche elegante Talbrücken prägen die kurvenreiche Trasse. Sie bieten dem Reisenden panoramareiche Ausblicke über Täler und Höhen der Mittelgebirge zwischen Ruhr, Lenne, Sieg und Dill.

Vielfältige Funktionen

Im Jahre 1957 fiel die Entscheidung, die Sauerlandlinie als Nord-Süd-Achse zu bauen. Die zweite Verbindung zwischen Ruhrgebiet und Rhein-Main-Raum neben der A3 hatte mehrere Funktionen zu erfüllen. Sie sollte zum einen Entlastung für die überfüllte Vorkriegsautobahn Kamen-Oberhausen–Köln–Frankfurt bringen. Zum anderen versprach man sich vom Verlauf durch das Sauerland und das Siegerland sowie das Lahn-Dill-Gebiet wirtschaftliche Impulse, und gleichzeitig den Menschen aus den Ballungsräumen die Möglichkeit zu geben, die umliegenden Erholungsgebiete schneller zu erreichen.

Die Sauerlandlinie markiert einen Wendepunkt im Autobahnbau in Deutschland: Sie war die erste bedeutende Strecke, die nach dem Zweiten Weltkrieg völlig neu konzipiert wurde. Bei der Trassierung konnten erstmals neue Erkenntnisse über eine moderne Linienführung in die Praxis umgesetzt werden.

So gibt es auf der Sauerlandlinie keine langen geraden Strecken; zwischen Geraden und Kurven setzte man Übergangsbögen; Kuppen und Wannen erhielten großzügige Radien. Das führte zu mehr Fahrdynamik, erhöhte zugleich Verkehrssicherheit und Fahrfreude. Den Streckenverlauf kennzeichnen 59 große Talbrücken. Die Siegtalbrücke Eiserfeld ist das größte Bauwerk der A45 – mit einer Länge von 1050 m und einer Höhe von 100 m. Mit einer

Klassisches Kleeblatt: die Kreuzung von A45 und A40 am Kreuz Dortmund-West.

45

- **Länge** 259 km / 2:22 h
- **Entfernungen und Fahrzeiten** (ca.)

AK Dortmund-Nordwest – AK Olpe-Süd
90 km / 0:53 h
AK Olpe-Süd – AS Wetzlar-Ost
79 km / 0:42 h
AS Wetzlar-Ost – AD Seligenstädter
Dreieck 90 km / 0:47 h

- **Staubereiche**

Erhöhte Staugefahr besteht am Westhofener Kreuz und zwischen dem Gießener Südkreuz und dem Gambacher Kreuz

neuen Bautechnik, der Vorschubrüstung für eine Spannweite von 100 m, setzte der Bauingenieur Hans Wittfoth neue Maßstäbe im Brückenbau. Durch die A45 verkürzte sich die Fahrtzeit aus dem nordwestdeutschen Raum und dem östlichen Ruhrgebiet in den Raum Frankfurt um eine Stunde. Von Dortmund führt die Autobahn über Hagen hinauf in das Sauer- und Siegerland. Bei ihrem 36 km langen Aufstieg von Hagen überwindet die Trasse einen Höhenunterschied von 426 m, bei Meinerzhagen im Sauerland erreicht sie mit 532 m ihren höchsten Punkt.
Zwischen Lüdenscheid und Siegen folgt die A45 einer Höhen- und Handelsstraße, die einst, im Mittelalter, von Dortmund nach Frankfurt reichte. Rund ein Drittel der Strecke Dortmund – Gießen verläuft 3-spurig – das war bei der Autobahneröffnung 1971 Rekord im Netz. Ursprünglich endete die A45 beim Gambacher Dreieck. Die Verbindung zur A3 bei Aschaffenburg am Main erfolgte in den 70er-Jahren, 1987 war die Autobahn bis zum AD Seligenstadt komplett befahrbar.
Infolge des Streckenprofils über das Mittelgebirge muss der Autofahrer in der kalten Jahreszeit auf größere Temperaturschwankungen gefasst sein. Bei knapp über null Grad kann sich an ungeschützten Stellen gefrierende Nässe bilden. Die großen Talbrücken und steilen Anstiege sind deshalb mit Taumittelsprühanlagen ausgerüstet. Nebelwarnanlagen sichern die nebelanfälligsten Abschnitte im Sauerland.

Reisen als Landschaftserlebnis

Von Nord nach Süd erschließt die A45 eine Reihe vielfältiger Landschaften und Erholungsgebiete. Hinter dem Ardey-Gebirge südöstlich von Dortmund überquert die Autobahn die Ruhr, um dann im stetigen Anstieg die Höhen des Naturparks Eggegebirge im Sauerland zu erreichen. In unmittelbarer Nähe der A45 liegt der Biggesee, die Talsperre wurde von 1957 bis 1965 errichtet, zeitgleich mit den Planungen und dem Bau dieser Autobahn.
Weiter geht es durch das Siegerland, durch den Westerwald mit seinen Wacholderhängen und die lieblichen Täler der Dill und der Lahn. Zwischen den Naturparks Hochtaunus im Westen und Hoher Vogelsberg im Osten führt die Sauerlandlinie schließlich zum bayerischen Untermain bei Aschaffenburg.

1 Mitten in den Feldern der zu Dortmund gehörenden Mengeder Heide führt die A45 über die kanalisierte **Emscher**. Der 98 km lange Fluss entspringt südöstlich von Dortmund, durchfließt das Ruhrgebiet nach Westen und mündet bei Dinslaken in den Rhein.

2 Die Baumkronen und hohen Büsche an der Ostseite der A45 gehören zum Schlosspark des Hauses **Bodelschwingh**, dem Stammsitz des gleichnamigen westfälischen Adelsgeschlechts. Der Pastor Friedrich von Bodelschwingh (1831–1910) war Leiter der Missions- und Krankenanstalten in Bethel bei Bielefeld. Unter seiner Führung wuchsen die Bodelschwinghschen Anstalten zum größten Hilfswerk der Inneren Mission. Sein Sohn und Nachfolger Friedrich (1877–1946) verhinderte im Dritten Reich die Durchführung der „Euthanasie" an seinen Patienten in Bethel.

3★ „Zeche Zollern" (Informationstafel): Das Schild zeigt die Silhouette der Maschinenhalle der ehemaligen Zeche Zollern II/IV in Dortmund-Bövinghausen, flankiert von zwei Fördergerüsten. Die 1889 erbaute und damals richtungsweisende Musterzeche ist heute Teil des sehenswerten Westfälischen Industriemuseums. Dort geben Dauer- und Sonderausstellungen Einblick in die einstige Lebens- und Arbeitswelt des Bergbaus. Sie erreichen die Zeche ab der AS Dortmund-Hafen Richtung Dortmund-Kirchlinde nach 6 km, 10 Min., wenn Sie der Ausschilderung „Route der Industriekultur" folgen.

4 **Dortmund** kündigt sich durch Lärmschutzwände und Gewerbegebiete zu beiden Seiten der A45 an. Die bekanntesten Markenzeichen der Stadt sind Fußball und Bier. Aber natürlich hat das wirtschaftliche und kulturelle Zentrum Westfalens viel mehr zu bieten: Theater, Oper, Galerien und Museen, wie das Deutsche Kochbuchmuseum im Westfalenpark. In die 5 km entfernte City gelangen Sie am besten über die AS Dortmund-Hafen (8 Min.).

5 Östlich der A45 sehen Sie das Wahrzeichen Dortmunds, den 212 m hohen **Funk- und Fernsehturm „Florian"** im Westfalenpark. Das rotierende Turmrestaurant bietet einen weiten Rundblick über Park, Stadt und Umland. Im Park liegt die Westfalenhalle, in der Konzerte, Sportveranstaltungen und Messen stattfinden, sowie die Fußball-Arena von Borussia Dortmund, das Westfalenstadion.

*Dortmund **4**: Die 10 m hohe Friedenssäule der Berliner Künstlerin Susanne Wehland auf dem Friedensplatz vor dem Rathaus.*

6 Südlich der A45 erhebt sich die **Wald- und Parklandschaft Hohensyburg**. Auf einer freien Fläche 100 m über dem Tal zeichnen sich die Umrisse des Kaiser-Wilhelm-Denkmals ab, das zwischen 1893 und 1902 zur Erinnerung an die Deutsche Reichsgründung im Jahre 1871 errichtet wurde.

7 Dort, wo die A45 die **Ruhr** überquert, haben Sie einen Blick auf die Flusslandschaft. Zu beiden Seiten der Autobahn befinden sich zahlreiche Becken einer Wassergewinnungsanlage. Die Ruhr trägt wesentlich zur Wasserversorgung der Region bei.

8 **„Hohenhof"** (Informationstafel): Die auf dem Schild abgebildete Villa Hohenhof in Hohenhagen wurde zwischen 1906 und 1908 von Henry van de Velde im Jugendstil erbaut. Nach dem Willen des Bauherren, Karl Ernst Osthaus, sollte das Haus Zentrum der mit 16 Villen geplanten Künstlerkolonie werden, von der aber nur sechs Häuser realisiert wurden. Heute befinden sich in der Villa das Museum des Hagener Impulses, wie das Konzept des Künstlerkreises um Osthaus genannt wird, ferner Ausstellungsräume des Hagener Karl-Ernst-Osthaus-Museums. Im Hagener Haupthaus werden wichtige Werke des Expressionismus und der modernen Kunst gezeigt.

9 Hier geht es über das **Flusstal der Lenne**. Westlich der A45 sehen Sie am Flussufer Werkshallen des Industriegebiets Lennetal, östlich erstrecken sich die naturgeschützten grünen Auen. Südöstlich der Trasse liegt auf einem Bergrücken das Schloss Hohenlimburg aus dem 13. Jh.

10 Westlich der A45, in etwa 2,5 km Entfernung, ist ein grünes Hochhaus, das Gebäude der Stadtsparkasse in **Hagen**, zu sehen. Dort im Talkessel liegt die Stadt. Einst als Stahlstadt Südwestfalens bezeichnet, gilt Hagen heute mit seiner bekannten Fernuniversität als Stadt der Weiterbildung.

11~ Wenn Sie 2 Std. einplanen können, sollten Sie die landschaftlich reizvolle Strecke an der Lenne entlang und über **Altena** wählen. Über das AK Hagen geht es auf der A46 bis zur AS Iserlohn-Oestrich. Dort fahren Sie auf die B236 ab, die nach Werdohl führt. Die Stadt Altena an der Lenne mit ihrer Burg und der Umgebung zählt zu den touristischen Glanzpunkten im märkischen Sauerland. Von hier aus nahm 1912, als der Altenaer Lehrer Richard Schirmann auf der Burg die erste Herberge für Wanderer einrichtete, die Jugendherbergsidee ihren Anfang. Auf der B229 kehren Sie über die AS Lüdenscheid auf die A45 zurück (45 km, 70 Min.).

12 **„Sauerland"** (Informationstafel): Das Erholungs- und Feriengebiet stellt sich auf dem Schild mit

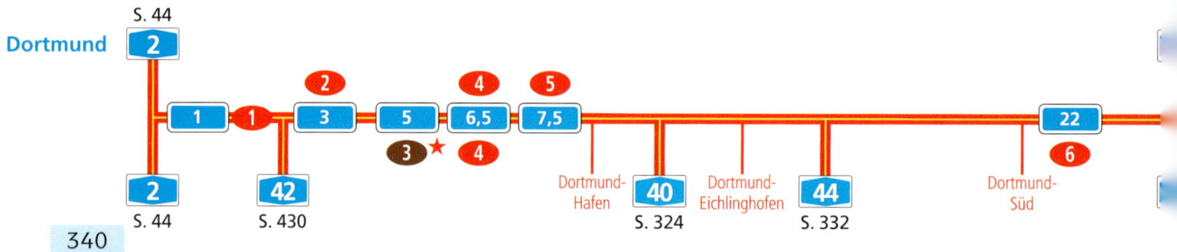

stilisierten bewaldeten Hügeln vor. Land der 1000 Berge wird das Sauerland genannt. Rund 3000 km Wanderwege führen durch die abwechslungsreiche, von großen Wäldern durchzogene Mittelgebirgslandschaft.

13 Von der Rahmedetalbrücke (453 m lang, 78 m hoch) haben Sie in Richtung Westen einen Blick auf das im Tal liegende **Lüdenscheid**. Dominierend ist das rechteckige Hochhaus der Firma Kostal, die Autoelektronik herstellt. Einige hundert Meter dahinter liegt die Altstadt Lüdenscheids mit zahlreichen Gründerzeit- und Jugendstilbauten.

1 Es geht über die Homerttalbrücke. Westlich der A45, auf dem 539 m hohen Berg Homert, sehen Sie den weißen, spitz zulaufenden **Homertturm**. Der 1894 errichtete Aussichtsturm ist ein beliebtes Ausflugsziel der Lüdenscheider.

2 Östlich der A45 erhebt sich der 555 m hohe Griesing. Er gehört zum **Naturpark Ebbegebirge**, der mit 777 km² den größten Teil des südwestlichen Sauerlandes bedeckt. Während der nächsten 20 km führt die Trasse durch den Naturpark. In Attendorn wartet in den Tiefen der **Attahöhle** eine der größten und schönsten Tropfsteinhöhlen Deutschlands auf Besucher.

3 Von nun an geht es 6 km durch die Fichtenwälder des **Staatsforstes Attendorn**. Der 5800 ha große Wald erstreckt sich östlich der A45 bis Plettenberg. Er wurde vor 100 Jahren im Rahmen eines Aufforstungsprogramms der preußischen Regierung angelegt.

4 Häufig bieten sich schöne Blicke über die welligen Hochflächen des Ebbegebirges. Östlich der A45 erkennen Sie die **Nordhelle**, mit 663 m der höchste Gipfel im Ebbegebirge. Im Südosten erhebt sich die Hohe Bracht (584 m) bei den Ausläufern des Rothaargebirges. Vom Parkplatz Duwelsiepen (in Fahrtrichtung Dortmund Parkplatz Rothenstein) können Sie bei klarer Sicht westlich ins Bergische Land hinübersehen. 2 km vor dem Parkplatz erreicht die A45 mit 534 m ihren höchsten Punkt im Sauerland.

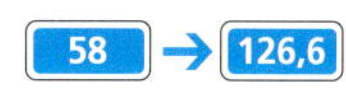

5 Westlich der Autobahn sehen Sie das Industriegebiet von Meinerzhagen, im Vordergrund die Speditions- und Lagerhallen der Firma Dehnhart. **Meinerzhagen** ist ein beliebter Wintersportort und Trainingszentrum für nationale und internationale Skispringer. Auf der Mattenschanze kann auch im Sommer gesprungen werden.

6 Bei der Blechetalbrücke (567 m lang, 47 m hoch) schiebt sich im Westen der 481 m hohe Aussichtspunkt **Beul-Berg** ins Bild, von dem aus Sie zur Aggertalsperre und nach Bergneustadt schauen könnten. Östlich der A45 sehen Sie den Ort **Bleche** und den spitzen Turm mit blauer Uhr der St.-Josefs-Kirche. Hinter dem Waldhügel fließt die Lister, die in den aufgestauten Listersee mündet.

7 Auf der Talbrücke Germinghausen sehen Sie westlich, am Rand des gleichnamigen Ortsteils von Drolshagen, die schneeweiße, zweitürmige **Kapelle St. Engelbert**. Die Bürger haben sie 1947 als Zeichen der Befreiung von Krieg und Gewalt errichtet. Germinghausen gehört zum hügeligen Drolshagener Land, das geprägt ist vom ständigen Wechsel zwischen Wald, Feld, Berg und Tal.

8 Ganz in der Nähe der A45 befinden sich östlich der Autobahn die **Lister- und Biggetalsperre**. Der durch die beiden Stauwerke gebildete See ist der größte Stausee in Westfalen. Er erstreckt sich auf einer Länge von 20 km zwischen der alten Hansestadt Attendorn im Norden und der Kreisstadt Olpe im Süden. Trotz seiner Größe fügt sich die Talsperre mit ihren beiden Nebenarmen harmonisch in die weite Wald- und Berglandschaft des Südsauerlandes ein.

9 Östlich der A45 befindet sich **Olpe**. Die Kreisstadt am Biggesee liegt verdeckt im Tal im Mündungswinkel zwischen Olpebach und Biggefluss. Die unmittelbare Nachbarschaft zur Talsperre macht Olpe und seine 41 Dörfer zu einem beliebten Urlaubsziel. 1795 zerstörte ein Großbrand die Stadt fast völlig. An das mittelalterliche Olpe erinnert heute nur noch ein Teil der alten Stadtbefestigung mit Südturm und Hexenturm.

Blick auf die im Tal gelegene Altstadt von Siegen 13★: Sie wird überragt vom Turm der Nikolaikirche, der mit einer vergoldeten Fürstenkrone geschmückt ist.

10 Östlich der A45 kommen die Ausläufer des **Rothaargebirges** in Sicht. Bei klarem Wetter können Sie die Bergkuppe der 513 m hohen Elberscheid sehen und dahinter den 618 m hohen Kindelsberg.

11 **„Siegerland"** (Informationstafel): Alte Fachwerkhäuser kennzeichnen das Siegerland. Auf dem Schild bilden sie eine Giebelparade rund um die Kirche der Stadt Freudenberg. Wegen seiner harmonischen Gestaltung gilt das Zentrum der Stadt als einer der baugeschichtlich bedeutendsten Stadtkerne Westfalens. Charakteristisch für das Siegerland sind auch die weitläufigen Laub- und Nadelwälder. Sie bedecken zwei Drittel des Gebietes.

12 Westlich der Brücke, die über den Büschergrund führt, sehen Sie im Tal das dreigeschossige Schulzentrum von **Freudenberg**. Der historische Luftkurort selbst liegt 2 km dahinter. Vor einer steilen Felswand, inmitten einer malerischen Waldlandschaft, werden auf der Südwestfälischen Freilichtbühne Freudenberg von Juni bis September Theaterstücke für Kinder und Erwachsene aufgeführt.

13★ Wer an Malerei interessiert ist, sollte für die ehemalige nassauische Residenzstadt **Siegen** und ihre Rubens-Galerie einen Abstecher einplanen (AS Siegen, 5 km, 5 Min.). Das Museum im Oberen Schloss besitzt acht Originalgemälde des flämischen Barockmalers. Peter Paul Rubens (1577–1640) wurde in Siegen geboren und verbrachte hier die ersten zwei Jahre seines Lebens.

14 Von der Talbrücke Eisern (327 m lang, 50 m hoch) aus sehen Sie südlich der A45 den von Laubwäldern umgebenen Gruben- und Hüttenort **Eisern**, in der Ortsmitte die weiße evangelische Gemeindekirche mit Zwiebelturm. Bereits in keltischer Zeit, 500 v. Chr., wurde in diesem Landstrich Eisenerz gewonnen.

15 Die Lager- und Werkshallen, die Sie südwestlich der Autobahn sehen, gehören zum Industriegebiet Lehnscheid. Im östlich gelegenen **Wilnsdorf**, dem früheren Eisenort Wielandsdorf, soll der Legende nach der Schmied Wieland Stahl hergestellt und handliche Silberbecher für König Artus und seine Tafelrunde gefertigt haben.

16 Die A45 quert den bewaldeten Höhenrücken **Kalteiche** und erreicht hier mit 504 m ihren zweithöchsten Punkt. Hinter der Talbrücke Kalteiche überqueren Sie die Landesgrenze. Hessen begrüßt Sie auf einem Schild mit „Hallo" und winkenden Kindern. Die nächsten 10 km geht es nun kurvenreich hinunter ins Tal der Dill.

→ Gießen

97 (11) – 98,5 (12) Freudenberg – 103,5 – 107,5 (13★) Siegen – 112 (14) Siegen-Eisern – 115 (15) – Wilnsdorf – 122 (11) – 124,5 – (16) – 126,5 Haiger/Burbach

1 Die A45 tritt aus dem Allendorfer Wald heraus ins grüne Tal der Dill. Nordöstlich sehen Sie hinter Wiesen und Feldern die Ausläufer des **Rothaargebirges**, im Südwesten rückt der **Westerwald** ins Blickfeld. Am Fuße des Rothaargebirges entspringt die Dill, schlängelt sich durch die Haigerer Gemarkung und mündet bei Wetzlar in die Lahn. Beide Flüsse haben der Region ihren Namen Lahn-Dill-Kreis gegeben.

2 **„Oranienstadt Dillenburg"** (Informationstafel): In der Collage aus Abbildungen historischer Gebäude sticht der hoch aufragende Wilhelmsturm als Wahrzeichen Dillenburgs hervor. Zur Erinnerung an Wilhelm von Oranien wurde der Turm auf dem historischen Schlossberg in den Jahren 1872–1875 errichtet. Dort war der spätere Befreier der Niederlande von spanischer Herrschaft 1533 zur Welt gekommen. Im Siebenjährigen Krieg wurde das Schloss zerstört. Weitgehend unversehrt geblieben sind die unterirdischen Verteidigungsanlagen, die so genannten Kasematten der Stadt, durch die auch Führungen angeboten werden.

*Zwei Bergfriede dominieren die Ruine der Ende des 12. Jh. erbauten Burg Münzenberg **10**, die einst als das Ideal einer staufischen Burganlage galt.*

3 **„Historische Altstadt Herborn"** (Informationstafel): Das Schild zeigt die Umrisse des Rathauses, des Herborner Schlosses und der „Hohen Schule", einer wissenschaftlichen Akademie, die zwischen 1584 und 1626 ihre Blütezeit erlebte. Mit einem Ensemble aus über 400 Fachwerkhäusern gehört Herborns Altstadt zu den besterhaltenen mittelalterlichen Stadtanlagen Hessens. 3 km weiter bietet sich östlich der A45 ein schöner Blick auf die Stadt.

4★ Wer mindestens 2 Std. Zeit hat, sollte sich das Naturerlebnis im landschaftlich reizvollen **Vogelpark Herborn-Uckersdorf** (7 km, 8 Min. in Richtung Westen) am Rande des Westerwalds nicht entgehen lassen. Hier leben auf 3 ha Fläche 100 einheimische und fremdländische Vogelarten (geöffnet von April bis Okt.). Sie gelangen dorthin über die AS Herborn-West und die B255 Richtung Montabaur. Nach 500 m abbiegen nach Uckersdorf.

5 Südwestlich der A45, hoch über dem Dilltal, sehen Sie am Horizont die Türme von **Burg Greifenstein**. Eine Besonderheit ist ihre Burgkapelle. Auf die jetzt unterirdische gotische Kirche wurde 1683 eine barocke Kirche aufgesetzt. Dadurch gehört der Bau zu den wenigen Doppelkirchen Deutschlands.

6~ Alternativroute: Wenn Sie 25 Min. Zeit für eine landschaftlich schöne Alternativroute (19 km) haben, empfiehlt sich von der AS Herborn-Süd aus eine Fahrt direkt entlang der Dill auf der B277, der **Deutschen Fachwerkstraße**. Sie verläuft parallel zur A45. Über Sinn, Katzenfurt, Ehringshausen und Werdorf – hübsche Orte mit Fachwerkcharme und beschaulichen Winkeln – erreichen Sie die Stadt Aßlar. Über die A480 und das AK Wetzlar gelangen Sie wieder auf die A45 zurück.

7 **„Historische Altstadt Wetzlar"** (Informationstafel): Der auf dem Schild abgebildete Wetzlarer Dom

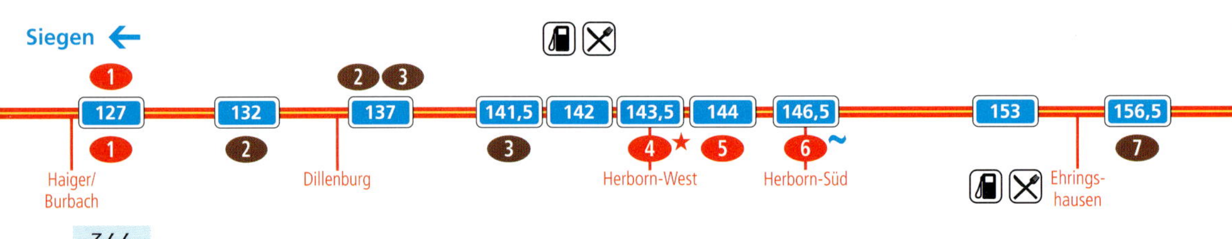

kennzeichnet die alte Freie Reichsstadt an der Lahn. In seiner Mischung aus Romanik und Gotik ist der zwischen 12. und 16. Jh. erbaute Dom wohl einzigartig. Aufgrund seiner Lage und seiner schützenden Stadtmauern war Wetzlar im Mittelalter ein begehrter Wohnsitz. Auch heute sind mittelalterliche Marktplätze und lauschige Gassen mit schmucken Fachwerkhäusern ein guter Grund, sich in der malerischen Wetzlarer Alstadt niederzulassen.

8 Westlich schieben sich die bis zu 880 m hohen Bergzüge des Hochtaunus ins Blickfeld. Die A45 führt auf 50 km am östlichen Rand des **Naturparks Hochtaunus** entlang, des mit 1200 km² zweitgrößten Naturparks Hessens. Er reicht vom Lahntal im Norden bis zur Mainebene im Süden, wird im Osten von der Wetterau begrenzt und im Westen vom Goldenen Grund.

9 Die A45 senkt sich in die Ebene der **Wetterau**, Hessens Kornkammer zwischen Taunus und Vogelsberg. Als strategisch wichtiges Durchgangsland und als fruchtbares Ackerland war die Wetterau seit der Jungsteinzeit vor 5000 Jahren eine begehrte und umkämpfte Region.

Davon zeugen noch heute die vielen Burgen, weshalb die Region auch hessisches Burgenland genannt wird.

10 **„Burg Münzenberg“** (Informationstafel): Das Schild zeigt die zwei Bergfriede der mittelalterlichen Burg, die im Volksmund wegen ihres Erscheinungsbildes auch Wetterauer Tintenfass genannt wird. Sie wurde zur Stauferzeit als Kaiserburg gegründet und gehört zu den markantesten Anlagen dieser Epoche. Am Fuße der Burg, die Sie südwestlich auf einem Hügel sehen können, liegt der gleichnamige Ort.

11 **„Bad Salzhausen-Kurbad“** (Informationstafel): Mit der Darstellung seines schlossartigen Kurhauses auf dem Schild stellt sich das über 175 Jahre alte Staatsbad vor. Es ist eines der ältesten und traditionsreichsten Solebäder Deutschlands und somit das Juwel der über 1200 Jahre alten, östlich der Autobahn gelegenen Stadt Nidda, zu der Bad Salzhausen seit mehr als 500 Jahren gehört.

1 Kurz nachdem die A45 das Flüsschen Horloff überquert, geht es in den **Gettauer Wald**. Westlich der Autobahn befinden sich mehrere Hügelgräber. Archäologische Funde belegen, dass dieser Landstrich in der Wetterau bereits in der Jungsteinzeit (5000 v. Chr.) besiedelt war. Weitere Hügelgräber liegen östlich der A45 bei Glauberg (siehe unten).

2 **„Büdingen – Festung und Schloss“** (Informationstafel): Das Schild zeigt die Silhouette des Schlossturms und der mächtigen Festungsmauern des Wahrzeichens der Stadt Büdingen. Die wehrhafte Residenz der Fürsten zu Ysenburg und Büdingen wurde im 12. Jh. errichtet. Die historische Altstadt zählt zu den schönsten in Hessen. Umgeben ist sie von einer 2655 m langen, vollständig erhaltenen Stadtmauer.

3 Östlich der A45 erhebt sich über den Waldhügeln das kegelförmige Enzheimer Köpfchen (223 m). Dahinter liegt der 276 m hohe **Glauberg**. Dieser lang gestreckte Ausläufer des Vogelsberges ist unter Archäologen in der ganzen Welt ein Begriff. Denn dort wurden zwischen 1994 und 1999 zwei keltische Fürstengräber aus dem 5. Jh. v. Chr. mit Grabbeigaben aus Gold, eine gut erhaltene, 1,90 m große Sandsteinstatue und das reich ausgestattete Grab eines keltischen Kriegers entdeckt. Das Glaubergmuseum im Ort Glauberg am Fuße des Berges zeigt Funde der Besiedelungsgeschichte und eine Fotodokumentation über die Ausgrabung sowie Exponate aus den Fürstengräbern.

4 Westlich der Autobahn sehen Sie eine Kirche mit wuchtigem Wehrturm. Die St.-Nikolai-Kirche steht in **Altenstadt**, das sich zu beiden Seiten der A45 erstreckt. Östlich der Trasse, im Altenstadter Ortsteil Lindheim, steht zwischen Bäumen der runde **„Hexenturm“**. In den „Lindheimer Schreckensjahren“ zwischen 1631 und 1665 wurden hier viele Frauen und Männer wegen Hexerei zum Tode verurteilt und daraufhin erhängt oder auf dem Scheiterhaufen verbrannt.

5 **„Ronneburg“** (Informationstafel): Das Schild zeigt die Silhouette der südöstlich gelegenen Ronneburg. Die Anlage aus dem 13. Jh. mit dem hoch aufragenden Turm steht auf einem hohen Basaltsporn im südlichen Vogelsberg. 1476 ging das Gebäude in den Besitz der Grafen von Ysenburg-Büdingen über, deren Nachfahren heute noch die Eigentümer sind. Von März bis Dez. veranstaltet der Förderkreis Burg Ronneburg ein vielseitiges Programm, bestehend aus historischen Festspielen, diversen Ritteressen, einem Apfelweinfest, Töpfermärkten und vielem mehr.

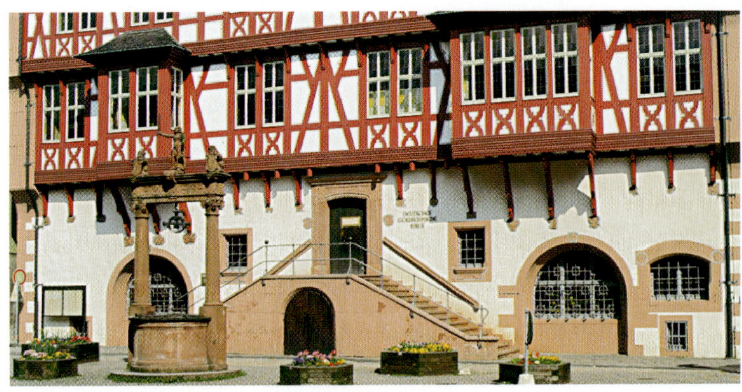

Im ehemaligen Altstädter Rathaus in Hanau 7 befindet sich das Deutsche Goldschmiedehaus. Die darin untergebrachte historische Goldschmiedewerkstatt gibt Einblick in die alte Handwerkskunst.

6 Dort, wo die Autobahn in einem Rechtsbogen aus dem Auwald herausführt, blitzt östlich zwischen Bäumen und Büschen der **Kinzigsee** herüber. Einige hundert Meter weiter überquert die A45 den Spessartfluss Kinzig.

7 Mitten im naturgeschützten Auwald der Kinzig liegt das AK Hanau. Die Stadt **Hanau** südwestlich der A45 (4 km), an der Mündung der Kinzig in den Main gelegen, ist der Geburtsort der Brüder Jacob und Wilhelm Grimm, der berühmten Sammler deutscher Volksmärchen und Begründer der deutschen Sprachwissenschaft. Die Stadt ist deshalb auch Ausgangspunkt der über 600 km langen **Deutschen Märchenstraße**, die sich bis hinauf nach Bremen zieht. Ein Denkmal des Brüderpaares steht auf dem Marktplatz von Hanau.

8 Die nächsten 5 km geht es durch ausgedehnte Kiefern- und Buchenwälder des **Hessischen Staatsforstes Wolfgang**. Hier verläuft die Grenze zu Bayern. Hessen verabschiedet sich mit einem Schild, auf dem winkende Kinder „Bis bald“ rufen; der Freistaat grüßt mit seinem Staatswappen.

9 Wo es über den Fluss Kahl geht, haben Sie östlich einen schönen Blick auf das unterfränkische Weinstädtchen **Alzenau**. Über der Stadt erhebt sich eine weiße Burg mit rotem Dach. Ende des 14. Jh. erbaut, ist sie das Wahrzeichen Alzenaus und des gesamten Umlandes. Alzenau liegt im nordwestlichen Zipfel des fränkischen Weinlandes und verfügt über 85 ha Weinberge an den Ausläufern des Spessarts. Hinter der Stadt ragt der bewaldete Hahnenkamm hervor. Dort steht in 437 m Höhe der **Ludwigsturm**, benannt nach dem Bayernkönig Ludwig I. (1825–1848). Vom Turm bietet sich ein Rundblick auf den Spessart, das Maintal, die Hügel des Odenwaldes und bei klarem Wetter bis nach Frankfurt am Main und zum Taunus.

10 Bei der Fahrt über die Brücke ist zu beiden Seiten der **Main** zu sehen. Die Autobahn führt hier wieder auf hessisches Gebiet. Nordwestlich in den Flussauen liegen die Badeseen des Ortes Mainhausen. Südöstlich erkennen Sie die Schleusenanlagen der Staustufe Kleinostheim. Von der Mündung in den Rhein bei Mainz flussaufwärts bis nach Bamberg ist der Main als Teil des Rhein-Main-Donau-Kanals für Schifffahrt und Energieerzeugung ausgebaut.

11 ★ Wenn Sie 2 Std. Zeit einplanen können, sollten Sie sich die **Abteikirche von Seligenstadt**, die so genannte Einhardsbasilika, ansehen. Sie stellt ein kunsthistorisch außerordentlich wertvolles Bauwerk von europäischem Rang dar. Um 830 begann Einhard, der Zeitgenosse und Biograf Karls des Großen, mit dem Bau der Pfeilerbasilika, deren Mittelschiff heute noch original erhalten ist. Einhard selbst ließ die aus Rom kommenden Gebeine der Märtyrer Marcellinus und Petrus in die Kirche überführen, die den Namen der beiden Heiligen trägt (AS Mainhausen, 6 km, 5 Min. in Richtung Nordosten).

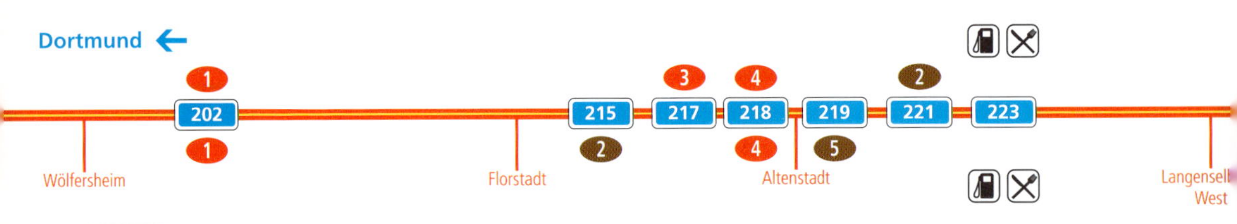

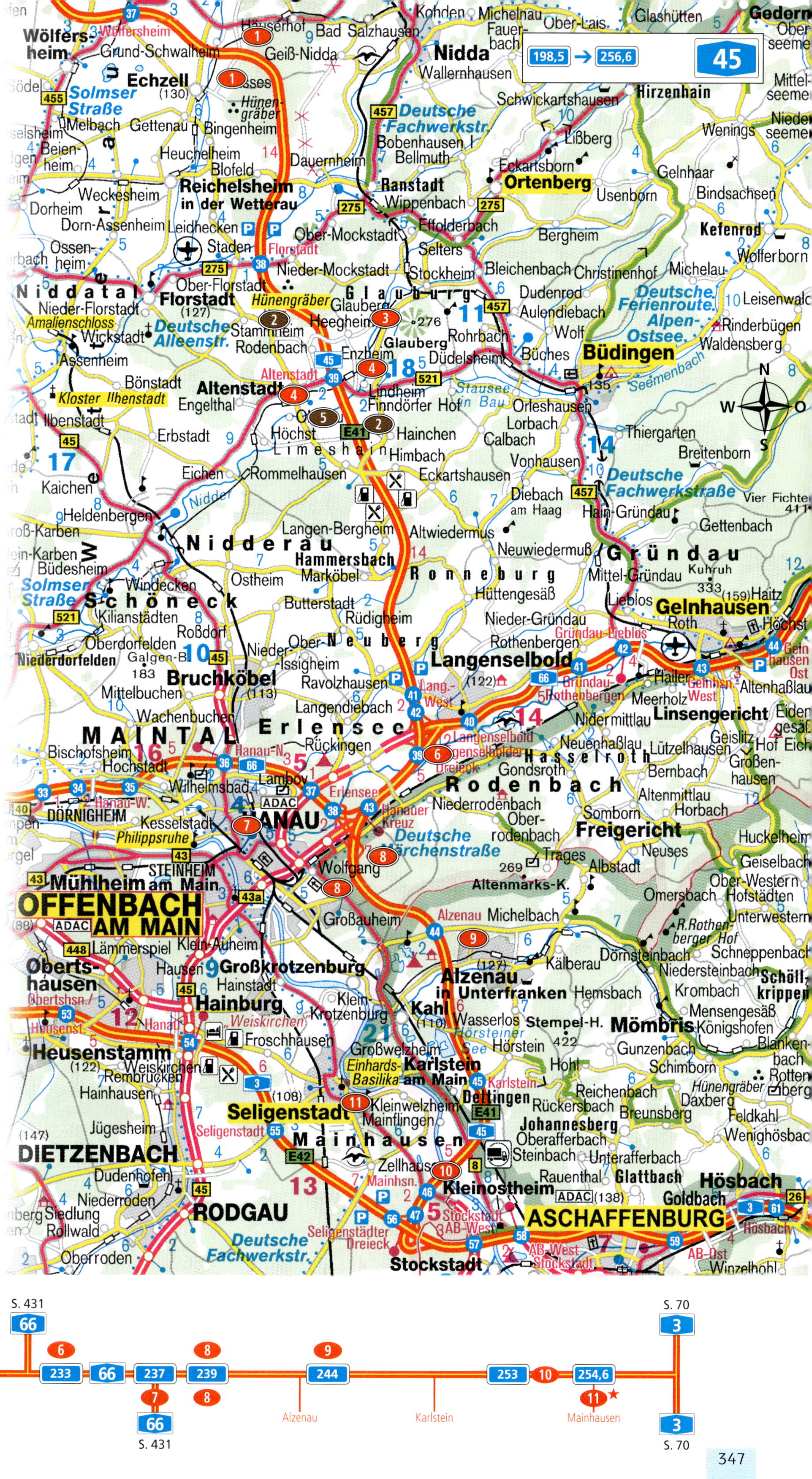

198,5 → 256,6
45
Wölfersheim
Grund-Schwalheim
Häuserhof
Bad Salzhausen
Geiß-Nidda
Kohden
Michelnau
Ober-Lais
Glashütten
Gedern
Nidda
Fauerbach
Wallernhausen
Echzell
Hünengräber
Solmser Straße
Melbach
Gettenau
Bingenheim
Deutsche Fachwerkstr.
Schwickartshausen
Hirzenhain
Bobenhausen I
Bellmuth
Lißberg
Wenings
Heuchelheim
Blofeld
Dauernheim
Eckartsborn
Gelnhaar
Ranstadt
Wippenbach
Ortenberg
Usenborn
Bindsachsen
Weckesheim
Reichelsheim in der Wetterau
Dorheim
Dorn-Assenheim
Leidhecken
Staden
Ober-Mockstadt
Effolderbach
Bergheim
Kefenrod
Ossenheim
Florstadt
Selters
Nieder-Mockstadt
Stockheim
Bleichenbach
Christinenhof
Michelau
Wolferborn
Niddatal
Ober-Florstadt
Nieder-Florstadt
Hünengräber
Glauberg
Dudenrod
Aulendiebach
Deutsche Ferienroute Alpen-Ostsee
Leisenwald
Rinderbügen
Waldensberg
Amalienschloss
Wickstadt
Deutsche Alleenstr.
Stammheim
Rodenbach
Heegheim
Rohrbach
Wolf
Büches
Büdingen
Assenheim
Enzheim
Düdelsheim
Seemenbach
Bönstadt
Altenstadt
Lindheim
Stausee in Bau
Kloster Ilbenstadt
Engelthal
Finndörfer Hof
Orleshausen
Ilbenstadt
Erbstadt
Höchst
Hainchen
Lorbach
Calbach
Thiergarten
Breitenborn
Limeshain
Himbach
Vonhausen
Kaichen
Eichen
Rommelhausen
Eckartshausen
Deutsche Fachwerkstraße
Diebach am Haag
Hain-Gründau
Vier Fichten
Heldenbergen
Nidder
Langen-Bergheim
Altwiedermus
Gettenbach
Groß-Karben
Klein-Karben
Nidderau
Hammersbach
Neuwiedermuß
Gründau
Büdesheim
Windecken
Ostheim
Marköbel
Ronneburg
Mittel-Gründau
Kuhruh
Solmser Straße
Schöneck
Hüttengesäß
Lieblos
Haitz
Kilianstädten
Butterstadt
Rüdigheim
Nieder-Gründau
Gelnhausen
Roth
Höchst
Oberdorfelden
Roßdorf
Neuberg
Rothenbergen
Gründau-Lieblos
Niederdorfelden
Galgen-B.
Nieder-Issigheim
Ober-Issigheim
Langenselbold
Gelnhausen Ost
Mittelbuchen
Bruchköbel
Ravolzhausen
Haller
Gelnhsn.-West
Altenhaßlau
Wachenbuchen
Langendiebach
Lang.-West
Gründau-Rothenbergen
Meerholz
Linsengericht
Eidengesäß
Maintal
Erlensee
Niedermittlau
Geislitz
Hof Eich
Bischofsheim
Hochstadt
Hanau-N.
Rückingen
Langenselbold
Hasselroth
Neuenhaßlau
Lützelhausen
Großenhausen
Gondsroth
Bernbach
Wilhelmsbad
Lamboy
Erlensee
Rodenbach
Altenmittlau
Dörnigheim
Hanau-W.
ADAC
Hanauer Kreuz
Niederrodenbach
Horbach
Kesselstadt
Hanau
Oberrodenbach
Somborn
Freigericht
Huckelheim
Philippsruhe
Deutsche Märchenstraße
Trages
Neuses
Geiselbach
Steinheim
Wolfgang
Albstadt
Ober-Western
Mühlheim am Main
Altenmarks-K.
Omersbach
Hofstädten
Offenbach am Main
Großauheim
Alzenau
Michelbach
Unterwestern
R. Rothenberger Hof
Lämmerspiel
Klein-Auheim
Kälberau
Dörnsteinbach
Schneppenbach
Obertshausen
Hausen
Großkrotzenburg
Alzenau in Unterfranken
Niedersteinbach
Schöllkrippen
Obertshsn./Heusenst.
Hainstadt
Hemsbach
Krombach
Hainburg
Klein-Krotzenburg
Kahl
Wasserlos
Stempel-H.
Mensengesäß
Hanau
Weiskirchen
Hörsteiner See
Mömbris
Königshofen
Froschhausen
Hörstein
Heusenstamm
Großwelzheim
Gunzenbach
Blankenbach
Weiskirchen
Rembrücken
Einhards-Basilika
Karlstein am Main
Hohl
Schimborn
Rottenberg
Hainhausen
Karlstein
Hünengräber
Reichenbach
Daxberg
Seligenstadt
Kleinwelzheim
Dettingen
Rückersbach
Breunsberg
Feldkahl
Jügesheim
Mainflingen
Johannesberg
Wenighösbach
Seligenstadt
Oberafferbach
Dietzenbach
Mainhausen
Steinbach
Unterafferbach
Dudenhofen
Zellhausen
Rauenthal
Glattbach
Hösbach
Niederroden
Mainhsn.
Kleinostheim
ADAC
Goldbach
Siedlung
Rodgau
Aschaffenburg
Rollwald
Seligenstädter Dreieck
Stockstadt
AB-West
Hösbach
Deutsche Fachwerkstr.
Oberroden
Stockstadt
AB-Ost
Winzelhohl
S. 431
S. 70
233
237
239
244
253
254,6
66
3
Alzenau
Karlstein
Mainhausen

Von der Eifel zum Westerwald

AD Vulkaneifel → Mayen → Koblenz → AD Dernbach

Die 77 km lange Eifelautobahn führt zweifellos durch eine der eindrucksvollsten Landschaften Europas. Die A48 beginnt am AD Vulkaneifel, verläuft in nordöstlicher Richtung durch das Eifelgebirge, überquert hinter Koblenz den Rhein und endet beim AD Dernbach am Rande des Westerwalds.

Die Geschichte der A48 reicht bis in die 30er-Jahre zurück. Damals waren zwei Eifelautobahnen Bestandteil des geplanten Streckennetzes. Eine sollte in der Süd-Nord-Trasse Landstuhl–Trier–Daun (Eifel)–Köln verlaufen, die andere als Querverbindung zur Autobahn Frankfurt–Köln von Daun nach Koblenz zum AD Dernbach.

Emsige Bauarbeiten vor dem Krieg

In den Jahren vor und während des Zweiten Weltkriegs führte man an der Strecke zwischen Koblenz und Trier umfangreiche Baumaßnahmen durch; zahlreiche Autobahnbrücken wurden fertig gestellt und knapp 14 km Betonfahrbahn 1-spurig befahrbar gemacht. Doch nach dem Krieg stand eine Autobahn durch die dünn besiedelte Eifel nicht mehr zur Debatte. Man baute lediglich die Strecke Koblenz–AD Dernbach, die 1965 mit der Eröffnung der Rheinbrücke Bendorf fertig gestellt war.
Mitte der 60er-Jahre griff man auf die alte Konzeption der Querverbindung vom AD Vulkaneifel bis zum AD Dernbach zurück. Zugleich wurde eine A48 als Ost-West-Verbindung von der deutsch-luxemburgischen Grenze bis weit nach Hessen hinein geplant.
Diese Autobahn sollte ursprünglich südlich der Eifel bei Mesenich beginnen, über Trier zum AD Vulkaneifel führen und durch die Eifel weiter zum AD Dernbach. Anschließend sollte sie östlich durch den Westerwald nach Aßlar verlaufen und beim AD Reiskirchen mit der A5, der wichtigen Nord-Süd-Verbindung und historischen HAFRABA, verbunden werden.

Rücksicht auf den Landschaftsschutz

Aufgrund massiver Proteste von Umweltschützern rückte man jedoch Anfang der 70er-Jahre wieder von dem Plan ab, eine Autobahn durch den seen- und artenreichen Naturpark Westerwald zu bauen. Vom AD Dernbach nach Aßlar läuft deswegen heute der Verkehr über die B49. Der ursprünglich vorgesehene A48-Abschnitt zwischen der AS Aßlar und dem AD Reiskirchen wurde nur teilweise verwirklicht und ist nunmehr als A480 nummeriert, und zwar zwischen der AS Aßlar und

Bei Koblenz, kurz vor der Rheinbrücke Bendorf, kreuzen sich die A48 und die Bundesstraße 9.

48

- **Länge** 77 km / 0:41 h
- **Entfernungen und Fahrzeiten** (ca.)

AD Vulkaneifel – AK Koblenz
51 km / 0:27 h
AK Koblenz – AD Dernbach
26 km / 0:14 h

dem Wetzlarer Kreuz und zwischen der AS Wettenberg und dem AD Reiskirchen. An dieser Stelle mündet die A480 in die A5.
Die heutige Konzeption der A48 ist erst im Jahr 1974 entstanden, als Deutschlands Autobahnen mit einem neuen Nummernsystem versehen worden sind: Die Strecke südlich des AD Vulkaneifel erhielt damals die Nummer A1, die Strecke nördlich davon die Nummer A48. Diese ist seit 1970 von Koblenz bis Kaisersesch, seit Mitte der 90er-Jahre komplett vom AD Vulkaneifel bis zum AD Dernbach befahrbar.

Anmut und Weite

Die Eifel gehört zu den beliebtesten Urlaubs- und Freizeitregionen Deutschlands. Entsprechend geschätzt wird die A48 als Reisestrecke. So ist auch der Blick aus dem Autofenster ein wahrer Genuss – vor allem zwischen Kaisersesch und Koblenz, wo die Trasse parallel zum anmutigen Moseltal verläuft.
Urlauber und Wochenendausflügler werden geradezu magisch angezogen von der kargen Schönheit und Weite der Eifel. Auch viele Künstler haben sich hier niedergelassen. Gestresste Stadtmenschen suchen in der Eifel Entspannung beim Wandern oder Reiten, Angel- und Wassersportlern bieten die zahlreichen Flüsse, Vulkan- und Stauseen ideale Bedingungen, um ihrem Hobby nachzugehen.
Am AD Vulkaneifel befinden Sie sich inmitten dieser faszinierenden Landschaft mit Vulkankegeln, tiefen Tälern, Wäldern, Mooren und den oft kreisrunden, so genannten Maaren – aus Vulkankratern entstandene Seen. Sie verleihen der Eifel ihren einzigartigen Charakter. Entlang der Route Richtung Osteifel, Rhein und Westerwald gibt es zahlreiche Parkbuchten, die stets wunderbare Ausblicke bieten.

Über die A48 gelangt man auch zum weltberühmten Nürburgring, einer der schönsten und zugleich schwierigsten Rennstrecken der Welt. Der legendäre Kurs, im Jahre 1927 eröffnet, führt knapp 26 km lang um die Ruine der Nürburg, die auf einem mächtigen Basaltkegel thront. Nicht nur Formel-1-Piloten rasen hier über die Piste, auch normale Autofahrer können sich als Rennfahrer versuchen.
Noch befindet sich die zweite, in den 30er-Jahren angedachte Eifelautobahn im Planungsstadium. Ob allerdings diese Süd-Nord-Durchquerung über das AD Vulkaneifel nach Blankenburg zum Anschluss der A1 nach Köln jemals verwirklicht wird, ist fraglich. Aus Gründen des Landschafts- und Naturschutzes ist ihr Bau umstritten. Gut möglich, dass die A48 die einzige durchgehende Eifelautobahn bleiben wird.

1 Südlich der Autobahn ist die markante Kuppe der **Steineberger Ley** zu sehen. Den 558 m hohen Gipfel umgibt ein berühmter Steinring, der ebenso wie die zahlreichen Gräber in der Umgebung aus der Hallstattzeit (700 v. Chr.) stammen soll.

2 Beiderseits der Autobahn, die hier durch die **Vulkaneifel** zieht, prägen zahlreiche Kuppen die Landschaft. Es sind erloschene Vulkane, von denen einige noch vor rund 10 000 Jahren aktiv waren.

3 **„Nürburgring"** (Informationstafel): Die 20,8 km lange Nordschleife dieser legendären Rennstrecke wurde Ende der 20er-Jahre um die Ruine der Nürburg herum gebaut. Die Strecke weist bis zu 18 Prozent Steigung auf und hat 72 Kurven.

4 Südlich der A48, gleich neben der Autobahn, liegt das malerische kleine **Ulmen**. Die Häuser spiegeln sich im Wasser des 40 m tiefen und kreisrunden Ulmener Maares, eines Vulkansees. Darüber ragen die Ruinen der Burg Ulmen auf. Nördlich der Autobahn schimmert die Wasserfläche des **Jungfernweihers**.

5★ **„Burg Cochem"** (Informationstafel): Von der AS Kaisersesch, bei der die 180 km lange Deutsche Wildstraße die A48 unterquert, empfiehlt sich über ein Stück dieser Route ein Abstecher nach Süden an die Mosel (13 km, 15 Min.). Hier thront die um das Jahr 1000 erbaute und nach ihrer Zerstörung im 19. Jh. wieder errichtete ehemalige Reichsburg Cochem – auf einer von Weinbergen bedeckten Kuppe über Cochem.

6 **„Burg Pyrmont"** (Informationstafel): Kurz ist die südlich der Autobahn gelegene Burg zu sehen. Die 1255 erstmals erwähnte und 1710 zum Schloss umgebaute Festung hoch über dem Elztal wurde Ende des 17. Jh. von den Franzosen zerstört. 1990 erfogte der Wiederaufbau; heute befindet sich die Burg in Privatbesitz und beherbergt ein Restaurant.

7 Die elegant geschwungene, schlank wirkende **Elzbachtalbrücke** führt die Autobahn 380 m weit und 100 m hoch über das tief eingeschnittene, zur Mosel hinab führende Elztal.

8 **„Genovevaburg Mayen"** (Informationstafel): Auf dieser sagenumwobenen Burg im Herzen der Kreisstadt Mayen hat nach Eifeler Überlieferung die heilige Genoveva

gelebt. Heute befindet sich dort das Eifeler Landschaftsmuseum. Beachtlich sind die Abteilungen, die sich mit dem Dachschiefer- und Basaltabbau in der Region befassen. Heute wird Dachschiefer in Mayen nur noch unter Tage gewonnen.

9 Im Süden der Autobahn zieht sich bis zu den Höhen der Mosel das so genannte **Maifeld** hin (von hier bis ca. km 35). Diese weitgehend

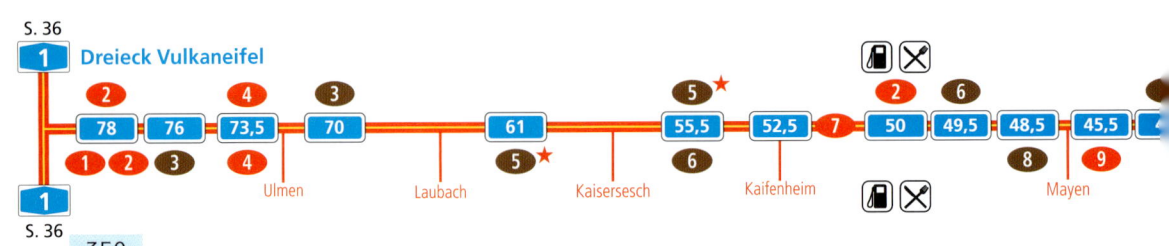

S. 36

1 **Dreieck Vulkaneifel**

78 – 76 – 73,5 – 70 – 61 – 55,5 – 52,5 – 7 – 50 – 49,5 – 48,5 – 45,5

Ulmen – Laubach – Kaisersesch – Kaifenheim – Mayen

1

S. 36

flache Landschaft war bereits den Römern wegen ihrer fruchtbaren Böden so wichtig, dass sie sie verwaltungsmäßig von der Eifel trennten und ihrer Provinz Obergermanien zuschlugen.

10 **„Burg Eltz"** (Informationstafel): Die Burg auf einem Felsen über dem Elztal gilt als die Burg Deutschlands schlechthin. Rund 1000 Jahre ist sie alt und wurde nie von Feinden erobert oder zerstört.

Über die AS Kaisersesch (10 km, 12 Min.) gelangt man nach Monreal an der Elz mit seinen schönen Fachwerkhäusern. Überragt wird dieser Bilderbuchort von zwei mittelalterlichen Burgruinen.

11★ Über die AS Polch sind es nur 10 km, 10 Min. zur **Wallfahrtskirche Frauenkirch**, deren Besichtigung einen Abstecher wert ist. In der im Ursprung aus dem 8. Jh. stammenden Kirche sollen der Eifeler Überlieferung nach die heilige Genoveva und ihr Gemahl, der Pfalzgraf Siegfried, begraben sein. Der Altar von 1664 zeigt die bekanntesten Stationen der Genovevalegende.

12 Die 1029 m lange und 25 m hohe **Rheinbrücke Bendorf** leitet die Autobahn über den Rhein. Nördlich sehen Sie auf das linksrheinische Städtchen Weißenthurm und den unübersehbaren Block des Atomkraftwerks Mülheim-Kärlich.

13 Hinter der Rheinbrücke von Bendorf zieht die Autobahn in den **Westerwald** hinauf. Das wie die Eifel von Vulkanen geprägte Mittelgebirge – von Rhein, Lahn, Sieg und Dill begrenzt – ist Teil des Rheinischen Schiefergebirges und erreicht mit der Fuchskaute (657 m) seine höchste Erhebung.

14 Auf der Höhe des Parkplatzes „Auf der Zeg" haben Sie einen großartigen Blick auf **Koblenz**. Die Stadt am Zusammenfluss von Rhein und Mosel entstand aus dem römischen Heerlager „ad confluentes" (= an den Zusammenfließenden) und war im 17. und 18. Jh. Residenz der Kurfürsten von Trier. Gegenüber der Moseleinmündung erhebt sich die Festung Ehrenbreitstein, eine der imposantesten Festungsanlagen Deutschlands.

15 **„Keramik-Museum Westerwald"** (Informationstafel): Das Museum befindet sich in Höhr-Grenzhausen und gehört sowohl von seiner Konzeption als auch von seinen Exponaten zu den interessantesten Keramikmuseen in Deutschland.

16 Die Autobahn überquert nun die **Kannenbäckerstraße**. Diese 36 km lange touristische Straße verbindet die wichtigsten Töpferorte des vorderen Westerwalds miteinander. Dank guter Tonvorkommen entwickelte sich die Töpferei in dieser Gegend bereits vor Jahrhunderten und trug der Region den Namen „Kannenbäckerland" ein.

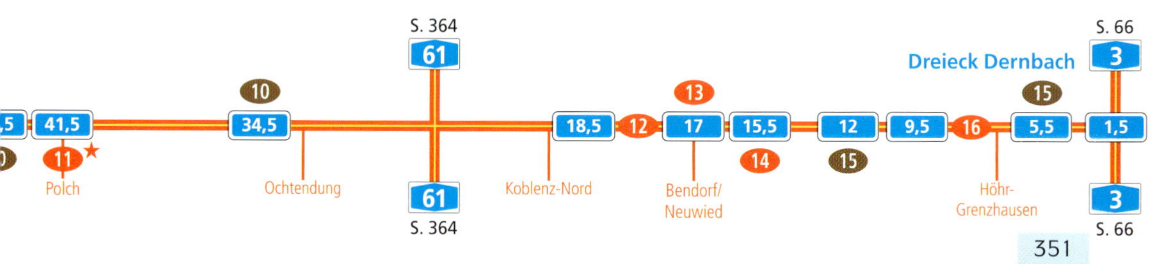

Von der Maas an den Rhein

Grenzübergang Goch → Moers → Krefeld → Neuss → Köln

Die insgesamt 118 km lange A57 verläuft quer durch die Region Niederrhein – von der Grenzstadt Goch bis in die Domstadt Köln. Die Trasse der ab 1966 erbauten Autobahn führt von der niederländischen Grenze zunächst nach Osten in Richtung Ruhrgebiet, biegt dann aber kurz vor Kamp-Lintfort bei Rheinberg nach Süden ab und verläuft schließlich westlich des Rheins bis nach Köln. Entlang der A57 liegen drei Städte, die auf eine lange Geschichte zurückblicken können: Xanten, Neuss und Köln wurden vor rund 2000 Jahren von den Römern gegründet.

Von Goch bis Kamp-Lintfort sind die Städte zu beiden Seiten der Strecke eher klein, das Verkehrsaufkommen in diesem Bereich entsprechend gering. So wurde die A57 hier erst Mitte der 80er-Jahre fertig gestellt. Nachdem 1980 die Verbindung von Goch mit Sonsbeck vollendet war, folgten weitere kleinere Abschnitte (Sonsbeck–Alpen 1981, Goch–Kleve und Alpen–Kamp-Lintfort 1985), bis schließlich 1986 das letzte Stück von Goch bis zur niederländischen Grenze freigegeben werden konnte. Die Strecke südlich von Kamp-Lintfort wurde dagegen in vielen Teilabschnitten bereits vorher fertig; zuletzt erfolgte 1976 die Freigabe der Strecke Kamp-Lintfort–Moers–Kapellen.

Das Ende der „Trompete“

Die A57 wird ab Kamp-Lintfort von vielen Berufspendlern als Alternative zur rechtsrheinischen A3 genutzt und ist in den Stoßzeiten entsprechend überlastet. Immerhin wurde ein Hauptengpass im Berufsverkehr Anfang 2001 beseitigt: Die A57 führt westlich in einem großen Bogen, dem Neusser Ring, um Neuss herum. Entstanden ist er 1959 als B9. 1966 hat man hier das erste Stück der A57 von Köln-Nord bis Neuss-Norf einfach angehängt. Damals entstand in Richtung Krefeld statt einer Linkskurve die „Trompete“, eine umständliche Schleife nach rechts, die aus der Vogelperspektive an eine Trompete erinnerte. Hier blieb der Verkehr stets stecken. Dieses Nadelöhr wurde bis Anfang 2001 beseitigt und durch eine lang gezogene Linkskurve ersetzt, sodass der Verkehr nun reibungslos fließt. Außerdem erfolgte Ende 2001 die Anbindung an Düsseldorf über das AD Neuss. Damit gibt es jetzt vier Verbindungen von der A57 nach Düsseldorf: im Norden über das AK Strümp zur A44, ferner über das AK

Die Turmwindmühle an der Raststätte Geismühle ist eine der letzten vollständig eingerichteten Windmühlen am Niederrhein (geöffnet von Mai bis Oktober jeden 1. So. im Monat); im dichten Buschwerk nebenan lädt eine Autobahnkapelle zur stillen Einkehr.

57

- **Länge** 118 km / 1:15 h
- **Entfernungen und Fahrzeiten** (ca.)

Grenzüb. Goch – AK Moers 54 km / 0:29h
AK Moers – AS Ehrenfeld 64 km / 0:46 h

Kaarst zur A52, über die B1 beim AD Neuss und schließlich im Süden über das AK Neuss-Süd zur A46. Die Anbindung der A57 an das Ruhrgebiet ist weniger vielfältig: Am AK Moers trifft sie auf die A40 nach Duisburg und Oberhausen. Die weitere Planung für die A57 konzentriert sich auf den 6-spurigen Ausbau vom AK Strümp südlich von Krefeld bis zum AK Köln-Nord.

Die erste Hälfte der A57 von Goch bis Kamp-Lintfort verläuft durch eine flache Landschaft. Man sieht fast nur die typischen Weideflächen, ab und an etwas Wald, dazwischen Höfe und kleinere Backsteinsiedlungen. Die wenigen natürlichen Anhöhen sind in der Eiszeit entstanden, als die Gletscher Geröll zusammenschoben. Die meisten Hügel jedoch wurden vom Menschen geschaffen – als Abraumhalden. So entstanden auch die Kiesgruben und Baggerseen, an denen die Autobahn vorbeiführt. Die meisten Seen werden heute noch industriell genutzt oder warten auf ihre Renaturierung. Ein schönes Beispiel für die Nutzung eines Baggersees ist der Elfrather See nördlich von Krefeld, der neben der A57 liegt, allerdings von der Autobahn aus nicht zu sehen ist. Der See findet als Naherholungsgebiet regen Zulauf.

Erinnerungen an den Bergbau

Ab Rheinberg wird es urbaner. Weite Weideflächen sind selten, die überwiegend westlich der A57 betriebene Landwirtschaft muss sich zwischen vielen kleinen bis mittelgroßen Orten behaupten. Östlich der A57, zwischen Kapellen und Dormagen, liegen einige Industriegebiete. Die meisten Ortschaften werden dominiert von den Backsteinsiedlungen, die früher zu den Zechen gehörten und in denen die Kumpel mit ihren Familien lebten. Von diesen Zwecksiedlungen gibt es so viele, dass man leicht die Orientierung verliert, wenn man von der Autobahn abfährt, denn viele dieser Stadtteile sind sich auf den ersten Blick sehr ähnlich. Mit dem Abbau der Zechen und der Umstrukturierung des Ruhrgebiets hat sich auch der Freizeitwert der Städte entlang der A57 erhöht. Nun kommt auch die Kultur in den autobahnnahen Orten zum Tragen: Neben Kölns Kirchen und Düsseldorf mit seinen bedeutenden Museen gibt es links und rechts der Strecke kleinere Orte, die kulturell interessant sind, z. B. die Museumsinsel Hombroich in Neuss-Holzheim oder das Schloss Moyland in Bedburg-Hau bei Kleve. 1996 entstand am Niederrhein auch ein besonders origineller Vergnügungspark: Der Blick auf die umgebende Besiedlung ist oft durch Lärmschutzwände verstellt.

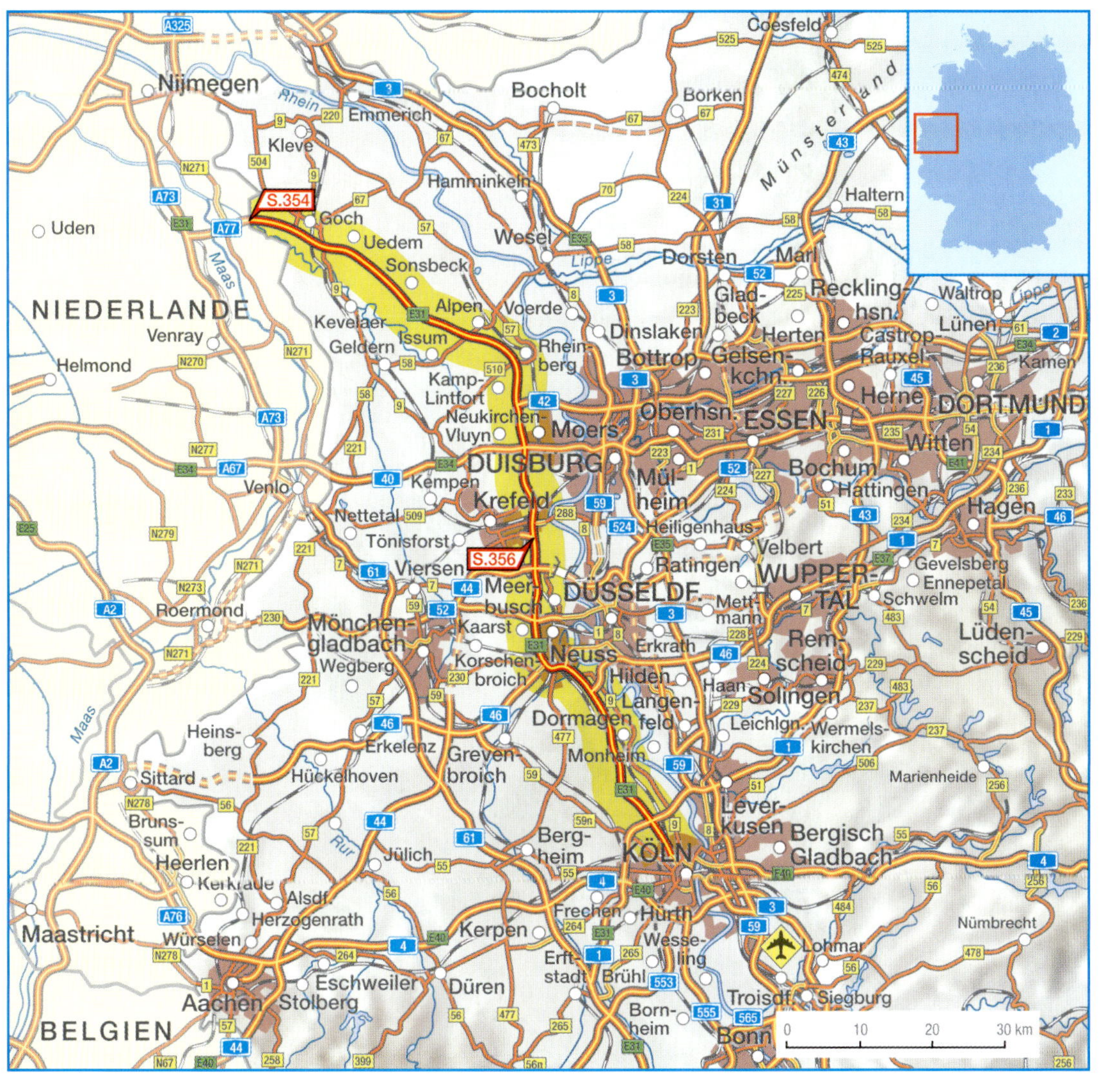

1★ „Schloss Moyland“ (Informationstafel): Das Schloss Moyland in Bedburg-Hau (von der AS Kleve 25 km, 30 Min. nördlich) ist für Kunstliebhaber einen Besuch wert. In der ehemaligen Wasserburg wurde 1997 nach gut zehnjähriger Renovierung ein Museum eröffnet. Es beherbergt rund 60 000 Werke von Künstlern aus dem 19. und 20. Jh., darunter bedeutende Arbeiten von Joseph Beuys. Zum Verweilen lädt der wunderbare Schlosspark ein, wo sich zahlreiche Skulpturen harmonisch ins Ensemble von Garten, Wald und Wasser einfügen.

2 Nördlich der A57 liegt der Ort **Goch**, von dem kaum etwas zu sehen ist. Obwohl Goch im Mittelalter eine blühende Handelsstadt war, gibt es heute außer der Kirche St. Maria Magdalena nur noch wenige Bauten, die daran erinnern, weil vieles im Zweiten Weltkrieg zerstört wurde. Aufsehen erregte 1993 der Einsturz des Kirchturms, der vermutlich durch die Schwingungen der zahlreichen Glocken verursacht wurde.

3 Südlich der AS Goch liegt **Kevelaer**. Dort hatte 1641 der Kaufmann Hendrik Busmann eine Erscheinung: Stimmen forderten ihn auf, eine Kapelle zu bauen – was er auch tat. Das heute darin aufgestellte Gnadenbild der „Trösterin der Betrübten“ machte aus Kevelaer den wichtigsten Wallfahrtsort der Region.

4★ Über die AS Sonsbeck sollten Sie einen Abstecher nach **Xanten** machen (12 km, 10 Min. nördlich), eine der ältesten Städte am Rhein. Sie wurde um das Jahr 100 von den Römern als Grenzfeste gegründet und Kaiser Trajan verlieh ihr die Stadtrechte. Heute kann man einen Teil der antiken „Colonia Ulpia Traiana“ im Archäologischen Park besichtigen. Nach den Ausgrabungen der Fundamente wurden Wohnbauten, Stadtmauern sowie ein Segment des Amphitheaters rekonstruiert (siehe auch A3, S. 61).

5 Der Parkplatz Bönninghardt ist nach dem Gebirge benannt, das sich bis kurz vor Sonsbeck zu beiden Seiten der A57 erstreckt. Die **Bönninghardt** gehört zum Niederrheinischen Höhenzug, der mit 60 km Länge und bis zu 90 m Höhe die größte Erhebung am Niederrhein darstellt. Er entstand in der Eiszeit, als die Gletscher Geröll vor sich herschoben und zu Hügeln auftürmten. Diese „Stauchendmoränen“ waren ursprünglich stark bewaldet, werden inzwischen aber auch landwirtschaftlich genutzt.

6 Der Parkplatz Leucht ist nach dem **Waldgebiet Leucht** benannt, das hier von der A57 durchschnitten wird. Es gehört zum selben Höhen-

Bundesgrenze (NL) ←

zug wie die Bönninghardt und ist einer der seltenen größeren Wälder am Niederrhein.

7 Der große Hügel, der westlich der A57 zu erkennen ist, liegt im Stadtgebiet von **Kamp-Lintfort**.

Terrassengarten „Sanssouci am Niederrhein" des berühmten Klosters Kamp **7**.

Hinter dem Hügel liegt die Attraktion des Ortes: das Kloster Kamp. Es wurde im frühen 12. Jh. als erstes Zisterzienserkloster auf deutschem Boden vom Kölner Erzbischof Friedrich I. gegründet. Der ursprünglich sehr schlichte Bau wurde im Laufe der Jahrhunderte immer mehr erweitert und erhielt so sein heutiges barockes Aussehen. Besonders schön ist der Klostergarten, der der Anlage den Namen „Sanssouci vom Niederrhein" einbrachte.

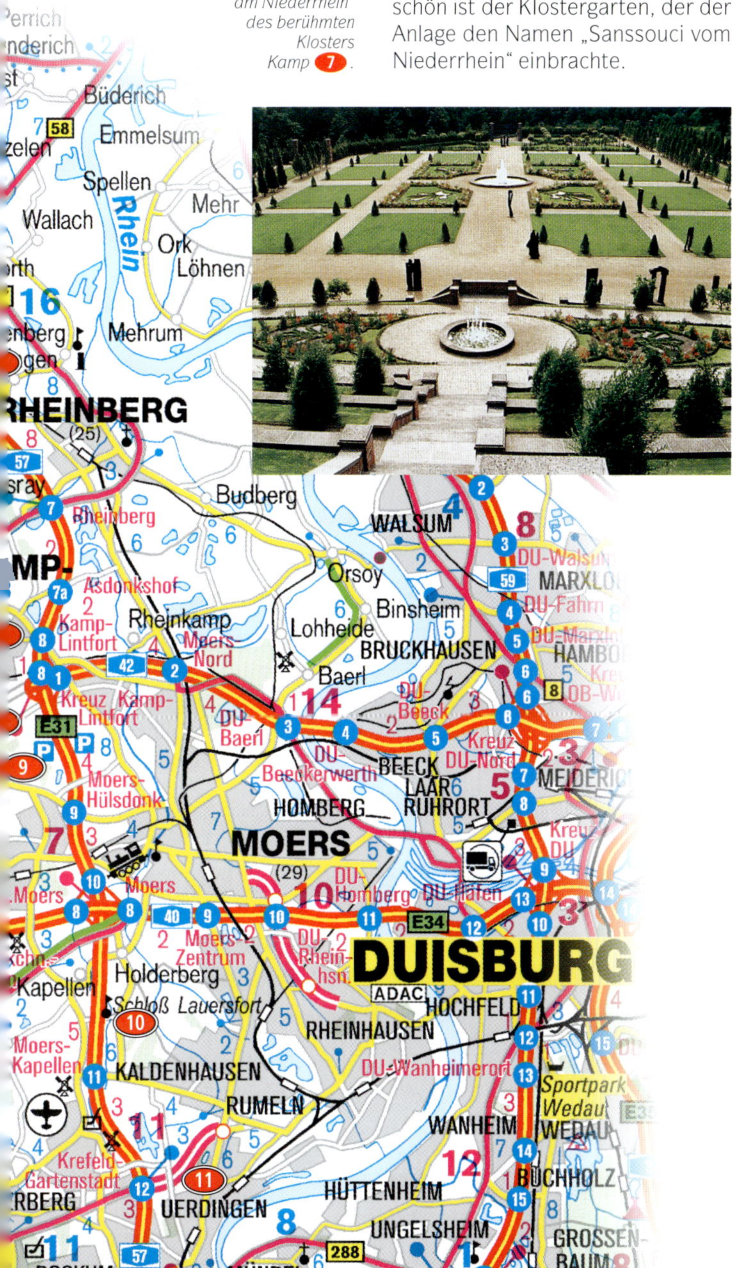

8 Westlich der Autobahn ist nochmals ein **Hügel** zu sehen. Er ist kein Überbleibsel der Eiszeit, sondern stammt vom Kohleabbau. Solche Halden sind typisch für die Region. Einige dieser ehemaligen Abbaugebiete werden in Erholungsparks umgewandelt, andere, wie dieser in der Dong (Ortsteil Neukirchen-Vluyn), werden einfach nur begrünt.

9 Die **Windmühle an der Dong**, die neben der Halde westlich der Autobahn steht, stammt von 1874. Sie ist ebenfalls ein typisches Merkmal des Niederrheins. Die Windmühle ist seit 1962 nicht mehr in Betrieb, wurde aber 1987 restauriert. Seitdem hat sie wieder Flügel. Die Restaurierung der Mühle wird auf witzige Art finanziert: Wirft man fünf Mark in einen Kasten vor der Mühle, dann drehen sich die Windmühlenflügel (von einem Elektromotor angetrieben) fünf Minuten lang.

10 In einem Waldgebiet östlich der A57 sieht man die Türme von **Schloss Lauersfort**. Teile des Schlosses stammen aus dem 15. Jh., die von der A57 zu sehenden Bauten aus dem 18. Jh. Der Lauersforter Wald ist ein beliebtes Ausflugsziel für Wanderer.

11 Östlich der Autobahn, hinter der Lärmschutzwand verborgen, liegt **Uerdingen**, der älteste Stadtteil von Krefeld. Der Ort wurde im 13. Jh. vom Kölner Erzbischof Konrad von Hochstaden zur Stadt erklärt und Anfang des 14. Jh. von einer starken Befestigungsanlage umgeben, von der heute nur noch wenige Reste zu sehen sind (beispielsweise ein fünfgeschossiger Backsteinturm von 1325). Uerdingen war früher eine wichtige Handelsstadt und ist heute auch für seine Industrie bekannt, z. B. das Bayer-Werk.

12 Am Ende einer Lärmschutzwand, östlich der A57, ist die **Burg Linn** zu sehen. Sie wurde im 12. Jh. auf einem Hügel erbaut und erlebte eine wechselvolle Geschichte, die sich an allerlei Um- und Anbauten nachvollziehen lässt. Heute beherbergt die Burg das Niederrheinmuseum, in dem Stadtmodelle der Region (aus der Zeit um 1650) ausgestellt und Funde aus der Römer- und Frankenzeit zu sehen sind.

S. 430 — 42
S. 322 — 40
→ Köln
6 — 46,5 — 6 Rheinberg
Asdonkshof
56 — 7 Kamp-Lintfort
58 — 8
59 — 9 Moers-Hülsdonk
40 — S. 322
10 — 65 — Moers-Kapellen
70 — 11 Krefeld-Gartenstadt
12 — 73 — Krefeld
524 — S. 434

1 Die Stadt **Krefeld**, die sich westlich der A57 hinzieht, erhielt im Jahr 1373 die Stadtrechte, doch ihr Aufschwung begann erst Ende des 17. Jh., als sich hier Leinenhändler niederließen. Mit der Produktion von Seide und Samt war Mitte des 18. Jh. die Hälfte der Bevölkerung beschäftigt. Vom Reichtum der Fabrikanten zeugen noch heute einige imposante Bauten. Die kulturelle Bedeutung Krefelds zeigt das Kaiser-Wilhelm-Museum, das 1897 eröffnet wurde. Es beherbergt Werke niederrheinischer Expressionisten, aber auch Werke von Joseph Beuys, der in Krefeld geboren wurde.

5 Südlich der AS Neuss-Reuschenberg liegt die **Museumsinsel Hombroich**. In einer Auenlandschaft in der Erft wird Kunst und Natur vereint. Auf der 170 000 m^2 großen Insel werden Werke von Künstlern aller Kulturen und Kunstrichtungen ausgestellt – persische Skulpturen, moderne Malerei und genauso alte chinesische Figuren. Gezeigt werden u.a. auch Werke von Rembrandt, Matisse und Cézanne. Die Besonderheit dieses Museums ist das Fehlen erläuternder Schilder, sodass sich der Betrachter einen ganz und gar direkten Zugang zu den Kunstwerken verschaffen kann.

Skulpturenparade des Künstlers Anatol Herzfeld auf der Museumsinsel Hombroich **5**.

2 Westlich der A57 steht weithin sichtbar die **Geismühle** auf dem Gelände des gleichnamigen Rasthofs (in Fahrtrichtung Köln). Diese für den Niederrhein typische Windmühle aus dem Jahr 1300 war ursprünglich ein Wehrturm. Bis 1945 wurde sie als Mühle betrieben. Versteckt zwischen Rasthof und Mühle steht eine kleine dreieckige, backsteinerne **Autobahnkapelle**, die nach der Geismühle benannt ist.

3 Östlich des AK Kaarst liegt die Landeshauptstadt **Düsseldorf**. Von der Autobahn aus sieht man von Düsseldorf nur den Fernsehturm bei km 100 (siehe auch A3, S. 63).

4 Beiderseits der A57 erstreckt sich **Neuss**. Unter Kaiser Augustus gründeten die Römer die Stadt vor über 2000 Jahren. In Neuss finden sich einige Zeugnisse vergangener Tage, so ein Kybele-Taufkeller, Kultstätte der aus Asien stammenden Muttergottheit (Ende des 3. Jh.). Von sich reden machte die Stadt in jüngster Zeit durch die auf der alten Mülldeponie in Neuss-Grefrath im Herbst 2000 eröffnete Skihalle.

6 Direkt nach der Autobahnbrücke sieht man westlich der A57 eine türkische **Moschee**. Erbaut hat sie die DITIB, die Türkisch-Islamische Union der Anstalt für Religion. Besonders beeindruckend ist ein riesiger Kristalllüster, der 1,5 t wiegt. Wenn man direkt unter dem Leuchter spricht, so wirft er ein Echo zurück.

7 Am Rasthof Nievenheim, in Fahrtrichtung Krefeld, steht die **Autobahnkapelle St. Raphael**. Der Rasthof liegt auf dem ehemaligen Gelände der Kirchengemeinde St. Gabriel in Delrath, die vom Verkaufserlös des Grundstücks diese Kapelle baute. Sie wurde 1976 Raphael, dem Schutzpatron der Reisenden, geweiht.

8 Das malerische Städtchen **Zons** liegt östlich der A57 direkt am linken Rheinufer und gehört heute zu Dormagen. Die mittelalterliche Festungsmauer von Zons ist komplett erhalten geblieben. Der Ort besitzt Häuser aus dem 17. und 18. Jh., alle älteren Gebäude sind 1620 durch einen Brand zerstört worden.

9 ★ Liebhabern alter Klosteranlagen sei ein Abstecher zum **Kloster Knechtsteden** empfohlen. Das westlich der A57 (4 km, 10 Min. von der AS Dormagen) gelegene Kloster gründete 1130 der Kölner Domdechant (Dekan) Hugo von Sponheim. Die romanische Kirche wurde in den Jahren 1138–1162 gebaut. In ihrer Chorapsis ist das an byzantinische Kunst erinnernde Fresko sehenswert, das Christus mit Petrus und Paulus darstellt. Seit 1895 leben hier die Spiritaner-Mönche, die vor allem Missionsarbeit in Brasilien und Afrika betreiben. Das Kloster beherbergt heute ihre Ausbildungsstätte, Werkstätten, Galerien, ein Gymnasium und einen „Eine-Welt-Laden".

10 Direkt an der A57 erstreckt sich östlich über mehr als 2 km das Werk von **Bayer**. In dieser Filiale des riesigen Konzerns arbeiten 6800 Menschen. Hier werden Pflanzenschutzmittel, Kautschuke, Lackrohstoffe und Kunststoffe produziert.

11 Der Wald westlich der A57, **Chorbusch** genannt, ist ein wichtiger Lebensraum für bedrohte Pflanzen- und Tierarten und deshalb Landschaftsschutzgebiet. Eine 17 ha große Parzelle darf nicht betreten werden. Hier wird erforscht, wie sich ein Ökosystem entwickelt, wenn jegliche menschliche Eingriffe unterbleiben.

12 Hinter den Feldern östlich der A57 kann man gerade noch den Baumbestand des Naturschutzgebiets **Worringer Bruch** erahnen. Das Worringer Bruch erstreckt sich an einem tief gelegenen alten Rheinarm und wird schon bei geringem Hochwasser überschwemmt. So ändert sich sein Aussehen immer wieder.

13 Östlich der A57 türmen sich die Bauten einer Trabantenstadt aus den 70er-Jahren, des Stadtteils **Köln-Chorweiler**. Die nähere Umgebung dagegen hat landschaftlichen Reiz, so z. B. der künstlich angelegte Fühlinger See.

14 Sie fahren direkt auf **Köln** zu. Zuerst ist geradeaus der Fernsehturm, dann der Dom zu sehen. Seit der Jahrtausendwende erhebt sich noch vor dem Dom der Mediaturm. Dieses Hochhaus mit quadratischer Grundfläche verjüngt sich auf halber Höhe. Seine größtenteils verglaste Fassade ist angestrichen und sieht so aus, als spiegele sich der Wolkenhimmel darin.

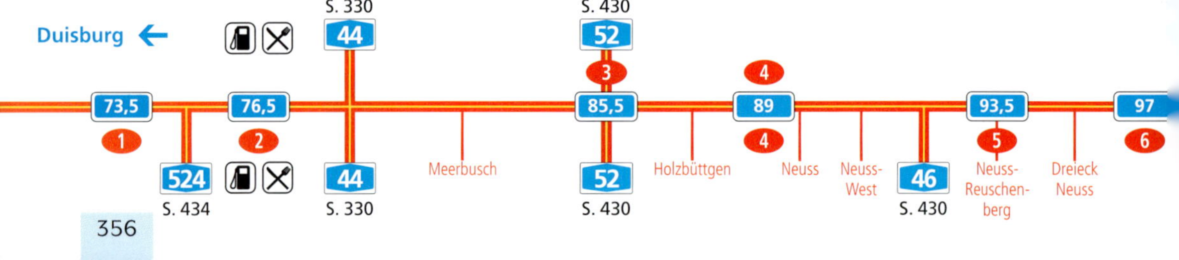

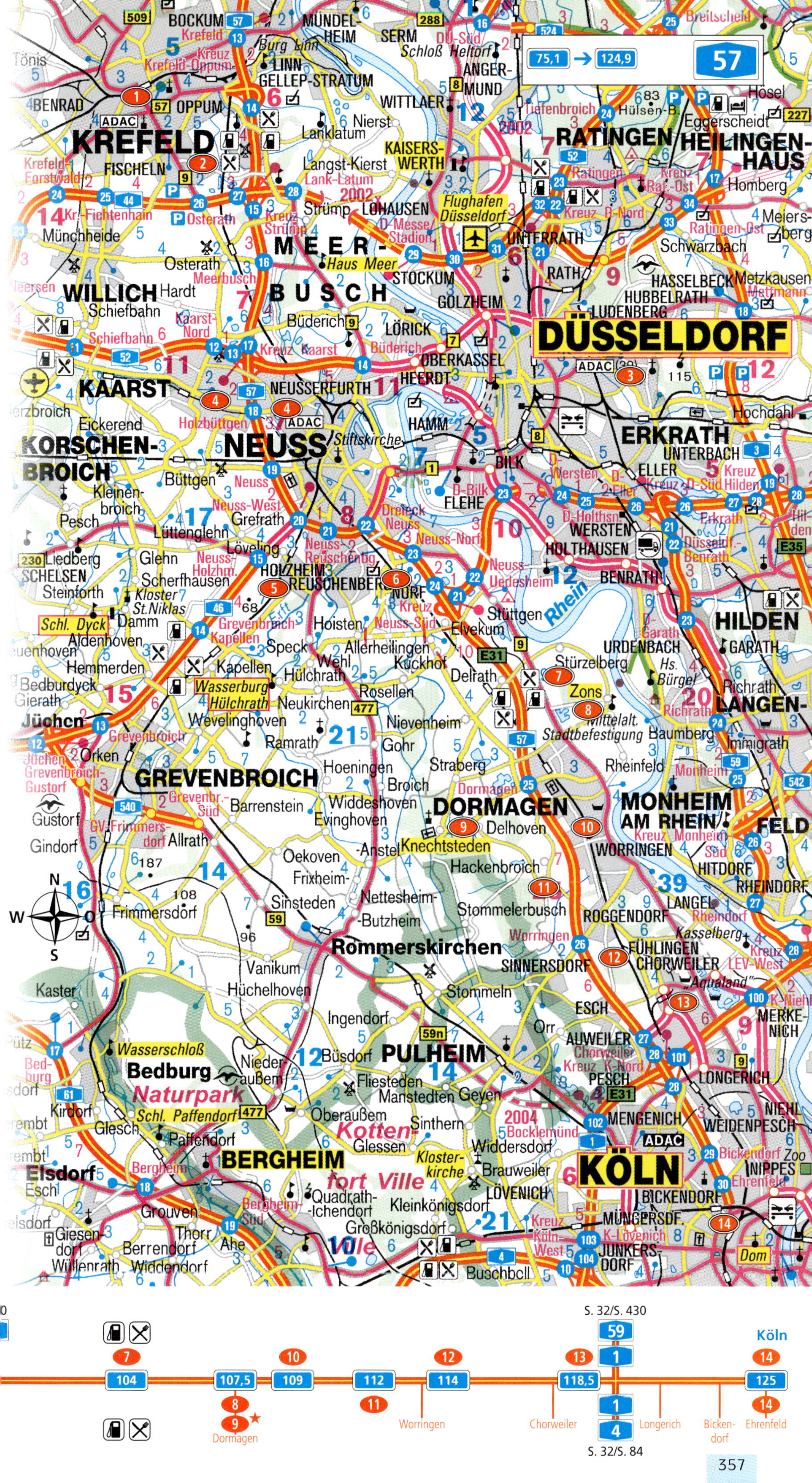

75,1 → 124,9
57
BOCKUM
MÜNDEL-HEIM
SERM
Schloß Heltorf
ANGER-MUND
Tönis
Krefeld
Kreuz Krefeld-Oppum
Burg Linn
LINN
GELLEP-STRATUM
BENRAD
OPPUM
WITTLAER
Nierst
Lank-Latum
KREFELD
FISCHELN
Krefeld-Forstwald
Langst-Kierst
KAISERS-WERTH
RATINGEN
HEILINGEN-HAUS
Hösel
Hülsen-B
Eggerscheidt
Homberg
Meiers-berg
Kr.-Fichtenhain
Osterath
Strümp
LOHAUSEN
Flughafen Düsseldorf
D-Messe/Stadion
Münchheide
MEER-BUSCH
Haus Meer
UNTERRATH
Ratingen
Kreuz Rat.-Ost
Ratingen-Ost
Schwarzbach
Kreuz B.-Nord
Osterath
Meerbusch
STOCKUM
RATH
HASSELBECK
Metzkausen
HUBBELRATH
Mettmann
WILLICH
Hardt
Schiefbahn
Kaarst-Nord
GOLZHEIM
LUDENBERG
DÜSSELDORF
Büderich
LÖRICK
OBERKASSEL
HEERDT
Kreuz Kaarst
KAARST
NEUSSERFURTH
Holzbüttgen
Eickerend
KORSCHEN-BROICH
NEUSS
Stiftskirche
HAMM
ERKRATH
UNTERBACH
Hochdahl
ELLER
D-Wersten
D-Eller
Kreuz D-Süd
Hilden
Büttgen
Kleinenbroich
Pesch
Neuss-West
Grefrath
Lüttenglehn
Löveling
D-Bilk
FLEHE
BILK
Dreieck Neuss
Neuss-Nord
WERSTEN
HOLTHAUSEN
Erkrath
Düsseldorf-Benrath
Liedberg
SCHELSEN
Steinforth
Glehn
Scherfhausen
Kloster St. Niklas
Neuss-Holzheim
HOLZHEIM
REUSCHENBERG
NORF
Neuss-Uedesheim
BENRATH
HILDEN
Schl. Dyck
Damm
Aldenhoven
Grevenbroich
Kapellen
Hoisten
Neuss-Süd
Elvekum
Stüttgen
Rhein
URDENBACH
GARATH
Hemmerden
Bedburdyck
Gierath
Speck
Wehl
Hülchrath
Allerheiligen
Kuckhof
Delrath
Stürzelberg
Zons
Hs. Bürgel
Richrath
LANGENFELD
Wasserburg Hülchrath
Neukirchen
Rosellen
Jüchen
Wevelinghoven
Ramrath
Nievenheim
Mittelalt. Stadtbefestigung
Baumberg
Immigrath
Orken
Gohr
Straberg
Rheinfeld
Monheim
GREVENBROICH
Hoeningen
Broich
Dormagen
MONHEIM AM RHEIN
Gustorf
Barrenstein
Widdeshoven
Evinghoven
DORMAGEN
Delhoven
FELD
Grevenbr.-Süd
GV.-Frimmersdorf
Allrath
Gindorf
Anstel
Knechtsteden
WORRINGEN
Kreuz Monheim-Süd
HITDORF
Oekoven
Frixheim
Hackenbroich
LANGEL
RHEINDORF
Frimmersdorf
Sinsteden
Nettesheim-Butzheim
Stommelerbusch
ROGGENDORF
Rheindorf
Kasselberg
Worringen
Rommerskirchen
SINNERSDORF
FÜHLINGEN
CHORWEILER
Kreuz LEV-West
"Aqualand"
Vanikum
Hüchelhoven
Kaster
Stommeln
ESCH
K-Niehl
MERKENICH
Ingendorf
Orr
AUWEILER
Chorweiler
Kreuz K-Nord
PESCH
LONGERICH
Wasserschloß
Bedburg
Niederaußem
Büsdorf
PULHEIM
NIEHL
WEIDENPESCH
Naturpark
Fliesteden
Manstedten
Geyen
Kirdorf
Schl. Paffendorf
Oberaußem
Sinthern
MENGENICH
Glesch
Paffendorf
Kotten
Glessen
Bocklemünd
ADAC
Widdersdorf
Bickendorf
Zoo
NIPPES
Bergheim
BERGHEIM
Kloster-kirche
Brauweiler
KÖLN
Elsdorf
Esch
fort Ville
LÖVENICH
Ehrenfeld
BICKENDORF
Grouven
Bergheim-Süd
Quadrath-Ichendorf
Kleinkönigsdorf
Großkönigsdorf
Kreuz Köln-West
MÜNGERSDF.
K-Lövenich
Giesendorf
Thorr
Ahe
Berrendorf
Ville
JUNKERSDORF
Dom
Willenrath
Widdendorf
Buschbell
S. 32/S. 430
59
1
Köln
104
107,5
109
112
114
118,5
125
Dormagen
Worringen
Chorweiler
Longerich
Bickendorf
Ehrenfeld
4
S. 32/S. 84
357

Dem Rhein entgegen

Grenzübergang Schwanenhaus (NL) → Mönchengladbach → Koblenz → Ludwigshafen → Hockenheim

Drei Strecken verbinden den Rhein-Ruhr-Raum mit der Rhein-Main-Region. Die rechtsrheinisch verlaufenden Autobahnen A3 und A45 sowie die linksrheinische A61. Deren 323 km lange Trasse beginnt am deutsch-niederländischen Grenzübergang Schwanenhaus. Vom Niederrhein führt sie durch die Bundesländer Nordrhein-Westfalen und Rheinland-Pfalz und endet am AD Hockenheim in Baden-Württemberg.

Als westlichste Nord-Süd-Verbindung Deutschlands bildet die A61 für Millionen Niederländer und Belgier im europäischen Transit die erste Etappe auf dem Weg in die Schweiz, nach Österreich und Italien. Im Sommer und zu anderen Ferienzeiten sind auf der Strecke entsprechend viele Autos und Wohnwagengespanne aus diesen Ländern unterwegs.
Angesichts der reizvollen Landschaften, durch die sie führt – entlang der Eifel, durch den Hunsrück, durch malerische Weinregionen – gehört die A61 sicherlich zu den attraktivsten Strecken im Netz.

Alternative durchs Rheintal

Der Ursprung der A61 geht auf das Jahr 1954 zurück, als über den Ausbau der Rhein-Bundesstraße B9 nachgedacht wurde. In Rheinland-Pfalz suchte man nach einer Alternative zu deren Linienführung durch das enge Rheintal zwischen Bingen und Koblenz. Das Tal war einfach zu schmal, um hier eine 4-spurige Straße anzulegen. Hinzu kamen die bereits vorhandene Bahnlinie und die dichte Bebauung. So formte sich das Konzept einer linksrheinischen Autobahn, die gleichzeitig die beengten Verkehrsverhältnisse im Rheintal lösen, dem strukturschwachen Hunsrück Impulse geben und die rechtsrheinische A3 entlasten sollte.
Im Jahr 1965 wurde auf dem Streckenabschnitt Rheinböllen-Bingen mit dem Bau der A61 begonnen, die letzten Abschnitte zwischen der AS Bergheim und der AS Türnich westlich von Köln konnten 1988 dem Verkehr übergeben werden.
Durch die von Süden nach Norden immer mehr vom Rhein wegführende Trasse waren eine Reihe von Stichverbindungen zu den Städten im Rheintal nötig. Hierzu dienen heute die Autobahnen A48 bei Koblenz, A565 ab Kreuz Meckenheim nach Bonn-Bad Godesberg sowie A1 und A4 nach Köln. Ab Köln verteilt sich dann der Verkehr auf die A61 und die näher am Rhein verlaufende A57, da von der Domstadt an nordwärts zwei linksrheinische Autobahnen existieren.

Die 935 m lange Moseltalbrücke Winningen ist ein bautechnisches Highlight unter Europas großen Talbrücken.

61

- **Länge** 323 km / 2:52 h
- **Entfernungen und Fahrzeiten** (ca.)

Grenzübergang Schwanenhaus – AK Kerpen 68 km / 0:38 h
AK Kerpen – AK Koblenz 94 km / 0:49 h
AK Koblenz – AK Alzey 92 km / 0:48 h
AK Alzey – AD Hockenheim 69 km / 0:37 h

- **Staubereiche**

Erhöhte Staugefahr besteht zwischen dem AD Erfttal und dem AK Bliesheim.

Neben ihrer Funktion als Nord-Süd-Achse zeichnet sich die A61 als die deutsche Weinstraße unter den Autobahnen aus, denn sie erschließt gleich fünf von sechs rheinland-pfälzischen Weingebieten.

Nachdem die Strecke südlich des Meckenheimer Kreuzes durch die stark hügelige Landschaft der Eifel geprägt ist, fällt sie sanft ins Ahrtal ab, wo an den steilen Hängen mit ihren Schieferböden die nördlichsten Rotweine der Welt gedeihen. Die Spitzenlagen sind im mittleren Ahrtal zwischen Bad Neuenahr und Altenahr anzutreffen.

Es folgt das eindrucksvolle, von der 935 m langen Moseltalbrücke überspannte Tal der Mosel, das erlesene Rieslinge hervorbringt. Das schöne Flusstal mit seinen Weinbergen bietet sich dem Reisenden mit einem phantastischen Panorama dar. In engen Kurven, die weitgehend am Autobahnmindestradius von 800 m orientiert sind, schwingt sich die A61 ab der AS Koblenz/Dieblich hinauf zu den Höhen des Hunsrück und verläuft hier auf einer alten Römerstraße ein Stück entlang der Wasserscheide zwischen Rhein und Mosel.

Wo schon die Römer Wein anbauten

Von Pfalzfeld, wo mit 529 m der höchste Punkt der A61 erreicht wird, gelangt die Autobahn in das liebliche Tal der Nahe, danach bestimmen die sanften Weinberge Rheinhessens das Bild. Als südlichste Weinregion im Verlauf der A61 wird die Pfalz erreicht, wo schon die Römer Wein anbauten. Die Trasse führt zwischen dem Ballungsraum Ludwigshafen–Mannheim–Frankenthal und der Mittelhaardt entlang; das Weingebiet Mittelhaardt/Deutsche Weinstraße umfasst einige der Spitzenlagen in der Pfalz.

Die A61 berührt und durchquert zahlreiche Ferienregionen. Am Beginn führt sie durch den Naturpark Maas-Schwalm-Nette, der sich von Kempen bis Mönchengladbach erstreckt. Dann geht es am Naturpark Kottenforst-Ville entlang. Es folgen Ahrgebirge und Vordere Eifel. Von der rechtsrheinischen Seite grüßt der Naturpark Rhein-Westerwald.

Nach Überquerung der Mosel führt die A61 durch den Hunsrück und an den Ausläufern des Naturparks Saar-Hunsrück entlang. Schließlich erreicht sie den Naturpark Pfälzerwald und an ihrem Endpunkt den Naturpark Neckartal-Odenwald.

❶ Gleich zu Beginn wartet die A61 mit landschaftlichen Höhepunkten des 1965 gegründeten **Naturparks Schwalm-Nette** auf, der heute Teil des grenzübergreifenden deutsch-niederländischen Naturparks Maas-Schwalm-Nette ist. Überall blitzt Wasser, dehnen sich kleine und große Seen; die schönsten sind die Krickenbecker Seen mit dem Wasserschloss Krickenbeck. Die Schilfgürtel am Ufer der Seen geben insgesamt 114 Wasservogelarten eine Heimat. Hier brüten noch der Eisvogel, der Pirol und das Blaukehlchen.

❷ Südlich, direkt neben der Autobahn, sieht man die kleine Grenzstadt **Kaldenkirchen** liegen. Dort mussten die Protestanten 1632 ihre Kirche ganz versteckt bauen – um

Ärger mit der katholischen Bevölkerung zu vermeiden. Man durfte die Kirche von der Straße aus nicht sehen und sie durfte keine Glocken haben. Einige Kaldenkirchener waren der religiösen Verfolgung im Laufe der Zeit bald überdrüssig. Sie schlossen sich den so genannten Pilgervätern an und segelten mit der „Mayflower“ nach Amerika.

3 Über die AS Breyell sind es in östlicher Richtung nur wenige Minuten bis zur **Leuther Mühle**, einer der ältesten Wassermühlen am Niederrhein. Die Mühle, heute ein beliebtes Restaurant und Hotel, ist noch voll funktionsfähig. Interessant ist die alte „Tanzlinde“ im Garten. In den Ästen war ein Bretterboden befestigt, auf dem die Kapelle aufspielte. Zu besonderen Anlässen wird der Boden auch heute noch installiert.

4 Über die AS Breyell erreicht man **Grefrath** (11 km, 10 Min. östlich) mit dem viel besuchten Eissportzentrum des Landes Nordrhein-Westfalen. Die besondere Sehenswürdigkeit ist allerdings das Niederrheinische Freilichtmuseum Dorenburg, wo die Entwicklungsgeschichte der ländlichen Architektur lebendig wird.

5 Bei der AS Nettetal überquert die Autobahn die **Maas-Schwalm-Nette-Route**, einen touristischen Rundkurs, der den deutschen und den niederländischen Teil des Naturparks erschließt. Die Maas-Schwalm-Nette-Route wurde vom ADAC und dessen niederländischem Partnerclub ANWB ins Leben gerufen.

6★ Über die AS Nettetal erreicht man das Städtchen **Brüggen** (10 km, 10 Min. westlich). Seine mächtige Wasserburg und seine rauschende Wassermühle lohnen einen Abstecher. Auch wartet das Städtchen mit einem sehenswerten Info-Center des Naturparks auf.

7 Östlich der Autobahn erstreckt sich die Kreisstadt **Viersen**. Sie rühmt sich, alljährlich Deutschlands größten Kinderflohmarkt zu veranstalten. Sehenswert ist Viersens St.-Remigius-Kirche, eine romanische Pfeilerbasilika aus dem 12. Jh.

8 Schon von weitem ist westlich die große **Windmühle von Dülken** (5 km von der AS Viersen) zu sehen. Als „Narrenmühle“ ist sie weit bekannt. Immerhin befindet sich in der 1805 erbauten Bockwindmühle die „Erleuchtete Monduniversität der berittenen Akademie der Künste und Wissenschaften zu Dülken“. Besucher bekommen hier vor allem ein „Narrenmuseum“ mit allerlei kuriosem Sammelsurium zu sehen.

9 Zu beiden Seiten der A61 erstreckt sich **Mönchengladbach**; in die sehenswerte Altstadt gelangen Sie am besten von der AS Mönchengladbach-West (3 km, 10 Min.). Östlich der A61 kommt der markante Jugendstil-Wasserturm in Sicht, in dessen Innerem 234 Stufen zu einer Aussichtsplattform führen. Neben dem Münster St. Vitus aus dem 13. Jh. ist der Wasserturm architektonisches Wahrzeichen der Stadt. Das Museum Abteiberg gilt als eines der interessantesten Museen für zeitgenössische Kunst.

10 Über die AS Mönchengladbach-Holt ist **Wegberg** (9 km, 10 Min. westlich) zu erreichen, das für seine Ringautostraße „Grenzlandring“ bekannt ist. Der 9 km lange Ovalkurs galt lange als die schnellste Rennstrecke der Welt. 1948–1952 wurde dort der große Preis von Deutschland ausgetragen.

Fußballhochburg Mönchengladbach 9: Im Bökelbergstadion spielt Borussia.

11 Östlich sieht man den Mönchengladbacher Stadtteil Rheydt, der eine besondere Kostbarkeit beherbergt: **Schloss Rheydt**. Dieses im Naherholungsgebiet der Niers gelegene Wasserschloss ist das einzige Beispiel einer geschlossenen Renaissanceanlage mit Festungswerken am Niederrhein. Das Städtische Museum im Schloss dokumentiert vor allem die Geschichte der heimischen Weberei.

12 Für die nächsten 15 km sieht es zu beiden Seiten der A61 aus wie in einer Mondlandschaft. In riesigen Kratern scheint das Unterste zuoberst gekehrt zu sein; gigantische Bagger lassen ihre Schaufeln drehen, Abraummassen sind zu Gebirgen aufgetürmt: Die A61 passiert das größte **Braunkohletagebaugebiet** der Welt.

13 Unübersehbar sind die mächtigen Dampfwolken, die am östlichen Rand des **Braunkohletagebaus Fortuna** aufsteigen. Sie künden die Kraftwerke wie z.B. Niederaußem an, wo die Braunkohle in elektrische Energie umgewandelt wird.

14 Über die AS Bergheim ist **Schloss Paffendorf** (3 km östlich) zu erreichen. Das Energieunternehmen Rheinbraun hat das Schloss zum Informationszentrum umgebaut, in dem alle Fragen zum Thema Braunkohle beantwortet werden.

15 Östlich der Autobahn sieht man Büro- und Wohnhäuser von **Bergheim** (2 km von der AS Bergheim). Im Hauptort des Erftkreises sind die Überreste mittelalterlicher Stadtbefestigungen, die Wallfahrtskirche St. Remigius aus dem 12. Jh. und das älteste Privatgestüt der Welt, Schlenderhahn, sehenswert.

16★ Über die AS Bergheim empfiehlt sich ein Abstecher nach **Neu-Garsdorf** (8 km,10 Min. östlich), ein Dorf, das neu entstand, als das alte Garsdorf der Braunkohle weichen musste. Vom Aussichtspunkt „Braunkohletagebau Fortuna Garsdorf“ hat man einen eindrucksvollen Blick über den Tagebau.

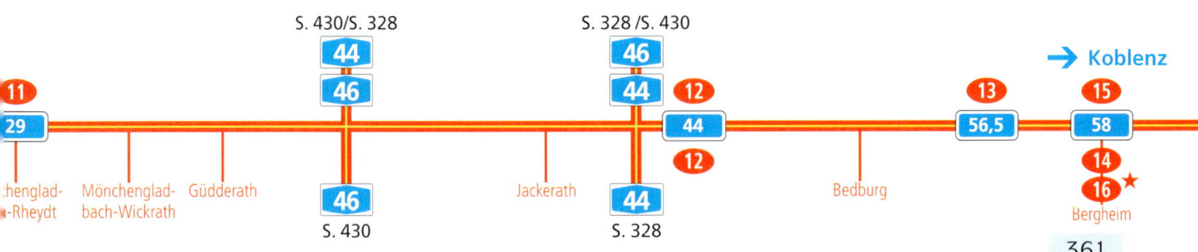

1 Auf den nächsten 115 km verläuft die Autobahn entlang des 1959 gegründeten **Naturparks Kottenforst-Ville**. Kleine Höhenrücken, dann wieder fruchtbares Ackerland und Wälder, aus denen kleine und große Wasserflächen herausblitzen, prägen das Landschaftsbild. Herzstück dieses Naturparks sind die nach der Beendigung des Braunkohleabbaus im Jahr 1964 renaturierten Flächen mit Wäldern und Seen.

2 Von der AS Bergheim-Süd sind es 15 km zum östlich der A61 gelegenen einstigen **Kloster Brauweiler**. Die Benediktiner gründeten im 12. Jh. diese prachtvolle Klosteranlage. In den Prunksälen des ehemaligen Konventsgebäudes sind heute Dienststellen des Landschaftsverbandes Rheinland untergebracht. Die kostbare romanische Kirche, der Kreuzgang und der Park des Klosters sind frei zugänglich. Die Prunkräume können auf Anfrage besichtigt werden.

3 Unübersehbar sind östlich der A61 auf den folgenden 4 km die Abraumhalden des ehemaligen **Braunkohletagebaus Frechen**, dessen Gelände der Natur allmählich zurückgegeben wird. Am östlichen Rand des Geländes ist das Dorf **Neu-Grefrath** zu sehen.

4 Immer wieder sind die schimmernden **Wasserflächen** in den Wäldern östlich der Autobahn zu sehen. Dort wurde die Landschaft nach dem Ende des Braunkohletagebaus renaturiert. Besonders eindrucksvoll ist diese Seenlandschaft bei Liblar, zu erreichen über die AS Erftstadt (2 km). Vor allem der große **Liblarer See** erfreut sich bei den Einheimischen großer Beliebtheit.

5★ Der Kunstgenuss einer vorzüglichen Barockarchitektur kündigt sich an, wenn bei der AS Erftstadt auf dem Wegweiser der Name Brühl auftaucht. Deshalb sei Ihnen hier ein Abstecher zu **Schloss Augustusburg** empfohlen (10 km, 15 Min. östlich). Das Schloss wurde im 18. Jh. von Johann Conrad Schlaun und François de Cuvilliés für den Kurfürsten von Köln errichtet. Architektonisches Glanzstück ist das mit Stuck, Plastiken und Gemälden verschwenderisch gestaltete Treppenhaus von Balthasar Neumann. Das Schloss gehört zum Weltkulturerbe der UNESCO und diente dem Bundespräsidenten bis zu seinem Umzug nach Berlin als Repräsentationssitz.

6 Östlich der A61 befindet sich **Phantasialand**, einer der bekanntesten Freizeitparks Deutschlands. Die Fahrgeschäfte entführen Sie nach Hollywood und ins Berlin der 30er-Jahre oder lassen Sie einfach aus der Vogelperspektive den Blick über das Phantasialand bis weit in die Köln-Bonner Bucht genießen.

7 Die Felder und Plantagen beiderseits der Autobahn zeugen davon, dass die Böden der **Zülpicher Börde**, die auch Vorgebirge oder Ville genannt wird, sehr fruchtbar sind. Es werden vor allem Zuckerrüben angebaut, aber auch Obst, Beeren und Frühgemüse sowie als besondere Köstlichkeit Spargel.

8 Westlich der Autobahn sieht man den Ort **Rheinbach**. Als nach 1945 heimatvertriebene Glasbläser und Glasveredler aus Nordböhmen (Bunzlau) nach Rheinbach kamen und dort ihre Gewerbe wieder aufbauten, begann der kometenhafte Aufstieg der kleinen Stadt mit der hübschen Altstadt zur Glasmachermetropole. Das inzwischen eingerichtete Glasmuseum ist international bekannt.

9 Was sich westlich der A61 als unübersehbares Wahrzeichen über Rheinbach erhebt, ist die Ruine der einst kurkölnischen **Tomburg**. Das Besondere an ihr: Sie wurde auf einem der ältesten Vulkankegel der Eifel, dem Tomberg, errichtet.

Die Erft, ein 115 km langer Nebenfluss des Rheins, entspringt in der Nordeifel und mündet in Neuss.

10 Die nächsten 7 km geht es durch eine **Obstlandschaft**, deren Mittelpunkt das Städtchen **Meckenheim** ist. Die Apfelbaumplantagen bieten besonders im Frühjahr ein reizendes Bild, wenn die Autobahn in rosa-weißen Blütenschaum verpackt zu sein scheint.

11 Für einen Augenblick ist östlich in der Ferne, jenseits des Rheintals, die markante Silhouette des **Siebengebirges** zu sehen, das sich aus spitzen Vulkankegeln zusammensetzt.

12★ Der an dieser Stelle empfohlene Abstecher vom AK Meckenheim nach **Altenahr** südlich der A61 lässt Weinseligkeit und gesellige Fröhlichkeit erwarten. Nach 10 km, 12 Min. ist der bekannteste Ausflugsort an der Ahr erreicht, der trotz des großen Andrangs ein unbedingt sehenswertes, malerisches Städtchen ist – mit Fachwerkhäusern und der Ruine Aare zwischen den engen Felsen und Weinbergen. Wohl dem, der von hier aus nicht mehr weiter fahren muss; er kann dann nach Herzenslust dem berühmten Ahrburgunder zusprechen. Die Burg Aare, von der heute nur noch eine Ruine zeugt, wurde um 1100 erbaut. Im Mittelalter benutzten die Kölner Erzbischöfe die Burg zeitweise als Gefängnis.

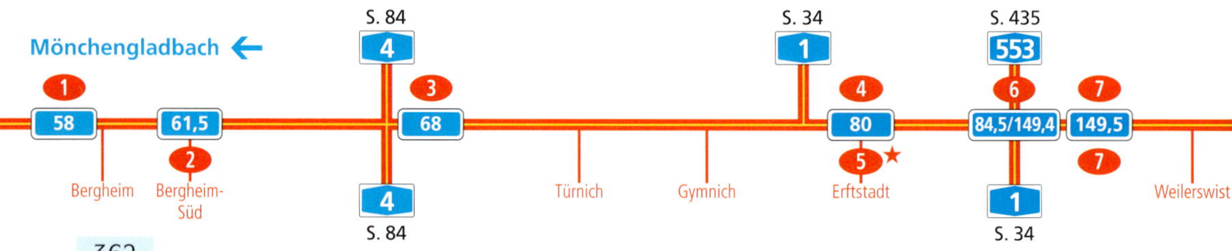

13 **„Ahrtal“** (Informationstafel): Die Ahr entspringt in der Nordeifel und fließt nach 95 km bei Sinzig in den Rhein. Zwischen Altenahr und dem Rhein liegen beiderseits des Flusses die Weinberge, auf denen vor allem Rotweine angebaut werden. Das Ahrtal ist das größte geschlossene Rotweinanbaugebiet in Deutschland.

14 Mit einer Länge von 1521 m ist die **Ahrtalbrücke** die längste Brücke im Gesamtverlauf dieser Autobahn. 55 m hoch spannt sie sich über das Ahrtal. In dessen Tiefe sieht man unterhalb der Autobahn die beiden Orte Bad Neuenahr und Ahrweiler, die sich 1972 zu einer Stadt zusammengeschlossen haben. **Ahrweiler**, die deutsche Rotweinhandelsmetropole, ist ein mittelalterliches Städtchen mit Türmen, Toren und Bilderbuch-Fachwerkhäusern. Demgegenüber gibt sich **Bad Neuenahr**, Heimat des weltberühmten Apollinaris-Brunnens, mit seinen historischen Kuranlagen samt Kurhaus und der Spielbank ganz als internationaler Kurort.

1 **„Vulkanpark“** (Informationstafel): In dieser vom Brohlbach durchflossenen Landschaft beiderseits, vor allem aber westlich der A61 gab es noch etwa bis 9000 v. Chr. Vulkanausbrüche. Die Vulkanberge ringsum gehören zu den jüngsten der Eifel.

2 Die 670 m lange und 46 m hohe **Vinxtbachtalbrücke** markiert eine besonders wichtige Stelle in der Eifel. Der **Vinxtbach** bildete zur Römerzeit die Grenze zwischen den Provinzen Niedergermanien (Hauptstadt Köln) und Belgien (Hauptstadt Trier). Heute markiert er die Sprachgrenze zwischen dem ripuarischen und dem moselfränkischen Dialekt des Rheinlandes.

3 Von der 603 m langen **Brohltalbrücke** haben Sie einen schönen Blick auf **Niederzissen** und die **Ruine Olbrück**. Das von der Ruine überragte Dorf ist Mittelpunkt des Vulkanparks (siehe oben) und wichtige Haltestelle der Museumseisenbahn Brohltalexpress, die im Sommer zwischen Brohl am Rhein und Engeln in der Hocheifel verkehrt.

4 **„Nürburgring“** (Informationstafel): Der Nürburgring ist die bekannteste Formel-1-Rennstrecke Deutschlands (siehe A48, S. 350).

5 Westlich der Autobahn ragt der **Gänsehals** auf, einer der schönsten und markantesten Vulkane der Osteifel. Der 577 m hohe Berg gewährt vom Aussichtsturm auf seinem Gipfel einen großartigen Rundblick über das Laacher-See-Gebiet.

6 ★ **„Maria Laach“** (Informationstafel): Die Ende des 11. Jh. am Ufer des Laacher Sees gegründete

Route für Weinfreunde

Fünf der sechs rheinland-pfälzischen Weinbaugebiete werden von der A61 erschlossen. Mit einigem Recht könnte man also diese Autobahn als „eigentliche" deutsche Weinstraße bezeichnen – obgleich der Name natürlich für die berühmte Pfalz-Tourismusroute von Monsheim bis zum Deutschen Weintor reserviert ist. Am Beginn unserer Strecke steht das Ahrtal, Deutschlands größtes geschlossenes Rotwein-Anbaugebiet und eine Gegend, wo der Spätburgunder dominiert. Schon kurz danach gewährt ein Blick von der Moseltalbrücke oder dem vorgelagerten Aussichtspunkt einen wahrhaft tiefen Einblick in das Moseltal – unter Weinkennern auch als Riesling-Paradies gerühmt.

Wenn die A61 von den Höhen des Hunsrücks hinabführt, tauchen die Weinberge an der Nahe auf, ehe dann jenseits des Flusses die geradezu endlosen Rebflächen Rheinhessens das Bild bestimmen. In Deutschlands größtem Weinbaugebiet hat man sich in den letzten Jahren von den Billigweinen abgewandt und mehr und mehr auf Qualität besonnen. Vor allem dem Chardonnay wird viel Aufmerksamkeit gewidmet. Die benachbarte Pfalz, das zweitgrößte deutsche Weinbaugebiet, ist durch zahlreiche bilderbuchhafte Winzerorte geprägt. Riesling und Müller-Thurgau sind hier die wichtigen Rebsorten. Doch gewinnen auch seit einiger Zeit Rotweine wie Dornfelder und Sankt Laurent immer mehr Bedeutung.

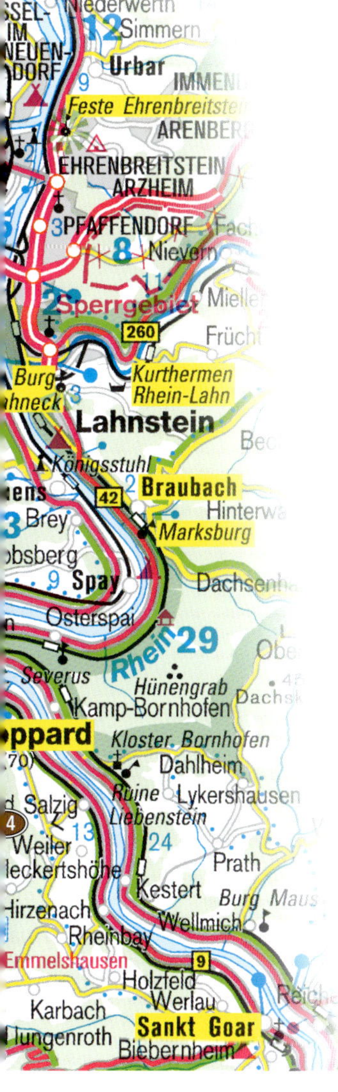

Benediktinerabtei Maria Laach ist eine der herausragenden Sehenswürdigkeiten des Rheinlandes (3 km, 5 Min. von der AS Mendig). Die nach dem Vorbild des Speyerer Doms gebaute Abteikirche gilt als eines der wertvollsten Zeugnisse romanischer Baukunst. Von März 1933 bis April 1934 versteckte sich in der Abtei der spätere Bundeskanzler Konrad Adenauer vor der Gestapo.

7 Auf dem **Rastplatz „In Dürpel"** erfahren Sie Wissenswertes über Steine und Steinbearbeitung, denn hier wurde ein Steinlehrpfad eingerichtet; zudem sind historische Steinhebewerkzeuge ausgestellt.

8 Südlich der A61 liegt **Mendig**. In den Tiefen des einst unterirdischen Basaltabbaus liegen die Basaltkeller bis zu 30 m unter der Oberfläche. Sie waren wegen der stets gleich bleibenden Temperaturen bei den einst 28 in Mendig ansässigen Brauereien als Lagerkeller beliebt. Eine Brauerei gibt es noch; sie nutzt die Keller und lässt sie nach Voranmeldung besichtigen.

9 Unmittelbar nördlich der A61 ist der 462 m hohe **Krufter Ofen** zu sehen. Der Name erinnert an die Zeit, als der erloschene Vulkan noch aktiv war.

10 Auf den nächsten 12 km sieht man Gruben, Bagger, große Hallen sowie Halden von **Bims**, der beiderseits der A61 abgebaut wird. Das sehr leichte Vulkangestein ist ein idealer Baustoff und wird in verschiedenen Betrieben zu Blocksteinen verarbeitet, die in langen Reihen zum Trocknen aufgestellt sind.

11 **„Deutsches Eck Koblenz"** (Informationstafel): Der Name der Landzunge am Zusammenfluss von Rhein und Mosel im Zentrum von Koblenz geht auf das Deutschordenshaus zurück, das 1216 an dieser Stelle gegründet wurde. 1957 erklärte Bundespräsident Theodor Heuss die Anlage zum „Mahnmal der deutschen Einheit". Im Jahre 1993 wurde hier die Rekonstruktion der im Zweiten Weltkrieg zerstörten Reiterstatue Kaiser Wilhelms I. aufgestellt.

12 Südlich ist kurz der Kirchturm von **Bassenheim** zu sehen. In der bescheidenen Dorfkirche steht der Bassenheimer Reiter. Die Skulptur, dem berühmten Bamberger Reiter ähnlich, gehört zu den bedeutenden mittelalterlichen Plastiken in Deutschland.

13 **„Hunsrück"** (Informationstafel): Die A61 steigt hinter der Moseltalbrücke in weiten Schwüngen in den Hunsrück hinauf. Dieser Teil des Rheinischen Schiefergebirges erreicht im 818 m hohen Erbeskopf seine höchste Erhebung. Das Mittelgebirge ist von dichten Wäldern geprägt, in denen kleine Dörfer mit schieferverkleideten Häusern liegen.

14 **„Römerkastell Boppard"** (Informationstafel): Bodobriga, wie Boppard zur Römerzeit hieß, war eines von vielen Kastellen, die die Römer in der Nähe des Limes angelegt haben. Die Grundmauern der Befestigung in der kleinen Weinstadt Boppard sind größtenteils noch erhalten und zum Teil wieder aufgemauert worden.

15★ **„Tal der Loreley"** (Informationstafel): Wenn schon nicht der verführerische Gesang der Loreley den Reisenden zu diesem Abstecher lockt, dann aber der landschaftliche Reiz dieses von großartigen Felsen gesäumten und durch Heinrich Heines unsterbliches Lied von der Loreley weltberühmt gewordenen Abschnitts des Rheintals bei St. Goar (13 km, 15 Min. östlich der AS Emmelshausen).

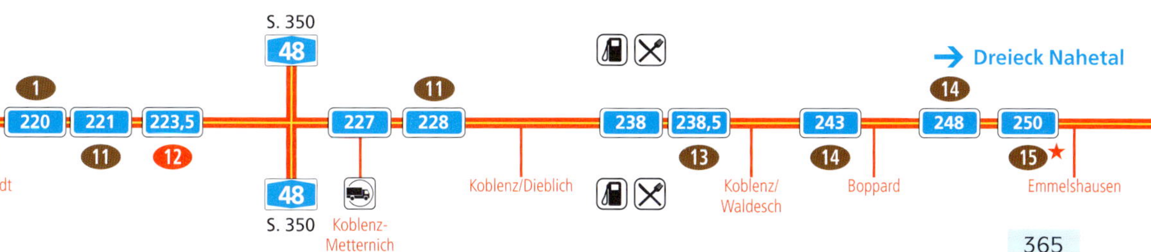

1 Westlich der Autobahn liegt **Simmern**. Die Kreisstadt lässt sich gerne als Hunsrückhauptstadt bezeichnen. Das markanteste Gebäude ist der wuchtige Schinderhannesturm, in dem der berüchtigte Räuber und Wegelagerer tatsächlich einige Zeit lang eingesessen hat. Am 28. Februar 1799 war der vor allem durch Carl Zuckmayers Drama zum Helden stilisierte Johannes Bückler, genannt Schinderhannes, gefangen und in dem Turm eingesperrt worden. Im neuen Schloss (1708–1713) ist heute das Hunsrückmuseum mit Sammlungen zur Natur und Geschichte der Region untergebracht.

Am rechten Rheinufer ragt oberhalb von Sankt Goarshausen der 133 m hohe Loreley-Felsen empor.

2★ Über die AS Rheinböllen lohnt sich ein Abstecher nach **Bacharach** (15 km, 20 Min. östlich der Autobahn) – zu einem der schönsten Plätze am Rhein und zu einigen schon vor Jahrhunderten berühmten Weinlagen. Es empfiehlt sich eine ausgiebige Weinprobe oder ein Aufstieg zur **Burg Stahleck**, in der heute eine Jugendherberge untergebracht ist. Von hier oben genießen Sie einen der herrlichsten Ausblicke, die es am Mittelrhein gibt.

3 Westlich der Autobahn erstreckt sich über die nächsten 10 km der **Soonwald**, einer der dichtesten und wildreichsten Teile des Hunsrück. Der lokalen Überlieferung zufolge soll hier der berühmte Liederheld „Jäger aus Kurpfalz" gejagt haben. Die relative Nähe zu Bonn ließ den Soonwald auch in jüngster Vergangenheit zum bevorzugten Jagdrevier diplomatischer Gäste aus aller Welt werden.

4 Weithin sichtbar liegt das kleine **Stromberg** westlich am Hang. Überragt wird der Ort von der heute als exklusives Hotel genutzten Fustenburg, auch Stromburg genannt. 1574 wurde dort der „deutsche Michel" geboren. Hans Michael Elias von Obentraut von der Fustenburg war als Anführer einer Reitertruppe im Dreißigjährigen Krieg für seine Tapferkeit bekannt; seine spanischen Gegner nannten ihn Miguel Aleman, deutscher Michel. Da dieser Haudegen abends gerne die Uniform gegen bequeme Hauskleidung tauschte, kam das Bild des mit der Schlafmütze bekleideten Michel auf.

5 **„Nahetal"** (Informationstafel): Die 116 km lange Nahe entspringt im Saar-Nahe-Bergland und mündet bei Bingen in den Rhein. Sie grenzt den Hunsrück vom weitgehend ebenen Rheinhessen ab. Zwischen km 288 und km 293 führt die Autobahn ins Nahetal hinab, und sofort sind zu beiden Seiten die ersten Weinberge zu sehen. Wie Rheingau und Rheinhessen bildet auch die Nahe ein eigenes Weinbaugebiet.

6 Wer an der AS Waldlaubersheim der Ausschilderung „Autobahnkirche" folgt, kommt nach 3 km in westlicher Richtung in das hübsche Weindorf **Waldlaubersheim**, dessen evangelische Kirche als **Autobahnkirche** dient.

7 Die Autobahn überquert auf der 521 m langen **Nahetalbrücke** die Nahe und die neben ihr als **Naheweinstraße** verlaufende B48. Von der Brücke können Sie östlich einen kurzen Blick auf die rechtsrheinischen Weinberge des Rheingaus und das Niederwalddenkmal, zur Erinnerung an die Freiheitskriege gegen Napoleon errichtet, erhaschen.

8★ Wer etwas Zeit hat, sollte **Bingen** besuchen. Sie erreichen die Stadt an der Mündung der Nahe in den Rhein nördlich der AS Bingen nach 4 km, 5 Min. Hier lebte im 12. Jh. die Mystikerin und erste deutsche Naturwissenschaftlerin Hildegard von Bingen. Die Stadt, deren Anfänge bis in die Römerzeit zurückgehen,

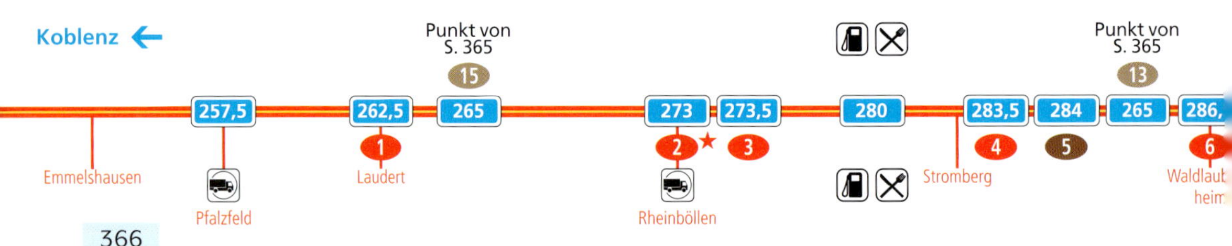

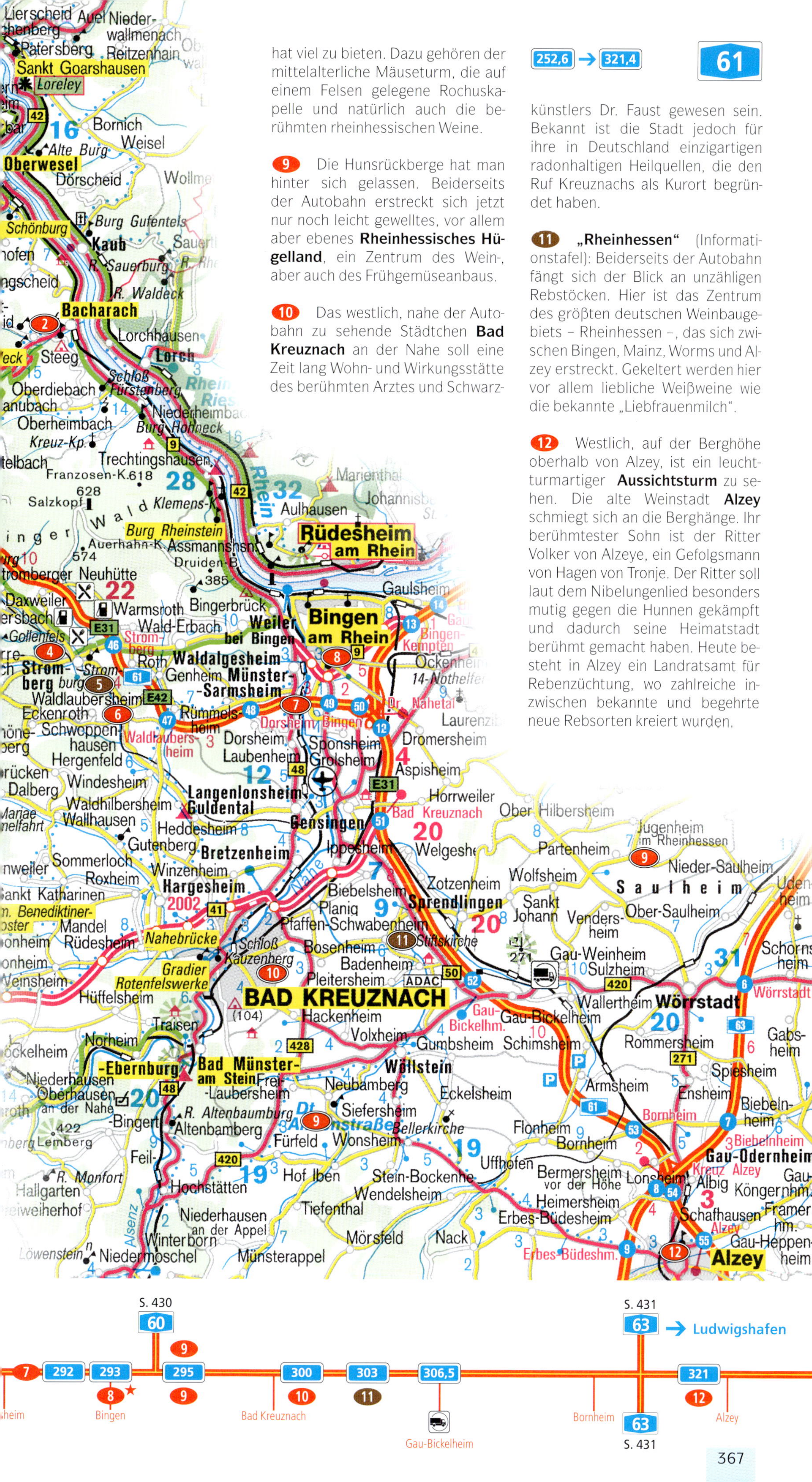

hat viel zu bieten. Dazu gehören der mittelalterliche Mäuseturm, die auf einem Felsen gelegene Rochuskapelle und natürlich auch die berühmten rheinhessischen Weine.

9 Die Hunsrückberge hat man hinter sich gelassen. Beiderseits der Autobahn erstreckt sich jetzt nur noch leicht gewelltes, vor allem aber ebenes **Rheinhessisches Hügelland**, ein Zentrum des Wein-, aber auch des Frühgemüseanbaus.

10 Das westlich, nahe der Autobahn zu sehende Städtchen **Bad Kreuznach** an der Nahe soll eine Zeit lang Wohn- und Wirkungsstätte des berühmten Arztes und Schwarzkünstlers Dr. Faust gewesen sein. Bekannt ist die Stadt jedoch für ihre in Deutschland einzigartigen radonhaltigen Heilquellen, die den Ruf Kreuznachs als Kurort begründet haben.

11 **„Rheinhessen“** (Informationstafel): Beiderseits der Autobahn fängt sich der Blick an unzähligen Rebstöcken. Hier ist das Zentrum des größten deutschen Weinbaugebiets – Rheinhessen –, das sich zwischen Bingen, Mainz, Worms und Alzey erstreckt. Gekeltert werden hier vor allem liebliche Weißweine wie die bekannte „Liebfrauenmilch“.

12 Westlich, auf der Berghöhe oberhalb von Alzey, ist ein leuchtturmartiger **Aussichtsturm** zu sehen. Die alte Weinstadt **Alzey** schmiegt sich an die Berghänge. Ihr berühmtester Sohn ist der Ritter Volker von Alzeye, ein Gefolgsmann von Hagen von Tronje. Der Ritter soll laut dem Nibelungenlied besonders mutig gegen die Hunnen gekämpft und dadurch seine Heimatstadt berühmt gemacht haben. Heute besteht in Alzey ein Landratsamt für Rebenzüchtung, wo zahlreiche inzwischen bekannte und begehrte neue Rebsorten kreiert wurden.

1★ Inmitten der weit gedehnten Weinbergslagen Rheinhessens liegt das von weitem sichtbare Weindorf **Westhofen**, das einen Abstecher lohnt (3 km, 7 Min. östlich der AS Gundersheim). Das Weingut Wittmann in Westhofen, eines der renommiertesten Weingüter Rheinhessens, führt vor und lässt es jeden Besucher bei einer Kellereibesichtigung mit Weinproben erfahren, dass Rheinhessen bei der Weinherstellung auf Klasse statt Masse setzt.

2 ★ **„Dom Worms“** (Informationstafel): Östlich der Autobahn ragen die vier romanischen Domtürme aus dem Häusermeer der Stadt auf. Von der AS Worms ist die ehemalige Reichsstadt 5 km entfernt und in 10 Min. zu erreichen. Entstanden zwischen 1171 und 1230 auf den Grundmauern eines ottonischen Baus, ist der Dom von Worms eine der herausragendsten romanischen Kirchen am Oberrhein und Zeuge bedeutender historischer Begebenheiten. Am Nordeingang haben dem Nibelungenlied zufolge Kriemhild und Brunhild ihren verhängnisvollen Streit begonnen; im Jahr 1521 weigerte sich Martin Luther vor dem Reichstag in Worms, seine 95 Thesen zu widerrufen. Im Zuge der Wiederherstellung des durch die Truppen Ludwigs XIV. zerstörten Doms schuf Balthasar Neumann den berühmten barocken Hochaltar.

3 ★ Das „i-Tüpfelchen der Deutschen Weinstraße“ wird das **Zellertal** (10 km, 15 Min. über die AS Worms-Mörstadt) gerne genannt. Das kleine Tal, umgeben von Weinbergen, liegt am Fuße des Donnersberges, des höchsten Berges der Pfalz. Die dort gekelterten Weine, wie etwa der „Schwarze Herrgott“, lohnen für jeden Weinfreund einen kleinen Abstecher.

4 Der Name der Tank- und Raststätte **Wonnegau** hat sich seit alters als Bezeichnung für die Umgebung von Worms erhalten. Er geht auf den germanischen Volksstamm der Vangionen zurück, die 58 v. Chr. dort von den Römern unter Ariovist geschlagen wurden. Die überlebenden Vangionen siedelten sich in diesem Teil Rheinhessens an.

5 Mit einer Länge von 1471 m ist die **Talbrücke Pfeddersheim**, von der aus man kurz in östlicher Richtung einen schönen Blick auf Worms hat, die zweitlängste Brücke dieser Autobahn. Die von ihr überspannte **Pfrimm** bildete bis 1945 die Grenze zwischen dem preußischen Rheinhessen und der bayerischen Rheinpfalz. Der Fluss verbindet die beiden größten Weinbaugebiete von Rheinland-Pfalz.

6 Östlich der Autobahn sind die Schornsteine der Industriestadt **Frankenthal** zu sehen. Neben Mannheim und Heidelberg war Frankenthal in den Jahren 1755–1800 dritte Hauptstadt der Kurpfalz. Diesem Umstand verdankt die Stadt eine Porzellanmanufaktur, die neben Meißen in Sachsen das vielseitigste figürliche Produktionsprogramm aller deutschen Manufakturen besaß. Von der Blütezeit in der kurpfälzischen Epoche zeugen noch heute zwei triumphbogenartige Stadttore aus dem 18. Jh. (siehe auch A6, S. 122).

7 Unübersehbar sind die Schlote und Industrieanlagen von **Ludwigshafen**. Die Stadt, in der die BASF (Badische Anillin- und Sodafabrik), eines der größten Unternehmen der deutschen Chemieindustrie, ihren Sitz hat, wurde 1843 nach dem damals als Landesherr zuständigen bayerischen König Ludwig I. benannt (siehe auch A6, S. 122).

8 Zu beiden Seiten der Autobahn erstreckt sich fruchtbares, weitgehend ebenes Land – die **Oberrheinische Tiefebene**. Markant erheben sich allerdings im Westen die bewaldeten Höhenzüge des Pfälzer Waldes, auch Hardt oder Hardtgebirge genannt. Im Schutz dieses Gebirges liegt das Weinbaugebiet der Pfalz, das von der Deutschen Weinstraße durchzogen wird. In der Nähe der Autobahn werden vor allem Frühkartoffeln, Frühgemüse (Spargel) und Salat angebaut (siehe auch A5, S. 107).

9 **„Holiday Park“** (Informationstafel): Auf einer Fläche von 400 000 m² ist in diesem Vergnügungspark alles an Schau- und Fahrgeschäften zusammengetragen, was die Herzen von Jung und Alt erfreuen kann. Die Höhepunkte sind der FreeFall-Tower und die Wasserski-Show.

10 **„Dom zu Speyer“** (Informationstafel): Speyers mächtiger Kaiserdom entstand zwischen 1030 und 1160. Die dreischiffige Basilika ist das größte romanische Bauwerk Deutschlands. Sie gehört heute zum UNESCO-Weltkulturerbe. In der Krypta befinden sich die Gräber der Salierkaiser. Die Altstadt von Speyer bietet außerdem Sehenswürdigkeiten wie Altpörtel (einen Torturm aus dem 13. Jh.) und Judenbad sowie das historische Museum der Pfalz.

11 Schon von weitem ist die markante **Schrägseilbrücke** über den Rhein, mit ihrem 96 m hohen Pylon, bei Speyer zu sehen. Der Rhein bildet hier die Grenze zwischen Rheinland-Pfalz und Baden-Württemberg. Von der Brücke haben Sie einen herrlichen Blick nach Süden rheinaufwärts auf Speyer und seinen Dom.

In Worms 2 ★, direkt am Rhein, steht ein Hagendenkmal. An dieser Stelle soll Hagen den Schatz der Nibelungen versenkt haben.

12 Gleich nach dem Passieren der Rheinbrücke öffnet sich der Blick auf bewaldete Bergzüge im Nordosten. Es ist der **Hardtwald** mit dem 319 m hohen Hirschberg im **Naturpark Neckar-Odenwald**.

13 Das Industriegebiet, aus dem das **Minarett** einer Moschee heraus ragt, kündigt die badische Stadt **Hockenheim** an. Berühmt wurde sie durch den Hockenheimring und das in seinem Gefolge entstandene Motorsportmuseum (siehe auch A6, S. 123). Abwechslung und Entspannung bietet das große **Spaß- und Erlebnisbad Aquadrom** im Zentrum von Hockenheim.

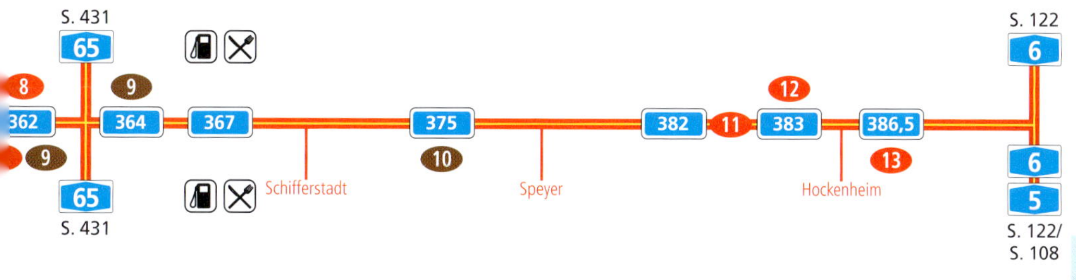

Von der Rhön ins Fichtelgebirge

Schweinfurt → Haßfurt → Bamberg → Scheßlitz → AD Bayreuth-Kulmbach

Die Planung der A70, begonnen in den frühen 80er-Jahren, fußte auf der Absicht, den fränkischen Zentren Schweinfurt, Bamberg und Bayreuth eine Anbindung an das westdeutsche Autobahnnetz zu verschaffen, um so die Wirtschaft in diesen Gebieten anzukurbeln. In einer Region, der durch die damalige Grenze im Norden und Osten das Hinterland genommen war, sollte diese Ost-West-Autobahn neue Chancen eröffnen.

Tatsächlich bekamen Fremdenverkehr und Industrie neue Impulse. Zwischen den Naturparks Steigerwald, Haßberge und Frankenwald stellte die A70 den lange ersehnten schnellen Transportweg her. Doch noch bevor die 121 km lange Trasse durchgehend befahren werden konnte, fiel 1990 die deutsch-deutsche Grenze – Oberfranken rückte von der Randlage in eine Mittellage. So dient die A70 heute auch als Verbindung Südwestdeutschlands mit Thüringen und Sachsen. Eine Fortsetzung findet sie in der nach der Wende rasch vollendeten A72, die über Hof nach Chemnitz führt.

Als so genannte Maintalautobahn verbindet die A70 den Osten Bayerns mit der wichtigsten deutschen Nord-Süd-Achse, der A7. Die Straßenbauarbeiten dauerten bis Mitte der 90er-Jahre an. Als letzter Abschnitt wurde im November 1996 die Strecke Bamberg–Scheßlitz für den Verkehr freigegeben.

Den Main im Blick

Genau genommen gilt die Bezeichnung „Maintalautobahn" nur für den westlichen Teil der A70. Auf den rund 60 km von Schweinfurt bis Bamberg bleibt der Main nahezu immer in Sichtweite. Auf dem Fluss lässt sich lebhafter Schiffsverkehr beobachten. Kein Wunder, denn der Main ist zwischen Frankfurt und Bamberg Teil der europäischen Schifffahrtsstraße Rhein-Main-Donau. In ihrem östlichen Teil entfernt sich die A70 vom Main. Allerdings quert sie jenseits der Fränkischen Schweiz die beiden Mainquellflüsse: den Roten Main bei Langenstadt und den Weißen Main bei Neudrossenfeld.

Das Projekt der A70 stellte die Straßenbauer vor einige knifflige Aufgaben. So erforderte beispielsweise die Durchquerung des flachen Schweinfurter Beckens zwei größere Brücken, eine über die beiden Arme der Wern und eine über den Main. Das enge Maintal, die Mittelgebirgsrücken von Steigerwald und Haßbergen auf den beiden Flussseiten

Wie mit dem Lineal gezogen führt die A70 durch die Feldmark bei Eltmann, bevor sie nach einem Sprung über den Main im Tunnel „Schwarzer Berg" verschwindet.

70

- **Länge** 121 km / 1:04 h
- **Entfernungen und Fahrzeiten** (ca.)

AD Schweinfurt/Werneck – AK Bamberg 66 km / 0:35 h
AK Bamberg – AD Bayreuth/Kulmbach 55 km / 0:29 h

sowie die vielgestaltige Landschaft der Fränkischen Schweiz östlich von Bamberg verlangten ein besonderes planerisches Fingerspitzengefühl.

Fast wie im Gebirge

Es galt, einen wirtschaftlich erforderlichen Reise- und Transportweg in empfindliche geologische und Kulturlandschaften zu platzieren. Man entschied sich für eine Trasse am Nordrand des Steigerwalds entlang, die teilweise direkt im Maintal und quer über das Hochplateau der Fränkischen Schweiz verläuft. Dabei bietet sie alles, was eine Gebirgsautobahn kennzeichnet: Steigungen und Gefällstrecken, Tunnel und Brücken. Insgesamt führt die A70 über zwölf größere Brückenbauwerke, von denen jedes mehr als 100 m lichte Weite aufweist. Die Steigungen halten sich in einem mäßigen Rahmen: Die A70 klettert nur von 225 m bei Schweinfurt auf 520 m an der Würgauer Wand in der Fränkischen Schweiz und bei Thurnau. Der einzige Bergdurchstoß war zwischen Knetzgau und Eltmann erforderlich. Der Tunnel bezeichnet auch die Stelle, an der die A70 noch unvollendet blieb. Vom Tunnel Schwarzer Berg bis über die Mainbrücke bei Eltmann verläuft die Autobahn auf zwei Fahrstreifen verengt, so dass also in jede Richtung nur eine Fahrspur zur Verfügung steht. Zwar hat das Bundesverkehrsministerium für die Fertigstellung knapp 16 Mio. Euro fest eingeplant. Wann das Geld jedoch zur Verfügung gestellt und der Ausbau weitergeführt wird, steht derzeit noch in den Sternen, weil andere Projekte Vorrang haben.

Romantische Impressionen

Der touristische Wert der A70 ist nicht zuletzt daran zu erkennen, dass sie fünf Straßen kreuzt, an denen sich besondere landschaftliche, kulturelle und historische Sehenswürdigkeiten aufreihen: die Steigerwald-Höhenstraße, die Bocksbeutelstraße, die Straße der Fachwerkromantik, die Burgenstraße und die Bier- und Burgenstraße. Aber auch zu beiden Seiten der Autobahn liegen viele sehenswerte Orte. Spitzgiebelige Fachwerkhäuser schmücken die romantischen Altstadtkerne solcher Städtchen wie Haßfurt oder Ebelsbach. Zinnenbewehrte Burgen wie die Wallburg mit ihrer markanten Turmruine begegnen Ihnen unterwegs genauso wie sonnige Weinberge oder enge Flusstäler mit steilen Felsabbrüchen – so die Würgauer Wand in der Fränkischen Schweiz. Die A70 gehört damit zu den optisch erlebnisreichsten Strecken im deutschen Autobahnnetz.

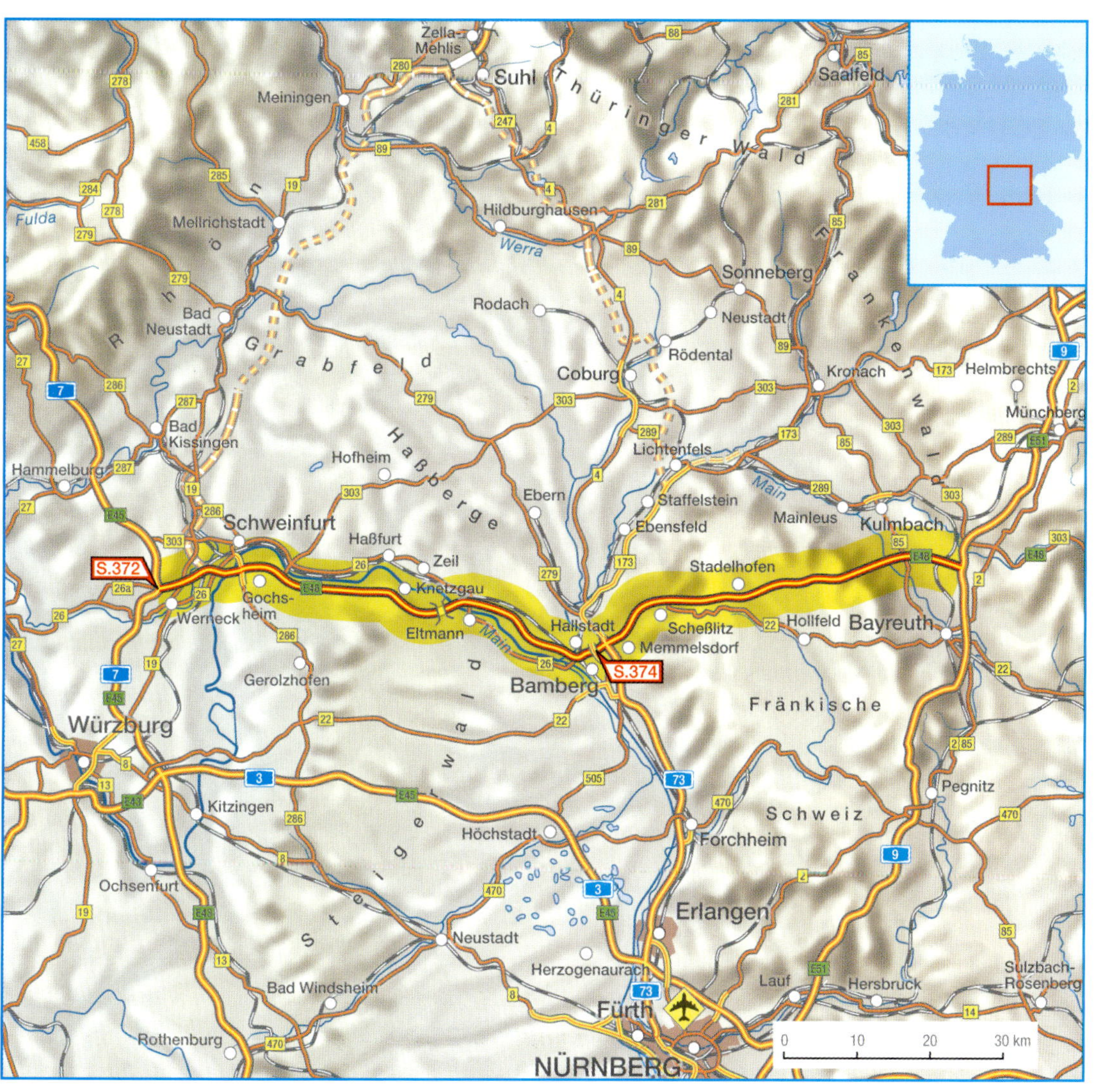

1 Die riesige Dampfwolke im Osten über den zwei Kühltürmen des **Kernkraftwerks Grafenrheinfeld** sehen Sie schon, bevor Sie überhaupt auf der A70 sind. Seit 1981 ist der Atommeiler in Betrieb und erzeugt 20 Prozent des in Bayern verbrauchten Stroms.

2 Wo auf der Südseite bei km 3 der Wald aufhört, wird der Blick frei auf einen verspielten Zwiebelturm. Er markiert den Ort **Ettleben**. Der größere Nachbarort **Werneck** liegt tiefer im Tal. Dort befindet sich ein prächtiges Schloss der Würzburger Fürstbischöfe, erbaut von Balthasar Neumann. Ein Schlosspark im englischen Stil umgibt den repräsentativen Prunkbau.

3 Hier entsteht ein neues **Autobahndreieck** (Fertigstellung voraussichtlich 2005). Die A71 trifft von Thüringen kommend auf die A70. Die neue Autobahn wird über den 7,79 km langen Rennsteigtunnel unter dem Thüringer Wald hindurchgeführt.

4 Im Norden ist jenseits des Mains das Häusermeer der Stadt **Schweinfurt** zu sehen. Moderne Hochhäuser bestimmen die Skyline. Doch im Zentrum der alten Reichsstadt steht noch eine Reihe sehenswerter historischer Gebäude. Am Marktplatz stehen das Rathaus von 1570 sowie Geburtshaus und Denkmal des romantischen Dichters und Orientalisten Friedrich Rückert (1788–1866).

5 **„Fränkisches Weinland“** (Informationstafel, nur in Richtung Schweinfurt): Neben einem Fachwerkhaus und einem Weinberg zeigt das Schild eine Bocksbeutelflasche, in die der weltberühmte fränkische Wein traditionell abgefüllt wird. Vor allem an den Südhängen des Maintals liegen die Weinberge, auf denen die fränkischen Trauben reifen. Produziert wird vor allem Weißwein der Sorten Müller-Thurgau und Silvaner.

6 **„Naturpark Haßberge“** (Informationstafel): Ein stilisierter Höhenzug symbolisiert die nördlich des Mains steil ansteigenden Haßberge. Die höchste Erhebung ist die Nassacher Höhe mit 511 m, ca. 17 km nördlich von Haßfurt gelegen.

7★ In Sichtweite der Autobahn (ca. 3 km über die AS Haßfurt) liegt **Obertheres**. Das malerische und historisch wertvolle Ensemble lohnt einen Besuch. Alte Fachwerkhäuser, Toreinfahrten und Bildstöcke prägen das Ortsbild. Vom ehemaligen Benediktinerkloster sind heute noch die Klostermauer mit vier Ecktürmen, der Torhausbau, einige Wirtschaftsgebäude und die Alte Abtei erhalten.

8 Nördlich der gleichnamigen AS liegt **Haßfurt**. Die historische Stadt ist reich an Fachwerkhäusern, besitzt noch Tortürme aus dem Jahr 1230, eine Ritterkapelle mit Wappenfries und eine gotische Pfarrkirche. Sehenswert sind auch das historische Rathaus und das Kloster Maria Burghausen.

9 **„Naturpark Steigerwald“** (Informationstafel): Ein fränkischer Kirchturm und Kugelbäume über einer Wellenlinie symbolisieren das dicht bewaldete Bergland, das sich vom Main bei Haßfurt bis zur oberen Aisch im Süden erstreckt. Durch den 1971 eingerichteten Naturpark führt die Steigerwald-Höhenstraße (erreichbar über die AS Knetzgau), die Haßfurt mit der A3 verbindet.

10★ Auf dem Nordufer des Mains liegt die Stadt **Zeil am Main** (AS Knetzgau, 8 km, 10 Min.). Die malerische Altstadt mit ihren Fachwerkhäusern und eine tolle Sicht über das Maintal vom Kirchturm im Ortsteil Schmachtenberg aus lohnen einen Ausflug.

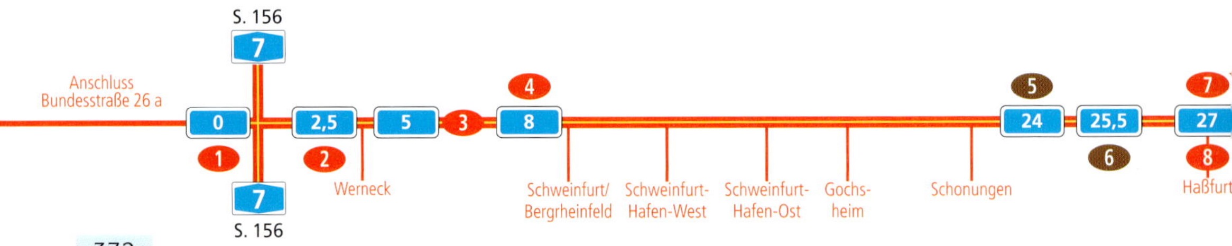

11 An der Nordseite der A70 sind überwiegend Industrieanlagen zu sehen. Dahinter erkennen Sie das Städtchen **Knetzgau**. Es liegt malerisch unten am Mainufer und beherbergt das Maintal-Steigerwald-Museum. Bei Knetzgau unterquert die Steigerwald-Höhenstraße die A70 und klettert südlich zur Ruine Ebersberg hinauf.

12 Nur wenige hundert Meter nördlich der A70 befindet sich auf der linken Mainseite die **Wallfahrtskirche Maria Limbach**, das Spätwerk von Balthasar Neumann.

13 Südlich rückt der Schwarze Berg, ein Ausläufer des Steigerwaldes, ins Blickfeld. Vorsicht: Noch vor dem 710 m langen Tunnel Schwarzer Berg verengt sich die Autobahn bis über die Mainbrücke auf **nur eine Fahrspur**. Der Bau der zweiten Fahrbahn soll 15,34 Mio. EUR kosten.

14 Gleich nach dem Tunnel Schwarzer Berg fällt der Blick im Süden der Autobahn auf den Ort **Eltmann** und die pittoreske **Burgruine Wallburg**. Eltmann, die Steigerwälder Bierstadt, ist ein idealer Ort zum Rasten. Wer zur Ruine über dem Ort hinaufwandert, wird mit einem herrlichen Blick auf das Maintal, die Haßberge und den Steigerwald belohnt.

Hoch über die Dächer von Haßfurt **8** *ragen die Türme der gotischen Pfarrkirche.*

15 Beim Ortseingang von **Ebelsbach**, direkt an der Autobahn (AS Eltmann), sind die Türme und der Palas einer Burg zu erkennen. Das alte Rittergut ist auch heute noch in Privatbesitz. Über dem Ort thront **Schloss Gleisenau**, ein ehemals fürstbischöfliches Barockschloss.

16 **„Altstadt Bamberg“** (Informationstafel): Das Schild zeigt die Silhouette des Bamberger Doms. Kurz darauf sehen Sie die vier Domtürme und die Turmspitzen des Klosters auf dem Michaelsberg, die die Kaiser- und Bischofsstadt ankündigen.

17 **Hallstadt** im Norden der A70 ist mit dem schlanken Sandsteinturm der St.-Kilians-Kirche nicht zu übersehen. Hier soll der Frankenapostel St. Kilian im 7. Jh. gepredigt haben. Kirchenbauten aus dem 18. Jh. prägen Hallstadt, zu dessen Architekturdenkmälern auch die Kiliansbrücke (1755) und auf dem Marktplatz das Gasthaus „Zum Goldenen Löwen“ (1360) gehören.

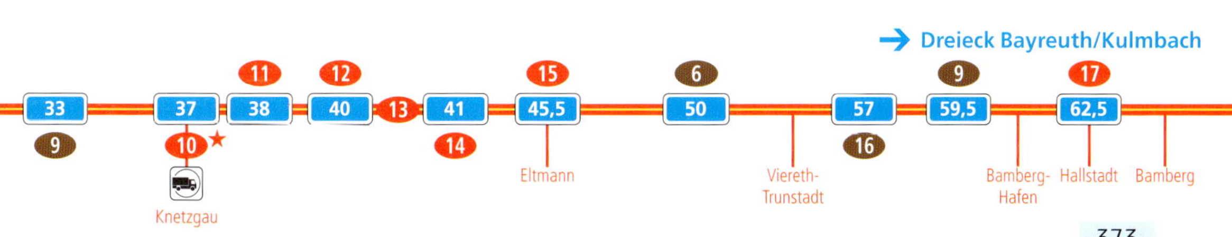

1 Südlich der A70 ragen vier gleich hohe grüne Spitztürme des Bamberger Doms empor. Das gewaltige Domstift ist Mittelpunkt der über 1000 Jahre alten Kaiser- und Bischofsstadt **Bamberg**. Im Inneren der Kirche befinden sich die Grabstätte von Bistumsgründer Kaiser Heinrich II. sowie das Standbild des berühmten Bamberger Reiters. Das Wahrzeichen der Stadt, das Alte Rathaus, ist ein im Kern gotischer, später barockisierter Bau, der auf Pfählen mitten in der Regnitz ruht. Die historische Altstadt von Bamberg wurde 1994 von der UNESCO zum Weltkulturerbe erklärt.

2 In klassischer Kleeblattform trifft die A70 am **AK Bamberg** auf die A73. Letztere kommt von Erlangen/Nürnberg und mündet in die B173, die bis Lichtenfels autobahnähnlich ausgebaut ist. Die A70 steigt östlich des AK Bamberg aus dem Maintal hinauf in die Fränkische Schweiz.

3★ Eine Lärmschutzwand östlich der A70 verbirgt die Ortschaft **Memmelsdorf**. Einen Besuch wert sind die Wasserspiele beim **Schloss Seehof**. Verspielte Brunnen und künstliche Kaskaden zaubern eine glitzernde Wasserwelt in den prächtigen Schlosspark (Park ganztägig geöffnet, Wasserspiele 1. Mai–3. Okt. stündlich 11–17 Uhr für ca. 10 Min.; Führungen 14–16 Uhr; Anfahrt über AS Bamberg Richtung Bamberg, links ab nach Memmelsdorf).

4 **„Fränkische Schweiz"** (Informationstafel): Der Dolomitfelsen bei Tüchersfeld im Buttlachtal und die Fachwerkfassade des Judenhofes, eines Bauernhofes, symbolisieren auf dem Schild die Fränkische Schweiz. So heißt der nördliche Teil der Fränkischen Alb zwischen Forchheim und Pegnitz, der vor allem im Wiesenttal bizarre Felsformationen aufweist.

5 Südlich der Autobahn beherrscht die trutzige **Giechburg** das weite Tal. Ab 1390 gehörte sie den Bamberger Bischöfen, später den Hohenzollern. Seit 1971 ist die Burg im Besitz des Landkreises Bamberg und beherbergt eine Gaststätte. In 530 m Höhe bietet sie eine fantastische Aussicht.

6 Südlich sehen Sie im Tal am Anstieg zum Berghang der Würgauer Wand den kleinen Ort **Würgau**. Er liegt an der B22, einer landschaftlich sehr schönen, aber kurvenreichen Strecke, die durch den nördlichen Teil der Fränkischen Schweiz nach Bayreuth führt.

Schweinfurt ←

Punkt von S. 272

15

63 64 65,5 70 71 76,5 78 79 82

1 3★ 2 4 5 6 7 8

Bamberg

73

S. 431

Scheßlitz

Roßdorf am Berg

Stade

7 Die A70 klettert von ca. 310 m auf über 500 m. Genau an dieser Stelle (in Gegenrichtung) öffnet sich ein fantastischer Blick in das **Maintal** bis zu den **Haßbergen** hinüber.

8 Die Topographie nötigte die Autobahningenieure zu einem Trick: Der Sandstein der Würgauer Wand bot der Trasse zu wenig Halt. Mit einer 413 m langen **Hangbrücke** wurde das Stück 1995 bewältigt.

9★ Südlich der Autobahn, neben der Erhebung „Hoher Turm", ist die **Burg Zwernitz** deutlich auszumachen. 1746 ließ dort die Markgräfin Wilhelmine von Bayreuth, Schwester Friedrichs des Großen, einen Felsengarten mit Pavillons und einem Theater anlegen. Der teilweise erhaltene **Sanspareil**, zu deutsch „ohnegleichen", ist einer der ältesten Landschaftsgärten Europas und, wie der Name sagt, ein eindrucksvolles Unikat.

10 Die alte Töpferstadt **Thurnau**, nördlich der A70, grüßt mit dem dreitürmigen Schloss und dem spitzen Kirchturm der spätgotischen St.-Laurentius-Kirche herüber. Bald verschwindet die Stadt hinter Lärmschutzbauten. Sehenswert ist in Thurnau der alte Stadtkern mit einer eindrucksvollen Schlossanlage und einem kleinem See. In der früheren Lateinschule befindet sich ein Töpfermuseum. Das Töpferhandwerk der Stadt reicht bis in das 14. Jh. zurück.

11★ Der Name **Kulmbach** auf dem Wegweiser kündigt die Stadt mit dem berühmten Bier an. Darüber hinaus bietet Kulmbach prachtvolle Renaissance-, Barock- und Rokokoarchitektur, die einen Abstecher lohnen (AS Kulmbach-Neudrossenfeld, 10 km, 17 Min.); z.B. die Rathausfassade von 1752 und den Langheimer Klosterhof von 1694. Die Plassenburg war von 1340 bis 1604 Sitz der Markgrafen von Brandenburg-Kulmbach. Sie beherbergt heute ein Zinnfigurenmuseum mit über 300 000 Figuren und 220 Dioramen.

Ins Mittelalter versetzt glaubt man sich beim Anblick des Bamberger Alten Rathauses **1**.

12 **„Fichtelgebirge"** (Informationstafel): Mit seinen dicht bewaldeten runden Buckeln bestimmt das Fichtelgebirge den Horizont. Seine höchsten Gipfel sind der Ochsenkopf mit 1023 m und der Schneeberg mit 1053 m. Diese Mittelgebirgsstöcke bleiben bis zum AD Bayreuth/Kulmbach in Sicht.

13 Bei gutem Wetter ist im Norden der A70 **Himmelkron** zu sehen. Ein Dachreiter markiert das ehemalige Kloster an den sanften Südwestausläufern des Fichtelgebirges. Hoch über dem Weißen Main gründeten 1279 Zisterzienserinnen das Frauenkloster „Krone des Himmels". Das Stiftskirchenmuseum beherbergt u.a. einen sensationellen Fund: 1991 wurden in der Kirche bemalte Steinplatten entdeckt, die auf das 14. Jh. datiert werden.

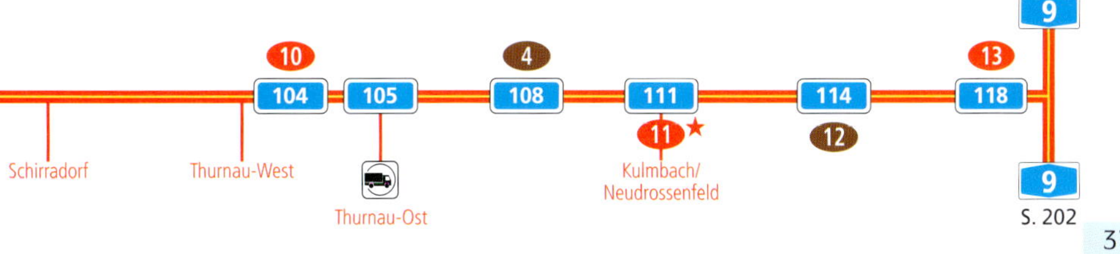

Vom Vogtland zum Erzgebirge

Hof → Oelsnitz → Plauen → Reichenbach → Zwickau → Chemnitz

Schon 1927, in der ersten Planungsphase für ein „Nur-Kraftwagen-Straßen-Netz", wurde vom damaligen „Verein zur Vorbereitung einer Autostraße Hansestädte – Frankfurt am Main – Basel (HAFRABA) eine Verbindung zwischen Plauen, Zwickau und Dresden angeregt. Die Idee fand Eingang in das sog. Grundnetz, das 1938 den Bau von 7000 Kilometern Autobahn vorsah.

Die Erzgebirgsstrecke sollte der blühenden Industrieachse Dresden – Chemnitz – Zwickau einen entscheidenden Impuls geben. Auto-, Textil- und Schwerindustrie liefen hier auf Hochtouren. Was dieses Gebiet brauchte, war eine möglichst breite Anbindung an das übrige Reichsgebiet. In alle Himmelsrichtungen waren solche Verbindungen vorgesehen. Die heutige A72 sollte jene in den Süden und Südwesten des Deutschen Reiches werden. Ihre besondere Topographie und die dichte Besiedelung der gebirgigen Landschaft machten es besonders schwierig, eine geeignete Trasse für die Autobahn zu finden. Wer heute hier unterwegs ist, kann sich freuen: Sowohl aufgrund der Ingenieurleistung als auch wegen des Landschaftserlebnisses lässt eine Reise durch die malerische und für den Straßenbauer höchst anspruchsvolle Szenerie in puncto Kurzweil nichts zu wünschen übrig.

Über sieben Brücken

Die A72 verläuft parallel zum Erzgebirge und kreuzt dabei eine Reihe von Tälern und Höhenrücken. Sieben größere Talbrücken waren erforderlich, diese Hindernisse zu überwinden. Im flacheren Teil der Region, südwestlich von Chemnitz, galt es zum Teil, kilometerlange Straßendörfer zu umgehen. Im Herbst 1935 stand die endgültige Trassenführung im Wesentlichen fest: Die A72 beginnt nordwestlich von Chemnitz am AK Chemnitz. Sie führt von der A4 Gera – Dresden nach Süden Richtung Hof. Ab dem Würschnitztal steigt die Strecke allmählich auf die westlich von Stollberg liegenden Höhen an. Sie umgeht damit das westlich gelegene Kohlerevier mit seinen Bergsenkungsgefahren.
Bestimmten bisher Wiesen und Äcker das Bild rechts und links der Strecke, so verläuft die „Vogtlandautobahn" westlich der AS Zwickau-West mehr und mehr durch Wald. Bei Waldkirchen erreicht sie ihren schönsten Aussichtspunkt: die 493 m hohe Marienhöhe. Die Trasse wurde dort auf der Vorderseite der Kuppe geführt, wodurch dem

Die Elstertalbrücke bei Pirk: lange Zeit eine Art Symbol deutscher Geschichte, nicht nur des Autobahnbaus.

72

- **Länge** 107 km / 1:06 h
- **Entfernungen und Fahrzeiten** (ca.)

AD Bayerisches Vogtland –
AS Zwickau-West 63 km / 0:39 h
Zwickau-W. – AD Chemnitz 44 km/0:27 h

- **Staubereiche**

zwischen AS Plauen-Süd und Plauen-Ost

Reisenden der Blick auf das Erzgebirge lange erhalten bleibt.

Geschichtsträchtige Autobahn

Bei Taltitz reicht der Pirk-Stausee, der früher Elsterstausee hieß, unmittelbar an die Böschung der Autobahn heran. Den tiefsten Punkt der Vogtlandstrecke überwindet bei Pirk die Elstertalbrücke. Die Brücke wurde noch vor dem Krieg gebaut, stand dann jedoch mehr als 40 Jahre lang unvollendet und ungenutzt in der Gegend. Nahe der Landesgrenze Sachsen/Bayern erreicht die A72 am Butterhübel ihren mit 576 m höchsten Punkt. Gleich danach stößt die A93 dazu, die seit dem Jahr 2000 vom AD Holledau durchgehend befahrbar ist. Die A72 endet bei Brunn an der A9 Berlin – München. Dieses Kreuzungsbauwerk war bereits 1935/36 beim Bau der Nord-Süd-Autobahn errichtet worden.

Bereits 1938 wurden die 37 km zwischen der AS Zwickau-West und der AS Pirk dem Verkehr übergeben. Mit hohem Tempo ging der Bau weiter voran. Im Jahr 1939 rollte in beiden Fahrtrichtungen auf jeweils einer Spur der Verkehr: von der AS Hof/Töpen bis Kleinzöbern, von der AS Stollberg-Nord bis zur AS Chemnitz-Süd und von dort zur AS Chemnitz. Und selbst 1940, im ersten „vollen" Kriegsjahr, wurde die Baugeschwindigkeit gehalten. Allerdings waren es dann zum großen Teil nicht mehr nur arbeitslose Freiwillige, die sich für den Autobahnbau begeisterten, wie die Propaganda der Welt weismachen wollte. Auch politisch unerwünschte Bürger wurden zu der harten Arbeit verpflichtet. Die Strecken von Heroldsgrün bis zur AS Hof/ Töpen und von der AS Zwickau-West bis zur AS Stollberg-Nord wurden jeweils mit einer Richtungsfahrbahn in jenem Jahr eröffnet. Dann war Schluss. Nach Ende des Krieges und der Teilung Deutschlands blieben 101 km Reichsautobahn ungenutzt.

Die Führung der DDR sah nach dem Krieg keinen Anlass, die Verbindung in den Süden Deutschlands zu nutzen. So vergingen rund 49 Jahre, bis nach der Wiedervereinigung die Arbeiten an der A72 wieder aufgenommen und ganze Strecken wegen Mängeln neu gebaut wurden.

In die ehemalige Industrieregion zwischen Dresden, Chemnitz und Zwickau kehrte die moderne Automobil-Industrie zurück, wurde die Textilindustrie neu beflügelt. Zusätzlich fanden neue Technologien fruchtbaren Boden, für welche die Verkehrsanbindung in den Süden Deutschlands mindestens ebenso bedeutsam ist.

1 3 km östlich des Autobahnbeginns, am AD Bayerisches Vogtland, überquert die **Frankenwaldstraße** bei der AS Hof-Nord die A72. Von hier aus sehen Sie in Fahrtrichtung Nürnberg den Frankenwald beherrschend am Horizont emporwachsen.

2 Mitten im Wald überquert die A72 die **Sächsische Saale**. Der 427 km lange Fluss entspringt beim Großen Wendelstein im Fichtelgebirge und mündet bei Bary in die Elbe.

3 Bei km 10 ergibt sich in östlicher Richtung ein sonst wegen des Waldes und der Lärmschutzverbauung seltener **Blick auf die Stadt Hof** im Saaletal, die nördlichste Stadt Bayerns (siehe A93, S. 402).

4 Das Dorf **Feilitzsch** südlich der A72 ist ein altes Rittergut der Freiherren von Feilitzsch. Das Schloss gleichen Namens ist im Besitz der Familie von Feilitzsch und wird von ihr bewohnt. Zu sehen ist das **Schloss Zedtwitz** im gleichnamigen Nachbarort. Reisende können im Schloss übernachten, denn heute wird es als Hotel genutzt.

5 Ein nagelneues Autobahndreieck wurde in den Föhringer Wald gestellt, das AD Hochfranken. Die A93 bietet seit 2001 eine durchgehende Verbindung nach Regensburg und weiter nach München.

6 Auf einer Anhöhe nördlich der A72 steht noch ein gut zu sehender, alter **Wachturm** aus der DDR-Zeit. 1 km weiter westlich ist der Grenzpatrouillenweg zu erkennen. Hier, an der **Grenze zwischen Sachsen und Bayern**, verlief die Demarkationslinie zwischen den beiden Teilen Deutschlands. Über 40 Jahre lang bedeutete dieser Streifen für die Menschen auf beiden Seiten der Grenze das Ende der Welt.

7 Das Glitzern südlich der A72 rührt von einem künstlichen See. Die **Talsperre Dröda** befindet sich bei Groß Zöbern, rund 2 km von der A72 entfernt.

8 **„Vogtland"** (Informationstafel): Das Schild zeigt die 574 m lange und 78 m hohe Göltzschtalbrücke von Mylau, ca. 7 km westlich der AS Reichenbach. Sie ist die größte Ziegelsteinbrücke der Welt. Gebaut wurde sie von 1846 bis 1851 für die Strecke der sächsisch-bayerischen Eisenbahn von Leipzig nach Hof.

9 Auf der **Elstertalbrücke** blicken Sie über 60 m in die Tiefe. Der steinerne Viadukt mit zwölf Granitgewölben und einer Länge von

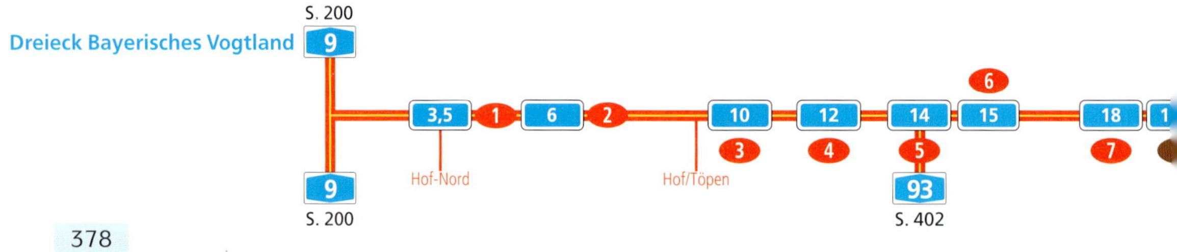

S. 200
Dreieck Bayerisches Vogtland 9
3,5 1 6 2 10 12 14 15 18
6
3 4 5 7
Hof-Nord Hof/Töpen
9 93
S. 200 S. 402

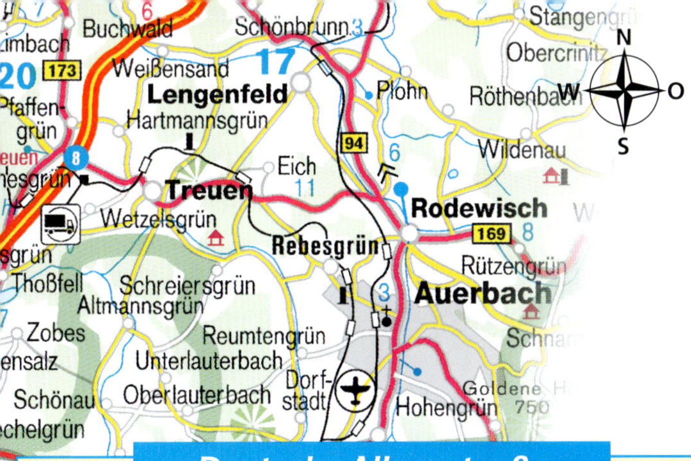

Deutsche Alleenstraße

Prachtvolle Bäume säumen Deutschlands schönste Straßen. Jahrzehntelang wurden sie zugunsten breiter Asphaltbänder abgeholzt. Doch seit einiger Zeit wird man sich dieses besonderen Erbes wieder bewusst. 1993 startete eine Initiative unter Federführung des ADAC; seit dem Jahr 2000 lassen sich die prächtigsten Routen unterm Wipfelgrün nun auf einer lückenlosen Ferienstraße quer durch Deutschland bewundern: Die Deutsche Alleenstraße reicht mehr als 2500 km lang von Rügen bis zum Bodensee.

Die eindrucksvollsten Passagen sind gleich im Norden zu bestaunen. 230 km lang geht es allein in Mecklenburg-Vorpommern unter einem grünen Dach von Eichen, Ahorn und Linden hindurch. Aber auch in der Mark Brandenburg, in der Rhön und am Schlusspunkt der Alleenstraße, vor der Insel Reichenau, faszinieren prächtige Baumchausseen. Teilweise werden sogar neue Alleen angelegt, wie Ende 2001, als an der L409 zwischen Alzey und Erbes-Büdesheim 45 neue Linden gepflanzt wurden. In der Mitte Deutschlands beschreibt die Deutsche Alleenstraße einen Kreis: Ab Dessau führt ein weit geschwungener Bogen über Duderstadt und Eisenach, während die östlichere Strecke über Meißen und das Erzgebirge der Wiedervereinigung vor Fulda zustrebt; diese sächsische Route quert bei Oelsnitz die A72.

Der Begriff Allee stammt vom Französischen „aller" (gehen). Ursprünglich dienten Alleen als Wegbefestigung, die Wurzeln der Bäume verhinderten die Erosion unbefestigter Wegoberflächen. Die Baumkronen spendeten Schatten und Schutz vor Regen und Schnee. Eine wichtige Rolle in der Landschaftsarchitektur spielten Alleen in der Barockzeit, als fürstliche Reisewege sowie Schlösser und Residenzen durch sie verschönert wurden.

635 m ist eine Berühmtheit unter den Autobahnbrücken der Welt. Bis 1942 wurde an der Elstertalbrücke gebaut. Dann stand das Bauwerk 47 Jahre ungenutzt in der Landschaft, bis es nach 1989 fertig gestellt wurde. Wer die Brücke aus anderer Perspektive betrachten möchte, sollte auf der B173 die Weiße Elster überqueren (AS Pirk).

10 Wer im Bereich der AS Pirk Gelegenheit hat, nach Osten zu sehen, genießt noch einen hübschen Blick auf den **Pirk-Stausee**. Seit über 60 Jahren staut die Talsperre Pirk die Weiße Elster, einen einst wilden Gebirgsfluss. Die Talsperre und der Stausee sind nach der 1 km elsterabwärts gelegenen Burgruine Pirk benannt; sie dienen der Hochwasserregulierung und als Brauchwasserreservoir. Der Stausee hat eine Fläche von 153 ha, fasst ca. 10 Mio. m^3 und ist ein beliebtes Wassersportgebiet mit zahlreichen Freizeiteinrichtungen. Am Seeufer liegen die Burgruine Türbel, die Stadt Oelsnitz und ein kleiner Ort mit dem sprechenden Namen Planschwitz. Geplanscht wird im Freibad, das zusammen mit der Jugendherberge und einem Campingplatz gegenüber dem Ort liegt.

11 Nur für einen kurzen Augenblick sind im Südosten die Türme einer Stadt zu sehen: Die zwei schwarzen schlanken, 73,5 m hohen Spitzen gehören zur **St. Jakobi-Kirche von Oelsnitz/Vogtland**. Bei klarer Witterung ist auch der helle Rathausturm erkennbar. Die Stadt, nicht zu verwechseln mit Oelsnitz/Erzgebirge (siehe S. 381), liegt tief im Tal der Weißen Elster auf 390 bis 400 m. Heute ist Oelsnitz, das 1200 erstmals erwähnt wurde, eine mittlere Industriestadt mit 13 000 Einwohnern.

12 Bei der AS Plauen-Süd kreuzt die B92, die **Deutsche Alleenstraße**, die A72 (siehe Kasten).

13 **„Vogtländische Schweiz"** (Informationstafel): Mit auf dem Schild abgebildetem See und Segel wird auf die Freizeitmöglichkeiten auf den Stauseen des gebirgigen Teils des Vogtlandes hingewiesen.

14 Den Turm im Westen der A72 können Sie nicht übersehen. Der so genannte **Kemmler** hat seinen Namen vom 507 m hohen Felsbuckel, auf dem er 1902 aus quadratischen Granitblöcken errichtet wurde. In dieser Zeit entstanden deutschlandweit als Ausdruck der nationalen Begeisterung rund 235 andere – Bismarcktürme genannte – Aussichtstürme. Der Name Kemmler wird abgeleitet von einem slawischen Ausdruck für Fels, der auch im Wort Bergkamm vorkommt.

15 Die Sicht auf die Stadt **Plauen** westlich der Autobahn behindern zunächst der Wald, dann die Lärmschutzverbauung. Außerdem ist Plauen im Tal der Weißen Elster und der Syra rund 160 m tiefer gelegen als die A72. Lediglich südlich der AS Plauen-Ost können Sie einen kurzen Blick auf die Stadt erhaschen. Der 64 m hohe, neobarocke Turm des Neuen Rathauses und die Doppeltürme der romanischen Johanniskirche prägen das Bild. Ein Museum ist der berühmten Plauener Spitze gewidmet. Die Drachenhöhle bei Syrau, 7 km nordwestlich der Stadt, gilt als eine der schönsten Tropfsteinhöhlen in Deutschland.

16 Die Windabweiser auf der Brücke über die **Talsperre Pöhl** gewähren nur einen flüchtigen Blick auf den Stausee. Er hat eine Fläche von 425 ha, einen Stauinhalt von 63,4 Mio. l, ist bis zu 45 m tief und zählt zu den größten Sommererholungsgebieten Sachsens. Nordwestlich erhebt sich der Eisenberg ca. 60 m über den Stausee.

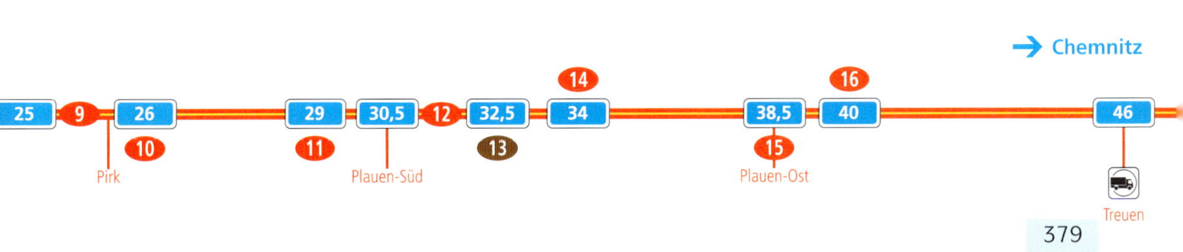

1 Der Name der Stadt **Treuen**, die Sie östlich der A72 malerisch im Trebatal liegen sehen, entwickelte sich aus Drewen oder Druen und geht vermutlich auf das slawische Wort „Dervo“ für Baum, Wald, Holz zurück. Noch immer ist Treuen von herrlichen Wäldern umgeben. Auf die frühe Besiedelung der Gegend durch die Kelten deuten archäologische Funde hin, so z. B. der „Treuener Würfel“, auch „Druidenstein“ genannt. Dieser Opferstein lag auf dem Marktplatz und verschwand erst nach dem großen Stadtbrand von 1806; vermutlich wurde er zum Wiederaufbau verwandt.

2 Sobald der Wald den Blick nach Nordwesten freigibt, sehen Sie auf einer Bergkuppe in 7 km Entfernung einen Turm. Er steht auf dem 511 m hohen **Kuhberg**, der höchsten Erhebung im nördlichen sächsischen Vogtland. Von der Kanzel des Turms in 21 m Höhe lassen sich die Erzgebirgsgipfel an der Grenze zu Tschechien abzählen.

3 Von der Göltzschtalbrücke der A72 aus ergibt sich ein hinreißender Blick nach Nordwesten. Wer langsam genug fährt, erkennt die **Kaiserburg von Mylau** mit ihrem 27 m hohen runden Burgfried. Kaiser Karl IV. erwarb sie 1367 und verlieh der Siedlung zu ihren Füßen das Stadtrecht. Der **Erlebnispark „Forellenhof“** in Plohn östlich der A72 bietet vielfältige Attraktionen (über die AS Reichenbach, 8 km, 5 Min., Ostern bis Ende Okt. tgl. 9–18 Uhr geöffnet).

4 In der nördlichen Senke ragt ein neugotischer Backsteinkirchturm empor. Er gehört zur 1890 errichteten **Stadtkirche von Reichenbach**. Sie birgt als Besonderheit eine Gottfried-Silbermann-Orgel von 1731.

5 Vor der Kulisse der Erzgebirgsgipfel im Süden der A72 liegt die kleine Stadt **Lengenfeld** ins Tal gebettet. Sie wurde zwischen 1150 und 1230 von fränkischen Siedlern gegründet. Der Kirchplatz gilt als eines der schönsten städtebaulichen Ensembles des Vogtlandes. Tradition hat im Ort vor allem die Herstellung technischer Filze.

6 **„Robert-Schumann-Stadt Zwickau“** (Informationstafel): Das Haus am Hauptmarkt, in dem der romantische Komponist Robert Schumann am 8. Juni 1810 geboren wurde, steht leider nicht mehr. 1955 wurde das aus dem 15. Jh. stammende Gebäude wegen Baufälligkeit abgerissen. Der Nachfolgebau beherbergt das Schumann-Museum mit Archiv und Kammermusiksaal. Das im 12. Jh. urkundlich erstmals erwähnte Zwickau blickt auf eine lange Vergangenheit als Handels-, Bergbau- und Industriestadt zurück. Wie die Tuchmacherei im Mittelalter, prägte die Automobilindustrie im 20. Jh. das Wirtschaftsleben der Stadt. Seit 1904 hatten die August-Horch-Motorenwerke in Zwickau ihren Sitz, die später den Kleinwagen Trabant produzierten. Der letzte Trabbi lief 1991 vom Band.

Punkt von S. 379

Punkt von S. 378

Hof ←

46	46,5	48	50	52	60	61	69	74
Treuen	2, 1	13, 3	4	5, Reichenbach	6	8, Zwickau-West	7	Zwicka

7 Auf einer Rundbogenbrücke, einem der großen Bauwerke dieser Strecke, führt die A72 über zwei Straßen, eine Bahnlinie und die **Zwickauer Mulde**. Der Fluss entspringt im westlichen Erzgebirge, verbindet sich nach 128 km bei Klein-Sermuth mit der Freiberger Mulde und mündet als Mulde bei Dessau in die Elbe. Die östliche Straße unter der Brücke wird in Erinnerung an die Zeit der Silbergewinnung in der Region als **Silberstraße** bezeichnet. Sie verbindet die historischen Silbergruben.

8 Südlich der A72 zeigt sich die kleine Stadt **Hartenstein**. Sie birgt als Kostbarkeit die **Burg Stein**, eine der schönsten Burgen in Sachsen. Die Anlage stammt zum Teil noch aus romanischer Zeit. Erhalten sind doppelte Mauern mit Wehrgang. Im Inneren sind Waffen und Folterwerkzeuge zu bestaunen. Eine Ausstellung informiert über den 1609 in Hartenstein geborenen Dichter und Arzt Paul Flemming.

9 **Oelsnitz**, im Westen der Autobahn zu sehen, liegt am Fuße des Sächsischen Erzgebirges. Die Stadt ist mit 13 500 Einwohnern ebenso groß wie ihr Namensvetter im Vogtland (siehe S. 379). Von 1843 bis 1967 wurde hier Steinkohle gefördert. Das Bergbaumuseum, zu dem auch der 50 m hohe Förderturm gehört, gewährt Einblicke in die Arbeit der Bergleute.

10 Östlich der A72 sehen sie die Dächer von **Stollberg**. Der Ort wurde vermutlich als sorbische Ansiedlung um 700 gegründet und zählt zu den ältesten Stadtsiedlungen Sachsens. Das Zentrum der heutigen Kreisstadt schmücken reizvolle Fachwerkbauten sowie die Stadtkirche St. Jakob (1653–1659) und die gotische Marienkirche mit sehenswertem Schnitzaltar.

11 ★ Der weiße Rundturm mit der schwarzen Haube gehört zur **Burg Rabenstein** aus dem 12. Jh. Zumindest im Herbst und im Winter, wenn die Bäume kein Laub tragen, ist die Burg vor dem Wald im Westen zu sehen. Sie liegt 1,5 km entfernt und ist über die AS Chemnitz-Süd zu erreichen (Besichtigungen Di 9–12 Uhr, So 13–18 Uhr). Der Abstecher lohnt sich sehr, denn außer dem Burgmuseum ist im selben Chemnitzer Stadtteil auch das Schaubergwerk der **Rabensteiner Felsendome** (3 km, 5 Min.) zu besichtigen.

12 Die A72 mündet in das AD Chemnitz. Östlich der Autobahn sind Industrieanlagen zu sehen, die vom grauen Schornstein eines Heizkraftwerks überragt werden. Sie gehören zu **Chemnitz**, dem sächsischen Manchester, wie die Stadt früher bezeichnet wurde. Heute raucht und dampft hier nichts mehr, denn die High-Tech-Produktion läuft nahezu geruch- und geräuschlos. Doch die „Kathedralen" der alten Industrie stehen heute noch: die Spinnerei von 1799, die Lokomotivenfabrik von 1848 und die Fabrikhallen von Louis Schönherr, von denen aus Webstühle in alle Welt exportiert wurden. Im Gebäude einer ehemaligen Gießerei ist das Chemnitzer Industriemuseum untergebracht.

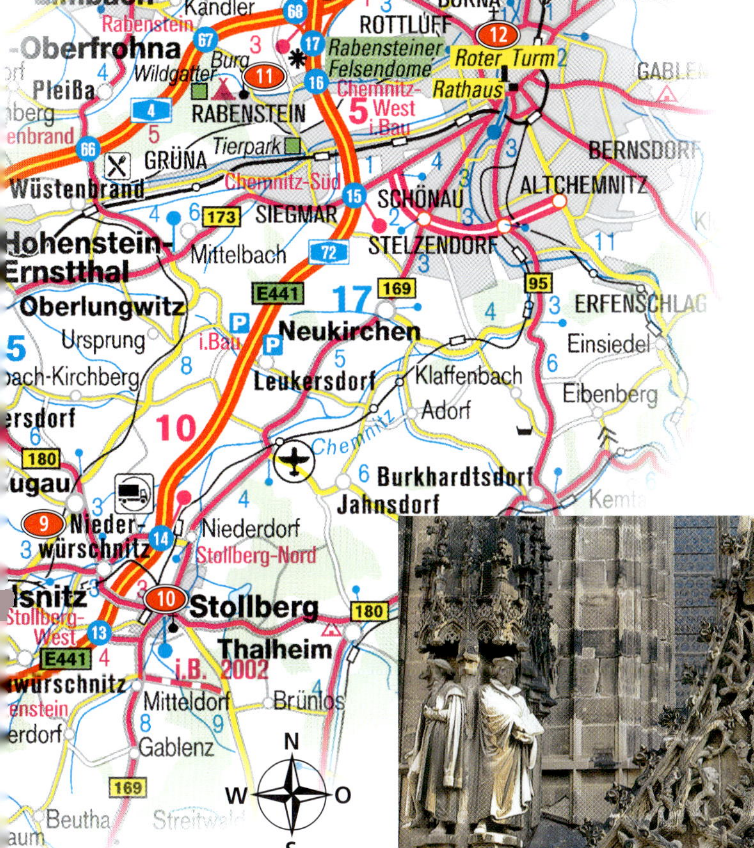

Der Dom St. Marien in Zwickau **6** beherbergt einen sehenswerten Hauptaltar aus dem Jahr 1478 sowie eine kostbare Pieta von Peter Breuer von 1492.

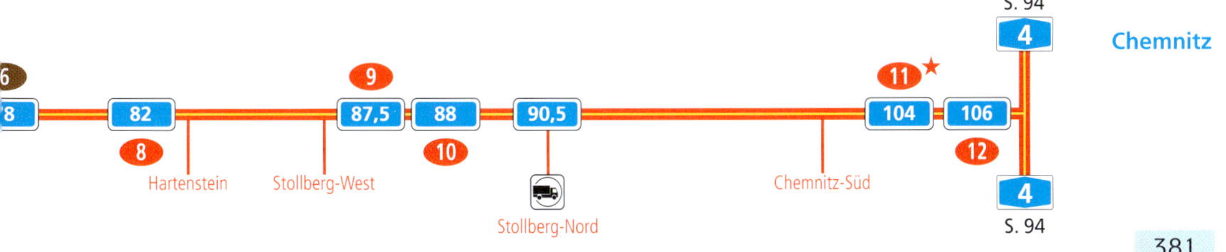

Vom Odenwald zum Bodensee

Würzburg → Heilbronn → Stuttgart → Rottweil → Villingen-Schwenningen → Singen

Landschaftlich äußerst reizvoll, touristisch attraktiv, historisch bedeutsam und bautechnisch bemerkenswert – diese Prädikate gelten der insgesamt 284 km langen A81. Die Nord-Süd-Verbindung vom Odenwald zum Bodensee führt, abgesehen von den ersten Kilometern, ausschließlich durch Baden-Württemberg. Ihre abwechslungsreiche Topographie erforderte zahlreiche Brücken und Tunnelbauwerke.

Planungen für die A81 gab es bereits Mitte der 30er-Jahre. Doch nur der etwa 65 km lange Abschnitt zwischen dem Schönbachtunnel südlich von Stuttgart und dem AK Weinsberg bei Heilbronn konnte vor dem Zweiten Weltkrieg fertig gestellt werden. In den 80er-Jahren wurden davon zwar Teilstücke auf drei Spuren erweitert und auch neu trassiert; insgesamt aber blieb die alte Streckenführung mit ihren vielen Steigungen erhalten. 1999 ersetzte der 2,5 km lange Engelbergbasistunnel am AD Stuttgart-Leonberg den wesentlich kürzeren Engelbergtunnel aus dem Jahr 1938, den ältesten Autobahntunnel Deutschlands. Der neue Tunnel brachte mehr Verkehrssicherheit, mehr Umweltschutz und damit auch deutlich mehr Lebensqualität für die Anwohner Leonbergs.

Wo die guten Frankenweine wachsen

Im Kontrast zur alten, teils von extremem Gefälle geprägten Streckenführung stehen die zwischen 1970 und 1984 entstandene Odenwald-Autobahn von Würzburg nach Weinsberg sowie die Bodensee-Autobahn von Stuttgart nach Singen. Ihren Verlauf kennzeichnen weite Kurven, sanfte Anstiege und Gefälle; Brücken mit großen Spannweiten ersparen Taldurchfahrten.

Die A81 durchquert zunächst in der idyllischen südfränkischen Landschaft, in der die guten Frankenweine gedeihen, die Täler von Tauber, Jagst und Kocher. Westlich erscheinen die Ausläufer des Odenwalds, links die Ränder der Hohenloher Ebene. Einen herrlichen Blick über das Flusstal der Jagst bietet die 80 m hohe Jagsttalbrücke Widdern. Bei Neuenstadt überquert die A81 den Kocher. Hinter dem Tunnel bei Hölzern führt sie zum AK Weinsberg, wo sie auf die A6 trifft, die Verbindung Frankfurt-Nürnberg. Im Ballungsraum Heilbronn-Stuttgart verläuft nun die alte A81 durch das badische Neckarland mit seinen Weinbergen. Die hier teilweise 3-spurig geführte Strecke stößt hinter dem Engelbergbasistunnel beim AD Leonberg auf die A8.

Ein spektakuläres Bauwerk ist die 125 m hohe Neckartalbrücke Weitingen.

81

- **Länge** 284 km / 2:30 h
- **Entfernungen und Fahrzeiten** (ca.)

AD Würzburg-West – AK Weinsberg
83 km / 0:43 h
AK Weinsberg – AK Stuttgart
57 km / 0:31 h
AK Stuttgart – AD Bad Dürrheim
100 km / 0:53 h
AD Bad Dürrheim – AS Gottmadingen
44 km / 0:23 h

- **Staubereiche**

Erhöhte Staugefahr besteht zwischen der AS Feuerbach und dem AK Stuttgart.

Am bewaldeten Naturpark Schönbuch entlang, der vor Herrenberg im Schönbachtunnel aus dem Jahr 1938 durchquert wird, verläuft die Trasse dann zwischen Schwarzwald und Schwäbischer Alb.

Kühne Brückenbauwerke

Flankiert von beiden Mittelgebirgen führt sie durch weite Felder und sanfte Hügel zum schroff eingeschnittenen Tal des Neckars, wo eine der kühnsten Autobahnbrücken entstanden ist: die 900 m lange und 125 m hohe Neckartalbrücke Weitingen.
Am Parkplatz Urnburg empfiehlt sich ein Blick den steilen Talhang hinunter, an dem aus geologischen Gründen eigentlich gar keine Autobahnbrücke stehen dürfte: Wegen der Abrutschgefahr am Hang waren keine Brückenpfeiler möglich, Pfeiler stehen nur unten im Tal. Die Ingenieure konstruierten statt Betonstützen im Hang Seilstützen, die u.a. in Widerlagern auf der Hochebene verankert wurden.
Die A81 verläuft nun parallel zur Hochebene des malerischen Neckartals. Erst nach etwa 35 km ist der Fluss wieder zu sehen. Jetzt steigt die Autobahn am oberen Neckar an, erreicht südlich von Schwenningen die Hochebene der Baar, senkt sich in das Tal der oberen Donau und erklimmt ihren Scheitelpunkt in der Schwäbischen Alb.

Grandiose Fernblicke auf die Alpen

Die Höhenunterschiede der A81 sind ganz erstaunlich: Von 450 m südlich des Naturparks Schönbuch gemächlich ansteigend auf 700 m am Rande der Baar, erreicht die Trasse auf der Alb mit 782 m ihren höchsten Punkt. Dann geht es fast schon rasant hinunter in den Hegau, nach Engen auf 535 m und nach Singen auf 445 m.
Grandiose Fernblicke genießt man bei der Fahrt durch die Schwäbische Alb sowie besonders bei den AS Geisingen und Engen: hinab in den Hegau zum Bodensee und auf die Schweizer Alpen.
Der fruchtbare, flachwellige Hegau mit seinen markant aufragenden Vulkankegeln begleitet die A81 zum AK Singen, wo sie bei Gottmadingen nahe der Grenze zur Schweiz endet. Vom AK Singen zum Bodensee gelangt man über die B33 nach Radolfzell und Konstanz oder über die A98 nach Überlingen.

1 Eigentlich sollte diese Autobahn nicht hier, sondern 20 km weiter nordöstlich im Gramschatzer Wald an der A7 beginnen. Wer genau hinsieht, erkennt jenseits der Einmündung die einst **geplante Trasse** noch an einem inzwischen mit Buschwerk bewachsenen Damm und von Süden kommend an einer Waldschneise.

2 Bei der AS Gerchsheim führt die Autobahn über die **Romantische Straße** von Würzburg nach Füssen und über die **Siegfriedstraße** durch den Odenwald nach Worms.

3 Eine Hinweistafel kündigt an, dass Sie das Bundesland **Baden-Württemberg** (in Gegenrichtung den Freistaat Bayern) erreichen. Abgesehen von den ersten Kilometern verläuft die gesamte A81 durch Baden-Württemberg.

4 Die Waldlandschaft endet und geht über in eine wellige, **offene Landschaft** mit Wiesen, Äckern und kleinen Dörfern. Bei km 459 ist

Würzburg 3 S. 72

3 S. 72

452,5 (1) – 454,5 Gerchsheim – (2) – 456 (3) (3) – 457 (4) (4) – 468 – 470 (5) – 471 (6) – 472 (7) ★ Tauberbischofsheim – 473 (8) (8) – 475,5 (5)

in der Ferne ein Windpark mit drei Rotoren zu erkennen. Anschließend folgen wieder viele Waldstrecken, die Ausläufer des Odenwalds.

5 **„Liebliches Taubertal"** (Informationstafel): Unter diesem Namen haben sich die Gemeinden zwischen Rothenburg ob der Tauber und Wertheim am Main zu einer Touristikgemeinschaft zusammengeschlossen. Die Tauber entspringt im Naturpark Frankenhöhe bei Weikersholz und schuf im Oberlauf ein steilwandiges Tal. Später wird die Landschaft bis zum engen Odenwalddurchbruch sanfter. Wegen der vielen Wegkreuze, Brückenheiligen und Mariendarstellungen an Häusern wird die Region auch als „Madonnenländchen" bezeichnet.

6 Von der 661 m langen, 32 m hohen Tauberbrücke sind nordwestlich die Türme von **Tauberbischofsheim** zu sehen. Die Stadt ist als ein Zentrum des Fechtsports bekannt und Verwaltungssitz des Main-Tauber-Kreises. Von der 1200-jährigen Geschichte zeugen das ab 1220 erbaute Kurmainzische Schloss mit wuchtigem Rundturm, die Stadtkirche St. Martin und das neugotische Rathaus. Auf der anderen Seite der Tauberbrücke schließt sich der Stadtteil Distelhausen an, der sich den Charakter eines schmucken Weindorfs bewahrt hat.

7★ Von Norden gelangt man am besten über die AS Tauberbischofsheim zum 18 km (25 Min.) entfernten **Bad Mergentheim** (aus südlicher Richtung AS Boxberg). Hier residierten von 1527 bis 1806 die Hoch- und Deutschmeister des Deutschen Ordens. Das Deutschordensmuseum im Schloss dokumentiert die Geschichte des Ordens. Prächtige Bauwerke aus der Deutschmeisterzeit prägen auch den Marktplatz. Nachdem im Jahr 1826 Mineralquellen entdeckt wurden, entwickelte sich Bad Mergentheim zum größten Heilbad von Baden-Württemberg. Das Freizeitbad Solymar bietet im Wellenbad Action und Spannung, im Mineralbad Ruhe und Entspannung. Ein Kleinod spätgotischer Malkunst ist die Madonna von Matthias Grünewald im Ortsteil Stuppach.

8 Vom Taubertal steigt die Strecke zum welligen **Bauland** an. Die Bezeichnung kommt von „Bauernland". Wie das Madonnenländchen ist auch das Bauland reich an Bildstöcken, Kruzifixen und Kapellen.

Das Rathaus aus dem 16. Jh. beherrscht den von Fachwerkhäusern umstandenen Marktplatz von Bad Mergentheim **7**★.

9 Bei der AS Osterburken überquert die **Deutsche Limesstraße** die Autobahn. Der im 2. und 3. Jh. von den Römern angelegte Grenzwall (Limes) zwischen Rhein und Donau war seinerzeit 548 km lang. Das 4 km westlich der A81 liegende **Osterburken** war ein wichtiger Militärposten mit einem Doppelkastell. 1992 kamen bei Bauarbeiten 327 hervorragend erhaltene Münzen ans Licht. Die schönsten Funde der Region können im Römermuseum Osterburken bewundert werden, das um eine ausgezeichnet erhaltene römische Therme herum gebaut wurde.

10 Ebenfalls über die AS Osterburken erreichen Sie nach 9 km das 1200 Jahre alte Städtchen **Adelsheim**. Zu seinen baulichen Kostbarkeiten zählt das Rathaus von 1619 mit schönem Fachwerk. Wahrzeichen der Stadt ist das „Schildmännle", ein Wappen tragender steinerner Knappe am Oberschloss, vor dem die Passanten im Mittelalter angeblich den Hut ziehen mussten.

11 Aus einer leichten Kurve im Wald biegt die Autobahn in eine 3 km lange Gerade mit weitem Blick über die offene Landschaft des Baulandes ein. Hier wurde die Autobahn zwischen km 504,5 und km 507,5 so gebaut, dass sie auch als **Start- und Landebahn** für Militärflugzeuge genutzt werden kann.

12★ **„Kloster Schöntal"** (Informationstafel): Das ehemalige Zisterzienserkloster (AS Osterburken, 15 km, 25 Min.), die schönste Barockanlage im Jagsttal, wurde 1157 gegründet und 1803 aufgelöst. Viele der barocken Prachtbauten entstanden im 18. Jh. unter dem baufreudigen Abt Knittel, Erfinder der Knittelverse; einige Kostproben zieren Wände und Simse. Im Kreuzgang fand Ritter Götz von Berlichingen seine letzte Ruhestätte. Geboren wurde er 1480 in der nahen Götzenburg Jagsthausen. Seinen berühmten Ausspruch „Er kann mich mal ..." soll der Ritter mit der eisernen Hand auf der Stauferburg Krautheim gemacht haben.

13 Vom Parkplatz der **Raststätte Jagsttal (West)** genießt man einen schönen Blick über das Jagsttal mit der 889 m langen, 80 m hohen Autobahnbrücke.

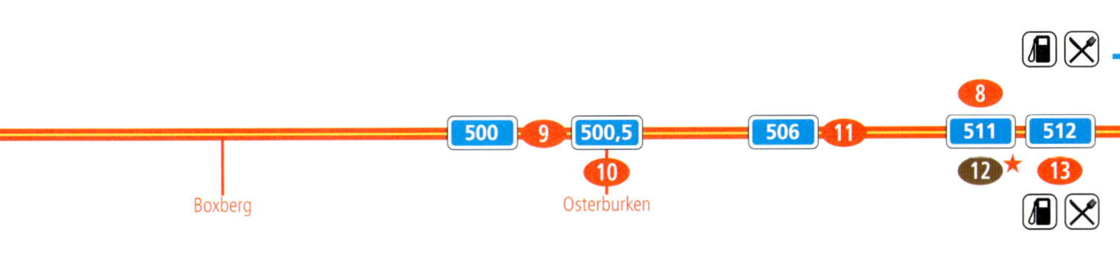

1 Ganz kurz ist von der Jagsttalbrücke im Osten die **Götzenburg Möckmühl** mit mächtigem Bergfried zu sehen – ein weiterer Amtssitz des berühmten Ritters mit der eisernen Hand.

2 Die A81 überquert nun den etwa 10 km breiten, hier überwiegend bewaldeten **Höhenzug** zwischen Kocher und Jagst. In die Flusstäler ducken sich hübsche Kleinstädte, oft überragt von Burgruinen.

3 Malerisch ist das 15 km von der AS Möckmühl entfernte **Forchtenberg** am Kocher, eine 700-jährige, noch vollkommen ummauerte mittelalterliche Stadt mit Fachwerkhäusern und Türmen – am eindrucksvollsten der Diebsturm.

4 Von der Kochertalbrücke (778 m lang, 33 m hoch) sieht man kurz auf das westlich liegende **Neuenstadt am Kocher**. In dem Renaissanceschloss residierte bis ins 18. Jh. eine Nebenlinie des württembergischen Herzogshauses. Im Schlossgraben finden im Juni und Juli Freilichtspiele statt.

5 Östlich, direkt neben der Autobahn, schmiegt sich der Neuenstadter Ortsteil **Cleversulzbach** in eine sanfte Talmulde. Hier war der Dichter Eduard Mörike von 1834 bis 1843 Pfarrer. Mit dem Gedicht „Der alte Turmhahn" setzte er „seiner" Kirche ein Denkmal.

6 Der **Autobahntunnel Hölzern** durchquert mit einer 470 m langen Doppelröhre den bewaldeten Höhenzug der Hölzerner Ebene. Unmittelbar danach erheben sich ausgedehnte Rebhänge der Weinlage Neckar-Hohenlohe-Franken.

7 **„Burgruine Weibertreu"** (Informationstafel): In Fahrtrichtung Süden blicken Sie auf den rebenbewachsenen Bergkegel, auf dem einst eine mächtige Burg stand. Im Jahr 1140 gab es im Streit um die deutsche Königskrone einen erbitterten Kampf zwischen Staufern und Welfen. Nach wochenlanger Belagerung gewährte der siegreiche Stauferkönig Konrad III. den Frauen der unterlegenen Welfen freien Abzug. Jede durfte so viel mitnehmen, wie sie tragen konnte. Da nahmen die Frauen ihre Männer auf den Rücken und schleppten sie ins Tal. Das Weibertreu-Museum am Marktplatz zeigt zahlreiche Darstellungen aus aller Welt zur Weibertreusage, die übrigens historisch verbrieft ist.

8 Von der AS Ilsfeld sind es 8 km nach **Lauffen am Neckar**. In Lauffen erhebt sich auf einer steilen Felseninsel im Neckar die ehemalige Pfalzgrafenburg aus dem 11. Jh. Lauffen ist Geburtsort von Friedrich Hölderlin (1770–1843), und natürlich führt deshalb auch die Schwäbische Dichterstraße durch die Stadt.

Schiller-Geburtshaus in Marbach **14**★.

9 **„Besigheim"** (Informationstafel): Die romantische, sich auf einem schmalen Bergrücken zwängende Stadt am Zusammenfluss von Enz und Neckar zeigt bis heute wehrhaften Charakter. Das spätgotische Fachwerk-Rathaus gilt als schönstes in weitem Umkreis. Ein Meisterwerk gotischer Holzschnitzkunst ist der 13 m hohe Hochaltar in der Stadtkirche.

10 **„Tripsdrill"** (Informationstafel): Der Wegweiser kündigt den 15 km entfernten Erlebnispark Altweibermühle an. Zu den Attraktionen gehören u. a. Europas längste Wildwasserbahn, die Achterbahn „G'sengte Sau", die Ritterburg „Rauhe Klinge" und ein Radparcours. Ein Wildpark mit Wölfen, Luchsen und Greifvögeln schließt sich an.

11 Im Westen sieht man häufig eine große **Dampfwolke** aufsteigen. Sie kommt aus den Kühltürmen des **Kernkraftwerks Neckarwestheim**, das aber nicht zu sehen ist, weil es unten im Neckartal liegt.

12 **„Löwensteiner Berge"** (Informationstafel, nur in Richtung Würzburg): Die weinbewachsenen Hänge östlich der Autobahn sind Teil des Naturparks Schwäbisch-Fränkischer Wald. Der mehrfach kurz sichtbare markante Bergfried am Rand des Höhenzugs gehört zur Burg Lichtenberg bei Oberstenfeld.

13 Am Rande des Weinbaugebiets Stromberg, das sich im Westen erhebt, liegt das Städtchen **Bönnigheim**. Wahrzeichen ist der Köllesturm, ein nach seinem letzten Torwächter benanntes Stadttor. Während die Stadt insgesamt eher mittelalterlich wirkt, strahlt das Schlösschen im Zentrum barocke Heiterkeit aus. Heute befindet sich darin das Museum Charlotte Zander mit 4000 Werken naiver Kunst.

14★ **„Marbach am Neckar"** (Informationstafel): In dem 1000-jährigen Städtchen (7 km, 10 Min. ab AS Pleidelsheim) wurde Friedrich von Schiller (1759–1805) geboren. Sein bescheidenes Geburtshaus in der Niklastorstraße 31 ist als Gedenkstätte eingerichtet. Etwas außerhalb erhebt sich das Schiller-Nationalmuseum, das sich der Literatur vom 18. bis zum 20. Jh. widmet und neben Schiller auch andere Dichter wie Wieland, Hölderlin, Uhland, Kerner, Mörike und Cotta ehrt.

15 **„Bietigheim"** (Informationstafel): Das Rathaus mit seinem zierlichen Spitztürmchen bildet den Mittelpunkt der romantischen Kleinstadt. Schönstes der vielen Patrizierhäuser ist das Hornmoldhaus von 1526, ein Beispiel der großbürgerlichen Wohnkultur jener Zeit. Ein historischer Stadtrundgang zählt über 50 interessante Stationen auf. In der Stadt entzücken auch witzige Skulpturen von Gegenwartskünstlern, wie das „Kuhriosum".

16 **„Festung Hohenasperg"** (Informationstafel): Der Hinweis gilt dem westlich direkt an der A81 liegenden Bergkegel. Mächtige Mauern schützen die 1535 erbaute Festung, in der einst Personen eingekerkert waren, die den Herrschern unliebsam geworden waren, wie der Musiker und Dichter Christian Friedrich Daniel Schubart (1739–1791). Schiller entkam im letzten Augenblick, indem er ins badische Ausland floh. Heute wird der Hohenasperg als Gefängniskrankenhaus genutzt.

17 **„Markgröningen"** (Informationstafel): Das zu Füßen des Hohenasperg liegende Markgröningen ist eine urgemütliche Kleinstadt voller Fachwerkhäuser aus dem 15. und 16. Jh. Ältestes Haus am Marktplatz ist das „Ratsstüble" von 1414.

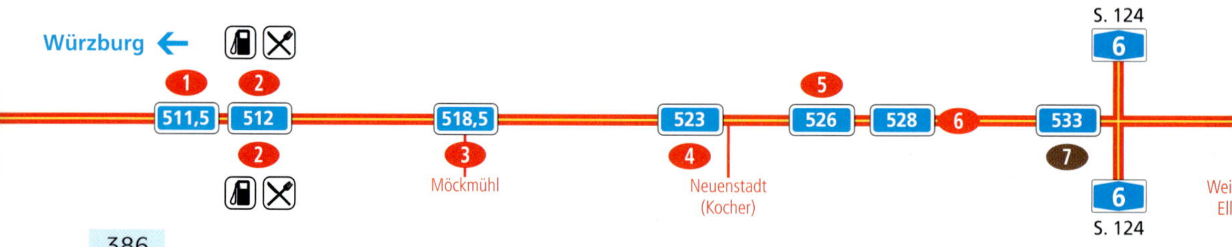

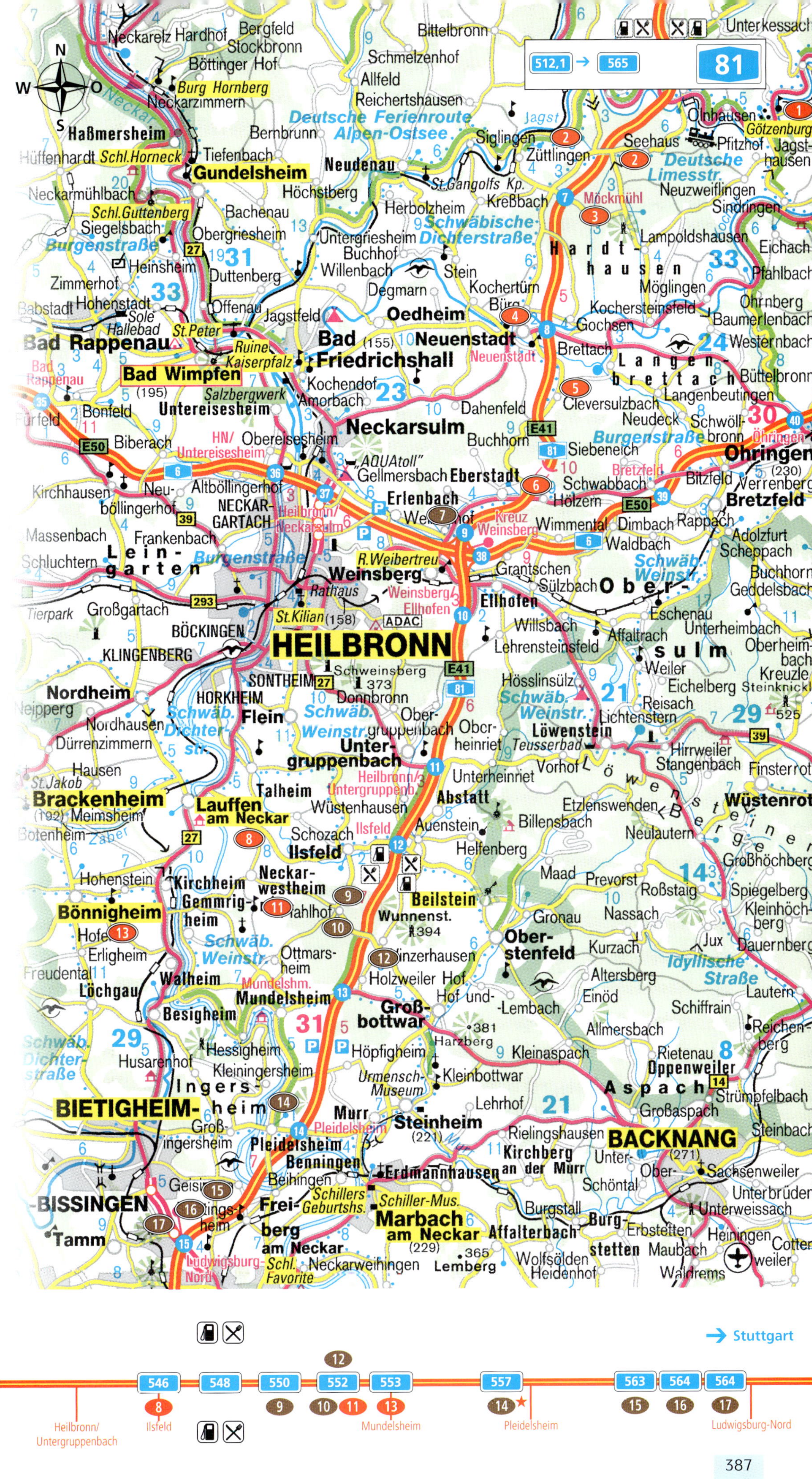

512,1 → 565
81
N
W
O
S
Neckarelz
Hardhof
Bergfeld
Stockbronn
Böttinger Hof
Burg Hornberg
Neckarzimmern
Neckar
Bittelbronn
Schmelzenhof
Allfeld
Reichertshausen
Deutsche Ferienroute Alpen-Ostsee
Jagst
Unterkessach
Olnhausen
Götzenburg
Jagsthausen
Pfitzhof
Seehaus
Deutsche Limesstr.
Neuzweiflingen
Sindringen
Haßmersheim
Bernbrunn
Hüffenhardt
Schl.Horneck
Tiefenbach
Gundelsheim
Neudenau
St.Gangolfs Kp.
Siglingen
Züttlingen
Möckmühl
Neckarmühlbach
Höchstberg
Herbolzheim
Kreßbach
Schl.Guttenberg
Bachenau
Schwäbische Dichterstraße
Siegelsbach
Obergriesheim
Untergriesheim
Lampoldshausen
Eichach
Burgenstraße
Buchhof
Hardthausen
Heinsheim
Duttenberg
Willenbach
Stein
Pfahlbach
Zimmerhof
Degmarn
Kochertürn
Möglingen
Hohenstadt
Offenau
Jagstfeld
Oedheim
Bürg
Kochersteinsfeld
Ohrnberg
Babstadt
Sole Hallebad
St.Peter
Gochsen
Baumerlenbach
Bad Rappenau
Ruine Kaiserpfalz
Bad Friedrichshall
(155)
Neuenstadt
Brettach
Westernbach
Bad Wimpfen
(195)
Kochendorf
Langenbrettach
Büttelbronn
Salzbergwerk
Amorbach
Langenbeutingen
Fürfeld
Bonfeld
Untereisesheim
Dahenfeld
Cleversulzbach
Neudeck
Schwöllbronn
Neckarsulm
Buchhorn
E41
Burgenstraße
Öhringen
Biberach
HN/ Untereisesheim
Obereisesheim
Siebeneich
Ohringen
E50
"AQUAtoll"
Gellmersbach
Eberstadt
Bretzfeld
Bitzfeld
Verrenberg
(230)
Kirchhausen
Neuböllingerhof
Altböllingerhof
Schwabbach
Hölzern
Bretzfeld
NECKARGARTACH
Heilbronn/ Neckarsulm
Erlenbach
Weiler hof
Kreuz Weinsberg
Wimmental
Dimbach
Rappach
Massenbach
Frankenbach
Waldbach
Adolzfurt
Scheppach
Schluchtern
Leingarten
Burgenstraße
R.Weibertreu
Grantschen
Schwäb. Weinstr.
Buchhorn
Weinsberg
Sülzbach
Obersulm
Geddelsbach
Rathaus
Weinsberg/ Ellhofen
Ellhofen
Eschenau
Tierpark
Großgartach
St.Kilian
(158)
ADAC
Willsbach
Unterheimbach
BÖCKINGEN
HEILBRONN
Lehrensteinsfeld
Affaltrach
Oberheimbach
KLINGENBERG
Schweinsberg
373
Weiler
Kreuzle
SONTHEIM
Hösslinsülz
Eichelberg
Steinknickle
Nordheim
HORKHEIM
Donnbronn
Schwäb. Weinstr.
Reisach
Neipperg
Nordhausen
Flein
Schwäb. Weinstr.
Obergruppenbach
Oberheinriet
Lichtenstern
Löwenstein
525
Dürrenzimmern
Schwäb. Dichter-str.
Untergruppenbach
Teusserbad
Hirrweiler
Stangenbach
Finsterrot
Hausen
Vorhof
Löwensteiner Berge
St.Jakob
Talheim
Heilbronn/ Untergruppenb.
Unterheinriet
Brackenheim
(192)
Meimsheim
Lauffen am Neckar
Wüstenhausen
Abstatt
Wüstenrot
Botenheim
Zaber
Schozach
Ilsfeld
Auenstein
Billensbach
Etzlenswenden
Neulautern
Ilsfeld
Helfenberg
Großhöchberg
Hohenstein
Kirchheim
Neckarwestheim
Maad
Prevorst
Roßstaig
Spiegelberg
Gemmrigheim
Pahlhof
Beilstein
Gronau
Nassach
Kleinhöchberg
Bönnigheim
Wunnenst.
394
Oberstenfeld
Kurzach
Jux
Dauernberg
Hofen
Erligheim
Schwäb. Weinstr.
Ottmarsheim
Winzerhausen
Idyllische Straße
Freudental
Walheim
Mundelshm.
Holzweiler Hof
Altersberg
Löchgau
Mundelsheim
Hof und-Lembach
Einöd
Lautern
Besigheim
Großbottwar
381
Schiffrain
Reichenberg
Schwäb. Dichterstraße
Hessigheim
Höpfigheim
Harzberg
Kleinaspach
Allmersbach
Rietenau
Husarenhof
Kleiningersheim
Urmensch-Museum
Kleinbottwar
Oppenweiler
Ingersheim
Aspach
Strümpfelbach
BIETIGHEIM-
Murr
Lehrhof
Großaspach
Großingersheim
Pleidelsheim
Steinheim
(221)
Rielingshausen
BACKNANG
Steinbach
Pleidelsheim
Benningen
Kirchberg an der Murr
Unter-
Ober-
Schöntal
(271)
Sachsenweiler
Beihingen
Erdmannhausen
-BISSINGEN
Geisingen
Freiberg am Neckar
Schillers Geburtshs.
Schiller-Mus.
Marbach am Neckar
Burgstall
Unterbrüden
Unterweissach
Tamm
Affalterbach
Burgstetten
Erbstetten
Heiningen
Cottenweiler
Ludwigsburg-Nord
Schl. Favorite
Neckarweihingen
(229)
365
Lemberg
Wolfsölden
Heidenhof
Maubach
Waldrems
→ Stuttgart
546
548
550
552
553
557
563
564
564
Heilbronn/ Untergruppenbach
Ilsfeld
Mundelsheim
Pleidelsheim
Ludwigsburg-Nord

1 Unübersehbar ist das **Einkaufszentrum „Breuningerland"**. Es gehört zum Gewerbegebiet „Tammer Feld" und liegt westlich der A 81, direkt neben der AS Ludwigsburg-Nord. Auf den nächsten 15 km folgen weitläufige Firmenansiedlungen.

2★ **„Residenzschloss Ludwigsburg"** (Informationstafel, nur in Richtung Würzburg): Das größte unversehrt erhaltene Barockschloss in Deutschland (AS Ludwigsburg-Nord, 4 km, 10 Min.) wurde 1704 bis 1733 erbaut. Zu den prachtvollsten der 452 Räume zählen Marmorsaal, Schlosstheater und Spiegelkabinett. Von 1724 bis 1775 war Ludwigsburg württembergische Residenzstadt. In den Parks um das „Schwäbische Versailles" findet im Sommer die Gartenausstellung „Blühendes Barock" statt. Das nahe Jagd- und Lustschloss Favorite inmitten eines Wildparks ließ Herzog Eberhard Ludwig (1677–1733) für seine Geliebte Wilhelmine erbauen.

3 Nach Stuttgart (siehe A8, S. 178) nutzen Sie von Norden her am besten die AS Stuttgart-Zuffenhausen. Hier befindet sich im Werk

Würzburg ←

S. 178

565	567,5	573	577	578	579,5	584,5/214	209	588/206	591
1 Ludwigsburg-Nord	2★ Ludwigsburg-Süd	3 Stuttgart-Zuffenhausen	4 Stuttgart-Feuerbach	5	6	7 8 S. 178	Leonberg-Ost	8	8 Sindelfingen-Ost / Böblingen-Ost

6 **„Engelberg"** (Informationstafel): Direkt in Fahrtrichtung Süden sieht man den spitzen Aussichts- und Wasserturm auf dem Engelberg. Darunter entstand in den 30er-Jahren der erste, 318 m lange Autobahntunnel in Deutschland, der bis 1999 den gesamten Verkehr bewältigen musste und jahrzehntelang ein berüchtigter Engpass mit vielen Staus war. Deshalb wurde 1999 ein neuer, in jeder Richtung 3-spuriger Tunnel eröffnet (km 581 – 583,5). Er ist 2530 m lang und hatte bei seiner Eröffnung europaweit den größten Querschnitt.

7 Unmittelbar nach Passieren des Tunnels beginnt das ebenfalls neu erbaute **AD Leonberg** mit sieben geschwungenen, teilweise übereinander verlaufenden Brücken. Ursprünglich sollte hier ein AK entstehen und die A81 direkt nach Süden weiter gebaut werden. Stattdessen verläuft die A81 nun bis zum Stuttgarter Kreuz 8 km auf der A8 (km 214 – 206).

Weithin sichtbar ragt der massige Turm der Stiftskirche über die Altstadt von Herrenberg **13** *hinaus.*

der Firma Porsche das **Porsche-Museum**. Die zweite historische Automobilschau ist das Mercedes-Benz-Museum in den Werksanlagen von DaimlerChrysler in Untertürkheim.

4 Ein einzelner Windkraftwerksrotor dreht sich östlich neben der Autobahn auf einem aus Bauaushub aufgeschütteten Bergkegel, dem **Grünen Heiner**. In der Umgebung erstreckt sich das Gewerbegebiet Stuttgart-Feuerbach.

5 **„Schloss Solitude"** (Informationstafel): Die Kuppel des weißen Schlosses ist auf dem Höhenzug im Osten zu sehen. Das zierliche Rokoko-Schlösschen wurde 1763 – 1767 als „Maison de Plaisance" erbaut. Im Inneren sind wertvolle Möbel und Porzellan zu bewundern. Bei dem rechts über den Wald ragenden Hochhaus handelt es sich um die Zentrale der Robert Bosch GmbH.

8 Wo der Wald endet, kennzeichnen zahlreiche Bürohochhäuser sowie das riesige Einkaufszentrum „Breuningerland" das Gewerbegebiet **Sindelfingen**. Die Stadt Sindelfingen hat sich von einer württembergischen Kleinstadt zu einem Industriezentrum im schwäbischen „Silicon Valley" entwickelt – wie diese Region wegen vieler Elektronikfirmen genannt wird.

9 Zwei mächtige Schornsteine der Firma **DaimlerChrysler** und ein über 1 km langer Parkplatz mit neuen Mercedes-Benz-Fahrzeugen westlich der Autobahn gehören zu Sindelfingen, das ausgedehnte Gewerbegebiet auf der anderen Autobahnseite zu **Böblingen**. Dessen Altstadt auf dem Schlossberg mit Schlosskirche ist nur aus Richtung Süden zu sehen.

10 Östlich begleiten nun die Anhöhen des **Naturparks Schönbuch** die A81. Lange Zeit war der Schönbuch das bevorzugte Jagdgebiet der württembergischen Könige. In westliche Richtung öffnet sich zwischen Waldstrecken mehrfach der Blick auf sanft gewelltes Wiesen- und Ackerland, das fruchtbare so genannte Strohgäu.

11 Mit der **AS Gärtringen** hat es eine besondere Bewandtnis. Hier sollte das ursprünglich vorgesehene Verbindungsstück vom AD Leonberg her einmünden. Deshalb entstanden beim Autobahnbau schon die großzügigen Brücken für das geplante Kreuzungsbauwerk.

12 Unmittelbar nach Durchquerung des 620 m langen Schönbuch-Tunnels öffnet sich ein weiter Fernblick über die **Gäuebene**. Diese wird überwiegend landwirtschaftlich genutzt. In der Ferne im Südosten deutlich erkennbar ist die Schwäbische Alb, die wie eine Mauer schroff aus dem Vorland aufsteigt.

13 **„Stiftskirche Herrenberg – Schönbuch"** (Informationstafel): Nur von Süden her ist der steile Anstieg des Naturparks Schönbuch zu erkennen, an dessen Fuß sich ein Dorf an das andere reiht. Auf halber Höhe erhebt sich die Stiftskirche Herrenberg, deren zierliches Zwiebeltürmchen so gar nicht zum massig wirkenden Turmstumpf passen will. Auf rutschigem Untergrund erbaut, senkte sich der mächtige Bau im Lauf der Jahrhunderte, weshalb 1749 die beiden gotischen Spitztürme abgetragen und durch die Zwiebel ersetzt wurden. „Glucke des Gäus" nennt der Volksmund die Kirche. Unterhalb schmiegt sich die Stadt mit zahlreichen spitzgiebeligen Fachwerkhäusern an den Hang.

14★ Nach einer Gefällstrecke haben Sie den Schönbuch hinter sich gelassen. Seine Steilstufe mit Dörfern, Feldern und Baumwiesen ist deutlich in östlicher Richtung zu erkennen. Die Stufe reicht bis an den Neckar, wo nach 20 km **Tübingen** einen Abstecher lohnt (AS Herrenberg, 20 km, 30 Min.). Die älteste Universitätsstadt Württembergs besticht durch ihr reges kulturelles Leben und eines der schönsten Stadtbilder Süddeutschlands.

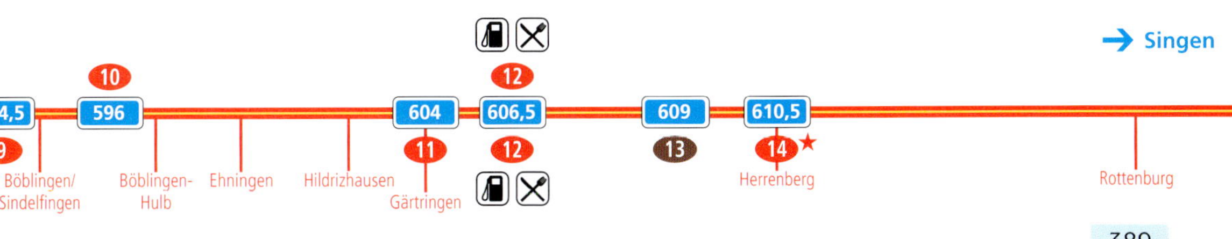

1 Die beiden unübersehbaren **Großhallen** direkt neben der AS Rottenburg beim Ort Bondorf sind zusammen einige hundert Meter lang. Sie dienen mehreren Firmen als Logistikzentrum.

2 Östlich der Autobahn ist der Gebäudekomplex **Liebfrauenhöhe** zu erkennen; er wird von einer Kirche mit achteckigem Dach gekrönt. Hier unterhält die katholische Schönstätter Marienschwesternschaft Berufsfachschulen für Sozialpädagogik und Altenpflege.

3 **„Zollernalb"** (Informationstafel): Der auf dem Schild abgebildete Ammonit soll die an Versteinerungen reiche Schwäbische Alb symbolisieren. Der Name Zollernalb ist vom Geschlecht der Hohenzollern abgeleitet. Ihr Stammland erstreckt sich von der Schwäbischen Alb bis zum Schwarzwald.

4 Windsäcke lassen die ausgesetzte Lage der 900 m langen **Neckartalbrücke Weitingen** erahnen. Sie ist mit 125 m die höchste der zahlreichen Brücken an der A81 und verbindet die Gäuebene mit dem Kleinen Heuberg. Die Brückenpfeiler mussten wegen der Rutschgefahr an den Hängen in voller Höhe vom Talgrund herauf gebaut werden.

5 **„Horb"** (Informationstafel): Auf dem Schild ist die sich malerisch auf einem Bergsporn über dem Neckar erstreckende mittelalterliche

Stuttgart ←

621,5	624	626	629	632	637,5	637,5	640	648

2 · 4 · 8 · 3 9

1 Rottenburg · 3 · 5 Horb am Neckar · 6 · 7 Empfingen · Sulz am Neckar · Oberndorf am Neckar

Stadt abgebildet, überragt vom Turm der Heilig-Kreuz-Kirche aus dem 14. Jh. Am Rathaus beschreibt der farbenfrohe „Horber Bilderbogen" die Stadtgeschichte.

6 **„Schloss Haigerloch"** (Informationstafel): Das Schloss zwängt sich auf eine schmale Bergnase über dem in den Muschelkalk eingegrabenen Flüsschen Eyach. Es stammt ursprünglich aus dem 13. Jh. und wurde 1576 nach einer Aufteilung des Landes Hohenzollern für einige Jahrzehnte Residenz. Im Schloss befindet sich heute ein Hotel. In einem ehemaligen Bierkeller tief unter der Schlosskirche befand sich von Ende 1944 bis April 1945 das Labor einer Forschergruppe um Werner Heisenberg, die dort Kernspaltungsversuche anstellte. Mangels des nötigen Materials gelang dies nur unzureichend. Ein amerikanischer Stoßtrupp besetzte am 22. April 1945 Haigerloch, verhaftete die Wissenschaftler und beschlagnahmte das Uran. Heute dokumentiert das Atomkeller-Museum die Geschichte der deutschen Kernforschung und die dramatische Rettung der Kirche.

7 Nicht zu sehen, aber unbedingt einen Hinweis wert: 26 km sind es von der AS Empfingen zur **Burg Hohenzollern** (855 m), seit dem 11. Jh. Stammsitz des Zollerngeschlechts, das rund 200 Jahre die Könige von Preußen und später die deutschen Kaiser stellte. Die jetzige Burg wurde 1850–1856 im Geist der Burgenromantik jener Zeit erbaut. Besonders eindrucksvoll ist die Schatzkammer mit der juwelenbesetzten preußischen Königskrone.

8 Die 582 m lange und 40 m hohe **Mühlbachtalbrücke** mit ihren schlanken Pfeilern ist aus südlicher Fahrtrichtung schon von weitem zu sehen. Unter der Brücke liegt der Ort Mühlheim am Bach.

9 Direkt neben der Autobahn steht östlich ein **Gipswerk**. Gleich darauf folgt eine 1 km lange, etwas wellige, beiderseits und am Mittelstreifen mit Beton und Mauern versiegelte Strecke. Durch eindringendes Regenwasser quillt der Gips der hier angeschnittenen Gipskeuperschicht auf. Deshalb muss die Fahrbahn häufig repariert werden.

10 Eine 3 km lange, gerade und auf volle Breite betonierte Strecke zwischen km 654 und 657 wurde als **Ersatzlandebahn** für den Verteidigungsfall angelegt. Von hier aus ist östlich der **höchste Teil der Schwäbischen Alb** zu erkennen. 1015 m hoch ist der von einem Fernsehturm gekrönte Lemberg. Weiter im Süden liegen der Dreifaltigkeitsberg mit einer Wallfahrtskirche und der Hohenkarpfen. In Dotternhausen bei Schömberg zeigt ein modernes Werkforum der dortigen Zementwerke Fossilien, die beim Kalkabbau gefunden wurden, darunter Baumstämme, Fische und Seelilien.

Die Burg Hohenzollern 7 war seit dem 11. Jh. Stammsitz des Geschlechts, das 200 Jahre lang Preußens Könige und später die deutschen Kaiser stellte.

11★ **„Rottweil – historische Stadt"** (Informationstafel): Die Türme der Stadt sind in südöstlicher Richtung kurz zu sehen. Baden-Württembergs älteste, von den Römern gegründete Stadt ist einen Besuch wert. Sie ist über die AS Rottweil nach 4 km (5 Min.) zu erreichen. Ihr spätmittelalterliches Stadtbild ist weitgehend erhalten. Wahrzeichen ist der 70 m hohe Kapellenturm der Kapellenkirche, der als einer der schönsten gotischen Türme zwischen Prag und Paris gilt. In der Altstadt entzücken die Häuser mit freskengeschmückten Erkern und Vorbauten. Hinter dem Schwarzen Tor erhebt sich der im 13. Jh. als Gefängnis errichtete Hochturm. Eine wertvolle Kunstsammlung befindet sich in der 1580 erbauten Lorenzkapelle. Im Museum für Steinmetzkunst sind die Original-Skulpturen des Kapellenturms zu bewundern, darunter ein Figurenzyklus der Propheten und Apostel. Berühmt ist der Rottweiler Narrensprung: Alljährlich am Fastnachtsmontag und -dienstag ziehen die Rottweiler Narren durch das Schwarze Tor in die Stadt.

12 Von der 368 m langen und 96 m hohen **Neckarbrücke** erkennt man nördlich das nicht öffentlich zugängliche Hofgut Neckarburg. Bei der Bogenbrücke mit einer Bogenspannweite von 154,5 m, einer der größten in Deutschland, wechselt die Autobahn vom Albvorland auf die Schwarzwaldseite des Neckars.

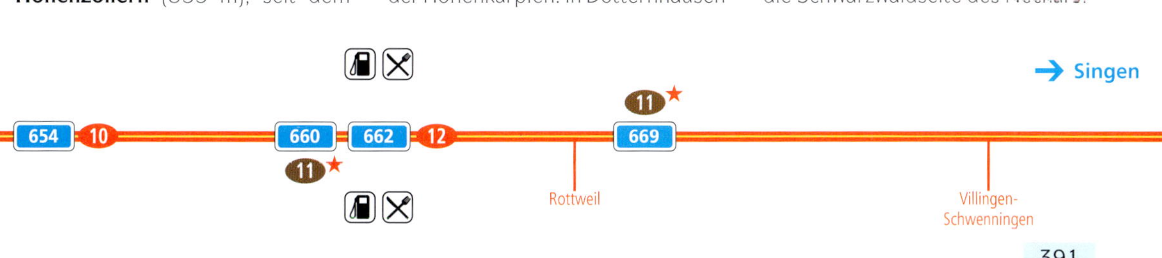

❶ **„Villingen"** (Informationstafel): Die historische Stadt mit kreuzförmigem Grundriss ist noch fast vollständig von der alten Stadtmauer umgeben. Auf deren Krone wurde ein Rundgang angelegt. Bedeutendstes Bauwerk ist das Münster Unserer Lieben Frau mit spätgotischer Kanzel. 1972 schlossen sich bei der Gemeindereform zwei Städte zur Doppelstadt Villingen-Schwenningen zusammen. **Schwenningen**, einst weltgrößte Uhrenstadt, ist Ausgangspunkt der Deutschen Uhrenstraße. In einer stillgelegten Fabrik ist das Uhrenindustrie-Museum untergebracht. In Schwenningen entspringt der Neckar in einem unter Naturschutz stehenden Moor.

❷ Nach dem sanften Aufstieg aus dem Tal des jungen Neckars durch eine Waldstrecke öffnet sich

Stuttgart ←

677	680	684	685	688	699	705,5
1 Villingen-Schwenningen	2 / 2	3 Tuningen	4	5 / 864 S. 437	6★ Geisingen	7

die **Baar**, eine leicht hügelige, bis über 900 m hohe Hochfläche zwischen Schwarzwald und Schwäbischer Alb, die hier fast zusammenstoßen.

3 **Bad Dürrheim** heißt einer der ausgeschilderten Orte an der AS Tuningen. Schon vor Jahrhunderten wurde hier Salzsole aus der Tiefe gefördert. Vor einigen Jahrzehnten erbohrte man zusätzlich stark salzhaltiges Thermalwasser, dem das Kur- und Freizeitbad „Solemar" seinen Namen verdankt. Elf Becken mit Wassertemperaturen zwischen 28 und 38 °C laden zum Entspannen ein. In den Kuppelbauten der früheren Saline befindet sich das größte deutsche Maskenmuseum (u. a. mit 400 lebensgroßen Narrenfiguren).

4 Nach Durchquerung der Ausläufer der Schwäbischen Alb geht es abwärts ins **Tal der Oberen Donau**. Im Talgrund beweist das wuchtige Zementwerk Geisingen neben der Autobahn, dass hier Kalkstein abgebaut wird. Nach der 318 m langen Donautalbrücke geht es wieder über einen Höhenunterschied von 110 m aufwärts zum Hegau.

5 Das **AD Bad Dürrheim** sollte der Beginn der einst geplanten Schwarzwald-Autobahn A864 nach Freiburg sein. Diese wurde aber nie verwirklicht und endet nach nur 6 km. Über diesen Torso gelangt man nach **Donaueschingen**, wo sich Brigach und Breg zur Donau vereinen. Die „Donauquelle", eine kreisrunde Quellfassung mit einer neoklassizistischen Marmorgruppe von 1896, befindet sich im Park vor dem Donaueschinger Schloss.

Idyllisches Ufer auf der Insel Reichenau im nördlichen Ausläufer des Bodensees.

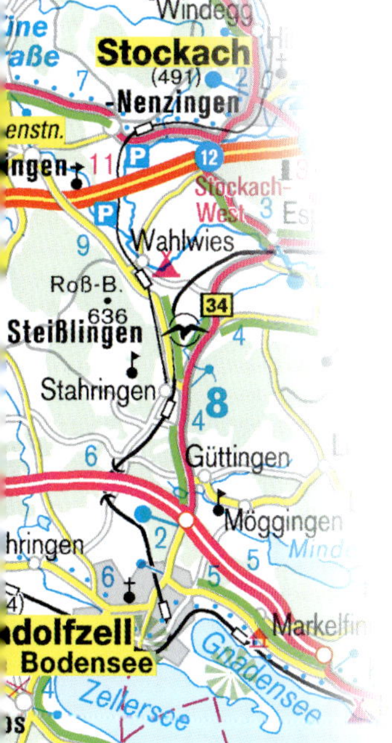

6★ Über die AS Geisingen empfiehlt sich ein Abstecher zur **Donauversickerung** in der Schwäbischen Alb, einer der eindrucksvollsten Flusslandschaften Mitteleuropas. 200 m tiefe Schluchten und Felswände sowie alpin anmutende Kliffs flankieren den gewundenen Cañon. An den schroffen Hängen kleben Burgen und Ruinen. Bei Tuttlingen-Möhringen beeindruckt ein besonderes Naturschauspiel: die Donauversickerung. Hier verschwindet die Donau bei Niedrigwasser fast völlig. Das Wasser fließt unterirdisch nach Süden ab und kommt erst im 19 km entfernten Aachtopf (siehe rechte Spalte) wieder ans Tageslicht.

7 **„Hegau-Vulkane"** (Informationstafel): Hier öffnet sich zum ersten Mal der Blick auf die markanten Bergkegel. Die zwei fast parallelen Reihen der Vulkane haben dieser Naturerscheinung auch schon den Namen „Herrgotts Kegelspiel" eingetragen. Es handelt sich um die Reste von Vulkanen, die vor 15 bis 7 Mio. Jahren aktiv waren. Im Lauf der Jahrmillionen wurden die aus Auswurf bestehenden Bergkegel abgetragen, nur die harten Basaltschlote sind stehen geblieben.

8 **„Engen"** (Informationstafel): Das Schild weist auf eines der besterhaltenen mittelalterlichen Stadtensembles in Süddeutschland hin. Besonders sehenswert sind das spätgotische Rathaus und das Krenkinger Schloss. Mehr als zwei Dutzend Brunnen mit modernen Skulpturen bilden einen spannungsvollen Gegenpol.

9 Die bei Tuttlingen-Möhringen und Fridingen versickerte Donau kommt 5 km östlich der AS Engen als Deutschlands stärkste Quelle, dem **Aachtopf**, wieder ans Tageslicht. Bis zu 30 000 l in der Sekunde quellen aus dem fast kreisrunden Trichter und fließen als Aach in den Bodensee und den Rhein. Mit gefärbtem Wasser wurde nachgewiesen, dass es sich um das unterirdisch abgeflossene Donauwasser handelt.

10 **„Burgruine Hohentwiel"** (Informationstafel): Hier wird auf den genau in Fahrtrichtung aufragenden Bergkegel (686 m) mit den Resten einer mächtigen Befestigungsanlage hingewiesen. Auf diesem „König der Hegau-Vulkane" steht seit 914 eine Burg, die 1801 von Napoleons Truppen gesprengt wurde, aber auch als Ruine noch eindrucksvoll ist. Bei dem wie eine Nadel aufragenden Vulkan etwas nördlich handelt es sich um den Hohenkrähen (644 m).

11 Der **Hohentwieltunnel** führt fast direkt unter dem Berg hindurch. Die beiden Röhren sind 833 und 782 m lang. Der 5 km später folgende **Heilbergtunnel** ist 445 m, in Gegenrichtung 483 m lang. Die Autobahn verläuft nun noch wenige km durch die teilweise bewaldeten Ausläufer des Randen, eines Höhenzugs zwischen Hegau und Schwarzwald, bis sie bei km 731,3 kurz vor der Schweizer Grenze endet.

12★ Vom **Autobahnende** bei Gottmadingen und weiter über die Hauptstraße 15 lohnt sich ein Abstecher ins 12 km, 15 Min. entfernte Schaffhausen und zum nahen **Rheinfall**. Europas größter Wasserfall donnert 23 m tief über eine Felsbarriere.

S. 431
98

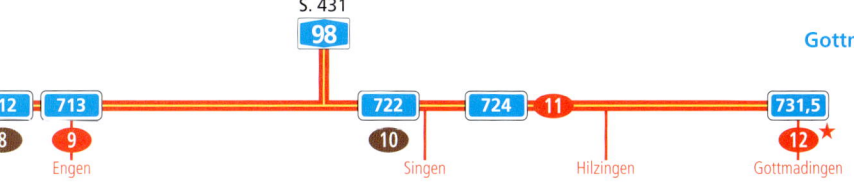

Gottmadingen

711 | 712 | 713 | 722 | 724 | 11 | 731,5

8 | 9 Engen | 10 Singen | Hilzingen | 12★ Gottmadingen

92 Entlang der Isar

München → Freising → Landshut → Deggendorf

„2000 km Autobahnen in Bayern" ist in die Steinsäule gemeißelt, darunter das Datum der Verkehrsfreigabe am 16.12.1988. Die Kilometersäule steht auf einem Parkplatz der A92 bei Pilsting in Fahrtrichtung Deggendorf. Mit der Fertigstellung der A92 verfügte der Freistaat über 2000 Autobahnkilometer. Diese Autobahn symbolisiert daher Bayerns Anstrengungen in den vergangenen Jahrzehnten, als größter Flächenstaat Deutschlands und Grenzland zu Österreich und Tschechien ein leistungsfähiges Fernstraßennetz zu errichten.

Der Bau der A92 war ein Stück praktische Aufbauhilfe für den ländlichen Raum: Die Autobahn wurde Ende der 60er-Jahre konzipiert, um dem damals wirtschaftlich zurückgebliebenen Bayerischen Wald eine Anbindung an den prosperierenden Münchner Raum zu bieten. Noch heute macht die hohe Verkehrsdichte am Freitagnachmittag deutlich, wie viele Wochenendpendler in Ostbayern wohnen und in München arbeiten.

Der Weg ins bayerische Silicon Valley

Längst haben sich die Hoffnungen auf einen Aufschwung durch die Autobahn mehr als erfüllt. Spätestens seit Eröffnung des Flughafens im Erdinger Moos 1992 ist der Norden Münchens zu einer Art bayerischem Silicon Valley geworden. Von Microsoft über Cisco bis Amazon hat sich hier die Crème der New Economy angesiedelt. In einer knappen Stunde erreicht man über die A92 Deggendorf – kein Wunder, dass die Grundstückspreise am Donauufer in die Höhe schnellten.

Zunächst musste sich die A92 allerdings viel Gespött gefallen lassen: 1972 wurde mitten auf dem flachen Land ein erster, nur 11 km langer Abschnitt von Wallersdorf nach Sautorn/Plattling dem Verkehr übergeben. Diese Strecke erhielt bald den Namen „Fünf-Minuten-Autobahn". Auch weitere kurze Teilstücke konnten den bruchstückhaften Charakter zunächst nicht recht widerlegen – etwa das 4 km lange Stück vom Autobahnring München (A99) nach Oberschleißheim, das 1972 zur Erschließung der Ruderregatta-Anlage für die Olympischen Spiele entstand. Ende der 80er-Jahre wurde dann aber doch in relativ kurzer Zeit aus einem Torso eine durchgehende Autobahn – begünstigt durch den Bau des neuen Flughafens München. So erfüllt die A92 heute zahlreiche Funktionen, die ihr nicht in die Wiege gelegt wurden: Westlich des AK

2 km nördlich der AS Moosburg-Nord quert die A92 den Isarkanal. Im Hintergrund ist das Atomkraftwerk Ohu zu erkennen.

92

- **Länge** 135 km / 1:12 h
- **Entfernungen und Fahrzeiten** (ca.)

AD München-Feldmoching – AS Landshut-West 57 km / 0:31 h
AS Landshut – Deggend.-M. 78 km/0:41 h

Neufahrn dient sie als Bypass zum überlasteten Münchner Autobahnring A99, auch bei Stau auf der A9 zwischen München und Neufahrn wird der Verkehr über das AD München-Feldmoching gelenkt. Längst trösten sich auch der Raum Passau und das niederbayerische Bäderdreieck um Bad Füssing mit der A92 darüber hinweg, dass aus „ihrer" A94 über Mühldorf bislang wenig geworden ist. Und schließlich denken seit dem Fall des Eisernen Vorhangs nicht nur Lokalpolitiker laut darüber nach, die Trasse über Regen zur tschechischen Grenze und von dort weiter über Klattau nach Pilsen zu führen.

Niederbayerische Landschaft

Landschaftlich ist die A92 vorwiegend von der sanften Sorte. Sie quert zunächst die Münchner Schotterebene mit ihrem dichten Industrie- und Gewerbeaufkommen, um sich dann ab der AS Freising-Süd für die verbleibenden mehr als 100 km weitgehend am Lauf der Isar zu orientieren. Zweimal wird der Fluss überquert: bei Freising-Süd und bei Moosburg-Nord. Fast immer geht es eben dahin; der Blick wird eingerahmt von den mehrere Kilometer entfernten Isarhochufern.

Nur einmal führt die Strecke aus dem Isarkiesbett heraus in die sanft geschwungenen Hügel Niederbayerns mit ihren Wiesen, Äckern, Wäldern, malerischen Dörfern und Märkten: bei der Umfahrung von Landshut. Auch diese Trasse sollte ursprünglich stadtnah an der schönen gotischen Stadt vorbei geführt werden, wie das in den 60er-Jahren noch üblich war. Diese Linienführung aber war städtebaulich schnell umstritten und außerdem zu teuer. Denn aus Lärmschutzgründen hätte ein 1000 m langer Tunnel gebaut werden müssen. So entschied man sich schließlich für die nun realisierte Lösung, die Landshut nördlich in weitem Bogen umgeht.

Sobald Landshut umfahren ist, schmiegt sich die A92 wieder eng ans Isarufer. Wenige Kilometer später führt sie am markantesten Blickfang der gesamten Strecke vorbei: Der gewaltige Kühlturm des Kernkraftwerks Ohu mit seiner weißen Dampffahne ist in Fahrtrichtung München bereits vor Dingolfing zu sehen. In Richtung Deggendorf bildet sich bald nach Ohu bei klarem Wetter am Horizont die eindrucksvolle Kulisse des Bayerischen Waldes. Bevor das Ende der A92 erreicht ist, führt die Autobahn noch auf der Donaubrücke bei Deggendorf über den mächtigen Strom. Etwas weiter südlich endet auch die Reise der Isar, die die A92 begleitet hat – sie mündet in einer idyllischen Aulandschaft bei Isarmünd in die Donau.

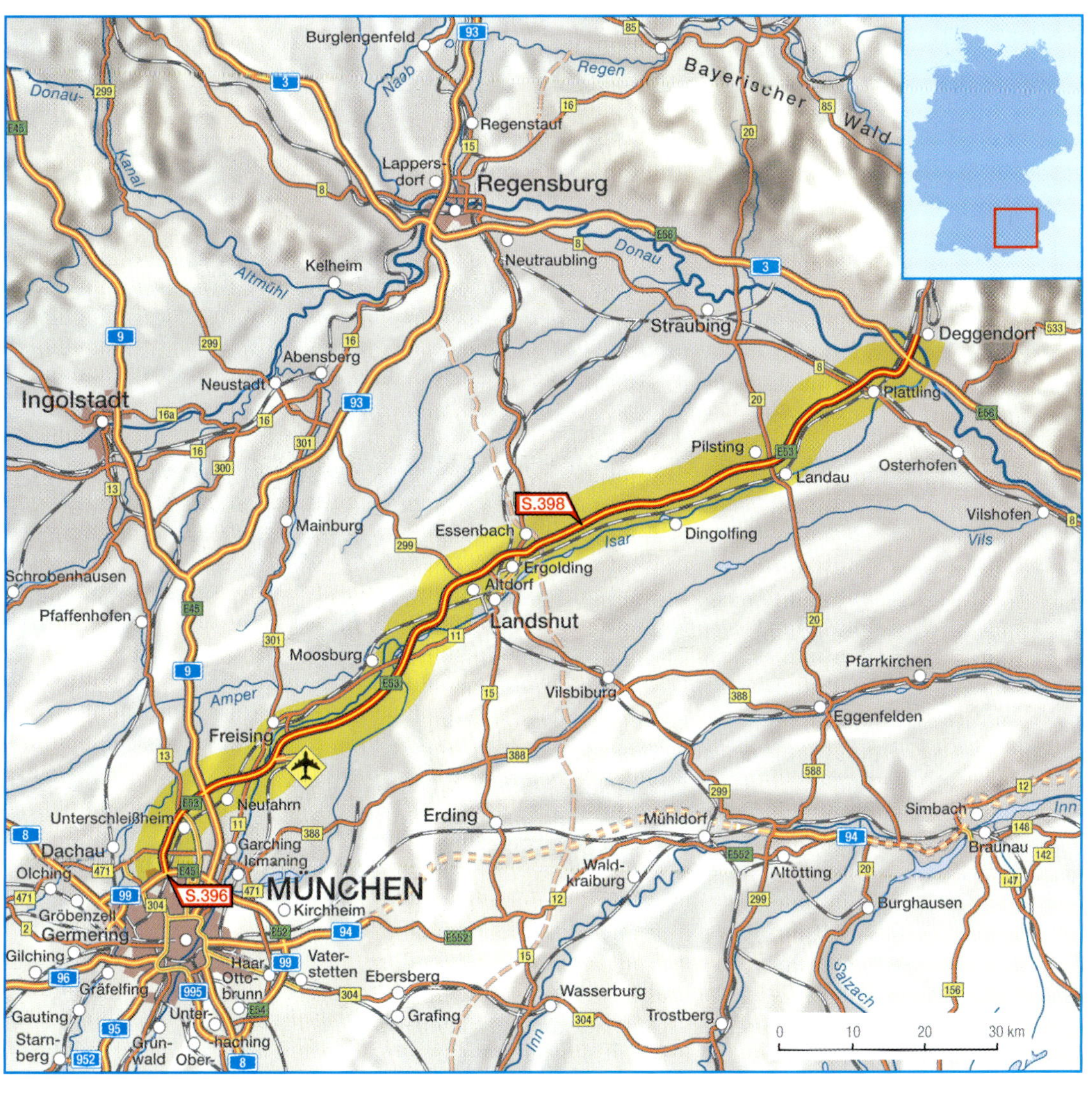

1 Auf der Höhe der AS Lohhof sind südlich der Autobahn die Bürogebäude von **Microsoft** zu sehen. Der amerikanische Software-Riese hat hier seine Deutschland-Zentrale.

2 **„Domberg Freising“** (Informationstafel): Wenn die Tafel ins Blickfeld rückt, tauchen nördlich am Horizont die beiden markanten Türme des Freisinger Doms auf (8 km, 8 Min. von der Autobahn entfernt). Ein wenig weiter östlich kann man auch den berühmten Hügel im Zentrum der alten Bischofsstadt erkennen. Zwischen dem 8. und dem 14. Jh. war der Freisinger Domberg der geistige und geistliche Mittelpunkt Oberbayerns. Der Dom wurde von 1160 bis 1205 im romanischen Stil erbaut und im 18. Jh. von den Gebrüdern Asam im Rokokostil ausgestaltet. Es empfiehlt sich ein Besuch im Biergarten „Bräustüberl“ der Bayerischen Staatsbrauerei Weihenstephan, der ältesten Brauerei der Welt (seit 768).

3 Zwischen km 18 und km 22 verlaufen die Gleise der **Flughafen-S-Bahn** östlich unmittelbar neben der Autobahn. Die bodenschonende Bauweise der S-Bahn erforderte ungewöhnliche Brückenbauwerke an der AS Freising-Süd. Aus Gründen der Unfallsicherheit musste zudem ein Erdwall zwischen Gleis und Fahrbahn aufgeschüttet werden.

4 An der AS Flughafen München endet die 6-spurige Ausbaustrecke, und ab dieser Stelle wird auch der Verkehr wesentlich ruhiger.

Flughafen München

Ein spektakulärer Umzug war seine Geburtsstunde: Um den Flugbetrieb nicht unterbrechen zu müssen, zog der ganze Münchner Flughafen in einer einzigen Nacht im Mai 1992 vom alten Standort in Riem hierher ins Erdinger Moos. Dabei wurden u. a. 40 Flugzeuge, 61 Abteilungen und sieben Flugzeugschlepper verlegt. Insgesamt waren 670 Fahrzeuge im Einsatz, um den Umzug durchzuführen. Die Autobahn wurde während dieser Zeit gesperrt.

Seitdem hat „MUC“ sein Aufkommen von 11 Mio. auf über 23 Mio. Fluggäste pro Jahr bei 300 000 Starts und Landungen mehr als verdoppelt und liegt damit europaweit auf Platz neun. Es gibt zwei parallele 4000 m lange Start- und Landebahnen im Abstand von 2300 m, die um 1500 m versetzt sind.

Um auf dem Münchner Airport zu erleben, wie die moderne Luftfahrt funktioniert, muss man nicht unbedingt Flugpassagier sein. Rund 600 000 Gäste jährlich zieht es zum Besucherpark. Wer die 172 Stufen des 28 m hohen Besucherhügels erklommen hat, genießt einen herrlichen Ausblick auf das Vorfeld und den Flugbetrieb. Gleich neben dem Hügel stehen drei alte Flugzeuge: eine JU 52, eine DC 3 (1941) und eine Lockheed Super Constellation (1957), die auch innen besichtigt werden kann. 1999 kam das Informationszentrum „Dimension M“ hinzu, mit Ausstellungen, Filmen und Dokumentationen rund um die Luftfahrt. Mehrmals täglich bietet der Flughafen Führungen an – auch über das Vorfeld, das Besuchern normalerweise nicht zugänglich ist.

München

S. 184/S. 184 — 8 — 99 — 99 — 9 — S. 184/S. 212 — Oberschleißheim

8,5 — 1 Lohhof

S. 212 — 9 — 9 — 99 — S. 212/S. 184

17 — 2

18 — 3 Freising-Süd

22,5 — 4 Flughafen München

26 — 5 Freising-Mitte — Freising-Ost

30 — 2

Unmittelbar nach der AS können die Beifahrer einen Blick auf einen mit ungewöhnlich spiralförmigen Furchen überzogenen Acker erhaschen. Dies sind **„Luftsymbole“** – ein Kunstprojekt (seit 1994) von Wilhelm Holderied und Karl Schlamminger, um ankommende Fluggäste bereits in der Luft zu begrüßen.

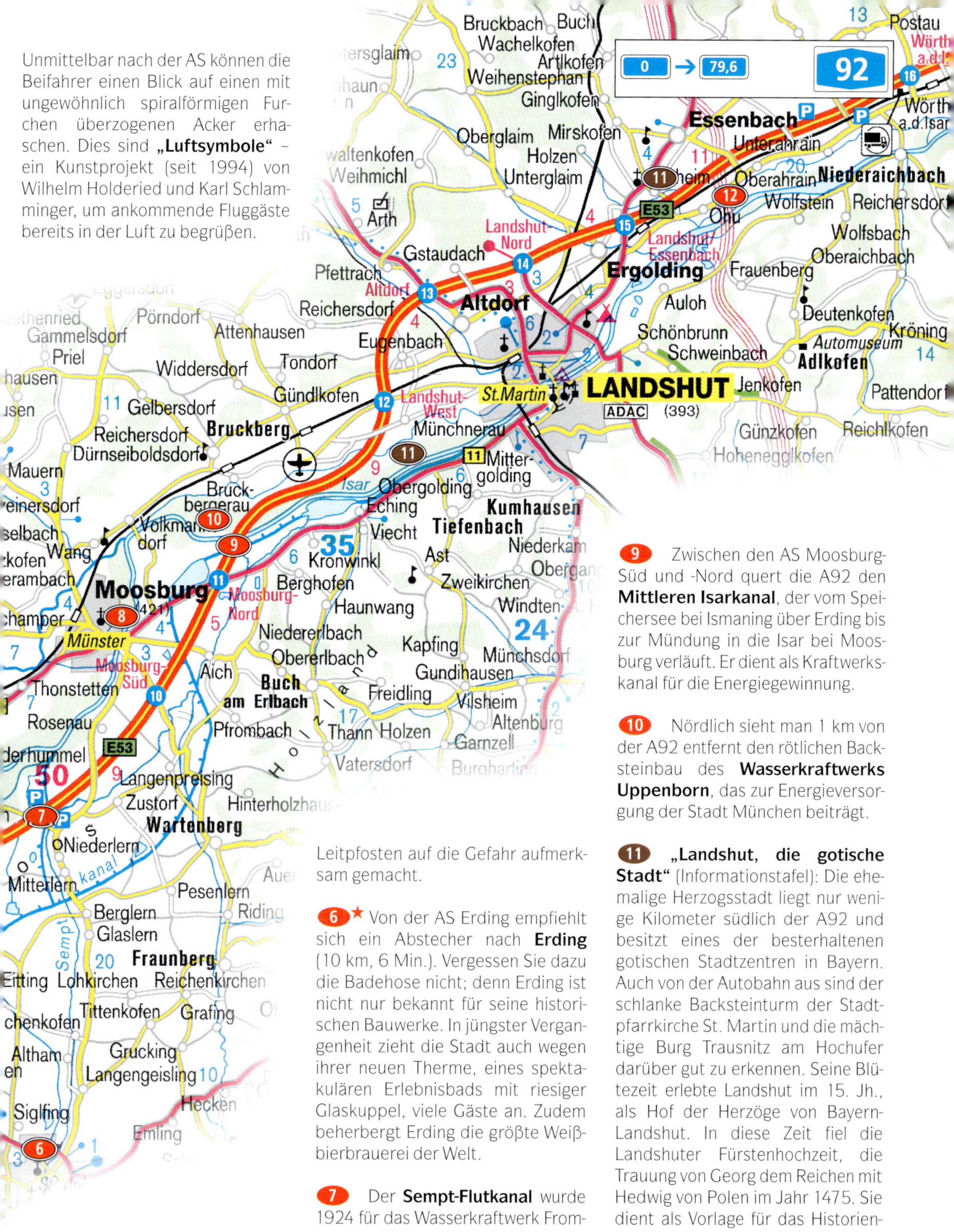

5 In Fahrtrichtung München sind **Leitpfosten mit speziellen Warnlichtern** ausgestattet (auf einer Länge von 8 km). „Companion“ heißt dieser Langzeitversuch, der auf einer Kooperation des Freistaates Bayern mit den BMW-Werken basiert und seit 1996 durchgeführt wird. Bei Unfällen und starkem Nebel werden die Autofahrer durch die blinkenden Warnlichter an den Leitpfosten auf die Gefahr aufmerksam gemacht.

6 ★ Von der AS Erding empfiehlt sich ein Abstecher nach **Erding** (10 km, 6 Min.). Vergessen Sie dazu die Badehose nicht; denn Erding ist nicht nur bekannt für seine historischen Bauwerke. In jüngster Vergangenheit zieht die Stadt auch wegen ihrer neuen Therme, eines spektakulären Erlebnisbads mit riesiger Glaskuppel, viele Gäste an. Zudem beherbergt Erding die größte Weißbierbrauerei der Welt.

7 Der **Sempt-Flutkanal** wurde 1924 für das Wasserkraftwerk Frombach südlich von Moosburg erbaut. Er verbindet den Mittleren Isarkanal mit der Isar.

8 Westlich der A92 säumen die Isarauen den Weg der Autobahn. Am anderen Flussufer liegt hinter einem Pappelwäldchen verborgen die Stadt **Moosburg**. Das Münster von Moosburg, ein Bau aus dem 15. Jh., ist nach dem römischen Märtyrer St. Castulus benannt.

9 Zwischen den AS Moosburg-Süd und -Nord quert die A92 den **Mittleren Isarkanal**, der vom Speichersee bei Ismaning über Erding bis zur Mündung in die Isar bei Moosburg verläuft. Er dient als Kraftwerkskanal für die Energiegewinnung.

10 Nördlich sieht man 1 km von der A92 entfernt den rötlichen Backsteinbau des **Wasserkraftwerks Uppenborn**, das zur Energieversorgung der Stadt München beiträgt.

11 **„Landshut, die gotische Stadt“** (Informationstafel): Die ehemalige Herzogsstadt liegt nur wenige Kilometer südlich der A92 und besitzt eines der besterhaltenen gotischen Stadtzentren in Bayern. Auch von der Autobahn aus sind der schlanke Backsteinturm der Stadtpfarrkirche St. Martin und die mächtige Burg Trausnitz am Hochufer darüber gut zu erkennen. Seine Blütezeit erlebte Landshut im 15. Jh., als Hof der Herzöge von Bayern-Landshut. In diese Zeit fiel die Landshuter Fürstenhochzeit, die Trauung von Georg dem Reichen mit Hedwig von Polen im Jahr 1475. Sie dient als Vorlage für das Historienspektakel mit über 2000 Mitwirkenden, das alle vier Jahre in Landshut aufgeführt wird.

12 Südlich der A92 ist bereits von weitem der mächtige Kühlturm des **Atomkraftwerks Ohu** zu erkennen. Genau genommen sind es zwei Kraftwerke: 1977 wurde der Siedewasserreaktor in Betrieb genommen, Jahre später wurde der Druckwasserreaktor aktiviert.

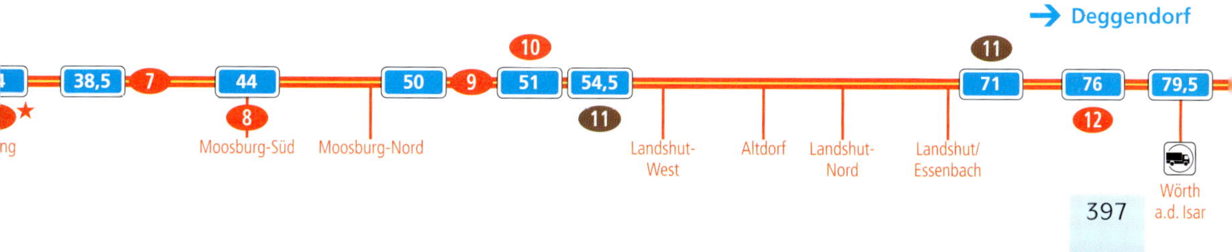

1 An der Südseite der AS Wörth a.d. Isar bietet sich der **Autohof Wörth** mit Tankstelle, Supermarkt, McDonald's-Filiale und Motel zur Rast an – die einzige Rastanlage an der ganzen A92. In **Wörth**, das versteckt hinter Lärmschutzwänden 1 km südlich der Autobahn liegt, gibt es am Wörther See die Freizeitanlage „Watazoo" mit Wasserski- und Wakeboardanlage. Das Gewässer entstand als Kiesgrube beim Autobahnbau.

Die Donau, hier bei Deggendorf, ist das beliebteste Revier für Flusskreuzfahrten in Europa.

2 **„Herzogsburg in Dingolfing"** (Informationstafel): Aus dem Jahr 1475 datiert die Dingolfinger Herzogsburg, die den niederbayerischen Herzögen als Quartier diente und heute das Stadtmuseum beherbergt. Sehenswert ist die Ausstellung „Leben und Arbeiten im Industriezeitalter"; sie zeigt die industrielle Entwicklung der Region von der Sämaschine bis zum Goggomobil auf.

3 Der moderne Hallenkomplex ist schon von weitem zu sehen: Direkt anschließend an die AS Dingolfing-West erstreckt sich südlich der A92 das weitläufige Gelände des **BMW-Werks Dingolfing**, mit 20 000 Mitarbeitern eines der größten Automobilwerke Europas. Diese Niederlassung entstand, nachdem BMW 1967 die Dingolfinger Autoschmiede von Hans Glas übernommen hatte. Glas, der Hersteller des legendären Goggomobils, war kurz zuvor mit sportlichen und durchaus BMW-ähnlichen Modellen gescheitert. Heute bringt das BMW-Werk der Region viele Arbeitsplätze und auch einen soliden Wohlstand.

4★ Empfehlenswert ist ein Abstecher zum **Bayern-Park** bei Reisbach, einem 250 000 m² großen Freizeitpark mit Attraktionen für Groß und Klein. Von der AS Dingolfing-West sind es rund 20 km, 20 Min. nach Südosten.

5 Südlich der Autobahn sind die Wellblech-Hangars eines Flugplatzes zu sehen. Der **Sonderlandeplatz Dingolfing**, so sein offizieller Name, wird vom Luftsportverein Dingolfing betrieben und bietet auch auswärtigen Fliegern die Möglichkeit, zu starten und zu landen. Außerdem kann man sich dort als Passagier für Rundflüge anmelden.

6 Nördlich der A92 können Sie noch einen Blick auf die stattliche **Reitanlage Behrhof** mit rund 120 Stallungen werfen, bevor sie hinter einem Lärmschutzwall verschwindet. In dem Reitsportzentrum werden regelmäßig Turniere durchgeführt und Reitstunden angeboten – auch im Westernreiten.

7 Bei gutem Wetter gleiten Surfer über einen Baggersee südlich der A92. Der beim Autobahnbau entstandene **Moßandl-Weiher** ist heute ein beliebtes Ausflugsziel der Einwohner von Dingolfing. Neben einem Badestrand gibt es dort auch noch einen Campingplatz.

8 **„Landau a.d. Isar Vorgeschichtsmuseum"** (Informationstafel): Das Niederbayerische Vorgeschichtsmuseum im ehemaligen Herzogssitz Kastenhof zeigt Alltagsgegenstände von der Altsteinzeit bis ins frühe Mittelalter. Das 1997 mit dem Europäischen Museumspreis ausgezeichnete Haus ist bekannt für sein modernes Konzept: Wer möchte, kann selber am Bildschirm eine „Ausgrabung" durchführen.

9 Unübersehbar ragt die **Stadtpfarrkirche von Landau** über dem Isar-Hochufer südöstlich der A92 auf. Wenige Meter nach der AS Landau a.d. Isar hat man von der Autobahn den besten Blick auf das gesamte historische Stadtzentrum. Im 13. Jh. wurde der einstige Sitz der niederbayerischen Herzöge als Bollwerk der Wittelsbacher gegen die Passauer Bischöfe ausgebaut.

10 Das flache Land nördlich der Autobahn sind die südlichen Ausläu-

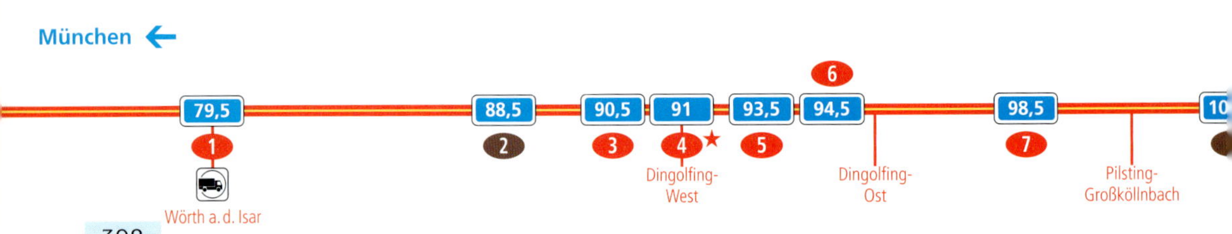

fer des **Gäubodens**. Die Kornkammer Niederbayerns reicht von der Isar bis zur Donau bei Straubing.

11 Bei klarem Wetter kann man bei km 117 bereits die **Ausläufer des Bayerischen Waldes**, den so genannten Vorwald, am Horizont erkennen. Ziemlich genau in Blickrichtung der Autobahn erhebt sich der 729 m hohe Kanzel-Berg, dahinter der 1092 m hohe Dreitannenriegel. Etwas weiter nördlich sieht man den 774 m hohen Butzen.

12 **„St. Jakob in Plattling"** (Informationstafel): Die romanisch-gotische Basilika mit ihrem markanten, spitz zulaufenden Turm ist bereits lange vor der Informationstafel östlich der A92 zu sehen. Im Inneren der Kirche befinden sich ein wertvolles Taufbecken aus dem 12. Jh. und Wandmalereien des 15. und 16. Jh. Im frühen Mittelalter war St. Jakob Mittelpunkt der Siedlung „Platelinga", wo laut dem Nibelungenlied Kriemhild auf der Fahrt ins Hunnenland gerastet haben soll. Ursprünglich rechts der Isar gelegen, wurde der Ort 1397 wegen anhaltender Überschwemmungsgefahr am anderen Isarufer aufgebaut.

13 An der AS Plattling-West hat man nach Süden einen schönen Blick auf **Plattling**. Östlich von Plattling erstreckt sich das **Isarmündungsgebiet**. Mit seinen Isaraltwassern und Auen gilt es als eines der größten intakten Flussmündungsgebiete Europas und ist bei Wanderern und Radfahrern sehr beliebt.

14 **„Bayerischer Wald"** (Informationstafel): Auf der Nordseite des Donauufers erhebt sich der Bayerische Wald. Er reicht von Regensburg bis Passau und bildet gemeinsam mit dem Böhmerwald das größte Waldgebirge Mitteleuropas (siehe auch A3, S. 79).

15 Südlich der AS Plattling-Nord ist am Stadtrand eine große **Zuckerfabrik** zu erkennen. Das Werk Plattling der Südzucker AG verarbeitet pro Jahr rund 1,3 Mio. t Zuckerrüben, die aus dem fruchtbaren Gäuboden geliefert werden, zu etwa 200 000 t Zucker.

16 Nördlich der A92 zeichnet sich im Hintergrund der **Natternberg** ab, ein 384 m hoher, vom Rest des Bayerischen Waldes abgerissener und heute durch die Donau getrennter Gneisbrocken. Auf dem Hügel steht die Ruine der einstigen Ritterburg von Natternberg.

Vom Frankenwald zu den Alpen

Hof → Weiden → Regensburg → AD Holledau AD Inntal → Kiefersfelden

Die A93 taucht im deutschen Autobahnnetz gleich zweimal auf: einmal im bayerischen Süden als 24 km lange Verbindung von der A8 München–Salzburg (Inntaldreieck) zum Grenzübergang Kiefersfelden/Kufstein; das zweite, weitaus längere Stück der A93 jedoch führt als 4-spurige Autobahn 240 km weit vom Dreieck Hochfranken über Regensburg zum Dreieck Holledau.

Ursprünglich war geplant, eine Autobahnverbindung von Regensburg über Landshut und Rosenheim nach Österreich zu schaffen. Aber dieser Plan wurde fallen gelassen – was zu einem Kuriosum geführt hat: Die 61 Anschlussstellen der A93 sind von Hof bis zum Dreieck Holledau und vom Inntaldreieck bis Kiefersfelden durchnummeriert. Anschlussstellen für das dazwischen liegende, nicht realisierte Stück sind demnach gar nicht mehr vorgesehen.

Der nördliche Teil der A93 ist über einen längeren Zeitraum in zwei Bauabschnitten entstanden: südlich der Donau vom Dreieck Holledau bis Regensburg und nördlich der Donau zwischen Regensburg und Hof.

Langwieriger Bauprozess

Obwohl bereits 1936 mit dem Abschnitt Regensburg–Wolnzach begonnen wurde, war der südliche Abschnitt im Grundnetzplan von 1938, der 7000 km Reichsautobahnen vorsah, noch nicht enthalten. Erst auf der Autobahnübersichtskarte von 1940 ist er als geplante Strecke verzeichnet. Tatsächlich wurde noch in den Kriegsjahren an der Trasse gearbeitet. 1940 schufen die Baukolonnen den Erd- und Brückenbau für das rund 23 km lange Stück zwischen Holledau und Elsendorf.

Das Ziel war, eine schnelle Verbindung zwischen den beiden bayerischen Zentren München und Regensburg herzustellen. Nach Hitlers Plänen sollte die Autobahn über Karlsbad in Tschechien nach Chemnitz weitergeführt werden. Die restlichen 40 Kilometer bis Regensburg blieben aber schon im Ansatz stecken. Nur ein Fünftel der Erdarbeiten und etwa die Hälfte der Brücken hat man realisiert. 1954 erst wurden die Arbeiten an dem schon vor dem Krieg weitgehend fertig gestellten Streckenabschnitt zwischen dem Dreieck Holledau und Mainburg bzw. weiter bis Elsendorf wieder aufgenommen. 1958 erfolgte die Freigabe des Abschnitts für den Verkehr, allerdings mit nur einer Fahrspur in jede Richtung. Bis 1979 dauerte es, ehe die Autos auf einer 4-spurigen Autobahn rollen konnten.

Mit Blick auf den Wilden Kaiser führt die A93 im südlichen Teilstück durchs Inntal.

93

- **Länge** 240 km und 24 km
- **Entfernungen und Fahrzeiten** (ca.)

AD Hochfranken – AS Weiden-Nord
89 km / 0:55 h
AS Weiden-Nord – AK Regensburg
85 km / 0:46 h
AK Regensburg – AD Holledau
66 km / 0:36 h
(Strecke unterbrochen zwischen AD Holledau und AD Inntal: Zwischenstrecke A9 / A99 / A8)
AD Inntal – Grenzüberg. Kiefersfelden
24 km / 0:15 h

Die Autobahnplaner der 30er-Jahre dachten (neben der Funktion eines Machtinstruments der Nationalsozialisten) auch an das Landschaftserlebnis. Sie betteten die Trasse so in die hügelige Hallertau ein, dass während der Fahrt Rundumblicke möglich waren. Ein Landschaftserlebnis bietet die A93 noch heute. Allerdings berücksichtigt der moderne Fernstraßenbau vermehrt Umweltaspekte und Lärmschutz.

Hügellandschaft als natürliche Lärmschutzwand

Der jüngere Streckenabschnitt zwischen Hof und Regensburg beispielsweise liegt eingebettet in die Ausläufer des Oberpfälzer Waldes. Die Topographie wurde hier zur Lärmdämmung genutzt, das heißt: Die Trasse führt so durch die Hügellandschaft, das diese quasi als „natürliche" Lärmschutzwand fungiert.

Eine Naturpark-Straße

Inzwischen ist die A93 fast fertig gestellt und eine wahre Naturparkstraße. Eine Reise auf dieser Autobahn, die von Hof bis Regensburg sechs Naturparks berührt, ist ein Erlebnis fürs Auge. Das Landschaftsbild wird von sanften Hügeln uralter Gebirgszüge bestimmt. Und obwohl die Fahrt durch die waldreichste Region Mitteleuropas geht, gibt es viele Stellen, die einen Blick tief in die Landschaft hinein ermöglichen. Insbesondere die Strecke durch den Naturpark Fichtelgebirge lässt hübsche Ausblicke auf die umliegenden Höhen zu. Am Steinwald vorbei glitzern zahllose Teiche in der Sonne. Doch bei all den Schönheiten muss man sich darüber im Klaren sein, dass die Strecke meist auf einer Höhe von über 500 m ü. d. M. geführt ist. Vor allem in der kalten Jahreszeit hat das Auswirkungen auf die Beschaffenheit der Fahrbahndecke. Besondere Vorsicht ist geboten.

Beim Inn über die Grenze

Obwohl sie ins Hochgebirge hineinführt, erreicht das südliche Stück der A93 zwischen dem Inntaldreieck und Kiefersfelden nur rund 460 m ü.d.M. Auf dieser Höhe begleitet sie den Inn am Wendelstein im Westen und Geiglstein im Osten vorbei bis zur Landesgrenze. Erst in Österreich überquert die Autobahn den Fluss. Vorbei an der Festung von Kufstein zieht sie in Tirol weiter ins Inntal hinauf.

1 Im Tal der Saale, südwestlich der Autobahn, sehen Sie die Stadt **Hof**, bekannt durch die Internationalen Hofer Filmtage (jedes Jahr im Oktober). Die beiden Doppelspitzen von St. Michaelis aus dem Jahr 1380 und St. Marien aus dem Jahr 1864 markieren zusammen mit dem Rathausturm das Zentrum. Das Glockentürmchen auf dem Felssporn über der Saale gehört zu St. Lorenz, der ältesten Kirche der Stadt (1080).

2 Die Höhen am östlichen Horizont gehören zum Bundesland Sachsen. Zwischen zwei Erhebungen grüßen die Dörfer **Loddenreuth** und **Sachsgrün** herüber. Früher verlief hier parallel zur A93 die Demarkationslinie. Heute ist von der ehemaligen deutsch-deutschen Grenze praktisch nichts mehr zu sehen.

3 Von der Ausfahrt Rehau-Nord aus lässt sich ein kurzer Blick auf die Stadt **Rehau** erhaschen, bevor sie westlich der A93 hinter einer Lärmschutzwand verschwindet. Die gemütliche Stadt liegt zu Füßen des 825 m hohen Großen Kornberges. 1810 fiel Rehau zusammen mit dem übrigen Oberfranken an Bayern.

4 Gleich hinter der AS Schönwald schwenkt die A93 nach Süden. Die Lärmschutzmauer verhindert auch hier einen Blick ins Land. Wer etwas sehen will, muss deshalb die Autobahn über die Ausfahrt in Richtung Südwesten verlassen. Über die Orte Schönwald und Spielberg führt der Weg zum **Großen Kornberg** (10 km, 14 Min.). Vom dortigen Aussichtsturm auf 825 m Höhe reicht der Blick über den Naturpark Fichtelgebirge.

5 **„Selb, Stadt des Porzellans“** (Informationstafel): Die kugelrunde Designerteekanne weist auf die Bedeutung der Porzellanindustrie hin. 1856 verlegte C. M. Hutschenreuther seine Porzellanmanufaktur von Hohenberg (siehe unten) nach Selb. Heute kommen aus Selb fast 50 Prozent der deutschen Porzellanproduktion.

6 Hier führt die **Porzellanstraße** über die A93 hinweg. Diese touristische Route verbindet einige der wichtigsten deutschen Porzellanorte vom Oberen Maintal–Coburger Land über den Frankenwald und das Fichtelgebirge bis in den Oberpfälzer Wald.

7 In einer weiten Ostkurve umfährt die A93 die Siedlung Vielitz und rückt gleichzeitig dicht an **Selb** heran, das nicht zu sehen ist. Selb wurde 1810 zusammen mit dem Fürstentum Bayreuth bayerisch. Sehenswert ist das Porzellanglockenspiel am Rathaus. Es erklingt täglich (außer zwischen 7. Jan. und 20. März) um 11, 13, 15 und 17 Uhr mit auf die Jahreszeit abgestimmten Melodien.

8 Die A93 klettert in einer gemächlichen Kurve auf über 530 m. Nur wenige hundert Meter südlich führt die Autobahn über Bahngleise, eine Straße und den **Fluss Eger**, der sich von West nach Ost durch das Waldgebirge schlängelt. 316 km weit fließt er aus dem Fichtelgebirge durchs Egerland bis nach Theresienstadt, wo er in die Elbe mündet.

9 Nur von ferne lässt sich östlich der A93 ein Burgfried ausmachen, dann verstellen Lärmschutzwälle den Blick. Mit einem weiten Bogen nach Westen erweist die A93 dem kleinen Markt **Thierstein** ihre Reverenz. „Burggrafenamt ob dem Gebirg“ wurde diese Gegend im Fichtelgebirge im 14. Jh. genannt. Durch Erbteilung zerfiel sie in fünf Verwaltungsbezirke, weshalb sie seit 1492 „die Fünf Ämter“ hieß. Als 1504 Hohenberg zu einem eigenen Bezirk wurde, war damit das **„Sechsämterland“** geboren (Hohenberg, Kirchenlamitz, Selb, Thierstein, Weißenstadt, Wunsiedel). Der Name blieb bis heute im Halbbitterlikör „Sechsämtertropfen“ bewahrt.

10 Der **Wartberg** präsentiert sich noch vor der Ausfahrt Thiersheim südöstlich der Autobahn. Die 628 m hohe Erhebung gewährt einen zauberhaften Blick über das Fichtelgebirge. Weithin sichtbar liegt im Westen der Schneeberg mit 1053 m und gleich dahinter der Ochsenkopf mit 1023 m Höhe.

11 ★ Von der AS Thiersheim geht es zu den sehenswerten Orten nahe der tschechischen Grenze, beispielsweise nach **Hohenberg** (12 km, 16 Min.). 1814 gründete hier C. M. Hutschenreuther die erste Porzellanmanufaktur Nordbayerns. Später wurde sie nach Selb verlegt. Am Ortseingang neben dem Hutschenreuther-Werk finden Sie das Deutsche Porzellanmuseum. Die gut erhaltene Festung über der Stadt ist heute eine Jugendherberge.

12 ★ Von der AS Wunsiedel bietet sich östlich ein Abstecher zum 7 km entfernten **Arzberg** im Tal der Röslau an (10 Min.). Der Name des Ortes weist auf den einstigen Erzabbau hin. Alexander von Humboldt war fünf Jahre lang als Oberbergmeister am Ort tätig und gründete eine Bergbauschule. Seit 1838 wird in Arzberg auch Porzellan hergestellt. Sehenswert sind der Pulverturm, das Nachtwächterhaus und Reste der Kirchenburg.

13 Der Blick schweift in die Täler von Röslau und Kösseine hinunter. Marktredwitz liegt im Tal-

Weißes Gold in Ostbayern

Mehrfach kreuzt die A93 zwischen Hof und Schwandorf die Porzellanstraße. Fast 90 Prozent der deutschen Porzellanproduzenten sind in Ostbayern angesiedelt, darunter so namhafte Firmen wie Hutschenreuther und Rosenthal. Elf Prozent der weltweiten Gesamtproduktion kommen aus Deutschland. Porzellan, das weiße Gold, wird aus einer Mischung von Kaolin mit Feldspat und Quarz hergestellt. Ursprünglich wurde Kaolin – zu deutsch Porzellanerde – in China, in der Nähe des Berges Kao-ling, abgebaut. Die Entdeckung der Kaolinvorkommen bei Schnaittenbach-Hirschau in der Oberpfalz (AS Luhe-Wildenau) führte u. a. ab 1794 zu zahlreichen Unternehmensgründungen in Ostbayern.

Zu den Höhepunkten links und rechts der Porzellanstraße gehört das Porzelliner- und Schützenfest in Arzberg. Dort wird alljährlich die Arzberger Porzellankönigin gekürt. In Hohenberg a.d. Eger vermitttelt das Deutsche Porzellanmuseum mit 450 Vitrinen auf annähernd 2000 m² einen umfassenden Einblick in die Kulturgeschichte der Porzellanherstellung. Auch das Europäische Industriemuseum für Porzellan und technische Keramik in Selb-Plößberg sowie das Keramikmuseum in Weiden i. d. Oberpfalz und die Fayencensammlung in Bayreuth sind dem Porzellan gewidmet.

S. 380
AD Hochfranken 72
24 26 39 45,5 48 5
2 1 3 4 5 6
Hof-Ost · Regnitzlosau · Hof-Süd · Rehau-Nord · Rehau-Süd · Schönwald · Selb
72
S. 380

grund. Die AS führt nach Wunsiedel, 11 km westlich der A93. Das **Felsenlabyrinth Luisenburg** südlich von Wunsiedel ist ein Meer aus gigantischen Granitfelsen. Die Naturformation wird auch als Freilichtbühne genutzt.

14 Gleich hinter dem Buckel im Westen, dem Oberberg, liegt **Bad Alexandersbad** (7 km). 1741 erwarb Markgraf Friedrich von Bayreuth die 1734 bei Sichersreuth entdeckte Heilquelle. Alexander von Ansbach und Bayreuth ließ 1783 das Schloss und die Kuranlagen bauen und gab der Einrichtung seinen Namen. Bald kamen Gäste aus aller Welt, z. B. 1805 Königin Luise von Preußen und ihr Gemahl König Wilhelm III.

15 Westlich der Autobahn, hinter den Lärmabweisern nur zu erahnen, liegt **Marktredwitz**. Zu den Sehenswürdigkeiten der Stadt zählt die St.-Theresien-Kirche aus dem 18. Jh., eine Stiftung der Kaiserin Maria Theresia für die österreichische Garnison. Das älteste Gasthaus der Stadt ist der „Goldene Löwe" aus dem 17. Jh.

16 **„Klosterstadt Waldsassen"** (Informationstafel): Das Schild zeigt die Barockfassade der doppeltürmigen Klosterkirche. Das 10 km nordöstlich gelegene Zisterzienserkloster (gegründet 1133) mit seiner überwältigenden Basilika wurde 1682–1704 von den Baumeistern Georg Dientzenhofer und Abraham Leuthner erbaut.

→ Regensburg

5 · 56 · 57 · 8 · 9 61 Höchstädt · 10 63 · 65 11 ★ Thiersheim · 69 12 ★ 13 Wunsiedel · 71,5 14 15 Marktredwitz-Nord · Marktredwitz-Süd · Pechbrunn · 83,5 16 Mitterteich-Nord

1 Wo die Lärmschutzwand endet, wird der Blick frei nach Osten ins **Tal der Wondreb**. Dort fällt ein gedrungener Kirchturm mit schwarzer Haube auf. Der Ort, der 3 km östlich der Autobahn anmutig in einer Senke liegt, heißt **Mitterteich**. Die Stadt ist als Standort für Glas- und Porzellanprodukte bekannt. Wie das Gießen, Bemalen und Brennen von Porzellan vonstatten geht, erfährt man in der Porzellanmanufaktur Hofstattstraße.

2 **„Steinwald“** (Informationstafel): Bald werden Sie die Höhen des Naturparks im Westen wahrnehmen. Der höchste Punkt mit 946 m ist die Platte. Dort steht auch die Burgruine Weißenstein. Das Gasthaus „Steinwaldhaus“ bietet bürgerliche Küche und ein grandioses Panorama.

3 Unweit der Eisenbahnbrücke überquert die Autobahn einen Fluss: die Wiesau. Denselben Namen trägt auch der kleine Ort, der sich westlich der Trasse ausbreitet: **Markt Wiesau**. Im Ortsteil Fuchsmühl steht eine sehenswerte Wallfahrtskirche.

4 Auf den nächsten 3 km Richtung Süden glitzern immer wieder **Fischweiher** in der Landschaft. Im

Hof ←

Punkt von S. 403

1				4	16		2		
84	86	87	88	89	91	95,5	98,5	100	8
		2	3		5	6 ★ 7			
Mitterteich-Nord	Mitterteich-Süd		Wiesau			Falkenberg			Wi… esch…

Tal der Wiesau, 11 km östlich der Autobahn, gibt es eine regelrechte Seenplatte. Hier werden Karpfen gezüchtet.

5 **„Oberpfälzer Wald“** (Informationstafel): Die Tafel beschreibt den nördlichen Teil des Böhmerwaldes zwischen der Wondreb-Senke im Norden und der Cham-Further-Senke im Süden. Die Mittelgebirgs-Landschaft bietet bemerkenswerte Natur- und Kulturdenkmäler. In Wondreb, 16 km östlich der A93, steht eine schöne Barockkirche aus dem Jahr 1712. Die Friedhofskapelle ist mit einem berühmten Deckengemälde aus dem Jahr 1669 geschmückt, einem Totentanz mit Bibeltexten.

6★ 4 km (5 Min.) von der AS Falkenberg entfernt liegt östlich der kleine Weiler **Seidlersreuth**. Der malerische Marktflecken hat eine imposante Burg und Geschichte. Sogar in Schillers berühmtem Drama „Wallensteins Tod“ wird der Ort erwähnt. Sehenswert ist auch das uralte Wirtshaus „Zum Roten Ochsen“.

7 Die AS Falkenberg liegt mitten im Wald. Hier geht es nach **Tirschenreuth**, einer gemütlichen Kreisstadt mit vielen Einkaufsmöglichkeiten. Die Häuser am Marktplatz präsentieren sich mit schönen biedermeierlichen Fassaden.

8 Mitten im Wald setzt die A93 über die **Waldnaab** und ihr wildromantisches Tal. Über 30 m hohe Granitfelsen säumen den Fluss. Dort gibt es Kletterfelsen am Ufer und einsame Wanderwege durch ein einzigartiges Naturschutzgebiet. Zwei Burgen, Falkenberg und Neuhaus in Windischeschenbach, markieren die beiden Enden des Tales. Ein ca. eineinhalbstündiger Fußweg von Falkenberg durch das Waldnaabtal zum Restaurant „Blockhütte“ ist ein Erlebnis für Wanderer und Radfahrer.

9 Der Wald und die Lärmschutzbauten verhindern den Blick auf **Windischeschenbach**. Nur 2 km westlich der A93 liegt der 1000 Jahre alte kleine Ort am Zusammenfluss von Waldnaab und Fichtelnaab. Nördlich der Stadt steht der Turm der Kontinentalen Tiefbohrung. Dort wurde in den 80er-Jahren ein 9101 m tiefes Loch in die Erdkruste gebohrt. Eine Ausstellung dokumentiert das Forschungsprojekt.

10 Von der Brücke über die Waldnaab bietet sich ein kurzer Blick nach Osten. Die Stadt am Ufer der Waldnaab heißt **Wurz**. Östlich von ihr führt die Porzellanstraße an einem barocken Kleinod vorbei, das auch einen kurzen Abstecher wert wäre: die **Wallfahrtskirche St. Quirin** (8 km, 13 Min. von der AS Neustadt). Das barocke Bauwerk steht an exponierter Stelle und ist schon von weitem zu sehen.

Der Turm des Projekts Kontinentale Tiefbohrung bei Windischeschenbach 9 *ist mit 83 m Höhe der größte Landbohrturm der Welt.*

11★ Wo die A93 die Bahnlinie von Weiden nach Mitterteich überquert, schweift der Blick über die sanften Wellen des **nördlichen Oberpfälzer Waldes** nach Osten. Zwei Orte in rund 20 km Entfernung lohnen einen Abstecher: Silberhütte und Flossenbürg. Der malerische Bergort **Silberhütte** (23 km, 42 Min. von der AS Neustadt) auf 720 m Höhe im Quellgebiet der Waldnaab ist das Leistungszentrum der Deutschen Langlauf- und Biathlonsportler und Austragungsort zahlreicher Meisterschaften. In **Flossenbürg** (17 km, 32 Min. von der AS Neustadt) befinden sich die Reste einer uralten Burg (vermutlich um 1100 errichtet), die schon Kaiser Friedrich I. Barbarossa zur Sicherung der Reichsgrenze nutzte, und die Gedenkstätte Flossenbürg im ehemaligen Konzentrationslager. Unter den vielen, die hier ermordet wurden, war auch der Theologe und Widerstandskämpfer Dietrich Bonhoeffer.

12 **„Europas Bleikristallzentrum Neustadt a.d. Waldnaab“** (Informationstafel): Die abgebildete Bleikristallschale weist auf die in dieser Region dominierende Glasindustrie hin. Sie stellt heute noch den größten Teil der Arbeitsplätze.

13 Westlich der Autobahn bietet sich zwischen den ausgedehnten Wäldern für einen Moment ein flüchtiger Blick auf den **Naturpark Hessenreuther und Manteler Wald mit Parkstein – Oberpfalz**. Inmitten der Landschaft der nördlichen Oberpfalz erhebt sich Europas schönster Basaltkegel. Ein nicht zum Ausbruch gekommener Vulkan schob Basaltgestein bis zu einer Höhe von 596 m ü.d.M. aus den tiefen Erdschichten empor.

14 Vom dichten Wald verborgen, nur 1 km östlich der A93, liegt **Neustadt an der Waldnaab**. Dort ließen die Fürsten Lobkowitz mitten in der Stadt am Ufer der Waldnaab zwei Schlösser errichten (Altes und Neues Schloss). Der mittelalterliche Stadtplatz und der Barockgarten lohnen einen Besuch. Die Stadt ist bekannt für die Herstellung und Veredelung von Bleikristall.

15 Kurz vor der AS Weiden-Nord sind am südlichen Horizont über dem Wald zwei Kirchtürme mit Zwiebelhaube und Zeltdach zu sehen. Das sind die Türme von **Neunkirchen**, einem hochliegenden Dorf, das zur Stadt Weiden gehört.

16 In dieser Gegend sehen Sie viele Autos mit dem Kennzeichen WEN. Sie kommen aus **Weiden**, der Stadt östlich der A93 im Tal der Waldnaab. Weiden ist das Zentrum der nördlichen Oberpfalz. Am Oberen Markt stehen schöne Giebelhäuser aus der Zeit nach 1540. In der Bürgermeister-Prechtl-Straße 31 steht das Max-Reger-Haus. Dort wohnte die Familie des berühmten Komponisten bis zu ihrem Umzug nach München (1901). Max Reger (1873–1916) schuf in Weiden seine berühmtesten Orgelwerke. Eine Gedenktafel am Haus erinnert an den großen Komponisten.

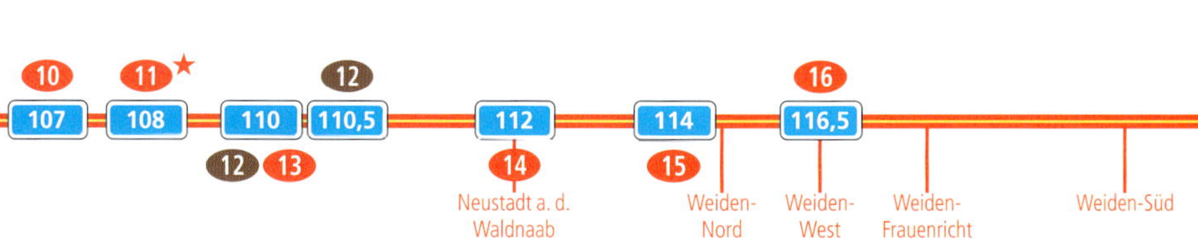

1 Nach dem Ende der Lärmschutzwand eröffnet sich westlich ein hübscher Ausblick. Die sanfte bewaldete Höhe namens **Hofplatte** senkt sich nach Süden zum Tal der Haidenaab. Inmitten eines riesigen Waldgebiets reiht sich dort Fischweiher an Fischweiher auf einer Länge von über 10 km bis weit über das nächste Dorf Etzenricht hinaus.

2 Im Westen ist der Ort **Oberwildenau** erkennbar (2 km). Dort mündet die Haidenaab in die Waldnaab. Der kleine Ort gehört zu Luhe-Wildenau und bietet die neu erstellte und mehrfach prämierte 18-Loch-Golfanlage „Schwanhof".

3 Nur sehr kurz, aber deutlich sichtbar, überragt östlich der A93 eine massige Burgruine das Land. Die **Burg Leuchtenberg** war ehemals im Besitz des gleichnamigen Grafengeschlechts. Die Reste der „Akropolis der Oberpfalz", wie der markante Burgbau heute genannt wird, können besichtigt werden und bilden alljährlich von Juni bis August die Kulisse für die Leuchtenberger Burgfestspiele.

4 Gut versteckt hinter den Lärmschutzanlagen liegt östlich der A93 der Markt **Luhe-Wildenau**. Zu den Sehenswürdigkeiten in Luhe gehören die spätbarocke Pfarrkirche St. Martin, die Nikolauskirche, der Pranger und ein spätmittelalterlicher Schwert-Reliefstein am Hussitenturm. Im Ort **Unterwildenau** steht ein so genanntes Hammerschlösschen. Einst diente es dem Schutz einer Schmiede vor Räubern. Schmieden hat es in der Oberpfalz, dem „Ruhrgebiet des Mittelalters", viele gegeben.

5 Kurz nach dem Parkplatz Grünauer Höhe genießen Sie einen freien Blick nach Westen: Aus den Wäldern, die hier schier endlos erscheinen, ragt der 480 m hohe **Monte Kaolino** heraus. Er liegt rund 20 km von der A93 entfernt. Kaolin, zu deutsch Tonerde, ist der Grundstoff für die Porzellanherstellung. Der Berg wurde aus weißem Sand, einem Abfallprodukt der Kaolingewinnung, aufgeschüttet. Heute ist der Kaolinabbau stillgelegt. Der Sandberg wird zum Sandskifahren genutzt. Gelegentlich finden hier sogar Sand-Snowboard- und Sand-Skimeisterschaften statt. Zu Füßen des Sandbergs liegt das Dünenfreibad am Monte Kaolino.

6 Die Gelegenheit zu einem freien Blick sollten Sie auch nach Südosten ins Waldnaabtal hinein genießen. Dort liegt der Markt **Wernberg-Köblitz** im Schatten der Burg an den alten Heer- und Handelsstraßen Nürnberg–Prag (B14) und Regensburg–Hof (B15). Die Burg wurde erstmals 1280 urkundlich erwähnt. Seit 1992 befindet sie sich im Besitz der Marktgemeinde Wernberg-Köblitz. Die Burg wurde vollständig saniert und beherbergt heute ein exklusives Hotel.

*In der ursprünglichen Landschaft rund um Nabburg **11** fühlen sich Störche zu Hause.*

7 Noch ist hier eine **Autobahnbaustelle**. Vor allem der Bau einer Autobahnbrücke fällt ins Auge. Denn hier kreuzt die A93 die geplante Verlängerung der neuen A6 Saarbrücken–Waidhaus, ein Teilstück der Ost-West-Trasse, die eines Tages Paris mit Prag verbinden soll. Die Fertigstellung wird noch einige Jahre dauern.

8 Auf der **Brücke über die Pfreimd** ist zu sehen, wie sich der Fluss in einem reizvollen Tal durch die Landschaft schlängelt. Er kommt aus dem Stausee Trausnitz, 10 km östlich der Autobahn.

9 Nur gelegentlich erlaubt die Lärmschutzwand einen Blick auf den Ort **Pfreimd**. Menschen aus der Stein-, Bronze- und Eisenzeit sowie Kelten und Slawen haben hier bereits gesiedelt. Schon vor 1156 soll hier eine Burg als Kernstück eines befestigten Ortes existiert haben. In der Pfreimder Altstadt steht das ehemalige Schloss der Landgrafen von Leuchtenberg.

10 **„Oberpfälzer Freilandmuseum"** (Informationstafel): Das Museum wurde zu beiden Seiten der A93 in zwei Teilmuseen, in Neusath und in Perschen, errichtet. Das Freilandmuseum Neusath zeigt mehrere Dörfer aus verschiedenen Regionen der Oberpfalz. Ein Rundgang dauert etwa 2 Std. Das Bauernhofmuseum „Edelmannshof" in Perschen liegt westlich der A93, ca. 3 km von Neusath entfernt.

11 **Nabburg**, westlich neben der Autobahn gelegen, zählt zu den schönsten Städten Nordbayerns. Das Stadtbild ist seit dem Mittelalter nahezu unverändert. Urkundlich wurde hier erstmals 929 eine Burg als Stützpunkt der Grafen im Nordgau erwähnt. Als Nordgau wurde in alter Zeit der nördliche Teil Bayerns, die Oberpfalz, bezeichnet. Die „Marca Napurch", wie sie in Urkunden von 1040 und 1061 auch genannt wird, erlebte ihre Blütezeit unter der Herrschaft der Diepoldinger. Nach deren Aussterben um 1254 kam sie in den Besitz des Wittelsbachers Ludwigs des Strengen. Das Bürgertum führte die Stadt in den folgenden beiden Jahrhunderten zur Blüte.

12 Eine Lücke im Wald gibt westlich der A93 den Blick frei auf einen kleinen Ort mit einem massiven Turm: Sie sehen **Stulln** mit seiner Stephanus-Kirche aus dem 15. Jh. Nur 1 km nördlich liegt das **Besucherbergwerk Reichhartschacht**. Dort wurde 1890–1921 Flussspat bergmännisch abgebaut. Heute befindet sich der Stollen in Privatbesitz. Die Einfahrt in begehbare Sohlen (untere Begrenzungsfläche eines Grubenbaus) ist möglich. Ein Museum und eine Mineralienausstellung vermitteln technische und geologische Kenntnisse.

13 Jenseits des schwarzen Wassers der Waldnaab, die hier zu einem breiten Fluss wird, fällt **Schwarzenfeld** mit seiner Burg ins Auge. 1015 schenkte Kaiser Heinrich II. die Anlage dem Hochstift Bamberg. Im Schwarzenfelder Rathaus gibt es eine sehenswerte Sammlung „Wölsendorfer Flussspatrevier". Zu sehen sind einmalige Großstufen – bis zu 1 m hohe Kristalle – sowie farbenprächtige Fluorite und Begleitmineralien aus fast allen Gruben der Umgebung.

14 Von hier aus schimmert gut sichtbar die **Oberpfälzer Seenplatte** östlich der Autobahn herüber. Ein Parkplatz bei km 155 bietet

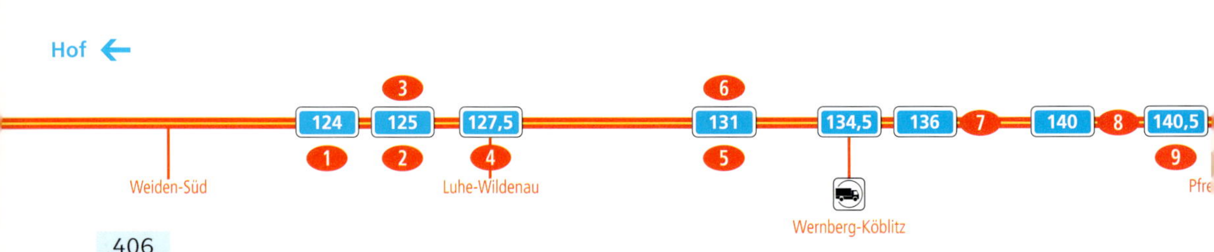

einen schönen Blick ins **Naabtal** und auf Schwandorf. Vor allem gegen Abend kann man faszinierende Lichtspiele im dunklen Wasser der Naab erleben.

15 Zuerst verstellt der Wald den Blick, aber etwas nördlich der AS **Schwandorf** ist der gleichnamige Ort doch zu sehen. Funde zeugen von einer Besiedelung seit 1000 v. Chr. Zur Stadt wurde Schwandorf 1451 erhoben. Einen hübschen Blick über die Stadt gewährt der 451 m hohe Dachlberg. Das Jugendstil-Künstlerhaus im dörflichen Stadtteil Fronberg lohnt einen Besuch.

16 Erst etwas südlich der AS Schwandorf wird der Blick frei auf einen zeitgeschichtlich denkwürdigen Ort: **Wackersdorf** östlich der Autobahn. In den 80er-Jahren gab es dort großen Wirbel wegen der geplanten Anlage zur Wiederaufbereitung von Nuklearmaterial aus Kernkraftwerken. Der Bau war bereits fortgeschritten. Doch angesichts der nicht abreißenden Demonstrationen nahmen die Trägerfirmen 1989 Abstand von dem Projekt. Über Wackersdorf gelangen Sie auch zur **Oberpfälzer Seenplatte**.

→ Regensburg

10 · 14 · 16

42 · 145 · 148 · 152,5 · 155 · 158,5 · 161,5

0 · 11 Nabburg · 12 · 13 Schwarzenfeld · 15 Schwandorf-Nord · Schwandorf

SCHWANDORF
(365)
Leidersdorf
Ensdorf
Thanheim
Haselbach
Kreith
Fronberg
Freihöls
Rauber-weiherhaus
Mornersee
Fuhm
Luigendorf
Brückelsee
Hofenstetten
Rieden
Siegenhofen
Neukirchen
Kreuth
Vilshofen
Schwandf.-Nord
Kronstetten
Schwandorf
Wackersdorf
Alberndorf
Taxöldern
Erzhäuser
Gögglbach
Dachelhofen
Naabeck
Altenschwand
Heselbach
Neuenschwand
Büchheim
Büchelkühn
Wiefelsdorf
Zielheim
Bier- und Burgenstraße
Bodenwöhr
Pilsheim
Kirchenbuch
Waltenhof
Klardorf
Schwandorf-Süd
Steinberg
Kölbldorf
Schöngras
Schmid-mühlen
Höchensee
Eglsee
Bubach an der Naab
Katzdorf
Loisnitz
Reuting
Bruck in der Oberpfalz
Emhof
Hub
Pottenstetten
Oberhof
Münchshofen
Brunn
Kaspeltshub
Premberg
Fischbach
Lanzenried
Saltendorf an der Naab
Teublitz
Ruine Stockenfels
Stadl-W.
Thann
Burglengenfeld
(355)
Barockschloß Marienthal
Stefling
Bleich
Hof
Regen
Burgruine
Maxhütte-Haidhof
Hirschling
Untermainsbach
Nittenau
'03
'02
Dietldorf
Kappl
Bodenstein
Reiche
See
Eich
Leonberg
Heilinghausen
Rohrbach
Traidendorf
Fischbach an der Naab
Pirkensee
Ponholz
Grafenwinn
Asang
Dinau
Dallackenried
Kallmünz
Holzheim am Forst
Schönleiten
Kleinramspau
Kirchberg
Ramspau
Wulkersdorf
Roßbach
Krachenhausen
Bubach am Forst
Buchenlohe
Karlstein
Diesenbach
Pettenreuth
Hackenberg
Schloß-B.
Hochdorf
Irnhüll
Hauzendorf
Wischen-hofen
Heitzenhofen
Steinsberg
Regenstauf
(346)
Kürn
Erlbach
Pfaffenfang
Eitlbrunn
Hauzenstein
Adlmannstein
Wolfsegg
Duggendorf
Naab
Schwaighausen
Bernhardswald
Brunn
Regendorf
Laaber
Bergstetten
Wall
Baiern
Hainsacker
Thanhausen
Lichtenberg
Forstmühle
Pielenhofen
Zeitlarn
Wenzenbach
Eglsee
Schwetzendorf
Irlbach
Laaber
Pettendorf
Oppersdorf
Lorenzen
Grünthal
Felsental
Polzhausen
Lappersdorf
ADAC
Lichtenwald
Adlersberg
R.-Nord
Kareth
REGENSBURG
Walhalla
Pollenried
R.-Pfaffenstn.
(342)
Etterzhausen
Kager
Westbad
WEICHS
Donaustauf
Sulzbach an der Donau
Bach an der Donau
Nittendorf
Kneiting
R.-West
Altes Rath.
Dom
Tegernheim
Heim-bg.
Undorf
Nitten-dorf
R.-Prüfening
SCHWABELWEIS
Donau
Demling
Eichhofen
Schönhofen
PRÜFENING
Reg.-Ost
Barbing
Sarching
Friesheim
Illkofen
Haugenried
Eilsbrunn
R.-Königswiesen
KARTHAUS
Neutraubling
Altach
Thumhausen
Sinzing
R.-Kumpfmühl
R.-Klinikum
Burgweinting
E56
Viergstetten
Kreuz Regensburg
Neu-traubling
Rosenhof
Eltheim
Viehhausen
Sinzing
Graß
Regensbg.-Burgweinting
Harting
Alling
Pentling
Regensbg.-Süd
Oberisling
Rosenhof
Roith
Reichenstetten
Bergmatting
Großberg
Scharmassing
Ober-traubling
Lerchenfeld
Dürnstetten
Hohengebraching
Neudorf
Matting
Oberndorf
Lohstadt
Graßling
Niedertraubling
Gundelshausen
Seedorf
Oberhinkofen
Mintraching
Lindach
Bad Abbach
Egglfing
Köfering
Mangolding
Tiefbrunn
Kapfelberg
Poikam
Bad Abbach
Wolkering
Gebelkofen
Sengkofen
Peising
Poign
Alteglofsheim
Lengfeld
Weillohe
Thalmassing
Moosham
Hof
Punkt von S. 404
166,5
173
174
175,5
180
184,5
Schwandorf
Schwandorf-Süd
Teublitz
Ponholz
Regenstauf

1★ Nur ab und zu blitzt ein Weiher durch eine Lücke des sonst dichten Waldes. Bei der AS Schwandorf-Süd bietet sich ein Abstecher durch das landschaftlich reizvolle Naabtal zur **Ruine Burglengenfeld** an. Sie erreichen sie nach 10 km, 15 Min. in Richtung Teublitz. Der Wittelsbacher Pfalzgraf Otto I. ließ die Burg mit einer 800 m langen und bis zu 7 m hohen Ringmauer in den Jahren 1123–1146 errichten. Erhalten sind die Mauer, ein hoher, runder Turm und ein Kellergewölbe mit Rittersaal. Heute beherbergt die Burg ein heilpädagogisches Jugendheim mit angeschlossenen Ausbildungsstätten.

2 Die AS Teublitz führt zum westlich gelegenen Ort **Teublitz** (3 km). Dort steht ein zwischen 1770 und 1780 erbautes Barockschloss. Allerdings ist es nur von außen zu besichtigen. Darüber hinaus gibt es in der Nähe zwei schöne Naturfreibäder, in Höllohe und in Saltendorf.

3 Im Westen tauchen Industrieanlagen mit Schornsteinen auf. Sie gehören zum früheren **Stahlwerk Maxhütte**, das 1987 in Konkurs gegangen ist. 1850 veranlasste Bayerns königliche Regierung einen Fabrikbau. Zu Ehren König Maximilians II. wurde das Unternehmen „Eisenwerk-Gesellschaft Maximilianshütte" genannt. Mit der Kohle aus dem Sauforst und 50 umliegenden Holzkohleöfen produzierte der Betrieb jährlich rund 7500 t Roheisen. Heute stellt dort die Firma August Läpple Zulieferteile für die Automobilindustrie her.

4 Im Osten erhebt sich der 513 m hohe Schwarzberg über dem **Regental**. Über die AS Ponholz und Regenstauf bietet sich eine reizvolle Fahrt zum Barockschloss Marienthal und weiter zur Ruine Stockenfels und Schloss Stefung, die alle am Flussufer stehen.

5 Der Blick geht nach Osten über den Fluss Regen und fängt sich an der Halle einer Spedition. Sie steht im **Gewerbegebiet von Regenstauf**. Darüber erhebt sich der Schlossberg. Im 12. Jh. soll hier eine „Burg Stouff am Regen" gestanden haben. Ein Aussichtsturm auf dem Schlossberg ermöglicht einen Blick über das Regental.

6 **„Historisches Regensburg"** (Informationstafel): Das Schild zeigt den Dom St. Peter und die Steinerne Brücke aus dem 12. Jh. als Wahrzeichen von Regensburg. Mit dem Bau des Domes wurde im 13. Jh. begonnen; die Fertigstellung erfolgte im 16. Jh. Die Turmspitzen wurden 1859–1869 nach dem Vorbild des Freiburger Münsters vollendet. Unmittelbar nach dem Tunnel ist der Blick frei auf die 125 000 Einwohner zählende alte Reichsstadt. Schon in keltischer Zeit war der Ort besiedelt. Später errichteten hier die Römer ein Militärlager. Im Mittelalter war Regensburg Schauplatz wichtiger Ereignisse. 1180 wurde auf dem Reichstag in Regensburg die Absetzung des Bayernherzogs Heinrich der Löwe bestätigt. Statt seiner wurde später Pfalzgraf Otto von Wittelsbach mit dem Herzogtum Bayern belehnt, dessen Nachkommen in Bayern bis 1918 herrschten.

7 Zwischen Regenstauf und Regensburg verstellt der Pfaffenstein den Weg. Der **Autobahntunnel Pfaffenstein** wurde 1977 gebaut und besteht aus zwei 880 m langen Röhren. Vom Felsrücken des Pfaffenstein genießt man eine gute Aussicht über Regensburg.

8 Die Pfaffensteiner Brücke überspannt die **Donau** und den Donaukanal. Von dieser Stelle aus sind es noch 2381 km bis zur Mündung der Donau in das Schwarze Meer. Im Osten sehen Sie das Stauwehr und nördlich davon die Schleusenanlage.

9 Die A93 läuft hier mitten durch **Wohngebiete von Regensburg**. Westlich der Autobahn liegt das Klinikum der Barmherzigen Brüder. Um den Lärmpegel zu senken, wurde 2000 damit begonnen, beide Richtungsfahrbahnen mit einer so genannten „Einhausung" zu umgeben. Bereits jetzt fahren Sie in eine 670 m lange Röhre ein.

10★ Über die AS Regensburg-Prüfening Richtung Stadtmitte gelangen Sie in die schmucke mittelalterliche **Altstadt von Regensburg**, die durch die Jahrhunderte ihre gotische Gestalt bewahrt hat (3 km , 5 Min.). Auf der Prüfeninger Straße und später der Jacobstraße finden Sie ein Parkhaus am Rande der Altstadt. In Regensburg erwarten Sie gotische Kirchen und Bürgerhäuser, winkelige Gassen, Studentenkneipen und traditionsreiche Gaststätten. Besonders sehenswert ist das Alte Rathaus mit dem Reichstagsmuseum. Ab 1663 tagte hier der Immerwährende Reichstag, die Ständeversammlung des Heiligen Römischen Reiches Deutscher Nation. Eine Besichtigung wert ist auch die romanische Basilika St. Emmeran, deren Ursprünge ins 8. Jh. zurückreichen. Im 18. Jh. wurde die Kirche von den Gebrüdern Asam barock ausgestattet.

Wie im Mittelalter überragen die Türme des Regensburger Doms 6 die Stadt noch heute.

11 Östlich der A93 sind auffällige **Hochhäuser** sichtbar. Die halbkreisförmig um einen Erholungspark angelegte Siedlung erinnert an antike Theater und ist ein Beispiel moderner Stadtentwicklung.

12 Hier steigt die A93 auf über 400 m. In einer Kurve taucht östlich der Trasse überraschend die **Raststätte Pentling** auf, die einzige Raststätte zwischen Hof und Holledau. Sie kann aus beiden Richtungen angefahren werden. Die bemerkenswerte Architektur aus Stahl und Glas weist sie als Beispiel einer neuen Generation von Raststätten aus.

13 Von der A93 aus ist das westlich gelegene **Bad Abbach** nicht zu sehen. Dort gibt es schon von alters her Schwefelquellen. Besiedelt ist die Gegend bereits seit dem 3. Jahrtausend v. Chr. Man fand nahe der Dantschermühle das mit 50 m längste jungsteinzeitliche Langhaus Bayerns. In Bad Abbach wurde 973 Kaiser Heinrich II. der Heilige geboren. Auch Kaiser Karl V., der Beherrscher Europas, kam hierher zur Kur.

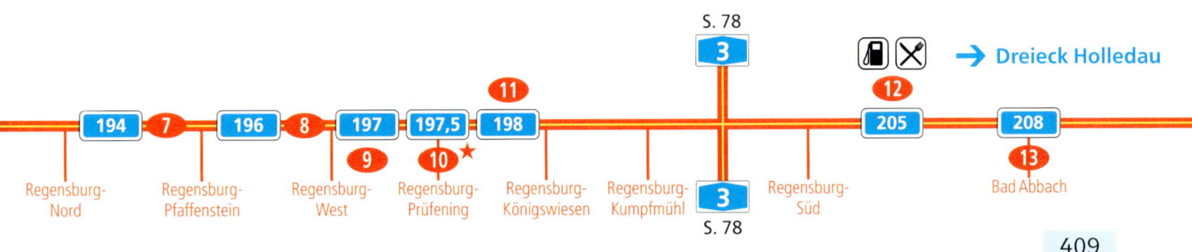

1 Nordwestlich der Autobahn fällt eine bewaldete Erhebung auf, der 422 m hohe **Alte Berg**. Etwas südlich davon sollte die A93 nach Süden abbiegen, um über Landshut östlich an München vorbei zur Inntalautobahn zu führen. Der Plan wurde fallen gelassen. Stattdessen soll die B15 autobahnähnlich ausgebaut werden.

2★ **„Kloster Weltenburg und der Donaudurchbruch“** (Informationstafel): Der so genannte Donaudurchbruch ist eine der romantischsten Stellen im deutschen Donautal und lohnt einen Abstecher (AS Hausen). 15 km (15 Min.) westlich der A93 zwängt sich der Donaustrom bei Kelheim durch enge Felsformationen. Oberhalb Kelheims blickt der wuchtige Rundbau der Befreiungshalle weit ins Land. Die Befreiungshalle – eine getreue Nachbildung des Pantheons in Rom – wurde 1842–1863 von Leo von Klenze für Bayernkönig Ludwig I. zur Erinnerung an die Siege über Napoleon errichtet. Von Kelheim aus fahren Schiffe zum Kloster Weltenburg (Linienverkehr von Mitte März bis Anfang November durchgehend). Weltenburg wurde um das Jahr 600 gegründet und ist somit die älteste klösterliche Niederlassung Bayerns. Die Abteikirche, 1716–1739 von den Gebrüdern Asam ausgestaltet, gilt als Spitzenleistung des Barock. In Kelheim lohnt der Besuch des Archäologischen Museums. Hier sehen Sie, wie Menschen vor 80 000 Jahren auf Mammutjagd gingen, vor 20 000 Jahren Werkzeuge fertigten oder wie sie vor 3500 Jahren Bronze gossen.

3 Östlich der Autobahn wölbt sich am nahen Horizont ein runder Buckel: der 423 m hohe **Weinberg**. Zu seinen Füßen fließt die Große Laaber, die bei Straubing in die Donau mündet.

4 Westlich der AS Abensberg verschwindet eine Landstraße fast im Wald. Sie führt nach **Abensberg**, dem Tor der Hallertau und der „Spargelstadt“. Im Mittelalter herrschte hier das Grafengeschlecht der Babonen. Graf Babo (um 1000) hatte angeblich 32 Söhne und acht Töchter. Wie es heißt, ließ sein Nachfahre Graf Ulrich III. 1348 zur Erinnerung daran 32 Eck- und acht Rundtürme bauen, die heute noch erhalten sind. Abensberg ist Geburtsort Johann Thurmairs, genannt Aventinus (1477–1534), der als Vater der bayerischen Geschichtsschreibung gilt. Seinem Leben und Wirken ist das Aventinus-Museum in der Karmelitenkirche gewidmet. Zu den Sehenswürdigkeiten des Ortes gehören außerdem das spätgotische Rathaus, umrahmt von mittelalterlichen Häusern, die gotische St.-Barbara-Pfarrkirche und ein Naturpark mit Teichen, Volieren und Tiergehegen.

5 **„Hopfenland Holledau“** (Informationstafel): Die Tafel zeigt Hopfenstangen und einen Kirchturm, für den die Kirche von Aiglsbach als Vorlage diente. Und tatsächlich: Rechts und links der Autobahn sind Hopfenfelder zu sehen. Zwischen den hohen Hopfenstangen sind Drähte gespannt, die ein Netz bilden, an dem die duftende Schlingpflanze ihren Halt findet. Im Sommer ist die gesamte Landschaft zwischen Wolnzach und Abensberg mit den dichten Hopfenfeldern wie mit dunkelgrünen großen Würfeln übersät.

18 Kolossalstatuen bekrönen die Pfeiler der Befreiungshalle bei Kelheim **2**★.

6 Die zwei weißen Türme der ehemaligen **Klosterkirche von Biburg** sind westlich der A93 zu sehen. Die Kirche ist eines der bedeutendsten romanischen Baudenkmäler Bayerns. 1133 wurde sie kurz nach der Klostergründung eingeweiht. Bis 1773 lebten hier Benediktiner und Jesuiten. Bis 1808 war das Kloster eine Komturei (Ordenshaus) des Malteserritterordens, später kam es in Privatbesitz. Die Kirche wurde zur Pfarrkirche. Wer sich das Kloster näher ansehen will, erreicht es über die AS Siegenburg.

7 Hier überquert die A93 die **Abens**. Der Fluss entspringt 32 km südlich bei dem gleichnamigen Ort und mündet 22 km nördlich bei Neustadt in die Donau. Gleichzeitig kreuzt die Autobahn hier die **Deutsche Ferienroute Alpen–Ostsee**, die von Timmendorfer Strand zum bayerischen Innzell führt.

8 Im Südosten fällt ein burgartiges Gebäude auf: Oberhalb der Abens erhebt sich **Schloss Ratzenhofen**. In seiner heutigen Gestalt stammt das Schloss aus dem 18. Jh., eine Burg ist jedoch bereits im 11. Jh. urkundlich erwähnt. Heute beherbergt das Schloss eine Gastwirtschaft mit romantischem Biergarten, historischem Schlemmeressen und Festarrangements.

9 Der hübsche Zwiebelturm, der im Osten kurz zu sehen ist, gehört zur **Barockkirche Mariä Lichtmeß** von Lindkirchen, einem Ortsteil der Stadt Mainburg.

10 Nach Osten gelingt ein Blick auf **Mainburg**, das Herz des Hopfenanbaugebiets Hallertau (5 km von der AS Mainburg). Hopfen wird hier nicht nur angebaut, sondern auch präpariert, vermahlen, extrahiert, verpackt und schließlich in über 90 Länder der Welt verschickt. Jährlich werden ca. 250 000 t Hopfen, fast

die Hälfte der Hallertauer Ernte, in Mainburg veredelt. In der „Hopfenstadt“ lebte übrigens viele Jahre der Erfinder der Stenografie, zu deutsch Kurzschrift: Franz Xaver Gabelsberger (1789–1849).

11 Von rund 500 m fällt die Trasse der A93 an dieser Stelle ab auf 414 m. Im Tal westlich der A93 sehen Sie die **Pfarrkirche St. Laurentius**. Sie steht in **Wolnzach**, dem wichtigsten Hopfen-Handelszentrum Deutschlands. Wer genaueres über Geschichte und Technik von Hopfenanbau und -verarbeitung erfahren möchte, findet Antworten im dortigen Hopfenmuseum. Es befindet

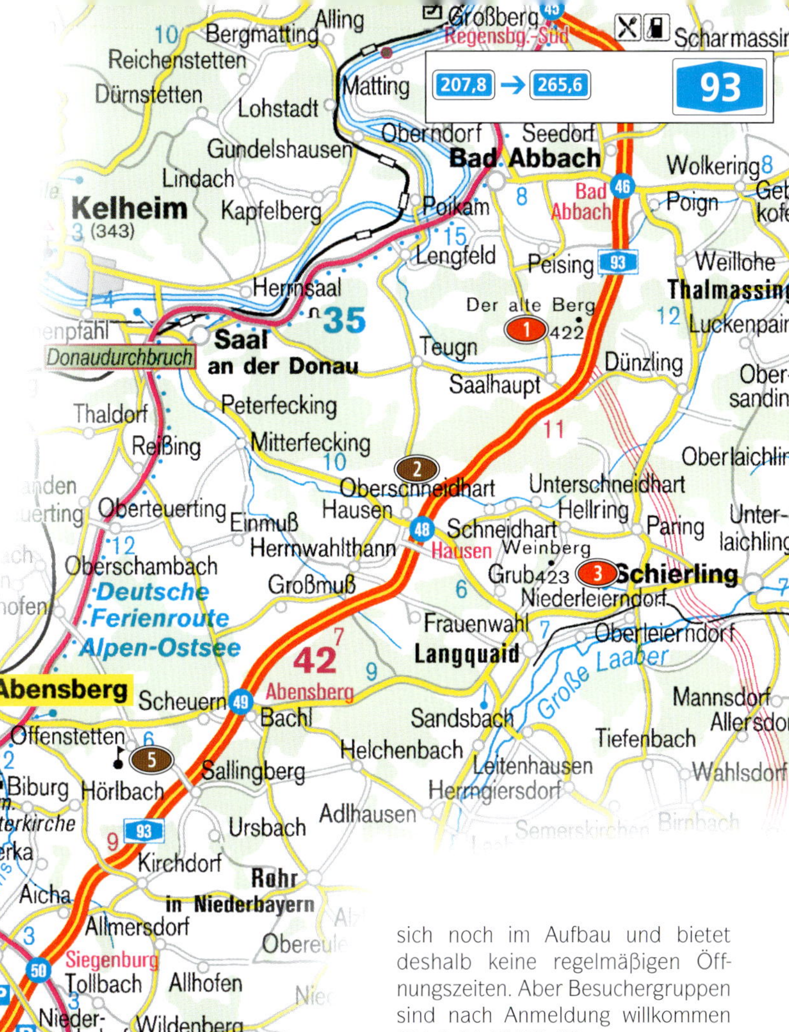

sich noch im Aufbau und bietet deshalb keine regelmäßigen Öffnungszeiten. Aber Besuchergruppen sind nach Anmeldung willkommen (Tel. 0 84 42/82 13).

12 Vorsicht beim AD Holledau. Hier endet der nördliche Teil der A93 in einer engen Kurve in der Auffahrt zur A9. Die Geschwindigkeit ist auf 60 km/h begrenzt. Die Einfahrt in die A9 ist problemlos. Sie ist 6-spurig ausgebaut.

Holledau – das Hopfenland

Wasser, Getreide und Hopfen – etwas anderes darf zum Bierbrauen nach dem bayerischen Reinheitsgebot von 1516 nicht verwendet werden. Hopfen, eine Kletterpflanze aus der Familie der Hanfgewächse, dient dabei als Würz- und Konservierungsmittel. Kultiviert werden nur weibliche Pflanzen. Sie bilden die kräftigen Dolden aus, die mit so genannten Lupulindrüsen besetzt sind. Nach Ernte und Trocknung wird daraus das Hopfenmehl und die darin enthaltenen Bitterstoffe gewonnen.

Hopfen gedeiht besonders gut auf tiefgründigen, sandig-lehmigen, kalk- und humusreichen Böden. In der Hallertau/Holledau herrschen diesbezüglich beste Bedingungen. Die Region entwickelte sich deshalb zum bedeutendsten Hopfenanbaugebiet Deutschlands. Rund 90 Prozent der deutschen Hopfenproduktion kommen aus Bayern. Ein Hopfengarten ist an den Reihen von meterhohen Fichtenstangen erkennbar, über die Lauf- und Steigdrähte gespannt sind. Von acht bis zehn Schösslingen (Reben) werden jeweils nur zwei oder drei angebunden. Um ihr Wachstum zu fördern, schneidet man die übrigen ab. Sofern die aussortierten Schösslinge noch jung und nicht verholzt sind, werden sie dann als so genannter Hopfenspargel verkauft und ähnlich dem echten Spargel zubereitet und verzehrt.

Die Hopfenreben wachsen an den Steigdrähten bis zu 7 m hoch. Mitte Aug. werden die Dolden geerntet und in der Hopfendarre bei 30 bis 32 Grad getrocknet. Bayerischer Hopfen wird weltweit exportiert.

S. 210
Dreieck Holledau 9
10
253 — 258 — 265,5 — 12
11
Mainburg
Wolnzach
9
S. 210

1 Im Westen zeigt sich, teilweise von Bäumen verdeckt, die **Moorlandschaft Kollerfilze** mit dem kleinen Weiler Nicklheim. Weiter hinten schmiegt sich **Bad Feilnbach** an den Fuß des Schwarzenbergs. Links davon steht der Sterneckgipfel. Überragt wird alles vom 1838 m hohen Wendelsteinmassiv.

2 Östlich der Autobahn grüßt über die Bäume hinweg der Zwiebelturm einer Kirche herüber. Er gehört zum malerischen, typisch oberbayerischen Dorf **Raubling**. Wegen seiner bunt bemalten Einfirstbauernhöfe und seiner bezaubernden Lage vor einer Bergkulisse ist es ein beliebter Urlaubsort (erreichbar über die AS Reischenhart, ca. 2 km).

3 Östlich der A93 beherrscht **Schloss Neubeuern** die Ebene. Das Schloss geht auf eine Burganlage aus dem 12. Jh. zurück. Die heutige Anlage stammt größtenteils aus dem 18. Jh. Sehenswert ist die Rokokokapelle St. Augustin mit Arbeiten von Johann Baptist Zimmermann und Joseph Götsch (1767/68). 1908 wurde sie von Gabriel v. Seidl teilweise umgebaut. Seit 1925 ist im Gebäude eine Internatsschule untergebracht.

4★ Ab dem Inntaldreieck ist im Westen das Hochufer des Inn erkennbar. Hinter dieser Geländekante liegt gut 300 m über der Flussebene das **Miesbacher Oberland**. Über die AS Reischenhart und Bad Feilnbach erreichen Sie **Hundham** (17 km,

22 Min.). Vom Gasthaus „Hocheck“ auf dem Auerberg aus (ausgeschildert – 6 km, 10 Min.) haben Sie einen herrlichen Blick über das Inntal.

5 Im Westen steht auf halber Höhe über dem Inntal die **Kirche Maria Schwarzlack**. Anno 1595 hat dort der Eremit Georg Thanner eine hölzerne Klause bei einem moorigen Tümpel, der „schwarzen Lacke“, erbaut. Heute ist die Kirche eine kulturelle Kostbarkeit des Inntals.

6 Das Kirchlein mit der gedrungenen Zwiebelhaube im Westen ist ein barockes Kleinod. Die **St.-Magdalena-Kirche** steht auf der Biber, einem frei stehenden, bewaldeten eiszeitlichen Bergrücken aus Nagelfluhgestein, hier Biberstein genannt. Der Fels ragt unvermittelt aus dem Inntal auf, dahinter stehen die kalkigen Berge des Wendelsteinmassivs.

7 **„Wendelstein“** (Informationstafel): Der Gipfel des 1838 m hohen Berges, der sich im Westen erhebt, ist aus allen Richtungen erkennbar. Seit 1912 erklimmt die Wendelstein-Zahnradbahn den Berg, seit 1991 fahren moderne Doppeltriebwagen hinauf. Der Talbahnhof befindet sich in Brannenburg/Inntal.

8 Bei der AS Brannenburg kreuzt die A93 die **Deutsche Alpenstraße**. Sie führt über 450 kurvenreiche Kilometer von Lindau am Bodensee bis Berchtesgaden nahe der österreichischen Grenze. 64 traditionsreiche Kurorte, 21 Bergseen und 25 malerische Burgen und Schlösser liegen am Weg. Zwischen Bayrischzell und Brannenburg ist die Straße teilweise mautpflichtig.

9 Im Osten der A93 grüßt hoch über Nussdorf am Inn das Zwiebeltürmchen der **Wallfahrtskirche Maria Heimsuchung** herüber. Im Jahre 1644 hatte dort ein aus Rom zurückgekehrter Pilger für sich und eine mitgebrachte byzantinische Ikone eine Klause errichtet. Dem Bild und der nahen Quelle wurde bald eine heilende Wirkung zugesprochen. 1720 erbaute Wolfgang Dientzenhofer an dieser Stelle eine Kirche. Von dort geht es übrigens zum Hochries hinauf, der mit seinen 1563 m weithin sichtbar ist.

10 Die Bergkette, die sich östlich der Autobahn auf österreichischem Gebiet erhebt, setzt sich zusammen aus **Zahmer Kaiser** und **Wilder Kaiser**. Der östliche Gipfel ist die Pyramidenspitze (1997 m). Dahinter ragen der Scheffauer (2111 m) und östlich davon die Ellmauer-Halt (2344 m) auf.

11 Vom Petersberg westlich der A93 grüßt ein weiteres Kirchlein herunter. Auf einem Felssporn steht seit über 1000 Jahren die **Kirche St. Peter** mit ihrem gedrungenen Turm. Den Besucher erwartet dort auch eine kleine Bergwirtschaft.

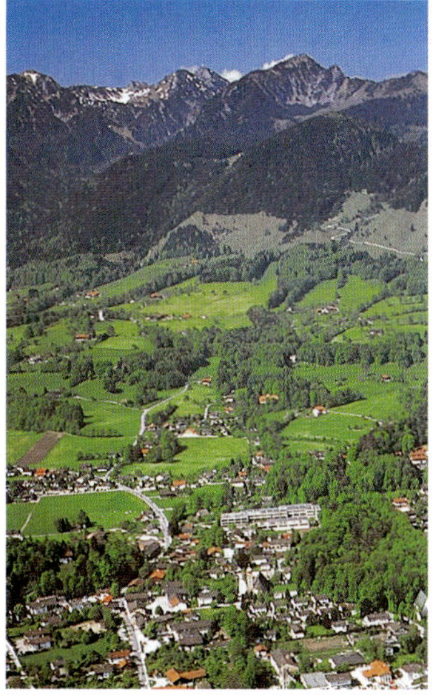

Brannenburg ist einer der Orte entlang der Deutschen Alpenstraße 8.

12 Östlich der Autobahn schauen Sie auf Tiroler Gebiet. Dort markiert der ausgeprägte Gipfel des **Kranzhorn** (1366 m) die nördliche Grenze Österreichs. Zu Füßen des Berges liegt der Ort **Erl in Tirol**. Alle sechs Jahre wird dort seit 1613 im Passionsspielhaus das Leiden Christi nachgespielt. Zwischen diesen sechs Jahren finden die Erler Festspiele mit Opern und Konzerten statt.

13★ Jenseits des Inn sehen Sie das mächtige **Niederdorferberg-Massiv** (1051 m). Dahinter befindet sich im Hochtal zwischen Wildbichl und Sachrang ein sehenswerter **Alpen-Wildpark** mit Wildschweinen, Hirschen, Gemsen und vielen selten gewordenen Wildtieren. Wer Zeit und Lust zu diesem Abstecher hat, erreicht den Wildpark über die AS Oberaudorf (ca. 8 km, 15 Min.).

14 **„Brünnstein-Sudelfeld-Gebiet“** (Informationstafel): Das Bergmassiv auf der Informationstafel weist auf die Ski- und Bergwander-Region im Westen der A93 hin. Der

Brünnstein ragt mit 1619 m direkt neben der Autobahn auf. Der Weg zum Sudelfeld, einem Skigebiet mit zahlreichen Liften, führt über die AS Oberaudorf und die so genannte Tatzelwurm-Straße. Der Sage nach hauste ein drachenähnliches Ungeheuer, der Tatzelwurm, in der finsteren Schlucht, durch die sich die Straße heute windet.

15 Deutlich sichtbar zwischen der A93 und dem westlich gelegenen Ort Oberaudorf steht die **Kirche St. Theresia** (18. Jh.). Sie gehört zum alten Kloster der Unbeschuhten Karmeliter. Die Sakristei, der Mönchs-Chor und die Bibliothek stammen aus dem Jahr 1754. Alle Bauten sind entsprechend der Karmeliter-Ordensregel schlicht und schmucklos, aber harmonisch gestaltet.

16 Ein schlanker Kirchturm bezeichnet im Westen das Ortszentrum von **Oberaudorf**. Hinter dem Ort erhebt sich der Burgberg mit der Ruine der **Auerburg**. Die ehemalige bayerische Grenzveste gegen Tirol wurde 1743 zerstört. Im Hochmittelalter war bereits der ganze „Oberaudorfer Berg“ bis hinüber zum Sudelfeld mit Schweighöfen und Almwirtschaften besiedelt.

17 Trauen Sie Ihren Augen ruhig, wenn Sie auf dem **Inn** Fahrgastschiffe durch die grünen Fluten pflügen sehen. Neuerdings gibt es Innschifffahrt zischen Oberaudorf und Kufstein. Die eigens dafür geschaffene Anlegestelle Oberaudorf ist ab der Autobahnausfahrt bzw. Tiroler Straße über die Schweinbergstraße ausgeschildert und rasch erreichbar.

18 Im Westen schmiegt sich **Kiefersfelden** an den Hang. Jahrhundertelang war der Ort von seiner Lage als Grenzstadt geprägt. Heute leben hier 6 259 Einwohner; es gibt 1175 Fremdenbetten. Rund um Kiefersfelden findet der Gast idyllische Waldseen in alpiner Landschaft, z.B. den Luegsteinsee mit dem einzigen Wasserskilift in ganz Oberbayern.

19 Die Brücke über den Inn markiert die **Grenze zwischen Deutschland und Österreich**. Achtung: Auf der österreichischen Autobahn gilt Vignettenpflicht.

→ Innsbruck (A)

12 · 14 · 13★ 16 · 14 17,5 · 15 18 · 16 19,5 · Oberaudorf · 17 23,5 · Kiefersfelden · 18 24,5 · 25 · 19

Von München in die Berge

München-Sendling → Starnberg → Penzberg → Eschenlohe → Garmisch-Partenkirchen

Gerade einmal 69 km lang und doch so vielseitig wie kaum eine andere Autobahn: Die A95 ist landschaftlich wohl die schönste deutsche Alpenstrecke. Sie beginnt in München, verläuft durchs wellige Alpenvorland mit seinen Nadelhölzern und saftigen Weiden und führt schließlich direkt hinein in die Berge. Am vorläufigen Autobahnende hinter Eschenlohe geht sie über in die 2-spurige B2.

Begonnen wurde der Bau der A95 zur Winter-Olympiade 1936 in Garmisch-Partenkirchen. Während des Krieges mussten die Arbeiten eingestellt werden. Als man die Planungen um 1960 wieder aufnahm, standen neue Ziele an: Nun sollten die Ortsdurchfahrten von Starnberg und Weilheim entlastet und gleichzeitig eine Verbindung der bayerischen Landeshauptstadt zur Schweiz geschaffen werden. Man plante deshalb damals, den Hauptast der so genannten „Bundesfernstraße München–Lindau" zwischen Starnberger See und Staffelsee nach Westen zu führen und nur einen Abzweig nach Garmisch-Partenkirchen zu leiten. Erst mit dem Ausbau der heutigen A96 München–Lindau über Landsberg im Jahr 1980 wurde die so genannte Queralpentrasse Inntaldreieck–Penzberg–Lindau aufgegeben.

Von eiszeitlichen Gletschern geformte Landschaft

Doch auch in ihrem heutigen Verlauf ist die A95 eine Traumstraße. Hinter dem Dreieck Starnberg schwingt sie sich anmutig über die rollenden Hügel der Voralpenmoränen. So heißen die Ausläufer der gewaltigen Gletscher, die in der letzten Eiszeit bis zu 40 km aus den Alpen heraus krochen und bei ihrem Abschmelzen Hügelketten wie riesige Ozeanwellen hinterließen. Gletscher schufen während ihres Rückzugs auch die Voralpenseen: Starnberger See, Staffelsee und die kleinen Osterseen.

Freizeitparadies und Künstleroase

Auf der Fahrt durch diese liebliche Voralpenlandschaft eröffnen sich bei Murnau und Kochel immer wieder neue Blicke auf die Alpenkulisse. Es ist die Landschaft des „Blauen Reiters" – jener berühmten Münchner Künstlergruppe, zu der sich bahnbrechende moderne Maler wie Wassily Kandinsky, Franz Marc und Gabriele Münter im Jahre 1911 zusammenschlossen.
Kein Wunder, dass aus der A95 heute eine Freizeitautobahn ge-

Die Loisachtalbrücke unmittelbar nördlich der AS Kochel mit Blick auf die Zugspitze.

95

- **Länge** 69 km / 0:40 h
- **Entfernungen und Fahrzeiten** (ca.)
  AS München-Sendling – AD Starnberg
  13 km / 0:08 h
  AD Starnberg – AS Eschenlohe / B2
  56 km / 0:32 h
  (Strecke nicht ausgebaut von Eschenlohe bis Garmisch-Partenk.: Anschluss B2)
- **Staubereiche**
  Erhöhte Staugefahr besteht in Richtung Garmisch-Partenkirchen am Autobahnende bei Eschenlohe und im weiteren Verlauf der B2 bis Oberau.

worden ist. An sonnigen Wochenenden strömen Heerscharen von Ausflüglern in Richtung Seen und Berge – je nach Jahreszeit mit Gummiboot, Skiern oder Bergschuhen ausgerüstet.

Viel Schwerlastverkehr gibt es auf der A95 nicht, zumal für große LKW die Weiterfahrt nach Innsbruck über den 18 Prozent steilen Zirler Berg versperrt bleibt. Für Autofahrer (ohne Anhänger), die über Innsbruck-Brenner oder über Landeck-Reschenpass Italien ansteuern, ist die A95 deshalb eine gute Alternative zu A7 und A8. Zuvor heißt es allerdings, den Großstadtverkehr von München auf sich zu nehmen; denn als einzige der auf die Stadt zulaufenden Autobahnen wird die A95 auch künftig nicht an den Autobahnring A99 angebunden werden – zu stark wären die Einschnitte in Mitteleuropas letzte Wildflusslandschaft, das Isartal bei Grünwald.

Fertig gebaut ist die A95 auch nach fast 70 Jahren noch nicht. Bevor es richtig in die Berge geht, kurz hinter Eschenlohe, endet sie. Es folgen 17 km bis Garmisch über die völlig überlastete B2. Immerhin ist seit Juli 2000 deren engstes Nadelöhr, die Ortsdurchfahrt Farchant, durch Bayerns längsten Autobahntunnel 4-spurig umgangen. Das letzte Stück mit der Ortsumgehung Oberau wird voraussichtlich erst 2010 fertig gebaut sein.

Viel diskutierte Trassenführung

Dass die Ausbauarbeiten nicht schneller voran gehen, liegt heute nicht mehr an den Naturschützern, die lange bremsten. Inzwischen sind sich alle über die Trasse einig: Ab dem Autobahnende wird die Strecke hart am Westhang bis Oberau verlaufen. Dieser Ort soll im Westen umtunnelt werden, an den Farchanter Tunnel wird sich laut Plan eine weitere Röhre Richtung Mittenwald und eine andere Richtung Ehrwald anschließen, um sowohl Partenkirchen als auch Garmisch zu umgehen – doch für diese teuren Bauwerke fehlt zur Zeit noch das Geld.

Flexibilität hat freilich beim Autobahnbau der A95 Tradition. Schon in den 60er-Jahren erreichte eine der ersten bundesdeutschen Bürgerinitiativen, dass die Trasse nicht quer durchs Murnauer Moos, sondern unterhalb von Kreutalm und Heimgarten über Großweil und Ohlstadt geführt wurde.

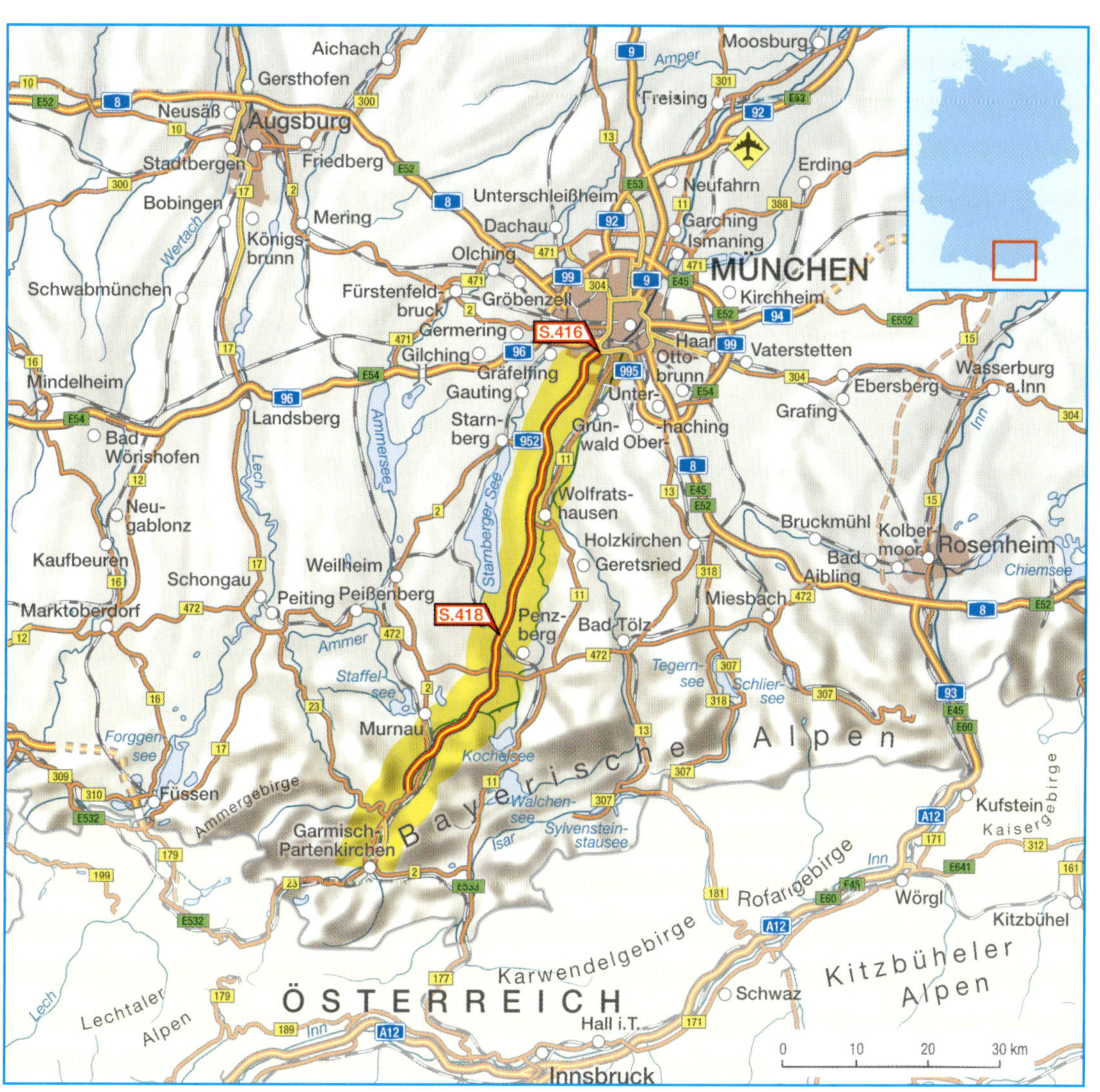

1 Die A95 beginnt stumpf am **Luise-Kiesselbach-Platz**. Der Brennpunkt des Mittleren Rings und Standort der ältesten „Blitzampel" Bayerns soll nach einem Bürgerentscheid untertunnelt werden, voraussichtlich im Jahr 2012. Luise Kiesselbach (1863–1929) war übrigens Gründerin des paritätischen Wohlfahrtsverbandes und Symbolfigur der bayerischen Frauenbewegung.

2 Die Mauer westlich der A95 deutet es an: Dahinter liegt der **Waldfriedhof**. Auf Münchens größter Begräbnisstätte (60 000 Grabstellen, 46 Friedhofsgärtner) fanden u.a. Schauspielerin Heidi Brühl (1942–1991), Kinderbuchautor Michael Ende (1929–1995, „Die unendliche Geschichte") und Kühlschrankerfinder Carl von Linde (1842–1934) ihre letzte Ruhe.

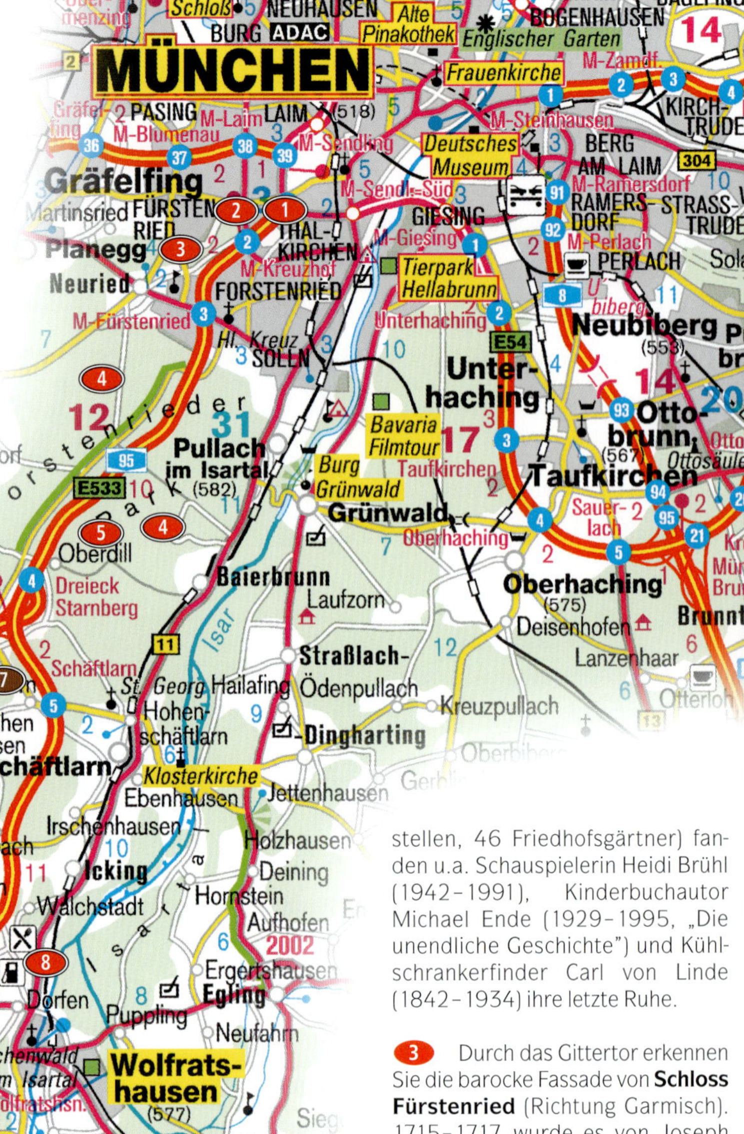

3 Durch das Gittertor erkennen Sie die barocke Fassade von **Schloss Fürstenried** (Richtung Garmisch). 1715–1717 wurde es von Joseph Effner erbaut. Auftraggeber war Bayerns Kurfürst Max Emanuel, der München nach dem Vorbild Paris mit Schlossbauten umgeben wollte. Fast 100 Jahre lang diente Schloss Fürstenried Bayerns Kurfürsten als Jagdschloss. Von 1883 bis zu seinem Tod 1916 lebte hier König Otto von Bayern, der geistig umnachtete jüngere Bruder von Märchenkönig Ludwig II. Heute betreibt das Erzbistum München-Freising in dem Barockbau ein Einkehr- und Exerzitienhaus mit Jugendbildungsstätte (Schlossbesichtigung nur nach Voranmeldung). Kein Zufall ist es, dass die A95 in Richtung München direkt auf die 8 km entfernte Frauenkirche zuläuft: Effner richtete die zentrale Achse vom Schloss auf das Wahrzeichen Münchens aus. Der Schlosskanal musste der Autobahn weichen, von der Lindenallee sind noch einige Bäume zu sehen.

München

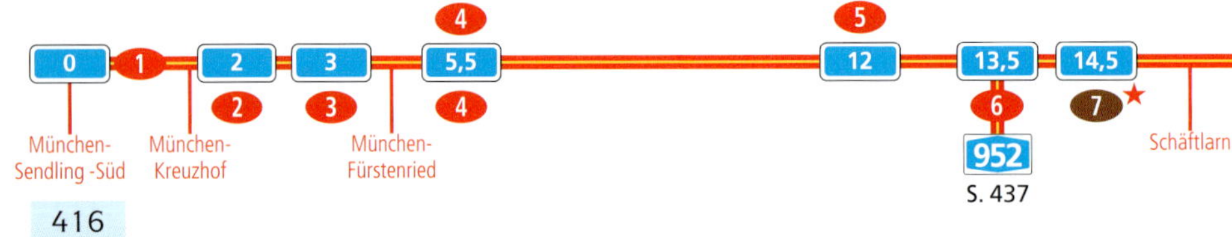

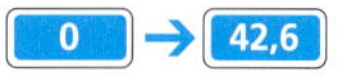

4 Der mächtige Fichtenbestand beiderseits der A95 gehört zum 2000 ha großen **Forstenrieder Park**. Er diente bis 1918 den Wittelsbachern zur Saujagd. Heute haben es die Wildschweine besser: Sie werden im Forstenrieder Wildpark (das ist der Teil zwischen B11 und A95) gefüttert (Di 13–19 Uhr).

5 Östlich der A95 ist das stattliche Gebäude des ehemaligen **Forsthauses Oberdill** zu sehen. Ungefähr 100 Jahre, von 1877bis1970, wohnten hier die Förster vom Forstenrieder Park; die Familie des Försters betrieb traditionell die angegliederte Waldgaststätte. Mit dem Bau der A95 suchte sich der Förster eine neue Bleibe, und die Verkehrspolizei hielt Einzug. Westlich der A95 gelangt man vom Parkplatz über eine versteckte Behelfsausfahrt zum schönen Biergarten Leutstetten im idyllischen Würmtal (4 km) bei Starnberg.

6 Vom AD Starnberg aus kann man den **Starnberger See** nicht sehen, er liegt hinter einem Höhenrücken. Direkt zu seinen Ufern führt die nur 6 km lange A952. Bevor sie in die Ortsdurchfahrt übergeht, eröffnet sich ein prachtvoller Blick über Starnberg samt Kirche und Schloss (beherbergt das Finanzamt). Direkt nach dem Autobahnende an der traditionsreichen Bootswerft Rambeck blitzt südlich der See auf.

7★ **„Abtei Schäftlarn"** (Informationstafel): Wo die flache Münchner Schotterebene in sanft gewelltes Hügelland übergeht, führt die AS Schäftlarn Kunstfreunde zur spätbarocken Kirche der Benediktinerabtei (4,5 km östlich, 10 Min.). Hinunter ins Isartal geht es über eine wildromantische Straße. Der Abstecher lohnt sich wegen der schwebendleichten Rokoko-Deckenfresken von Johann Baptist Zimmermann. Im Anschluss an die Besichtigung kann man sich im Klosterstüberl gegenüber für die Weiterfahrt stärken.

8 Höhenrain ist Deutschlands erste Autobahn-Tankstelle mit **Biodiesel** (beide Richtungen) – biologisch abbaubarer Kraftstoff aus Raps.

9 **„Tölzer Land"** (Informationstafel): Die barocken Zwiebeltürme symbolisieren das gut 1250 Jahre alte Kloster Benediktbeuern. Zur A95 hinüber grüßen sie freilich erst bei km 53 östlich über das Kochelseemoos. Sehenswert ist die lichtdurchflutete Anastasiakapelle (Rokoko). Im Kloster entstand im 13. Jh. die mittelalterliche Liedersammlung „Carmina Burana", 1937 vertont von Carl Orff. In einem Nebentrakt baute Josef Fraunhofer die ersten modernen Fernrohre (Historisches Glashüttenmuseum). Heute betreuen in Benediktbeuern die Salesianer Don Boscos zwei Jugendherbergen, ein Zentrum für Umwelt und Kultur sowie das urige Bräustüberl im Maierhof.

Votivkapelle zu Ehren des bayerischen Märchenkönigs Ludwig II. (1845–1886) in Berg am Starnberger See 6*. Die Kapelle steht oberhalb der Stelle, an der der „Kini" unter mysteriösen Umständen im See ertrank.*

10 Bei der Fahrt in Richtung Garmisch-Partenkirchen hat man hier das erste Mal einen **Blick auf die Berge**: Das langgestreckte Massiv östlich der A95, dessen Silhouette an einen liegenden Hund erinnert, ist die Benediktenwand (1801 m). Der höchste Berg westlich in der Ferne ist die Zugspitze (2962 m).

11 Westlich der Autobahn taucht mitten im Wald eine kleine **Fabrik** auf. Hier werden **Cobs**, Fertignahrung aus Heu für Kühe, produziert. 310 Mitglieder der Trocknungsgenossenschaft liefern ihr Gras und erhalten daraus gepresste Pellets.

12 In Fahrtrichtung München ist bei km 30 zwischen den Bäumen ein kurzer Blick hinunter ins **Isar- und Loisachtal** zu erhaschen. Die 120 km lange Loisach kommt aus dem Lermooser Becken, fließt durch Garmisch-Partenkirchen in den Kochelsee hinein und wieder hinaus und mündet kurz hinter Wolfratshausen in die Isar. Die A95 folgt weitgehend dem Verlauf der Loisach.

13 **„Buchheimmuseum"** (Informationstafel): 50 Jahre lang sammelte der Maler, Verleger und Buchautor („Das Boot") Lothar-Günther Buchheim Gemälde von Expressionisten wie Kirchner, Nolde, Beckmann und Corinth. Seit 2001 ist die heute weltberühmte Kollektion in Bernried (11 km, 15 Min. ab AS Seeshaupt) zu bewundern.

14 **„Pfaffenwinkel/Fünf-Seen-Land"** (Informationstafel): Fünf-Seen-Land nennt sich touristisch der Landkreis Starnberg. Neben Starnberger See und Ammersee gehören noch drei weitere Badeseen dazu: Pilsensee, Weßlinger See und Wörthsee. Der Name „Pfaffenwinkel" des Landkreises Weilheim-Schongau steht für die Vielzahl an Rokoko- und Barockkirchen (Pfaffe = altdt. für Geistlicher). Auf dem Schild abgebildet ist die Heuwinklkapelle St. Maria (1698 erbaut von Josef Schmuzer) in Iffeldorf; das Wallfahrtskirchlein ist bei km 41 westlich kurz zu sehen.

15 Ein Sprung ins warme Wasser: Von der AS Seeshaupt sind es nur 4 km zum Starnberger See und von da weitere 3 km zum riesigen **Erholungsgelände Ambach**. Hier wurden große Parkplätze für bis zu 10 000 Besucher angelegt, dazu gepflegte Liegewiesen direkt am Kieselstrand. Am südlichen Ende des Erholungsgebiets findet man den „Buchscharner Seewirt", eine Gaststätte in einer hier wieder aufgebauten ehemaligen Berghütte.

16★ Von einem Hügel westlich der A95 grüßt die Heuwinklkapelle in Iffeldorf (siehe P. 14). Dahinter liegen verstreut die **Osterseen**, eine malerische Gruppe von etwa 20 Moorseen. Ein lohnender Rundweg für Naturfreunde führt ab Iffeldorf um den Großen Ostersee (2,5 Std. Gehzeit). Baden darf man hier nur an besonders ausgewiesenen Plätzen (AS Penzberg/Iffeldorf, 3 km, 4 Min. in Richtung Westen).

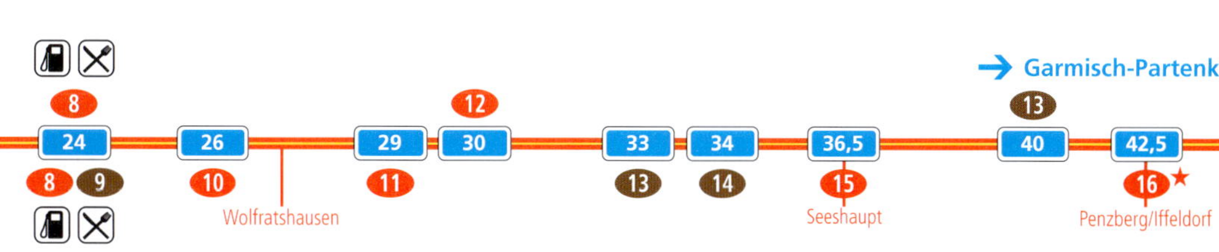

1 Plötzlich wird die A95 ohne erkennbaren Grund über eine **8-spurige Brücke** geführt, die nur Gras überquert. In den 60er-Jahren sollte hier eine Voralpenautobahn vom Irschenberg nach Füssen queren. Die Autobahnkreuzung wurde gleich mit der A95 gebaut, die andere Autobahn aber 1980 aus dem Bedarfsplan gestrichen. Auf den Zufahrtsrampen grasen heute Kühe.

2 Östlich verhindert ein Lärmschutzwall die Sicht auf **Sindelsdorf**. Dort wohnte und wirkte Anfang des 20. Jh. der Maler Franz Marc. Mit Wassily Kandinsky gründete er die Künstlervereinigung „Blauer Reiter" – „am Kaffeetisch in der Gartenlaube in Sindelsdorf", wie Kandinsky in seinem Tagebuch schreibt. Kandinsky wohnte 1908–1914 in Murnau und kam sonntags über die Aidlinger Höhe (das ist der tannenbestandene Vorberg westlich der A95) seinen Freund Marc besuchen.

3 Idyllisches Bayernland: Genießen Sie den großartigen **Blick über das Loisachmoos** nach Südosten auf (v. r. n. l.) Heimgarten (1790 m) und Herzogstand (1731 m), Jochberg (1567 m) und Benediktenwand (1801 m). Bei guter Sicht ist unterhalb des Herzogstands der **Kochelsee** zu erkennen. An seiner Flanke liegt das **Walchenseekraftwerk**. 200 m tief stürzen die Wasser durch sechs gewaltige Röhren. Bereits 1924 konzipierte Oskar von Miller das Kraftwerk.

4 **„Franz-Marc-Museum Kochel"** (Informationstafel): Im liebevoll hergerichteten Franz-Marc-Museum in Kochel (10 km, 12 Min. östlich der AS Kochel) sind einige der schönsten Werke des expressionistischen Künstlers ausgestellt, etwa „Rehe im Schilf" und „Hocken im Schnee".

5 Kurz vor der AS Murnau/Kochel überquert die A95 die **Loisach** (siehe Foto S.414). Nach Osten hat man einen guten Blick auf **Großweil**, ein ehemaliges Bergwerksdorf. Dahinter sind die Türme des **Klosters Schlehdorf** zu erkennen. Es besteht seit dem 8. Jh. und beeindruckt vor allem durch seine Traumlage.

6★ **„Freilichtmuseum Glentleiten"** (Informationstafel): Über die AS Murnau/Kochel empfiehlt sich ein Ausflug ins Freilichtmuseum Glentleiten (4 km, 5 Min. in Richtung Osten). Dort sind mehr als 50 originalgetreu wieder aufgebaute Bauernhäuser aus ganz Oberbayern, liebevoll gepflegte Bauerngärten und einige Werkstätten zu besichtigen (April–Okt. Di–So 9–18 Uhr).

7~ Auf der Weiterfahrt Richtung Garmisch-Partenkirchen bietet sich ab der AS Murnau/Kochel eine wunderschöne Alternativroute über die **Kesselbergstrecke** und entlang des in die Berge eingebetteten **Walchensees** (B 11 bis Krün/Mittenwald, weiter auf der B 2 zurück zum Ende der A95; ca. 55 statt 40 Min.). Die Route ist Samstag und Sonntag in Richtung Kochel–Walchensee für Motorradfahrer gesperrt.

8 Südlich der A95 sieht man die Koppeln des bayerischen **Haupt- und Landgestüts Schwaiganger**, für Pferdeliebhaber ein Muss. Das

Gestüt (4 km ab AS Murnau/Kochel Richtung Murnau) versorgt die bayerischen Pferdehalter mit Zuchttieren der Rassen Kaltblüter, Warmblüter und Haflinger. Etwa 400 Pferde sind ständig dort untergebracht (Führungen Mai–Okt. Di, Mi, Do 13.30 u. 15 Uhr).

9 Was da westlich in der Ferne wie ein gestrandetes UFO am Hang zu kleben scheint, ist die **Unfallklinik Murnau** der Berufsgenossenschaften mit ihren rund 1000 Betten. **Murnau** selbst ist ein entzückender Marktflecken mit verkehrsberuhigter historischer Hauptstraße. Sein Ruf als Künstlerdorf rührt aus den Jahren 1908–1914, als Wassily Kandinsky und seine Lebensgefährtin Gabriele Münter hier die abstrakte Malerei erfanden. Im Murnauer Schloss ist eine für den kleinen Ort erstaunlich hochwertige Gemäldesammlung untergebracht (Di–So 10–17 Uhr). Kandinsky-Fans sollten auch zum 1999 restaurierten **Münterhaus** spazieren, wo der Maler und seine Gefährtin lebten.

10 Plötzlich taucht eine Ebene wie ein verlandeter See mit wogendem Schilf und schlanken Birken auf. Bei der Fahrt durchs **Murnauer Moos** wird spürbar, warum gerade diese Gegend Künstler so in ihren Bann zog: Da ist das überwältigende Licht, der Zauber der Nebel über dem Moor. Und abends, wenn die Schatten der Berge lang werden, begreift man, warum Kandinsky vom „Blauen Land" sprach. Das größte Hochmoor Mitteleuropas ist streng landschaftsgeschützt und letzter Brutplatz des vom Aussterben bedrohten Wachtelkönigs.

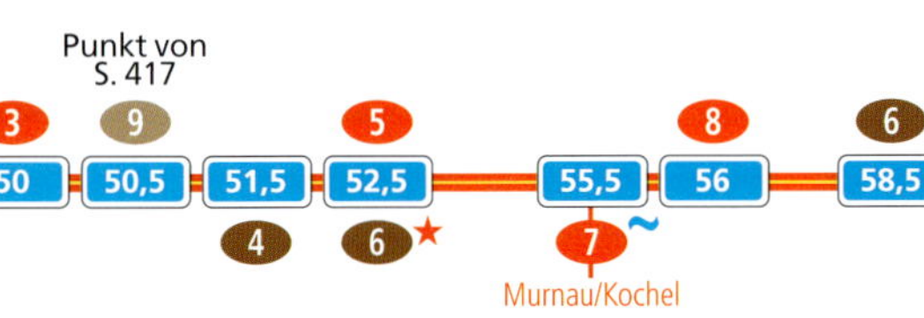

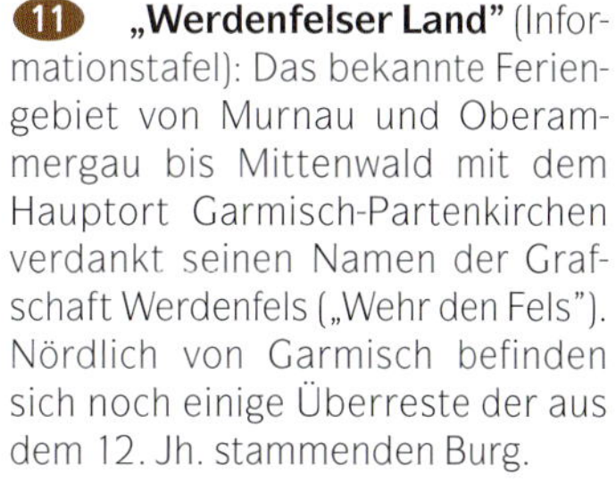

11 **„Werdenfelser Land"** (Informationstafel): Das bekannte Feriengebiet von Murnau und Oberammergau bis Mittenwald mit dem Hauptort Garmisch-Partenkirchen verdankt seinen Namen der Grafschaft Werdenfels („Wehr den Fels"). Nördlich von Garmisch befinden sich noch einige Überreste der aus dem 12. Jh. stammenden Burg.

12 Kurz vor dem Autobahnende liegt am Fuße des Heimgartens das Dorf **Eschenlohe**. Es ist Ausgangspunkt für Bergwanderungen auf den Krottenkopf (2086 m) und die Hohe Kisten (1922 m) sowie in die malerische Asamklamm.

13 Abrupt endet die Autobahn nach dem Durchstich des dominant das Loisachtal versperrenden Vestbichl und mündet in die **B2**.

◀ *Panoramakarte mit westlicher Karwendelspitze und Zugspitze* **15**.

14 Auf der Westseite rücken die senkrechten Felswände so nah an die B2, dass bei dem Parkplatz ein natürlicher **Klettergarten** entstand. Bei schönem Wetter sieht man hier Bergbegeisterte bei Übungstouren durch die 40 m hohe Wand.

15 In Richtung Garmisch-Partenkirchen hinter Oberau öffnet sich weit das **Garmischer Becken** und gibt den tausendfach fotografierten Traumblick frei auf (v.l.n.r.) Wank, Alpspitze und Zugspitze.

16 2,38 km lang ist der **längste Autobahntunnel Bayerns**. In weitem Bogen umgeht er unter dem Wank-Massiv das Dorf **Farchant**, dessen schmale Hauptstraße bis zur Eröffnung des Tunnels im Sommer 2000 unter bis zu 50 000 Autos täglich schier erstickte.

17 Am großen Kreisverkehr heißt es sich entscheiden: Westlich geht es nach **Garmisch** und weiter Richtung Fernpass und Engadin, in östlicher Richtung nach **Partenkirchen** und über Mittenwald nach Innsbruck.

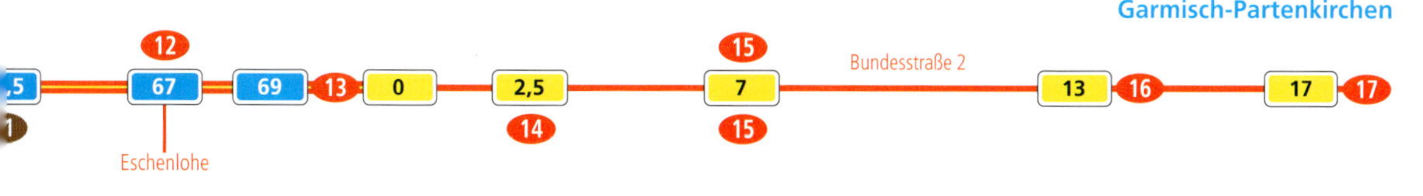

Vom Bodensee nach München

Lindau → Wangen → Memmingen → Bad Wörishofen → Landsberg am Lech → München

Farbenprächtig ist die Route, Grün die Hauptfarbe und ferienblau die Stimmung. Ganz gewiss gehört die A96 zu den bedeutendsten und landschaftlich schönsten Strecken Süddeutschlands. Die 172 km lange Trasse führt von Lindau am Bodensee durch das sanft hügelige Allgäu über Memmingen und Landsberg am Lech nach München.

Die weitgehend in den 80er- und 90er-Jahren fertig gestellte A96 brachte für die hier lebende Bevölkerung endlich eine Erleichterung in Bezug auf Lärm und Abgase. Vorher quälte sich der Verkehr auf den völlig überlasteten Bundesstraßen B12 und B18 durch historische Städte und Gemeinden. Bei Etterschlag in der Nähe des Ammersees beispielsweise waren Staulängen von mehreren Kilometern an der Tagesordnung. Heute bildet die A96 die Hauptverkehrsachse zwischen dem Allgäu, den Erholungsgebieten am Bodensee und München. Sie verbindet Bayern mit dem Autobahnnetz der Schweiz sowie – über Chur und San Bernadino – mit den italienischen Regionen Mailand und Turin.

Eine Fahrt über die A96 ist von München wie von Lindau aus gleichermaßen attraktiv. Es geht über Hügel, entlang an sattgrünen, malerischen Wiesen und Weiden, vorbei an kleinen und stattlichen Bauernhöfen; am südlichen Horizont blitzen die schneebedeckten Berge. Bei Föhn begleitet den Autofahrer fast die ganze Strecke die herrliche Alpenkulisse. Von Lindau kommend lohnt auch der Blick zurück auf die Allgäuer und Vorarlberger Gipfel.

Durchs Allgäu zum Ammersee

Kaum eine andere Ferienregion ist so vielfältig wie das Allgäu. Zu jeder Jahreszeit bietet es zahlreiche Freizeitmöglichkeiten: Wandern und Bergsteigen, Wassersport und Radfahren, Drachen- und Gleitschirmfliegen; im Winter Eislaufen, Skifahren und Langlauf.

Von Lindau im Westallgäu führt die A96 über Wangen und Leutkirch ins Unterallgäu nach Memmingen, wo sie auf die A7 trifft, die Verbindung Füssen – Ulm. Hinter Buchloe verlässt die A96 das Allgäu und erreicht die Barockstadt Landsberg am Lech. An Ammersee und Wörthsee vorbei gelangt die A96 schließlich nach München.

Die Geburtsstunde der A96 schlug 1980, als die Pläne der Voralpenautobahn Bad Aibling – Kempten – Wangen zu den Akten gelegt wurden. Bereits zu den Olympischen Spielen 1972 war die B12 zwischen München und Oberpfaffenhofen

Westlich von München reicht die A96 nah an die Dörfer heran, wie hier bei Greifenberg.

4-spurig ausgebaut worden. Daraus entstand für Bayern der Ausbau der B12 zur A96; gleichzeitig realisierte man die Autobahntrasse in Baden-Württemberg entlang der B18 von Lindau nach Leutkirch.

Drei Tunnels für den Umweltschutz

Aus Natur- und Lärmschutzgründen gibt es auf der A96 mehrere Autobahntunnel: so bei Wangen den Herfatztunnel (440 m), bei Erkheim den Kohlbergtunnel (600 m) und am Wörthsee den Tunnel Etterschlag (500 m). Der Kohlbergtunnel ist das größte Einzelbauwerk der A96. Ohne diesen Tunnel hätten die Autobahnplaner die Donau-Iller-Lech-Platte, ein Aufschüttungsgebiet der eiszeitlichen Gletscher, durch einen tiefen Einschnitt zerstückeln müssen. Die A96 ist großzügig trassiert und harmonisch in die Landschaft gefügt. Infolge der abwechslungsreichen Topographie waren zahlreiche Talbrücken erforderlich. Das größte Bauwerk dieser Art ist die 730 m lange Talbrücke Obere Argen bei Wangen im Allgäu. Sie besteht aus zwei Brückensystemen: einer Spannbetonkonstruktion und einer eindrucksvollen Schrägseilbrücke mit einem 55 m hohen Pylon.

Noch ist ist die A96 nicht durchgehend befahrbar. Offen bleiben drei Lücken: Wangen - Leutkirch, Memmingen - Erkheim und Bad Wörishofen - Buchloe. Nur zwischen Bad Wörishofen und Buchloe ist bislang das Planfeststellungsverfahren abgeschlossen, an zwei Stellen sind auch bereits die Bagger angerückt, die Wertachbrücke ist im Bau. Mit der Fertigstellung dieses Teilstücks wird bis 2003 gerechnet. Für die anderen beiden Projekte ist die Finanzierung allerdings noch nicht gesichert, so dass definitive Aussagen über die Fertigstellung nicht möglich sind. Zwischen Wangen und Leutkirch führt dies an Wochenenden und in der Urlaubszeit immer wieder zu Stauungen.

96

- **Länge** 172 km / 2:00 h
- **Entfernungen und Fahrzeiten** (ca.)

Grenzübergang Lindau – AS Wangen-Nord 25 km / 0:15 h
(Strecke unterbrochen zwischen AS Wangen-Nord und AS Leutkirch-Süd, z. Zt. B18)
AS Leutkirch-Süd – AS Memmingen-Ost 29 km / 0:17 h
(Strecke unterbrochen zwischen AS Memmingen-Ost und AS Erkheim, z. Zt. B18)
AS Erkheim – AS Bad Wörishofen 21 km / 0:13 h
(Strecke unterbrochen zwischen AS Bad Wörishofen und AS Buchloe-West, z. Zt. B18)
AS Buchloe-West – AS München-Sendling 65 km / 0:37 h

- **Staubereiche**

Erhöhte Staugefahr besteht zwischen der AS Inning a. Ammersee und der AS Oberpfaffenhofen, zwischen der AS München-Blumenau und der AS München-Sendling sowie in Fahrtrichtung Lindau vor der Unterbrechung der A96 bei Leutkirch-Süd.

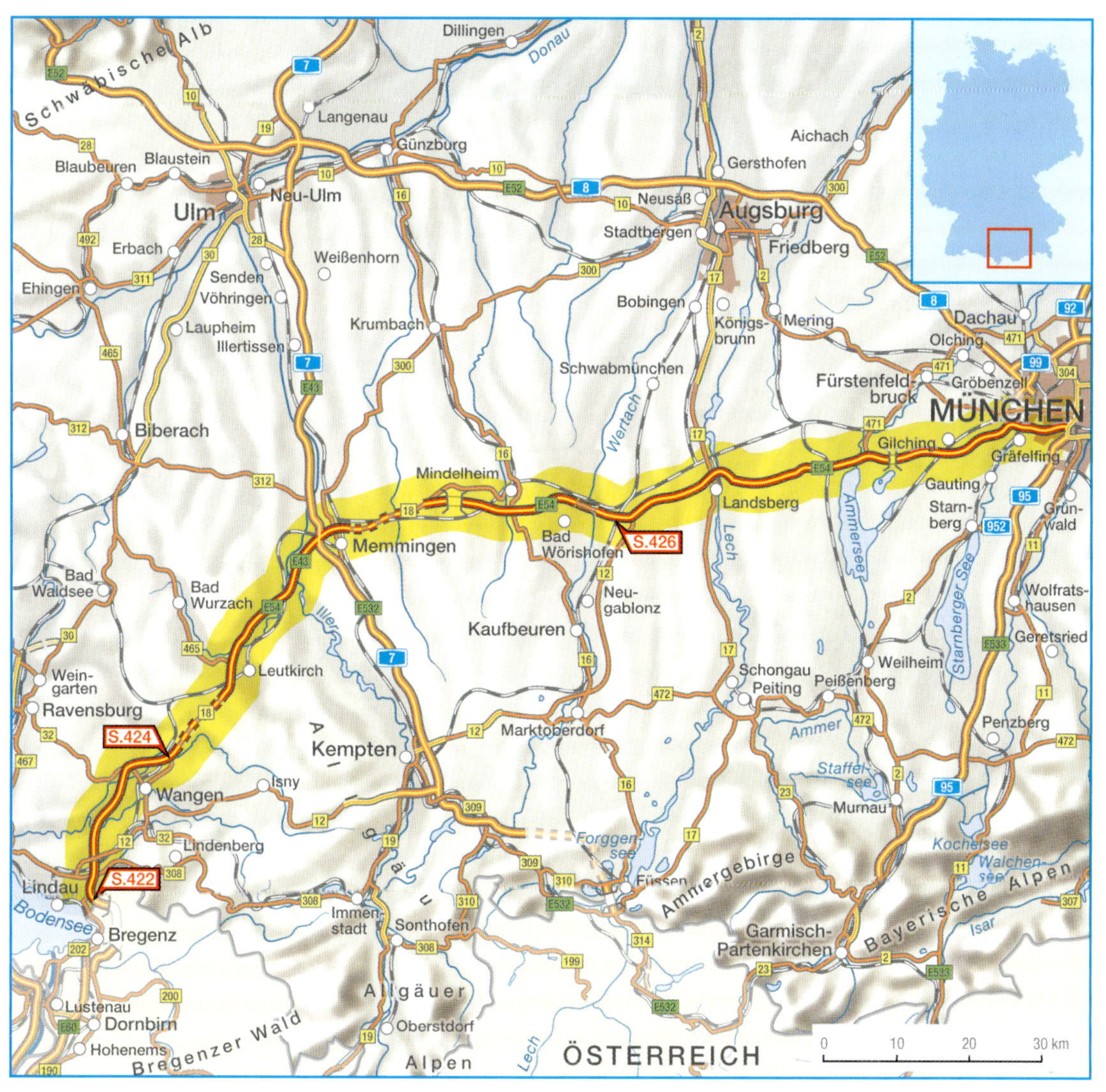

Allgäuer Idyll: Niederwangener Kapelle auf dem Kalvarienberg bei Wangen 9.

1 Knapp 1 km hinter dem Portal des 6718 m langen Pfändertunnels beginnt die A96 an der ehemaligen deutsch-österreichischen **Grenzstation**. Die weißen Grenzkontrollgebäude dienen heute nur noch als Zollstation für LKW (Richtung München) und als Verkaufsstelle für die österreichischen und schweizerischen Autobahnvignetten (Richtung Österreich). Die eigentliche Staatsgrenze queren Sie beim Flüsschen Leiblach erst 300 m vor der AS Lindau.

2 Die Autobahn verläuft in 2 km Abstand parallel zum **Bodensee**, doch von Deutschlands größtem Binnengewässer ist wegen Bäumen und Lärmschutzwänden nichts zu sehen. Das 538 km² große „Schwäbische Meer" bleibt selbst dann Deutschlands größter See, wenn man die österreichischen und schweizerischen Teile abzieht. Der Bodensee misst an seiner tiefsten Stelle 252 m, er dient als Trinkwasser-Reservoir und wird von 236 Bächen und Flüssen gespeist. Wichtigster Zulauf ist der Rhein, den die Autobahn kurz nach der Ausfahrt aus dem Pfändertunnel auf österreichischer Seite quert. Das Rheinwasser benötigt zwei Monate zur Durchquerung des Bodensees bis zum Abfluss beim Ort Stein am Rhein.

3 **„Inselstadt Lindau"** (Informationstafel): Wer den abgebildeten Bayerischen Löwen sowie den Alten und den Neuen Leuchtturm in der ehemaligen Reichsstadt in natura sehen will, fährt an der AS Lindau ab. Vom Seeparkplatz Nr. 5. sind es zu Fuß nur wenige Minuten zum Hafen. Der Bayerische Löwe bewacht die

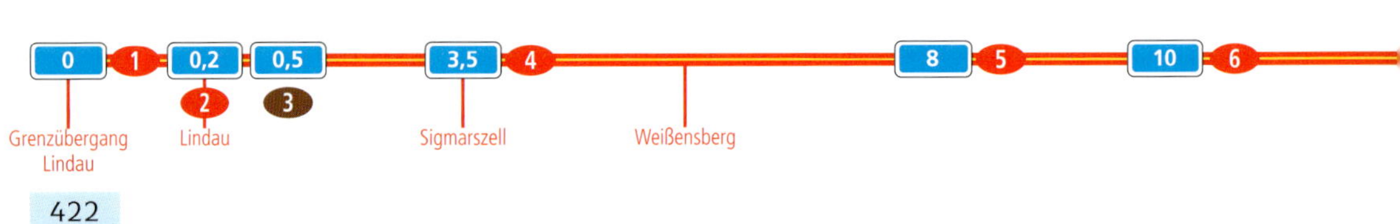

Hafeneinfahrt, der Alte Leuchtturm (Mangturm) ist ein eindrucksvoller Zeuge der ehemaligen Stadtbefestigung. Haben Sie die 139 Stufen auf den Neuen Leuchtturm erklommen, dann werden Sie mit einem herrlichen Ausblick auf die fast 800 Jahre alte Stadt belohnt.

4 Bei der AS Sigmarszell kreuzt die **Deutsche Alpenstraße** die Autobahn. Die wohl älteste Touristikroute Deutschlands wurde 1927 gegründet. Sie beginnt in Lindau und endet nach etwa 460 km in Marktschellenberg bei Berchtesgaden. In Ihrem Verlauf streift sie die berühmten Königsschlösser Neuschwanstein, Hohenschwangau und Linderhof.

5 Eine Tafel mit dem Wappen des Bundeslandes weist darauf hin, dass die **Landesgrenze** nach Baden-Württemberg überschritten wird.

6 Die A96 überquert auf einer 730 m langen Brücke das 40 m tiefe Tal der **Oberen Argen**. Die rot lackierten Metallteile der Stahlbrücke bilden einen lebendigen Kontrast zum Autobahngrau. Der Fluss, der diese Landschaft geformt hat, ist von der Autobahn aus nicht zu sehen. Die zahlreichen Stromschnellen sind ein Jagdrevier des bunten Eisvogels.

7 Beim Autobahnbau wurden Findlinge aus der Grundmoräne des Rheingletschers (70 000–10 000 v. Chr.) gefunden. Am **Rastplatz Humbrechts** sowie in Richtung Bregenz am **Rastplatz Ettensweiler** (km 18) sind einige beschriftete Exemplare ausgestellt. Die Findlinge benötigten für die 100 km vom Graubündner Hochtal Prättigau bis ins Allgäu stolze 300 Jahre, wie dort zu lesen ist. Die Trasse der A96 folgt bis Leutkirch dem damaligen Gletscherstrom, der das hügelige Landschaftsbild geformt hat.

8 Die Brücke über die **Untere Argen** ist im Vergleich zur Stahlbrücke der Oberen Argen eher klein: Sie ist nur 390 m lang und 17 m hoch.

9 Von der AS Wangen-West (km 19,5) und der AS Wangen-Nord (km 25) nur jeweils 4 km entfernt, ist die Stadt **Wangen** von der Autobahn aus dennoch nicht zu sehen. Schuld daran sind Lärmschutzwälle, aber auch der 440 m lange Herfatz-Tunnel bei km 21. Wangen besitzt einen mittelalterlichen Stadtkern; die unter Denkmalschutz stehenden Fassaden sind liebevoll restauriert. Der Mittwoch hat als Markttag Tradition seit 1330. In der alten Eselsmühle an der Stadtmauer wurde das erste Käsereimuseum Deutschlands eingerichtet – ein Hinweis auf die Bedeutung der Milchwirtschaft für diese Region. Das Gästeamt nennt Adressen von Käsereien in und um Wangen, die besichtigt werden können.

10 **„Württembergisches Allgäu“** (Informationstafel): Kühe, ein Baum und eine Kirche sind als Symbolträger dieses an Wäldern, Wiesen und Weihern reichen Voralpengebiets auf dem Schild abgebildet.

11 Auf der Nordseite der A96 fließt die **Untere Argen** etwa 1 km zwischen Waldesrand und Autobahn dahin, bevor sie unter der A96 in Fahrtrichtung Lindau entschwindet. Auf der Fahrt in Richtung München verhindert eine Lärmschutzwand die Sicht.

12 Nach der AS Wangen-Nord endet die A96 vorläufig; das zweispurige Zwischenstück ist 9 km lang. Östlich der Strecke ist der **Brauerei-Gasthof** „Hugo Farny“ zu sehen; allerdings wird die Beschriftung am Haus durch drei mächtige Holz-Silos fast verdeckt. Die Allgäuer Edelweißbrauerei Farny wurde hier gegründet; am heutigen Standort in Kißlegg-Dürren war das Bier früher lediglich gelagert worden. Das urige Wirtshaus hat nachmittags geöffnet.

13★ Auf der Weststeite der A96 liegt der Luftkurort **Kißlegg** (6 km, 7 Min. ab B18). Im Neuen Schloss, 1721–1727 von Johann Georg Fischer erbaut, begeistert heute vor allem das moderne Museum des Expressiven Realismus. Rund 120 Gemälde geben den einzigen geschlossenen Überblick in Deutschland auf diese wichtige Kunstströmung nach dem Expressionismus. Führungen organisiert das Verkehrsamt, das ebenfalls im Schloss seinen Sitz hat.

Oberschwäbische Barockstraße

Üppige Stukkaturen, pompöse Chorbänke, riesige Gemälde und Fresken: Mitte des 17. Jh., nach Ende des Dreißigjährigen Krieges, galt es, all die zerstörten Klöster, Kirchen und Schlösser in Deutschland wieder instand zu setzen. Das haben die Baumeister aus Schwaben, Tirol und Bayern mit großer Kunstfertigkeit getan. Besonders vielfältig präsentiert sich die barocke Baukunst heute in Oberschwaben. Um die oft versteckten Kirchen-Kleinode Urlaubern zugänglicher zu machen, schufen findige Touristiker 1966 die Oberschwäbische Barockstraße. Und weil auch sie sich nicht auf eine einzige Traumroute einigen konnten, gibt es heute neben einer Hauptstrecke von Ulm nach Langenargen am Bodensee auch eine Süd-, West- und Ostroute.

Für Reisende auf der A96 ist die Ostroute zwischen Wangen und Ottobeuren über Kißlegg und Leutkirch besonders attraktiv – schließlich verläuft sie entlang der Autobahn. Wer einen Nachmittag oder sogar etwas mehr Zeit hat, der kann sich beispielsweise in Rot an der Rot vom reich verzierten Chorgestühl im säkularisierten Prämonstratenserkloster begeistern lassen oder in Ottobeuren die imposante Raumgestaltung der Klosterkirche Theodor und St. Alexander von Johann Michael Fischer bewundern.

→ München
16 – 18 – 19,5 – 22 – 24 – 25 – 25,5 – 29
7 · 7 · 9 Wangen-West · 8 · 10 · 11 · 9 Wangen-Nord · 12 · Bundesstraße 18 · 13★

1 Nördlich ist der **Wuhrmühleweiher** zu sehen. Der weiter oberhalb liegende Argensee versteckt sich hinter zahlreichen Bäumen. Beide Gewässer entstanden aus Schmelzwasser der Würm-Eiszeit.

2 Die ökumenische **Galluskapelle** auf dem Winterberg ist in Fahrtrichtung München deutlich zu sehen. Wer in Richtung Lindau unterwegs ist, kann den Rundbau in der Grundform prähistorischer Steinkreise über einen Fußweg (10 Min.) vom Rastplatz Winterberg (km 39) aus erreichen.

3 Die **Europäische Wasserscheide** wird auf einer Höhe von 708 m überquert. Östlich davon fließen die Gewässer Richtung Donau, westlich Richtung Bodensee und Rhein.

4 Östlich der Autobahn sieht man die ehemalige Freie Reichsstadt **Leutkirch** am Fuße der Wilhelmshöhe. Der Ortsname stammt von einer „Leutekirche“ aus dem 7. Jh. Von der Stadtbefestigung sind mit dem Pulverturm und dem Bockturm noch Reste erhalten.

5 Aluminium-Konstruktionen schmücken die Brücke an der AS Leutkirch-West. Die **„Lumen“-Skulpturen** sind Symbole für Licht und Blumen. Nach der Brücke fahren Sie geradewegs auf den Höhenrücken zu, auf dem das vierflügelige **Schloss Zeil** steht. Im Schloss wohnen Fürst Georg zu Waldburg-Zeil und seine Familie; die weitläufige Anlage mit Garten und naturnah gestaltetem Wildgehege darf besichtigt werden.

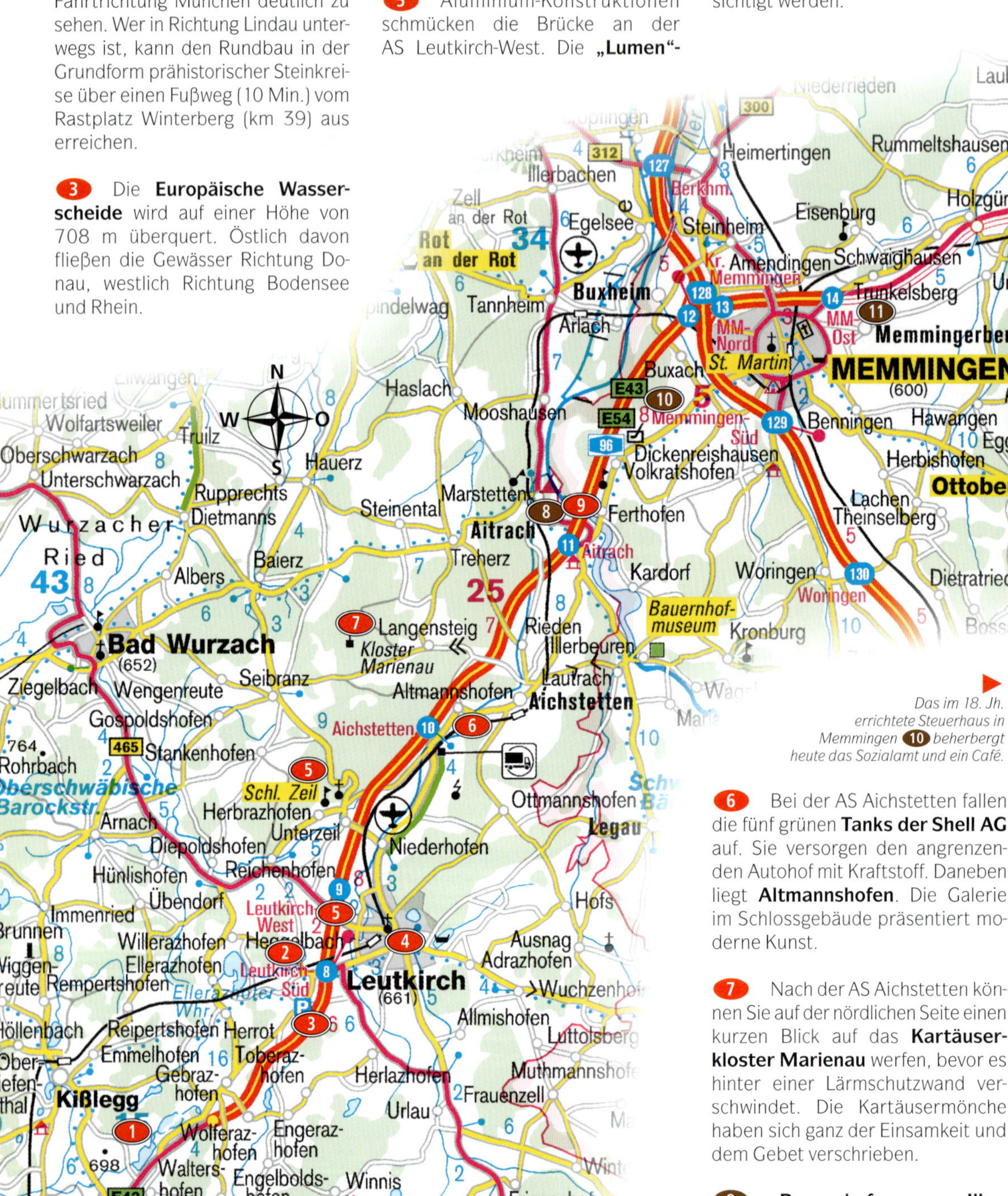

Das im 18. Jh. errichtete Steuerhaus in Memmingen 10 beherbergt heute das Sozialamt und ein Café.

6 Bei der AS Aichstetten fallen die fünf grünen **Tanks der Shell AG** auf. Sie versorgen den angrenzenden Autohof mit Kraftstoff. Daneben liegt **Altmannshofen**. Die Galerie im Schlossgebäude präsentiert moderne Kunst.

7 Nach der AS Aichstetten können Sie auf der nördlichen Seite einen kurzen Blick auf das **Kartäuserkloster Marienau** werfen, bevor es hinter einer Lärmschutzwand verschwindet. Die Kartäusermönche haben sich ganz der Einsamkeit und dem Gebet verschrieben.

8 **„Bauernhofmuseum Illerbeuren“** (Informationstafel, nur in Fahrtrichtung Lindau): Das älteste Bauernhofmuseum im süddeutschen Raum liegt 4 km östlich. Einzigartig ist das angeschlossene Schützenmuseum mit rund 6000

Lindau ←

Zwischenstrecke in Planung (z. Zt. B18)

1 2 7 8

33 – 34 – 37 – 3 – 39 – 41 – 5 – 47,5 – 48 – 49 – 56 – 57 – 9 – 59 – 7

4 6 10

Wangen-Nord · Leutkirch-Süd · Leutkirch-West · Aichstetten · Aitrach

S. 166

S. 166

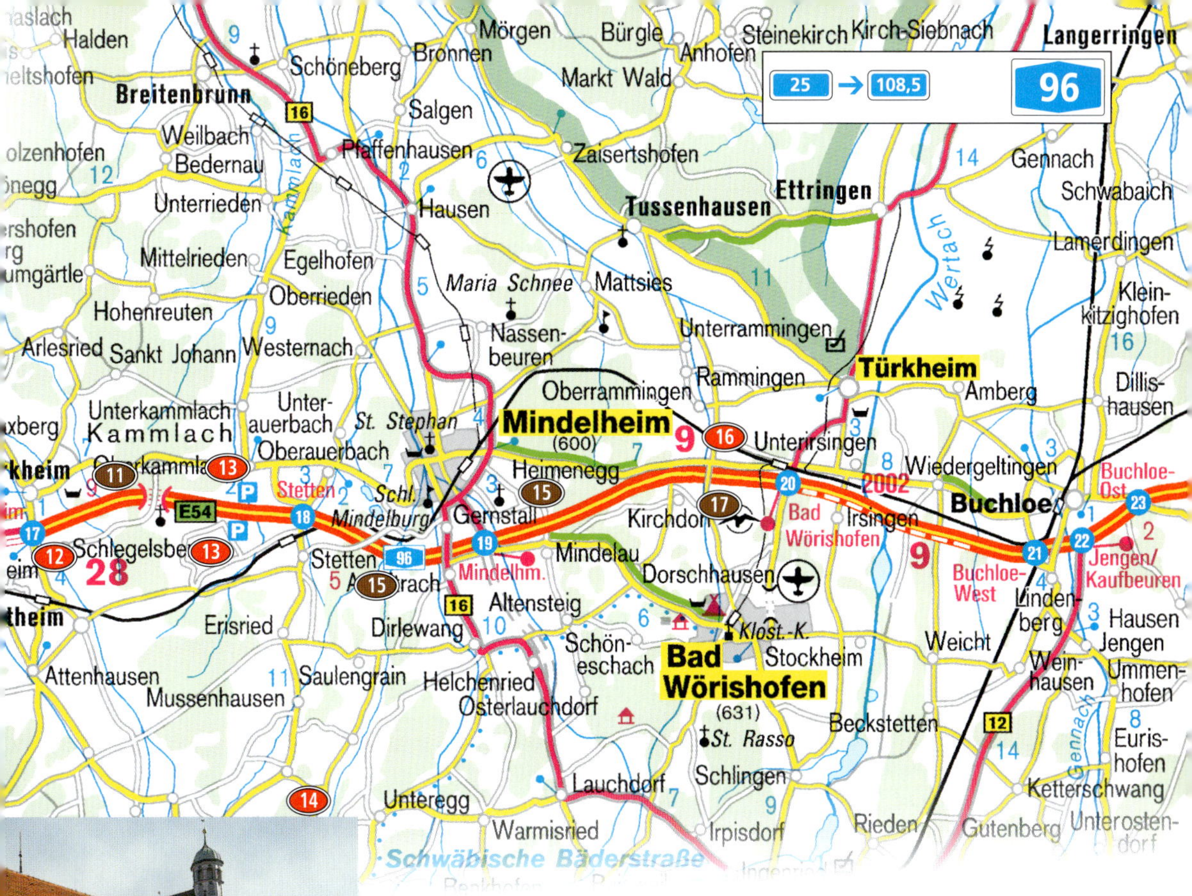

Ausstellungsstücken, darunter das Gemälde „Schützenliesl" des Malers Wilhelm von Kaulbach.

9 Die A96 überquert die **Iller**, und ein weißes Schild mit bayerischem Wappen weist darauf hin, dass hier die Grenze zum **Freistaat Bayern** verläuft.

10 **„Memmingen"** (Informationstafel): Das Schild zeigt Fassaden der ehemaligen evangelischen Reichsstadt; von der Autobahn ist aber einzig das Gewerbegebiet zu sehen. Als optischer Leckerbissen der Stadt präsentiert sich der Marktplatz mit einer im Rokokostil verzierten Rathausfassade. In den Jahren 1945/46 haben 8000 Sudetendeutsche in Memmingen eine neue Heimat gefunden. Ihre Geschichte wird im Hermansbau neben dem Stadtmuseum dokumentiert.

11 **„Abtei Ottobeuren"** (Informationstafel): Das Schild zeigt die beiden barocken Zwiebeltürme des Klosters, das 12 km, 15 Min. von der Autobahn entfernt liegt. Die Originaltürme der Benediktinerabtei sind bei km 75 südlich der A96 zu sehen.

12 Südlich der A96 steht ein großer **Holzkopf**, in dem zwei Büros untergebracht sind. Das Gebäude mit der Hakennase hat der Erkheimer Bauunternehmer Fritz dort errichtet. Sein Firmengelände liegt auf der anderen Seite der Autobahn.

13 Am **Parkplatz Kammlachtal** geben zwei Kunstwerke einen heiteren Hinweis auf das Kneippland Unterallgäu. Auf der nördlichen Seite der Autobahn hat die Künstlerin Erika Berckhemer einen tanzenden blauen Mann aus Stahl und Aluminium durch „Lebensadern" mit einem ebenfalls stählernen roten Herz verbunden. Südlich der A96 steht 8 m hoch die kreisförmige Stahlplastik von Clemens Brocker. Diagonale, gewellte und waagrechte Stäbe darin stellen fließendes und stehendes Wasser und damit die ganzheitliche Therapieform des Sebastian Kneipp dar.

14★ Von der AS Stetten kommen Sie in 16 Min. über Eresried (3 km) und Mussenhausen (2 km) nach Eutenhausen (2 km), hinter dem Ort geht es links zur **Katzbruimühle** (1,5 km). Das Museum in dem Gebäude gibt Einblick in die Lebensverhältnisse des Müllers um die Jahrhundertwende. In der alten Müllerstube lässt es sich vorzüglich speisen.

15 **„Historische Altstadt Mindelheim"** (Informationstafel): Das Gewerbegebiet der Stadt verdeckt die Sicht auf die Altstadt. Rechts neben dem Einlasstor der mittelalterlichen Stadtbefestigung schlägt dem Besucher wohl 50-mal die Stunde – im Turmuhrenmuseum.

16 Nördlich der Autobahn beleben die bunten Fahrgeschäfte des **Skyline-Parks** die A96.

17 **„Bad Wörishofen – Kneippheilbad"** (Informationstafel): Auf dem Schild ist der Pfarrer Sebastian Kneipp abgebildet. Er hat in Bad Wörishofen seine nach ihm benannte Kur entwickelt. Das Kneipp-Museum im Dominikanerkloster erläutert die fünf Säulen der Kneipp-Kur: Wasser, Kräuter, Bewegung, Ernährung und Lebensordnung.

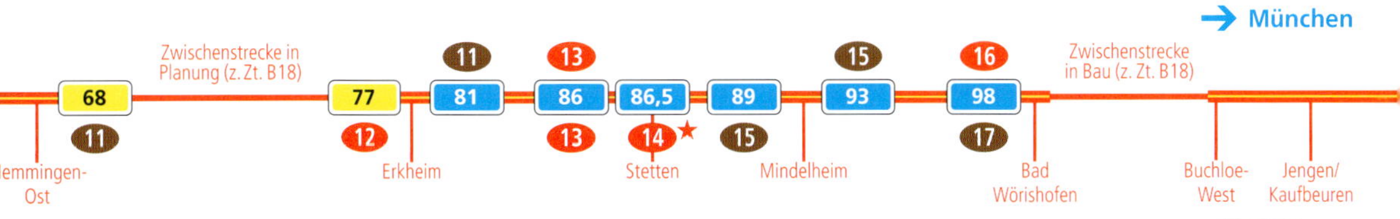

1 Die rot-weiß gestrichenen Antennenmasten der 1969–1972 errichteten **Rundfunksendestelle Wertachtal** sind nördlich der Autobahn gut zu erkennen. Die Kurzwellensender strahlen das Programm der „Deutschen Welle“ in 34 Sprachen in die ganze Welt aus.

2 **„Landsberg am Lech an der Romantischen Straße“** (Informationstafel): Das auf dem Schild abgebildete Bayertor, Wahrzeichen der Stadt, gilt als eine der schönsten gotischen Toranlagen Süddeutschlands. Sie können es von der Autobahn aus sehen, etwa vom Rastplatz Lechwiesen (km 118). Das weiße Gebäude im Vordergrund ist das Kreiskrankenhaus.

3 Die **Romantische Straße** kreuzt bei der AS Landsberg am Lech-Nord die A96. In Würzburg beginnend, verläuft Deutschlands berühmteste Touristikroute auf rund 350 km durch so verschiedenartige Landschaften wie das durch einen Meteoriteneinschlag geprägte Nördlinger Ries und den alpenvorländischen Pfaffenwinkel.

4 Von der **Lechbrücke** aus haben Sie noch einmal einen schönen Blick auf die Landsberger Altstadt. Der Lech entspringt im Arlberggebiet und überquert bei Füssen die Grenze. Nach rund 260 km mündet er bei Marxheim in die Donau. Zur Stromgewinnung wird der Fluss allein in Bayern 29-mal gestaut.

Das Strandbad von Utting am Ammersee bietet Abkühlung an heißen Tagen **10**★.

5 Die Gebäude des **Militärflughafens Penzing** sind nördlich der A96 gut zu sehen. Oft stehen auch einige Flugzeuge, meist vom Typ Transall, sowie mehrere Hubschrauber vom Typ Bell UH-1D auf dem Rollfeld.

6★ Für einen Ausflug in die Lechstadt **Landsberg** bietet sich die AS Landsberg-Ost an (3 km, 5 Min.). Von dort aus fahren Sie geradewegs auf das Bayertor zu, das sowohl einen beeindruckenden Anblick als auch einen herrlichen Ausblick über die oberbayerische „Perle der Romantischen Straße“ bietet. Am Ende der Bergstraße geht es links auf den historischen Hauptplatz. In der Justizvollzugsanstalt Landsberg saß Adolf Hitler als Gefangener nach 1923 ein und schrieb dort einen Teil seines Buches „Mein Kampf“.

7 Direkt an der Autobahn erkennen Sie ein **Hinweisschild** zu einer von mehreren **KZ-Gedenkstätten** in der Nähe von Landsberg. Es liegt am Rand des Gewerbegebietes südlich der A96. In den Lagern rund um Landsberg kamen etwa 14 500 jüdische KZ-Häftlinge ums Leben.

8 **„Erzabtei St. Ottilien“** (Informationstafel): Die Abtei ist nicht, wie das Bild vermuten lässt, auf einem Berg gebaut, sondern auf dem flachen Land zwischen Eresing und Geltendorf (5 km /5 Min. ab der AS Schöffelding). Das Museum des 1887 als erstes Missionshaus Deutschlands eröffneten Benediktinerklosters zeigt Ausstellungsstücke aus allen Ländern, in denen die Mönche Missionsarbeit leisten.

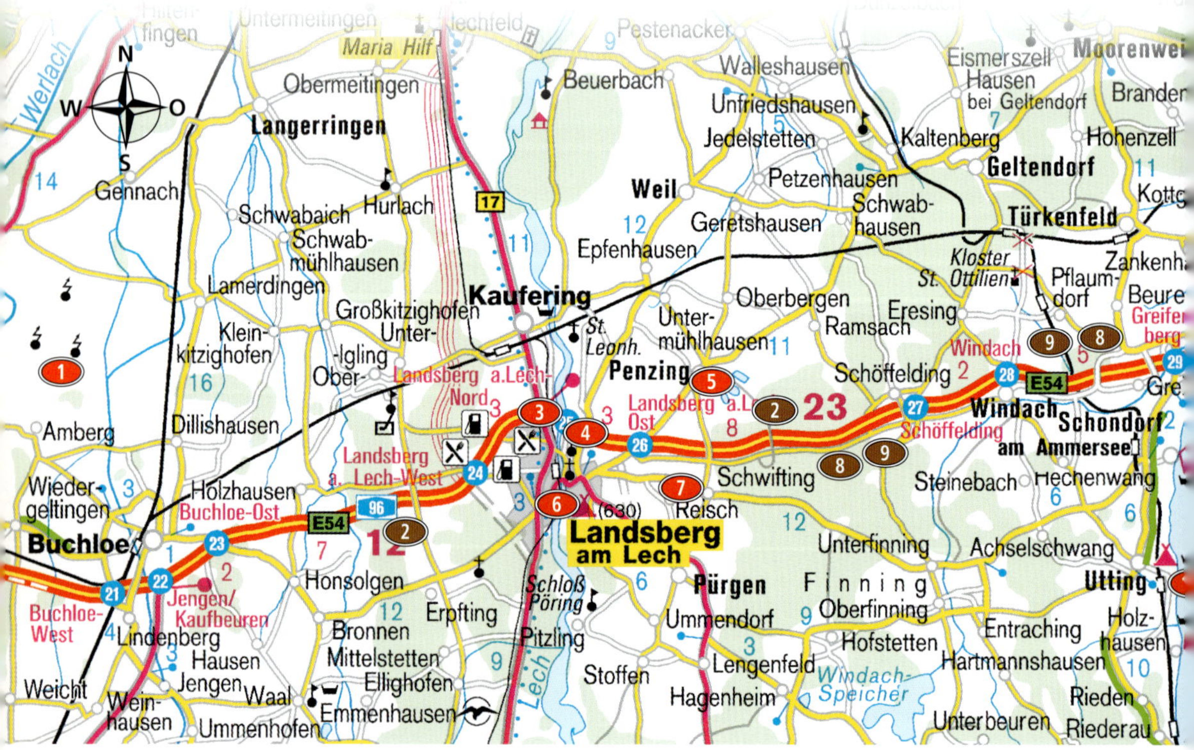

9 **„Autobahnkapelle“** (Informationstafel): Das zeltförmige Gebäude der Autobahnkapelle Windach mit einem Zwölfeck als Grundriss ist von der A96 ebenso wenig zu sehen

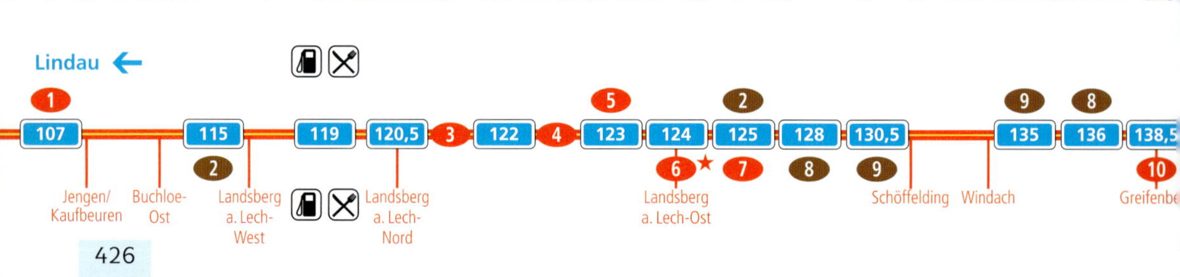

wie die fünf Glocken, die in einem 16,3 m hohen Stahlträger offen aufgehängt sind. Dafür haben Sie vom Parkplatz vor der Kirche (1 km ab der AS Windach) einen schönen Blick auf St. Ottilien.

10 ★ Von der AS Greifenberg aus bietet sich eine Rundfahrt um den **Ammersee** an (54 km, reine Fahrzeit ca. 1 Std.). Der Weg um den See ist 41,6 km lang; mit dem Fahrrad muss man 4 Std. rechnen. Bequemer ist eine Dampferrundfahrt mit dem Schaufelraddampfer „Diessen“, der 1908 gebaut wurde. Durch seine Zinngießer ist das am Westufer des Sees gelegene Diessen schon früh als Künstlerdorf bekannt geworden. Heute haben sich dort Töpfer und Holzschnitzer niedergelassen. Die Parabolantennen der Erdfunkstelle der Bundespost in Raisting sind eine markante Landmarke am Südende des Sees. Leider werden keinerlei Informationen für Besucher bereitgestellt. An heißen Sommertagen empfehlen sich zur Abkühlung die schön angelegten Strandbäder in Utting und Herrsching.

11 **„Kloster Andechs“** (Informationstafel): Das Kloster oberhalb des Ammersee-Ostufers ist über die bayerischen Landesgrenzen hinaus als „Bier-Wallfahrtsort“ bekannt; von der Autobahn aus ist es nicht zu erkennen. Von den rund 2 Mio. Pilgern im Jahr bleiben die meisten bei der auf halber Höhe gelegenen Gaststätte mit Biergarten hängen. Das Kloster wurde 1445 von Herzog Albrecht III. von Bayern gegründet – zur Sühne für die Ermordung seiner bürgerlichen Frau, der Augsburger Baderstochter Agnes Bernauer, durch seinen Vater, Herzog Ernst von Bayern.

12 Der **Parkplatz** nördlich der Autobahn wird von einer dreigeteilten Lärmschutzwand abgeschirmt. Die besten Modelle eines Ideenwettbewerbs „Sonnenstrom von Lärmschutzwänden“ wurden dort auf jeweils 30 m Breite realisiert. Seit Juni 1997 produzieren sie insgesamt 25 000 kWh Strom im Jahr.

13 Die Ortsdurchfahrt Etterschlag wurde durch den Bau des 500 m langen **Tunnels Etterschlag** auf der Südseite des Dorfes umgangen. Dabei nahmen die Planer Rücksicht auf das Naturschutzgebiet Schluifelder Moos. Um den Artenaustausch über die Autobahn hinweg zu ermöglichen, errichtete die Autobahndirektion spezielle Durchlässe für Amphibien, Kleinsäuger und Insekten.

14 In Oberpfaffenhofen stellt die Firma **Fairchild Dornier** das Flugzeug 328 Jet her. Von der Autobahn aus gut zu erkennen ist der Flugplatz, von dem aus die neuen Regionaljets zu Testzwecken gestartet werden.

15 In **München-Sendling** endet die Autobahn. Nach einer langen Reise können sich die Autofahrer im Westpark, dem Gelände der Internationalen Gartenbauausstellung von 1983, die Beine vertreten und die nach wie vor schöne Anlage genießen. Hier liegt auch das Zentral-Verwaltungsgebäude des ADAC.

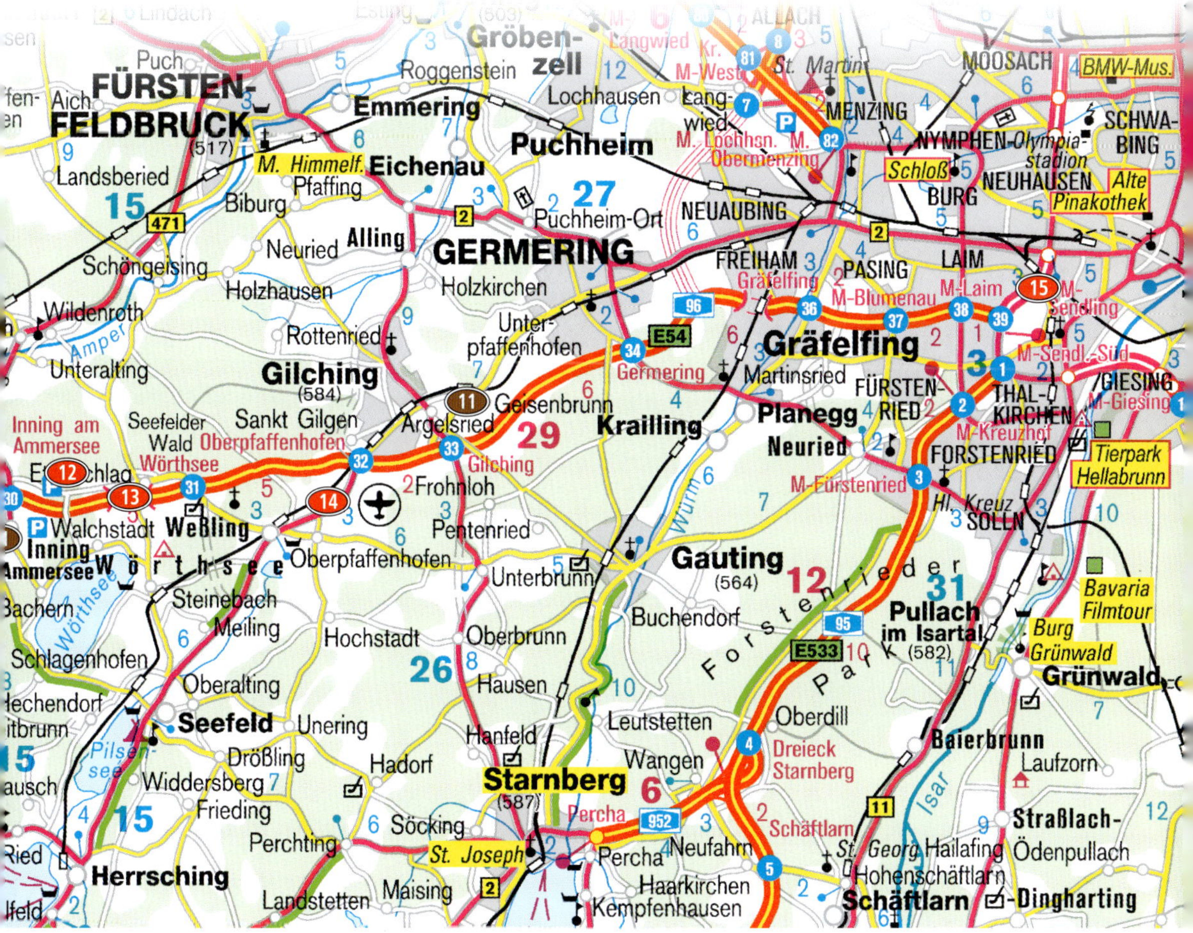

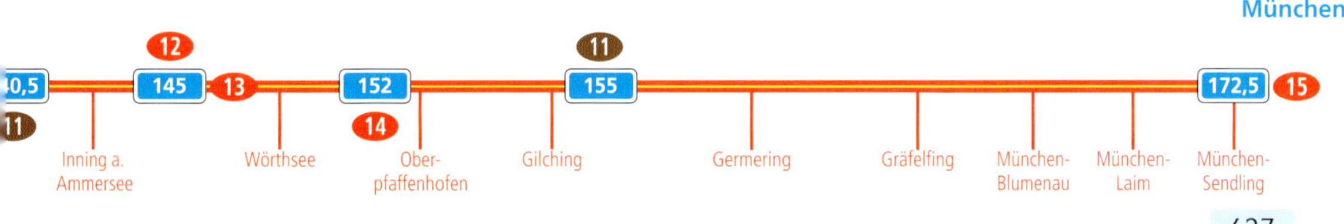

Ergänzende Autobahnen: Zubringer, Abzweige und Umgehungen

Faszination Autobahn: Nahezu 10 000 km auf den 37 „großen" Autobahnen in Deutschland hat dieses Buch auf den hinter Ihnen liegenden Seiten beschrieben. Dies geschah in einer Detailtreue, wie sie in der Berichterstattung über die bundesdeutschen Autobahnen beispiellos ist. Doch neben den wichtigen Fernverbindungen besteht das Autobahnnetz natürlich auch aus kleineren Teilstrecken: den Verbindungsstücken, Zubringern und Stadtautobahnen, den ersten Vorboten künftiger Fernstrecken, aber auch den Überbleibseln allzu kühner Zukunftspläne aus der Vergangenheit. Sie alle werden auf den folgenden Seiten beschrieben. Neben den nackten Zahlen von Länge und Fahrzeit erfahren Sie stets auch etwas über das Warum und Wieso, über Baufortschritt und Planungsstand.

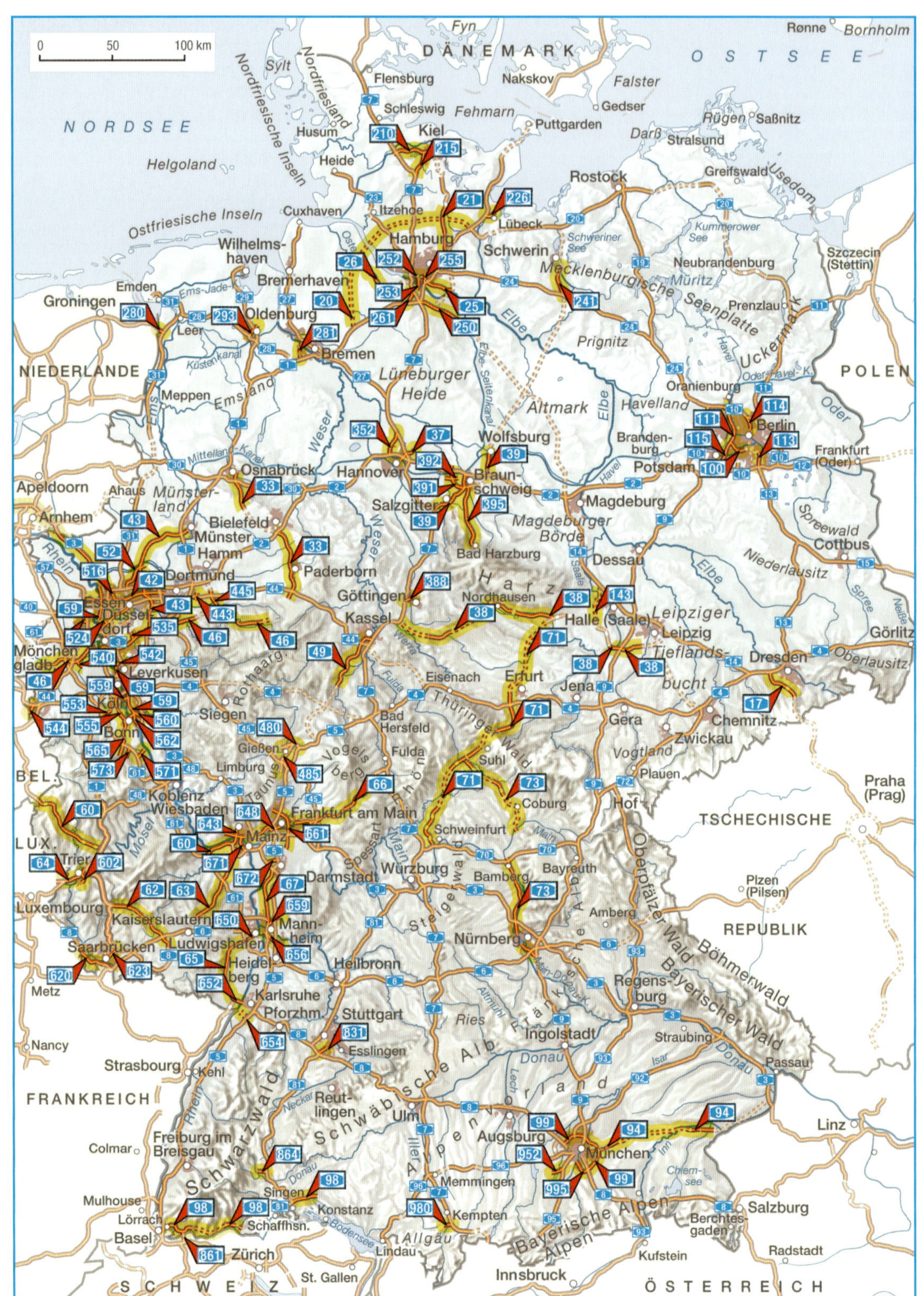

17

Dresden – Bundesgrenze (CZ)

Die A17 ist ein ehrgeiziges Vorhaben – sie wird einmal Dresden mit Prag verbinden und damit auch die tschechische Hauptstadt über die A13 an die deutsche Hauptstadt Berlin anbinden. Auf tschechischer Seite ist das Projekt, dessen Planungsgeschichte bis ins Jahr 1938 zurückreicht, schon sehr weit gediehen: Das größte Teilstück der E55 verbindet Prag mit dem nordwestlich gelegenen Lobositz. Auf der deutschen Seite existiert bisher erst ein kleiner Teil: Der Bau einer kurzen Strecke vom AD Dresden-West (A4) bis nach Kesselsdorf wurde im August 1998 begonnen und im Herbst 2001 abgeschlossen. Die Weiterführung bis zur AS Dresden-Südvorstadt ist seit Oktober 2000 in Bau – die Freigabe soll 2003 erfolgen. Der zweite Bauabschnitt bis nach Pirna wurde im Oktober 2001 begonnen; bis 2005 soll dann die A17 bis zur tschechischen Grenze geführt sein.

- Länge: geplant 44 km, davon fertig AD Dresden-West – Kesselsdorf (3,5 km)
- Nicht ausgebaute Teilstücke: Kesselsdorf – Pirna (23 km, in Bau), Pirna – Staatsgrenze (17,5 km, in Planung).

Kiel – Kreuz Bargteheide – Hamburg

Von der geplanten Entlastungsautobahn für die A7 nordöstlich von Hamburg existieren bislang nur Bruchstücke. Sie soll Hamburg einmal östlich über das AK Bargteheide hinaus zur AS Schwarzenbeck/Grande der A1 und noch später zur AS Winsen der A250 umgehen.

- Länge: geplant 70 km, davon fertig Wankendorf – Bornhöved (9 km), Wahlstedt – Kreuz Bargteheide (28 km)
- Nicht ausgebaute Teilstücke: Kiel – Wankendorf (20 km), Trappenkamp – Wahlstedt (13 km)
- Fahrzeit: 5 und 16 Min. auf den 2 fertigen Teilstrecken

Hamburg – Geesthacht

Die A25 verbindet das AD Hamburg-Südost der A1 mit dem Städtchen Geesthacht (30 000 Einwohner), im Südosten des Großraums Hamburg gelegen. Die Strecke führt mit Blick auf Gemüse- und Blumenfelder durch die Vier- und Marschlande entlang der Elbe flussaufwärts. Weiter nach Lauenburg geht es auf der B5.

- Länge: 18,6 km
- Staubereiche: AD Hamburg-Südost
- Fahrzeit: 10 Min.

26

Stade – Hamburg

Manch einer mag die Planungen für eine Autobahnverbindung zwischen Stade und Hamburg schon als „unendliche Geschichte“ bezeichnet haben. Nach über 30 Jahren Hin und Her war es dann aber im August 2001 doch endlich soweit. Zwischen Stade und Hornburg südlich der Unterelbe wurde begonnen, einen gut 10 km langen Sanddamm durchs Alte Land aufzuschütten. Auf ihm soll eines Tages der erste Abschnitt der A26 verlaufen. Die Fertigstellung ist für das Jahr 2007 geplant. Der Bau für die etwa 125 Mio. Euro teure Teilstrecke wurde begonnen, da der Bund Gelder aus dem Verkauf der Mobilfunklizenzen (UMTS) zur Verfügung stellte. Die Gesamtkosten für die 37 km lange A26 werden auf 450 Mio. Euro geschätzt.

- Länge: geplant 37 km

33

Osnabrück – AK Wünnenberg-Haaren

Noch fehlen zwei Teilstücke, vor allem das große zwischen Osnabrück und Bielefeld, um die A1, die A30, die A2 und die A44 zu verbinden. Der kürzere Teil der ausgebauten Strecke führt von Osnabrück in den Teutoburger Wald. Hier liegt die Stadt Dissen, mit ihrem Dampffahrzeug-Museum eine Perle der 192 km langen Oldtimer-Route. Das Teilstück zwischen der AS Osnabrück-Borgholzen und dem AK Bielefeld (A2) muss auf der B68 zurückgelegt werden. Der zweite Streckenteil verbindet die A2 mit der A44 und führt westlich an Paderborn vorbei.

- Länge: geplant 115 km, davon fertig Osnabrück-Schinkel – Borgloh/Kloster Oesede (21 km), AK Bielefeld – AK Wünnenberg-Haaren (47 km)
- Nicht ausgebaute Teilstücke: Anschluss A1 – Osnabrück-Schinkel (10 km, in Planung), Dissen/Bad Rothenfelde – Borgholzhausen (7 km, in Bau), Borgholzhausen – AK Bielefeld (30 km, in Planung)
- Fahrzeit: 12 und 26 Min. auf den 2 fertigen Teilstrecken

37

Messezubringer Hannover

Der eine Teil ist ein 4 km kurzer Zubringer, der von der A7 am AD Hannover-Süd auf die B6 abzweigt. Die B6 führt direkt zum Messegelände. Das zweite, 9 km lange Teilstück lässt die von Celle kommende B3 ab Hannover-Misburg zur Autobahn werden und wird ab der AS Burgdorf zur B3. Am AK Kirchhorst gibt es ein Autokino.

- Länge: 4 km und 9 km

38

Teilausgebaute Ost-West-Verbindung Göttingen – Halle – Leipzig

Die A38 soll voraussichtlich schon 2005 die A7 bei Göttingen mit der A9 und der A14 bei Leipzig verbinden und erschließt damit ein Gebiet vom Harz über das Kyffhäusergebirge bis zu den Wirtschaftszentren um Halle. Derzeit besteht die geplante, 208 km lange West-Ost-Verbindung aus vier Abschnitten: 7 km umgehen Worbis; ein 11 km langes Teilstück fungiert als Umgehung der thüringischen Domstadt Nordhausen. Ebenfalls eine Umgehung ist das 7 km lange Stück an Sangerhausen vorbei; Sangerhausen beherbergt in seinem „Rosarium“ die größte Rosensammlung der Welt. Der östlichste Teil führt 23 km lang von Leuna über die Saale und die A9 bis zur AS Knautnaundorf (B186) in der Nähe der Weißen Elster südwestlich von Leipzig.

- Länge: geplant 208 km, davon fertig Leinefelde – Breitenworbis (7 km), Werther – Heringen (11 km), Wallhausen – Sangerhausen (7 km), Leuna – Knautnaundorf (23 km)
- Nicht ausgebaute Teilstücke: Anschluss A7 – Leinefelde, Breitenworbis – Werther, Heringen – Wallhausen, Sangerhausen – Leuna (bis Eisleben und ab Bad Lauchstädt in Bau), Knautnaundorf – Anschluss A14
- Fahrzeit: 24 Min. auf den 4 fertigen Teilstrecken

39

Wolfsburg – Braunschweig – Salzgitter

Wenn es nach dem Willen des Landes Niedersachsen geht, könnte der A39 eine große Zukunft bevorstehen: als Verbindung von Braunschweig mit Schwerin in Mecklenburg-Vorpommern. Bislang sind jedoch nur zwei kurze Stücke fertig gestellt: Das kürzere (15 km) schließt die VW-Stadt Wolfsburg an die A2 Hannover-Berlin an, das zweite (31 km) verschafft Braunschweig ohne Umweg über Hannover die direkte Zufahrt auf die Südautobahn A7. Im Bau sind ein Abschnitt zum Lückenschluss zwischen beiden Teilstücken unterhalb der A2 östlich an Braunschweig vorbei sowie ein Stück nordwestlich von Braunschweig.

- Länge: geplant 60 km, davon fertig Wolfsburg – AK Königslutter (15 km) und Braunschweig-Rautheim – Anschluss A7 (31 km)
- Nicht ausgebaute Teilstücke: AK Königslutter – Braunschweig-Rautheim (in Bau, 14 km)
- Fahrzeit: 8 Min. und 17 Min. auf den 2 fertigen Teilstrecken

Kamp-Lintfort – Dortmund

Der so genannte „Emscherschnellweg“ führt quer durch das Ruhrgebiet von Kamp-Lintfort nach Castrop-Rauxel – größtenteils parallel und zur Entlastung der A2 im Süden. Gebaut wurde er ab 1965. Ihren landläufigen Namen hat die A42 von der Emscher, deren Lauf sie folgt und die sie sogar teilweise überdeckt. Wegen der dichten Bebauung mussten massive Eingriffe in die umgebenden Orte gemacht werden: Häuser, Schulen, Bahnhöfe und sogar eine Kirche wurden abgerissen. Der vom Bergbau stark unterhöhlte Boden machte zahlreiche Sondermaßnahmen notwendig: Brücken wurden speziell gesichert, ständig müssen wegen Bewegungen des Untergrunds Straßenschäden ausgebessert werden.

- Länge: 58,5 km
- Fahrzeit: 35 Min.

Münster – Recklinghausen – Wuppertal

Als Alternativstrecke zur A1 zwischen dem AK Münster-Süd und dem AK Wuppertal-Nord ist die A43 die schnellste und stauärmste Nord-Süd-Verbindung durch das zentrale Ruhrgebiet. Ihre Knotenpunkte mit der A2, A40 und A42 erschließen die gesamte Region auch in Ost-West-Richtung. In ihrem Nordteil führt die A43 zwischen den Naturschutzgebieten Weißes Venn/Geisheide und Borken-Berge hindurch und am Segelrevier Halterner Stausee vorbei. Wenige Kilometer südlich der Ruhr-Brücke lohnt dann wieder ein kleiner Abstecher: zum Haus Kemnade, einer Wasserburg aus dem 17. Jh. (AS Witten-Herbede).

- Länge: 82 km
- Fahrzeit: 47 Min.

Heinsberg – Neuss – Düsseldorf – Wuppertal – Brilon

Die A46 verbindet das Hochsauerland, genauer gesagt den Kneipp-Kurort Brilon, mit Heinsberg nahe der niederländischen Grenze. Bisher gibt es vier Abschnitte: Der längste verbindet Heinsberg über Erkelenz mit Neuss (AS Neuss Holzheim) und kreuzt die A61 und A44. Vom Kreuz Neuss-Süd führt die A46 über das Kreuz Hilden (A43) zum Kreuz Wuppertal-Nord (A1, A43). In Wuppertal stößt die A46 auf einen berühmten Nachbarn: die Schwebebahn, die auch immer wieder in Sichtweite kommt. Die Verbindung zum Kreuz Hagen (A45) geschieht größtenteils noch als B7. Auf dem zweitgrößten Teilstück der Strecke von Arnsberg-Neheim nach Bestwig wird die Strecke von Naturparks gesäumt – dem Arnsberger Wald nördlich und dem Homert mit dem Hennesee südlich.

- Länge: geplant ca. 191,5 km, davon fertig Heinsberg – Neuss Holzheim (45,5 km), Neuss-Süd – AK Wuppertal-Nord (31,5 km), AK Hagen – Hemer (15 km), Arnsberg-Neheim – Bestwig (35 km)
- Nicht ausgebaute Teilstücke: Neuss Holzheim – Neuss-Süd (8,5 km), AK Wuppertal-Nord – AK Hagen (ca. 20 km), Hemer – Arnsberg-Neheim (18 km), Bestwig – Brilon (ca. 18 km)
- Fahrzeit: 25 Min. und 17 Min. und 8 Min. und 19 Min. auf den 4 fertigen Teilstrecken

Kassel – Neuental – Gießen

Die A49 soll einmal eine direkte Autobahnverbindung zwischen Kassel und Gießen darstellen. Bisher ausgebaut ist die Strecke von Kassel nach Neuental. Strittig ist noch, ob die Trasse weiter zur A5 bei Gemünden über die kleine Ortschaft Maulbach geführt werden wird. Klar sind immerhin die Wegmarken Schwalmstadt und Neustadt.

- Länge: geplant 86 km, davon fertig AD Kassel – AS Neuenthal (45 km)
- Nicht ausgebaute Teilstücke: AS Neuenthal – Anschluss A5 (41 km)
- Fahrzeit: 26 Min. auf der fertigen Teilstrecke

Roermond – Essen, Gelsenkirchen – Marl

Von der niederländischen Grenze mitten durchs Herz des Ruhrgebiets: Die A52 soll von Roermond bis Marl und damit an den Rand des Naturparks „Hohe Mark“ führen. Derzeit fehlen allerdings die Verbindung bis zur Grenze und ein großes Teilstück zwischen dem Dreieck Essen-Ost (A40) und Gelsenkirchen-Buer-West. Links des Rheins verbindet die A52 Mönchengladbach, Kaarst und Neuss. Über das Kreuz Breitscheid ist sie der Zubringer zum Flughafen Düsseldorf für das nördliche Ruhrgebiet. Als Verbindung zum nördlichsten Teil der A52 fungiert noch die B224.

- Länge: geplant ca. 100 km, davon fertig Elmpt – Büderich (33,5 km), Düsseldorf-Rath – AD Essen-Ost (27,5 km), Gelsenkirchen-Buer-West – AK Marl-Nord (18,5 km)
- Nicht ausgebaute Teilstücke: Bundesgrenze – Elmpt (ca. 5 km), AD Essen-Ost – Gelsenkirchen-Buer-West (ca. 15,5 km)
- Fahrzeit: 18,5 Min. und 15 Min. und 10 Min. auf den 3 fertigen Teilstrecken

Dinslaken – Duisburg – Leverkusen – Bonn

Von der Nord-Süd-Verbindung von Dinslaken nach Bonn existieren drei Abschnitte. Der am weitesten nördlich gelegene Teil von Dinslaken-West bis zum Kreuz Duisburg-Süd soll die A3 entlasten. Die A59 und die A3 schließen das bekannte Duisburger Wedaustadion ein. Östlich des Rheins verbindet die A59 die A1 (Kreuz Leverkusen-West) und die A46 (Kreuz Düsseldorf-Süd). Als Zubringer zum Flughafen Köln-Bonn führt ein weiteres Teilstück vom Dreieck Heumar (A3, A4) südöstlich von Köln zum Kreuz Bonn-Ost.

- Länge: 68,5 km, davon Dinslaken-West – AK Duisburg-Süd (23,5 km), AK Düsseldorf-Süd – AK Leverkusen-West (19,5 km), AD Heumar – AK Bonn-Ost (25,5 km)
- Fahrzeit: 13 Min., 11 Min. und 14 Min. auf den 3 fertigen Teilstrecken

Lommersweiler/Steinebrück – Bitburg – Bingen – Mainz – Rüsselsheim

Die A60 hätte in ihrer voll ausgebauten Fassung einmal Rüsselsheim mit der Grenze zu Belgien verbinden sollen. Mit dem 4-spurigen Ausbau der B50 in der Lücke der A60 zwischen Wittlich und Bingen wurden diese Pläne jedoch hinfällig. Im Moment führt die A60 vom Grenzübergang Steinebrück, den Naturpark Nordeifel neben sich lassend, bis zur AS Badem nordöstlich von Bitburg. In Bau befindet sich die Verlängerung der A60 zur A1 bei Wittlich. Das zweite Teilstück der A60 zieht sich vom AD Nahetal (A61) an Mainz vorbei über den Rhein bis zum AD Rüsselsheim (A67).

- Länge: geplant 113 km, davon fertig Bundesgrenze – Badem (45 km), Nahetal – Rüsselsheim (46 km)
- Nicht ausgebaute Teilstücke: Badem – Wittlich (22 km, in Bau)
- Fahrzeit: je 25 Min. auf den 2 fertigen Teilstrecken

Nonnweiler – Pirmasens

Bei Nonnweiler auf halbem Weg zwischen Trier und Saarbrücken zweigt die A62 von der A1 ab und führt über Landstuhl nach Pirmasens. Etwas südöstlich des AD Nonnweiler (A1) liegt im östlichen Teil des Naturparks Saar-Hunsrück der Stausee Bosen, ein Segel- und Surfparadies. Südlich der A6 ist die A62 zwischen den AS Bann und Pirmasens, wo die A62 zur A8 wird, lediglich 2-spurig ausgebaut.

- Länge: 78,5 km
- Fahrzeit: 43 Min.

Mainz – Kaiserslautern

Auf einem großen Teil ihrer Strecke von Mainz nach Kaiserslautern führt die A63 durch das vom Weinanbau geprägte Rheinhessische Hügelland. An der Streckenkreuzung mit der A61 liegt das Fachwerkstädten Alzey, das als einziger Ort in Rheinland-Pfalz ein eigenes, respektables Weingut besitzt und selbst betreibt. Die Lücke zwischen Sembach und Kaiserlautern überbrückt die B40. Südlich von Kaiserslautern liegt der Naturpark Pfälzerwald, eines der größten zusammenhängenden Waldgebiete Deutschlands.

- Länge: geplant 71 km, davon fertig 64,5 km, in Bau 6,5 km
- Nicht ausgebaute Teilstücke: Sembach – AK Kaiserslautern-Ost (in Bau)
- Fahrzeit: 35 Min.

Mesenich/Metzdorf – Schweich

Oberhalb der Mosel verbindet die A64 Trier mit der luxemburgischen Grenze bei Metzdorf. Beliebt ist dieser Grenzübergang vor allem bei preisbewussten Autofahrern aus Deutschland für „Tankausflüge" in das Nachbarland. Es ist geplant, die A64 2-spurig in Richtung Osten bis zum AD Schweich (A1) nördlich der Mosel auszubauen.

- Länge: fertig 14 km
- Nicht ausgebaute Teilstücke: B52 – AD Schweich (in Planung)
- Fahrzeit: 8 Min.

Ludwigshafen – Kandel – Wörth a. Rh.

Die kürzeste Verbindung zwischen Ludwigshafen und Karlsruhe bildet die B9. Die reizvollere Variante dagegen liegt etwas weiter im Westen: Die A65 erlaubt zahlreiche anmutige Blicke auf den Pfälzerwald und die Weinhänge von Mittelhardt und Südlicher Weinstraße. Die A65 zweigt am AS Ludwigshafen-Süd von der autobahnähnlich ausgebauten B9 ab und führt über Neustadt an der Weinstraße bis nach Kandel am Rande des Bienwaldes.

- Länge: fertig 53,5 km
- Nicht ausgebaute Teilstücke: Kandel-Süd – Grenzübergang Neulauterburg (in Planung)
- Fahrzeit: 29 Min.

Wiesbaden – Frankfurt a. M. – Fulda

In voller Ausbaustufe soll die A66 Wiesbaden über Frankfurt mit Fulda verbinden. Ein Teilstück führt bereits von Wiesbaden nach Frankfurt. Nordwestlich der Frankfurter Innenstadt, gleich am Botanischen Garten, ist die A66 über die Miquelallee (B8) direkt an den „Alleenring" angebunden und erschließt somit ganz Frankfurt. Der zweite Teil der A66 verbindet den östlichen Teil Frankfurts über Hanau mit Schlüchtern. Zwischen den AS Schlüchtern-Nord und AS Fulda-Süd (A7) soll die A66 bis 2004 parallel zur B40 ausgebaut werden.

- Länge: geplant 134 km, davon fertig Wiesbaden – Frankfurt-Miquelallee (40 km), Frankfurt – Schlüchtern-Nord (65 km)
- Nicht ausgebaute Teilstücke: in Frankfurt (4 km, in Planung), Schlüchtern-Nord – Dreieck A7/A66 (25 km, in Bau)
- Fahrzeit: 22 Min. und 36 Min. auf den 2 fertigen Teilstücken

Mönchhof-Dreieck – Mannheim

Von Mannheim geradewegs auf das Rollfeld des Frankfurter Flughafens – die A67 macht es (beinahe) wahr. Vom südlichen Beginn der A67, dem Viernheimer Dreick (A6), passiert man zunächst das Dünengebiet Viernheimer Heide und dann den Lorscher Wald mit dem UNESCO-Weltkulturerbe „Kloster Lorsch", um sich schließlich am Darmstädter Kreuz zu entscheiden: Wer den Frankfurter Airport östlich umfahren will, wechselt auf die A5. Die A67 dagegen umrundet den größten Flughafen Deutschlands westlich und trifft über Rüsselsheim beim Mönchhof-Dreieck auf die A3 – keine 2 km von den Start- und Landebahnen entfernt.

- Länge: 60 km
- Fahrzeit: 33 Min.

Bernburg – Erfurt – Suhl – Schweinfurt

Als Nord-Süd-Verbindung zwischen Magdeburg und Schweinfurt ist die A71 ein „Verkehrsprojekt Deutsche Einheit". Bisher existiert aber nur ein gut 30 km kurzes Teilstück in Thüringen: Es verbindet die „Klassikerstraße" B7 zwischen Gotha und Erfurt mit der Goethestadt Ilmenau. Die Passage des Thüringer Waldes ist in voller Länge in Bau: Auf einer Strecke von nur etwa 20 km entstehen neun Brücken und vier Tunnels (u.a. der Rennsteigtunnel, der dann längste Autobahntunnel Deutschlands). Bautätigkeiten auf bayerischer Seite gibt es bei der AS Pfersdorf und zwischen Pfersdorf und Münnerstadt. Gegen den Abschnitt Münnerstadt-Mellrichstadt machen die Naturschützer Front, sie wollen lediglich einen Ausbau der B19 dulden. Für das Teilstück nördlich von Erfurt Richtung Sömmerda fand 2000 der erste Spatenstich statt. Über diese Strecke soll die A71 an die im Bau befindliche A38 angebunden und zur A14 weitergeführt werden.

- Länge: geplant 228 km, davon fertig 31,6 km, in Bau 130 km
- Nicht ausgebaute Teilstücke: AD Oberröbling – Sömmerda (in Planung), Sömmerda – Erfurt-Schwerborn (in Bau), Erfurt-Schwerborn – Erfurt-Bindersleben (in Planung), Ilmenau – Meiningen (in Bau), Meiningen – AD A70/A71
- Fahrzeit: 17 Min.

Suhl – Bamberg – Nürnberg

Das bestehende Stück der A73 verbindet die A9 vorbei an Nürnberg und Erlangen mit Bamberg – im Stadtgebiet Nürnberg als so genannter Frankenschnellweg. Allerdings wird der A73 eine deutlich größere Zukunft beschieden sein. Nördlich von Bamberg soll sie über Lichtenfels und Coburg ins thüringische Suhl weitergeführt werden. Naturschutzverbände kritisieren, dass die massiven Eingriffe in den „Gottesgarten" des Maintales und das Banzer Land zwischen Staffelstein und Lichtenfels nicht ausgleichbar seien. Für das weniger umstrittene Teilstück von Coburg zur Landesgrenze fiel 2000 der Startschuss.

- Länge: geplant 139 km, davon fertig 68 km in 2 Teilstrecken
- Nicht ausgebaute Teilstücke: AD Suhl – AS Eisfeld, AS Eisfeld – AS B4 bei Coburg, (in Bau), AS B4 – AS Lichtenfels
- Staubereiche: AK Fürth/Erlangen
- Fahrzeit: 38 Min.

München – Mühldorf – Simbach a. Inn – Passau

Die A94 soll einmal München mit Passau und der österreichischen Südautobahn verbinden. Von rund 150 km sind bislang jedoch nur zwei Teilstücke in Betrieb: 21 km ab München-Steinhausen über die Neue Messe Riem bis zur AS Forstinning, wo die A94 in die stark belastete B12 übergeht. Das zweite Stück bilden 14 km Ortsumgehung von Altötting. Die umstrittene Entscheidung, ob die Strecke dazwischen durchs romantische Isental geführt wird, ist noch nicht gefallen.

- Länge: fertig 35 km in 2 Teilstrecken, im Bau 9 km bei Mühldorf
- Staubereiche: zwischen München-Riem und Feldkirchen-Ost
- Fahrzeit: 12 und 8 Min.

98

Weil a. Rh. – Lörrach – Stockach

Vor den Alpen sollte einmal eine durchgehende Autobahn von Weil am Rhein an der Schweizer Landesgrenze bei Basel entlang des Hochrheins und Bodensees bis zur A8 bei Irschenberg im Südosten von München verlaufen – so sah es eine Planung von 1938 vor. Der Teil zwischen Lindau und Bodensee wurde in den 80er-Jahren auf Eis gelegt. Und so nehmen sich die realisierten Teilstücke der A98 eher klein aus: Rund 10 km lang ist das Verbindungsstück von der A5 nach Lörrach – die Weiterführung nach Rheinfelden befindet sich in Bau. Ein zweites Teilstück reicht westlich des Bodensees vom Kreuz Hegau (A81) bis Stockach. Aus den Erlösen der Versteigerung der UMTS-Lizenzen wird ein Teilstück dazwischen, von Murg nach Laufenberg, finanziert.

- Länge: fertig 29 km, im Bau 8 km
- Fahrzeit: 6 und 10 Min.

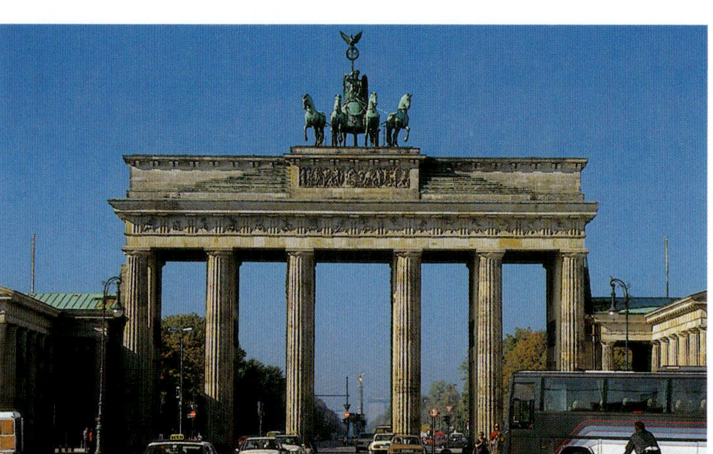

Symbol Berlins und des wieder vereinigten Deutschlands: das Brandenburger Tor.

Stadtring Berlin

Der so genannte Stadtring ist eigentlich nur ein Halbkreis, der im westlichen Teil Berlins Wedding und Neukölln verbindet. Stadtautobahn, Messe- und Flughafenzubringer: das sind seine Hauptfunktionen. In unmittelbarer Nähe der A100 liegen das Schloss Charlottenburg und der Schlossgarten, Halensee, Lietzensee, Volkspark und Rathaus Schöneberg. Das zuletzt freigegebene Teilstück zwischen dem AD Tempelhof und der AS Buschkrugallee steckt in Berlins längstem Tunnel (1,7 km). Eine Weiterführung der A100 bis zur Frankfurter Allee ist in Planung, das Dreieck Neukölln in Bau.

- Länge: geplant 36 km, fertig Seestraße – Buschkrugallee (20 km)
- Nicht ausgebaute Teilstücke: Buschkrugallee – Frankfurter Allee (16 km)
- Fahrzeit: 40 Min.

Autobahnzubringer Hamburg

Im Nordwesten Berlins ist die A111 der schnellste Weg aus der Stadt heraus oder in die Stadt hinein. Am Dreieck Oranienburg zweigt sie von der A24 nach Hamburg ab und führt bis zum Dreieck Charlottenburg, wo sie auf den Stadtring (A100) trifft und damit den ganzen westlichen Teil der Stadt erschließt. Die A111 dient auch als Flughafenzubringer für Berlin-Tegel östlich des Tegeler Sees. Durch den 3000 ha großen Berliner Forst hindurch wird die A111 für etwa 5 km zur B111 und führt durch mehrere Tunnels.

- Länge: 23 km, davon 5 km Bundesstraße
- Fahrzeit: 45 Min.

Zubringer nach Berlin City

Die Verlängerung der A13 über das Schönefelder Kreuz stadteinwärts ist die nur rund 10 km lange A113. Gleichzeitig dient sie als Abzweigung der A10, des Berliner Rings, zur B94a, dem Zubringer zum Flughafen Berlin-Schönefeld. 1999 wurde der erste Spatenstich für die Anbindung der A113 an den Stadtring (A100) gesetzt: Die rund 10 km lange Strecke wird am Autobahndreieck Neukölln in die A100 und – wenn sich die Planer durchsetzen – größtenteils den Teltowkanal entlang führen. 2007 soll die Erweiterung fertig gestellt sein und dann den geplanten Flughafen Berlin-Brandenburg direkt ans Stadtautobahnnetz anschließen.

- Länge: geplant 20 km, fertig 10 km
- Fahrzeit: 6 Min.

114

Zubringer nach Berlin City

Die A114 verbindet am Dreieck Pankow die A10 mit dem nördlichen Teil des Berliner Zentrums. Großenteils verläuft sie parallel zum Stadtbach Panke. Im Stadtbereich ab der Anschlussstelle Prenzlauer Promenade übernimmt die B109 ihre Funktion als City-Zubringer.

- Länge: 8,5 km

Zubringer nach Berlin

Die A115 ist mit fast 28 km der längste Autobahnzubringer nach Berlin. Sie zweigt am AD Nuthetal südlich von Potsdam von der A10 ab und mündet als kerzengerade ehemalige AVUS-Rennstrecke beim Messegelände mit dem in den Jahren 1924–26 erbauten Berliner Funkturm in den Stadtring (A100).

- Länge: 28 km
- Fahrzeit: 33 Min.

210

Zubringer nach Kiel City

An die A7 angeschlossen verbindet die A210 Kiel mit den weiter nördlich gelegenen Städten Schleswig und Flensburg sowie mit Dänemark. Der längere Streckenabschnitt stellt die nördliche Begrenzung des 250 km^2 großen Naturparks Westensee dar. Westlich der A7 führt die A210 noch ein kleines Stück parallel zum Nord-Ostsee-Kanal in Richtung der Kreisstadt Rendsburg.

- Länge: 24,5 km
- Fahrzeit: 14 Min.

Nächtlicher Blick von der A115, der AVUS, auf den Berliner Funkturm.

215

Zubringer nach Kiel City

Die A215 bildet die schnellste Verbindung zwischen Kiel und der A7 in den oder aus dem Süden. Sie verläuft größtenteils im 250 km^2 großen Naturpark Westensee, der bei Kanuten beliebt ist. Westlich der Kieler Altstadt trifft die A215 auf den Westring (B76), der den gesamten Westteil der Stadt erschließt.

- Länge: 20,5 km
- Fahrzeit: 12 Min.

Bad Schwartau

Die nur 5 km lange A226 verbindet die A1 mit der B75 und erschließt damit vor allem die Hafenstadt Travemünde mit ihrer zauberhaften Strandpromenade. Ein Ausbau der B75 zu einer Autobahn, wie in den 70er-Jahren vorgeschlagen, ist im Moment nicht mehr im Gespräch.

- Länge: 5 km

Wismar – Schwerin

Die A241 soll einmal die Hansestadt Wismar an das Hinterland anbinden. Bisher existiert allerdings nur das südliche Teilstück, das von der A24 über Schwerin und weiter am Ostufer des wunderschönen Schweriner Sees verläuft. Die restlichen 23 km entlang des mit 64 km² viertgrößten Sees Deutschlands bis Wismar befinden sich in der Planung. Finanziert werden soll dieses Teilstück unter anderem durch den Erlös der Versteigerung der Mobilfunklizenzen (UMTS).

- Länge: geplant 55 km, davon fertig AD Schwerin – Schwerin-Nord (32 km)
- Nicht ausgebaute Teilstücke: Schwerin-Nord – Kreuz Wismar (23 km)
- Fahrzeit: 18 Min.

Hamburg – Lüneburg

Die A250 stellt die schnellste Verbindung zwischen der Hansestadt Hamburg und Lüneburg dar. Im Tal des idyllischen Heidebachs Seeve südlich von Hamburg ist die A250 über das Maschener Kreuz an alle wichtigen Hamburger Autobahnen (A1, A7) angebunden. Auf der Höhe Winsen überquert die A250 die Strecke des „Heide-Express", der zu romantischen Kleinbahnfahrten einlädt. Am Autobahnende bei Lüneburg-Nord mündet die A250 in die B4, die niedersächsische Spargelstraße, die als Ortsumgehung von Lüneburg bis Hacklingen autobahnähnlich ausgebaut ist.

- Länge: 30 km
- Fahrzeit: 18 Min.

252

Hamburg Hafenquerspange

Die so genannte „Hafenquerspange" besteht im Moment aus einem weniger als 2 km kurzen Stückchen, das 1990 für den Verkehr als „Umgehung Veddel" freigegeben wurde und sich durch den kaum merklichen Übergang in die B4/B75 nach Harburg zudem gut versteckt. Möglicherweise schon bis 2010 soll die A252 entlang des Hafenbeckens durch Wilhelmsburg die A1 ab der AS Altenwerder mit der A255/A7 am AK Hamburg-Süd verbinden. Die A252 soll zu einer besseren Anbindung des Hafens und zu einer Entlastung des innerstädtischen Straßennetzes führen. Im Moment wird nach einer verträglichen Trasse für die Querspange gesucht.

- Länge: 2 km

Harburger Umgehung

Gemeinsam mit den zusammengelegten Bundesstraßen B4 und B75 wird die A253 als die Harburger Umgehung bezeichnet. Sie verläuft von der AS Wilhelmsburg-Süd über die Süderelbe bis zum AS Wilstorf, wo sich auch die Wege von B75 (Richtung Marmstorf) und B4 (Richtung Fleestadt) wieder trennen. Zwischen Wilhelmsburg-Süd und Hamburg-Neuland quert die A253 die Süderelbe. Sobald die A252 als Hafenspange ausgebaut ist, wird auch das derzeit noch als A252 ausgeschilderte Teilstück ab dem AK Hamburg-Süd (A1) bis Wilhelmsburg-Süd unter der Bezeichnung A253 geführt werden.

- Länge: 4 km

Zubringer zum Elbtunnel bei Harburg

Die A255 verbindet die A1 im südöstlichen Teil Hamburgs zwischen Georgswerder und Norderelbe mit dem innerstädtischen Straßennetz, an das sie über die B4 (Amsinckstr.) und B75 (Heidenkampsweg) angebunden ist. Nach dem Ausbau der kurzen Umgehung Veddel (A252) zur so genannten Hafenquerspange, der bis 2010 abgeschlossen sein soll, wird der A255 noch größere Bedeutung zukommen – als Verbindungsstück zwischen den Autobahnen A1 und A252.

- Länge: 3 km

261

Eckverbindung Harburg

Die A261 bildet die nordwestliche Seite des mit der A1 und der A7 gebildeten Dreiecks im Süden Hamburgs. Reisende, die aus dem Südwesten auf der A1 oder aus dem Norden auf der A7 kommen, sparen durch diese Abkürzung etwa 10 km und umgehen zudem das weiter westlich gelegene und staugefährdete Maschener Kreuz. Die A261 verläuft östlich des Naturparks Harburger Berge (Wildpark Schwarze Berge), des Waldgebiets mit dem größten Erholungswert für Hamburgs Bürger.

- Länge: 9 km
- Fahrzeit: 6 Min.

280

Abzweig Bunde

Wenige Kilometer nördlich des Dollart, eines der wenigen Brackwasser-Gezeitengebiete Europas, verbindet die A280 bei Bunde die A31 mit der deutsch-niederländischen Grenze und mit der niederländischen A7 nach Groningen und Amsterdam. Die A280 führt über den Polder „Bunderneuland", das erste Stück Land, das nach dem Einbruch des Dollart im Auftrag von Friedrich dem Großen 1752 dem Meer wieder abgetrotzt wurde.

- Länge: 5 km

281

Eckverbindung Bremen

Bisher ist die A281 nur ein rund 2 km kurzer Wurmfortsatz der A27 ab dem AD Bremen-Industriehäfen in Richtung Weser. Die Planungen sehen aber vor, die A281 an das andere Weserufer und dann parallel zur Weser in südöstlicher Richtung bis Neustadt zu führen, wo sie in die autobahnähnlich ausgebaute B6 mündet, die schließlich südlich von Bremen die A1 erreicht. Die A281 soll nach ihrer Fertigstellung nicht nur den Autobahnring um Bremen schließen und die Neustadt vom Durchgangsverkehr entlasten, sondern auch den Flughafen Bremen besser an das Verkehrsnetz anbinden.

- Länge: 2 km

293

Westumgehung Oldenburg

Während die A29 im Osten an Oldenburg vorbeiläuft und am AK Oldenburg-Ost auf die A28 trifft, führt die A293 durch Oldenburg hindurch. Da sie am AD Oldenburg-West ebenfalls in die A28 mündet, wird so eine zweite, nördliche Verbindung von A28 und A29 geschaffen. Über die Nordtangente erschließt die A293 die gesamte Oldenburger City.

- Länge: 8,5 km

352

Eckverbindung Hannover Nord

Schnell von der A7 aus dem Norden auf die A2 in den Süden wechseln oder umgekehrt – das ermöglicht die A352 im Norden von Hannover. Dabei fungiert sie auch als Autobahnzubringer zum Flughafen Hannover-Langenhagen, wo jährlich über 5 Mio. Fluggäste starten oder landen. Mit dem Kaltenweider Moor tangiert die A352 ein unberührtes Kleinod für Erholungssuchende.

- Länge: 18 km
- Fahrzeit: 10 Min.

Abzweig Göttingen von der A7

Nur etwa 3 km kurz ist die A388; sie verbindet die A7 mit dem Osten von Göttingen. In Göttingen schließt die A388 an die B27 an. In diesem Abschnitt ist die B27 Teil der „Deutschen Märchenstraße" und führt in den Ort Ebergötzen mit dem Wilhelm-Busch-Museum sowie dem Europäischen Brotmuseum.

- Länge: 3 km

Westtangente Braunschweig

Die A391 verknüpft die A2 mit der A39 und erschließt die westlichen Stadtteile Braunschweigs. Mit der A2 und der im Bau befindlichen A39 bildet sie einen Ring um die Welfenstadt. Über die B1 ist die A391 mit dem Sackring und dem Neustadtring verbunden, die den gesamten Stadtkern Braunschweigs erschließen. Am AK Olper ist die A391 mit der A392 verknüpft.

- Länge: 11 km
- Fahrzeit 7 Min.

Nordtangente Braunschweig

Bisher besteht die A392 lediglich aus einem kleinen Stück, das Watenbüttel, wo sie an die B214 angeschlossen ist, mit der City von Braunschweig verbindet. Geplant ist, die Strecke auf der B214 von Watenbüttel bis zur A2 zur Autobahn auszubauen. Ein Termin für diese Maßnahme steht allerdings noch nicht fest.

- Länge: 4 km

Braunschweig – Bad Harzburg

Die A395 verbindet Braunschweig mit der Kurstadt Bad Harzburg am Rande des Oberharzes und führt am Naherholungsgebiet Oderwald vorbei. Eine Attraktion ganz besonderer Art gibt es in Schladen (Ausfahrt: Schladen-Nord): eine der größten Schlangenfarmen in Europa mit über 1000 Schlangen und vielen anderen sehenswerten Reptilien.

- Länge: 42 km
- Fahrzeit: 25 Min.

Querspange Unna

Böse Zungen behaupten, dass die A443 „nichts mit gar nichts verbindet". Auf den ersten Blick lässt sich dieser Vorwurf nicht von der Hand weisen. Schließlich führt das 3 km lange Stück gerade einmal über das Kreuz Unna-Ost und verbindet B1 und B233, die sich ohnehin in Unna kreuzen. Ursprünglich war allerdings geplant, die A443 südwärts bis zur A46 bei Iserlohn zu führen. Gegen Ende der 70er-Jahre war auch die Alternative im Gespräch, die A443 südöstlich bis zum geplanten Kreuz A44/A1 zu führen.

- Länge: 3 km

Hamm – Werl – Arnsberg

Im Moment führt die A445 von der alten Hansestadt Werl über die A44 und weiter südlich bis nach Arnsberg, wo die A445 am westlichen Ende des Naturparks Arnsberger Wald in die A46 übergeht. Der Übergang ist derzeit noch kaum merklich; das wird sich aber ändern, sobald das noch nicht gebaute Stück der A46 zwischen Iserlohn und Arnsberg ergänzt ist. Die restlichen 8 km von Werl in Richtung Norden bis zur A2 bei Hamm befinden sich in Planung. Über die B63 und die B54 Richtung Hamm und weiter nach Münster und Enschede/Holland könnte so auf lange Sicht eine zusätzliche östliche Umfahrung des Ruhrgebiets entstehen. Zwischen Werl und Arnsberg folgt die A445 weitgehend dem Lauf der Ruhr.

- Länge: geplant 26 km, davon fertig Werl-Nord – Dreieck A46/A445 (18 km)
- Nicht ausgebaute Teilstücke: AS Werl-Nord – AD A2/A445 (in Planung)
- Fahrzeit: 10 Min. auf dem fertigen Teilstück

Wetzlar – Reiskirchen

Derzeit besteht die A480 aus zwei Teilstücken: einem sehr kurzen am Wetzlarer Kreuz und einem Stück, das im Norden von Gießen die A5 mit der A485 verbindet. Ursprünglich war die A480 als Teil der A48 konzipiert, die nun am AD Dernbach endet. Das zur kompletten nördlichen Umgehung von Gießen fehlende Teilstück der A480 zwischen Wetzlarer Kreuz und Wettenberg ist in Planung – der endgültige Verlauf steht allerdings noch nicht fest.

- Länge: geplant 30 km, davon fertig Aßlar – AK Wetzlar (2,6 km), AK Wetzlar – Anschluss Blasbach (1,4 km), Wettenberg – AD Reiskirchen (14,4 km)
- Nicht ausgebaute Teilstücke: Anschluss Blasbach – Wettenberg (11,6 km)
- Fahrzeit: 3 Min. und 10 Min. auf den 2 fertigen Teilstücken

Osttangente Gießen

Die A485 verbindet die A480 im Norden Gießens mit der A45 im Süden und erschließt den gesamten östlichen Teil der Universitätsstadt. Südlich der A45 führt die A485 noch 3,5 km weiter in Richtung der Stadt Butzbach im Hochtaunus.

- Länge: 19 km
- Fahrzeit: 11 Min.

Abzweig Oberhausen

Wer – aus den Niederlanden kommend – auf der A3 ins Ruhrgebiet fährt und es verpasst, am Autobahnkreuz Oberhausen auf die Fortführung der A3 in Richtung Düsseldorf und Köln zu wechseln, der landet direkt auf der A516. Dieses nur 5,3 km lange Autobahnstück verbindet das Autobahnkreuz Oberhausen (A2/A3) mit der weiter südlich verlaufenden A42. Die A516 trägt mit ihren immerhin vier Ausfahrten zu der stolzen Gesamtzahl von zehn Oberhausen-Ausfahrten bei und erleichtert unter anderem die Zufahrt zur Eissporthalle, zum Stadion Niederrhein und zum Park&Ride-Bahnhof Sterkrade.

- Länge: 5,3 km

Krefeld – Dreieck Breitscheid

Die A524 verbindet Krefeld mit Breitscheid bei Duisburg und bildet das Kernstück einer künftigen südlichen Ruhrgebietsumfahrung vom Niederrhein Richtung Dortmund. Derzeit besteht die A524 aus zwei Teilstücken: Das kleinere bei Krefeld-Oppum ist lediglich als Ausfahrt der A57 gekennzeichnet und geht in die B57 Richtung Mönchengladbach über. Das längere Teilstück verbindet die A3 und die A52 am AD Breitscheid mit der A59. Die Lücke zwischen beiden Teilstrecken über den Rhein und südlich der Duisburger Seenplatte muss noch auf der A57 und der B288 zurückgelegt werden. Der Ausbau des AK Duisburg-Süd und der Bundesstraße (B288) bis hin zur B8 befindet sich bereits in der Planung.

- Länge: geplant 15 km, davon fertig 6,5 km in 2 Teilstrecken
- Nicht ausgebaute Teilstücke: AK Duisburg-Süd – B8 (in Planung); B8 – Krefeld-Oppum

535

Sonnborner Kreuz (Zubringer zur A46 bei Wuppertal)

Die vorläufig nur 2 km lange A535 zweigt am Sonnborner Kreuz westlich von Wuppertal von der A46 in Richtung Norden ab und geht dann in die jetzige Schnellstraße B224 nach Velbert über. A535 und B224 verbinden die A46 mit der noch im Bau befindlichen A44.

- Länge: 2 km

540

Jüchen – Rommerskirchen (Zubringer Grevenbroich)

Die A540 verläuft durch Grevenbroich und verbindet die A46 mit der B59. Mitten im größten Braunkohleabbaugebiet Europas (23 km²) ist es nicht verwunderlich, dass die A540 ein ganz eigenes Stück Geschichte hat: Sie wurde für einige Jahre wegen des Braunkohle-Tagebaus abgerissen und dann vom Tagebaubetreiber wieder aufgebaut.

• Länge: 7 km

Die ehemalige freie Reichsstadt Wetzlar, hier ein Stadtpanorama mit Dom und Lahnbrücke, ist Schnittpunkt der Autobahnen A480 und A45.

542

Querverbindung zwischen Monheim (A59) und Langenfeld (A3)

Die A542 verbindet bei Langenfeld im Ruhrgebiet die A3 mit der A59. So lässt es sich zwischen Solingen und Leverkusen einfach wechseln. Ein Neubau ab Pulheim (B59) bis zum AK Monheim/Langenfeld ist in Planung.

• Länge: 5 km

544

Abzweig Aachen

Die A544 verbindet die nördlich an Aachen vorbeilaufende A4 für die von und nach Köln oder Düsseldorf steuernden Autofahrer mit der Domstadt. Über die B1 und B264 führt die A544 schließlich auf den Aachener Alleenring, der die gesamte City erschließt.

• Länge: 4 km

553

Verbindung von Brühl zum Kreuz Bliesheim

Die A553 verlängert die A1 bei Brühl in Richtung Köln. Das letzte Stück als Cityzubringer übernimmt ab Brühl-Nord die B51. Gleich an der A553 liegt auch der bekannte Freizeitpark „Phantasialand", der auf einer Fläche von mehr als 28 Fußballfeldern Jung und Alt mit diversen Shows Unterhaltung bietet. Attraktionen wie „Colorado Adventure", „Mystery Castle" und „Temple of the Night Hawk" begeistern jährlich über zwei Millionen Besucher.

• Länge: 13 km
• Fahrzeit: 7 Min.

555

Köln – Bonn

Links des Rheins verbindet die A555 Köln und Bonn. Als „Kraftwagenbahn Köln-Bonn" wurde 1929 mit dem Bau der Straße begonnen. Eingeweiht hat sie 1932 Oberbürgermeister Konrad Adenauer. Sie darf sich somit rühmen, die erste Autobahn der Welt zu sein. Die AS Wesseling war die erste kreuzungsfreie Autobahnanschlussstelle, Vorbild für zehntausende von Aus- und Auffahrten weltweit. Da der Bau der Straße als „Notstandsarbeit" auszuführen war, wurden zigtausend Kubikmeter Aushubmaterial von Hand bewegt, mit Schaufeln auf Kipploren geladen, um an anderer Stelle ebenfalls per Hand verarbeitet zu werden.

• Länge: 20 km
• Fahrzeit: 13 Min.

559

Abzweig Köln-Deutz (Eckverbindung Köln)

Die A559 verbindet die Kölner City östlich des Rheins mit A3 und A4. Auch als „Östliche Zubringerstraße" bekannt, führt sie vom AK Kremberg bis kurz vor das Kölner Messegelände.

• Länge: 7 km

560

Dreieck St.-Augustin-West (A59) – Hennef-Sieg (A3)

Die A560 zieht sich von der A59 bei St. Augustin über die A3 bei Hennef, bevor sie östlich von Hennef zur B8 wird. In großen Teilen verläuft die A560 parallel zur Sieg mit ihren romantischen Kanustrecken.

• Länge: 12 km
• Fahrzeit: 7 Min.

562

Abzweig Bonn-Süd

Die A562 ist eine kurze Verbindung über den Rhein von der A59 und der B52 auf der östlichen Rheinseite zur B9 in der Nähe des Bonner Zentrums. In ihrer Funktion als Rheinüberführung durchschneidet die A562 den Freizeitpark Rheinaue, der 1979 anlässlich der Bundesgartenschau eröffnet wurde. Das grüne Herz Bonns lockt mit seinem 15 ha großen Auesee, den Rosengärten sowie zahlreichen Open-Air-Veranstaltungen.

• Länge: 2 km

565

Bonn – Meckenheim (Querverbindung zu A61 und A59)

Nördlich von Bonn verbindet die A565 die A555 links des Rheins mit der A59 auf der rechten Rheinseite. Zugleich verlängert die A565 die A555 bis zur A61 weiter im Süden. Dabei durchquert die A565 den 880 km² großen Naturpark Kottenforst-Ville – mit seinen Börden und Auen, jungen Rekultivierungslandschaften sowie Arealen mit Mittelgebirgscharakter ein bevorzugtes Naherholungsgebiet für die Bürger aus Bonn und Köln.

• Länge: 24 km
• Fahrzeit: 15 Min.

571

Abzweig Sinzig (Zubringer zur A61)

Die A571 ist nur ein kurzer Ast der A61 zwischen den Kurstädten Bad Neuenahr und Sinzig. Die A571 verbindet die A61 mit der B266 und stellt damit einen Zugang zur Ahr-Rotweinstraße her. Das fruchtbare Schwemmland, in dem Sinzig liegt, wird auch als die „Goldene Meile" bezeichnet – schon die Römer siedelten hier.

• Länge: 3 km

573

Abzweig Bad Neuenahr-Ahrweiler (Zubringer zur A61)

Die A573 ist ein kurzes Verbindungsstück zwischen der A61 und der Kurstadt Bad Neuenahr-Ahrweiler. Während Bad Neuenahr mit seiner weißen Pracht der Gebäude aus der Gründerzeit des Kurbades das Auge verzaubert, wird Ahrweiler wegen seiner wunderschönen Häuser gern als „rheinisches Rothenburg" bezeichnet. Im traditionsreichen Casino Bad Neuenahr lässt sich bei Roulette, Black Jack oder Baccara stilvoll viel Geld aufs Spiel setzen.

• Länge: 3 km

602

Abzweig Trier

Am Südufer der Mosel bei Trier zweigt die A602 von der A1 ab und erschließt fast parallel zur Mosel die Innenstadt der ältesten Stadt Deutschlands. Allerorts präsent sind hier die Reben und Weinberge der bekannten Mosel-Saar-Ruwer-Region.

- Länge: 9 km
- Fahrzeit: 5 Min.

620

Saarlouis – Saarbrücken (Stadtautobahn Saarbrücken)

Saarbrücken, Völklingen, Saarlouis – das sind die Stationen der A620. Die Nord-Süd-Verbindung der beiden wichtigsten Städte des Saarlands orientiert sich dabei in weiten Strecken am Lauf der Saar. Die bei Saarlouis nach Osten abzweigende A8 wird von der A620 auf die A4 verlängert. Am südlichen Saarufer entlang führt die A620 durch Saarbrücken von West nach Ost und erschließt somit die ganze Innenstadt. Dieser Teil der A620, die so genannte Saarbrücker Stadtautobahn, ist bekannt für ihre Fahrbahnüberflutungen, die in den Monaten November und Dezember sowie März an der Tagesordnung sind, wenn in den Vogesen eine Schneeschmelze einsetzt. Betroffen ist dann der gesamte Citybereich, etwa ab dem Staatstheater.

- Länge: 32 km
- Fahrzeit: 19 Min.

623

Friedrichsthal – Saarbrücken

Am AD Friedrichsthal zweigt die A623 von der A8 ab und dient als Zubringer nach Saarbrücken. Die A623 verläuft am östlichen Rand des Köllertals, das mit Fundorten von steinzeitlichen Werkzeugen, keltischen Hügelgräbern und Resten römischer Bauwerke auf eine lange Besiedelungsgeschichte zurückblicken kann.

- Länge: 8 km

Wiesbaden – Mainz (Verbindung zwischen A66 und A60)

Die A643 führt von der A60 im Westen durch Mainz über den Rhein zur A66 und nach Wiesbaden. Zusammen mit der A60, der A66 und der A671 bildet die A643 einen nahezu geschlossenen Autobahnring um die hessische Hauptstadt. Unweit der AS Wiesbaden-Äppelallee befindet sich das Schloss Biebrich, die ehemalige Sommerresidenz der Fürsten und Herzöge von Nassau in Wiesbaden. Die Rotunde und die Galerien des Barockjuwels stehen heute dem hessischen Ministerpräsidenten für Staatsempfänge und der Bevölkerung für hochrangige kulturelle Veranstaltungen zur Verfügung.

- Länge: 8 km

648

Eschborn – Frankfurt am Main (Zubringer Westkreuz Frankfurt/ Eschborner Dreieck)

Die A648 ist eine kurze Spange zwischen der A5 ab dem Westkreuz Frankfurt und der A66 ab dem AD Eschborn. Mit A66 und A5 bildet sie ein Dreieck und erlaubt Reisenden aus dem Raum Wiesbaden, bereits vor dem Nordwestkreuz nach Frankfurt abzubiegen. Jenseits des Westkreuzes führt die Theodor-Heuss-Allee, die sich am Opelrondell an die A648 anknüpft, zum Frankfurter Alleenring – so heißt der Stadtring der Mainmetropole. Er erschließt die gesamte Frankfurter City.

- Länge: 5 km

650

Bad Dürkheim – Ludwigshafen (Zubringer A61)

Die A650 ist der Autobahnzubringer von der A61 nach Mannheim und Luwigshafen. Vom AD Luwigshafen führt allerdings auch noch ein kleines 2-spuriges Stück nach Westen Richtung Bad Dürkheim, das über die B37 mit der A659 verbunden ist. Mit mehr als 1200 ha Rebfläche gehört die Pfälzer Kurstadt zu den größten Weinorten Deutschlands. Die bekannteste Sehenswürdigkeit Bad Dürkheims ist das so genannte „Riesenfass" am Volksfestplatz, ein Restaurant in Form eines Holzfasses, in dem bis zu 150 Gäste Platz finden. In Mannheim mündet die A650 unweit des Schlosses, der ehemaligen Residenz der Kurpfalz.

- Länge: 13 km
- Fahrzeit: 7 Min.

652

Abzweig Wörth (Zufahrt von Karlsruhe zur A65)

Den wenigsten Reisenden wird der Wechsel von der A65 auf die A652 auffallen, wenn sie aus Luwigshafen kommend nach Kandel Richtung Wörth am Rhein abzweigen. Noch nicht: Sollte nämlich der von Naturschützern vehement bekämpfte Ausbau der B9 durch den Bienwald zur A35 auf der französischen Seite eines Tages Realität werden, wird die A652 nur noch ein „Schattendasein" als Autobahnabzweig der A65 nach Wörth führen. Das gilt zumindest, bis die A654 (siehe dort) gebaut wird. Auch die A652 führt durch den Bienwald, eine einzigartige Schwemmlandschaft und größtes zusammenhängendes Waldgebiet in der Oberrheinischen Tiefebene auf deutscher Seite.

- Länge: 6 km

654

Querspange Rheinstetten

Die A654 sollte ursprünglich zwischen der A65 und der A5 verlaufen. Die Planung sah eine Südwestumgehung von Karlsruhe vor; die neue Autobahn sollte sich westlich von Wörth von der A65 gabeln auf das AD Karlsruhe-Süd der A5 stoßen. Dank der Kreuzung des Rheins wäre die Grenze zwischen Baden-Württemberg und Rheinland-Pfalz überschritten worden. Ende der 80er-Jahre wurde der Entwurf jedoch von beiden Ländern abgelehnt, da wertvolle Naturschutzgebiete betroffen gewesen wären. Seitdem wird die Strecke im Bundesverkehrswegebedarfsplan nur unter „weiterer Bedarf" geführt. Sollte sich an den niedrigen Schätzungen des Verkehrsaufkommens nichts ändern, wird diese Autobahn wohl noch lange nicht gebaut werden.

- Länge: geplant ca. 16 km
- Teilstücke in Planung: komplette Strecke

Mannheim – Heidelberg (Querverbindung zwischen A6/A67 und A5)

Die A656 verbindet südöstlich von Mannheim die im Rheintal parallel verlaufende A5 und A6 und damit auch Mannheim mit Heidelberg. Westlich der A6 trifft die A656 bei der AS Mannheim-Neckarau auf die B37 und die B38a. Unweit von hier liegt der Luisenpark, eine 41 km² große Grünfläche, die seit der Bundesgartenschau 1975 als eine der schönsten Parkanlagen Europas gilt.

- Länge: 13 km
- Fahrzeit: 7 Min.

659

Viernheim – Weinheim (Querverbindung zwischen A67 und A5)

Wie die A656 ist die A659 eine Querverbindung der A5 und der A6 – allerdings nicht zwischen Heidelberg und Mannheim, sondern weiter nördlich im Rheintal von Weinheim nach Mannheim.

- Länge: 6 km

Bad Homburg – Darmstadt (Ostumfahrung Frankfurt)

Von Oberursel am Rande des Hochtaunus über Bad Homburg und Frankfurt nach Darmstadt oder umgekehrt – diese Strecke fährt man am schnellsten auf der A661. Das Stück zwischen Langen und Darmstadt muss allerdings auf der B3 zurückgelegt werden. Die wohlhabende Kurstadt Bad Homburg v.d. Höhe (52 000 Einwohner) gilt als eine der besten Wohnlagen Frankfurts. Hauptsehenswürdigkeiten sind die Taunus-Therme mit ihrer Thermal- und Badelandschaft, das Spielcasino und der Siamesische Tempel, der im Jahr 1907 vom damaligen thailändischen König als Dank für seine Genesung in einer Kurklinik in Bad Homburg gestiftet wurde. Die A661 streift Bad Homburg, läuft an der Frankfurter City im Osten vorbei und verbindet dabei die A3 mit der A5. Unweit der AS Offenbach-Kaiserlei liegen das Deutsche Ledermuseum und das Schuhmuseum Offenbach.

- Länge: 37 km
- Fahrzeit: 28 Min.

671

Wiesbaden – Mainz (Querverbindung zwischen A66 und A60)

Die A671 ist eine Querverbindung der A60 und A66, die östlich von Mainz und des Rheins über die Wein- und Sektstadt Hochheim, in der z.B. die bekannte „Mumm“-Kellerei liegt, verläuft. Unweit der AS Wiesbaden-Amöneburg, ab der ein kurzes Stück der B263 die A671 mit der A66 verbindet, befindet sich das Schloss Biebrich, die ehemalige Sommerresidenz der Fürsten und Herzöge von Nassau in Wiesbaden.

- Länge: 12 km
- Fahrzeit: 7 Min.

672

Querspange Darmstadt (Zubringer von Darmstadt zur A5)

Die A672 stellt mit ihren 2 km eigentlich kaum mehr als eine etwas längere Autobahnauffahrt dar. Sie verbindet die A5 und die A67 mit Darmstadt. Mit der City von Darmstadt ist die A672 über die B26 verbunden.

- Länge: 2 km

831

Stuttgart – Kreuz Stuttgart (A8/A81)

Dieses kurze Stück Asphalt als eigenständige Autobahn zu bezeichnen, ist fast eine Übertreibung. Als A831 ist in Stuttgart-Vaihingen der kurze Teil der B14 ausgeschildert, der im Anschluss an das AK Stuttgart als Autobahn ausgebaut ist. Trotz ihrer Kürze hat die A831 eine wichtige Funktion: Sie stellt die Verbindung zwischen der A81 und der autobahnähnlich ausgebauten B14 her und ermöglicht die Anbindung der südwestlichen Vorstädte Stuttgarts an die City. Bis zum Ausbau der A81 über das AD Leonberg bis Würzburg war die A831 ein Teilstück der A81. Die Umbenennung erfolgte, da sonst vom AK Stuttgart aus die A81 sowohl in nordöstlicher als auch in nordwestlicher Richtung weiter verlaufen wäre.

- Länge: 1,6 km

861

Querspange Rheinfelden

Die A861 soll nach ihrer Fertigstellung die A98, die sich in diesem Bereich ebenfalls noch im Bau befindet, und die schweizerische A3 verbinden. Die auf deutschem Gebiet nur 4,4 km lange Strecke kreuzt westlich von Rheinfelden die Bundesgrenze und trifft direkt auf die parallel verlaufende A3. Nach der für 2003 geplanten Eröffnung der so genannten „Querspange Rheinfelden“ ist es Autofahrern, die in Richtung Zürich oder Bern unterwegs sind, dann möglich, die stauanfällige Grenzstadt Basel zeitsparend zu umfahren.

- Länge: geplant 4,4 km, komplett in Bau

Wenige Kilometer oberhalb von Koblenz liegt am linken Rheinufer die Burg Stolzenfels, die im 19. Jh. im Sinne der Romantik von Friedrich Wilhelm IV. wieder aufgebaut wurde.

864

Donaueschingen – AD Bad Dürrheim

Die A864 ist zwischen dem verkehrstechnisch nicht ideal erschlossenen Hochschwarzwald und der Schwäbischen Alb eine Querverbindung zwischen der A81 hin zur weiter westlich gelegenen B27/33 bei Donaueschingen, der Stadt der Donauquelle, und Bad Dürrheim mit seinem höchstgelegenen Soleheilbad Europas.

- Länge: 6 km

Abzweig Starnberg

Vom AD Starnberg der A95 gelangen Sie geradewegs nach Starnberg und zum Starnberger See. In Starnberg geht die A952 in die B2 über, die westlich des Starnberger Sees nach Weilheim und Garmisch-Partenkirchen führt. Eine Untertunnelung von Starnberg wird seit vielen Jahren diskutiert.

- Länge: 6 km
- Staubereiche: am Autobahnende vor Starnberg

Abzweig Waltenhofen (Südumfahrung Kempten zur A7)

Südlich von Kempten zweigt die A980 von der A7 ab und ist an der AS Waltenhofen mit der B12 und der B19 verbunden. Südlich der AS Durach liegt der 36 ha große Sulzberger See, auch Öschlesee genannt, der sich inmitten des 130 ha großen Landschaftsschutzgebietes „Sulzberger See“ befindet.

- Länge: 5 km

995

München – Kreuz München-Süd (A8/A99)

Die A995 ist der so genannte Südzubringer München: Sie verbindet den Mittleren Ring der bayerischen Landeshauptstadt am AK München-Süd mit der A8. Kurioserweise ist die A995 in ihrem größten Teil gar keine Autobahn: Denn der Abschnitt zwischen München-Giesing und Sauerlach ist trotz Beschilderung in Art einer Autobahn offiziell nicht als Autobahn eingestuft.

- Länge: 10,5 km
- Fahrzeit: 6 Min.

Zeit-/Entfernungskarte

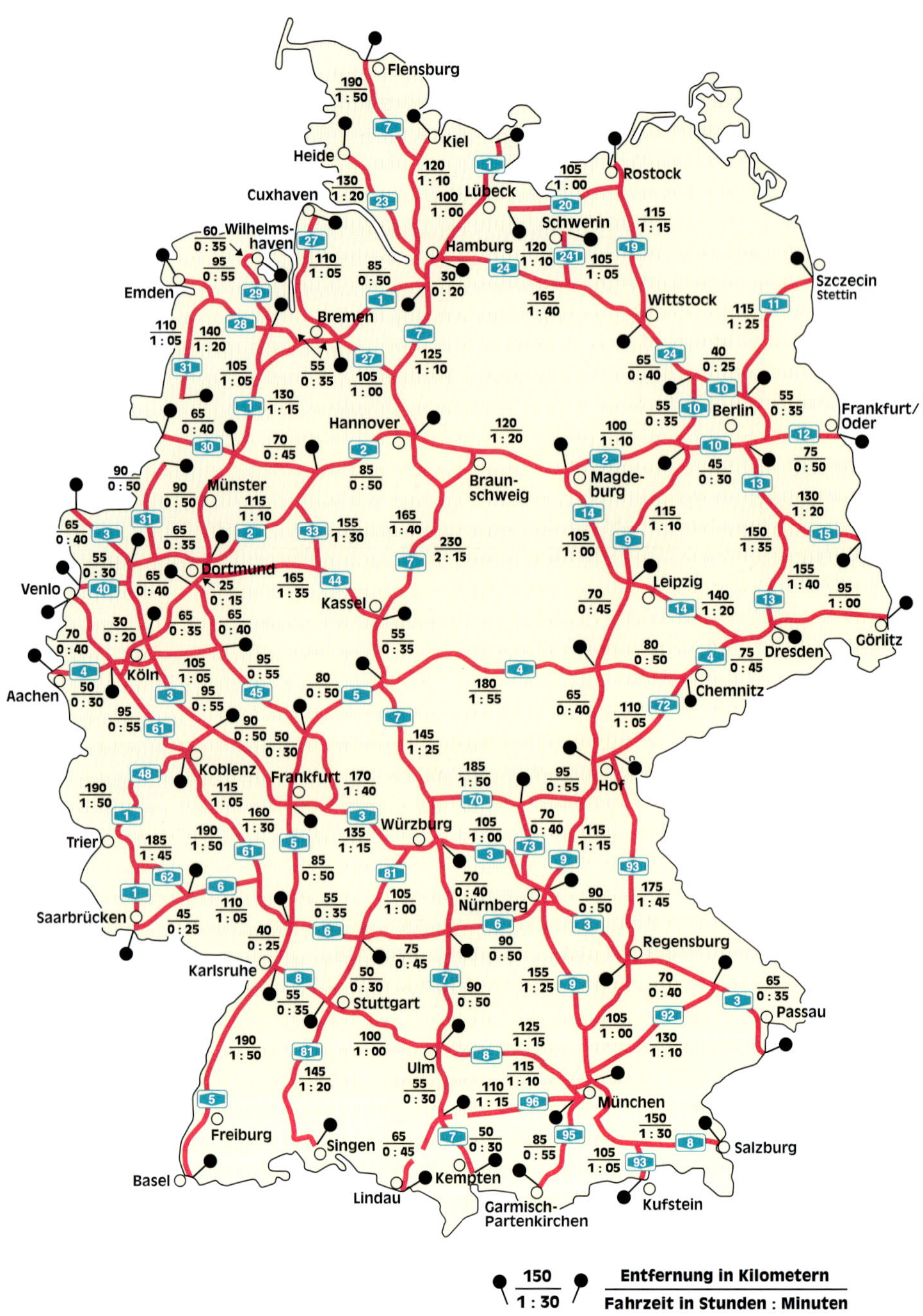

Entfernungen und Fahrzeiten im Autobahnnetz

Aufgrund von statistischen Erhebungen bei seinen Mitgliedern und durch Recherchen seiner Mitarbeiter hat der ADAC eine Autobahnkarte entwickelt, die neben der üblichen Kilometerangabe die durchschnittliche Fahrzeit in Stunden : Minuten enthält. Es handelt sich dabei um auf fünf Kilometer bzw. fünf Minuten gerundete Durchschnittswerte zwischen den Autobahnknoten und -endpunkten auf den Hauptrouten.

Die Fahrzeiten können z.B. bei Staus, Baustellen oder Regenwetter überschritten und bei guten Bedingungen sowie zügiger Fahrweise unterschritten werden. Zwischenhalte, Pausen und sonstige Aufenthalte sowie Stadteinfahrten müssen aber in jedem Fall hinzugerechnet werden.

Diese kombinierte Karte bietet den Vorteil, dass Sie mit ihrer Hilfe im Handumdrehen neben der groben Entfernung die ungefähre Fahrzeit bzw. Reisedauer zwischen zwei Punkten des rund 11 650 km langen Autobahnnetzes in Deutschland ermitteln können.

Die angegebenen ungefähren Fahrzeiten auf den Autobahnen wurden unter Berücksichtigung der teilweise beschränkten zulässigen Höchstgeschwindigkeiten und der vielfach unterschiedlichen Verkehrsbelastungen ermittelt.

Autobahnkarten Deutschland 1:600 000

Baden-Württemberg	467
Bayern	462
Berlin	450
Brandenburg	450
Bremen	447
Hamburg	448
Hessen	454
Mecklenburg-Vorpommern	444
Niedersachsen	446
Nordrhein-Westfalen	452
Rheinland-Pfalz	459
Saarland	466
Sachsen	456
Sachsen-Anhalt	449
Schleswig-Holstein	442
Thüringen	455

Vergrößerte Darstellungen 1:300 000

Ruhrgebiet	478
Rhein-Main-Gebiet	480

Seitenübersicht Autobahnkarten Deutschland 1:600000

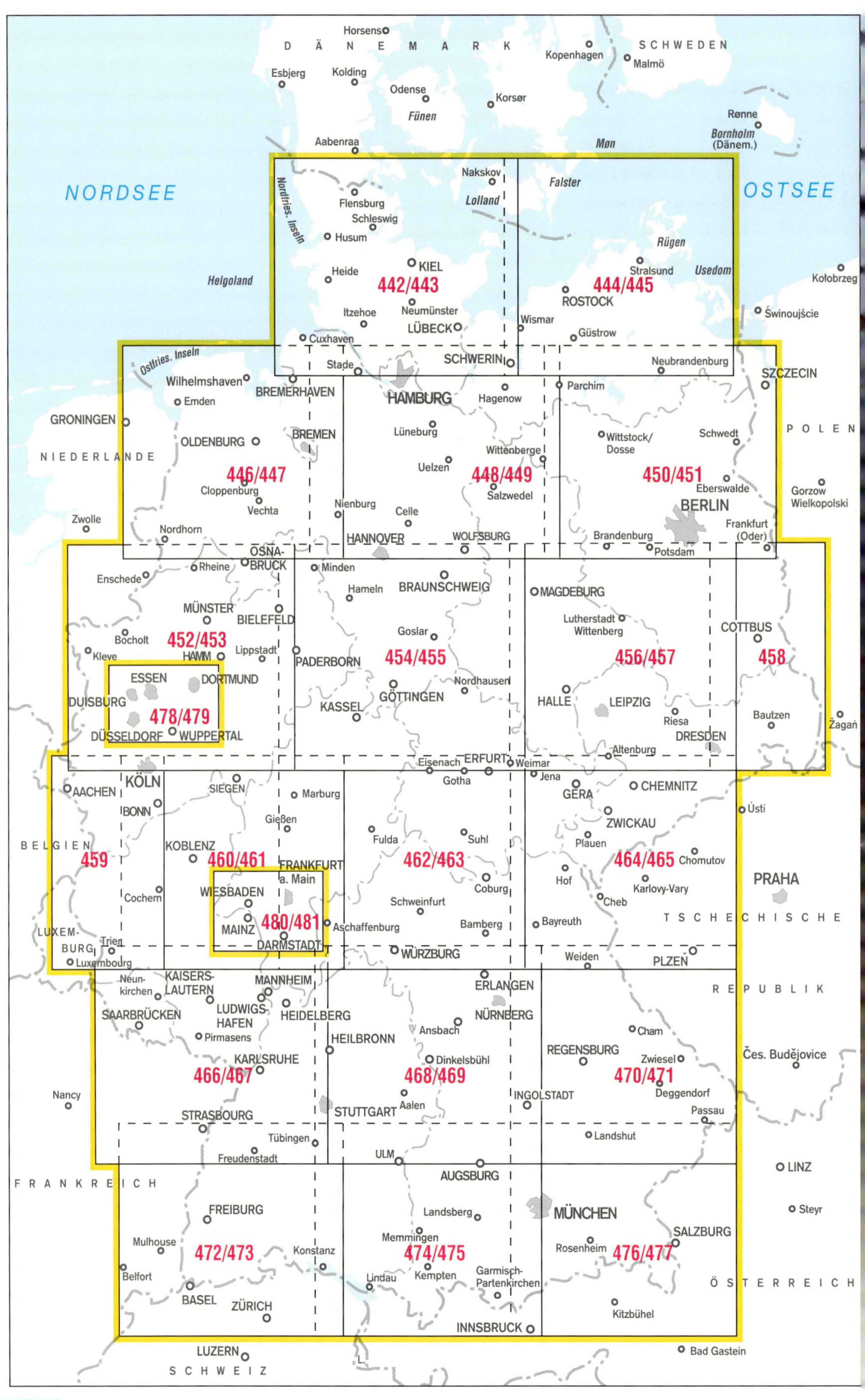

Autobahnkarten Deutschland
1:600 000

Zeichenerklärung

Verkehrsnetz

62 Ulm-West — Autobahn mit Angabe der Anschlussstelle und Anschlussstellennummer

Jura — Autobahn mit Tank- und Rastanlage

Autobahntunnel

Autobahn in Bau

Autobahn in Planung

Kraftfahrzeugstraße mit Anschlussstelle

Kraftfahrzeugstraße in Bau

U4 U32 — Bedarfsumleitung der Autobahn mit Nummern

Mögliche Staustellen auf Autobahnen und an Grenzübergängen in der Hauptreisezeit und ihre Umfahrungsmöglichkeiten

Unfallschwerpunkte im Streckennetz der Autobahnen

Bundesstraße

Bundesstraße in Bau

Sonstige Straße

Straßentunnel

Haupteisenbahnstrecke mit Bahnhof und Autoverladebahnhof

Schifffahrtslinie / Fährlinie

Flussfähre

E 43 — Europastraßennummer

8 — Autobahnnummer

421 — Bundesstraßennummer

Entfernungen

4, 2, 2 — Groß- und Kleinkilometrierung an Autobahn

9, 2 — Kilometrierung an Bedarfsumleitung der Autobahn

Einzelzeichen

Verkehrsflughafen

Verkehrslandeplatz

Bahn & Auto

Park & Rail

Autobahnpolizei

Parkplatz mit WC

Autobahntankstelle

Autohof an Autobahn

Autobahnraststätte

Autobahnraststätte mit Übernachtung

Autobahnkiosk mit WC

Geldautomat

Kinderspielecke

Kinderspielplatz

Babywickelraum

Behinderten - WC

Behinderten - Parkplatz

Telefon für Rollstuhlfahrer

Sonstige Angaben

Staatsgrenze

Grenzkontrollstelle

Autobahngebühren bzw. Straßenbenutzungsgebühren für Schnellverkehrsstraßen werden für alle Fahrzeuge in Frankreich, Österreich, der Schweiz und Tschechien verlangt. In Österreich sind außerdem gesonderte Gebühren für die Brenner-, Tauern- und Pyhrn-Autobahn, sowie den Arlbergtunnel und Felbertauern zu entrichten.

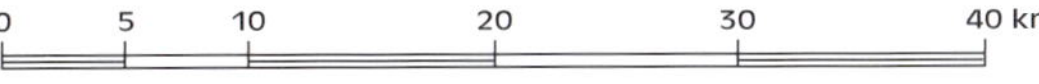

Århus
D
Ä
N
List
Sylt
Kampen (Sylt)
Westerland
Autotransport Westerland-Niebüll
Morsum
Højer
Abild
Bredevad
Tønder
Tinglev
Lundtoft
Rens
Neukirchen
Süderlügum
Klixbüll
Niebüll
Leck
Stubbæk
Kiplev
Kruså
Bov
Padborg
Frøslev Vest
Frøslev Øst
Grenzübergang Ellund
Ellund
Glücksburg (Ostsee)
Flensburg
Flensburg/Harrislee
FLENSBURG
Schafflund
Sörup
Hörnum
Föhr
Dagebüll
Wyk auf Föhr
Norddorf
Amrum
Oland
Schlüttsiel
Ockholm
Nordmarsch-Langeneß
Langeneß
Wittdün
Gröde-Appelland
HALLIGEN
Hooge
Japsand
Bredstedt
Wanderup
Tarp
Satrup
Haselund
Treene
64
Nordstrandischmoor
Pellworm
Norderoogsand
Westertilli
Süden
Süderoogsand
Südfall
Nordstrand
Schleswig/Schuby
Treia
Schwesing
Husum
SCHLESWIG
Schleswig/Jagel
Eckernförde
Brekendorf
Groß Wittensee
Kropp
Owschlag
Hüttener Berge-West
Rendsburg
Friedrichstadt
Eider
Garding
St. Peter-Ording
Tönning
Erfde
Fockbek
Büdelsdorf
RENDSBURG
Schacht-Audorf
Elsdorf-Westermühlen
NORD-
Personenverkehr
Schalkholz
Tellingstedt
Jevenstedt
20
Wesselburen
Heide
Heide-West
Heide-Süd
Nord-Ostsee-Kanal
Blauort
Tertius
Albersdorf
Hanerau-Hademarschen
Büsum
Meldorfer Bucht
Meldorf
Hoenweststedt
Schafstedt
Trischen
44
Schenefeld
Hochdonn
SEE
Sankt Michaelisdonn
Hohenlockstedt
Itzehoe-Nord
Scharhörn
Neuwerk
Marne
Kellinghusen
Wilster
ITZEHOE
Itzehoe-Süd
Brunsbüttel
Sankt Margarethen
Lägerdorf
CUXHAVEN
Cuxhaven
Altenwalde
Otterndorf
Freiburg (Elbe)
Elbe
Hohenfelde
Horst/Elmshorn
Horst (Holstein)
Barmstedt
Cadenberge
Wischhafen
Glückstadt
ELMSHORN
43
Ihlienworth
Nordholz
Elmshorn
Altendorf
Neuenwalde
Hemmoor
Drochtersen
Tornesch
Uetersen
Mittelstenahe
Anschlussstellen AB 23
Pinneberg-Mitte
Pinneberg-Süd
Halstenbek/Rellingen
Halstenbek/Krupunder
Pinneberg-Nord
PINNEBERG
Dabstedt
Langen
Bad Bederkesa
Lamstedt
Hechthausen
STADE
Himmelpforten
Bremer Kreuz

D Æ N M A R K
Als
Lille Bælt
Drejø
Tåsinge
Hjortø
Birkholm
Strynø
Halmø
Rudkøbing
Langeland
Fejø
Ærø
Marstal
Lindelse
Langelandsbælt
Nakskov
Marstal Bugt
Bagenkop
Lolland
Rødbyhavn
Kappeln
O S T S E E
Fehmarnbelt
KIELER BUCHT
Eckernförder Bucht
Fehmarn
Puttgarden
Burg auf Fehmarn
Altenholz
Kieler Förde
KIEL
Schönberg (Holstein)
Heiligenhafen
Lütjenburg
Oldenburg in Holstein
Heringsdorf
Molfsee
Preetz
Lensahn
Grube
Bordesholm
Plön
Malente
Eutin
Grömitz
NEUMÜNSTER
Neustadt in Holstein
LÜBECKER BUCHT
Scharbeutz
Timmendorfer Strand
Travemünde
Bad Segeberg
Bad Schwartau
LÜBECK
Grevesmühlen
Kaltenkirchen
Reinfeld (Holstein)
Bad Oldesloe
Bargteheide
Ratzeburg
Gadebusch
NORDERSTEDT
HAMBURG
AHRENSBURG
Mölln
SCHWERIN
Glinde

København
DÄNEMARK
Femø
Fejø
Lilleø
Askø
Femø Sund
Guldborg Sund
Farø Vest
Farø
Farø Øst
Bogø
Gundslev
Nørre Alslev
Stubbekøbing
Tjørnemarke
Damsholte
Hjelm Bugt
Næsgård
Eskilstrup
Birket
Stokkemarke
Bandholm
Sakskøbing
Maribo
Våbensted
Horreby
Falster
Ryde
Hillestedt
Toreby
Nykøbing Falster
Lolland
Holeby
Rødby
Rødbyhavn/ Station
Rødbyhavn
Øster Ulslev
Nysted
Guldborg Sund
Gedser
OSTSEE
Eisenbahnfähre „Vogelfluglinie"
Autofähre Kiel, Klaipeda, St.Petersburg
Fehmarn
Personenfähre
Autofähre
Autofähre Rostock-Trelleborg,-Rønne
Zingst
Darß
Saaler Bodden
MECKLENBURGER BUCHT
Graal-Müritz
Damgarten
Ribnitz-
Ravenhorst
Warnemünde
Rövershagen
Kühlungsborn
Rostock-Nord
Rostock-Ost
Bad Doberan
Bad Sülze
Sanitz
Wustrow
Kröpelin
ROSTOCK
Rostock-Süd
Kessin
Tessin
Rostock-West
Rostock-Südstadt
Dummerstorf
Sanitz
Tessin
Neubukow
AB-Kr. Rostock
Kavelstorf
Kirchdorf
Bölkow
Bad Doberan
Poel
Wismarbucht
Kröpelin
Schwaan
Laage
AB-Kr. Wismar
Fuchsberg-Nord
Fuchsberg-Süd
Weitendorf
WISMAR
Neukloster
Laage
Zurow
Bützow
Kuhs
Recknitz-Niederung-Ost
Thürkow
Bobitz
Wismar-Mitte
Reinstorf
Recknitz-Niederung-West
Glasewitz
Grevesmühlen
GÜSTROW
Teterow
Güstrow
Klueß
Zickhusen
Mühlen-Eichsen
Brüel
Gutow
Schweriner See
Malchiner See
Sternberg
Langhagen
Schwerin-Nord
Borkow
Krakow am See
Krakow
Krakower See
SCHWERIN
Schwerin-Süd
Goldberg
Linstow
Dreieck Schwerin
Dreieck Wittstock (Dosse)

S E E
nach Trelleborg
nach Helsinki, Klaipeda, St.Petersburg, Riga
Trelleborg-Mukran
nach Malmö, Kopenhavn
Rønne
Klaipeda
Wittow
Altenkirchen
Tromper Wiek
Kloster
Insel Hiddensee
Vitte
Großer Jasmunder Bodden
Glowe
Jasmund
Saßnitz
Sagard
Scharprode
Ummanz
Kluis
Neuendorf
Kleiner Jasmunder Bodden
Prora
Personenverkehr
Rügen
Bergen/ auf Rügen
Binz
Kubitzer Bodden
Rambin
Putbus
Göhren
Strelasund
STRALSUND
Gustow
Greifswalder Oie
Borgwallsee
Greifswalder Bodden
Brandshagen
Steinhagen
Koos
Mesekenhagen
Peenestrom
Grimmen
Grimmen-West
Grimmen-Ost
GREIFSWALD
Kemnitz
Zinnowitz
Wendisch Baggendorf
Diedrichshagen
Wolgast
Achter Wasser
Poggendorf
Lühmannsdorf
Usedom
Schmollensee
Heringsdorf
SWINOUJSCIE (Swinemünde)
Ahlbeck
nur für Fußgänger, Radfahrer und einspurige Krafträder
Loitz
Gützkow
Lassan
Trebel
Jarmen
Murchin
Demmin
Liepen
Zirchow
nur für Fußgänger und Radfahrer
Peene
Usedom
Anklam
Hohenmocker
Stettiner Haff
Kleines Haff
Kummerower See
Breest
Großer Landgraben
Ueckermünde
Neubrandenburg-Nord
Eggesin
Altentreptow
Schwichtenberg
Ferdinandshof
Friedland
Wolde
Torgelow
Tollense
Galenbecker See
Rothemühl
Kittendorf
Sadelkow
NEUBRANDENBURG
Neubrandenburg-Ost
Schönbeck

OSTFRIESISCHE INSELN
Rottumerplaat
Borkum
Rottumeroog
Juist
Memmert
Norderney
Baltrum
Langeoog
Spiekeroog
Norddeich Mole
Norden
Neßmersiel
Dornumersiel
Bensersiel
Neuharlingersiel
Esens
Wittmund
Ogenbargen
Upgant- Schott
Aurich
Wirdum
Pilsum
Eemshaven
Roodeschool
Uithuizen
Spijk
Rysum
Winsum
Loppersum
Delfzijl
Appingedam
EMDEN
Dollart
Riepe
Neermoor
Hesel
Remels
Ems-Jade-Kanal
GRONINGEN
Zuidhorn
Kn. Julianaplein
Kn. Europaplein
Slochteren
Finsterwolde
Bunde
LEER (Ostfriesland)
Detern
Eelde
De Witte Molen
Hoogezand-Sappemeer
Winschoten
Weener
AB-Dr. Bunde
AB-Dr. Leer
Bunderneuland
Ostrhauderfehn
Norg
Vries
Veendam
Nieuwe-Pekela
Papenburg
Zeyerveen
ASSEN
Gieten
Stadskanaal
STADSKANAAL
Vlagtwedde
Bockhorst
Smilde
Peelerveld
NIEDER-LANDE
Borger
Kluse
Breddenberg
Beilen
Westerbork
Odoorn
Sögel
Werlte
EMMEN
Haren (Ems)
HOOGEVEEN
Knooppunt Hoogeveen
Löningen
Coevorden
Meppen
Haselünne
Twist
Emlichheim
Hardenberg
Berge
Ommen
LINGEN (Ems)
Uelsen
Fürstenau
NORDHORN
Freren
Vriezenveen
Schapen
Wierden
ALMELO
RIJSSEN
Knooppunt Azelo
OLDENZAAL
Bentheimer Wald-Nord
Bentheimer Wald-Süd
Kreuz Lotte/Osnabrück
KN Beekbergen
KN Heerenveen

Cuxhaven
BREMERHAVEN
WILHELMS-HAVEN
NORDENHAM
OLDENBURG
BREMEN
DELMEN-HORST
ACHIM
NIENBURG (Weser)
Bremer Kreuz
AB-Dr. Bremen- Ind.häfen
AB-Kr. Oldenburg-Nord
AB-Kr. Oldenburg-Ost
AB-Dr. Oldenburg-West
AB-Dr. Ahlhorner Heide
Wildeshausen
Vechta
Diepholz
Sulingen
Syke
Bassum
Twistringen
Verden (Aller)
Osterholz-Scharmbeck
Bremervörde
Zeven
Jadebusen
Osnabrück

Heide-West
Dreieck Bordesholm
Bad Segeberg
Quickborn
Bargteheide
Holmmoor-Ost
Holmmoor-West
NORDERSTEDT
HAMBURG
Buddikate-West
AHRENSBURG
Altendorf
Hemmoor
Drochtersen
Uetersen
Mittelstenahe
Hechthausen
PINNEBERG
Lamstedt
STADE
Himmelpforten
Elbe
WEDEL
25/22 AB-Dr. Hamburg-Nordwest
31/3 AB-Kr.
Glinde
13
22
35/1 AB-Dr. HH-Süd
36/7 AB-Kr. Hamburg-Süd
Wentorf
Elm
Bremervörde
Horneburg
BUXTEHUDE
Kutenholz
Hamburg-Stillhorn-West
Hamburg-Stillhorn-Ost
12
18
Basdahl
Bevern
Harsefeld
33/1 AB-Dr. Hamburg-Südwest
Apensen
Harburger Berge-West
Harburger Berge-Ost
Geesthacht
43/4 Buchholzer Dr.
36/39/1 Maschener Kreuz
Gnarrenburg
Wangersen
SEEVETAL
Winsen (Luhe)
Hollenstedt
Ostetal-Nord
Aarbachkate
40/37 Horster Dr.
Seevetal
Hasselhöhe
Rhade
31
BUCHHOLZ in der Nordheide
Badenstedt
Zeven
Groß Meckelsen
Sittensen
Ostetal-Süd
Tostedt
Hanstedt
LÜNEBURG
Tarmstedt
72
Welle
Garlstorf
Kirchgellersen
Scheeßel
Lilienthal
Grundbergsee-Nord
Sottrum
Rotenburg (Wümme)
Schneverdingen
Brunautal-West
Evendorf
Brunautal-Ost
Behringen
Amelinghausen
53/22 Bremer Kreuz
Grundbergsee-Süd
ACHIM
Langwedel-Daverden Nord
Langwedel-Daverden Süd
Neuenkirchen
Visselhövede
Soltau
Munster
Verden (Aller)
Vorm Wietzenbruch
78
Wietzendorf
Schwarme
57
Walsrode
Aller
Bergen
Hoya
48/29 AB-Dr. Walsrode
Rethem (Aller)
Asendorf
Eschede
Allertal-West
Allertal-Ost
Winsen (Aller)
Steimbke
Schwarmstedt
CELLE
NIENBURG (Weser)
29
Lachendorf
Mandelsloh
53/1 AB-Dr. Hannover-Nord
Wedemark
Leine
Steinhuder Meer
Neustadt a. Rübenberge
Resse
Uchte
Rehburg-Loccum
43/5 AB-Dr.H -West
47/4 AB-Kr. H -Buchholz
Uetze
Wunstorf
56/3 AB-Kr.Hannover/Kirchhorst
48/57 AB-Kr. H-Ost
Lehrter See-Nord
Lehrter See-Süd
44
GARBSEN
HANNOVER
LEHRTE
Lehrte-Ost
Kreuz Bad Oeynhausen
Dreieck Hannover-Süd
Kreuz Braunschweig-Nord

Ratzeburg
Gadebusch
Brüel
Sternberg
Borkow
Lützow
SCHWERIN
Mölln
Breitenfelde
Pampow
Crivitz
Mestlin
Gudow
Zarrentin
Wittenburg
94
31
Büchen
Lübesse
Hagenow
PARCHIM
Spornitz
Wöbbelin
Lauenburg (Elbe)
Dersenow
Pritzier
Neustadt-Glewe
Boizenburg (Elbe)
Redefin
Ludwigslust
Marnitz
Lübtheen
Grabow
Ziegendorf
Bleckede
Neuhaus (Elbe)
Eldena
Kaarßen
Dahlenburg
Dömitz
Karstädt
Lenzen (Elbe)
Perleberg
Bad Bevensen
Dannenberg (Elbe)
Zernien
Schnackenburg
WITTENBERGE
UELZEN
Lüchow (Wendland)
Suhlendorf
Arendsee (Altmark)
Seehausen (Altmark)
Neukirchen
Bad Bodenteich
Salzwedel
Osterburg (Altmark)
Jeetze
Flessau
Wittingen
Rohrberg
Groß Schwechten
Bismark (Altmark)
Vorhop
Klötze
STENDAL
Brome
Nahrstedt
Gardelegen
Barwedel
GIFHORN
Miesterhorst
Oebisfelde
Tangerhütte
Dolie
WOLFSBURG
18
Kreuz Wolfsburg/Königslutter

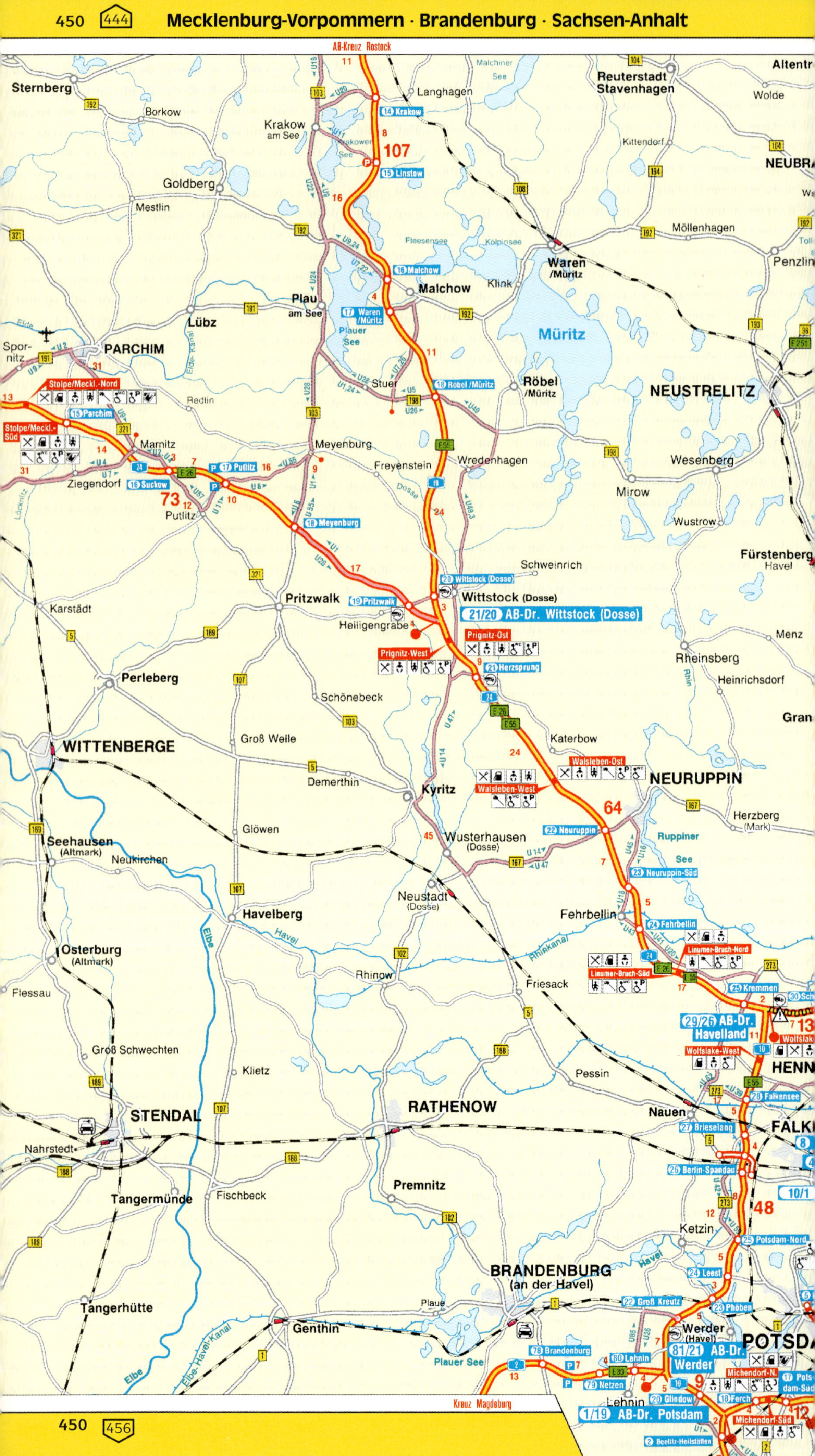
AB-Kreuz Rostock
Sternberg
Borkow
Krakow am See
Langhagen
Reuterstadt Stavenhagen
Kittendorf
Wolde
NEUBRA
107
Krakow
Linstow
Goldberg
Mestlin
Möllenhagen
Fleesensee
Kölpinsee
Waren /Müritz
Penzlin
Malchow
Klink
Plau am See
Lübz
Waren /Müritz
Plauer See
Müritz
PARCHIM
Spornitz
Stolpe/Meckl.-Nord
Stolpe/Meckl.-Süd
Parchim
Redlin
Stuer
Röbel /Müritz
Röbel /Müritz
NEUSTRELITZ
Marnitz
Meyenburg
Ziegendorf
Suckow
Putlitz
73
Freyenstein
Wredenhagen
Wesenberg
Mirow
Wustrow
Meyenburg
Fürstenberg Havel
Schweinrich
Wittstock (Dosse)
Wittstock (Dosse)
21/20 AB-Dr. Wittstock (Dosse)
Karstädt
Pritzwalk
Pritzwalk
Heiligengrabe
Prignitz-Ost
Prignitz-West
Herzsprung
Menz
Rheinsberg
Heinrichsdorf
Perleberg
Schönebeck
Gran
WITTENBERGE
Groß Welle
Katerbow
Walsleben-Ost
Walsleben-West
NEURUPPIN
Demerthin
Kyritz
64
Herzberg (Mark)
Glöwen
Seehausen (Altmark)
Neukirchen
Wusterhausen (Dosse)
Neuruppin
Ruppiner See
Neuruppin-Süd
Neustadt (Dosse)
Havelberg
Fehrbellin
Fehrbellin
Linumer-Bruch-Nord
Linumer-Bruch-Süd
Osterburg (Altmark)
Havel
Elbe
Rhinkanal
Rhinow
Friesack
Kremmen
Flessau
29/26 AB-Dr. Havelland
Wolfslake-West
Wolfslak
HENN
Groß Schwechten
Klietz
Pessin
Falkensee
STENDAL
RATHENOW
Nauen
Brieselang
FALK
Nahrstedt
Berlin-Spandau
10/1
Premnitz
48
Tangermünde
Fischbeck
Ketzin
Potsdam-Nord
BRANDENBURG (an der Havel)
Leest
Tangerhütte
Plaue
Groß Kreutz
Phöben
Genthin
Werder (Havel)
POTSD
Brandenburg
Lehnin
81/21 AB-Dr. Werder
Plauer See
Elbe-Havel-Kanal
Elbe
Netzen
Michendorf-N.
Glindow
Ferch
Lehnin
1/19 AB-Dr. Potsdam
Michendorf-Süd
Beelitz-Heilstätten
Kreuz Magdeburg

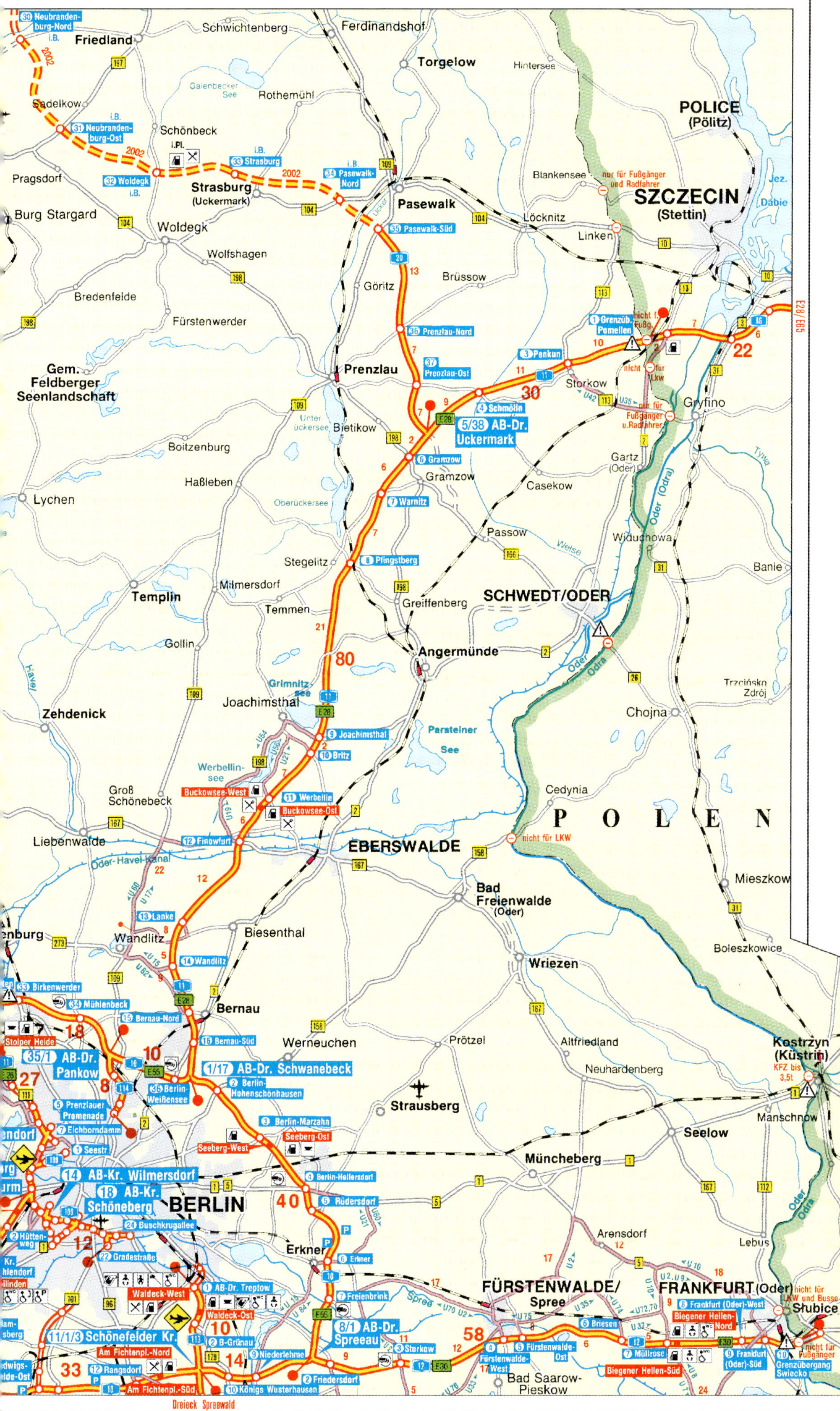
Friedland
Schwichtenberg
Ferdinandshof
Torgelow
Hintersee
Rothemühl
Sadelkow
Schönbeck
POLICE
(Pölitz)
Pragsdorf
Strasburg
(Uckermark)
Pasewalk
Blankensee
SZCZECIN
(Stettin)
Burg Stargard
Woldegk
Löcknitz
Linken
Wolfshagen
Brüssow
Göritz
Bredenfelde
Fürstenwerder
Gem. Feldberger Seenlandschaft
Prenzlau
Penkun
Storkow
Gryfino
Bietikow
Boitzenburg
Gramzow
Gartz (Oder)
Haßleben
Casekow
Lychen
Passow
Widuchowa
Stegelitz
Banie
Milmersdorf
Templin
Greiffenberg
SCHWEDT/ODER
Temmen
Gollin
Angermünde
Trzcińsko Zdrój
Joachimsthal
Zehdenick
Chojna
Parsteiner See
Werbellinsee
Cedynia
Groß Schönebeck
POLEN
Liebenwalde
EBERSWALDE
Oder-Havel-Kanal
Bad Freienwalde (Oder)
Mieszkowice
Wandlitz
Biesenthal
Boleszkowice
Wriezen
Bernau
Werneuchen
Prötzel
Altfriedland
Kostrzyn (Küstrin)
Neuhardenberg
Strausberg
Manschnow
Seelow
Müncheberg
BERLIN
Erkner
Arensdorf
Lebus
FÜRSTENWALDE/ Spree
FRANKFURT (Oder)
Słubice
Bad Saarow-Pieskow
Dreieck Spreewald

NIEDER- LANDE

Ruhrgebiet Seite 294

Dreieck Ahlhorner Heide
Bohmte
OSNABRÜCK
Lübbecke
IBBENBÜREN
RHEINE
72/14 AB-Kr. Lotte/Osnabrück
19/9 AB-Kr. Osnabrück-Süd
Tecklenburger Land-West
Tecklenburger Land-Ost
Emsdetten
Lengerich
Melle
Grönegau-Nord
Grönegau-Süd
BÜNDE
Greven
Dissen a.T.W.
Glandorf
HERFORD
Herford-Nord
Altenberge
Ostbevern
Versmold
BIELEFELD
Telgte
Sassenberg
Münsterland-Ost
Münsterland-West
MÜNSTER (Westf.)
WARENDORF
GÜTERSLOH
25/21 AB-Kr. Bielefeld
78/2 AB-Kr. Münster-Süd
Niedergassel
Obergassel
Gütersloh-Nord
Gütersloh-Süd
Sendenhorst
RHEDA-WIEDENBRÜCK
DÜLMEN
Hövelhof
Lüdinghausen
Eichengrund
Im Mersch
AHLEN
Vellern
BECKUM
Wadersloh
Delbrück
HAMM
LIPPSTADT
DATTELN
LÜNEN
12/2 AB-Kr. DO-Nordwest
Rhynern-Nord
Rhynern-Süd
SOEST
Erwitte
82/16 Kamener Kreuz
27/3 AB-Kr. Castrop-Rauxel-Ost
UNNA
54/60 AB-Kr. Werl
Soester Börde-Nord
Soester Börde-Süd
31/61 AB-Kr. Wünnenberg-Haaren
DORTMUND
Am Haarstr.-Nord
Am Haarstrang-Süd
Büren
84/52 AB-Kr. DO/Unna
Lichtendorf-Nord
Lichtendorf-Süd
MENDEN (Sauerl.)
Möhnesee
Rüthen
Warstein
86/9 Westhofener Kreuz
Lennhof
ARNSBERG
Brilon
HAGEN
11/42 AB-Kr. Hagen
ISERLOHN
Olsberg
Meschede
Kaltenborn
Sundern (Sauerland)
Willingen (Upland)
Rölveder Mühle
Werdohl
Eslohe (Sauerland)
LÜDENSCHEID
Sauerland-Ost
Sauerland-West
Winterberg
Attendorn
Schmallenberg
Meinerzhagen
Biggesee
Gummersbach
Bergneustadt
Olpe
Bad Berleburg
Hilchenbach
Erndtebrück
Battenberg (Eder)
28/19 AB-Kr. Olpe-Süd
Wetzlarer Kreuz

Wunstorf
Stadthagen
Bad Nenndorf
GARBSEN
HANNOVER
Lübbecke
MINDEN
Bückeberg
Barsinghausen
Wennigsen (Deister)
BAD OEYNHAUSEN
51 BÜNDE
32/35 AB-Kr. Bad Oeynhausen
Rinteln
Bad Münder am Deister
Hessisch Oldendorf
HILDESH
HERFORD
Coppenbrügge (Flecken)
HAMELN
Elze
BAD SALZUFLEN
Dörentrup
BIELEFELD
LEMGO
Bad Pyrmont
Weenzen
Bodenwerder
DETMOLD
25/21 Kr. Bielefeld
Blomberg
Eschershausen
Horn-Bad Meinberg
Steinheim
Stadtoldendorf
Hövelhof
Schlangen
Holzminden
Dassel
Höxter
Delbrück
Altenbeken
Neuhaus im Solling
Brakel
PADERBORN
Beverungen
Uslar
Lichtenau
Bad Karlshafen
31/61 AB-Kr. Bad Wünnenberg-Haaren
Adelebsen
Büren
Bonenburg
Borgentreich
72 Göttingen-Nord
Warburg
Hofgeismar
Dransfeld
Marsberg
Grebenstein
Hann. Münden
Brilon
Olsberg
Bad Arolsen
Wolfhagen
KASSEL
Witzen
Willingen (Upland)
79/2 Dreieck Kassel
69/7 Südkreuz Kassel
Korbach
Großalmerode
80/70 Kasseler Kreuz
Hessisch-Lichtenau
Winterberg
Waldeck
Edersee
Melsungen
Fritzlar
Bad Wildungen
Frankenberg (Eder)
Bad Zwesten
Borken (Hessen)
Homberg (Efze)
Battenberg (Eder)
Rotenburg a.d. Fulda
Kirchheimer Dreieck

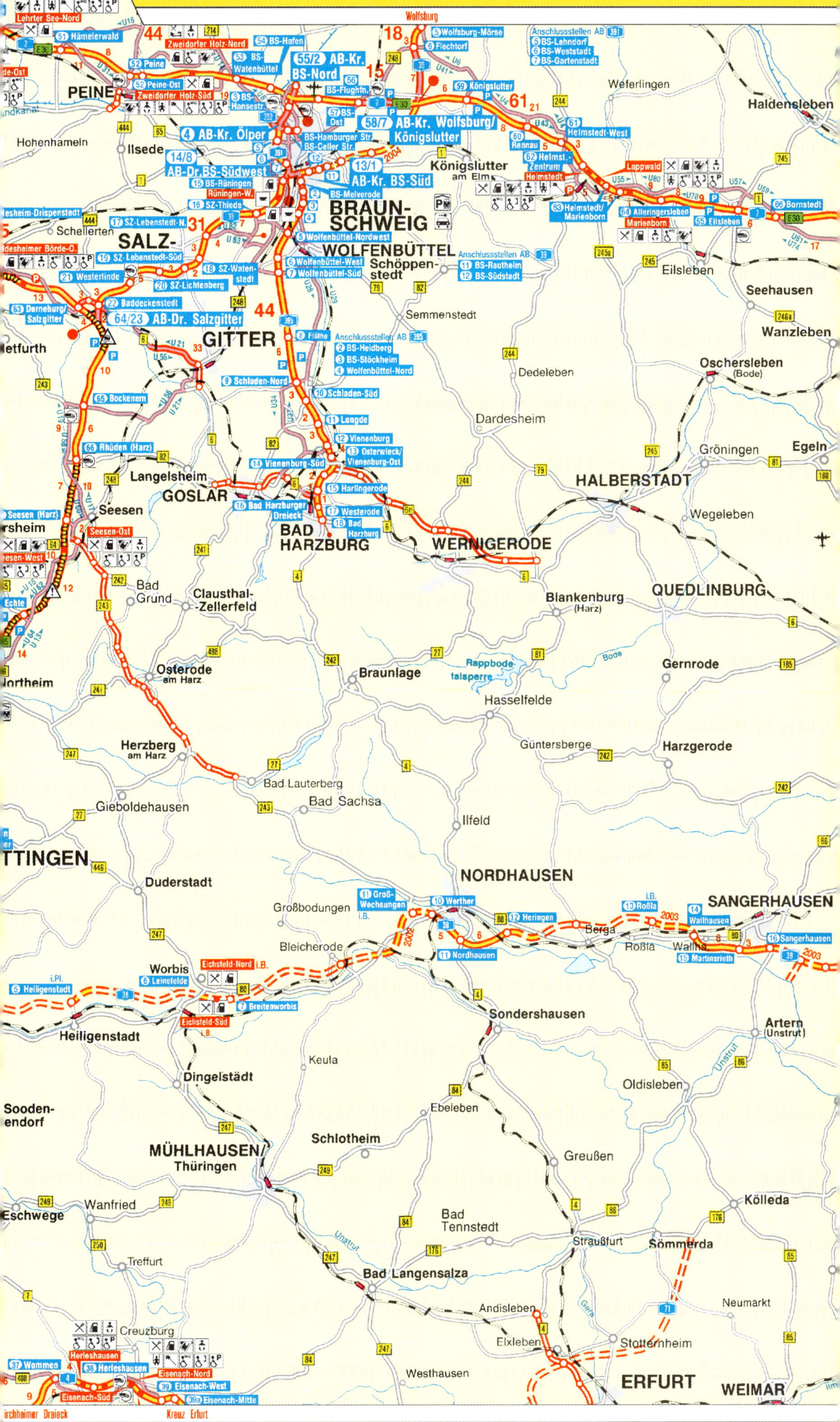
Hannover/Kirchhorst
Lehrter See-Nord
Wolfsburg
Peine
Peine-Ost
Hämelerwald
Zweidorfer Holz-Nord
Zweidorfer Holz-Süd
BS-Hafen
BS-Watenbüttel
BS-Hansestr.
55/2 AB-Kr. BS-Nord
BS-Flughfn.
BS-Ost
58/7 AB-Kr. Wolfsburg/ Königslutter
Wolfsburg-Mörse
Flechtorf
Königslutter
Anschlussstellen AB 391
BS-Lehndorf
BS-Weststadt
BS-Gartenstadt
Weferlingen
Haldensleben
PEINE
Hohenhameln
Ilsede
4 AB-Kr. Ölper
BS-Hamburger Str.
BS-Celler Str.
14/8 AB-Dr. BS-Südwest
13/1 AB-Kr. BS-Süd
BS-Rüningen
Rüningen-W.
SZ-Thiede
BS-Melverode
Königslutter am Elm
Helmstedt-West
Rennau
Helmst.-Zentrum
Helmstedt
Helmstedt/ Marienborn
Lappwald
Alteringersleben
Marienborn
Eilsleben
Bornstedt
BRAUN-SCHWEIG
Schellerten
SALZ-
SZ-Lebenstedt-N.
SZ-Lebenstedt-Süd
SZ-Watenstedt
SZ-Lichtenberg
Hildesheimer Börde-O.
Westerlinde
WOLFENBÜTTEL
Wolfenbüttel-Nordwest
Wolfenbüttel-West
Wolfenbüttel-Süd
Schöppenstedt
Anschlussstellen AB 39
BS-Rautheim
BS-Südstadt
Eilsleben
Seehausen
Baddeckenstedt
Derneburg/ Salzgitter
64/23 AB-Dr. Salzgitter
GITTER
Semmenstedt
Flöthe
Anschlussstellen AB 395
BS-Heidberg
BS-Stöckheim
Wolfenbüttel-Nord
Wanzleben
Oschersleben (Bode)
Dedeleben
Bockenem
Schladen-Nord
Schladen-Süd
Lengde
Vienenburg
Osterwieck/ Vienenburg-Ost
Vienenburg-Süd
Dardesheim
Rhüden (Harz)
Langelsheim
GOSLAR
Bad Harzburger Dreieck
Harlingerode
Westerode
Bad Harzburg
BAD HARZBURG
WERNIGERODE
HALBERSTADT
Gröningen
Egeln
Wegeleben
Seesen (Harz)
Seesen
Seesen-Ost
Seesen-West
Echte
Bad Grund
Clausthal-Zellerfeld
Blankenburg (Harz)
QUEDLINBURG
Northeim
Osterode am Harz
Braunlage
Rappbode-talsperre
Bode
Hasselfelde
Gernrode
Herzberg am Harz
Güntersberge
Harzgerode
Bad Lauterberg
Bad Sachsa
Gieboldehausen
Ilfeld
GÖTTINGEN
Duderstadt
NORDHAUSEN
Großbodungen
Groß-Wechsungen i.B.
Werther
Heringen
Roßla i.B.
Wallhausen
SANGERHAUSEN
Bleicherode
Nordhausen
Berga
Roßla
Wallhausen
Martinsrieth
Sangerhausen
Worbis
Leinefelde
Eichsfeld-Nord i.B.
Breitenworbis
Heiligenstadt i.Pl.
Eichsfeld-Süd i.B.
Heiligenstadt
Sondershausen
Artern (Unstrut)
Keula
Dingelstädt
Oldisleben
Unstrut
Sooden-Allendorf
Ebeleben
Schlotheim
Greußen
MÜHLHAUSEN/ Thüringen
Wanfried
Eschwege
Bad Tennstedt
Kölleda
Straußfurt
Sömmerda
Treffurt
Bad Langensalza
Andisleben
Neumarkt
Gera
Creuzburg
Elxleben
Stotternheim
Wommen
Herleshausen
Eisenach-Nord
Eisenach-West
Eisenach-Mitte
Eisenach-Süd
Westhausen
ERFURT
WEIMAR
Kirchheimer Dreieck
Kreuz Erfurt

Plauer See
Rogätz
Elbe
BURG
Ohre
Haldensleben
Buckautal-Nord
Buckautal-Süd
Ziesar
Burg-Zentrum
Burg-Ost
Theeßen
Drewitz
94
Görzke
Allerigersleben
Marienborn
Eilsleben
Bornstedt
Dahlenwarsleben
Börde-Nord
Irxleben
Börde-Süd
Magdeburg-Rothensee
MD.-Kannenstieg
Lostau/Hohenwarthe
Magdeburg-Zentrum
MAGDEBURG
Möckern
Loburg
M.-Stadtfeld
AB-Kr.Magdeburg
Seehausen
23
Wanzleben
MD.-Sudenberg
MD.-Reform
Gommern
Reuden
Oschersleben
(Bode)
SCHÖNEBECK
(Elbe)
Schönebeck
Barby
(Elbe)
Zerbst
117
Köselitz
Gröningen
Egeln
Calbe
(Saale)
Förderstedt
Coswig
Roßlau
(Elbe)
Wegeleben
STASSFURT
Aken
(Elbe)
Vockerode
Staßfurt
Nienburg
(Saale)
Bernburg
DESSAU
Dessau-Ost
Oranien
QUEDLINBURG
ASCHERSLEBEN
BERNBURG
(Saale)
KÖTHEN
(Anhalt)
Dessau-Süd
107
Plötzkau
Gräfenhai
Gernrode
Prosigk
Könnern
WOLFEN
Plötzetal-West
Plötzetal-Ost
Harzgerode
Hettstedt
Gerbstedt
Löbejün
Wolfen
Zörbig
Köckern-Ost
Köckern-West
Bitterfeld
AB-Dr.-Halle (Saale)-Nord i.Pl.
Mansfeld
Trotha
Brehna
Tornau
Halle (Saale)
LUTHERSTADT
EISLEBEN
Saale
Halle (Saale)/Peißen
Delitzsch
SANGERHAUSEN
Roßla
Wallhausen
Halle (Saale)-Ost
Wiedemar
Schkeuditzer Kreuz
Roßla
Wallhausen
Martinsrieth
Sangerhausen
Nienstedt
HALLE
(Saale)
Gröbers
Leipzig-Nord
Schkeuditz
Bad Lauchstädt
Großkugel
Querfurt
Bad Lauchstädt
Milzau
Artern
(Unstrut)
MERSEBURG
LEIPZIG
Leipzig-West
Leuna
24
Unstrut
Merseburg
Braunsbedra
Bad Dürrenberg
Markranstädt
Oldisleben
Roßleben
Gleina
Leuna
Leipzig-Südwest
WEISSENFELS
Lützen
Zwenkau
19/27 Kr. Rippachtal
Bad Bibra
Freyburg
(Unstrut)
Kölleda
Billroda
Weißenfels
Pegau
NAUMBURG
(Saale)
46
Hohenmölsen
Sömmerda
Buttstädt
Osterfeld-West
Osterfeld-Ost
Neukieritzsch
Naumburg
Meineweh
Neumarkt
Meuselwitz
Camburg
Dragßig
APOLDA
ZEITZ
WEIMAR
Ilm
ALTENBURG
Hermsdorfer Kreuz

Dreieck Havelland
Dreieck Funkturm
Dreieck Treptow
Dreieck Schwanebeck
80 Lehnin
81/21 Dr. Werder
79 Netzen
Lehnin
20 Glindow
1/19 AB-Dr. Potsdam
Michendorf-N.
17 Potsdam-Süd
18 Ferch
Michendorf-Süd
8 Saarmund
16/9 AB-Dr. Nuthetal
14 Ludwigsfelde-Ost
15 Ludwigsfelde-West
33
Am Fichtenpl. Nord
12 Rangsdorf
13 Genshagen
Am Fichtenpl.-Süd
2 Ragow
Rangsdorf
14
9 Niederlehme
2 Friedersdorf
8/1 Dr.-Spreeau
10 Königs Wusterhausen
9 Mittenwalde
11/1/3 Schönefelder Kreuz
Bad Saarow/Pieskow
3 Storkow
Storkow
Prieros
2 Beelitz-Heilstätten
Beelitz
3 Beelitz
Trebbin
Zossen
Molzen
Brück
Fläming-West
4 Brück
Fläming-Ost
5 Niemegk
Treuenbrietzen
Dobbrikow
LUCKENWALDE
4 Groß Köris
Teupitz
5a Teupitz
Märkisch Buchholz
Spree
63
5b Baruth/Mark
Baruth/Mark
6 Staakow
Groß Leuthen
Dietersdorf
Klein Marzehns
Jüterbog
Petkus
Golßen
7 Freiwalde
Lübben/Spreewald
Berstetal
Kropstädt
Seehausen
Zahna
Seyda
Dahme
8 Duben
Rübblingsheide
9 Lübbenau
Lübbenau (Spreewald)
10/1 AB-Dr. Spreewald
2 Boblitz
11 Kittlitz
Luckau
Elbe
Schönewalde
Jessen (Elster)
Hohenbucko
12 Calau
Calau
Kemberg
Schwarze Elster
Schlieben
Sonnewalde
Pretzsch (Elbe)
Herzberg (Elster)
Bad Schmiedeberg
13 Bronkow
Kirchhain
Finsterwalde
Lieskau
14 Großräschen
Freienhufener Eck-West
Freienhufener Eck-Ost
15 Klettwitz
89
Elsnig
Langennaundorf
Doberlug-
Döbrichau
Bad Düben
Torgau
Bad Liebenwerda
Schwarzheide
LAUCHHAMMER
16 Schwarzheide
17 Ruhland
Mockrehna
Belgern
Elsterwerda
Eilenburg
Schildau
Gröditz
18 Ortrand
Ortrand
Wurzen
Dahlen
Strehla
19 Schönborn
Brandis
Oschatz
RIESA
20 Thiendorf
Großenhain
Königsbrück
Dr. Parteaue
30 Klinga
Hengstberg-Nord
31 Grimma
Hengstberg-Süd
Wermsdorf
32 Mutzschen
98
Grimma
Mügeln
Wölkisch
Radeburg
21 Radeburg
83 Hermsdorf
22 Ottendorf-Okrilla
85 Pulsnitz
Strocken-Nord
33 Leisnig
Strocken-Süd
34 Döbeln-Nord
Hansens Holz
35 Döbeln-Ost
MEISSEN
RADEBEUL
22 Marsdorf
61b DD-Flughafen
61a DD-Hellerau
82/23 AB-Dr. Dresden Nord
Radeberg
Bad Lausick
Colditz
DÖBELN
Hartha
36 Nossen-Nord
77a Wilsdruff
30
Dresdner Tor Nord
79 Dresden-Neustadt
78 Dresden-Altstadt
80 Dresden-Wilder Mann
2 Dr.-Gorbitz
DRESDEN
Geithain
Nossen
37 Nossen-Ost
75 Siebenlehn
76/38 AB-Dr. Nossen
Dresdner Tor-Süd
77b AB-Dr. Dresden-West
3 DD-Südvorstadt
HEIDENAU
4 DD-Prohlis
5 Heidenau
6 Pirna
PIRNA
Rochlitz
Greifendorf
46
73 Hainichen
74 Berbersdorf
Mittweida
Hainichen
Dreieck Chemnitz

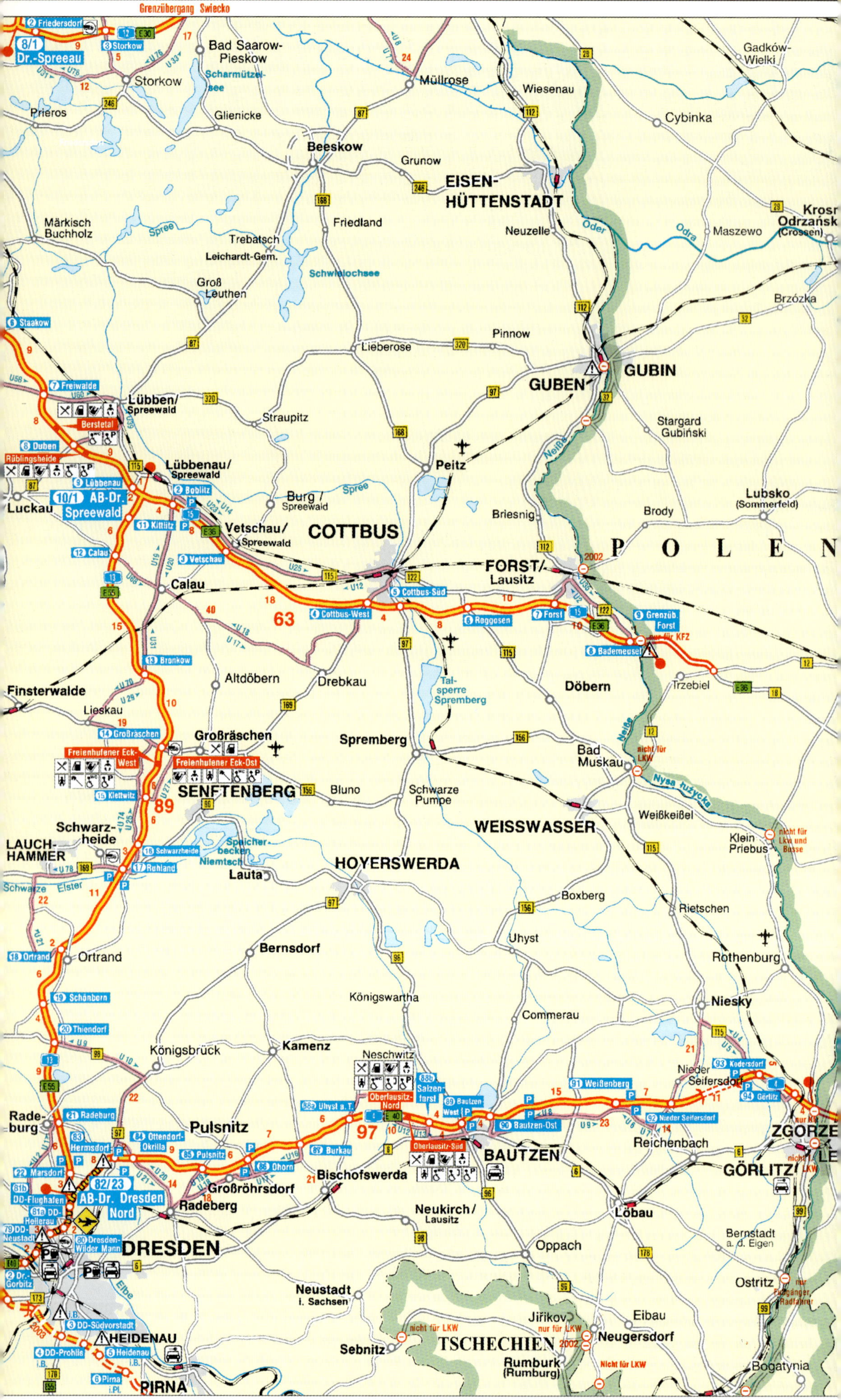
Grenzübergang Swiecko
Friedersdorf
8/1 Dr.-Spreeau
Storkow
Bad Saarow-Pieskow
Scharmützelsee
Müllrose
Wiesenau
Gadków-Wielki
Cybinka
Prieros
Glienicke
Beeskow
Grunow
EISENHÜTTENSTADT
Märkisch Buchholz
Spree
Trebatsch
Leichardt-Gem.
Friedland
Schwielochsee
Neuzelle
Oder
Odra
Maszewo
Krosno Odrzański (Crossen)
Groß Leuthen
Brzózka
Staakow
Lieberose
Pinnow
GUBEN
GUBIN
Freiwalde
Lübben/Spreewald
Berstetal
Straupitz
Stargard Gubiński
Duben
Rüblingsheide
Lübbenau/Spreewald
Peitz
Neiße
Lübbenau
10/1 AB-Dr. Spreewald
Luckau
Boblitz
Burg/Spreewald
Lubsko (Sommerfeld)
Brody
Kittlitz
Vetschau/Spreewald
COTTBUS
Briesnig
POLEN
Calau
Vetschau
FORST/Lausitz
Calau
Cottbus-Süd
Cottbus-West
Roggosen
Forst
Grenzüb. Forst
nur für KFZ
Bademeusel
63
Bronkow
Altdöbern
Drebkau
Talsperre Spremberg
Döbern
Trzebiel
Finsterwalde
Lieskau
Großräschen
Spremberg
Freienhufener Eck-West
Freienhufener Eck-Ost
Bad Muskau
nicht für LKW
Klettwitz
SENFTENBERG
Bluno
Schwarze Pumpe
Nysa łużycka
89
WEISSWASSER
Weißkeißel
Schwarzheide
Speicherbecken Niemtsch
Klein Priebus
nicht für Lkw und Busse
LAUCHHAMMER
Ruhland
Lauta
HOYERSWERDA
Schwarze Elster
Boxberg
Rietschen
Ortrand
Bernsdorf
Uhyst
Rothenburg
Schönborn
Königswartha
Niesky
Thiendorf
Commerau
Königsbrück
Kamenz
Neschwitz
Nieder Seifersdorf
Kodersdorf
Radeburg
Salzenforst
Uhyst a.T.
Oberlausitz-Nord
Bautzen-West
Weißenberg
Radeburg
Hermsdorf
Ottendorf-Okrilla
Pulsnitz
Burkau
97
Bautzen-Ost
Nieder Seifersdorf
Görlitz
ZGORZELEC
Ohorn
Oberlausitz-Süd
BAUTZEN
Reichenbach
Marsdorf
82/23 AB-Dr. Dresden Nord
Großröhrsdorf
Radeberg
Bischofswerda
GÖRLITZ
DD-Flughafen
DD-Hellerau
DD-Neustadt
Dresden-Wilder Mann
DRESDEN
Neukirch/Lausitz
Löbau
Bernstadt a. d. Eigen
Oppach
Dr.-Gorbitz
Elbe
Ostritz
nur Fußgänger, Radfahrer
Neustadt i. Sachsen
DD-Südvorstadt
HEIDENAU
DD-Prohlis
Heidenau
Jiříkov
nicht für LKW
Eibau
Neugersdorf
Sebnitz
TSCHECHIEN
Rumburk (Rumburg)
Bogatynia
Pirna
PIRNA

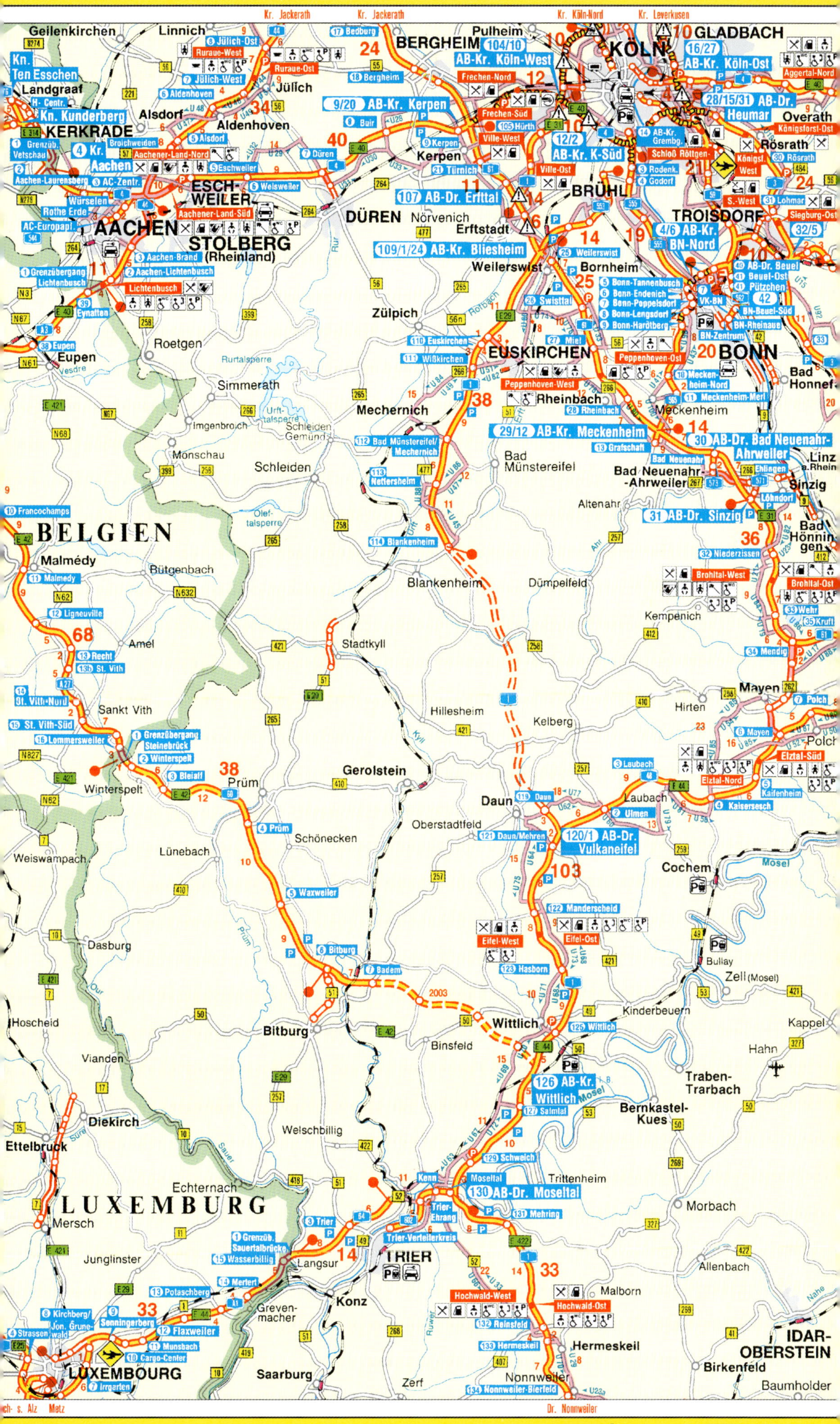

Kr. Jackerath · Kr. Jackerath · Kr. Köln-Nord · Kr. Leverkusen

Geilenkirchen · Linnich · 8 Jülich-Ost · Ruraue-West · Ruraue-Ost · 7 Jülich-West · Jülich · 6 Aldenhoven · 5 Alsdorf · Alsdorf · Aldenhoven · Kn. Ten Esschen · Landgraaf · H.-Centr. · Kn. Kunderberg · KERKRADE · 1 Grenzüb. Vetschau · 4 Kr. Aachen · Broichweiden · Aachener-Land-Nord · 5 Eschweiler · 6 Weisweiler · 2 Aachen-Laurensberg · 3 AC-Zentr. · Würselen · Rothe Erde · ESCH-WEILER · Aachener-Land-Süd · AC-Europapl. · AACHEN · STOLBERG (Rheinland) · 3 Aachen-Brand · 2 Aachen-Lichtenbusch · 1 Grenzübergang Lichtenbusch · Lichtenbusch · 39 Eynatten · 38 Eupen · Eupen · Vesdre · Roetgen · Rurtalsperre · Simmerath · Imgenbroich · Urft-talsperre · Schleiden Gemünd · Monschau · Schleiden · Olef-talsperre · 10 Francochamps · BELGIEN · Malmédy · 11 Malmedy · Bütgenbach · 12 Ligneuville · 13 Recht · 13b St. Vith · Amel · 14 St. Vith-Nord · Sankt Vith · 15 St. Vith-Süd · 16 Lommersweiler · 1 Grenzübergang Steinebrück · 2 Winterspelt · 3 Bleialf · Winterspelt · Weiswampach · Lünebach · Dasburg · Hoscheid · Vianden · Diekirch · Ettelbruck · LUXEMBURG · Echternach · Mersch · Junglinster · 6 Kirchberg/Jon. Grunewald · 4 Strassen · 9 Senningerberg · 12 Flaxweiler · 11 Munsbach · 10 Cargo-Center · 7 Irrgarten · LUXEMBOURG · 13 Potaschberg · 14 Mertert · 1 Grenzüb. Sauertalbrücke · 15 Wasserbillig · Langsur · Grevenmacher · Konz · Saarburg

17 Bedburg · BERGHEIM · 18 Bergheim · 9/20 AB-Kr. Kerpen · 8 Buir · 9 Kerpen · Kerpen · 7 Düren · 21 Türnich · DÜREN · Nörvenich · 107 AB-Dr. Erfttal · Erftstadt · 109/1/24 AB-Kr. Bliesheim · Zülpich · Weilerswist · 110 Euskirchen · 111 Wißkirchen · Mechernich · 112 Bad Münstereifel/Mechernich · 113 Nettersheim · 114 Blankenheim · Blankenheim · Stadtkyll · Hillesheim · Kyll · Gerolstein · Prüm · 4 Prüm · Schönecken · 5 Waxweiler · 6 Bitburg · 7 Badem · 2003 · Bitburg · Binsfeld · Welschbillig · Sauer · 3 Trier · Kenn · Trier-Ehrang · Trier-Verteilerkreis · TRIER · Zerf · Ruwer · Hochwald-West · 132 Reinsfeld · 133 Hermeskeil · 134 Nonnweiler-Bierfeld · Nonnweiler

Pulheim · 104/10 AB-Kr. Köln-West · Frechen-Nord · Frechen-Süd · 105 Hürth · Ville-West · Ville-Ost · 12/2 AB-Kr. K-Süd · BRÜHL · KÖLN · GLADBACH · 16/27 AB-Kr. Köln-Ost · Aggertal-Nord · 28/15/31 AB-Dr. Heumar · Overath · Königsforst-Ost · 14 AB-Kr. Gremberg · Schloß Röttgen · Königsf.-West · Rösrath · 30 Rösrath · 3 Rodenk. · 4 Godorf · S.-West · 31 Lohmar · TROISDORF · Siegburg-Ost · 4/6 AB-Kr. BN-Nord · 32/5 · 25 Weilerswist · Bornheim · 5 Bonn-Tannenbusch · 6 Bonn-Endenich · 7 Bonn-Poppelsdorf · 8 Bonn-Lengsdorf · 9 Bonn-Hardtberg · 40 AB-Dr. Beuel · 41 Beuel-Ost · 41 Pützchen · VK-BN · 42 BN-Beuel-Süd · BN-Rheinaue · BN-Zentrum · 26 Swisttal · 27 Miel · EUSKIRCHEN · BONN · Peppenhoven-Ost · Peppenhoven-West · 10 Meckenheim-Nord · Bad Honnef · Rheinbach · 28 Rheinbach · 11 Meckenheim-Merl · Meckenheim · 29/12 AB-Kr. Meckenheim · 13 Grafschaft · 30 AB-Dr. Bad Neuenahr-Ahrweiler · Bad Neuenahr · Ehlingen · Linz a.Rhein · Bad Münstereifel · Bad Neuenahr-Ahrweiler · Löhndorf · Sinzig · Altenahr · 31 AB-Dr. Sinzig · Bad Hönningen · Ahr · 32 Niederzissen · Brohltal-West · Brohltal-Ost · Dümpelfeld · 33 Wehr · 35 Kruft · Kempenich · 34 Mendig · Mayen · Hirten · 7 Polch · Kelberg · 6 Mayen · Polch · Elztal-Süd · Elztal-Nord · 5 Kaifenheim · 4 Kaisersesch · 3 Laubach · Laubach · Daun · 119 Daun · 2 Ulmen · Oberstadtfeld · 121 Daun/Mehren · 120/1 AB-Dr. Vulkaneifel · Cochem · Mosel · 122 Manderscheid · Eifel-West · Eifel-Ost · 123 Hasborn · Bullay · Zell (Mosel) · Kinderbeuern · Wittlich · 125 Wittlich · Kappel · Hahn · Traben-Trarbach · 126 AB-Kr. Wittlich · 127 Salmtal · Bernkastel-Kues · 129 Schweich · Trittenheim · Moseltal · 130 AB-Dr. Moseltal · 131 Mehring · Morbach · Allenbach · Nahe · Malborn · Hochwald-Ost · Hermeskeil · IDAR-OBERSTEIN · Birkenfeld · Baumholder

ch.-s. Alz · Metz · Dr. Nonnweiler

Kr. Jackerath
Kr. Köln-Nord
Kr. Leverkusen
Kreuz Hagen
BERGHEIM
Pulheim
KÖLN
104/10 AB-Kr. Köln-West
16/27 AB-Kr. Köln-Ost
Frechen-Nord
Frechen-Süd
9/20 Kr.Kerpen
Kerpen
12/2 AB-Kr. K-Süd
Ville-West
Ville-Ost
28/15/31 AB-Dr. Heumar
Overath
Rösrath
Königsforst-Ost
Schloß Röttgen
Aggertal-Nord
Aggertal-Süd
Engelskirchen
Bielstein
Reichshof/Bergneustadt
Gummersbach
Eckenhagen
Wiehl
Wiehltalsperre
Waldbröl
Siegerland
BRÜHL
107 AB-Dr. Erfttal
DÜREN
Nörvenich
Erftstadt
TROISDORF
4/6 AB-Kr. BN-Nord
32/5 AB-Kr. Bonn/Siegburg
Siegburg-Ost
109/1/24 AB-Kr. Bliesheim
Weilerswist
Bornheim
Hennef (Sieg)
Eitorf
Wissen
Betzdorf
Zülpich
42 AB-Kr. BN-Ost
BONN
EUSKIRCHEN
Peppenhoven-Ost
Peppenhoven-West
Rheinbach
Mechernich
Bad Honnef
Asbach
Flammersfeld
Altenkirchen (Westerwald)
Hachenburg
29/12 AB-Kr. Meckenheim
Meckenheim
30 AB-Dr. Bad Neuenahr-Ahrweiler
Bad Münstereifel
Bad Neuenahr-Ahrweiler
Linz am Rhein
Sinzig
Bad Hönningen
Fernthal
Eggert
Urbacher Wald
Dierdorf
Landsberg a. d. Warthe
Sessenhausen
31 AB-Dr. Sinzig
Altenahr
Blankenheim
Dümpelfeld
Brohltal-West
Brohltal-Ost
NEUWIED
Bendorf
Andernach
Plaidt
39/13 AB-Dr. Dernbach
Wirges
Montabaur
Kempenich
Stadtkyll
KOBLENZ
9/37 AB-Kr. Koblenz
Mayen
Bad Ems
Nassau
Lahnstein
Hillesheim
Kelberg
Hirten
Winningen-West
Winningen-Ost
Polch
Elztal-Süd
Elztal-Nord
Mosel-West
Mosel-Ost
Gerolstein
Daun
Laubach
Oberstadtfeld
120/1 AB-Dr. Vulkaneifel
Cochem
Boppard
Holzhausen auf der Haide
Nastätten
Emmelshausen
St. Goar
Eifel-West
Eifel-Ost
Bullay
Zell (Mosel)
Kastellaun
Kisselbach
Lorch
Wittlich
Kinderbeuern
Kappel
Simmern (Hunsrück)
Binsfeld
Hahn
Hunsrück-Ost
Hunsrück-West
Kirchberg (Hunsrück)
126 AB-Kr. Wittlich
Traben-Trarbach
Bernkastel-Kues
Welschbillig
Argenschwang
BAD KREUZNACH
Trittenheim
130 AB-Dr. Moseltal
Morbach
Bad Münster-Ebernburg
TRIER
Kirn
Bad Sobernheim
Allenbach
Hochwald-West
Hochwald-Ost
Malborn
Meisenheim
Alsenz
Hermeskeil
IDAR-OBERSTEIN
Zerf
Nonnweiler
Birkenfeld
Baumholder
Lauterecken
Rockenhausen
Dr. Nonnweiler

Südkreuz Kassel
Hilchenbach
Erndtebrück
Olpe-Süd
Battenberg (Eder)
Borken (Hessen)
Neuental
Gemünden (Wohra)
Gilserberg
Netphen
Bad Laasphe
Biedenkopf
Wetter (Hessen)
Schwalmstadt-Ziegenhain
SIEGEN
Wilnsdorf
Kirchhain
MARBURG
Haiger/Burbach
Dillenburg
Gladenbach
Weimar
Alsfeld
Haiger
Homberg (Ohm)
Alsfeld-West
Alsfeld-Ost
Pfefferhöhe
Herborn-West
Herborn
Dollenberg
Herborn-Süd
Gießener Nordkreuz
Bernsfeld
Ermenrod
Rennerod
Ehringshausen
Katzenfurt
Wetzlarer Kreuz
Reinhardshain-Nord
Reinhardshain-Süd
Homberg (Ohm)
Ehrings-hausen
GIESSEN
Reiskirchener Dr.
WETZLAR
Neunkirchen
Wetzlar-Ost
Reiskirchen
Anschlussstellen AB 485
Gl-Marburger Str.
Gl-Wieseck
Gl-Ursulum
Gl-Grünberger Str.
Gl-Licher Str.
Gl-Schiffenberger Tal
Bergwerkswald
Linden
Langgöns
Herbstein
Solms
Fernwald
Gießen-Lützellinden
Garbenteich-West
Lich
Laubach
Garbenteich-Ost
Grebenhain
Gießener-Südkreuz
Weilburg
Münzenberg
Hungen
Gambacher Kreuz
Hadamar
Limburg-Nord
Limburg-Ost
Butzbach
Harb
Gedern
Runkel
Limburg-Süd
Bad Nauheim
Wölfersheim
Nidda
Grävenwiesbach
Ober-Mörlen
Limburg-West
Bad Camberg-Ost
Usingen
Wetterau-West
Wetterau-Ost
Ranstadt
Ortenberg
Birstein
Kefenrod
Friedberg (Hessen)
Florstadt
Altenstadt
Bad Camberg-West
Bad Camberg
Friedberg
Büdingen
Bad Soden-Salmünster
Rhein-Main-Gebiet Seite 296
BAD HOMBURG vor der Höhe
Wöllstadt
Langen-Bergheim-West
Langen-Bergheim-Ost
Wächtersbach
Bad Orb/Wächtersbach
Bad Orb
Görsroth
Idstein
Taunus-Schnellweg Nord
OBERURSEL
Nidderau
Bad Homburger Kreuz
Gründau-Lieblos
Gelnhausen
Taunus-Schnellweg Süd
Gründau-Rothenbergen
Bad Vilbel
Gelnhausen-Ost
Langenselbold-W.
Gelnhausen-West
Nordwestkreuz Frankfurt
Taunus-stein
FRANKFURT am Main
Erlensee
Langenselbold
Langenselbolder Dr.
HANAU
Frankf.-Ost
Hanauer Kreuz
Medenbach-West
Medenbach-Ost
Flm.-N.
Alzenau
Wiesbadener Kreuz
Kriftel
Hofheim
OFFEN-BACH
Flm.-Süd
Schiersteiner Kreuz
Wl-Erbenheim-N.
Hattersheim
Weiskirchen-Nord
Mömbris
WIESBADEN
Weilbach
Kahl a. Main
Heidenfahrt
Wl-Erbenheim-Süd
Weilbach-S.
Heides-heim
Frankfurter Kr.
Weiskirchen-Süd
Karlstein
Seligen-stadt
Offenbacher Kr.
Hösbach
Mainhsn.
MAINZ
RÜSSELS-HEIM
Mönchhof-Dr.
Rodgau
AB-Dr. Mainz
LANGEN (Hess.)
Bessenbach/Waldaschaff
Rüsselsheimer Dr.
AB-Kr. Mainz-S.
Mainspitz-Dreieck
Seligenstädter Dreieck
AB-Ost
Goldbach
Stockstadt/AB-W.
Weibers-brunn
Gräfenhausen-West
Gräfenhausen-Ost
Babenhausen
ASCHAFFENBURG
Kl.-Winternheim
Nieder-Olm
Groß- Gerau
Weiterstadt
Dieburg
Rohrbrunn
Saulheim
Büttelborn
DARMSTADT
Spessart-Süd
Nierstein
Wörrstadt
Undenheim
Darmstädter Kreuz
Obern-burg a.Main
Elsenfeld
Pfungstadt-West
Pfungstadt-Ost
Bieberheim
Pfungstadt
Reinheim
Pfungstadt
Hochst im Odenwald
Wörth a. Main
Seeheim-Jugenheim
Alzey
Gernsheim
Alsbach
Bernsheim
Zwingenberg
Bad König
Gundersheim
Reichelsheim (Odenwald)
Bergstraße
Miltenberg
Worms/Mörstadt
BENSHEIM
Michelstadt
Wonnegau-Ost
Bensheim
Lorsch
Bürstadt
Wonnegau-West
Fürth
Erbach
Kr. Frankenthal
Viernheimer Dr.
Kr. Weinheim

Südkreuz Kassel
Kasseler Kreuz

Battenberg (Eder)
Borken (Hessen)
17 Neuental
Homberg (Efze)
Hasselberg-West
Hasselberg-Ost
84 Homberg (Efze)
Rotenburg an der Fulda
Gemünden (Wohra)
Gilserberg
Völkershain
Bebra
84 Wildeck
Biedenkopf
Schwalmstadt-Ziegenhain
85 Bad Hersfeld-West
Wetter (Hessen)
33 Friedewald
31/86 Kirchheimer Dreieck
Bad Hersfeld
Kirchhain
Oberaula
87 Kirchheim
32 Bad Hersfeld
MARBURG
1/88 Hattenbacher Dreieck
Kirchheim
Rimberg
Gladenbach
Weimar
Niederaula
Berfa
Alsfeld
89 Niederaula
Homberg (Ohm)
3 Alsfeld-West
2 Alsfeld-Ost
Großenmoor-Ost
60
Pfefferhöhe
Großenmoor-West
Bernsfeld
Schlitz
Hünfeld
1 Gießener Nordkreuz
Reinhardshain-Nord
Ermenrod
90 Hünfeld/Schlitz
6 Homberg (Ohm)
Lauterbach
Reinhardshain-Süd
GIESSEN
8 Reiskirchener Dr.
9 Reiskirchen
Anschlussstellen AB 485
1 GI-Marburger Str.
2 GI-Wieseck
3 GI-Ursulum
4 GI-Grünberger Str.
5 GI-Licher Str.
6 GI-Schiffenberger Tal
7 Bergwerkswald
8 Linden
10 Langgöns
91 Fulda-Nord
10 Fernwald
Herbstein
32 Gießen-Lützellinden
Garbenteich-West
Lich
Laubach
FULDA
33/9 Gießener Südkreuz
Garbenteich-Ost
36 Münzenberg
Grebenhain
11/35 Gambacher Kreuz
Hungen
Hauswurz
Neuhof
93 Fulda-Süd/Eichenzell
Butzbach
12 Butzbach
37 Wölfersheim
Harb
Gedern
13 Bad Nauheim
Bad Nauheim
Nidda
Freiensteinau
Uttrichshausen-West
Uttrichshausen-Ost
Gersfeld (Rhön)
14 Ober-Mörlen
Wetterau-West
Wetterau-Ost
Ranstadt
49 Schlüchtern-Nord
Ortenberg
Birstein
Kefenrod
38 Florstadt
48 Schlüchtern-Süd
Schlüchtern
111
Usingen
Friedberg (Hessen)
47
47 Steinau
94 Bad Brückenau-Volkers
15 Friedberg
39 Altenstadt
Büdingen
Bad Soden-Salmünster
Steinau a. d. Straße
Bad Brückenau
Altenstadt
Wöllstadt
46 Bad Soden-Salmünster
Langen-Bergheim-West
Langen-Bergheim-Ost
Wächtersbach
45 Bad Orb/Wächtersbach
Rhön-West
Taunus Schnellweg Nord
Nidderau
Bad Orb
17/4 Bad Homburger Kreuz
42 Gründau-Lieblos
41 Gründau-Rothenbergen
Gelnhausen
Oberstnn
18/19 Nordwestkr. Frankfurt
Bad Vilbel
41 Langenselbold-W.
37 Erlensee
44 Gelnhausen-Ost
43 Gelnhausen-West
Burgjoß
96 Bad Kissingen/Oberthulba
FRANKFURT a. Main
40 Langenselbold
42/39 Langenselbolder Dr.
HANAU
14 Frankf.-Ost
43/38 Hanauer Kreuz
Hammelburg
44 Alzenau
Ffm.-Süd
OFFENBACH
Weiskirchen-Nord
Mömbris
Frammersbach
Kahl a. Main
45 Karlstein
Gemünden am Main
50/22 Frankfurter Kr.
52/17 Offenbacher Kr.
Weiskirchen-Süd
55 Seligenstadt
46 Mainhsn.
Hösbach
61 Hösbach
Rodgau
Lohr am Main
LANGEN (Hess.)
Seligenstädter Dreieck
56/47
62 Bessenbach/Waldaschaff
57/58 Stockstadt/AB-W.
59 AB-Ost
60 Goldbach
Karlstadt
Gräfenhausen-Ost
Babenhausen
ASCHAFFENBURG
63 Weibersbrunn
Spessart-Nord
25 Weiterstadt
Dieburg
64 Rohrbrunn
Zellingen
DARMSTADT
Spessart-Süd
26/6 Darmstädt.-Kreuz
74
Obernburg a. Main
Elsenfeld
Marktheidenfeld
Veitshöchheim
Pfungstadt-Ost
Pfungstadt
Reinheim
27 Pfungstadt
65 Marktheidenfeld
WÜRZBURG
Uettingen
Höchst im Odenwald
Wörth a. Main
67 Helmstadt
28 Seeheim-Jugenheim
Seeheim-Jugenheim
66 Wertheim/Lengfurt
Wertheim
29 Zwingenberg
Bad König
68/1 AB-Dr. Würzburg-West
2 Gerchsheim
Rhein-Main-Gebiet Seite 296
Bergstraße
BENSHEIM
Reichelsheim (Odenwald)
Michelstadt
Miltenberg
30 Bensheim
Heppenheim (Bergstr.)
Fürth
Erbach

Kreuz Weinheim
Kreuz Weinsberg

ERFURT
WEIMAR
GOTHA
EISENACH
ARNSTADT
RUDOLSTADT
SAALFELD/
Saale
SUHL
MEININGEN
SONNEBERG
COBURG
SCHWEINFURT
BAMBERG
Hildburghausen
Lichtenfels
Kronach
Forchheim
Kitzingen
Haßfurt
Hallstadt
Schleusingen
Eisfeld
Ilmenau
Waltershausen
Friedrichroda
Bad Liebenstein
Bad Salzungen
Kurort
Schmalkalden
Zella-
Mehlis
Steinbach-
-Hallenberg
Tambach-
Dietharz
Ohrdruf
Stadtilm
Bad
Blankenburg
Königsee
Gehren
Großbreitenbach
Neuhaus
am Rennweg
Probstzella
Themar
Römhild
Mellrichstadt
Heustreu
Bad Neustadt
a.d.Saale
Bad Königshofen
im Grabfeld
Bad Kissingen
Stadtlauringen
Hofheim
Pfarrweisach
Ebern
Ebensfeld
Gerolzhofen
Volkach
Ebrach
Burgebrach
Strullendorf
Höchstadt
an der Aisch
Burghaslach
Schlüsselfeld
Marktbreit
Bergtheim
Werneck
Schwebheim
Eilmann
Breiten-
güßbach
Hollfeld
Ebermann-
stadt
Gößwein-
stein
Burgkunstadt
Weismain
Mitwitz
Sonnefeld
Dietersdorf
Trappstadt
Steinfeld
Neustadt
bei Coburg
Haßlach
Wasungen
Kaltennordheim
Zella/Rhön
Dermbach
Dorndorf
Marksuhl
Förtha
Gerstungen
Etterwinden
Westhausen
Elxleben
Nohra
Bad Berka
Kranich-
feld
Blankenhain
Ichtershausen
Nordheim
v. d. Rhön
Neuses
am Sand
Tann
(Rhön)
112
69
64
80
52
47
14/45 AB-Kr. Erfurt
22/1 AB-Dr. Suhl
4 AB-Dr. Schweinfurt
17 AB-Kr. Bamberg
73/102 AB-Kr. Biebelried
Kreuz Feuchtwangen/Crailsheim
Kreuz Fürth/ Erlangen

Kreuz Rippachtal

ERFURT
WEIMAR
APOLDA
ALTENBURG
Eisenberg
Isserstedt
Nohra
Eichelborn-Nord
Erf.-Vieselbach
Eichelborn-Süd
Erfurt-Ost
Bad Berka
Kranichfeld
Blankenhain
JENA
Jena-Göschwitz
Jena-Lobeda
Magdala
Schorba
Apolda
Weimar
Nohra
56/24 Hermsdorfer Kreuz
Teufelstal-Nord
Teufelstal-Süd
Hermsdorf
Bad Klosterlausnitz
Hermsd.-Ost
Hermsdorf-Süd
Hermsdorfer Kreuz-Ost
Hermsdorfer Kreuz-West
Rüdersdorf
Stadtroda
Gera
G.-Bieblach
Gera-Leumnitz
Ronneburg
Schmölln
GERA
CRIMMITSCHAU
Schmölln
Meerane
Kahla
Großebersdorf
Weida
Berga/Elster
Werdau
ZWICKAU
Stadtilm
Neustadt a. d. Orla
Rodaborn-West
Rodaborn-Ost
Triptis
Weidatalsperre
Bad Blankenburg
RUDOLSTADT
Pößneck
Talsperre Zeulenroda
GREIZ
Königsee
SAALFELD/Saale
Dittersdorf
Zeulenroda
Reichenbach im Vogtland
Hohenwartetalsperre
Elsterberg
Liebschütz
Schleiz
Reichenbach
Lengenfeld
Treuen
Stausee Pöhl
Rodewisch
Probstzella
Saalestausee (Bleilochstausee)
PLAUEN
Plauen-Ost
Neuhaus am Rennweg
Moorbad Lobenstein
Wurzbach
Lobenstein
Vogtland-Nord
Plauen-Süd
Falkenstein im Vogtland
Pirk
Vogtland-Süd
Oelsnitz
Rudolphstein
Berg/Rudolphstein
Hirschberg
Frankenwald-Ost
Frankenwald-West
SONNEBERG
Nordhalben
Berg/Bad Steben
Hof/Töpen
4/1 AB-Dr. Hochfranken
Klingenthal
Hof-Nord
Hof-Ost
Adorf
Naila
Naila/Selbitz
HOF
Regnitzlosau
nur Fußgänger, Radfahrer und Linienbusse
Neustadt bei Coburg
1/33 AB-Dr. Bayerisches Vogtland
Schwarzenbach am Wald
Haßlach
Hof-West
Hof-Süd
Rehau-Nord
Rehau
Mitwitz
Sonnefeld
Kronach
Helmbrechts
Rehau-Süd
Schönwald
Aš (Asch)
nur f. KFZ, Busse u. örtl. LKW
Münchberg-Nord
Schwarzenbach an der Saale
Selb-Nord
Selb-West
Selb
Münchberg
Münchberg-Süd
Burgkunstadt
Untersteinach
Lichtenfels
Marktschorgast
Gefrees
Höchstädt
Weismain
Kulmbach
Thiersheim
Bad Berneck i. F./Himmelkron
Marktschorgast
Bad Berneck im Fichtelgeb.
Röslau
Arzberg
Kulmbach/Neudrossenfeld
Thurnau-Ost
Tröstau
Wunsiedel
Marktr.-Nord
Waldsassen
nur örtl. LKW
Scheßlitz
Thurnau-West
Bindlacher Berg
40a/26 AB-Dr. Bayreuth/Kulmbach
Marktredwitz
Marktredwitz-Süd
Pechbrunn
Stadelhofen
Schirradorf
Mitterteich-West
Mitterteich
Mitterteich-Süd
Roßdorf a. Berg
Bayreuth-Nord
BAYREUTH
Hollfeld
Bayreuth-Süd
Wiesau
Tirschenreuth
Kemnath
Falkenberg
Erbendorf
Creußen
Trockau
Windischeschenbach
Windisch-eschenbach
Ebermannstadt
Pressath
Plößberg
Gößweinstein
Fränkische Schweiz/Pegnitz-Ost
Fränkische Schweiz/Pegnitz West
Pegnitz
Grafenwöhr
Neustadt a. d. Waldnaab
Forchheim-Nord
Forchheim
Forchheim-Süd
Weidensees
Auerbach i.d.OPf.
Weiden-Nord
Weiden-West
WEIDEN i. d. OPf.
Plech
Baiersdorf-Nord
Weiden-Frauenricht
Weiden-Süd

Kreuz Nürnberg
Kreuz Regensburg

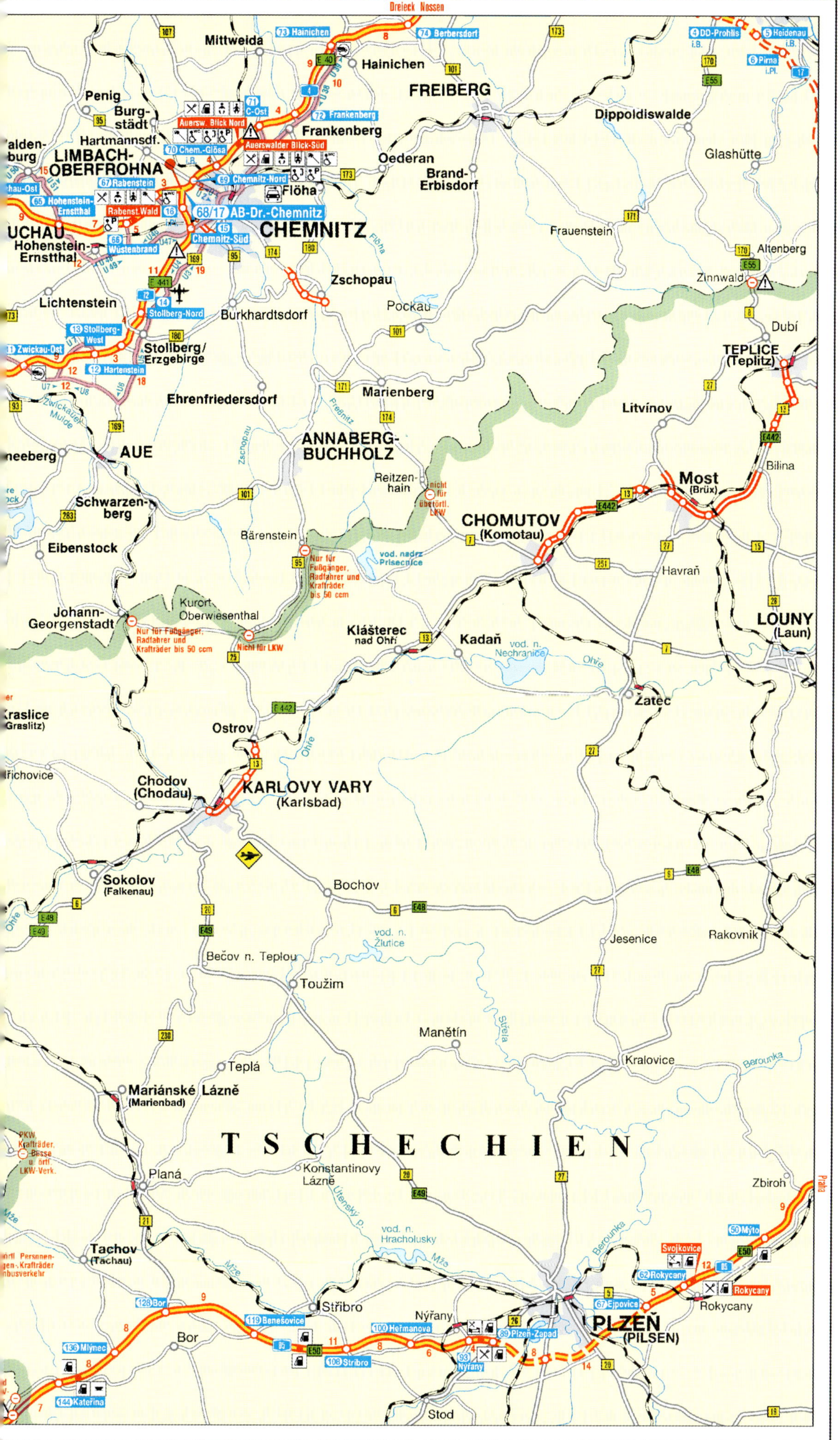
Dreieck Nossen
Mittweida
Hainichen
FREIBERG
Dippoldiswalde
Glashütte
Penig
Burgstädt
Frankenberg
Oederan
Brand-Erbisdorf
Hartmannsdf.
LIMBACH-OBERFROHNA
Flöha
CHEMNITZ
Hohenstein-Ernstthal
Frauenstein
Altenberg
Zinnwald
Zschopau
Lichtenstein
Burkhardtsdorf
Pockau
Dubí
Stollberg/Erzgebirge
TEPLICE (Teplitz)
Marienberg
Ehrenfriedersdorf
Litvínov
ANNABERG-BUCHHOLZ
AUE
Bilina
Reitzenhain
Most (Brüx)
Schwarzenberg
CHOMUTOV (Komotau)
Bärenstein
Eibenstock
Havraň
Kurort Oberwiesenthal
Johann-Georgenstadt
LOUNY (Laun)
Klášterec nad Ohří
Kadaň
Žatec
Ostrov
Chodov (Chodau)
KARLOVY VARY (Karlsbad)
Sokolov (Falkenau)
Bochov
Jesenice
Rakovník
Bečov n. Teplou
Toužim
Manětín
Kralovice
Teplá
Mariánské Lázně (Marienbad)
TSCHECHIEN
Planá
Konstantinovy Lázně
Zbiroh
Tachov (Tachau)
Rokycany
Stříbro
Nýřany
Bor
PLZEŇ (PILSEN)
Stod

Trier
Trier/Dr. Moseltal

TRIER
Langsur
Konz
Greven-
macher
Saarburg
Zerf
Mettlach
Losheim
am See
Merzig
Dillingen
(Saar)
SAARLOUIS
VÖLK-
LINGEN
Riegelsberg
Lebach
Wadern
Nonnweiler
Hermeskeil
Malborn
Allenbach
Birkenfeld
IDAR-
OBERSTEIN
Meisenheim
Lauterecken
Baumholder
Freisen
Kusel
St.
Wendel
Tholey
Ottweiler
NEUN-
KIRCHEN
(SAAR)
Friedr.-
thal
Sulzbach/
Saar
ST. INGBERT
SAARBRÜCKEN
Blieskastel
HOMBURG
(SAAR)
ZWEIBRÜCKEN
Glan-
Münchweiler
Ramstein-
-Miesenbach
Landstuhl
Wald-
mohr
Waldfisch-
-Burgh
PIRMASENS
Hornbach
Vinningen
Bitche
FORBACH
Farébersviller
Creutzwald
Boulay-
Moselle
Bouzonville
Apach
Bionville
s.-Nied
St - Avold
Faulquemont
Sarreguemines
Rohrbach-
-les-Bitche
Sarralbe
Sarre-
Union
Niederbronn
-les-Bains
F R A
Ingwiller
Pfaffen-
hofen
Bouxwiller
Château-
Salins
Dieuze
Sarrebourg
Phalsbourg
Saverne
Maizières
lès-Vic
Abreschviller
Wasselonne
STRASBOURG
Vendenheim
Lunéville
Domèvre-
sur-Vezouze
Badonviller
Molsheim
Baccarat
Schirmeck
Obernai
Raon-
l'Etape
St. Blaise-
-la Roche
Senones
Erstein
Illkirch-
Graffenstaden

Hochwald-West
Hochwald-Ost
132 Reinsfeld
133 Hermeskeil
134 Nonnweiler-Bierfeld
135/1 AB-Dr. Nonnweiler
136 Nonnweiler Otzenhausen
137 Nonnweiler-Braunshausen
138 Nonnweiler-Primstal
139 Tholey-Hasborn
140 Tholey
141 Eppelborn
142 Illingen
143/17 AB-Kr. Saarbrücken
2 Nonnweiler-Otzenhausen
3 Nohfelden-Türkismühle
4 Birkenfeld
5 Freisen
6 Reichweiler
7 Kusel
8 Glan-Münchweiler
9 Hütschenhausen
10 Waldmohr
11 Bruchmühlbach-Miesau
11 Landstuhl-Atzel
12 Bann
13 Landstuhl
14 KL-Einsiedlerhof
12/10 AB-Kr. Landstuhl
Waldmoor
20/1 AB-Dr. Friedrichsthal
8/27 AB-Kr. Neunk.
Homburg (Saar)
9 Homburg (Saar)
13 Wesselberg
2 Perl
3 Perl-Borg
4 Merzig-Wellingen
5 Merzig-Schwemlingen
6 Merzig
Grenzübergang Luxemburg-Deutschland
7 Rehlingen
8 Dillingen-Mitte
9/1 AB-Dr. Saarlouis
2 Wallerfangen
3 Saarlouis-Mitte
Saarlouis-W.
Saarlouis-O.
4 SLS-Lisdorf
5 Wadgassen
Völklingen
7 VK-Wehrden
8 VK-Geislautern
9 Völklingen
Hühnerf.
Saarbr.
SB-Saaruferstr.
Goldene Bremm-N.
Goldene Bremm-Süd
3/22 AB-Dr. Saarbrücken
Anschlussstellen AB 6
1 Grenzüberg. Gold. Bremm
2 SB-Gold. Bremm
4 SB-Fechingen
6 St.-Ingbert-Mitte
Anschlussstellen AB 623
2 Sulzbach-Altenwald
3 Sulzbach
4 SB-Dudweiler
5 SB-Herrensohr
7 SB-Ludwigsberg
8 SB-Rodenhof
5 St. Ingbert-W.
7 Rohrb.
28 Limbach
30 Einöd
31
32 Zweibr.
33 Zweibrücken-Ixheim
34 Contwig
35 Walshausen
14 Thaleischweiler
15 Pirmasens
Longeville
38 Boulay
39 St-Avold
40 Freyming-Merlebach
40 Freyming
41 Farébersviller
42 Sarreguemines
Keskastel
43 Sarre-Union
44 Phalsbourg
Saverne-Eckartswiller
45 Saverne
Saverne-Monswiller
Hochfelden 46
Brumath
48 Brumath-Süd
5 Wolfisheim
1 Strasbourg-Centre
7 Illk.-Graffenst.
10/9 Duppigheim
11 Molsheim
8 Geispolsheim
11 Obernai
12 Niedernai
13 Barr

Anschlussstellen AB 1
144 Querschied
145 Holz
146 Riegelsberg
147 SB-Neuhaus
148 SB-Von der Heydt
150 SB-H.-Müller-Str.

Anschlussstellen AB 8
10 Dillingen-Süd
11 SLS-Steinrausch
12 Nalbach
13 Saarwellingen
14 Schwalbach
15 Schwalb./Schwarzenholz
16 Heusweiler
18 Merchweiler
19 Friedrichsth.-Bildstock
21 Elversberg
22 NK-Heinitz
23 NK/Spiesen
23 Dr. NK/Spiesen
24 NK-Oberstadt
25 NK-Wellesweiler
26 NK-Kohlhof
30 Einöd
31 ZW-Ernstweiler

Anschlussstellen AB 620
10 VK-Ost
11 SB-Klarenthal
12 SB-Gersweiler
13 SB-Messegelände
14 SB-Malstatter Br.
15 SB-Westspangenbr.
16 SB-Luisenbrücke
17 SB-W.-Heinr.-Br.
18 SB-Bismarckbr.
19 SB-St. Arnual
20 SB-Unner
21 SB-Güdingen

Nahe
Saar
Glan
Schwarzbach
Canal des Houillères de la Sarre
Sarre
Canal de la Marne au Rhin
Vezouze
Meurthe
Bruche
Moder

Mulhouse

Dr. Nahetal/Wiesbaden
Darmst.-Kr.
54/8 AB-Kr. Alzey
Alzey
Alsenz
Kirchheim-bolanden
Marnheim
Monsheim
Eisenberg (Pfalz)
Grünstadt
Gernsheim
Seeheim-Jugenheim
Bad König
Reichelsheim (Odenwald)
BENSHEIM
Michelstadt
Erbach
Bürstadt
Heppenheim (Bergstr.)
Fürth
WORMS
LAMPERTHEIM
21/59
AB-Kr. Frankenthal
25/10
Viernheimer Dr.
VIERNHEIM
WEINHEIM
Wald-Michelbach
FRANKENTHAL (PFALZ)
MANNHEIM
33 AB-Kr. Weinheim
Alsenborn
LUDWIGSHAFEN
60/5 AB-Kr. LU
27/3 AB-Kr. MA
26 Viernhm.Kr.
Kailbach
Bad Dürkheim
Hochspeyer
Frankenstein
KAISERSLAUTERN
61/7 AB-Kr. Mutterstadt
Eberbach
37/5 AB-Kr. Heidelberg
Neckargemünd
Lambrecht (Pfalz)
NEUSTADT an der Weinstraße
Haßloch
HEIDELBERG
SPEYER
Obrigheim
30/65 AB-Dr. Hockenheim
Edenkoben
Wiesloch
Gundelsheim
Schwegenheim
40/31 AB-Kr. Walldorf
Kirrlach
Sinsheim
Annweiler am Trifels
Bad Wimpfen
LANDAU in der Pfalz
Germersheim
Bad Schönborn
Rülzheim
Neudorf
Graben-Neudorf
Linkenheim-Hochstetten
BRUCHSAL
Eppingen
HEILBRONN
Bad Bergzabern
Kandel
Wörth am Rhein
Weingarten (Baden)
Güglingen
Wissembourg
Bretten
Kirchheim am Neckar
KARLSRUHE
Besigheim
Scheibenhardt
Rheinstetten
46/41 AB-Dr. Karlsruhe
Illingen
BIETIGHEIM-BISSINGEN
REICH
Bietigheim
Ettlingen
Seltz
Markgröningen
RASTATT
Birkenfeld
PFORZHEIM
Rountzenheim
Gaggenau
Bad Herrenalb
Heimsheim
LEONBERG
BADEN-BADEN
Calmbach
Bad Liebenzell
Gernsbach
Bad Wildbad i. Schwarzwald
49/19 AB-Dr. Leonberg
Weil der Stadt
20/51 Kreuz Stuttgart
Lichtenau
Calw
SINDELFINGEN
Bühl
Forbach
BÖBLINGEN
Sand
Achern
Raumünzach
Simmersfeld
Herrenberg
Altensteig
Oberkirch
Nagold
TÜBINGEN
Baiersbronn
Freudenstadt
Dornstetten
OFFENBURG
Horb am Neckar
Rottenburg am Neckar
Gomaringen
Gengenbach
Bad Peterstal-Griesbach
Loßburg
Dr. Bad Dürrheim

Seligenstädter Dreieck
Dreieck Schweinfurt/Werneck
Wörth a. Main
Wertheim
Bad König
Michelstadt
Miltenberg
Erbach
Amorbach
Hardheim
Tauberbischofsheim
Walldürn
Kailbach
Buchen (Odenwald)
Lauda-Königshofen
AB-Dr. Würzburg-West
Würzburg-Süd
Ochsenfurt
Marktbreit
Kitzingen
Igersheim
Bad Mergentheim
Weikersheim
Creglingen
Boxberg
Eberbach
Osterburken
Adelsheim
Krautheim
Dörzbach
Rothenburg ob der Tauber
Obrigheim
Mosbach
Möckmühl
Jagsthausen
Künzelsau
Blaufelden
Insingen
Gundelsheim
Langenburg
Bad Wimpfen
Neckarsulm
Öhringen
AB-Kr. Feuchtwangen/Crailsheim
Wallhausen
HEILBRONN
AB-Kr. Weinsberg
Unter-münkheim
Ilshofen
Crailsheim
Schwäbisch-Hall
Güglingen
Finsterrot
Mainhardt
Kirchheim am Neckar
Besigheim
Oberstenfeld
Sulzbach an der Murr
Bühlertann
Jagstzell
Murrhardt
Gaildorf
BIETIGHEIM-BISSINGEN
BACKNANG
Ellwangen (Jagst)
Marbach am Neckar
Althütte
Gschwend
Adelmannsfelden
Markgröningen
LUDWIGSBURG
Abtsgmünd
Kornwestheim
Winnenden
Welzheim
WAIBLINGEN
AALEN
LEONBERG
STUTTGART
FELLBACH
Lorch
Mutlangen
Mögglingen
SCHORNDORF
SCHWÄBISCH GMÜND
Oberkochen
ESSLINGEN am N.
Plochingen
Bartholomä
GÖPPINGEN
HEIDENHEIM an der Brenz
Wernau
KIRCHHEIM unter Teck
Süßen
Donzdorf
BÖBLINGEN
Boll
GEISLINGEN
Gerstetten
Herbrechtingen
NÜRTINGEN
Weilheim an der Teck
Neckartenzlingen
Lenningen
Nellingen
TÜBINGEN
Metzingen
REUTLINGEN
Bad Urach
Laichingen
Langenau
AB-Kr.
Pfullingen
Gomaringen
Münsingen
Blaubeuren
ULM
Kreuz Memmingen

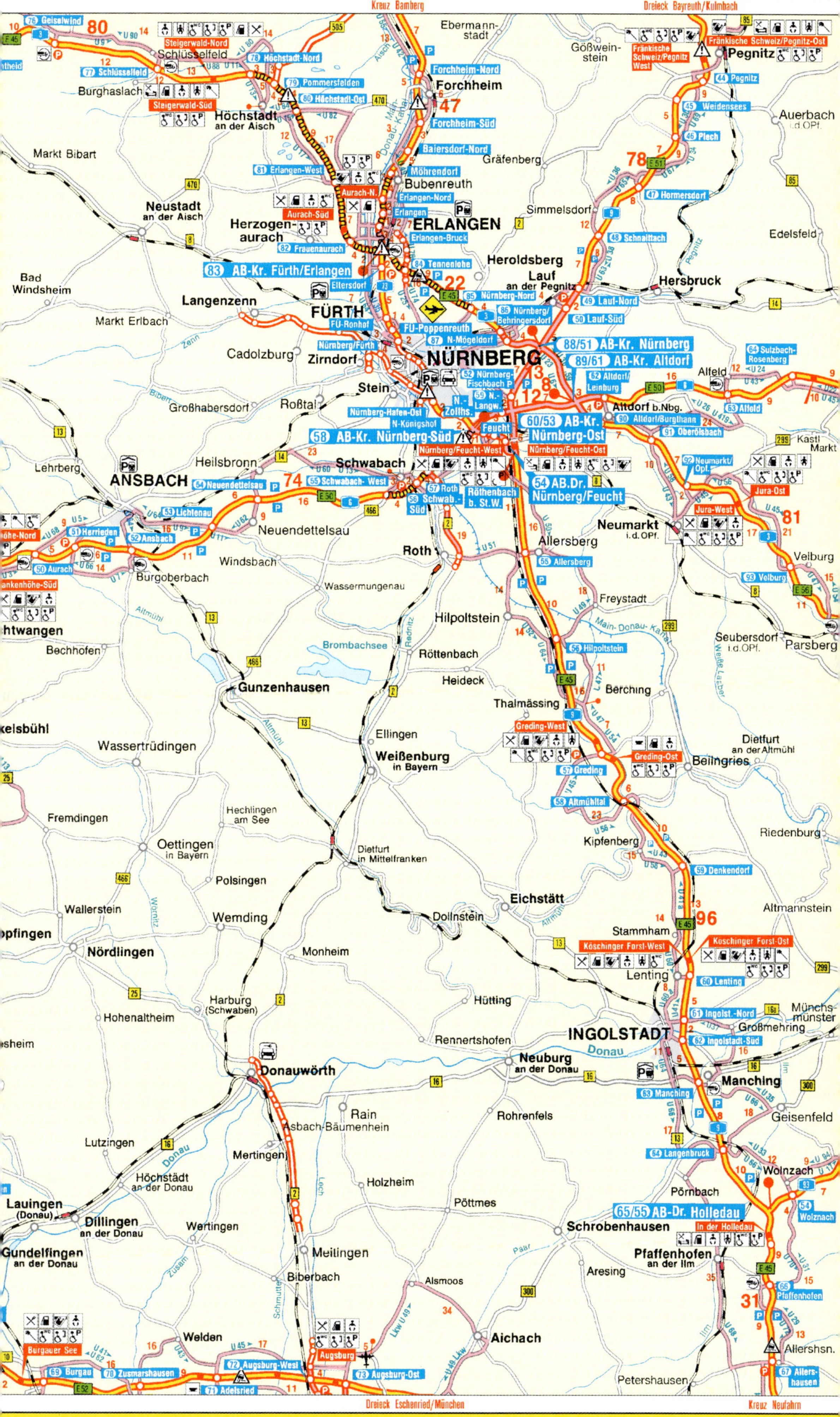
Kreuz Bamberg
Dreieck Bayreuth/Kulmbach
Geiselwind
Schlüsselfeld
Schlüsselfeld
Steigerwald-Nord
Steigerwald-Süd
Burghaslach
Höchstadt an der Aisch
Höchstadt-Nord
Höchstadt-Ost
Pommersfelden
Ebermannstadt
Forchheim
Forchheim-Nord
Forchheim-Süd
Baiersdorf-Nord
Gräfenberg
Gößweinstein
Fränkische Schweiz/Pegnitz-Ost
Fränkische Schweiz/Pegnitz West
Pegnitz
Weidensees
Auerbach i.d.OPf.
Plech
Hormersdorf
Schnaittach
Simmelsdorf
Edelsfeld
Markt Bibart
Neustadt an der Aisch
Erlangen-West
Möhrendorf
Bubenreuth
Aurach-N.
Aurach-Süd
Erlangen-Nord
Erlangen
ERLANGEN
Erlangen-Bruck
Herzogenaurach
Frauenaurach
Tennenlohe
Heroldsberg
Lauf an der Pegnitz
Hersbruck
Bad Windsheim
AB-Kr. Fürth/Erlangen
Eltersdorf
Langenzenn
FÜRTH
Nürnberg-Nord
Nürnberg/Behringersdorf
Lauf-Nord
Lauf-Süd
Markt Erlbach
FÜ-Ronhof
FÜ-Poppenreuth
N-Mögeldorf
Cadolzburg
Zirndorf
Nürnberg/Fürth
NÜRNBERG
AB-Kr. Nürnberg
AB-Kr. Altdorf
Sulzbach-Rosenberg
Alfeld
Nürnberg-Fischbach
Altdorf/Leinburg
Stein
Großhabersdorf
Roßtal
N.-Zollhs.
N.-Langw.
Altdorf b.Nbg.
Altdorf/Burgthann
Oberölsbach
Nürnberg-Hafen-Ost
N-Königshof
AB-Kr. Nürnberg-Süd
Feucht
AB-Kr. Nürnberg-Ost
Kastl
Markt
Lehrberg
ANSBACH
Heilsbronn
Schwabach
Nürnberg/Feucht-West
Nürnberg/Feucht-Ost
Neumarkt/Opf.
Neuendettelsau
Schwabach-West
Roth
Röthenbach b. St.W.
AB.Dr. Nürnberg/Feucht
Jura-Ost
Jura-West
Schwab.-Süd
Lichtenau
Herrieden
Ansbach
Neuendettelsau
Neumarkt i.d.OPf.
Allersberg
Velburg
Aurach
Windsbach
Burgoberbach
Wassermungenau
Freystadt
Hilpoltstein
Main-Donau-Kanal
Seubersdorf i.d.OPf.
Parsberg
Bechhofen
Brombachsee
Röttenbach
Heideck
Gunzenhausen
Berching
Thalmässing
Greding-West
Greding-Ost
Greding
Dietfurt an der Altmühl
Beilngries
Ellingen
Weißenburg in Bayern
Wassertrüdingen
Altmühltal
Fremdingen
Hechlingen am See
Oettingen in Bayern
Kipfenberg
Riedenburg
Dietfurt in Mittelfranken
Denkendorf
Polsingen
Wallerstein
Wemding
Eichstätt
Altmannstein
Dollnstein
Stammham
Nördlingen
Monheim
Köschinger Forst-West
Köschinger Forst-Ost
Lenting
Harburg (Schwaben)
Hütting
Hohenaltheim
Ingolst.-Nord
Münchsmünster
Großmehring
Rennertshofen
INGOLSTADT
Ingolstadt-Süd
Donau
Neuburg an der Donau
Donauwörth
Manching
Rain
Rohrenfels
Geisenfeld
Asbach-Bäumenheim
Lutzingen
Langenbruck
Mertingen
Höchstädt an der Donau
Wolnzach
Holzheim
Pörnbach
Lauingen (Donau)
Dillingen an der Donau
Pöttmes
AB-Dr. Holledau
Wolnzach
Wertingen
Schrobenhausen
In der Holledau
Gundelfingen an der Donau
Meitingen
Pfaffenhofen an der Ilm
Aresing
Biberbach
Alsmoos
Pfaffenhofen
Welden
Aichach
Allersberg
Burgauer See
Augsburg
Allershsn.
Augsburg-West
Burgau
Zusmarshausen
Augsburg-Ost
Adelsried
Petershausen
Allershausen
Dreieck Eschenried/München
Kreuz Neufahrn

Dr. Bayreuth/Kulmbach
Dr. Hochfranken
Ebermann-stadt
Gößwein-stein
Fränkische Schweiz/Pegnitz West
Fränkische Schweiz/Pegnitz-Ost
Pegnitz
Pressath
Plößberg
174
Neustadt a. d. Waldnaab
Forchheim-Nord
Forchheim
47
Forchheim-Süd
Baiersdorf-Nord
Gräfenberg
44 Pegnitz
45 Weidensees
46 Plech
Auerbach i.d.OPf.
Grafenwöhr
22 Weiden-Nord
23 Weiden-West
WEIDEN i. d. OPf.
24 Weiden-Frauenricht
25 Weiden-Süd
Vohenstrauß
78
47 Hormersdorf
Simmelsdorf
ERLANGEN
48 Schnaittach
Edelsfeld
26 Luhe-Wildenau
Köblitz
Wernberg-
84 Tennenlohe
Heroldsberg
Lauf an der Pegnitz
22
85 Nürnberg-Nord
86 Nürnberg/Behringersdorf
49 Lauf-Nord
50 Lauf-Süd
Hersbruck
Gebenbach
Hirschau
27 Wernberg-Köblitz
Sulzbach-Rosenberg
29 Pfreimd
87 N-Mögeldorf
NÜRNBERG
88/51 AB-Kr. Nürnberg
89/61 AB-Kr. Altdorf
64 Sulzbach-Rosenberg
Oberpfälzer Alb-Nord
AMBERG
Nabburg
30 Nabburg
52 Nürnberg-Fischbach
53 N.-Langw.
N.-Zollhs.
13
8
12
62 Altdorf/Leinburg
Alfeld
65 Amberg-West
67 Amberg- Ost
Schwarzenfeld
31 Schwarzenfeld
Altdorf b.Nbg.
90 Altdorf/Burgthann
91 Oberölsbach
63 Alfeld
Oberpfälzer Alb-Süd
66 Amberg- Süd
Kastl Markt
Neur vorm
60/53 AB-Kr. Nürnberg-Ost
Nürnberg/Feucht-Ost
Nürnberg/Feucht-West
Feucht
32 Schwandorf-Nord
Schwandorf
33 Schwandorf
54 AB.Dr. Nürnberg/Feucht
57 Roth
56 Schwab.-Süd
Röthenbach b. St. W.
92 Neumarkt/Opf.
Jura-Ost
Jura-West
Neumarkt i.d.OPf.
81
Schmidmühlen Markt
34 Schwandorf-Süd
Roth
Allersberg
55 Allersberg
Velburg
93 Velburg
35 Teublitz
Burglengenfeld
Nittenau
Freystadt
Hilpoltstein
Main-Donau-Kanal
94 Parsberg
Seubersdorf i.d.OPf.
Parsberg
Kallmünz Markt
95 Beratzhausen
36 Ponholz
Röttenbach
56 Hilpoltstein
Heideck
37 Regenstauf
Regenstauf
Berching
Thalmässing
96 Laaber
39 R.-Pfaffenstein
40 R.-West
41 R.-Prüfening
42 R.-Königswiesen
43 R.-Kumpfmühle
81
Greding-West
Greding-Ost
Dietfurt an der Altmühl
Hemau
38 Regensburg-Nord
REGENSBURG
Beilngries
97 Nittendorf
100b R.-Burgweinting
101 R-Ost
104a Wörth Wiesent
57 Greding
58 Altmühltal
98 Sinzing
99/44 AB-Kr. Regensburg
100a R.-Klinikum
102 Neutraubling
103 Rosenhof
Riedenburg
45 Regensburg-Süd
Pentling
Kipfenberg
46 Bad Abbach
Köfering
59 Denkendorf
Kelheim
Eichstätt
Altmannstein
96
Dollnstein
Stammham
48 Hausen
Schierling
Koschinger Forst-West
Köschinger Forst-Ost
Lenting
Neustadt an der Donau
Abensberg
60 Lenting
49 Abensberg
67
Hütting
61 Ingolst.-Nord
Münchsmünster
Großmehring
Mühlhausen
Rennertshofen
INGOLSTADT
62 Ingolstadt-Süd
50 Siegenburg
Neufahrn in Niederbayern
Neuburg an der Donau
Manching
51 Elsendorf
Rottenburg an der Laaber
Ergoldsbach
63 Manching
52 Aiglsbach
Geisenfeld
Rohrenfels
Pfeffenhausen
Mainburg
64 Langenbruck
16 Wörth a. d. Isar
Wolnzach
53 Mainburg
Essenbach
119
Pörnbach
Pöttmes
65/55 AB-Dr. Holledau
In der Holledau
54 Wolnzach
14 Landshut-Nord
15 Landshut/Essenbach
Schrobenhausen
Au in der Hallertau
13 Altdorf
LANDSHUT
Pfaffenhofen an der Ilm
12 Landshut-West
Aresing
Alsmoos
66 Pfaffenhofen
31
Moosburg an der Isar
11 Moosburg-Nord
Geisenh
Aichach
Zolling
10 Moosburg-Süd
Allershausen
FREISING
67 Allershausen
9 Erding
Petershausen
Kreuz Neufahrn
Kreuz Neufahrn

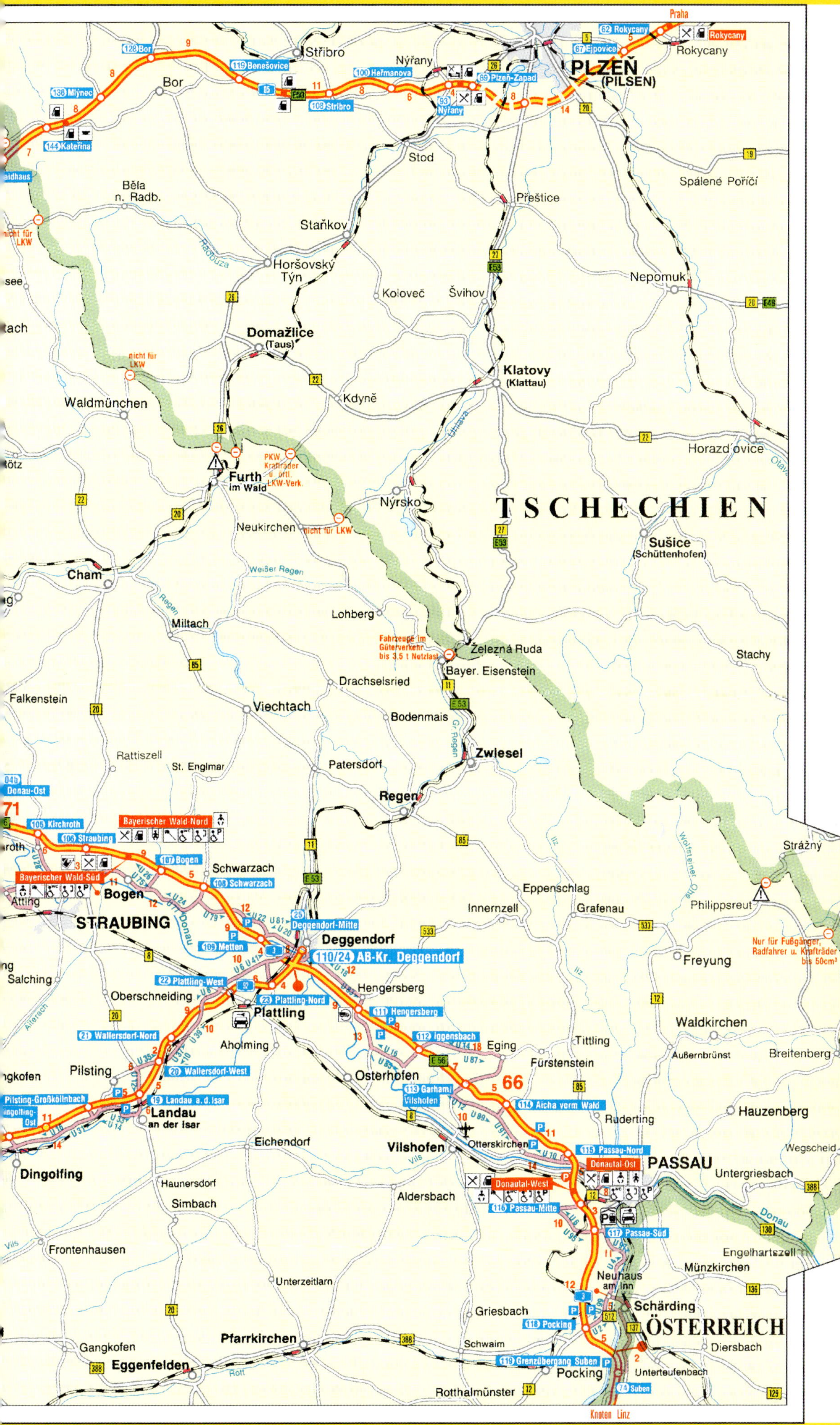
TSCHECHIEN
ÖSTERREICH
PLZEŇ
(PILSEN)
Rokycany
Praha
Stříbro
Nýřany
Bor
Stod
Bĕla n. Radb.
Staňkov
Horšovský Týn
Přeštice
Spálené Poříčí
Nepomuk
Koloveč
Švihov
Domažlice
(Taus)
Klatovy
(Klattau)
Kdyně
Waldmünchen
Horažďovice
Furth im Wald
Nýrsko
Neukirchen
Sušice
(Schüttenhofen)
Cham
Miltach
Lohberg
Železná Ruda
Bayer. Eisenstein
Stachy
Falkenstein
Drachselsried
Viechtach
Bodenmais
Rattiszell
St. Englmar
Patersdorf
Zwiesel
Regen
Strážný
Schwarzach
Bogen
STRAUBING
Eppenschlag
Innernzell
Grafenau
Philippsreut
Deggendorf
Hengersberg
Freyung
Salching
Oberschneiding
Plattling
Aholming
Eging
Tittling
Waldkirchen
Außernbrünst
Breitenberg
Fürstenstein
Pilsting
Osterhofen
Landau an der Isar
Ruderting
Hauzenberg
Eichendorf
Vilshofen
Otterskirchen
PASSAU
Untergriesbach
Wegscheid
Dingolfing
Haunersdorf
Simbach
Aldersbach
Frontenhausen
Engelhartszell
Münzkirchen
Neuhaus am Inn
Unterzeitlarn
Schärding
Griesbach
Diersbach
Gangkofen
Pfarrkirchen
Schwaim
Pocking
Unterteufenbach
Eggenfelden
Rotthalmünster
Knoten Linz
AB-Kr. Deggendorf
Bayerischer Wald-Nord
Bayerischer Wald-Süd
Donautal-Ost
Donautal-West
Nur für Fußgänger, Radfahrer u. Krafträder bis 50cm³
Fahrzeuge im Güterverkehr bis 3,5 t Nutzlast
PKW, Krafträder u. örtl. LKW-Verk.
nicht für LKW
Weißer Regen
Donau
Radbuza

Strasbourg
Kehl
Illkirch-Graffenstaden
Molsheim
Obernai
Erstein
Badonviller
Baccarat
Raon-l'Etape
Senones
St. Blaise-la Roche
Schirmeck
Ville
St. Dié
Ste. Marie-aux-Mines
Sélestat
Ribeauville
Lapoutroie
Gérardmer
Munster
COLMAR
Breisach (am Rhein)
Neuf-Brisach
FRANKREICH
Cornimont
Guebwiller
le Thillot
Ranspath
Ensisheim
Fessenheim
Cernay
Wittelsheim
Thann
Masevaux
Giromagny
MULHOUSE
BELFORT
Ballersdorf
Altkirch
Bartenheim
Hirsingue
Montbéliard
Feldbach
BASEL
Reinach
Porrentruy
Laufen
les Rangiers
Delémont
St. Hippolyte
St. Brais
Moutier
Tavannes
Grenchen
Solothurn
Biel
Verzweigung Schönbühl
Langenthal
Herzogenbuchsee
Balsthal
Olten
Oberentfelden
Sissach
Liestal
Rheinfelden (Baden)
Bad Säckingen
LÖRRACH
Schopfheim
Zell im Wiesental
Kandern
Müllheim
Staufen
Bad Krozingen
FREIBURG im Breisgau
Emmendingen
Teningen
Sasbach
Ettenheim
LAHR/Schwarzwald
Obenheim
Appenweier
Offenburg
Mahlberg-West
Mahlberg-Ost
Schauinsland
Breisgau
Battenheim
Bad Bellingen
La Porte d' Alsace
66 AB-Dr. Neuenburg
68/1 AB-Dr. Weil a. Rh.
Verzw. Augst
Verzw. Härkingen
Verzweigung Luterbach
Rhein
Canal du Rhone au Rhin
Doubs
Besançon
S
CH

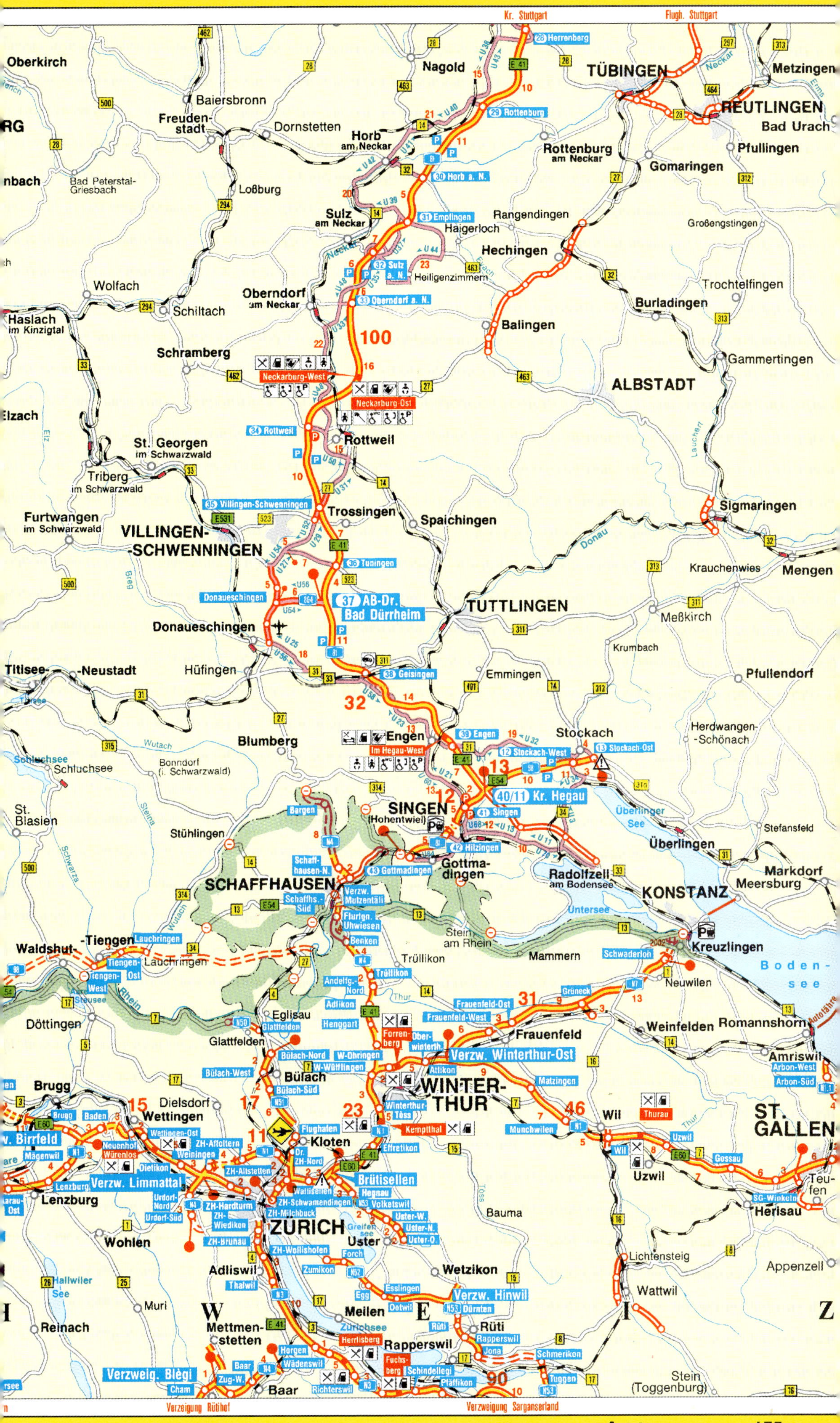
Kr. Stuttgart
Flugh. Stuttgart
Oberkirch
Baiersbronn
Freuden-stadt
Dornstetten
Nagold
Herrenberg
TÜBINGEN
Metzingen
REUTLINGEN
Bad Urach
Pfullingen
Rottenburg
Horb am Neckar
Rottenburg am Neckar
Gomaringen
Bad Peterstal-Griesbach
Loßburg
Horb a. N.
Empfingen
Rangendingen
Haigerloch
Großengstingen
Sulz am Neckar
Hechingen
Sulz a. N.
Heiligenzimmern
Trochtelfingen
Wolfach
Oberndorf am Neckar
Oberndorf a. N.
Burladingen
Haslach im Kinzigtal
Schiltach
Balingen
Gammertingen
Schramberg
100
Neckarburg-West
Neckarburg-Ost
ALBSTADT
Elzach
Rottweil
St. Georgen im Schwarzwald
Triberg im Schwarzwald
Villingen-Schwenningen
Trossingen
Spaichingen
Sigmaringen
Furtwangen im Schwarzwald
VILLINGEN-SCHWENNINGEN
Donau
Tuningen
Krauchenwies
Mengen
Donaueschingen
AB-Dr. Bad Dürrheim
TUTTLINGEN
Meßkirch
Donaueschingen
Krumbach
Titisee-Neustadt
Hüfingen
Geisingen
Emmingen
Pfullendorf
32
Engen
Im Hegau-West
Stockach
Herdwangen-Schönach
Blumberg
Stockach-West
Stockach-Ost
Schluchsee
Bonndorf (i. Schwarzwald)
13
Kr. Hegau
40/11
St. Blasien
Stühlingen
SINGEN (Hohentwiel)
Singen
Überlinger See
Stefansfeld
Überlingen
Hilzingen
Gottmadingen
Gottma-dingen
Radolfzell am Bodensee
Markdorf
Meersburg
SCHAFFHAUSEN
KONSTANZ
Schaffhausen-N.
Schaffhs.-Süd
Verzw. Mutzentäli
Untersee
Flurlgn. Uhwiesen
Stein am Rhein
Waldshut-Tiengen
Lauchringen
Tiengen-West
Tiengen-Ost
Benken
Trüllikon
Mammern
Schwaderloh
Kreuzlingen
Bodensee
Neuwilen
Rhein
Andelfg.-Nord
Adlikon
Thur
Frauenfeld-Ost
Frauenfeld-West
31
Grüneck
Döttingen
Eglisau
Glattfelden
Henggart
Forrenberg
Ober-winterth.
Frauenfeld
Weinfelden
Romanshorn
Bülach-Nord
W-Ohringen
W-Wülflingen
Verzw. Winterthur-Ost
Bülach-West
Bülach
Bülach-Süd
Attikon
Matzingen
Amriswil
Arbon-West
Arbon-Süd
Brugg
WINTERTHUR
Dielsdorf
Baden
Wettingen
17
23
Winterthur-Töss
46
Wil
Thurau
ST. GALLEN
Wettingen-Ost
Flughafen
Kemptthal
Münchwilen
Birrfeld
Neuenhof
Würenlos
ZH-Affoltern
Kloten
Effretikon
Uzwil
Mägenwil
Weiningen
Dietikon
ZH-Nord
Wil
Gossau
Lenzburg
ZH-Altstetten
Brüttisellen
Uzwil
Teufen
Verzw. Limmattal
Wallisellen
Hegnau
Lenzburg
Urdorf-Nord
ZH-Hardturm
ZH-Schwamendingen
Volketswil
SG-Winkeln
Urdorf-Süd
ZH-Milchbuck
Uster-W.
Bauma
Herisau
ZH-Wiedikon
Greifensee
Uster-N.
Wohlen
ZH-Brunau
ZÜRICH
Uster
Uster-O.
Lichtensteig
ZH-Wollishofen
Forch
Appenzell
Hallwiler See
Adliswil
Zumikon
Wetzikon
Thalwil
Muri
Egg
Esslingen
Verzw. Hinwil
Wattwil
Meilen
Ostwil
Dürnten
Reinach
Mettmenstetten
Zürichsee
Rüti
Herrliberg
Rapperswil
Horgen
Fuchsberg
Jona
Schmerikon
Wädenswil
Schindellegi
Verzweig. Blegi
Zug-W.
Baar
Pfäffikon
Tuggen
Stein (Toggenburg)
Cham
Baar
Richterswil
90
Verzeigung Rütihof
Verzweigung Sarganserland

Kreuz Stuttgart
Kreuz Feuchtwangen/Crailsheim

Tübingen
Metzingen
Lenningen
Reutlingen
Bad Urach
Nellingen
Laichingen
Langenau
Rottenburg am Neckar
Pfullingen
Gomaringen
Münsingen
Blaubeuren
Ulm
Neu-Ulm
Großengstingen
Schelklingen
Mengen
Pfaffenhofen an der Roth
Trochtelfingen
Erbach
Senden
Burladingen
Weißenhorn
Ehingen (Donau)
Gammertingen
Zwiefalten
Laupheim
Illertissen
Obenhausen
Albstadt
Riedlingen
Gutenzell
Sigmaringen
Biberach an der Riß
Erolzheim
Federsee
Bad Buchau
Mengen
Herbertingen
Krauchenwies
Heimertingen
Rot an der Rot
Tannheim
Bad Saulgau
Bad Schussenried
Meßkirch
Oberessendorf
Krumbach
Ostrach
Pfullendorf
Altshausen
Bad Waldsee
Bad Wurzach
Stockach
Herdwangen-Schönach
Ziegelbach
Blitzenreute
Baindt
Leutkirch im Allgäu
Überlinger See
Weingarten
Überlingen
Stefansfeld
Ravensburg
Kißlegg
Kempten (Allgäu)
Radolfzell am Bodensee
Konstanz
Meersburg
Markdorf
Hefigkofen
Amtzell
Isny im Allgäu
Buchenberg
Untersee
Meckenbeuren
Wangen im Allgäu
Kreuzlingen
Friedrichshafen
Neuwilen
Lindenberg im Allgäu
Sibratshofen
Kressbronn am Bodensee
Weinfelden
Bodensee
Romanshorn
Oberstaufen
Amriswil
Lindau (Bodensee)
Immenstadt i. Allgäu
Arbon
Bregenz
Pfändertunnel
Rorschach
St. Gallen
Wil
Uzwil
Krumbach
Lingenau
Dornbirn
Herisau
Teufen
Altstätten
Hohenems
Oberstdorf Markt
Lichtensteig
Appenzell
Götzis
Deutsches Zollanschlußgeb.
Au
Mittelberg
Wattwil
Rankweil
Damüls
Schweiz
Feldkirch
Ambergtunnel
Warth
Stein (Toggenburg)
Gams
Liechtenstein

Verzweigung Sarganserland
Bludenz

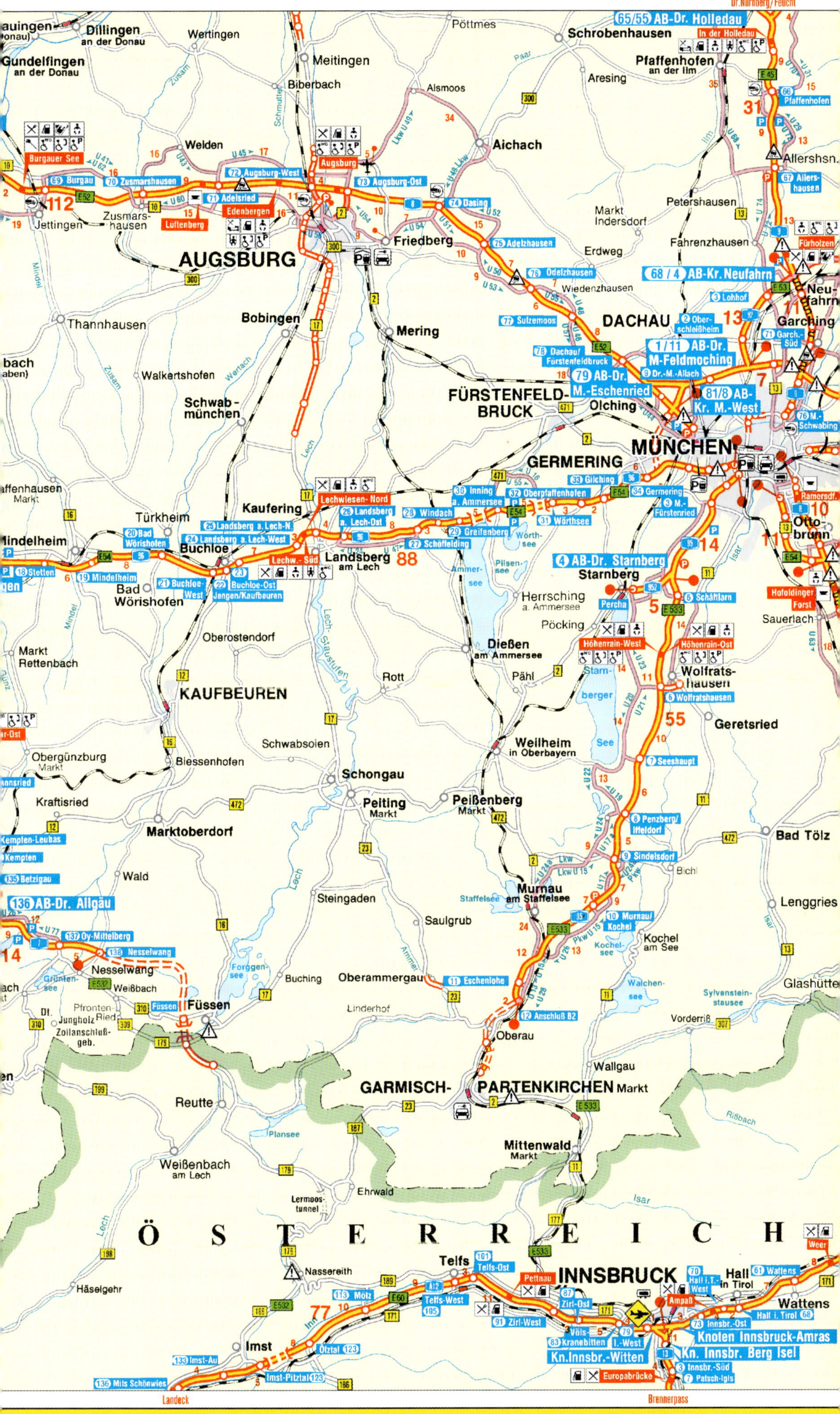
AUGSBURG
MÜNCHEN
DACHAU
FÜRSTENFELD-BRUCK
GERMERING
KAUFBEUREN
GARMISCH-PARTENKIRCHEN
INNSBRUCK
ÖSTERREICH
Dillingen an der Donau
Gundelfingen an der Donau
Wertingen
Meitingen
Biberbach
Pöttmes
Schrobenhausen
Pfaffenhofen an der Ilm
Aresing
Alsmoos
Aichach
Welden
Jettingen
Zusmarshausen
Friedberg
Bobingen
Mering
Thannhausen
Walkertshofen
Schwabmünchen
Markt Indersdorf
Petershausen
Fahrenzhausen
Erdweg
Wiedenzhausen
Allershsn.
Neufahrn
Garching
Olching
Kaufering
Türkheim
Mindelheim
Buchloe
Landsberg am Lech
Bad Wörishofen
Starnberg
Herrsching a. Ammersee
Pöcking
Dießen am Ammersee
Pähl
Rott
Wolfratshausen
Geretsried
Sauerlach
Ottobrunn
Oberostendorf
Markt Rettenbach
Obergünzburg Markt
Biessenhofen
Schwabsoien
Schongau
Peiting Markt
Peißenberg Markt
Weilheim in Oberbayern
Kraftisried
Marktoberdorf
Wald
Steingaden
Saulgrub
Murnau am Staffelsee
Bad Tölz
Lenggries
Kochel am See
Nesselwang
Weißbach
Pfronten-Ried
Jungholz Zollanschlußgeb.
Füssen
Buching
Oberammergau
Linderhof
Oberau
Wallgau
Vorderriß
Glashütte
Reutte
Weißenbach am Lech
Ehrwald
Mittenwald Markt
Lermoos-tunnel
Nassereith
Telfs
Häselgehr
Imst
Hall in Tirol
Wattens
Landeck
Brennerpass
Dr.Nürnberg/Feucht
65/55 AB-Dr. Holledau
In der Holledau
68 / 4 AB-Kr. Neufahrn
1/11 AB-Dr. M-Feldmoching
79 AB-Dr. M.-Eschenried
81/8 AB-Kr. M.-West
4 AB-Dr. Starnberg
136 AB-Dr. Allgäu
Knoten Innsbruck-Amras
Kn. Innsbr. Berg Isel
Kn.Innsbr.-Witten
Europabrücke
Ammersee
Starnberger See
Forggensee
Kochelsee
Walchensee
Sylvenstein-stausee
Plansee
Staffelsee
Isar
Lech
Inn
Paar
Zusam
Mindel
Wertach
Ammer
Rißbach

LANDSHUT
FREISING
Moosburg an der Isar
Pfaffenhofen an der Ilm
Schrobenhausen
Aichach
DACHAU
FÜRSTENFELD-BRUCK
MÜNCHEN
GERMERING
Erding
Starnberg
Wolfratshausen
Holzkirchen
ROSENHEIM
Bad Aibling
Miesbach
Bad Tölz
Weilheim in Oberbayern
Murnau am Staffelsee
GARMISCH-PARTENKIRCHEN
Mittenwald
Kufstein
Wörgl
Jenbach
Hall in Tirol
INNSBRUCK
Telfs
ÖSTERREICH
Dreieck Nürnberg/Feucht
Kreuz Deggendorf
Brennerpass

Kreuz Deggendorf
Frontenhausen
Unterzeitlarn
Neuhaus am Inn
Münzkirchen
Schärding
Griesbach
Pfarrkirchen
Gangkofen
Eggenfelden
Schwaim
Diersbach
Pocking
Unterteufenbach
Rotthalmünster
Neumarkt-St. Veit
Zell a.d. Pram
Obernberg am Inn
St. Martin im Innkreis
Mühldorf am Inn
Neuötting
Altötting
Simbach am Inn
Marktl
Braunau am Inn
Altheim
Ried im Innkreis
Kraiburg
Mauerkirchen
Burghausen
Lohnsburg a. Kobernaußerwald
Mattighofen
Kirchweidach
Eggelsberg
Tittmoning
Trostberg
Vöcklamarkt
Vöcklabruck
Straßwalchen
Altenmarkt in der Alz
Obertrumer See
Traunreut
St. Georgen i. Attergau
Oberndorf bei Salzbg.
Obertrum am See
Seebruck
Waging am See
Laufen
Zell a. Moos
Seekirchen a. Wallersee
Chiemsee
Traunstein
Teisendorf
Freilassing
Elixhausen
Mondsee
Attersee
Hof b. Salzburg
Fuschlsee
Weißenbach
SALZBURG
Knoten Salzburg
St. Gilgen
Wolfgangsee
Ruhpolding
Marquartstein
Bad Reichenhall
Bad Ischl
Schneizlreuth
Hallein
Bischofswiesen
Bad Goisern
Kuchl
Berchtesgaden
Lofer
Königssee
Abtenau
Annaberg-Lungötz
St. Johann in Tirol
Weißbach bei Lofer
Obersee
Hochfilzen
Saalfelden a. Steinernen Meer
Bischofshofen
Radstadt
Dienten am Hochkönig
St. Johann i. Pongau
Jochberg
Zell am See
Lend
Mittersill
Uttendorf
Bad Hofgastein
Knoten Wels
Knoten Voralpenkreuz
Knoten Spittal/Millstätter See
E
I
C
H

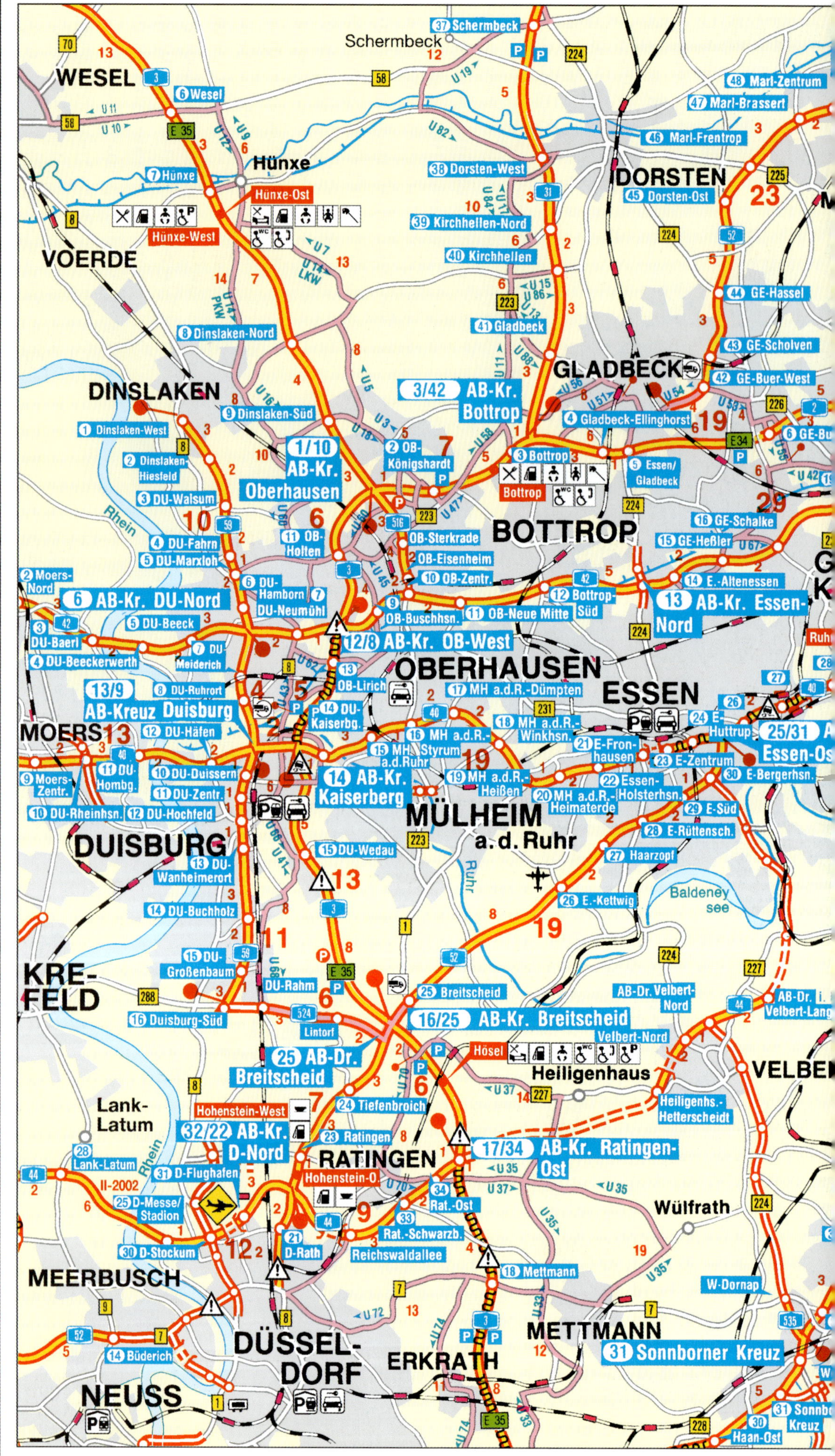
WESEL
Schermbeck
Hünxe
VOERDE
DINSLAKEN
DORSTEN
GLADBECK
BOTTROP
OBERHAUSEN
ESSEN
MOERS
DUISBURG
MÜLHEIM a.d. Ruhr
KRE-FELD
Heiligenhaus
VELBE
RATINGEN
Wülfrath
MEERBUSCH
DÜSSEL-DORF
ERKRATH
METTMANN
NEUSS
Lank-Latum
Rhein
Ruhr
Baldeney see
3/42 AB-Kr. Bottrop
1/10 AB-Kr. Oberhausen
6 AB-Kr. DU-Nord
12/8 AB-Kr. OB-West
13/9 AB-Kreuz Duisburg
14 AB-Kr. Kaiserberg
13 AB-Kr. Essen-Nord
16/25 AB-Kr. Breitscheid
25 AB-Dr. Breitscheid
32/22 AB-Kr. D-Nord
17/34 AB-Kr. Ratingen-Ost
31 Sonnborner Kreuz
Hünxe-Ost
Hünxe-West
Bottrop
Hösel
Hohenstein-West
Hohenstein-O.

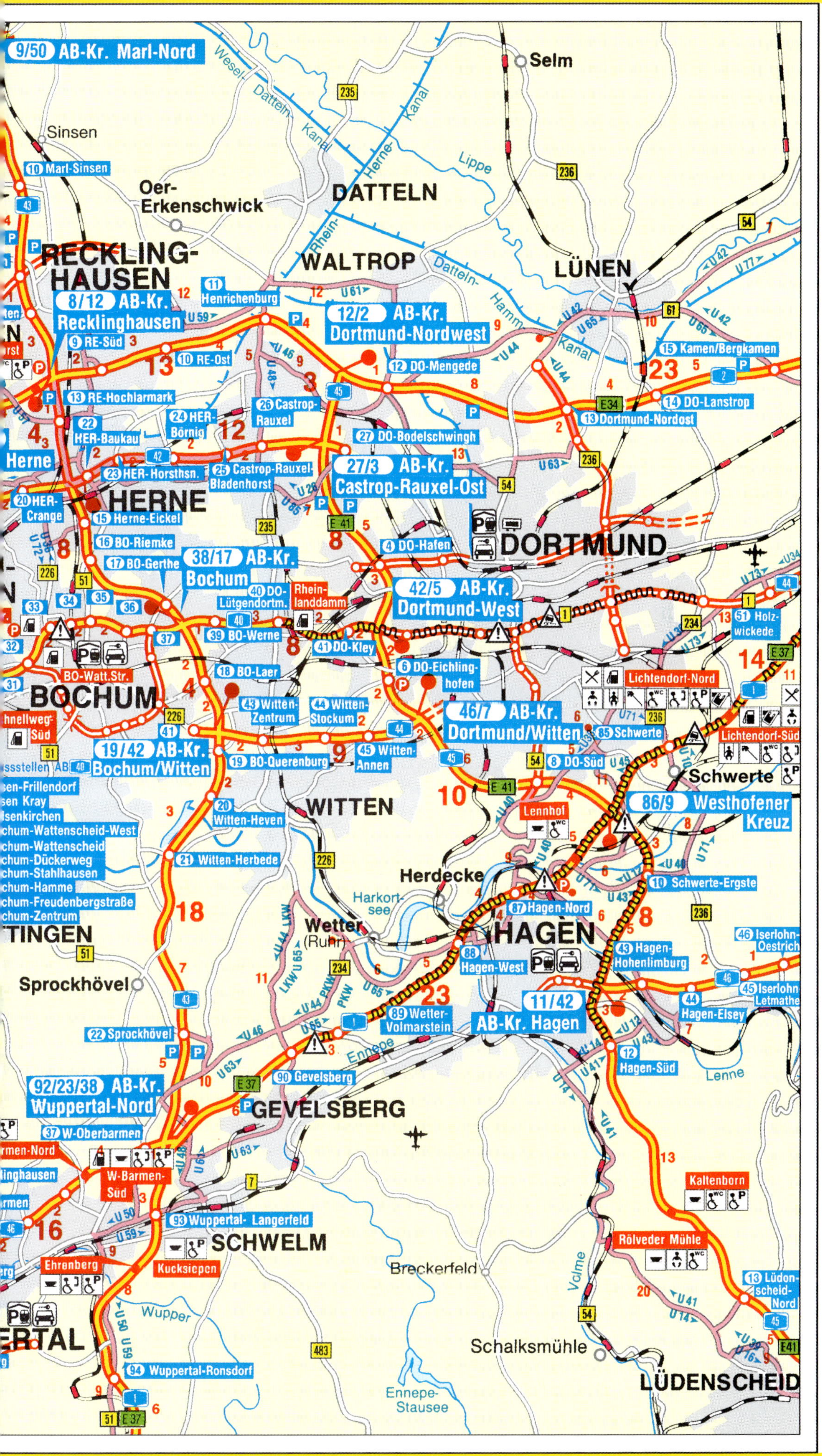
AB-Kr. Marl-Nord
Selm
Sinsen
Marl-Sinsen
Oer-Erkenschwick
DATTELN
RECKLING-HAUSEN
WALTROP
LÜNEN
AB-Kr. Recklinghausen
AB-Kr. Dortmund-Nordwest
RE-Süd
RE-Ost
Henrichenburg
Kamen/Bergkamen
DO-Mengede
DO-Lanstrop
Dortmund-Nordost
RE-Hochlarmark
HER-Börnig
Castrop-Rauxel
HER-Baukau
DO-Bodelschwingh
Herne
AB-Kr. Castrop-Rauxel-Ost
HER-Horsthsn.
Castrop-Rauxel-Bladenhorst
HERNE
HER-Crange
Herne-Eickel
DORTMUND
BO-Riemke
DO-Hafen
BO-Gerthe
AB-Kr. Bochum
DO-Lütgendortm.
Rhein-landdamm
AB-Kr. Dortmund-West
Holz-wickede
BO-Werne
DO-Kley
Lichtendorf-Nord
DO-Eichling-hofen
BO-Watt.Str.
BO-Laer
BOCHUM
Witten-Zentrum
Witten-Stockum
AB-Kr. Dortmund/Witten
Schwerte
Lichtendorf-Süd
AB-Kr. Bochum/Witten
BO-Querenburg
Witten-Annen
DO-Süd
Schwerte
Witten-Heven
WITTEN
Westhofener Kreuz
Lennhof
Witten-Herbede
Herdecke
Schwerte-Ergste
Harkort-see
Hagen-Nord
Wetter (Ruhr)
HAGEN
Iserlohn-Oestrich
Hagen-West
Hagen-Hohenlimburg
Sprockhövel
Wetter-Volmarstein
AB-Kr. Hagen
Iserlohn Letmathe
Hagen-Elsey
Sprockhövel
Ennepe
Hagen-Süd
Lenne
Gevelsberg
AB-Kr. Wuppertal-Nord
GEVELSBERG
W-Oberbarmen
W-Barmen-Süd
Kaltenborn
Wuppertal-Langerfeld
SCHWELM
Rölveder Mühle
Ehrenberg
Kuckseipen
Breckerfeld
Volme
Lüden-scheid-Nord
Wupper
Schalksmühle
Wuppertal-Ronsdorf
Ennepe-Stausee
LÜDENSCHEID
Wesel-Datteln-Kanal
Rhein-Herne-Kanal
Lippe
Datteln-Hamm-Kanal
0 1 2 5 7,5 10 km

BAD HOMBURG v.d.Höhe
OBERURSEL
Kronberg (Taunus)
Königstein i. Taunus
Idstein
Görsroth
Glashütten
Niedernhausen
Taunusstein
Eppstein
Bad Soden am Taunus
WIESBADEN
Hofheim am Taunus
Kriftel
Kelsterbach
Hochheim a. Main
MAINZ
RÜSSELSHEIM
-Walldorf
Mörfelden
Nieder-Olm
Nackenheim
Groß-Gerau
Nierstein
Griesheim
Undenheim
Gau-Odernheim
Alsheim
Gernsheim
Eich
Rhein
Main
1 Oberursel-Nord
2 Oberursel
18/19 Nordwest-kreuz Frankfurt
1/18 Eschborner Dreieck
Frankfurt-Nord
15 Kelkheim
16 F-Höchst
17 Eschborn
13 Krifteler Dreieck
F.-Sindlingen
12 Hattersheim
Hattersheim
45 Idstein
46 Wiesbaden/Niedernhausen
Medenbach-West
Medenbach-Ost
14 F-Zeilsheim
WI-Dotzheim
3 Schiersteiner Kr.
WI-Frauenstein
4 WI-Biebrich
5/1 WI-Mainzer Str.
WI-Erbenheim-Nord
7 WI-Nordenstadt
8 Wallau
10 Diedenbergen
Weilbach-Nord
Weilbach-Süd
WI-Appelallee
2 WI-Amöneburg
6 WI-Erbenheim
WI-Erbenhm.-Süd
47/9 Wiesbadener Kreuz
11 Hofheim a.T.
49 Kelsterbach
50 Flug
MZ-Mombach
MZ-Gonsenheim
3 MZ-Kastel
4 Hochheim-Nord
5 Hochheim-Süd
48 Raunheim
48/1 Mönchhof-Dreieck
17 Heidesheim
18 AB-Dr. Mainz
19 MZ-Finthen
20 MZ-Lerchenberg
21/2 AB-Kr. Mainz-Süd
22 MZ-Hechtsheim
23 MZ-Weisenau
24 MZ-Laubenheim
25 Ginsheim-Gustavsburg
6 Gustavsburg
26/7 Mainspitz-Dreieck
27 Bischofsheim
28 Rüsselsheim-Mitte
29 Rüss.-Königstätten
2 Rüsselsheim-Ost
30/3 Rüsselsheimer Dreieck
Gräfenhausen-W
3 Klein-Winternheim
4 Nieder-Olm
5 Saulheim
6 Wörrstadt
7 Biebelnheim
4 Groß-Gerau
5 Büttelborn
Büttelborn
6 AB-Dr. DA/Griesheim
26/6 Darmstädter Kreuz
Pfungstadt-West
Alsbach
8 Gernsheim
Flughafen
F-Süd
Taunu

Nidderau
Karben
Bad Vilbel
17/4 Bad Homburger Kreuz
Bruch-köbel
Langen-selbold
41 Langen-selbold-West
42/39 Langenselbolder Dr.
40 Langenselbold
37 Erlensee
36 Hanau-Nord
34 Maintal-Dörnigheim
33 Maintal-Bischofsheim
32 F-Bergen-Enkheim
35 Hanau-West
HANAU
Rodenbach
43/38 Hanauer Kreuz
Mühl-heim
14 Frankfurt-Ost
15 OF-Kaiserlei
OFFENBACH
16 OF-Taunusring
52/17 Offenbacher Kreuz
53 Oberts-hausen
Oberts-hausen
44 Alzenau
Alzenau
Kahl a. Main
54 Hanau
Weiskirchen-Nord
Weiskirchen-Süd
52 Offenbach
18 Neu-Isenburg
NEU-ISENBURG
Heusen-stamm
45 Karlstein
55 Seligenstadt
46 Main-hausen
57/58 Stockstadt/ Aschaffenbg.-West
Rodgau
19 Dreieich
DREIEICH
20 Langen
LANGEN (Hessen)
21 Egelsbach
Rödermark
56/47 Seligenstädter Dreieck
Babenhausen
Gräfenhausen-Ost
Messel
Gersprenz
Münster
Großostheim
Dieburg
B-Dr. Darmstadt
DARMSTADT
Groß-Umstadt
Mömlingen
Ober-Ramstadt
Reinheim
Pfungstadt
Höchst i. Odenwald
Seeheim-Jugenheim
0 1 2 5 7,5 10 km

Tanken, Rasten und Erholen – Serviceanlagen an der Autobahn

Zur rechten Zeit mal Pause machen! Die hohe Konzentration, die das Fahren auf der Autobahn erfordert, macht übermüdete und gestresste Autofahrer zu einem Sicherheitsrisiko – für sich selbst und für die anderen. Deshalb sollte rechtzeitig und regelmäßig ein Stopp eingelegt werden. Nutzen Sie die Serviceeinrichtungen entlang der Autobahnen für etwas Ruhe und Entspannung.

Das breit gefächerte Gastronomie- und Warenangebot steht den Reisenden rund um die Uhr zur Verfügung.

Raststätten gehörten von Anfang an zum Sicherheitskonzept der Autobahnen. Schon in den ersten Entwürfen in den 20er-Jahren des vorigen Jahrhunderts waren Raststationen an der damaligen „Nur-Automobilstraße", der künftigen Autobahn, vorgesehen. Die Planer folgten damit der Erkenntnis, dass nur ein entspannter Fahrer auch ein sicherer Fahrer sein kann. Schon damals war klar, dass eine Fernreise mit dem Automobil nicht gelingen konnte ohne Treibstoffnachschub, ohne Mechanikerhilfe und ohne Ruhe- oder Rastmöglichkeit. In regelmäßigen Abständen sollten entsprechende Stützpunkte eingerichtet werden. So geschah es dann auch in den 30er-Jahren. Ende 1938 gab es bereits 60 Tankstellen auf der Autobahn – neben Kraftstoffen wurden hier auch Erfrischungen angeboten. Kurze Zeit später kamen die ersten Rasthäuser hinzu.

Anfangs spiegelten Baustil und Angebot der Rasthäuser noch Regionaltypisches wider. So entstanden an den Strecken durch Norddeutschland Restaurants, die den großen Gutshöfen mit ihren tief herunter gezogenen Dächern glichen. Man konnte dort Grünkohl und Pinkel bestellen, Matjes und Bratkartoffeln. In Niedersachsen und Hessen wurde das malerische Fachwerkhaus nachgeahmt und in Oberbayern der klassische Einfirsthof, wie im Rasthaus am Chiemsee, wo dann natürlich auch Chiemseerenken oder Schweinsbraten mit Knödel auf der Karte standen.

Die neue Gastronomie unterstand den Autobahnämtern. Da die Autobahnen nach dem Krieg weitgehend leer blieben, und lokale Gäste anzulocken an der mangelnden Mobilität scheiterte, hielten sich die Umsätze sehr in Grenzen. Manche der leer stehenden Gebäude fanden in und nach den Kriegswirren andere Nutzungen. Die Anlage am Chiemsee z.B. wurde zum Recreation Center der US-Army.

Eine neue Generation von Raststätten

Erst als kolonnenweise Käfer aus Wolfsburg die Straßen belebten, die rundeckigen Mercedeskarossen ihrem Stern folgten, BMW, Borgward und Opel Rekord über die Pisten rollten, da änderte sich das Bild. Sichtbeton, Glas, rechteckige Flachbauten kennzeichnen die Raststätten der 60er-Jahre. Bereits 1951 wurden Verwaltung und Betrieb der Raststätten in die „Gesellschaft für Nebenbetriebe der Bundesautobahnen mbH", kurz GfN, übertragen. Die Bundesrepublik Deutschland betraute sie neben der Verwaltung der Nebenbetriebe auch mit deren Finanzierung. Die einzelnen Nebenbetriebe wurden an private Unternehmer verpachtet. Das Fehlen von Wettbewerb wirkte sich vielerorts bis in die 60er-Jahre auf den Service aus. Schnellküchen und Massenabfertigung prägten den Stil. Wer ausgiebig speisen wollte, verließ die Autobahn und steuerte einen gemütlichen Gasthof im nächsten Ort an.

In den folgenden Jahrzehnten wurde das Netz der Raststätten immer dichter. Zum 30-jährigen Jubiläum im Jahr 1981 unterhielt die GfN auf 7 500 Autobahnkilometern 167 Raststätten mit 59 Motels und 3 000 Betten, 267 Tankstellen, 49 Kioske, 103 „Erfrischungsdienste" (etwas größeres Angebot als ein Kiosk) und 5 Campingplätze. Der dadurch gewachsene Konkurrenzdruck wirkte sich auch auf Service und Gestaltung der Betriebe aus. Attraktive, moderne Architekturen hoben das Image der Rastanlagen. Neben den traditionell gehaltenen Häusern wie das malerisch gelegene Rasthaus „Irschenberg" an der A8 in Oberbayern oder das „Rasthaus Vellern" im Münsterland luden jetzt lichtdurchflutete Pavillons aus Glas und Stahl zu entspannenden Aufenthalten, wie in Pentling an der A93 bei Regensburg oder im „Rasthaus im Spessart" an der A3. Auch Konstruktionen aus Glas und Holz wie „Allertal Ost" (A7), „Am Hockenheimring" (A61) oder im Alu-Design wie „Dollenberg" (A45) empfingen mit neuen Architekturen.

Moderne Dienstleistungsvielfalt

1994 übernahm die GfN die „Ostdeutsche Autobahntankstellengesellschaft mbH" (OATG) mit ihren 33 Minol-Autobahntankstellen sowie

den beiden Rasthöfen „Hermsdorfer Kreuz“ an der A4 und „Magdeburger Börde“ an der A2. Im gleichen Jahr wurde die GfN in eine Aktiengesellschaft umgewandelt und sorgte nun unter neuem Namen, „Autobahn Tank- und Rast AG“, für die Bewirtung und Erholung der Reisenden. Aber noch blieb der Bund Mehrheitseigner. Dies änderte sich erst mit der vollständigen Privatisierung der Autobahn Tank & Rast 1998.
Inzwischen bedienen jährlich 338 Tankstellen, 330 Raststätten, 35 Kioske und 55 Motels im Netz der Autobahn Tank & Rast rund 150 Mio. Kunden (Stand 2001).
Seit der Privatisierung hat sich der Service auf Deutschlands Autobahnen wesentlich verbessert. Den Reisenden erwartet dort mittlerweile eine breite und vielfältige Angebotspalette – rund um die Uhr und an 365 Tagen im Jahr.

Eine weitere Dienstleistung ist das breit gefächerte Gastronomieangebot der Rastanlagen. Die Palette reicht von einer großen Vielfalt klassischer Gastronomie bis hin zu landestypischen Spezialitäten. Auch die großen Marken im Fast-Food-Bereich gehören bei der Autobahn Tank & Rast bereits zum Repertoire. Viele Rastanlagen haben beliebte und bekannte Gastronomieanbieter im Angebot, wie Burger King, Mc Donald's, Joey's Pizza, Le Marché oder Segafredo. Bei aller Vielfalt kann sich der Kunde aber an bestimmten gastronomischen Grundtypen orientieren. Es gibt Self-Service Restaurants mit modernem Ambiente sowie große Marktrestaurants mit sog. Front-Cooking – hier wird das Wunsch-Gericht vor den Augen des Gastes frisch zubereitet.
Wer auf der Autobahn reist, kann dort aber nicht nur tanken und speisen, sondern sich auch mit allem versorgen, was man fürs Reisen benötigt. Die Shops der Tankstellen bieten mit bekannten Markenartikeln und einem speziell zugeschnittenen Angebot einen erfrischenden Haltepunkt für alle Reisenden mit wenig Zeit. Darüber hinaus haben sich die Shops in vielen Rasthäusern bereits zu kleinen Shopping-Malls mit einem überraschend großen Angebot entwickelt.

Gerade bei langen Autobahnreisen kann sich eine Übernachtung in einem der inzwischen zahlreichen Autobahn-Motels anbieten.

Sollte die Tanknadel irgendwann in den roten Bereich geraten, so bekommt man an den Tankstellen der Autobahn Tank & Rast am schnellsten und ohne Umwege Marken-Kraftstoffe. Alle großen Mineralölmarken sind an der Autobahn vertreten. Vorreiter sind die Autobahntankstellen auch beim Angebot alternativer Kraftstoffe – Autogas und Biodiesel sind an einer wachsenden Anzahl von Anlagen erhältlich.

Die Pause auf der Autobahn ist jedoch erst dann perfekt, wenn sie auch für Ruhe und Erholung genutzt wird. An den Rastanlagen gibt es mittlerweile Spazierwege, Trimm-dich-Pfade, Picknickplätze oder künstlich angelegte Seen. Im Inneren der Raststätten sind sehr oft Spielecken für Kinder eingerichtet.

Übernachten an der Autobahn

Viele Anlagen bieten mit ihren Motels außerdem auch Übernachtungsmöglichkeiten. Es gibt ruhige, komfortable Zimmer mit Blick ins Grüne – weg von der Autobahn. Gleichzeitig sind die Motels bequem, schnell und ohne Umwege direkt von der Autobahn zu erreichen. Viele Motels besitzen zudem eine Ausstattung mit modernen Tagungs- und Veranstaltungsräumen.
So unterschiedlich wie die Reisenden selbst, so sind auch die auf der Autobahn angebotenen Dienstleistungen. Für Fernfahrer gibt es verschiedene Spezial-Services wie z.B. Duschen oder das Trucker-Frühstück. Auch für die „kleinen Gäste“ ist alles vorbereitet – in sämtlichen Anlagen stehen Baby-Wickelräume zur Verfügung.
Sanitäranlagen an der Autobahn haben bei vielen Reisenden ein schlechtes Image. Doch die heutigen Sanitäranlagen vieler Rastanlagen sind nicht mit den wenig ansprechenden Autobahntoiletten der 60er-Jahre zu vergleichen. In Sachen Hygiene und Sauberkeit tut sich viel bei den Anlagen. So gibt es beispielsweise berührungslose Armaturen und Toilettenspülungen, selbstreinigende WC-Sitze, großflächige Spiegel und kindgerechte Toiletten.

Autohöfe – nicht nur für LKW

Seit Anfang der 90er-Jahre werden die Autoreisenden noch von weiteren Serviceeinrichtungen umworben: Die zahlreichen Autohöfe in der Nähe der Autobahnen, ursprünglich nur als Anlaufstelle für LKW-Fahrer gedacht (viele bezeichnen sich nach wie vor als „Truckstop“ oder „Trucktreff“), haben sich mittlerweile zu attraktiven Servicezentren auch für Privatreisende entwickelt: mit Restaurants, Tankstellen, Supermärkten, Geldautomaten, Kinderspielplätzen, Babywickelräumen, Waschautomaten, Duschen, Saunen und Büroservices mit Telefon und Fax.

Tanken & Rasten **T** = Tankstelle **R** = Rastanlage **B** = Bistro **H** = Hotel **K** = Kiosk	Tankstelle	Rasthaus/ Rasthof	Rasthaus mit Übernachtung	Kiosk mit WC	Kinderspielplatz	Babywickelraum	Behinderten WC	Dusche	Geldautomat
		● = 24 Std. Service ○ = kein 24 Std. Service							
Neustädter Bucht-West **T + R**: Tel. 0 45 63-86 10, Fax -81 38	●	○				●	●	●	
Neustädter Bucht-Ost **T + R**: Tel. 0 45 63-88 00, Fax -88 22	●	○				●	●	●	
Trave **R**: Tel. 0 45 33-79 90 50, Fax -7 99 05 20		●				●	●	●	
Buddikate-West **T**: Tel. 0 45 34-2 01 00, Fax -4 51	●			● ohne WC		●	●	●	
Buddikate-Ost **T**: Tel. 0 45 34-2 01 00, Fax 4 51 **R**: Tel. 0 45 34-3 51, Fax -73 97	●	●			●	●	●	●	●
Hamburg-Stillhorn West **T**: Tel. 0 40-7 54 41 32, Fax -7 54 84 32 **R**: Tel. 0 40-75 01 70, Fax -75 01 71 89	●	●				●		●	
Hamburg-Stillhorn Ost **T**: Tel. 0 40-7 54 41 31, Fax -7 54 68 96 **R**: Tel. 0 40-75 01 70, Fax -75 01 71 89	●		●			●	●	●	●
Hollenstedt **R**: Tel. 0 41 65-21 43-0, Fax -21 43 43			●		●	●	●	●	●
Aarbachkate **R**: Tel. 0 41 65-21 43-44, Fax -21 43 40		●			●	●		●	
Ostetal-Nord **T + R**: Tel. 0 42 82-9 31 70, Fax -9 50 18	●	●				●	●	●	●
Ostetal-Süd **T**: Tel. 0 42 82-20 89, Fax -33 04 **R**: Tel. 0 42 82-2 05 10, Fax -20 51 20	●		●		●	●	●	●	
Grundbergsee-Nord **T**: Tel. 0 42 05-4 94, Fax -4 96 **R**: Tel. 0 42 05-86 78, Fax -24 34	●	●				●	●	●	
Grundbergsee-Süd **T + R**: Tel. 0 42 05-14 07, Fax -4 93	●	●				●	●	●	
Oyten **R**: Tel. 0 42 07-59 24, Fax -39 68			●		●	●		●	
Wildeshausen-Nord **T**: Tel. 0 44 31-99 60, Fax -13 65 **R**: Tel. 0 44 31-9 39 70, Fax -93 97 13	●	●			●	●	●	●	●
Wildeshausen-Süd **T**: Tel. 0 44 31-9 39 20, Fax -13 61 **R**: Tel. 0 44 31-9 97 70, Fax -99 77 77	●	●			●	●	●	●	●
Dammer Berge-West **T**: Tel. 0 54 93-9 97 46, Fax -9 97 47 **R**: Tel. 0 54 93-6 85, Fax -57 45	●		●		●	●	●	●	●
Dammer Berge-Ost **T**: Tel. 0 54 93-9 87 80, Fax -98 78 22 **R**: Tel. 0 54 93-6 85, Fax -57 45	●		●		●	●	●	●	●
Tecklenburger Land-West **T**: Tel. 0 54 56-95 03, Fax -6 75 **R**: Tel. 0 54 56-5 66, Fax -5 68	●		●		●	●	●	●	
Tecklenburger Land-Ost **T**: Tel. 0 54 56-5 44, Fax -15 13 **R**: Tel. 0 54 56-9 30 60, Fax -93 06 48	●	●			●	●	●	●	●
Münsterland-West **T**: Tel. 0 25 34-4 95, Fax -94 85 **R**: Tel. 0 25 34-4 96, Fax -94 91	●	●			●	●	●	●	●
Münsterland-Ost **T**: Tel. 0 25 34-4 92, Fax -6 42 87 **R**: Tel. 0 25 34-6 20 20, Fax -62 02 22	●	●			●	●	●	●	

● = 24 Std. Service
○ = kein 24 Std. Service

Tanken & Rasten **T** = Tankstelle **R** = Rastanlage **B** = Bistro **H** = Hotel **K** = Kiosk	Tankstelle	Rasthaus/ Rasthof	Rasthaus mit Übernachtung	Kiosk mit WC	Kinderspielplatz	Babywickelraum	Behinderten WC	Dusche	Geldautomat
Eichengrund **K**: Tel. 0 25 93-3 04, Fax -98 29 32				●		●	●	●	
Im Mersch **K**: Tel. 0 25 93-2 61, Fax -98 29 25				●		●	●	●	
Lichtendorf-Nord **T**: Tel. 0 23 04-4 02 96, Fax -4 41 84 **R**: Tel. 0 23 04-49 66, Fax -4 15 59	●	●			●	●	●	●	●
Lichtendorf-Süd **T**: Tel. 0 23 04-4 03 66, Fax -4 56 09 **R**: Tel. 0 23 04-94 14 20, Fax 9 41 42 42	●	●			●	●	●	●	●
Lennhof **K**: Tel. 0 23 04-6 81 41, Fax -6 81 42				●			●		
Ehrenberg **K**: Tel. 02 02-60 55 01, Fax -60 76 15				●					
Kucksiepen **K**: Tel. 02 02-2 60 24 40, Fax -2 60 22 34				●					
Remscheid-West **T + R**: Tel. 0 21 91-3 15 87, Fax -34 01 00	●	●				●	●	●	
Remscheid-Ost **T**: Tel. 0 21 91-3 11 28, Fax -34 87 61 **R**: Tel. 0 21 91-90 30, Fax -90 33 33	●	●	●			●	●	●	
Ville-West **T + R**: Tel. 0 22 37-14 54, Fax -6 34 81	●	●				●	●	●	●
Ville-Ost **T + R**: Tel. 0 22 37-13 35, Fax -1 80 37	●	●				●	●	●	
Eifel-West **T + R**: Tel. 0 65 74-9 47 70, Fax -9 47 71	●	●				●	●	●	
Eifel-Ost **T + R**: Tel. 0 65 74-2 00, Fax -85 07	●	●				●	●	●	
Hochwald-West **T + R**: Tel. 0 65 86-10 11, Fax -14 60	●	○				●	●	●	
Hochwald-Ost **T + R**: Tel. 0 65 86-10 13, Fax -14 31	●	○				●	●	●	

2

	Tankstelle	Rasthaus/ Rasthof	Rasthaus mit Übernachtung	Kiosk mit WC	Kinderspielplatz	Babywickelraum	Behinderten WC	Dusche	Geldautomat
Bottrop-Süd **T**: Tel. 0 20 41-5 65 00, Fax -55 50 50 **R**: Tel. 0 20 41-75 02 36, Fax -75 02 38	●	●			●	●	●	●	
Hohenhorst **T**: Tel. 0 23 61-2 38 50, Fax -2 13 71 **R**: Tel. 0 23 61-2 43 45, Fax -2 19 38	●		●		●	●	●	●	
Rhynern-Süd **T**: Tel. 0 23 85-56 15, Fax -23 00 **R**: Tel. 0 23 85-4 55-4 57 **H**: Tel. 0 23 85-4 55, Fax -59 84	●		●		●	●	●	●	●
Rhynern-Nord **T**: Tel. 0 23 85-91 33 08, Fax -4 14 **R**: Tel. 0 23 85-92 00 50, Fax -9 20 05 20	●		●		●	●	●	●	●
Vellern **R**: Tel. 0 25 21-34 96, Fax -1 82 69		●				●	●	●	
Gütersloh-Süd **T**: Tel. 0 52 41-5 16 00, Fax -58 08 92 **K**: Tel. 0 52 41-95 52 21, Fax -95 52 22	●			○			●		
Gütersloh-Nord **T**: Tel. 0 52 41-5 11 00, Fax -5 89 31 **R**: Tel. 0 52 41-9 55 20, Fax -95 52 22	●		●		●	●	●	●	●

Tanken & Rasten **T** = Tankstelle **R** = Rastanlage **B** = Bistro **H** = Hotel **K** = Kiosk	Tankstelle	● = 24 Std. Service ○ = kein 24 Std. Service Rasthaus/ Rasthof	Rasthaus mit Übernachtung	Kiosk mit WC	Kinderspielplatz	Babywickelraum	Behinderten WC	Dusche	Geldautomat
Obergassel **K**: Tel. 0 52 09-7 32, Fax -90 12 25				●		●	●	●	
Niedergassel **K**: Tel. 0 52 09-7 31, Fax -90 13 97				●		●	●	●	
Herford-Süd **T**: Tel. 0 52 21-8 10 96, Fax -8 26 09 **R**: Tel. 0 52 21-8 10 97	●	●			●	●	●	●	
Herford-Nord **T**: Tel. 0 52 21-8 00 81, Fax -8 63 67 **R**: Tel. 0 52 21-8 00 26, Fax -8 00 27	●	●				●	●	●	
Auetal-Süd **T**: Tel. 0 57 52-17 24, Fax -12 21 **R**: Tel. 0 57 52-92 97 50, Fax -92 97 51	●	●			●	●	●	●	●
Auetal-Nord **T + R**: Tel. 0 57 53 -9 60 68 01, Fax -96 05 82	●	●			●	●	●	●	●
Schafstrift **K**: Tel. 0 5043-10 15, Fax -96 20 15				●		●	●	●	
Garbsen-Süd **T + R**: Tel. 0 51 37-7 57 58, Fax -87 50 22	●	●				●	●	●	
Garbsen-Nord **T**: Tel. 0 51 37-7 20 55, Fax -7 20 05 **R**: Tel. 0 51 37/7 20 22, Fax -7 18 19	●		●		●	●	●	●	●
Lehrter See-Süd **R**: Tel. 0 5132-88 58 39, Fax -88 67 32		●				●	●	●	
Lehrter See-Nord **T**: Tel. 0 5132-48 88, Fax -5 16 09 **R**: Tel. 0 51 32-48 88, Fax -82 51 73	●	●			●	●	●	●	●
Zweidorfer Holz-Süd **T**: Tel. 0 53 03-91 03 12, Fax -91 03 16 **R**: Tel. 0 53 03-92 18 88, Fax -92 18 89 17	●	●			●	●	●	●	●
Zweidorfer Holz-Nord **T**: Tel. 0 53 03-99 01 10, Fax -9 90 90 70 **R**: Tel. 0 53 03-20 60, Fax -37 42	●		●			●	●	●	●
Helmstedt-Süd **T**: Tel. 0 53 51-20 71, Fax -4 23 44 **R**: Tel. 0 53 51-70 61, Fax -4 10 77	●	●			●	●	●	●	●
Lappwald **T**: Tel. 0 53 51-20 77, Fax -42 40 77 **R**: Tel. 0 53 51-86 03, Fax -98 78	●	●			●	●	●	●	●
Marienborn **T + R**: Tel. 03 94 06-5 03 33, Fax -5 03 34	●	●				●	●	●	●
Börde-Süd **T**: Tel. 03 92 04-53 88, Fax -6 64 57 **R**: Tel. 03 92 04-6 61 33	●	●						●	
Börde-Nord **T**: Tel. 03 92 04-53 22, Fax 53 22 **R**: Tel. 03 92 04-52 15, Fax -52 17	●	●				●	●	●	
Buckautal-Süd **T**: Tel. + Fax 03 38 30-2 49 **R**: Tel. 03 38 30-6 23 32, Fax -6 23 33	●	●			●	●	●	●	●
Buckautal-Nord **T**: Tel. 03 38 30-2 41, Fax -6 14 44 **R**: Tel. + Fax 03 38 30-2 25	●	●			●	●	●	●	

3

	Tankstelle	Rasthaus/ Rasthof	Rasthaus mit Übernachtung	Kiosk mit WC	Kinderspielplatz	Babywickelraum	Behinderten WC	Dusche	Geldautomat
Elten **R**: Tel. 0 28 28-23 20, Fax -98 11 33		●				●	●	●	●
Hünxe-West **T**: Tel. 0 28 58-5 03, Fax -13 66 **R**: Tel. 0 28 58-91 81 94, Fax -91 81 96	●	●				●		●	

Tanken & Rasten **T** = Tankstelle **R** = Rastanlage **B** = Bistro **H** = Hotel **K** = Kiosk	Tankstelle	Rasthaus/ Rasthof	Rasthaus mit Übernachtung	Kiosk mit WC	Kinderspielplatz	Babywickelraum	Behinderten WC	Dusche	Geldautomat
		● = 24 Std. Service ○ = kein 24 Std. Service							
Hünxe-Ost **T**: Tel. 0 28 58-27 91, Fax -73 38 **R**: Tel. 0 28 58-91 20, Fax -91 21 10	●		●		●	●	●	●	
Hösel **T**: Tel. 0 21 02-6 92 82, Fax -70 60 42 **R**: Tel. 0 21 02-6 92 81, Fax -6 79 96	●		●			●	●	●	
Ohligser Heide-West **T**: Tel. 02 12-7 42 10, Fax -7 13 20 **R**: Tel. 02 12-7 40 64, Fax -7 65 10	●	●			●	●	●	●	
Ohligser Heide-Ost **K**: Tel. 02 12-7 33 13, Fax -2 24 33 31				●		●	●		
Königsforst-West **R**: Tel. 0 22 05-53 15, Fax -8 14 65		●				●	●	●	
Königsforst-Ost **R**: Tel. 0 22 05-9 29 50, Fax -92 95 16		●				●	●	●	
Siegburg-West **T**: Tel. 0 22 41-6 03 46, Fax -59 16 90 **R**: Tel. 0 22 41-6 60 68, Fax -97 57 23	●		●		●	●	●	●	
Siegburg-Ost **T**: Tel. 0 22 41-38 55 20, Fax -38 49 21 **R**: Tel. 0 22 41-38 56 66, Fax -38 55 28	●	●				●	●	●	
Fernthal **T**: Tel. 0 26 83-35 02, Fax -3 31 12 **R**: Tel. 0 26 83-9 86 30, Fax -98 63 54	●	●	●		●	●	●	●	●
Epgert **K**: Tel. 0 26 87-82 92				●				●	
Urbacher Wald **T**: Tel. 0 26 89-97 96 80, Fax -97 96 82 **R**: Tel. 0 26 89-9 44 10, Fax -94 41 21	●	●				●	●	●	●
Sessenhausen **K**: Tel. 0 26 89-73 82				●		●			
Landsberg a.d. Warthe **K**: Tel. 0 26 89-38 41				●					
Montabaur **T**: Tel. 0 26 02-40 53, Fax -18 01 41 **R**: Tel. 0 26 02-40 78	●	●			●	●	●	●	
Heiligenroth **T**: Tel. 0 26 02-37 22, Fax -91 75 64 **R**: Tel. 0 26 02-10 30, Fax -10 34 50	●		●			●	●	●	●
Nentershausen **K**: Tel. 0 64 85-2 83, Fax -91 16 20				●					
Limburg-West **T + R**: Tel. 0 64 31-7 10 27, Fax -2 58 27	●	●			●	●	●	●	
Limburg-Ost **T + R**: Tel. 0 64 31-7 10 21, Fax -7 51 70	●	●				●		●	●
Bad Camberg-West **T**: Tel. 0 64 34-70 39, Fax -32 62 **R**: Tel. 0 64 34-60 66, Fax -70 04	●		●		●	●	●	●	
Bad Camberg-Ost **T**: Tel. 0 64 34-65 68, Fax -70 75 **R**: Tel. 0 64 34-71 71, Fax -70 50	●	●			●	●	●	●	
Medenbach-West **T**: Tel. + Fax 0 61 22-1 25 10 **R**: Tel. + Fax 0 61 22-1 28 11	●	●				●	●	●	
Medenbach-Ost **T**: Tel. 0 61 22-1 24 16, Fax -1 75 59 **R**: Tel. 0 61 22-9 83 10, Fax -98 31 22	●		●		●	●	●	●	

Tanken & Rasten **T** = Tankstelle **R** = Rastanlage **B** = Bistro **H** = Hotel **K** = Kiosk	Tankstelle	Rasthaus/ Rasthof (● = 24 Std. Service, ○ = kein 24 Std. Service)	Rasthaus mit Übernachtung	Kiosk mit WC	Kinderspielplatz	Babywickelraum	Behinderten WC	Dusche	Geldautomat
Weiskirchen-Süd **T**: Tel. 0 61 82-9 58 40, Fax -95 84 20 **R**: Tel. 0 61 82-50 25, Fax -6 70 08	●	●			●	●	●	●	●
Weiskirchen-Nord **T + R**: Tel. 0 61 82-6 72 01, Fax -73 99	●	●	●			●	●	●	
Spessart-Süd **T**: Tel. 0 60 94-3 47, Fax -81 59 **R**: Tel. 0 60 94-94 10, Fax -94 12 53	●		●		●	●	●	●	●
Spessart-Nord **T**: Tel. 0 60 94-3 62, Fax -98 42 66 **R**: Tel. 0 60 94-9 71 20, Fax -97 12 50	●	●				●	●	●	●
Würzburg-Süd **T**: Tel. 09 31-6 59 07, Fax -61 28 23 **R**: Tel. 09 31-61 96 30, Fax -61 35 91	●	●				●	●	●	
Würzburg-Nord **T**: Tel. 09 31-61 58 09, Fax -6 15 80 99 **R**: Tel. 09 31-61 40 20, Fax -6 14 02 22	●	●			●	●	●	●	●
Haidt-Süd **T + R**: Tel. 0 93 25-2 00, Fax -5 18	●	●				●	●	●	●
Haidt-Nord **T + R**: Tel. 0 93 25-3 00, Fax -66 16	●	●				●	●	●	●
Steigerwald-Süd **T**: Tel. 0 95 48-2 13, Fax -98 14 16 **R**: Tel. 0 95 48-92 32-0, Fax -92 32-1 66	●		●		●	●	●	●	
Steigerwald-Nord **T**: Tel. 0 95 48-2 17, Fax -60 01 **R**: Tel. 0 95 48-98 01 00, Fax -98 01 01	●	●			●	●	●	●	
Aurach-Süd **T + R**: Tel. 0 91 31-4 15 95, Fax -4 98 46	●	●				●	●		
Aurach-Nord **T + R**: Tel. 0 91 31-75 86 71, Fax -45 01 28	●	●				●	●	●	●
Jura-West **T + R**: Tel. 0 91 82-93 06-0, Fax -93 06 13	●	●				●	●	●	●
Jura-Ost **T + R**: Tel. 0 91 82-3 12, Fax -14 56	●	●			●	●	●	●	●
Bayerischer Wald-Süd **T**: Tel. 0 94 22-18 25, Fax -18 25 **R**: Tel. 0 94 22-18 26, Fax -57 38	●	●				●	●	●	●
Bayerischer Wald-Nord **T + R**: Tel. Tel. 0 94 22-14 59, Fax -16 68	●	●			●	●	●	●	●
Donautal-West **T + R**: Tel. 08 51-8 36 24, Fax -8 91 73	●	●				●	●	●	
Donautal-Ost **T + R**: Tel. 08 51-8 39 42, Fax -8 76 18	●	●			●	●	●	●	

4

	Tankstelle	Rasthaus/ Rasthof	Rasthaus mit Übernachtung	Kiosk mit WC	Kinderspielplatz	Babywickelraum	Behinderten WC	Dusche	Geldautomat
Aachener Land-Süd **T**: Tel. 0 24 03-2 61 98, Fax -3 65 54 **R**: Tel. 0 24 03-8 77 10, Fax - 3 62 11	●	●			●	●	●	●	●
Aachener Land-Nord **T**: Tel. 0 24 03-44 838, Fax -3 28 18 **R**: Tel. 0 24 03-47 74, Fax -88 94 34	●	●			●	●	●	●	●
Frechen-Süd **T**: Tel. 0 22 34-5 21 648, Fax -2 29 92 **R**: Tel. 0 22 34-5 27 93, Fax -1 41 36	●	●				●	●	●	

Tanken & Rasten **T** = Tankstelle **R** = Rastanlage **B** = Bistro **H** = Hotel **K** = Kiosk	Tankstelle	Rasthaus/ Rasthof	Rasthaus mit Übernachtung	Kiosk mit WC	Kinderspielplatz	Babywickelraum	Behinderten WC	Dusche	Geldautomat
		● = 24 Std. Service ○ = kein 24 Std. Service							
Frechen-Nord **T**: Tel. 0 22 34-6 39 008, Fax -69 16 01 **R**: Tel. 0 22 34-6 10 64, Fax -6 54 15	●	●				●	●	●	
Aggertal-Süd **T**: Tel. 0 22 06-22 018, Fax -35 73 **R**: Tel. 0 22 06-91 06 20, Fax -35 73	●	●				●	●	●	
Aggertal-Nord **T**: Tel. 0 22 06-9 54 708, Fax -32 07 **R**: Tel. 0 22 06-95 47 13, Fax -32 07	●	●			●	●	●	●	
Herleshausen **T + R**: Tel. 0 56 54-2 948, Fax -64 40	●	●				●	●	●	
Eisenach-Süd **T**: Tel. 0 36 91-68 8-208, Fax -6 88 22 **R**: Tel. 0 36 91-6 88-0, Fax -6 88-22	●	●			●	●	●	●	●
Eisenach-Nord **T**: Tel. 0 36 91-6 88 10, Fax -6 88 11 **R**: Tel. 0 36 91-6 88-0, Fax -6 88-33	●	●			●	●	●	●	●
Ramsberg **R**: Tel. 0 36 91-89 42 60, Fax -89 42 70		●			●	●		●	
Kleiner Hörselberg **R**: Tel. 03 69 21-9 62 868, Fax -96 28 68		●			●				
Hörselgau **T**: Tel. 0 36 22-90 04 008, Fax -90 04 01 **R**: Tel. 0 36 22-90 11 50, Fax -90 11 51	●	●			●	●	●	●	●
Eichelborn-Süd **T**: Tel. 03 62 09-42 41, Fax -42 48	●					●	●	●	●
Eichelborn-Nord **T**: Tel. 03 62 09-4 02 28, Fax -4 02 30 **K**: Tel. 0 36 09-4 02 96, Fax -4 02 97	●			●		●	●	●	●
Teufelstal-Süd **R**: Tel. 03 64 28-4 28 21, Fax -4 28 21		●			●	●	●	●	
Teufelstal-Nord **R**: Tel. 03 64 28-69 20, Fax -6 92 50		●			●	●	●	●	
Rabensteiner Wald **R**: Tel. 03 71-24 34 42, Fax -24 34 42		●			●	●	●	●	
Auerswalder Blick-Süd **T + R**: Tel. 03 72 08-8 35 23, Fax -8 35 24	●	●			●	●	●	●	
Auerswalder Blick-Nord **T**: Tel. 03 72 08-8 38 15, Fax -8 38 16 **R**: Tel. 03 72 08-8 88 34, Fax -8 88 36	●	●			●	●	●	●	
Dresdner Tor-Süd **T**: Tel. 03 52 04-94 30, Fax -94 33 04 **R**: Tel. 03 52 04-90 05, Fax -9 05 55	●		●		●	●	●	●	
Dresdner Tor-Nord **T**: Tel. 03 52 04-94 20, Fax -94 23 04 **R**: Tel. 03 52 04-67 40, Fax -6 74 60	●	●			●	●	●	●	●
Oberlausitz-Süd **T + R**: Tel. 03 59 37-8 55 55, Fax -8 55 66	●	●			●	●	●	●	●
Oberlausitz-Nord **T + R**: Tel. 03 59 37-8 03 08, Fax -8 03 10	●	●			●	●	●	●	●

5

	Tankstelle	Rasthaus/ Rasthof	Rasthaus mit Übernachtung	Kiosk mit WC	Kinderspielplatz	Babywickelraum	Behinderten WC	Dusche	Geldautomat
Rimberg **R**: Tel. 0 66 75-92 02, Fax -92 02 88			●		●	●	●	●	
Berfa **T**: Tel. 0 66 39-5 08, Fax -16 90 **R**: Tel. 0 66 39-5 08, Fax -16 90	●	●				●		●	

Tanken & Rasten **T** = Tankstelle **R** = Rastanlage **B** = Bistro **H** = Hotel **K** = Kiosk	Tankstelle	Rasthaus/ Rasthof	Rasthaus mit Übernachtung	Kiosk mit WC	Kinderspielplatz	Babywickelraum	Behinderten WC	Dusche	Geldautomat
		● = 24 Std. Service ○ = kein 24 Std. Service							
Pfefferhöhe **T**: Tel. 0 66 31-80 08 50, Fax -80 08 51 **H**: Tel. 0 66 31-60 25, Fax -14 00	●		●			●	●	●	
Reinhardshain-Nord **T**: Tel. 0 64 01-91 37-0, Fax -91 37 75 **R**: Tel. 0 64 01-88 90, Fax - 8 89-11	●		●		●	●	●	●	●
Reinhardshain-Süd **T**: Tel. 0 64 01-91 45 40, Fax - 91 45 43 **R**: Tel. 0 64 01-91 45-30, Fax -91 45 45	●	●				●	●	●	●
Garbenteich-West **K**: Tel. 0 64 04-77 33				○					
Garbenteich-Ost **K**: Tel. 0 64 04-71 76				○					
Wetterau-West **T**: Tel. 0 60 02-2 61, Fax -58 42 **R**: Tel. 0 60 02-2 66, Fax -53 67	●	●				●	●	●	
Wetterau-Ost **T**: Tel. 0 60 02-3 15, Fax -54 26 **R**: Tel. 0 60 02-60 00, Fax -55 43	●	●			●	●	●	●	
Gräfenhausen-West **T**: Tel. 0 61 50-5 13 18, Fax -5 18 33 **R**: Tel. 0 61 50-5 00 60, Fax -5 14 36	●	●				●	●	●	
Gräfenhausen-Ost **T**: Tel. 0 61 50-5 13 52, Fax -5 13 52 **R**: Tel. 0 61 50-5 24 38, Fax -5 22 43	●	●				●	●	●	
Alsbach **T**: Tel. 0 62 57-39 22, Fax -71 08 **R**: Tel. 0 62 57-90 32 93, Fax -90 32 95	●	●			●	●	●	●	
Bergstraße **T**: Tel. 0 62 51-6 51 00, Fax -6 51 00 **R**: Tel. 0 60 51-3 89 46, Fax -16 14 78	●	●			●	●	●	●	
Hardtwald-West **T**: Tel. 0 62 24-8 38 15, Fax -5 55 51 **R**: Tel. 0 62 24-8 38 15, Fax -92 98 35	●	●			●	●	●	●	●
Hardtwald-Ost **T**: Tel. 0 62 24-9 32 20, Fax -93 02 44 **R**: Tel. 0 62 24-9 30 20, Fax -93 02 33	●	●			●	●	●	●	
Bruchsal-West **T**: Tel. 0 72 51-22 00, Fax -8 22 14 **R**: Tel. 0 72 51-71 80, Fax -30 67 82 **H**: Tel. 0 72 51-6 52 80, Fax -71 82 00	●	●	●		●	●	●	●	●
Bruchsal-Ost **T**: Tel. 0 72 51-9 13 90, Fax -91 39 20 **R**: Tel. 0 72 51-71 82 03, Fax -30 67 82	●	●			●	●	●	●	●
Baden-Baden **T**: Tel. 0 72 21-6 18 86, Fax -1 71 23 **H**: Tel. 0 72 21-6 50 43, Fax -1 76 61	●		●		●	●	●	●	●
Bühl **T**: Tel. 0 72 21-9 83 80, Fax -8 35 08 **R**: Tel. 0 72 21-9 85 90, Fax -98 59 14	●	●			●	●	●	●	●
Renchtal-West **T**: Tel. 0 78 05-34 03, Fax -56 85 **R**: Tel. 0 78 05-9 69 90, Fax -96 99 50	●	●			●	●	●	●	
Renchtal-Ost **T**: Tel. 0 78 05-29 49, Fax -8 40 **R**: Tel. 0 78 05-50 44, Fax -8 40	●	○						●	
Mahlberg-West **T**: Tel. 0 78 25-4 37 oder 21 89, Fax -27 55 **R**: Tel. 0 78 25-4 15, Fax -27 55	●	●				●	●	●	
Mahlberg-Ost **T**: Tel. 0 78 25-84 96 31, Fax -84 96 21 **R**: Tel. 0 78 25-8 49 50, Fax -84 95 20	●	●			●	●	●	●	

Tanken & Rasten **T** = Tankstelle **R** = Rastanlage **B** = Bistro **H** = Hotel **K** = Kiosk	Tankstelle	Rasthaus/ Rasthof	Rasthaus mit Übernachtung	Kiosk mit WC	Kinderspielplatz	Babywickelraum	Behinderten WC	Dusche	Geldautomat
		● = 24 Std. Service ○ = kein 24 Std. Service							
Schauinsland **T + R**: Tel. 0 76 65-13 14, Fax -31 44	●	●					●		
Breisgau **T**: Tel. 0 76 64-9 32 30, Fax -93 23 23 **R**: Tel. 0 76 64-10 71, Fax -5 94 27	●	●			●	●	●	●	●
Bad Bellingen **T**: Tel. 0 76 35-81 10-0, Fax -81 10 13 **R**: Tel. 0 76 35-81 10 21, Fax -81 10 22	●	●				●	●	●	●
Weil am Rhein-Ost **T**: Tel. 0 76 21-7 75 72, Fax -79 25 72 **R**: Tel. 0 76 21-7 74 77, Fax -7 67 83	●	●			●	●	●	●	●
Mövenpick Basel/Weil **T**: Tel. 0 76 21-7 20 29, Fax -7 20 30 **R**: Tel. 0 76 21-7 00-46	●	○			●	●	●	●	●
6									
Goldene Bremm-Süd **T**: Tel. 06 81-5 10 00, Fax -5 22 62 **R**: Tel. 06 81-5 35 35, Fax -5 74 33	●	●				●	●	●	
Goldene Bremm-Nord **T**: Tel. 06 81-5 57 15, Fax -5 84 81 38 **B**: Tel. 06 81-5 89 71 73	●			●		●	●	●	
Homburg (Saar) **T + R**: Tel. 0 68 41-76 75, Fax -97 34 28	●	●				●		●	
Waldmohr **T**: Tel. 0 63 73-94 28, Fax -90 60 **R**: Tel. 0 63 73-32 35, Fax -90 60	●		●		●	●	●	●	●
Wattenheim **T**: Tel. 0 63 56-96 32-0, Fax -96 32 16 **R**: Tel. 0 63 56-98 90 16, Fax -98 90 17	●		●		●	●	●	●	●
Am Hockenheimring-West **T**: Tel. 0 62 05-66 24, Fax -66 14 **R**: Tel. 0 62 05-68 91, Fax -68 88	●		●		●	●	●	●	
Am Hockenheimring-Ost **T**: Tel. 0 62 05-1 35 13, Fax -1 35 35 **R**: Tel. 0 62 05-9 52-30, Fax -9 52-3 21	●	●			●	●	●	●	●
Kraichgau-Süd **T**: Tel. 0 72 61-18 53, Fax -6 35 98 **R**: Tel. 0 72 61-21 28, Fax -6 50 95	●	●			●	●	●	●	
Kraichgau-Nord **T**: Tel. 0 72 61-27 89, Fax -1 20 63 **R**: Tel. 0 72 61-92 78 10, Fax -92 78 92	●	●			●	●		●	
Hohenlohe-Süd **T + R**: Tel. 0 79 42-20 74, Fax -28 07	●	●				●	●	●	●
Hohenlohe-Nord **T + R**: Tel. 0 79 42-9 17 10, Fax -91 71 21	●	●				●	●	●	●
Frankenhöhe-Süd **T + R**: Tel. 0 98 04-8 88, Fax -72 70	●	●				●	●	●	●
Frankenhöhe-Nord **T + R**: Tel. 0 98 04-9 19 10, Fax -91 91 91	●	●				●	●	●	●
7									
Ellund **R**: Tel. 0 46 08-4 56, Fax -4 56		●				●	●	●	
Hüttener Berge-West **T**: Tel. 0 43 38-4 66, Fax -6 72 **R**: Tel. 0 43 38-4 63, Fax -2 24	●	●			●	●	●	●	●

Tanken & Rasten **T** = Tankstelle **R** = Rastanlage **B** = Bistro **H** = Hotel **K** = Kiosk	Tankstelle	Rasthaus/ Rasthof (● = 24 Std. Service, ○ = kein 24 Std. Service)	Rasthaus mit Übernachtung	Kiosk mit WC	Kinderspielplatz	Babywickelraum	Behinderten WC	Dusche	Geldautomat
Hüttener Berge-Ost **T**: Tel. 0 43 38-4 55, Fax -4 55 **R**: Tel. 0 43 38-4 52, Fax -99 97 05	●	●			●	●	●	●	
Aalbek **T + R**: Tel. 0 43 21-5 17 11, Fax -5 43 42	●	●			●	●		●	●
Brokenlande **T**: Tel. 0 43 27-3 54, Fax -12 40 **R**: Tel. 0 43 27-2 10, Fax -13 70	●	●			●	●	●	●	●
Holmmoor-West **T**: Tel. 0 41 06-39 39, Fax -24 92 **R**: Tel. 0 41 06-6 92 90, Fax -6 69 14	●	●			●	●	●	●	
Holmmoor-Ost **T**: Tel. 0 41 06-48 48, Fax -6 61 76 **R**: Tel. 0 41 06-8 21 10	●	●			●	●		●	
Harburger Berge-West **T + R**: Tel. 0 40-7 60 09 21, Fax -7 60 09 21	●	●				●	●	●	●
Harburger Berge-Ost **T**: Tel. 0 40-7 60 24 24, Fax -7 60 26 61 **R**: Tel. 0 40-7 60 33 59, Fax -7 60 26 61	●	●				●	●	●	
Seevetal **R**: Tel. 0 41 85-28 08, Fax -70 74 34		●			●	●	●	●	
Hasselhöhe **K**: Tel. 0 41 85-80 00 54, Fax -70 74 08				●	●	●	●	●	
Brunautal-West **T**: Tel. 0 51 94-4 67, Fax -13 00 **R**: Tel. 0 51 94-98 55-0, Fax -98 55-20	●		●		●	●	●	●	
Brunautal-Ost **T**: Tel. 0 51 94-98 40-0, Fax -24 68 **R**: Tel. 0 51 94-98 98-0, Fax -98 98-20	●		●			●	●		●
Vorm Wietzenbruch **R**: Tel. 0 51 91-32 81, Fax -97 91 04		●			●	●	●	●	
Allertal-West **T + R**: Tel. 0 50 71-96 26-0, Fax -96 26 25	●	●			●	●	●	●	●
Allertal-Ost **T**: Tel. 0 50 71-22 63, Fax -91 35 22 **R**: Tel. 0 50 71-96 07 90, Fax -29 84	●	●			●	●	●	●	
Hannover-Wülferode West **T**: Tel. 05 11-9 52 49 16/17, Fax -52 26 94 **R**: Tel. 05 11-51 70 92, Fax -5 17 90 15	●	●			●	●	●	●	
Hannover-Wülferode Ost **T**: Tel. 05 11-95 45 50, Fax -9 54 55 45 **R**: Tel. 05 11-9 50 74 10, Fax -9 50 74 11	●	●			●	●	●	●	●
Hildesheimer Börde-West **T**: Tel. 0 51 21-3 33 22, Fax -3 70 82 **R**: Tel. 0 51 21-1 79 10 80, Fax -3 70 82	●	●				●	●	●	●
Hildesheimer Börde-Ost **T + K**: Tel. 0 51 21-3 24 44, Fax -3 31 05	●			●		●	●	●	●
Seesen-West **T + R**: Tel. 0 53 81-9 86 80, Fax -98 70 13	●	●				●	●	●	●
Seesen-Ost **T**: Tel. 0 53 81-82 10 + 82 90, Fax -82 10 **R**: Tel. 0 53 81-98 78-0, Fax -98 78 15	●	●				●	●	●	●
Göttingen-West **T**: Tel. 0 55 09-92 51-0, Fax -92 51 25 **R**: Tel. 0 55 09-92 00, Fax -92 01 57	●		●		●	●	●	●	●
Göttingen-Ost **T**: Tel. 0 55 09-92 50-0, Fax -92 50 15 **R**: Tel. 0 55 09-20 21, Fax -20 99	●		●		●	●	●	●	●

Tanken & Rasten

T = Tankstelle
R = Rastanlage
B = Bistro
H = Hotel
K = Kiosk

● = 24 Std. Service
○ = kein 24 Std. Service

	Tankstelle	Rasthaus/ Rasthof	Rasthaus mit Übernachtung	Kiosk mit WC	Kinderspielplatz	Babywickelraum	Behinderten WC	Dusche	Geldautomat
Kassel-West **T + R**: Tel. 05 61-58 33 99, Fax -58 24 41	●	●				●	●	●	
Kassel-Ost **T**: Tel. 05 61-58 58 00 00, Fax -9 58 29 25 **R**: Tel. 05 61-9 59 80, Fax -9 59 81 00	●		●		●	●	●	●	●
Hasselberg-West **T**: Tel. 0 56 85-2 30, Fax -16 24 **R**: Tel. 0 56 85-9 98 90, Fax -99 89 18	●	●			●	●	●	●	●
Hasselberg-Ost **T**: Tel. 0 56 85-2 20, Fax -10 89 **R**: Tel. 0 56 85-9 99 80, Fax -9 99 80 14	●	●			●	●	●	●	●
Kirchheim **T**: Tel. 0 66 25-51 16, Fax -53 93 **R**: Tel. 0 66 25-10 80, Fax -86 56	●		●			●	●	●	
Großenmoor-West **T**: Tel. 0 66 53-96 01-0, Fax -91 90 71 **R**: Tel. 0 66 53-2 94, Fax -13 24	●	●			●	●	●	●	
Großenmoor-Ost **T**: Tel. 0 66 53-2 92, Fax -5 16 **R**: Tel. 0 66 53-9 60 60, Fax -96 06 20	●	●			●	●	●	●	
Uttrichshausen-West **T**: Tel. 0 97 42-2 04, Fax -15 01 **R**: Tel. 0 97 42-3 49, Fax -15 80	●	●			●	●	●	●	●
Uttrichshausen-Ost **T + R**: Tel. 0 97 42-2 75, Fax -82 37	●	○					●		
Rhön-West **T**: Tel. 0 97 47-3 53, Fax -13 91	●					●	●	●	●
Rhön-Ost **T**: Tel. 0 97 47-3 23, Fax -16 03 **R**: Tel. 0 97 47-8 28, Fax -13 10	●	●			●	●	●	●	●
Riedener Wald-West **T**: Tel. 0 93 63-17 62, Fax -90 82 14 **R**: Tel. 0 93 63-7 01, Fax -64 86	●		●		●	●	●	●	●
Riedener Wald-Ost **T**: Tel. 0 93 63-9 08 30, Fax -90 83 14 **R**: Tel. 0 93 63-90 92-0, Fax -90 92 22	●		●		●	●	●	●	●
Ohrenbach-West **T**: Tel. 0 98 65-9 86 10, Fax -98 61 20 **R**: Tel. 0 98 65-98 61-14, Fax -98 61 20	●	●			●	●	●	●	
Ohrenbach-Ost **T + R**: Tel. 0 98 65-97 77-0, Fax -97 77 77	●	●			●	●	●	●	
Ellwanger Berge-West **T + R**: Tel. 0 79 61-91 62-0, Fax -91 62 22	●	●			●	●	●	●	
Ellwanger Berge-Ost **T + R**: Tel. 0 79 61-5 40 27, Fax -5 53 78	●	●			●	●	●	●	●
Lonetal-West **T + R**: Tel. 0 73 24-98 00 64, Fax -98 00 63	●	●			●	●	●	●	●
Lonetal-Ost **T + R**: Tel. 0 73 24-9 61 50, Fax -96 15 30	●	●			●	●	●	●	●
Illertal-West **T**: Tel. 0 73 54-71 08, Fax -10 80 **R**: Tel. 0 73 54-83 43, Fax -29 96	●	●			●	●	●	●	●
Illertal-Ost **T**: Tel. 0 73 54-5 76, Fax -25 38 **R**: Tel. 0 73 54-9 32 20, Fax -93 22 51	●	●			●	●	●	●	●
Allgäuer Tor-West **T + R**: Tel. 0 83 74-80 91, Fax -2 54 05	●	●				●	●	●	

Tanken & Rasten

T = Tankstelle
R = Rastanlage
B = Bistro
H = Hotel
K = Kiosk

● = 24 Std. Service
○ = kein 24 Std. Service

	Tankstelle	Rasthaus/ Rasthof	Rasthaus mit Übernachtung	Kiosk mit WC	Kinderspielplatz	Babywickelraum	Behinderten WC	Dusche	Geldautomat
Allgäuer Tor-Ost **T + R**: Tel. 0 83 74-58 40-0, Fax -58 40 17	●	●				●	●	●	

8

	Tankstelle	Rasthaus/ Rasthof	Rasthaus mit Übernachtung	Kiosk mit WC	Kinderspielplatz	Babywickelraum	Behinderten WC	Dusche	Geldautomat
Pforzheim **T**: Tel. 0 72 33-42 77, Fax -33 61 **R**: Tel. 0 72 33-9 64 10, Fax -96 41 55	●	●			●	●	●	●	●
Sindelfinger Wald **T**: Tel. 0 70 31-7 08 10, Fax -70 81 22 **R**: Tel. 0 70 31-7 08 30, Fax -70 83 20	●	●			●	●	●	●	●
Denkendorf **T**: Tel. 07 11-34 40 49, Fax -3 46 91 97 **R**: Tel. 07 11-9 34 45 34-0, Fax -9 34 45 34-45	●	●			●	●	●	●	
Gruibingen **T**: Tel. 0 73 35-96 97 30, Fax -9 69 73 30 **R**: Tel. 0 73 35-50 15, Fax -79 12	●	●			●	●	●	●	●
Aichen **T**: Tel. 0 73 37-4 90 **R**: Tel. 0 73 37-96 98 30, Fax -96 98 31	●	●			●	●	●	●	●
Leipheim **T**: Tel. 0 82 21-2 78 07 00, Fax -2 78 07 01 **R**: Tel. 0 82 21-2 78 00, Fax -2 78 02 43	●		●		●	●	●	●	●
Burgauer See **T**: Tel. 0 82 22-24 39, Fax -67 59 **R**: Tel. 0 82 22-49 81, Fax -79 73	●	○				●	●	●	●
Lüftenberg **K**: Tel. 0 82 94-14 76, Fax -90 26				●					
Edenbergen **T**: Tel. 08 21-48 34 55, Fax -48 59 67 **R**: Tel. 08 21-48 30 82, Fax -4 86 25 02	●		●		●	●	●	●	
Augsburg **T**: Tel. 08 21-70 70 72, Fax -70 82 98 **R**: Tel. 08 21-70 30 79, Fax -74 26 17	●	●				●	●	●	
Hofoldinger Forst **K**: Tel. 0 81 02-78 66 44, Fax -78 66 46				●		●			
Holzkirchen-Süd **T**: Tel. 0 80 24-12 27, Fax -27 75 **R**: Tel. 0 80 24-47 98 78, Fax -27 75	●	●				●	●	●	
Holzkirchen-Nord **T**: Tel. 0 80 24-12 37, Fax -4 96 87 **R**: Tel. 0 80 24-9 36 66, Fax -9 36 67	●	●			●	●	●	●	
Irschenberg **T**: Tel. 0 80 25-34 21, Fax -26 89 **R**: Tel. 0 80 25-70 16-0, Fax -52 50	●		●		●	●	●	●	●
Samerberg-Süd **T + R**: Tel. 0 80 32-55 60, Fax -17 47	●	○				●	●	●	
Samerberg-Nord **T + R**: Tel. 0 80 32-95 69-0, Fax -50 91	●	●				●	●	●	
Chiemsee **R**: Tel. 0 80 51-97 00 80, Fax -97 00 81		●				●			
Hochfelln-Süd **T**: Tel. 0 86 62-84 17, Fax -85 62 **R**: Tel. 0 86 62-48 59 50, Fax -48 59 51	●	●				●	●	●	
Hochfelln-Nord **T + R**: Tel. 0 86 62-84 16, Fax -32 82	●	●				●	●	●	

Tanken & Rasten

T = Tankstelle
R = Rastanlage
B = Bistro
H = Hotel
K = Kiosk

● = 24 Std. Service
○ = kein 24 Std. Service

	Tankstelle	Rasthaus/ Rasthof	Rasthaus mit Übernachtung	Kiosk mit WC	Kinderspielplatz	Babywickelraum	Behinderten WC	Dusche	Geldautomat
Bad Reichenhall-Süd **T + K**: Tel. 0 86 51-27 50, Fax -98 47 34	●			● ohne WC		●	●	●	●
Bad Reichenhall-Nord **T + K**: Tel. 0 86 51-26 50, Fax -98 46 58	●			● ohne WC		●			

9

	Tankstelle	Rasthaus/ Rasthof	Rasthaus mit Übernachtung	Kiosk mit WC	Kinderspielplatz	Babywickelraum	Behinderten WC	Dusche	Geldautomat
Fläming-West **T**: Tel. 03 38 43-4 04 60, Fax -4 04 64 **R**: Tel. 03 38 43-63 60, Fax -6 36 17	●	●			●	●	●	●	
Fläming-Ost **T**: Tel. 03 38 43-4 04 59, Fax -4 19 13 **R**: Tel. 03 38 43-63 50, Fax -6 35 37	●	●			●	●	●	●	
Köckern-West **T**: Tel. 03 49 54-3 93 17, Fax -3 98 71 **R**: Tel. 03 49 54-3 92 21, Fax -3 92 21	●	●			●	●	●	●	●
Köckern-Ost **T**: Tel. 03 49 54-3 92 37, Fax -3 93 13 **R**: Tel. 03 49 54-3 93 38, Fax -3 93 38	●	●			●	●	●	●	●
Osterfeld-West **T**: Tel. 03 44 45-2 02 62, Fax -2 14 07 **R**: Tel. 03 44 45-9 08 68, Fax -9 08 71	●	●			●	●	●	●	●
Osterfeld-Ost **T**: Tel. 03 44 45-2 02 63, Fax -2 02 73 **R**: Tel. 03 44 45-2 05 90, Fax -2 06 98	●	●			●	●	●	●	●
Hermsdorfer Kreuz-West **T**: Tel. 03 66 01-7 96 10, Fax -4 11 64 **R**: Tel. 03 66 01-8 29 61, Fax -8 28 60	●	●	●		●	●	●	●	
Hermsdorfer Kreuz-Ost **T + K**: Tel. 03 66 01-7 96 30, Fax -7 96 20	●			●		●	●	●	
Rodaborn **R**: Tel. 03 64 82-3 02 88, Fax -3 02 88		●				●		●	
Hirschberg **T**: Tel. 03 66 44-2 60 07, Fax -2 60 08 **H**: Tel. 03 66 44-2 49 56, Fax -2 49 27	●	●	●		●	●	●	●	●
Frankenwald-West **T**: Tel. 0 92 93-3 48, Fax -74 77 **R**: Tel. 0 92 93-94 00, Fax -9 40 40	●	●			●	●	●	●	●
Frankenwald-Ost **T**: Tel. 0 92 93-3 46, Fax -74 67 **R**: Tel. 0 92 93-94 00, Fax -9 40 40	●	●			●	●	●	●	●
Fränk. Schweiz/Pegnitz-West **T**: Tel. 0 92 41-48 49 90, Fax -48 49 99 **R**: Tel. 0 92 41-48 49 50, Fax -48 49 45	●	●			●	●	●	●	●
Fränk. Schweiz/Pegnitz-Ost **T**: Tel. 0 92 41-49 44-5 10, Fax -4 94 49 91 **R**: Tel. 0 92 41-49-44-0, Fax -49 44-3 03	●	●	●		●	●	●	●	●
Nürnberg/Feucht-West **T: Tel. 0 91 28-92 09 80, Fax -92 09 82** **R**: Tel. 0 91 28-34 44, Fax -23 43	●	●			●	●	●	●	●
Nürnberg/Feucht-Ost **T**: Tel. 0 91 28-54 96, Fax -1 45 89 **R**: Tel. 0 91 28-9 27 71 17, Fax -9 27 73 00	●		●		●	●	●	●	●
Greding-West **T**: Tel. 0 84 63-6 41 50, Fax -64 15 20 **R**: Tel. 0 84 63-6 42 60, Fax -64 26 30	●	●			●	●	●	●	●
Greding-Ost **T + K**: Tel. 0 84 63-2 39, Fax -98 77	●			● ohne WC		●	●		
Köschinger Forst-West **T + R**: Tel. 0 84 05-3 04, Fax -15 75	●	●			●	●	●	●	●

Tanken & Rasten

T = Tankstelle
R = Rastanlage
B = Bistro
H = Hotel
K = Kiosk

● = 24 Std. Service
○ = kein 24 Std. Service

Tanken & Rasten	Tankstelle	Rasthaus/ Rasthof	Rasthaus mit Übernachtung	Kiosk mit WC	Kinderspielplatz	Babywickelraum	Behinderten WC	Dusche	Geldautomat
Köschinger Forst-Ost **T**: Tel. 0 84 05-13 36 oder 13 03, Fax -6 11 **R**: Tel. 0 84 05-92 58-0, Fax -92 58-29	●	●			●	●	●	●	●
In der Holledau **T**: Tel. 0 84 41-80 15 50, Fax -80 15 53 **R**: Tel. 0 84 41-80 15 70, Fax -80 15 77 **H**: Tel. 0 84 41-8 01-1 00, Fax -8 01-4 98	●	●	●		●	●	●	●	
Fürholzen **T + R**: Tel. 0 81 65-95 57-0, Fax -95 57 57	●	●				●	●	●	●

10

Tanken & Rasten	Tankstelle	Rasthaus/ Rasthof	Rasthaus mit Übernachtung	Kiosk mit WC	Kinderspielplatz	Babywickelraum	Behinderten WC	Dusche	Geldautomat
Seeberg-West **T**: Tel. 0 33 42-78 96	●								
Seeberg-Ost **T**: Tel. 0 33 42-78 95, Fax -78 95	●			●					
Am Fichtenplan-Nord **T + K**: Tel. 03 37 64-2 19 68, Fax -2 19 69	●	○		●	●	●	●	●	
Am Fichtenplan-Süd **T + R**: Tel. 03 37 64-2 19 70	●	●			●	●	●	●	
Michendorf-Süd **T**: Tel. 03 32 05-4 51 54, Fax -4 51 54 **R**: Tel. 03 32 05-6 23 58, Fax -6 23 21	●	●				●	●	●	
Michendorf-Nord **T + R**: Tel. 03 32 05-5 40 01, Fax -5 40 02	●	●			●	●	●	●	●
Wolfslake-West **T**: Tel. 03 32 30-5 02 21, Fax -5 11 86	●					●	●	●	
Wolfslake-Ost **T + R**: Tel. 03 32 30-2 09 20, Fax -2 09 21	●	●				●	●	●	

11

Tanken & Rasten	Tankstelle	Rasthaus/ Rasthof	Rasthaus mit Übernachtung	Kiosk mit WC	Kinderspielplatz	Babywickelraum	Behinderten WC	Dusche	Geldautomat
Buckowsee-West **T + R**: Tel. + Fax 03 33 63-4 62 10, Fax -4 62 11	●	●				●	●	●	
Buckowsee-Ost **T + R**: Tel. 03 33 63-4 62 04, Fax -4 62 05	●	●							

12

Tanken & Rasten	Tankstelle	Rasthaus/ Rasthof	Rasthaus mit Übernachtung	Kiosk mit WC	Kinderspielplatz	Babywickelraum	Behinderten WC	Dusche	Geldautomat
Biegener Hellen-Süd **T**: Tel. 03 36 08-8 16 80, Fax -8 16 82	●					●	●		
Biegener Hellen-Nord **T**: Tel. 03 36 08-4 93 00, Fax -4 93 01	●					●	●		

13

Tanken & Rasten	Tankstelle	Rasthaus/ Rasthof	Rasthaus mit Übernachtung	Kiosk mit WC	Kinderspielplatz	Babywickelraum	Behinderten WC	Dusche	Geldautomat
Motzen **R + K**: Tel. 03 37 69-5 01 88, Fax -5 01 89		●		● ohne WC	●	●	●	●	
Freiwalde **K**: Tel. 03 54 74-7 21				●	●				
Berstetal **T + R**: Tel. 03 54 56-6 82-0, Fax -68 22 04	●	●				●	●	●	●
Rüblingsheide-West **T + R**: Tel. 03 54 56-6 83-0, Fax -6 83-2 04	●	●				●	●	●	●
Freienhufener Eck-West **T**: Tel. 03 57 54-75 20, Fax -75 28 **R**: Tel. 03 57 54-20 97, Fax -20 98	●	●			●	●	●	●	●
Freienhufener Eck-Ost **T**: Tel. 03 57 54-36 50/51, Fax -36 55 **R**: Tel. 03 57 54-20 76, Fax -12 23	●	●			●	●	●	●	●

Tanken & Rasten

T = Tankstelle
R = Rastanlage
B = Bistro
H = Hotel
K = Kiosk

● = 24 Std. Service
○ = kein 24 Std. Service

	Tankstelle	Rasthaus/ Rasthof	Rasthaus mit Übernachtung	Kiosk mit WC	Kinderspielplatz	Babywickelraum	Behinderten WC	Dusche	Geldautomat
14									
Plötzetal-West **T + R**: Tel. 03 46 91-2 32 14, Fax -2 32 13	●	●			●	●	●	●	●
Plötzetal-Ost **T + R**: Tel. 03 46 91-2 32 20, Fax -2 32 21	●	●			●	●	●	●	●
Strocken-Süd **T**: Tel. 01 61-1 31 48 10	●								
Strocken-Nord **T**: Tel. + Fax 03 43 62-3 13 99	●								
Hansens Holz **R**: Tel. 03 43 25-2 01 11, Fax -2 01 12		●			●	●	●	●	
19									
Recknitz-Niederung West **T + R**: Tel. 03 84 55-2 09 62, Fax -2 09 63	●	●			●	●	●	●	
Recknitz-Niederung Ost **T + R**: Tel. 03 84 55-2 09 52, Fax -2 09 53	●	●			●	●	●	●	
21									
Schackendorf-West **T**: Tel. 0 45 51-46 98, Fax 46 30	●							●	●
Schackendorf-Ost **T**: Tel. 0 45 51-43 51, Fax -64 85 **H**: Tel. 0 45 51-9 52 60, Fax -95 26 99	●		○			●		●	●
24									
Gudow-Süd **R**: Tel. 0 45 47-7 21, Fax -12 76		●				●	●	●	
Gudow-Nord **T**: Tel. 0 45 47-7 67, Fax -7 66 **R**: Tel. 0 45 47-7 21, Fax -12 76	●		●		●	●	●	●	●
Schaalsee **T**: Tel. 03 88 51-2 56 81/82, Fax -2 56 83	●					●	●	●	
Stolpe/Meckl.-Süd **T**: Tel. 03 87 25-2 02 16, Fax -2 02 24 **R**: Tel. 03 87 25-2 01 53, Fax -2 01 55	●	●			●	●	●	●	●
Stolpe/Meckl.-Nord **T**: Tel. 03 87 25-2 02 88, Fax -2 99 90 03 **R**: Tel. 03 87 25-2 02 94, Fax -2 02 89	●	●			●	●	●	●	●
Prignitz-West **R**: Tel. 0 33 94-43 31 10, Fax -43 31 20		●			●	●	●	●	
Prignitz-Ost **R**: Tel. 0 33 94-43 31 10, Fax -43 31 10		●			●	●	●	●	
Walsleben-West **T**: Tel. 03 39 20-6 93 37, Fax -6 93 41 **R**: Tel. 03 39 20-6 98 59, Fax -6 98 61	●	●			●	●	●	●	
Walsleben-Ost **T**: Tel. 03 39 20-6 92 91, Fax -6 93 31 **R**: Tel. 03 39 20-7 00 05	●	●			●	●	●	●	
Linumer Bruch-Süd **T**: Tel. 03 39 22-5 05 46, Fax -5 05 47 **R**: Tel. 03 39 22-6 09 35	●	●			●	●	●	●	
Linumer Bruch-Nord **T**: Tel. 03 39 22-5 05 38, Fax -5 05 48 **R**: Tel. 03 39 22-6 04 92	●	●			●	●	●	●	

Tanken & Rasten
T = Tankstelle
R = Rastanlage
B = Bistro
H = Hotel
K = Kiosk

● = 24 Std. Service
○ = kein 24 Std. Service

	Tankstelle	Rasthaus/ Rasthof	Rasthaus mit Übernachtung	Kiosk mit WC	Kinderspielplatz	Babywickelraum	Behinderten WC	Dusche	Geldautomat
Langwedel-Daverden Süd **T**: Tel. 0 42 32-30 60 20, Fax -30 60 24 **R**: Tel. 0 42 32-30 60 10, Fax -30 60 24	●	●			●	●	●	●	
Langwedel-Daverden Nord **T**: Tel. 0 42 32-30 60 50, Fax -30 60 54 **R**: Tel. 0 42 32-30 60 40, Fax -30 60 54	●	●			●	●	●	●	
28									
Hasbruch-Süd **T + R**: Tel. 0 42 22-93 21-0, Fax -93 21 20	●	●				●	●	●	
Hasbruch-Nord **T + R**: Tel. 0 42 22-9 30 30, Fax -93 03 20	●	○				●	●	●	
29									
Huntetal-West **T**: Tel. 0 44 07-92 74-0, Fax -92 74 13 **R**: Tel. 0 44 07-92 74 14, Fax -92 74 15	●	○				●	●	●	
Huntetal-Ost **T + R**: Tel. 0 44 07-58 00, Fax -65 01	●	○			●	●	●	●	
30									
Grönegau-Süd **T + R**: Tel. 0 54 22-4 20 10, Fax -4 20 09	●	●				●	●	●	
Grönegau-Nord **T + R**: Tel. 0 54 22-4 18 01, Fax -4 46 01	●	●				●	●	●	
39									
Rüningen-West **T + B**: Tel. 05 31-87 34 50, Fax -87 77 08	●			●					
Rüningen-Ost **T + B**: Tel. 05 31-87 45 28, Fax -87 75 61	●			○					
40									
Niederdorf **B**: Tel. 0 28 39-12 13, Fax -28 39 18 36				●		●	●	●	●
Ruhrschnellweg-Süd (Dückerweg) **T**: Tel. 0 23 27-3 49 78, Fax -3 50 20	●								
Ruhrschnellweg-Nord **T**: Tel. 0 23 27-32 86 46, Fax -32 86 45	●								
Bochum-Wattenscheider Str. **T**: Tel. + Fax 02 34-68 30 91	●								
Bochum-Darpestraße **T**: Tel. 02 34-9 57 95 78	●								
Rheinlanddamm **T**: Tel. 02 31-63 11 56, Fax -63 81 44	●								
43									
Hohe Mark-West **T + R**: Tel. 0 23 64-1 49 54, Fax -16 83 10	●	●			●	●	●	●	
Hohe Mark-Ost **T + R**: Tel. 0 23 64-1 49 53, Fax -1 49 50	●	●				●	●	●	●
44									
Lichtenbusch **R**: Tel. 0 24 08-34 90, Fax -31 16		●			●	●	●	●	●

Tanken & Rasten

T = Tankstelle
R = Rastanlage
B = Bistro
H = Hotel
K = Kiosk

● = 24 Std. Service
○ = kein 24 Std. Service

	Tankstelle	Rasthaus/ Rasthof	Rasthaus mit Übernachtung	Kiosk mit WC	Kinderspielplatz	Babywickelraum	Behinderten WC	Dusche	Geldautomat
Ruraue-Ost **B**: Tel. 0 24 61-5 03 99, Fax -5 03 99				●	●	●	●		
Ruraue-West **B**: Tel. 0 24 61-5 53 83, Fax -5 03 99				●	●	●	●		
Am Haarstrang-Süd **T + R**: Tel. 0 29 22-53 99, Fax -8 54 78	●	●				●	●	●	
Am Haarstrang-Nord **T + R**: Tel. 0 29 22-52 99, Fax -52 99	●	●				●	●		
Soester Börde-Süd **T + R**: Tel. 0 29 21-7 30 50, Fax -7 30 50	●	●				●	●	●	
Soester Börde-Nord **T + R**: Tel. 0 29 21-7 38 50, Fax -7 38 58	●	●				●	●	●	●
Am Biggenkopf-Süd **T + R**: Tel. 0 56 42-9 81 00, Fax -98 10 20	●	●				●	●	●	
Am Biggenkopf-Nord **T + R**: Tel. 0 56 42-98 29 20, Fax -9 82 92 15	●	●				●	●	●	
Bühleck-Süd **T + B**: Tel. 0 56 06-39 02, Fax -22 44	●			●			●		●
Bühleck-Nord **T**: Tel. 0 56 06-81 24, Fax -88 31	●						●		

45

	Tankstelle	Rasthaus/ Rasthof	Rasthaus mit Übernachtung	Kiosk mit WC	Kinderspielplatz	Babywickelraum	Behinderten WC	Dusche	Geldautomat
Rölveder Mühle **K**: Tel. 0 23 37-84 03, Fax -26 32				●		●	●	●	
Kaltenborn **K**: Tel. 0 23 37-84 08, Fax -23 57				●			●	●	
Sauerland-West **T**: Tel. 0 23 51-44 00, Fax -44 00 **R**: Tel. 0 23 51-9 38 30, Fax -93 83 33	●	●			●	●	●	●	
Sauerland-Ost **T**: Tel. 0 23 51-44 30, Fax -45 97 68 **R**: Tel. 0 23 51-9 38 20, Fax -93 82 20	●	●			●	●	●	●	
Siegerland-West **T**: Tel. 0 27 34-6 13 74, Fax -5 51 45 **R**: Tel. 0 27 34-5 76 30, Fax -57 63 33	●	●			●	●	●	●	
Siegerland-Ost **T**: Tel. 0 27 34-6 10 30, Fax -6 10 80 **H**: Tel. 0 27 34-5 75 00, Fax -57 50 35	●		●		●	●	●	●	●
Dollenberg **T**: Tel. 0 27 72-4 04 80, Fax -4 02 82 **R**: Tel. 0 27 72-9 28 30, Fax -92 83 34	●	●			●	●	●	●	●
Katzenfurt **T**: Tel. 0 64 49-60 18, Fax -60 19 **R**: Tel. 0 64 49-3 69, Fax -60 95	●	●			●	●		●	
Langen-Bergheim West **T + R**: Tel. 0 61 85-73 14, Fax -75 14	●	●				●	●	●	
Langen-Bergheim Ost **T + R**: Tel. 0 61 85-73 13, Fax -73 23	●	●				●	●	●	●

46

	Tankstelle	Rasthaus/ Rasthof	Rasthaus mit Übernachtung	Kiosk mit WC	Kinderspielplatz	Babywickelraum	Behinderten WC	Dusche	Geldautomat
Vierwinden-Süd **T**: Tel. 0 21 82-14 60, Fax -1 81 10 **R**: Tel. 0 21 82-14 69, Fax -1 08 32	●	●				●	●	●	
Vierwinden-Nord **T + R**: Tel. 0 21 82-14 68, Fax -1 06 71	●	○				●	●	●	
Wuppertal-Barmen Süd **T + R**: Tel. 02 02-52 25 33, Fax -5 28 81 55	●	○		●					

Tanken & Rasten **T** = Tankstelle **R** = Rastanlage **B** = Bistro **H** = Hotel **K** = Kiosk	Tankstelle	Rasthaus/ Rasthof	Rasthaus mit Übernachtung	Kiosk mit WC	Kinderspielplatz	Babywickelraum	Behinderten WC	Dusche	Geldautomat
		● = 24 Std. Service ○ = kein 24 Std. Service							
Wuppertal-Barmen Nord **T + R**: Tel. 02 02-52 20 03, Fax -52 15 38	●	○							

48

	Tankstelle	Rasthaus/ Rasthof	Rasthaus mit Übernachtung	Kiosk mit WC	Kinderspielplatz	Babywickelraum	Behinderten WC	Dusche	Geldautomat
Elztal-Süd **T + R**: Tel. 0 26 51-9 85 50, Fax -90 05 22	●	●			●	●	●	●	
Elztal-Nord **T + R**: Tel. 0 26 51-66 40, Fax -7 86 51	●	●			●	●	●	●	
Grenzau **K**: Tel. 026 24-32 15, Fax -32 15				●			●	●	

49

	Tankstelle	Rasthaus/ Rasthof	Rasthaus mit Übernachtung	Kiosk mit WC	Kinderspielplatz	Babywickelraum	Behinderten WC	Dusche	Geldautomat
Holzhausen-West **T**: Tel. 0 56 65-63 88, Fax -96 12 90	●								
Holzhausen-Ost **T**: Tel. 0 56 65-64 54, Fax -96 12 89	●								

52

	Tankstelle	Rasthaus/ Rasthof	Rasthaus mit Übernachtung	Kiosk mit WC	Kinderspielplatz	Babywickelraum	Behinderten WC	Dusche	Geldautomat
Cloerbruch-Süd **T + R**: Tel. 0 21 54-85 00, Fax -95 26 98	●	●				●	●	●	
Cloerbruch-Nord **T + R**: Tel. 0 21 54-8 00 29, Fax -8 00 20	●	○				●	●	●	
Ratingen West **T + B:** Tel. 0 21 02-44 42 64, Fax -44 71 66	●			○					
Ratingen Ost **T + B**: Tel. 0 21 02-44 40 32, Fax -44 71 66	●			●					

57

	Tankstelle	Rasthaus/ Rasthof	Rasthaus mit Übernachtung	Kiosk mit WC	Kinderspielplatz	Babywickelraum	Behinderten WC	Dusche	Geldautomat
Geismühle-West **T**: Tel. 0 21 51-54 49 47, Fax -54 21 81 **R**: Tel. 0 21 51-54 49 48, Fax -54 49 61	●	●		●	●	●	●	●	
Geismühle-Ost **T + K**: Tel. 0 21 51-54 49 40, Fax -54 52 95	●			●		●	●	●	
Nievenheim-West **T + R**: Tel. 0 21 33-7 05 50, Fax -7 27 20	●	●				●	●	●	
Nievenheim-Ost **T + R**: Tel. 0 21 33-7 05 59, Fax -7 11 30	●	●				●	●	●	

59

	Tankstelle	Rasthaus/ Rasthof	Rasthaus mit Übernachtung	Kiosk mit WC	Kinderspielplatz	Babywickelraum	Behinderten WC	Dusche	Geldautomat
Schloss Röttgen-West **T + R**: Tel. 0 22 03-3 56 24, Fax -30 73 90	●	●							
Schloss Röttgen-Ost **T + R**: Tel. + Fax 0 22 03-3 56 23	●	●							

60

	Tankstelle	Rasthaus/ Rasthof	Rasthaus mit Übernachtung	Kiosk mit WC	Kinderspielplatz	Babywickelraum	Behinderten WC	Dusche	Geldautomat
Heidenfahrt **T + R**: Tel. 0 61 32-5 65 39, Fax -5 65 38	●	○				●	●	●	

61

	Tankstelle	Rasthaus/ Rasthof	Rasthaus mit Übernachtung	Kiosk mit WC	Kinderspielplatz	Babywickelraum	Behinderten WC	Dusche	Geldautomat
Peppenhoven-West **T + R**: Tel. 0 22 26-20 31, Fax -1 41 63	●	●				●	●	●	●
Peppenhoven-Ost **T + R**: Tel. 0 22 26-1 39 30, Fax -1 49 08	●	●				●	●	●	

Tanken & Rasten

T = Tankstelle
R = Rastanlage
B = Bistro
H = Hotel
K = Kiosk

● = 24 Std. Service
○ = kein 24 Std. Service

	Tankstelle	Rasthaus/ Rasthof	Rasthaus mit Übernachtung	Kiosk mit WC	Kinderspielplatz	Babywickelraum	Behinderten WC	Dusche	Geldautomat
Brohltal-West **T**: Tel. 0 26 36-9 74 19, Fax -97 41 30 **R**: Tel. 0 26 36-97 41 29, Fax -62 21	●	●			●	●	●	●	●
Brohltal-Ost **T**: Tel. 0 26 36-64 24, Fax -78 60 **R**: Tel. 0 26 36-60 74, Fax -72 20	●	●			●	●	●	●	
Winningen-West **K**: Tel. 0 26 06-14 11				●			●		
Winningen-Ost **K**: Tel. 0 26 06-14 12				●			●		
Mosel-West **T + R**: Tel. 0 26 07-97 22 05, Fax -97 22 04	●	●				●	●	●	●
Mosel-Ost **T + R**: Tel. 0 26 07-7 68, Fax -47 39	●	●				●	●	●	
Hunsrück-West **T**: Tel. 0 67 24-85 64, Fax -9 52 16 **R**: Tel. 0 67 24-33 27, Fax -68 20	●	●				●	●	●	
Hunsrück-Ost **T + R:** : Tel. 0 67 24-33 35, Fax -30 79	●	●				●	●	●	●
Wonnegau-West **T**. Tel. 0 62 41-71 00, Fax -71 09 **R**: Tel. 0 62 41-97 81 80, Fax -9 78 18 20	●	●				●	●	●	●
Wonnegau-Ost **T + R**: Tel. 0 62 41-72 02, Fax -7 83 80	●	●				●	●	●	
Dannstadt-West **T + R**: Tel. 0 62 31-25 42, Fax -73 07	●	●				●	●	●	
Dannstadt-Ost **T + R**: Tel. 0 62 31-91 51 56, Fax -58 80	●	●				●	●	●	●

65

	Tankstelle	Rasthaus/ Rasthof	Rasthaus mit Übernachtung	Kiosk mit WC	Kinderspielplatz	Babywickelraum	Behinderten WC	Dusche	Geldautomat
Pfälzer Weinstraße-West **T + R**: Tel. 0 63 23-94 04 12, Fax -94 04 21	●	●			●	●	●	●	
Pfälzer Weinstraße-Ost **T + R**: Tel. 0 63 23-98 07 46, Fax -8 17 57	●	●				●	●	●	

66

	Tankstelle	Rasthaus/ Rasthof	Rasthaus mit Übernachtung	Kiosk mit WC	Kinderspielplatz	Babywickelraum	Behinderten WC	Dusche	Geldautomat
Wiesbaden-Erbenheim Süd **T**: Tel. 06 11-70 07 10, Fax -9 72 15 57	●								
Wiesbaden-Erbenheim Nord **T**: Tel. 06 11-71 83 00, Fax -9 72 15 61	●								
Weilbach-Süd **T**: Tel. 0 61 90-24-24 32, Fax -54 81 **R**: Tel. 0 61 90-68 40, Fax -46 03	●	●					●	●	
Weilbach-Nord **T**: Tel. 0 61 90/40 57, Fax -18 63	●								
Hattersheim **K**: Tel. 0 61 90-25 65				●			●		
Kriftel **K**: Tel. 0 61 92-79 95, Fax -79 95				●			●		
Frankfurt a. M.-Süd **T**: Tel. 0 69-31 92 55	●								
Frankfurt a. M.-Nord **T**: Tel. 0 69-33 99 37 60, Fax -3 39 93 76 66	●								

Tanken & Rasten

T = Tankstelle
R = Rastanlage
B = Bistro
H = Hotel
K = Kiosk

● = 24 Std. Service
○ = kein 24 Std. Service

Tanken & Rasten	Tankstelle	Rasthaus/ Rasthof	Rasthaus mit Übernachtung	Kiosk mit WC	Kinderspielplatz	Babywickelraum	Behinderten WC	Dusche	Geldautomat
67									
Büttelborn **T**: Tel. 0 61 52-50 80, Fax -50 80	●						●	●	
Pfungstadt-West **T**: Tel. 0 61 57-29 12, Fax -8 55 31 **R**: Tel. 0 61 57-30 33, Fax -8 55 31	●	●			●	●		●	
Pfungstadt-Ost **T**: Tel. 0 61 57-32 01, Fax -32 01 **H**: Tel. 0 61 57-30 31, Fax -24 26	●		●		●	●	●	●	
Lorsch-West **T + R**: Tel. 0 62 51-5 72 06, Fax -58 75 31	●	●				●	●	●	
Lorsch-Ost **T**: Tel. 0 62 51-5 22 83, Fax -94 32 85 **R**: Tel. 0 62 51-5 71 55, Fax -58 75 56	●	●				●	●	●	
81									
Ob der Tauber-West **T + R**: Tel. 0 93 46-9 21 60, Fax -92 16 60	●	●				●	●	●	
Ob der Tauber-Ost **T + R**: Tel. 0 93 46-9 21 70, Fax -92 17 70	●	●				●	●	●	
Jagsttal-West **T**: Tel. 0 62 98-56 56, Fax -56 56	●					●	●	●	
Jagsttal-Ost **T + R**: Tel. 0 62 98-56 46, Fax -41 89	●	●				●	●	●	
Wunnenstein-West **T**: Tel. 0 70 62-41 80 **R**: Tel. 0 70 62-42 03, Fax -2 28 59	●	●			●	●	●	●	
Wunnenstein-Ost **T**: Tel. 0 70 62-41 70, Fax -2 35 83 **R**: Tel. 0 70 62-9 25 60, Fax -92 56 25	●	●			●	●	●	●	●
Sindelfinger Wald **T**: Tel. 0 70 31-7 08 10, Fax -70 81 22 **R**: Tel. 0 70 31-7 08 30, Fax -70 83 20	●	●			●	●	●	●	●
Schönbuch-West **T + R**: Tel. 0 70 32-9 88 80, Fax -98 88 77	●	●			●	●	●	●	
Schönbuch-Ost **T + R**: Tel. 0 70 32-9 58 80, Fax -95 88 15	●	●			●	●	●	●	
Neckarburg-West **T + R**: Tel. 07 41-74 53, Fax -4 09 42	●	●			●	●	●	●	●
Neckarburg-Ost **T + R**: Tel. 07 41-88 94, Fax -5 12 75	●	●			●	●	●	●	●
Im Hegau-West **T**: Tel. 0 77 33-94 01 31, Fax -94 01 22 **R**: Tel. 0 77 33-9 40 10, Fax -94 01 22	●		●		●	●	●	●	●
93									
Pentling **T + R**: Tel. 0 94 05-55 96, Fax -63 22	●	●			●	●	●	●	●
Inntal-West **T**: Tel. 0 80 34-18 00, Fax -32 04 **R**: Tel. 0 80 34-23 83, Fax -23 48	●		●			●	●	●	
Inntal-Ost **T + K**: Tel. 0 80 34-6 64, Fax -6 64	●			● ohne WC					
Kiefersfelden **K**: Tel. 0 80 33-85 54				●					
95									
Höhenrain-West **T + R**: Tel. 0 81 71-2 19 20, Fax -21 92 13	●	○				●	●	●	

Tanken & Rasten **T** = Tankstelle **R** = Rastanlage **B** = Bistro **H** = Hotel **K** = Kiosk	Tankstelle	● = 24 Std. Service ○ = kein 24 Std. Service Rasthaus/Rasthof	Rasthaus mit Übernachtung	Kiosk mit WC	Kinderspielplatz	Babywickelraum	Behinderten WC	Dusche	Geldautomat
Höhenrain-Ost **T + R**: Tel. 0 81 71-21 92-0, Fax -21 92 13	●	○				●	●	●	
96									
Lechwiesen-Süd **T + R**: Tel. 0 81 91-94 12 54, Fax -94 12 55	●	●			●	●	●	●	
Lechwiesen-Nord **T + R**: Tel. 0 81 91-94 12 57, Fax -94 12 58	●	●				●	●	●	
99									
Vaterstetten-West **T + R**: Tel. 0 81 06-35 20-0, Fax -35 20 11	●	●				●	●	●	
Vaterstetten-Ost **T + R**: Tel. 0 81 06-70 96, Fax -3 41 06	●	●				●	●	●	
111									
Stolper Heide **T**: Tel. 0 33 02-49 38 44, Fax -49 38 50	●					●	●	●	●
113									
Waldeck-West **T + R**: Tel. 03 37 62-6 02 80, Fax -6 02 82	●	●			●	●	●	●	●
Waldeck-Ost **T**: Tel. 03 37 62-6 02 77, Fax -6 02 79	●					●	●	●	●
115									
Avus **T**: Tel. 0 30-3 02 49 29 **R**: Tel. 0 30-3 02 70 80, Fax -3 02 91 36	●	●	●			●		●	
Grunewald **T**: Tel. 0 30-8 03 72 33, Fax -80 40 26 07 **R**: Tel. 0 30-80 30 40, Fax -80 30 41 00	●		●		●	●	●	●	
Dreilinden **K**: Tel. 0 30-8 03 40 04				●			●	●	
280									
Bunderneuland **T + R**: Tel. 0 49 53-99 01 50, Fax -99 01 51	●	○					●	●	●
648									
Frankfurt-Wiesbadener Straße Süd **T**: Tel. 0 69-77 63 66	●								
Frankfurt-Wiesbadener Straße Nord **T**: Tel. 0 69-78 10 46, Fax -30 10 58	●								
661									
Taunus-Schnellweg Süd **T**: Tel. 0 61 72-90 34 20	●								
Taunus-Schnellweg Nord **T**: Tel. 0 61 72-90 34 10, Fax -2 12 66	●								

Autohöfe

T = Tankstelle
R = Rastanlage
H = Hotel
K = Kiosk

● = 24 Std. Service
○ = kein 24 Std. Service

1

Anschlussstelle	Autohöfe	Tankstelle	Rasthaus/ Rasthof	Rasthaus mit Übernachtung	Kiosk mit WC	Kinderspielplatz	Babywickelraum	Behinderten WC	Dusche	Geldautomat	Reisebusse	Werkstatt
25	Autohof Reinfeld/Holstein **T**: Tel. + Fax 0 45 33-79 12 03	●							●			
34	Autohof HH-Moorfleet **T + R**: Tel. 0 40-78 07 99 95, Fax -78 07 95 49	●	●				●		●			
47	Sittensen **T + R**: Tel. 0 42 82-20 21 24, Fax -33 51	●	●				●	●			●	
49	Autohof Bockel **T + R**: Tel. 0 42 86-9 51 20, Fax -9 51 21	●	●					●	●			
57	Autohof Brinkum-Stuhr **T + R**:Tel. 04 21-87 30 31, Fax -87 30 89	●	●						●			
58	Autohof Groß-Mackenstedt **T**: Tel. 0 42 06-16 46, Fax -98 39 **R**: Tel. 0 42 06-16 47, Fax -98 39	●	○						●	●	●	
64	Oldenburger Münsterland **T + R**: Tel. 0 44 46-4 66, Fax -4 73	●	●					●	●		●	●
66	Agip Autohof Holdorf **T + R**: Tel. 0 54 94-9 19 90, Fax -91 99 18	●	●			●	●	●	●	●	●	
71	Koch International Osnabrück **T + R**: Tel. 05 41-12 16 84 58, Fax -12 63 88	●		●				●	●		●	●
104	BP Truckstop Frechen **T + H**: Tel. 0 22 34-95 70 90, Fax -4 23 37	●		●			●	●	●	●	●	

2

Anschlussstelle	Autohöfe	Tankstelle	Rasthaus/ Rasthof	Rasthaus mit Übernachtung	Kiosk mit WC	Kinderspielplatz	Babywickelraum	Behinderten WC	Dusche	Geldautomat	Reisebusse	Werkstatt
18	Autohof Hamm **T + R**: Tel. 0 23 85-23 93, Fax 38 11	●	○						●			
37	Lauenau **T + R**: Tel. 0 50 43-91 01-0, Fax -91 01-20 **H**: Tel. 0 50 43-91 01-0, Fax -91 01-20	●	●	●			●	●	●	●	●	●
38	Elf Autohof Bad Nenndorf **T**: Tel. 0 51 05-51 49 23, Fax -51 49 24	●										
44	Autohof Hannover **T**: Tel. 05 11-3 52 14 89, Fax -3 53 70 22	●										
52	Peine **T + R**: Tel. 0 51 71-7 65 30, Fax -76 53 19	●	●			●	●	●	●	●	●	●
54	DEA Autohof MHB **T + R**: Tel. 05 31-31 61 84, Fax -31 61 88	●	●						●	●	●	●
55	Autohof Braunschweig **T + R**: Tel. 05 31-32 15 74, Fax -32 15 75	●	●									
57	Autohof Lehre-Wendhausen **T**: Tel. 0 53 09-99 00-0, Fax -99 00-10 **R**: Tel. 0 53 09-99 00-21, Fax -99 00-20	●	●				●	●	●	●	●	
65	Rasthof Uhrsleben **T**: Tel. 03 90 52-9 60 25, Fax -74 90 **R**: Tel. 03 90 52-96 00, Fax -9 60 10	●		●				●	●		●	●
67	Autohof Hohenwarsleben/LOMO **T + R**: Tel. 03 92 04-59 50, Fax -59 53 00	●	●						●	●	●	●
75	Euro Rastpark Theeßen **T + R**: Tel. 0 39 21-9 33 00, Fax -93 30 39 **H**: Tel. 0 39 22-3 95 00	●	●	○			●	●	●	●	●	●
76	Autohof Ziesar-Schopsdorf **T**: Tel. 0 39 21-95 92 00, Fax -95 92 23	●		●			●	●	●	●	●	

3

Anschlussstelle	Autohöfe	Tankstelle	Rasthaus/ Rasthof	Rasthaus mit Übernachtung	Kiosk mit WC	Kinderspielplatz	Babywickelraum	Behinderten WC	Dusche	Geldautomat	Reisebusse	Werkstatt
4	Autohof Isselburg/LOMO **T**: Tel. 0 28 74-9 56 83, Fax -9 56 84 **R**: Tel. 0 28 74-94 28 60, Fax -94 28 61	●	●					●	●		●	
58	PAM Autohof Kleinostheim **T + R**: Tel. 0 60 27-86 37, Fax -95 54	●	●						●		●	
66	Autohof Wertheim **T + R**: Tel. 0 93 42-9 33 00, Fax -93 30-30	●	●			●	●	●	●	●	●	●
72	Autohof Rottendorf-Dettelbach Mainfrankenpark **T + R**: Tel. 0 93 02-93 21 00, Fax -93 21 19	●	●				●	●	●		●	
75	Autohof Rüdenhausen/LOMO **T + R**: Tel. 0 93 83-97 59-0, Fax -97 59 30	●	●						●	●	●	

Anschlussstelle	Autohöfe T = Tankstelle R = Rastanlage H = Hotel K = Kiosk	Tankstelle	Rasthaus/ Rasthof	Rasthaus mit Übernachtung	Kiosk mit WC	Kinderspielplatz	Babywickelraum	Behinderten WC	Dusche	Geldautomat	Reisebusse	Werkstatt
			● = 24 Std. Service ○ = kein 24 Std. Service									
6	**Strohofer GmbH Geiselwind** **T**: Tel. 0 95 56-1 80, Fax -1 81 89 **R**: Tel. 0 95 56-1 81 33, Fax -1 81 89 **H**: Tel. 0 96 56-1 86 00, Fax -1 86 03	●	●	●			●	●	●	●	●	
7	**Autohof Schlüsselfeld** **T**: Tel. 0 95 52-4 44, Fax -62 21	●							●			
4	**Autohof Tennenlohe** **T**: Tel. 0 91 31-60 21 51, Fax -60 21 62 **R**: Tel. 0 91 31-60 28 92, Fax -61 51 85	●	○						●	●	●	
94	**Autohof Parsberg** **T + R**: Tel. 0 94 92-77 15, Fax -75 16	●	●				●	●	●			
01	**Euro Rastpark Regensburg-Ost** **T + R**: Tel. 09 41-7 88 99-0, Fax -7 88 99-10	●	●				●	●	●	●	●	●
03	**Rast-Treff-Rosenhof** **T + R**: Tel. 0 94 01-92 52 20, Fax -92 52 29	●	○					●	●			
11	**Euro Rastpark Hengersberg** **T**: Tel. 0 99 01-30 01, Fax -14 80 **R**: Tel. 0 99 01-9 30 00, Fax -14 80	●		●					●		●	●

4

Anschlussstelle	Autohöfe	Tankstelle	Rasthaus/ Rasthof	Rasthaus mit Übernachtung	Kiosk mit WC	Kinderspielplatz	Babywickelraum	Behinderten WC	Dusche	Geldautomat	Reisebusse	Werkstatt
1	**Autohof Eifeltor, Köln-Süd** **T + R**: Tel. 02 21-9 36 24 43, Fax -9 36 23 23	●	●					●	●	●		
32	**Autohof Bad Hersfeld/LOMO** **T**: Tel. + Fax 0 66 21-91 96 62 **R**: Tel. 0 66 21-34 71, Fax -34 71	●	○						●		●	
39	**Autohof Eisenach-Nord/LOMO** **T**: Tel. 0 36 91-6 88-10, Fax -6 88 11 **R**: Tel. + Fax 0 36 91-6 88 33	●	●						●	●	●	
39	**Autohof Eisenach-Süd/LOMO** **T**: Tel. 0 36 91-6 88-20, Fax -6 88 22 **R**: Tel. 0 36 91-6 88 61, Fax -6 88 33	●	●						●	●	●	
42	**Autohof Gotha/LOMO** **T**: Tel. + Fax 0 36 21-40 32 51	●							●	●		
42	**Autohof Thüringer Tor-Süd** **T**: Tel. 03 62 56-24 50, Fax -2 45 20 **R**: Tel. 03 62 56-2 01 30, Fax -2 01 31	●	●					●	●	●	●	
44	**Autohof Ichtershausen** **T + R**: Tel. 03 62 02-2 04 09, Fax -2 04 11	●	●					●	●	●		
48	**Autohof Erfurt-Linderbach** **T**: Tel. 03 61-4 90 03 09, Fax -4 90 03 08	●						●				
50	**Autohof Apolda-Mellingen** **T**: Tel. 03 64 53-8 06 30, Fax -8 06 29	●										
55	**Autohof Stadtroda** **T + R**: Tel. 03 64 28-5 20 00, Fax -5 20 20	●	●				●	●	●	●		
56a	**Autohof Hermsdorf-Ost** **T**: Tel. 03 66 01-54 00, Fax -5 40 20 **R**: Tel. 03 66 01-79 60, Fax -7 96 40	●	●				●	●	●	●	●	
60	**Autohof Löbichau** **T**: Tel. 03 66 02-3 47 01, Fax -3 47 02 **R**: Tel. 03 66 02-9 21 90, Fax -9 21 91	●	●					●	●			
60	**Autohof Ronneburg** **T**: Tel. 03 66 02-6 63 64, Fax -6 63 63 **R**: Tel. 03 66 02-6 63 69, Fax -6 63 71	●	○					●	●			
73	**Autohof Hainichen** **T + R**: Tel. 03 72 07-5 53 05, Fax -5 53 06	●	●				●	●	●		●	
79	**Autohof Dresden-Neustadt** **T + R**: Tel. 03 51-8 59 07 34, Fax -8 59 07 35	●	●						●			

5

Anschlussstelle	Autohöfe	Tankstelle	Rasthaus/ Rasthof	Rasthaus mit Übernachtung	Kiosk mit WC	Kinderspielplatz	Babywickelraum	Behinderten WC	Dusche	Geldautomat	Reisebusse	Werkstatt
2	**Shell Autohof Dreiländereck** **T + R**: Tel. 0 76 21-60 19, Fax -6 56 08	●	●					●	●		●	●

Anschlussstelle	Autohöfe T = Tankstelle R = Rastanlage H = Hotel K = Kiosk	Tankstelle	● = 24 Std. Service ○ = kein 24 Std. Service Rasthaus/Rasthof	Rasthaus mit Übernachtung	Kiosk mit WC	Kinderspielplatz	Babywickelraum	Behinderten WC	Dusche	Geldautomat	Reisebusse	Werkstatt
3	Autohof Alsfeld-West **T:** Tel. 0 66 31-80 08 50, Fax -80 08 51 **R**: Tel. 0 66 31-78 30, Fax -14 00	●	●									
6	Maxi-Autohof Mücke **T + R**: Tel. 0 64 01-22 29-0, Fax -22 29-11	●	●			●	●		●	●	●	
10	Autohof Kranburgard **T**: Tel. 0 64 04-66 33 40, Fax -66 33 44											●
30	Autohof Bensheim **T + R:** Tel. 0 62 51-58 17 34, Fax -58 17 36	●	○						●			
42	Aral Autohof Bruchsal **T + R**: Tel. 0 72 51-9 12 70, Fax -91 27 30	●	●						●		●	
42	Shell Autohof Bruchsal **T**: Tel. 0 72 51-5 59 32 **R**: Tel. 0 72 51-30 03 22, Fax -8 64 42	●	●						●	●	●	
53	Euro Rastpark Achern **T**: Tel. 0 78 41-62 91-60, Fax -62 91-67 **R**: Tel. 0 78 41-62 91 60, Fax -62 91 70	●	●				●	●	●	●	●	●
57	Autohof Kappel-Grafenhausen **T + R**: Tel. 0 78 22-8 63 60, Fax -86 36 15	●		●				●	●	●	●	
57	Autohof Mahlberg **T + R**: Tel. 0 78 22-90 57, Fax -83 20	●	●					●	●	●		●
58	Autohof Herbolzheim **T**: Tel. 0 76 43-9 11 00, Fax -91 10 20 **R**: Tel. 0 76 43-91 10 14, Fax -91 10 15 **H**: Tel. 0 76 43-4 00 31, Fax -4 00 38	●	●	●			●	●	●	●	●	
64a	Autohof Bremgarten Bad Krozingen **T + R**: Tel. 0 76 33-9 58 02 30, Fax -9 58 02 44	●	●				●	●	●	●	●	
65	Autohof Neuenburg **T + R**: Tel. 0 76 31-70 06 05, Fax -70 06 06	●	●					●	●			

6

Anschlussstelle	Autohöfe	Tankstelle	Rasthaus/Rasthof	Rasthaus mit Übernachtung	Kiosk mit WC	Kinderspielplatz	Babywickelraum	Behinderten WC	Dusche	Geldautomat	Reisebusse	Werkstatt
13	Autohof Ramstein **T + R**: Tel. 0 63 71-9 22 40, Fax -92 24 22	●	●				●	●	●	●	●	
23	Autohof Ludwigshafen **T**: Tel. 06 21-6 60 02 60 **R**: Tel. 06 21-66 42 32, Fax -6 69 41 38	●	●						●		●	●
33/34	Autohof Sinsheim **T**: Tel. 0 72 61-6 34 22, Fax: -6 23 98 **R**: Tel. 0 72 61-48 13, Fax: -1 64 24	●	●						●	●	●	
45	Autohof Kirchberg **T + R**: Tel. 0 79 04-94 04 91, Fax -94 04 93	●	●				●	●	●		●	
46	Euro Rastpark Crailsheim-Satteldorf **T + R**: Tel. 0 79 51-96 90-0, Fax -96 90-50	●	●				●	●	●		●	●
50	Autohof Aurach **T + R**: Tel. 0 98 04-8 02, Fax -14 55	●	●				●	●	●		●	●
51	Autohof Herrieden **T + R**: Tel. 0 98 25-92 97 90, Fax -9 29 79 98	●	●					●	●			
52	Autohof Ansbach **T + R**: Tel. 09 81-97 18 80, Fax -9 71 88 18	●	●			●	●	●	●	●		
63	Autohof Alfeld **T + R**: Tel. 0 91 57-9 51 70, Fax -9 51 71	●	○				●	●	●		●	●
65	Autohof Amberg **T + R**: Tel. 0 96 21-4 94 40, Fax -49 44 30	●	●						●		●	

7

Anschlussstelle	Autohöfe	Tankstelle	Rasthaus/Rasthof	Rasthaus mit Übernachtung	Kiosk mit WC	Kinderspielplatz	Babywickelraum	Behinderten WC	Dusche	Geldautomat	Reisebusse	Werkstatt
6	Autohof Wikinger Land **T + R**: Tel. 0 46 21-3 03 10, Fax -30 31 10	●	●						●	●	●	●
15	Autohof Neumünster-Süd **T**: Tel. 0 43 21-9 98 30, Fax -99 83 20 **R**: Tel. 0 43 21-98 97 97	●	○						●			

Anschlussstelle	Autohöfe **T** = Tankstelle **R** = Rastanlage **H** = Hotel **K** = Kiosk	Tankstelle	● = 24 Std. Service ○ = kein 24 Std. Service Rasthaus/ Rasthof	Rasthaus mit Übernachtung	Kiosk mit WC	Kinderspielplatz	Babywickelraum	Behinderten WC	Dusche	Geldautomat	Reisebusse	Werkstatt
30	Autohof Altenwerder **T**: Tel. 0 40-7 40 00 40, Fax -7 40 27 79 **R**: Tel. 0 40-74 00 04 11, Fax -7 40 27 79	●	○						●			
45	Autohof Soltau **T**: Tel. 0 51 91-97 74 78, Fax -97 74 79 **R**: Tel. 0 51 91-60 66 55, Fax -97 74 79	●	●				●	●			●	
50	Truckstop Schwarmstedt **T + R**: Tel. 0 50 71-8 06-0, Fax -8 06-60	●	●				●	●	●	●	●	
52	Autohof Mellendorf **T**: Tel. 0 51 30-30 24, Fax -3 93 29 **H**: Tel. 0 51 30-30 25, Fax -44 67	●		●							●	●
65	Aral Autohof Bockenem **T + H**: Tel. 0 50 67-69 78 75, Fax -69 78 76	●		●					●		●	
66	Autohof Rhüden/Seesen **T + R**: Tel. 0 53 84-9 66 60, Fax -96 66-10 **H**: Tel. 0 53 84-9 69 60, Fax -96 96 96	●	●	●		●	●	●	●	●	●	●
77	Autohof Kassel **T + R**: Tel. 05 61-5 46 78, Fax -57 37 67 **H**: Tel. 05 61-50 74 30, Fax -5 07 43 41	●	●	○					●	●	●	●
78	Autohof Kassel-Bettenhausen **T**: Tel. 05 61-5 46 78, Fax -57 37 67	●										
81	Autohof Guxhagen **T + R**: Tel. 0 56 65-94 73-0, Fax -94 73 30	●	●						●	●	●	
87	Shell Autohof Kirchheim **T**: Tel. 0 66 25-70 34, Fax -53 37 **R**: Tel. 0 66 25-6 22, Fax -57 52	●	○				●	●	●	●	●	●
91	Autohof Fulda-Nord **T**: Tel. 06 61-96 92 00, Fax -9 69 20 20 **R**: Tel. 06 61-6 26 75 **H**: Tel. 06 61-96 96 50, Fax -9 69 65 55	●	●	○		●			●			●
105	Autohof Gollhofen **T + R**: Tel. 0 93 39-9 98 70, Fax -9 98 72	●	●			●	●	●	●			
109	Autohof Wörnitz **T**: Tel. 0 98 68-50 43, Fax -54 37 **R**: Tel. 0 98 68-50 41, Fax -67 82	●	●				●	●	●	●	●	●
111	BP Truckstop Hilpertsweiler/Feuchtwangen **T**: Tel. 0 79 50-80 10, Fax -8 01 15 **R**: Tel. 0 79 50-8 01 24, Fax -8 01 50	●	●			●	●	●	●	●	●	
113	Autohof Ellwangen **T + R**: Tel. 0 79 61-9 18 30, Fax -91 83 10	●	●			●	●	●	●	●	●	●
131	Autohof Grönenbach **T + R**: Tel. 0 83 34-98 61 08, Fax -98 61 09	●	●						●			
	8											
50	Autohof Leonberg **T**: Tel. 0 71 52-33 06 20, Fax -33 06 26	●							●			
54	Autohof Stuttgart Wangen **T + H**: Tel. 07 11-4 07 77 91, Fax -4 07 77 92	●		●					●	●		●
56	Autohof Kirchheim/Teck **T + R**: Tel. 0 70 21-98 00-0, Fax -9 80 00 61	●	●				●	●	●	●	●	
61	Autohof Merklingen **T + R**: Tel. 0 73 37-96 70, Fax -92 30 97	●	●						●			
63	Autohof Ulm-Seligweiler **T**: Tel. 07 31-26 62 98, Fax -9 26 74 90 **R + H**: Tel. 07 31-2 05 40, Fax -2 05 44 00	●	○	●					●			
69	Euro Rastpark Jettingen-Scheppach **T + R**: Tel. 0 82 25-9 68 80, Fax -96 88 22 **H**: Tel. 0 82 25-99 70, Fax -9 97 01 00	●	○	●			●	●	●	●	●	●
72	Autohof Gersthofen/LOMO **T**: Tel. 08 21-4 74 91-0, Fax -4 74 91 30	●							●	●	●	
74	Autohof Dasing **T**: Tel. 0 82 05-96 90 83, Fax -9 59 05 01 **R**: Tel. 0 82 05-9 59 05 02, Fax -96 90 84	●	○						●			

Autohöfe

T = Tankstelle
R = Rastanlage
H = Hotel
K = Kiosk

● = 24 Std. Service
○ = kein 24 Std. Service

Anschlussstelle	Autohöfe	Tankstelle	Rasthaus/ Rasthof	Rasthaus mit Übernachtung	Kiosk mit WC	Kinderspielplatz	Babywickelraum	Behinderten WC	Dusche	Geldautomat	Reisebusse	Werkstatt
4	Autohof Linthe **T + R**: Tel. 03 38 44-5 18 90, Fax -5 20 78	●	●			●	●	●	●			
19a	Autohof Bad Dürrenberg **T + R**: Tel. 0 34 62-9 59 90, Fax -95 99 22	●	●			●	●	●	●	●		
20	Aral Autohof Zorbau **T**: Tel. 03 44 41-9 22 34, Fax -9 22 35 **R**: Tel. 03 44 41-99 00 11, Fax -99 00 13	●	●			●	●		●	●	●	
21b	ELF Autohof Droyßig **T + R**: Tel. 03 44 22-3 10 18	●	●									
26	Autohof Triptis GmbH **T**: Tel. 03 64 82-3 08 55, Fax -4 07 77 **R**: Tel. 03 64 82-4 07 83, Fax -3 05 79	●	●				●	●	●	●		
31	Autohof Berg GmbH **T + R**: Tel. 0 92 93-9 47-0, Fax -9 47-47	●	●						●	●		
32	Autohof Bayerisches Vogtland **T + R**: Tel. 0 92 80-95 35 50, Fax -95 35 50	●	●				●	●	●	●	●	
35	Autohof Münchberg-Nord **T**: Tel. 0 92 51-71 09, Fax -76 15 **R**: Tel. 0 92 51-9 62 79, Fax -9 62 80	●	●			●		●	●		●	●
39	Autohof Himmelkron **T + H**: Tel. 0 92 73-98 80, Fax -98 81 05	●		●			●	●	●	●	●	
39	Fichtelgebirgshof Kauper GmbH **T**: Tel. 0 92 73-5 73 37, Fax -67 03 **H**: Tel. 0 92 73-9 90-0, Fax -9 90-90	●		●					●		●	●
57	Autohof Greding **T + K**: Tel. 0 84 63-60 65 40, Fax -98 00 **R**: Tel. 0 84 63-86 51, Fax -60 65 41	●	●		●							
63	DEA Autohof Vohburg **T + H**: Tel. 0 84 57-9 27-10, Fax -9 27-1 40	●		○							●	
66	Euro Rastpark Schweitenkirchen **T + R**: Tel. 0 84 44-9 20 00, Fax -92 00 20/30 **H**: Tel. 0 84 44-9 28 70, Fax -92 87 10	●	●	●			●	●	●	●		●
10												
4	Berlin-Vogelsdorf **T + R**: Tel. 0 33 43-96 56 01, Fax -96 56 02	●	○						●	●		
30	Autohof Vehlefanz **T**: Tel. + Fax 0 33 04-50 23 08	●										
12												
3	Autohof Spreenhagen **T + R**: Tel. 03 36 33-5 10, Fax -5 28	●	●					●	●			●
14												
34	ELF Autohof Döbeln-Nord **T**: Tel. + Fax 0 34 31-71 78 20	●							●			
36	Autohof Nossen **T + R**: Tel. 03 52 42-6 48 92, Fax -64 89-4	●	●				●	●	●		●	●
19												
5	Autohof Rostock **T**: Tel. 03 81-3 50 47 50, Fax -3 50 47 51	●							●			
6	Autohof Mönchhagen **T**: Tel. 03 82 02-28 05, Fax -28 06 **R**: Tel. + Fax 03 82 02-20 67	●	○					●	●			
20	Autohof Wittstock **T**: Tel. 0 33 94-44 80 40, Fax -44 80 41	●							●			
23												
15	Autohof Tornesch **T + R**: Tel. 0 41 20-90 97 60, Fax -90 97 61	●	○			●	●	●	●	●	●	

Autohöfe

T = Tankstelle
R = Rastanlage
H = Hotel
K = Kiosk

● = 24 Std. Service
○ = kein 24 Std. Service

Anschlussstelle	Autohöfe	Tankstelle	Rasthaus/ Rasthof	Rasthaus mit Übernachtung	Kiosk mit WC	Kinderspielplatz	Babywickelraum	Behinderten WC	Dusche	Geldautomat	Reisebusse	Werkstatt
	24											
10	Autohof Wittenburg **T + R**: Tel. 0 38 85-25 21 82, Fax -25 21 81	●	●						●			
14	Tanktreff Mecklenburg **T**: Tel: 0 38 57-51 40, Fax -5 14 14 **R**: Tel. 0 38 57-5 14 82, Fax -5 14 81	●	●			●	●	●	●	●	●	●
21	Autohof Herzsprung **T + R**: Tel. 03 39 64-5 03 47, Fax -5 03 48	●	●				●	●			●	
	28											
4	Autohof Apen-Remels **T + R**: Tel. 0 49 56-99 04 08, Fax -99 04 09	●	○						●			
	30											
7	Autohof Salzbergen **T**: Tel. 0 59 71-97 26 15, Fax -97 26 31 **R**: Tel. 0 59 71-9 72 60, Fax -97 26 31	●	●			●	●	●	●	●		●
	39											
21	Autohof Westerlinde **T + R**: Tel. 0 53 47-3 55, Fax -19 20	●	○				●	●	●	●	●	
	44											
64	Autohof Diemelstadt **T + R**: Tel. 0 56 94-5 92, Fax -7 80	●	●				●	●	●	●	●	
66	Shell SVG AH Elsinger Höhe **T + R**: Tel. 0 56 94-5 91, Fax -10 11	●	●			●	●	●	●	●		
	45											
24	Autohof Haiger **T + R**: Tel. 0 27 73-18 71, Fax -53 05	●	●							●		
	52											
42	Gladbeck **T + K**: Tel. 0 20 43-6 22 63, Fax -6 68 76	●			●			●	●			
	61											
35	ED Truckpoint Plaidt **T**: Tel. 0 26 32-7 11 78, Fax: 7 35 12 **R**: Tel. 0 26 32-9 36 40, Fax -93 64 16	●	●								●	●
38	Autohof Koblenz **T + R**: Tel. 02 61-92 75 60, Fax -9 27 56 10	●	●			●	●	●	●	●		●
43	Autohof Pfalzfeld **T + R**: Tel. 0 67 46-9 47 30, Fax -94 73 50	●	●				●	●	●	●	●	●
45	Autohof Elbert Rheinböllen **T + H**: Tel. 0 67 64-3 00-0, Fax -3 00 18	●		●					●		●	●
52	Autohof Gau-Bickelheim **T + R**: Tel. 0 67 01-96 17 07, Fax -96 17 08	●	●			●	●	●	●	●	●	
58	Autohof Worms **T + R**: Tel. 0 62 41-49 09 21, Fax -49 09 22	●	○						●			
64	Autohof Schwegenheim **T + R**: Tel. 0 63 44-9 43 10, Fax -94 31 31	●	●				●	●	●	●		
	66											
49	Autohof Schlüchtern **T**: Tel. 0 66 61-91 95 50, Fax -91 95 51 **R**: Tel. 0 66 61-9 66 30, Fax -96 63 11	●	●				●	●	●	●	●	
	70											
11	Euro Rastpark Knetzgau **T + R**: Tel. 0 95 27-80 11, Fax -77 19	●	●				●	●	●	●	●	●
23	Autohof Thurnau **T + R**: Tel. 0 92 28-9 91 03, Fax -9 91 04	●	●			●	●	●	●		●	

Anschlussstelle	Autohöfe T = Tankstelle R = Rastanlage H = Hotel K = Kiosk	Tankstelle	● = 24 Std. Service ○ = kein 24 Std. Service Rasthaus/ Rasthof	Rasthaus mit Übernachtung	Kiosk mit WC	Kinderspielplatz	Babywickelraum	Behinderten WC	Dusche	Geldautomat	Reisebusse	Werkstatt
8	Karla's Truckstop **T + R**: Tel. 03 74 68-64 70, Fax -71 34	●	●				●		●		●	
11	Agip Rasthof **T + R**: Tel. 03 76 03-52 80, Fax -5 28 33	●	●			●	●		●	●	●	
14	SVG-Aral Autohof Niederdorf **T + R**: Tel. 03 72 96-9 24 41, Fax -9 24 48	●	●				●		●	●		
92												
16	Rasthof Wörth **T + H**: Tel. 0 87 02-94 11 11, Fax -94 11 13	●		●							●	●
93												
11	Autohof Thiersheim **T + R**: Tel. 0 92 35-9 81 00, Fax -98 10 60	●	●				●	●	●	●	●	
17	Aral Autohof Raststätte Mitterteich **T + H**: Tel. 0 73 37-96 70, Fax -92 30 97	●		○		●			●		●	●
27	Autohof Wernberg-Köblitz **T + R**: Tel. 0 96 04-91 47 80, Fax -91 47 82	●	●				●	●	●	●	●	●
57	Autohof Lomo Raubling **T + R**: Tel. 0 80 35-9 01 90, Fax -90 19 30	●	●			●	●	●	●	●	●	
60	Autohof Kiefersfelden/Grenztank **T**: Tel. 0 80 33-70 38, Fax -83 71 **R**: Tel. 0 80 33-77 88, Fax -83 71	●	○					●	●			
96												
10	Euro Rastpark Aichstetten **T + R**: Tel. 0 75 65-9 11 14, Fax -9 11 16	●	●				●	●	●	●	●	●
98												
2	Shell Autohof Dreiländereck **T + R**: Tel. 0 76 21-60 19, Fax -6 56 08	●	●					●	●		●	●
252 **255**												
6	Shell-Autohof HH-Georgswerder **T + R**: Tel. 0 40-7 54 00 70-78, Fax -7 54 25 88 **H**: Tel. 0 40-7 54 49 01, Fax -7 54 38 57	●	●	●					●		●	
352												
4	Autohof Hannover **T**: Tel. 05 11-3 52 14 89, Fax -3 53 70 22	●										
391												
3	MHB Autohof Braunschweig **T + H**: Tel. 05 31-31 61 84, Fax -31 61 88	●		●							●	●
555												
1	Autohof Köln-Verteilerkreisel **T**: Tel. 02 21-38 17 18, Fax -38 17 16	●							●			
650												
8	Autohof Ludwigshafen-Oggersheim **T**: Tel. 06 21-68 00 91, Fax -68 00 92 **R**: Tel.: 06 21-6 29 80 46, Fax -6 85 00 77	●	●									

Register

Kursive Seitenzahlen weisen auf Abbildungen hin.

A

A1 8, 14, 14–4, *272*
A2 *42*, 42–57
A3 *58*, 58–81
A4 *9*, *82*, 82–99
A5 *100*, 100–117
A6 *118*, 118–131
A7 *132*, 132–169
A8 *170*, 170–189
A9 *190*, 190–213
A10 *214*, 214–219
A11 *220*, 220–225
A12 *226*, 226–229
A13 *230*, 230–237
A14 *8*, *238*, 238–247
A15 *248*, 248–251
A17 429
A19 *252*, 252–259
A20 *260*, 260–265
A21 429
A23 *266*, 266–271
A24 *272*, 272–281
A25 429
A26 429
A27 *8*, *282*, 282–289
A28 *290*, 290–295
A29 *9*, *290*, *296*, 296–301
A30 *302*, 302–307
A31 *308*, 308–319
A33 429
A37 429
A38 429
A39 429
A40 *320*, 320–325, *338*
A42 430
A43 430
A44 *326*, 326–337
A45 *8*, *338*, 338–347
A46 430
A48 *348*, 348–351
A49 430
A52 430
A57 *352*, 352–357
A59 430
A60 430
A61 *8*, *358*, 358–369
A62 430
A63 431
A64 431
A65 431
A66 431
A67 431
A70 *8*, *370*, 370–375
A71 431
A72 376, 376–381
A73 431
A81 *382*, 382–393
A92 *394*, 394–399
A93 *8*, *400*, 400–413
A94 431
A95 *8*, *414*, 414–419
A96 *420*, 420–427
A98 431
A99 184–185
A100 432
A111 432
A113 432
A114 432
A115 432
A210 432
A215 432
A226 433
A241 433
A250 433
A252 433
A253 433
A255 433
A261 433
A280 433
A281 433
A293 433
A352 433
A388 434
A391 434
A392 434
A395 434
A443 434
A445 434
A480 434
A485 434
A516 434
A524 434
A535 434
A540 435
A542 435
A544 435
A553 435
A555 435
A559 435
A560 435
A562 435
A565 435
A571 435
A573 435
A602 436
A620 436
A623 436
A643 436
A648 436
A650 436
A652 436
A654 436
A656 436
A659 436
A661 436
A671 437
A672 437
A831 437
A861 437
A864 437
A952 437
A980 437
A995 437
Aach 393
Aachen 84, 328
  Quellen 84
  Kaiserdom *84*, 328
Aachtopf 393
Aalbachtal 72
Aalen 163
  Limesmuseum 163
Abbe, Ernst 92
Abenberg 129
  Kloster Marienburg 129
Abens 410
Abensberg 410
Abtei Michaelsberg 64
Abtei Münsterschwarzach 72
Abtei Neresheim 163
Abtei Niederalteich 80
Abtei Oberalteich 79
Abtei Ottobeuren 166, 425
Abtei Schäftlarn 417
Abtei St. Marienthal 98
Abteikirche Seligenstadt 70, 346
Abtswind 73
Achertalbahn 112
Achim 288
AD Ahlhorner Heide 24
AD Hannover-Nord 145
AD Hattenbacher Dreieck 152
AD Kirchheimer Dreieck *132*
AD Leonberg 389
AD München-Feldmoching 185
AD Viernheimer Dreieck 123
Adelsheim 385
Adenauer, Konrad 10, 67, 365
Adolphseck, Schloss Fasanerie 155
Aeronauticum Nordholz 285
Agger 87
Aggertal 87
Aggertalhöhle 87
Aggertalsperre 87
Agnesburgtunnel 163
Ahaus 316
  Schloss 316
Ahlhorner Fischteiche 301
Ahr 35, 363
Ahrensburg 20
Ahrtal 363, 365
Ahrtalbrücke 363
Ahrweiler 363
Aichach 183
  Rathaus 183
  Spitalkirche 183
  Stadtpfarrkirche Mariä Himmelfahrt 183
  Wasserschloss Unterwittelsbach 183
Aichen 180
Airbuswerk Varel 298
Aischgrund 74
AK Dortmund *338*
AK Dortmund/Witten 332
AK Frankfurter Kreuz 100
AK Hamburg-Ost *272*
AK Hannover-Kirchhorst 145
AK Hannover-Ost 145
AK Heidelberg 108
AK Kaiserberg 323
AK München-Ost 185
AK München-Süd 185
AK Münster-Süd 29
AK Oldenburg-Ost *290*
Albaufstieg 171
Albersdorf, Archäologisch-Ökologisches Zentrum 268
Alfeld 130
Allacher Tunnel 185
Aller 144, 289
Allertal 144, 289
Almbranz 202
Alpen–Ostsee, Deutsche Ferienroute 17, 18, 160, 208, 275, 410
Alpenstraße, Deutsche 188, 413, 423
Alpen-Wildpark, Oberaudorf 413
Alsfeld 102
  Marktplatz *103*
Alt Schwerin, Freilichtmuseum 257
Alt, Otmar 47
Alt- und Neuleiningen 122
Altdöbern, Schloss 235
Altdorf 76, 130
Altdorfer, Albrecht 78
Alte Salzstraße 275
Alte Völklinger Hütte *40*
Altena 340
Altenahr 362
  Ruine Aare 362
Altenburg, Skatstadt 94
  Schloss 94
Altenhof 224
Altenkrempe, Dorfkirche 17
Altenstadt 346
  Hexenturm 346
  St.-Nikolai-Kirche 346
Altenwerder 141
Alter Berg 410
Altjeßnitz, Irrgarten 194
Altleiningen, Burgruine 122
Altmannshofen 424
Altmühl 205, 208
Altmühlsee 207
Altmühltal, Naturpark 208
Altonaer Volkspark 138
  Volksparkstadion 138
Altranft, Freilichtmuseum 217
Altweibermühle, Erlebnispark 386
Altzella 96, *246*, 247
  Klosterpark 96, 247
  Klosterruine *246*
Alzenau 346
  Burg 346
  Ludwigsturm 346
Alzey 367
  Aussichtsturm 367
Amberg *130*
  Eh'häusl 131
  Historische Altstadt 131
  Schulkirche 131
  St. Martin 131
  Wallfahrtskirche Maria Hilf 131
Ammelshainer See 245
Ammerland 293
Ammersee 427
  Strandbad Utting *426*
Ammerter Mark 316
Amper 184, 212
Andechs, Kloster 427
Anger 189
Angermünde 223
  Marienkirche 223
  Pulverturm 223

Anholt, Wasserburg 60
Annahütte 235
  Glaswerksiedlung 235
Anröchte 335
Ansbach 128
  Hohenzollernresidenz 128
Apolda 92
  Glockenmuseum 92
Archäologisch-Ökologisches Zentrum, Albersdorf 268
Archäologischer Wanderweg, Neunkirchen am Sand 207
Ardeygebirge 30
Arena „Auf Schalke" 45
Argensee 424
Arminius, Cheruskerfürst 26, 47
Arnstadt 91
Arolsen, Schloss *336*
Arzberg 402
AS Aurach 127
  Bäuerlicher Rastmarkt 127
AS Gärtringen 389
Asam, Cosmas Damian 184, 212
Asam, Hans-Georg 76
Aschaff 70
Aschaffenburg 70
Aschau 187
Atomkraftwerk Ohu 397
Atomkraftwerk Schneller Brüter 61
Attahöhle 342
Attendorn, Staatsforst 342
Audi Forum Ingolstadt 210
Auerbach, Schloss 107
Auerburg 413
„Auf Schalke", Arena 45
Augsburg 166, 182
  Fuggerei 182
  Naturpark Augsburg Westliche Wälder 182
  Rathaus 182
  Zeughaus *183*
Augustinerchorherrenstift, Petersberg 242
Augustinerchorherrenstift Höglwörth 189
Augustusburg, Schloss 95, 362
Aukrug, Naturpark 137
Aurach 74
Autobahnbrücke Bischmisheim 120
Autobahnbrücke Finowfurt *220*
Autobahnbrücke Siebenlehn 96
Autobahnbrücke Vlotho *42*
Autobahnende Ochtrup *308*
Autobahnkapelle Geismühle 356
Autobahnkapelle Heseper Moor 312
Autobahnkapelle Maria, Schutz der Reisenden 182
Autobahnkapelle St. Raphael 356
Autobahnkapelle Windach 426
Autobahnkirche Exter 49
Autobahnkirche Gelmeroda 91
Autobahnkirche Himmelkron 203, *203*
Autobahnkirche Medenbach 68
Autobahnkirche Uhyst a. T. 98
Autobahnschwimmbad Kirchheim 152
Autobahntunnel Hölzern 386
Autobahntunnel Pfaffenstein 409
Autohof Wörth 398
Automuseum, Langenburg 126
AVUS 10
Aying 185

B

Baar 393
Babenhausen 166
  Fuggermuseum 166
  Schloss Kirchheim 166
Babitz 259
Bach, Johann Sebastian 89
Bacharach 366
Bad Abbach 409
Bad Aibling 186
Bad Alexandersbad 403
Bad Bellingen 116
  Balinea Thermen 116
Bad Bentheim 315
  Burg 315, *315*
Bad Berka 91
  Schwefel- und Stahlquellen 91
Bad Bramstedt 138
  Sole- und Moorbad 138
Bad Brückenau 156
Bad Brückenau, Bayerisches Staatsbad 155
Bad Doberan 264
Bad Dürkheim 122
  Heidenmauer 122
  Klosterruine Limburg 122
  Hardenburg 122
Bad Dürrenberg 197
  Gradierwerk 197
Bad Dürrheim 393
  Kur- und Freizeitbad „Solemar" 393
Bad Feilnbach 187, 412
Bad Gandersheim 148
Bad Hersfeld 88
Bad Homburg v. d. Höhe 105
  Landgrafenschloss 105
Bad Honnef 67
Bad Iburg 306
  Uhrenmuseum 306
Bad Kissingen 156
Bad Kleinen 263
Bad Klosterlausnitz 92, 199
Bad Köstritz 93
Bad Kreuznach 367
Bad Krozingen 116
Bad Mergentheim 385
  Rathaus *385*
Bad Münstereifel 35
Bad Nauheim, Jugendstilbad 104
Bad Nenndorf 50
Bad Neuenahr 363
  Apollinaris-Brunnen 363
Bad Oeynhausen 307
  Motorrad- und Automuseum 307
  Thermalsolequelle 307
  Deutsches Märchen- und Wesersagenmuseum 49
Bad Oldesloe 19
Bad Reichenhall 189
Bad Saarow-Pieskow 229
Bad Salzelmen 240
  Gradierwerk 240
Bad Salzhausen 345
Bad Salzuflen 49
Bad Segeberg 138
  Kalkberghöhlen 138
Bad Steben 200
Bad Wildbad 176
Bad Wimpfen 124
Bad Windsheim 160
  Freilandmuseum 160
Bad Wörishofen, Kneippheilbad 425
Bad Zwischenahn 293
  Freilichtmuseum Ammerländer Bauernhaus 293
Baden-Baden 111
  Altes Schloss 111
  Autobahnkirche 111
  Caracalla-Thermen 111
  Ebersteinburg 111
  Friedrichsbad 111
  Kurhaus 111
  Spielbank 111
  Stadttheater 111
Badenweiler 116
  Cassiopeia-Therme 116
  Burgruine *116*
Badische Bergstraße 108
Badische Weinstraße 112
Badisches Landesmuseum, Karlsruhe 176
Bähr, George 237
Bahrebachviadukt 95
Bakum 25
Balinea Thermen, Bad Bellingen 116
Bamberg 374
  Altes Rathaus 374, *375*
  Dom 374
Bandel, Ernst von 47
Bansow 257
Barbarossa, Friedrich I. 165, 331
Bargteheide 19
Barkhausen 307
Barlach, Ernst 54, 254, *254*, 262
Barleber See 55
Barnim, Naturpark 217
Barnimer Land 222
Barockkirche Mariä Lichtmeß, Lindkirchen 410
Barockschloss Bruchsal 110, *111*
  Museum mechanischer Musikinstrumente 110
Barockschloss Ettlingen 111
  Albgaumuseum 111
  Schlosskapelle 111
Barockschloss Gesmold 306
Barockschloss Ludwigslust 276
Barockschloss Marienthal 409
Barockschloss Rastatt 111
Barockschloss Werneck 157
Barockstraße, Oberschwäbische 423, *423*
Baruth 232
  Frauenhaus 232
  St.-Sebastian-Kirche 232
Baruth-Luckenwalde, Urstromtal 57, 192, 232
Basel 116
Bassenheim 365
  Bassenheimer Reiter 365
Bauernhofmuseum Illerbeuren 166, 168, 424
Bauernhofmuseum Edelmannshof 406
Bauersbach 126
Bauhaus Dessau 194
Baumeister, Heinrich 63
Baumeister-Mühle 63
Bautzen-Budysin 98, *99*
  Alte Wasserkunst 98
  Ortenburg 98
  Talsperre 99
Bay-Arena Leverkusen 33
Bayerische Eisenstraße 131
Bayerische Rhön, Naturpark 156
Bayerischer Wald
  Museumsdorf 81
  Nationalpark 79, 399
Bayerisches Staatsbad Bad Brückenau 155
Bayern-Park Reisbach 398
Bayreuth 203, 205
  Altes und Neues Schloss 203
  Deutsches Freimaurer-Museum 203
  Eremitage 204
  Jean-Paul-Museum 203
  Opernhaus 203
  Richard-Wagner-Festspiele 203
  Schlosskirche 203
Bechstein, Carl 218
Beck, Schloss 319
Beckum 47
Bederkesa, Burg 285
Beelitz 192
Beelitz-Heilstätten 192
Behrhof, Reitanlage 398
Beiersdorf AG 141
Beilngries 208
  Frauenkirche 208
  Schloss Hirschberg 208
Belzig 192
  Flämingmuseum 193
Bendestorf 141
Bendorf, Rheinbrücke 351
Benediktenwand 417
Benediktinerabtei Kornelimünster 329
Benediktinerabtei Maria Laach 364
Benediktinerabteikirche Oberalteich 79
Benediktinerinnenkloster Reutberg 186
Benediktinerkloster Breitenau 151
Benediktinerkloster Comburg *127*
Benediktinerkloster Hornbach 175
Benediktinerkloster Metten 80
Benediktinerkloster Weihenstephan 212
Benrath, Lustschloss 63
Bensberg, Schloss 86
Bensheim 107
Benz, Carl 123
Berchtesgaden 189
  Salzbergwerk 189
Berckhemer, Erika 425
Berg, Starnberger See *417*
Bergarbeitersiedlung Eisenheim 63
Bergedorf 20
Bergen-Belsen, Gedenkstätte 143
Bergheim 361
Bergher Bos 60
Bergisch-Gladbach 86
Bergische Route 87

Bergischer Dom 32
Bergisches Land 32, 86, 331
Bergisches Land, Naturpark 64
Bergisches Museum, Burg 32
Bergkamen 45
Bergpark Wihelmshöhe, Kassel 151, 336
Bergstadt Freiberg 95
Bergstraße–Odenwald, Naturpark 107
Berkel 316
Berlepsch, Arnold von 150
Berlepsch, Schloss 150
Berlichingen, Götz von 385
Berlin 228
Altes Museum 228
Avus *432*
Berliner Lustgarten 228
Brandenburger Tor *432*
Dom *216*
Berliner Bär 213
Berliner Urstromtal 226
Bernau 225
Hussitenfest 225
St.-Marien-Kirche 225
Wehranlage 225
Bernauer, Agnes 427
Bernburg 240, 242
Renaissanceschloss 240, *240*, 242
Schlossmuseum 242
Bernried, Buchheimmuseum 417
Bertelsmann, Carl 47
Bertenauer Kopf 67
Besigheim 386
Bestensee 232
Besucherbergwerk Felsendome Rabenstein 95
Besucherbergwerk Reichhartschacht 406
Besucherbergwerk Thüringer Schieferpark 200
Betzenberg, Kaiserslautern 122
Fritz-Walter-Stadion 122
Beul-Berg 343
Beuren, Freilichtmuseum 179
Beuys, Joseph 331, 354, 356
Bexbach Grubenmuseum 121, 173
Biburg, Klosterkirche 410
Bielefeld 49
Bielefelder Berg 48
Biengen 116
Kirche St. Leodegar 116
Bier- und Burgenstraße 131, 204
Biesenthal 225
Bietigheim 386
Biggesee 343
Bille 20
Billwerder Insel 20
Billwerder Kirche 20
Bindlacher Berg 203
Bingen 366
Mäuseturm 367
Rochuskapelle 367
Bingen, Hildegard von 366
Binnenmüritz 258
Biosphärenreservat Mittlere Elbe 194
Biosphärenreservat Schaalsee 275
Biosphärenreservat Schorfheide 222
Biosphärenreservat Flusslandschaft Elbe 276
Bischmisheim, Autobahnbrücke 120
Bismarck, Otto von 274
Bispinger Heide, Center Parc 142
Blankenese 138
Blankenhain, Schloss 94
Blankenheim 35
Blauer See 51, 331
Blautopf Blaubeuren 180
Bleiloch-Talsperre 200
Blieskastel 120, 175
Gollenstein 175
Renaissance-Orangerie 120
Schlosskirche St. Sebastian 120
Blockland 282
Blocklandlinie 282
Blombachtalbrücke 32
Blücher, Gebhard Leberecht Fürst 18
BMW-Werk Dingolfing 398
Böblingen 389
Boblitz 250
Bocholt 61
Bocholt–Wesel, Eisenbahnlinie 61
Bochum 325, 332
Deutsches Bergbaumuseum 332
Jahrhunderthalle 325
Musical-Theater 325
Opel-Zweigwerk 332
Ruhr-Universität 332, *333*
Ruhrpark-Einkaufszentrum 325
Ruhrstadion 325
Schauspielhaus 325
Stadtpark 325
Bocksbeutelstraße 159
Bode 240
Bode, Wilhelm 143
Bodelschwingh, Friedrich von 26, 340
Bodensee 393, 422, *393*
Bogenberg 79
Bohlerberg 163
Böhm, Gottfried 40
Böhmerwald 79
Bökelbergstadion, Mönchengladbach *361*
Bollewick 258
Boltenhagen, Ostseebad 263
Bonaparte, Napoleon 25
Bonhoeffer, Dietrich 405
Bönnigheim 386
Bönninghardt 354
Bonn, Schloss Poppelsdorf *66*
Boppard, Römerkastell 365
Bordesholm 137
Bordesholmer Altar 137
Borg, Römische Villa 172
Borken 316
Schloss Gemen 316
Wild- und Vogelgehege 316
Borsum 311
Bosau *17*
Böttger, Johann Friedrich 96, 200
Bottrop 44
Alpin-Center 44
Tetraeder 44, *63*
Stadtwald 44
Warner Bros. Movie World 319
Bourtange, Festung 311
Brake 286
Braker Seehafen-Kaianlage 286
Bramgau-Route 25
Bramsche 26
Tuchmacher-Museum 26
Brandenburg/Havel, Dom *56*
Brandlecht 315
Branitz, Schloss *250*, 251
Brannenburg *413*
Brauerei-Gasthof Hugo Farny, Wangen 423
Braunenberg 163
Braunkohlekraftwerk Jänschwalde 251
Braunkohlekraftwerk Lübbenau 235
Braunkohletagebau 329, *329*
Braunkohletagebau Fortuna 361
Braunkohletagebau Frechen 362
Braunkohletagebau Garzweiler 329, *329*
Braunsbach 126
Braunschweig 52
Altstadtrathaus 52
Collegium Carolinum 52
Flughafen 53
Gewandhaus 52
Brauweiler, Kloster 362
Breg 393
Brehm, Alfred 199
Brehm-Gedenkstätte Renthendorf 199
Breisgau 115
Breitenau, Benediktinerkloster 151
Breitenburg, Schloss 269
Bremen 23, 286, 295
Altes Rathaus 295
Bürgerpark 287
Dom St. Petri 287, 295
Fallturm 287
Marktplatz 295
Rathaus 287
Roland-Statue *22*, 287
Schnoorviertel 295
Schütting 287
Übersee-Museum 287
Bremer Stadtmusikanten 23, 286
Bremerhaven 283, 285
Container-Aussichts-Turm 285
Deutsches Schifffahrtsmuseum 285
Brenz 165
Brenz, Johannes 177
Bretzfeld 125
Brigach 393
Brocker, Clemens 425
Brohltalbrücke 364
Brohltalexpress, Museumseisenbahn 364
Broich, Schloss 63
Brombachsee 207
Bronkow, Sportfliegerclub 235
Bruchsal 110, *111*
Barockschloss 110, *111*
Kirche St. Peter 110
Museum mechanischer Musikinstrumente 110
Brück 192
Brückengaststätte Frankenwald 200
Brückenrestaurant Dammer Berge 25
Brüder Grimm 286, 288
Brüder van der Grinten 60
Brüder-Grimm-Museum, Kassel 151
Brügelmann, Johann Gottfried 331
Brüggen 361
Brüggerer Forst 183
Brühl 35
Phantasialand 35, 362
Schloss Augustusburg 35
Brühl, Heidi 416
Brüning, Heinrich 10
Brünnstein-Sudelfeld-Gebiet 413
Buchenwald, Gedenkstätte 91
Bucher Brack Bölsdorfer Haken, Feuchtgebiet 55
Buchheim, Lothar-Günther 417
Buchheimmuseum, Bernried 417
Bückeburg 49
Hubschraubermuseum 49
Bückler, Johannes 366
Büderich 331
Alter Kirchturm 331
Büdingen, Festung und Schloss 346
Bühlertal 112
Bünde 307
Tabakmuseum 307
Bungsberg 17
Buntsandstein-Odenwald 108
Burg 32
Bergisches Museum 32
Burg 55, 250
Berliner Torturm 55
Gerberei 55
Hexenturm 55
Kuh- und Freiheitsturm 55
Museum 55
Rumpelguste, Spreewaldkleinbahn 250
Schlossberg 250
Kirche St. Nicolaus 55
Burg Abenberg 129
Burg Alzenau 346
Burg Bad Bentheim 315, *315*
Burg Bederkesa 285
Burg Cochem 350
Burg Dinklage 25, *25*
Burg Donaustauf 78
Burg Eltz 351
Burg Frankenstein 107
Burg Freyenstein *279*
Burg Giebichenstein 242
Burg Greifenstein 344
Burg Heiligenberg 151
Burg Hohenaschau 187
Burg Hohenzollern 391, *391*
Burg Kirkel 174
Burg Kriebstein 247
Burg Leuchtenberg 406
Burg Linn 355
Burg Münzenberg 103, 345, *344*
Burg Nannstein 121
Burg Neuenstein 152
Burg Posterstein 93
Museum für Regional- und Industriegeschichte 93
Burg Pottenstein 205, *205*
Burg Pyrmont 350
Burg Rabenstein 193, 381
Burg Raddusch 250
Burg Stahleck 366
Burg Satzvey 35, *35*
Burg Stein 381
Burg Stolzenfels *437*

Burg Teck 179
Burg und Schloss Friedewald 88
Burg Zwernitz 375
Bürgel 198
Keramikmuseum 199
Töpfermarkt 199
Burgenstraße 75, 124, 160
Burghaslach 74
Burglengenfeld, Ruine 409
Burglesum 286
Segelschulschiff Deutschland 286
Burgruine Altleiningen 122
Burgruine Badenweiler *116*
Burgruine Eselsburg 165
Burgruine Hohenstein 206
Burgruine Hohentwiel 393
Burgruine Strahlenburg/Schriesheim 108
Burgruine Wallburg 373
Burgruine Wallenstein 152
Burgruine Weibertreu 125, 386
Burgruine Weißenstein 404
Burgruine Wolfstein 76
Burtscheid 328
Busch, Wilhelm 148
Busmann, Hendrik 354
Butterländchen 329
Butzbach 103
Markuskirche 103
Schloss 103
Buxheim, Kartäuserkloster 166
Buxtehude 21

C

Calau 235
Heimatmuseum 235
Landkirche 235
Stadtkirche 235
Calbe 240
Marktplatz 240
Rathaus 240
Rolandstandbild 240
Casimir, Johann 122
Castell 73
Castell, Josep 54
Celle 145
Niedersächsisches Landgestüt 145
Rathaus 145
Renaissanceschloss 145
Center Parc Bispinger Heide 142
Charlottenhöhle, Hürben 165
Chemnitz 381
Chemnitzer Industriemuseum 381
Chemnitzpark, Gewerbegebiet 95
Lokomotivenfabrik 381
Roter Turm *95*
Spinnerei 381
Gewerbegebiet Chemnitzpark 95
Chiemsee *170*, 187, 188, *188*
Chorbusch 356
Chorfrauenstift Marienberg 53
Chorin, Kloster 222, 223, *223*
Cismar 17
Benediktinerkloster 17
Claudius, Matthias 19
Clausthal 149
Bergakademie 149
Cleversulzbach 386
Cloppenburg,
Freilichtmuseum 24, 301, *301*
Cochem, Burg 350
Coesfeld 316
Lambertikirche 316
Ludgerusburg 316
Marktplatz *316*
Comburg, Benediktinerkloster *127*
Cospeda 92
Coswig 194
Cottbus 251
Oberkirche St. Nikolai 251
Wendisches Museum 251
Cuvilliés, François de 35, 362
Cuxhaven 285
Fernsehturm 285
Museumsschiff „Elbe 1" 285
Schloss Ritzebüttel 285
Cyriakus 35

D

Dachau 185
Dahme 17
Dahme-Heideseen, Naturpark 230, 232
Dahme-Seengebiet 232
Dahme-Umflut-Kanal 232
DaimlerChrysler, Sindelfingen 389
Dalumer Moor 315
Damme 25
Dammer Berge, Brückenrestaurant 25
Danewerk, Festungswall 134
Dangast 298
Hafen *298*
Dankern, Schloss 312
Darmstadt 107
Hochzeitsturm 107
Langer Ludwig 107
Luisenplatz 107
Mathildenhöhe 107
Residenzschloss 107
St.-Ludwigs-Kirche 107
Waldspirale *107*
Dassower See 262
Dattel-Hamm-Kanal 29
Daub, Eberhard 39
Daun 36
Burg Daun 36
Vulkanmuseum 36
Daun, Hirsch- und Saupark 36
Daun, Leopold von 36
Dauner Maare 36
Gemündener Maar 36
Schalkenmehrener Maar 36
Weinfelder Maar 36
Dechsendorfer Weiher 74
DEGES 11
Deggendorf 80
Rathaus 80
Stadtturm 80
Werft 80
Dehmsee 229
Deidesheim, Weinkeller *122*
Deister 50
Delmenhorst 295
Norddeutsche Wollkämmerei und Kammgarnspinnerei 295
Harpstedter Museumseisenbahn 295
Delvenau 275
Denkendorf 179, 209
Chorherrenorden von Jerusalem 179
Dennewitz, Hochzeitsmühle 57
Dertingen, Pfarrkirche 72
Desenberg 336
Dessau 194
Bauhaus 194
Meisterhaus Lyonel Feininger 194
Schloss und Park Georgium 194
Schloss- und Gartenanlage
Mosigkau 194
Technikmuseum Hugo Junkers 194
Dessau-Wörlitzer-Kulturlandschaft 194
Desum 24
Dettelbach 159
Deutsch-Deutsches Museum,
Mödlareuth 200
Deutsche Alleenstraße 57, 97, 105, 153, 193, 200, 240, 258, 379, *379*
Deutsche Alpenstraße 188, 413, 423
Deutsche Fachwerkstraße 22, 49, 52, 151, 344
Deutsche Fehnroute 292, *292*
Deutsche Ferienroute Alpen–Ostsee 17, 18, 160, 208, 275, 410
Deutsche Limesstraße 160, 162, 209, 385
Deutsche Märchenstraße 49, 151, 288, 346
Deutsche Teilung Marienborn,
Gedenkstätte 54
Deutsche Weinstraße 122
Deutsche Wildstraße 36, 350
Deutsches Bergbaumuseum, Bochum 332
Deutsches Dampflokomotiv-Museum,
Neuenmarkt 203
Deutsches Erdölmuseum, Wietze 144
Deutsches Maler- und Lackierer-Museum,
Hamburg 20
Deutsches Marinemuseum,
Wilhelmshaven 298
Deutsches Märchen- und Wesersagenmuseum, Bad Oeynhausen 49
Deutsches Schifffahrtsmuseum,
Bremerhaven 285
Deutschordensschloss Kapfenburg 163
Devonroute 37
Dhünntal 32
Dicker Turm, Künzell 155
Diedrichsburg, Ruine 306
Diemel 336
Dientzenhofer, Georg 403
Dientzenhofer, Johann 72, 74, 155
Dientzenhofer, Wolfgang 413
Dietmannsried, Pfarrkirche St. Blasius 168
Dill 344
Dillenburg 344
Schloss 344
Wilhelmsturm 344
Dillinger Hütte 173
Dingolfing 398
BMW-Werk 398
Herzogsburg 398
Dinklage, Burg 25, *25*
Dinslaken 61
Mühlenmuseum 61
Dithmarschen 268
Dithmarscher Geest 268
Döbeln 247
Lutherdenkmal 247
St.-Nicolai-Kirche 247
Döbraberg 200
Dom Brandenburg/Havel *56*
Dom Erfurt 91
Dom Limburg 68
Dom Magdeburg *54*
Dom Regensburg *409*
Dom Worms 369
Dom zu Köln 33, *87*
Dom zu Speyer 369
Dom zu Verden 288
Domberg, Freising 396
Dombühl 160
Wehrkirche 160
Donau 78, 80, 165, 211, 393, *398*, 409
Donaubrücke Leipheim 181
Donaudurchbruch 410
Donaueschingen 393
Donaumooslandschaft 165
Donaustauf, Burg 78
Donauversickerung 393
Donnerberg 84
Sendemast des WDR 84
Doppelkapelle Landsberg 196
Dorenburg, Niederrheinisches
Freilichtmuseum 361
Dörenther Klippen 305
„Hockendes Weib" 305, *305*
Dorf Mecklenburg 263
Agrarmuseum 263
Holländerwindmühle 263
Dornburger Schlösser 92
Dorsten 319
Jüdisches Museum Westfalen 319
Dortmund 45, 332, 340
Deutsches Kochbuchmuseum 340
Flughafen 30
Funk- und Fernsehturm „Florian" 332, 340
Friedenssäule *340*
Reinoldikirche 332
Westfalenpark 340
Westfalenstadion 340
Dortmunder Kreuz *338*
Dortmund-Ems-Kanal 27, 29, 45, *302*, 304
Dortmund-Wickede,
Flughafen 30
Dorumer Tief *285*
Dosse 258, 280
Dotternhausen 391
Dove-Elbe 20
Drachenfels 66
Zahnradbahn 66
Drachenhöhle Syrau 379
Drei Gleichen 90
Burg Gleichen 91
Mühlburg 91
Wachsenburg 91
Drei-Franken-Eck 74
Dreifaltigkeitsberg 391

Dreiflüssestadt Passau 81
Dreiländereck 315, 328
Dresden 97
Flughafen 97
Semperoper *97*
Zwinger 97
Drewitz 56
Drewitzer See 257
Drochow 235
Dröda 378
Drolshagen, Kapelle St. Engelbert 343
Droste-Hülshoff, Annette von 29
Droyßig 198
Schloss 198
Duden, Konrad 200
Duisburg 63, 322
City 63
Innenhafen 323
Kultur- und Stadthistorisches Museum 323
Kunstmuseum Küppersmühle 323
Landschaftspark Nord 323
Rheinbrücke *9, 82*
Stadtwald 63
Wilhelm-Lehmbruck- Museum 323
Zoo 63
Dülken, Windmühle 361
Dümmer und Dammer Berge 25
Dümmer, Naturpark 25
Durach 169
Düren 85
Dürer, Albrecht 149
Dürwiss, Braunkohleabbau 84
Düsseldorf 63, 331, 356
Deutsche Oper 331
Fernmeldeturm 331
Flughafen 331
Igedo 63
Königsallee 63
Kunstakademie 331
Kunsthalle 331
Messe 331
Rheinpromenade *331*
Schauspielhaus 331
Schlossturm *331*
Dyck, Schloss 330

E

Ebbegebirge, Naturpark 342
Ebelsbach 373
Ebermannsdorf 131
Schloss der Herren von Dyrr 131
Eberswalde 225
Kirche Maria Magdalena 225
Löwenapotheke 225
Ebrach, Zisterzienserabtei 74
Ebrachtal 74
Eching, Gewerbegebiet 212
Eckenhagen, Vogel- und Affenpark 87
Eckfeld 36
Eckfelder Maar 36
Edelmannshof, Bauernhofmuseum 406
Eder 151
Edersee 336
Effner, Joseph 416
Eger 402
Eggegebirge und südlicher Teutoburger Wald, Naturpark 336
Ehrentrudiskapelle 115
Eibelstadt am Main 72
Eichenlaubstraße 40
Eichstätt 208
Dom 208
Fürstbischöfliche Residenz 208
Jura-Museum 208
Ur- und Frühgeschichtliches Museum 208
Willibaldsburg 208, *211*
Eifel 35, 85, 348
Eifeler Landschaftsmuseum, Mayen 350
Eifel-Maare 36
Einsiedelstein, Talbrücke 32
Eisenach 89
St. Georg, Pfarrkirche 89
Stadtschloss 89
Wartburg 88
Eisenbahnlinie Bocholt–Wesel 61
Eisenbahnlinie Ulm–Kempten 168
Eisenbahnhochbrücke Rendsburg *137*
Eisenberg 152, 198
Renaissancerathaus 198
Schloss Christianenburg 198
Eisenberger Mühltal 198
Eisenheim, Bergarbeitersiedlung 63
Eisern 343
Eixer See 52
Elbanstiegskanal 55
Elbe 97, 138, 140, 270
Elbe-Elster-Land 236
Elbe-Havel-Kanal 55
Elbe-Lübeck-Kanal 275
Elbebrücke, Hohenwarthe 55
Elbmarschen 270
Elbtal 96, 272
Elbtalniederung 55
Elbtunnel 132, 140
Elde 276
Elektrostahlwek, Peine 52
Elfershausen 156
Elfrather See 353
Elisabethfehn 292
Moor- und Fehnmuseum 292
Ellwangen 162
Wallfahrtskirche St. Maria 162, *162*
Ellwanger Berge 162
Elm 53
Elm-Lappwald, Naturpark 53
Elmshorn 270
St. Nikolai 270
Elsteraue 196
Elstertalbrücke, Pirk *376*, 377, 378
Eltmann 373
Mainbrücke *8, 370*
Eltz, Burg 351
Elzbachtalbrücke 350
Emden 310
Altes Rathaus *311*
Hafentor am Ratsdelft 310
Seehafen 310
Emmerich 60
Rheinbrücke *61*
Rheinmuseum 60
Ems 29, 304
Ems-Jade-Kanal 298
Ems-Vechte-Kanal 315
Emsbachtal 68
Emscher 340
Emscherbruch, Landschaftspark 45
Emsetal 90
Emsland 29
Emstunnel 311
Ende, Michael 416
Engelberg 389
Engelbergbasistunnel 382
Engen 393
Enkering, Rumburg 208
Ennepe 31
Ensingen, Ulrich von 165
Epe 316
Erbeskopf 39
Erding 397
Erdölförderpumpen 52
Eremitage, Bayreuth 204
Erft 35, *362*
Erfurter Dom 91
Mater Gloriosa 91
Eringerfeld, Schloss 335
Erkner 218
Gerhart-Hauptmann-Museum 218
Erlebnispark Altweibermühle 386
Erlebnispark Fränkisches Wunderland 205
Erlebnispark Salzberger 152
Erlebnispark Steinzeichen Steinbergen 50
Erlen-Birkenbruch 116
Erlenbach 125
Ernstthal 94
Ersatzlandebahn 391
Erwitter Zementwerke 335
Erzabtei St. Ottilien 426
Eschborn 105
Eschenbach, Wolfram von 128
Eschenlohe 419
Eselsburg, Burgruine 165
Eselsburger Tal 165
Eselshöhe 71
Essen *320*, 324
Bronze Denkmal „Steile Lage“ 324
Dom 324
Rathaus 324
Ruhrkohle AG 324
Villa Hügel 324
Esslingen 178
Etelsen 288
Ettenheim 115
Kirche St. Bartholomäus 115
Ettensweiler, Rastplatz 423
Etterschlag, Tunnel 427
Ettleben 372
Ettlingen, Barockschloss 111
Eulenspiegel, Till 242, *274*, 275
Europabrücke 105, 112, 137
Europäische Wasserscheide 164, 171, 208, 424
Europäische Wasserscheide Donau/Rhein 180
Europäischer Kulturpark 174
Europapark Rust 115
„Europas Rosengarten“, Kulturpark 175
Eutenhausen, Katzbruimühle 425
Eutin 18
Exter, Autobahnkirche 49
Eysenbarth, Johann Andreas 150

F

Fahrzeugmuseum Marxzell 176
Fairchild Dornier 427
Falterturm, Kitzingen 72, 159
Deutsches Fastnachtsmuseum 72, 159
Farchant, Tunnel 415, 419
Faßberg 142
Faust, Dr. Johannes 116
Fechingen, Talbrücke 120
Federl, Peter 76
Fehmarnsundbrücke 14
Fehngebiet Ostfriesland 292
Fehnland 311
Fehrbellin 281
Feilitzsch 378
Feininger, Lyonel 91
Felde, Flugplatz 293
Feldmochinger See 185
Feldwieser Bucht 188
Fell 39
Felsendome Rabenstein, Besucherbergwerk 95
Felsenlabyrinth Luisenburg 403
Fernseh- und Funkmasten von Steinkommen 294
Fernsehturm in Stuttgart-Degerloch 178
Fernsehturm von Cottbus 250
Ferropolis Gräfenhainichen 194
Festung Bourtange 311
Festung Hohenasperg 386
Festung Königstein 96
Festung Rothenburg 207
Festung Waldenburg 126
Festungswall Danewerk 134
Feuchtwangen 127, 160
Fränkisches Museum 127
Spielbank 162
Fichte, Johann Gottlieb 97
Fichtelgebirge 202, 375
Fichtenau 162
Filzinger Seen 166
Finow 225
Messingwerksiedlung 225
Finowfurt 220, 225
Autobahnbrücke *220*, 225
Lufthistorische Sammlung 225
Finowkanal 225
Fischerhude 22
Otto-Modersohn-Museum 22
Wümmewiesen 22
Fischland-Darß-Zingst 254
Fläming 56, 192, 218
Flämingmuseum, Belzig 193
Fleesensee 257
Flemming, Paul 381
Flensburg 134, *134*
Marienkirche 134
Schifffahrtsmuseum 134
Staatsforst 134
Florenberg 155
Flossenbürg 405
Flughafen Braunschweig 53
Flughafen Dortmund-Wickede 30

Flughafen Dresden 97
Flughafen Düsseldorf 331
Flughafen Hamburg-Fuhlsbüttel 138
Flughafen Hannover-Langenhagen 145
Flughafen Köln-Bonn 64, 86
Flughafen Leipzig-Halle *8*, 196, *238*, 244
Flughafen Mönchengladbach 330
Flughafen München 396, *396*
Flughafen Münster-Osnabrück 27
Flughafen Paderborn-Lippstadt 335
Flugplatz Felde 293
Flugplatz Hartenholm 138
Flugplatz Merzbrück 329
Flugplatz Nordholz 285
Flugplatz Nordhorn/Lingen 315
Flugplatz Rostock 255
Flugplatz Spieka 285
Flusslandschaft Elbe, Biosphärenreservat 276
Fock, Gorch 141
Folkwang, Museum 324
Fontane, Theodor 280, *281*
Forchtenberg 386
Fördestadt Flensburg 134
Forellensee 137
Forst 251
  Brandenburgisches Textilmuseum 251
  Ostdeutscher Rosengarten 251
Forstbotanischer Garten, Köln 86
Forstenrieder Park, München 417
Forsthaus Oberdill 417
Foster, Norman 323
Frankenalb 75, 130, 205
Frankenhöhe 160
Frankenhöhe, Naturpark 127, 385
Frankenstein, Burg 107
Frankenthal 122, 369
  Porzellanmanufaktur 369
  Stadttore 369
  Zwölfapostelkirche 122
Frankenwald, Brückengaststätte *190*, 200
Frankenwald, Naturpark 200
Frankenwald, Raststätte *190*
Frankenwaldstraße 378
Frankfurt am Main 69, *105*
  Architekturmuseum 69
  Eiserner Steg 69
  Filmmuseum 69
  Friedensbrücke 69
  Jüdisches Museum 69
  Kaiserdom 69, 105
  Messeturm 105
  Museum für Angewandte Kunst 69
  Museum für Moderne Kunst 69
  Rhein-Main-Flughafen 69
  Rhein-Main-Flughafen, Einflugschneise *100*
  Stadtwald 105
Frankfurt an der Oder 229
  Kleist-Museum 229
  Rathaus 229
Frankfurt, Rhein-Main-Flughafen 69
Frankfurter Kreuz 100, 105
Frankfurts Skyline *105*
Fränkische Schweiz *75*, 205, 374
Fränkisches Seenland 207
Fränkisches Weinland 71, 156, 372
Fränkisches Wunderland, Erlebnispark 205
Franz-Marc-Museum, Kochel 418
Frauenchiemsee 187
Frauenkirch, Wallfahrtskirche 351
Fraunhofer, Josef 417
Frechen, Braunkohletagebau 362
Freiberg 95
  Bergakademie 95
Freiberger Mulde 96
Freiburg im Breisgau 115
  Münster 115
Freilandmuseum Bad Windsheim 160
Freilandmuseum, Hohenloher 126
Freilandmuseum, Oberpfälzer 406
Freilichtmuseum Alt Schwerin 257
Freilichtmuseum Altranft 217
Freilichtmuseum Ammerländer Bauernhaus, Bad Zwischenahn 293
Freilichtmuseum Beuren 179
Freilichtmuseum Cloppenburg 24, 301, *301*
Freilichtmuseum Glentleiten 418
Freilichtmuseum Hessenpark 105
Freilichtmuseum Penkun 222
Freilichtmuseum Kiekeberg 141
  Landtechnisches Museum 141
Freimann, U-Bahn-Haltestelle 212
Freising 212
  Dom 212
  Domberg 396
Freistaat Bayern 180, 425
Freizeitanlage Tuttenbrock 46
Freizeitpark Geiselwind 73
Freizeitpark Kernwasser Wunderland 61, 353
Freudenberg 343
Freyenstein, Burg 279, *279*
Fridingen 393
Friedberg 183
  Kirche Maria Alber 183
  Spätrenaissance-Rathaus 183
  Wallfahrtskirche St. Afra im Felde 183
  Wallfahrtskirche Unseres Herrn Ruhe 183
Friedenwald 88
  Wasserburg 88
Friedersdorf 228
Friedland 150
Friedrich der Große 36
Friedrichsruh 274
Fugger 166
Fugger, Hans 166
Fugger, Jakob 182
„Fuggerländle" 166
Fuggermuseum, Babenhausen 166
Fühlinger See 356
Fuhlrott, Johann Carl 63
Fulda 88, 151, 153, 155, 337
  Dom 155
  Schlossgarten *155*
Fuldaer Staatsforst 155
Fuldatal 153
Fuldatalbrücke 155
Funk- und Fernsehturm „Florian", Dortmund 340
Fünf-Seen-Land 417
Fürholzen, Raststätte 212
Fürst Fugger, Josef Ernst 166
Fürst-Pückler-Land, Internationale Bauausstellung 249, 250
Fürstenburg Starigard 16
Fürstenfeldbruck 184
  Klosterkirche Maria Himmelfahrt 184
  Zisterzienserabtei 184
Fürstenwalde 228
  Altes Rathaus 228
  Niederlagstor 228
  St.-Marien-Dom 228
Fürstlich Drehna, Wasserschloss 235

G

Gabelin, Naturschutzgebiet 26
  Große Sloopsteine 26
Gabelsberger, Franz Xaver 411
Galerieholländer 298
Galgenberg 159
Galluskapelle 424
Ganderkesee 295
  St.Cyprian- und Corneliuskirche 295
Gandersheim, Roswitha von 149
Gänsehals 364
Garbsen-Nord, Rastanlage 51
Garching 212
Garmischer Becken 419
Gasometer, Oberhausen *322*
Garzweiler, Tagebau 329, *329*
Gäuboden 79, 399
Gedenkstätte Bergen-Belsen 143
Gedenkstätte Buchenwald 91
Gedenkstätte Sachsenhausen 217
Geeste 313
  Erdölpumpen 313
  Speichersee 313
Geiselwind, Freizeitpark 73
Geislingen, Kochertalbrücke *118*, 126
Geismühle 356
Geismühle, Autobahnkapelle 356
Gelmeroda, Autobahnkirche 91
Gelsenkirchen, Parkstadion 45
Gelsenkirchen, Nordsternpark *44*
Gengenbach 113
Genovevaburg Mayen 350
  Eifeler Landschaftsmuseum 350
Georgswerder, Sondermülldeponie 20
Gera 93
Gerhardt, Paul 232
Gerhart-Hauptmann-Museum, Erkner 218
Gescher 316
Gescher-Büren, Windturbine 316
Gesmold, Barockschloss 306
Gettauer Wald 346
Gevelsberg 31
  Sühnekloster 31
Gewerbegebiet Chemnitzpark 95
Gewerbegebiet Eching 212
Gewerbegebiet Kempten-Leubas 169
Gewerbegebiet Mainfrankenpark 72
Gewerbegebiet Regenstauf 409
GEZUVOR 11
Giebichenstein, Burg 242
Giechburg 374
Giengen 165
  Stadtkirche 165
  Steiff-Museum 165
Gieshügler Höhe 72
Gießen 103
  Justus-Liebig-Universität 103
  Liebig-Museum 103
  Taunus-Bergkette 103
Gießener Becken 103
Gießerei Apolda 92
Gildehauser Venn, Naturschutzgebiet 315
Gillenfelder Maare 36
  Holzmaar 37
  Pulvermaar 36
Gladbeck 44, 319
  Fördertürme 319
  Wasserschloss Haus Wittringen 44
  Heilig-Kreuz-Kirche 45
  Museum 44
  Zeche Graf Moltke 319
Glas, Hans 398
Glasstraße 204
Glauberg 346
  Glaubergmuseum 346
Glentleiten, Freilichtmuseum 418
Glockenhausbrücke 20
Glonn 212
Glücksburg, Schloss 134
Glückstadt 270
  Hafen 270
Goch 354
  Kirche St. Maria Magdalena 354
Goethe, Johann Wolfgang von 69, 90, *90*, 202
Goethehaus Weimar 91
Gohliser Schlösschen, Leipzig 244
Göhren-Lebbin 257
  Schloss Blücher 257
Goldene Straße 130
Goldenes Fließ 229
Gollenstein 175
Gollhofener Gäulandschaft 160
Göltzschtalbrücke 378
Gömnitzberg 17
Görlitz 99
Göschenhaus, Grimma 246
Goslar 147
  Bürgerhaus „Brusttuch" 147
  Kaiserpfalz 147
  Kaiserworth 147
  Kämmereigebäude 147
  Marktkirche 147
Gotha, Schloss Friedenstein 90
Götsch, Joseph 412
Göttelborn, Kraftwerk 40
Göttingen Universitätsstadt 149
  Gänseliesel 149
  Johanniskirche 149
  Kunstsammlung 149
  Musikinstrumentensammlung 149
  Völkerkundliche Sammlung 149
  Zoologisches Museum 149
Götzenburg Möckmühl 386
Graf Moltke, Zeche 44
Gräfenhainichen, Ferropolis 194
Grafenrheinfeld, Kernkraftwerk 157, 372
Graff, Anton 96
Grantschen 125

Greding 208
Altstadt 208
Rathaus 208
Seelenkerker 208
St.-Michael-Kirche 208
Greding-West, Raststätte 208
Grefrath 322, 361
Eissportzentrum 361
Niederrheinisches Freilichtmuseum 322
Greifenberg *420*
Greifenstein, Burg 344
Greiffenclau, Richard von 67
Grenzwaldbrücke 155
Grevesmühlen 262
Einkaufspassage 262
Stadtmuseum 262
Grimm, Jacob und Wilhelm 151, 337, 346
Grimma 246
Göschenhaus 246
Klosterkirche 246
Marienkirche 246
Marktplatz 246
Renaissance-Rathaus 246
Grimnitzsee 223
Gronau 316
Grönegau 307
Grönenbach, Schloss 168
Gröningen 127
Gropius, Walter 194
Groß-Hesepe, Moormuseum 312
Groß Köris 232
Große Dhünn-Talsperre 32
Große Laaber 410
Großenkneten, Sauergasreinigungsanlage 301
Großer Ettersberg 91
Großer Feldberg 68
Großer Hohenspenzer See 255
Großer Inselsberg 90
Großer Kornberg 402
Großer Müggelsee 229
Großer Ölberg 66
Großer Schwielowsee 219
Großkmehlen, Renaissanceschloss 237
Großweil 418
Grube Messel, Weltnaturerbe 107
Grubenmuseum Bexbach 121
Grünberg 102
Renaissance-Rathaus 103
Grundbergsee 22
Grüne Heiner 389
Grüne Küstenstraße 23, 268, 294, 298, 311
Grünstadt 122
Grüntensee 169
Gruß, Franz 98
Guckland 286
Gulbransson, Olaf 186
Gundremmingen, Kernkraftwerk 165
Günzburg 181
Liebfrauenkirche 181
Renaissanceschloss 181
Gustav-Adolf-Gedenkstätte, Lützen 197
Güstrow 257
Dom 257
Herrenhaus 257
Rathaus 257
Natur- und Umweltpark 257
Renaissanceschloss 255, 257
Gutachtal 113
Gütersloh 47
Distributionszentrum des Medienhauses Bertelsmann 47
Güterverkehrszentrum Leipzig 244
Gyhum 22

H

Habichtswald, Naturpark 330
Habichtswald, Talbrücke 26
Hafengewerbegebiet, Rostock 254
HAFRABA 10, 11
Hagelberg 193
Hagen 30, 286, 340
Burg 286
Hagenbeck, Carl 138
Hagenbecks Tierpark 138
Hagendenkmal, Worms *369*
Hagenow 276
Bahnhof 276
Synagoge 276
Hahnenkamm 346
Haigerloch, Schloss 391
Haithabu 134
Wikinger-Museum 134
Hakenberg 281
Halbe 232
Halberg 120
Halle 242, *242*
Dom 243
Händeldenkmal *242*
Halloren- und Salinemuseum 243
Marktkirche *242*, 243
Marktplatz 242
Marktschlösschen 243
Moritzburg 243
Ratshof 243
Stadthaus 243
Halle, Händelhaus 195
Hallertau/Holledau 211, 410
Hallstadt 373
Hamaland-Route 316
Hamburg 20, *138*, *141*, 271
Börse 271
Europakai *141*
Flughafen 138
Freihafen 141
Jungfernstieg 271
Nikolaifleet 271
Mode Centrum 138
Öjendorfer Park 274
Speicherstadt *20*
St. Michaelis 271
Studio Hamburg 274
Volksparkstadion 138
Hamburg-Fuhlsbüttel, Flughafen 138
Hamburgische Electricitäts-Werke, Umspannwerk 141
Hämelerwald 52
Hamm 46
Gustav-Lübcke-Museum 46
Hammelburg 156
Hammerherrenschloss, Theuern 131
Industrie- und Bergbaumuseum 131
Hammesberg 32
Hamminkeln 61
Schloss Ringenberg 61
Hanau 346
Goldschmiedehaus *346*
Händel, Georg Friedrich 244, 195
Händel-Denkmal, Halle *242*
Händelhaus Halle 195, 244
Hanerau-Hademarschen 269
Hanneberg, Wehrkirche Mariae Geburt 74
Hannover 51, 145
Altes Rathaus 145
Beginenturm 145
Fernsehturm 51
Kongress-Zentrum *145*
Kröpcke 145
Leineschloss 145
Marktkirche 145
Maschsee 51
Messegelände 145
Sprengel-Museum 145
Stadtwald 51
Gemeinschaftskraftwerk 51
Hannover-Herrenhausen 51
Königliche Gärten 51
Regenwaldhaus 51
Hannover-Langenhagen, Flughafen 145
Hannoversch Münden 150
St. Blasii 150
Welfenschloss 150
Hannoversch Münden, Naturpark 150
Hanns-Seidl-Haus, München 212
Hansa-Park, Sierksdorf 18, *18*
Hanse-Route 254
Harburg 21, 141
Archäologisches Museum 21
Baggerteich Neuland 21
Phoenix-Werke 21
Rangier- und Verschiebebahnhof 21
Technische Universität 141
Harburger Berge 141
Hardenburg, Bad Dürkheim 122
Hardtwald 369
Haren an der Ems 312
St.-Martins-Kirche 312
Harpstedt 23
Harpstedter Museumseisenbahn, Delmenhorst 295
Hartenholm, Flugplatz 138
Hartenstein 381
Hartkortsee 30
Härtsfeld 164
Härtsfeld/Abtei Neresheim 163
Harz 147, 149
Hasborn 37
Hasbruch, Naturschutzgebiet 294
Hasetal 303
Haseldorfer Marsch 270
Haslochtal 71
Haßberge 375
Haßberge, Naturpark 372
Hasselburg, Schloss 17
Haßfurt 372, *373*
Haßloch, Holidaypark 369
Hattenbacher Dreieck 152
Hatterwüsting 301
Schmiedemuseum 301
Haupt- und Landgestüt Schwaiganger 418
Haus Opherdicke, Wasserschloss 30
Haus Rüschhaus, Münster 29
Hauser, Kaspar 76, 128
Havel 57, 280
Havelbrücke *214*, 219
Havelkanal 216
Havelland 57, 281
Havelländischer Großer Hauptkanal 216
Havelländisches Luch 281
Havelländisches Seengebiet 216
Heddersdorf, ICE-Brücke *152*
Heek 316
Heeremann, Constantin Freiherr von 305
Hegau-Vulkane 393
Hegemühlsee 304
Heide 268
Dom der Dithmarscher 268
Landesmuseum 268
Landwirtschaftsmuseum 268
Marktplatz 268
Heide-Park Soltau 142
Heidelberg 108
Alte Brücke 108
Altstadt 108
Römerbrücke *108*
Schloss *108*
Heiden 318
Düwelsteene 318
St.-Georgs-Kirche 318
Heidenheim an der Brenz 165
Heidenheimer Alb 165
Heilbergtunnel 393
Heilbronn 124
Kilianskirche 124
Rathaus *125*
Heilig Kreuz Wallfahrtskirche, Bogenberg 79
Heiligenberg, Burg 151
Heiligendamm 264
Heiligengrabe 258, 279
Heiliggrabkapelle 259
Klosterkirche 258
Heiligengrabe, Zisterzienserinnenkloster 279
Heiligenstedten, Schloss 269
Heilsbronn 128
Heine, Heinrich 365
Heitersheim 116
Malteser- und Johannitermuseum 116
Villa urbana 116
Helfenberg, Schlossruine 76
Hellenstein, Schloss 165
Hellweg-Börde 327
Hellweg-Ebene 333
Hellweg-Region 335
Helmstedt 53, 54
Juleum *52*
Universität 53
Hengsteysee 30
Heppenheim 107
Kirche St. Peter 107
Herbolzheim 115
Herborn 344
Schloss 344
Herborn-Uckersdorf, Vogelpark 344

Herbringhausener Talsperre 32
Herford 49
Heringen 88
Abraumhalden des Kalibergbaus 89
Kalibergbaumuseum 88
Herkules, Kassel 151
Hermannsdenkmal 47
Hermeskeil 39
Dampflokmuseum 39
Flugzeugmuseum 39
Hochwaldmuseum 39
Hermsdorf 199
Herrenberg, Stiftskirche 389, *389*
Herrenchiemsee 187
Herrenchiemsee, Schloss 188
Herrieden 128
Hersbruck 207
Hirtenmuseum 207
Hersbrucker Alb 205
Burgruine Hohenstein 205
Hersbrucker Schweiz 130, 205
Hersfeld, Stiftsruine 88, 152
Herz-Jesu-Kirche, Velburg 77
Herzberg 153
Herzogenaurach 74
Herzogsburg, Dingolfing 398
Herzsprung 279
Heseper Moor, Autobahnkapelle 312
Hessenpark, Freilichtmuseum 105
Hessenreuther, Naturpark 405
Hessischer Staatsforst Wolfgang 346
Heuss, Theodor 365
Hienberg 206
Hildesheim 146
Mariendom 146
Marktplatz *147*
Michaeliskirche 146
Hildesheimer Börde 146
Hildesheimer Rosenroute 146
Hildesheimer Wald 146
Hillerheide, Rennbahn 45
Himmelkron 375
Autobahnkirche 203, *203*
Himmelmoor 138
Hinzert 39
Hirschkopf 108
Historische Fachwerkstadt Butzbach 103
Historische Stadtkerne Rheda-Wiedenbrück und Rietberg 47
Hitler, Adolf 11, 426
Hittfeld 21
Hochbrücke 269
Hochfelln 188
Hochgern 188
Hochplatte 188
Hochries 187
Hochschwarzwald 115
Höchstadt an der Aisch 74
Hochtaunus, Naturpark 104, 345
Feldberg 104
Hochtaunuskreis 104
Hochtaunusstraße 105
Hockenheim 369
Hockenheimring 123, 369
Hodenhagen, Serengeti-Safaripark 143
Hof 378, 402
Hof, Willy 10, 11, 100
Hofoldinger Forst 185
Hofplatte 406
Höglwörth 189
Augustinerchorherrenstift 189
Hohe Mark, Naturpark 318
Hohe Rhön 155
Hohe Straße 98
Hohenaschau, Burg 187
Hohenasperg, Festung 386
Hohenberg 402
Deutsches Porzellanmuseum 402
Hohenhagen, Villa Hohenhof 340
Hohenkarpfen 391
Hohenloher Ebene 127
Hohenloher Freilandmuseum 126
Hohenschwangau, Schloss 169, *169*, 423
Hohenstein 94
Hohenstein, Burgruine 206
Hohensyburg 30
Wald- und Parklandschaft 340
Hohentwiel, Burgruine 393
Hohentwieltunnel 393
Hohenwarthe, Elbebrücke 55
Hohenzollern, Burg 391, *391*
Hohenzollernresidenz Ansbach 128
Hoher Fläming, Naturpark 192, *192*
Hoher Vogelsberg, Naturpark 102
Hoherodskopf 102
Höhr-Grenzhausen 67
Keramikmuseum 67
Hölderlin, Friedrich 386
Holdorf 25
Holiday Park, Haßloch 369
Holledau 410
Hollenstedt 21
Holmmoor, Naturschutzgebiet 138
Holßel 285
Holsteinische Schweiz, Naturpark 17, *17*
Holte 306
Holz 40
Hölzern, Autobahntunnel 386
Hölzerner See *232*
Holzmaden, Urweltmuseum 179
Holzwickede 30
Zeche Caroline 30
Homberg (Efze) 152
Marienkirche 152
Homberg an der Ohm 102
Hombroich, Museumsinsel 356, *356*
Homburg 174
Hohenburg 174
Römermuseum 174
Schlossberghöhlen 174
Römermuseum 174
Schlossberghöhlen 120
Homertturm 342
Höningen 122
Kapelle St. Jakob 122
Hopener Wasserschloss 25
Hopfenland Hallertau/Holledau 211, 410
Hoppegarten, Rennbahn 217
Horb 390
Hornbach 175
Benediktinerkloster 175
Horner Derby 274
Horner Kreisel 274
Horner Rennbahn 274
Hornisgrinde 112
Hörselberge 89
Hubertusburg, Schloss 246
Hubschraubermuseum, Bückeburg 49
Hude 294
Hülshoff, Wasserburg 29
Droste-Museum 29
Humbrechts, Rastplatz 423
Hünengräber, Sandhatten 301
Hunnenring 174
Hünseberg 316
Hunsrück 39, 365, 366
Hunte 24, 301
Huntebrücke *9, 296, 297,* 301
Hürben, Charlottenhöhle 165
Hürtgenwald 85
Hürth 34
Goldenberg, Kraftwerk 34
Hutschenreuther, C. M. 402
Hütt, Privatbrauerei 337
Hüttener Berge 135

I

Ibbenbüren 305
Iburg, Schloss *26*
ICE-Brücke Heddersdorf *152*
Idstedt 134
Idstein 68
Hexenturm 68
König-Adolf-Platz 68
Ihringen *115*
Iller 425
Iller-Lech-Platte 166
Illerbeuren, Schwäbisches Bauernhof-museum 166, 168, 424
Illerbrücke Kellmünz 166
Illertal 166
Illertal-Ost, Kunst-Raststätte 166
Illertalkessel 168
Ilm 92
Ilshofen 127
Haller Torturm 127
In Dürpel, Rastplatz 365
Inden, Tagebau 84
Ingolstadt 211
Audi Forum 210
Erdöl-Raffinerie 211
Liebfrauenmünster 211
Neues Schloss 211
Inn 187, 412
Innerste 147
Inntal *8, 400*
Inntaldreieck 187, 400
Insel Poel 263
Inselstadt Lindau 422
Internationale Bauausstellung „Fürst Pückler Land" 249, 250
Internationales Artistenmuseum, Klosterfelde 225
Irschenberg *10, 11*, 186
Isar- und Loisachtal 417
Isarbrücke *394*
Isarkanal *394*, 397
Isarmündungsgebiet 399
Isteiner Klotz 116
Isterberg 315
Itzehoe 269
Rathaus 269
Kirche St. Laurentii 269

J

Jadebusen 298
Jagdschloss Ludwigslust *277*
Jagdschloss Moritzburg 97
Jagow, Matthias von 56
Jagst 162
Jagsttal (West), Raststätte 385
Jagsttalbrücke Westhausen 162
Jahrhunderthalle, Bochum 325
Jänschwalde, Braunkohlekraftwerk 251
Jena 92
Botanischer Garten *198*
Optisches Museum 92
Universität 92
Zeiss-Planetarium 92
Jerichower Land 55
Jever 298
Schloss 298
Joachimsthal 223
Grimnitzer Glashütte 223
Johannisburg, Schloss 70
Hof- und Stiftsbibliothek 70
Jugendstilbad Bad Nauheim 104
Jüdisches Museum Westfalen, Dorsten 319
Jülich 329
Zitadelle 329
Jülicher Börde 329
Jungfernweiher, Ulmen 356
Jura 77

K

Kachlet, Kraftwerk 81
Kahla 92
Kaiser-Wilhelm-Denkmal 49
Kaiserburg Mylau 380
Kaiserdom Aachen 84, 328
Kaiserslautern 122
Betzenberg, Fritz-Walter-Stadion 122
Kaiserstuhl 115, *115*
Kaiserswerth, Pfalz 331
Kaldenkirchen 360
Kali-Werke, Abraumhalden 146
Kalkar 60
Kalkrieser Berg 26
Kalteiche 343
Kaltenkirchen 138
Kamen 45
Pauluskirche 45
Kamener Kreuz 30
Kammlachtal, Parkplatz 425
Kamp, Kloster 355, *355*
Kamp-Lintfort 355
Kampenwand 187, 188
Kämpfelbach-Viadukt 176
Kanalfähre Hohenhörn *269*
Kandinsky, Wassily 194, 418
Kannenbäckerstraße 67, 351
Kapelle Rottendorf 159
Kapelle St. Engelbert, Drolshagen 343

Kapellenberg 196
Kapfenburg, Deutschordensschloss 163
Kappelberg 159
Karl der Große 21, 70, 84, 107, 346
Karl-May-Festspiele 138
Karl-May-Indianerdorf 94
Karlsruhe 176
Badisches Landesmuseum 176
Barockschloss 176
Medienmuseum ZKM 176
Residenzschloss 111
Karlsruhe-Durlach 110
Kartäuserkloster Buxheim 166
Kartäuserkloster Marienau 424
Kassel 151, 337
Bergpark Wilhelmshöhe 151, 336
Brüder-Grimm-Denkmal *150*
Brüder-Grimm-Museum 151
Herkules 151
Museenlandschaft 151
VW-Werk 337
Kastell Huis Bergh 60
Kastl, Klosterburg 131
Katzbruimühle Eutenhausen 425
Kaulbach, Wilhelm von 425
Kavelstorf 254
Kelheim 410
Befreiungshalle *410*
Kellerwald 152
Kellmünz, Illerbrücke 166
Keltisches Erbe im Saarland 174
Kemmler 379
Kempten 169
Alpinmuseum 169
Basilika St. Lorenz 169
Residenz 169
Kemptener Wald 169
Kenzingen 115
Kepler, Johannes 177
Keramik-Museum Westerwald 351
Kerner, Justinus 125
Kernkraftwerk Grafenrheinfeld 157, 372
Kernkraftwerk Gundremmingen 165, 180
Kernkraftwerk Neckarwestheim 386
Kernkraftwerk Philippsburg 108
Kernwasser Wunderland, Freizeitpark 61, 353
Kesselbergstrecke 418
Ketschenburg 84
Keuperbergland 162
Kevelaer 354
Kiefersfelden 413
Kiekeberg 141
Kiesselbach, Luise 416
Kinding 208
Wehrkirche Mariä Geburt 208
Kinzigsee 346
Kinzigtal 112
Kirchberg an der Jagst 127
Residenzschloss 127
Kirche St. Theresia Oberaudorf 413
Kirche Maria Schwarzlack 413
Kirche St. Peter, Petersberg 413
Kirchheim, Schloss 166
Kirchheimer Dreieck *132*
Kirchheim unter Teck 179
Kirchheim, Autobahnschwimmbad 152
Kirchheimer Dreieck *132*
Kirchhellen 319
Kirchsee 186
Kirkel 174
Burg 174
Kißlegg 423
Kitzingen 72, 159
Falterturm 72, 159
Kapelle zum Heiligen Kreuz 159
Mainbrücke *58*
Klappmeyer, Hinrich 295
Klaus-Störtebeker-Straße 311
Klausen, Wallfahrtskirche 38
Klee, Paul 194
Kleeberg 27
Klein Schmölen 276
Kleinwelka 98
Irrgarten 98
Saurierpark 98
Kleist, Heinrich von 155, 229
Kleist-Museum, Frankfurt 229
Klenze, Leo von 78
Klinga 245
Kloster Andechs 427
Kloster Benediktbeuern 417
Kloster Brauweiler 362
Kloster Chorin 222, 223, *223*
Kloster Corvey 311
Kloster der Unbeschuhten Karmeliter, Oberaudorf 413
Kloster Gravenhorst 305
Kloster in Schlehdorf 418
Kloster Kamp 355, *355*
Kloster Knechtsteden 356
Kloster Lamburg *127*
Kloster Lehnin 57
Kloster Lorsch 107
Kloster Malgarten 26
Kloster Marienburg, Abenberg 129
Klöppelmuseum 129
Kloster Marienstern 98
Kloster Maulbronn *176*, 177
Klostermuseum 177
Kloster Neresheim *165*
Kloster Roggenburg 166
Kloster Schöntal 385
Kloster Schweiklberg 81
Kloster Waldsassen 403
Kloster Walsrode 289
Kloster Weltenburg 410
Kloster Wettenhausen 181
Klosterburg Kastl 131
Klosterfelde 225
Internationales Artistenmuseum 225
Klosterinsel Bordesholm 137
Klosterkirche Oberelchingen 180
Klosterkirche von Biburg 410
Klosterpark Altzella 96, 247
Klosterruine Altzella, Nossen *246*
Klostersee 57
Klütz 262
Schloss Bothmer 263
Klützer Winkel 262
Knechtsteden, Kloster 356
Kneipp, Sebastian 425
Kneippheilbad Bad Wörishofen 425
Knetzgau 373
Knüll, Wildpark 152
Knüllwald 152
Koblenz 351, 365
Deutschordenshaus 365
Kochel, Franz-Marc-Museum 418
Kochelsee 418
Kocher-Jagst-Radweg 126
Kochertal 126
Kochertalbrücke Geislingen *118*, 126
Kohlbergtunnel 421
Köhlbrandbrücke *4/5*, 140, *415*
Kollerfilze, Moorlandschaft 412
Kollwitz, Käthe 237
Köln 64, 85, 86, *87*, 356
Dom 64, 85, 356
Köln-Chorweiler 356
Königsforst 86
Museum Ludwig 64
Forstbotanischer Garten 86
Köln- Eifeltor 85
Containerbahnhof 85
Rheinland 84
Köln-Bonn, Flughafen 64, 86
Kölner Dom 33, *87*
Köln-Rodenkirchen, Rheinbrücke 86
Kohlberg, Tunnel 421
Kolthoffsche Mühle, Levern *306*
König-Ludwig-Kanal 76
König-Otto-Tropfsteinhöhle, Velburg 76, *77*
Königs Wusterhausen 218
Schloss 218
Königsbrück 237
Königsforst 64
Königshainer Berge, Tunnel 83, 99
Königshöhe Mespelbrunn 71
Königstein, Festung 96
Königstuhl 108
Königswinter 66
Konstantin der Große 39
Kontinentale Tiefbohrung, Windischeschenbach *405*
Köpenick 217
Altstadt 217
Barockschloss 217
Müggelsee 217
Köppel 67
Körbelsdorfer Kulm 205
Kornelimünster, Benediktinerabtei 329
Körner, Theodor 99
Kottenforst-Ville, Naturpark 85, 362
Kraftwerk Göttelborn 40
Kraftwerk Kachlet 81
Kraftwerk Weisweiler 85
Kraichgau 110
Krämer Forst, Regionalpark 217
Kranzhorn 413
Kratz, Max 324
Krefeld 330, 356
Kaiser-Wilhelm-Museum 356
Kremmen 281
Krempe 270
Renaissance-Rathaus 270, *270*
Kremper Marsch 270
Kreuzberg 156
Kreuz Dortmund-West *338*
Krickenbeck, Wasserschloss 322
Kriebstein, Burg 247
Kröpcke, Hermann 145
Krückau 270
Krufter Ofen 365
Kuhberg 380
Kühlungsborn 264
Kulmbach 375
Langheimer Klosterhof 375
Plassenburg 375
Kulturpark „Europas Rosengarten“ 175
Kunst-Raststätte Illertal-Ost 166
Künstlerkolonie Worpswede 286, *286*
Künzell, Dicker Turm 155
Kupferzell 126
Kurhessisches Bergland 152
Kutschenberg 236
Kyritz 281
KZ-Gedenkstätten, Landsberg 426

L

Laacher See 364
Laaken 32
Ladegast, Friedrich 197
Ladenburg 108, 123
St.-Gallus-Kirche 123
Lahn 68, 345
Lahr 115
Lampertheim, Staatsforst 123
Land der 1000 Teiche 199, 200
Land Fleesensee 257
Landau a.d. Isar 398
Vorgeschichtsmuseum 398
Stadtpfarrkirche 398
Landegge 312
Landesmuseum Schleswig 134
Landsberg 196, 243
Landsberger Kapelle 243
Landsberg am Lech 426
Bayertor 426
Landschaftspark Emscherbruch 45
Landschaftsschutzgebiet Möckern-Magdeburgerforth 56
Landschaftsschutzgebiet Zschornaer Teiche 237
Landshut 397
Landstuhl 121
Landstuhler Bruch 121
Langenburg, Automuseum 126
Langwieder See 184
Lappwald 53
Largau 301
Lathen 312
Versuchsstrecke der Magnetschwebebahn Transrapid 312
Lauchhammer 236
Lauenburgische Seen, Naturpark 275
Lauersfort, Schloss 355
Lauf 207
Industriemuseum 207
Wenzelschloss 207
Lauffen am Neckar 386
Lausitz 248
Lausitzer Neiße 251
Lausitzring 235
Lauterachtal 131
Lauterbach, Schloss 184

Leber, Georg 338
Lech 426
Lechbrücke 182, 426
Lechniederung 182
Ledenburg, Schloss 306
Leeder Berg 26
Leer 311
Haneburg 311
Historische Altstadt 292
Rathaus 311
Legden 316
Legoland 181
Lehde 250
Spreewald-Museum 250
Lehnin, Kloster 57
Pfeilerbasilika 57
Lehrde 289
Lehrte 51
Lehrter See 52
Leibniz, Gottfried Wilhelm 76
Leinburg 130
Leine 51, 149
Leinetal 149
Leininger Land 122
Leipheim 181
Schloss 181
Donaubrücke 181
Leipzig 244
Flughafen *8*, 196, *238*, 244
Gohliser Schlösschen 244
Mädlerpassage 244
Neue Messe *244*
Nikolaikirche 244
Thomaskirche 244
Völkerschlachtdenkmal 245
Leipzig-Halle, Flughafen *8, 238,* 244
Leipziger Tieflandsbucht 196, 244
Companion 397
Lembeck, Wasserschloss 319
Lemberg 391
Lemgo 49
Weserrenaissance-Museum 49
Lemnitz 199
Lengerich 27
Lenne 340
Lennep 32
Lensahn 17
Leonberg, Leocenter 178
Leonberg, AD 389
Lerigau 25, 301
Lesum 286
Lesumbrücke *282*
Leuchtenberg, Burg 406
Leuchtenburg 92
Leuther Mühle 361
Leuthner, Abraham 403
Leutkirch 424
Leutratal 92
Leverkusen 32,33, 64
Bay-Arena 33
Bayer-Hochhaus 64
Bayer-Kreuz 64
Bayerwerke *32*
Carl-Duisberg-Park 64
Japanischer Garten 64
Wasserturm 33
Levern, Kolthoffsche Mühle 306, *306*
Lewitz 277
Liblarer See 362
Lichtenau 128
Lichtensteiner Miniwelt 94
Liebfrauenkirche, Günzburg 181
Liebfrauenmünster, Ingolstadt 211
Liesertal 36
Limburg *68*
Alte Lahnbrücke *68*
Dom *68*
Limes 68
Limes-Freilichtmuseum 162
Lindau 422
Linde, Carl von 416
Lindelberg 125
Lindkirchen, Barockkirche Mariä Lichtmeß 410
Linn, Burg 355
Linné, Carl von 276
Linstow 257
Schloss 257
Wolhynier Umsiedler Museum 257
Lippe 29, 30, 46, 61, 319
Lippstadt 335
Kunsthaus am Spielbrink 335
Marienkirche 335
Rathaus 335
Lister- und Biggetalsperre 343
Lobeda 92
Löbejün 242
Lobenstein 200
Locke, Samuel 236
Loddenreuth 402
Loewe, Carl 242
Lohheide 143
Lohne 25
Industriemuseum 25
Löhne 307
Loisach 418
Loisachmoos 418
Loisachtalbrücke *8, 414*
Lommatzscher Pflege 246
Lonetal 165
Loreley-Felsen, Sankt Goarshausen *366*
Lorenzer Reichswald 207
Lorsch, Kloster 107
Losheim, Stausee 172
Lößnitzdackel 237
Lösterbachtalbrücke 40
Löwensteiner Berge 386
Lübben 233
Lübbenau 235, *235*
Braunkohlekraftwerk 235
Lübcke, Gustav 46
Lübeck 18, 20
Buddenbrook-Haus 18
Gildehaus der Schiffer 18
Heiligen-Geist-Hospital 18
Holstentor 18
Lübecker Bucht 18
Lübecker Bucht 17
Luch 281
Luckau 233
Calauer Tor 233
Roter Turm 233
St.-Nikolai-Kirche 233
Lüdenscheid 341
Ludwigsburg, Residenzschloss 388
Ludwigshafen 122, 369
Ludwigskirche, Saarbrücken 120
Ludwigslust 276
Altstadt 276
Schloss 276, *277*
Ludwigsturm, Alzenau 346
Luftbrückendenkmal 106
Lufthistorische Sammlung, Finowfurt 225
Luhe-Wildenau 406
Luisenburg, Felsenlabyrinth 403
Lumen-Skulpturen, Leutkirch 424
Lüneburg 141
Kloster Lüne 141
Rathaus 141
Salzmuseum 141
Teppichmuseum 141
Thermalsolebad 141
Lüneburger Heide 141, 142, 143, *143*, 289
Luppe 196
Lustschloss Eremitage, Bayreuth 204
Lustschloss Favorite, Rastatt 111
Luther, Martin 89, 369
Lutherstadt Wittenberg 194
Lützen 197
Gustav-Adolf-Gedenkstätte 197

M

Maare *36*
Maas-Schwalm-Nette, Naturpark 322
Maas-Schwalm-Nette-Route 322, 361
Mackensen, Fritz 286
Madonnenländchen 385
Magdeburg 54, 240
Gruson-Gewächshäuser 240
Kloster Unser Lieben Frauen 240
Magdeburger Börde 54, 238, 240
Magdeburger Dom 54, *54*, 240
Magdeburger Reiter 240
Rathaus 240
Magdeburgerforth 56
Mahlberg, Schloss 115
Maidbronn 158
Klosterkirche 158
Maierhofer, Herbert 166
Maifeld 350
Main 69, 70, 72, 346
Main-Donau-Kanal 75, 129, 208
Main-Ebene 105
Mainbrücke Eltmann *8, 370*
Mainbrücke Kitzingen *58*
Mainburg 410
Mainfrankenpark Dettelbach, Gewerbegebiet 72
Mainpark-See 70
Maintal 159, 375
Maintalautobahn 370
Malchow 257, *257*
Rathaus 257
Malchower See 257
Mallakow-Förderturm 45
Mallenchen 235
Manderscheid, GEO-Route 37
Burgruinen *36*
Mangfallbrücke 186
Mangfalltal 186
Mannheim 123
Landesmuseum für Technik und Arbeit 123
Wasserturm 123
Manteler Wald 405
Marbach am Neckar 386
Schiller-Geburtshaus *386*
Marc, Franz 418
Marcks, Gerhard 286
Maria Laach, Benediktinerabtei 364
Mariä Heimsuchung, Bogenberg 79
Maria Laach, Benediktinerabtei 364
Mariä Lichtmeß, Barockkirche 410
Maria, Schutz der Reisenden, Autobahnkapelle 182
Marienau, Kartäuserkloster 424
Marienberg, Chorfrauenstift 53
Marienberg, Festung 72
Mainfränkische Museum 72
Marienborn, Gedenkstätte Deutsche Teilung 54
Marienglashöhle 90
Marienkirche Wittstock *258*
Marienstern, Kloster 98
Mariental, Zisterzienser-Kloster 53
Marienthal, Barockschloss 409
Markgrafensteine 228, *229*
Markgräflerland 116
Markgrafpieske 228
Markgröningen 386
Märkisch Buchholz 232
Kaskaden-Wehranlage 232
Märkische Eiszeitstraße 222
Markt Wiesau 404
Marktbreit 159
Marktredwitz 403
St.-Theresien-Kirche 403
Marschen 141, 266, 270, *270*
Marxzell 176
Fahrzeugmuseum 176
Mathildenhöhe Darmstadt – Zentrum des Jugendstils 107
Mauer 124
Maulbronn, Kloster *176*, 177
Maxhütte, Stahlwerk 409
Maximilian, Zeche 46
Maximilianpark 46
Maximiliansgrotte 205
May, Karl 94, 96, 138
Mayen, Genovevaburg 350
Mebes, Paul 225
Meckenheim 362
Mecklenburgische Seenplatte 252, *252*, 257
Mecklenburgisches Elbetal, Naturpark 276
Medenbach, Autobahnkirche 68
Megalithgräber 24
Meinerzhagen 343
Meißen 96, 237, 247
Albrechtsburg 96, 247
Dom 247
Porzellanmanufaktur 247
Meißener Burg 237
Meißner-Kaufunger Wald, Naturpark 151

Melibokus 107
Melle 306
Melsungen 151
Rathaus 151
Melsunger Schloss 151
Memmelsdorf 374
Memmingen 166, 425
Pfarrkirche Unsere Frauen 166
Rathaus 166
Siebendächerhaus 166
Stadtmuseum 425
Steuerhaus *425*
Mendig 365
Basaltkeller 365
Mengeshäuser Kuppe 153
Meppen 312
Probsteikirche 312
Mercati, Leonardo 10
Mercedes-Benz-Museum, Stuttgart 389
Merfelder Bruch, Naturschutzgebiet *319*
Merseburger Schloss 197
Merzbrück, Flugplatz 329
Merzig 172
Viezregion 172
St. Peter 172
Mespelbrunn 71
Königshöhe 71
Wasserschloss 71
Messe Düsseldorf 331
Messegelände München (Neues) 185
Messegelände Hannover 145, 146
Hermes-Turm 146
Messingwerksiedlung, Finow 225
Metten, Benediktinerkloster 80
Mettlach, Villeroy & Boch-Werke 172
Meyenburg 279
Michaelsberg, Abtei 64
Michaelskapelle, Kraichgau 110
Miele, Carl 47
Miesbacher Oberland 412
Mildenitz 257
Militärflughafen Penzing 426
Milseburg 155
Mindelheim 425
Mittellandkanal 26, 146, 305
Mittenwalde 232
St.-Moritz-Kirche 232
Mitterteich 404
Mittlere Elbe, Biosphärenreservat 194
Mittlere Elbe, Schutzgebiet 55
Mittlerer Schwarzwald 112
Möckern-Magdeburgerforth, Landschaftsschutzgebiet 56
Möckmühl, Götzenburg 386
Mode Centrum Hamburg 138
Modersohn, Otto 22
Mödlareuth 200
Deutsch-Deutsches Museum 200
Moers 322
Peschkenhaus 322
Schloss 322
Möhne-Talsperre 334, *334*
Mölln 275
Molsdorf, Schloss 91
Moltke, Helmuth von 277
Mönchengladbach 361
Bökelbergstadion *361*
Jugendstil-Wasserturm 361
Münster St. Vitus 361
Museum Abteiberg 361
Flughafen 330
Monreal *351*
Montabaur, Schloss 67
Monte Kali 88, 155
Monte Kaolino 406
Montez, Lola 155
Moor- und Fehnmuseum, Elisabethfehn 292
Moorlandschaft Kollerfilze 412
Moormuseum Groß-Hesepe 312
Moosburg 397
Moräne 257
Mörike, Eduard 180, 386
Moritzberg 130, 207
St. Leonhardt 130
Moritzburg 97, 237, *237*
Jagdschloss 237
Moritzburg Zeitz 197
Moritzburg, Halle 243
Morsbroich, Schloss 64
Mosel 39, 350
Moselbrücke Schweich *8, 14*
Moseltal 38, 365
Moseltalbrücke Winningen *8, 358,* 359
Moselweinstraße 39
Moßandl-Weiher, Dingolfing 398
Motodrom-Museum, Hockenheim 123
Motorrad- und Automuseum Bad Oeynhausen 307
Moyland, Schloss 60, 354
Joseph Beuys-Archiv 60
Mühlbachtalbrücke 391
Mühlenfließbrücke 215, 217
Mühlenmuseum, Dinslaken 61
Mühlenroute 49
Mulde 246
Muldetal 94
Mülheim 323
Wassermuseum Aquarius 323
Müllheim 116
Münchberger Senke 203
München 417
Flughafen 396, *396*
Luise-Kiesselbach-Platz 416
Odeonsplatz *185*
Residenz 212
Schloss Lustheim 212
Schloss Nymphenburg 184, 212
Schloss Oberschleißheim *212*
Waldfriedhof 416
Münchner Schotterebene 184
Müngstener Brücke *64*
Munster 142
Panzermuseum 142
Münster 29
Haus Rüschhaus 29
Prinzipalmarkt *29*
Rathaus des Westfälischen Friedens 29
Sprakel, Kirchturm 29
Münsteraner Naherholungsgebiet 29
Münsterland 26, 316, 318
Münsterschwarzach, Abtei 72
Münter, Gabriele 418
Münterhaus Murnau 418
Münzenberg, Burg 103, *344*, 345
Murgtal 111
Müritz 257
Müritz-Elde-Wasserstraße 277
Müritz-Nationalpark 257
Murnau 418
Murnauer Moos 418
Museum Folkwang 324
Museumsbahn Rebenbummler 115
Museumsdorf Bayerischer Wald 81
Museumseisenbahn Brohltalexpress 364
Museumsinsel Hombroich 356, *356*
Museumspark Rüdersdorf 217
Muttental 332
Mylau, Kaiserburg 380
Myllendonk, Schloss 330

N

Naabtal 407
Nabburg 406, *406*
Nachtweide-See 287
Nahe 366
Nahetal 366
Nahetalbrücke 366
Naheweinstraße 366
Nannstein, Burg 121
Nassau, Naturpark 67
Nassauische Residenz Idstein 68
Nationalpark Bayerischer Wald 79, 399
Nationalpark Müritz 257
Nationalpark Vorpommersche Boddenlandschaft 254
Natternberg 399
Naturpark Altmühltal 208
Naturpark Augsburg Westliche Wälder 182
Naturpark Aukrug 137
Naturpark Barnim 217
Naturpark Bayerische Rhön 156
Naturpark Bergisches Land 64
Naturpark Bergstraße-Odenwald 107
Naturpark Dahme-Heideseen 230, 232
Naturpark Dümmer 25
Naturpark Ebbegebirge 342
Naturpark Eggegebirge und südlicher Teutoburger Wald 336
Naturpark Elm-Lappwald 53
Naturpark Frankenhöhe 127, 385
Naturpark Frankenwald 200
Naturpark Habichtswald 336
Naturpark Hannoversch Münden 150
Naturpark Haßberge 372
Naturpark Hessenreuther 405
Naturpark Hochtaunus 104, 345
Naturpark Hohe Mark 318
Naturpark Hoher Fläming 192, *192*
Naturpark Hoher Vogelsberg 102
Naturpark Holsteinische Schweiz 17, *17*
Naturpark Kottenforst-Ville 362
Naturpark Lauenburgische Seen 275
Naturpark Maas-Schwalm-Nette 322
Naturpark Mecklenburgisches Elbetal 276
Naturpark Meißner-Kaufunger Wald 151
Naturpark Nassau 67
Naturpark Neckar-Odenwald 108, 369
Naturpark Nossentiner-Schwinzer Heide 257
Naturpark Pfälzerwald 12
Naturpark Rhein-Taunus 68
Naturpark Rhön 155
Naturpark Saar-Hunsrück 172
Naturpark Schaalsee 262
Naturpark Schönbuch 178, 389
Naturpark Schwäbisch-Fränkischer Wald 386
Naturpark Schwalm-Nette 360
Naturpark Siebengebirge 66
Naturpark Steigerwald 159, 372
Naturpark Steinwald 404
Naturpark Thüringer Schiefergebirge/ Obere Saale 199
Naturpark Westensee 137
Naturpark Wildeshauser Geest 23, 291, 301
Naturschutzgebiet Gabelin 26
Naturschutzgebiet Gildehauser Venn 315
Naturschutzgebiet Hasbruch 294
Naturschutzgebiet Holmmoor 138
Naturschutzgebiet Merfelder Bruch *319*
Naturschutzgebiet Schluifelder Moos 427
Naturschutzgebiet Taubergießen 115
Naturschutzgebiet Wahner Heide 64
Naturschutzgebiet Weinberg 55
Naturschutzgebiet Worringer Bruch 356
Naturschutzpark Lüneburger Heide 141, 142
Naturschutzpark Sonneberge 277
Naturschutzpark Wilseder Berg 143
Naumburg *197*
Dom *197*
Naunhofer See 245
Neandertal 63
Neanderthal Museum 63
Nebel 257
Neckar 124, 179
Neckar-Odenwald, Naturpark 108, 369
Neckarsulm, Trendpark 124
Neckartal 124, 179
Neckartalbrücke Weitingen *382,* 383, 390
Neckarwestheim, Kernkraftwerk 386
Neddenaverbergen 289
Nennig, Römische Villa 172
Neresheim, Benediktinerkloster *165*
Nesselwang 169
Nettersheim 35
Netzener See 57
Neu-Garsdorf 361
Neu-Grefrath 362
Neue Messe Leipzig *244*, 245
Neuendettelsau 128
Augustana-Hochschule 128
Neuenkirchen 142
Neuenmarkt, Deutsches Dampflokomotiv-Museum 203
Neuenstadt am Kocher 386
Neuenstein 126
Renaissanceschloss 126
Neuenstein, Burg 152
Neuenwalde 285
Benediktinerkloster 285
Neues Schloss Schleißheim, München 185, 212, *212*

Neukirchen-Vluyn 322
Neumann, Balthasar 35, 72, 110, 157, 158, 163, 362, 369
Neumünster 137
Caspar-von-Saldern-Haus 137
Vizelinkirche 137
Neunkirchen (bei Saarbrücken) 173
Neunkirchen (bei Weiden) 405
Neunkirchen am Sand 207
Archäologischer Wanderweg 207
Speikerner Reiterlein 207
Neuruppin 280, 281
Café Tempelgarten 280
Hallenkirche St. Trinitatis 280
Neuschwanstein, Schloss 169, 423
Neuss 356
Skihalle 356
Neustadt a.d. Waldnaab 405
Neustadt in Holstein 17
Cap-Arcona-Museum 17
Kornspeicher 17
Kreismuseum 17
Kremper Tor 17
Rathaus 17
Stadtkirche 17
Neustadt-Glewe 277
Neustädter Binnenwasser 17
Neustädter See 277
Neustift, Prämonstratenserkloster 212
Neutraubling 78
Neuwirtshauser Forst 156
Nibelungenstraße 72
Niederalteich, Abtei 80
Niederbergisches Land 64
Niederburg 36
Niederdorferberg-Massiv 413
Niederfinow, Schiffshebewerk 224, *225*
Niederlausitz 235
Niederrhein-Route 60
Niederrheinisches Freilichtmuseum Dorenburg 361
Niederrheinisches Freilichtmuseum, Grefrath 322
Niedersächsische Spargelstraße 52
Niedersächsisches Landgestüt, Celle 145
Niederwalddenkmal 366
Niederwangener Kapelle *423*
Niederzissen 364
Nienborg 316
Ruine der Landesburg 316
St. Ludgerus 316
Niendorf 18
Nord-Ostsee-Kanal 137, 269
Nordeifel – Hohes Venn 35
Hochmoorlandschaft 35
Norderelbbrücke 20
Nordhelle 342
Nordholz, Aeronauticum 285
Nordholz, Flugplatz 285
Nordhorn 315
Nordhorn/Lingen, Flugplatz 315
Nordkirchen, Wasserschloss 29
Nördlicher Schwarzwald 111, 176
Nordseeküste 298
Nordsternpark, Gelsenkirchen *44*
Nörten-Hardenberg 149
Northeim 149
Northeimer Seenplatte 149
Nossen 247
Klosterruine Altzella *246*
Nossentiner-Schwinzer Heide, Naturpark 257
Nottekanal 232
Nöttinger Hang 176
Nürburgring 349, 350, 364
Nürnberg 75, 129
Albrecht-Dürer-Haus *207*
Nürnberg-Feucht (Ost), Raststätte 207
Nürnberg-Feucht (West), Raststätte 207
Nürnberger Land 75
Nürtingen 179
Alte Schmiede 179
Rathaus 179
Salemer Hof 179
Stadtkirche St. Laurenzius 179
Nusch, Georg 160

O

Obentraut, Hans Michael Elias von 366
Oberalteich, Benediktinerabtei 79
Ober- und Niederselters 68
Mineralwasser-Quellen 68
Oberaudorf 413
Alpen-Wildpark 413
Ober-Zollhaus 169
Oberburg und Niederburg, Manderscheid 36, *36*
Oberdill, Forsthaus 417
Obere Argen 423
Obere Donau 393
Obere Warte 159
Oberelchingen 165
Oberhausen 63, 323
Einkaufszentrum „CentrO“ 323
Gasometer *322*, 323
Hafen 63
Museum der Schwerindustrie 63
Oberlausitz 97
Oberlausitzer Heide- und Teichlandschaft 99
Oberlausitz-Niederschlesien 99
Oberpfälzer Freilandmuseum 406
Oberpfälzer Jura 76, 130
Oberpfälzer Seenplatte 406
Oberpfälzer Wald 76, 79, 401, 405
Oberrabenstein, Wildgatter Chemnitz 94
Oberrheinische Tiefebene 107, 369
Oberschleißheim, Neues Schloss Schleißheim 185
Oberschwäbische Barockstraße 423, *423*
Obertheres 372
Oberwildenau 406
Obstland Dürrweitzschen AG, Plantagen 246
Ochsenfurt 159
Ochsenkopf 203, 375, 402
Ochtrup 315
Autobahnende *308*
Töpfereimuseum 315
Odenkirchen 330
Tiergarten 330
Odenwald 108
Oder-Havel-Kanal *220*, 224
Oder-Spree-Kanal 218
Oder-Spree-Seengebiet 228
Oderbruch 227, 228
Oderbrücke *226*
Oelde 47
Oelsnitz 381
Bergbaumuseum 381
Oelsnitz, St. Jakobi-Kirche 379
Oeynhausen, Carl Ludwig August von 307
Offenbach 70
Offenburg 113
Ohm 102
Ohu, Atomkraftwerk 397
Öhringen 125
Öjendorfer Park, Hamburg 274
Olbrich, Joseph Maria 107
Olbrück, Ruine 364
Oldenburg 293, 301
Fußgängerzone 301
Huntebrücke *296*, 297
Landesmuseum 293
Schloss 293, *294*
Oldenburg in Holstein 16
Oldenburger Graben 16
Oldenburger Hafen 301
Oldenburger Münsterland 25, *25*
Oldtimer-Route 26, 306
Olpe 343
Oranienburg 217
Orff, Carl 417
Ortenau 112
Ortrand 236
St.-Barbara-Kirche 237
Osnabrück 305, 306
Rathaus des Westfälischen Friedens 305
Osnabrücker Land 26, 306
Ostallgäu 169
Osterburken 385
Osterseen 417
Osthaus, Karl Ernst 340
Ostsee 18
Ostseebad Boltenhagen 263
Ottobeuren, Abtei 166, 425
Otzen, Robert 10
Otzenhausen 40
Keltischer Ringwall 40
Hunnenring 40
Oy-Mittelberg 169
Oyten 22

P

Paar 211
Paaren im Glien 216
Paderborn-Lippstadt, Flughafen 335
Paderborner Land 335
Paffendorf, Schloss 361
Paffrather Mulde 86
Panorama- und Saaletalstraße 200
Papenburg 311
Parchim 277
Park Branitz 251
Parklandschaft Ammerland 293
Parkplatz Fischergrund 116
Parkplatz Kammlachtal 425
Parkplatz Selliner See 264
Parkstadion, Gelsenkirchen 45
Parkstein – Oberpfalz 405
Parsberg, Schloss 77
Passau *81*
Alte Residenz 81
Dom 81
Festung Niederhaus 81
Festung Oberhaus 81
Opernhaus 81
St. Stephan, Dom 81
Pegnitz 205, 207
Fachwerk-Rathaus 205
Pfarrkirche St. Bartholomäus 205
Peine 52
Pellinger Tunnel 172
Penkun 222
Freilichtmuseum 222
Renaissance-Schloss 222
Pentling, Raststätte 409
Penzing, Militärflughafen 426
Permoser, Balthasar 97
Perwenitz 216
Peterberg 40
Petersberg, Augustinerchorherrenstift 242
Petersdorfer See 257
Petschow 254
Pfaffenhofen a. d. Ilm 211
Hopfenmeile 211
Marktplatz 211
Pfaffenhofener Trabrennbahn 211
Pfänderturm 211
Spitalkirche 211
Pfaffenstein 409
Pfaffenstein, Autobahntunnel 409
Pfaffenwinkel/Fünf-Seen-Land 417
Pfalz Kaiserswerth 331
Pfälzerwald, Naturpark 121, 122
Pfälzisch-lothringisches Stufenland 175
Pfändertunnel 422
Pfarrkirche St. Flora, Florenberg 155
Pfarrkirche St. Blasius, Dietmannsried 168
Pfarrkirche St. Laurentius, Wolnzach 411
Pfarrkirche, Ronshausen 89
Pfeddersheim, Talbrücke 369
Pfefferkuchenstadt Pulsnitz 97
Pforzheim 177
Schmuckmuseum 177
Pfreimd 406
Pfreimdbrücke 406
Pfrimm 369
Phantasialand, Brühl 35, 362
Philippsburg, Kernkraftwerk 108
Pichler Weiher 211
Pigage, Nicolas de 63
Pilsach 76
Pinneberg 270
Drostei 271
Fußgängerzone Dingstätte Damm 271
Stadtwald 271
Pirk, Elstertalbrücke *376*
Pirk-Stausee 379

Pirmasens 175
Altes Rathaus *175*
Schuhmuseum 175
Platte 205
Plattling 399
Zuckerfabrik 399
Plau am See 257
Plauen 379
Plauer See 257
Pleiser Ländchen 66
Plothener Teiche 200
Plötzkau 242
Renaissanceschloss 242
Point Alpha Grenzmuseum Rasdorf/
Geisa 155
Pommersfelden, Schloss Weißenstein 74
Poppberg 131
Poppelsdorf, Schloss *66*
Pöhl 379
Pöppelmann, Matthäus Daniel 97
Porsche-Museum, Stuttgart 389
Porta Nigra, Trier 39, *39*
Porta Westfalica 49
Porzellanmanufaktur Selb 402, *402*
Porzellanstraße 402
Posterstein, Burg 93
Potsdam 219
Schloss Sanssouci 219, *219*
Altes Rathaus 219
Altstadt 219
Filmstudios in Babelsberg 219
Holländisches Viertel 219
Nikolaikirche 219
Pottenstein 205
Burg 205, *205*
Prämonstratenserkloster Neustift 212
Prenden 225
Prenzlau 222
Marienkirche 222
Marktberg 222
Mitteltorturm 222
Prichsenstadt 73
Prignitz 258, 272, 278
Pritzwalk 278
Bismarckturm 278
St. Nikolai 279
Prosper-Haniel, Bergwerk 44
Pullman City (Bayr. Wald) 81
Pulsnitz 97, 237
Pulver, Liselotte 71
Puricelli, Piero 10
Putlitz 278
Burgturm 278
Pyrmont, Burg 350

Q

Quickborn 138

R

Rabenstein, Burg 193, 381
Rabenstein, Felsendome 95, 381
Rabensteiner Wald, Raststätte 94
Raddusch, Burg 250
Radebeul 96
Villa Bärenfett 96
Villa Shatterhand 96
Radeburg 237
Heimatmuseum 237
Radweg Kocher-Jagst 126
Radziwill, Franz 298
Ragow 232
Rammelsberg 147
Bergwerk 147
Rammenau 97
Ramstein 121
NATO-Flugplatz 121
Randen 393
Randowbruch 222
Rantzau, Johann 270
Rantzauer See 270
Rasdorf/Geisa, Point Alpha
Grenzmuseum 155
Rastanlage Garbsen-Nord 51
Rastatt 111
Barockschloss 111
Wehrgeschichtliche Museum 111
Rastede, Schloss 298
Rasthaus In der Holledau 211
Rasthof Ellwanger Berge 162
Rastplatz Ettensweiler 423
Rastplatz Humbrechts 423
Rastplatz Winterberg 424
Rastplatz In Dürpel 365
Raststätte am Chiemsee 188
Raststätte Frankenwald 190, *190*, 200
Raststätte Fürholzen 212
Raststätte Geismühle *352*
Raststätte Greding-West 208
Raststätte Jagsttal (West) 385
Raststätte Nürnberg-Feucht (Ost) 207
Raststätte Nürnberg-Feucht (West) 207
Raststätte Pentling 409
Raststätte Prignitz 279
Raststätte Rabensteiner Wald 94
Raststätte Reinhardshain 103
Raststätte Rynern 46
Raststätte Schauinsland 115
Raststätte Siegburg West 65
Raststätte Zarrentin 275
Raststätte Recknitz-Niederung 255
Ratekau 18
Rathaus Alsfeld 102
Rathaus des Westfälischen Friedens,
Osnabrück 305
Ratingen 331
Industriemuseum 331
Ratzeburg 262
Dom 262
Ratzeburger See 262, 275
Ratzenhofen, Schloss 410
Raubling 412
Rauen 228
Rauensche Berge 228
Recknitz 255
Regen 409
Regensburg 78, 409
Altes Rathaus 409
Basilika St. Emmeran 409
Dom St. Peter 78, 409, *409*
Fürst-Thurn-und-Taxis-Museum 78
Altstadt 409
Reichstagsmuseum 409
St. Emmeram, Benediktiner-Reichsstift
78
Kirche St. Jakob 78
Steinerne Brücke 78, 409
Regenstauf, Gewerbegebiet 409
Regental 409
Reger, Max 405
Regionalpark Krämer Forst 217
Rehau 402
Reichsburg Weinsberg 125
Reichswald 129
Reinbek 274
Reinfeld 19
Reinhardshain, Raststätte 103
Reisbach, Bayern-Park 398
Reiskirchen 103
Reitanlage Behrhof 398
Reken 318
Rellinger Kirche 271
Remscheid 32
Akademie für musische Bildung und
Medienerziehung 32
Renaissanceschloss Güstrow 255
Renaissanceschloss Großkmehlen 237
Renaissanceschloss Schönfeld 237
Rendsburg 136
Altstädter Markt 137
Eisenbahnhochbrücke *137*
Marienkirche 137
Neuwerker Paradeplatz 137
Eisenbahnhochbrücke 136
Rennbahn Hillerheide 45
Rennbahn Hoppegarten 217
Rennsteig 200
Rennstrecke Schleizer Dreieck 200
Renthendorf, Brehm-Gedenkstätte 199
Residenz, München 212
Residenzschloss Karlsruhe 111
Residenzschloss Ludwigsburg 388
Reußische Fürstenstraße 93
Reußische Residenzen 93
Oberes Schloss, Greiz 93
Orangerie, Gera 93
Osterburg Weida 93
Reutberg, Benediktinerinnenkloster 186
Rheda-Wiedenbrück 47, *47*
Rhede, St.-Nikolaus-Kirche 311
Rheiderland 311
Rhein 33, 86, 115, 116, 322, 369,
393, 422
Rhein-Taunus, Naturpark 68
Rhein-Herne-Kanal 45, 63
Rhein-Main-Donau-Kanal 76, *76*, 346
Rhein-Main-Flughafen Frankfurt 69
Rhein-Ruhr-Airport 63
Rhein-Ruhr-Zentrum 324
Rheinbach 362
Glasmuseum 362
Rheinbrücke Bendorf 351
Rheinbrücke Duisburg *9*, *82*
Rheinbrücke Emmerich *61*
Rheinbrücke Köln-Rodenkirchen 86
Rheine 304
St.-Antonius-Basilika 304
Rheinfall 393
Rheingletscher 423
Rheinhessen 367
Rheinhessisches Hügelland 367
Rheinisches Industriemuseum 63
Rheinisches Rothenburg 35
Rheinisches Schiefergebirge 35, 39
Hohe Acht 35
Rheinmünster-Schwarzach 112
Rheinsberg, Schloss 280
Rheinüberquerung 123
Rheinweiler, Schloss 116
Rheydt, Schloss 361
Rhinluch 281
Rhön, Naturpark 155
Rhön, Vulkankuppen 156
Rhöndorf 67
Rhönfluss Wern 157
Rhönschafe *156*
Rhume 149
Richard-Wagner-Festspiele,
Bayreuth 203
Ridinger, Georg 70
Riedenberg, Schloss Prunn *208*
Riemenschneider, Tilman 72, 158
Riemenschneider-Altar, Rothenburg *160*
Rietberg 47
Rimberg 102, 153
Ringwall von Otzenhausen 174
Rinteln, Staatsforst 49
Röbel 258
Marienkirche 258
Robert-Schumann-Stadt Zwickau 380
Rodenkirchen, Rheinbrücke 86
Roffhausen, Umspannwerk 298
Roggenburg, Kloster 166
Rohrbachbrücke 71
Romantische Straße 72, 127, 160,
384, 426
Romantisches Franken – Land an der
Romantischen Straße 127, 160
Römerkastell Boppard 365
Römer-Route 30
Römer-Rundwanderweg 159
Römerschatz Straubing 78
Gäubodenmuseum 79
Römershag-Brücke 156
Römische Badruine Badenweiler 116
Römische Villen Borg und Nennig 172
Romrod 102
Schlossanlage 102
Staatsforst 102
Ronneburg 346
Ronsdorf 32
Philadelphische Societät 32
Ronshausen, Pfarrkirche 89
Röntgen, Wilhelm Conrad 32
Rosenheim 187
Rosenheimer Becken 187
Rostock 254, *264*, 265
Flugplatz 255
Franziskanerkloster St. Katharinen 254
Kröpeliner Straße 254
Kröpeliner Tor 254
Marienkirche 254, *264*
Rathaus 254
Zisterzienserinnenkloster zum Heiligen
Kreuz 254
Roswithastadt Bad Gandersheim 148
Rotes Schloss, Burgruine 202

Rothaargebirge 152, 343, 344
Rothenburg ob der Tauber 160
Riemenschneider-Altar *160*
Rothenburg, Festung 207
Rothensee 55
Schiffshebewerk 55
Rothsee 207
Rottachsee 169
Rottachtal 169
Rottaler Bäderdreieck – Bad Füssing, Bad Griesbach, Bad Birnbach 81
Rottaler, Hanns 211
Rottendorf, Kapelle 159
Rottweil 391
Kapellenkirche 391
Lorenzkapelle 391
Museum für Steinmetzkunst 391
Neckarbrücke 391
Route der Industriekultur 44, 321, 323
Rubens, Peter Paul 343
Rückert, Friedrich 372
Rüderoth 87
Rüdersdorf, Museumspark 217
Ruhland 236
Ruhner Berge 277
Ruhr 323, 333, 340
Ruhr-Brücke 63
Ruhrchemie-Werk 63
Ruhrschnellweg 320
Ruhrtal 30, 332
Ruhr-Universität Bochum 332, *333*
Rühstädt 278
Ruine Burglengenfeld 409
Ruine Diedrichsburg 306
Ruine Lichteneck 115
Ruine Olbrück 364
Ruine Steinsberg 124
Ruine Stockenfels 409
Ruine Trimburg 156
Ruine Yburg 112
Rumburg Enkering 208
Rundfunksendestelle Wertachtal 426
Rupertiwinkel 189
Ruppersdorfer See 18
Ruppiner Land 280
Rur 85, 329
Rurtalsperre Schwammenauel 85
Rust, Europapark 115
Ryabitchev, Dimitri 209

S

s'Heerenberg 60
Saalach 189
Saalburg 105
Saale 197, 199, 200, 202, 242
Saale-Radwanderweg 202
Saale-Talsperren 200
Saale-Unstrut, Weinstraße 197
Saalebrücke 242
Saalebrücke Beesedau 239
Saalebrücke Jena 83
Saaletal 92, *93*
Saalfeld 199
Saar 172
Saar-Hunsrück, Naturpark 172
Saarbrücken 40, 120, 173
Halberg-Hütte 120
Heizkraftwerk Römerbrücke 120
Köllerwald 40
Ludwigskirche 120
Ludwigsplatz 40, 173
Schloss 40
St. Johanner Markt 40, 173
Saargau 172
Saarlouis Festungsstadt 173
Saarschleife 172, *172*
Sachsenhausen 70, 105
Sachsenhausen, Gedenkstätte 217
Sachsenring 94
Sachsenwald 274
Sachsgrün 402
Sächsische Saale 378
Sächsische Schweiz 96
Sächsische Weinstraße 97
Sächsisches Burgenland 94, 246
Sachtleben Chemie 322
Sacrow-Paretzer-Kanal 216
Salm 39
Salzberger, Erlebnispark 152
Salzbergen 304
Salzbergwerk Berchtesgaden 189
Salzelmen 240
Salzgitter 147
Salzufler Stadtforst 49
Samerberg 187
Sander See 297
Sandhatten, Hünengräber 301
Sandkrug 301
Druckereimuseum 301
Sandrach 211
Sankt Goarshausen, Loreley-Felsen *366*
Sanspareil 375
Sanssouci, Potsdam 219
Sasbachwalden 112
Satzvey, Burg 35, *35*
Sauerland 340
Sauerlandlinie 30, 338
Saurierpark Kleinwelka 98
Sausenheim 122
Schaalsee, Biosphärenreservat 275
Schaalsee, Naturpark 262
Schad's Mühle 56
Schäftlarn, Abtei 417
Schaldinger Donaubrücke 81
Scharbeutz 18
Scharmützelsee 229
Schaumberg 40
Schaumburg 50
Schaumburg-Lippe, Fürstentum 50
Schaumburger Land 50
Scheelsberg 135
Schellfischlinie *9*, 283, *283*
Schemelsberg 125
Schenkenländchen 232
Schifffahrtsmuseum Flensburg 134
Schiffshebewerk Niederfinow 224, *225*
Schiller, Friedrich von *90*, 386
Schinkel, Karl Friedrich 223, 280
Schirmann, Richard 340
Schlaun, Johann Conrad 29, 35, 316, 319, 362
Schlehdorf, Kloster 418
Schlei 134
Schleißheim 212
Museum für Luft- und Raumfahrt 212
Schloss 212
Schleißheim, Neues Schloss 185, 212, *212*
Schleiz 200
Wallfahrtskirche 200
Schleizer Dreieck, Rennstrecke 200
Schleswig 134
Dom St. Petri 134
Landesmuseum 134
Schliersee – Wendelsteinregion 186
Schlitzerländer Tierfreiheit 155
Schloss Ahaus 316
Technische Akademie 316
Torhausmuseum 316
Schloss Altdöbern 235
Schloss Arolsen *336*
Schloss Auerbach 107
Schloss Augustusburg 95, 362
Schloss Beck 319
Schloss Bensberg 86
Schloss Berlepsch 150
Schloss Bernburg 240, *240*
Schloss Biengen 116
Schloss Blankenhain 94
Schloss Branitz *250*, 251
Schloss Breitenburg 269
Schloss Broich 63
Schloss Bruchsal 110, *111*
Schloss Burg 32
Schloss Christianenburg, Eisenberg 198
Schloss Dankern 312
Schloss der Landgrafen von Leuchtenberg 406
Schloss Droyßig 198
Schloss Dyck 330
Schloss Ettlingen 111
Schloss Eringerfeld 335
Schloss Fasanerie 155
Schloss Friedenstein 90
Schloss Fürstenried 416
Schloss Gemen 316
Schloss Gesmold 306
Schloss Gleisenau 373
Schloss Glücksburg 134
Schloss Gödens 298
Schloss Grönenbach 168
Schloss Haigerloch 391
Schloss Halberg 120
Schloss Hasselburg 17
Schloss Heiligenstedten 269
Schloss Hellenstein 165
Schloss Herrenchiemsee 188
Schloss Hohenschwangau 169, *169*, 423
Schloss Hubertusburg 246
Schloss Iburg *26*
Schloss Johannisburg 70
Schloss Kirchheim 166
Schloss Königs Wusterhausen 218
Schloss Lauersfort 355
Schloss Lauterbach 184
Schloss Ledenburg 306
Schloss Ludwigsburg 388
Schloss Ludwigslust 276, *277*
Schloss Lustheim 212
Schloss Mahlberg 115
Schloss Marienthal 409
Schloss Melsungen 151
Schloss Merseburg 197
Schloss Molsdorf 91
Schloss Montabaur 67
Schloss Moritzburg *237*
Schloss Morsbroich 64
Schloss Moyland 354
Schloss Myllendonk 330
Schloss Neubeuern 412
Schloss Neuschwanstein 169, 423
Schloss Nymphenburg 184, 212
Marstallmuseum 185
Porzellanmuseum 185
Schloss Oberschleißheim 185, 212, *212*
Schloss Oldenburg *294*
Schloss Paffendorf 361
Schloss Parsberg 77
Schloss Poppelsdorf, Bonn *66*
Schloss Prunn, Riedenberg *208*
Schloss Rammenau 97
Schloss Rastatt 111
Schloss Ratzenhofen 410
Schloss Rheinsberg 281
Schloss Rheinweiler 116
Schloss Rheydt 361
Schloss Saarbrücken 40
Schloss Sanssouci 219, *219*
Schloss Schillingsfürst 160
Schloss Schleißheim 185, 212, *212*
Schloss Schönfeld 237
Schloss Seehof 374
Schloss Solitude 389
Schloss Stefung 409
Schloss Surenburg 305
Schloss Schwetzingen 108, 123
Schloss Tremsbüttel 19
Schloss Vetschau 250
Schloss Vöhlin 166
Schloss Weißenstein, Pommersfelden 74
Schloss Werneck 157
Schloss Wilhelmshöhe 151, 337
Schloss Wörlitz *194*
Schloss Zeil 424
Schlossanlage Romrod 102
Schlossberghöhlen, Homburg 120, 174
Schlossruine Helfenberg 76
Schluifelder Moos, Naturschutzgebiet 427
Schlüsselfeld 74
Schmerlecke, Windmühle 334
Schnaittach, Talbrücke 206
Schneeberg 203, 375, 402
Schneller Brüter, Atomkraftwerk 61
Schönberg 262
Backsteinkirche 262
Schönbuch, Naturpark 178, 389
Schönfeld, Renaissanceschloss 237
Schönfelder Teiche 237
Schönherr, Louis 381
Schöntal, Kloster 385
Schorfheide 223
Schorfheide, Biosphärenreservat 222
Schott, Otto 92
Schriesheim 108
Schubart, Christian Friedrich Daniel 386
Schumann, Robert 380
Schüttorf 304
Schütz, Heinrich 197

Schwabach 129
Schwäbisch-Fränkischer Wald, Naturpark 386
Schwäbische Alb 179, 180
Bärenhöhle 180
Charlottenhöhle 180
Laichinger Tiefenhöhle 180
Nebelhöhle 180
Wimsener Wasserhöhle 180
Schwäbischer Barockwinkel 181
Kloster Wettenhausen 181
Schwäbisches Bauernhofmuseum Illerbeuren 166, 168, 424
Schwaiganger, Haupt- und Landgestüt 418
Schwalm-Nette, Naturpark 360
Schwammenauel, Rurtalsperre 85
Schwan 159
Schwanberg-Gipfel 73
Schwandorf 407
Schwarzberg 409
Schwarze Elster 236
Schwarze Laaber 77
Schwarzenfeld 406
Schwarzer Berg, Tunnel 371
Schwarzheide 236
Schwarzwald 113
Schwarzwald-Vorbergzone 116
Schwarzwälder Freilichtmuseum Vogtsbauernhof 113
Schwarzwälder Hochwald 40
Schweich, Moselbrücke *8, 14*
Schwarzwaldhochstraße 111, 112
Schweikard, Johann 70
Schweiklberg, Kloster 81
Schweinfurt 157, 372
Museum Georg Schäfer 157
Schweinrich 259
Schwelm 31
Schwelmtalbrücke 31
Schwenningen 392
Schwerin 276
Altstädtisches Rathaus 276
Dom 276
Schloss 276
Staatstheater 276
Schweriner See 263
Schwerte 30
Ruhr-Akademie 30
Ruhrtal-Museum 30
St.-Vitus-Kirche 30
Schwetzingen 123
Schloss 108, 123
Sebalder Reichswald 75
Sechsämterland 402
Seddin 279
Hügelgrab 279
See Dreenkögen 276
Seehamer See 186
Seehof, Schloss 374
Seesen 148
Heimatmuseum 148
Sehusa-Burg 148
Segnitz 159
St. Martin 159
Sehusa-Burg, Seesen 148
Seidl, Gabriele von 412
Seidlersreuth 405
Selb 402
Porzellanmanufaktur *402*
Seligenstadt, Abteikirche 70, 346
Seligenstädter Wald 70
Sempt-Flutkanal 397
Sendeanlage Jülich der Deutschen Welle 329
Sendeturm Hornisgrinde 112
Senftenberg 235
Senne 48
Serengeti-Safaripark Hodenhagen 143
Seulingswald 88
Seume, Johann Gottfried 246
Sevinghausen 324
Pilgerkapelle St. Bartholomäus 324
SI-Centrum, Stuttgart 178
Sickingen, Franz von 121
Siebengebirge 362
Siebengebirge, Naturpark 66
Siebenlehn, Autobahnbrücke 96
Siegburg 65
Siegburg West, Raststätte 65
Siegen 343, *343*
Siegerland 343
Siegestor 213
Siegfried 66
Siegfriedstraße 384
Siegsdorf 188
Mammutmuseum 188
Siegtalbrücke Eiserfeld 338
Sierksdorf, Hansapark 18, *18*
Siersburg 173
Sievern 285
Hügelgräber 285
Silberhütte 405
Silberstraße 381
Simmern 366
Hunsrückmuseum 366
Schinderhannesturm 366
Sindelfingen 389
Sindelsdorf 418
Sinn 156
Sinntal-Brücke 156
Sinsheim 124
Messehallen 124
Technikmuseum 124
Skatstadt Altenburg 94
Skyline-Park 425
Snow-Fun-Park, Wittenburg 275
Soest 334
Ostenhof-Stadttor 334
St. Maria zur Wiese 334
St. Patrokli 334
St. Petri 334
Soester Börde 334
Sole- und Moorbad Bad Bramstedt 138
Solemar, Kur- und Freizeitbad 393
Solitude, Schloss 389
Soltau 142
Heidepark 142
Museumsbahn „Ameisenbär" 142
Soltau-Therme 142
Sonderlandeplatz Dingolfing 398
Sonneberge, Naturschutzpark 277
Soonwald 366
Sophienhöhe 329
Sophienhöhle 205
Sorben 98
Spalt 129
Spandau 216
Gotisches Haus 216
Rathaus 216
Stadtmuseum 216
Speichersee 185
Speldorfer Wald 63
Spessart-Main-Odenwald 70
Speyer 369
Altpörtel 369
Historisches Museum der Pfalz 369
Judenbad 369
Kaiserdom 369
Spicherer Höhe 120
Spieka, Flugplatz 285
Spielbank Feuchtwangen 162
Sponheim, Hugo von 356
Sportfliegerclub Bronkow 235
Sportpark Wedau 63
Spree 218, 229, 251
Spreewald 230, *230*, 248, *248*, 250, *235*
Spreewald-Museum, Lehde 250
Sprottetal 93
St. Christophorus Himmelkron, Autobahnkirche 203
St. Ingbert *121*
St. Jakob in Plattling 399
St. Kastl, Wallfahrtskirche 211
St. Laurentius, Pfarrkirche 411
St. Marienthal, Abtei 98
St.-Nikolaus-Kirche, Rhede 311
St. Ottilien, Erzabtei 426
St. Quirin, Wallfahrtskirche 405
St. Raphael, Autobahnkapelle 356
Staakow 233
Zeppelinwerft 233
Staatsforst Attendorn 342
Staatsforst Flensburg 134
Staatsforst Lampertheim 123
Staatsforst Rinteln 49
Staatsforst Romrod 102
Staatsforst, Fulda 155
Stadtpfarrkirche Landau 398
Stadtpfarrkirche St. Laurentius, Altdorf 76
Stahleck, Burg 366
Stahlwerk Maxhütte 409
Stapelfeld 20
Starigard, Fürstenburg 16
Starkenburg 107
Starnberger See 417
Erholungsgelände Ambach 417
Votivkapelle, Berg *417*
Staßfurt 240
Burg 240
Salzlandtheater 240
Strandsolebad 240
Staufen im Breisgau 116
Stauferpfalz Bad Wimpfen 124
Stausee Losheim 172
Stausee Oberwald 94
Stecknitz 275
Stecknitz-Kanal 275
Stefung, Schloss 409
Steiff, Margarete 165
Steigerwald, Naturpark 73, 74, 159, 160, 372
Steigerwald-Höhenstraße 74, 160
Stein, Burg 381
Steinburg 270
Steineberger Ley 36, 350
Steinfurt, Wasserschloss 29
Steinhuder Meer *50*, 51
Steinkommen 294
Steinsberg, Ruine 124
Steinwald, Naturpark 404
Steinweg, Heinrich Engelhard 148
Steinzeichen Steinbergen, Erlebnispark 50
Stellichte 289
Gutskapelle 289
Stellwerk 141
Stengel, Friedrich Joachim 40, 120
Stepenitz 262
Sterkrader Wald 44
Stiftskirche Herrenberg 389, *389*
Stiftsruine Hersfeld 88, 152
Stinnes, Hugo 324
Stinnes-Zeche Humboldt 324
Stockenfels, Ruine 409
Stolberg 84
Stollberg 381
Stolzenfels, Burg *437*
Stör, Talbrücke 269
Storchenturm 128
Storkow 228
Storm, Theodor 269
Störtebekerstraße 298
Strahlenburg/Schriesheim, Burgruine 108
Straßburg 112
Château des Rohan 112
Münster Unserer Lieben Frau 112
Straße der Braunkohle 244
Straße der Romanik 55, 198, 238, 240
Straße der Staufer 164
Straße der Weserrenaissance 23, 49, 50, 288
Straubing 79
Stromberg 366
Studio Hamburg 274
Stulln 406
Stuttgart 178, 388
Freizeitkomplex „Stuttgart International" 178
Mercedes-Benz-Museum 389
Porsche-Museum 389
Flughafen 178
Sülz 86
Sulzbach-Rosenberg 131
Sulzberg 169
Süpplingenburg 53
Süseler See 18
Syrau, Drachenhöhle 379

T

Tabakmuseum Bünde 307
Tagebau Garzweiler 329
Tagebau Inden 84
Tagebau Ville 34
Tal der Fränkischen Rezat 129
Tal der Loreley 365
Tal der Oberen Donau 393

Tal der Schwarzen Laaber 77
Tal der Thulba 156
Tal der Weißen Elster 93
Tal der Wondreb 404
Talbrücke Fechingen 120
Talbrücke Habichtswald 26
Talbrücke Obere Argen 423
Talbrücke Pfeddersheim 369
Talbrücke Schnaittach 206
Talbrücke über die Stör 269
Talsperre Bautzen 99
Talsperre Dröda 378
Talsperre Pöhl 379
Talsperre Wechmar 90
Tanneberger Loch 96
Tarp 134
  Holländer-Windmühle 134
Tauber 385
Tauberbischofsheim 385
  Kurmainzisches Schloss 385
  Stadtkirche St. Martin 385
Taubergießen, Naturschutzgebiet 115
Taubertal 160, 385
Taucha 245
  Heimatmuseum 245
  Rathaus 245
  Schloss 245
  St.-Moritz-Kirche 245
Taucherwald 98
Taufstein 102
  Bismarckturm 102
Taunus 68
Teck, Burg 179
Tecklenburg 26
  Freilichtbühne 27
Tecklenburger Land 26, 305
Tegernsee 186
  Kloster Tegernsee 186
  Ludwig-Thoma-Haus 186
  Museum 186
Tetradeder, Bottrop *63*
Teublitz 409
Teufelshöhle 205
Teufelstalbrücke 83
Teupitz 232
  Wasserburg 232
Teupitzer See 232
Teutoburger Wald 26, 47, 48, 304
Thalbürgel 199
  Talmühle 199
Theeßen 56
Theuern 131
Thiergärtner-Schloss 205
Thierstein 402
Tholey Benediktinerabtei 40
Thomaskirche, Leipzig 244
Thompson, Carlos 71
Thüringer Holzland 93, 199
Thüringer Meer 200
Thüringer Porzellanstraße 92, 199
Thüringer Schiefergebirge/Obere Saale, Naturpark 199, 200
Thüringer Schieferpark, Besucherbergwerk 200
Thüringer Vogtland 199, *200*
Thüringer Wald 89, 90
  Beerkopf 89
Thulba 156
Thurmairs, Johann 410
Thurnau 375
  St.-Laurentius-Kirche 375
  Töpfermuseum 375
Thyssen-Krupp-Walzwerk 325
Tiefwarensee 258
Tierpark Hagenbeck 138
Tierpark Schlitzerländer Tierfreiheit 155
Timmendorfer Strand 17, 18
Tiroler Ache 188
Tirschenreuth 405
Todt, Fritz 11, 170
Tölzer Land 417
Tomberg 362
Tomburg 362
Tostedt 22
Totengrund 142
Totenkopf 156
Transrapid 312, *312*
Traunstein 188
  Taubenmarkt 188
Trave 19
Travemünde 17, 18
Trebitsch, Gyula 274
Treene 134
Treenetal 134
Tremsbüttel, Schloss 19
Trendpark Neckarsulm 124
Treuen 380
  Treuener Würfel 380
Treuenbrietzen 192
  Nikolaikirche *192*
  Rathaus 192
Treverer 174
Triberg 113
Triberger Wasserfälle 112
Trier 39
  Porta Nigra 39, *39*
  Amphitheater 39
  Kaiserthermen 39
  Marktplatz 39
Trimburg, Ruine 156
Tripsdrill 124, 386
Triptis 199
Trockau 205
  Schloss 205
Tübingen 389
Tucholsky, Kurt 281
Tuniberg 115
Tunnel Etterschlag 427
Tunnel Farchant 415, 419
Tunnel Kohlberg 421
Tunnel Königshainer Berge 83, 99
Tunnel Schwarzer Berg 371
Tunnel Virngrund-Ellwangen 162
Tuttenbrock, Freizeitanlage 46
Tuttlingen-Möhringen 393
TV-Sendeturm, Perwenitz 216
Twölfjück, Baggersee 298

U

Uckermark 222
Überseemuseum Bremen 287
Üdinghausen 306
Uerdingen 355
Uetersen 270
  Rosarium 270
Uhlfelder, Hermann 10, 100
Uhrenmuseum Bad Iburg 306
Uhyst a. T., Autobahnkirche 98
Ulm 165, 180
  Münster 165, 180, *181*
Ulmen 350
Ulmener Maar 350
Umspannwerk der Hamburgischen Electricitäts-Werke 141
Umspannwerk Roffhausen 298
UNESCO-Biosphärenreservat Spreewald 250
Unna 30, 333
  Hellweg-Museum 333
  Industriepark 333
  Kirche 333
  Lindenbrauerei 333
  Industriepark 333
Unstruttal 197
Untere Argen 423
Untereichen 166
  St.-Rochus-Kapelle 166
Unterwildenau 406
Uplengen, Klappbrücke *292*
Uppenborn, Wasserkraftwerk 397
Urstromtal Baruth-Luckenwalde 57, 192, 232
Urwald Baumweg, Naturschutzgebiet 301
Urweltmuseum Hauff, Holzmaden 179
Usinger Land 104
Uthlede 286
  Windmühle 286
Utting, Strandbad *426*

V

Varel, Airbuswerk 298
Varus, Publius Quinctilius 26, 47
Varusturm 306
Vauban, Sébastien 173
Vechta 25
Vechte 315
Vehnemoor 25
Velburg 77
  König-Otto-Tropfsteinhöhle *77*
Velde, Henry van de 340
Velen 316
  Wasserschloss 316
Verden 288, *288*
  Deutsches Pferdemuseum 288
  Dom 288
  Domherrenhaus 288
  Fachwerkfassade *288*
  Historisches Museum 288
  Rathaus 288
  Sachsenhain 288
  St.-Andreas-Kirche 288
Verkehrsbeeinflussungssysteme 13
Vetschau, Schloss 250
Via Carolina 130
Vicht 84
Viehmann, Dorothea 337
Viernheim, Apostelkirche 123
Viernheimer Dreieck 123
Viersen 361
  St.-Remigius-Kirche 361
Villa Hohenhof, Hohenhagen 340
Ville, Tagebau 34
Villeroy & Boch-Werke, Mettlach 172
Villingen 392
Vilshofen, Abtei Schweiklberg 81
Vinxtbach 364
Vinxtbachtalbrücke 364
Virngrund 162
Virngrund-Ellwangen, Tunnel 162
Vischering, Wasserburg 29
Vlotho, Autobahnbrücke *42*
Vogelpark Herborn-Uckersdorf 344
Vogelpark Walsrode *142*, 143
Vogelsang 159
Vogelsberg 346
Vogtland *200*, 378
Vogtlandautobahn 376
Vogtländische Schweiz 379
Vogtsbauernhof, Schwarzwälder Freilichtmuseum 113
Volkersberg 156
  Wallfahrtskirche zum Heiligen Kreuz 156
Volksparkstadion Hamburg 138
Völkerschlachtdenkmal Leipzig 245
Völklinger Hütte 40, *40*
Volmarstein, Burgsiedlung 31
Von der Heydt 40
Vordertaunus 104
Vorholz 147
Vorpommersche Boddenlandschaft, Nationalpark 254
Votivkirche St. Thekla, Welden 182
Vries, Adriaen de 49
Vulkaneifel 36, 349, 350
Vulkankuppen der Rhön 156
Vulkanpark 364
Vulpius, Christiane 91

W

Wacholderheiden Aichen 180
Wackersdorf 407
Wagner, Johann Joachim 223
Wagner, Richard 203
Wagner, Richard 89
Wahner Heide 86
Wahner Heide, Naturschutzgebiet 64
Wakenitz-Niederung 261
Walchensee 418
Walchenseekraftwerk 418
Walchum 312
  Walchumer Moor 312
Wald- und Parklandschaft Hohensyburg 340
  Kaiser-Wilhelm-Denkmal 340
Waldecker Land 336
Waldenburg 126
  Festung 126
Waldenburger Berge 126
Waldheim 247
Waldhessen 88
Waldkuppe Warteberg 336
Waldlaubersheim 366
  Autobahnkirche 366

Waldnaab 405, 406
Waldnaabtal 406
Waldspirale, Darmstadt *107*
Walhalla 78, *79*
Wallburg, Burgruine 373
Wallenstein, Albrecht von 76
Wallenstein, Burgruine 152
Wallfahrtskirche Frauenkirch 351
Wallfahrtskirche Klausen 38
Wallfahrtskirche Maria Heimsuchung 413
Wallfahrtskirche Maria Limbach 373
Wallfahrtskirche St. Kastl 211
Wallfahrtskirche St. Maria, Ellwangen 162, *162*
Wallfahrtskirche St. Marinus 186
Wallfahrtskirche St. Peter, Wirzenborn 67
Wallfahrtskirche St. Quirin 405
Wallfahrtskirche Werl 333
Wallheckenlandschaft 292
Walserberg 189
Walsrode 143, 289
  Heidekloster 143
  Kloster 289
  Vogelpark *142*
Waltrop, Westfälisches Industriemuseum 45
  Schiffshebewerk 45
Wandlitz 217, 225
Wandlitzer See 225
Wangen 423
Warburg 336
  Heimatmuseum im „Stern" 336
Wardenburg 301
  Tillyhügel 301
Waren 258
  Altes Rathaus 258
  Kirche St. Georgen 258
  Kirche St. Marien 258
  Müritz-Museum 258
Warnemünde *254*, 265
Warner Bros. Movie World, Bottrop 319
Warnow 265
Warsingsfehn 311
Wartberg 402
Wartbergturm 177
Wartburg *88*, 89
Warteberg, Waldkuppe 336
Wartenberg 240
Wasserburg Hülshoff 29
Wasserburg Teupitz 232
Wasserkraftwerk Uppenborn 397
Wasserkuppe 155
Wasserschloss Fürstlich Drehna 235
Wasserschloss Haus Marck 26
Wasserschloss Haus Opherdicke 30
Wasserschloss Hopen 25
Wasserschloss Krickenbeck 322
Wasserschloss Lembeck 319
Wasserschloss Nordkirchen 29
Wasserschloss Steinfurt 29
Wasserschloss Unterwittelsbach, Aichach 183
Wasserskizentrum Zachun 276
Wasserturm von Cottbus 251
Wattenscheid 324
Watzmann 189
Weber, A. Paul 262
Weber, Carl Maria von 18
Wechmar 90
  Bach-Stammhaus 90
  Talsperre 90
Wechselverkehrszeichen 13
Wechselwegweiser 13
Weener 311
  Alter Hafen 311
  Georgskirche 311
Wegberg 361
  Ringautostraße „Grenzlandring" 361
Wehrkirche 245
Wehrkirche Mariae Geburt, Hanneberg 74
Weibertreu, Burgruine 386
Weiden 405
Weihenstephan, Benediktinerkloster 212
Weil am Rhein 116
  Vitra Design Museum 116
Weil der Stadt 177
Weimar, Goethehaus 91
Weinberg 410
Weinberg, Naturschutzgebiet 55
Weinbrenner, Friedrich 111, 115, 176
Weinfranken 159
Weinheim an der Bergstraße 108
  Altes Rathaus 108
  Schloss 108
Weinlandkreis Kitzingen 159
Weinsberg 125
Weinstraße Saale-Unstrut 197
Weise, Roland 225
Weiße Elster 196, 379
Weißenberg 99
  Alten Pfefferküchlerei 99
  Pfefferkuchenmuseum 99
Weißenfels 197
  Marktplatz 197
  Schloss Neu-Augustusburg 197
  Schuhmuseum 197
Weißenhäuser Strand 17
Weißenstein, Burgruine 404
Weißer Elster 199
Weißer Main 203
Weisweiler, Kraftwerk 85
Weitingen, Neckartalbrücke *382*, 383, 390
Welden 182
  Votivkirche St. Thekla 182
Weltenburg, Kloster 410
Weltkulturerbe Kloster Lorsch 107
Weltnaturerbe Grube Messel 107
Wendeburg, Windmühle 52
Wendelstein 186, 413
Wendener Hütte 87
Werbellinsee 223, 224
Werdenfelser Land 419
Werder an der Havel 57
  Bockwindmühle 57
Werl 334
  Probsteikirche St. Walburga 334
  Wallfahrtskirche 333
Wermelskirchen 32
Wern 157
Wernberg-Köblitz 406
Werneck 372
Werneck, Barockschloss 157
Werra 89
Werratalbrücke 150
Wertach 169
Wertachtal, Rundfunksendestelle 426
Wertachtalbrücke 169
Wertheim *70*
Wesel 61
  Berliner Tor 61
  Willibrordi-Dom 61
Wesel-Datteln-Kanal 61, 319
Weser 23, 49
Westend 70
  Deutsches Ledermuseum 70
  Deutsches Schuhmuseum 70
Westensee 137
  Naturpark 137
Westensee, Naturpark 137
Westerkappeln 26
Westerstede 293
  Ammerländer Vogelpark 293
  Rhododendronpark 293
Westerwald 67, 344, 351
Westerwald, Keramik-Museum 351
Westerwolde-Hümmling-Route 312
Westfälische Mühlenstraße 49
Westfälisches Industriemuseum Waltrop 45
Westhausen, Jagsttalbrücke 162
Westhofen 368
Westrich 175
Wesuwe 312
Wetter 30
Wetterau 105, 345, 346
Wettin 242
Wetzlar *435*, 344
  Wetzlarer Dom 344
Wewelsburg 335
Weyer 35
  Dorfkirche 35
Wiedtal 67
Wiehengebirge 307
Wiehl 87
  Wiehlpark, Freizeitpark 87
Wiehltalsperre 87
Wiesau 404
Wiesau, Markt 404
Wiesbaden 68
  Stadtschloss 68
Wiesensteig, Pfarrkirche St. Cyriakus *179*
Wieterturm 149
Wietmarschen 315
Wietze, Deutsches Erdölmuseum 144
Wietzenbruch 145
Wikinger Museum, Haithabu 134
Wilhelmshöhe, Bergpark 151
Wilder Kaiser 413
Wildeshauser Geest, Naturpark 291, 294, 301
Wildgatter Chemnitz, Oberrabenstein 94
Wildpark Knüll 152
Wildpark Lüneburger Heide 141
Wilhelmshaven 298
  Deutsches Marinemuseum 298
Wilhelmshöhe, Bergpark 336
Wilhelmshöhe, Schloss 151, 337
Willibaldsburg, Eichstätt *211*
Wilnsdorf 343
Wilseder Berg, Naturschutzpark 143
Wilstedt 22
Wilster 269
Wilster Marsch 269, 270
Windach, Autobahnkapelle 426
Windischeschenbach, Kontinentale Tiefbohrung *405*
Windmühle an der Dong 355
Windmühle von Dülken 361
Windmühle von Dykhausen 298
Windmühle von Schmerlecke 334
Windmühle von Wendeburg 52
Windpark *266*
Windturbine, Gescher-Büren 316
Winkler, Heinz 187
Winningen, Moseltalbrücke *8*, *358*, 359
Winterberg 424
Winterberg, Rastplatz 424
Wirzenborn, Wallfahrtskirche St. Peter 67
Wismar *260*, 263
  Alter Hafen *262*, 263
  Brauhaus 263
  Heilig-Geist-Kirche 263
  St. Georgen 263
  St. Marien 263
  St. Nikolai 263
Wittelsbacher Land 183
Witten 332
  Zeche Nachtigall 332
Witten-Annen 332
Wittenberg 194
Wittenburg 275
Wittensee 135
Wittfoth, Hans 339
Wittlich 38
Wittlicher Land 38
Wittstock 258, 279
  Altstadt 279
  Burg 258
  Heiliggeistkirche 258
  Marienkirche *258*, 279
  Museum des Dreißigjährigen Krieges 258, 279
  Ostprignitz-Museum 279
Wittstocker Heide 257, 258
Wolfen 194
  Industrie- und Filmmuseum 195
Wolfhagen 336
Wolframs-Eschenbach 128, *129*
Wolfstein, Burgruine 76
Wolgemut, Michael 129
Wolnzach 211, 411
  Pfarrkirche St. Laurentius 411
Wondreb 404
Wonnegau 369
Wörlitz, Schloss 194, *194*
Wörlitzer Park 194
Worms 369
  Dom 369
  Hagendenkmal *369*
Wörnitz 160
Worpswede, Künstlerkolonie 22, 286, *286*
Worringer Bruch, Naturschutzgebiet 356
Wörth, Autohof 398

Wörth, Schloss 78
Wudritz 235
Wuhrmühleweiher 424
Wunstorf 51
Wupper 32, 64
Wuppertal 32
  Schwebebahn *30*, 32
  Wuppertaler Zoo 32
Würgau 374, 375
  Hangbrücke Würgauer Wand 375
Würmgauer Land 375
Würmtal 177
Wurster Seeküste 285
Württembergisches Allgäu 423
Wurz 405
Würzburg 72, 158
  Alte Mainbrücke 72
  Barockschloss 158
  Dom St. Kilian 158
  Feste Marienberg *73*
  Neumünsterkirche 72
  Residenz 72
  St.-Kilians-Dom 72
Würzburg-Randersacker 72

X

Xanten 61, 175, 354
  Archäologischer Park 61, 354

Y

Yburg, Ruine 112

Z

Zachun, Wasserskizentrum 276
Zahmer Kaiser 413
Zarrentin, Raststätte 275
Zauche 57
Zeche Fürst Leopold 319
Zeche Graf Moltke 44
Zeche Holland 324, *324*
Zeche Maximilian 46
Zeche Zollern *324*, 325, 340
Zeche Zollverein 324
Zedtwitz 378
Zeil am Main 372
Zeil, Schloss 424
Zeiss, Carl 92
Zell 202
  Burgruine Rotes Schloss 202
  Saale-Radwanderweg 202
Zellertal 369
Zeven 22
  Christinenhaus 22
  Feuerwehrmuseum 22
  Museum Kloster Zeven 22
  Museumseisenbahn 22
  St.-Viti-Kirche 22
Zick, Januarius 180
Ziegelei Knabe 294
Ziesar 56
  Bergfried 56
  Bischofsmütze 56
Zievel, Burg 35
Zille, Heinrich 237
Zimmermann, Dominikus 181
Zimmermann, Johann Baptist 166, 212, 412
Zingg, Adrian 96
Zisterzienserabtei Ebrach 74
Zisterzienserabtei Fürstenfeld 184
Zisterzienserabtei Wörschweiler 175
Zisterzienserinnenkloster Heiligengrabe 279
Zisterzienserinnenkloster Sonnenkamp 264
Zisterzienserkloster Chorin 223
Zisterzienserkloster Mariental 53
Zitadelle Jülich 329
Zollernalb 390
Zons 356
Zschornaer Teiche, Landschaftsschutzgebiet 237
Zuckmayer, Carl 366
Zugspitze 417
Zülpicher Börde 35, 362
Zusmarshausen 182
Zweibrücken 175
  Alexanderkirche 175
  Karlskirche 175
  Kulturpark Europas Rosengarten 175
  Residenzschloss 175
Zweigkanal 146
Zwernitz, Burg 375
Zwickau 380
  August-Horch-Motorenwerke 380
  Dom St. Marien *381*
  Robert-Schumann-Museum 380
Zwickauer Mulde 381
Zwingenberg 107
Zwischenahner Meer 291, 293

Bildnachweis

Titelbild: Blase (Freudenberg b. Siegen, l.), Silvestris (Wilparting/Irschenberg, r.)
Innentitel: ADAC Verlag
Rücktitel: Schmidt (Warnemünde, o.l.), Gaul (Autobahnkirche St. Christophorus, Himmelkron, u.l.), Blase (Kolthoffsche Mühle in Levern/Osnabrücker Land, o.r.), Zeller (Burg Hohenzollern, u.r.)
Abbildungen im Inhaltsverzeichnis: Kühne (A14, Nähe Flughafen Leipzig/Halle, o.l.); Bischof & Broel KG (A70, Mainbrücke bei Eltmann, o.r.); Luftbild Blossey (A45/A40, Kreuz Dortmund-West, m.l.); Bildagentur Huber (A95, Loisachtalbrücke mit Blick auf die Zugspitze, m.r.); E & L Verlag/Engl (A61, Moseltalbrücke bei Winningen, u.l.); Bilderzeile (von links): E & L Verlag/Engl (A93, Inntal mit Blick auf den wilden Kaiser); E & L Verlag/Engl (A1, Moselbrücke bei Schweich); Blase (A27, Lesumbrücke); Kajba (A29, Huntebrücke bei Oldenburg); E & L Verlag/Lämmel (A4, Rheinbrücke Duisburg-Neuenkamp)
4/5: Blase (A7, Köhlbrandbrücke); **10:** Autobahndirektion Südbayern; **11:** Autobahndirektion Südbayern; **14:** E & L Verlag/Engl; **17:** srt-Bild/Stallein; **18:** srt-Bild/Hansa-Park; **20:** srt-Bild/Köss-ler; **22:** srt-Bild/Stallein; **25 o.:**Blase; **25 u.:** Blase; **26:** Tourismusverband Osnabrücker Land ; **29:** Okapia München/Ott/Lade; **30:** Okapia München/Ott/Lade; **32:** Blase; **35:** Landesverband Rheinland; **36 o.:** Castor; **36 u.:** Okapia München/KaKi/Lade; **39:** Castor; **40:** Castor; **42:**E & L Verlag/Engl; **44:** Schumacher; **47:** ecomedia/Fishman; **49:** Blase; **50:** Blase; **52:** Blase; **54:** Bildarchiv-M.Barth; **56:** Bildarchiv-M.Barth; **58:** E & L Verlag/Engl; **61:** infoCenter Emmerich; **63:** Schumacher; **64:** Mauritius/Bergmann; **66:** Bildarchiv-M.Barth; **68:** Castor; **70:** srt-Bild/Stallein; **73:** Blase; **75:** Tourismusverband Franken; **76:** RMD-Fotoarchiv: Palladium Photodesign; **77:** Okapia München/Ott/Lade; **79:** Zeller; **81:** srt-Bild/Rodrian; **82:** E & L Verlag/Lämmel; **84:** OTTO; **87:** Bildarchiv-M.Barth; **88:** Blase; **90:** srt-Bild/Rodrian; **93:** Thüringer Tourismus GmbH; **95:** Stadt Chemnitz Bürgermeisteramt/Fotoarchiv; **97:** srt-Bild/Rieke; **98:** srt-Bild/Heinz; **99:** Zeller; **100:** IVB-Report; **103:** Blase; **105:** Blase; **107:** ProRegio Darmstadt/Rohrmann; **108:** Zeller; **111:** Melzer; **112**: Schwarzwald Tourismusverband; **115:** srt-Bild/Rodrian; **116:** Zeller; **118:** Zeller; **121:** Tourismus-Zentrale Saarland; **122:** srt-Bild/Rodrian; **125:** Blase; **127:** Zeller; **129:** srt-Bild/Stallein; **130:** Tourismusverband Ostbayern; **132:** E & L Verlag/Engl; **134:** srt-Bild/Stallein; **137:** Kayser; **138:** Blase;**141:** Blase; **142:** photo affairs; **143:** srt-Bild/Rieke; **145:** srt-Bild/Rodrian; **147:** Stadt Hildesheim/Hartmann; **149:** Gaul; **150:** Kassel Service; **152:** Blase **155:** Kayser;**156:** TIR; **159:** Blase; **160:** Castor; **162:** Zeller; **165:** Zeller, **166:** Touristikinformation Wertach /Oberallgäu; **169:** srt-Bild/Merkel; **170:** Autobahndirektion Südbayern; **172:** Tourismus Zentrale Saarland; **174:** Tourismus Zentrale Saarland; **175:** Magazin ; **176:** Tourismus-Marketing GmbH Baden-Württemberg; **179:** Zeller; **181:** Zeller; **183:** Regio Augsburg Tourismus; **185:** srt-Bild/Grundl; **187:** Atelier Gloggnitzer; **188:** srt-Bild/Horny; **190:** Brückenrasthaus Frankenwald; **192 l.:** Castor; **192 r.:** Bildarchiv-M. Barth; **194:** Tourismusverband Sachsen Anhalt; **197:** Castor; **198:** Thüringer Tourismus; **200:** Blase; **203:** Gaul; **205:** Tourismusverband Franken; **207:** Congress-u. Tourismuszentrale Nürnberg; **208:** Blase; **211:** Tourismusverband Franken; **212:** srt-Bild/Rieke; **214:** SwiftWerbung; **216:** srt-Bild/Stallein; **219:** Castor; **220:** Blase; **223:** Okapia München/Dr. Bieniek/Lade; **225:** Bildarchiv-M. Barth; **226:** Pleul; **229:** Blase; **230:** Braunreuther; **232:** Blase **235:** srt-Bild/Stallein; **237:** Okapia München/Lange; **238:** Kühne; **240:** Bernburger Freizeit GmbH; **242:** Heinz; **244:** Heinz; **246:** Bildarchiv-M.Barth; **248:** Blase; **250:** Castor; **252:** E & L Verlag/Engl; **254 u.:** Fotodesign Sperber; **254 o.:** Schmidt; **257:** Kayser; **258:** Bildarchiv-M. Barth; **260:** Foto Volster; **262:** Foto Volster; **264:** Blase; **266:** Ruff; **269:** Ruff; **270 u.:** Blase; **270 o.:** Blase; **272:** Deutsche Luftbild; **274:** srt-Bild/Stallein; **277:** Bröcker; **279:** TMB 2001/Boettcher; **281:** TMB 2001; **282:** Blase; **285:** Kayser; **286:** Mauritius/Hackenberg; **288:** Fotodesign Sperber; **290:** Werbefotografie Wöltje **292:** Touristik GmbH südl. Ostfriesland; **294:** Stadt Oldenburg; **296:** Kajba; **298:** Kurverwaltung Dangast; **301:** Archiv Landkreis Cloppenburg; **302:** Blase; **305:** Stadt Ibbenbühren; **306:** Blase; **308:** Lichtblick/Schildmann; **311:** Blase; **312:** Blase; **315:** Blase; **316:** Blase; **319:** Blase; **320:** Luftbild Blossey; **322:** Vollmer; **324:** srt-Bild/Niggemeier; **326:** Illgner; **329:** Blase; **331:** Bildarchiv-M.Barth; **333:** Blase; **334:** Blase; **336:** Thiele; **338:** Luftbild Blossey; **340:** Helga Lade/Otto; **343:** Blase; **344:** Blase; **346:** Hessen Touristik Service e.V.; **348:** Frey-Pressebild; **351:** Wendt; **352:** Pressephoto L. Strücken; **355:** Stadtinformation Kamp-Lintfort; **356:** PhotoPress/Kuh; **358:** E & L Verlag/Engl; **361:** Stadt Mönchengladbach, Bildarchiv; **362:** Archiv Erfverband; **365:** Blase; **366:** Rheinland-Pfalz Tourismus GmbH; **369:** Stadtarchiv Worms; **370:** Bischof & Broel KG; **373:** Verkehrsamt Haßfurt; **375:** srt-Bild/Geh; **376:** Autobahnamt Sachsen; **379:** srt-Bild/Rodrian; **381:** Bildarchiv-M. Barth; **382:** E & L Verlag/Lämmel; **385:** Zeller; **386:** srt-Bild/Stallein; **389:** Zeller; **391:** Zeller; **393:** srt-Bild/Stallein; **394:** Autobahndirektion Südbayern; **396:** srt-Bild/Hennies/FMg; **398:** Tourismusverband Ostbayern; **400:** E & L Verlag/Engl; **402:** Stadt Selb; **405:** Tourismusverband Ostbayern; **406:** Bildarchiv Stadt Nabburg; **409:** Castor; **410:** srt-Bild/Rodrian; **411:** Tourismusverband Ostbayern; **413:** Verkehrsamt Brannenburg; **414:** Bildagentur Huber; **417:** srt-Bild/Krause; **418:** Fotoarchiv Bayerisches Zugspitzland; **420:** E & L Verlag/Engl; **423 o.:** srt-Bild/Stallein; **423 u.:** srt-Bild/Stallein; **425:** Helga Lade/D.Rose; **426:** Gemeinde Utting a. Ammersee; **432 l.:** srt-Bild/Stallein; **432 r.:** E & L Verlag/Lämmel; **435:** Blase; **437:** Koblenz Touristik; **438:** Zeit-/Entfernungskarte: ADAC e.V.; **482:** Tank & Rast; **483:** Tank & Rast

Zeichenerklärung der Straßenkarten

Verkehrsnetz

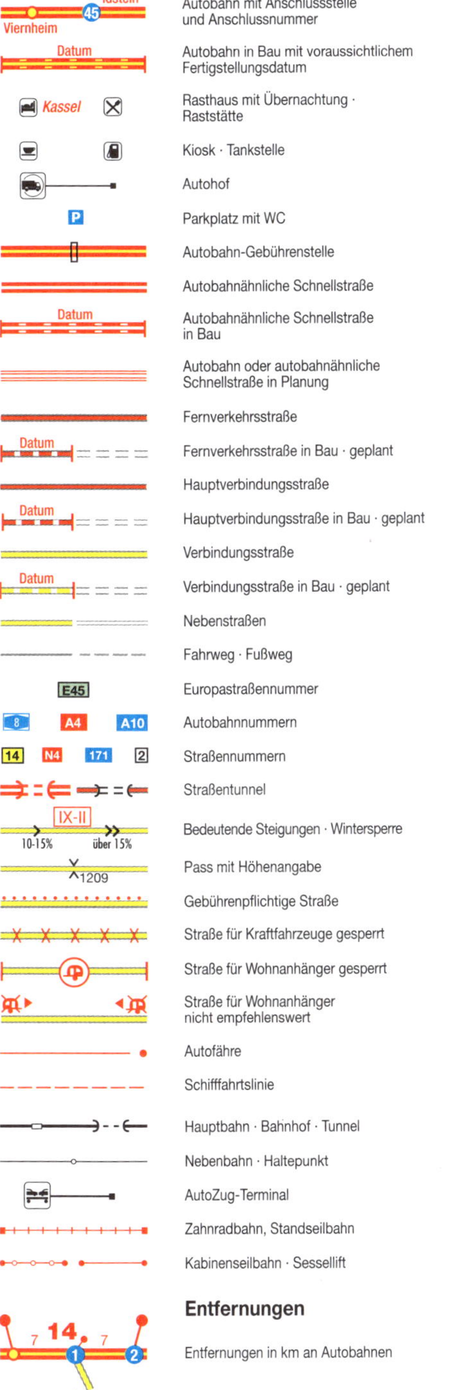

Autobahn mit Anschlussstelle und Anschlussnummer
Autobahn in Bau mit voraussichtlichem Fertigstellungsdatum
Rasthaus mit Übernachtung · Raststätte
Kiosk · Tankstelle
Autohof
Parkplatz mit WC
Autobahn-Gebührenstelle
Autobahnähnliche Schnellstraße
Autobahnähnliche Schnellstraße in Bau
Autobahn oder autobahnähnliche Schnellstraße in Planung
Fernverkehrsstraße
Fernverkehrsstraße in Bau · geplant
Hauptverbindungsstraße
Hauptverbindungsstraße in Bau · geplant
Verbindungsstraße
Verbindungsstraße in Bau · geplant
Nebenstraßen
Fahrweg · Fußweg
Europastraßennummer
Autobahnnummern
Straßennummern
Straßentunnel
Bedeutende Steigungen · Wintersperre
Pass mit Höhenangabe
Gebührenpflichtige Straße
Straße für Kraftfahrzeuge gesperrt
Straße für Wohnanhänger gesperrt
Straße für Wohnanhänger nicht empfehlenswert
Autofähre
Schifffahrtslinie
Hauptbahn · Bahnhof · Tunnel
Nebenbahn · Haltepunkt
AutoZug-Terminal
Zahnradbahn, Standseilbahn
Kabinenseilbahn · Sesselllift

Entfernungen

Entfernungen in km an Autobahnen
Entfernungen in km an Straßen

Touristische Hinweise

STRALSUND	Besonders sehenswerter Ort
Glückstadt	Sehenswerter Ort
Neuschwanstein	Besonders sehenswertes kulturelles Objekt
Marienkirche	Sehenswertes kulturelles Objekt
Breitachklamm	Besonders sehenswertes landschaftliches Objekt
Schertelshöhle	Sehenswertes landschaftliches Objekt
	Aussichtspunkte
	Landschaftlich schöne Strecke
Hanse-Route	Touristenstraße
	Museumseisenbahn
Harz	Nationalpark, Naturpark
	Wald · Sperrgebiet
	Verkehrsflughafen · Regionalflughafen
	Flugplatz · Segelflugplatz
	Kirche, Kapelle · Kirchenruine
	Kloster · Klosterruine
	Schloss, Burg · Burgruine
	Turm · Funk-, Fernsehturm
	Leuchtturm · Wassermühle
	Denkmal · Soldatenfriedhof
	Ruinenstätte, frühgeschichtliche Stätte · Höhle
	Wasserfall · Sonstiges Naturobjekt
	Hotel, Gasthaus, Berghütte
	Campingplatz · Jugendherberge
	Schwimmbad, Erlebnisbad, Strandbad · Golfplatz
	Sonstige bedeutende Objekte
ADAC ADAC	Automobilclub-Geschäftsstellen

Verwaltung

BERLIN	Hauptstadt
STUTTGART	Landeshauptstadt, Verwaltungssitz
	Staatsgrenze
	Landesgrenze, Verwaltungsgrenze
	Grenzkontrollstelle · mit Einschränkung

Autobahngebühren bzw. Straßenbenutzungsgebühren für Schnellverkehrsstraßen werden für alle Fahrzeuge in Frankreich, Österreich, der Schweiz und Tschechien verlangt. In Österreich sind außerdem gesonderte Gebühren für die Brenner-, Tauern- und Pyhrn-Autobahn, sowie den Arlbergtunnel und Felbertauern zu entrichten.

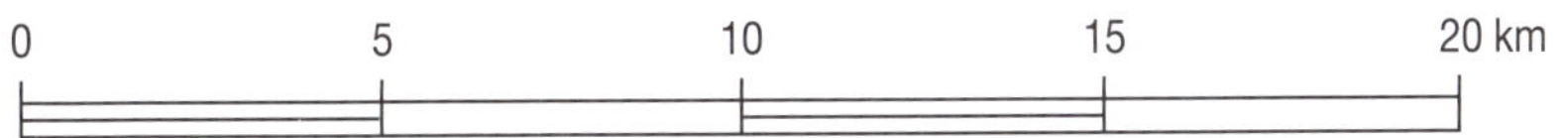

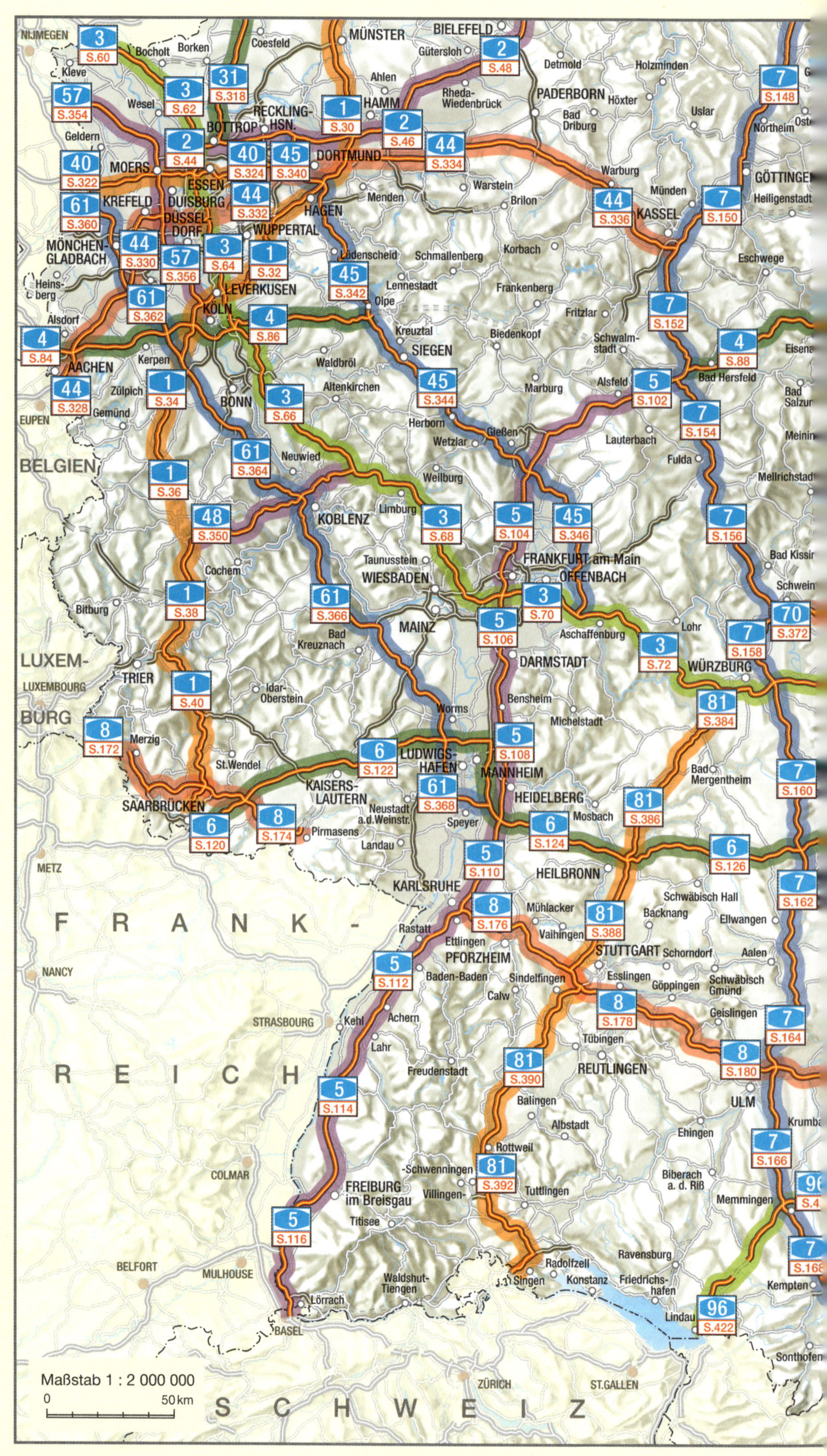

NIJMEGEN
3 S.60
Bocholt
Borken
Coesfeld
MÜNSTER
BIELEFELD
Gütersloh
2 S.48
Detmold
Holzminden
7 S.148
Kleve
31 S.318
Ahlen
Rheda-Wiedenbrück
PADERBORN
Höxter
57 S.354
Wesel
3 S.62
RECKLING-HSN.
1 S.30
HAMM
2 S.46
44 S.334
Bad Driburg
Uslar
Northeim
Geldern
BOTTROP
2 S.44
40 S.324
45 S.340
DORTMUND
Warburg
GÖTTINGEN
40 S.322
MOERS
ESSEN
Warstein
Brilon
Münden
Heiligenstadt
61 S.360
KREFELD
DUISBURG
44 S.332
Menden
HAGEN
44 S.336
KASSEL
7 S.150
DÜSSEL-DORF
WUPPERTAL
MÖNCHEN-GLADBACH
44 S.330
57 S.356
3 S.64
1 S.32
Lüdenscheid
Schmallenberg
Korbach
Eschwege
Heins-berg
45 S.342
Lennestadt
Frankenberg
61 S.362
LEVERKUSEN
Olpe
Fritzlar
7 S.152
Alsdorf
KÖLN
4 S.86
Kreuztal
Biedenkopf
Schwalm-stadt
4 S.88
Eisenach
4 S.84
AACHEN
Kerpen
SIEGEN
Waldbröl
Bad Hersfeld
44 S.328
Zülpich
1 S.34
BONN
3 S.66
Altenkirchen
45 S.344
Marburg
Alsfeld
5 S.102
Bad Salzungen
EUPEN
Gemünd
Herborn
7 S.154
Wetzlar
Gießen
Lauterbach
Meiningen
BELGIEN
61 S.364
Neuwied
Fulda
1 S.36
Weilburg
Mellrichstadt
48 S.350
KOBLENZ
Limburg
3 S.68
5 S.104
45 S.346
7 S.156
Cochem
Taunusstein
FRANKFURT am Main
Bad Kissingen
WIESBADEN
OFFENBACH
Schweinfurt
1 S.38
61 S.366
3 S.70
70 S.372
Bitburg
MAINZ
5 S.106
Aschaffenburg
Lohr
7 S.158
Bad Kreuznach
3 S.72
LUXEM-BURG
LUXEMBOURG
DARMSTADT
WÜRZBURG
TRIER
1 S.40
Idar-Oberstein
Bensheim
81 S.384
Michelstadt
Worms
8 S.172
Merzig
5 S.108
St.Wendel
6 S.122
LUDWIGS-HAFEN
MANNHEIM
7 S.160
KAISERS-LAUTERN
Bad Mergentheim
61 S.368
HEIDELBERG
81 S.386
SAARBRÜCKEN
Neustadt a.d.Weinstr.
Mosbach
6 S.120
8 S.174
Pirmasens
Speyer
6 S.124
6 S.126
Landau
5 S.110
METZ
HEILBRONN
KARLSRUHE
7 S.162
Schwäbisch Hall
Mühlacker
81 S.388
Backnang
Ellwangen
F R A N K - R E I C H
Rastatt
8 S.176
Vaihingen
Ettlingen
PFORZHEIM
STUTTGART
Schorndorf
Aalen
5 S.112
NANCY
Baden-Baden
Sindelfingen
Esslingen
Göppingen
Schwäbisch Gmünd
Calw
8 S.178
STRASBOURG
Kehl
Achern
Geislingen
7 S.164
Tübingen
Lahr
81 S.390
REUTLINGEN
8 S.180
Freudenstadt
5 S.114
Balingen
ULM
Albstadt
Krumbach
Ehingen
Rottweil
7 S.166
COLMAR
-Schwenningen
81 S.392
Biberach a. d. Riß
FREIBURG im Breisgau
Villingen-
Tuttlingen
Memmingen
5 S.116
Titisee
Ravensburg
7 S.168
BELFORT
MULHOUSE
Waldshut-Tiengen
Radolfzell
Singen
Konstanz
Friedrichs-hafen
Kempten
Lörrach
96 S.422
Lindau
BASEL
Sonthofen
ZÜRICH
ST.GALLEN
S C H W E I Z
Maßstab 1 : 2 000 000
0
50 km